Die Philosophie der Griechen in ihrer
geschichtlichen Entwicklung

中国人民大学科学研究基金
（中央高校基本科研业务费专项资金资助）项目成果
10XNI010

聂敏里 主编

古希腊哲学史

Die Philosophie der Griechen in ihrer
geschichtlichen Entwicklung

第四卷（上）

亚里士多德与早期漫步学派

[德] 爱德华·策勒 著

曹青云 译

人民出版社

德国哲学史家策勒
的《古希腊哲学史》
是古希腊哲学学科
的奠基之作，中国学
者有责任将它完整地
翻译过来！

汪子嵩
2016-6

凡　　例

1.正文中作者名、文献名、地名均以中译文形式呈现，第一次出现时其后以圆括号注明原文。

2.为便于文献检索，脚注中所有作者名、文献名均以原文形式呈现，不作翻译。

但以下情况例外：

（1）正文中已作翻译的作者名和文献名，在脚注中均按正文中的中译文形式呈现，不注明原文。

（2）广为人知、且译名统一的古代著作者名和现代著作者名，按其熟知的中译名译出，不注明原文。

3.以拉丁字母表示的书名均以斜体呈现，同时保持原文的缩略形式，不作增补。

4.脚注中大量希腊文或拉丁文的原文引用仅仅起到文本检索的作用，为排版方便，仅保留其书名出处，均不照录原文。

5.脚注中凡属论述有机部分的希腊文或拉丁文的原文引用，一律以加双引号的形式直接译成中文，不同时抄录原文。

6.正文与脚注中凡属作为关键词呈现的拉丁文或希腊文，均照录原文，并在原文后以圆括号提供中译文。

7.脚注中凡提及参考某页某注的文字，均为中文版页码及注释号码。脚注中凡仅提及参考某页的文字，均为英文版页码，可以通过检索中文版边页码获得。

总　序

一

爱德华·戈特洛布·策勒（Eduard Gottlob Zeller）1814 年 1 月 22 日出生于德国乌腾堡（Württemberg）的小波特瓦（Kleinbottwar）。他是一位政府官吏的儿子，早年先后在穆尔布隆（Maulbronn）和布劳博伊伦（Blaubeuren）的新教神学院里接受教育，接着进入图宾根大学学习。在图宾根大学期间，他与大卫·弗里德里希·施特劳斯（David Friedrich Strauß）、弗里德里希·特奥多耳·费舍尔（Friedrich Theodor Vischer）结识，受到黑格尔哲学和政治自由主义的影响，接受了历史和神学批判的方法。1836 年，他以一篇论述柏拉图《法律篇》的论文获得博士学位，1840 年成为图宾根大学的无薪讲师。1847 年，他在瑞士伯尔尼大学成为神学教授，1849 年又成为马堡大学的神学教授。在马堡大学，由于他的自由主义神学思想与教权派的冲突，策勒不久就转到了哲学系。1862 年，他成为海德堡大学的哲学教授。1872 年转至柏林，在凯撒－威廉大学教授哲学，一直到 1894 年。在此期间，1872 年，他成为普鲁士科学院成员，并于 1877 年获得了奥登功勋勋章（Orden Pour le Mérite）。1895 年，他退休回到斯图加特，在那里安度晚年。策勒于 1908 年 3 月 19 日在斯图加特逝世，享年 94 岁。

策勒是作为一位黑格尔主义者开始他的哲学活动的，并且像大卫·弗里德里希·施特劳斯一样早年也致力于对《新约》的历史批判研究，这特别反映在他于1840年代同他的老师兼岳父费迪南德·克里斯蒂安·鲍尔（Ferdinand Christian Baur）一起主编《神学年鉴》（*Theologischen Jahrbücher*）上。但是，他不久就沉默下来，而在这段沉默期间他所贡献出来的就是有关古希腊哲学史的里程碑式的多卷本著作和对《使徒行传》的历史评注。同时，黑格尔主义的那种思辨的历史方法也消失了，取而代之的是重视历史证据分析的实证主义的研究方法。他在1862年就职海德堡大学哲学教授时的演讲"认识论的意义与任务"（"Über Bedeutung und Aufgabe der Erkenntnisstheorie"）即反映了这种方法论上的变化，被认为是19世纪末新康德主义发展趋势的开拓者。而他在1888年与他的学生路德维希·施泰因（Ludwig Stein）一起创办的《哲学史档案》（*Archiv für Geschichte der Philosophie*），到今天已经是整个哲学史领域的一本享誉国际的学术期刊。

而上面所提到的那部现在被我们翻译成《古希腊哲学史》的巨著，其德文原名是"Die Philosophie der Griechen in ihrer geschichtlichen Entwicklung"，意即，"在其历史发展中的古希腊哲学"，有时也被简写作"Philosophie der Griechen"，即，"古希腊哲学"。策勒是在1844—1852年期间写成这部巨著的。它的第一版最初是以"古希腊哲学。对其发展特点、进程和主要时期的一个研究"（*Die Philosophie der Griechen. Eine Untersuchung über Charakter, Gang und Hauptmomente ihrer Entwicklung*）为题出版。这一版分为三卷：第一卷是"总论，前苏格拉底哲学"（Allgemeine Einleitung, Vorsokratische Philosophie），图宾根，1844年；第二卷是"苏格拉底，柏拉图，亚里士多德"（Socrates, Plato, Aristoteles），图宾根，1846年；第三卷是"后亚里士多德哲学"（Die nacharistotelische Philosophie），图宾根，1852年。显然，从内容上看，它们实际上对应于我们通常所说的前苏格拉底哲学、古典希腊哲学和晚期希腊哲学，从而可以说，在最初的这一版中，策勒的这部巨著已经奠定了古希腊哲学史的基本分期。

但这并不是策勒这部巨著的最终版本。事实上，一直到策勒去世之前为止，他都有对这部巨著的新的修订版出版，以反映最新的研究进展。因此，我们看到，在第二版（1856—1868），策勒不仅修改了全书的标题，而且还改变了各卷划分的方式。在标题上，第一版的标题被修改为"在其历史发展中的古希腊哲学"（Die Philosophie der Griechen in ihrer geschichtlichen Entwicklung），这也就是全书的最终的标题。而在各卷的划分上，第二版相较于第一版有两处大的改动：首先，第二卷被划分成两个部分，即，第一部分"苏格拉底与苏格拉底学派，柏拉图与老学园派"（Sokrates und die Sokratiker, Plato und die alte Akademie），和第二部分"亚里士多德与早期漫步学派"（Aristoteles und die alten Peripatetiker）；其次，第三卷被分成两册，第一分册是斯多亚学派、伊壁鸠鲁学派、怀疑主义学派和折中主义，第二分册是怀疑主义学派的复兴、新柏拉图主义的先驱和新柏拉图主义。这样的划分，再加上第一卷在第四版时（1876年）也被分成两册，即，第一分册包括总论和前苏格拉底哲学从米利都学派一直到埃利亚学派的部分，第二分册包括前苏格拉底哲学从赫拉克利特一直到智者学派的部分，就形成了德文版《古希腊哲学史》的三大卷六大册的基本格局。当然，值得一提的是，对这一巨著的修订不仅在策勒的生前被反复进行，而且甚至在他去世之后也仍然由他的学生继续进行。例如，有关柏拉图和老学园派的那一部分就有1922年的第五版，是由策勒的学生霍夫曼（E. Hoffmann）增补整理当时柏拉图研究的最新成果修订的，而第三卷的第一分册则有1923年第五版，是由爱德华·威尔曼（Eduard Wellmann）博士修订的。

这是策勒《古希腊哲学史》德文版的总体轮廓。现在，我们再来谈英译本的情况，我们的中译本即依据英译本。

第一个英译本出现在1868年，这是对德文第二版第二卷第一部分"苏格拉底与苏格拉底学派，柏拉图与老学园派"（图宾根，1859年）中"苏格拉底与苏格拉底学派"的翻译，译者是奥斯瓦尔德·J.雷赫尔（Oswald J. Reichel）。随后，在1870年，由这同一位译者又翻译出版了第三卷第一分册中"斯多亚学派、伊壁鸠鲁学派和怀疑主义学派"的部分，这是对该卷德文第二版（莱比锡，1865年）的翻译。1876年，由萨拉·阿莱恩（Sarah F. Alleyne）和阿尔弗雷德·古德温（Alfred Goodwin）合作，共同翻译出版了第二卷第一部分"苏格拉底与苏格拉底学派，柏拉图与老学园派"中"柏拉图与老学园派"的部分，这是对该卷德文第三版（莱比锡，1875年）的翻译，相较于第二版有了较大的扩充。1881年，萨拉·阿莱恩又以一人之力完成了对第一卷的翻译，这是对德文第四版（莱比锡，1876年）的翻译，英文版被分成两卷出版。1883年，仍然是萨拉·阿莱恩，翻译出版了第三卷第一分册中的"折中主义"部分，这是对德文第三版的翻译。最后，在1897年，由科斯特洛（B. F. C. Costelloe）和缪尔黑德（J. H. Muirhead）合作，策勒《古希腊哲学史》第二卷第二部分"亚里士多德与早期漫步学派"被翻译出版，这是对德文第三版（莱比锡，1879年）的翻译，英文版分成两卷，至于策勒《古希腊哲学史》第三卷第二分册有关新柏拉图主义的部分，英译本没有翻译。

策勒《古希腊哲学史》德文版的写作、修订与出版、再版，本身就是一项旷日持久的浩繁工程。仅就策勒生前对它的不断修订来说，从它的第一卷第一版在1844年正式出版开始算起，到它的第三卷第二部分即有关新柏拉图主义的那个部分第四版经策勒最后一次修订在1903年出版为止，几乎耗时一个人的一甲子之年。这还不算在策勒去世后由他的学生所进行的修订出版工作的时间。从而，结果就是，从第一个英译本"苏格拉底与苏格拉底学派"于1868年出版开始算起，到最后一个英译本"亚里士多德与早期漫步学派"于1897年出版为止，期间虽然有个别英译本再版并根据当时的新版做过修订，最终我们现在所能见到的策勒《古希腊哲学史》英译本是六卷八册。它们分别是：第一卷《从最早时期到苏格拉底的时代（附总论）》（上下册），第二卷《苏格拉底与苏格拉底学派》，第三卷《柏拉图与老学园派》，第四卷《亚里士多德与早期漫步学派》（上下册），第五卷《斯多亚学派、伊壁鸠鲁学派和怀疑主义学派》，第六卷《古希腊哲学中的折中主义流派史》。

由于策勒的这部巨著卷帙浩繁，版本众多，将它完整、全面地翻译过来并非易事。而目前的这个汉译本就它本身篇幅的宏大、内容的丰富而言，已经足以填补汉语学界翻译西方学者所写古希腊哲学史多卷本著作的空白，一定能够促进国内古希腊哲学研究的深入。

二

说到这里，我们也就有必要谈谈策勒这部多卷本《古希腊哲学史》巨著所具有的历史地位和意义。

众所周知，从 19 世纪以来，我们已经进入了一个哲学史的时代，这就是说，"哲学史"成为了学者们处理过去时代哲学思想的一种标准研究方式，正像在希腊化时代，"师承录"、"言行录"、"名人传"、"格言摘抄"等等是学者们处理之前哲学家们思想的一种基本方式一样。这当然标志着我们进入了一个具有历史批判意识的时代，也就是说，对于过去的思想，我们开始意识到我们同它们之间的"历史的距离"，不再是将它们作为无条件景仰与摹仿的对象，而是能够对它们进行批判的审视，试图为它们寻找在人类思想史上合适的位置。

这样一种思想模式的转换从近代以来就已经逐渐开始了，并不始自于德国。例如，1659 年托马斯·斯坦利（Thomas Stanley）在伦敦出版了他的《哲学史》（*The History of Philosophy*），此书在 1687、1701、1743 年都不断有再版，并在 1711 年出版了拉丁语的译本。[1]但正是在 19 世纪的德国，哲学史的写作达到了空前繁盛的程度，大量哲学史著作涌现出来。而随着受新古典人文主义的刺激古典学研究取得关于

---

[1] 参见 Tennemann, *A Manual of the History of Philosophy*, Translated by Arthur Johnson, Revised, Enlarged, and Continued by J. R. Morell, London, Henry G. Bohn, 1852, p. 17。

古代历史文化的丰硕成果，在哲学史著作中对古代哲学思想进行专题处理也成为哲学史写作通行的惯例。例如，威廉·戈特利布·邓尼曼（Wilhelm Gottlieb Tennemann）是一位康德主义者，他的十一卷本《哲学史》（*Geschichte der Philosophie*）（1798—1819）已经以大量的篇幅梳理了古希腊哲学。H. 里特尔（H. Ritter）的九卷本《哲学史》（*Geschichte der Philosophie*）（1838—1850）也以同样的方式处理了古希腊哲学。类似的著作还有弗里德里希·于贝韦格（Friedrich Ueberweg）的三卷本巨著《哲学史大纲》（*Grundriß der Geschichte der Philosophie*）（1863—1866），更不消说众所周知的黑格尔四卷本的《哲学史讲演录》。此外，专门的古希腊哲学史著作也涌现出来。例如，卡尔·弗里德里希·赫尔曼（Karl Friedrich Hermann）对柏拉图的对话作品已经采取了一种反整体论的研究方式，他的著作《柏拉图哲学的历史与体系》（*Geschichte und System der Platonischen Philosophie I*，1859）已经将柏拉图的对话作品置于了一个年代学的解释模式中。而克里斯蒂安·奥古斯特·布兰迪斯（Christian August Brandis）在1835—1844年出版了他的两卷本的广受争议的著作《希腊–罗马哲学史手册》（*Handbuch der Geschichte der Griechisch-Römischen Philosophie*），该书以一个更小、更体系化的形式再版，题名为《希腊哲学发展史及其在罗马帝国的影响》（*Geschichte der Entwicklungen der griechischen Philosophie und ihrer Nachwirkungen im römischen Reiche*）（1862—1866）。而对古代哲学文献的编辑和整理工作在19世纪的德国也达到了高峰时期。在这方面，众所周知的例如，奥古斯特·伊曼努尔·贝克尔（August Immannuel Bekker）整理完成了普鲁士科学院的亚里士多德著作标准全集（1831—1836），这个全集成为当代世界各国出版亚里士多德全集的标准版本依据。赫尔曼·第尔斯（Hermann Diels）编辑了前苏格拉底哲学家残篇，这个残篇集迄今为止仍然是研究前苏格拉底哲学家思想的最权威文献依据。此外，像汉斯·冯·阿尼姆（Hans von Arnim）编辑了早期斯多亚学派的残篇，赫尔曼·乌斯纳尔（Hermann Usener）编辑了伊壁鸠鲁的残篇，等等。

　　详尽地罗列这一切对于我们来说既不可能也无必要。我们需要知道的只是这样一个事实，即，从19世纪以来，我们即进入了一个哲学史的时代，到现在为止，这一潮流依然未见终止，每一年，世界各国仍然会出产数以百计的哲学史作品，这足证哲学史写作模式的昌盛。

　　但是，在这众多的哲学史著作中，特别是在像古希腊哲学史这样的专门哲学史著作中，策勒的三大卷六大册（按德文版）《古希腊哲学史》仍然据有不可动摇的历史地位。原因当然是多样的。首先无疑是由于它的篇幅和体量、材料的丰富与详尽，不仅类似的、与它同时代的著作无出其右，而且甚至晚于它的著作也没有超过它的。

　　特奥多尔·贡珀茨（Theodor Gomperz）于1893年到1909年出版了他的古希腊哲学史《古希腊思想家：古代哲学史》（*Griechische Denker：Geschichte der antiken Philosophie*），德文版分成三册，每一册的篇幅和体量都相当大，以至于英译本是分成四册出版的（1901—1912）。同时，作者的计划也很庞大，整部书原计划有三册九卷，分别是：第一卷，"开端"；第二卷，"从形而上学到实证科学"；第三卷，"启蒙时代"；第四卷，"苏格拉底和苏格拉底学派"；第五卷，"柏拉图与学园"；第六卷，"亚里士多德及其后继者"；第七卷，"老斯多亚学派"；第八卷，"伊壁鸠鲁的花园"；第九卷"神秘主义者、怀疑派、折中主义者"。但是，在最终出齐时，第三册只包含了第六卷"亚里士多德及其后继者"，剩余的三卷却被付诸阙如。对此，在英译本第四册的"前言"中，贡珀茨这样写道："在给开始于15年前的这部著作出版以结束时，我不得不承认对我原来的计划做出一些调整是合理的。……在一开始，我的愿望是将古希腊哲学史写至我们纪元的开始；但是逐渐地我明白认识到，公元前三世纪的前25年，是一个更为合适的终点。在这个时代，专门科学的发展达到了一个根本改变它们与哲学的关系的高度。……在总体上哲学和专门科学从此以后追求各自的道路。普遍科学——本著作的主要对象——就这样消失了；科学发展的重心转移到了从属的分支上。"[1] 显然，正是由于这样一个现在看来明显站不脚的理由，贡珀茨的古希腊哲学史未能逾越策勒的巨著所达到的高度。

当然，英语学界在先后出版了策勒和贡珀茨著作的英译本之后也贡献了它自己的古希腊哲学史，这就是 W. K. C. 格思里所独立撰写、从第一卷于1962年出版到第六卷于1981年他去世前出版的《古希腊哲学史》。这部写作时间延续了近20年的著作，诚如作者本人在第一卷的"前言"中所许诺的，它的价值不在于它的原创性和天才，而在于它的叙述的融贯性和系统性，尤其是在于它对在这个领域已经极大丰富起来的学者的各种有争议的观点和看法的全面反映和公平判断。[2] 因此，构成这部古希腊哲学史一个最显著特点的就是在正文中和脚注中所呈现出来的各种学术观点，它可以说全面地反映了一直到作者写作这部哲学史各卷时为止在古希腊哲学研究领域学者们所取得的重要研究成果。这部以英文书写的古希腊哲学史按作者的本意是要一直覆盖到新柏拉图主义以及中世纪基督教哲学的开端，从其就前苏格拉底哲学便毫不吝惜地给予了两卷1200余页的篇幅，而就柏拉图哲学同样给予了两卷1200余页的篇幅来看，作者毫无疑问是有超越策勒《古希腊哲学史》的雄心壮志的。他在第一卷"前言"中引用赫尔曼·弗朗克（Hermann Fränkel）的话说："尽管对于海量专业文献的勤勉劳作本身就是极可追求的，但是在我看来更为重要的是在我有生之年完成它。"[3] 这就清楚地表明了他的抱负和决心。但是，时间确实也是无情的。在叙述亚里士多德哲学的第六卷出版后不久，作者便去世了。而在两年前，作者已经罹患了中风。因此，不仅他未能如其所愿地充分处理好亚里士多德的《政治学》和《诗学》，而且从全卷的篇幅只有470页来看，这也是一部匆匆完成的著

1　Theodor Gomperz, *Greek Thinkers, A History of Ancient Philosophy*, Volume IV, Translated by G. G. Berry, p. vii.

2　W. K. C. Guthrie, *A History of Greek Philosophy,* Volume I, Cambridge University Press, 1962, p. ix.

3　上引书，p. x。

作。因为，亚里士多德的哲学当然不只需要短短470页的篇幅来予以讨论。这样，英语学界未能贡献出自己的足可超越策勒《古希腊哲学史》的著作。

现在，我们来看由意大利学者乔瓦尼·雷亚莱（Giovanni Reale）所独立撰著的《古代哲学史》（*Storia della filosofia antica*）。全书共四卷，第一卷《从源头到苏格拉底》（*Dalle Origini a Socrate*）和第二卷《柏拉图和亚里士多德》（*Platone e Aristotele*）出版于1975年，第三卷《希腊化时代的诸体系》（*I Sistemi dell' Età Ellenistica*）出版于1976年，第四卷《帝国时代的诸学派》（*Le Scuole dell' Età Imperiale*）出版于1978年。全书总篇幅2000余页，仅从作者将柏拉图和亚里士多德置于一卷来看，我们便可断定作者并无企图超越策勒《古希腊哲学史》的打算。构成全书最大特色的便是它将重心放到了后亚里士多德哲学上，用了足足两卷1200余页的篇幅来处理它，以至于A. A. 朗（A. A. Long）在对此书所撰写的书评中，在指出了它在篇幅上不仅无法与策勒相比、甚至也无法与格思里相比之后，仍旧称道它在关于亚里士多德之后哲学的处理上是详尽而全面的。[1]此外，阅读A. A. 朗的这篇书评是令人生发兴味的，因为，他始终以策勒和格思里的著作作为评判标准。因此，他的如下一段话或许可以作为一个明证，证明甚至在20世纪80年代策勒的《古希腊哲学史》在学者们的心目中仍旧据有无可取代的地位。他的原话如下："也许可以合理地预言，策勒的《古希腊哲学史》将永远不会被超越。在各种观点和方法上，他的著作已被取代，但是，它始终是对哲学专门知识和哲学分析的一个巧妙综合。在策勒那里有着大量精心组织的内容，甚至今天他的主要文本都很少令我们感到失望。如果他的著作对于他的更爱标新立异的哲学同代人来说显得有点儿枯燥，那么，这也许就解释了为什么策勒是那么持久。哲学时尚迅即改变。但是，作为一位

---

[1] A. A. Long, "A History of Greek Philosophy", *The Classical Review*, New Series, Vol. 32, No. 1 (1982), pp. 38-41.

新黑格尔主义者，策勒却保持了足够的独立地位来避免发挥演义，这是哲学史家最坏的恶行。当他看到一个哲学问题时他知道它，但他很少沉溺于纯粹思辨的解释或重构中。"[1]这就充分说明了，即便是在20世纪哲学史的撰著更为通常和成规模的前提下，策勒的《古希腊哲学史》巨著仍旧是无人能够企及的，因为，任何一个人想要凭一己之力完成这样一部篇幅宏富的巨著，在他想到策勒时，相信都会忍不住倒吸一口凉气。

三

但是，在篇幅和规模的难以企及以外，我们还要谈到策勒这部巨著本身在学术上对于古希腊哲学史这门学科所做出的具有奠基意义的理论贡献。

首先是在方法上。我们知道，策勒本人是一位黑格尔主义者。从这部巨著的完整标题——"在其历史发展中的古希腊哲学"（Die Philosophie der Griechen in ihrer geschichtlichen Entwicklung）——我们就可以清楚地看到其中黑格尔历史主义的特征，这就是，不仅把古希腊哲学放到历史的脉络之中来加以叙述，而且还是放到思想的历史演进、历史发展之中来加以叙述。但是，正因为如此，指出如下一点就是非常重要的，这就是，尽管策勒是基于19世纪历史主义的方法论视野来处理古希腊哲学的，但是他却自觉地与黑格尔的本质上是先验主义的思想史研究方法拉开了距离。因为，如众所周知的，黑格尔历史主义的一个基本理论预设就是历史与逻辑的统一，他是按照他的逻辑学的概念辩证推演框架来把握古希腊哲学史、乃至到他本人为止的整个哲学史的，从而，在对思想史材料的处理上就不免有逻辑先行和暴力诠释的问题。而策勒在实际的写作过程中却采取了一种相反的研究方式，这就是，更加

1　A. A. Long, "A History of Greek Philosophy", *The Classical Review*, New Series, Vol. 32, No. 1 (1982), pp. 38-41.

注重对思想史材料的搜集、整理与实事求是的分析，而尽力避免在研究中带入预先的理论判断和成见。

　　对此，策勒自己是有着清醒而深刻的理论自觉意识的。他在第一卷第二版的"前言"中曾经写道："在处理我的主题时，我一直牢记我在对它的最初研究中向我自己提出的任务，即在对历史的渊博的探讨和思辨的研究之间遵循中庸之道：既不以一种单纯经验的方式搜集事实，也不构造先验的理论，而是通过多种传统本身，借助批评性的审查和历史性的综合，获致关于它们的意义和相互关系的知识。"[1] 而在第四版的"前言"中他就此做了更进一步的阐发。他认为"哲学地"去理解历史上哲学家的观点是重要的，从而，哲学史不能是外在于哲学的哲学史材料的堆积。但是，我们却又不能因此便滥用哲学的名义，给古代哲学家的思想强加它所没有的观点，为他的思想编造不曾有的体系关联。所以，对于策勒来说，按照古代哲学家思想的历史条件实事求是地来把握他的思想就是一个具有根本重要性的原则。他说："过去的伟大现象在我看来是太过伟大了，因此我不能假设我可以通过将它们拔高到它们的历史条件和限度之上来为它们提供任何帮助。在我看来，这样一种错误的理想化使它们更为渺小而不是伟大。不管怎样，没有任何东西能够因此给历史真理增益，在历史真理面前，对具体的人和具体的学派的偏爱必须让路。"[2] 以此方式，策勒也就向我们阐明了他的历史主义意味着什么——这就是历史的真实！思想史的研究必须符合历史的真实，而不是理论逻辑的虚构。他并且为此给出了具体的研究方法，即："任何人阐述一个哲学体系，都必须将它的作者所持有的各种理论再现于它们在这位作者的思想中所具有的关联之中。这一点，我们只能够从有关这些哲

1　转引自第一卷第四版的"前言"，见 E. Zeller, *A History of Greek Philosophy, From the Earliest Period to the Time of Socrates, With a General Introduction*, Translated by S. F. Alleyne, Vol. 1, London, Longmans, Green, and Co., 1881, p. vii。

2　转引自第一卷第四版的"前言"，见 E. Zeller, *A History of Greek Philosophy, From the Earliest Period to the Time of Socrates, With a General Introduction*, Translated by S. F. Alleyne, Vol. 1, London, Longmans, Green, and Co., 1881, p. ix。

学家本人的证言中、从其他人针对他们的学说的陈述中获知"。[1]而这又进一步包含以下两点更为具体的方法："首先，使我们超出直接证言的归纳在各种情况下都必须建立在我们所拥有的全部证据的基础上；当一种哲学理论在我们看来似乎要求一些进一步的理论时，我们必须总是考察是否这位作者体系的其他部分——在他看来是同样重要的——没有构成障碍。其次，当假定我们正在考察的这位哲学家曾经向他自己提出过我们正在向他提出的问题，向自己给出过我们从他的其他命题中得出的答案，或者本人做出过在我们看来是必然的推论时，我们必须探询我们是否有充分的理由。"[2]这就是策勒的哲学史研究的方法。他的哲学史研究是基于对哲学史材料的经验观察，而不是理论建构，我们对一位哲学家哲学思想的建构必须严格限制在哲学史材料允许的范围内，不多也不少，而是实事求是。

这样一种本质上属于经验实证的方法当然不是黑格尔式的，而是对黑格尔式哲学史研究方法的反对。在第一卷的"总论"中，策勒更是指名道姓地对黑格尔的历史与逻辑统一的哲学史认识方式进行了深入的批判，表明即使观念遵循逻辑的秩序，但是，历史并不遵循逻辑的秩序，而哲学史首先是历史研究，从而，它所遵循的恰恰不是逻辑，而是历史。他这样说："与黑格尔的立场远为不同，我们必须坚持认为，没有任何哲学体系可以这样构成，以至于它的原则通过一个纯粹的逻辑概念就能够得到表达；没有任何一个哲学体系只是根据逻辑程序的法则便从它之前的体系中产生出来。对过去的任何研究都会向我们表明，要在哲学体系的秩序中发现黑格尔的或其他任何思辨逻辑的秩序，这是多么地不可能，除非我们从其中构造出与它们的实际情况十分不同的东西。因

---

1 转引自第一卷第四版的"前言"，见 E. Zeller, *A History of Greek Philosophy, From the Earliest Period to the Time of Socrates, With a General Introduction*, Translated by S. F. Alleyne, Vol. 1, London, Longmans, Green, and Co., 1881, p. ix。

2 转引自第一卷第四版的"前言"，见 E. Zeller, *A History of Greek Philosophy, From the Earliest Period to the Time of Socrates, With a General Introduction*, Translated by S. F. Alleyne, Vol. 1, London, Longmans, Green, and Co., 1881, p. x。

此，这一尝试无论是在原则上还是实践上都是一个失败，它所包含的真理仅仅是这样一个普遍的信念，即，历史的发展受到不变规律的内在支配。"[1]事实上，正是在方法上对当时盛行的黑格尔式的历史主义的清醒认识和自觉批判，使策勒不仅保持了自己哲学思想的独立性，而且是他的这部《古希腊哲学史》具有超越时代局限性的价值的根本原因所在。他在哲学史的经验材料和哲学史的哲学理解之间找到了一个巧妙的平衡点。

接下来，我们要提及策勒这部巨著在古希腊哲学史这门学科上的第二个理论贡献，这就是对古希腊哲学史的基本分期的确定。

我们现在通常把整个古希腊哲学史分成三个时期，这就是：前苏格拉底哲学、古典希腊哲学和晚期希腊哲学。对于前苏格拉底哲学，有时候人们为了避免"前苏格拉底"这个时间限定的过于僵硬，也用"早期希腊哲学"来代替它，但是，无论如何，苏格拉底都构成了界定这一时期哲学的一个重要分界点。对于古典希腊哲学，人们主要想到的就是苏格拉底、柏拉图和亚里士多德，他们的思想和体系毫无疑问是古典希腊时期哲学思想的中心和重心。对于晚期希腊哲学，人们通常用它来指亚里士多德之后的整个古希腊哲学，这既包括希腊化时期的哲学，也包括罗马帝国时期的哲学，直至新柏拉图主义，直至公元529年雅典最后一个希腊学园被关闭。这就是我们现在所通行的对整个古希腊哲学史的分期。而我们在这里要指出的是，这一基本分期就是在策勒那里被真正确立起来的。

因为，像上述那样一种在我们现在看来极其自然合理的对古希腊哲学史的分期，在古希腊哲学史这门学科最初成立和研究的初期却并不是现成的。策勒在讨论这个主题时已经给我们提供了这方面的几个具体例子。例如，阿斯特（Ast）和里克斯纳（Rixner）的哲学史著作在处理

1　转引自第一卷第四版的"前言"，见 E. Zeller, *A History of Greek Philosophy, From the Earliest Period to the Time of Socrates, With a General Introduction*, Translated by S. F. Alleyne, Vol. 1, London, Longmans, Green, and Co., 1881, p. 14。

古希腊哲学史时，以伊奥尼亚的实在论、意大利的观念论和阿提卡的综合将古希腊哲学划分成为前后相继的三个时期。而布拉尼什（Braniss）在他的哲学史著作中则将古希腊哲学划分成为如下三个时期：第一个时期从泰勒斯一直到恩培多克勒，第二个时期涵括了阿那克萨戈拉、德谟克利特和智者学派，第三个时期则是从苏格拉底一直到古希腊哲学的结束。黑格尔在《哲学史讲演录》中，在讨论古希腊哲学的分期时，则把整个古希腊哲学分成如下三个时期：第一个时期是从泰勒斯到亚里士多德，第二个时期是亚里士多德之后的哲学，主要是指斯多亚学派、伊壁鸠鲁学派和怀疑论学派，第三个时期是新柏拉图主义的哲学。而对于第一个时期，他又将之分成三个阶段，第一个阶段是从泰勒斯到阿那克萨戈拉，第二个阶段包含智者学派、苏格拉底和苏格拉底学派，第三个阶段是柏拉图和亚里士多德的哲学。

我们以今天的眼光来审视这些划分，会觉得它们是极其怪异和难以理解的。但我们一定不要忘了：首先，这是在古希腊哲学史学科初创阶段人们对其时期划分的意见，他们产生这样或那样的意见分歧无疑是极其自然、极其合理的；其次，更为重要的是，我们之所以认为它们十分奇怪，恰恰是因为我们的古希腊哲学史分期观念正是通过策勒而被塑造的，他的三大卷六大本的《古希腊哲学史》，其中三大卷的总划分，恰好对应的就是现在所通行的对古希腊哲学史的三大阶段的划分。一旦我们追溯到此，两相对比，我们也就知道策勒在古希腊哲学史分期问题上的理论地位了。

但是，如果我们在这里把这个问题考察得更为仔细一些，那么，我们要进一步指出，策勒在这个问题上最为重要的理论贡献就是确立了"前苏格拉底哲学"这个概念。因为，一个极其显然的事实是，无论是在阿斯特、里克斯纳、布拉尼什还是黑格尔的哲学史著作中，在对古希腊哲学史的分期中，他们并没有一个明确的"前苏格拉底哲学"概念。在这方面，黑格尔表现得最为突出，在他的《哲学史讲演录》中，苏格拉底甚至不构成他所划分的第一期第二阶段的开端，作为这个阶段开端的是智者学派。

　　但正是在策勒的这部巨著中，他明确地把苏格拉底树立为把握整个古希腊哲学史分期的关键环节。在第一卷的"总论"中他这样肯定地说："苏格拉底不仅发展了一种已经存在的思想模式；他还将一种本质上全新的原则和方法引入到哲学中。"[1]在此之后，他便指出了这一全新的原则和方法的根本内涵，这就是："苏格拉底却首先表达了如下信念，除非其普遍本质、其概念被确定，关于任何对象没有任何东西可以被知道；因而通过概念标准对我们表象的检验——哲学意义上的自我知识——就是所有真知识的开端和前提。尽管早期哲学家们通过思考事物本身首先达到将表象与知识区分开来；但与此相反，他却使事物的全部知识依赖于对知识本质的一个正确观点。"[2]这当然是对苏格拉底定义法的诉诸和对其哲学内涵的揭示，但是，即便是从当代古希腊哲学知识论研究的水准出发来审视策勒的这一概括，我们也必须要承认，它确实抓住了苏格拉底方法的本质，并且因此抓住了苏格拉底在古希腊哲学史上所具有的转折点意义。由此，策勒把苏格拉底看成是古希腊哲学一个新的历史时期的开端就一点儿也不奇怪的了。他说："因此，从他这里就开始了一种新形式的科学，基于概念的哲学；辩证法取代了早期的独断论；而且与此相联系，哲学在此前未被探索过的领域中赢得了新的、丰厚的战利品。……这些变化是如此深刻，对哲学的一般前提和特性影响如此巨大，以至于看起来确实有道理说从苏格拉底开始了哲学发展的一个新的时期。"[3]在这里，"基于概念的哲学"取代直接意义的自然哲学，

1　转引自第一卷第四版的"前言"，见 E. Zeller, *A History of Greek Philosophy, From the Earliest Period to the Time of Socrates, With a General Introduction*, Translated by S. F. Alleyne, Vol. 1, London, Longmans, Green, and Co., 1881, p. 171。

2　转引自第一卷第四版的"前言"，见 E. Zeller, *A History of Greek Philosophy, From the Earliest Period to the Time of Socrates, With a General Introduction*, Translated by S. F. Alleyne, Vol. 1, London, Longmans, Green, and Co., 1881, p. 171 172。

3　转引自第一卷第四版的"前言"，见 E. Zeller, *A History of Greek Philosophy, From the Earliest Period to the Time of Socrates, With a General Introduction*, Translated by S. F. Alleyne, Vol. 1, London, Longmans, Green, and Co., 1881, p. 172。

这就是由苏格拉底所开启的哲学传统与之前的哲学传统的根本区别。因为，无论是柏拉图的理念论还是亚里士多德的形式理论，在这一意义上都是经由苏格拉底的方法而来的。简言之，理念和形式都离不开苏格拉底的普遍定义法。普遍定义法和辩证法最终构成了柏拉图和亚里士多德哲学体系方法论的根本内核。策勒指出这一点，并且根据这一点来确定苏格拉底在古希腊哲学史上的地位和作为新时期开端的意义，这就是策勒思想的深刻之处和独到之处。他以苏格拉底为古希腊哲学史的关键界标所形成的"前苏格拉底哲学"的概念，毫无疑问是古希腊哲学史学科上影响最为深远的一个概念。

最后，从古希腊哲学史书写的角度，我们还要指出策勒这部巨著相较于同一题材的其他著作一个值得读者重视的特色所在，这就是：它不仅提供了对上自泰勒斯、下迄新柏拉图主义近一千余年的古希腊哲学体系化的历史书写，而且还提供了对活跃于其间的大大小小、纷繁复杂的各哲学学派的历史书写。所谓"体系化的历史书写"是指，对主要哲学家的思想从本体论、认识论、宇宙论、伦理学等各个方面进行体系化的论述，揭示其内在的哲学理路，阐发其根本的哲学主旨，以为读者提供理解和把握古希腊哲学的钥匙。策勒的著作秉承德国哲学史著述的传统，发挥黑格尔学派的哲学精神，在这方面自然驾轻就熟，并且能够展现其"胜境"，发掘其"胜义"，为同类著作所难及。但是，这并不构成其特色所在，因为，这一方面的内容当然是任何一部古希腊哲学史著作在写作上所必然要涉及的。因而，真正构成策勒这部巨著值得我们重视的特色的，实际上倒是它对古希腊哲学学派历史的书写，这在同类型的著作中无疑是极其稀少的。以格思里的《古希腊哲学史》为例，在他的六大卷的著作中，除了前两卷处理前苏格拉底哲学的部分必须是对前苏格拉底哲学各派的讨论外，在后面四卷对苏格拉底、柏拉图和亚里士多德哲学的处理上，他丝毫也没有涉及所谓的苏格拉底学派和柏拉图学园派、亚里士多德漫步学派的主题。但是，策勒的著作，我们仅看各卷的标题，就可以认识到其著述的一个不可忽视的重心就是古希腊哲学的学派史。例如，按照英译本的分卷，第二卷的标题是"苏格拉底与苏格拉底学派"，第三卷的标题是"柏拉图与老学园派"，第四卷的标题是"亚里士多德与早期漫步学派"，第五卷的标题是"斯多亚学派、伊壁鸠鲁学派和怀疑主义学派"，第六卷的标题是"古希腊哲学中的折中主义流派史"。在第二卷中，除了苏格拉底的哲学以外，他还具体论述了麦加拉学派、厄立特里亚学派、犬儒学派、居勒尼学派，以及上述各派的主要代表人物的思想。在第三卷中，除了柏拉图的哲学以外，他还对老学园派进行了考察，涉及了斯彪西波、色诺克拉底、赫拉克利德、欧多克索、波勒莫等多位早期柏拉图主义者的思想。在第四卷中，除了亚里士多德的哲学之外，他还处理了早期漫步学派的主题，对塞奥弗拉斯特、欧德谟斯、阿里斯托克塞努斯、斯特拉托，及斯特拉托之后公元前 2 世纪的漫步学派都有论述。至于第五、六卷对迄至公元一世纪希腊化时期哲学各派的具体论述，其所论列人物的详尽和众多，当然更是一般性的哲学史论述所难以企及的。这样，在绝大多数古希腊哲学史著作侧重于对主要哲学家思想体系论述这一总体背景下，策勒的《古希腊哲学史》却能兼顾其间的各个哲学学派自身的历史，并给予不菲的篇幅来予以展示，这当然就构成了他这部巨著在历史书写上的一个绝对不容忽视的特色，而且也使他的这部巨著具有珍贵的文献价值。因为，坦率地说，迄今为止，在汉译过来的古希腊哲学史著作中，还没有一部处理到这一主题，并且给我们提供这方面的可资研究利用的材料，而我们自己的古希腊哲学史方面的研究著作对于这一主题当然更是只能付诸阙如。

四

在对策勒这部巨著的历史地位、学术价值做了介绍之后，我们现在可以来就这部汉译本的情况做些说明。

策勒六卷本（英译本）《古希腊哲学史》的汉译工作始自 2010 年。

当时，在中国人民大学"品牌研究计划"科研项目的资助下，我们计划出版一套"古希腊哲学基本学术经典译丛"，将自上个世纪以来西方学者研究古希腊哲学的一些经典学术名著译介过来，以进一步促进古希腊哲学研究在国内的繁荣和深化，此计划得到了人民出版社的大力支持。计划中的丛书共 12 本，其中，策勒六卷本（英译本）《古希腊哲学史》便是重中之重。由于认识到这部著作无论其自身的学术分量还是出版后可能产生的学术影响都是非常巨大的，因此，从一开始我们就按照"术业有专攻、学术有成就"的原则来寻找合适的译者，以使汉译本能够经得起时间和学术的严格检验，成为国内古希腊哲学研究的基本学术经典。而我们也可以自豪地说，承担这一翻译工作的五位主要译者都是国内古希腊哲学研究的知名专家学者。为了便于读者了解，我们在这里按照各卷的顺序依次介绍一下。

其中，本书第二卷译者是天津外国语大学欧美文化哲学研究所的吕纯山副研究员，她对亚里士多德的《形而上学》有专门的研究。本书第三卷译者是中国社会科学院哲学所的詹文杰副研究员，他是柏拉图哲学研究上卓有成就的学者。本书第四卷译者是云南大学哲学系的曹青云副教授，她对亚里士多德的《形而上学》、《物理学》、《论灵魂》等都有深入的研究。本书第五卷译者是南昌大学哲学系的余友辉副教授，他是晚期希腊哲学的研究专家。本书第六卷译者是浙江工商大学马克思主义学院的石敏敏教授，她在晚期希腊哲学上有多部译著与专著出版。本书第一卷之所以放到最后才提及，是因为这一卷是由多位译者合作完成的。其中，余友辉副教授独立承担了该卷第二分册的翻译工作。而该卷第一分册则由聂敏里、詹文杰、余友辉、吕纯山四人合作完成。

我们在这里还要特别提及为第五卷的翻译贡献力量的中国社会科学院哲学所的何博超副研究员，为第六卷的翻译贡献力量的浙江大学哲学系的陈玮副教授。何博超负责了第五卷中古希腊文的处理工作，陈玮负责了第六卷中古希腊文的处理工作。这些古希腊文处理的工作是特别繁重的，所以，我们在这里还要为他们两位的慷慨支持和帮助表示由衷的感谢。此外，各卷所附的"译名对照表"，下含该卷出现的神名、人名、地名的中西文对照，对各卷之间译名一致性的审校工作，是由毕业于爱尔兰都柏林三一学院柏拉图研究中心的葛天勤博士完成的，在此，我们也要对他的热情帮助和细心工作表示深深的感谢。

在介绍了整个翻译团队的人员构成后，我们对翻译的一些基本情况做些说明。策勒《古希腊哲学史》英译本分成六卷八册，其中第一卷和第四卷都有两册。汉译本沿用了英译本的这一分卷方式，也是六卷八册。同时，如前所示，策勒这部书的德文原名是"在其历史发展中的古希腊哲学"，我们将它翻成"古希腊哲学史"，是遵照了英译本的书名。但我们下面着重要谈一谈，我们是如何来处理策勒书中堪称繁复、甚至繁琐的脚注的。

可能，构成策勒这部书在写作方式上一个最引人注目的特色就是，行文之中充满了大量的学术脚注。本来，任何一部学术性的古希腊哲学史著作的撰写，丰富的学术脚注是不可缺少的，例如，格思里的六卷本《古希腊哲学史》便是如此。但是，像策勒这部《古希腊哲学史》，脚注的篇幅有时候占满了整整一页，比正文文字还多，这种情况却是十分少见的。策勒自己在第一卷第二版和第四版的"作者前言"中都曾说明他是如何来理解他文中的这种篇幅巨大的学术性脚注的。他这样说：

> 在前苏格拉底哲学方面，由于资料来源的特征和有关它们的现代观点的分歧，这个任务被弄得格外地困难：如果没有许多批评性的讨论，并且经常深入到细节之中，要完成它是完全不可能的。但是，既然历史阐述的清晰不可以因此受到损害，我便始终把这些讨论尽可能地放到脚注中，而针对作者的证言和引用也在其中找到了适合的地方。但是，证言和引用所取材的著作有很多，其中一些又是难以找到的，因此，便常常有必要给出充分的摘引，以便于读者无需浪费时间便能够查证我阐述的真实性。因此，脚注的数量，相

应地，整卷的篇幅，便增加到了一个惊人的规模；但我希望，在优先照顾到读者对科学的要求，和针对疑难便于节省他的时间而不是印刷者的纸张上，我已经做出了正确的选择。[1]

策勒在这里说的是第一卷脚注的情况，但是，这实际上也是整个六卷的普遍情况。从策勒这里的表述和他著作中脚注的实际情形来看，显然，他的脚注基本上分成三种类型：一是批评性的讨论，是对正文论述的补充，显然，这部分脚注是非常重要的；二是相关的证言和引用，以为正文的讨论提供相应的材料补充，显然，这部分脚注如果构成了正文讨论的有机部分，也是非常重要的；三是文献出处，这在当代的处理习惯是仅仅列出可以检索到的文献名，但是，如策勒在上引文中所表述的，他为了便于读者即时的检索，也不惮其烦地将相关的文段抄录了下来。这三种类型的脚注时常是混合在一起的，正是这种混合难免有时候造成了过长的篇幅。

当我们理清了策勒脚注的上述头绪，从中文出版物排版的体例要求出发，经过我们的慎重考虑，我们决定，对于第一种类型的脚注，我们要完全地呈现出来，因为，这是策勒哲学史论述的有机部分，是不可或缺的。对于第二种类型的脚注，由于是给策勒的哲学史论述提供有机的支撑，有时候讨论就是针对这些材料中的具体观点和概念展开的，所以，我们在翻译中也要将它完全地呈现。只是对于第三种类型的脚注，由于它们在根本上起到的作用只是文献检索，这些文献中虽然有一些确实如策勒所说是难以找到的，但是，毕竟不是不能找到的，而且也只有专业性的读者在自己专业研究的细节处才会去重视这些材料，而恰恰对于专业性读者来说，寻找这些材料本身并非难事或就是自己的本职工作，所以，我们在翻译时就按照通行的出版惯例，仅仅保留了文献名和具体的位置信息，对于其中所抄录的原文段落则省略了。这样做的好处

---

1 E. Zeller, *A History of Greek Philosophy, From the Earliest Period to the Time of Socrates, With a General Introduction*, Translated by S. F. Alleyne, Vol. 1, London, Longmans, Green, and Co., 1881, pp. vii, viii.

就是，我们能够在中文版中将策勒著作中的脚注控制在排版可以接受的篇幅内。同时，顺便要说到的是，对于脚注中的文献名，策勒多是以缩写呈现，我们考虑到如果将它们通通翻译成中文，对于专业性读者来说反倒会造成他们由此去检索原始文献的困难，所以，我们认为，最明智的做法就是保持这些文献名的原文缩写不译，专业性的读者可以直接根据它们来检索原始文献。

这就是我们在翻译策勒这部巨著时需要说明的一些基本情况，至于更为具体的一些说明，读者可以在全书的"凡例"部分看到，在那里，我们对翻译的具体细则做了严格的规定。全书翻译迄今为止已经历时十载，相对于策勒这部近四百万言的巨著来说，如此旷日持久之工程本也在情理之中，但是，在这十年的时光中，我们翻译团队的各位译者所展现的敬业精神，在需要支持和帮助时所表现出来的义不容辞的担当精神，却是最令人感动、也是最令人珍视的一段记忆。

在这篇序言的最后，我们全体成员还要对 2018 年 1 月 21 日病逝的汪子嵩先生表示崇高的敬意。作为中国人自己独立撰写的四卷本巨著《希腊哲学史》的主编，汪先生对于国内古希腊哲学学科的建设始终倾注了自己全部的心力。因此，当我在 2016 年专诚通过汪先生的女儿汪愉女士请汪先生为我们正在翻译的这部策勒的《古希腊哲学史》题词时，他虽然已经写字不能成行，但仍欣然提笔给我们的这部译著写下了如下勉励的话：

德国哲学史家策勒的《古希腊哲学史》是古希腊哲学学科的奠基之作，中国学者有责任将它完整地翻译过来！

汪子嵩

2016.6

当时面对汪先生的这段话，我们已经深感肩上责任的重大，而在这段话成为汪先生写给国内古希腊哲学研究界最后的遗言后，我们更是深深地感到我国老一辈学者对中国学术的拳拳赤子之心。所以，我们不仅要将这部译著献给已故的我们尊敬的汪子嵩先生，而且还要献给在古希腊哲学研究领域长期奉献、耕耘的前辈学者们，正是这些学者们的工作奠定了古希腊哲学学科在国内研究的坚实基础，为它的繁荣和发展创造了不可或缺的前提条件。

是为序！

聂敏里

2020 年 4 月 24 日

目　录

中译者前言

  《亚里士多德与早期漫步学派》是 19 世纪德国哲学家策勒（1814—1908）所著的《古希腊哲学史》的第二卷第二部分，它分为上下两册，共计一千多页，中文译文超过六十万字。在这里，策勒以极其细腻的笔触、扎实的文献知识、敏锐的理解力和充沛的热情为我们描绘了亚里士多德的思想体系，几乎呈现出亚里士多德哲学的每一个细节，将这位哲学巨匠思想深处的旖旎风光展现在世人眼前。光是这样的工作就足以在学术研究史上赢得举足轻重的一席。时至今日，策勒著作的出版已过去一百多年，百余年间它是德语哲学界乃至西方哲学界的"希腊哲学教科书"；中国人学习希腊哲学自然也绕不开它，甚至它为我们理解希腊哲学提供了绝佳的线索和源泉。

  《亚里士多德与早期漫步学派》两册共有二十一章，外加一篇关于《政治学》成书情况的附录。从全书的框架上来看，策勒并不是按照传统的办法把亚里士多德著作划分为理论的、实践的和创制的三类来阐述，而是把它们划分为四个大类——包括逻辑学、形而上学、自然历史和伦理学——以及艺术哲学小类。按照这种划分方式，策勒从对亚里士多德生平的描述开始，在附议了他的著作概况之后，依次讨论了他的逻辑学、形而上学、自然哲学（包括物理学、心理学和动物学）、伦理学（包括道德伦理、政治学和修辞学）和艺术哲学；他在处理完亚里士多德的主要学说之后，转入了对早期漫步学派的梳理，主要是对塞奥弗拉斯特、欧德谟斯、斯特拉托等一些重要人物的论述，并勾勒了漫步学派发展的基本轨迹和理论特点。

　　这本书区别于其他哲学史著作的特点在于：策勒以亚里士多德及其学派的思想发展为线索来组织全文，尤其是策勒对早期漫步学派的论述为读者提供了掌握亚里士多德学派发展的文献资料，为我们理解亚里士多德哲学的历史命运提供了重要的学术史背景；很长一段时间以来，这本书是中文读者了解亚里士多德以降漫步学派的唯一史料。或许是因为受黑格尔的影响，策勒有意地把亚里士多德以及整个希腊哲学放在历史发展的进程中来考察，并且他很擅长这样的研究，这使得他的研究具有强烈的历史意识，对思想的发展演进及其前后关联尤有独到的见解。

　　然而，值得注意的是，策勒并不像耶格尔（Werner Jaeger）和欧文（G. E. L. Owen）等人用"发展论"的模式来解释亚里士多德，[1] 相反，他更倾向于从整体上来理解他的学说，并将这个整体放在历史的进程中来反思。他喜欢对亚氏哲学的核心概念进行系统演绎，使之成为一个逻辑相关的有机体，甚至在亚里士多德不打算或实际上没有进行这些工作时，策勒都在自己的阐述中为他填补了这些细节。与亚里士多德相比，策勒或许是更典型的体系化哲学家，而在他的笔下，亚里士多德的哲学也变得更加体系化了。例如，本书第五章探讨亚里士多德的逻辑学，策勒指出，亚里士多德的逻辑学是科学研究的方法和工具，为了正确理解这种方法，"我们必须首先细致地考察亚里士多德有关知识的本性和起源的观点"（cf. i. p. 194）。因此，在第五章的开篇，策勒一开始便转入

1　耶格尔和欧文是二十世纪用"发展论"的模式来解释亚里士多德学说的代表人物，"发展论"一般认为亚里士多德的许多学说存在着一个发展变化的过程，因此他在不同（时期）的文本中会持有不同的观点，甚至是矛盾的观点，比如他在晚期的著作中会抛弃或否定前期的观点。但是，耶格尔和欧文对亚里士多德思想之发展的理解却恰恰相反，前者认为早期亚里士多德是一个柏拉图主义者，后期逐渐发展为反柏拉图主义者，后者认为亚里士多德早年是一个反柏拉图主义，而在他思想的成熟时期是一个柏拉图主义者。参见耶格尔：《亚里士多德：发展史纲要》，朱清华译，人民出版社2013年版；欧文：《亚里士多德的柏拉图主义》，载《20世纪亚里士多德研究文选》，聂敏里译，华东师范大学出版社2010年版。另外，参见 M. L. Gill, "Aristotle's Metaphysics Reconsidered", *Journal of the History of Philosophy*, Vol.43, No.3, 2005, pp.223-252, esp. pp.223-224。

对知识问题的论述：知识与事物之本质的关系，知识与个别和普遍的关系，知识与理智直观的关系，感性经验与概念的关系，等等，这些阐述涉及大量形而上学、心理学甚至生物学的文本；直到这一章的篇幅过半，策勒才转入对概念、命题、证明、三段论等亚里士多德传统逻辑的论述。如果我们抛开策勒的行文思路，从亚里士多德逻辑学诸篇的文本出发，我们大概不会从知识的本性和起源的角度来理解他的逻辑学，我们在《范畴篇》《解释篇》和《分析篇》等文本中面对的是词、句子、证明的逻辑意义和对应的实在对象及其关系，而不是首先面对"什么是知识"以及"如何获得知识"这类问题。因此，策勒对亚里士多德学说的体系化建构在这里表现得尤其明显。

接下来，我想集中地谈谈本书几个突出的特征，它们或多或少与以上提到的体系化和历史感相关。第一，与体系化的阐述方式相关的是本书行文的一个特征：正文通常是逻辑流畅的提纲和摘要，而具体问题的讨论出现在数目众多、篇幅巨大的注释中。这些注释有的非常长，一条注释几乎构成一篇小论文，策勒在注释中时常引用亚里士多德的原文、古代评注者以及策勒同时代的许多研究者的观点，有时他还给出大量的评论，有时他的点评亦十分简短。想要充分了解此书，这些注释是极为重要的。译者在翻译这些注释时倾注了极大的心血，读者在阅读时亦需极大的耐心。我们在这里举一个例子。"实体"是亚里士多德形而上学的一个核心概念，在本书中，"实体"这个词第一次出现在第五章关于逻辑学的讨论中。策勒说："概念的对象是实体，或者更准确地说，是确定的实体或被讨论对象的特有本质。"关于这句话，策勒用了一条很长的注释来解释（第151页注释1），他首先阐述了表达"实体"概念的几个术语，例如"οὐσία"、"εἶδος"、"ὅπερ ὄν"、"ὅπερ ἕν"，以及"τὸ τί ἦν εἶναι"这个系词不定式加第三格的方式表达"本质"，然后区分了本质的存在与拥有本质的事物的偶然存在，此后他把形式因与本质和实体联系起来，最后他辨析了"τί ἦν εἶναι"与"τί ἐστι"的关系——即前者指某物特定的形式和存在，而后者是更宽泛的，它可以是形式、质料，甚至某个性质。这个注释对于我们了解"实体"概念的表达方式、意义以及文本出处都是极为有益的。

本书的第二个特征是策勒对亚里士多德哲学立场的归纳：他把亚里士多德哲学归纳为先验思辨的和经验观察的两条线索的融合。先验思辨的倾向是亚里士多德从苏格拉底和柏拉图那里继承来的旧哲学的特征，而经验观察的倾向是亚里士多德自己发展出的新方向。策勒说："亚里士多德把它们结合起来这一事实是希腊哲学的最高成就之一"，但他同时指出，亚里士多德融合这两种倾向的努力失败了，这导致他的哲学体系是有缺陷的，甚至是矛盾的。

这些矛盾首先表现在：实体究竟是具体的个体存在者还是普遍的形式？策勒指出，亚里士多德一方面认为"只有个体实体有着自足的、独立存在的本性，因而它们才是原初意义上的实体"，概念所表示的普遍本质不能独立存在，这是他对柏拉图理念论的重要修正，另一方面他又认为"知识是对实在的认识，但知识的对象不是个体事物，而是一般概念"，因此实体应当是普遍的本质或形式。解决这个问题唯一可能的道路是找到某种原则，它既是普遍的又是个别的——这样它就既是实体和现实性的基础，又是普遍者和真理的基础。然而，策勒认为我们无法在亚里士多德的学说体系内找到类似的解释方法，这个困难是亚里士多德哲学无法避免的缺陷和深刻的矛盾。

亚里士多德学说的第二个重要矛盾表现在形式与质料的关系中。策勒指出，亚里士多德一方面认为形式与质料是一对对立的原则：形式是全部本质特征，而质料是不带有任何性质的基体，形式是规定性，而质料是能够接受任何规定性的纯粹潜在性，形式是本质因和目的因，而质料是自然必然因和偶然因（cf. i. pp. 363–364）。另一方面，亚里士多德又认为形式与质料并不仅仅是两个对立的原则，质料把它的某些东西积极地贡献给了形式：质料与"事物的某些属性相关并决定着它们的一般特征"；质料是运动和变化的原因，因为这一原因就是质料对形式的内在渴求；甚至"质料是个体存在的源泉"，因为形式是普遍的，实体的个体化原则必然来自质料（cf.i.pp.365–372）。

亚里士多德学说的第三个主要矛盾表现在对人的灵魂的理解中，即人格的统一性问题。策勒指出，亚里士多德把灵魂区分为营养的灵魂、感知的灵魂、理性的灵魂等不同部分，但却没有告诉我们应当在哪里寻找它们的联系以及生命的统一性。尤其对于理性灵魂，策勒认为理性是从外部进入人的身体的另一种灵魂，然而，是什么原因使理性与人的身体统一起来，又是什么原因使这个特殊的身体与其理性相统一？"人格"是存在于理性之中的——它是普遍的和永恒的，不受个体生命之变化的影响，还是存在于灵魂的低级功能之中——即它具有个体的所有特征？策勒相信亚里士多德未能回答这些问题，"正如他的形而上学在个体性的问题上并没有给出清晰的和一致的论述，他的心理学在关于人格的问题上也有同样的缺陷"（ii.p.134）。

因此，策勒认为亚里士多德对先验思辨和经验观察这两种哲学倾向的融合最终是失败的，而他的哲学体系的每个部分都贯穿着从柏拉图那里继承的二元论——即从先验思辨中发现的本质与从经验观察中发现的现象的区分；"一旦理念和现象、精神和自然的对立被柏拉图清楚而深刻地提出来，希腊哲学面临的问题就是极其困难的"（ii.p.345）。但亚里士多德没能成功地克服这种二元论，因此，策勒指出，"他的学说是对苏格拉底和柏拉图的理念主义的完善和终结：说它是完善，因为它被充分而彻底地运用于整个现实世界，并从'理念'的角度来解释现象世界；但它也是终结，因为它揭示出：一旦我们在对世界最基本的定义中将理念和现象分开之后，要将理念和现象完全统一起来是不可能的"（cf.i.p.180）。

策勒对亚里士多德的这番阐述和评价在许多方面是深刻的。然而，由于他的观点的"教科书式"的表达方式，读者难免会对亚里士多德产生"脸谱化"，甚至教条式的理解。例如，他的"形式是普遍的"观点，他对"原始质料"的描述，他对"质料作为个体化原则"的肯定，他对亚里士多德哲学体系是有缺陷和有矛盾的评判，这些几乎成为主流的代表观点。

　　然而，二十世纪以来，策勒所代表的观点遭到了许多挑战，有不少学者试图给出不同的解释。在"形式是普遍的还是个别的"这个争论上，许多研究者认为形式是个别的，而不是普遍的，其中的代表人物包括：帕兹希（G. Patzig）、弗雷德（M. Frede）、惠特（C. Witt）、惠廷（J. Whiting）、希尔兹（C. Shields）、海内曼（R. Heinaman）等；[1] 他们认为：形式是个体本质，而非谓述个体的普遍性质；因此，形式而非质料才是可感实体的"个体化原则"，换言之，形式是使得个体事物成为实体的原因。在所谓的"实体究竟是个体还是普遍者"的矛盾中，只要亚里士多德认为形式是个别的，那么他就可以说实体是个体并且实体是形式；既然形式作为个体化原则是可能的，那么人格或灵魂的统一性就不成问题了。

　　此外，有学者按照策勒预告的，在亚里士多德的学说中"寻找一个既是普遍的又是个别的原则"，这就是"既是普遍的又是个别的形式"，例如卢克斯（M. Loux），[2] 但卢克斯并不像策勒那样认为这种原则是不可能找到的，当形式描述质料时，它是个别的，当它作为高阶的谓词描述一个可感对象时，它又是普遍的。

　　至于"原始质料"概念，许多学者把策勒的描述视作需要加以反

1　Patzig 和 Frede 是提出"个体形式"说的代表人物，最近几十年来，有许多学者支持"亚里士多德的形式是个别的"这一观点，并因此认为质料不是可感实体的"个体化原则"，形式才是"个体化"的来源。参见 M. Frede & G. Patzig, *Aristoteles Metaphysik Zeta: Text Übersetzung und Kommentar*, Verlag. C. H. Beck, Muechen,1988。以及 C. Witt, *Substance and Essence in Aristotle: An Interpretation of Metaphysics VII-IX*, Ithaca: Cornell University Press,1989。以及 J. Whiting,"Form and Individuation in Aristotle", *History of Philosophical Quarterly*, Vol.3,1986, pp.359–377。以及 C. Shields,"Soul as Subject in Aristotle's De Anima", *Classical Quarterly*, Vol.38,1988, pp.140-149. 甚至，Heinaman 在文章中明确地谈到了策勒观点的"脸谱化"的影响，参见 R. Heinaman,"Knowledge of Substance in Aristotle", *The Journal of Hellenic Studies*, Vol.101,1981, pp.63–77。

2　参见 M. Loux, *Primary Ousia: An Essay on Aristotle's Metaphysics Z and H*, Ithaca and London: Cornell University Press,1991。

驳的典型。他们认为亚里士多德并不持有"纯粹的潜在的"、"单纯的接受性"、"不带有任何性质的基体"这样的"原始质料"的概念，甚至这样的概念与他的学说是不相容的，例如：查尔顿（W. Charlton）、琼斯（B. Jones）、科恩（S. Cohen）等人。[1] 因此，像"原始质料"和"纯形式"的这种对立，在亚里士多德看来或许是个伪问题。

当代研究者的工作表明策勒对亚里士多德的解释和重构或许是成问题的，他对一些重要的问题——例如"个体形式"、"原始质料"，只有简短的论述，而使他信心十足地得出"亚里士多德的体系存在着无法融合的二元论造成的矛盾"这样的结论，恐怕还得落实在他的"前见"上——即亚里士多德没能融合柏拉图传统的先验论和自然主义的经验论立场，但这一"前见"或许正是来源于策勒想把亚里士多德哲学放在一个更庞大的、体系化的思想发展史中来考虑。诚然，先验思辨是柏拉图传统的主要特征，理念与现象的区分、对立、甚至分裂是柏拉图理念论的中心思想，但是想要沟通理念和现象并非不可能，柏拉图本人已有许多尝试，而亚里士多德为何不能认为"经验观察不仅能发现现象，也能从中获得本质"呢？亚里士多德并不是要"融合"或者"克服"二元论，本质与现象的区分是无法抹杀的，问题的关键在于本质（或理念，或形式）存在于哪里？我们又应当如何获得本质？亚里士多德对柏拉图哲学的完善和发展并不在于取消本质和现象的区分，而是找到沟通本质和现象、精神和自然的新途径——本质即存在于现象之中，精神即表达在自然之内。

策勒一书的第三个特征是关于漫步学派的发展趋向的。尽管策勒

1　这些研究者的具体观点是有差异的，但他们都认为亚里士多德并不接受上述"原始质料"概念。参见 W. Charlton, *Aristotle's Physics I and II*, Oxford: Clarendon Press,1970, Appendix。以及 Barrington. Jones,"Aristotle's Introduction of Matter", *The Philosophical Review*, Vol.83,1974, pp.474-500。以及 S. Cohen, *Aristotle on Nature and Incomplete Substance*, Cambridge: Cambridge University Press,1997. 和 S. Cohen,"Aristotle's Doctrince of the Material Substrate", *The Philosophical Review*, Vol.93,1984, pp.171-194。

对亚里士多德哲学的体系化阐述或许是成问题的，但他对亚里士多德以降的漫步学派之理论发展的归纳和评价是深刻而富有洞见的。亚里士多德对前苏格拉底的自然哲学的复兴，他的哲学展现出的自然主义实在论，他对经验观察的重视，所有这些倾向都在漫步学派的发展中得到巩固和深化。

策勒注意到，亚里士多德的学生和继任者鲜少有独立的和原创性的哲学思想，他们的工作主要是解释和完善亚里士多德的学说，尤其注重亚里士多德的自然哲学。塞奥弗拉斯特流传下来的著作主要是关于植物学和自然科学，与亚里士多德相比，他更加看重经验和观察——理论必须与经验证据相符，观察必然从个体事物开始。因此，塞奥弗拉斯特的研究"倾向于特殊的事物而不是基本原则"（cf.ii.p.358）。欧德谟斯除了流传甚广的《欧德谟伦理学》之外，他自己有一篇《物理学》，这本书几乎是对亚里士多德《物理学》的忠实转述。斯特拉托被称为"自然哲学家"，因为他的主要贡献是对自然诸问题的研究。早期漫步学派的所有重要人物都在自然哲学或自然科学的研究方面有所著述。

如果说柏拉图哲学是对本质（理念）和现象的二元区分，并在这个区分中赋予理念最终的实在性，亚里士多德哲学是对本质与现象的沟通，并在这种沟通中消解柏拉图式的二元对立，那么早期漫步学派的理论发展趋向物质现象一方，逐渐赋予物质存在以基础性的实在地位，并倾向对本质或理念的"去实体化"以及"泛神论"。例如，斯特拉托对"自然"概念的理解与亚里士多德不同。策勒指出，亚里士多德把"自然"理解为普遍的动力因，并进一步把它理解为神或第一推动者，而斯特拉托反对一个外在的、超自然的原因，他拒绝认为神是与世界分离的原因，"神"的概念对于世界的构成是不必要的，因此，他满足于"自然即神"的概念，并将其理解为一种没有意识的、必然的能力，而一切自然现象都是"自然"的必然性之效果（cf.ii.p.455）。斯特拉托的这番言论与"泛神论"非常相似，在这里神被视作自然现象和物质存在者中的普遍能力，而不再是实体，不再具有基础性的实在地位。

另一方面，漫步学派对本质或理念的"去实体化"倾向非常明显地体现在他们关于灵魂的看法中。亚里士多德认为灵魂是形式和实体，身体是质料，灵魂是不动的原因，它从内部推动身体的运动。塞奥弗拉斯特并未完全接受亚里士多德的观点，他认为灵魂是运动的，并特别指出思想活动是灵魂自身的运动，"他无疑持有把人的精神与身体更紧密地结合起来的倾向"（cf.ii.p.394）。后来，漫步学派的阿里斯托克塞努斯把灵魂描述为身体之和谐，他认为灵魂是身体器官共同运动的和谐状态，就像和声是音符的和谐状态（cf.ii.p.436）。狄凯亚尔库持有类似的观点，他指出灵魂是一个活的身体中四元素混合之和谐状态，灵魂因而不是独立存在的，它分散在身体各部分之中（cf.ii.p.439）。然而，亚里士多德在《论灵魂》第一卷第3章中否认了灵魂自身是运动的，在第一卷第4章中拒绝了"灵魂是和谐"的观点，无论这种和谐是像合音的和谐，还是四元素混合比例的和谐，因为灵魂是非物质性的实体和本质，它是身体运动的原因，而不是身体的某种属性和状态。由于放弃了灵魂的"实体性"以及它对身体的"因果效用"，从塞奥弗拉斯特开始，漫步学派逐步取消了灵魂的实体地位，并倾向于将灵魂等同于身体或依附于身体。他们对灵魂的理解表现出对本质或形式的"去实体化"，并同时逐渐赋予物质存在者基础性的实在地位。我们不得不说这是漫步学派对亚里士多德思想的巨大偏离。

策勒对漫步学派思想发展的归纳与评价可以为我们当代的学术研究提供丰富的文献资源和思想启迪。例如，在当代对亚里士多德心灵哲学的解释和争论中，卡斯顿（Victor Caston）[1] 回顾了亚里士多德的灵魂观在漫步学派中的发展，他指出阿里斯托克塞努斯和狄凯亚尔库

1　参见 Victor Caston,"Ephiphenomenalism Ancient and Modern", *The Philosophical Review*, Vol.106,1997, pp.309-363. 我并不同意 Caston 对亚里士多德心灵哲学的解释，尽管他对早期漫步学派之观点的梳理是有说服力的，因为亚里士多德并不认为灵魂作为形式是"随附"在身体上的，相反，灵魂是身体之为身体的根本原因。因此亚里士多德的灵魂观与"涌现主义"在基本的形而上学预设上并不相容。

抛弃了灵魂对身体的因果效用，并承认灵魂是"随附"在身体上的状态，就像和谐是琴弦的状态一样，因此他们的观点是"副现象主义"的（ephiphenominalism）；而亚里士多德坚持认为虽然灵魂作为形式"随附"在身体上，但它对身体有"自上而下"的因果效用，因此，卡斯顿认为亚里士多德的灵魂观是"涌现主义"的（emergentism）。无论当代的讨论使用了何种新术语，策勒和当代研究者们面对的内容是相似的，他的评述和洞见亦未离我们远去。因此，我们应当注意到策勒此书与当代亚里士多德的研究仍旧是高度相关的。

策勒认为，与亚里士多德相比，漫步学派的思想是贫瘠的，他们在形而上学方面几乎没有进展，他们对经验观察的重视亦没有发展出真正的自然科学。无论这是因为他们发现亚里士多德形而上学的诸多难题是无解的，还是因为他们没能给出比亚里士多德更好的回答，事实上，他们似乎放弃了对形而上学和哲学理论的尝试，甚至背弃了亚里士多德的核心理论，这已成为亚里士多德哲学的历史命运。漫步学派的理论逐渐堕落为一种次等的学问，亚里士多德的学说被边缘化，历史或许要等到阿弗洛狄西亚的亚历山大，或者是阿拉伯的阿维罗伊，或者是托马斯·阿奎那来复兴亚里士多德的思想传统。

此书翻译历经九载有余，其间艰辛欢愉唯有自知，师友扶持相助倍感欣慰。翻译之"信""达""雅"，求其"信"已大难，我虽战战兢兢，勉力为之，仍不免误讹，望读者批评指正。文中希腊语的几处疑难部分得到聂敏里的帮助，拉丁语的一些段落翻译得到吴天岳、常旭旻和邱羽的帮助，在此表示感谢。最后，感谢我的先生喻郭飞通读译文初稿，感谢为此书的出版付出辛苦的编审朋友。

曹青云

2019 年 6 月

英译者前言

这部《亚里士多德与早期漫步学派》译自策勒博士的《古希腊哲学史》第三版的第二卷第二部分。它得到策勒博士的认可，并从朗曼斯格林（Longmans）出版社连续发行的那部巨著的译本中补充完善了各个章节。科斯特洛（Costelloe）先生主要负责正文、从开篇直到第七章中间的注释以及第十四章到文末的翻译；缪尔黑德（Muirhead）先生负责中间部分的翻译。但是，在很多时候，这两位译者都修改过原来的稿件。译本的更正表或许要比人们预想的这类书籍的更正表更长些，编辑在这里需要作出解释：这是偶然的原因造成的，并不能归咎于译者，大部分更正内容出自在译者校订之前便交付出版的那部分稿件。为了处理策勒的一些注释，译文对德语文本做了一定程度的灵活处理，即在不损害文本价值的前提下压缩了一些文本材料。这部著作或许是英文读者可获得的唯一的、对亚里士多德学说完整和准确的解释。读者将会发现策勒博士在目录中描述的写作规划已能提供充足的指引，事实上，它们就是主题内容的索引；策勒博士的论证十分清晰和具有逻辑性，因此并不需要在译文中添加一个完整的语词索引。

第 一 章

亚里士多德生平

雅典的三位伟大哲学家的生平和经历与他们的著述之特征和范围有
着某种相似性。正如雅典哲学从探寻人的内在本性开始，进而延伸到整
个存在的领域，我们发现哲学大师们的生活经历首先局限于狭小的范
围，然后随着时间的推移延伸到广阔的领域。苏格拉底只是一个纯粹的
雅典人，他没有任何想要走出城邦的愿望。柏拉图也是雅典人，不过对
知识的热爱使他造访了外邦，并且他因私人的兴趣与其他许多城邦往来
甚密。亚里士多德在雅典接受了科学的训练并撰写了他的著作；但他出
生于希腊的另一个城市，他的童年和大部分成年时光都是在雅典之外度
过的，主要在崛起的马其顿王国。即便在雅典时他也是一个外来者，与
城邦的政治生活无关，因为他不受任何私人关系的束缚，他的哲学具有
纯粹理论性的和不偏不倚的特征，这是他最显著的成就。[1]

1　现存的对亚里士多德生平的古老的记载有（1）第欧根尼（Diogenes）第 1 至 35 卷
（大部分是复制本）。（2）哈利卡纳苏斯的狄奥尼修斯（Dionysius of Halicarnassus）
所著 *Epist.Ad Ammaeum*, i.5, p.727 sq.。（3）匿名的梅那吉（Anonymus Menagii）所
著 *Αριστ.βίος καί συγγράμματα αὐτοῦ*（《亚里士多德生平与著作》）。（4）对他的
生平的其他描述，我们已知的有三种：(a) *βίος*（《生平》），它出现在 1496—1498 年
首次由 Aldine 编辑出版的 *Arist.Opp.* 中（这本书被认为是菲洛庞努斯 [Philoponus]
所写，也有人认为是阿摩尼乌斯 [Ammonius] 所写，但事实都不是），我们在这
里对它的引用写为 *Pseudo-Ammonius*（即伪阿摩尼乌斯，或者 *Amm.*）；(b) 1862 年
由 Robbe 根据 Marcianus 抄本出版的《生平》，我们对它的引用记为 *Vita Marciana*
（或者 *V.Marc*）；(c) 拉丁文阿摩尼乌斯所著《生平》被保存在古代翻译中，它更

1

2 　　根据最可靠的推算，亚里士多德生于第 99 届奥林匹亚的第一年，[1]
3 即公元前 384 年。[2] 他出生于斯塔吉拉（Stagira），这个城邦位于哈尔
基迪斯（Chalcidice）半岛[3]的色雷斯（Thrace）地区，当时是一个完

接近 *Vita Marciana* 而不是 *Pseudo-Ammonius* 版本。(5) Ἡσυχίου Μιλησίου περὶ
τοῦ Ἀριστοτέλους。(6) Suidas, *sub voce* Ἀριστοτέλης。除了 (4b)，这些都可以在
Buhle, *Arist.Opp*.i.1–79 中找到。Westerman 对 Cobet's *Diogenes* 的附录，以及他的
Vitae Scriptorum（第 397 页）包括了 (3) 和 (4a) 的内容。Robbe 在 *op.cit* 中记录
了 (4b) 和 (4c) 的内容。罗泽（Rose, *Arist.Lib.Ord*.245）在 (4b) 的出版前，将 (4)
的档案来源归于年轻的 Olympiodorus——这是一个可能的猜测，但未经证明。晚近
的评论者的观点，参见 Buhle, *Arist.Opp*.i.80–104; Stahr, *Aristotelia* i.1–188; Brandis,
Gr.-roem.Phil.ii.b, i.pp.48–65; Grote's *Arist*.(1872), i.1–37 以及 Grant's *Arist*.,(1877),
pp.1–29。Stahr (p.5 sqq.) 研究了失轶的古代作家对亚里士多德生平的介绍。我们
无法确定以上提及的材料之基础和可信度。罗泽认为它们都是建立在同一个伪造的
文本和想象的混合的基础上的 (p.115)——他的观点是未经证明的和不可靠的。这
些材料的价值无疑各不相同；我们只能以内在的可能性来判断每个文本的可靠性。

1 　根据阿波罗多洛斯（Apollodorus apud DIOG.9）的记载，这个陈述是有根据的
(*ibid*.10, Dionys and Ammon.)，它是关于亚里士多德生卒年最确切的记录。亚里士
多德死于 Philocles 执政时期，时年 63 岁（或者根据狄奥尼修斯的说法他活了六十
又三年）。狄奥尼修斯认为德谟斯提尼（Demosthenes）比亚里士多德小三岁，但
这是错误的，他们应当生于同年，或者德谟斯提尼在同年的年头出生（第 99 届奥
林匹亚第一年的年头或者第 98 届第四年的年末）；参见 Stahr i.30。根据格利乌斯
（Gellius, *N.A.*xvii.21,25）的记载，据说亚里士多德生于罗马从高卢获得自由的第
七年，因为这个事件发生在公元前 390 年。*V.Marc.*p.3 和 *Ammon.Latin.*p.12 记录
说他生于 Diotrephes 执政时期，死于 Philocles 执政时期，享年 63 岁。然而，另一
个不知名的作者 Eumelus 说（ap.Diog.6）亚里士多德活到 70 岁；但是这个说法缺
少根据——尽管罗泽（p.116）持有这样的观点，因为接下来的话（他的死因是误食
一种有毒的植物，即乌头）证明他是不可信的。实际上，亚里士多德的死因很像苏
格拉底，而他们死时的年纪也相仿；或许因为《伪申辩篇》被认为是亚里士多德所
著（参见第 25 页注释 1），而它与柏拉图写苏格拉底的《申辩篇》很相似。但是除
了这个解释，其他所有证据都反对 Eumelus 的观点，包括像阿波罗多洛斯这样严谨
的年代学家。漫步学派有着记录学派建立者的生卒年的传统。我们所有的证据都很
确定，除了这个不知名的、胡言乱语的作者的说法，我们为何要相信他呢？

2 　亚里士多德生于（第 99 届）奥林匹亚运动会的上半段，即公元前 384 年，这从他
死亡的时间可以推知，也可以从我们所知的他在雅典居住的时间推知，如果数据是
准确的话（参见第 6 页注释 2）。如果他 17 岁来到雅典，他在柏拉图死时应当是 37
岁；因此如果我们说当时他确切的年纪是 36 岁半——柏拉图死的时候是公元前 347
年的年中，那么他出生的年份是公元前 384 年的下半年。若非如此，他在雅典可能
并未待满整整 20 年。

3 　这样称呼是因为哈尔西斯（Chalcis）的大部分城市都在优卑亚半岛（Euboea）。斯

全希腊化了的地方，那里有许多繁荣的城市，当地人无疑非常了解希腊文化。[1] 他的父亲尼各马可（Nicomachus）是马其顿国王阿门塔斯（Amyntas）[2] 的外科医生兼友人。因此，我们自然想到父亲的职业——亦为家庭传统——一定影响了儿子的思想特征和教育，并且这种与马其顿皇室的关系为亚里士多德日后受雇于同一个皇室奠定了基础。然而，我们在这些方面并没有确切的信息。我们设想尼各马可和他的家人住在靠近王宫的地方，[3] 但是我们不知道当时亚里士多德的年纪，不知道

4

5

塔吉拉最开始是 Andros 的殖民地，它或许（cf.Dionys.*ut supra*）在哈尔西斯的第二任统治者手中得到重建。公元前 384 年，腓力（Philip）征服了它与那个地区的其他 31 座城市，但是后来由于亚里士多德的斡旋，它得以重建（参见下文 p.24）。参见 Stahr,23，他讨论它的名字的形式（Στάγειρος 或 Στάγειρα 是中性名词复数）。我们不确定亚里士多德家族的房子（亚里士多德的遗嘱中提到，*ap*.Diog.14）是否在城市的洗劫中被毁，或者后来又被重建。

1　Bernays（*Dial.Arist*.ii.55,134）说亚里士多德是"半个希腊人"，但 Grote（i.3）和 Grant（p.2）正确地指出希腊殖民地的希腊家庭只说希腊语，因此他们的民族性也是很明确的。亚里士多德不是雅典人，尽管雅典是他的哲学家园，克塞诺芬尼有一些蛛丝马迹表明他的政治思想是在别处获得的；但是他和毕达戈拉斯、克塞诺芬尼、巴门尼德、阿那克萨戈拉、德谟克利特这些人一样是纯粹的希腊人。Bernays,W.Von 和 Humboldt（在他与 Wolf 的信中提及，*Werke*, v.125）说的亚里士多德的"非希腊因素"肯定与他的出生地没有多少关系，而是与他的时代和个人思想的独特性有关。苏格拉底这个纯粹的雅典人与亚里士多德比起来更显示出与同时代的雅典人不同的个性和非希腊的特征，如果亚里士多德的代表作与柏拉图的相比显得是非希腊的，那么，这并非是对他的对话的正确评价，另一方面，处于相同的环境和受过相似的训练的人之间也可能存在巨大的差异，正如谢林和黑尔格，或者鲍尔（Baur）和斯特劳斯（Strauss）。

2　参见 Diog.i（引用赫尔米普斯），Dionys., *Ps.Amm.*, *V.Marc.*, *Ammon.Lation* 以及 Suidas.，根据这些作者的说法，尼各马可的家族像其他医药世家一样，把他们的血统追溯到医神阿斯克勒庇俄斯（Asclepius）。Tzetzes, *Chil*.x.727, xii.638 没有给出怀疑这一点的理由。伪阿摩尼乌斯的三个修订本记录说亚里士多德的母亲 Phaistis 也出生在这样的家庭，但这是错误的。因为第欧根尼告诉我们她是斯塔吉拉人，而狄奥尼修斯说她是哈尔西斯殖民者的后裔。这个可能与在遗嘱中提到的哈尔基迪斯乡间的房子和花园有关（Diog.14）。在 Suidas 中的陈述，Νικόμαχος（尼各马可）这个人写了六本医学书以及一本有关自然的书，根据我们拥有的文本，这不是指亚里士多德的父亲（cf.Buhle,83, Stahr,43），而是另一个相同名字的占人，尽管这个故事在开始时说的是他父亲。匿名的梅那吉（*V.Marc.*1 以及 *Ammon.Latin*.1）提到亚里士多德有一个哥哥和一个姐姐。

3　因为 Diog.1 和赫尔米普斯都明确指出："尼各马可与马其顿的阿门塔斯国王住在一

这种状况持续了多久，也不确定他们的私人关系如何。我们对亚里士多德早期思想发展和他的教育环境知之甚少。[1] 关于他在这段时期的生活，我们知道的唯一确切信息来自伪阿摩尼乌斯（Psedo-Ammonius）[2]，据说他父母去世后，[3] 阿塔纽斯的普洛克塞努斯（Proxenus of Atarneus）[4] 负责他的教育，后来，亚里士多德的这个得意门生承担了普洛克塞努斯的儿子尼卡瑙尔（Nicanor）的教育，当尼卡瑙尔还是个孩子的时候，亚里士多德就当了他的老师，后来还把自己的女儿嫁给了他。尽管我们的信息不那么准确[5]，但这个故事应当是真的[6]；然而，它对我们最关心的问

6

起，他是国王的医生和朋友。"因此他一定把他的家人安排居住在培拉而不是留在斯塔吉拉。

1　盖伦（Galen）说（*Antom.Administr.*ii.1，vol.ii.280K）Asclepiad 家族教育他们的儿子从小阅读、写作和解剖。但这并没有给我们多少帮助，因为（除了这些信息是否准确的问题）我们不知道亚里士多德在他父亲死的时候有几岁。此外，盖伦指的是对人体的解剖还是对动物的解剖也是不确定的；参见第 66 页注释 1。

2　在所有三个版本中都是这样记载的，例如第 43 页，参见 Buhle，1 sq.10 sq.Robbe。

3　亚里士多德在遗嘱中（Diog.16）提到要给他的母亲立一座纪念碑，Pliny（*H.Nat.*xxxv.10.106）提到亚里士多德让画家 Protogenes 为她画像。他没有提到他的父亲，这可能有很多原因。

4　这是一个移居到斯塔吉拉的亲属，因为他的儿子尼卡瑙尔被叫作"亚里士多德的亲戚和斯塔吉拉人"（Sext.Math.i.258）。

5　一位作者曾说（参见其他）亚里士多德当了苏格拉底三年的学生，然后他随亚历山大去了印度，我们能信他几分呢？（*Ps.Ammon.*P.44.50.48.*V.Marc.*2,5,*Ammon.Lat.*11,12,14）

6　亚里士多德在他的遗嘱（Diog.12）中说：尼卡瑙尔在他女儿成年后将娶她，并且要他照顾她和她弟弟，像"父亲和兄长那样"；他预订了尼卡瑙尔、普洛克塞努斯和尼卡瑙尔母亲的画像，他已经计划好了，这些画像很快就完成。如果尼卡瑙尔从旅途归来（参见下文），那么他所承诺的东西会在斯塔吉拉他。这些安排表明亚里士多德收养了尼卡瑙尔，并且亚里士多德很感激尼卡瑙尔的母亲和普洛克塞努斯，他几乎是像感激自己的母亲一样感激她，因为他也为自己的母亲订了画像。如果我们相信伪阿摩尼乌斯讲的这个故事是真的，就能很自然地解释一切。狄奥尼修斯说亚里士多德去追随柏拉图的时候，尼各马可已经去世了。亚里士多德死时 63 岁，而他的养父母的儿子不可能在很大的年纪才与一个未成年的小女孩结婚。这肯定是不正确的。亚里士多德还是个孩子时，他父亲就去世了，普洛克塞努斯那时还很年轻，他可能有一个儿子比亚里士多德小 20 岁或 25 岁，比塞奥弗拉斯特（Theophrastus）小 10 岁（当时他至少 47 岁），如果尼卡瑙尔死了，那么皮提娅（亚里士多德的女儿）就嫁给后者（Diog.13）。这个尼卡瑙尔可能就是被亚历山大从亚洲送回希腊去宣布被流放的人允许在奥林匹亚节（公元前 324 年）回家的消息的那个斯塔吉

题，即"亚里士多德的思想成长史"并没有更多的启示。[1]

关于这个问题，最早的可靠数据可以追溯到亚里士多德进入柏拉图

拉的尼卡瑙尔（Dinarch.*Adv.Demosth.*81,103, Diodor.xviii.8; cf.pseudo-Aristotelian *Rhet.ad Alex.*i.1421, a,38 以及 Grote, p.14）。亚里士多德遗嘱里指的旅行大约是指他前往亚历山大在亚洲的指挥部，并在亚洲滞留了。这个尼卡瑙尔也很可能是安提帕特（Antipater）时期卡帕多西亚（Cappadocia）地区的官员（Arrian *apud* PHOT. *Cod.*92, p.72, a.6），他在公元前 318 年被卡山德（Cassander）劫走，他为后者管理海洋和陆地事务（Diodor.xviii.64 sq.68,72,75）。这在时间上与我们所知的皮提娅（Pythias）的事情相吻合，参见第 14 页注释 7。

1 普洛克塞努斯收养亚里士多德的时候我们不知道他有几岁，也不知道他受教育的方式和地点，他们可能并不住在阿塔纽斯地区，参见第 4 页注释 4。

7　学园之始。[1]亚里士多德18岁来到雅典[2]并进入了柏拉图的圈子[3]，他在

1　一个可笑的说法认为他是受到神谕的启发而去柏拉图学园的（*Ps.Amm.*44,
　　*V.Marc.*2, *Ammon.Latin.*11）。

2　APOLLODOR.*ap.*Diog.9："他追随柏拉图，并战战兢兢地学习了18年"。这句话
　　似乎是狄奥尼修斯说（p.728）他18岁来到雅典学习的根据，Diogenes 6记载他来
　　时是"十又八岁"，阿摩尼乌斯的三个版本均说他那时18岁。我们也有狄奥尼修斯
　　的年代记录，说他到雅典时是Polyzelos执政时期（公元前366年或前367年），也
　　有别的记载（*V.Marc.*3, *Ammon.Latin.*12）说他在Nausigenes执政时期到了雅典，
　　那时他17岁半，未满18岁。Eusebius在他的*Chronicle*一书中指出，他到雅典时是
　　17岁，但他把这个事件错误地放在了第104届奥林匹亚的第一年。Eumelus（*apud*
　　Diog.6）说亚里士多德遇到柏拉图的时候已经30岁了，Grote（p.3 sq）把这个说法
　　与伊壁鸠鲁和蒂迈欧的评论结合起来，他们认为亚里士多德年轻时十分放荡（参见
　　下文），但他并未确定哪种说法是正确的。我们已经指出Eumelus对亚里士多德的
　　年纪和死亡事件的记载是不可信的（参见第2页注释1）；这两个记录都是错的，因
　　为亚里士多德为纪念他的同窗塞浦路斯的欧德谟斯（Eudemus of Cyprus）写了一首
　　名为《欧德谟斯》（*Eudemus*）的挽歌和对话（参见第9页注释2）。他和Dion在公
　　元前357年去了西西里，并在那里遇害。这个事件说明，如果亚里士多德到雅典
　　时已经30岁了，那么他一定早于公元前384年许多年就出生了。况且，我们不知
　　道Eumelus生于何时，或者他从哪里得到信息。如果Eumelus属于漫步学派，他
　　的 *Περὶ τῆς ἀρχαίας κωμῳδίας*（《论喜剧的起源》）被一位学者在AEschines的
　　Timarch 中引用（ed.Bekker, *Abh.d.Berl.Akad.*1836, *Hist.-phil.kl.*230,39; cf.Rose, *Arist.
　　Libr.Ord.*113），那么他应当生活在亚历山大时期，甚至在此之后。因此，他的话绝不
　　可信。对于伊壁鸠鲁和蒂迈欧来说（参见第7页注释4），*Vita Marciana* 发现有必要
　　反驳"亚里士多德在40岁的时候才见到柏拉图"这种说法。*Latin Ammonius* 记载了
　　这个故事的更离奇的一个版本，它混合了故事的其他部分；因为，据说很多人以为亚
　　里士多德与柏拉图一起待了四十年。他的翻译"xl annis immoratus est sub Platone"（他
　　与柏拉图共处40年）大概是指原型文本是"*μ´ ἔτη γεγονὼς ἦν ὑπὸ Πλάτωνι*"或"*μ´
　　ἐτῶν ὢν ἐνδιέτριβεν*"，如果后者是正确的，那么错误可能是由于手稿译本漏掉了
　　"*ὢν*"。

3　柏拉图当时可能在第二次去西西里的途中，并不在学园中（参见Zeller, *Plato*,
　　p.32）。Stahr（p.43）指出，有一种说法是他随苏格拉底学习了三年并在其死后∇追
　　随柏拉图（*Ps.Amm.*44,45, *V.Marc.*2, *Ammon.Lat.*11,12, Olympiod.in *Gorg.*42），但
　　这个观点是对当时情况的误解。本来的情况应当是亚里士多德刚到雅典的三年并未
　　听到柏拉图的授课，而是其他苏格拉底式的老师，而转述者错误地把这个名字认为
　　是苏格拉底本人了。类似地，我们猜测当柏拉图不在的时候，亚里士多德与色诺克
　　拉底（Xenocrates）或者伊索克拉底（Isocrates）在一起，而后者的名字常和苏格拉
　　底混淆。这个错误或许来自给腓力的一封信的批注（不论是真的还是冒名的），其
　　中提到亚里士多德在二十几岁时才与柏拉图相熟——这个信息我们在 *Vita Marciana*
　　和 *Latin Ammonius* 中可以看到；原因或许是柏拉图那时才从西西里返回，而亚里士
　　多德还在伊索克拉底的学园中。

这个圈子中生活了 20 年之久，直到柏拉图去世。[1] 如果我们能够知道这   8
段准备时期的细节就再好不过了，因为他在这期间奠定了以后的出色研
究和独特的哲学体系的基础。不幸的是，记录者忽略了所有这些重要问
题，对他的思想的历程和发展史没有一点记载，反而把关于他的生活和
性格的各种邪恶故事拿来作为人们的谈资。其中有位作者说他的第一笔
钱是当江湖医生赚的。[2] 也有人说他挥霍掉了自己继承的财产后，颓丧
地参了军，后来，因为干不好，他又以贩药为生，最后在柏拉图学园
中避难。[3] 这些戏说被阿里斯托克勒斯（Aristocles）明确否认过。[4] 有   9

1 　参见第 6 页注释 2 以及 Dionyisus, *ut supra*:"他花了二十年时间与柏拉图在一起"，
或者参见 *Amm.* 的记载："与他（柏拉图）在一起二十年"。

2 　Aristocl.*ap.*Eus.*Praep.Eu.*xv.2,1. Polyb xii.7 从蒂迈欧（Timeaus）那儿引用过更完
整的段落，另外，参见 Suidas, sub v.*Ἀριστοτέλης*。

3 　Aristocl.*ut supra*（根据 Athen 的记载），参见相似描述引用的同一个段落，*apud*
Athen.viii.354, *apud* Diog.x.8 以及 *apud* Aelian.*V.H.v.*9。

4 　首先，关于这一点没有任何可靠的记载。在古代，除了已知的伊壁鸠鲁和蒂迈欧
的记载，正如 Athenaeus 明确指出的：即便亚里士多德的最刻薄的对手都没有说过
这些故事。然而，蒂迈欧的冷嘲热讽是众人皆知的，他攻击亚里士多德说洛克利
人（Locrian）是低劣的（cf.Polyb.xii.7,10; Plut.*Dio.*36, *Nic.*1; Diodor.v.1），我们知
道伊壁鸠鲁（甚至对他产生了影响的德谟克利特和 Nausiphanes）对他的前辈和与
他同时代的哲学家们几乎都有讽刺性的攻击和诋毁性的评价（cf.Diog.x.8.13; Sext.
Math.i.3 sq.; Cic.*N.D.*1.33.93,26,73; Zeller, *Ph.d.Gr.*i.p.946, n）。这些人的记载带
有非常多的个人憎恨，显然并不可信；即使他们的相同意见也是不可靠的，因为蒂
迈欧很可能抄袭了伊壁鸠鲁，或者（我们最好这样想）伊壁鸠鲁抄袭了前者。但是，
不仅我们反对他们，而且一些更可信的作者也一致地认为亚里士多德从 18 岁开始
来到雅典勤奋学习，另外的情况是不太可能的。倘若亚里士多德不过是一个"鲁莽
而又无所顾忌的专家"——蒂迈欧这样称呼他，或许他更应该称他为"年纪很大才
开始学习的人"。然而，我们知道除了哲学上的成就，他是那个时代最博学的人，并
且也是一位文体优美的出色作家；我们一定想象不出、也无法相信他浪费了大好的
青春，在 30 岁才激发了对学习的渴望，在他的有生之年获得如此的成就是不可思
议的。我们从亚里士多德的写作和别的东西中了解到他的优秀人格与那些描述他青
年时代的故事是矛盾的；例如，如果他挥霍光了财产，那么他在雅典是无法立足的。
Grote（参见第 6 页注释 2）对伊壁鸠鲁和蒂迈欧非常敬重，他认为他们所做的记载
对其他的故事起到平衡作用。但它们很可能是赤裸裸的谎言，所以我们也不应当像
Stahr（p.38 sq）和 Bernays（*Abh.D.Bresl.Hist.-phil.Gesellschaft*, i.193）那样引用他
们的话，说亚里士多德学习自然哲学的时候在雅典以贩药为生。阿里斯托克勒斯和
那些值得信赖的记载都没有提及贩药的事情，而这件事情的两条记载都是以提出疑
问的方式出现的。亚里士多德认为自己是医学的"门外汉"（*Divin.*1,463, a.6）。

一个更重要的故事说：亚里士多德在柏拉图去世前就与后者的学生们发
生了分裂。早期的作者，例如辩论家欧布里德斯（Eubulides）指责亚
里士多德对他的老师不敬。[1] 有人说他用炫耀的衣着、傲慢的态度和粗
鲁的言辞来激怒柏拉图。[2] 还有人说他在柏拉图还活着的时候就攻击他
的理论并建立了一个反柏拉图的学园，[3] 甚至有一次，他趁色诺克拉底
（Xenocrates）外出时，把这位上了年纪的老师驱逐出学园的居所。[4] 甚
至一些古人根据阿里斯托克塞努斯（Aristoxenus）的转述而认为亚里士
多德在柏拉图西西里之行时建立了一个"外邦人"的学园来对抗柏拉
图。[5] 然而，所有这些证据都非常值得怀疑，大部分的转述都不可信。[6]
如果阿里斯托克塞努斯说的是亚里士多德，那么这不可能是真的。首

1　Aristocl.*ap*.Eus.*Pr*.*Eu*.xv.2,3. 这些指责都是不重要的。如果柏拉图死的时候他真
　的不在场，那么这也可以有一个简单的解释：柏拉图确实是在没有预料的情况下突
　然去世的（cf.Zeller, *Plato*, p.35）。说亚里士多德篡改了柏拉图的书籍，如果这是指
　对文本的歪曲和伪造，那么它明显是荒谬的诽谤；如果它指的是亚里士多德对柏拉
　图的批评，那么我们应该这样看：尽管它很尖锐也并不总是公正，也丝毫不代表个
　人的偏见或误解，因为对于亚里士多德而言，这是自然的和非私人的争论。除了亚
　里士多德，第欧根尼（ii.109）也拒绝了欧布里德斯的指责，认为这是诽谤。

2　埃里安（AELIAN, *V.H*.iii.19）详细描述了亚里士多德的衣着。

3　Diog.2. 另外，参见 Aelian, *V.H*.iv.9 以及 Helladius *ap*.*Phot*.*Cod*.279, p.533, b。参
　见 Theodoret, *Cur*.*Gr*.*Aff*.v.46, p.77，他说柏拉图还活着的时候，亚里士多德就经常
　攻击他。菲洛庞努斯（Philop.*Anal*.*Post*.54a, *Schol*.*in Arist*.228, p.16）说亚里士多
　德尤其反对柏拉图的理念论；此外，奥古斯丁（Augustine, *Civ*.*Dei*.viii.12）说亚里
　士多德在那时就建立了许多学派。

4　这个事件只有一处记载（Aelian, *V.H*.iii.19, cf, iv.9）：当时柏拉图 80 多岁，他的
　记忆力下降了，有一次，色诺克拉底不在，斯彪西波又生了病，亚里士多德带着一
　帮他自己的学生与柏拉图辩论，他用粗鲁的言行把柏拉图赶到一个角落，柏拉图便
　自己退出了学园的大厅来到他的花园。三个月后，直到色诺克拉底回来，他才谴责
　了斯彪西波的懦弱，并迫使亚里士多德归还柏拉图原来的那块区域。

5　Aristocl.*apud* Eus.*Pr*.*Eu*.xv.2,2；埃里安就在这些人之中（iv.9），根据阿里斯托克
　塞努斯的记载，埃里安说："亚里士多德建起一座房子来对抗柏拉图。"另外见 Vita
　Marciana,3；这是指 Aristides, *De quatuoru*.ii,324 sq.(Dind.)，但他提及亚里士多德
　的名字次数并不比提及阿里斯托克塞努斯的次数多，因为他重复和扩展了后者的
　话。Latin Ammonius（11）用 "Aristides" 替换了阿里斯托克塞努斯，但是希腊的伪
　阿摩尼乌斯（p.44 sq.）做出了下述评价："亚里士多德并非在柏拉图生前建立了自
　己的吕克昂学园，这只是有些人的想象。"

6　CF.Stahr, i.46 sqq., Hermann 在 *Plat*.*Phil*.p.81,125 中并未驳倒这个观点。

先是时间上的原因，[1] 其次我们确切地知道，亚里士多德在柏拉图第二次西西里之行后相当长的一段时间内还在学园中，并且非常尊敬他的老师。[2] 那个故事或许说的根本不是亚里士多德。[3] 埃里安（Aelian）记载的驱逐柏拉图出学园的故事与其他更早的记载相冲突，[4] 这些记载显示，当时柏拉图已经把他的学园从体育场的空旷地迁入他自己的花园。此外，这个故事描述的亚里士多德的行为是我们无法相信的，在别的可信证据中他有着高尚的品格，这里除了一个爱搬弄是非的人的证词之外我们什么也没有看到，而这个人非常喜欢不加辨别地复述那些几乎完全错误的东西。我们反对下述观点：亚里士多德因其行为风格招致柏拉图的反感并被柏拉图疏远[5]，此外，我们能够提供许多证据证明这两位哲学家

1　当柏拉图从他的最后一次旅行中返回时，亚里士多德还不满 24 岁（参见第 2 页注释 1，并参见 Zeller，*Plato*，p.30 以下）。（除了其他的原因）亚里士多德有可能领导一个学派并反对一个有着极高声望的哲学大师吗？

2　我们的证据有以下几点：(a) 亚里士多德发表了一些柏拉图式的文章（参见下文以及 Zeller，*Plato*，p.26）。由于许多原因（尤其是它们明显与柏拉图的教学方法不一样，参见 Zeller，*Plato*，p.517），这些文章不大可能写于柏拉图的第二次和第三次西西里之行之间。(b) 亚里士多德的《欧德谟斯》是参照柏拉图的《斐多》写的（参见下文），当时亚里士多德很可能还在柏拉图学园中，这是在柏拉图的第三次旅行之后，因为它是为了纪念一位死于公元前 352 年的朋友而写的。(c) Olympiodorus（*Gorg.*166 in Jahn *Jahrb.Supplementb.*xiv.395，以及 Bergk，*Lyr.Gr.*，p.504）保存了亚里士多德为欧德谟斯写的挽歌的残篇，其中描绘了他与柏拉图的关系。Buhle（*Arist.Opp.*i.55）怀疑它们的真实性，但他的理由是靠不住的，因为这里指的是塞浦路斯的欧德谟斯（Cyprian Eudemus）和柏拉图，而不是罗德岛的欧德谟斯（Rhodian Eudemus）和亚里士多德自己。在残篇的最末一句中，Bernays（*Rh.Mus. N.F.*xxxiii.232）读作"μουνάξ"（唯一地），他认为这里的"ἀνδρός"（人）指的是苏格拉底；但这是不可能的。

3　阿里斯托克勒斯（*ut supra*）明确说阿里斯托克塞努斯对亚里士多德的评价总是很高，这建立在对他的某本书的认识上，相反，Suidas *Ἀριστοξ.* 的记录是没有价值的。"漫步者"这个词曾经并非指亚里士多德的学派；参见伊壁鸠鲁，在本章第 7 页注释 3，以及 *Index Herculanesis*,6,5，在那里，它指的是斯彪西波，在 7,9 中指的是赫拉克利德（Heraclides）。阿里斯托克塞努斯说的"某人"可能指的是赫拉克利德本人；参见 Zeller，*Plato*，p.30，n. *Index Hercul*, cf.*ibid*.p.553。

4　参见 Diog.iii.5,41；参见 Zeller，*Plato*，p.25，n.。

5　Buhle（p.87）认为这里的一个证据是柏拉图根本没有提到过亚里士多德，甚至 Stahr（p.58）也注意到这一点。然而，柏拉图如何在苏格拉底式的对话中提及亚里士多德呢？并且很可能是除了《法律》，柏拉图的所有对话都是在亚里士多德来到雅典之前写的。

之间的关系完全是另一种情况。[1] 我们认为这些陈述是无足轻重的，因为它们从未被充分地检讨过，我们也用不着去注意那些荒诞的轶事。[2] 这个关键的理由否定了埃里安的故事和与之类似的故事，以及任何认为柏拉图生前和他的学生之间存在分裂的观点。比埃里安及其类似的记载更古老、更可靠的证据表明亚里士多德追随柏拉图二十年[3]，因此如果说亚里士多德虽然生活在雅典但在柏拉图死前就离开了，这显然不可能是真的。狄奥尼修斯（Dionysius）明确指出亚里士多德当时并未建立自己的学派。[4] 甚至多年以后，在他反对柏拉图学说的时期，他也一直认为自己是属于学园派的；[5] 他模仿柏拉图的语言，并且就他们的私人关系而言，他心中对这位伟大导师的敬仰与热爱之情从未消退，[6] 即便他们的哲学观点针锋相对。因此，我们看到他同时代的反对者们把他看

14

1　Philiponus, *Aetern.Mundi*.vi.27. 另外 *Ps.Ammon*.44 记载说柏拉图称亚里士多德的房子是"学者的房子"。另外，参见 Zeller, *Plato*, p.559. 策勒引用了一个颇受怀疑的故事（第26页）：亚里士多德在柏拉图的葬礼的圣堂上铭刻的颂歌（*Amm*.46, Philopon.*i.q.u.*, *Schol.in Arist*.11, b,29）无疑是出自对欧德谟斯的挽歌的误译，参见第9页注释2。

2　这是菲洛庞努斯的看法（*ut supra*,11, b,23 sqq,1.25, *Lege Ἀριστοτέλους*），David 也有这种观点（*ibid*.20, b.16）：亚里士多德在柏拉图还活着的时候不好意思接任掌门的位置，这就是"漫步者"这个名字的缘起。另有一种说法（Philopon, *ut supra*,35, b,2, David.*ibid*.24, a,6, Ammon.*ibid*.25, b, 以及 *Pseudo-Ammon*.p.47, *V.Marc*.5, *Ammon.Latin*.14）认为"漫步者"这个名字原先属于柏拉图学派；当亚里士多德和色诺克拉底在柏拉图死后接管了学园，或者是斯彪西波接管学园，亚里士多德的追随者就被称为吕克昂的漫步者，其他人则被称为学园的漫步者；后来只有前者被称为漫步者，后者被称为学园派。这个说法无疑起源于安提俄库斯（Antiochus），Varro 在 Cic.*Acad*.i.4,17 中以安提俄库斯的名义讲述了一个类似的故事：整个故事只是中间派的杜撰——安提俄库斯发展了它，他们并不承认柏拉图和亚里士多德之间有什么本质的不同。

3　参见第6页注释2，以及第7页注释1。

4　*Ep.ad Amm*.i.7, p.733。

5　亚里士多德常常把他自己和柏拉图主义者归到一起，类似的段落，参见《形而上学》，i.9,990b8,11,16,23,992a11,25; i.8,989b18; iii.2,997b3, iii.6,1002b14; cf.Alex. and Asclep.,990, b,8; Alex.,990, b,16,991, b,3,992, a,10。

6　伦理学中一个著名的段落似乎指向了他在逻辑学中对柏拉图的批判，参见《尼各马可伦理学》，i.4, *init*.。参见 Zeller, *Plato*, p.512；Zeller, *Ph.d.Gr*.i.p.971。这表达了亚里士多德自己对老师负有的责任。

作柏拉图主义者。[1] 伊索克拉底学派的凯菲索多鲁斯（Cephisodorus the Isocratean）在一本反对亚里士多德的书中攻击柏拉图的学说，尤其是理念论，开俄斯的塞奥克里托斯（Theocritus of Chios）指责亚里士多德用学园与马其顿做交易。[2] 我们确信他一直住在雅典直到柏拉图去世，柏拉图死后，他离开了雅典，或许只是因为他与这个城邦的联系第一次消失了——因为他与柏拉图的关系结束了。最后，据说[3] 色诺克拉底与他一同到了阿塔纽斯，从亚里士多德谈论学园派的语言中[4] 我们看出他们一直是朋友。然而，众所周知，色诺克拉底对柏拉图无比忠诚和敬重，倘若亚里士多德并不尊重他的导师并与之决裂，或以粗鲁的行为攻击过这位暮年的老师——像埃里安描述的那样，那么色诺克拉底不可能保持与亚里士多德的友谊并与他一同造访阿塔纽斯。

当然，像亚里士多德这样独立的思想家，即便在面对柏拉图时也不会放弃自己的立场；随着时间的推移，他开始怀疑柏拉图体系的绝对正确性并逐步建立自己的学说：他在这段时期或许发现了柏拉图学说的许多弱点并形成了后来一直使用的那些尖锐的批判。[5] 如果这两个人的差异源于这样的关系，或者，如果柏拉图并未准备好、也未意料到在他的学生中有那么一个人注定要发展和更正他的学说，那么就没有什么好惊讶的。然而，"这样的差异实际上存在"的观点并不能被证明，甚至是不太可能的[6]：我们有明确的证据证明亚里士多德与柏拉图的分裂并非因

1　Numen. *apud* Eus. *Pr. Eu.* xiv. 6, 8.

2　第 14 页注释 7 的一首讽刺诗提到这件事（他把学园迁往河口的一处湿地），培拉附近有一条河。

3　这话是斯特拉波说的（xiii.1, 57, p.610），我们没有理由不相信他。

4　有人注意到亚里士多德几乎没有提到过色诺克拉底，在明显涉及他时，亚里士多德有意地避免说出他的名字（参见 Zeller, *Plato*, p.364, p.585, n.），但在类似的情况下斯彪西波的名字常被提到。这很可能不是出于厌恶，而是想要避免与和他一样在雅典当教师的人发生明显的冲突。

5　在《论哲学》中（*Arist. Fragm.* 10, 11. p.1475）——这本书写于柏拉图生前——亚里士多德就公开地反对理念论了，并且在同名的一篇论文中（*Fragm.* 17, 18），他指出世界是永恒的。

6　我们并没有充足的理由把后来所谓的学园派正统思想归于柏拉图和他的朋友圈，

右边页码：15　16

为不敬或有意的攻击。同样的事实也说明亚里士多德在雅典的第一时期
并未建立自己的学派。如果他这样做了，那么他与柏拉图和柏拉图学园
的友好关系是无法维系的；倘若说他的对手一死他就离开雅典，那么这
就更没道理了，因为对手的死反而使他在这一领域获得了自由。[1]

17 　　如果亚里士多德从 18 岁到 37 岁期间一直是柏拉图的学生，那么我
们绝不能低估这种关系对他的思想的影响。这种教育的结果表现在亚里
士多德哲学体系的方方面面。这位伟大的哲人[2]纪念柏拉图在道德上的
伟大和崇高时说，"低劣的人甚至没有资格去赞美他"。然而，对导师的
尊敬并不能阻止亚里士多德将他的注意力投向那些可能促使他前进的和
满足他对知识的无尽渴望的所有资源。我们完全可以设想他在雅典的多
年学习不仅获取了丰富的知识，而且还对自然哲学产生了浓厚的兴趣，
尽管柏拉图总是将自然哲学看作次等重要的。或许，当他还是柏拉图的
学生时，他就举办了自己的讲座[3]，但他并未与柏拉图决裂或成为对立学
派的领袖。据说，亚里士多德曾讲授过与伊索克拉底的修辞学相反的观
点；[4]然而，我们知道这位伟大的演说家与柏拉图的关系并不友善并且他

并在这样的意义上假设这位哲学大师无法容忍像亚里士多德这样独立的学者。此
外，不仅是赫拉克利德和欧多克索，连斯彪西波自己都抛弃了理念论。

1　伪阿摩尼乌斯说 Chabrias 和 Timotheus 曾经阻止亚里士多德建立一个反柏拉图的新
学园，但这个说法是荒谬的。如果他决定要这样做，谁能阻止他呢？另外，Chab-
rias 死于公元前 358 年，Timotheus 在公元前 357 年被终生逐出雅典，那时亚里士多
德已经很大年纪了。

2　参见上文 p.12 中的句子。

3　斯特拉波（xiii.1,57, p.610）说赫尔米亚斯（Hermias）在雅典既听过柏拉图的也
听过亚里士多德的讲学。

4　参见 CIC.*De Orat*.iii.35,141：[这里似乎在说亚里士多德已经有一个自己的学园，
但西塞罗似乎没有确凿的证据]。另外，参见 *ibid*.19, 62, 以及 *ibid*.51,172. 西塞
罗在 *Tusc*.i.4,7 中假想亚里士多德终生都在攻击伊索克拉底，但这只可能出现在亚
里士多德生活在雅典的第一时期，因为当亚里士多德于公元前 334 年或前 335 年返
回雅典时，伊索克拉底已经去世好几年了。Cf.Quintil.iii.1,14: Eoque [Isocrate] "只
要他一说话，他就会羞辱伊索克拉底。"Diog. (3) 的说法就更不可信了，它认为这
里指的是 Ξενοκράτην（色诺克拉底），因此错误地把故事发生的时间放在了吕克昂
学园成立之前。西塞罗（*Offic*.i,1,4）明确记载过亚里士多德与伊索克拉底的冲突。
伊索克拉底也隐秘地攻击了亚里士多德，这便证实了下述故事：*Panath*.17 应当指的

时常攻击哲学家。[1] 我们有明确的证据表明，亚里士多德在这段时期开　18
始写作；当时他在作品的内容和形式方面[2] 都模仿他的导师，这说明他
对柏拉图的思想有着深刻的印象并且采用柏拉图的方法。甚至在离开雅
典之前，亚里士多德已经获得了独立作者的地位；那时，他已不仅仅是
柏拉图的一个学生，尽管这种状况直到柏拉图死后才得以明确。

　　这一事件开启了亚里士多德生命中的新篇章。但是，只要柏拉图还　19
是学园的领袖，亚里士多德就不能离开它。当斯彪西波（Speusippus）
继任学园领袖时，[3] 亚里士多德没有任何理由继续留在雅典；他起初并未
考虑建立一个自己的哲学学派，尽管雅典是最合适的地方。因此，他和
色诺克拉底一道接受了赫尔米亚斯（Hermias）的邀请，后者是阿塔纽
斯和阿索斯（Assos）的领主[4]，他曾经也是柏拉图学园的成员。[5] 这位王

并非亚里士多德，因为时间不对；参见 Spengel, *Abh.d.Bayer, Akad.*vi.470 sq.。凯菲
索多鲁斯（Cephisodorus）是伊索克拉底的一个学生，他批评亚里士多德，并为他
的老师辩护，他的攻击充满了恶劣的诽谤；参见 Dionys.*De Isocr.*c.18, p.577; Athen.
ii.60, d, cf.iii.122, b; Aristocl.*ap.*Eus.*Pr.Eu.*xv.24, NUMEN, *ibid.*xiv,6.8, Themist.
*Or.*xxiii.285, c。然而，他们之间的摩擦并未使亚里士多德对他的对手做出不公正的
评价：他在《修辞学》中引用了伊索克拉底的许多例子，还有两次引用了凯菲索多
鲁斯的观点（《修辞学》iii.10,1411, a,5,23）。关于这个问题的论述，参见 Stahr, i.68
sq., ii.285 sq.。

1　Spengel, "Isokr.und Platon," *Abh.d.Münch.Akad.*vii.731，以及策勒：《古希腊哲学
　　史》，i.416, ii.459.

2　参见下文列举的证据，我们已知的亚里士多德作品中绝大部分的对话和修辞学文
　　本——或许 Συναγωγὴ Τεχνῶν 写于他生活在雅典的第一阶段。

3　柏拉图的这个选择是令人诧异的，也是错误的。柏拉图可能因为个人的原因更喜
　　欢斯彪西波而非亚里士多德，或者希望他传承正统学说。斯彪西波年长，是柏拉图
　　的侄子，由他抚养长大，又衷心追随他很多年；并且他是柏拉图学园附近的柏拉图
　　花园的法定继承人。除此之外，我们并不知道柏拉图是否亲自传了衣钵。

4　Böckh, "Hermias", *Abh.d.Berl.Akad.*1853, *Hist Phil,KL.*p.133 sq..

5　Strabo, xiii.1,57, p.610, Apollodor.*ap.*Diog.9，以及 Dionys.*Ep ad Amm.*i.5 认为亚
　　里士多德在柏拉图死后拜访了赫尔米亚斯。从第 8 页注释 1 中欧布里德斯（Eubu-
　　lides）那里引用的反驳并不能得出相反的结论，即便那里的引用是正确的。斯特拉
　　波把亚里士多德在这段时期居住的地方称为阿索斯。

子是亚里士多德和色诺克拉底的好友，[1] 他们一起度过了三年时光。[2] 后来，亚里士多德去了米提勒涅（Mytilene）。[3] 斯特拉波（Strabo）说这是出于安全的考虑，因为赫尔米亚斯由于政变而落入波斯人之手；但亚里士多德或许在这件事发生之前就离开了。[4] 在赫尔米亚斯死后，亚里士多德娶了皮提娅（Pythias），[5] 她是赫尔米亚斯的妹妹或者侄女；[6] 亚里士多德留下了许多纪念碑以见对他们的爱戴。[7]

1　参见第 12 页注释 4，亚里士多德的敌人们（*apud* Diog.3, Anon.Menag., and Suidas, *Aρ*）认为这段友谊是不道德的，但这绝不可能是真的；参见 Böckh, *ibid*.137。

2　参见阿波罗多洛斯、斯特拉波以及狄奥尼修斯的记载。

3　公元前 345—前 344 年，即 Eubulus 执政期间；参见 Apollod, Dionys.*ibid*。

4　Böckh, *ibid*.142 反驳了斯特拉波的观点，他认为这件事是可能的，只是并不确定。

5　阿里斯托克勒斯（见下一个注释）引用了给安提帕特（Antipator）的一封信：赫尔米亚斯死后，根据他的愿望，亚里士多德娶了皮提娅（Pythias），她是理智的和善良的，但由于一些讹传，她被认为是赫尔米亚斯的妹妹。斯特拉波（参见上文）说赫尔米亚斯在生前就把她嫁给了亚里士多德，但这封信否认了这一点，倘若这封信是真迹。阿里斯托克勒斯（*ibid*.4,8）指责亚里士多德奉承她的哥哥以便赢得她，另外一个叫吕科的毕达戈拉斯主义者诽谤亚里士多德说，他在她死后把她祭献给德墨忒耳女神（Demeter）。Diog（v.4）说亚里士多德在婚后即刻祭献了她。Lucian（*Eun*.c.9）说亚里士多德把她祭献给赫尔米亚斯；参见 Athen.xv.697 a 中一个可能的暗示。

6　匿名的梅那吉，Suidas, s.v.*Aρ.Ἑρμίας*, Hesych 记载说皮提娅（Pythias）是赫尔米亚斯的女儿，Aristippus（apud Diog.3）说是他的情人——但这是不可信的。这两种说法都不正确，因为赫尔米亚斯没有生育能力（Suid.Hesych 和匿名的梅那吉的说法与 Demetr.*De Eloc*.193 的记载是有冲突的）。阿里斯托克勒斯 ap.Eus.xv.2,8 sq. 引用了亚里士多德给安提帕特的一封信，提奥斯的阿珀里康（Apellicon of Teos）有关亚里士多德和赫尔米亚斯的一本书，里面说皮提娅是赫尔米亚斯的妹妹和领养的女儿。斯特拉波（xiii.610）说她是他的侄女；Demetr.of Magnesia（*apud* Diog.v.3）说是女儿或者侄女。参见 Böckh, *ibid*.140.Harpocration, Suid, s.v.*Ἑρμίας*, Etym.M.，此外 Phot.*Lex* 说她是养女。

7　Diog.（6）说（引用了碑上的铭刻）他为赫尔米亚斯在德尔斐（Delphi）立了一座纪念碑。开俄斯的塞奥克里托斯（Theocritus of Chios）是一位来自伊索克拉底学派的机智的辩论家，他的政治立场是反马其顿的，他当时评论这件事，并写了一首讽刺诗，这首诗歌记载于 Diog.11, Aristocl.*ut supra*, 以及 Plut.*De Exil*.10, p.603；Cf.Mueller, *Hist.Gr*.ii.86 以及第 11 页注释 2。Diog.7 和 Athen.xv.695 中记载的诗歌是亚里士多德写给赫尔米亚斯的。对于皮提娅，正如她所希望的，亚里士多德在遗嘱中说要与她的遗体合葬；因为墓碑上没有署名，她可能先葬在雅典，她死于第 111 届奥林匹亚的第 2 年，离亚里士多德去世的时间不远，他们的女儿皮提娅（女儿与母亲同名——中译注）那时还不到结婚的年纪（cf.Aristocl., Suidas and Anon. Menga.）。在她死后，亚里士多德娶了斯塔吉拉的 Herpyllis，他们育有一子，取名

公元前 343 年或者前 342 年，[1] 亚里士多德接受了马其顿皇室的邀 21
请，[2] 负责年仅 13 岁的亚历山大王子的教育，[3] 后者当时还未曾有优秀的
老师。[4] 亚里士多德大概是在米提勒涅接到邀请的。[5] 我们不知道，腓
力为什么会考虑亚里士多德。[6] 非常不幸的是，我们对亚里士多德如何 22

为尼各马可（Aristocl.cf.Diog.14）；尽管他们没有正式结婚（参见 Timaeus ap.Schol.
in Hes.Ἔ.κ᾽ Ἡ v.375; Diog.v.1.ap.Mueller, Fragm.Hist.Gr.i.211; Athen.xiii.589, c,
赫尔米普斯说她是情人；参见匿名的梅那吉），但他把她当成妻子看待，尊重她，并
且请他的朋友照顾她（Diog.13）。对于亚里士多德的女儿，我们从 Sext.Math.i.258,
匿名的梅那吉和 Suidas s.v.Ἀρ. 中知道一些信息。她嫁给尼卡瑙尔之后，还有两任
丈夫，即斯巴达的 Procles 和医生 Metrodorus。她和前者育有两个儿子，他们在塞
奥弗拉斯特的影响下成为学者；她和后者育有一个儿子，名叫 Aristoteles，塞奥弗拉
斯特在遗嘱中嘱咐他的朋友照顾他（他当时或许还很年幼）。尼各马可由塞奥弗拉
斯特领养，但他年轻时就在战场上身亡（Aristocl.ap.Eus.xv.2,10; Diog.v.29; Suidas
s.v.Θέοφρ.and Νικόμ. 被塞奥弗拉斯特的遗嘱验证了，apud Diog.v.51）。Suidas 说
尼各马可写了《伦理学》的六卷以及在他父亲的《物理学》上做了很多工作，但他
的这种说法是很可疑的。

1　这个时间是由阿波罗多洛斯（Apollod.ap.Diog.10）以及狄奥尼修斯（Dionys.ut
　　supra.）给出的。The School.in Arist.2 3 b,47 记载说"柏拉图去世的时候，亚里士
　　多德在亚历山大的宫殿中"，这显然是错误的。
2　参见 Geier, Alexander und Arist.(Halle,1856)。
3　第欧根尼说亚历山大当时有 15 岁，这个年龄可能估计多了，因为阿波罗多洛斯在
　　这个时间上是不可能出错的（cf.Stahr, p.85）。
4　Plut.Alex.c.v.; Quintil.i.1.9.
5　Stahr（p.84,105, A.2）并不反对这样的观点：即亚里士多德首先从米提勒涅返回
　　雅典，但没有一个传记作者提到这一点。相反，Dionys., ut supra 明确提到他直接
　　从米提勒涅（Mytilene）到腓力那里去。亚里士多德在一封书信的残篇（ap.Demetr.
　　De Eloc.29,154）中说："我从雅典到斯塔吉拉去，要穿过大王国的领地，从斯塔吉
　　拉到雅典要穿过冬天。"但是这种风趣的表达证明不了什么——即便这封信是真的，
　　正如信的内容说的那样，它并不是对一个历史事件的记录，而是对旅行目的地的修
　　辞表达，我们并不知道他中间在何地停留。
6　这里有一个广为流传的故事。在亚历山大出生之前，腓力曾对亚里士多德说，他
　　希望亚历山大能成为一个伟大的人（参见 letter ap.Gell.ix.3），但这封信是伪作，因
　　为腓力不可能用如此夸张的语句给一位 27 岁的年轻人写信；另外，如果他一定要亚
　　里士多德从他儿子出生时起就成为他的导师，那么他可以在第 109 届奥林匹亚的第
　　2 年之前就把他召到马其顿。然而，这位对技艺和科学有着浓厚兴趣的王子无疑非
　　常了解雅典发生的事情，他可能注意到亚里士多德在柏拉图的学园中是佼佼者，尽
　　管西塞罗对于此事的证词没有特别的分量（De Orat.iii.35,141）。另一种可能是：亚
　　里士多德因为他父亲的关系与马其顿皇室有联系，而且他自己在年轻的时候或许与
　　同龄的腓力熟识——正如 Stahr 所说（p.33），后者是阿门塔斯最小的儿子。

教育这位年轻的、雄心勃勃的王子，又如何影响了他的思想，几乎一无
所知。[1] 但是我们不得不推测那种影响是重要而有益的，尽管我们对于
这位伟大的学生如何尊敬他的老师以及这位哲学家如何使一位国王好学
不倦所知不多。[2] 亚历山大不仅是所向披靡的征服者，更是有远见的统
治者，他异常早熟。他雄心勃勃地要建立一个在希腊军事影响下的希腊
文化帝国。他经受住了每个人都可能受到的、来自骄傲的最大诱惑。尽
管他后来犯了错，但他比世界上其他统治者更具有崇高的精神、优秀的
品格、对文化的热爱以及良好的个人修养。所有这些都应归功于他的导
师用科学的训练铸造了他敏锐的思维，用合理的原则强化了他热爱一切
优秀的和崇高事物的自然秉性。[3] 亚里士多德擅长借助他的地位做许多

23

---

1 有一本著作或一部长篇的部分叫作《论亚历山大的教育》，由马其顿的历史学家
Marsyas 所著（参见 Suid.s.v.Mαρσ.; cf.Mueller, *Script.Alex.M.*40，以及 Geier,
*Alex.Hist.Script.*320 sq.）。有一个版本把它作为 *Memorabilia* 这本书的一章（Geier,
*ibid.*77; Diog.vi.84）。然而，我们有关它的信息非常少，也不确定哪些是真的。普
鲁塔克（Plutarch, *Alex.*c.7 sq）称赞亚历山大的好学，赞赏他对于书籍和对话的热
爱、对诗歌和民族历史的热情。他相信亚里士多德不仅教授他伦理学和政治学，而
且传授他秘传学说，这个说法建立在一封广为流传的信件上（q.v.ap.Gell.xx.5 引
用安德罗尼柯和 *ap.*Simpl.*Phys.*2 b），亚历山大在这封信中抱怨亚里士多德公开发表
了他的秘传学说，而亚里士多德回应说那些没有"听过"这些学说的人是不能理解
它们的。普鲁塔克认为亚历山大对医术的狂热也来自亚里士多德，因为亚里士多德
时常在他的朋友身上练习医术。然而，这些或多或少都是猜测，那些看起来非常重
要的信息也不太可信，因为这些信件建立在一种少数人所知的秘传学说与公开学说
之区分的理论上，参见下文 p.112，我们证明它们是错误的。我们知道亚里士多德有
两本书是给他的学生的，Περὶ βασιλείας（《论国王》）和 Ὑπὲρ Ἀποίκων（《论外邦
人》），参见第 42 页注释 2。此外，普鲁塔克（*Alex.*8）说亚里士多德注释了《伊利
亚特》的文本送给亚历山大。亚历山大的伴学有下述几人：Marsyas（Suid.Μαρς.），
卡里斯塞奈斯（Callisthenes）（Justin.xii.6; cf.Plut.*Alex.*55; Diog.v.4; Arrian.iv.10；参
见 Geier, *Alex.Script.*192 sq.），或许还包括卡山德（Cassander）（Plut.*Alex.*74）。那时
亚历山大遇见了塞奥狄克特斯（Theodectes）（Plut.*Alex.*17），也可能遇见过塞奥弗拉
斯特（参见 Aelian.*V.H.*iv.19）。Diog.v.39，参见第 52 页。伪卡里斯塞奈斯（Pseudo-
Callisthenes）保存的关于年轻的亚历山大的传奇故事可能被忽略了。

2 Plut.*Alex.*8.正如他与 Anaxarchus，色诺克拉底以及印度哲学家 Dandamis 和 Kala-
nus 的关系所显示的那样（Themist.Or.Viii.106, D）。

3 他实际上没有践行亚里士多德的学说（Plut.*Virt.Alex.*i.6, p.329; cf.Stahr, p.99,2;
Droysen, *Gesch.d.Hellen.*i.b,12 sq.），但这并不能证明相反的情况是真的。

有益的事情，据说他为个人甚至整个城邦向国王进言。[1] 我们知道，斯 24
塔吉拉（它的重建是亚里士多德向腓力[2]索来的），埃雷索斯（Eresus）[3]
和雅典[4]的城邦建设都应当感谢他。

当亚历山大 16 岁时，他的父亲让他监理国政，[5] 亚里士多德的教学
自然结束了。此后他们的教学也没能以常规的方式进行，因为在接下来 25
的几年中这位早熟的王子在他父亲的军事决策中扮演了积极的作用；尽
管在闲暇时间他们可能还继续思想上的教育与探索。[6] 亚里士多德那时

1　*Ps.Amm.*46, *V.Marc.*4, *Amm.Lat.*13, Aelian,*V.H.*xii.54.

2　参见 Plut.*Alex.*c.7, cf.*Adv.Col.*33,3, p.1126, 以及 Dio.Chrysost.*Or.*2 *fin.*, *Or.*47,224
　R。另一方面，参见 Diog.4, *Ps.Ammon.*47, *V.Marc.*4, *Ammon.Latin.*13, Plin.*H.Nat.*
　vii.29,109, Aelian.*V.H.*iii.17, xii.54, Valer.Max.v.6. 这些文献中提及亚历山大重建
　了斯塔吉拉城。然而普鲁塔克记录的信息更完整些，而且得到了亚里士多德和塞奥
　弗拉斯特的证明；参见第 18 页注释 1。普鲁塔克（*Adv.Col.*32,9）和第欧根尼（4）
　说亚里士多德甚至为这个重建的城邦拟定了法律，但这是不可信的。Dion（*Or.*47）
　说他为重建中遇到的困难而奋斗，为此他在一封信中抱怨过，但这封信可能不是
　真迹。亚里士多德的努力可能并未维持很久，因为 Dion（*ibid*）和斯特拉波（vii.
　*fr.*35）把斯塔吉拉描述为荒凉之地；它重建的时间参见第 18 页注释 1，以及第 26
　页注释 3 和注释 4。

3　*Ps.Amm.*（p.47）记载了一个可疑的故事，*V.Marc.* 以及 *Ammon.Latin.* 记载说亚
　里士多德说服了亚历山大，使埃雷索斯免于毁灭。

4　*V.Marc.*4 以及 *Ammon.Latin.*(13) 记载亚里士多德在给腓力的信中为雅典人说情，
　后来人们在雅典卫城为他建立了一座纪念碑。这个故事也许是不可靠的，因为记载
　它的那封信可能是伪造的；参见 Diog.(6)。这件事可能不是真的，因为在斯彪西波
　死的时候，即公元前 339 年，亚里士多德已是亚历山大的老师，那时并没有驻马其
　顿的大使。Stahr 的故事（p.67,72）说亚里士多德在雅典的第一段时期住在大使馆，
　这是不可信的。这个故事可能发生在卡隆尼亚（Chaeronea）战争和腓力被刺杀之间
　的两年中，当时，亚里士多德在马其顿皇室中有一定的影响力，他可能用这层关系
　为雅典说情，因此赫尔米普斯用"和平大使"这样的词汇来描述他。亚历山大对雅
　典表示出来的友好可能来自亚里士多德的影响（Plut.*Alex.*c.13,16,28,60）。

5　第 110 届奥林匹亚的第 1 年，即公元前 340 年，这一年腓力征战拜占庭（Diod.
　xvi.77; Plut.*Alex.*9.）。

6　这段时间，亚里士多德可能被称为亚历山大的"导师"，或者不被这样称呼；因为
　不同的故事记载了他对亚历山大的不同教学时间，狄奥尼修斯说有八年（即他在
　马其顿的全部时间），但是 Justin（xii.7）说有五年——这个时间已经很长了。

好像远离了他出生的地方,[1] 他和他的学生们早已离开了培拉 (Pella)。[2]
亚历山大继位后,亚里士多德一定在北部待过一段时间。波斯战争爆发
之后,亚里士多德已没有理由继续留在马其顿了,而那里曾经有最舒适
的住所[3] 和进行研究工作的最好场所。[4]

26　　亚里士多德于第 111 届奥林匹亚的第 2 年 (公元前 335—前 334) 返

1　亚里士多德返回雅典之前在斯塔吉拉居住了一段时间,那里有他祖传的房子 (参
　见第 3 页注释 3),这是从第 15 页注释 5 引用的残篇中得知的,残篇的真实性毋
　庸置疑。他显然把斯塔吉拉看作他的故乡,因为在他的遗嘱里 (Diog.16),他把
　给尼各马可的遗产放在那里。他的第二任妻子也是斯塔吉拉人 (参见第 14 页注释
　7),另外塞奥弗拉斯特在那里也有一处地产,他非常熟悉那地方。参见 *Hist.Plant.*
　iii.11,1; iv.16,3。

2　普鲁塔克 (*Alex.*c.7) 说他和亚历山大住在 Nymphaeum,靠近 Mieza。Stahr (104)
　认为这个地方靠近斯塔吉拉,但是 Geier (*Alexander und Aristot.*33) 认为他们应当
　住在培拉的 Emathia 地区。

3　第 15 页注释 5 引用的残篇中说,因为色雷斯寒冷的冬天,他离开了斯塔吉拉,但
　这并非主要原因。

4　*Ps.Ammon.*47 记载说斯彪西波死后,雅典人要亚里士多德回到雅典,或者,根据
　*V.Marc.*5 的记载,柏拉图学园要他回来和色诺克拉底共同执掌 (参见第 10 页注释
　2)。但是记载了这段生平的三个版本都充满了含糊不清的故事。伪阿摩尼乌斯说亚
　里士多德此时回到雅典在吕克昂执教,然后去了哈尔西斯,后来又去了马其顿——
　为了和亚历山大一起去印度,他在这次旅行中收集了 255 种政体模式,并在亚历山
　大死后返回了他的故乡,他死的那一年距离柏拉图去世 23 年。*Latin.Ammon.* (14,
　17) 以及 *Vita Marciana* (5,8) 说他和亚历山大一起去了波斯,收集了 255 种政体
　模式,并在战争爆发后回到故乡,此后,他开始在吕克昂教学,后来去了哈尔西
　斯,并在那儿去世,时间是柏拉图去世后的第 23 年。亚里士多德在亚历山大的军
　营中收集政体模式,这个故事也被 Ammon.*Categ.*5, b 记载过;参见 David, *Schol.in*
　*An.*24, a,34; Ps.-Porph.*ibid.*9, b,26; Anon.*ad Porph.*apud Rose, *Ar.pseud.*393。但是,
　寻找这些含混不清的故事的真相纯粹是浪费时间。

回雅典，[1] 距柏拉图去世已有 13 年。他余生 12 年是在这里渡过的，[2] 在如此短暂的时间中，他完成了大量令人难以置信的研究。即便我们假设他已经为他的哲学研究做足准备工作，并且关于自然哲学的研究以及为了补充理论研究而收集的历史资料或许已经在他返回雅典之前就得出了一些结论，但是他所有的系统学说几乎都是在这段最后的人生经历中完成的。他在辛劳写作的同时也进行教学活动，他现在终于建立起能与他的导师建立的学园相媲美的新学派。吕克昂（Lyceum）的开阔地是他为听众选择的场所。[3] 他一边与学生们交谈，一边在体育场的树林中来回散步；因为这个习惯他的学园被称为"漫步学派"。[4] 当然，如果有更多

27

1　Apollod. *apud* Diog.10 和 Dionys. *ut sup.* 都认为这个时间是第 111 届奥林匹亚的第 2 年，但他们都没说亚里士多德是在上半年还是下半年回到雅典的，即公元前 335 年末还是公元前 334 年的春天。对于后一种说法，我们要指出的是：当时雅典对亚历山大的敌意刚刚被消除，而马其顿对雅典的影响在公元前 335 年的夏天当底比斯被摧毁时又恢复了；亚历山大直到 334 年的春天才发动对小亚细亚的进攻。对于前一种观点，我们可以参考狄奥尼修斯的计算（参见下一个注释），但这很有可能是他自己根据阿波罗多洛斯记载的年份来推算的——即他在第 111 届奥林匹亚的第 2 年到达雅典，第 114 届奥林匹亚的第 3 年去世，因此亚里士多德在第 114 届奥林匹亚的第 2 年去过哈尔西斯。

2　参见 Dionys. *ut supra*。亚历山大大帝死于公元前 323 年 6 月，而亚里士多德死于公元前 322 年的秋天（cf.p.37）。倘若亚里士多德是在 335 年的秋天来到雅典，而在 323 年的秋天离开，那么这个计算是精确的。倘若亚里士多德是 334 年的春天去的雅典，在 322 年的夏天去的哈尔西斯，那么这种算法是不准确的，见第 25 页注释 2。

3　它是一个与 Apollo Lykeios 神庙相连的体育馆，位于雅典的市郊（参见 Suid.Harpoctation, and *Schol.in Aristoph.Pac.* v.352.）。

4　参见 Hermippus *ap*.Diog.2, etc.；Cic.*Acad.* i.4,17；Gell.*N.A.* xx.5,5；Diog.i.17；Galen.*H.phil.* c.3；Philop.*in q.v.Schol.in Ar.* ii.b,23（cf.*in Categ.Schol.* 35, a,41 sq.；Ammon.*in q.v.Porph.* 25,6；David, *in Categ.* 23, b,42 sq., 以及第 10 页注释 2）；另外参见 David, *Schol.in Ar.* 20, b,16；Simpl.*in Categ.* 1 *fin.*。这个词源的考证是正确的，而 Suidas（s.v.Αρ.and Σωκράτης）和 Hesych 的观点是错误的。"漫步学派"这个名字来源于"περίπατος"一词，它是指吕克昂的教学场地，从这个词的形式来看，它是从动词演化来的，并且它起初并不仅仅指亚里士多德的学派（参见第 10 页注释 2）；但后来它被限定了，亚里士多德学派被叫作"来自漫步之地的人"（或者"来自漫步之地的人们"，参见 Strabo.xiii.1,54），另一个学派被称为"来自学园的人"或者"来自学术堂的人"（参见 Sext.Pyrrh.iii.181；Math.vii.331,369；xi.45, etc）。

28　的听众，他就会采取别的教学方式。[1] 苏格拉底式的对话方式不得不让位于连续的讲稿形式，这在柏拉图那里已经或多或少被采用了，当亚里士多德面对一大群学生时或需要解释某些在内容和形式方面都非常新的问题时或面对某些需要用科学的方法细致研究的课题时，他就会采用讲稿的形式。[2] 另一方面，只要没有遇到这些，他便会保留与他的朋友们进行哲学对话的习惯——这是另一种方式。[3] 在教学之余，他似乎重建

29　了他早先的修辞学派，[4] 他们进行与修辞理论相联系的演说实践。[5] 正是这个活动而不是其他主题的讲座吸引了大量的听众。据说早晨他只有少量的、内部圈子的听众，而下午的讲座面向所有人。[6] 同时，我们认为亚里士多德的学园也是享有共同生活的朋友圈。因为友谊是学园建立的

1　格利乌斯（Gell.*ut supra*）说亚里士多德有两种教学形式：公开的和秘传的。前者指修辞学，后者指形而上学和物理学以及辩证法。秘传学说的教学一般在早上进行，是为那些已经受过训练的、有准备的学生讲授的；而公开的通俗课程在下午进行（cf.Quintil.iii.1,14, *pomeridianis scholis Ar.Praecipere artem oratoriam coepit*.［亚里士多德的学派在下午开始讲授修辞术］）。前者被称为"早课"，后者被称为"下午的漫步者的课程"（*utroque enim tempore ambulans disserebat*.［每当此时人们边走边讲］）。然而，一大群人一起散步是不太可能的，因此 Diog（3）的记载是更准确的："如果人数很多，亚里士多德就改变教学方式。"

2　这些课程意味着亚里士多德在教学中首先介绍他的教学对象和方法，然后介绍每一个问题的发展，阿里斯托克塞努斯是这样记载的（*Harm.Elem.*p.30）。亚里士多德的很多作品可能都是由讲稿和笔记构成的，或者是为教学写的课案；并且在《论题篇》的结尾亚里士多德向他的听众直接说明了这一点（参见《辩谬篇》，34 *fin.*）。

3　这种形式一部分源于这些情况自身的特点，在亚里士多德的听众中有像塞奥弗拉斯特这样成熟又聪慧的人；另一部分源于他在早期的写作中使用对话体；还有一部分源于散步式教学的方式使人们热衷对话（参见 Diog.iv.10）。对于一个主题的连续的讲稿被称为 πρὸς θέσιν λέγειν（对论题的演说），较仓促的讨论被称为 ἐπιχείρειν（手头稿）（参见下一条注释）。

4　Diog.（3）并不是一个好的证据，因为其中描述的亚里士多德的后期活动似乎是从他早期与伊索克拉底（Iscorates）辩论的资料得来的（参见第 12 页注释 4）。然而，从亚里士多德的《修辞学》来看，对修辞术的口头训练并未被遗忘，并且格利乌斯（Gell., *ut supra.*）明确提到吕克昂中有关于修辞学的教学。

5　Diog.3，这里的"论题"是一般的讨论主题，不是一个特殊的问题（参见 Cic.*Top.*21,79, *Ep.*ad *Att.*ix.4; Quintil.iii.5,5, x.5,11；以及 Frei, *Quaest.Pro.*150）。参见 CIC.*Orat.*14,46，这里并未确认是早期还是晚期的修辞学派，两者都是可能的；参见 Gell.*ibid.*。

6　参见第 20 页注释 1；另外参见 Gell.*ibid.*。

基础，这始于与柏拉图的亲密关系，他总是在语言和行为上显示出一种有修养的和优雅的热情；我们听说，他的学园有着这样的传统：亚里士多德与他的学生们聚餐，他为这些聚会和他们的集体活动制定了详细的计划。[1]

据说，马其顿的两位国王为亚里士多德的研究工作提供了大量的帮助，尤其是慷慨的亚历山大。[2] 无论古代作者对这个故事的描述有多么 **30** 夸张，也无论我们设想亚里士多德继承的财产有多么丰厚，[3]他的研究范围如此广阔表明他拥有极大的优势，而这些优势条件极可能来自国王的协助。他自己的著述显示出他对别人的学说有深刻而广泛的了解，[4]这恰恰证明他拥有他人的著作；我们确切地知道他是第一个收集书籍并设立图书馆的人。[5] 此外，像《政治学》以及对其他城邦之法律的收集，如果没有相当多的劳动力和研究经费是不可能完成的。尤其是关于自然历史的书和类似的文章，如果不分派别人去做一些工作，仅凭个人的劳动是不可能完成的。因此，正是这样有利的环境为他的研究提供了必要条件，使他幸运地成为那个对思想拥有深刻的领悟、对事实有着敏锐的观

1　Athen.i.3, v.186 b, cf.186 e 记载说他为他们的聚餐编写了"聚会原则"，然而，这可能指的是在第 74 页注释 1 中提到的作品；另外 Diog.（4）保留了一份他为学园内部的管理机构写的计划，即每十天就换一班管理员。参见 Zeller, *Ph.d.Gr.*i.839, n.1。

2　根据埃里安的记载（*V.H.*iv.19），腓力对他的研究工作给予了充分的支持和大量的资源，尤其是在自然哲学的研究方面；Athen.（ix.398）说亚历山大雇佣了 800 人为亚里士多德工作；另外，Plin.（*H.Nat.*viii.16,44）说亚历山大为他的研究提供了其能获得的所有猎物、鱼类和花草，以及海外属地的森林与河流中的动植物，他们收集的动植物数以千计。然而，Plin. 的故事并未被证实（参见 Brandis.p.117 sq., and Humboldt, *Kosm.*ii.191,427），因为有一些例外情况，如亚里士多德并不知道大象的存在——但亚历山大的殖民地中是有这种动物的。

3　他的遗嘱没有谈论关于他年轻时的事，但是除了他的对手对他的诽谤——例如说他傲慢又喜欢炫耀，我们所知的他的生活方式，他对住宅的选择，他的婚姻，他的广泛的学术研究所需的资源，这些都证明亚里士多德的生活并不贫困。关于伊壁鸠鲁和蒂迈欧讲的无聊的故事，参见第 7 页注释 4。

4　除了现存的作品，我们知道还有一些关于修辞、诗学和哲学史的书籍。

5　Strabo, xiii.1,54, p.608, 参见 Athen.i.3, a, 格利乌斯（Gell.iii.17,3）说亚里士多德为斯彪西波的工作聘用了三个很有才华的雅典人。

察力的最伟大的经验科学和系统知识的奠基者。

31 　　在亚里士多德生命的最后几年中，他和亚历山大的关系日趋紧张。[1]亚里士多德或许对亚历山大陶醉在胜利中做的许多事情不满，他对亚历山大自认为巩固统治采取的必要手段不满，当然这些手段与希腊传统和自爱而独立的希腊人是冲突的，亚里士多德对这位年轻的征服者在奉承者围绕的境况中表现出来的暴躁和冷酷不满，对这位征服者苦恼他人的反对、疑心他人的背叛感到不满。[2]从不缺乏告密者向国王说些真真假假的事，宫廷中有学问的人也因为嫉妒而密谋除掉彼此，甚至连侍臣和军官都拿他的癖好作为赌资和游戏的戏码。[3]当这位国王与安提帕特（Antipater）的关系变得糟糕后，他对亚里士多德也产生了偏见，[4]因为

32 哲学家与这位将军的关系非常亲密。[5]然而，对国王与他的老师之间的关系带来沉重打击的是卡里斯塞奈斯（Callisthenes）事件。[6]亚里士多德对于皇室的新东方政策持坚定的反对立场；他对他们进行尖锐的讽刺和无情的批判；他以高调的方式强调自己的独立性以及宣称对军队的不满；他以亚历山大的史家自居，因此而产生的傲慢态度，所有这些都使国王对他充满了愤怒和不信任。他的敌人便容易说服国王相信他和那些

---

1 参见第 16 页注释 2。他们之间的书信往来并不能作为他们之间友谊的可靠证据，因为我们并不知道这些书信是否真实。

2 普鲁塔克（参见第 16 页注释 3）说亚里士多德对亚历山大想要融合希腊和东方的整个政治理念感到不满。

3 例子参见 Plut.*Alex*.c.52,53, Arrian, iv 9–11。

4 参见 Plut.*ibid*.74（尽管事情发生在卡里斯塞奈斯死后）；关于安提帕特，参见 Plut.*Alex*.39,49; Arrian, vii.12; Curt.x.31; Diodor.xvii.118。

5 他们的友谊从这样一个事实可以看出：安提帕特的儿子卡山德是亚里士多德的学生（Plut.*Alex*.74），我们从亚里士多德给安提帕特的信中得知这一点（Aristocl.*apud* Eus.*Pr.Eu*.xv.2,9; Diog.27; Demetr.*Eloc*.225; Aelian, *V.H*.xiv.1）。另外，我们知道安提帕特是亚里士多德遗嘱的主要执行人（*apud* Diog.11）。亚里士多德与他合谋要杀死亚历山大的荒谬故事建立在这样的背景中（参见下文）。

6 关于卡里斯塞奈斯的情况，参见 Plut.*Alex*.53–55; Sto.*rep*.20,6.p.1043, *Qu.Conv*. i.6.p.623; Arrian, iv.10–14; Curt.viii.18 sq.; Chares *apud* Athen.x.434 d; Theophrast. *ap*.CiC.*Tusc*.iii.10,21; Seneca, *Nat.Qu*.vi.23,2；现代作家关于此问题的讨论，参见 Stahr, *Arist*.121 sq.; Droysen.*Gesch.Alex*.ii.88 sq.; Grote, *Hist.of Greece*, xii.290 sq., etc。

贵族串通密谋要置亚历山大于死地，后来卡里斯塞奈斯被作为合谋者处死，[1]尽管他是无辜的。国王胸中燃烧着愤怒的火焰，他也把怀疑的矛头指向了亚里士多德，[2]因为卡里斯塞奈斯是他的亲戚并且是由他推荐给国王的，[3]尽管亚里士多德曾告诫这个年轻人不可鲁莽。[4]然而，因为怀疑，亚历山大和他的关系变得非常冷淡。[5]有一个故事甚至说，在卡里斯塞奈斯事件中，亚里士多德与安提帕特合谋想要毒死亚历山大，[6]但这个故事早已被证明是毫无根据的。[7]倘若亚里士多德出于什么原因真想害

33

1　说他是帮凶是不太可能的，但是我们不知道他应当为肆无忌惮地谈论他的年轻朋友而激起的风波承担多少责任。

2　参见亚历山大给安提帕特的信（Plut.*Alex*.55）。根据 Chares 的观点（*ap*.Plut.*ibid*.）：亚历山大本来打算在亚里士多德在场时处死卡里斯塞奈斯。Dio.Chrys.（*Or*.64, p.338）说亚历山大打算处死亚里士多德和安提帕特只是在修辞上的夸张。

3　Plut.*ibid*.; Arrian, iv.10,1; Diog.4; Suid.$K\alpha\lambda\lambda\iota\sigma\theta$.

4　Diog.*ibid*.; Valer.Max.vii.2; Plut.*Alex*.54.

5　普鲁塔克明确说到过此事（参见第 16 页注释 2），另外 Diog.10 记载了一个故事，说亚历山大喜爱兰萨库斯的阿那克西美尼（Anaximenes of Lampsacus）和色诺克拉底，以此来羞辱他的老师，即便这个故事是可信的，它也无法证明相反的情况；但是这样做对于亚历山大和业里士多德来说都是不幸的。相反，普鲁塔克（*ibid*.）认为国王对色诺克拉底的喜爱是因为亚里士多德。菲洛庞努斯（Philoponus, *apud* Arist.*Meteorol*.ed.Ideler, i.142）引用过一封据说是亚历山大从小亚细亚写给亚里士多德的信，但在这证明不了什么。

6　这个故事的最早的证据来自一位叫 Hagnothemis 的人（*apud* Plut.*Alex*.77），据此人说他是从 Antigonus 那里听来的。阿里安（Arrian, vii.27）和 Pliny（*H.Nat*.xxx.16）也提到过它，但他像普鲁塔克一样也把它当成伪造的。Xiphilinus（lxxvii.7, p.1293）说 Caracalla 国王取消了漫步学派在亚历山大里亚的特权，因为亚里士多德所谓的罪责。

7　这个故事在道德上是不可能的，对它的反驳（cf.Stahr, *Ar*.i.136 sq.and Droysen, *Gesch.d.Hellen*.i.705 sq.）还建立在这样一些基础上：（a）Plut.*ibid*.明确记载了亚历山大死后六年才被怀疑是中毒而亡，这被认为是 Olympias（Olympias 是亚历山大大帝的母亲——中译注）对安提帕特家族的仇恨的报复，她为了煽动公众反对卡山德（安提帕特的长子——中译注）——后者被指控毒死了亚历山大大帝；（b）安提戈诺斯也被怀疑是下毒的凶犯，那时他与卡山德不和，尽管我们不知道他是否指控业里士多德有罪，（c）我们必须指出的是，亚里士多德的死敌们，例如伊壁鸠鲁、蒂迈欧、Demochares、吕科（Lyco）等从未停止过对业里士多德的攻击，但他们对于这项指控一无所知；（d）那些认为亚历山大是被毒死的人记载了这样一个故事（它与第一个传闻紧密相关并且很好地满足了公众的想象）：毒药是用 Nonacrian 泉的泉水调制的——即忘川的水，这显然并非历史记载的证据；（e）阿里安和普鲁塔克从

死亚历山大，那么这个事情本身就给他带来了巨大的危险。

34　　这位令人生畏的征服者突然的死讯在雅典掀起了一场反马其顿运动，这个消息被证实之时，便是战争爆发之时。雅典担任了领导者的角色，要为希腊的自由而战。安提帕特成为马其顿的摄政王，在他做好准备之前，他发现自己已被一些强大的势力所威胁，在长期而艰难的拉米亚（Lamian）战争[1]之后他才驾驭了这些势力。正如预期的那样，从一开始，这场运动便威胁到马其顿的主要成员。亚里士多德可能并没有政35　治身份；[2]但他是亚历山大的老师，并且他与安提帕特的友谊是尽人皆知的，他自己亦有盛名，敌人无疑很多，因此他也没能逃过攻击。指控他不敬神是无稽之谈，这其实是政治的和个人的愤怒报复。[3]然而，亚

宫廷的历史记录以及亚历山大的病历中得出的数据和信息并不支持他是被毒死的这种观点；(f) 如果亚里士多德的动机是为了营救卡里斯塞奈斯，那么我们没有理由说他在六年后才实施谋杀，我们也无法设想在这么长的时间后，他对自己的安全还如此焦虑；(g) 亚里士多德的养子可能是亚历山大的随从，并且担任很重要的职务（参见第 4 页注释 7）；(h) 最后，亚历山大被毒死的传闻被后来发生的事情否定了。亚历山大的死在希腊掀起了巨大的波澜，拉米亚战争使安提帕特陷入困境。每一个熟悉当时政治情况的人都能预料这样的结果。如果安提帕特不像其他人那样对国王的死一无所知，那么他便可以左右或领导这些运动。如果他是向往自由的希腊人的领导者，那么希腊人就不会掀起反抗他的战争；如果亚里士多德也参与谋害亚历山大，那么他就不必从希腊逃走了。

1　关于战争的细节部分，参见 Droysen, *Gesch.d.Hellen*.i.59 sq.。

2　根据 Aristocl.*ap*.Eus.*Pr.Eu*.xv.2,3, 的记载，Demochares（他是德谟斯提尼的侄子，*de quo cf*.Cic.*Brut*.83,286; *De Orat*.ii.23,95; Seneca, *De Ira*, iii.23,2; Plut.*Demosth*.30; *Vit.X Orat*.Viii.53, p.847, and Suidas）宣称曾发现了亚里士多德的一些书信，这些书信对雅典多有憎恨；亚里士多德背叛了他的家乡斯塔吉拉，投靠了马其顿；此外，在 Olynthus 被摧毁之后，他投靠了当时最富有的腓力。但后面这两个故事是不可能的，第一个故事也可能是假的，正如阿里斯托克勒斯自己认识到的。

3　这项指控是由 Demophilus 在祭司 Eurymodon 祭奠赫尔米亚斯的仪式上煽动起来的，前面提到的那首诗（第 14 页注释 7）和祭献（第 14 页注释 5）被作为这项指控的证据，参见 Athen.xv.697 a,697 a; Diog.5; Anon.Menag., Suidas, and Hesych, 此外参见 Origen（c.*Cels*.i.65）。这项不实的指控被证明不过是臆断，尽管祭司或许憎恨这个哲学家的自由主义。在当时的雅典，一种真诚的不敬神的指控是不太可能的，尽管大众很可能被这项罪名煽动。Grote（18 sq）告诉我们，雅典人对亚里士多德给予一个奴隶出身的宠臣和独裁者英雄般的赞颂这件事有相当深刻的印象。Grote（p.14）指出亚里士多德的养子的事情对希腊人的自尊心来说是多么大的侮辱（参见第 4 页注释 7）。Grote（p.37, cf.Grant, p.24）还提到伊索克拉底学派由于憎恨亚里士多德

里士多德觉得应当在更大的风暴来临之前隐退。[1] 他逃到优卑亚半岛的　36
哈尔西斯（Chalcis in Euboea），[2] 那儿有一栋乡间的房子，他从前在那里
住过，[3] 他并不在意敌人们的诽谤。[4] 他离开雅典时把吕克昂学园的教学
工作交给了塞奥弗拉斯特。[5] 但亚里士多德并未享受这种隐居生活多久，　37

而对他进行迫害——这是很有可能的，但是我们并无充分的证据说 Demophilus 是
Ephorus 的儿子，并且后者或者两人都是伊索克拉底学派的。此外，我们也没有充
分的理由说学园派也参与了对亚里士多德的指控。

1　亚里士多德说"他不能给雅典人第二次对哲学犯罪的机会"，又说"雅典是荷马
所说的那样一个地方，梨上堆梨会熟老，无花果上堆无花果亦然"，意指那些谄媚
者；他的话记载在 Diog. 9 以及 Aelian, iii. 36 中；Origen, *ut supra*; Eustath. *in Odyss.*
H 120, p. 1573; Ammon. p. 48; *V. Marc*, 8; *Ammon. Latin*. 17 引用过它，最后这篇文献
说到这话是在他给安提帕特的一封信中出现的。Favorinus, *apud* Diog. 9 说荷马的诗
句是在 *Apologia*（《申辩》）中出现的，匿名的梅那吉以及 Athen. xv. 697 a 都提到它，
但怀疑它不是真迹。我们并不明白为什么亚里士多德在获得安全之后还要写一封无
用的自卫信。它无疑很像在模仿苏格拉底的申辩（参见 Athenaeus 记录的残篇，以
及柏拉图《申辩篇》26 D. sq）。

2　Apollodor. *apud* Diog. 10 记载说这件事发生在公元前 322 年的下半年。但这是不可
能的，因为斯特拉波（x. 1, 11）和赫拉克利德（*ap.* Diog. x. 1）认为他在哈尔西斯住
了好长一段时间；另一方面，雅典对亚里士多德的攻击很可能在反马其顿运动的一
开始就发生了，而不是在安提帕特在 Thessaly 取得决定性的胜利之后才发生的。另
外，亚里士多德很早就离开了雅典，而不是在整个拉米亚（Lamian）战争期间都在
等待。因此，他很可能在公元前 323 年的仲夏离开了雅典，而阿波罗多洛斯说的只
是我们在 Dionys. *Ep ad Amm*. 1, 5 中发现的东西：即亚里士多德死于第 114 届奥林
匹亚的第 3 年，在他逃到哈尔西斯之后。我们无法假设（参见 Stahr, i. 147）亚里士
多德在一个较早的时间就移居到了哈尔西斯，因为根据赫拉克利德的权威资料，我
们知道亚里士多德居住在哈尔西斯的时间正是伊壁鸠鲁达到雅典的时期，亚历山大
死后，伊壁鸠鲁来到了 Κολοφῶνα（克洛丰）。亚里士多德的逃亡是为了避免在雅
典受到威胁——这完全是由于亚历山大突然去世，因此他不可能在亚历山大的死讯
传到雅典之前就去了哈尔西斯，那时还是公元前 323 年的夏天。赫拉克利德或第欧
根尼的记载是不准确的，而伪阿摩尼乌斯（参见第 18 页注释 4）和 David（*Schol. in
Ar*. 26 b. 26）记载的时间是不正确的。

3　参见 Strabo, x. 1, 11, p. 448。

4　亚里士多德在给安提帕特的一封信的残篇中（参见 Aelian, *V.H.* xiv. 1，参见第 31
页注释 1）说："我在德尔斐神庙的投票权已经被移走了"。我们不知道这指的是纪
念碑还是某种荣誉特权。如果这是雅典人给亚里士多德的，那么它可能与上文 p. 24
中提到的那次贡献和服务有关，参见第 17 页注释 4。

5　参见 Diog. v. 36 以及接下来的几行，Suid. s, v, Θεόφρ。

在那儿的第二年，即公元前322年的夏天，[1]他得了一种病并饱受折磨。[2] 与两位同时代的伟人相比，他在亚历山大死后还未活过一年，而德谟斯提尼（Demosthenes）在他死后不久也去世了。据说，他的遗体被带回了斯塔吉拉。[3]他的遗嘱保存了下来，[4]这里面饱含对所有与他有关的人

38

1　参见 Apollod.*ap*.Diog.10，*V.Marc*,3，*Ammon.Latin*.12，and Dion.*Ep.ad Amm*.i.5，他们认为这个时间是第 114 届奥林匹亚的第 3 年。德谟斯提尼也死于这一年（Apollod. *Ibid*.），但更早些（Gell.*N.A*.xvii.21,35）。普鲁塔克（*Dem*.30）认为亚里士多德应当死于公元前 322 年的七月到九月之间。

2　Apollod 和 Dionys.*ut supra* 都记载说亚里士多德死于疾病；参见 Gell.xiii.5,1.Censorin.（*Di.Nat*.14,16）的记载。Eumelus *ap*.Diog.6（参见第 2 页注释 2 和第 6 页注释2），匿名的梅那吉以及 Suidas 都说他是自己服毒酒死的，或者（Hesych 这样认为）他是被迫服毒——这个说法很可能把亚里士多德的死与德谟斯提尼或者苏格拉底的死混淆了。历史的真相不可能如此，因为最主要的证据并不支持这个说法，而且它也与亚里士多德自己的人生信条相反（《尼各马可伦理学》ii.11,1116a,12，v.15 *init*.，ix.4,1166 b,11）；与当时的情况不符，因为亚里士多德在优卑亚是安全的。另一个故事（在 Aelias Cretensi p.507 D 中有记载）说他不能发现视觉的原因，因而焦虑万分，Justin.cohort.36，Greg.Naz.*Or*.iv.112 或 Procop.*De Bello Goth*.iv.579 中也有类似的记载，说他对于不能解释视觉现象而苦恼焦虑，这个说法是根本站不住脚的，尽管Bayle（art.Aristotle, n.Z）认为亚里士多德就是死于这种焦虑，参见 Stahr, i.155。

3　这一点只有 *V.Marc*.4 和 *Ammon.Latin*.13 提到，据说，亚里士多德的墓碑上建了一座祭坛，并且市政会议在这里举行；人们设立了一个名叫"亚里士多德"的节日，并且有一个月份以他的名字命名。这个观点的证据并不充分，但考虑到他是城邦的名人（参见 Dio.*Or*.47,224，亚里士多德有幸被称为"城邦之父"），又是斯塔吉拉的重建者，因此这个故事并非完全不可能。

4　*Apud* Diog.11 sq (cf.v.64)；正如塞奥弗拉斯特、斯特拉托（Strato）、吕科（Lyco）的遗嘱那样，阿里斯托（Aristo）的遗嘱里也记载了一个漫步学派的人（公元前 200—250，lege Ἀρίστων ὁ Κεῖος）。赫尔米普斯（公元前 200—220）也有相同的记载（参见 Athen.xiii.589 c.），根据 *V.Marc*.8 和 *Ammon.Latin*.17 的说法，安德罗尼柯（Andronicus）和 Ptolemaeus 都引用过亚里士多德著作的目录（*de q.infra. V.Marc*.），参见 *Ammon.Latin*."cum voluminibus suorum tractatuum"；参见 Heitz, *Verl.Sohr.d.Ar*.34。遗嘱的外部证据是充分的，而且漫步学派（例如塞奥弗拉斯特、斯特拉托以及吕科都是核心人物）很可能精心保留了亚里士多德和他的后继者们的遗嘱，而阿里斯托本人就是吕科的继承人。从内部证据来看，遗嘱也是真实的，反对它的证据都是微不足道的（cf.Grant,26）。有一个反对的证据说遗嘱中既没有提到亚里士多德在雅典拥有一座房子也没有提到他的图书馆。然而，一个伪造者是不可能忽略后者的，因为图书馆是一个学派最重要的东西；但是亚里士多德很可能已经对它做出安排，因此没有在遗嘱中提到它，遗嘱是对他的朋友们的安排，而不是对于他的全部财产的分配，正如我们说到的另外那三个人的情况也是如此。Grant 不认为皮提娅当时还未到结婚年龄，而尼各马可只是个少年，但这是不正确的；因为

的真诚爱心和悉心照顾，包括他的奴隶。他任命塞奥弗拉斯特接管他的　39
学园，[1] 并给予后者最好的遗产——他的书籍。[2]

我们对于亚里士多德的个人特征所知不多。除了他的长相的一些细节之外，[3]我们所知的几乎都是他的敌人们对他的攻击。绝大多数的攻击已被证明是不实的——例如那些毁谤他与柏拉图的关系的，与赫尔米亚斯的关系的，与他的两任妻子的关系的，与亚历山大的关系的，以

亚里士多德的妻子皮提娅在他们年长的孩子去世之后，又给他生了个女儿——时间是他们婚后十年，或者还可能是亚里士多德的第二任妻子给他生了一个儿子，当他63岁去世的时候，他还只是个少年。此外，我们从其他资料中得知尼各马可的教育是由塞奥弗拉斯特负责的。Grant 指出安提帕特是否是遗嘱的执行人是值得怀疑的，伪造者可能插入了一个历史人物；但是亚里士多德可能自然会想到他，因为那些依赖于他的人将会在一位有权力的朋友的保护下得到他在遗嘱中分配的利益。所以，他受到所有受益者的称赞，而他的遗嘱的执行任务落在了塞奥弗拉斯特和其他管理者的身上。遗嘱中关于四个动物雕像的条款是有争议的，亚里士多德宣称它们是属于宙斯和守护神雅典娜的，这是为了尼卡瑙尔的安全（Diog.16），模仿苏格拉底式的对 Asclepios 神的祭献（参见柏拉图《菲多篇》118A）。然而，这个观点是牵强的，也是不重要的。亚里士多德并不相信宙斯和雅典娜的诅咒或他们的神秘人格，但他可能在家乡斯塔吉拉（雕像被送到那里）建立了一座纪念他的养子的雕像，这雕像是按照希腊习俗建造的。他自己在《尼各马可伦理学》第四卷第五章中指出纪念雕塑在形象上显示了伟人的品格。

1　有一则著名的故事讲述他如何表达他的选择（Gell.*N.A.*xiii.5，那里的 "Eudemus" 应当是 "Menedemus" 才对）。这是很可靠的，一定是亚里士多德所写。

2　Strabo, xiii.1.54, p.608; Plut.*Sulla*, c.26; Athen.1.3, a，对这个问题的论述，参见 Diog.v.52。

3　Diog.2 说他是个结实的小个子；此外，Anthology iii.167 有一首讽刺诗，但它是毫无依据的。它说"亚里士多德是矮小的、秃头的和有肥肚腩的，发不清 R 音"，即这里指的是 $\tau\rho\alpha\nu\lambda\grave{o}\varsigma$（口齿不清）（*ap*.Diog.2, Annon.Menag., Suid., Plut.*Aud. Poet*.8, p.26, and *Adulat*.9, p.53）。Pausanias（vi.4,5）提到一座亚里士多德的塑像；另外参见 Stahr, i.161 sq.。关于那些现存的塑像，尤其是罗马 Palazzo Spada 的真人大小的坐姿塑像，参见 Schuster, *Erhalt.Portr.d.griech.Philos*.Leipz.1876, p.16。坐像的亚里士多德有一张清癯的脸，深沉而睿智，有着因长期的脑力消耗而留下的皱纹，从侧面看是一张轮廓分明的脸。它留给我们一种亚里士多德穷尽毕生追求真理的印象，坐像的做工非常精美，它很可能源自亚里士多德时代或者他的最初继任者的时代。塞奥弗拉斯特在遗嘱中（Diog.v.51）说他建造的 $Mov\sigma\varepsilon\tilde{\iota}ov$（庙宇）在他死后要继续修葺完工，或许在他死的时候已经完成一座塑像了。

40 及说他年轻时放纵，或者晚年在政治上不忠。[1] 这些由他的敌人们[2] 讲述的故事绝大多数是不可信的。[3] 就现存证据而言，我们没有任何理由说亚里士多德是一个自私又精明的人，或者贪婪又易妒的沽名钓誉之徒。[4] 这些攻击中的第一条主要是指责他与马其顿王室的关系，第二条是指责他对同时代人和他的前辈的批判。但是他绝不可能用不光彩的手

41 段[5] 获取腓力和亚历山大的喜爱，他也绝不可能赞成或者模仿像卡里斯塞奈斯那样的笨蛋。说他依附于马其顿皇室是一种侮辱，这是完全错误

---

1 参见上文 p.8 以下，第 14 页注释 2，第 14 页注释 5 和注释 6，第 23 页注释 6 和第 24 页注释 2。另一个诽谤来自 Tertullian's *Ar.Familiarem…fecit* (*Apologet.*46)——这里说他背叛了亚历山大大帝，这是一个非常无理和邪恶的故事，它一定是某个 Tertullian 人的编造。此外，Philo of Byblos 讲了一个故事 (*ap.* Suid. *Παλαιφ*)，说亚里士多德与历史学家 Palaephatus of Abydos 有不道德的关系，这同样是毫无根据的。

2 Themist.*Orat.*xxiii.285 提到亚里士多德的诽谤者的名单。此外，阿里斯托克勒斯 (*ap.* Eus.xv.2) 和第欧根尼 (11，16) 提到了如下这些人：伊壁鸠鲁、蒂迈欧、欧布里德斯、Alexinus、凯菲索多鲁斯、吕科、开俄斯的塞奥克里托斯 (Theocritus of Chios)、Demochares 以及狄凯亚尔库 (Dicaearchus)，他们都算是亚里士多德的同代人。

3 阿里斯托克勒斯与第欧根尼记载了这样的诽谤；此外，参见 Suid.*Ἀριστ.*; Athen. viii.342, xiii.566; Plin.*H.N.*xxxv.16,2; Aelian, *V.H.*iii.19; Theodoret, *Cur.Gr.Aff.* xii.51, p.173; Lucian, *Dial.Mort.*13,5 以及 *Paras.*36；他们说亚里士多德是个贪吃的人，因此跑到马其顿皇室去奉承亚历山大，并且他死的时候还在他的房子里发现吃光了的 75 只 (甚至 300 只) 盘子；他们还说他与皮提娅 (Pythias) 和 Herpyllis 的关系是不道德的，说他迷恋 Theodectes of Phaselis；还有人说他女人气，用热油洗澡(这是用来治疗疾病，参见 Diog.16 以及第 26 页注释 2)，然后再把用过的油卖掉；有人说他年轻时很爱打扮，不像个哲学家 (这是可能的，因为他是富有的并在皇室长大)；还有人说他是愚蠢的和轻浮的。即便这些描述中的有些事是真的，我们从这些讲述者的品格中也可以断定这些事情是无足轻重的；我们从 Lucian 的一段话中以及 Theodoret 对 Atticus 的一个引用中可以看到，亚里士多德对于财富和幸福的论证是如何被曲解以使用来支持这些诽谤的。

4 甚至 Stahr (i.173 sq) 对这些指控给予了过多的关注。

5 Stahr 认为亚里士多德写给亚历山大的信听起来像是奉承 (*Arist.Fragm.*No.611, *apud* Aelian, *V.H.*xii.54)，若这是真的，亚里士多德也只不过说出了事实。根据埃里安的说法，他给亚历山大写信是为了平息亚历山大对某些人的愤怒，他告诉亚历山大一个人不能向比自己低级的人发怒，因为他比其他人都优秀，他是波斯帝国的征服者。我们不能确定这封信是否是真实的。Heitz (*Verlor.Schr.d.Arist.*287) 认为这段残篇与普鲁塔克 (*Tranqu.An.*13, p.472; *Arist.Fragm.*614,1581, b) 的说法不符，后者认为亚里士多德是拿自己与亚历山大比较，但是这封信更有可能不是真的。

的和不合适的。无论从出身还是所受教育来看，他都是一个希腊人。他所有的私人关系都与马其顿皇室有关——他和他的父亲都与皇室关系密切，因此我们不能认为出于一般的政治立场的考虑必然会致使他反对马其顿的政策。柏拉图对当时政治体制的混乱相当不满，因此他支持全面的改革。柏拉图的这位追随者也不能放弃同样的信念，因为他对于人和事都有着更为敏锐的洞见并发现了城邦和政体之活力所依赖的条件。出于实践上的明智，亚里士多德并不信任柏拉图的理想城邦；他不得不在已有的体制和权力中寻找政治改革的资源。那个时候，除了马其顿王国没有其他新的基础，因为希腊城邦面对外来入侵已不再能够保持自身的独立并更新他们的内在生活。历史的发展状况无疑已证实这一点，福基翁（Phocion）（他是雅典的一位政治家，生活在公元前 401 年至前 318 年。——中译注）甚至指出，在拉米亚战争中，除非希腊人的道德状况得到改变，否则与马其顿的军事冲突中是没有胜利的希望的。[1] 毫无疑问，一个马其顿国王的朋友比一个雅典的政治家更容易接受上述观点，他是斯塔吉拉这样的小城邦的公民，斯塔吉拉曾经被腓力征服，后来又被重建为马其顿的一个城市。我们能谴责他吗？倘若他接受了上述观点并对这种政治体制做出公正评价；他认为只有这个城邦是有未来的，只有这个城邦（如果希腊还有这样的城邦的话）能够将希腊从内部的纷争和腐化以及外部的威胁中拯救出来。我们能谴责他吗？倘若他觉得希腊的陈旧而独立的城邦必然会终结，因为它的基础——公民的美德——已经消失。我们能反对他吗？倘若他相信在他的学生亚历山大身上正好体现了正义的和自然的君主制[2]——亚历山大是如此杰出，其他人远远不能与之相比。我们能抱怨他吗？倘若他更愿意看到希腊的霸权是在这样一个人的手中而不是在那些"伟大的"波斯王的手中，因为那些喜爱希腊城邦的人早在伯罗奔尼撒战争后就下了赌注，希望他能带来希腊唯一

42

43

1　Plut.*Phoc*.23.

2　《政治学》iii.13 *fin*.。

缺乏的东西——即成为世界的统治者，建立一个政治的统一体。[1]

有人说亚里士多德嫉妒别人的名声，不过是因为他的哲学评论通常很尖锐、有时太公正。然而，他的评论并不带有个人色彩；他的意图只是为了使自己的观点更鲜明，并以最清楚的方式陈述它们。如果他有时给我们坚持固执的印象，那么我们应当意识到他在寻求真理的每一颗种子，即便是最晦暗的、在他的前辈的著述中的种子；记住这一点，我们就会发现这不过是一种有智慧的和可谅解的自我欣赏。

略过不重要的细节，[2] 我们不必理会下述说法：亚里士多德希望看到哲学很快得以完成。[3] 如果他这样做了，那么他和其他人一样犯了自欺之罪——包括那些并不像亚里士多德那样许多世纪以来一直被视为人类导师的思想家。实际上，这个论断似乎在亚里士多德的早期著作中出现过，[4] 但它并非与他自己的体系相关而是与柏拉图有关，因为柏拉图曾宣称开启了完成所有科学的愿景。[5]

从亚里士多德的哲学著作、书信的残篇、遗嘱以及我们对他的生平的不完备的描述中，我们看到了他的人格的画卷，我们不得不尊敬他。他有着崇高的原则，正义的道德感，敏锐的判断力，对所有美的事物的热诚，对家庭生活和友谊的热爱，对支持者的感激，对亲戚的喜爱，对奴隶和需要帮助的人的慷慨，[6] 他对于妻子的忠诚超越了希腊传统对婚

44

1　参见《政治学》vii.7,1327b29，他在这儿估算了希腊民族的价值："我们（希腊人）是自由的、完善的和最好的公民，并且我们能够统治完整的、统一的城邦。"

2　正如 Valer.Max.viii.14,3 讲述的那个故事，作为亚里士多德要建立完整哲学的证明，这无疑是建立在对 *Rhet.ad Alex*.c.1 *fin.* 的误解和捏造上（参见 *Rhet*.iii.9,1410 b,2）。

3　CIC.*Tusc*.iii.28,69: Aristoteles…absolutam fore.

4　这在对话 Περὶ φιλοσοφίας（《论哲学》）中出现过，罗泽（*Rose, Ar.Fr*.No.1）和 Heitz（*Ar.Fr*.p.33）都正确地指出过这一点。

5　Bywater 也这样认为（*Journ.of Philol*.vii.69）。对于亚里士多德的现存作品，他通常认为需要进行更多的研究。

6　对于前者，例如他在遗嘱中特别嘱咐说那些为他服务过的人不会被卖掉，并且有几个奴隶被释放，开始新的生活。对于后者，参见他所说的 *ap*.Diog.17："我同情的是人，而不是道路。"

姻高尚的理解——这些正是他的人格魅力。这些品质使我们注意到道德明智的能力在他的伦理学中是所有美德的基础，而这一点也深植于他智慧又慎思的人格中。我们不得不认为他的伦理学原则也是他的生活信条：[1]对不足和多余的避免，对根植于人类本性中的秩序的尊重，将绝对价值赋予人类生活的精神和道德方面。他的人格尽管有弱点，但依然是高尚的和值得尊敬的，而他的能力和思想成就是令人惊讶的。从未有如此丰富的知识，如此细致的观察，如此孜孜不倦的探索，在一个有着敏锐的科学思想的人中同时体现；他的哲学洞见能够穿透事物的本质，他的思想有着能够统摄所有知识的完整性和一致性的广度，他的学说包含和融合了所有的分支。在诗一般的生动，幻想一般的旖旎和天才般的洞见方面，他赶不上柏拉图。但他具有驾驭知识而非艺术的高超能力。[2]柏拉图语言的那种令人着魔的魅力很难在这个斯塔吉拉人的现存作品中找到，尽管许多遗失作品在文学艺术性[3]上也得到了公正的赞扬。然而，他在人类可以把握到的知识的所有方面都超越了他的老师——他拥有研究的广阔性和独立性，科学方法的严格性，评价的成熟性，批判的谨慎性，陈述的简洁性和精确性，以及对科学术语的定义的使用和综合的发展。坦诚地说，他不能像柏拉图那样以一种糅合了科学的和道德的力量来感召我们。他的著作是枯燥的、更加学术化，与柏拉图相比更局限于认知的领域。但是在这些方面，就一个人所能做的而言，他是成功的。几千年来，他为我们展示着哲学的道路。他为希腊人开创了学习的时代。对于当时能够接触到的每一门知识，他都以原创性的研究丰富了

45

46

1　参见他给安提帕特的信，以及 *ap*.Aelian, *V.H*.xiv.1，以及 *ap*.Diog.18。在前面的一段残篇中他要求取消从前获得的荣誉；在后一段残篇中他说并不忌恨那些在背后辱骂他的人。

2　我们注意到他写的为数不多的诗歌并不出色。另一方面，他的智慧（Demetr.*De Eloc*.128）在格言（*ap*.Diog.17 sq）或书信残篇（*ap*.Demetr.29,233）中显得特别突出。埃里安说亚里士多德在年轻时喜欢用一种嘲讽和游戏的风格来写作，这不是不可能，但从现有的证据来看我们无法证明。

3　参见下文。

它，用新的概念发展了它。即便我们最大限度地评估他从前辈们那儿得到的资源，从他的学生和朋友那儿得到的支持，从训练有素的奴隶[1]那儿得到的帮助，我们依旧可以发现他的成就远远超出一般标准；我们甚至无法理解一个生命如此短暂的人如何完成如此繁多的工作，尤其当我们知道他永不疲倦的心要从一个虚弱的身体中不断榨取所需的能量来完成这些惊人的工作。[2] 很少有人像亚里士多德一样完成了历史的使命、设定了哲学的命运。他是一个快乐的人，我们没有理由相信他的敌人们对他的攻击，更没有理由否认他的伦理学及其附属原则所要求的那些可贵的品质完美地体现在他的身上。

47

---

1 据说巴比伦的卡里斯塞奈斯（Callisthenes of Babylon）为他收集了天文学的数据（Simpl.*De Coelo*, Schol.503, a,26, Porph. 的记载来自于此），但这个故事是可疑的，因为这些观察数据可以追溯到 31000 年前。
2 参见第 26 页注释 2，以及 Diog.v.16。

第 二 章

亚里士多德的著作

1. 对单本著作之顺序的考虑

亚里士多德的学术生涯从一开始就以其范围的广袤和种类的多样令人惊奇。我们所拥有的他名下的作品涵盖了哲学的所有领域，并且它们体现了经验观察和历史记载方面的巨大价值。除了这些现存的作品外，古代文献还记载了大量其他著作的目录，这些著作现在只有标题或少数残篇被保存下来。我们有两份这样的目录：第一份有两个版本，一个版本是由第欧根尼（Diogenes）（V. 21 sqq.）记载的，另一个版本被称为"匿名的梅那吉"（Anonymus Menagii），第二份目录在某份阿拉伯文献中。[1]第一份目录（即第欧根尼的记载）包括 146 个标题，其中大部分[2]也被保存在"匿名的"目录中[3]；但"匿名"目录中缺少[4]第欧根尼目录的一小部分，[5]它记载了七个或八个新的标题。我们还看到一份附录，它加入了 47 个标题——但大部分[6]是对已有标题的重复或变形，此外还有

---

1 参见 Rose, *Arist. Fragm.* 以及 Heitz（*Ar. Opp.* v. 1463, Berlin ed., iv. b, 1 sq., Paris ed.）。

2 这里根据早先的文本 111，但罗泽根据 Ambrosian 手稿 132 的记载完善了它。

3 根据罗泽的猜测（*Ar. Libr. Ord.* 48），这人可能是米利都的 Hesychius，他生活了 500 年（原文为：he was Hesychius of Miletus, who lived about 500。——中译者注）。

4 一个文本说遗失了 14 篇，另一个文本说 27 篇。

5 关于遗失的可能原因，参见 Heitz, *Verlor. Schr. Arist.* p. 15。

6 如果我们的计算是正确的，那么有 9 篇，即 Nos. 147, 151, 154, 155, 167, 171, 172,

49　10 篇伪作。这两份目录都表明亚里士多德著作总数接近 400 部。[1] 第一份目录的作者不可能是罗德岛的安德罗尼柯（Andronicus of Rhodes）（罗泽［Rose］是这样猜想的[2]），即那个知名的亚里士多德著作的编辑者，[3] 尽管漫步学派肯定编撰了一份亚里士多德的著作目录。[4] 因为，即便我们不理会安德罗尼柯所说的著作的总数是 1000 册，[5] 以及现存的目录[6] 包括被安德罗尼柯排除在外的《解释篇》，[7] 我们也应当在安德罗尼柯的编辑本中寻找那些保存在现存的亚里士多德全集里的篇目，不那么严格地说，现存的亚里士多德全集是他编撰的。现存目录的真实情况并

50　非如此，因为现存全集中缺少许多重要的部分，或者它们至少不符合原

　　174,182 这些篇目重复了 Nos.106,7,111,91,98,16,18,39 和 11 这些主目录中的篇目。

1　Diog.34 以及匿名的梅那吉在目录的开始处这样说。第欧根尼的标题有 357 篇（把每封信件按各自的名字算为单篇，《政治学》算作单篇）；在 Anon. 中记载的（被罗泽完善的那个版本）有 391 篇。

2　参见 Arist. *Pseudepig.* 8 sq.。

3　参见 Zeller, *Ph.d.Gr.* Pt.iii.a,549,3（2nd edition）。

4　从以上引用的普鲁塔克（Sulla,26）的段落来看，这一点是非常清楚的，另外，我们从 *V.Marc.*8（参见第 26 页注释 4）和 David, *Schol.in Ar.*24, a.19 中也可以看出。安德罗尼柯不可能只采用了赫尔米普斯的目录（参见 Heitz, *Ar.Fr.*12），这与他自己的工作是不相符的。一个类似的关于塞奥弗拉斯特的著作目录被一个评注者归于他的名下，这出现在《形而上学》的最后和《论植物的历史》第七卷的开头。

5　参见 David, *Schol.in Ar.*24, a,19。

6　这是比较可信的，因为我们从 Diog.34 中收集来的目录只包括那些被认为是真迹的作品。因此 Bernays（*Dial.d.Ar.*134）认为这部作品是由后人插入到安德罗尼柯的目录中的。

7　参见 Alex.*in Anal.Pri.*52。

先的标题和格式。[1] 有一个相反的说法[2]：第欧根尼的目录只包括那些未被安德罗尼柯收集的教学类篇目，但这个说法被下述事实否定了：这个目录包含全集的很多重要部分，并且它被认为是对哲学家著述的完整评述。[3] 因为相似的原因，这个目录同样也不可能来自大马士革的尼古劳斯（Nicolaus of Damascus），[4] 或者任何知道安德罗尼柯的编辑本的人。这个目录的编撰者一定是亚历山大时期的学者，[5] 很可能是赫尔米普斯（Hermippus）；[6] 他要么没有得到充足的资源，要么是怕麻烦而不愿记载

51

1　在我们现存的亚里士多德全集中，只有以下几篇包含在第欧根尼的目录中：Nos.141《范畴篇》；142《解释篇》；49《前分析篇》；50《后分析篇》；102《论动物》9 卷（这无疑是指《动物志》，之后的第十卷是伪作，No.107 被称为 $Ὑπὲρ\ τοῦ\ μὴ\ γεννᾶν$）；123, $Μηχανικῆς\ ά$（《机械论》）；75, $Πολιτικῆς\ ἀκροάσεως$ 8 卷（《论政制》）；23 $Οἰκονομικὸς\ ά$（《经济学》）；78 $Τέχνης\ ῥητορικῆς\ ά\ β′$（《修辞术》）；119 $Ποιητικῶν\ ά$（《诗学》）；或者还包括《论题篇》——它有两个名字，参见下文。另外 Nos.90《物理学》第一、二、三卷，以及 45（115）《论运动》第一卷（可能是《物理学》的部分）；No.39《论元素》第一、二、三卷（或许《论生成与消灭》的两卷加上《论天》的第三卷或者《气象学》的第四卷）；70, $Θέσεις\ ἐπιχειρηματικαὶ\ κέ$（无疑是对《问题集》的修订）；36 $Π.τῶν\ ποσαχῶς\ λεγομένων$（《论谓述的多种方式》）（亚里士多德经常用这个名称，现在是《形而上学》第五卷）；38 $Ἠθικῶν$（《伦理学》只有 5 卷）。即便我们假设这些对应篇目的猜测都是正确的，这份目录仍然遗漏了现存全集中的重要部分。匿名的梅那吉又添加了《论题篇》（他的排序号是 52）以及《形而上学》（他认为有 20 卷，如果文本是正确的话，参见下文）。《第一分析篇》是他的 134 号，有两卷，另外《伦理学》是 39 号，$Ἠθικῶν\ κ′$（A–K 卷）。他的附录加上了：148, $Φυσικὴ\ ἀκρόασις$（《论自然》lege h；149《论生成与消灭》）；150, $Π.μετεώρων\ δ′$（《气象学》）；155, $Π.ζώων\ ίστορίας$（《动物志》）；156, $Π\ ζώων\ κινήσεως$（《论动物的运动》只包括三卷）；157, $Π.ζώων\ μορίων$（《论动物的部分》）（只包括三卷）；158, $Π.ζώων\ γενέσεως$（《论动物的生成》）（也只有三卷）；174, $Π.ἠθικῶν\ Νικομαχειων.$（《尼各马可伦理学》）。

2　参见 Bernays.*Dial.Ar*.133，以及罗泽上文；相反意见，参见 Heitz, *Verlor.Schr*.p.19。

3　参见 Diog.v.21 开篇。这并不是说他排除了主要的哲学论题，同样的话也出现在第 34 节中，在那里亚里士多德作品的力量来自"著作的标题"，数目将近 400 篇。

4　关于他对亚里士多德的研究著作，参见 Zeller, *Ph.d.Gr*. Pt.iii.a,556（2nd edition），以及 Heitz, *Verlor.Schr*.38。

5　参见 Heitz,46 sq.，Grote, i.48，Susemihl.*Ar.ue.d.Dichtk*.19，*Ar.Pol*.xliii.，以及尼采（Nietzsche, *Rhein.Mus*.xxiv.181 sq.）。

6　我们并非确知这个漫步学派的学者整理了亚里士多德著作的目录，他大约生活在公元前 200 年；但我们也很难质疑他，因为他写过两卷本的亚里士多德生平，第欧根尼也引用过他写的生平（参见 Diog.v.1, 12，以及 Athen.xiii.589, xv.696），他的

图书馆中没有的手稿，[1]这个图书馆应当就是亚历山大图书馆。否则他不可能遗漏一些重要的著作，我们确切地知道这些著作在安德罗尼柯之前的两个世纪中一直被使用着。[2]因此，第一份目录仅仅告诉我们在亚历山大图书馆中有哪些作品是被归于亚里士多德名下的。

　　另一份亚里士多德著作目录的年代要晚得多，它是由两个13世纪的[3]阿拉伯作家从"托勒密"（Ptolemy）那里抄录来的——他或许是公元二世纪的漫步学派的人，有些希腊作家也提到过他。[4]他的目录到了阿拉伯人那里似乎变得不完整了。尽管托勒密说亚里士多德著作的总数

52

《塞奥弗拉斯特的生平》被学者们使用过，参见第34页注释4（参见 Heitz, *ibid*.49, Ar.Fr.11），但我们不知道第欧根尼是通过什么方式知晓它的。

1　布兰迪斯（Brandis）认为第欧根尼给出的亚里士多德和塞奥弗拉斯特的作品目录都可能是正确的。

2　第欧根尼自己在别处引用的亚里士多德的著作篇目也未包含在他的目录中（布兰迪斯, *ibid*.; Heitz,17），然而，这只能说明这些注释来自别的资源而非他自己编撰的目录。

3　参见 Rose, *Ar.Opp*., p.1469。

4　一位阿拉伯作者说这个托勒密是亚里士多德的崇拜者（Ibn el Kifti.d.1248, *ap*.Rose, *ibid*.），他写了一本名为"Historiae Ar.et Mortis ejus et Scriptorum Ordo"的书献给 Aalas（或者 Atlas）；另一位阿拉伯作者（Ibn Abi Oseibia, d.1269, *ibid*）也有对他的记载。这两份文献都记录了他的生平细节和著作目录，但是我们只知道他生活在罗马帝国时期，并且他与 *Almagest* 一书的作者并非同一人。然而，他们所说的与 David 在 *Schol.in Ar*.22, a,10（在 Proclus 之后，参见 1.23）中所说的是吻合的，即托勒密就是那个说亚里士多德的著作有1000本的人（正如安德罗尼柯所说的那样，参见第34页注释5），即"算上他的著作、生平和研究主题"。*V.Marc*.8 评论说，他在亚里士多德的著作清单中添加了遗嘱。David 认为这个托勒密是埃及王国托勒密二世（Ptolemaeus Philadelphus），但这只说明了 David 的无知，或者记录他的演讲的学生的无知；尽管我们知道托勒密二世是亚里士多德著作的收藏者（Athen.i.3, David, and Ammon.*Schol. in Ar*.28, a,13,43），也是斯特拉托（Strato）的学生（Diog. v.58），但这个编写目录的托勒密生活在安德罗尼柯之后，这可以由他在第90条中提到安德罗尼柯和第86条中提到阿珀里康（Apellicon）得到证实。对于这个作者的情况，罗泽认为（Rose, *Ar.Libr.Ord*.45）他就是新柏拉图主义者 Ptolemaeus，他在 Jambl.*ap*.Stob.*Ecl*.i.904 以及 Proclus *In Tim*.7 中被提到。另一个是 Longinus 的同时代人，但是，据说（Porph.*V.Plot*.20）他没有任何科学著作。他最可能的身份是漫步学派的托勒密，他对 Dionysius Thrax 的语法定义的批判被记录在 Sext.Math.i.60 中，此外 Schol.in Bekker's *Anecd*.ii.730 也引用过他，因此他生活的年代应当在狄奥尼修斯和塞克斯都（Sextus）（即公元前70—前220年）之间。

是 1000 册，但他们的清单上只有 100 个条目，包括大约 550 卷。[1] 从现存的全集来看，它只有少数是残缺的，而它们可能是偶然丢失的。[2] 还有一些条目是重名的。阿拉伯版的目录是从希腊文原版来的，这可以由希腊文的标题来证明，但是非常遗憾，这些标题时常被抄错，且与之下的内容不符。

53

显然，具有上述特点和来源的目录既不能保证篇目数量的完整性也不能保证它的真实性。除了充分和仔细地研究每个篇目之外，没有什么能够使我们确认哪些流传下来的文本和残篇是亚里士多德的真迹。这样一种研究在此处不能完全地展开；但是对亚里士多德的全部作品的完整回顾与对作品真实性的简要评价相结合的研究方式[3]是可取的。

从旧目录结束的地方开始，我们需要区分哲学主题的篇目与那些处理个人事务的篇目——即信件，诗歌和日常的记载，后者的数量相对较少；并且如果我们除去那些真实性可疑的和伪造的作品，剩下的数量就

54

1　如果没有对各个不同文本的编号的差异进行研究，那么是不可能得到一个准确的数字的。如果第 171 号《政治学》是分开来计算的，那么总数就将是 720 本。

2　被遗漏的最重要的篇目是《伦理学》和《经济学》；除此之外，还有 *Rhetoric. ad Alex.*，以及论米利都学派的文章等，以及下面这些小册子：$\Pi.\dot{\alpha}\kappa o\nu\sigma\tau\tilde{\omega}\nu$，$\Pi.\dot{\alpha}\nu\alpha\pi\nu o\tilde{\eta}\varsigma$，$\Pi.\dot{\varepsilon}\nu\nu\pi\nu i\omega\nu$，$\Pi.\mu\alpha\nu\tau\iota\kappa\tilde{\eta}\varsigma\ \tau\tilde{\eta}\varsigma\ \dot{\varepsilon}\nu\ \tau o\tilde{\iota}\varsigma\ \ddot{\nu}\pi\nu o\iota\varsigma$，$\Pi.\nu\varepsilon\acute{o}\tau\eta\tau o\varsigma\ \kappa\alpha\grave{\iota}\ \gamma\acute{\eta}\rho\omega\varsigma$，$\Pi.\ddot{\nu}\pi\nu o\nu\ \kappa\alpha\grave{\iota}\ \dot{\varepsilon}\gamma\rho\eta\gamma\acute{o}\rho\sigma\varepsilon\omega\varsigma$，$\Pi.\chi\rho\omega\mu\acute{\alpha}\tau\omega\nu$，$\Pi.\kappa\acute{o}\sigma\mu o\nu$，$\Pi.\dot{\alpha}\rho\varepsilon\tau\tilde{\omega}\nu\ \kappa\alpha\grave{\iota}\ \kappa\alpha\kappa\iota\tilde{\omega}\nu$，$\Pi.\theta\alpha\nu\mu\alpha\sigma i\omega\nu\ \dot{\alpha}\kappa o\nu\sigma\mu\acute{\alpha}\tau\omega\nu$，$\Phi\nu\sigma\iota o\gamma\nu\omega\mu\iota\kappa\acute{\eta}$，但是第 40 号包括 *De Memoria et Somno*（《论记忆和睡眠》）。所以，在这个清单中，其他短篇科学小品文被包含在一个篇目下。

3　对于只知道标题和只有残篇的作品，参见 Heitz 的详细研究（*Verlor.Schrift. d.Ar.*,1865），他反对罗泽的看法，后者在他的文章 *De Ar.Librorum Ordine et Aucto-ritate*,1854 以及 *Ar.Pseudepigraphus*,1863 中拒绝认为所有遗失的和一些现存的作品是真迹。在古代目录中被命名的作品在本章中将以罗泽的编号为准（参见第 33 页注释 1）；对于目录自身，第欧根尼的目录在引用时记为 D.，匿名的梅那吉的目录记为 An.，阿拉伯的托勒密的目录记为 Pt.。此外，*Ar.Fr* 用来表示残篇的合集，根据 Rose, *Ar.Opp.*v.1463 sq.，Berlin ed.，*Fr.Hz.* 用来表示 Heitz *Ar.Opp.*iv.b,1 sq, Didot 版本。

相当少了。一些诗歌和诗歌残篇[1]，以及某些对他的书信的引用[2]，或许是真迹。所谓亚里士多德的《申辩篇》[3]，以及颂扬柏拉图和亚历山大[4]的《演讲》都是后人的修辞学伪作。

55　　作品的第二部分应当包括那些处理科学问题的论文，但它们与现存的所有著作是根本不同的，即它们是对话体。[5] 我们有许多证据[6]表

1　对于这些诗歌以及与之相关的评注，参见 Berghk.*Lyr.Gr.*504 sq., Rose, *Ar.Pseud.*598 sq., *Ar.Fr.*621 sq., p.1583, 以及 *Fr.Hz.*333 sq.。最重要的篇目就是以上列举的这些（参见第 14 页注释 7），它们的真实性毋庸置疑。D.145 和 An.138 提到 ἔπη（谚语）和 ἐλεγεῖα（颂歌），ἐγκώμα ἢ ὕμμους（颂歌或诗歌）在 An.*App.*180 中也出现了。

2　亚里士多德的书信受到 Demetr.*Eloc.*230, Simpl.*Categ.*2 γ, *Schol.in Ar.*27, a,43 以及其他人的称赞（参见 Rose, *Ar*, *Ps.*587, Heitz, *Verl.Schr.*285, 以及 *Ar.Fr.*604–620, p.1579, *Fr.Hz.*321 sq.），他们称赞亚里士多德的书信体现了书信体的高超技艺，它们被一个叫 Artemon 的人收集在八本书中，别的情况不为人知（参见 Demetr. *Eloc.*223, David, *Schol.in Ar.*24, a,26 以及 PT.No.87）。据说安德罗尼柯计有 20 本书（PT.No.90, cf.Gell.xx.5,10），但是可能只是 20 封信，它们是 An. 中的第 137 号。D.144 记载的信件是给腓力的，给色利布里亚人（Selybrians）的，还有 4 封是给亚历山大的（cf.Demetr.*Eloc.*234, *Ps.Amm.*47），9 封是给安提帕特（Antipater）的，还有 7 封是给别人的。给 Diares 的信件（参见 Simpl.*Phys.*120）被菲洛庞努斯提到过。《论灵魂》K.2 不在 D. 目录中。所有现存的残篇似乎都来自 Artemon 和安德罗尼柯的版本。很难说其中是否有真迹，因为有些肯定是伪作。罗泽（*Ar.Ps.*585, *Ar.Libr.Ord.*113）和 Heitz（*Verl.Schr.*280, *Fr.Hz.*329）均认为所有书信都是伪作。现存的六封书信是伪造的——这一点是清楚的，Heitz 甚至认为它们根本不在 Artemon 收集的书中。

3　参见第 25 页注释 1；*Ar.Fr.*601, p.1578; *Fr.Hz.*320。

4　《柏拉图颂歌》曾被 Olympiod in *Gorg.*166（参见 *Jahrb.f.Philol.*, Supp., xiv.395, 以及 *Ar.Fr.*603, *Fr.Hz.*319）引用过，但它十分可疑，因为没人使用过这个所谓最好的柏拉图传记。对亚历山大的称颂 *ap.*Themist.*Or.*iii.55（*Ar.Fr.*602, *Fr.Hz.*319）被 Fr.*ap.*Rutil.Lupus, *De Fig.Sent.*i.18 指责过，如果那是对亚历山大的称颂，那么 Bernays 对亚历山大的看法就是不可能的（*Dial.Ar.*156）。有一篇 "指责亚历山大" 的短文在 An. 中是第 193 号，它显然是伪造的。Eustath（*ap.*Dionys.*Per.*v.1140, 以及 *An.App.*176）认为 Π.Ἀλεξάνδρου（《论亚历山大》）是亚里士多德所作，因为他混淆了亚里士多德的名字和阿里安（Arrian）的名字。参见 Heitz, *Verl.Schr.*291, 以及 Mueller, *Script.rer.Alex.*pref.v.。

5　参见 Bernays, *Dialoge d.Ar.*(1863), 以及 Heitz, *Verl.Schr.*141–221, 以及 Rose, *Ar.Pseud.*23 sq.。

6　参见 Cic.*Ad Att.*xiii.19,4, Basil.*Ep.*135(167) *ap.* 以及 Rose, *Ar.Ps.*24, Plut.*Adv.Col.*14,4, Dio Chrys.*Or.*53, p.274, Alex.*ap.*David, *Schol.in Ar.*24, b,33, David, *ibid.*24, b,10 sq.,26, b,35; Philop.*ibid.*35, b,41 以及 *De An.E.*2; Procl.*ap.*Philop.*Aetern.*M.2,2 (cf.*Ar.Fr.*10) 和

明，亚里士多德在一类作品中确实使用了对话的形式。据说他的对话与柏拉图对话的不同之处在于对话人物的个性并未贯穿整个对话，[1] 而是作者控制和主导了整个对话。[2]《欧德谟斯》[3]是已知的这类作品的一种，此外，三卷本的《论哲学》[4]，以及四卷本的《论正义》[5]似乎是这类作品

56

---

*In Tim.*338 d; Ammon.*Categ.*6, b (*ap.*Stahr, *Ar.*ii.255); Simpl.*Phys.*2, b; Priscian, *Solut.Proaem.*p.553 b。

1　Basil.*Ep.*135(167) *ap.*Rose, *Ar.Pseud.*24.*Ar.Fr.*1474. 以及 Heitz,146。

2　参见 Cic.*ut supra.Ad Quint.*。*Fr.*iii.5 并不是指对话。"Aristotelius mos"（亚里士多德的方式）在 Cic.*Ad Fam.*i.9,23 中有宽泛的含义，它指的是 "in utramque partem disputare"（[就一件事情或一个问题] 两方面展开讨论），参见 *De Orat.*iii.21,80；另外，参见 Heitz,149。

3　这篇有名的对话（*de q.v.*Bernays,21,143 etc.，以及 *Rhein.Mus.*xvi.236 sq., Rose, *Ar.Ps.*52 sq., *Ar.Fr.*32–43, p.1479, *Fr.Hz.*47）被称为《欧德谟斯》（参见 Themist. *De An.*197，以及 *Ar.Fr.*41 中的引用）或"论灵魂"（D.13, An.13, Plut.*Dio* 22），或者《欧德谟斯或论灵魂》（Plut.*Cons.Ad Apol.*27, p.115 and Simpl.ap.*Ar.Fr.*42）。我们从 Plut.*Dio* 22 以及 Cic.*Divin.*1,25,53 中知道，它是写给一位叫欧德谟斯的朋友的，这位朋友在公元前 352 年死于西西里（参见第 9 页注释 2），因此，这篇对话的写作时间可能在他死后不久（Krische, *Forsch.*i.16）。罗泽所说的这篇对话的残篇很可能指的是残篇中的第 36、38 和 43 号。亚里士多德自己在《论灵魂》第一卷第四章的开头提及《欧德谟斯》中的一个讨论，参见 *Ar.Fr.*41。

4　D.3, An.3（此人估计的数目为四卷），Bernays,47,95, Rose, *Ar.Ps.*27, *Ar.Fr.*1–21, p.1474, Heitz, *Verl.Schr.*179 sq., *Fr.Hz.*30 sq.；参见 Bywater,"Aristotle's Dialogue on Philosophy"（《亚里士多德的哲学对话》，载《哲学杂志》，第七卷，第 64 页以下）。Priscian 告诉我们，这篇作品是对话体（*Solut.Proaem.*p.553），这个看法得到了证明（Plut.*Adv.Col.*14,4, Procl.ap.Philop.*Aet.M.*2,2; v.*Ar.Fr.*10）：即亚里士多德在他的对话中攻击和抛弃了理念论；参见 *Ar.Fr.*11 选自 *Π.φιλος.*（《论哲学》）第二卷，亚里士多德在这里反对数的理念。Philodem. 认为这三卷指的是 *Π.εὐσεβείας* col.22，此外，西塞罗在 *N.D.*i.13,33 中表达了与他相同的观点。Heitz 认为（*Verl.Schr.*180）对《物理学》ii.2,194a35 所谓的明显引用是非常可疑的，因为亚里士多德在其他地方并未引用过对话体文本；另一方面，这个引用既不是指《论善》（它不可能是《论哲学》的第二卷，参见第 43 页注释 1），也不是指《形而上学》xii.7.1072, b,2 的内容——因为那一卷是未完成的，他不可能在《物理学》中引用它。罗泽不认为《论哲学》是真迹，Susemihl（*Genet.Ent.d.Plat.Phil.*ii.534）也同意这一点；但他们的论证是不充分的。

5　D.1, An.1, Pt.3, *Ar.Fr.*71–77, p.1487, Bernays,48, Rose, *Ar.Ps.*87, Heitz, *Verl. Schr.*169, *Fr.Hz.*19.Cic. *Rep.*iii.8,12, 这些文献都提及了这篇作品，并认为它是一部四卷本的"综合性"著作。根据 Plut.*Sto.Rep.*15,6 的记载，它受到克律西波（Chrysippus）的批评（*Αρ.περὶ δικαιοσύνης ἀντιγράφων* [亚里士多德关于正义问题的回应]）；Lactant 也提到了 Carneades 对它的攻击。*Epit.*55（*ap.*Cic.*Rep.*iii）似乎特别与这篇作品有关。Demetr.*Eloc.*28 引用了其中的一段文本。我们并不知道它是一篇

中最重要的。前两者尤其重要，它们无论是在形式上还是主题上都与柏拉图的作品非常相似，以致于人们推测它们是亚里士多德在柏拉图学园时期写成的，那时他还没有形成像后来那样独立的思想。[1] 还有一些作品也被认为是

57

对话，但是这一点可以由它在第欧根尼目录的开头的位置推测，因为这是从对话体开始编目的（Bernays, p.132）。然而，在对话的中间（第 12 号）*Protrepticus*（《劝勉篇》）出现了，但它可能不是对话体。第 17—19 篇或许也不是对话。因此，这里有一个问题：目录 Anon. 是否保存了这里的原始顺序，以致于对话作品只包括 An. 的前 13 篇，加上 *Symposion*——这一篇因为文本错误而在目录中的位置是错误的。

1　这一点对于《欧德谟斯》来说是尤其如此。这篇对话的所有残篇都证明它是建立在《斐多》的文本上的。它们不仅在主题上一致——即灵魂不朽，而且它们使用的艺术和哲学的方法也是一样的。像《斐多》（60E）一样，《欧德谟斯》也是由一个梦中的启示引入的（*Fr*.32），它的直接原型在其他对话中也出现过，即与苏格拉底死前的最后几天有关（《克里托》44A）。正如柏拉图用一个想象的神话来结束《斐多》（108 D sq）一样，《欧德谟斯》也有神话式的预言（cf.*Fr*.40, Silenus 使用了"神的预言"等，使我们联想到《理想国》第十卷，617D 以及 *Fr*.37，这些应当被看作神话式的描述）。正如《斐多》涉及神话理论，《欧德谟斯》残篇 30 承认了传统对死者之敬意的合理性。但是这两篇对话之间最显著的相似之处在于它们的哲学内容。亚里士多德在《欧德谟斯》中不仅坚持认为灵魂是不朽的，还认为它是先于人而存在的，也是可转世的，他还以自己的方式辩护说灵魂在进入此世生活时忘记了理念（*Fr*.34,35）。正如《斐多》对于灵魂不朽的决定性论证建立在灵魂与生命之理念的关系上（105c sq.），《欧德谟斯》也把灵魂称为"某个理念"（*Fr*.42）。柏拉图为这个论证详细地反驳了"灵魂是身体的和谐"这样的理论，亚里士多德也是这样做的（*Fr*.41）。与柏拉图文本相同的地方是 *Fr*.36，在那里，灵魂因为与肉体的相连而产生的不幸以一种强烈对比的方式被表达出来；甚至 Bywater（*Journ.of Phil*.ii.60）与 Hirzel（Hermes, x.94）都认为这个残篇指的是《劝勉篇》，但《欧德谟斯》中也有同样的文本论述（参见第 42 页注释 2）。亚里士多德在《论哲学》中产生了反对柏拉图的独立思想。在有些残篇中，他为神的信念，神的统一性，星辰的理性本性（*Fr*.14,13,16,19,20,21 以及 *Fr.ap.Cic.N.D*.ii.49,125，参见 Brandis, ii, b,1,84；此外，Heitz,228 反对 Rose, *Ar.Ps*.285）等理论辩护，这些读起来都很像柏拉图，并且残篇 15（参见 Bernays,110, 以及 *Fr.Hz*.37）显然是根据《理想国》第二卷 380 D 的内容改写的。然而，亚里士多德在这部作品中（*Fr*.10,11, cf.p.55, n.6）明确地反对理念论以及关于数的理念，他认为世界既没有开始也没有结束（参见 *Frs*.17,18，对比 Bywater,80 与 Plut.*Tranqu.An*.20, p.477），正如柏拉图说的那样，他在第一卷中（Bywater 的重构依据 Philop.In *Nicom.Isag*；参见 CIC.*Tusc*.iii.28,69; Procl.*in* EUCL.p.28; cf.*Ar.Fr*.2—9）对人性向文明和哲学的发展给出了一般理论，尽管这个理论与柏拉图的观点（ap.Philop.）相关——即精神和神圣原则因为与我们的肉体混合在一起总是难以被把握到，以及人性堕入野蛮的周期性轮回的理论（cf.Plato, *Tim*.22 D, *Laws*, iii.677 A,681 E），然而，它确实显示出一种超越柏拉图的、独立的历史观——不仅在与世界之永恒的关系方面（*Meteor*.i.14,352 b,16; *Polit*.vii.9,1329

对话体，这主要是由它们在目录中的位置来断定的；但其中一些[1]只不过与哲

---

b,25; *Metaph*.xii.8,1074 a,38; cf.Bernays, *Theophr.ue.d.Froemmigk*.42），而且在人类精神的发展方面（*Metaph*.i.1,981 b,13, and 2,982 b,11 sq.）。亚里士多德对学术的兴趣在这篇作品中的论祭司（拜火教——中译者注），论俄尔甫斯（Orpheus），论七贤，以及论哲学的发展等方面展现出来；他的批判的风格在 *Fr*.9 中描写的俄尔甫斯的故事中得到体现。考虑到这些方面，《论哲学》与《欧德谟斯》相比，显示出亚里士多德日益成熟的独立思想，因此它们可能是较晚的作品，或许成书于柏拉图生命中的最后岁月。Krische (*Forsch*.i.265) 认为三卷本的《论哲学》就是《形而上学》的第一卷、第十一卷和第十二卷；但这是不正确的（参见 Heitz,179, 以及下文 p.76 以下）。它们很可能在《形而上学》第一卷和第十二卷以及《论天》的很多卷的段落中都被使用过（参见 Blass, *Rhein.Mus*.xxx.1875, p.481）。但差异仍然是存在的，Blass 的这个观点，即"一些段落是从《论哲学》中摘录来的"是不正确的。

1　属于这一类的作品有：三卷本的 Π.ποιητῶν（《论诗人》）（D.2, AN.2, Pt.6; Bernays,10 sq.,60,139; Rose, *Ar.Ps*.77; *Ar.Fr*.59–69, p.1485; Heitz, *V.S*.174 sq.; *Fr.Hz*.23）。Mueller (*Fr.Hist*.ii.185) 怀疑这部作品不是对话体，但是它在目录中的位置和 *V.Marc*.p.2 中的明确表述以及 *Fr*.61 的形式都证明它是一篇对话。埃拉托塞尼（Eratosthenes）和阿波罗多洛斯认为它是亚里士多德的真迹，但是我们可以确定他们所指的篇目（*Fr*.60 *ap*.Diog.viii.51）是别的作品，很可能是 *Politeiai*（《政治学》）。然而，亚里士多德自己在《诗学》第 15 章的末尾提及一个"已经给出的论述"，这可能是指 Π.ποιητῶν，因为《修辞学》（Rose, *Ar.Ps*.79）中没有相应的段落。我们仅有的几个论据大多是历史方面的，并不能证明这篇作品是伪造的。*Fr*.66 有一个对荷马的描述，它显然是属于 Ios 传统的，但凭这（Nitzsch, *Hist.Hom*.ii.87, Mueller, *ut supra*, 以及 Rose, *Ar.Ps*.79）不能证明此书是伪造的，因为它们可能出现在对话中，但作者并不相信它。对于"Π.ποιητῶν"这个标题，我们发现还有"Π.ποιητικῆς"这种形式（*Fr*.65,66,69; cf.Spengel, *Abh.d.Münch.Akad*.ii.213; Ritter, *Ar.Poet*.x.; Heitz, *V.S*.175），除非这是一种混淆，不然这个标题表明这部作品不只是历史记载，还包含了对于诗歌艺术的讨论和诗人的信息。在对话之后，目录中紧接着出现的是 Πολιτικὸς，根据 D.4 的记载，它是两卷本，但根据 AN.4 的记载，它只有一卷（*Fr*.70, p.1487; Rose, *Ar.Ps*.80; Bernays,153; Heitz, *V.S*.189, *Fr.Hz*.41），接下来，在每一卷中的是：Π.ῥητορικῆς ἢ Γρύλλος（《论演说家或舞蹈家》）（D.5, AN.5; γ´ 的加入是出于拼写错误，尽管 PT.2 b, *ap*.IbN abi OSEIBIA 有"de arte rituri iii", 参见 *Ar.Fr*.57 sq.p.1485; Rose, *Ar.Ps*.76; Bernays,62,157; Heitz, *V.S*.190, *Fr.Hz*.41）；Νήρινθος（D.6, AN.6; Rose, *Ar.Fr*.53, p.1484, *Ar.Ps*.73; Bernays,84; Heitz, *V.S*.190, *Fr.Hz*.42）无疑与 διάλογος Κορίνθιος 是相同的，Themist, *Or*.33, p.356 说它是 Σοφιστής（D.7; AN.8; PT.2; *Ar.Fr*.54056, p.1484; *Ar.Ps*.75; *Fr.Hz*.42），但这些作品都遗失了，只流传下来一些对恩培多克勒、芝诺和普罗泰戈拉的评论；Μενέξενος（D.8, ΛΝ.10）的残篇不存在了；Συμπόσιον（D.10; AN.19,"συλλογισμῶν"是错误的拼写；*Ar.Fr*.107 sq.p.1495; *Ar.Ps*.119; *Fr.Hz*.44; cf.Heitz, *V.S*.192 他质疑能把 Plut.*N.P.Suau.V*.13,4 的描述运用到这篇对话上）；Π.πλούτου（《论财富》）（D.14; AN.7; *Ar.Fr*.86–89, p.1491; *Ar.Ps*.101; Heitz, *V.S*.195,

59　学系统有些微的联系，而另一些无疑是伪造的。[1] 对话作品可能与另一

60　种形式的作品相关，尽管这种形式的作品并没采用对话的形式，但它们

与科学论文不同，因为它们采用了一种流行的写作方式。这些作品（至

少其中一部分）也被认为是亚里士多德在同时期写成的。[2] 那就是亚里

---

*Fr.Hz.*45），这些作品可能被早期伊壁鸠鲁学派的 Metrodorus 攻击过，倘若 Philodem.*De Virt.et Vit.*ix.Col.22（很可能是这样，参见 Spengel, Abh.d.Munchn.Akad. V.449, 以及 Heitz, l.c.）的读法不是 "Π.πολιτείας" 而是 "Π.πλούτον" 的话，那么这篇对话在任何地方都未被引用过名字，Heitz 正确地指出残篇 88 指的并不是它；关于 Π.εὐχῆς（《论祈祷》）（D.14; An.9; *Ar.Fr.*44–46, p.1483; *Ar.Ps.*67; *Fr.Hz.*55; Bernays,122），我们只知道一条确切的引用文献，即 *Fr.*46，因为它与柏拉图的《理想国》第六卷 508E 非常相似。

1　如果我们能够确切地说对话 Π.εὐγενείας（《论高贵的出身》）不是真迹（D.15; AN.11; PT.5; *Ar.Fr.*82–85, p.1490; *Ar.Ps.*96; Bernays,140; Heitz, *V.S.*202; *Fr.Hz.*55）——Plut.*Arist.*27 已经怀疑过它的真实性，那么（正如 Heitz 指出的那样）对苏格拉底重婚罪的指责就是建立在某些误解之上的。然而，这看起来是不可能的，因为这个故事在早期亚里士多德学派中十分频繁地出现。对于上一条注释中提到的对话的真实性，我们的证据非常少，不能做出准确的判断，但我们也没有决定性的理由否认它们的真实性。

2　《欧德谟斯》的写作时期与《劝勉篇》写作时期相同（D.12, An.14; Pt.1——它可能与《论哲学》的位置调换了，因此被认为由三卷组成——*Ar.Fr.*47–50, p.1483, *Fr.Hz.*46）。根据泰莱斯（Teles）的说法（他约生活于约公元前 250 年），这部作品被认为是塞浦路斯王子塞米松（Themiso）所作，芝诺和他的老师 Crate 都读过它（参见 Stob.*Floril.*95,21）。Rose, *Ar.Ps.*68, Bywater（*Journ.of Phil.*ii.55）以及 Usener, *Rhein.Mus.*xxviii.372 都认为它属于对话体，Bernays 并未给出理由，但是 Heitz, *V.S.*196 以及 Hirzel, *Hermes*, x.6 指出它属于一篇连续的论文。理由是（1）泰莱斯（Teles）说《劝勉篇》是为塞米松而写的：尽管一篇对话像戏剧一样可能是写给某个人的，但这里是 "为了" 某人而写的，绝非给任何人；（2）我们已知的、所有形式的《劝勉篇》都是论文而非对话：即便是伪柏拉图的 Clitophon（《克里托丰》）——这篇作品有一个不合适的小标题叫 "Προτρεπτικὸς"（《劝勉》）（Thrasyll.*ap.*Diog. iii.60），也不例外，因为它不是对话，只不过是由对话的内容引入的讨论，它或许可以被称为 "Προτρεπτικὸς"，正如《美诺克赛努》（*Menexenus*）因为有一个很长的对话式序言而被称为 "ἐπιτάφιος"（葬礼演讲）（Thras.*ibid.*; Ar.*Rhet.*iii.14, p.1415, b,30）。如果西塞罗把它作为自己的 Hortensisus（*Script.Hist.Aug.V.Sal.Gallieni*, c.2）的写作榜样，我们仍然可以质疑对话形式是否是西塞罗模仿的部分。Usener（*ut supra*）指出西塞罗也把它用在 *Somnium Scripionis Rep.*vi 的写作中。此外，Censorinus 在 *D.Nat.*18,11 也间接或直接地使用过这种形式。Bywater 认为（cf.Hirzel）Jamblicus 也把它使用在自己的 *Protrepticus* 的写作之中。与之类似的作品是：Π.παιδείας（《论养育》）（D.19; AN.10; PT.4; *Ar.Fr.*51, p.1484; *Ar.Ps.*72; Heitz, *V.S.*307, *Fr.Hz.*61）。因为没有残篇保存下来，我们很难说 Π.ἡδονῆς（《论快乐》）（D.16, cf.66; An.15;

士多德写作《论善》的时候。[1] 它是对柏拉图讲座[2]的实质性回顾和论述，　61
它的标题的由来和意义使我们无法怀疑它的真实性。[3]《论理念》[4]的写作　62

Pt.16; Heitz, *V.S.*203; *Fr.Hz.*59）是否是对话体。*Π.βασιλείας*（《论国王》）（D.18;
AN.16; PT.17; *Ar.Fr.*78,79,81, p.1489; *Fr.Hz.*59）被认为是写给亚历山大的，埃拉
托塞尼（*ap.*Strabo.i.4,9, p.66）曾提及它，它可能不是对话（Rose, *Ar.Ps.*93，以及
Bernays,56）而是论文（参见 Heitz, *V.S.*204）。另一方面，这个标题 "*Αλέξανδρος ἠ
ύπερ (περὶ) ἀποίκων*"（《亚历山大或论殖民》）——文本是正确的，是一篇对话（D.17;
*Ar.Fr.*80; Bernays,56; *Fr.Hz.*61.Heitz, *V.S.*204,207. 一种可能的猜测是 *ύπ.ἀποίλων
ά.π.βασιλείας ά*）。罗泽认为其他的残篇有些属于对话体，见下文。

1　根据 D.20 的记载，*Π.τἀγαθοῦ*（《论善》）共有三卷；An.20 记载的只有一卷；Pt.8
记载的有五卷；Alex.*ad Metaph.*iv.2,1003 b,36,1004 b,34,1005 a,2 反复引用了第二
卷，它的引用语是"在《论善》中"。除了在目录和亚里士多德评注者中，我们
从未听说过这部作品，布兰迪斯收集了它的信息并讨论过它，参见 "Perd.Ar.Libr.
De Ideis et de Bono", *Gr.-roem.Phil.*ii.b,1.84; Krishe, *Forsch.*i.263; Rose, *Ar.Ps.*46,
*Ar.Fr.*22–26, p.1477 以及 Heitz, *V.S.*209, *Fr.Hz.*79。布兰迪斯（*ibid*）认为除了亚
历山大，没有人见过这部著作。Heitz（p.203）怀疑亚历山大也没有见过它，因为
他在一个地方（p.206,19）区分了 *ἐκλογὴ τῶν ἐναντίων*（《对立面的选择》）（这
个文本在《形而上学》第九卷 1004a2 中出现过，参见下文）与《论善》的第二卷，
但他在另一个地方（p.218,10,14）认为这两者就是同一篇。然而，这些段落似乎
只能说明亚历山大不知道《对立面的选择》是一篇独立的论文，但他在《论善》的
第二卷中看到亚里士多德对它的提及，只要意思讲得通，这是可能的。因此，亚历
山大并不确定亚里士多德的提及仅仅是指《论善》还是另一著作。如果情况如此，
那么这证明了而非反驳了"亚历山大知道《论善》这篇作品"。Simpl.*De An.*6, b,
Philop.*De An.*c.2(cf.*Ar.Fr.*p.1477 b,35), Suid. *Αγαθ.*p.35, b 认为《论灵魂》i.2,404,
b,18, 中所说的"在别的论哲学的地方说过"指的是这篇作品，但它实际上是指柏
拉图的著述（cf.Zeller, II.a.636,4）。然而，这些证据仅仅说明这些作者从二手文献
中知道《论善》这一著作。罗泽认为这部著作是对话,Heitz, *V.S.*217 反驳了他的观点。
我们不知道亚里士多德生前是否出版了他的柏拉图笔记，或者它们是否在他死后才
出版。如果他自己提及的《对立面的选择》是笔记之一，那么前者当然是真迹。我
们可以确信的是在公元前三世纪末这本书一直在使用——即在安德罗尼柯的生活时
代之前，因为第欧根尼的目录中包括它，参见 p.48 以下。

2　这一点被阿里斯托克塞努斯（Aristoxenus）和别的作家提到过，参见 Zeller, *Pla-
to*,p.26。此外，辛普里丘（Simpl., *Phys.*32, b,104, b, Schol.334, b,25,362, a,8）说：
除了亚里士多德，斯彪西波，色诺克拉底，赫拉克利德和 Hestiaeus 都出版过柏拉
图的授课和讲座笔记。

3　这个观点得到了证明，策勒反对 Sudsemihl, *Genet.Entw.d.plat.Phil.*2,533，参见
Zeller, *Plato*, ad loc.。

4　这篇作品记录在 D.54 和 AN.45（这个目录认为它是单卷本）中，即 *Π.τῆς ιδέας*
（《论理念》）或者 *Π.ιδέας*.。然而，亚历山大认为《形而上学》564, b,15 引用
了《论理念》的第一卷，在 573, a,12 中引用了第二卷，在 566 b,16 中引用了第四

时间很不确定，但亚里士多德在《形而上学》[1]中明确提及它，而且亚历山大也读过它。[2] 对柏拉图著作的某些摘录[3]以及对早期或同时代的哲

63　学家的专门论述[4]——就那些真迹而言[5]——一定是亚里士多德第一次在

卷（但是在最后一处，我们可以把 *A* 读作 *Δ*，罗泽是这样看的，参见 *Ar.Ps.*191，*Ar.Fr.*1509, b,36）。叙利亚人（Syrian）认为《形而上学》901, a,19,942, b,21 中提到两卷本的 *Π.τῶν εἰδῶν*。同样的情况在 PT.14 中也有记录，它是这三卷：*De imaginibus, utrum existant an non*；但是阿拉伯版本的标题并不是 *Π.εἰδῶν*，而是 *Π.εἰδώλων*（《论想象》）；参见 Rose, *Ar.Ps.*185；*Ar.Fr.*180–184 p.1508；*Fr.Hz.*86 sq.。

1 I.990, b,8 sq.；我们不仅有亚历山大（指亚里士多德的评注者亚历山大——中译者注）的陈述——说这段文本涉及论理念的著作，而且从亚里士多德文本自身来看，他引用的、对那些理念论的详细讨论，对于他的读者而言是非常熟悉的。

2 罗泽（*Ar.Ps.*186）怀疑这一点，但是亚历山大的陈述（*Ar.Fr.*183 *fin.*，184 *fin.*）表示情况确实如此。

3 摘录自柏拉图的《法律》（D.21 记载它包含三卷，AN.23 记载它包含两卷），摘录自《理想国》第一卷和第二卷（D.22.Procl.*in Remp.*350；*Ar.Fr.*176, p.1507），摘录自《蒂迈欧》和 *Ἀρχυτείων*（别名：*καὶ Ἀρχύτου*）；D.94；An.85；Simpl.*De Caelo*, School.491, b,37；参见 *Fr.Hz.*79。

4 *Π.τῶν Πυθαγορείων*（《论毕达戈拉斯派》），D.101，AN.88：这篇作品也被辛普里丘在 *De Caelo*, Schol.491, a,26, b,41 中称为 *Συναγωγὴ τῶν Πυθαγορείοις ἀρεσκόντων*（毕达戈拉斯主义者的集会）；*Πυθαγορικὰ*（*ibid.*505, a,24,35）；*Πιθαγορικὸς (ον ?)*（Theo.*Arithm.*5）；*Π.τῆς Πυθαγορικῶν δόξης*（《毕达戈拉斯的观点》）（Alex.*Metaph.*560, b,25）以及 *Π.τῆς Πυθαγορικῆς φιλοσοφίας*（《毕达戈拉斯的哲学》）（Jambl.*V.Pyth.*31）。或许，D.97 的这个标题：*Πρὸς τοὺς Πυθαγορείους* 只是这篇作品的一个部分，因为第欧根尼目录记载说它们各自只有一卷，但亚历山大和辛普里丘引用过它的第二卷。Diog.Viii.43, cf.19 的引用或许来自这篇文章（我们在那里应当读作 "*ἐν τῷ περὶ κυάμων*" 还是应当读作 "*π.κυάμεν*" 的问题，参见 Cobet）。其他涉及这篇作品的论述收集在 Rose, *Ar.Ps.*193, *Ar.Fr.*185–200, p.1510 以及 *Fr.Hz.*68 之中。我们还发现有三卷本的 *Π.τῆς Ἀρχυτείου φιλοσοφίας*，它被收在 D.92, AN.83, Pt.9 中；参见 *Ar.Ps.*211, *Fr.Hz.*77 以及上一条注释。此外，还有 *Πρὸς τὰ Ἀλκμαίονος*, D.96, AN.87；*Προβλήματα ἐκ τῶν Δημοκρίτου* 有七卷, D.124, AN.116(cf.*Ar.Ps.*213, *Ar.Fr.*202 p.1514, *Fr.Hz.*77)；*Πρὸς τὰ Μελίσσου*, D.95, AN.86；*Πρ.τὰ Γοργίου*, D.98, AN.89；*Πρ.τὰ Ξενοφάνους[κράτους]*, D.99；*Πρ.τὰ Ζήνωνος*, D.100：除了遗失的、关于芝诺的论文，菲洛庞努斯引用的二手文献，即《物理学》B.9 的 *Πρ.τὴν Παρμενίδου δόξαν*（《巴门尼德的观点》）似乎也属于 *De Melisso*（《论麦里梭》）一文。我们知道这篇论文被辛普里丘使用过。此外还有 *Περὶ τῆς Σπευσίππου καὶ Ξενοκράτους φιλοσοφίας*（《论斯彪西波和色诺克拉底的哲学》）D.93，AN.84。

5 我们无法判断有些篇目的真伪，因为我们只知道标题。在亚里士多德的各种论文

雅典居住期间所写，或者至少是在他从马其顿返回之前写成的。据说他编写了一篇柏拉图的《论分类》的文章，但这无疑是伪造的。[1]

除了以上讨论的这些作品，那些严格的哲学论著构成了这位哲学大师的独特体系，它们具有极大的历史意义。宽泛地说，正是这些著作在公元一世纪后被保存下来，经过中世纪直至现代，给我们提供了亚里士多德哲学的一手文献。它们流传下来的原因无疑要归于下述事实：哲学在这些著作中第一次展现了体系上的成熟，而这正是亚里士多德在雅典的教学生涯中开创的。

如果我们来看现存的或者已知的这类作品，那么我们首先看到的是逻辑学的扛鼎之作：《范畴篇》，[2]

64

65

中，他有可能留下了对于不同哲学体系的摘录和批评，并出版了对它们的修订。但情况也有可能是这样：被收集起来的、类似的文献以亚里士多德的名义流传下来。例如在《亚里士多德全集》中《论爱利亚学派》的小册子就是如此，参见 Zeller, *Ph.d.Gr.*, i.465 sq.。想要确定毕达戈拉斯的论文的真伪不是一件容易的事。如果 *Fr.*186 中记载的所有寓言（参见 Zeller, *Ph.d.Gr.*, i.285）都是有历史依据的，那么这本书便不可能是亚里士多德所著，但根据知情者的观点，他们所谓的历史事件只是亚里士多德叙述的毕达戈拉斯的传统。举似地，毕达戈拉斯派的符号意义（*Fr.*109 sq.）和 *Fr.*188 的内容也只是指毕达戈拉斯的传统，而 Isidor.*ap.*Clemet.*Strom.*vi.641 却错误地认为它们是亚里士多德自己的观点。从这本书中引用的关于毕达戈拉斯的其他文本来看，也不存在否定它的理由。*Fr.*200（*ap.*Simpl.*De Caelo*, Schol.492, b,39 sq.）与 Ar.*De Caelo* ii.2,285, b,25 之间的冲突是可以调和的，我们用不着像亚历山大那样认为这是一个错误，因为在 *Fr.*195, *ap.*Simpl.*ibid.*492, a,18 中理由已经被给出了。

1　在现存的目录中，这篇文章只出现在 PT.53 中，标题是 "Divisio Platonis"（之前错误的翻译是 "jusjurandum" 或 "testamentum Pl."）。它或许与亚里士多德在别处提及的 διαιρέσεις（《论分类》）是同一篇（参见第 55 页注释 2）。后来的伪亚里士多德文本修订了一篇类似的著作，它在 Diog.iii.80 中以解释柏拉图的形式出现，罗泽（*Ar.Ps.*677–695）（随后 *Fr.Hz.*91 也出版过）以 Διαιρέσεις Ἀριστοτέλους（《亚里士多德论分类》）为题出版过它，参见 Zeller, *Ph.d.Gr.*, ii.a.382。

2　这部作品的标题一般是 Κατηγορίαι（这或许是正确的），但我们发现它还有如下这些名称：Π.τῶν Κατηγοριῶν, Κατηγορίαι δέκα, Π.τῶν δέκα Κατηγοριῶν, Π.τῶν δέκα γενῶν, Π.τῶν γενῶν τοῦ ὄντος, Κατηγορίαι ἤτοι π.τῶν δέκα γενικωτάτων γενῶν, Π.των καθόλου λόγων, Πρὸ τῶν τοπικῶν（ 或 τόπων）；参见 Waitz, *Arist, Org.*i.81, Simpl.*in Cat.*4, β 以及 David, *Schol.in Ar.*30, a,3。下述标题 τὰ πρὸ τῶν τόπων 为安德罗尼柯所知，参见 Simpl.*ibid.*95 ζ, Schol.81, a,27 以及 Boeethius, *in Praed.*iv.p.191（波埃修和辛普里丘一样是从波菲利那儿得知

这一点的）。Herminus（生活在公元 160 年）喜欢使用它通常的名字。但是 David
(Schol.81, b,25) D.59 以及 AN.57 记载除《范畴篇》之外，还有一本命名为 $\tau \grave{\alpha}\ \pi \rho \grave{o}$
$\tau \tilde{\omega} \nu\ \tau \acute{o} \pi \omega \nu$ 的书，它的目录即 D.141, AN.132, PT.25b；并且不认为它们是同一本
书。安德罗尼柯或许是正确的（ap.Simpl.ut supra, Schol.81, a,27），他认为"$\tau \grave{\alpha}$
$\pi \rho \grave{o}\ \tau \tilde{\omega} \nu\ \tau \acute{o} \pi \omega \nu$"是伪作"后范畴篇"的标题，他推测这篇伪作要么是由那本小册
子的作者写的，要么是由后来的编辑者添加的——因为他发现原来的标题"范畴
篇"所含的内容太少，不能覆盖这篇伪作。亚里士多德引用过他自己的范畴理论
（例如《论灵魂》i.1.5.402a23,410a14,《前分析篇》i.37；参见下文第 134 页注释 2 中
的引用），他的读者是知道这些内容的，他在其他文本中也预设了这一点，这些表
明他公开出版了此书。在《尼各马可伦理学》第二卷第一章的开篇有一个对《范畴
篇》c.8 的明确引用（cf.Trendelenb.Hist.Beitr.i.174）。《欧德谟伦理学》i.8,1217b27
中的引用可能不是指《范畴篇》，而是欧德谟斯的某些著作，《论题篇》（以及《辩
谬篇》）4.22.166b14,178a5 无疑是指《范畴篇》的内容，而《论题篇》第一卷第
九章中的理论非常简短，因此它肯定预设了一个之前已经讨论过的观点。辛普里
丘（Categ.4 ζ，Schol.30，b.36）以及 David（Schol.30，a,24）说亚里士多德在别
的地方（已经轶失了）以"$K \alpha \tau \eta \gamma o \rho \acute{\iota} \alpha \iota$"或者"$\delta \acute{\epsilon} \kappa \alpha\ K \alpha \tau.$"的标题引用过这篇作
品。据说，欧德谟斯、塞奥弗拉斯特和法尼亚斯（Phanias）遵照亚里士多德的模
式，不仅写过《分析篇》和 $\Pi.\acute{\epsilon} \rho \mu \eta \nu \epsilon \acute{\iota} \alpha \varsigma$（《解释篇》），还写过 $K \alpha \tau \eta \gamma o \rho \acute{\iota} \alpha \iota$（《范畴
篇》）（Ammon.Schol.28，a,40 以及 Porph.15m, David, Schol.19，a,34,30，a,5, Anon.
ibid.32，b,32,94，b,14；然而布兰迪斯在 Rhein, Mus, i,1872, p.270 中正确地指出
这并不是塞奥弗拉斯特写的，也不是欧德谟斯写的）。辛普里丘的引用（Cat.106，
a,107, a, sq., Schol.89，a,37,90，a,12）并未证明斯特拉托（Strato）引用过亚里士
多德的《范畴篇》。另一方面，古代的批评家们从未怀疑这些作品的真实性，尽管
他们拒绝了一个修订本（参见 Simpl.Cate.4 ζ，Schol.39，a,36; Anon.ibid.33，b,30;
Philop.ibid.39，a,19,142，b,38; Ammon.Cat.13,17，以及 Boeth.In Praed.113，他们都
遵照 Adrastus [一个生活在公元 100 年的评论家] 的意见，参见 Fr.Hz.114）。唯一
的怀疑出现在 Schol.33，a,28 sq. 中，而这显然不是从安德罗尼柯那儿来的。然而，
这本书的许多内在特征是有待批评的，Spengel（Münchn.Gel.Anz.1845,41 sq.）、
Rose（Ar.Libr.Ord.232 sq.）和 Prantl（Gesch.d.Logik, i.90,5,204 sq.243）都从这
些特征出发来质疑它的真实性，后者认为他的编辑者是"在克律西波之后漫步学
派的大师"（p.207）。然而，他们的批评意见并非都对。Prantl（ibid）对于范畴之
数为十提出了疑问，但是《论题篇》第一卷第九章中也是十个范畴，并且我们从
Dexipp.（In Categ.40，Schol.48，a,46）和辛普里丘（ibid.47，b,40）那里知道亚里
士多德在其他作品中也命名了这十个范畴。亚里士多德通常没有用全十个范畴，这
要么说明他在这里列举出十个范畴是因为他的对象在逻辑上具有完备性，要么他
早先认为的范畴之数多于他后来认为的。稍后我们将看到：他从未假定范畴之数是
固定的。另外，据说，《范畴篇》并未谈到"第二实体"，但与此类似，我们发现
不仅有"第一实体"（例如《形而上学》vii.7,13,1032b2,1038b10），还有"第三实
体"（《形而上学》vii.2,1028b20,1043a18,28）的说法。《范畴篇》5,2b29 的这句话
"$\acute{\epsilon} \iota \kappa \acute{o} \tau \omega \varsigma...\lambda \acute{\epsilon} \gamma o \nu \tau \alpha \iota$"不应当被翻译为"第二实体这个术语被用于属或种"，因为

以及讨论命题的部分和种类的著述，[1]

在亚里士多德之前，它并不是这样使用的，而应当译为"属或种有理由被看作第二种实体"。此外，在《范畴篇》7,8a31,39 中提到的 πρός τι（关系），严格地说，只包括下述对象：它们不仅与他物有一个确定的关系，οἷς τὸ εἶναι ταὐτόν ἐστι τῷ πρός τί πως ἔχειν（而且它的本质就存在于这样的关系中）。这里没有必要怀疑斯多亚派的任何影响，因为我们在亚里士多德的《论题篇》vi.c.4,142a29, c.8,164b4 和《物理学》vii.3,247 a2,247 b3 以及《尼各马可伦理学》i.12,1101,b,13 中都读到 πρός τι πως ἔχειν（拥有某种关系）。尽管所有这些反驳都不能轻易地搁在一边，但是这篇作品明显具有亚里士多德的风格；它的风格和内容与《论题篇》是非常接近的，并且外部证据也倾向于这一点。最准确的结论应当是：整篇论文不是伪造的，但其中有些所谓的"非亚里士多德"的成分可以由下述假设来解释：亚里士多德所著的部分只到第九章 11b7 为止，原来的后半部分遗失了，我们现在所看到的只是后来补充的简短笔记，即第九章 11b8—14。所谓的"后范畴篇"（第 10—15 章）被怀疑是在安德罗尼柯时期写成的（Simpl.*ut supra*, Schol.81, b,37），布兰迪斯证明了它们出自后来人之手（"Ue.d.Reihenfolge d.Buecher d.Ar.Org.,"*Abh.d.Berl.Akad. Hist.Phil.Kl.*1833,267, 以及 *Gr.-roem.Phil.*ii.b,406）。另一个问题是：它是否像布兰迪斯认为的那样来自亚里士多德的残篇？第九章 11b8—14 处的结尾段落读起来好像是从一个完整的讨论中截取的，这恰恰证实了他的观点：即这些段落的内容都出现在先前的部分中。在这篇作品中，有些段落被保存下来了，而有些段落是后人在修订中添加的；但是许多阐述和语言上的矛盾可能仅仅因为《范畴篇》是最早的逻辑学著作，它的成书时间要比《分析篇》早好些年。

1　Π.ἑρμηνείας（《解释篇》）在古代时被安德罗尼柯认为是伪作（包括 Alex.*Anal. Pri.*52 a, and *Schol.in Ar.*161 b,40; Ammon.*De Interpr.*6 a, and *Schol.*97 b,13; Boeth. *ibid.*97 a,28; Anon, *ibid.*94 a,21; Philop.*De An.*a.13, b 4），现代学者 Gumposch（*Log. Schr.d.Ar.*, Leipz.1839）和罗泽（*Ar.Ps.*232）也认为它是伪作。布兰迪斯（*Abh. d.Berl.Akad.*263 sq., cf.David, *Schol.in Ar.*24 b,5）认为它是一篇不完整的概述，其中第三卷第十四章（阿摩尼乌斯已否认它是真迹，波菲利也是这样认为的，参见 Ammon.*De Interpr.*201 b; *Schol.*135 b）可能是后人添加的。这篇作品的外部证据是充足的。不仅三份目录中的名称（D.152, AN.133, PT.2）是一致的，而且我们还知道塞奥弗拉斯特在他的文章 Π.καταφάσεως καὶ ἀποφάσεως（《论肯定和否定》）中提到过它（Diog.v.44; Alex.*Anal.Pri.*124, *Schol.*183 b,1；更确切地说，在亚历山大之后，还有波埃修也提到过它，*ibid.*97, a,38; Anon.*Schol.in Ar.*94, b,13; cf.the School.*ap.*Waitz, *Ar.Org.*i.40, 他对《解释篇》17b16 说：塞奥弗拉斯特描述过它；参见 Ammon.*De Interpr.*73, a,122, b）。欧德谟斯的 Π.λέξεως（《论言辞》）（Alex.*Anal.Pri.*6, b, *Top.*38, *Metaph.*63,15; Anon.*Schol.in Ar.*146, a,24）似乎是对这篇作品的模仿（它并非像 *Schol.*84, b,15 说的那样是对《范畴篇》的模仿；参见上一条注释中阿摩尼乌斯的引用）。然而，最后这个意见并不确凿，对塞奥弗拉斯特的看法也并非完全正确，因为文本显示他没有为《解释篇》命名。亚历山大推测他有理由相信塞奥弗拉斯特在写作的时候想到的是亚里士多德，因为他在自己的书中处理的是同一个主题；但我们却无法确定他的推测是否正确。The Schol.*ap.*Waitz

中没有什么可以证明塞奥弗拉斯特在这儿的引用来自《解释篇》，而不是亚里士多德经常说的逻辑排中律的一般性提及。另一方面，尽管《解释篇》从未被亚里士多德的任何一部著作引用过（cf.Bonitz, *Ind.Ar*.102, a,27），但这篇文章却不仅引用了《前分析篇》（c.10,19, b,31: *Anal*.46,51,6,36）和《论题篇》（c.11,20626: *Top. iλ*.17,175b39），还引用了《论灵魂》，其中有一个命题，古代的安德罗尼柯的反对者和现代的学者都找不到它在此文中的出处（参见 Bonitz, *Ind.Ar*.97, b,49，但他的建议并未令人满意）。这篇文章关于修辞和诗学的评论（c.4,17a5）与亚里士多德相应的著作无关。我们应当注意到，这篇文章是根据亚里士多德的思想写成的，但它常常以一种教导的方式扩展了那些最基本的观点，而亚里士多德自己在写作的时候尚未觉得扩展这些基本观点是必要的。因此，这个问题不仅涉及"它是亚里士多德写的还是别人写的"，而且涉及"它是否是亚里士多德学派的人所写"——正如 Grant 认为的那样（*Ar*.57），这些学者在口头的教学中十分清楚初学者遇到的那些困难。

研究推论和一般科学方法的文章，[1] 研究概率证明的文章，[2] 讨论逻辑谬　　68

1　三段论是在 *Αναλυτικὰ πρότερα*（《前分析篇》）的两卷中被讨论的，对科学方法的讨论出现在 *Αναλυτικὰ ὕστερα*（《后分析篇》）的两卷中。目录 D.49 和 An.46 记载的《前分析篇》一共有九卷（尽管 An.134 认为只有二卷），这个事实表明，不同的卷数可能是由于不同的划分方法而产生的；但也有可能包含了别的篇目，因为 ANON.*Schol.in Ar*.33, b,32（cf.David, *ibid*.30, b,4, Philop.*ibid*.39, a,19,142, b,38, and Simpl.*Categ*.4 ζ）说 Adrastus 知道的《分析篇》有四十卷，但其中只有现存的四卷被认为是真迹。从内部证据，即亚里士多德自己的引用，以及他早期的学生依据这些著作写作（参见上文 p.65；以及 Brandis, *Rhein, Mus*.Neibuhr and BR.i.267）这一事实来看，这几卷无疑是真迹。因此，我们知道欧德谟斯有一个《分析篇》（Alex.*Top*.70），我们还知道塞奥弗拉斯特引用了《前分析篇》的第一卷（Alex.*Anal.Pri*.39, b,51, a,131, b, *Schol*.158, b,8,161, b,9,184, b,36; Simpl.*De Caelo*, Schol.509, a,6）。亚历山大在他的评注中对两篇著作均有许多引用，这些评注发展和深化了亚里士多德在《前分析篇》中的观点（cf.*Theophr.Fr*.［ed.Wimmer］. p.177 sq.229; *Eudem.Fr*.［ed.Spengel］, p.144 sq.）。对《后分析篇》的引用相对较少；但我们从亚历山大那里知道塞奥弗拉斯特的一些文本（Anon.*Schol, in Ar*.240, b,2 and *ap*.Eustrat.*ibid*.242, a,17），并且从 Themist.*ibid*.199, b,46, Philop.*ibid*.205, a,46，以及 Anon.Schol, *ibid*.248, a,24 这些地方知道关于欧德谟斯的评价，所有这些似乎都指向《后分析篇》。我们知道塞奥弗拉斯特不仅有一篇《前分析篇》，而且以相同的术语写了一篇《后分析篇》（参见 Diog.v.42; Galen, *Hippocr.et Pl*.ii.2, Vol. v.213, and Alex.*Qu.Nat*.i.26），这本书很可能是在模仿亚里士多德。亚里士多德自己对《分析篇》的引用在如下这些地方：《论题篇》viii.11,13,162a11,162b32；《辩谬篇》2,165b8；《修辞学》i.2,1356b9,1357a29,1357b24, ii,25,1403a5,12；《形而上学》vii.12 *init*.；《尼各马可伦理学》vi.3,1139b26,32；《解释篇》10,19b 31；《大伦理学》ii.6,1201b25；《欧德谟伦理学》i.6,1217a17, ii.6,1222b38, c.10,1227a10（其他引用参见 *ap* Bonitz, *Ind.Arist*.102, a,30 sq）。因此，原先的标题是一直在使用的，但是亚里士多德在有些段落中引用《前分析篇》时用这样的词 *ἐν τοῖς περὶ συλλογισμοῦ*（在讨论三段论那里）（《后分析篇》i.3,11,73a14,77a33），或者亚历山大（《形而上学》437,12,488,11,718,4）和 PT.28 把《后分析篇》称为 *ἀποδεικτικὴ*（论证），或者盖伦（Galen）（*De Puls*.iv.*fin*., vol.viii.765; *De Libr.Propr*.vol.xix.41）选择用 *Π.συλλογισμοῦ*（《三段论》）和 *Π.ἀποδείξεως*（《证明》）这样的名字来代替原来的名字；我们没有任何内在理由（Gumposch.*Log.Ar*.115）选用 *συλλογισμοῦ* 和 *Μεθοδικὰ*（《三段论》或《论方法》）这样的名字。布兰迪斯正确地指出（*Ue.d.Ar. Org*.261 sq., *Gr.-roem.Phil*.ii.B,1,224,275）《前分析篇》比《后分析篇》写得更加仔细，论证也更加完整（《后分析篇》几乎是不完整的），而且《前分析篇》的两卷似乎不是同时写成的，它们之间存在间隔。

2　亚里士多德在好几本书中处理过这个问题，这无疑与他的修辞学相关。《论题篇》现在共有八卷，但其中第八卷或许还包括第三卷和第七卷似乎是在其他卷之后写成的（参见 Brandis, *Ue.d.Ar.Org*.255; *Gr.-roem.Phil*.ii.b,330）。这部作品的真实性和名字可以由亚里士多德自己的引用而得到证明（《解释篇》11,20b26；《前分析

69
70

误和辩驳的文章。¹ 除了这些"工具论"的组成部分之外，我们还知道

篇》i.11,24b12; ii.15,17,64a37,65b16；《修辞学》i.1,1355a28, c.2,1356b11,1358a29;
ii.22,1396b4, c.23,1398a28,1399a6, c.25,1402a36, c.26,1403a32; iii.18,1419a24)。
对概率的证明技艺，亚里士多德用"辩证法"这个术语来表达（*Top.init.*, *Rhet.init.*,
etc.），他认为《论题篇》要以相同的方式来研究，即"对于辩证法的勤奋学习"（《前
分析篇》i.30,46a30）。因此，当他说"方法论"（《修辞学》i.2,1356b19）时，他指
的很可能是《论题篇》，因为这篇文章在开头就指出"发现方法"是它的研究主题，
并且文章中有相关段落（i.12,105, a,16; viii,2 *init.*），它并非像 Heitz（p.81 sq.,
*Fr.Hz.*117）认为的那样是一部遗失的著作；参见 Rose, *Ar.Libr.Ord.*120; Vahlen,
*Wien.Akad.*xxxviii.99; Bonitz, *Ztschr.Oesterr.Gymn.*1866,11,774。另外，在几本手稿
中，《论题篇》前面加了"$M\varepsilon\theta o\delta\iota\kappa\grave{\alpha}$"的标题，这表明它们是不同的两篇作品。据
说，狄奥尼修斯持有这个观点（*Ep.I.ad Amm.*6, p.729, on *Rhet.*i.2），但他只说"学
习分析和方法论"，在后者中并未特别提及《论题篇》。然而，目录 D.52 在八卷中
插入了 $M\varepsilon\theta o\delta\iota\kappa\acute{\alpha}$，另外，目录 AN.49 中类似的标题包含七卷，尽管它们二者都记
载了《论题篇》。因此，第欧根尼（Diog, v.29）区分了 $\tau\acute{\alpha}\ \tau\varepsilon\ \tau o\pi\iota\kappa\acute{\alpha}$（《论题篇》）
和 $\mu\varepsilon\theta o\delta\iota\kappa\acute{\alpha}$（《方法论》）；在波菲利之后，辛普里丘（*Cat.*16 a, *Schol.*47, b,40）认
为后者属于"遗著"。在目录 D.81 中我们还发现了另一个标题"$M\varepsilon\theta o\delta\iota\kappa\grave{o}\nu\acute{\alpha}$"。
Spengel 认为（*Abh.d.Munchn.Akad.*vi.497）《论题篇》的文本有着严重的断裂，但
这一点并不能从他引用的段落（《修辞学》i.2,1356b10; ii.25,1402a34）中得到证明。
对于前面的内容来说，它引用《论题篇》只是为了区分 $\sigma\upsilon\lambda\lambda o\gamma\iota\sigma\mu\grave{o}\varsigma$（推理）和
$\grave{\varepsilon}\pi\alpha\gamma\omega\gamma\grave{\eta}$（归纳）（参见 Brandis,Ue.d.Rhet.Ar.*ap.Philologus*, iv.13），《论题篇》的
i.1.12 满足了这一点。对于后面的内容来说，这并不适用于《论题篇》viii.10,161a9
sq.，这几个词"$\kappa\alpha\theta\acute{\alpha}\pi\varepsilon\rho\ \kappa\alpha\grave{\iota}\ \grave{\varepsilon}\nu\ \tau o\tilde{\iota}\varsigma\ \tau o\pi\iota\kappa o\tilde{\iota}\varsigma$"不必被看作指的是某个特定的段落，
而是指"在《修辞学》中有些反对意见，正如在《论题篇》中也有很多种"，即口
头使用与辩论使用是相反的——即便这个区分在先的书中并未被指出，这也是一
个值得注意的区分。对"$\H{\omega}\sigma\pi\varepsilon\rho\ \grave{\varepsilon}\nu\ \tau o\tilde{\iota}\varsigma\ \tau o\pi\iota\kappa o\tilde{\iota}\varsigma$"的类似使用，参见 Bonitz, *Ind.
Ar.*101 b,44, sq.,52 sq. 以及 Vahlen, *ut supra*,140（《修辞学》11.25 中引用的那句话
这样来解释："这里的例子与在《论题篇》中的是在同一种方式上使用的，这些例子
分为四类"）。

1　$\Pi.\sigma o\phi\iota\sigma\tau\iota\kappa\tilde{\omega}\nu\ \grave{\varepsilon}\lambda\acute{\varepsilon}\gamma\chi\omega\nu$（《辩谬篇》）（正如 Alex.*Schol.*296, a,12,21,29 和波埃修
在他的翻译中使用的）或者"$\Sigma o\phi\iota\sigma\tau.\grave{\varepsilon}\lambda\varepsilon\gamma\chi o\iota$"这个标题。Waitz（*Ar.Org.*ii.528）
和 Bonitz（*Ind Ar*.102, a,49）指出亚里士多德在《解释篇》c.11,20b26 和《前分析
篇》ii.17,65b16 中引用过这篇文章（即 c.17,175, b,39, c.30 以及 c.5,167, b,21），
他以"$\grave{\varepsilon}\nu\ \tau o\tilde{\iota}\varsigma\ T o\pi\iota\kappa o\tilde{\iota}\varsigma$"（在《论题篇》中）这样的方式标出；因为他认为关于逻
辑谬误的知识属于"辩证法"的一部分（参见《辩谬篇》c.9 *fin.*, ch.11 *fin.*；《论
题篇》i.1,100b23），而且第 34 章不仅是这些讨论的收场，而且更是对整个"论题"
科学的收场。然而，亚里士多德又似乎以某种方式（c.2,165b8；参见《修辞学》
i.3,1359b11；cf.Brandis, *Gr.-roem.Phil.*ii.B,148）区分了这两者，这并不意味着这
两者不是一个整体，而是对谬误的讨论是在《论题篇》的余下部分之后才写成的。
目录 D. 和 An. 没有提到《辩谬篇》（因为在 An.125 中的标题被罗泽证明是错误的），

许多此类著述的标题：论知识和意见，[1] 论定义，[2] 论属和种的划分，[3] 论对立和差异，[4] 论概念的特殊种类，[5] 论语言表达，[6] 论肯定和否定，[7] 三段论，[8] 以及论题和辩论的主题。[9] 然而，这些著作中最早的或许是在亚里

而是认为 *Μεθοδικὰ* 只有八卷，PT.29 把它们从《论题篇》中分离出来（26b）。然而，目录 D.27 中 *Π.ἐριστικῶν*（《论辩》）的两卷和 AN.27 中的 *Π.ἐριστικῶν λόγων*（《论辩辞》）的两卷，与 *Σοφ.ἔλ.*（《辩谬篇》）或许是相同的。

1　目录 D.40 的 *Π.ἐπιστήμης*（《论知识》）；D.26 和 AN.25 的 *Π.ἐπιστημῶν*；AN.*App*.162. 的 *Π.δόξης*（《意见》）。这部作品的真实性是可疑的，因为我们在别的地方从未见过对它的引用。

2　对这个主题的讨论在目录 PT. 中有好几篇文章。例如，No.60, *ὁριστικὰ*（《论定义》）四卷（参见 Diog.v.50，同样的标题也可在塞奥弗拉斯特的著作中看到）；*No.63*《论定义的对象》两卷：No.63 b, *De Contradictione Definitionum*；63 c, *De Arte Definiendi*；64, *Πρὸς τοὺς ὁρισμοὺς* 两卷（参见塞奥弗拉斯特的相同著述，Diog.v.45），它被翻译为 *De Tabula Definiendi*。关于定义和分类的著作集，参见下文。

3　目录 D.31 的 *Π.εἴδων καὶ γενῶν*（《论种与属》），AN.28, *Π.εἰδῶν*（《论种》），是否还有别的相关著作未知。

4　讨论相对概念的书是 *Π.τῶν ἀντικειμένων*（《论对立》），这本书就是 *Π.ἐναντίων*（《论相对者》）（D.30, AN.32）。辛普里丘在《范畴篇》的注释中（参见 Ar.*Fr*.115—121, p.1497, sq.*Fr.Hz*.119）给出了这本书的更多信息以及关于它的诡辩式的讨论。罗泽（Ar.*Ps*.130）认为它是塞奥弗拉斯特时代的作品。目录 PT.12 中有四卷本的 *Π.διαφορᾶς*（《论种差》）。

5　*De Relato*（*Π.τοῦ πρός τι*）包含六卷（PT.84）。

6　*De Significatione*, PT.78；它的希腊文标题是 "Garamkun"，即 *Γραμματικὸν* 或者 *-ῶν*（《语法学》）。另一个与之相关的标题是 *λέξεως*（《论言辞》），参见下文。PT.54, *Partitio Conditionum quae statuuntur in voce et ponuntur*，它共有四卷，可能是一篇讨论语法的论文。

7　Alex.*Metaph*.286,23,680, a,26 引用这部著作说 "*ἐν τῷ π.καταφάσεως*"（在《论肯定》中）；然而，它应当是（与塞奥弗拉斯特的著作类似，甚至相同，参见 Diog. v.44）*Π.καταφάσεως καὶ ἀποφάσεως*（《论肯定和否定》）。

8　*Συλλογισμῶν ά β´*（《三段论》*a* 卷 *b* 卷）（D.56, AN.54）；*Συλλογιστικὸν καὶ ὅροι*（《三段论和定义》）（D.57; AN.55:- κῶν ὅρων）；*Συλλογισμοὶ ά*（D.48）。

9　属于这个领域的作品首先是在目录中紧接 *Μεθοδικὰ* 之后的篇目：*Τὰ πρὸ τῶν τόπων*（D.59, AN.57）；*Ὅροι πρὸ τῶν τοπικῶν* 7 卷（D.55）；*Τοπικῶν πρὸς τοὺς ὅρους ά β´*（D.60, AN.59, PT.62 三卷被命名为 *Tabula definitionum quae adhibentur in Topica*，即 *Πρὸς ὅρους τοπικῶν*）；*De Definiendo Topico*（即《论题篇中的定义》，PT.61）；*Π.ἰδίων*（D.32）；*Π.ἐρωτήσεως καὶ ἀποκρίσεως*（D.44, AN.44）。然而，布兰迪斯相信（参见上文）这些名称只是《论题篇》的特殊部分。他认为 *τὰ πρὸ τῶν τόπων*（在别的地方也被用作《范畴篇》，参见第 45 页注释 2）是《论题篇》的第一卷，事实上，我们知道有些人也认为（Anon.*Schol.in Ar*.252, a,46）*Ὅρος*

士多德死后的漫步学派中才产生的。

　　在《论题篇》之后是修辞学著述。[1] 其中有些篇目写于《论题篇》之前；有些写于它之后的很长一段时间。在亚里士多德和归于亚里士多德所著

τῶν τόπων（布兰迪斯这样读它）是第 2 至 8 卷；而 Τοπικῶν πρὸς τοὺς ὅρους 是第 6 至 7 卷；Π.ἰδίων 是第 5 卷；Π.ἐρωτήσεως καὶ ἀποκρίσεως 是第 8 卷，我们从 Alex.*Schol*.292, a,14 中得知：许多研究者这样命名它，还有一些研究者引用了它开头的词 "Π.τάξεως κ.ἀποκρίσεως"。这些建议可以接受，除非它很容易假设对于 ὅροι πρὸ τῶν τόπων 的七卷，第欧根尼的目录是错误的。目录 AN. 给出了两个标题：51, Ὅροι βιβλίον ά 和 52, Τοπικῶν ζ'。在这里，人们很自然地认为 Ὅροι 指的是第一卷，而它的前半部分（c.1–11）包括了对定义和解释的讨论，以及对第 2 至 8 卷的七个论题的讨论。因此，我们推测两份目录都包含了数字七，在第欧根尼目录中 Ὅροι 最初与《论题篇》是不同的，他的文本记载到：Ὅροι πρὸ τῶν τοπικῶν ά : τοπικῶν ά-ζ'。D.65 和 AN.62 命名它为 Ἐπιχειρημάτων ά β'（PT.55,39, B,83,1, B）；D.33；An.33, Ὑπομνήματα ἐπιχειρηματικὰ 3 B；D.70, AN.65, Θέσεις ἐπιχειρηματικαὶ κέ ；参见 Theon, *Progymn*.p.165 W.（*Rhet*.ed.Sp.II,69），这个作者认为 "亚里士多德和塞奥弗拉斯特写了很多关于论题的书"，参见亚历山大在 *Top*.16, *Schol*.254, b,10 中的描述（Πρὸς θέσιν ἐπιχειρεῖν 的意思是 "发展一个命题的支持意见和反对意见"；参见 *Ind.Ar*.282, b,57,283, a,6。因此，θέσεις ἐπιχειρηματικαὶ 是指辩证法的发展或者辩证法的训练加上一个关于如何进行这种训练的简介）。Ἐπιχειρήματα 无疑与 Λογικὰ ἐπιχειρ. 是同一篇著作，后者的第二卷被菲洛庞努斯引用过，参见 *Schol*.227, a,46，另外 Ὑπομνήμ.ἐπιχειρ. 被缩略为 Ὑπομνήματα 来引用，使用缩略引用的有如下这些作者：Dexipp.*Cat*.40, *Schol*.48, a,4, Simpl.*Schol*.47, b,39 以及波菲利。目录 PT. 中 amusmata 或 ifumsmata（=ὑπομνήματα）有三个标题，即 No.69 的 2 卷；86 的 16 卷，以及 82 b 的 1 卷。在 Athen, iv,173 以及 xiv.654 中对 Ἀρ.ἤ Θεόφραστος ἐν τοῖς ὑπομνήμασι 的引用并不是指这个名字的一本书，它非常模糊，无法确定。我们不知道目录 PT. 中的 Προτάσεις（No.79=33[?23] 卷，以及 No.80=32[?7] 卷）与 Θέσεις ἐπιχ. 的关系，但是我们发现在第欧根尼目录中的两个标题（46 和 47 号）以及目录 AN.（38）中的一个是 Προτάσεις ά。亚里士多德在 Π.μνημ c.2.（《论记忆》第三卷第二章）的开篇引用过 Ἐπιχειρηματικοὶ λόγοι.，但这不是一篇独立的著作（参见 Them.97, a, p.241），而是这本书的第一章（449, b,13 sq.,450,a,30 sq.,450, b,11 sq.Cf.Bonitz, *Ind.Ar*.99, a,38）。《论题篇》标题下还包括：Ἐνστάσεις, D.35, AN.36, PT.55, b; Προτάσεις ἐριστικαὶ δ', D.47, AN.44; Λύσεις ἐριστικαὶ δ', D.28, AN.29 ；以及 Διαιρέσεις σοφιστικαὶ δ', D.29, AN.31。关于 Ἐριστικοὶ λόγοι，参见第 49 页注释 2。一本名为 Παρὰ τὴν λέξιν 的小册子被 Simpl.*Schol*.47, b,40 引用过，但它不是真迹，这一点甚至在古代作者中就得到承认了（cf.*Ar.Fr*.113, p.1490; Rose, *Ar.Ps*.128; *Fr.Hz*.116）。它很可能是与 "语言悖论" 一起讨论的。目录 AN.196 提到伪铭文中有一篇作品叫作 Περὶ μεθόδου。

1　参见《修辞学》i,1 *init.c*.2,1356a25；《辩谬篇》34,184a8。

的关于语言技巧的理论中，[1] 或关于修辞学的历史，[2] 或关于修辞案例之　74

1　除了现存的两部著作外，这类作品还包括塞奥狄克特斯（Theodectean）的修辞学：即 *D.*82 以及 *AN.*74 的 Τέχνης τῆς Θεοδέκτου συναγωγή [? εἰσαγωγή]（《塞奥狄克特斯修辞术之集》）一卷本或三卷本。现存的《修辞学》（iii.9 *fin.*）暗示了 ἐν τοῖς Θεοδεκτείοις（塞奥狄克特斯的书里）的列举，这一定指的是亚里士多德的一部书，并且证明这本书在很早的时候就存在，即便《修辞学》第三卷是伪造的。Rhet. *ad Alex.*1.1421, b,1 的编撰者认为亚里士多德说"塞奥狄克特斯模仿了我的技艺"；这条引用一定早于安德罗尼柯的时代。但句子的意思使人怀疑作者究竟是说《修辞学》是献给塞奥狄克特斯的，还是亚里士多德写了它——但被塞奥狄克特斯以自己的名义发表。后来的古典作家有时认为"塞奥狄克特斯的修辞学"这个名字指的是后一种情况，但这是不可能的（参见 Θεοδεκτικαὶ τέχναι, ANON.in *Ar.Fr.*125, p.1499, *Fr.Hz.*125; Quntilian, ii.15,10 认为这个解释是不可能的；Valer.Max.viii.14,3 的这个观点更加鲜明）；或者，他们认为塞奥狄克特斯就是作者（Cic.*Orat.*51,172,57,194; Quintil.iv.2,63；以及后来的作家 Rose, *Ar.Ps.*141, *Ar.Fr.*123; *Fr.Hz.*124 sq.；比较西塞罗和别的作者对《尼各马可伦理学》这个标题类似的处理，参见下文 p.97）；或者他们认为这本书的观点是亚里士多德和塞奥狄克特斯两人共有的（Dionys.*Comp. Verb.*2, p.8, *De Vi Demos.*48, p.1101; Quintil.i.4.18; *Ar.Fr.*126）。如果这部作品是真的，至少残篇并未给出可以怀疑其真实性的理由，那么我们应当认为它显然既不是塞奥狄克特斯写的，也不是在他死后由亚里士多德出版的，因为这位演说家并没有活到亚历山大东征的时候，他也并不为亚历山大知晓（Plut.*Alex.*17 *fin.*）；这部作品应当是亚里士多德在马其顿时所写，为了献给塞奥狄克特斯。"技艺"（τέχναι复数——中译注）这个名字（in *Rhet.ad Alex.*; cf.Rose, *Ar.Ps.*139）似乎意味着不只一本书，但是塞奥狄克特斯名字的复数（《修辞学》第三卷第 9 章）并非必然意味着是多本书。更多细节，参见 Rose, *Ar.Ps.*135 sq., 以及 Heitz,85 sq。目录中与现存的《修辞学》有关的标题，即 *D.*79, *AN.*73 的 Τέχην[ς] ά 很可能就是现存的 *Rhet.ad Alex.*。*D.*80 的手稿既指 ἄλλη τέχνη 又指 ἄλλη τεχνῶν συναγωγή。如果前者是正确的，那么它可能指我们的《修辞学》的第二个版本；如果后者正确，那么它是 Τεχνῶν συναγωγή 的修订本：但这两种情况并不意味着它们是独立的作品。Τρύλλος 这本特殊的小册子在第 41 页注释 1 中被提到；*AN.App.*153 的 Π.ῥητορικῆς 只是它的复制本。对于这个标题 Π.λέξεως α' β'（《论言辞》）（*D.*87, *AN.*79, Π.λέξ.καθαρᾶς, 参见欧德谟斯的一本类似的书），布兰迪斯在 *Gr.-roem. Phil.*ii.B,1.79 中说现行《修辞学》第三卷的前 12 章是讨论这个主题的。或许，目录 *D.*78 认为《修辞学》只有两卷，但 *AN.*72 认为它有三卷。另外，例如 *D.*85, *AN.*77, Π.μεγέθους ά（参见《修辞学》i.3,1359a16, ii,18 sq.1391b31,1393a）；*D.*88, *AN.*80, Π.συμβουλίας[-ῆς] α（参见 *Ar.Fr.*136, p.1501, *Ar.Ps.*148, *Fr.Hz.*126）；*AN.App.*177, Π.ῥήτορος ἤ πολιτικοῦ: *AN.App.*178, Τέχνη ἐγκωμιαστική, 这些篇目无疑是伪作。Μνημονικὸν（*D.*117, *AN.*109）也是伪作，尽管它被看作是《修辞学》的附属作品。目录 *PT.*68 的 Παραγγέλματα 似乎与 Παραγγ.ῥητορικῆς 是同一篇，第欧根尼认为它们是塞奥弗拉斯特所写（Diog.v.47），但它一定不是亚里士多德所作。

2　从早期到亚里士多德时代的修辞理论的阐述被收在 Τεχνῶν συναγωγή《修辞术

分析[1]的书籍中，只有一本被保存了下来，[2]这本书中无疑包含了他最成熟的修辞学理论。亚历山大所著的《修辞学》现已普遍被认为是伪作。[3]

之集》一书中（D.77 记载了两卷本；AN.71 和 PT.24 记载的是单卷本），D.89，*Συναγωγῆς ά β´* 以及 D.80，*Ἄλλη τεχνῶν συναγωγή*（如果这记载是正确的话）似乎是复制本。CIC.*De Invent*.ii.2,6, *De Orat*.ii.38,160, *Brut*.12,48, etc.: v.*Ar.Fr*.130–135, p.1500；*Ar.Ps*.145；*Fr.Hz*.122 提到过这本书。Demetr.Magn.*(ap.*Diog.ii.104*)* 中的 *Ἐπιτομὴ ῥητόρων* 这个标题指的似乎是同一本书或者这本书的摘要。

1　*Ἐνθυμήματα ῥητορικὰ ά*, D.84, AN.76；以及 *Ἐνθυμημάτων διαιρέσεις ά*（D.84，AN.88 误写为 *Ἐνθ.καὶ αἱρέσεων*）。同类作品包括 AN.127, *Προοιμίων ά*；但在 D.138 中是 *Παροιμίων*。这些应当被记为 *Χρεῖαι*——即引人注意的评论集，像普鲁塔克的 *Apophthegms*，这些评论在 Stob.*Floril*.5,83,7,30,31,29,70,90,43,140,57,12,93,38,116,47,118,29 中有引用。但是这本书中出现过斯多亚派的芝诺的话（57,12），我们并不相信亚里士多德写了这样一本轶事集，它要么是伪造的，要么是后来的同名作者所写，例如我们提到的那位语法学家（*ap*.Diog.v.35）。罗泽相信（*Ar.Ps*.611）*Ἀριστοτέλους* 是对 *Ἀρίστωνος* 的误读。斯托拜乌（38,37,45,21）的引用 *ἐκ τῶν κοινῶν Ἀριστοτέλους διατριβῶν*（来自同名的亚里士多德）所指的似乎是同一本书。参见 *Fr.ap*.Rose, *Ar.Ps*.611, 以及 *Fr.Hz*.335。*Ἐγκώμιον λόγου*（语言的赞歌）和 *Ἐγκώμιον πλούτου*（财富的赞歌）这两个演讲在 AN.190,194 中被认为是伪造的。亚里士多德著作中不同的谚语和格言（Rose, *Ar.Ps*.606 sq.；*Fr.Hz*.337 sq.）有着不同的来源。

2　即《修辞学》的三卷。它的写作时间一定是亚里士多德在雅典生活的最后一个时期；参见 Brandis, "Ar.Rhet." *Philol*.iv.8。Spengel（*Abh.d.Münchn.Akad*.vi.483）证明了这部著作存在插入的内容，内容的顺序也被打乱了（例如第二卷第 18 至 26 章应当在第 1 至 17 章之前），这个观点的支持者还有 Vahlen, "Z.Krit.Ar.Schr." *Wien.Akad*.xxxviii.92,121。第三卷的真实性受到了 Sauppe（*Dionys.u.Ar*., Goett.1863, p.32）的质疑，另外 Rose, *Ar.Ps*.137 n.；Heitz, p.85,89; Schaarschmidt, *Samml.Plat.Schr*.108 等人也质疑过，策勒在 *Plato*, p.55 中持有相同的观点。

3　这部著作并不为最早的目录编撰者所知（参见 D.79，但它并不是真迹）。Spengel（*Συναγ.τεχν.182*, Anaxim.*Ars Rhet*.Proleg.ix.sq., cf.99 sq.）认为除了第一章和最后一章，这本书是亚里士多德的同时代人兰萨库斯的阿那克西美尼（Anaximenes of Lampsacus）写的。然而，这个观点是不可靠的；参见 Rose, *Ar.Lib.Ord*.100；Kampe.in the *Philol*.ix.106 sq.279 sq.因为，阿那克西美尼写的那部分内容与其余内容可以任意分离；此外，这本书处处显示了亚里士多德学派的影响——不仅对辩证的定义和划分方式的坚持，更有对某些段落的要旨的坚持。参见，例如 c.2 *init*.（《修辞学》1.3）；c.3,1424a12–19（《政治学》vi.4,1318b27–38）；c.5,1427a30（《尼各马可伦理学》v.10,1135b11 sqq.,《修辞学》i.13,1374b6）；c.8,1428a19 sqq.（《修辞学》ii.25,1402b12 sqq.）；c.8,1428a25（《前分析篇》ii.27 *init*.）；c.9 *init*.（《修辞学》i.2,1357b28）；c.12 *init*.（《修辞学》ii.21,1394a22）；以及在第 11 章中对 *ἐνθύμημα*（论证）和 *γνώμη*（判断）的区分，尽管其表达方式有所不同，但它们来自亚里士多德（参见《修辞学》ii.21,1394a26）；c.17（《修辞学》i.15,1376b31 sq.）；c.28 *init*.29

对他的哲学体系发展有贡献的作品，最早是讨论定义[1]与分类[2]的集 75
子——它们被认为有助于主题的理解——然而，这些作品似乎都不是 76
真迹。因此，最重要的文章是《论第一哲学》[3]——它的主体部分与许多
残篇任意地组合在一起[4]，有些残篇是真迹，有些是伪造的，它们构成了

---

init.（《修辞学》iii.9,1410a23）。

1　D.64, AN.61, Ὁρισμοί（《定义》）十三卷；PT.59: Ὅροι 共十六卷，这本书显然是
　　这个学派的后期作品，与柏拉图学派的定义概念类似。此篇还有别的标题，例如：
　　AN.51, Ὅρων βιβλίον ά；参见第 51 页注释 9。

2　除了在第 45 页注释 1 中提到的"柏拉图的分类法"之外，这个目录还提到了
　　下述几篇同类著作：D.42, Διαιρέσεις ιζ́ [AN.41.Π.διαρέσεων]；D.43, AN.42,
　　Διαιρετικῶν ά [Rose leg.–κόν，是 D.62 的重复]；PT.52 的标题是 Διαιρέσεις（这个
　　标题根据主题的选择可以扩展到任意的篇幅），此篇共有 26 卷。无论这篇著作与柏
　　拉图的 Διαιρέσεις（《论分类》）是相同的还是不同的，它绝不可能是真迹。Alex.
　　*Top.*126, *Schol.*274, a,42 对亚里士多德的引用，即 ἐν τῇ τῶν ἀγαθῶν διαιρέσει
　　（在好的分类法中）（*Ar.Fr.*110, p.1496; *Fr.Hz.*119），被《大伦理学》i.2,1183b20
　　sq. 的内容确证了，参见《尼各马可伦理学》i.12,1101b11，但这个引用也可能来自
　　柏拉图的 Διαιρέσεις。亚里士多德自己在《形而上学》iv.2,1004a1 中命名了一个
　　Ἐκλογὴ τῶν ἐναντίων（对立面的选择），他指出所有的对立最终将回溯到"一"或"存
　　在"以及它的对立面之后，他说："我认为同一个事物处于对立面的选择之中。"类
　　似的段落，参见 xi.3,1061a15;1004b33; x.3,1054a29 等。《形而上学》iv.2,1003b35
　　中出现的 ταὐτὸν（相同的）和 ὅμοιον（类似的）是在"对立面的选择"中讨论
　　的 εἴδη τοῦ ἑνός（前者的形式）的例子；另外参见 x.c.4 ad *fin.* 然而，《形而上学》
　　xii.7,1072b2 中 ἡ διαίρεσις δηλοῖ（明显的分类）指的并不是一篇文章，而是前面
　　提到的对 οὖ ἕνακα（为了）的两种类型的区分。究竟 Ἐκλογὴ τῶν ἐναντίων 指的
　　是一篇独立的论文，还是《论善》一文的一部分，甚至亚历山大也没读过它（参见
　　第 43 页注释 1）；但亚里士多德引用的 Ἐκλογή 一文中的主题似乎在《论善》的第
　　二卷中被讨论过，所以亚里士多德很可能想的是那本书。

3　这是这部著作最初的名字；参见《论动物的运动》6,700b8。亚里士多德自己或许
　　是这样来命名它的，这一点从《形而上学》vi.1,1026a15,24,30, xi.4,1061b19；《物
　　理学》i.9,192a35, ii.2 *fin.*；《论天》i.8,277b10；《论生成与消灭》i.3,318a6；《论灵魂》
　　i.1,403b16 这些文本中可以看出。除了 πρώτη φιλοσοφία（第一哲学）之外，我们
　　还发现亚里士多德单独使用过 φιλοσοφία（爱智或哲学）（《形而上学》xi.3,4,1061,
　　b,5,25）；或 θεολογική（神学）（《形而上学》vi.1,1026a19, xi.7,1064b3）；或 ἡ περὶ
　　τὰ θεῖα φιλοσοφία（论神圣的哲学），（《论动物的部分》i.5,645a4）；或 σοφία（智慧）
　　（《形而上学》i.1,2）；以及 μέθοδος περὶ τῆς ἀρχῆς τῆς πρώτης（对第一本原的研
　　究），这些表达（《物理学》viii.1,251a7）术语都是亚里士多德对这部著作的主题
　　的描述；因此，这本书自身也被称为"σοφία"、"φιλοσοφία"或"θεολογία"（Asclep.
　　*Schol.in Ar.*519, b,19,31）。参见 Bonitz, v.5, *Arist.Metaph.*ii.3 sq.。

4　我们最早在大马士革的尼克劳斯那里发现了 μετὰ τὰ φυσικὰ（《形而上学》）这

现行的《形而上学》一书。[1] 然而，那些真迹残篇或许在亚里士多德死

个名字（根据 Schol. to Theoph. *Metaph.* p. 323, Brand），这位作者写了 $\Theta \epsilon \omega \rho i \alpha \ \tau \tilde{\omega} \nu$ $\dot{A} \rho. \mu \epsilon \tau \grave{\alpha} \ \tau \grave{\alpha} \ \phi \upsilon \sigma \iota \kappa \acute{\alpha}$（《亚里士多德的"形而上学"研究》），后来这个名字在 Plut. *Alex.* 7 中有记载，再后来它的出现就是常态了。因为这个尼克劳斯生活的年代比安德罗尼柯要晚，因此这个标题（在此之前从未出现过，而此后经常出现）或许是安德罗尼柯编写的，我们从他对亚里士多德著作的收集情况便可解释这一点；这意味着根据学说的发展顺序以及著作的收集顺序，对自然之外的研究应当在自然科学的研究之后（参见 Alex. *Metaph.* 127, 21; Asclep. *Schol.* 519, b, 19.），这个观点与辛普里丘（*Phys.* 1）和新柏拉图主义者 Herennius（*ap.* Bonitz, *Ar. Metaph.* ii. 5）的假设并不相容。这部作品在目录 AN. 111, AN. App. 154 和 PT. 49 中收录。后者包含了以希腊字母计数的 13 卷；而前者有 111 号的 *K'* 卷和 154 号的 *i* 卷，这使我们不能确定这些版本是否是不完整的——即一个只包含 A 至 K 卷，而另一个包含 A 至 I 卷，或者 K 卷和 I 卷是 N 卷的残篇——即这个版本实际上包含了 A 至 N 卷。

1　现存的《形而上学》的编排顺序问题由布兰迪斯在"Ar. Met."一书中解释过（*Abh. d. Berl. Akad.* 1834, Hist. Phil. KL. P. 63–87, *Gr.-roem. Phil.* ii. b. 1, 541 sq.），此外 Bonitz（*Ar. Met.* ii. 3–35）也讨论过这个问题。仅了解一些早期理论的读者可以参见 Bonitz 在第 30 页给出的全面解释。这部著作的主体部分是亚里士多德写的，但他并未完成它，它的主体是第一卷，第三卷（即 B 卷），第四卷和第六至九卷。在这几卷中，第一卷是对哲学史的介绍和批判，此后同一个问题——即存在本身——有条不紊地贯穿了全书的讨论，但是对这个问题的研究既没有得出一个结论，也没有在局部得到一个最终的版本。第十卷似乎是为了对这个问题做更深的研究而写的（参见 x. 2 *init.*，iii. 4, 1001a4 sq.，以及 x. 2, 1053b16 与 vii. 13），但亚里士多德并未将其与第九卷建立任何明确的关联，所以它几乎被认为是一篇独立的论文。在这几卷相关的文本中，第五卷被插入进来，它是对三十个哲学概念和术语之不同意义的研究，这一卷的内容与之前的内容和之后的内容是不连贯的。不过，这一卷肯定出自亚里士多德之手。因为亚里士多德自己引用过这一卷的内容（参见《形而上学》vii. 1 *init.*，x. 1；《论生成与消灭》ii. 10, 336b29；《物理学》i. 8, 191b29），他这样说："在那些有多少种意义的讨论中"或者"我们说过每个事物有多少种意义"。Susemihl（*Genet. Entw. d. Plat. Phil.* ii. 536）认为，这些引用指的并非第五卷的内容，且第五卷不是亚里士多德所作而是有着相似内容的伪作，但是他的观点被证实是错误的；此外，罗泽（*Ar. Libr. Ord.* 154）认为，第五卷全然不是亚里士多德所写，但他的观点也是不正确的。因为第五卷在《形而上学》的其他文本中被提及（例如，x. 4, 1055a23; v. 10, 1018a25; x. 6, 1054b34; v. 15, 1021a25）；以及第五卷第七章末保留的一个讨论在第九卷第七章中出现了。然而，$\Pi. \tau o \tilde{\upsilon} \ \pi o \sigma \alpha \chi \tilde{\omega} \varsigma$（《论多重意义》）这本小册子不可能是《形而上学》的原有部分，它的成书时间应当更早，例如《物理学》和《论生成与消灭》就对其有引用，并且它是为了帮助理解哲学术语的准确意义和使用而写的。正因如此，它出现在目录 D. 36 和 AN. 37 中时有一个特别的副标题 $\Pi. \tau. \pi o \varsigma. \ \lambda \acute{\epsilon} \gamma. \ \ddot{\eta} \ \tau \tilde{\omega} \nu \ \kappa \alpha \tau \grave{\alpha} \ \pi \rho \acute{o} \sigma \theta \epsilon \sigma \iota \nu$（《论言辞的多种意义或它的应用》）。然而，《形而上学》vi. 2 *init.* 无疑暗示了第五卷第 7 章的内容，参见 1017a722 sq., 31。这里明确指出，这个讨论已经被读者了解——特别由"$\ddot{\eta} \nu$"这个词指明（$\ddot{\eta} \nu$ 是系词第三人称单数的

过去未完成时，表示过去延续时态。——中译者注）。因此，亚里士多德实际上打算把第五卷或第五卷的内容整合到此书的这个部分中去，但他并未完成文字上的衔接。对于第十一卷，它的后半部分（c.8,1065a26 sq.）是对《物理学》的一个汇编，并且这不是真迹。它的前半部分与第三卷、第四卷和第六卷的内容是完全对应的，因此，它要么是对这些内容论证的早期提纲，要么是后来对它们的摘要（例如罗泽的观点，参见 *Ar.Libr.Ord.*156）。后一种观点遇到的反驳是：小品词"$\gamma\grave{\epsilon}\ \mu\acute{\eta}\nu$"在这个文本中出现了七次，但它们并未出现在亚里士多德其他的文本中（Eucken, *De Ar.Dic.Rat.*i.10; *Ind.Ar.*147, a,44 sq.）。然而，就这一卷的论证内容本身而言，它们支持 Bonitz 的看法：即这种特殊性并不是决定性的，因为这一卷的基本风格符合亚里士多德的特点，并且类似的小品词现象在别处也存在。例如，"$\tau\grave{\epsilon}...\tau\grave{\epsilon}$"在亚里士多德的文本中几乎只出现在《伦理学》和《政治学》中（Eucken,16）；而"$\delta\epsilon\ \gamma\epsilon$"只出现在《物理学》中（*ibid.*33），另外，在《物理学》中小品词"$\mu\acute{\epsilon}\nu\tau\sigma\iota$"、"$\kappa\alpha\acute{\iota}\tau\sigma\iota$"和"$\tau\sigma\acute{\iota}\nu\upsilon\nu$"比在其他作品中出现得更频繁（*ibid.*35,51），"$\check{\alpha}\rho\alpha$"在《形而上学》的后面几卷出现的频率比在前面几卷出现的频率大得多（*ibid.*50）。另外，在《伦理学》的十卷中，最后三卷的小品词与第一至四卷和第五至七卷的小品词有许多不同，第一至四卷和第五至七卷中的小品词在词典中有许多差异（*ibid.*75 sq.）。第十一卷的前半部分"$\gamma\grave{\epsilon}\ \mu\acute{\eta}\nu$"的七种变格中的五种出现在第二章中。除此之外，"$\gamma\grave{\epsilon}$"时常被插入文本中，这似乎证明了某些早期的抄写者应当对此负责。第十二卷似乎是一篇独立的论文，它没有引用前面的任何一卷，但似乎暗示了《物理学》第八卷第10章（尤其是267b17 sq.）的内容，尤其是 c.7,1073a5 以及 c.8,1073a32 对《物理学》第八卷第8章和《论天》第二卷第3章的提及。值得注意的是，第6至10章细致地发展了亚里士多德关于神和其他永恒者之本质的讨论，但是第1至5章仅简要论述了可变化的实体和它们的原因——这种简要已经到了含糊其词的程度了。这一点连同这样一个事实——即在这些章节中 $\mu\epsilon\tau\grave{\alpha}\ \tau\alpha\tilde{\upsilon}\tau\alpha\ \check{\sigma}\tau\iota$（就其自身而言）这个术语只出现了两次（即 3 *init.* 和 1070, a,4）——表明亚里士多德并没有公开发表这一卷，而是将其作为讲稿，因此其中很多观点都只以最简洁的方式被提及，因为它们将在口头讲授的过程中被展开。这些讲座的主题包含第十一卷的后半部分，并得到了特殊的关注；而那些形而上学的一般问题只作为对它们的介绍或基础性知识得到了简单的勾勒。这些讲座关注的问题无疑将被包括在形而上学的研究中。只要这些问题被考虑在内，第6至10章的内容就完全符合其结论。另一方面，第1至5章的内容包含了所有之前章节中的内容。罗泽反对这一卷（*Ar.Libr.Ord.*160，我们将在下一条注释中看到他的观点有外部证据的有力支持），但他的反对不能证明这卷不是亚里士多德所写，他的观点只在与《形而上学》有关的讨论中有价值。剩下的两卷与其他卷的关系是不清楚的；但我们没有理由像罗泽（第157页）那样认为只有第十四卷是真迹。亚里士多德原本打算将它们包含在同一卷之中，因为第十三卷第2章 1076a39 引用的是第三卷第2章 998a7 sq. 的内容，第十三卷第2章 1076b39 引用的是第三卷第2章 997b12 sq. 的内容，而第十三卷第10章 1086b14 引用的是第三卷第6章 1003a6 sq. 的内容。亚里士多德在第八卷第1章 1062a22 中指出要对数学和理念做讨论，这一讨论本来是为了引入神学的，后来作为第十三卷的开篇出现了（参见 Brandis,542,413, a）。然而，第十四卷第1章对第十卷的明显的引用并

79　后便即刻补充进来了。¹ 其他一些被人们提及的与《形而上学》有密切

没有被注意到，而第七卷和第八卷在第十三和第十四卷中丝毫没有被提及（Bonitz，p.26）。亚里士多德不可能逐字逐句地重复相当长的文本内容，正如现存的第一卷第6和9章以及第十三卷第4和5章。但是第一卷作为整体和第三卷（它引用了第一卷，例如 iii.2,996b8 引用了 i.2,982a16，982b4，以及 997b3 引用了 i.6 sq.）一定比第十三卷的写作年代早。因此，在我看来，最有可能的解释是：第一卷第9章的论证——这个论证显然比第十三卷中的论证更成熟——是在第一卷的第二个修订版中被插入的，而这个修订版产生在亚里士多德决定将第十三卷和第十四卷排除在形而上学的主体部分以外之后。第二卷（即 α 卷）是三篇小论文的合集，它是对物理学而不是形而上学的介绍（v.c.3 *Schol.*），它显然不是亚里士多德所作。大多数古代评论家认为它是欧德谟斯的一个侄子写的，即 Pasicles of Rhode（Schol.ap.*Ar. Opp.*993, a,29; Schol.in Ar.589, a,41；对 α 卷的介绍中所谓的 Philoponus [Bekker's Anon.Urbin.]，他在那里的名字是 Pasicrates；参见 Asclep.*Schol.*520 a,6，除非他错误地把故事从 α 卷挪到 A 卷）。我们清楚这一卷是在其他各卷收集齐备之后才被插入，因为它有不同的名称以及它切断了连续的 A 卷和 B 卷；由于这个原因，许多古代作者认为它是《物理学》的前言，或者至少是《形而上学》第一卷的前言（*Schol.*589, b,1 sq.）。叙利亚人（*ap.*Schol.849, a,3）提到有些评论家拒绝了 A 卷。然而，他们或许像 Asclepius 一样混淆了 A 卷和 α 卷；若非如此，叙利亚人一针见血地指出他们的看法是可笑的。

1　这种情况似乎是可能的（参见 ZELLER, *Abh.d.Berl.Akad.*1877, Hist.Phil.KL.145），因为现存的《形而上学》的大多数真实卷宗在漫步学派的最早阶段就被使用了，我们从已知的漫步学派的书籍和残篇中得知，并且它们似乎在很早的时候就同其他文本一道被收集在同一系列中。正如上面提到的，《形而上学》第一卷不仅是塞奥弗拉斯特的《自然哲学史》的模板，而且我们知道它对欧德谟斯也有很大的影响。此外，它也是《论麦里梭》作者的思想来源。第三卷（即 B 卷）和第四卷被欧德谟斯引用过；第四卷、第六卷和第九卷被塞奥弗拉斯特引用过；第十二卷被塞奥弗拉斯特、欧德谟斯和《大伦理学》的作者以及 π.ζώων κινήσεως（《论动物的运动》）的作者引用过；第十三卷被欧德谟斯引用过；第十四卷被塞奥弗拉斯特引用过；而第五卷和 Π.τοῦ ποσαχῶς λεγόμενον 这本小册子被斯特拉托引用过。参见以下段落：（1）《形而上学》1,981a12 sq., Eudem.*Fr.*2, Speng.；（2）i.3,983b20, Theophr. *Fr.*40；（3）*ibid.*1.30, Eud.*Fr.*117；（4）i.5,986b18；*De Melisso*, Xenoph.etc., see vol.i.468,484；（5）*ibid.*1,21 sq., Theophr.*Fr.*45；（6）*ibid.*1.27, Theophr.*Fr.*43,44, Eud.*Fr.*11, S.21,7；（7）i.6, Theophr.*Fr.*48；（8）i.6,987b32, Eud.*Fr.*11, S.22,7, Sp.；（9）i.8,989a30, Theophr.*Fr.*46；（10）iii.2,996b26, iv.3,1005a19, EUD.*Fr.*4；（11）iii.3,999*a*6，《欧德谟伦理学》i.8,1218a1；（12）iv.2,1009b12,21, Theophr. *Fr.*42；（13）iv.6,1011a12, c.7,1012a20, Theophr.*Fr.*12,26；（14）v.11, Strato *apud* Simpl.*Categ.Schol.in Arist.*90, a,12–46；（15）vi.1,1026a13–16, Theophr.*Fr.*12,1；（16）vii.1,1028a10,20, EUD.*Fr.*5；（17）ix.9,1051b24, Theophr.*Fr.*12.25；（18）xii.7 *init.*, cf.c.8,1073a22,《论动物的运动》6,700, b,7；（19）xii.7,1072a20, Theophr. *Fr.*12,5；（20）xii.7,1072b24, c.9,1074b21,33,《欧德谟伦理学》vii.12,124b6,《大

关系的作品，只有少数是真的，并且它们一定属于亚里士多德的早期
著作。[1]　　　　　　　　　　　　　　　　　　　　　　　　80—81

　　关于自然哲学的著作是亚里士多德作品中数量最多的一部分。首先

伦理学》ii.15,1213a1；(21) xii.10,1075b34, Theophr.*Fr.*12.2；(22) xiii.1,1076a28,《欧
德谟伦理学》i.8,1217b22；　(23) xiv.3,1090b12, Theophr.*Fr.*12,2。这些文本实际上
不属于《形而上学》的主要部分，像第十二卷那样，但它们很早就与那些主要部分
的文本一起使用了，所以我们可以推测在亚里士多德死后很短的时间内，这些全部
文本被统一编辑在一起。这个理论被下述事实证实了：早在公元前三世纪的 π.ζώων
κινήσεως（《论动物的运动》）一书中，第十二卷被引用了，它的标题是亚里士多德
为形而上学的主题所拟定的，即 ἐν τοῖς περὶ τῆς πρώτης φιλοσοφίας（关于第一哲
学的研究）（参见 Bonitz, *Ind.Ar.*100, a,47 sq.,; Krische, *Forsch.*267,3 和 Heitz, *V.S.*182
对这段文本的质疑是毫无根据的）。我们或许能假设亚里士多德死后不久，《形而上
学》已完成的篇章（即第一卷、第三卷、第四卷和第六至十卷）与别的提纲和他本
人的相似主题的笔记（即第十一卷的前半部分，第十二卷、第十三卷和第十四卷）
汇编在一起，同时，第五卷被插入到第四卷与第六卷之间；但是 α 卷和第十一卷的
后半部分最初是由安德罗尼柯编进来的，它们与其他各卷在内容上和起源上都没有
关联。显然，我们无法确定谁是第一个校订此书的人。但是根据亚历山大的观点
（《形而上学》760b11 sq.），欧德谟斯是第一人，这值得我们考虑；而 Asclep. 的说
法（*Schol.in Ar.*519, b,38 sq.）却是非常值得怀疑的。更多讨论参见第 155 页以下。
1　除了《论哲学》（参见第 39 页注释 3 及 p.57）以及《论善》和《论理念》（第 43
　　页注释 1，以及注释 4）之外，περὶ εὐχῆς（《论祈祷》或《论愿望》）一书也可能是
　　真实的（参见第 41 页注释 1）。但是三卷本的 Π.τύχης（《论运气》）（AN.*App.*152）
　　和 Μαγικὸς（《论魔力》）并非真迹。后者的名字被第欧根尼提到过（i.1.8, ii.45），
　　并被 Plin. (*H.N.*xxx.1,2) 认为是亚里士多德的作品，但是在目录 AN. (191) 中
　　它被认为是伪作，并且我们从 Suidas（Ἀντισθ.）那里得知：有时它被认为是小
　　苏格拉底学派的安提司泰尼（Antisthenes）所写，有时候被认为是漫步学派的安
　　提司泰尼（Antisthenes）所写——公元前 180 年左右他在罗德岛（Rhodes）生活
　　（这是 Bernhardy 的推测，Ῥοδίω 应当是 Ῥόδωνι）。关于此书，参见 *Ar.Fr* 27–30,
　　p.1479; *Fr.Hz.*66; Heitz.*V.S.*294,8；罗泽（*Ar.Ps.*50）认为这本书是一篇对话。此
　　外，Macrob（*Sat.*i.18）认为 Θεολογούμενα（《神的谱系》）是亚里士多德所作，
　　它被 Schol.Eur.Rhes. (28) 提到过；另外，Schol.Laur.in Apoll.Rhod.iv.973 所说的
　　"τελεταί"（神祭）（这些引用参见 *ap.*Rose.*Ar.*Ps.615; *Fr.Hz.*347）一词似乎来自别
　　的作者。罗泽认为它来自罗德岛的阿里斯托克勒斯（Aristocles of Rhodes），此人是
　　斯特拉托（Strato）同时代的人；但这个观点可能是错误的；参见 Heitz, *V.S.*294。它
　　不可能是亚里士多德的真迹，并且它的内容并非是有关神的哲学式的研究，而是对
　　神话和宗教的解释和汇编。在目录 D.41 中的 Π.ἀρχῆς（《论本原》）从其位置上看
　　似乎是形而上学或物理学方面的小册子，而不是关于政治学的，但是我们对其知之
　　甚少。有关"亚里士多德的神学"的书稿起源于新柏拉图学派并以阿拉伯文的译本
　　流传下来的故事，参见 Dieterci.*Abh.d.D.morgenl.Gesellsch.*1877,1,117。

我们知晓亚里士多德自己收集撰写的一系列重要研究。它们的主题是物质世界的一般基础和条件，地球和天体，元素及其性质与关系，以及天

82　象。这些作品包括《物理学》[1]，

1　*Φυσικὴ ἀκρόασις*（《论自然》或《物理学》）共有八卷（在 AN.148 中记为 *Φυσικὴ*），即在手稿中和 Simpl.*Phys.init.* 和 AN.148, PT.34 等地方记录了相同名字的篇目。亚里士多德自己通常只称前几卷为 *φυσικὰ* 或 *τὰ περὶ φύσεως*（《物理学》viii.1,251a8, cf.iii.1, viii.3,253b7, cf.ii.1,192b20, viii.10,267b20, cf.iii.4;《形而上学》i.3,983a33, c,4,985a12, c,7,988a22, c,10, xi.1,1059a34, cf.《物理学》ii.3,7;《形而上学》i.5,986b30, cf.《物理学》i.2; xiii.1, c.9,1086a23, cf.《物理学》i.）。后面几卷他通常称为 *τὰ περὶ κινήσεως*（《论运动》）（《形而上学》ix.8,1049b36,《物理学》viii., vi.6；《论天》i.5,7,272a30,275b21, 参见《物理学》vi.7,238a20, c,2,233a31, viii.10;《论天》iii.1,299a10;《物理学》vi.2,233b15;《论生成与消灭》i.3,318a3；参见《物理学》viii. ;《论感觉》c.6,445b19;《物理学》vi.1;《后分析篇》ii.12,95b10）。然而，《物理学》viii.5,257a34 中 *ἐν τοῖς καθόλου περὶ φύσεως*（在关于自然的一般讨论中）指的是 B.vi.1,4 和《形而上学》第八卷第 1 章；而 *φυσικὰ*（自然）指的是 B.v.1 的内容;《形而上学》i.8,989a24 和 xii.8,1073,32 中 *τὰ περὶ φύσεως* 这个短语指的不仅是《物理学》的全部内容，还有关于自然科学的其他著作（参见 Bonitz 和 Schwegler ad loc.）。更多其他引用，参见 B, iii.4,《论天》i.6,274a21, *ἐν τοῖς περὶ τὰς ἀρχάς*(在关于本原的讨论中), B.iv.12, vi.1,《论天》iii.4,303a23, *περὶ χρόνου καὶ κινήσεως*（论时间和运动），参见 IND.ARIST.102b18 sqq.。目录 D.90,45（115）的标题是 *Π.φύσεως*（《论自然》）和 *Π.κινήσεως*（《论运动》），但前者只有三卷，而后者只有一卷（参见第 35 页注释 1）。辛普里丘（《物理学》190, a,216, a,258, b;320, a）指出，亚里士多德和他的继承者们（即塞奥弗拉斯特和欧德谟斯）认为前五卷是讨论自然或自然之本原的，而第七卷和第八卷是讨论运动的。然而，波菲利无疑是正确的（*ap.*Simpl.190, a）——即他将第五卷和与之密切相关的第六卷归于"论运动"之下。尽管在 Adrastus 的时代（*ap.* Simpl.16,2, a），许多人已经将第一至五卷命名为 *Π.ἀρχῶν* [*φυσικῶν*]（《论本原》），而有些人用这个名字来称呼所有卷宗，但是第七至八卷也被称为 *Π.κινήσεως*（《论运动》）——安德罗尼柯（Simpl.216, a）就引用过这个名字下的文本。然而，这种情况并不是在一开始就出现的。当塞奥弗拉斯特把对第五卷的引用称为 *ἐκ τῶν φυσικῶν*（来自对自然的讨论）时，他指的或许不仅是整个文本，而且还包括其他著作（*ut supra*: cf.Simpl.216, a）。当 Damasus 这个欧德谟斯的传记作者和追随者说（ap.Simpl.216, a, Damascius 不是一个新柏拉图主义者）："从对自然之物的研究中，亚里士多德写了三卷关于运动的研究"，这并不意味着他指的是第六、七和八卷，而非第五、六和八卷（参见 Rose, *Ar.Libr.Ord.*198; Brandis, ii.b,782）。的确，第七卷给古代评论家们这样一种印象：它与这一著作之整体无恰当的关联，辛普里丘（*Phys.*242, a）告诉我们欧德谟斯在编辑整篇著作时把它忽略掉了。因此，它并非必然是伪造的（参见 Rose,199），它是原先不属于物理学笔记的一系列摘要集合（参见 Brandis, ii.b,893 sq.）。这一文本包含许多插入的内容以及对段落的改写，

《论天》和《论生成与消灭》¹这两篇相连的著作，以及《气象学》。²与　　

它们在亚历山大和辛普里丘的时代已经被人知晓（参见 Simpl.245, a, b,253, b, 另外 Spengel, *Abh.d.Münch.Akad.*iii.313 sq.），但原始文本在 Bekker 的版本中以及在 Prantl 的版本中才被发现。布兰迪斯认为 B.vi.c,9 来自于亚里士多德，这是正确的，而 Weisse 的观点是错误的。

1　*Π.οὐρανοῦ*（《论天》）共有四卷，*Π.γενέσεως καὶ φθορᾶς*（《论生成与消灭》）共有两卷。然而，现行的对这两本书的卷目划分并非来自亚里士多德，因为《论天》的第三卷和第四卷与其他著作的联系比它们与前两卷的联系要紧密得多。亚里士多德非常清楚这个情况，他在《气象学》的开篇对它们的内容进行了简短的引用，在《气象学》第一卷第 3 章中引用了《论天》第二卷第 7 章中的内容（例如，"关于位置的问题，参见我们对主动和被动的定义的讨论"）；他在《论感觉》c.3,440b312 中引用了《论生成与消灭》第一卷第 10 章的内容（即关于混合物的讨论）；在《论灵魂》ii.11,423b29 和《论感觉》c.4,441b12 中引用了《论生成与消灭》第二卷第 2 章的内容（即关于元素的讨论）。辛普里丘认为（*De Coelo*, Schol.in Ar.468a11,498b942,502a43）《论天》是塞奥弗拉斯特所作，据说他是遵照亚里士多德的书来写的。除了这个例外，此书存在的最早证据是由 Xenarchus 和大马士革的尼克劳斯提供的（参见 Brandis, *Gr.-roem.Phil.*ii.b,952），但此书和《论生成与消灭》无疑是亚里士多德的真迹。根据 Stob.*Ecl.*i.486,536 的记载，我们不能像 Ideler 那样（*Ar.Meteorol.*i.415, ii.199 以及 Cic.*N.D.*ii.15 以及 Plut.*Plac.v.*20）推论说《论天》原来有一个比我们现在的版本更完善的或者不同的版本。

2　AN.App.150, *Μετεωρολογικὰ*（《气象学》）；PT.37, *μετεώρων δ΄ ἢ μετεωροσκοπία*；目录 PT.76 的标题下只包含两卷。我们刚刚说过，这部著作在其开篇时便指出它是紧接《论生成与消灭》的；它无疑是亚里士多德的真迹。亚里士多德自己没有给它命名（因为 *De Plant*[《论植物》] ii.2,822, b,32 是伪作），但他经常提及它的研究主题；参见 Bonitz, *Ind.Ar.*102, b,49。根据 Alex.*Meteor.*91 和 Olympiod.*ap.*Ideler, *Ar.Meteor.*i.137,222,286 的看法，塞奥弗拉斯特自己的 *μεταρσιολογικὰ*（*Diog.v.*44）似乎是模仿亚里士多德的。Ideler（*ibid*, i.vii.sq）指出 Aratus, Philochorus, Agathemerus, Polybius 和波塞冬纽斯（Posidonius）等人都熟悉这部著作。然而，埃拉托塞尼似乎并不知道它。参见 *ibid*.i.462。这本书有四卷，从内容上看，最后一卷似乎起先并不属于这部著作。亚历山大（*Meteor.*126, a）和阿摩尼乌斯（*ap.* Olympiod.in Ideler, *Ar.Meteor.*i.133）认为它与 *Π.γενέσεως*（《论生成与消灭》）相关；但它并不符合后者的内容和风格。然而，它看起来确实是亚里士多德所作，并且亚里士多德在别处也引用过它（《论动物的部分》ii.2,649a33；参见《气象学》iv.10；《论动物的生成》ii.6,743a6；《气象学》iv.6,383b9,384a33），因此，它是一篇独立的文章，当《气象学》开始撰写时，它还未被完成（参见《气象学》i.1 *ad fin.*），但是它后来代替了第三卷末尾要处理的内容，因而它本身显然不是这个主题的结论。正如 Bonitz（*Ind.Ar.*98, b,53）在评判 Heitz 时注意到的：这本书（c.8,384b33）引用了《气象学》iii.677,378a15 的内容（关于这个主题，参见 *ibid*, ii.347—360; Spengel. "Üb.d.Reihenfolge d.Naturwissensch.Schriften d.Arist." *Abhandl. d.Münchn.Akad.*v.150 sq.; Brandis.*Gr.-roem.Phil.*ii.b,1073,1076; Rose, *Arist.Libr.*

这些主要著述相关的（就它们不被认为是那些有着特殊名字的作品或伪

84　作的部分而言），还有许多自然哲学的作品。[1] 另有一类作品与它们相

Ord.197）；Olympiod（*ibid*, i.131）对第一卷之真伪的怀疑是无根据的；Ideler（i.xii. Sq.）关于《气象学》在古代有两个版本的论证亦是没有说服力的。那些他认为可以在另一个版本中找到的观点绝大部分属于另外的著作；如果某些地方不是这样的话（Sen.*Qu.Nat*.vii.28,1；参见《气象学》i.7,344, b,18），也是因为我们的记录者出了错。然而，情况或许是这些观点来自经由后来的学者扩充的版本或者后来添加的文本；参见 Brandis, p.1075。

1　《物理学》有以下别名：*Π.ἀρχῶν ἢ φύσεως ά*（《论本原或自然 α 卷》）（AN.21），*ἐν τοῖς π.τῶν ἀρχῶν τῆς ὅλης φύσεως*（《论自然之整体的本原》）（Themist.*De.An.* ii.71,76），*ἐν τοῖς π.τῶν ἀρχῶν*（《论本原》）（*ibid*.93），*Π.κινήσεως*（《论运动》）（D.45,115; AN.102,1 B; PT.17,8 B；No.34 的 Auscultatio physica 是同一部著作；或许还包括 D.41 的 *Π.ἀρχῆς*）。这部著作与以下这些名称的著作之关系并不清楚：*Π.φύσεως*（目录 D.90 记载其有三卷，而 AN.81 记载其有一卷），或 *φυσικὸν ά*（D.91）或 *Π.φύσικῶν ά*（AN.82）。AN.App.170, PT.85：*Π.χρόνου*（《论时间》）或许只是对《物理学》第四卷第 10 至 14 章的一个摘要，尽管它更可能是漫步学派的某人写的短文。亚里士多德自己在《论灵魂》ii.11,423b28 和《论感觉》4,441a12 中以 *ἐν τοῖς π.στοιχείων*（在对元素的讨论中）这样的词句表明了对《论生成与消灭》ii.2 sqq. 的引用。在 D.39 和 AN.35 中 *Π.στοιχείων γ΄* 这个标题指的是这部作品（它或许与《论天》第三、四卷相关，参见第 35 页注释 1；或者与《气象学》第四卷相关，参见 *Fr.Hz*.156），然而，它是亚里士多德讨论元素问题的小册子的集合，还是一篇独立的文章（这篇文章不是真迹）——这个问题仍然是开放的。另外，对于 *Π.τοῦ πάσχειν ἢ πεπονθέναι*（D.25）（《论被动或被动的完成》），亚里士多德在《论灵魂》ii.5,417a1 和《论动物的生成》iv.3,768b23 中以 *ἐν τοῖς π.τοῦ ποιεῖν καὶ πάχσειν*（在论述主动和被动的地方）指示对《论生成与消灭》i.7 sq. 的引用。这个引用被特伦德伦堡（Trendelenburg）（《论灵魂》同上书）和 Heitz（*V.S.*80）怀疑过，但与其他段落比较来看，它不可能是假的（参见《论动物的生成》324a30 sq.；《论灵魂》416b35 以及 323a10 sq.；《论灵魂》417a1）。因此，它的内容表明：它要么是第欧根尼目录中的这个部分或者是第一卷的全部。然而，如果它指的是一篇独立的论文，那么它看起来更像《论生成与消灭》，而不是那篇关于主动和被动这两个范畴的文章（Trend 在 *Gesch.d.Kategor.*,130 中这样假设）。与《物理学》相关的，还包括 De quaestionibus hylicis, PT.50 和 De accidentibus universis, PT.75 这两篇短文，但它们无疑是伪造的。因此 AN.App.184 的 *Π.κόσμου γενέσεως*（《论宇宙的生成》）不可能是亚里士多德所作，因为亚里士多德坚决反对"世界有一个开端"的观点。《论宇宙的生成》（此书甚至未见于我们所知的三种目录）最早应当写于公元前 50 至 51 年；参见 Zeller, *Ph.d.Gr.* iii.a,558。所谓的对 *Π.μίξεως*（《论混合》）一书的引用——Minoides Mynas 在 "Gennadius 反对 Pletho" 的编辑文献中提到——或许属于我们在第 55 页注释 2 中提到的 *διαιρέσεις* 一书。我们听说过的、许多与气象学这一主题有关的作品都是伪造的。有一本名为 *Π.ἀνέμων*（《论风》）的书（ACHILL.TAT.*in Ar.*c.33,158 A；*Fr.Hz*.350; Rose, *Ar.Ps*.622）被认为是

似，这些作品是关于数学、机械学、光学和天文学的小册子。[1]　　　

亚里士多德所著，这或许是因为人们把他与塞奥弗拉斯特混淆了（*de q.v.*Diog.v.42;
Alex.*Meteor*.101, b,106, a, etc.）；关于 $\Sigma\mu\varepsilon\tilde{\iota}\alpha\ \chi\varepsilon\iota\acute{\omega}\nu\omega\nu$（《冬天的标志》）（D.112,
或者 *ap*.AN.99, $E\eta\mu\alpha\sigma\acute{\iota}\alpha\ [\iota]\ \chi\varepsilon\iota\mu\acute{\omega}\nu\omega\nu$ 或者 ap.*Ar.Opp*.ii.973, $\Pi.\sigma\eta\mu\varepsilon\acute{\iota}\omega\nu$），参
见 *Ar.Fr*.237 sq.1521; *Fr.Hz*.157; *Ar.Ps*.243 sq.。$\Pi.\pi\sigma\tau\alpha\mu\tilde{\omega}\nu$（《论河流》）（Ps.-
Plut.*De Fluv*.c.25 *ad fin*.; Heitz.*V.S*.297; *Fr.Hz*.349）似乎是后来编的。更早的
作品（根据罗泽的看法，这些作品或者是塞奥弗拉斯特所作，或者是属于他那
个时代的）包括：AN.App.159; PT.22, $\Pi.\tau\tilde{\eta}\varsigma\ \tau\sigma\tilde{\upsilon}\ N\varepsilon\acute{\iota}\lambda\sigma\upsilon\ \alpha\nu\alpha\beta\acute{\alpha}\sigma\varepsilon\omega\varsigma$（《论尼罗
河的流向》），参见 Rose, *Ar.Ps*.239 sq.; *Ar.Fr*.p.1520; *Fr.Hz*.211。De Humoribus
和 De Siccitate, ap.PT.73,74 这两篇文章不是真迹，因为它们在别的地方从未被
提及。至于 $\Pi.\chi\rho\omega\mu\acute{\alpha}\tau\omega\nu$（《论颜色》），Prantl（*Ar.ue.d.Farben*.Münch.,1849,
p.82; cf.107,115,142, etc.）已经详细地论证过它是伪造的。Alex.*Meteor*.98, b, 以
及 Olympiod.*Meteor*.36, a（*ap*.Ideler, *Ar.Meteor*.i.287 sq.）宣称亚里士多德曾写过
一本名为 $\Pi.\chi\upsilon\mu\tilde{\omega}\nu$（《论汁液》）的书，但是他们都没有读过。因此以弗所的迈克
尔（Micheal of Ephesus）（*De Vita et M*.175, b,）认为亚里士多德的 $\Pi.\phi\upsilon\tau\tilde{\omega}\nu\ \kappa\alpha\iota$
$\chi\upsilon\lambda\tilde{\omega}\nu$（《论植物和汁液》）一书遗失了，因此我们不得不依赖塞奥弗拉斯特的记
载。亚里士多德自己在《气象学》ii.3,359, b,20 中暗示要对与味觉有关的事物性
质进行更多研究；后来他在《论感觉》c.iv *ad fin*. 中指出，对这个主题的研究是关
于植物的著述的一部分；这里的问题是我们是否应当认为《气象学》第二卷中的暗
示指的是一本独立的书（即 $\Pi.\chi\upsilon\mu\tilde{\omega}\nu$），而不是后来插入的、与《论感觉》第4章
和《论灵魂》第二卷第10章有关的内容。亚里士多德在《气象学》第三卷的末尾
考虑写一本研究金属的书，后来的评注家们提到过 $\mu\sigma\nu\acute{\sigma}\beta\iota\beta\lambda\sigma\varsigma\ \pi.\mu\varepsilon\tau\acute{\alpha}\lambda\lambda\omega\nu$（《论
金属的单册》）。参见 Simpl.*Phys*.1, a; *De Coelo*, *Schol.in Ar*.468, b,25; Damasc.*De*
Coelo, ibid.454, a,22; Philop.*Phys*.a,1, m（然而，他在 *Meteorlogia*, i.135 id. 中说
他并不知道有这样一本小册子）；参见 Olympiod, in *Meteor*.i.133 id.。还有一些人
因为其他原因而认为这本书是塞奥弗拉斯特所著（Pollux, *Onomast*.vii.99, x.149;
cf.Diog.v.44; Theophr.*De Lapid.init*.; Alex.*Meteor*.126, a, ii.161 Id.；另外，参见
Rose, *Arist.Ps*.254 sq.,261 sq.; *Ar.Fr*.242 sq., S.1523; *Fr.Hz*.161）。关于反对《气象
学》iii.7,378b5; iv.8,384b34 中引用的是《论金属》一书（参见 Heitz, p.68）的论证，
参见 Bonitz, *Ind.Ar*.98, b,53。关于 De metallifodinis 我们一无所知（Hadschi Khalfa,
ap.Wenrich, *De Auct.Gr.Vers.Arab*.160）。《论磁场》的小册子（$\Pi.\tau\tilde{\eta}\varsigma\ \lambda\iota\theta\sigma\upsilon$, D.125;
AN.117; Rose, *Ar.Ps*.242; *Fr.H*.215）很可能是伪造的。阿拉伯人使用的 De lapidi-
bus 一书（Hanschi Kh.*Loc.cit*.159; 参见 Meyer, *Nicol.Damasc.De plantis*, praef.p.xi.;
Rose, *Ar.Libr.Ord*.181 sq., *Ar.Ps*.255 sq.）显然也是伪作。

1　$M\alpha\theta\eta\mu\alpha\tau\iota\kappa\grave{\sigma}\nu\ \acute{\alpha}$（《数学 a 卷》，D.63; AN.53），$\Pi.\tau\tilde{\eta}\varsigma\ \acute{\varepsilon}\nu\ \tau\sigma\tilde{\iota}\varsigma\ \mu\alpha\theta\acute{\eta}\mu\alpha\sigma\iota\nu\ \sigma\upsilon\sigma\acute{\iota}\alpha\varsigma$
（《论数学实体》AN.*App*.160），$\Pi.\mu\sigma\nu\acute{\alpha}\delta\sigma\varsigma$（《论单元》D.111; AN.100），$\Pi.\mu\varepsilon\gamma\acute{\varepsilon}\theta\sigma\upsilon\varsigma$
（《论量》D.85; AN.77，除非这是一篇修辞学的小册子，参见第 53 页注释 1 末尾），
$\Pi.\grave{\alpha}\tau\acute{\sigma}\mu\omega\nu\ \Gamma\rho\alpha\mu\mu\tilde{\omega}\nu$（《论不可分的线段》*Ar.Opp*.ii.968 sq.）——在我们已知的目
录中，它只出现在 PT.10 中，亚里士多德自己从未引用过它，辛普里丘（*De Coelo*,
Schol.in Ar.510, b,10）和菲洛庞努斯（*Gen.et.Corr*.8, b）认为它可能是塞奥弗拉斯

87 紧接《物理学》和与之相关的文章之后的，是许多关于生命主题的重要论述。其中有一些是描述性的，另一些是研究性的。前一类作品包括《动物志》[1]

特所作。但菲洛庞努斯在评注《论生成与消灭》37，a 和《物理学》m.8 时，认为它是亚里士多德所作。此外，罗泽（*Ar.Libr.Ord*.193）也怀疑过此书的真实性。EU-TOC.ad *Archim.De Circ.Dimens.Proem.* 中的引用并非意味着亚里士多德写了求圆之面积的书；这里仅仅暗示了《辩谬篇》11，174b14 或者《物理学》i.2，185a16 的内容。辛普里丘（*Categ*.1 ζ）没有更多的解释，仅仅提及亚里士多德的 γεωμετρικά τε καὶ μηχανικὰ βιβλία（几何学和机械学的书）；但是现存的 μηχανικὰ（《机械学》）（在 D.123；AN.114 中的名称是 μηχανικὸν [ῶν]，但更准确的写法是 *ap*.PT.18，*Μηχ.προβλήματα*）并非出自亚里士多德之手；参见 Rose，*Ar.Libr.Ord*.192。D.114，Ὀπτικὸν ά [-ῶν，sc.προβλημάτων]；AN.103 Ὀπτικὰ βιβλία（光学书籍）；参见 David *in Categ* Schol.25，a,36；Anon.*Proleg.in Metaph*.ap.Rose，*Ar.Ps*.377，以及 *Fr.Hz*.215；Ὀπτικὰ προβλήμ.，*V.Marc*.p.2 and p.8。从对 *Hero* 的 κατοπτρικὰ（《论反射》）（约公元前 230 年）的拉丁译本的一段引用中（这位作者生活在公元前 230 年左右）ap.Rose，*Ar.Ps*.378；*Ar.Fr*.1534；*Fr.Hz*.216，以及从 Pseud.Ar.*Problems*.xvi.1 *ad fin.* 中，我们可以看到这本书在很早就被归于亚里士多德名下了，然而它的真实性是受到怀疑的，尽管亚里士多德《问题集》中有一些内容是关于光学的。阿拉伯注释家和中世纪的基督教作家们认为 De Speculo 是亚里士多德所写，但它似乎就是欧几里得（Euclide）的 Κατοπτρικὰ（《论反射》）（Rose，*Ar.Ps*.376）——D.113；此外，AN.101 记载了 Αστρονομικὸν（《天文学》）；并且亚里士多德自己在《气象学》中引用过它（i.3,339b7.*ibid*.c.8,345，b,1.），此外，他在《论天》（ii.10,291a29）中也引用过它。辛普里丘在 De Coelo，Schol.497，a,8 中所想似乎是同一本书。现代学者们也认为这本书是存在的，例如 Bonitz（*Ind.Ar*.104，a,17 sq.）和 Prantl（*ad* Π.οὐρ.p.303）；而 Heitz（*S.V*.p.117）认为这是可能的，尽管他在 *Fr.Hz*.160 中拒绝做出决定。Blass（*Rhein.Mus*.xxx.504）认为这些引用出自别人的作品。Ideler（*Ar.Metaph*.i.415）假设《论天》有几个不同的版本——但这是不可能的。这部天文学作品——或者亚里士多德称它为"占星学"——不可能采用问题的形式，因为亚里士多德反复地说到 θεωρήματα（定理）。Hadschi Khalfa（pp.159–161）提及的那些标题文章所引用的不是这本书而是后来插入的一些小册子：*De siderum arcanis*，*De sideribus eorumque arcanis*，*De stellis labentibus* 以及 *Mille verba de astrologia judiciaria*。至于别的数学著作和相关作品的准确性，我们无从知晓。罗泽（*Ar.Libr.Ord*.192）想要证明它们没有一本是亚里士多德的真迹，但他失败了。

1 *Π.τὰ ζῷα ἱστορία*（《动物志》）（*Π.ζῴων ἱστορίας i*，AN.A p.155；目录 D.102 记载了同一本书，AN.91 的 *Π.ζῴων* 有九卷，另外 PT.42 记载的也是这一本）。阿拉伯作家们认为这本书有 10 卷，或 15 卷，或 19 卷，这无疑是把现存的文本通过添加许多短文而扩展的；参见 Wenrich，*De Auct.Graec.Vers*.148。亚里士多德引用它时使用过好几个名字：*ἱστορία* 1 [-*ία*] *π.τὰ ζῷα*（参见《论动物的部分》iii.14,674b16；iv.5,680a1；iv.8 ad *fin.*；iv.10,689a18；iv.13,696b14；《论动物的生成》

i.4,717a33; i.20,728b13；《论呼吸》c.16 *init.*）；ἰστορίαι π.τῶν ζῴων（《论动物的部分》ii.1, *init.*c.17,660b2；《论动物的生成》i.3,716b31；《论呼吸》c.12,477a6）；ζωικὴ ἰστορία（《论动物的部分》iii.5, *fin.*）；ἰστορία φυσική（《论动物的部分》ii.3,650a31；《论动物的行进》c.1, *fin.*）；或者简单地称为 ἰστορίαι 或 ἰστορία（参见《论呼吸》16,478b1；《论动物的生成》i.11,719a10；ii.4,740a23；c.7,746a14；iii.1,750b31；c.2,753b17；c.8 *fin.*；c.10 *fin.*；c.11*fin.*）。然而，这本书的内容是动物的比较解剖学和生理学，而不是对动物的描述。关于此书的结构，参见 J.B.Meyer, *Ar.Thierk.*114 sq. 它的真实性是毋庸置疑的，但对于第十卷而言，Spengel（*De Ar.Libro X Hist.Anim.*Heidelb.1842）认为它必须被看作从一个拉丁文本转译过来的，这个部分据说是亚里士多德接着第七卷写的，而 Schneider（iv.262, i.xiii.）、罗泽（*Ar.Libr.Ord.*171）和布兰迪斯（*Gr.-roem.Phil.*ii.6,1257）等人认为它完全是伪造的。且不说别的，文中谈到了"雌性的精子"，这种非亚里士多德式的假说就足以证明它是伪造的。这本书与目录 D.107 和 AN.90 的 ὑπὲρ (περὶ) τοῦ μὴ γεννᾶν 指的是同一本。关于亚历山大为此书的创作给予了全面帮助的故事，参见上文 p.29 以下；关于亚里士多德使用的资源，参见 Rose, *Ar.Libr.Ord.*206 sq. 除了这本关于动物的历史，古人们还知晓其他许多类似的作品。例如 Athenaeus 使用过不同于我们现在看到的《动物志》的另一本著作，它有如下这些名字：ἐν τῷ π.Ζῴων, ἐν τοῖς π.Z.（Rose.*Ar.Ps.*277 和 Heitz,224 不必要地将其读为 Ζωϊκῶν），ἐν τῷ π.Ζωϊκῶν, ἐν τῷ ἐπιγραφομένῳ Ζωικῷ, ἐν τῷ π.Ζῴων ἢ (καὶ) Ἰχθύων, ἐν τῷ π.Ζωϊκῶν καὶ Ἰχθύων, ἐν τῷ π.Ἰχθύων；但他同时也好奇地引用过我们的《动物志》的第五卷，作为《论动物的部分》的第五卷（参见 Schweighaeuser 关于这个段落的注释；例如 ii.63, b; iii.88; c.vii.281 sq.,286, b; 以及索引。参见 Rose, *Ar.Ps.*276 sq.: *Ar.Fr.Nr.*277 sq.Heitz,224 sq.; *Fr.Hz.*172）。所以，Clemens, *Paedag.*ii.150, c（参见 Athen.vii.315, e）援引的似乎是同一本遗失的著作，而 Apollonius, *Mirabil.*c.27 也提到过它，并将它与现存的《动物志》明确地区分开来。这部遗失的著作的某些部分或许有下述名字：Π.θηρίων（《论野生动物》）（Eratosth.*Catasterismi*, c.41, Scholion in Germanicus, *Aratea Phaenom.*v.427, Arat.Ed.Buhle, ii.88）；Ὑπὲρ τῶν μυθολογουμένων ζῴων（《论神秘动物》）（D.106; AN.95）；ὑπὲρ τῶν συνθέτων ζῴων（《论复合的动物》）（D.105, AN.92）；π.τῶν φωλευόντων（《论穴居动物》）（PTOL.23,"fari tufulin"）。Diog.v.44 认为那个标题下的文章是塞奥弗拉斯特写的，从这篇文章中产生了 *Fragm.*175–178, Wimm.*Apud* Athen.ii.63; c.iii.105 d; vii.314, b。Plut.*Qu.Conu.*8,9,3 的引用指的也是这篇文章，罗泽（*Ar.Fr.*38）认为此文是《欧德谟斯》这篇对话，Heitz 认为 *Fragm.Ar.*217 指的是 ἰατρικά（《医术》）。从这篇文章或类似的文章中摘录的引用，有时被归于亚里士多德，有时被归于塞奥弗拉斯特，这些引用在罗泽的 *Ar.Ps.*276–372 中可以看到；另外，参见 *Ar.Fr.*257–334, p.1525 sq.; *Fr.Hz.*171 sq.。Plin.（*H.Nat.*viii.16,44）说亚里士多德写了 50 本关于动物的书，而安提戈诺斯（*Mirab.c.*60[66]）说他写了大约 70 本。除了我们现在的《动物志》的前九卷，所有这些书都不是真迹。雅典人使用的著作（从残篇来判断，它们不具有亚里士多德的风格）似乎是对亚里士多德的这些文章和其他来源的书籍的汇编，就从安提戈诺斯引用的这一段落来看，这些汇编的年代是公元前三世纪。

89　以及《解剖学描述》[1]，后一类作品包括三卷本的《论灵魂》[2]

92　以及紧接着的有关人类学研究的几本小册子。[3] 更进一步的对《论动物

1　*Ἀνατομαί*（《解剖学》）（包括 7 卷，目录为 D.103, AN.93）一书被亚里士多
德多次引用（参见 Bonitz, *Ind.Ar.*104, a,4 以及 *Fr.Hz.*160），因此，我们不能
像罗泽解释的那样（*Ar.Libr.Ord.*188）将这些引用忽略掉。我们从《动物志》
i.17,497a31, iv.1,525a8, vi.11,566a15,《论动物的生成》ii.7,746a14,《论动物的部
分》iv.5,580a1 和《论呼吸》16,478a35 这些文本中知道《解剖学》包含许多图画，
它们或许是此书的重点。《论动物的行进》178b 的作者（在辛普里丘的《论灵魂》
评注之后）几乎不可能根据他自己的知识引用这本书。Apuleius（*De Mag.*c.36,40）
说亚里士多德有一本广为流传的名为 *Π.ζῷων ἀνατομῆς*（《论动物的解剖》）；但它
很少在别处被提及，而 Apuleius 指的或许是 *Π.ζῷων μορίων*（《论动物的部分》）。
对 *ἐκλογὴ ἀνατομῶν*（《解剖学选集》）的摘录（D.104, AN.94, Apollon.*Mirab.*
C.39）一定不是亚里士多德所作。Heitz（*Fr.*171）正确地指出罗泽的观点（*Ar.
Ps.*276）——即认为 *ἀνατομαί* 与 *ζωικά* 是同一本著作——是错误的。而 AN.187
记载的 *ἀνατομὴ ἀνθρώπου*（《人体解剖》）属于伪作。亚里士多德并未做过任何人
体解剖的研究（参见《动物志》iii.3,513, a,12, i.16 *init.* 以及 Lewes, *Aristotle.*）。

2　*Π.ψυχῆς*（《论灵魂》）被亚里士多德在一些次要的作品中引用过，例如《论动物
的生成》ii.3, v.1,7,736a37,779b23,786b25,288b1,《论动物的部分》iii.10,673a30,
《解释篇》i.16a8,《论动物的运动》c.6 *init.*and c.11 *ad fin.*，因此，《论灵魂》比这
些作品要早。Ideler（*Ar.Meteor.*ii.360）认为它的顺序应当在《气象学》第一卷第
1 章之后，但这个观点是错误的。《论动物的行进》c.19 *ad fin.* 提及这本书的名字，
并指出它是将来要写的，而《论动物的部分》已经成书了，但是这些描述（参见
Brandis, ii.6,1078）只是一种注释。《论灵魂》的前两卷比第三卷更完整。Torstik 在
1862 年的版本中指出，人们保留下来一个第二种版本的第二卷，而那些具有迷惑性
的、重复的段落悄悄地混入了现存的第三卷中——因为两种版本的混合在阿弗洛狄
西亚的亚历山大（Alexander of Aphrodisias）的时代之前就完成了；第一卷似乎也遭
遇了同样的命运。因此，目录 D. 和 AN. 都没有记载这部作品，但 PT.38 中却有它，
D.73 和 AN.68 记载的题名是 *Θέσεις π.ψυχῆς ά*（《关于灵魂的论题》）。《欧德谟斯》
应当算作亚里士多德的心理学著作：参见第 39 页注释 3 和第 40 页注释 1 对它的描述。

3　这类作品现存的有如下文章，它们都与 *κοινὰ σώματος καὶ ψυχῆς ἔργα*（身
体和灵魂的共同活动）有关（《论灵魂》iii.10,433,20）：（1）*Π.αἰσθήσεως καὶ
αἰσθητῶν*（《论感觉及其对象》）。它恰当的名字或许是 *Π.αἰσθήσως*（参见 Ideler,
*Ar.Meteor.*i.650, ii.358）；亚里士多德在《论动物的部分》和《论动物的生成》
（Bontiz, *Ind.Ar.*103, a,8 sq.）以及在《论记忆》c.1, *init.*, De Somno（《论睡眠》）
2,456a2（《论动物的运动》c.11 *fin.*）中引用过它，并在《气象学》i.3,341a14 中预
告过它。Trendelenburg, *De An.*118（106）sq.（与 Rose, *Ar.Libr.Ord.*219,226 的观
点相反；参见 Brandis, *Gr.-roem.Phil.*ii.b,2,1191,284; Bonitz, *Ind.Ar.*99, b,54,100,
b,30,40）认为《论感觉》是残缺的，并且它只是原书的一部分，它作为 *ἐκ τοῦ
περὶ ἀκουστῶν*（从论听觉来的）保存下来（*Ar.Opp.*ii.800 sq.）。可以确定的是，
一些后来的作品中的引用并不能在我们现存的文本中找到。根据《论动物的生成》

v.2,781a20 和《论动物的部分》ii.10,656,27 的文本，它 ἐν τοῖς περὶ αἰσθησεως（在关于感知的讨论中）被解释为感觉器官从心脏生发出管道；然而，相反地，在现存的唯一适用的一个段落中（c.2,438b25），我们看到嗅觉和视觉的器官在大脑附近，而味觉和触觉器官在心脏附近。直到在 De Vita et M.（《论生与死》）c.3,469a10 中，亚里士多德才指出心脏是其他感觉器官的所在地（这是非常明显的）；这里的 1.22 sq. 指的是刚才引用的《论感觉》中的段落（因为只有在这里，而不是在《论动物的部分》ii.10——正如在 Ind.Ar.99, b,5 中被引用的那样，不同的位置才被指派给不同的感觉器官）。根据这些事实，我们并不能推论说处理这个问题的文本在我们的文本中被遗漏了，相反，《论动物的生成》第五卷第 2 章和《论动物的部分》第二卷第 10 章中的"在关于感知的讨论中"的短语是在一个宽泛的意义上使用的——它指的是包括《论感觉》开篇的序言中所指的人类学的全部著作。同样的解释也适用于《论动物的部分》ii.7,653a19 的描述——即亚里士多德说睡眠的原因和影响在 ἔν τε τοῖς π.αἰσθησεως καὶ π.ὕπνου διωρισμένοις（讨论感知和睡眠的定义中）解释过了。这个主题只在《论睡眠》2,3,458a13 sq. 中出现过，在《论感觉》中没有任何地方对它进行介绍。或许，它并未出现在原先的文本中；而我们需要把"在论感知中"这个提示理解为一般的泛指，而把"在论睡眠中"这个引用理解为对同一个主题的独立描述（在这种情况中 τε 或许应当省略）。所以，最终作者在《论动物的生成》v.7,786b23,788a34 中指出存在对"在论灵魂中"和"在论感知中"对声音的研究。这些暗示主要是指《论灵魂》ii.8 的内容，其次是指 c.1,437a3sq.,446b2 sq.，以及 12 sq. 的内容。然而，《论灵魂》第 4 章的开篇向我们指出，它的内容超出了对声音或语音给出详细解释的计划，正如我们在现存的残篇 Π.ἀκουστῶν（《论听觉》）中发现的。这篇作品从未被亚里士多德引用过，而它也不包含任何对其他作品的明确引用。事实上，研究方法的广泛性和概括性显示出它不是这位奠基者的著述，而是后来漫步学派的一位作者的作品，也或许是最早一辈的漫步学派的作品。（2）Π.μνήμης καὶ ἀναμνήσεως（《论记忆和回想》）PT.40，这篇文章在《论动物的运动》c.11 ad fin. 中被引用过，此外，评注家也提到过它。第 53 页注释 1 提到的《论记忆》与其无任何关系。（3）Π.ὕπνου καὶ ἐγρηγόρσεως（《论睡眠和苏醒》）引用了 De Longit.V.（《论生命的长短》）《论动物的部分》《动物和生成》和《论动物的运动》等内容，作者在《论灵魂》iii.9,432, b,11 和《论感觉》c.1,436, a,12 sq 中宣称此问题还处于思考之中（Ind.Ar.103, a,16 sq.）。它通常与（2）是相关的（但显然只是外部原因），似乎它们是同一篇文章，即 Π.μνήμης καὶ ὕπνου（《论记忆和睡眠》）（GELL.vi.6, Alex.Top.279, Schol 296, b,1, 它复制了 Suid.μνήμη, Alex. De Sensu,125, b, Michael, in Arist De Mem.127, a, Ptol.4）。然而，事实上，从 Arist. Divin.in Somn.c.2, fin. 来看，这篇文章与（4）Π.Ἐνυπνίων（《论梦》）和（5）Π.τῆς καθ᾽ Ὕπνον μαντικῆς（《论睡眠中的预兆》）是一类。（4）在《论睡眠》2,456a27 中被宣称在准备之中。（6）Π.μακροβιότητος καὶ βραχυβιότητος（《论生命的长短》）在《论动物的部分》iii.10,673, a,30 中被引用时并未提及名字，而在 Athen. viii.353, a, PT.46 和 AN.App.141 中引用时提到了名字。（7）Π.ζωῆς καὶ θανάτου（《论生与死》），亚里士多德认为（8）Π.ἀναπνοῆς（《论呼吸》）与（7）的联系是非常紧密的，它们形成了一个整体（参见《论生与死》c.1, init.467b11，《论呼吸》

c.21,486, b,21）。亚里士多德还说过第三本小册子 $\Pi.\nu\varepsilon\acute{o}\tau\eta\tau o\varsigma\ \kappa\alpha\grave{\iota}\ \gamma\acute{\eta}\rho\omega\varsigma$（《论青年和老年》），编者们把《论生与死》的前两卷归之于这本小册子，但这显然是毫无理由的，因为情况似乎是亚里士多德要么从未写过这本小册子，要么它在很早的时候就被遗失了（参见 Brandis,1191, Bonitz, *Ind.Ar.*103, a,26 sq.Heitz, p.58）。因为《论生与死》c.3,468b31（cf.*De Respir.*c.7,473, a,27）提到关于动物部分的文章仍然存在（参见 Rose, *Ar.Libr.Ord.*，他错误地认为这里引用的是《动物志》iii.3,513a21），并且讨论生与死的文章在《论生命的长短》c.6,467b6 中被提及并作为关于动物之研究的结论，所以布兰迪斯（1192 sq.）认为《自然短论集》（*Parva Naturalia*）（Nos.1–5）只有前半部分是在《论灵魂》之后立即写就的；而它的后半部分（它们在托勒密目录中是第 46 项之后，分为论感知、论睡眠、论记忆直到论动物）尽管在先前被计划好了，但直到《论动物的部分》《论动物的运动》和《论动物的生成》完成之后才开始写作。在《论动物的生成》iv.10,777b8 中，我们听到亚里士多德计划研究生命持续的长短问题，但在那部著作中并未进一步讨论。另一方面，《论动物的部分》iii.6,669a4 引用了《论呼吸》c.10.16 的内容，以及 iv.13,696b1 和 697a22 也引用了《论呼吸》c.10.13 的内容；我们已经观察到《论动物的生成》v.2,781a20 引用了《论生与死》3,469a10 sq.（参见 *Ind.Ar.*103, a,23,34, sq.，其他的引用是有疑问的）。如果布兰迪斯的观点是正确的，那么这些引用一定是后来添加到原先的文本中的——这种情况时有发生。我们提及名字的这些著作都是真迹，这一点不仅从内证中可以得知，而且从它们涉及的引用中也可以被证明。另一篇计划中的文章 $\Pi.\nu\acute{o}\sigma o\upsilon\ \kappa\alpha\grave{\iota}\ \acute{\upsilon}\gamma\iota\varepsilon\acute{\iota}\alpha\varsigma$（《论疾病和健康》）（参见《论感觉》c.1,436a17,《论生命的长短》c.1,464b32,《论呼吸》c.21,480b22,《论动物的部分》ii.7,653a8）或许从未被写出来（Heitz, p.58 和 *Fr.Ar.*169, 持不同的意见）。亚历山大并不知晓这篇文章（《论感觉》94），所以，阿拉伯作家们（Hadschi khalfa *apud* Wenrich,160）熟知的 *De Sanitate et Morbo* 一书很可能是伪作。两卷本的 $\Pi.\ \ddot{o}\psi\varepsilon\omega\varsigma$（《论视觉》AN.App.173）和一卷本的 $\Pi.\varphi\omega\nu\tilde{\eta}\varsigma$（《论声音》*ibid.*164）不可能是真迹（参见第 63 页注释 1）。$\Pi.\tau\rho o\varphi\tilde{\eta}\varsigma$（《论食物》）一书似乎在《论睡眠》c,3,456b5（《气象学》iv.3,381b13 中的引用也是不准确的）中被指明是存在的，并且亚里士多德在《论灵魂》ii.4 *fin.* 中指出它是计划中的一篇文章，此外，他在下述地方也这样说过：《论动物的生成》v.4,784b2,《论动物的部分》ii.3,650b10, c.7,653b14, c.14,674a20 以及 iv.4,678a19。《论动物的运动》10,703a10 中的引用并不是指 $\Pi.\tau\rho o\varphi\tilde{\eta}\varsigma$，而是 $\Pi.\pi\nu\varepsilon\acute{\upsilon}\mu\alpha\tau o\varsigma$（《论普纽玛》），因为这些词指的显然是关于"某种动物的自然气息的持续"（《论普纽玛》开篇）。（参见 Bonitz, *Ind. Ar.*100, a,52, 但 Rose, *Ar.Libr.Ord.*167 认为它们指的是《论动物的运动》，而 Heitz, *Fr.Ar.* 认为它们指的是《论食物》）。这篇文章的名字在目录 PT.No.20 中，但它并不包含三卷内容。它讨论的主题是食物和警句的问题，并且它是亚里士多德时代之后的作品，这一点从对它对静脉和动脉的区分之认识中得到证明——因为亚里士多德并不知道这种区分（参见 *Ind.Ar.*109, b,22 sq.）。然而，无论如何，它的确是漫步学派的著作；更多讨论，参见 ap.Rose, *Ar.Libr.Ord.*167, sq. 以及 Brandis.p.1203, 但他们二人和 Bointz 都质疑这部作品的真实性。

的部分》[1]的研究，以及动物的生成[2]和运动[3]的相关论文，构成了他的动　　93
物学体系。在时间上较晚但在教学程序中较早的一部作品是已经遗失的

1　*Π.ζῴων μορίων*（《论动物的部分》）四卷本（在目录 AN.App.157 只有三卷），在
　　《论动物的生成》《论动物的行进》《论动物的运动》（参见 *Ind.Ar*.103, a,55sq.）和
　　《论生与死》以及《论呼吸》（参见上文 p.91）中被引用。但是《论睡眠》3,457b28
　　或许在《论感觉》2,438b28 中被引用过，尽管《论睡眠》c.2,455b34 与《论动物的
　　部分》iii.3,665a10 sq. 比它与《论感觉》2, 438b25sq. 的内容更加对应。亚里士多
　　德在《气象学》i.1,339a7 和《动物志》ii.17,507a25 中说这部著作是计划中的。此
　　书的第一卷是对动物学作品的介绍，包括论灵魂的文章和讨论生命活动与前提的文
　　章，然而它原先的位置并不在此处（参见 Spengel, "On the Order of Aristotle's books
　　on Naturral Philosophy"［《论亚里士多德的自然哲学著述的顺序》］, *Abh.d.Münch.*
　　*Akad.*iv.159，以及那里引用的其他论证）。

2　*Π.ζῴων γενέσεως*（《论动物的生成》）五卷本（在目录 AN.App.158 中是三卷本，
　　在 PT.No.44 是五卷本，*ibid.*No.77 是两卷本；这些错误是不相干的），亚里士多德
　　时常提及这部著作，但只是将来要完成的（参见 *Ind.Ar*.103, B,8 sq.）。第欧根尼
　　目录忽略了它；但是它的真实性是毋庸置疑的。然而，第五卷似乎并不属于它，而
　　是关于动物的部分和生成的一个附录，正如《自然短论集》是《论灵魂》的一个附
　　录。关于《论动物的部分》和《论动物的生成》的内容之总结，参见 Meyer, *Arist.*
　　*Thierk.*128 sq.，以及 Lewes, Ar.c.16 sq. 名为 De Coitu 的小册子（Hadschi Khalfa,
　　ap.Wenrich, p.159）是伪作：因为它不可能被命名为 *Π.μίξεως*（《论混合》）——它
　　在《论感觉》c.3 中出现——的文章所引用（参见第 61 页注释 1），Wenrich 认为它
　　被后者引用了——但这是错误的。关于 *Π.τοῦ μὴ γεννᾶν* 一书，参见上文 p.88。

3　*Π.ζῴων πορείας*（《论动物的行进》）这个名字在《论动物的部分》iv.11,690, b,15
　　和 692, a,17 中被提及，而 *Π.πορείας καὶ κινήσεως τῶν ζῴων*（《论动物的行进和
　　运动》）这个名字在《论动物的部分》iv.13,696, a,12 中被提及，另外 *Π.τῶν ζῴων*
　　κινήσεως（《论动物的运动》）这个名字在《论天》ii.2,284, b,13 中被提及，参见
　　《论动物的行进》.c.4,5, c.2,704, b,18；而它也引用了（c.5,706b2）《论动物的部分》
　　iv.9,684a14,34 的内容，并认为后者是较早的作品。根据 c.19（我们已经在第 66 页
　　注释 2 中指出，这些文本很可能是伪作）的总结句子的意思，它的成书时间比《论
　　动物的部分》要晚，而它的介绍性段落似乎引用了后者；然而，《论动物的部分》时
　　常有对它的引用，它结束时（《论动物的部分》697b29）没有预示将有一篇关于动
　　物之运动的文章。事实上，它或许是在另一部长篇作品的写作过程中一并完成的。
　　Π.ζῴων κινήσεως 这本小册子几乎不可能是真迹；我们可以有许多理由证明这一
　　点，其中有一个理由是它引用了《论呼吸》（参见第 66 页注释 3 末尾）。罗泽（*Ar.*
　　*Libr.Ord.*163 sq.）和布兰迪斯（ii.b,1, p.1271,482）认为它是伪作，而 Barthelemy
　　St.Hilaire（*Psych.d'Arist.*237）认为它是真迹。关于此书的标题，目录 AN.App.
　　No.156 和 PT.No.41 记载的是 *Π.ζῴων κινήσεως*，而 PT.No.45 记载的是 *Π.ζῴων*
　　πορείας。

《论植物》。[1]

---

1 *Π.φυτῶν β΄*（《论植物》b，D.108，AN.96，PT.48），亚里士多德在《气象学》
i.1,339a7，《论感觉》c.4,442b25，《论生命的长短》6,467b4，《论生与死》2,468a31，
《论动物的部分》ii.10,656a3 和《论动物的生成》i.1,716a1, v.3,783b20 中预告了此
书，并在《动物志》v.1,539a20 和《论动物的生成》i.23,731a29 中引用了此书（在
最后这个文本中，将引用语中的完成时态改换成将来时态是错误的）。虽然这两条
引用一定是这两本书完成之后才插入的，但可能是亚里士多德自己插入的。Alex.
p.183 on *De Sensu, l.c.* 指出，塞奥弗拉斯特写过一本论植物的书，但亚里士多德
没有写过。Michael Ephes.*on De Vita et M*.175 b 以及辛普里丘和菲洛庞努斯（*apud*
Rose, Ar.Ps.261, Heitz, Fr.Ar.163）持有相反的观点，我们不必假设他们个人知晓
或读过《论植物》一书。昆图良（Quintil.xii.11,22）没有确证此书的真实性，而西
塞罗（*Fin.*v.4.10）也未找出它是伪作的证据。Athen.xiv.652 a,653 d 对它们的引用
（*Ar.Fr.*250–4）或许是从一本错误的书中得来的，或许是从真迹中得来的。然而，
上面提到的这两处引用使我们倾向于认为亚里士多德确实写过两卷本的《论植物》，
它一直流传到赫尔米普斯（Hermippus）的时代，尽管后来被塞奥弗拉斯特的更完
整的作品取代了（参见 Heitz, Ar.Fr.250, and Verl.Schrift.61，但 Rose, Ar.Ps.261 认
为塞奥弗拉斯特的作品其实是亚里士多德所写）。根据安提戈诺斯（*Antigonus Mira-
bil*.c.169, cf.129, ap.Ar.Fr.253, Fr.Hz.223）的意见，Gallimachus 和塞奥弗拉斯特
的写作似乎借鉴了这两卷。*Φυτικὰ* 的编者也借鉴过它，因此 Pollux, x.170(ap.Ar.
Fr.252, Fr.Hz.224) 无法确定它是塞奥弗拉斯特所作，还是亚里士多德所作，但毫
无疑问的是：它是后来的学者为了词典编撰的目的而写的，与我们在上文 p.88 中
提到的 *ζωϊκὰ* 一书的情况类似。类似地，Athenaenus 和别的收集者们也使用过这
几卷文本（参见 Rose 和 Heitz, *ibid.*）；并且他们有时还区分了亚里士多德的语词和
塞奥弗拉斯特的语词（*Ar.Fr.*154, Fr.Hz.225）。现存的两卷本的 *Π.φυτῶν*（《论植
物》）已被确认不是亚里士多德所作。在老的拉丁文本中，它们已被二个或三个翻
译者略去了。Meyer（Pref.To Nicol.Dam.De Plantis, ii.ed.1841）认为最初的版本是
大马士革的尼克劳斯所写，尽管它们可能只是后来的学者对这本书的摘要。Jessen
（*Rhein.Mus.*1859, Vol.xiv.88）认为亚里士多德的真实著述被包含在塞奥弗拉斯特
的作品中，但这个观点是得不到支持的，因为后者与亚里士多德在别处表明的或预
告将在他的《论植物》一书中讨论的观点非常接近，我们知道早期漫步学派几乎完
全采纳了他的教导甚至复制了他的表达。另一方面，就我们所知，逐字逐句地引用
亚里士多德原文（Athen.xiv.652 a, ap.Ar.Fr.250）的唯一一段落并不在塞奥弗拉斯特
的著作中；后者并没有对亚里士多德著作作任何引用——这种情况对于一部影响广
泛并涵盖了许多早期亚里士多德观点的著作而言是不可能的。Jessen 发现支持他的
论点的那个段落包含了好些后人对亚里士多德学说的修正——它们出现在他死后的
漫步学派中。与亚里士多德的观点相反，塞奥弗拉斯特认为植物也是分雌性和雄性
的（参见 Caus.Pl.i.22,1, Hist.iii.9,2,&c.）。一个决定性的证据在下述事实中被找到
了：塞奥弗拉斯特的文本不仅提到亚历山大和他的印度之行（Hist.iv.4,1,5,9, Caus.
viii.4,5）——这在亚里士多德的时代是不可能发生的，它还提到了这些人和事——
安提戈诺斯国王（Hist.iv.8,4）时代发生的事情以及生活在公元前 321 年或 318 年

与这个领域有关的其他著述，例如《人类学》[1]《体相学》[2]《医术》[3]《农学》[4]　95

的 Archons Archippus（*Hist.*iv.14,11）和公元前 314 年的 Nicodorus（*Caus*, i.19,5）。因此，通过对塞奥弗拉斯特文本的措辞和陈述方式的仔细比较，我们认为这些著述不可能是亚里士多德所作。

1　*Π.Ανθρώπου φύσεως*（《论人之本性》），此标题只出现在 AN.App.183 中。有一些短文似乎属于这本小册子，参见 *apud* Rose, *Ar.Ps.*379, *Ar.Fr.*257–264, p.1525, *Fr.Hz.*189 sq.。

2　*φυσιογνωμονικά*（《体相学》，Bekker,805）（D.109 中的是 -*κὸν ά*，但 AN.97 中的是 -*κα β'*）。许多关于相面术的引用显示出这部作品存在一个扩展版，但是在我们现存的文本中找不到这些引用，它们出现在一篇或许是由 Apuleinus 写的体相学的文章中（*apud* Rose, *Anecd.Gr.*61 sq.; cf.*Fr.Hz.*191，以及 Rose, *Ar.Ps.*696 sq.）。

3　第欧根尼目录记载了两卷本的 *Ἰατρικά*（《医术》），而 ANON. 目录记载了两卷本的 *Π.ἰατρικῆς*，《论医术》*ibid.*, App.167 记载了七卷本的 *Π.ἰατρικῆς*，PT.70 则记载了五卷本的 *Προβλήματα ἰατρικά*（《医术之问题》）（从这里来看，第欧根尼目录中 *ἰατρικά* 是以问题的形式写作的，我们现存的《问题集》的第一卷就是由医学方面的问题和解答构成的）: *Vita Marc.*p.2 R, *Προβλήματα ἰατρικά*: PT.71 *Π.διαίτης*: *ibid.*74 b, *De Pulsu*: *ibid.*92，一卷本的 *ἰατρικός*: Hadschi Khalfa *ap*, Wenrich.p.159, *De Sanguinis Profusione*: Coel.Aurel.*Celer.Pass.*ii.13，一卷本的 *De Adjutoriis*（或许这个名字是错误的）。盖伦（Galen）在 Hippocr.*De Nat.Hom.*i.1, Vol.xv.25 K 中说有一本 *Ἰατρικὴ συναγωγή*（《医术集》）由七卷组成，署名是亚里士多德，但这是他的学生 Meno 所著；并且这本书或许就是 Diog.89 所记载的两卷本的集子（正如 WENRICH, p.158, 认为的那样）。关于此书的流传下来的标题，参见 Rose, *Ar.Ps.*384 sq., *Ar.Fr.*335–341, p.1534; *Fr.Hz.*216，但是关于 *Fr.*362，参见上文 p.88。这些著述的真实性，或者至少其中一些的真实性是无法保证的。亚里士多德认为医学这一主题应当从技艺方面来讨论，而不是从自然科学的角度来研究，从他自己的陈述来看，这一点是非常明显的（p.9,1 *fin.*）（参见《论感觉》i.1,436a17；《论生命的长短》464b32；《论呼吸》c.21, *fin.*；《论动物的部分》ii.7,653a8），而埃里安（Aelian, *V.H.*ix.22）的不确定的描述并不能否认亚里士多德的观点。关于 *Π.νόσου καὶ ὑγιείας*（《论疾病和健康》）的成书情况，参见 p.91 末尾。盖伦（Heitz *ibid.* 有公正的评论）不可能知道亚里士多德的医学著作，因为他从未提及任何一部这样的作品，尽管他引用这位哲学家的论述超过六百次。

4　AN.189 记载了伪经 *Γεωργικά*（《农学》），然而 PT.72 却认为 *De Agricultura* 的 15 卷（或 10 卷）是真迹，并且 Geopon.iii.3,4（*Ar.Fr.*255 sq.p.1525）描述了如何种植杏树——似乎是从这本著述中引用的，而不是从《论植物》一文中来的。罗泽（*Ar. Ps.*268 sq.; *Hz.Fr.*165 sq.）提到另外一些观点，它们似乎来自这本书。然而，从《政治学》i.11,1258a33,39 的描述中看，我们确切地知道亚里士多德并未写过任何农学或类似主题的书。

96 以及《狩猎》,[1] 无疑都是伪作。《问题集》[2] 确实是建立在亚里士多德的材料上的;[3] 但是现存的、以这个名字命名的内容只能被描述为一系列逐渐汇编起来的、发展不均衡的漫步学派的论述;在现存的版本之外,一定还存在许多版本。[4]

1　在托勒密的索引中,即 No.23,Hadschi Khalfa 给出了如下标题:$\Pi.\tau\tilde{\omega}\nu$ $\varphi\omega\lambda\epsilon\nu\acute{o}\nu\tau\omega\nu$(《论狩猎》):*De Animalium Captura, nec non de Locis, quibus deversantur atque delitescunt*, i.

2　关于这篇文章,参见 Prantl 的一篇分析详尽的论文 "Üb.d.Probl.d.Arist.", *Abh. d.Münch.Akad.*vi.341–377;以及 Rose, *Arist.Libr.Ord.*199 sqq.;*Ar.Ps.*215 sqq.;Heitz. *Verl.Schr.*103 sqq., *Fr.Ar.*194 sqq.。

3　亚里士多德在七个地方引用过 $\Pi\rho o\beta\lambda\acute{\eta}\mu\alpha\tau\alpha$ 或者 $\Pi\rho o\beta\lambda\eta\mu\alpha\tau\iota\kappa\grave{\alpha}$(《问题集》,Prantl.*ibid.*364 sq.;*Ind.Ar.*103, b,17 sqq.),但只有一个引用在某种程度上符合现存的《问题集》;对于后来出现的引用,它们的情况也是如此(PR.*ibid.*367 sqq.)。

4　Prantl(*ibid.*)充分证明了这一点,他指出(*Münch.Gel.Anz.*1858, No.25),Bussemaker 在 Didot 版的亚里士多德的第四卷中给出的 262 个问题,其中有些问题曾被误认为是阿弗洛狄西亚的亚历山大所作(参见 USENER, *Alex.Aphr.Probl.*, Lib.iii. iv., Berl.1859, p.ix.Sqq.),或许没有什么内容是亚里士多德所写。罗泽(*Ar.Ps.*666 sqq.)从一个十世纪的拉丁版手稿中也得出了同样的结论。《问题集》文本集的特点或许能解释为什么它拥有繁多的标题和众多的卷数。在手稿中,它们的名称有时是 $\Pi\rho o\beta\lambda\acute{\eta}\mu\alpha\tau\alpha$,有时是 $\varphi\upsilon\sigma\iota\kappa\grave{\alpha}$ $\pi\rho o\beta\lambda\acute{\eta}\mu\alpha\tau\alpha$,有时还加上这样的描述 $\kappa\alpha\tau$ $\epsilon\tilde{\iota}\delta o\varsigma$ $\sigma\upsilon\nu\alpha\gamma\omega\gamma\tilde{\eta}\varsigma$(依据类别的收集)。格利乌斯(Gellius)一般这样称谓它:*Problemata (xix.4)*, *Prob.Physica* (xx.4,引用了 *Probl.xxx.*10 的内容):$\pi\rho o\beta\lambda\acute{\eta}\mu\alpha\tau\alpha$ $\epsilon\gamma\kappa\acute{\upsilon}\kappa\lambda\iota\alpha$(《关于圆的问题》);此外 Apul.(*De Magia.*c.51)有 Problemata;而 Athenaeus 和 Apollonius(参见索引以及 Prantl.390 sq.)总是把它称为 $\pi\rho o\beta\lambda\acute{\eta}\mu\alpha\tau\alpha$ $\varphi\upsilon\sigma\iota\kappa\acute{\alpha}$;Macrob.(*Sat.*vii.12)*Physicae quaestiones*。关于《问题集》的集合还有以下这些名称:$\varphi\upsilon\sigma\iota\kappa\tilde{\omega}\nu$ $\lambda\acute{\eta}$ $\kappa\alpha\tau\grave{\alpha}$ $\sigma\tau o\iota\chi\epsilon\tilde{\iota}o\nu$(D.120, AN.110;对 $\kappa.\sigma\tau o\iota\chi\epsilon\tilde{\iota}o\nu$ 的解释,Rose, *Ar.Ps.*215 的说明并不清楚,它们应当被理解为按照标题的字母顺序来排列);$\Pi\rho o\beta\lambda\acute{\eta}\mu\alpha\tau\alpha$(68 或 28B, PT.65);$\acute{E}\pi\iota\tau\epsilon\theta\epsilon\alpha\mu\acute{\epsilon}\nu\omega\nu$ $\pi\rho o\beta\lambda\eta\mu\acute{\alpha}\tau\omega\nu$ β'(D.121, AN.112);$\acute{E}\gamma\kappa\upsilon\kappa\lambda\acute{\iota}\omega\nu$ β'(D.122, AN.113, $\Pi\rho o\beta\lambda\acute{\eta}\mu\alpha\tau\alpha$ $\epsilon\gamma\kappa\acute{\upsilon}\kappa\lambda$. 有四卷, PT.67);*Physica Problemata, Adspectiva Probl.*(AMMON. 拉丁版 p.58);$\acute{A}\tau\alpha\kappa\tau\alpha$ $\iota\beta'$(D.127, [$\grave{\alpha}$] $\delta\iota\alpha\tau\acute{\alpha}\kappa\tau\omega\nu$ $\iota\beta'$ AN.119);*Praemissa Quaestionibus*(PT.66 的希腊文标题是 $\Pi\rho o\beta\lambda\eta\mu\acute{\alpha}\tau\omega\nu$ $\pi\rho o\gamma\rho\alpha\varphi\grave{\eta}$ 或 $\Pi\rho o\alpha\nu\alpha\gamma\rho\alpha\varphi\acute{\eta}$);$\Sigma\upsilon\mu\mu\acute{\iota}\kappa\tau\omega\nu$ $\zeta\eta\tau\eta\mu\acute{\alpha}\tau\omega\nu$ $o\beta'$(AN.66 还附加有一个从句:$\acute{\omega}\varsigma$ $\sigma\eta\sigma\iota\nu$ $E\check{\upsilon}\kappa\alpha\iota\rho o\varsigma$ $\acute{o}$ $\grave{\alpha}\kappa o\upsilon\sigma\tau\grave{\eta}\varsigma$ $\alpha\grave{\upsilon}\tau o\tilde{\upsilon}$);David(*Schol.in Ar.*24, b,8)也说 $\Pi.\sigma\upsilon\mu\mu\acute{\iota}\kappa\tau\omega\nu$ $\zeta\eta\tau\eta\mu\acute{\alpha}\tau\omega\nu$(《论问题之集》)有 70 卷,而 *Vita Marc*, p.2, R 认为 $\varphi\upsilon\sigma\iota\kappa\grave{\alpha}$ $\pi\rho o\beta\lambda\acute{\eta}\mu\alpha\tau\alpha$ 有 70 卷;$\acute{E}\xi\eta\gamma\eta\mu\acute{\epsilon}\nu\alpha$(或 $\acute{E}\xi\eta\tau\alpha\sigma\mu\acute{\epsilon}\nu\alpha$)$\kappa\alpha\tau\grave{\alpha}$ $\gamma\acute{\epsilon}\nu o\varsigma$ $\iota\delta'$(D.128, AN.121)。关于 $\Pi\rho o\beta\lambda\acute{\eta}\mu\alpha\tau\alpha$ $\mu\eta\chi\alpha\nu\iota\kappa\grave{\alpha}$(《特别的问题》),$\acute{o}\pi\tau\iota\kappa\grave{\alpha}$(《光学》)和 $\iota\alpha\tau\rho\iota\kappa\grave{\alpha}$(《医术》),参见第 63 页注释 1 和第 71 页注释 3。除了 *D.*51(以及 *AN.*48,尽管在这里 $\pi\epsilon\rho\acute{\iota}$ 一词是缺失的)之外,Alex.*Top.*34, *Schol.in.Ar.*258, a,16 指出伪作 $\Pi.\pi\rho o\beta\lambda\eta\mu\acute{\alpha}\tau\omega\nu$ 似乎包含了设定问题和回答问题的某个理论。参

转向伦理学和政治学，我们有三部关于伦理学的巨著[1]，然而，只有其中一部——即《尼各马可伦理学》——直接来自于亚里士多德。[2] 许

见 Rose, *Ar.Ps.*126, *Fragm.*109, p.1496, *Fr.Hz.*115。另一方面，我们现存的《问题集》第 30 卷并非是对圆形的讨论（Heitz,122，这样认为），参见《尼各马可伦理学》1,3,1096, a,3。亚里士多德指的似乎是他在别的地方说的 ἐξωτερικοὶ λογοί（外部学说），以及在《论天》i.9,279, a,30 中说的 τὰ ἐγκύκλια φιλοσοφήματα（对圆形的科学研究）。参见 Bernays, *Dial.Of Arist.*85,93 sqq.171; Bonitz.*Ind.Ar.*105, a,27 sqq.。有关这个问题的更多讨论参见下文。

1　Ἠθικὰ Νικομάχεια（《尼各马可伦理学》）10 B.，Ἠθικὰ Εὐδήμια（《欧德谟伦理学》）7 B.，Ἠθικὰ μεγάλα（《大伦理学》）2 B.。在目录 D.38 中只有 Ἠθικῶν ἑ al.δ΄（尽管第欧根尼在别的地方 [*Vita*,21] 引用了伦理学的第七卷，它与《欧德谟伦理学》vii.12,1245, b,20 相关）；AN.39 记载了 Ἠθικῶν k（例如，《尼各马可伦理学》的最后一卷就是 K 卷），而附录 174 中记载了 Π.ἠθῶν (-ικῶν)Νικομαχείων ὑποθήκας（这似乎是对同一部作品的摘抄）；PT.30 sq. 记载的《大伦理学》有两卷，而《欧德谟伦理学》有八卷。亚里士多德自己引用过《伦理学》的内容（《形而上学》i.1,981b25 以及在《政治学》中有六个段落），这无疑指的是《尼各马可伦理学》（参见 Bendixen 的 *Philologus* x.203,290 sq.; *Ind.Ar.*103, b,46 sqq., 以及 101, b,19 sqq.）。西塞罗（*Fin.*v.5,12）认为，尼各马可的作品可以归于亚里士多德，因为儿子的写作方式像极他的父亲。第欧根尼用这样的话来引述《尼各马可伦理学》第十卷第 2 章："他说尼各马可是亚里士多德的儿子"。另一方面，Atticus（*apud* Eus.*Pr.Eu.*Xv.4,6）以现在这样的名字来命名这三部亚里士多德式的伦理学；辛普里丘在 *Cat.*1, ζ,43, ε 和波菲利在 *Schol.in Ar.*9, b,22 中都说《欧德谟伦理学》是欧德谟斯所著，《大伦理学》是亚里士多德所著，《尼各马可伦理学》是亚里士多德的儿子尼各马可所著。David 也持同样的观点（*Schol.in Ar.*25, a,40）。Eustrat.（《尼各马可伦理学》141, a；参见 *Arist.Eth.Eud.*vii.4 init.c.10,1241, b,2）认为《欧德谟伦理学》是欧德谟斯所作，他在对一位早期作者的评论中重复这个观点（参见 p.72, b），人们并非完全不知道这位作者。然而，根据他自己的假设，或者根据另一个同样无用的记载（1, b, m），我们知道《尼各马可伦理学》是某位名叫尼各马可的人所著，而《欧德谟伦理学》是某位名叫欧德谟斯的人所著。某位学者（或许是 Aspasius；参见 Spengel, "On the Ethical Writings under the name of Aristotle", [《论以亚里士多德之名所著的伦理学作品》], *Abh.d.Münch.Akad.*iii.439–551, p.520, cf. "Schol.in Ar.Eth." *Class.Journal.*vol.xxxix.117）一定认为欧德谟斯是《欧德谟伦理学》的作者，因为根据这个假设本身，论快乐的文本只能是他所写（《尼各马可伦理学》vii.12 sqq.）。为我们所知的那些评论家们（Aspasius, Alexander, Porphry, Eustratius）关注的只是《尼各马可伦理学》。更多论述，参见 Spengel, *ibid.*445 sqq.。

2　施莱尔马赫（Schleiermacher, *on the Ethical Works of Aristotle* [《论亚里士多德的伦理学著作》]，1817, *W.W.Z.Philos.*iii.306 sqq.）认为，在这三部伦理学作品中，所谓的《大伦理学》是最早的，《尼各马可伦理学》是最晚的，但刚刚引用的 Spengel 的观点是相反的，后者认为亚里士多德的真迹仅有《尼各马可伦理学》，《欧德谟伦理学》是欧德谟斯对伦理学的补充，而《大伦理学》是对《欧德谟伦理学》的直接

多小册子也被提到过，[1] 但它们之中可能只有极少数是真的。社会学作

摘要。然而，《尼各马可伦理学》和《欧德谟伦理学》有相同的三卷（《尼各马可伦理学》第五至七卷和《欧德谟伦理学》第四至六卷），它们处于何种地位仍是一个悬而未决的问题。Spengel（480 sqq.）认为它们原先是属于《尼各马可伦理学》的，但在很早《欧德谟伦理学》的对应部分就遗失了，它们被用来填补《欧德谟伦理学》中留下的空白；他倾向于根据论快乐的文本来评断，即《尼各马可伦理学》第七卷第12章以下——Aspasius 认为这一部分是欧德谟斯所著（参见上一条注释的末尾）——是《欧德谟伦理学》的残篇（p.518 sqq.），但他也不愿意排除下述可能：这些文本是亚里士多德为《尼各马可伦理学》所写的提纲，后来它们被第十卷第1章以下的内容取代。他在 *Arist.Stud.*i.20（Walter 反对他的观点，参见 *Die Lehre. v.d.prakt.Vernunft*,88, sqq.）中指出，《尼各马可伦理学》第六卷第13章是欧德谟斯所著。另一方面，Fischer（*De Ethicis Eudem.et Nicom.*Bonn,1847）和 Fritzsche（*Arist. Eth.Eud.*1851, Prolegg.xxxiv.）认为《尼各马可伦理学》第五卷第1至14章原本是《尼各马可伦理学》的，但第五卷第15章以及第六卷和第七卷是《欧德谟伦理学》的；Grant（*Ethics of Aristot.*, i.49, sqq.）认为这三卷原是《欧德谟伦理学》的；Bendixen（*Philologus*, x.199 sqq.,263 sqq.）持相反的意见，他的看法值得重视：他认为第七卷第12至15章都是亚里士多德所著。布兰迪斯（*Gr.-roem.Phil.*ii.b,1555 sq.）、Prantl（*D.dianoet.Tugenden d.Ar.*Münch.1852, p.5 sqq.）、Überweg（*Gesch. d.Phil.*i.177 sq.5th ed.）和 Rassow（*Forsch.üb.d.nikom.Ethik.*26 sqq.cf.15 sqq.）都认为 Spengel 的结论是正确的；Rassow 在支持 Spengel 的结论时做出下述修正：尽管《尼各马可伦理学》第五至七卷是亚里士多德所著，但是这些文本被后来的学者修订过，并且由于原来的文本被损坏了，它们或许被《欧德谟伦理学》的文本所补充。

1 这些小册子包括（除了在第39页注释4和 p.59 中第欧根尼提及的那些，例如 Π.δικαιοσύνης（《论正义》），Ἐρωτικὸς（《论爱》），Π.πλούτου（《论财富》），Π.εὐγενείας《论高贵的出身》和 Π.ἡδονῆς（《论快乐》））；现存的短篇 Π.ἀρετῶν κιὰ κακιῶν（《论美德和恶习》）（*Arist.Opp.*1249–1251.），这是柏拉图学园派和漫步学派折中主义者的作品，它的成书时间不早于公元一世纪；Προτάσεις π.ἀρετῆς（《论美德的前提》D.34, AN.342）；Π.ἀρετῆς（《论美德》AN.*App.*163）；Π.δικαίων β'（《论正义 b》D.76, AN.64–PT.11,4 B.）；Π.τοῦ βελτίονος ἀ（《论至善 a》D.53, AN.50）；Π.ἑκουσίου (-ίων) ἀ（《论自由意志 a》D.68, AN.58）；Π.τοῦ αἱρετοῦ καὶ τοῦ συμβεβηκότος ἀ（《论选择与偶然 a》D.58; Π.αἱρετοῦ καὶ συμβαίνοντος, AN,56）。亚里十多德不可能写过一部名为 Π.ἐπιθυμίας（《论欲望》）的短篇，在《论感觉》的开篇，他计划研究欲望，但我们从未听说这些研究得到落实；我们在塞涅卡那儿发现的东西(Seneca, *De Ira*, i.3,9,2,17,1, iii.3,1) 更有可能是 Π.παθῶν (-ους) ὀργῆς（《论被动的欲望》D.37, AN.30）的内容，这书的残篇被罗泽（*Ar.Ps.*109 sqq., *Ar.Fr.*94–97, No.1492）和 Heitz（*Fr.*151 sq.）制成了合集。但我们不能确定它是一篇对话（罗泽），还是一篇论文（Heitz）；它更有可能是一篇论文。至少，它的真实性是无法证明的，且它的标题看起来并不像亚里士多德的。D.61, AN.60 记载了 Πάθη ἀ 一书。另外，（除了在 p.59 提到的 Ἐρωτικὸς）Ἐρωτικὰ（AN.*App.*181; PT.13,3, B.）和 4 B. 的 Θέσεις ἐρωτικαὶ（《论爱的诸问题》）被提及了，这两篇论

品只有一部——即八卷本的《政治学》[1]——被保存下来了；尽管它包含 100
了他最成熟也是最有价值的工作，但非常遗憾的是，它像《形而上学》

文无疑都是伪作。AN.162 记载了 *Π.σωφροσύνης*（《论节制》），并认为它是伪经。
Π.φιλίας ά（《论友爱 a》D.24, AN.24, PT.25）并不是从《尼各马可伦理学》第八
卷和第九卷中摘录过来的，它是一篇独立的文章，但很可能不是真迹。亚里士多德
也不可能是 *Θέσεις φιλικαὶ β'*（《论友爱诸问题 b》D.72, AN.67）一文的作者。对于
Π.συμβιώσεως ἀνδρὸς καὶ γυναικὸς（《论男人和女人的婚姻生活》AN.*App*.165）和
Νόμους (-οι) ἀνδρὸς καὶ γαμετῆς（《论男人和他的伴侣之法律》*ibid*.166）这两篇文
章，前者被其他作者提到多次（例如 Clemens, Olympiodor, 包括 David 在罗泽引用
的段落中也被提及，参见 *Ar.Ps*.180 sq., *Ar.Fr*.178 sq., p.1507）。罗泽（*De Ar.Libr.
Ord*.60 sqq.）曾指出《法律》有两个拉丁本的翻译（或者 *Π.συμβιώσεως* 的两个版
本，如果它们不是同一本书的两个标题的话），它们被认为是《经济学》的第二卷，
参见 *Ar.Pseud*.644 sqq.; *Fr.Hz*.153 sqq.。普鲁塔克，Athenaeus 和其他作者引用过一
篇名为 *Π.μέθης*（《论醉》）的作品，它或许是一篇对话；参见 Rose, *Ar.Ps*.116 sqq.,
Ar.Fr.98–106, p.1493 sq.; *Fr.Hz*.64 sq.，但它显然不是真迹；它或许就是塞奥弗拉
斯特的同名作品（Heitz., *ibid*.），倘若如此，Athenaeus 在那两者之外还引用了来自
Chamaeleon 的第三篇，他的引用一定来自不同的作者，而这些作者给这本书起了不
同的名字——然而，这是一个不太可能的假设。从中引用的部分内容与历史有关，
部分内容与生理学有关；我们并不知道醉酒是否从道德的角度来讨论。我们也
不知道 *Νόμοι συσσιτικοὶ*（《大众法律》）的内容（手稿 D.139, *Νόμος συστατικὸς*
AN.130, *Νόμων συστατικῶν ά*），因为在其中提到的柏拉图的理想国的环境并未
给我们任何指示（Procl.*in Remp*.350, *Ar.Fr*.177, p.1507）；因此我们不能确定罗泽
（*Ar.Ps*.179）的假设是否正确——即它讨论的是在集会上的礼仪和好的行为，或
者 Heitz 的观点（*Ar.Fr*.307）是否正确——即它包含了与这些问题有关的法律或
习俗。*Π.συσσιτίων ἢ συμποσίων*（AN.*App*.161）与它是同一本书；然而三卷本的
Συσσιτικῶν προβλημάτων（AN.136）与它是不同的书，这个标题使我们想到它并
不是关于饮食问题，例如关于一场宴会涉及的问题，像普鲁塔克的 *Συμποσιακὰ
προβλήματα*（《会饮问题》），关于 *Παραγγέλματα*（《箴言》）参见第 53 页注释 1
末尾。

1　亚里士多德的这部作品与伦理学的关系最为紧密，他认为伦理学只是政治学的附
录（《尼各马可伦理学》i.1,1094a26 sqq.,1095a2, c.2 *init*.c.13,1102a5, vii.12 *init*. ；
《修辞学》i.2,1356a26）。他希望在政治学中实现伦理学原则（*ibid*.x.10）。但是
他并不认为这两部作品只是一部著作的两个部分（参见《政治学》vii.1,1323b39,
c.13,1332a7,21, ii.1,1261a30, iii.9,1280a18, c.12,1282b19）。即便不考虑《修辞学》
第一卷第 8 章末尾对它的引用和目录中对它的记载（D.75, AN.70），它的真实性也
是毋庸置疑的，尽管它很少被古代作者们提及（参见 Spengel 的评论 "Üb.d.Politik
d.Arist.", *Abh.d.Münch.Akad*.v.44 *infra*.）。

101　　那样是未完成的。[1]《经济学》不可能是真迹。[2] 除了少数的残篇 [3]，这一

---

1 更多信息，参见关于亚里士多德政治哲学的讨论，下文第十三章。

2 此书的第二卷（它的开篇，参见 Rose, *Arist.Libr.Ord*.59 sq.）已经被承认是伪造的，但 Goettling（*Arist.Econ*.p.vii.xvii.）认为第一卷是亚里士多德的某篇文章的一部分；但它看起来更像是某个后来的作者根据《政治学》第一卷所写（参见下文第二十一章末尾）。D.23, AN.17 记载的名字是 Οἰκονομικὸς (-ον) ά。参见上文 p.99 对一篇仿造的第二卷的讨论。

3 除了那些被引用的之外，政治学著作还包括下述作品：（1）Πολιτεῖαι 这是对 158 个城邦的情况的收集（D.145, AN.135, Bernays, *Rh.Mus*.vii.289 的文本得到了 Rose, *Ar.Ps*.394 的肯定，并且得到了显著的改善），根据西塞罗的 *Fin.v.*4,11 和普鲁塔克的 *N.P.Su.V*.10,4（他将其称为 κτίσεις καὶ πολιτεῖαι [《公民与城邦》]）的记载，此书不仅讨论了宪法，而且还讨论了宪法的使用、习俗、城邦的状况、它们的历史和地域等问题。PT.81 记载的城邦数目是 171 个（或 191 个，参见 Herbelot, *Bibl.Or*.971, a）；目录 AMMON.*V.Ar*.48 记载的是 255 个城邦，参见 *Ammon.Lat.* P.56, Ps.-Porphyr.*Schol.in Ar*.9, b,26 以及 David, *ibid*.24, a,34 认为城邦数是 250 个，而菲洛庞努斯（*ibid*.35, b,19）记载的也是 250 个，但是数目的增加并不是建立在后来收集的扩展数据之上，而是由于统计错误（参见 Rose, *Ar.Ps*.394）。辛普里丘（*Categ*.2, γ.*Schol*.27, a,43）用这样的词语 "ἐν ταῖς γνησίαις αὐτοῦ πολιτείαις"（在真正属于他的政治学著作中）来指明伪造的政治学著作的存在；"ρνή"（158）而非 "γνησίαις" 或许是正确的读法（Heitz, *Ar.Fr*.219），尽管 Ideler, *Ar.Meteor.* i.xii.40 将 ἐπιστολαῖς 替换为 πολιτείαις 可能是不正确的。这一篇幅巨大的收集本的大量残篇记载于 Mueller, *Fragm.Hist*.ii.102 sqq. 之中（参见 Bournot, in *Philolog.* iv.266 sqq.）；Rose, *Ar.Ps*.402 sqq.; Ar.Fr.343—560, p.1535 sqq.*Fr.Hz*.218 sqq. 没有什么有力的证据反驳这部著作的真实性（例如 Heitz, p.246 sqq. 认为的），但罗泽（*Ar.Libr.Ord*.56 sq., *Ar.Ps*.395 sq.）却否认了它的真实性；即便外部证据——Timaeus, apud Polyb, xii.5,11 最早提出来——并未完全排除罗泽的假设：即这部著作是在亚里士多德死后用他的名字发表并传播的，但内部证据表明这个理论是不可能的。David（*ibid.*）和波菲利（*Isagoge*，参见 Rose, *Ar.Ps*.399, *Ar.Fr*.1535）倾向于下述假设：政治学中描述的不同城邦是按照字母表顺序排列的；这解释了雅典（Athenians）是在第一卷中被讨论的（但根据 *Fr*.378，这种读法是不确定的），而伊萨卡（Ithacans）——是在第 42 卷中被讨论的（*Fr*.466）。这些大量的残篇仅仅是独立的笔记，没有构成一篇完整的论文，但这并不能证明这部作品是伪作（Rose, *Ar.Ps*.395）；然而，与这一事实——即亚里士多德从未在他的著作中提及此书（即使《尼各马可伦理学》x.10,1181b17 提及了政治学；参见 Heitz.231 sq.）——联系来看，它支持这样的观点（Heitz,233 sq.）：政治学并不是一部完成了的作品，而是亚里士多德为了自己使用的方便收集起来的文集，他收集的那些事实一方面来自个人的观察和研究，另一方面来自书籍。如果情况果真如此，那么抄本只有在他死后才流传开来。Πολιτεία Αθηναίων（《雅典政制》）中的一章或许有这样的标题：Π.τῶν Σόλωνος ἀξόνων（《论梭仑之法》AN.App.140; Cf.Mueller, *ibid.*,109,12）。另一个类似的文集是（2）Νόμιμα βαρβαρικὰ（《蛮族的习俗》），它以这个名字

类作品都未保存下来。其中，亚里士多德收集的关于各个城邦政体形式 102
的文集丢失了，而这是不可能修补的了。[1]

　　我们现有的《诗学》[2] 只是残篇；即便只是残篇，亚里士多德关于这 103

被 Appollon. *Mirabil*. 11 引用；以及 Varro, i.1, vii.70; AN. *App*. 186（νομίμων βαρβ. συναγωγή）；从这个标题来看，Νόμοι ά β´ γ´ δ´（D.140）和 νομίμων δ´（AN.131）似乎被抄写错了。νόμιμα Ῥωμαίων（《罗马法》，AN. *App*. 185）和 νόμιμα Τυῤῥηνῶν（《伊特鲁里亚人的法律》，Athen. i.23 d）这两篇或许属于它们。在这些残篇中（*apud* Mueller, *ibid*. 178 sqq., Rose, *Ar.Ps*. 537 sqq., *Ar.Fr*. 561–568, p.1570, *Fr.Hz*. 297 sq.），只有 Nos.562,563 和 564 能够归于亚里士多德，倘若他并没有以自己的名字署名，但当地的传统就是如此。（3）Δικαιώματα τῶν πόλεων（《论城邦之正义》，*Ammon.Differ.Vocab.*, Νῆες）或 Δικ.Ἑλληνίδων πόλεων（《论希腊城邦之正义》，*V.Marc*. p.2, R）处理的似乎是希腊城邦和它们的协议之争论；它们也被简短地命名为 Δικαιώματα（D.129, AN.120, Harpocrat. Δρυμός）。（4）Θέσεις πολιτικαὶ β´（《政制诸议题 b》，AN.69；同样的正确读法是 D.74）无论从什么方面来看都是伪造的。Anon.5 将标题为 Π.πολιτικῆς 的一书归于 Gryllos 所作，但这显然是个错误（参见 p.59）。关于 Πολιτικὸς（《政治家》）参见 p.57；关于 Π.βασιλείας（《论国王》）和 Ὑπὲρ ἀποίκων（《论流放》），参见 p.60 末尾；关于 Π.ῥήτορος ἢ πολιτικοῦ（《论演说家或政治家》）参见第 53 页注释 1 至末尾；关于 Π.ἀρχῆς（《论本原》）参见第 59 页注释 1 末尾；关于中世纪拙劣的伪造品，*Secretum secretorum*（或 *Aristotelis ad Alexandrum regem de moribus rege dignis*），参见 Geier, *Arist und Alex*. 234 sq.; Rose, *Arist.Libr.Ord*. 183 sq. *Ar.Ps*. 583 sq.。

1　在我们写作的时候，《雅典政制》一书已经得到修复。

2　这部著作在我们的版本中被命名为：Π.ποιητικῆς（《诗学》）。亚里士多德自己在《政治学》（viii.7,1341b38）中说它是一部将来要完成的著作；在《修辞学》（i.11 *fin*., iii.1,1404a38, c.2,1404b7,28,1405a5, c.18,1419b5，参见第 54 页注释 1 中，它是一篇已经完成的作品，他这样说：“（某些内容）在《诗学》中被讨论过了”，或者（1404b28）“在讨论诗歌的时候说过了。”索引的名称如下：Πραγματείας τέχνης ποιητικῆς β´（《诗歌的技巧问题 b》，D.83），τέχνης ποιητ. β´（《诗歌技巧 b》AN.75），*De arte poetica secundum disciplinam Pythagorae*, *PT.Fr*.（这个增加是由两个不同标题的混合引起的，参见 Rose, *Ar.Ps*. 194）。Ps.-Alex. *Soph.El.Schol.in Ar*. 299, b,44 有 ἐν τῷ π.ποιητ.（在《诗学》中）的引用；与此类似，Herm. *in Phaedr*. 111 以及 Ast, 中也有“在《诗学》中”的引用；而 Simpl. *Cat.Schol*. 43, a,13,17 也有对《诗学》的引用；David, *ibid*,15, b,19 中也有 ἐν τῷ π.π. ；另一方面，AMMON. *De Interpr.Schol*. 99, a,12 中也有此引用；参见 Boeth. *De interpr*. 209, *in libris quos de arte poeetica scripsit*. 更早先的一些作者熟悉两本关于诗歌的书（第三本只在第 41 页注释 1 中提到，它与 Π.ποιητῶν《论诗人》有关），而晚近的作者只知晓一本；除非他们复制了古代作者的书籍，我们必须假设阿摩尼乌斯和波埃修就是如此。从这种情况来看，我们或许应当假设这部著作原来的篇幅比我们现在看到的要大得多，其中一些被引用过的部分在我们现存的版本中是缺失的，例如《政治学》

一主题的其他著述以及对艺术史的研究和关于诗人的论文 [1] 都保存下来

viii.7,1341b38 中预告的对"净化"的讨论应当接在对悲剧的讨论之后，并且我们从一些确凿的线索中也发现它确实就在那个位置（参见 Bernays,Grundz.d.Abh.d.Arist. üb.d.Wirkung d.Trag.'Abh.d.hist.-phil.Ges.In Breslau,160 sqq.,197 sq.；Susemihl. p.12；参见 Vahlen. 的版本，p.81 sq.，以及其他版本）；对喜剧的研究在《诗学》c.6 init. 中被预告了，并在《修辞学》i.11fin. 中被引用，Bernays（Rh.Mus.viii.561 sqq.）指出在 Cramer 的 Anecd.Paris.，Vol.i.app. 中保留着有价值的片段（现在的残篇，参见 Susemihl.，p.208 sq.，Vahlen.76 sq.）；另外，关于同义词的讨论，辛普里丘在 Categ.Schol.43，a,13,27 中提到过。我们现在的版本在其他地方也显示出许多或大或小的空隙，以及插入的内容（例如第 12 章和其他小的部分）和倒置（最有可能的是第 15 章，它应当在第 18 章之后出现），这些都充分证明现行的亚里士多德的作品是残缺不全的，并处于令人绝望的破损状态。我们在这里不能研究它的现行状况应当如何解释（Susemihl.ibid.，p.3 sq. 给出了对这个问题存在分歧的各种解释）。或许像 Susemihl 总结的那样，写作的粗枝大意，誊写者的随意篡改和偶然出现的异常情况造成了大多数的错误；但是我们无法认为这些因素能够解释插入的内容，除非边角上的笔记由于这些因素被归入正文之中。

1　对话 Π.ποιητῶν γ′（《诗人》），我们已经在 p.58 中说过。除了这篇，还有 AN.115 记载的三卷本的 Κύκλον π.ποιητῶν。这个名字或许是复制或篡改了对话《诗人》的名字而得来的，或者它可能（根据 Heitz,178 的看法）指的是另一篇文章；但是 Κύκλον 或许是从 ἐγκύκλιον（圆的）一词而来，后者出现在 No.113 中。与它相关的是 Π.τραγωδιῶν ά（《悲剧 a》D.136，AN.128）和 κωμικοί（《喜剧》Erotian, Exp.Voc.Hippocr.S.V.Ἡρακλ.νόσον）。Mueller（Hist.Gr.ii.82）认为还有一篇名为 Διδασκαλίαι（《教育》的文章，D.137；AN.129；Rose.Ar.Ps.550 sq.，Ar.Fr.575–587, p.1572 sq.；Heitz,255，Fr.Hz.302 sq.），但这是不正确的。他的观点似乎来自一个按时间顺序排列的目录，而这个目录的根据是现存的碑文上所刻的、在雅典上演的悲剧剧目——它们是论悲剧的书籍的一部分。此外，与诗人有关的一系列作品是有名字的，它们的名字采用了疑问句的形式，例如以下几篇：Ἀπορημάτων ποιητικῶν ά（《论有关诗人的问题 A》，AN.App.145）；Αἰτίαι ποιητικαί（《诗学原理》，ibid.146, 在这里"αἰτίαι"指的似乎是这个讨论的形式，它适合于"问题"或"疑问"的讨论形式，即这里的研究寻求的是"为什么"，而答案就是给出这个原因或本原）；Ἀπορημάτων Ὁμηρικῶν ζ′（《有关荷马的问题 Z》，D.118；AN.106 Z；Heitz,258 sq.，Fr.Hz.129; Rose, Ar Ps 148 sq., Ar Fr 137–175, p 1501 sq.），或者像 Vita Marc,p.2 中命名的 Ὁμ.ζητήματα（《论荷马》）；Προβλημάτων Ὁμηρικῶν ι（《有关荷马之问题 I》，AN.App.147；Ptol.91；AMMON.V.Ar.44；AMM.LAT.54，或许是对 ἀπορήματα 的重复）；Ἀπορήματα Ἡσιόδου ά（《有关赫西俄德之问题 A》，AN.App.143）；Ἀπορ. Ἀρχιλόχου（《有关阿里西罗赫之问题》），Εὐριπίδους，Χοιρίλου γ′（ibid.144）。另外 Ἀπορήματα θεῖα（《有关神的问题》）也属于这类著作。这个标题 Εἰ δέ ποτε Ὅμηρος ἐποίησεν τὰς Ἡλίου βοῦς（当荷马创作了太阳神的公牛；AN.App.142）无疑是研究荷马问题的一本书。在这些著作中，只有关于荷马的研究可能是亚里士多德所著；但是即便是这些作品也包含了后人的添加和补充。另一方面，Πέπλος

了。在亚里士多德哲学体系的主要观点之外的著述，[1]我们只知道书的名　104
字，但这些书大多数都未流传下来；并且混进了许多伪造的名字。

2. 关于亚里士多德著作的一般问题

如果我们对保存下来的或已知的亚里士多德著作做一般性考察，就

（《衣袍》，AN.105; AN.*App*.169; Rose, *Ar.Ps*.563 sqq., *Ar.Fr*.594–600, p.1574 sq.;
Fr.Hz.309 sqq.；参见 Bergk, *Lyr.Gr*.505 sqq.; Mueller, *Fragm.Hist*.ii.188 sqq.）一
书的真实性并不能确定。而 Π.μουσικῆς（《论音乐》）一书似乎是更古老的，目录
Diog.（116,132）和 AN.（104,124）在两个地方记载了它，而它就是 Labbeus（*Bibl.
Nova*,116, 参见 Brandis, ii.b,94）提及的关于音乐问题的书；但是它和 Π.καλοῦ（《论
美》）都不是真迹（*D*.69, *an*.63, Π.κάλλος《论美》）。

1　这类作品是一些小型的关于历史方面的著述，例如 Ὀλυμπιονῖκαι ά（《奥林匹克
的胜利 A》，*D*.130, *AN*.122）；Πυθιονικῶν ἔλεγχοι ά（《对皮西昂胜利的反驳 A》，
D.134, 或许还包括 *AN*.125）；Πυθιονῖκαι ά（《皮西昂的胜利》，*D*.131, AN.123 有
这样一个奇怪的名字，Πυθιονίκας βιβλίον ἐν ᾧ Μέναιχμον ἐνίκησεν）；Πυθικός
ά（《皮西昂人 A》，*D*.133），或许它有一个不同的名字，Νῖκαι Διονυσιακαὶ ά
（*D*.135, AN.126, Νικῶν Διον.ἀστικῶν καὶ ληναίων ά）。关于这些著述，参见
Rose, *Ar.Ps*.545 sqq., *Ar.Fr*.572–574, p.187; Hietz,254 sq., *Fr.Hz*.300 sq.；Mueller
Hist.Gr.ii.182 sq.。此外，Π.εὑρημάτων（《论科学发现》，Clemens, *Strom*.i.308,
A, 但这个名字的著述似乎不是亚里士多德的作品，*Mueller* 给出的或许是这一著述
的一些笔记摘要，*ibid*.181 sq.），名为 Π.θαυμασίων ἀκουσμάτων（《论奇妙的事
物》）的被 Athen.（xii.541; Cf.θαυμ.ἀκους.c.96）引用过，并且它还有这样的标题
ἐν θαυμασίοις（在论奇妙的事物中），或许它还被 Antigon.*Mirabil*.c.25 引用过（参
见 θαυμ.ἀκους.c.30），它是对于奇怪现象的收集，它的真实性是无法保证的。关
于这一著述的更多信息，参见 Westermann, Παραδοξόγραφοι（《收集奇迹故事的作
者们》），p.xxv.sqq. 以及 Rose, *Ar.Libr.Ord*.54 sq., *Ar.Pseud*.279 sq.，他认为这部
作品的主要部分——即包括第 1 至 114 章、第 130 至 137 章、第 115 至 129 章和第
138 至 181 章——是在公元三世纪中叶完成的。此书的扩展版或同类作品的一个更
完善的例子或许是 Παράδοξα（《奇迹》）一书，普鲁塔克（*Parall.Gr.et Rom*.c.29,
p.312）从此书的第二卷中引用了一些内容，但这些内容在我们现存的 Θαυμ.ἀκ.—
Παροιμίαι ά（《论奇妙的事物——寓言 a》D.138; cf.AN.127）中是找不到的——它
是一部寓言集，ATHEN.ii.60 d. 认为内部证据似乎证实了它的存在，尽管 Heitz(*Verl.
Schr*.163 sq.; *Fragm*.219) 怀疑亚里士多德没有写过关于这个主题的任何文章。我
们不能证明在 Eustath.*Od*.N.408 和 Synes.*Enc.Calvit*.c.22（*Ar.Fr*.No.454, No.2）的
引用是否属于这本书，或者属于其他著作。除了这些著述之外，还有两篇无法确
定的标题，我们不知它们对应的著作的内容是什么，即 Παραβολαί（D.126）和
Ἄτακτα（或许我们得加上 Προβλήματα 或 ὑπομνήματα）ιβ´（D.127；参见 p.96）。

会发现它们明显分为两类（不包括书信与诗歌）。现存的亚里士多德全集毫无例外地都是科学形式的教学著述。[1] 我们将看到，几乎所有被认为是真迹的作品都是以彼此援引或相互指正的方式联系在一起，这说明它们是为同一个圈子的读者准备的，它们构成了一个相互联系和解释的整体。它们与后来被称为"秘传作品"的风格完全不同，后者是亚里士

106 多德为了自己使用而写的笔记，因此这些作品的文学形式和整体性并不像那些为了发表而写的作品。[2] 现存的真实作品中没有一部属于这一类，[3] 但遗失的作品中有几篇大概属于这一类。[4] 在这两类作品之外，还有第三类。西塞罗、昆图良（Quintilian）和哈利卡纳索斯的狄奥尼修斯（Dionysius of Halicarnassus）都称赞亚里士多德不仅在科学研究上有很高的造诣，而且在语言表述上亦是优雅的和丰富的——像那"金色的

107 语言之流"。[5] 这一定指的是那些公开出版的作品。但它不适用于任何现存的作品；的确，这两位拉丁作者很可能只知道现存作品中的很小一部分。[6] 因此，我们不得不假设他们是从那些遗失了的作品中看到语言

1　那些"奇妙的故事"或许只是例外，但它们不是亚里士多德的真迹。

2　辛普里丘，*Categ.Schol.in Ar.*24,a,42。然而，这些作品并不值得 $\pi\acute{\alpha}\nu\tau\eta\ \sigma\pi ov\delta\tilde{\eta}\varsigma$ $\check{\alpha}\xi\iota\alpha$（整体上严肃地对待），因为我们不能从中得出任何对亚里士多德学说的证明。亚历山大说作为笔记或备忘录使用的著述被收集在一起并不被公众所知晓，因为这个原因，别的作品作为公开的著述与它们不同。参见 David,*Schol.*14,a,38.cf.Heitz,Verl.Schr.24 sq.。

3　这些问题（或许可以作为一个例子）可能不是为他自己的使用而写成的，因为亚里士多德时常引用它们（参见 p.96），因此暗示了它们是为读者知晓的。另外的例子，例如《论麦里梭》，不能被认为是真迹。即便我们现存的全集中有些特殊部分原本是用来作为讲座之基础的，或者是从讲座中编撰来的，但我们也不能因为这个原因而认为它们是秘传的作品。

4　例如，那些在第 44 页注释 3 中提到的作品，以及《政治学》（p.101）；$\Pi\epsilon\rho\acute{\iota}$ $\tau\grave{\alpha}\gamma\alpha\theta o\tilde{v}$（《论善》）是否也属于这一类著作（我们在第 43 页注释 2 中已经注意到了）仍然值得怀疑。

5　西塞罗（*Top.*1,3）说："亚里士多德的著作并不仅仅是依赖它们的内容吸引人的"。*De Invent.*ii.2,6："亚里士多德的语言技艺远远超越了之前的演说家。"*De Orat.*i.11,49.*De Fin,* i.5,14（论伊壁鸠鲁）.*Acad.*ii.38,119.QUINTIL.*Inst.*Xi.83.Dionys.*De Verb.Cop.*24："在哲学家中，德谟克利特、柏拉图和亚里士多德的文采是最好的。"*De Cens.Vet.Script.*4.

6　除了《论题篇》和《修辞学》，我们没有理由假设他们中任何一个人知晓现存的著

上的高超造诣的。从纯粹的科学标准的文本形式来评价亚里士多德的人
会发现他的现存作品非常优秀。他们将看到他对不同的观点有着精细的
分析，他的措辞精确又简洁，他对术语的定义是严格的。人们在现存的
流行作品中能发现被西塞罗所强调的那些特征或丰富而流畅的、对语言
的优美运用的一些痕迹，但是在有些文本中，他解决问题的干巴巴的方
法，对句子的粗糙简单的陈述，在长句子的构造中常常插入错格和括
号，这些特点与西塞罗的描述背道而驰。然而，我们从遗失作品的少量
残篇中了解到，其中有些作品在风格上更加丰富和优美，它们接近柏拉 108
图对话的文学优雅，它们比任何一篇现存文集[1]中的科学论文都要优美。
这个差别是有原因的：它们属于早期作品，更因为它们的目的并不像科
学论文，即它们不是为科学论文的读者设计的。[2]

　　亚里士多德有时说他的某些观点已经发表，或者公开使用过，这似
乎表明他的有些作品（包括我们现在讨论时引用的一些作品）并不是公
开的。[3] 从他的评注家那里，我们得知《欧德谟伦理学》的一个部分正 109

作。然而，对于其他作者，西塞罗使用过好几本著作，我们在 p.55 讨论过，例如
《论哲学》《欧德谟伦理学》《劝勉》或许还有 $\pi o \lambda \iota \tau \iota \kappa \grave{o} \varsigma$（《政治家》），$\Pi.\beta \alpha \sigma \iota \lambda \varepsilon \acute{\iota} \alpha \varsigma$
（《论国王》）和 $\Pi.\pi \lambda o \acute{\upsilon} \tau o \upsilon$（《论财富》）；参见 *Fin*.ii.13,40; *Acad*.ii.38,119; *N.D.*
ii.15,42,16,44,37,95,49,125; *Dvin*.i.25,53; *Fragm.Hort.Apud* Augustine c.*Jul*.iv.78;
Fin.v.4,11; *Ad Quint.Fr*.iii.5; *Ad Att*.xii.40,2, xiii.28,2; *Off*.ii.16,56；以及第 42 页注
释 2。

1　关于这一点，参见保存在 Nos.12–14,17 sq. 中的内容，以及《欧德谟斯》和残篇
32,36,40,48,49,71,72（学术版），$\Pi.\phi \iota \lambda o \sigma o \phi \acute{\iota} \alpha \varsigma$（《论哲学》），$\Pi.\delta \iota \kappa \alpha \iota o \sigma \acute{\upsilon} \nu \eta \varsigma$（《论
正义》）和上面提到的第 40 页注释 1 的内容。

2　我们稍后讨论这个问题。

3　参见《诗学》15,1454b17。《论灵魂》i.4 *init.*。在这里第一处，Bernays（*Dial.
d.Ar.*13）认为"出版的"意味着"已经出版"（Rose, *Ar.Ps*.79 对这些词的意思给
出了相同的解释），但是人们仍然可以怀疑这个注释是否恰当。谓词"$\dot{\varepsilon} \kappa \delta \varepsilon \delta o \mu \acute{\varepsilon} \nu o \iota$"
在这里一定是有目的的，为了区分 $\lambda \acute{o} \gamma o \iota \ \dot{\varepsilon} \kappa \delta \varepsilon \delta o \mu \acute{\varepsilon} \nu o \iota$（公开发表的著作）与其他
的 $\lambda \acute{o} \gamma o \iota$（著作）。我们不能把"$\dot{\varepsilon} \kappa \delta \varepsilon \delta o \mu \acute{\varepsilon} \nu o \iota$"翻译为"我公开出版了某些著述"，
因为亚里士多德没有使用过这个意思，当他引用之前的著作但又没有指出是哪本著
作时，他通常说"在别处""在其他地方"或"在之前"。另外，他并未说过"$\dot{\upsilon} \pi$'
$\dot{\varepsilon} \mu o \tilde{\upsilon} \ \dot{\varepsilon} \kappa \delta \varepsilon \delta o \mu \acute{\varepsilon} \nu o \iota$"（被我公开发表了）这样的话，这个事实证明了对"$\dot{\varepsilon} \kappa \delta \varepsilon \delta o \mu \acute{\varepsilon} \nu o \iota$"
一词的强调以及"$\lambda \acute{o} \gamma o \iota \ \dot{\varepsilon} \kappa \delta \varepsilon \delta o \mu \acute{\varepsilon} \nu o \iota$"（公开发表的著作）与"$\mu \grave{\eta} \ \dot{\varepsilon} \kappa \delta \varepsilon \delta o \mu \acute{\varepsilon} \nu o \iota$"（未
公开发表的著作）是相对的。我们不能假设"$\mu \grave{\eta} \ \dot{\varepsilon} \kappa \delta \varepsilon \delta o \mu \acute{\varepsilon} \nu o \iota$"意味着后来出版的

作品。与"发表的"（或出版的）相对的不是"后来发表的"，而是"未发表的"；从"ἐκδεδομένοι"的完成时态来看，有人认为"它们在写作《诗学》之前已经发表了，因此比这部作品要早"，这种观点被 Überweg 证明为不可能；他在对这一段落（*Arist.üb.d.Dichtk.*, p.75）研究后指出，对于读者而言，每个作者都认为他的作品已为读者所知了。因此，如果《诗学》为读者知晓，即它是公开发表的，正如那些公开的著述，那么它们就不会因谓词"ἐκδεδομένοι"的意义而与后者有什么区别，因为就它们与读者的关系而言，它们都是公开发表的作品。罗泽认为"λόγοι ἐκδεδομένοι"首先指的是《诗学》的前面的段落（*Ar.Libr.Ord.*130），后来指的是《修辞学》（*Ar.Pseud.*79），但他后来更正了这个观点（*Ar.Ps.*714），因为关于《诗学》指的是"公开发表的著作"的讨论在《修辞学》和《诗学》中都能找到（参见 Bernays, *ibid.*138），并且即便不论这一点，后者也不是这种情况。另一方面，我们也不能认为（例如罗泽的观点，*Ar.Ps.*717）关于诗学的著作是柏拉图学派的作品，我们必须把它们限制在亚里士多德著作的范围之内。在《论灵魂》第一卷第 4 章的第二个段落中，"λόγοι ἐν κοινῷ γιγνόμενοι"不能被理解为（正如 Torstrik, *Arist.De An.*123 假设的，有一位比他更早的作者使用了"λεγομένοις"一词而不是"γιγνομ."）"对话"，因为对话可能发生在教学的圈子中；也不能理解为（Rose, *Ar.Ps.*717 是这样认为的）对柏拉图学派之观点的表达，因为"εὐθύνας δεδωκυῖα"（已给出公开的解释）指的是读者已知的、对灵魂是身体的和谐之观点的某些批判，但这并不意味着与第三个人的模糊对话（参见 Bernays, *ibid.*, 18 sq.）。我们不认为这是亚里士多德与他的学生们的口头谈话（菲洛庞努斯，参见下一条注释），首先因为亚里士多德从未在别的地方援引过这些文本，并且在一篇原先被用作教科书的文章中也没有找到任何只在他的学生中使用的说明，因而他也不可能诉诸它们；其次因为这位哲学家确实在他的著作中插入了这些批判（参见下一条注释）。后面这个事实表明"说 λόγοι ἐν κοινῷ γιγνόμενοι 说的是柏拉图的《斐多》"是错误的（辛普里丘就是这样认为的，参见下一条注释），这个表达不是对这个问题的充分说明，它也不对应（参见 Bernays, p.20）其他地方的使用（参见《气象学》ii.2,355b32）。最后，尽管 Überweg（*Gesch.d.Phil.*i.173, 第 5 版）认为"λόγοι ἐν κοινῷ γιγνόμενοι"（扩展了菲洛庞努斯的解释）指的是真实发生过的讨论，或者以对话形式编写的作品，但是后者显然不可能拥有这样的名字，这里没有理由提及这些讨论是以对话形式出现的。从语法的角度看，因为"γιγνομένοις"（Bonitz, *Ind.Arist.*105, a,46 提醒我们注意此处）是现在时，它们不能被解释为已经发表的著述，否则，这个词应当是"γενομένοις"（即过去时——中译者注）。这个短语只能这样来解释，如 Bernays 在他的 *Dial.d.Arist.*29 中翻译的，即"处于出版中的著述，它们能为所有读者使用"，这里的"ἐν κοινῷ"与"ἐν κοινῷ κατατίθεσθαι, ἐν κοινῷ ἀφιέναι"（放在读者面前或在读者中分发，*in medio relinquere*, *Metaph.*i.6,987b14）表达了相同的意思。λόγοι ἐν κοινῷ γιγνόμενοι 的类似意思与 ἐγκύκλια φιλοσοφήματα（哲学研究的流通书籍）是有关的，它们在《尼各马可伦理学》i.3,1096a2 中被提及；另外，参见《论天》i.9,279a30。此外，Ἐγκύκλιος（流通书籍）与 ἐν κοινῷ γιγνόμενος 的意思一样，即根据 Bernays 的看法（*Dial.d.Ar.*124）指的是"给公众的著述"，但这个意思并不那么恰当。辛普里丘（*De Caelo*, Schol.487, a,3）这样解释这个短语：亚里士多德用

是如此。[1] 我们发现有些更常见的引用属于"公开的著作"，亚里士多德　110
在其中处理了这样一些主题。[2] 然而，关于这个名字的意义以及这些"公
开的著作"与我们的现存全集之间的关系存在不同的意见。提到它们的　111
古代作者认为它们是一类独立的作品，与技术性的科学论文不同，它们
使用了不太严格的研究方法。[3] 但这些作者的观点在细节上是有差异的。
西塞罗[4] 和斯特拉波(Strabo)[5] 认为公开的著作在一般意义上就是给公众
的教义。[6] 然而，前者无疑想的只是那些"对话"，[7] 普鲁塔克也把对话
描述为"公开的"。[8] 格利乌斯（Gellius）认为修辞学、论题篇和政治　112

"ἐγκύκλ.φυλ."指的是 τὰ κατὰ τὴν τάξιν ἐξ ἀρχῆς τοῖς πολλοῖς προτιθέμενα（即
对外传作品的编撰）。另外，我们从 Ar.Fr.77,1488, b,36 sqq. 以及 Fr.15,1476, b,21
中得知亚里士多德关于"ἐγκύκλια"所指在他的两篇对话中讨论过。参见 Bernays,
ibid.84 sqq.,93 sq.,110 sq.。

1　在 Rose, Ar.Fr.41, p.1481 sq. 和 Heitz, Ar.Fr.73, p.51 引用的段落中，我们从菲洛
　庞努斯、辛普里丘、Themistius 和 Olympiodorus 的记载来看（他们共同的资料来源
　或许是亚历山大），亚里士多德在《欧德谟伦理学》中追溯了《斐多》篇的讨论，
　考查了灵魂是身体之和谐的观点，以及那里给出的主要论证。因此这里所指的段
　落一定是这篇对话，尽管菲洛庞努斯（De An.E,2）让我们在这篇对话和 ἄγραφοι
　συνουσίαι πρὸς τοὺς ἑταίρους（给学生的未写成的对话）之间选择，而辛普里丘
　（De An.14, a）将它与《斐多》篇联系起来。

2　这里涉及的所有段落都在下面被引用了。

3　唯一的例外是后来拜占庭的两位解释者，但他们对《伦理学》的解释是不能信赖的，
　即 Eustratius（90, a）和 Pseudo-Andronicus（Heliodorus, circ.1367，参见第 50 页注
　释 1）。前者认为 ἐξωτερικοὶ γολοι（外部的著述）是指大众的意见，而后者认为它
　是指口头的介绍。

4　Fin.v.5,12：关于最高的善，亚里士多德和塞奥弗拉斯特的观点有不同之处，但他
　们在重要的和本质的地方看法是一致的。

5　XIII.1,54, p.609：因为漫步学派在塞奥弗拉斯特死后失去了他的和亚里士多德的
　著作，尤其是失去了大部分的外部著述。

6　同样的，辛普里丘（Phys.2, b）也认为亚里士多德的著作分为公开的和秘传的两
　种。另外，参见 Philop.De An.E,2（ap.Stahr.Arist.ii.261）。

7　参见 Ad.Att.iv.16,2。与对话不同，严格的科学著作被称为（见上一条注释）评论、
　连贯的阐述，对应于希腊解释者们的 αὐτοπρόσωπα 或 ἀκροατικά（秘传的作品），
　参见下文第 84 页注释 1 和注释 5。

8　Adv.Col.14,4, p.1115：亚里士多德在任何地方都攻击这样的观点，例如"在伦理
　学笔记中，在物理学讨论中，通过公开的谈话"。

学是"公开的"，而形而上学、物理学和辩证法是"秘传的"，[1] 因为前一类作品的读者是所有人，正如盖伦（Galen）解释的；而后一类作品的读者仅仅是这位哲学家的学者们。[2] 亚历山大在一封信中——这封信似乎属于安德罗尼柯编撰的内容[3]——抱怨他的老师对公众发表了那些"秘传作品"；但是亚里士多德声明它们已经出版了，因此"他反对发表它们"的说法不可能出自那份残篇的作者。后来，我们确实发现了这样

113 的假设，[4] 并且它与下述理论相关：即亚里士多德有意在他的"秘传"作品中采用一种只能被他的学者理解的阐述方式；[5] 并且他只在这里以完备的逻辑关系阐述他的理论。[6] 根据这个理论，"公开的"与"秘传的"的区分是显而易见的，因为"公开的著作"是写给大众的，因此它们以

---

1 *N.A.*xx.5：亚里士多德的讲座和著述分为两类，一类是公开的，另一类是秘传的。在吕克昂中，早晨讲授的是后一类作品，而下午讲授的是前一类（参见第 20 页注释 1）。

2 *De Subst.Fac.Nat.*vol.iv.758 K.

3 参见 Gell.*ibid.*; Plut.*Alex.*7；参见第 16 页注释 1。οὐκ ὀρθῶς ἐποίησας ἐκδοὺς τοὺς ἀκροατικοὺς τῶν λόγων. （你并没有直接把秘传的作品分发出去）。这个句子表明公开作品与秘传作品的区分是被这封信的作者知晓的。

4 Plut.*Alex.*c.7.Clemens, *Strom.*v.575 A：不仅是毕达戈拉斯学派和柏拉图学派，所有学派都有秘传的学说和不公开的著述。基于同样的理论，在 *Rhet.ad Alex.* c.1,1421, a,26 sq. 中，亚历山大请求亚里士多德保持这部作品的秘密性，而亚里士多德从自己的立场出发，也要求亚历山大对此书保持沉默。

5 亚里士多德在回答亚历山大的问题时表达了上述观点（参见 Gell, *ibid.*），即当他回应后者关于"秘传著述"的指责时表达了这个观点。另外，参见 Themist. Or.xxvi.319, A sq.，据说亚里士多德没有找到既适合大众的又适合他的学者们的讲稿，因此放弃向大众传授他的最高学说，并使用晦涩的语言。参见 Simpl.*Phys.*2, b，提到的刚刚所说的那封信，辛普里丘说：在那些秘传的著作中他追求的是晦涩和难懂。同样的观点，参见 *Categ.*Schol.27, a,38, David, *Categ.*Schol.22, a,20；27, a,18 sq.。在同样的意义上 Lucian, *V.Auct.*c.26 称亚里士多德是 διπλοῦς（双重的）：即在外界是一种形象，在内部又是另一种形象——公开的或机密的。

6 亚历山大（*Top.*52）评论说亚里士多德为了解释真理有一次谈到了逻辑，另一次提到了关于意见的辩证法。他以论题、修辞学和公开著作作为例子来说明。但是《论题篇》和《修辞学》的例子表明，它们只涉及这些作品中提及的意见之基础，即被普遍承认的见解（ἔνδοξον），而不是他的学说本身。后来的作者以此为标准，也如此表达自己的观点；参见 Simpl.*Phys.*164, a；以及 AMMON 和 David，参见一下条注释；另参见 Philop.*Phys.*p.4。然而，David, *Schol.in Ar.*24, b,33 将亚历山大的评论改写了，以便反驳他的观点。

流行的格式写成，不触及太困难的问题，并用能够被大众理解的方法来替代严格的和科学的证明方法。[1]

　　上述理论可以追溯到安德罗尼柯，或者更早；[2]但这并不能保证它的正确性。然而，它在总体上从亚里士多德的"公开的著作"的表述那里得到证实，尽管在某些方面还需考证。一般而言，亚里士多德可能会把任何一个不在手头的研究[3]称为"公开的"，或者对某个主题浅显的讨论和研究也称为"公开的"。[4]但这个名称并非总是指一类特殊

114

115

1　除了已经列举出的例子，我们在新柏拉图评注家的描述里也能找到对这个观点的证明。所谓的 Ammon.*Categ*.6, b sqq.（另外，参见 Stahr, *Aristotelia*, ii.255 sqq.）对亚里士多德的作品做出了其他方式的划分，并根据"语义和句法"区分了 αὐτοπρόσωπα καὶ ἀκροαματικὰ（笔记和秘传著作）与 διαλογικὰ καὶ ἐξωτερικὰ（对话和公开的著作）。前者是给秘密团体写的，而后者是为广泛的听众写的；亚里士多德在前者中用严格的科学论证来表达他的观点，而在后者中用大众能够理解的语言来写作。类似的，David, *Schol*.24, a,20 sqq. 在较长的篇幅中把亚里士多德的作品划分为笔记式的和秘传的与对话的和公开发表的，并认为前者是"为了适应哲学而写的"，而后者"不是为了哲学而写的"。因此前者必然是通过逻辑来呈现的，而后者是通过说服的方式来表达的。参见第 83 页注释 6。

2　为了证明这一点，我们不能过多地依赖 David 指出的那个段落，但 Heitz 就是这么做的（*Verl.Schr*.25 sq.）。David（24, b,5）明确地诉诸阿摩尼乌斯（Π.ἑρμηνεία）和阿摩尼乌斯名下的评注（从这篇评注现行的形态来看，它不是阿摩尼乌斯写的，但它似乎与他的某篇作品有渊源），这一事实证明阿摩尼乌斯是 David 最直接的资料来源；尽管阿摩尼乌斯一定使用过更早的作家的材料（主要是亚历山大，David 在 24, b,33 中攻击过他，而他对亚里士多德的《欧德谟伦理学》的引用大概也是从亚历山大那里来的，类似的情况，参见 Philop.*De.An*.E,2 SQ.；*Ar.Fr*.p.1481, No.41），但我们不知道这些对他们提供的证词有何影响。另一方面，我们必须把西塞罗，斯特拉波和格利乌斯（参见第 83 页注释 4 至注释 8，第 84 页注释 1）记载的内容回溯到提兰尼俄（Tyrannio）和安德罗尼柯，我们在第 84 页注释 2 中提到的信件证明后者知道公开著作和秘传作品的区分，并且秘传作品只能为哲学家的学生们所理解。

3　《政治学》i.5,1254a33。类似的段落，参见 ibid.ii.6,1264b39。柏拉图在《理想国》中对立法的讨论是不完善的，但他在其他公开流传的著述中完整地讨论过此问题。"ἔξωθεν λόγοι"在这里指的是最具思辨特征的作品。类似的，在欧德谟斯 *Fr*.6 中（Simpl.*Phys*.18, b）我们读到的不是亚里士多德的"有一个难题，但不是关于论证的"（《物理学》i.2,185, b,11），而是"有一个公开流传的难题本身"。

4　《物理学》iv.10, *init*.。在这里"ἐξωτερικῶν λόγων"指的是接下来的讨论，它被称为"公开的"（在别的地方，亚里士多德以同样的方式将逻辑的研究和物理学的研究相对立，参见第 125 页注释 4），因为它并不打算给出一个严格的和充分的对时

116 的作品。[1] 然而，我们有理由认为有些段落属于这类作品；[2] 它们有着比

间的定义（即时间是什么，参见 218a31），只是某些初步的研究。这里的问题并不是"公开的著作"；但 Prantl 错误地认为（*Arist.Physik*,501,32）我们应当这样来理解"公开的著述"：即不仅对于当前的例子，而且对于所有例子，公开的著述是当时到处流传着的、有趣的主体的对话，这些对话甚至发生在社交集会中。但是这个观点并不适用于其他段落，我们将稍后讨论；因为对于现在讨论的这个段落，这样的理解与真正的和严格的亚里士多德式的讨论形式不一致，参见 217b32,218a30。

1 因此，除了上一条注释中引用的《物理学》中的段落，《欧德谟伦理学》ii.1,1218b33 引入了对公开流传的著述和秘传的著述之区分。在类似的段落中，例如《尼各马可伦理学》i.8,1098b10，亚里士多德说："他希望从已给出的描述中来讨论幸福本身"；根据文本的语境，这里指的只能是前文中关于幸福的讨论。因此，欧德谟斯说的"公开流传的著述"指的是这种类型的文本。

2 《政治学》vii.i.1323a21 就是这类作品的代表。从紧接着的下文来看，他在这里指的并非仅仅是日常生活中口头表达的意见。因为亚里士多德继续说："这是确定的，因为没有人会反对这种划分"。他的意思是：从外部观点看，我们都承认幸福的条件不仅包括外界的和对肉体有好处的东西，而且显然包括对精神有益的东西，尽管我们在日常生活中常常满足于些微的精神上的有益之物。这个论证必然蕴含了所谓的 ἐξωτερικοὶ λόγοι（外部的观点），它与当时社会中流行的观点有一些相同之处，但与现行观点的任何表达形式都是不同的（参见 Bernays, *Dial.d.Arist*.40），亚里士多德在一定程度上同意当时的流行观点。接下来，文本中的句子"γὰρ πρός γε μίαν διαίρεσιν οὐδεὶς ἀμφισβητήσειεν"（因为没有一个人会反对这种划分）指向了一个确定的解释，它不仅存在于可接触到的口头对话中，而且存在于成文的书籍中。我们很容易将它与亚里士多德自己的口头讲述联系起来（Oncken 持这样的观点，参见 *Staatsl.d.Arist*.i.44–59）。然而，我们不能从目前的描述来证实这种观点（《政治学》iii.6,1278b32），因为亚里士多德不仅经常以这种方式引用别人的著作，而且经常以同样的方式引用自己的著作；参见《政治学》vii.13,1332a8；《物理学》viii.1,251a9；《物理学》iii.1；《论天》i.7,275b21；《形而上学》v.30 *fin.*；《尼各马可伦理学》vi.3,1139b26。另一方面，νῦν χρηστέον αὐτοῖς（他现在必须使用他自己的）与这个解释是相反的。它表明下述内容是从公开流传的著述中摘录来的；但亚里士多德或许不会使用这样的方式，如果他是从以前的书籍中引用某些内容，而不是仅在口头上说。从这种情况来看，他就必须像现代的大学教授一样有许多机会重复口头描述。因此，他明确地提及从"外部流行的著述"中摘录某些内容，这提示的是一本已经存在的著作，例如《论天》ii.13,295a2 和《气象学》iii.2,372b10 [在这里，有些段落被引用了，χρηστέον（使用）一词也在其中出现]。这是一本亚里士多德式的著作，因为从"外部流行的著述"中得到的著作很像亚里士多德写的，而亚里士多德也以自己的名字命名了这书的整体（ἡμεῖς δὲ ἐροῦμεν,1.38[我们探究]）。最后，尽管与这里从"外部流行的著述"中引用的内容相似的段落在《尼各马可伦理学》(i.6 *sqq.*x.6 *sqq.*) 中被发现了，策勒在他的书的第二版中将这些段落与这里的引用联系起来，但他现在承认 Bernays (*ibid*.71 sq.; cf.Oncken, *ibid*.43,5; Vahlen, *Arist.Aufs*.ii.6) 的观点，即亚里士多德并未用"ἐξωτερικοὶ λόγοι"来指示

ἠθικὰ（《伦理学》），因为他在《政治学》中对其引用时反复说"在《伦理学》中"，并认为它们的关系是最密切的（参见第 93 页注释 4，参见策勒的第二版）。Bernays（73 sqq.）的观点——即《政治学》第七卷第一章与亚里士多德的科学著作不同，它明显带有从一篇对话中摘录的痕迹，这个观点在 Vahlen 的有力反驳之后（*Arist. Aufs*.ii），已经很少有人支持了。然而，策勒仍然觉得有必要支持 Bernay 的观点，因为这个段落中"公开流传的段落"指的是对于我们而言已遗失的亚里士多德的一部著作，他在这里似乎紧密地追随着这部著作的思路，正因为如此，才引用了它，而并未引用《伦理学》的内容，尽管后者的有些段落在意思上与它非常接近。尽管 Bernay 这样认为，但《政治学》iii.6,1278b30 的文本使我们不太相信这个观点。这里涉及的或许不仅是口头演讲（Oncken, *ibid*., 如此认为），甚至包括与学园和科学的哲学研究无关的对话。在这里，亚里士多德的"公开流传的著作"指的并非不同领域或不同种类的作品（更准确地说是做出区分），而是对它们的差异的精确限制（参见 Bernays，第 38 页），这个事实可以从"διοριζόμεθα"（划界或下定义）这个词的使用中看出。因为这个词不仅表达了某种精确的区分，即"精确的逻辑上的对立"，而且也指任何种类的区分。如果我们将 διοριζόμεθα 在这个段落中的意义（p.115）与 λέγομεν 进行比较，我们就会发现 διοριζόμεθα 在这里与后者的意义是相同的，并且当我们阅读别的段落并说服自己，亚里士多德将某些作品命名为"公开流传的著作"后，我们就会发现这个段落符合这种解释。（在亚里士多德的遗失的著作中这种区分显然是存在的；尤其是 πολιτικὸς 和 Π.βασιλείας；参见第 41 页注释 1，以及第 42 页注释 2）。类似情况的还包括《尼各马可伦理学》第六卷第 4 章开篇。这里的描述无疑允许我们假设：这些词句指的是与我们现在拥有的科学著作不同的、其他形式的亚里士多德的作品，例如《论诗人》或 Gryllos；但是我们并不能假设其他的或 Bernays 没有提出的假设（p.39,57 sqq.）。如果有人认为这个段落不是像 Bernays 假设的这般是狭义的，而是广义的"这个已经在我的其他作品中证明过了"，那么"公开"一词的意义和文本语境都不支持这种解释，因为对前者的解释或许与第 85 页注释 4 中的例子是类似的，而对于后者，无论亚里士多德在这里指的是科学的、还是公开流传的著作都是不相干的。另一方面，如果我们把"我们提及的公开流传的著作"理解为"别人说的话"，那么这个表达与欧德谟斯的观点是相同的（参见上一条注释）。关于这个观点，Bernays 发现我们不相信单单从受过良好教育的人们的日常谈话中能够得到漫步学派的核心概念——即 ποίησις（制作）和 πρᾶξις（活动）的关系；如果真是如此，那么我们也可从日常谈话中发现所有伦理学的核心概念——即幸福，这是更加荒谬的。然而，我们在《尼各马可伦理学》i.8, *init*. 中发现这样的句子"必须再次思考这个概念以及我们关于它的讨论"，它也许不意味着我们要在"受过教育的人们的日常谈话中"寻找"幸福"的科学定义；但是如果我们把"公开流传的著作"理解为"我们讨论过的内容"，那么这个观点在《尼各马可伦理学》vi.4 *init*. 对"制作"和"活动"的描述中是无法得到证实的。诉诸一种普遍的信念才能建立起对制作与活动的一般区分；而这正是亚里士多德的方法（参见《尼各马可伦理学》i.8.*init*.）。我们在《尼各马可伦理学》i.13,1102a26 的描述中明确地辨别出诉诸亚里士多德的某些著述的意图。尽管下述观点绝不是像 Bernays 认为的那样（p.36）不可信：即理性灵魂和非理性灵魂的区分来自柏拉图的

119　现存的亚里士多德全集更流行的形式，这一点不仅可以从关于公开的著
作和科学的著作之区分的表述看出，[1] 而且还可以从描述公开著作的术

120　语中看到。[2] "公开的著作" 这个词本身或相关的事实并未证明它们指

学园，后来逐渐流传到较大的圈子中（后来 *Epicharmus* 的 "理性直观" 非常接近
这个观点）。另外，尽管将 "ἐξωτ.λόγοι." 解释为 "学派之外的、当时流行的观点"
并非不可能，但这里的介绍文字与上面给出的《政治学》vii.1 的段落十分相似，并
且 "某些东西已经说得够多了，现在应当进行自己的研究了" 的意义显然是指已经
写成的文本，我们可以把这个引用理解为 "讨论过的内容"。如果这指的是亚里士
多德的一部著作，那么它属于遗失的作品——或许就是《欧德谟斯》；因为这个引用
与《论灵魂》iii.9,432a22sqq. 的内容不符，且此书不应当被这个引用转述，而是应
当被 "在《论灵魂》中" 这样的引用转述，正如在别的地方出现的那样。《形而上学》
xiii.1,1076a28 中的 "ἐξωτ.λόγοι" 也不能理解为别人的口头讨论。它指的一定是
亚里士多德自己的作品，因为这样可以使他避免对理念论的全部批判甚至抛弃；另
外，"ἐξωτ.λόγοι" 的所指以及它与其他非公开的作品之区分提示我们不能在哲学
家的学说讨论中也不能在其严格的科学作品中找到这样一本著作。这个观点在欧德
谟斯那里就更明确了，或许是他记起了这个段落，在《欧德谟伦理学》i.8,1217b22
中他表达了这样的观点："这个问题已经以很多方式讨论过，在公开流传的或公开的
讨论中和在我们关于哲学的讨论中。" 参见下一条注释。

1　这个观点在我们引用的上一条注释中是非常明显的，尤其是在《政治学》vii.1,
《伦理学》i.13,《形而上学》xiii.1 中，有些观点已经被解释为 "甚至在公开流传的
讨论中"，因为我们并不期望在这些文本中发现这样的讨论。欧德谟斯的观点更明
确，他将 ἐξωτερικοὶ λόγοι（外部著述）（参见上一条注释的末尾）和 λόγοι κατὰ
φιλοσοφίαν（关于哲学的著述）对立起来。因为后者是科学研究，而前者是流行的
著述。《欧德谟伦理学》i.8 和《形而上学》xiii.1 对理念论之批判的引用似乎最不
可能是流行的著述；但我们已经在第 56 页注释 1 和第 40 页注释 1 中看到他在关于
哲学的对话中坚决地反对这一学说。

2　Ἐξωτερικός 在亚里士多德的文本中有如下几种意义（1）存在于外面的东西，即
外部的；（2）指向外部的东西，即涉及或指涉外部的。这个词采用第一种意思，例
如，一个外邦地区被称为 "外部的领域"（《政治学》ii.10,1272b19），或者手和脚
被称为 "外面的部分"（《论动物的生成》v.6,786, a,26）；关于这些使用，参见《政
治学》vii.1,1323, a,25 中的 ἐξωτερικὰ ἀγαθὰ（外部的善）的讨论。在表达第二种
意义时，它是组合起来使用的，例如 ἐξωτερικαὶ πράξεις（外部的活动）（《政治
学》vii.3,1325, b,22,29）。如果，我们现在打算赋予 "ἐξωτερικοὶ λόγοι" 这个短
语第一种意义，那么，从公开流传的著述来看——在那些文本中包含了亚里士多德
对于某个特殊问题的研究，我们便不能将这些著作理解为在那些将它们作为别的著
作引用的讨论之外（例如 ἐξωρερικωτέρα σκέψις 和 ἔξωθεν λόγοι，第 85 页注释
3 和第 86 页注释 1）。然而（Bernays, *Dial.d.Ar.*92 sq.），这些东西并不是一个事物
的本质，而是在外的（参见第 85 页注释 4）。第二种意义是不合适的，一方面因为
以这种方式描述 "公开的著作" 是非常奇怪的，另一方面因为它不适合亚里士多德

的仅仅是亚里士多德的对话。另一些适宜于公众理解的作品可能存在并且实际上存在。[1]

至于有人认为亚里士多德有意不把他严格的科学论文向公众发表，这是不成立的，因为当时抱怨亚里士多德出版这些作品的记录直接反驳了这种看法：[2] 此外，他没有专门设计一种针对公众的晦涩难懂的文体，因为这些文本自身是易见的。事实上，除了那些可能是他自己使用的笔记之外，他使用了各种烦琐的方式来帮助读者理解，例如严格规定的科学术语、清晰的定义、解释和举例、思考的方法和过程，以及对可能出现的模糊、混淆和误解的警告。如果读者仍有理解上的特殊困难，那么原因应当在别处寻找而绝非是作者有意为之。此外，任何类似的理论似乎在说：这位哲学家淘气地做出些神秘的事情，但没有任何理性的动机。

121

亚里士多德确实只出版了他的一部分作品，这是为了在较广泛的读者的圈子中传播。其他那些与他的口头教学关系密切的作品似乎是为他的学生作为课堂教材而设计的。[3] 正是在前一类作品中，他下功夫锤炼语言的优雅和艺术表达的完备性，这些流行的义体就是著名的"公开的"作品。第二类作品的唯一目的是科学研究本身，因此它们具有严密的逻辑性和较少的艺术性。目前来看，前一类作品的绝大部分——如果并非

在后来的作品中采用的那些例子，即作为合适的和充分的例子，他对于"公开流传的著述"的描述（例如《政治学》《伦理学》和《形而上学》的那些段落，参见第86页注释 2）。这些作品只有在下述意义上才能被称为"外部的"，即它们在亚里士多德学派之外流传并为人知晓。然而，如果我们从 ἐξωτερικὸς 的第二种意义来看（策勒倾向于这样做），并将"外部的著述"理解为那些为了给外部的人员或公众阅读的作品，那么我们会得到相同的结论，在 λόγοι ἐκδεδομένοι（公开发表的著作）或 ἐν κοινῷ γιγνόμενοι（在公共流传的作品中）中，这些术语包含了同样的意思。这个词蕴含了对这些作品流行的或公众的特征的指示，但并非直接由形容词"外部的"表达出来。当欧德谟斯将"公开流传的著述"和"关于哲学的著述"对立起来时（参见上一条注释），我们或许应当将后者理解为"为了科学研究的讨论"；但同时也没有什么反对下述翻译：即"两者都是为了对公众的讲授和对科学的研究"。

1　参见第 53 页注释 1。

2　参见第 16 页注释 1，以及第 84 页注释 2。

3　但是我们并不能假设这些学生不向外人传授他们的教材。

全部——是亚里士多德在雅典建立漫步学派之前写成的，并且大多数是在他的柏拉图学园时期写的，但这些作品只有少数的残篇保存下来。[1]

1　策勒说："在这个意义上，我已经在第二版第 98 页表述过自己的观点，即关于公开的作品和秘传的作品的区分是一个可能的事实。另一方面，我相信，当亚里士多德在他的文本中提到 ἐξωτερικοὶ λόγοι（公开的著述）时，我可以把在任何地方出现的这个短语的意思翻译为 '不在当前的研究中的讨论'（另外参见 Schwegler, *Gesch. d.griech.Phil*.194）。现在，我们拒绝了这个观点，并认为 'ἐξωτερικὸς'（外部的）这个词的一般意义是指某些外部的东西，或者与外部有关的，这是更恰当的读法。因此，'ἐξωτερικοὶ λόγοι' 这个组合词不仅可以指在某个特殊的主题之外的讨论（例如第 85 页注释 3）或者对一个主题的外围研究（第 85 页注释 4），而且还可以指当前在某个学派之外的讨论(第 86 页注释 1）或给外部读者写的作品(第 86 页注释 2）。所以，我们从亚里士多德的这个或那个段落出发，并把个别段落中这个词组的意思扩展到其他所有情况，我们得到对 'ἐξωτ.λόγοι' 这样的或那样的理解。这就是为什么直到现在关于这个问题仍然存在很多争议。"在这些争议中，离这个解释最远的是 Madvig（Exc.vii.on Cic.*De Fin*.），Prantl（*Arist.Physik*.p.501,32），Spengel（"Arist.Studien"，*Abh.d.bayr.Akad*.x.181 sq.），Forchhammer（*Arist.und die exoter. Redn*, cf.pp.15,64）和 Susemihl（*Philol.Anz*.v.674 sq.）的假设，即只有非哲学家的对话才是 "ἐξωτ.λόγοι" 的所指；这个观点可以上溯到安德罗尼柯时代，他们认为这个词组指的是亚里士多德的一类特殊的作品。然而，与我们的解释比较接近的是 Ravaisson（*Metaph.d'Arist*.i.209 sq.）和 Thurot（*Etudes sur Aristote*,209 sq.）的观点，他们认为这个词组指的是对话式的讨论（与严格的科学研究相对），它们由关于意见的论证构成，要么出现在亚里士多德的作品中，要么出现在学派的口头辩论中。在他们看来，这些文本能被称为外部的，因为要么它们总是涉及一些与主题无关的东西（参见 ἔξω and ἔσω λόγος, *Anal*.i.10,76, b,24），要么它们总是以外围的方式处理问题。Grote（*Aristotle*,63 sqq.）同意他们的观点，但他还认为，除了亚里士多德的对话和从秘传作品中摘录的一些文本外，外部著作还包括发生在学派之外的对话。Überweg（*Gesch.d.Phil*.i.143, 第 5 版）持有类似的观点（尽管他没有考虑学派之外的对话这个方面）。Oncken（*Staatsl.d.Arist*.i.43 sq.）认为这个词指的是口头讨论，它们与 ἐξωτ.λόγοι 提到的科学论文是联盟关系，但与后者是不同的种类。另一方面，Ritter（*Gesch.d.Phil*.iii.21 sqq.）的观点与一些古代作家的描述相似，即他们认为（p.29）亚里士多德的学生有两类，而作品也分为两类；所有严格的科学著作都是亚里士多德为了帮助理解他的讲座而写的，并在后来由他或他的学生们发表的，或许最初只是为了帮助理解而发表的；剩下的著述（这些已经遗失了）是给受过良好教育的人们写的，它们和对应的讲座一起被称为公开的著述。Bernays（*Dial. d.Arist*.）的立场是相似的，他主要认为公开的著述指的就是这些讲座。Heitz（*Verl. Schr.d.Ar*.122 sqq.）尽管在大体上同意他的看法，但倾向于认为这个表达（参见《物理学》iv.10 *init*.）有着更宽泛的意义，并认为它蕴含了一个从真正的科学中排除了的观点。Bonitz（*Ind.Arist*.104, b,44 sqq.; *Zeitschriften fuer oestr.Gymn*.1866,776 sq.）持有类似的观点。Stahr（*Aristotelia*, ii.239 sqq., cf.275 sqq.）和布兰迪斯（*Gr.- roem.Phil*.ii.b,101 sqq.）的立场并不坚定，前者认为外部著述包括某些未充分讨论

根据这一理论，"公开的"著作和"秘传的"著作有着巨大的差异，前
一类作品与哲学家在思想成熟期的系统学说相比是粗糙的；但说他在这
一类作品中或在另一类作品中隐藏了自己的观点或不让读者读懂他的观
点，却完全是另外一回事。

　　然而，"出版的"或"公开的"著作与其他著作的区别暗示了下
述结论：现存的、推理严密的作品是为亚里士多德的学生和学者所写
的，即作为他们的学习教材。文本的许多特征表明它们很难被视为真
正"出版了的"——如果我们在亚里士多德时代这个词最完备的意义
上说。

　　首先，下述情况是显见的：[1]一本书被另一本书引用，并且这另一本
书也被先的那本引用了，或者一篇较早的文章说某个研究已经完成了，
而另一篇较晚的文章说这个研究还在思考之中。这些情况并不少见。
《论题篇》常常被《分析篇》引用，[2] 而它也引用过《分析篇》四次。[3]
这四处引用可能属于后来补充进《论题篇》的，但无论如何它们都不会
晚于《分析篇》，这几处和其他较早的部分都被《分析篇》引用过。[4]《物
理学》提示我们考虑那些——就我们所知——只在《形而上学》中提到
过的理论，这些引用或许属于在《形而上学》成书之前就写成的独立论

122
123

124

的问题以及那些在本质上并不属于哲学体系的作品，例如对话——它只是做哲学的
一种特殊方式；后者将外部著述广泛地与流行的著作等同起来，但是拒绝对它们或
"外部的著述"这个表达做进一步的定义。Thomas（*De Arist.ἐξωτ.λόγοις*）的看法
非常独特，他认为应当在《大伦理学》中寻找亚里士多德的外部著述。由于篇幅的
关系，我不能对这些不同的观点做更多梳理；它的基础在我们已经讨论过的内容中。
Stahr（*ibid.*）给出了关于这个问题的所有早期的引用。

1　Ritter（iii.29）和布兰迪斯（ii.b,113）已经注意到这个问题，并以类似的方式作过
　　解释。
2　参见第 49 页注释 1。Bonitz（*Ind.Arist.*102 sq.）给出了下面这个解释所根据的文本，
　　只要它们并非在这里被明确地引用。
3　VII.3,153a24（参见《后分析篇》*ii.13*），viii.11,162a11（参见《前分析篇》ii.2），
　　viii.13,162b32，ix.2（《辩谬篇》），165b8。
4　《前分析篇》ii.15,64a36，引用了《论题篇》viii 的内容。另外《前分析篇》
　　ii.17,65b15 引用了《论题篇》ix.4,167b21 的内容，紧接着的内容与这个引用的关系
　　也十分密切。

125　文；[1] 然而，毫无疑问的是《论天》[2] 引用的动物学理论是在这一著作之后才写的。[3]《气象学》引用了《论感觉》，[4] 但《气象学》前言说它是对无机自然的一系列研究的结束，在此之后是对动物和植物的研究。《自然的历史》引用了《论植物》，但在晚期的一篇文章中后者是还未完成的。[5] 同样地，《论植物》的内容在《论动物的生成》的一个早期部分中是作为已完成的作品而被引用的，但它在一部晚期作品中出现时却是还未完成的。[6] 已遗失的《论食物》一书被《论睡眠》引用过；[7] 但在较晚的《论动物的部分》和《论动物的生成》中，它却是作为将要讨论的问题出现的。[8] 在这些文本与一篇类生理学的文章之间有一种类似的交

126　叉引用的关系，[9] 这使我们很难辨别哪一篇是较早完成的。《论动物的部分》被《论动物的运动》引用过一次，而它又引用了《论动物的运动》三次。[10]

1　参见《物理学》i.8,191b2；亚里士多德在讨论了生成的可能性之后说："这是解决这个难题的一种方法，另一种方法是指出同一个事物既可以说是潜在的又可以说是现实的。我们在别的地方已经详细地探讨过了。"这个引用极有可能是《形而上学》中的一个段落（它不可能是一篇遗失的文章，因为亚里士多德在别的地方并不习惯于这样的引用方法，对于确定意义的文本，他总是用"在别的地方"这样的引用方法，参见第 81 页注释 3）。这个引用在《形而上学》中不仅符合 ix.6 sqq. 的内容，而且符合 v.7,1017a35 sqq.，即 $περὶ τοῦ ποσαχῶς$（《论存在的多重方式》）的讨论，参见第 56 页注释 1。

2　《论天》ii.2,284, b,13："如果世界有左边和右边之区分，那么它就必然有上边和下边、前面和后面的区分"（《论动物的行进》2,704, b,18, sqq., *ibid*.c.4 sq.）。

3　这一点不仅可从《气象学》i.1 *fin*. 中得到证明，而且因为《动物志》和《论动物的部分》都被引用了；参见 *Ind.Arist*.100, a,55 sq.。

4　III.2 *fin*.。更明确的是，我们必须把《气象学》ii.3,359, b,21 中的 $εἴρηται ἐν ἄλλοις$（在别处讨论过）诉诸《论感觉》第 4 章。

5　《动物志》v.1,539, a,20。另一方面，我们在第 70 页注释 1 中提到，这篇论文在《论生与死》《论动物的部分》和《论动物的生成》这些著作中第一次被预告了。

6　I.23,731, a,29。另外参见 v.3,783, b,23（cf.i.1,716a1，以及第 70 页注释 1）。

7　C.3,456, b,5.

8　参见 p.92，以及《论睡眠》《论动物的部分》和《论动物的生成》这些作品之间的时间顺序，参见 Bonitz, *Ind.Arist*.103, a,16 sqq.,55 sqq.。

9　$Π.ζωῆς καὶ θανάτου$（《论生与死》）和 $Π.ἀναπνοῆς$（《论呼吸》），参见 p.91 以下。

10　《论动物的行进》5,706, a,33：许多动物有前后部分之分，它们通常是相邻的（参见《论动物的部分》iv.9,684b10 sqq.）。另一方面，参见《论动物的部分》

　　我们应当如何处理这一特殊现象？我们是否应当曲解引用的方式以便认为那些明显引用了早期著作的文本好像是在晚期作品中对某些内容的指示？但这种解释不仅被为数众多的交叉引用现象否定了——它自身就是一个值得注意的事情——而且也被下述情况否定了：在好些例子中，晚期作品已经存在的假设与段落的主旨有过于密切的、不允许更改的关系。[1] 有人认为这些不寻常的引用是亚里士多德死后才偷偷混入文本的，但根据上述类似的理由我们也可以否认它。[2] 这里有一个更为简单的解释：亚里士多德并非一次性出版了那些将晚期的作品作为已存在的书籍来引用的著作，而是曾经只在他的学生中间和口头讲座中使用它们。这些手稿添加了附录——而在附录中对后来作品的引用将不时出现。倘若作者从未因出版的缘故对这些作品做出最后的修订，那么某条引用很可能是以它原本正确的形式出现的——即对将来的作品的引用，但在另一个段落或更早的文本中这条相同的引用或许被视作已完成的作品。这个理论可以解释《政治学》——我们有足够的理由认为亚里士多德没有写完它，并在死后以未完成的形式将其出版[3]——被《修辞学》和《诗学》所引用，[4] 而《诗学》又被《政治学》作为将来的作品而引用。[5]

127

---

iv.11,690b14。与这个段落相关的，参见 iv.13,696a11。

1　因此，《论题篇》vii.3,153, a,24 中有两行应当删除以便去掉这个引用，并且《气象学》iii.2 *fin.*（第 92 页注释 4）中的 "*ὡς ὑπάρχουσι*"（正如存在的）和 "*χρησώμεθα*"（我们已经说过）表明这里引用的不是将来的作品。比改变这些有争议的文本更粗暴的是，在必要的时候，将 "*εἴρηται*"（已经说过的）的意义理解为 "*ῥηθήσεται*"（将要说的），并否认在 "*εἰς ἐκεῖον τὸν καιρὸν ἀποκείσθω*"（就把这个时机保留给那里吧）这个表达中涉及的是对将来的作品之引用。

2　除了在上一条注释中列举的段落，这个观点似乎是不可接受的，尤其在《论天》ii.2（参见第 83 页注释 6）中，*εἰ δὲ δεῖ καὶ τῷ οὐρανῷ*（第 18 行）与 *διώρισται μὲν οὖν*（第 13 行）是对应的。整个段落从第 13 行到第 20 行将被整体删除，它被看作后亚里士多德时代插入的内容。

3　参见下文第十三章。

4　《政治学》i 8,1366a21 的内容经常出现在《诗学》中，参见第 77 页注释 1。

5　VIII.7,1341b39。论"净化"，Bernays（*Abh.d.hist.Phil.Ges.in Breslau*, p.139）正确地指出，这个段落或许指的是我们的《诗学》中遗失的一个部分，而不是《政治学》的一个部分（Heitz, *Verl.Schr.*100 sq.）。

事实上，亚里士多德在写《修辞学》和《诗学》之前已经完成了《政治学》的一部分。因此，他在《政治学》中称《诗学》为将来的作品，同时在《修辞学》中引用了《政治学》的一段。倘若他已经出版了《修辞学》，那么他就不能像对待未出版的《政治学》那样，在其中加入引用了。[1]

《论题篇》[2]末尾的句子似乎在说亚里士多德的著述主要是给他的学者们读的。对于他的读者，他要求他们喜欢或感激学到的知识，[3]特别是那些听过他授课的人。但这并不意味着《论题篇》只是他的讲座笔记，或者某位听众的笔记。这个观点不仅被文本的表述否定了，[4]而且被下述事实否定了：亚里士多德在后来的著作中引用《论题篇》的方式[5]不能被解释为是指一本遗失了的书或其他作者的书。对于一本正式出版的、并在读者圈中广泛流通的书，这样的引用方式是不可能的，但是，倘若《论题篇》只是以讲座的笔记或附录的方式提供给亚里士多德的读者使用的话，[6]这样的引用就是非常自然的。另有文本证明亚里士多德的有些著作也处于类似的情况。解释词语的不同意义的摘要——即现存《形而上学》的第五卷——绝不是以现在这种没头没尾的注释形式出版的。它可能只是辅助教学的手头资料。但是他常常引用它，甚至在比《形而上学》更早的著作中也引用过它。[7]同样的论证也适用于经常被

---

1 《修辞学》iii.1,1404b22 中有一个很难解释的奇怪事件：它说演员 Theodorus 还活着并且还在表演，但《政治学》viii.17,1336b27 认为他已经死去了。问题在这里出现了：我们拥有的《修辞学》的第三卷究竟是亚里士多德自己的作品，还是一位后来作者的作品？——这位作者或许使用了亚里士多德的某部早期著作，因为这段文本似乎符合亚里士多德的风格。参见第 53 页注释 1。

2 《辩谬篇》33 *fin.*：关于证明的理论，亚里士多德并无前人的意见可以借鉴。

3 在有些手稿中 ἡμῖν（我）和 ἡμῶν（我们）代替了 ὑμῖν（你）和 ὑμῶν（你们）；但亚里士多德或许并不把他自己包括在他感谢的人之中，也不在他道歉的人之中。

4 这些词语将读者和其他人区分开来；只有在 τῶν ἠκροαμένων（读者的或听众的）之前去掉 ἡ，我们才能得到一个简单的、对听众或读者的指示，但是所有手稿的相关文本中都包含这个词。

5 *Ind.Arist.*102, a,40 sqq.

6 正如 Stahr（*ibid.*）假设的那样。

7 参见第 56 页注释 2，以及第 92 页注释 1。

引用的解剖学文本，[1] 这本书应当是在很小的范围内流通的，因为文本中的绘图是核心部分。然而，如果亚里士多德引用的著作只对他的学者们公开，那么使用这些引用的书籍也是如此；因为没有人能够在已出版的书中引用未出版的书，或者在尚未面世的书中全面介绍一个主题。

　　我们用来解释这些特殊现象的理论也可以解释其他现象。例如，常见的、文风上粗陋的把戏，在一段紧凑的表述中令人吃惊的累赘重复，打断了思维的井然秩序的插入内容；倘若我们假设作者从未完成这些著述，那么这些现象都能得到解释。许多作品在他死后才出版，因此原先的文本中加入了来自不同抄本和作者笔记的许多材料。[2] 这个理论很可能是正确的，我们发现，例如《论灵魂》[3] 的许多部分明显带有两个修订本的痕迹，而我们没有任何理由否认这两个修订本出自亚里士多德本人。[4] 同样的论证也适用于《政治学》和《形而上学》，但我们有其他理由认为它们是未完成的，并且是在亚里士多德死后才出版的。[5] 如果情况如此，那么我们就能得出一个推论，因为我们必须承认，如果某本书是在亚里士多德死后出版的，那么所有引用过它并且在顺序上晚于它的著作都不可能是在其生前出版的。即便我们不能把这个论证运用于《论灵魂》之外的作品，它也能给我们很多启示，因为自然哲学的许多著作都引用过《论灵魂》。[6]

　　这种关于亚里士多德著作的产生方式的理论之应用范围或限制只能

130

1　关于这个问题，参见第 66 页注释 1。

2　这是许多学者采用的一个假设，尽管这个假设加入了许多特殊的限定，例如 Ritter, iii.29（参见上文第 121 页注释 2）；Brandis, ii.b,113; Überweg, *Gesch.d.Phil.*i.174, 第八版。 Susemihl, *Arist.Poeet.*p.1 sq., Bermays, *Arist.Politik*,212。或许，亚里士多德不是写作，而是讲授，这解释了文体上的无规律性，例如篇幅的长短不一和其中包含的错句。

3　参见第 66 页注释 2。它与《伦理学》（特别是第 5—7 卷）的重复和有争议的文本是类似的。参见第 73 页注释 1。

4　例如《物理学》的第七卷，Spengel 在 *Abh.d.Münch.Aka*d.iii.2,305 sqq. 中讨论过它。参见 Prantl, *Arist.Phys.*337。

5　参见第 56 页注释 2，以及下文第十三卷开篇。

6　参见第 70 页注释 1 ；以及 *Ind.Ar.*102, b,60 sqq.。

131　通过对单个文本的细致考查来确定。但是，对出版的或"公开的"著作
的引用，在较早的文本中对晚期的著作引用习惯，以及缺少作者最后修
订的、重复的和顺序混乱的文本——这些特殊现象几乎遍及亚里士多德
的全部著述。从上述特征，以及从《论题篇》和《论灵魂》只是为亚里
士多德的学生所写，但也常常被晚期作品引用[1] 这个事实看来，亚里士
多德全集（就那些真实的作品而言）很可能是在吕克昂学院的教学活动
中产生的，并且最初只是为他的学生们而写的；亚里士多德死后，它们
得到正式的出版并渐渐为公众所知。对于全集中的绝大部分，从它们的
内容以及它们之间的内在关系来看，我们可以假设亚里士多德在写作时
已经通过口头讲述的方式向他的学生们传授过这些内容，[2] 但也有下述
可能：当这些书出版的时候，第三方的解释加入进来并且摘自亚里士多
德的论文和其他讲座的段落也插入进来。[3] 有些文本可能是在他的教学
中起辅助作用的，它们并不是独立的讲稿。[4]《形而上学》有一卷[5] 似乎

132　是一个讲座的提纲，就现存的形式来看，它不是写给学生们的。但现存
的大多数作品并不属于这种情况。但这个理论首先由普遍存在的交叉引
用这一事实否定了，这些引用无论是在数量上，还是在方式上都远远超
过了亚里士多德自己想做的。[6] 其次，它还被下述事实否认了：尽管有
许多不足，但从文学的角度看，这些著述是精心完成的而不仅仅是演讲

1　参见第 129 页和 130 页。

2　参见第 128 页以下的讨论内容，即《论题篇》的结束语。

3　从第 76 页和第 130 页的论述来看，《形而上学》和《论灵魂》似乎属于这种情况。

4　正如 περὶ τοῦ ποσαχῶς（《论存在的多重方式》）（参见第 56 页注释 2，以及第 77
页）；有人认为 Ἀνατομαί（《解剖学》）也属于这一类。

5　《形而上学》第十二卷，参见第 56 页注释 2。

6　《形而上学》第十二卷的前半部分什么也没有，而下半部分是非常完整的
（c.7,1073a5 与 c.6,1071b20 有关），这里有一个单独的引用（c.8,1073a32）。但它存
在于大多数著作中。然而，这个引用的形式更具有决定性。因为没有人自己使用这
样的表达——即在第 86 页注释 2 中提到的 φαμὲν（我们说），或者更迂回的表达，
例如"一个清楚的解释已经在《动物志》和《解剖学》中给出了，此外，我们还会
在后面的《论动物的生成》中谈到它们。"（《论动物的部分》iv.10,689a18），以及
类似的表达（参见 Ind.Ar.97, b, sqq. 列举的例子），或许如我们在第 115 页引用的
那些例子。

者自己使用的提纲。最后，不太常见的引言方式、转折和结论的反复出现说明作者是在为他人而不是为自己写作。[1]

　　还有一个不太可能的理论[2]认为：亚里士多德全集或全集的很大一部分是他的学生记录的讲座内容的抄本。我们已经指出，它们与讲座课程的关系非常密切。[3] 然而，它们是讲座内容的抄录，还是对于同一个主题的自由撰写；它们是力求准确地复述老师的语句，还是对于他的思想在精神上的重构；它们完全是由学生记录的，还是他自己写的，这些

133

1　这类表述包括《论题篇》的结论（参见第 94 页注释 2）；νῦν δὲ λέγωμεν（我们现在说）（《辩谬篇》c.2.fin.；参见《形而上学》vii.12, init., xiii.10,1086b16 以及上文），ὥσπερ λέγομεν（正如我们所说），ὥσπερ ἐλέγομεν（正如我们说过的）（参见《尼各马可伦理学》vi.3,1139b26,《形而上学》iv.5,1010a4,《修辞学》i.1,1055a28 以及上文），καθάπερ ἐπήλθομεν（正如我们处理过的）（《形而上学》x.2, init., xiii.2,1076b39），καθάπερ διειλόμεθα（正如我们区分过的）（《形而上学》vii.1, init.），ἃ διωρίσαμεν, ἐν οἷς διωρισάμεθα, τὰ διωρισμένα ἡμῖν（我们给出过定义的或在我们的定义中或我们给出过定义的对象）（《形而上学》i.4,985a11, vi.4, fin., i.7,1028a 4），δῆλον ἡμῖν（我们澄清过的）（《修辞学》i.2,1356b9,1357a29），τεθεώρηται ἡμῖν ἱκανῶς περὶ αὐτῶν（我们对它做过充分的思考）（《形而上学》i.3,983a33）。另外，参见我们在前面讨论的内容的总结性句子，以及将要研究的主题的预告（例如，《形而上学》xiii.9,1086a18 sqq.，《修辞学》i.2,1356b10 sqq.；《辩谬篇》c.33,183a33 sqq.；《气象学》init.）。Oncken（Staatsl.d.Ar., i.58）从《尼各马可伦理学》和《政治学》中引用了三十二段这样的表达形式。没有人会相信亚里士多德会在他的讲稿中写下所有这些表达形式，因为一个开始教学的人往往并不确定他要说的下一个单词是什么。

2　Oncken（ibid.48 sqq.）同意 Scaliger 的观点。Oncken 在那里评论说（62 sq.），他认为这个假设只对于《伦理学》和《政治学》有效，但是他给出的理由或许对于绝大多数的亚里士多德著作都是有效的。

3　证明了这一点之后,Oncken 指出除了其他段落，尤其参见《伦理学》中的一个段落，这个段落提到了一个听众，参见《尼各马可伦理学》i.1,1095a2, 11.Ibid.c.2,1095b4（《尼各马可伦理学》x.10,1079b23,27; vii.5,1147b9 的内容在这里是不相关的;《政治学》vii.1,1323b39 的文本意思是"这个问题属于另一个研究"）。Oncken 后来证明，在引用别的著作时，只有这样的表述适合于正在说话的人，例如 εἴρηται（被研究），λετέον（被讨论过），ἄλλος λόγος（别的描述）等；但是这样的词语显然是用来引用书籍的（像上面 p.96 和第 86 页注释 2 讨论的《问题集》和公开流传的著述一样），我们现在也是这样使用这些词语的。他引用了这样的标题 πολιτικὴ ἀκρόασις（政治学讲座）（ap.Diog.v.24）；类似的，φυσικὴ ἀκρόασις（物理学讲座）普遍地使用于《物理学》（参见第 60 页注释 1）；但是既然我们不知道这些标题是谁的作品，所以我们也就不能根据它们推出什么来。

是完全不同的问题。笔记理论或许依赖下述假设：它可以解释叙述方法的草率。[1] 但是，如果我们考虑得足够仔细，那么这个假设是不成立的。因为这里的问题不是关于校订残缺的讲座稿时经常出现的那些缺陷，这些讲座稿在抄写的时候充斥了太多的错误，例如遗漏、重复和拼凑破碎的论证；这个问题是关于未被作者规范的、特殊的写作风格，它们十分独特和稳定以致于我们无法设想这是由于偶然和他人的错误造成的。[2] 倘若它们只出现在一些书中而不出现在另一些书中，那么这样的起因是可能的。然而，事实上，它们在所有文本中都出现了，尽管程度不同，因此这种风格只能归于亚里士多德自己。这些作品的风格和形式明确揭示了它们的内容和语言都是亚里士多德自己的。一个类似的结论也可以（正如我们已经指明的[3]）从一系列的交叉引用中得出；因为某人在一个讲座中可以引用一个或者两个过去讲授过的内容，但却很难引用很久之前讲过的整个系列——因为他不能假设当下的听众仍然记得那些细节。[4] 此外，在许多情况下，例如讲授自然哲学时，为了

1　这是 Oncken 观点的主要依据。对现存文本的缺陷最容易的解释是："它们是漫步学派的一个有缺陷的独白（他在第 62 页这样说），它们是从听众的笔记中草率地抄写和胡乱编辑而来的。"

2　这些错误指的是句子的构成（参见 Bonitz, *Arist.Stud.*ii.3 sqq.），尤其是篇幅较长的、插入式的解释，以及由这种解释引起的句法错位；对某些小词的重复使用或省略（Eucken 发现了它的证明，参见 *De Arist.Dicendi Ratione* 以及 Bonitz, *Ztschr. f.d.oestr.Gymn.*1866,804 sqq.），以及类似的错误。这个解释也适用于在亚里士多德的所有作品中经常出现的某些问题，它们有时以一种简单的形式出现（例如《论灵魂》i.1,403b7 sqq.《论生成与消灭》ii.11,337b5，另外参见 Bonitz 解释的段落，*Arist.Stud.*ii.16 sq., *ibid.*6,333, b,30），有时以分离的形式出现，但并没有任何解释。像这些无法解释的问题不应当出现在一部著作中（Oncken, *ibid.*61），例如我们只需提及在现代作家 Lessing 的著作中发现了多少这样的例子！我们也不允许做出下述假设（*ibid.*59）：这些问题在口头讨论中被听众或教师回答了。对于亚里士多德和 Lessing 而言，它们似乎是在一个精确的和生动的对话中自然而然的偏题，任何一个记录者都倾向于删除而非保留它们。

3　参见 p.128 和 p.131。

4　与此相关，请注意同一本著作在与其主题最远的地方如何被一次又一次地引用，另一方面，各种不同的文本如何在同一篇论文中被引用。因此，《物理学》《论天》《论生成与消灭》《气象学》《论灵魂》《论感觉》《论动物的部分》被《形而上学》和《伦理学》的许多段落引用过；《论生成与消灭》的内容被《气象学》《形而上学》《论灵

口头授课的目的，论文的各个主题逐步深入细节之中。这样的讲座将使那些最热心的听众在记忆力和注意力上都难以承受，因此我们难以想象他们如何精确地记录讲座的内容。[1] 但这些论文与其他文章有着同样的源头。

我们知道塞奥弗拉斯特和欧德谟斯的《分析篇》是照着亚里士多德的方式写的，它们不仅在一般结构上相同，而且在细节上也相同。[2] 我们还有证据表明这些追随者们逐字逐句地抄录了现存《形而上学》的一些段落。[3]欧德谟斯在他自己的文本中照原样抄录了亚里士多德《伦理学》和《物理学》的部分[4]。我们看到过欧德谟斯的信，他在信中向塞奥弗拉斯特询问一段文本，并得到了后者的回复。[5] 这些事实证明布兰迪斯的观点[6] 是正确的，即亚里士多德的追随者们依附于大师作品的方式表明他们面对的是他的真实著述。特别对于《论题篇》，它已被证实不是别人的抄录，相反，它是亚里士多德自己的作品（见 p.128）。

136

倘若亚里士多德的哲学著作在他死时仅在他的学生中流传，那么我们或许可以理解这些作品为何在他死后很长一段时间内都未公开；或者由于发生了非常不幸的事故，漫步学派丢失了这些著作。根据一个奇怪而又广为流传的故事的记载，这个不幸的事件真的发生过，正如我们推测的那样，在长达两个世纪的时间内，亚里士多德的作品被遗失了。

魂》《论感觉》《论动物的部分》《动物的生灭》这些著作引用过；《形而上学》引用了《分析篇》《物理学》《论天》《伦理学》和 ἐκλογὴ τῶν ἐναντίων（《对立面的选择》）等著作的内容，而《修辞学》引用了《论题篇》《分析篇》《政治学》《诗学》和 Θεοδέκτεια 的内容。

1　正式的口授方法这种观点是很难成立的，如果成立，那么我们可以推论说现存的亚里士多德作品是他本人所著，而不是他学生的笔记。

2　参见 p.67。

3　参见第 58 页注释 1。

4　参见关于欧德谟斯的讨论，参见下文第十九章，以及那里的注释。

5　这些内容涉及《物理学》v.2,226b14，并且它们出现在 Simpl.*Phys*.216 a, *Schol*.404, b,10 中。

6　*Gr.-roem.Phil*.ii.b,114.

第三章

亚里士多德著作的历史与顺序

137   斯特拉波（Strabo）和普鲁塔克（Plutarch）说亚里士多德和塞奥弗拉斯特的著作在塞奥弗拉斯特死后传给了他的继承人——斯克普西斯的奈留斯（Neleus of Scepsis），后来，这些著作被奈留斯的继承者们储存在一个地窖中，在公元前最后一个世纪的早些时候，它们被提奥斯的阿珀里康（Apellico of Teos）发现，那时这些书已残破不堪，此后他把它们带到雅典。战争爆发后，苏拉（Sulla）掠夺了它们，并将它们带到罗马。它们在罗马被提兰尼俄（Tyrannio）和安德罗尼柯（Andronicus）使用并编辑出版。[1] 这个故事的作者们告诉我们塞奥弗拉斯特之后的漫步学派既不知道这位哲学大师的主要著作，也不知道他真正的哲学体系，但他们并未指出这个断言是建立在他们自己的观点之上，还是建立
138   在确凿的证据之上，如果有证据，那么这些证据的性质是什么？[2] 后来

---

[1]   这个版本的出版日期一定是公元前最后一个世纪的中叶。因为提兰尼俄于公元前 71 年在 Amisus 的监狱中度过，此后他被 Muraena 释放（参见 Zeller, *Ph.d.Gr. Pt.iii.a*,550,1），在 Lucullus 返回罗马之前（公元前 66 年），他是不可能在罗马居住的。我们知道，他在被捕时是一位有声望的学者，公元前 57 年他给西塞罗的儿子当教师，并与西塞罗和 Atticus 有些交往（CIC.*Ad Qu.Fr.*ii.5, *Ad Att.*iv.4,8）。因此，他在罗马工作的时期应当是这个世纪的中叶，即便他可能活到了这个世纪的后三分之一时期。（根据 Suid.*s.v.γηραιος* 的记载，他死于某个奥林匹亚的第三年，但很遗憾我们不知道究竟是哪一个奥林匹亚年。）关于安德罗尼柯，参见 Zeller, *Ph.d.Gr. Pt.iii.a*,549,3，以及第 34 页注释 4。

[2]   我们已经指出，上述故事的来源是斯特拉波（xiii.1,54, p.608）和普鲁塔克

的评论家发现这个故事对于解释现存全集的不完整性和不规范性是极为有利的。[1] 如果情况真如斯特拉波和普鲁塔克所言，那么现存全集的残缺不仅在意料之中，而且我们应当预料到文本的残缺程度会比现存状况更糟糕。因为，如果作为现存文本唯一来源的那些重要作品是在这些未分类的手稿中找到的，直到阿珀里康发现它们，它们已在斯克普西斯的地窖中腐败了一百多年；它们被虫蛀、潮湿发霉、凌乱无序——如果如斯特拉波所说：阿珀里康胡乱补充了那些丢失的部分，而提兰尼俄和安德罗尼柯也没有其余的手稿以供修订——那么谁能保证在任何地方都没有外来的材料被编进亚里士多德的文本中——这些材料也在奈留斯的手稿中，或者一些连续的部分被分开了，或者一些部分被草率地编在一起，又或者编撰者凭想象填补了那些大大小小的文本空缺？

　　然而，现代评论家怀疑斯特拉波的故事的真实性，[2] 即使这个故事

139

(*Sulla*,26)，因为 Suid.$\Sigma\acute\upsilon\lambda\lambda\alpha\varsigma$ 只是照抄了普鲁塔克。然而，普鲁塔克无疑也是从斯特拉波那里得到的信息。普鲁塔克没有记录安德罗尼柯从提兰尼俄那里得到了亚里士多德著作的抄本，他出版了它们，又写了 $\tau o\grave\upsilon\varsigma\ \nu\tilde\upsilon\nu\ \varphi\varepsilon\rho o\mu\grave\varepsilon\nu o\upsilon\varsigma\ \pi\acute\iota\nu\alpha\kappa\alpha\varsigma$（现存抄录册）。普鲁塔克或许是从他所知的其他资料中把这册子添加进去的，或许是从斯特拉波（参见 Stahr.*Arist*.ii.23）的历史著作中得来的（苏拉在雅典居住期间的一次事件之后，这些历史著作立即就流传开了）。除了斯特拉波的证据，我们没有任何有关阿珀里康发现这些书籍的其他资料（Heitz, *Verl.Schr*.10）。因此，我们唯一可靠的证据就是斯特拉波的记载。但我们并不知道他的信息来自何处；它们不太可能来自安德罗尼柯。斯特拉波说阿珀里康购买了亚里士多德的书籍并胡乱地编辑过它们。但我们只能推测这个说法来自安德罗尼柯，如果我们把"年轻的漫步学派"限制在安德罗尼柯的那些前辈中，他们能够使用阿珀里康和提兰尼俄看到的版本；但是否有人能够指出存在这样一些人——他们不为我们所知，但是他们发展了漫步学派的学说又非常了解亚里士多德的观点，我们有理由认为安德罗尼柯应当是这样的人。我们不能认为提兰尼俄和 Boëthus 也是斯特拉波信息的来源（Grote 认为 Boëthus 是这个信息的来源，参见 *Aristotle*, i.54），因为前者的观点与他自己的观点不同，而后者的观点与年轻的漫步学派的观点不同。

1　参见 BUHLE, *Allg.Encykl*.Sect.i.vol.v.278 sq.，以及后来 Heitz 的观点；见第 102 页注释 1。

2　在一个博学的法国人发出孤立的和不被重视的声音之后，大约 18 世纪初开始有人怀疑这个故事（参见 Stahr, *Arist*.ii.163 sq.，*Journal des Scavans*,1717,655，以及一篇匿名的论文：*Les Amenitez de la Critique*），布兰迪斯（"Üb.die Schicksale d.arist. Buecher". *Rhein.Mus*.v.Niebuhr and Brandis, i.236 sqq.,259 sqq.; cf.*Gr.-roem.Phil*. ii.b.66 sqq.）是第一个认真处理这个问题的人。Kopp（*Rhein.Mus*.iii.93 sqq.）补充

140 的拥护者们也无法保持沉默。[1] 塞奥弗拉斯特确实把他的图书馆传给了奈留斯。[2] 亚里士多德和塞奥弗拉斯特的手稿属于那个图书馆，它们被奈留斯传给了他的继承人，此后为了躲避皇家对图书的收集，这些书被藏在沟渠或地窖中，后来，阿珀里康发现了这些已经十分破败的书，这些事件都是真实的。[3] 因此，斯特拉波记载的这些事件可能都是真的。并且，毫无疑问，安德罗尼柯对亚里士多德文本的编辑工作不仅对哲学体系的研究而且对文本的保存都具有划时代的意义。然而，如果有人说这些书籍在斯克普西斯的地窖之外是找不到的，并且塞奥弗拉斯特死后漫步学派的人也不知道这些书籍，那么我们有足够多的证据来反驳这种观点。

　　首先，亚里士多德遗失著作的再发现事件是如此瞩目，但当时亚里士多德的评论家和学者没有一个人提及或暗示过这件事，这简直是难以置信的。西塞罗对此只字未提，尽管他有充足的时机得知这件事，因为当时他就住在罗马，并且提兰尼俄正在苏拉缴获的图书馆里工作，西塞罗事实上与提兰尼俄有过很多接触。亚历山大这位"评注家"也没有提起此事；任何一位间接或直接使用安德罗尼柯的编辑本的希腊评注者都

141 未说起过。安德罗尼柯本人似乎并不认为阿珀里康的发现很重要，因为他并不以此为根据来考查一篇作品的真伪，在对各种不同读法的考证中也不援引奈留斯的手稿。[4] 后来的编辑者们也从未觉得他的文本有

了他的批评，稍后 Stahr 详尽地讨论了这个问题（*Aristotelia*, ii. 1–166, cf. 294 sq.）。后来的学者大多遵循他们的观点。

1　Heitz, *Verl. Schr. d. Ar.* 9 sqq., 20, 29 sqq.; Grote, *Aristotle*, i. 50 sqq.; Grant, *Ethics of Ar.* i. 5 sqq., *Aristotle*, 3 sqq. 上述学者承认斯特拉波和普鲁塔克的记载有错误之处，但在大多数情况下是正确的。我们在这里无法详细讨论支持这个观点的理由，但拒绝它的理由在文中有详细的说明。

2　塞奥弗拉斯特的遗嘱（*apud* Diog. V. 52; Cf. Athen. i. 3）说托勒密二世（Ptolemy Philadelphus）购买了奈留斯收集的全部书籍，并把它们带到了亚历山大里亚。

3　因为，当 Athenaeus 或他的介绍者说奈留斯的整个图书馆被带到了埃及的亚历山大里亚，这可能是一个不准确的描述，正因为它是不准确的，相反，它在 v. 214 中说阿珀里康拥有的不是亚里士多德的著作而是他的图书馆。

4　对于前一种情况，参见第 47 页注释 1，即他对《解释篇》之真伪的疑虑；对于后

任何约束力，[1] 即使斯特拉波的故事是正确的，这可能是这个故事的唯一来源。

另一方面，有一种理论说：因为遗失了亚里士多德的著述，塞奥弗拉斯特之后的漫步学派偏离了学派的原初教义，他们迷失在对单纯的修辞学的发展中，这个理论显然不符合事实。随着时间的推移，到了公元前 3 世纪，漫步学派可能逐渐偏离对自然哲学和形而上学的研究，但这个变化不是发生在塞奥弗拉斯特去世时，它最早开始的时间是他的继任者斯特拉托（Strato）去世之后。斯特拉托的研究并不限于伦理学和修辞学，相反，他偏爱物理学，也并未忽视逻辑和形而上学。他的学说常常与亚里士多德的相抵触；但是这不能证明他不熟悉亚里士多德的体系，因为他以一种显而易见的方式批评它。[2] 即便在斯特拉托死后，这个学派的科学研究也并未立即终止。[3] 说后期的漫步学派因为遗失了亚里士多德雅典时期的著述而偏离了学派的教义是极不自然的。我们更有理由说这个变化与柏拉图学园派的运动是相似的，但这一运动的发生绝不是因为遗失了柏拉图的作品。

然而，谁能相信这位哲学大师最重要的作品在他的继任者死时没有别的手稿，而奈留斯继承的那些手稿是唯一的？或者谁又能相信在亚里士多德活着的时候以及在他死后和塞奥弗拉斯特死前的九届奥林匹亚（四年一届奥林匹亚，即共 36 年。——中译者注）期间，竟没有一个追随者愿意并能够拥有漫步学派这些最重要的资源？或者谁能想象像欧德谟斯这般忠诚于亚里士多德学派的人并未拥有他老师的书籍，或者像斯

142

一种情况，参见 Dexipp.*In Arist.Categ.*p.25, Speng.(*Schol.in Ar.*42, a,30): $\pi\rho\tilde{\omega}\tau o\nu\cdots$ $A\nu\delta\rho\acute{o}\nu\iota\kappa o\varsigma$. 这不是说他是以苏拉的手稿为依据来解决争议的（或者他并不知道苏拉的手稿，但普鲁塔克指出他至少使用过提兰尼俄的抄本）。因此，这些手稿似乎不是唯一的版本，甚至并不是原初的抄本。参见 Brandis, *Rhein.Mus.*i.241。

1　参见 Simpl.*Phys.*101, a。

2　我们将在稍后给出部分证明。它们也可以在斯特拉托的一个段落中找到，参见下文第二十章，以及随后的注释。

3　参见第二卷末尾，关于"伪亚里士多德文本"的部分（参见下文第二十一章）。

特拉托这般聪明的漫步学者也没有老师的著述，或者法莱隆的德米特里（Demetrius of Phalerus）这位狂热的书籍收藏家也没有他的作品，又或者托勒密菲拉达尔福斯为他的亚历山大图书馆购买亚里士多德和塞奥弗拉斯特的书，但唯独没有他们的重要著作的抄本？

这个故事还暗含着这样一个假设：手稿的拥有者不愿意使用它们。亚里士多德把他的作品束之高阁，塞奥弗拉斯特不知为何继续秘存这些书籍，并把这种保密的使命传给了他的继任者。所有这些看法都非常荒诞，以至于无须严肃地反驳。

然而，我们并不仅仅是靠猜测。因一个不幸的事故，我们几乎失去了他所有的哲学著作——我们关于这段历史拥有的材料相当少；但我们仍然能够证明：自塞奥弗拉斯特死后直到苏拉占领雅典之间的两百年间，亚里士多德的大部分著作仍旧为一些博学的人熟知。无论亚里士多德自己是否出版了那些严格意义上的科学著作，它们成为漫步学派的教科书并被它的成员使用。甚至那些相互交叉引用的段落也揭示了下述可能：作者不仅想让他的读者知晓这些段落，更要仔细地比较和研究它们，结果是不同的抄本被保存和流传下来。不仅从个别的书籍评述，而且从一般的考虑来看，我们发现情况确实如此。

如果塞奥弗拉斯特的图书馆被毁坏后，漫步学派的确遗失了亚里士多德的真迹，那么一定是因为我们在别的地方找不到这些学说的来源。然而，我们知道除了塞奥弗拉斯特，还有欧德谟斯，他们的作品不仅在题目上而且在内容上都模仿[1]亚里士多德；这些模仿在语词上和思想上与原著有多接近，我们自己可以从欧德谟斯的《伦理学》和《物理学》中看到。[2] 为了做到这一点，欧德谟斯一定拥有亚里士多德的原文；正如一个可靠的故事告诉我们的：[3] 他不在雅典时也仍然能使用这

1　相关的引用，参见 p.65，p.68。

2　参见第 108 页注释 3；关于欧德谟斯的这一部分见下文第十四章。

3　参见第 99 页注释 6。

些文本。[1] 此外，毋庸置疑的是亚历山大图书馆藏有大量亚里士多德的著述。[2] 亚历山大图书馆经典集的汇编者认为亚里士多德是哲学写作的典范，因此，他们应当拥有那些公开作品的精装本；[3] 那些大量藏品最重要的部分不可能不包括亚里士多德的科学著述。如果第欧根尼的目录[4] 来自亚历山大图书馆，那么这就是它们曾在那里的确切证据：即便这个推测（很可能是这样的）是错误的，这个目录也仍然证明它的汇编者——他生活在塞奥弗拉斯特和安德罗尼柯的时代之间——见到过现存亚里士多德全集的绝大部分。[5] 这个汇编者或许是赫尔米普斯（Hermippus），他十分熟悉塞奥弗拉斯特的作品（斯特拉波和普鲁塔克说他的书与亚里士多德的书一起被藏在斯克普西斯的地窖中），并记载有塞奥弗拉斯特作品的目录，这个目录被第欧根尼保存下来。[6] 但他丝毫不知亚里士多德的作品遗失了，因为第欧根尼从未提及遗失的亚里士

145

1　Heitz (*Verl.Schr.*13) 认为，如果亚里士多德的作品是公开出版和广为人知的，那么欧德谟斯在他的《物理学》（和《伦理学》）中逐字逐句地模仿亚里士多德就是难以理解的。但是，如果欧德谟斯不去模仿公开出版的著作，而模仿未出版的，那么他似乎就是非法剽窃。但他的行为不能理解为剽窃，因为他自己从未想过这样做。他的《伦理学》和《物理学》只不过是对在漫步学派中广泛流传的亚里士多德著作的重新阐述，这只是为了表述他自己观点的需要。

2　除了在 p.142 中提到的证据，我们还知道托勒密二世对于亚里士多德的书籍是十分狂热的，他花高价购买它们，并时常抄写这些文本（Ammon.*Schol.in Arist.*28, a,43; David, *ibid.*,1.14; Simpl.*Categ.*2, ε）。我们在第 45 页注释 2，以及第 49 页注释 1 中谈到的《范畴篇》的两卷和《分析篇》的四十卷是 Adrastus 在一个旧图书馆中找到的，这个旧图书馆应当就是亚历山大图书馆。然而，这并不能证明亚历山大图书馆只拥有那些替代品而没有真迹，因为我们正是根据图书馆中的真迹才能判断出复制品。

3　对于这一点参见 Stahr, *ibid.*65 sq.。

4　参见 p.48。

5　参见第 35 页注释 1。

6　参见塞奥弗拉斯特的《形而上学》结尾处的注释。《植物的历史》第七卷开篇的注释显然是从同一个目录中来的（*apud* Usener, *Anal.Theophr.*23）。Diog.(ii.55) 记载了一本赫尔米普斯研究塞奥弗拉斯特的书，这本书或许是目录提到的作品的一部分。Diog.v.46 sqq. 中列出的目录至少有一部分间接来自赫尔米普斯，因为它的作者在 v.45 前面被提到了。

多德作品。[1] 另一个有力的证据是：我们从斯多亚派的学说中发现公元前 3 世纪亚里士多德的书籍正在被使用，斯多亚派最系统化的哲学家要数克律西波（Chrysippus），他的逻辑学和物理学与亚里士多德的学说非常相似，如果亚里士多德的作品在那时并不为人所知，那么这是不可能的。因此，有证据表明克律西波确实读过这些文本。[2]

146　　　　如果亚里士多德的著述最早是被阿珀里康发现的，并且最早是被提兰尼俄和安德罗尼柯整理编撰的，那么克里托劳斯（Critolaus）如何能够宣称他的写作是模仿他的学派祖师（即亚里士多德和塞奥弗拉斯特）的？[3] 斯多亚派的赫里卢斯（Herillus）又如何能说他自己的学说是以他们的理论为基础？[4] 帕奈修斯（Panaetius）又如何能说他时常引用他们的著作？[5] 我们又应当如何解释波塞冬纽斯（Posidonius）模仿亚里士多德的一贯倾向？[6] 西塞罗的老师安提俄库斯（Antiochus）又如何能说亚里士多德的学说与学园派是相同的，并致力于它们的完全融合？[7] 像斯提尔波（Stilpo）和赫尔马库斯（Hermarchus）那样的反对者又从哪里找得到攻击亚里士多德的材料？[8] 此外，既然安德罗尼柯告诉我们亚历山大在一封信中抱怨亚里士多德公开发表了他的学说，[9] 那么我们便可推测在那件事之前很长一段时间亚里士多德的作品——包括那些后来被认为是"公开的"著述——已经为公众所知了。

1　因为，一方面，我们不应当认为赫尔米普斯在模仿亚里士多德的著作时不可能不提及这个情况，倘若他知道这些真迹已遗失；另一方面，使得第欧根尼能够引用赫尔米普斯作品的那个作者也不太可能遗漏这个信息。如果第欧根尼知道这件事，以他的文学品味来看，他一定会记载下来。

2　即便我们并不倾向于认为第 39 页注释 5 中提到的争论是特别重要的，但 Plut. *Sto. Rep.*, 24, p. 1045 中的表述预设了他非常熟悉亚里士多德的辩证法作品。

3　参见西塞罗的 *Fin.* v. 5, 14。

4　*Ibid.* v. 25, 73.

5　*Ibid.* iv. 28, 79；参见 Zeller, *Ph. d. Gr.* Pt. iii. a, 503, 3, 2nd ed.。

6　*Ibid.* iii. a, 514, 2.

7　更多细节，参见 *Ibid.* 535 sqq.。

8　根据 Diog. ii. 120 的记载，斯提尔波写道：赫尔马库斯（*ibid.* x. 25）反对亚里士多德。但是从 *apud* Plut. *Adv. Col.* 14, 1, p. 1115 的表述中我们不能得出什么结论。

9　参见第 16 页注释 1，以及第 84 页注释 6。

　　尽管我们了解的信息有限，但是仍然可以证明在安德罗尼柯之前，不仅许多现在已经遗失的作品——不论是公开的还是秘传的 [1]——在流通使用，而且他的科学著作的绝大部分已经公开流传了。

147

　　例如《分析篇》，我们知道第欧根尼目录记载了它，从塞奥弗拉斯特和欧德谟斯的笔记中，我们也知道他们使用过它。[2] 我们有《范畴篇》和《解释篇》的目录。[3] 对于《范畴篇》，安德罗尼柯在他的手稿中发现了一篇伪造的、后来添加进去的"后范畴篇"，并且他熟知它的几个版本，它们有不同的标题和读法。[4] 因此，我们推测在他之前的很长一段时间，《范畴篇》就已经有不同的抄本流传。[5]《论题篇》在第欧根尼目录中可以看到，[6] 塞奥弗拉斯特 [7] 和他的继承者 [8] 都使用过它。有些作

148

1　书信，参见第 38 页注释 2；四卷本的 $\Pi.\delta\iota\kappa\alpha\iota\sigma\sigma\acute{\upsilon}\nu\eta\varsigma$（《论正义》）（参见第 39 页注释 5）被克律西波、泰莱斯、德米特里（Demetrius，$\Pi.\acute{\epsilon}\rho\mu\eta\nu.$）或许还包括 Carneades 等人认为属于这类作品；《劝勉篇》为 Crates、芝诺（Zeno）、泰莱斯（参见第 42 页注释 2）和欧德谟斯（参见第 40 页注释 1）等人所知，西塞罗也使用过它；他讨论哲学和财富的论文被他之前的菲洛德姆斯和伊壁鸠鲁的一个名叫 Metrodorus 的学生使用过；根据 Athen.xv.674, b 的记载，$\dot{\epsilon}\rho\omega\tau\iota\kappa\grave{\sigma}\varsigma$（《论爱》）为克沃斯的阿里斯托（Aristo of Ceos）所知；$\Pi.\pi o\iota\eta\tau\tilde{\omega}\nu$（《论诗人》）是一篇对话（参见第 41 页注释 1），它似乎被埃拉托塞尼和阿波罗多洛斯（Apollodorus）使用过；$\dot{O}\lambda\upsilon\mu\pi\iota o\nu\tilde{\iota}\kappa\alpha\iota$（《奥林匹亚的胜利》）被埃拉托塞尼引用过（apud Diog.Viii.51）；Didascalics 被 Didymus 在 Scholiasts Aristoph.Au.1379 中引用过（cf.Heitz, Verl.Schr.56）；$\Pi\alpha\rho o\iota\mu\acute{\iota}\alpha\iota$（《格言》）一书描述了亚里士多德被凯菲索多鲁斯攻击的情形；总的来说（正如在 p.48 已经说过的那样），它们包括第欧根尼目录中记载的所有作品，无论是伪作还是广泛使用的 $\Pi.\epsilon\dot{\upsilon}\gamma\epsilon\nu\epsilon\acute{\iota}\alpha\varsigma$。关于古代哲学家的著作——包括现存全集中的《论麦里梭》——可以在 apud Diog.No.92–101 中找到（参见第 44 页注释 1）。

2　参见第 49 页注释 1。

3　参见第 45 页注释 2，第 47 页注释 1。

4　参见上文（第二章）p.64，p.66；以及第 102 页注释 4。

5　相同的结论也可以从以下事实（Simpl.Categ., Schol.79, a,1）得知：安德罗尼柯参照了 Archytas 的《范畴篇》，而后者的作品至少是模仿亚里士多德的；然而，辛普里丘的观点仅仅是依据他的一个错误假设而得出的——即这些作品是真实的。

6　参见第 49 页注释 2，以及第 51 页注释 9。

7　塞奥弗拉斯特的情况从亚历山大的 In Top.p.5, m.(cf.68,72,31) 和 In Metaph.342,30,373,2 (705, b,30,719, b,27) 中的记载可得知。参见 Simpl.Categ. Schol.in Ar.89, a,15。

8　参见 Alex.Top., infra (Schol.281, b,2)。在斯特拉波的著作中，我们发现了 apud Diog.v.59, $\tau\acute{\sigma}\pi\omega\nu\ \pi\rho o o\iota\mu\iota\alpha$（《论空间》）。

品模仿并引用过《修辞学》，它们的成书时间很可能比安德罗尼柯生活的时期更早；[1] 塞奥狄克特斯的《修辞学》也是如此。[2]《物理学》被塞奥弗拉斯特和欧德谟斯详细地研究过，欧德谟斯非常忠实于原文，以149 致于人们常常引用他的文本来检验各种文本读法的正确性。[3] 一个欧德谟斯的研究者[4] 从亚里士多德的《物理学》中摘引了"论运动"的三卷。此外，我们也可以证明斯特拉波[5] 知晓亚里士多德的《物理学》，而

---

1 第欧根尼（No.79，参见第 53 页注释 1）既知道 *Rhetoric ad Alex.*（参见第 54 页注释 3），也知道现存的《修辞学》（关于此书，参见第 53 页注释 1 末尾）；引用它的作品是指 *apud* Demetrius, *De Elocutione*；对现存的《修辞学》的引用在以下文本中可以看到：c.38,41（《修辞学》iii.8,1049a1）；c.11,34（《修辞学》iii.9,1409a35,1409b16）；c.81（《修辞学》iii.11, *init.*）；同书的 c.34 所指的或许是早于安德罗尼柯的一个学者，从名字上看他可能是斯多亚派的，生活在公元前 140 年左右。

2 这篇论文也出现在第欧根尼的目录中，它被命名为 *Rhetoric ad Alex.*。

3 除了别的证据，我们可以从辛普里丘对《物理学》的大量引用中得出这个事实；例如，关于塞奥弗拉斯特，参见 Simpl.*Phys.*141, a and b，以及 187, a,201, b，以及 Simpl.*in Categ.Schol.*92, b,20 sq.，另外，参见 THEMIST.*Phys.*54, b,55, a, b（*Schol.* 409, b,8,411, a,6, b,28），以及 Brandis, *Rhein.Mus.*i.282。关于欧德谟斯，参见 Simpl.*Phys.*18, b（*Arist.Phys.*i.2,185, b,11）；他在 29, a 说："欧德谟斯完全遵照亚里士多德的作品"；此外，120, b 是对《物理学》iii.8,208b18 的评价，他在这里记录说"我认为，这样听到'城镇之外'是美妙的，因为欧德谟斯曾经思考了导师的话感受到了导师的思想"；以及在 121, b 中，他说："在写作中他将'共同的'替换为'第一的'，欧德谟斯就是这样写作的"；在 128, b 中，他说："欧德谟斯遵循亚里士多德"；在 178, b 中，他说："欧德谟斯在《物理学》iv.13,222b18 中写的不是 Πάρων 而是 παρών"；在 201, b 中，他说："欧德谟斯在每一事物的本性上都遵循亚里士多德的学说来写作"；在 216, a 中，他说："欧德谟斯立即将它与亚里士多德在第五卷的末尾和第六卷的开头所发现的东西联系起来"；在 223, a 中，他说："在亚里士多德那里'ἐπὶ τάδε'在不同文本中重复出现（*Phys.*vi.3,234, a,1），这造成了表达上的模糊，因此欧德谟斯用'ἐπέκεινα'代替第二次出现的'ἐπὶ τάδε'"；在 242, a 中，他说："（第七卷的开头）欧德谟斯勤勉地依照亚里士多德作品的大意来写作，他很了解这些作品并在作品的大意之间来去自如"；在 279, a 中，他说："欧德谟斯说他自己遵照亚里士多德的学说以及一些缩略的文本部分"。在 294, b 中，他指出："亚里士多德认为第一推动者一定是不动的，欧德谟斯阐发说第一推动者引起所有的运动"。更多细节参见下文第十九章，以及第 99 页注释 5。

4 Damasus，参见上文 p.82。

5 参见 Simpl.*Phys.*153,a（155,b),154,b,168,a,187,a,sqq.,189,b（cf.*Phys.*iv.10), 214, a。

斯多亚派的波塞冬纽斯也十分熟悉它。[1] 关于《论天》，我们没有确凿的证据说有谁比安德罗尼柯更早知晓它，除了塞奥弗拉斯特。[2] 然而，它不太可能在塞奥弗拉斯特死后便失传了，因为它的续篇——《论生成与消灭》——出现在第欧根尼目录中，[3] 并且当时与这两篇作品关系紧密的《气象学》流传甚广。[4] 例如，波塞冬纽斯从《气象学》中得出了元素理论，[5] 而斯特拉波拒绝了它对物体的轻与重的描述。[6] 伪作《机械论》和《天文学》都出现在第欧根尼目录中。[7]《自然的历史》一书不仅被塞奥弗拉斯特改编，[8] 而且也被亚历山大时期的作家拜占庭的阿里斯托芬（Aristophanes of Byzantium）改编过。[9] 这本书在亚历山大时期是广为人知的，因为第欧根尼（第 102 号）目录记载了它，此外，它还存在一个广为流传的汇编本。[10] 在塞奥弗拉斯特死后，[11] 有位作者写了一本名为《生物的运动》的书，他引用了《论灵魂》，还使用过伪作《论普纽玛》（περὶ

150

---

1 残篇 *apud* Simpl.*Phys.*64，b，辛普里丘评论说，这里的内容是以亚里士多德的学说为根据的（*Phys.*ii.2）。

2 参见第 61 页注释 1。

3 即如果目录第 39 号 *Π.στοιχείων ά β΄ γ΄* 指的是它；参见第 35 页注释 1。

4 参见第 61 页注释 1。

5 Simpl.*De Caelo*，*Schol.in Ar.*517，a，31.

6 Simpl.*ibid.*486，a，5.

7 前者是第 123 号，后者是 113 号：参见第 63 页注释 1。

8 第欧根尼目录 v.49 命名为 *Ἐπιτομῶν Ἀριστοτέλους Π.Ζῴων σ'*（《亚里士多德动物论节选》）。

9 根据 Hierocl.*Hippiatr.Praef.*p.4 的记载，这个语法学家写过一篇关于它的"节选"。Artemidor *Oneirocrit.*ii.14 称这个节选为"对亚里士多德的纪念"（参见 Schneider 的第一版，第一卷第 14 章）。德米特里（Demetrius，*De Elocut.*97，157，参见《动物志》ii.1，497b28；ix.2.32，610a27，619a16）或许还有其他早期的、被他引用过的古代作家，也知道这个节选。

10 参见第 64 页注释 1，*ad fin.*。安提戈诺斯的 *Mirabilia* 一书（c.16，22，27–113，115）对亚里士多德的《动物志》的许多引用很可能来自这个汇编版本。鉴于目前的目的，这些证据究竟是对亚里士多德作品是被流传的直接证明还是间接证明是不重要的。

11 关于这一点，参见 Themistocles in *De An.*89，b，91，a；Philop.*De An.*C.4，参见第 73 页注释 2。

$\pi\nu\varepsilon\acute{\upsilon}\mu\alpha\tau o\varsigma$)。[1]《问题集》[2]在漫步学派中的完成时间不可能晚于安德罗尼柯的年代。我们已经指出，[3]《形而上学》不仅被塞奥弗拉斯特和欧德谟斯使用过，而且被斯特拉波和漫步学派的其他人熟知。欧德谟斯很可能是它的出版人；尽管其中有些部分似乎是最先由安德罗尼柯加入到当时亚里士多德第一哲学的文本中的。《伦理学》绝不可能只被保存在塞奥弗拉斯特的手稿中，因为如果它随塞奥弗拉斯特的手稿一起遗失了的话，它就不可能为欧德谟斯或者后来的《大伦理学》的作者所知晓。对于《政治学》，如果我们以第欧根尼目录为根据，那么它是在亚历山大图书馆中被发现的，[4]与它一同被发现的还有《经济学》的第一卷——菲洛德姆斯（Philodemus）引用过它。[5]那本书的作者显然知道之前的《政治学》[6]；我们从狄凯亚尔库（Dicaearchus）的《三种政制》（*Tripoliticus*）一书[7]的笔记中知道他熟知《政治学》。《大伦理学》对《政治学》的援引和使用并未被充分证明，[8]我们并不知道西塞罗在他自己的政治学著作中对此书的引用来自何处；[9]但毋庸置疑的是，此书在塞奥弗拉斯特死

---

[1]　参见第 66 页注释 3 末尾。

[2]　参见 p.96。

[3]　参见第 58 页注释 1。

[4]　参见第 75 页注释 1 和第 76 页注释 2。

[5]　*De Vit.*ix.（*Vol.Herc.*ii.）col.7,38,47, col.27,15，在这里，它被认为是塞奥弗拉斯特所写。

[6]　这个作者可能是欧德谟斯或与他同时期的漫步学者，而不是亚里士多德；参见下文第二十一章。

[7]　参见下文第十九章末尾。

[8]　尽管"幸福"在这里（i.4,1184, b,33 sqq.）被定义为 $\dot\varepsilon\nu\acute\varepsilon\rho\gamma\varepsilon\iota\alpha\ \kappa\alpha\grave\iota\ \chi\rho\tilde\eta\sigma\iota\varsigma\ \tau\tilde\eta\varsigma\ \dot\alpha\rho\varepsilon\tau\tilde\eta\varsigma$（美德的运用和实现），但比起《尼各马可伦理学》i.6, x.6,7 和《欧德谟伦理学》ii 1 的定义来说，它与《政治学》vii.13,1332a7（这个段落是 Nickes 在 *De Arist.Polit.Libr.*87 sq. 中提醒我们注意的）中的定义更相似，因为幸福在这里被称为"美德的实现"，但是"实现和运用"连用的方式在这里并未出现。"运用"这个词在《欧德谟伦理学》1219a12 sqq.,23 中以及在《尼各马可伦理学》i.9.1098b31 中都出现过，因此这位《大伦理学》的作者写作的时候头脑中想的很可能是这些段落。

[9]　策勒在第二版中已经证明，西塞罗的政治学著作中有很多东西来自亚里士多德的《政治学》，例如，西塞罗的 *Leg.*iii.6.，*Rep.*i.25(cf.*Polit.*Iii.9,1280629, c,6,1278b8,19, i.2,1253a2)；*Rep.*i.26(*Pol.*Iii.1,1274b36, c.6,1278b8, c.7,1279a25 sqq.)；*Rep.*i.27(*Pol.*iii.9,1280a11, c.10,11,1281a28 sqq., b,28, c.16,1287a8 sqq.);

后一定为许多博学之人知晓。同样的情况也适用于 $Πολιτεῖαι$（《政治学》），因为我们有足够的证据证明它在亚历山大时期是广为流传的。[1]
此外，最近的研究证明《诗学》在亚历山大时期为语法学家所知晓。[2]　152

　　总的来说，在现存的亚里士多德全集的真迹中，只有《论动物的部分》《论动物的生成》和《论动物的运动》以及那些次要的人类学著作，我们没有确切的证据和把握说它们在塞奥弗拉斯特的图书馆从雅典消失之后仍然被使用着，但我们也没有理由怀疑，我们只是不能证明它们没有失传；如果我们注意到那个时期的哲学文献大多是以残篇的方式流传下来的，那么这几篇作品的状况就不足为奇了。因此，斯特拉波和普鲁塔克的"亚里士多德的所有科学著作在塞奥弗拉斯特死后完全不再为世人所知"的观点断然被这些事实否定了。有些作品可能遭遇了这样的不幸，但这并不是全部著作的命运。当漫步学派丢失了塞奥弗拉斯特的图书馆后，这个雅典学派可能遗失了一些书籍，其余很多书籍后来由安德罗尼柯根据苏拉收集的残缺手稿而整理出版的。然而，我们并没有理由说这是一切重要著作的命运。塞奥弗拉斯特在他漫长的一生中一定抄写过那些重要的文本。他在各个方面都精心地照顾着他的学生，给他们提供花园、房屋、博物馆以及维护设施，这样一个人一定不会让学生们缺少最珍贵、最重要的资源——即他们导师的书籍——因此他们手头一定　153

Rep.i.29（*Pol*.iv.8,11）。Susemihl（*Arist.Pol*.xliv.81）也同意这一点。但是，因为西塞罗在他的 *Republic* 中并未提及亚里士多德，而且在 *Leg*.iii.6 也只是以一种很模糊的方式提及，所以，他似乎不是直接从亚里士多德那里得知这些理论的；那么问题就出现了：他从哪里得知这些亚里士多德学说？ Susemihl（p.xlv）认为他是从提兰尼俄那里得知的，但我们认为他也有可能是从狄凯阿尔库斯（Diaearchus）那儿得知的——西塞罗非常喜欢引用他。

1　最早的证人是 Timaeus, *apud* Polyb.xii.5–11，以及后来的作家。除了 Diog.（*Hermippus*）No.145，还有一个阿里斯托芬（Aristophanes）的评注者（根据亚历山大时期的一个权威记载）多次引用过 $Πολιτεῖαι$（《政治学》），参见 *Arist.Fr*.ed.Rose, Nos.352,355–358,370,373,407,420 sq.,426 sq.,470,485,498 sq.,525,533。

2　根据第欧根尼（No.83）目录，它们确实保存在亚历山大图书馆中，并且它们曾经被拜占庭的阿里斯托芬和 Didymus 使用过，Susemihl（p.20 sq.）证明了这一点——他编撰了（参见 Trendelenburg, *Grammat.Greece, de Arte Trag.Judic.Rel*.）索福克勒斯（Sophocles）和欧里庇得斯（Euripides）的简介和注释。

有充足的代替本。因此，关于亚里士多德全集中的任何一本，如果说它的文本是唯一的从阿珀里康的图书馆的手稿中得来的，那么这一理论应当完全建立在此书本身的内部证据上；因为斯特拉波和普鲁塔克关于全部文本遗失的观点不能为它提供任何证明。

然而，不可否认的是许多著作显示出下述特点：它们的现存形式是经过其他作家修订的，而非出自亚里士多德之手。我们发现文本的残缺，逻辑论证的跳跃，整个段落的错位，由后人添加的内容，插入的文本——它们是亚里士多德所作但原本在别处的内容，一个简洁论述中不必要的重复——它们几乎不可能是后来补入的内容。[1] 然而，斯特拉波的故事并不能解释这些现象，一个重要的理由是这些特点在那些我们可以证明的、在阿珀里康生前就广为流传的文本中也普遍存在。我们不得不认为产生这些现象的原因部分是这些著作的写作方式和流传方式，[2] 部分是由于它们服务于教学目的，[3] 部分来自抄写者的粗心大意以及手抄本在流传中遭遇的许多事故。

如果要讨论亚里士多德作品的写作时间和顺序，那么我们必须意识到这个问题远不如对于柏拉图著作来得重要。亚里士多德的写作生涯开始于他第一次在雅典生活的时期，[4] 后来他在阿特努斯（Atarneus）、米提勒涅（Mitylene）和马其顿（Macedonia）等地生活时也持续进行写作。然而，现存的作品似乎都是他第二次在雅典居住时所作，尽管它们的准

1　不用提别的文本，只消说我们之前提过的《范畴篇》（第 45 页注释 2），《解释篇》（第 47 页注释 1），《修辞学》（第 53 页注释 1），《形而上学》（第 56 页注释 2），《物理学》第十卷（第 60 页注释 1 末尾），《气象学》第四卷（第 61 页注释 2），《动物志》第十卷（第 64 页注释 1），《论灵魂》（第 66 页注释 2），《论动物的生成》第五卷（第 69 页注释 2），《伦理学》（第 73 页注释 2），《诗学》（第 77 页注释 2）；以及下文第八章中对《政治学》的地位之评论。

2　参见 p.108 以下。

3　由于这样的方式，文本中时常出现解释和重复，或大或小的部分可能被反复讨论，这一现象在欧德谟斯的《物理学》和《伦理学》中也大量出现。

4　参见 p.56 以下。他在公元前 345 至 344 年间离开了雅典，在公元前 335 至 334 年间返回雅典。

备工作早已进行。对这一点的证明部分是由这些作品的写作时间的蛛丝马迹来确定的，它们不仅确定了这些作品的日期，而且能确定后来作品的日期：[1] 这些作品中的相同引用，即便是最早的那条，都包含着雅典和亚里士多德教学的地方。[2] 如果之前我们说的那些[3] 亚里士多德作品与他的研究者的命运、这些书籍与他的教学的关系、文本之间的交叉引

155

1　因此，《气象学》i.7,345a1 中提及一颗彗星，它于 Nicomachus 在雅典执政时期出现（即公元前 341 年），它的轨迹和位置被一位后人准确记载过。《政治学》中提到圣战（Holy War）是过去发生的事件（v.4,1304a10），以及 Phalaecus 去克里特的远征，这件事发生在第 108 届奥林匹亚的第 3 年，（Diodorus, xvi.62），它被描述为"近期发生的"（ii.10, *fin.*），但是书中说（v.10,1311b1）腓力遭到暗杀（公元前 336 年），至少不是近期发生的事。《修辞学》ii.23,1397b31,1399b12 说发生在公元前 338 至 336 年的事情是过去的；iii, 17,1418b27 中提到了伊索克拉底学派的 Philippus（公元前 345 年）；布兰迪斯指出（*Philologus*, iv.10 sqq.），《修辞学》和《诗学》引用了许多雅典演说家的作品，这些人都比德谟斯提尼（Demosthenes）要年轻，因此，它们不可能是亚里士多德第一次离开雅典之前写成的。同样的情况也适用于塞奥狄克特斯的、被《修辞学》和《诗学》引用的许多文本。《形而上学》i.9,991a1, xii.8,1073b17,32 提到过欧多克索（Eudoxus）和年轻的卡利普斯（Callippus），《尼各马可伦理学》vii.14,1153b5, x.2, *init.* 似乎说斯彪西波和欧多克索都去世了。罗泽（*Arist.Libr.Ord.*212 sqq.）从《动物志》viii.9, ii.5.*init.* 和其他段落中推论说，这本书写于阿尔比勒战役（Arbela）（又称高加美拉战役——中译者注）之后（或至少在那之后），马其顿人在那次战役中第一次见到了大象，时间或许不是在印度远征之前。有些很早之前发生的事件被冠以"现在"之名——例如《气象学》iii.1,371a30 中说以弗所（Ephesus）的神庙烧毁（公元前 356 年），《政治学》v.10,1312b19 中提到 Dion 的远征（第 105 届奥林匹亚的第 4 年），但这并不能说明什么，因为小品词的意义是不确定的。正如我们不能从《前分析篇》ii.24 中推论说底比斯在那时还未被毁灭；对于这篇作品而言，我们从《政治学》iii.5,1278a25 中或许能得出相反的结论。

2　参见 Brandis.*Gr.-roem*, *Phil.*ii.b,116。除了已经说过的，我们在这里能够再给出一些例子。《范畴篇》4,2, a,1, c,9 *fin.*："在那儿，即在吕克昂。"《前分析篇》ii.24 说"雅典和底比斯是邻邦"。类似的，《物理学》iii.3,202b13; *ibid*, iv.11,219b20 中说"在吕克昂"。《形而上学》v.5,30,1015a25,1025a25 中说"向 Aegina 的航行是一次商业贸易"。《形而上学》v.24, *fin.* 中提到雅典的酒神节（Dionysia）和萨嘉利亚节（Thargelia）（亚里士多德也使用古代的月份，例如《动物志》v.11；但这些是不重要的）。《修辞学》ii.7,1385a28 说："他在吕克昂拿了一个篮子"；《修辞学》iii.2,1404b22 和《政治学》vii.17,1336b27 提到演员 Theodorus。雅典和雅典人在文本中也是经常被提及的（*Ind.Ar.*12, b,34, sqq.）。另外，对北极光的观察（《气象学》ii.5,362b9）符合雅典的纬度，正如 Ideler（i.567）所说的那样。

3　参见 p.108 以下，尤其是 p.123, p.128 以下。

156 用的特征都是正确的，那么我们可以推测亚里士多德的所有作品应当是在他最后旅居雅典时写成的。同样可以肯定的是，在如此丰富的、百科全书式的全集中，几乎没有一个教义或术语发生明显变化。所有作品都是成熟的和完备的。所有作品都是严格对应的。所有重要作品都是紧密相连的，它们不只是靠许多交叉引用来相互指证，而且它们的整体风格也是相关联的。这里并不存在散落在不同时期的作品。我们只能把它们看作对一个已经计划好的写作方案的有序执行——作者对自己的思想已有完备的理解，他把一生中的哲思收集整理，然后进行有序的写作。即便对于早期的作品，他也拟定了一个综合性的计划要把它们与晚近的作品联系起来。因此，对于文本的使用而言，某一作品的写作比另一个早些还是晚些是无关紧要的，即便这个问题必须得到处理。

这里有一个困难是由我们说过的交叉引用造成的。[1] 毕竟，交叉引用只是引用中的特例，但它们对作品顺序的标记价值并不像想象的那么无足轻重。事实上，我们发现在少量的例子中我们对作品顺序的判断由于这种引用方式的出现而产生了怀疑。

对于现存作品，就它们目前的分类方式而言，[2] 逻辑学著作——除

1　参见第 124 页。

2　这个情况确实如此，除了那些按照其他标准看来其真实性可疑的著作。这些作品没有一篇被真实的作品引用，只有一篇被一篇伪作引用过，而且只有极少数的文章引用了别的著作。另一方面，这些作品中没有一篇是真迹，因为它没有引用过别的作品，也未被别的作品引用，或者至少在别的作品中未被提及和暗示，但是在大多数真迹中，这三种情况是时常出现的。让我们解释得更具体些：第一类，即确定是伪作的如下：(a) 下面这些篇目既未引用其他作品，也未被其他作品引用过：$\Pi.κόσμου$、$\Pi.χρωμάτων$、$\Pi.ἀκουστῶν$、$Φυσιογνωμονικά$、$\Pi.φυτῶν$（见 p.93）、$\Pi.θαυμασίων\ ἀκουσμάτων$、$Μηχανικά$、$\Pi.ἀτόμων\ γραμμῶν$、$Ἀνέμων\ θέσεις$、$\Pi.Ξενοφάνους\ &c$、$Ἠθικὰ\ μεγάλα$、$\Pi.ἀρετῶν\ καὶ\ κακιῶν$、$οἰκονομικά$、$Ῥητορικὴ\ πρὸς\ Ἀλέξανδρον$。(b) $\Pi.πνεύματος$ 没有引用过别的作品，但是被伪作 $\Pi.ζώων\ κινήσεως$ 引用过。(c) 相反，后者从未被引用过。但它提到了其他作品的名字；《欧德谟伦理学》也是如此，我们假设它引用的是亚里士多德的作品。第二类，在剩下的著作中，《范畴篇》是唯一没有引用其他作品的文章，并且它也没有被别的作品直接引用过（参见 p.64）。《解释篇》和 $\Pi.τ.καθ᾽ ὕπνον\ μαντικῆς$（《论睡眠中的预兆》）和《修辞学》引用了别的作品，但没被其他作品引用过；《论动物的运动》引用过很多别的作品，但自己只被引用过一次——即作为一本将要写的书被预告了；《形而上

了讨论命题的文章外[1]——在顺序上应在最先。在具体地发展他的体系 157
之前，亚里士多德通常会研究那些为一切科学思想奠基的原则和条件，
这是自然的，也符合他的写作方法。我们从他自己的引用中发现逻辑学
的研究在自然哲学、形而上学、伦理学和修辞学之前。[2] 在逻辑学著作
中，《范畴篇》是最先的。《论题篇》——包括讨论谬误的一卷——紧接
其后，然后是两篇《分析篇》：研究命题的一篇是后来添加的。[3] 现存《形 158
而上学》的第五卷比《分析篇》晚，但比《物理学》早。[4] 排在它后面
的是自然哲学的著作，《物理学》在《分析篇》中被预告了，在《形而
上学》第五卷中被引用过；但是《形而上学》第五卷不仅在形而上学和
伦理学著述中被引用过和预告过，而且在自然哲学的大多数文本中时常
被提及，但它自己却并未引用或预设这些著述。[5] 紧接着《物理学》的
是《论天》[6]《论生成与消灭》以及《气象学》，这个顺序在《气象学》中
曾得到明确表达。[7] 紧接其后的是《自然的历史》还是《论灵魂》尚未
确定。作为一篇很长的著作，《自然的历史》的写作很可能在《论灵魂

学》只有第五卷在其他的真迹中被引用过和使用过，而第一卷、第七卷和第八卷在
伪作中被引用过；《形而上学》引用了《分析篇》《物理学》《论天》和《伦理学》的
内容。

1　关于这一点，参见第 47 页注释 1。

2　除了在第 49 页注释 1 和注释 2 中给出的论证外，《后分析篇》中还有一个段落可
以证明这一点，即 ii.12,95b10：“关于这一点，我们已经在对运动的一般分析中说
清了。”然而，《物理学》是最先的自然科学著作。一个反对的论证是：在《范畴篇》
《分析篇》和《论题篇》中我们没有发现对其他作品的任何引用。

3　参见第 45 页注释 1 和第 49 页注释 1 及 p.68 以下，据说布兰迪斯在他的文章中
（p.256 sqq.）认为通过对《分析篇》和《论题篇》的比较可以发现后者的写作年代
更早。

4　因为，一方面，它被《物理学》和《论生成与消灭》提及（参见第 55 页注释 3
和第 92 页注释 1）；另一方面，在 c.30 *fin.* 中它似乎引用了《后分析篇》i.6,75a18
sqq.,28 sqq. 的内容——尽管这不是十分确定。

5　参见上文 p.81 以下，*Ind.Arist.*102, a,53 sqq.,98, a,27 sqq.。

6　我们并不像 Blass（*Rhein.Mus.*xxx.498,505）那样，认为这部作品是“托伪”之作，
不仅因为别的著作引用过它，而且根据另外的标准，它也不是伪作。

7　《气象学》第一卷第一章及以下，参见第 61 页注释 1，*Ind.Arist.*98, a,44 sqq. 以及
《论天》第二卷第二章中对 Π.ζῴων πορείας（《论动物的行进》）的引用，参见本书
p.125。

之前，但它却是在《论灵魂》完成之后才写完的。[1] 对于《论灵魂》，我们必须把它和那些不时援引它 [2] 的松散短文联系起来，这些文章在内容上与之相关。它们中的一些写于《论动物的部分》《论动物的运动》和《论动物的生成》之后或与它们同期。[3] 这类作品无疑比《自然的历史》《论灵魂》和紧接《论灵魂》的那些文本要晚。[4] 另一方面，它们可能比《伦理学》和《政治学》要早，因为亚里士多德不太可能中断对自然哲学的研究而转向一个全新领域的复杂而庞大的工作。[5] 我们可以这样设想：伦理学作品作为整体是在物理学之前的。[6] 这个观点并未被任何明显的内部引用的证据否认，除了《伦理学》引用《物理学》的证据。[7] 然而，我们更倾向于认为自然哲学的写作时间是较早的，因为像亚里士多德这样坚定的思想家相信研究伦理学的人必须首先了解人的灵魂，[8] 因此他一定是在研究道德行为的关系之前来研究灵魂的。《伦理学》的确包含了他的灵魂学说以及与之有关的思想。[9] 紧接《伦理学》之后的是《政治学》。[10] 从内部引用的证据来看，《修辞学》比它们要晚，而《诗学》应当在《政治学》之后、在《修辞学》之前。然而，这可能只是《政治学》的部分文本的情况——或者只是亚里士多德本人出版了的那部分政治学

1　《动物志》一书的完成时间不会太早，这一点我们在第 113 页注释 1 中已经指出。

2　例如 Π.αἰσθήσεως（《论感觉》），Π.ὕπνου（《论睡眠》），Π.ἐνυπνίων（《论梦》），Π.ἀναπνοῆς（《论呼吸》）（Ind.Ar.102, b,60 sqq.）。

3　参见 p.89 以下。

4　参见第 66 页注释 2，第 66 页注释 3，第 64 页注释 1：Ind.Arist.99, b,30 sqq.。

5　进一步的问题是：这三篇著作之间的顺序如何，我们在 p.91 已经讨论过了。

6　参见 Rose, Arist.Libr.Ord.122 sqq.。

7　《伦理学》x.3,1174, b,2. 参见《物理学》第 6—8 章。

8　《伦理学》i.13,1102, a,23.

9　尽管亚里士多德在《伦理学》i.13,1102a26 sqq. 中没有明确提及《论灵魂》iii.9,432a22 sqq.ii.3 的内容，但是 ii.2 init. 中说的"我们已经说过的"指的是理论作品的主干部分。但是，这一现象并不多见，这或许可以解释为：亚里士多德并不希望那些不必要的讨论干扰了伦理学的实践目的（《尼各马可伦理学》i.1,1095a4, ii,2, init.）；参见 i.13,1102a23。

10　见第 75 页注释 1。

的情况，因为直到他去世，《政治学》似乎尚未完成。[1] 另外，现存的《形而上学》很可能是一本尚未完成的著作，从那时起，其他许多残篇——有些是真迹，有些是伪作——被不断地加入其中。[2]

1　参见上文 p.127，以及下文第十三章。如果这个假设是正确的，那么《伦理学》——它与《政治学》的联系是非常紧密的——不可能在自然科学著作之前写成。

2　参见 p.76 以下，对《形而上学》的引用，参见第 114 页注释 2。罗泽推测（*Arist. Libr. Ord.* 135 sqq. 186 sq.）《形而上学》的成书时间早于所有自然科学著作，或者至少早于动物学著作，但这个推测使《形而上学》的实际情况成了一个难解的谜。然而，《物理学》和《论天》在《形而上学》中被大量引用（*Ind. Ar.* 101, a, 7 sqq.），这表明它们是已经完成了的，而《物理学》i.9, 192a35 中说《形而上学》是将来要写的论著。

第 四 章

亚里士多德哲学的立场、方法和分类

161   正如柏拉图与苏格拉底的关系十分密切，亚里士多德与柏拉图的关系也很亲近。亚里士多德对早先的哲学做出综合性运用。他的理论和著述比任何一个早先的教师和前辈都要好，他最喜爱的写作方式是在自己的研究开始前先回顾先前已有的观点。他习惯于让前人指出需要讨论的问题。他渴望批评他们的错误，解决他们的疑难，阐明隐藏在他们观点之中的真理。前苏格拉底哲学对亚里士多德的影响在他的整个哲学体系中并不十分明显，但在一些特殊问题的处理上比较明显。柏拉图从原则上完全拒绝了它们。亚里士多德并不认为必须严格把他自己的观点与前苏格拉底哲学区分开来。[1] 至少在现存著作中，他并未像柏拉图那样花

162了相当的篇幅和努力来申明哲学的使命和知识的真正意义：即一方面哲学不是"日常的意见"，另一方面它亦非智者的学说。亚里士多德始终认为，苏格拉底—柏拉图哲学的一般特征就是理念论。从总体上看，他的工作就是建立一个更完善的知识体系——通过对主要原则的更加严格的定义，更加准确而精细的方法以及对科学数据的扩展和改进。在他的作品中，我们很少看到他提出与他的老师相同的观点，这些观点与

---

1 即使在《形而上学》第一卷第 8 章中，他们的原则只是从亚里士多德的立场受到简单的批判，爱利亚学派和赫拉克利特完全没有提及，但这两个人在柏拉图那里受到了相当多的关注。

那些热切的、随处可见的反柏拉图的观点相比几乎可以忽略不计。[1] 然而，实际上，他的学说在整体上与柏拉图的相同之处远比不同之处要多得多，[2] 他的整个学说体系无法得到真正理解，除非我们把它看作对柏拉图的发展和演进，以及对由苏格拉底始建和由柏拉图继承的理念哲学的完善。

首先，亚里士多德在很大程度上同意柏拉图关于哲学自身的意义和使命的一般观点。他和柏拉图一样认为哲学的对象只能是存在本身，[3] 即本质，或更准确地说，实在[4] 的普遍本质。哲学研究的是本原和事物的基础，[5] 是它们最高的和最普遍的基础，最终，哲学研究的是那些不预设任何其他事物的事物。[6] 由于类似的原因，他认为哲学家在某种意义上拥有全部知识，当然，他指的是把一切知识汇集起来的统一点。[7] 像柏拉图一样，亚里士多德也把"知识"——即对于永恒的和必然的事物的认知，区别于幻想或"意见"——它们的范围是偶然的事物。对他而

163

164

1　稍后我们将论述他对柏拉图的批判，尤其是《形而上学》第一卷第 9 章第十三卷和十四卷对理念论的批判。亚里士多德明确地赞同柏拉图的地方只有少数几个段落。除了第 12 页和第 10 页注释 6 中提到的段落外，参见《尼各马可伦理学》i.2,1095a32; ii.2,1104b11；《论灵魂》iii.4,429a27；《政治学》ii.6,1265a10。

2　参见 Struempell 的有价值的评论（*Gesch.d.theor.Phil.d.Gr.*177）。我们在第 10 页注释 5 中指出，亚里士多德时常认为自己是柏拉图的第一传人。但他处理这一关系的方式却是反对柏拉图。柏拉图让自己的观点从他老师的口中说出，即使这些观点与苏格拉底原来的观点相矛盾，但亚里士多德经常批判他的老师，即使他们主要的观点是一致的，而只在次要的和细节方面意见相左。

3　《后分析篇》ii.19,100a6。《形而上学》iv.2,1044b15.*Ibid.*1005a2, c.3,1005b10。

4　《形而上学》iii.2,996b14 sqq.; vii.1,1028a36; c.6,1031b20; cf.1.6; *ibid.*xiii.9,1086b5：确定事物这个观念是必要的，"没有普遍者，知识是不可能获得的"；c.10,1086b33：关于普遍者的知识；iii.6 *fin.*；所有知识都是普遍的；iii.4,999b26;999a28, b1; xi.1,1059, b,25。《后分析篇》i.11 *init.*, ii.19,100a6, i,24,85b13；以及《尼各马可伦理学》vi.6 *init.*, x.10,1180b15。更多内容，参见第五章。

5　《后分析篇》i,2 *init.Ibid.*c.14,79a23, ii,11 *init.*《尼各马可伦理学》vi.7,1141a17。《形而上学》i.1,981a28,982a1, c.2,982a12,982b2 sqq., vi.1, *init.Cf.*Schwegler, *Arist. Metaph.*iii.9。

6　《物理学》i.1,184a12.*Ibid.*ii.3 *init.*《形而上学》i.2.982b9："那门科学称得上'智慧'"；c.3 *init.*；iii.2,996b13, iv.2,1003b16, iv.3,1005b5 sqq.。

7　《形而上学》i.2,982a9,21, iv.2,1004a35。

言，正如对柏拉图一样，知识起源于惊异，它来自于一般意识对于自身产生的困惑。[1] 亚里士多德认为知识的对象只能是普遍的和必然的；因为偶然的事物是不可认知的，它们只能产生意见。当我们相信某一事物可能是别的东西时，这就是意见；当我们发现它不可能是别的东西时，这就是知识。"意见"和"知识"不可能相同，的确，亚里士多德指出，我们不可能同时对同一个对象既拥有知识又拥有意见。[2] 因此，"知识"不可能存在于感知之中，因为感知只告诉我们个体事物，不能告诉我们普遍者，只告诉我们事实，而非原因。[3] 以类似的方式，亚里士多德区分了"知识"与"经验"，后者在任何情况下只能告诉我们"那个"事物，但前者却回答了"为什么"如此：[4] 这正是柏拉图区分"知识"与"真意见"的标准。最后，亚里士多德与柏拉图在这一点上也是相同的：即他们认为哲学是其他所有科学的女王，一般意义上的科学是人类能够获得的最高贵和最好的东西，亦是幸福的本质要素。[5]

165

然而，亚里士多德对哲学的理解并非与柏拉图完全一致。柏拉图认为，哲学就内容而言是一个囊括了一切精神的和道德的完善性的词汇，因此它包含实践的和理论的方面；就哲学的本质来说，柏拉图认为它与其他形式的人类活动有着极大的不同。相反，亚里士多德把哲学与人类的实践生活严格区分开来；又把它与经验科学紧密地联系起来。他认为

166

1　《形而上学》i.2,982b12.*Ibid.*983a12。参见 Zeller, *Ph.d.Gr.* Pt.ii.div.1, p.511,4。

2　《后分析篇》i.33; cf.*ibid.*c.6 *fin.*c.8, *init.*c.30 sqq.。《形而上学》vii.15, vi.2,1026b2 sqq.。《尼各马可伦理学》vi.3,1139b18、c.6 *init*。这种观点是对下述原则的反驳：真的东西只是对某个人而言是真的，这个问题在《形而上学》第四卷第 5 和 6 章中被讨论过，在柏拉图的《泰阿泰德》中也被讨论过。

3　《后分析篇》i.31："感知不是知识"。因为感知总是与个休有关（参见下文的更多讨论）。"感知不可能是晋遍的或有关整体的"。即便我们看到三角形的内角和等于两个直角之和，或者在月食中我们看到地球在太阳与月亮之间，但这些都不是知识，因为这些现象的普遍的原因并不为我们所知晓。

4　《形而上学》i.1,981a28。

5　《形而上学》i.2,982b4。但科学是研究最高原因或本原的，因为"善"和"最高的目的"也包括在这些研究之中。*Ibid.*1.24; xii.7,1072, b,24。在《尼各马可伦理学》第十卷第 7 章中："沉思"是完美幸福的本质要素；参见，例如 1117b30；c.8,1178b28. Cf.c.9,1179a22，以及《欧德谟伦理学》vii.15 *fin.* 更多细节，参见下文第十二章。

哲学是唯一一门关于理论知识的学问。它与实践活动（πρᾶξις）是严格区分的，实践活动的目的是它们生产的东西（这并不像哲学，因为哲学的目的就是哲学活动本身），并且实践活动不仅属于思想领域，还属于意见的领域和"灵魂的非理性部分"。亚里士多德还区分了技艺的创造活动（ποίησις）与哲学，技艺的创造是为了某个外在的东西。[1] 另一方面，亚里士多德把哲学与经验联系起来。柏拉图把一切变化和生成的东西都排除在"知识"的领域之外，并认为它们仅仅是"意见"。即便那些从知识到意见的过渡，他也仅仅持有否定性的观点：幻想和意见的矛盾性将使我们走得更远，偏离纯粹的理念。我们看到，亚里士多德认为经验在知识的构成中发挥着积极的作用。经验通过正面的积累过程构成知识——即经验中的数据被汇集成一个整体。

此外，我们发现柏拉图几乎不关心从理念世界下降到现象世界中的个别事物——他并不关心各种现象。对他而言，纯粹的理念是哲学知识唯一重要的对象。亚里士多德承认科学知识处理的只是事物的普遍本质；但他并未就此止步，因为他认为从普遍中演绎（ἀπόδειξις，参见下文）出个别是哲学的特殊任务。科学从普遍的、不确定的东西开始；它必须进入确定的领域中去，[2] 它必须能够解释数据和现象。[3] 因此，它不能轻视任何一个事物，无论它多么微小，因为即便在那里也隐藏着无尽可能的知识。[4] 由于类似的原因，亚里士多德为科学思想制定的原则并不像柏拉图的那样严格。他指出"知识"的内容和科学的证明不仅包括必然的事物，还包括常见的事物（τὸ ὡς ἐπὶ τὸ πολύ）。[5] 倘若有人

167

168

1　除了刚才提到的这个段落，另外参见《尼各马可伦理学》vi.2,c,5,1140a28,
　　b,25; x.8,1178b20; vi.1,1025b18 sqq.; xi.7；《论灵魂》iii.10,433a14; 以及《论天》
　　iii.7,306a16。《欧德谟伦理学》i.5 *fin.* 中出现了相同的话，《形而上学》ii.1,993b20
　　中也出现过。

2　《形而上学》xiii.10,1087a10。

3　《形而上学》i.9,992a23（反驳理念论）。《论天》iii.7,306a16。《论灵魂》i.1,402a16.
　　Cf.c.5,409b11 sq..

4　《论动物的部分》i.5,645a5。《论天》ii.12,291b25。

5　参见《后分析篇》i.30, iii.12 *fin.*.《论动物的部分》iii.2,663b27.《形而上学》

在所有研究中都要求同样的逻辑严密性，[1] 那么亚里士多德认为他在哲学上就是粗鲁的。因此，每项研究的精确性实际上取决于研究对象的本质能够达到何种程度的精确性，[2] 当一个严格的证明不能成立时，他满足于可能的证明，他可以推迟做出确切决定，直到有更进一步的分析。[3] 然而，亚里士多德以这样的方式处理的问题并不是哲学的本质问题，而总是伦理学或自然哲学的特殊问题，柏拉图在这些问题上已经放宽了他的辩证法的严谨性，并允许科学证明的概率性。他们之间真正的区别仅仅是：亚里士多德把这类知识也算作哲学，但柏拉图坚持认为只有关于理念的纯粹科学是理智活动的对象，其他一切都是哲学家迫于实践的需要而在理智上的屈尊。[4] 亚里士多德追问，为什么渴望知识的人不应当

vi.2,1027a20, xi.8,1064b, sqq.。《尼各马可伦理学》i.1,1094b19。

1　参见《尼各马可伦理学》i.1,1094b11–27, c.7,1098a26, ii.2,1104a1, vii.1 *fin.* ix.1,1165a12（《政治学》第七卷第 7 章结尾与这里的内容无关）。很多人认为亚里士多德在这里讨论伦理学的问题，并认为伦理学并不要求彻底的精确性，因为它的主题的本性必然无法得到精确的结论；在评价一个人或一个人的行为时，许多判断是根据"大多数情况"或"在原则上"如此而估计的。

2　根据《后分析篇》第一卷第 27 章所说，科学是比较精确的，除了"是什么"，它还解释了"为什么"；它处理的是纯粹的科学问题，而不是在某些例子中的运用，它从最少的前提推演出结论（例如，代数比几何精确），或者从较抽象的前提中推论出结论（ἡ ἐξ ἐλαττόνων τῆς ἐκ προσθέσεως，《形而上学》i.2,982a26 中提到过相同的例子）。后者是这样来表达的（《形而上学》xiii.3,1078, a,9）：ὅσῳ δὴ ἄν περὶ προτέρων τῷ λόγῳ（就其概念或本质而言更优先的，或者更接近第一原则的，参见 p.330）。因此，亚里士多德认为第一哲学是最精确的（参见《形而上学》i.2,982a25："第一哲学是最精确的知识"），其他科学知识的精确性随着它们接近可感事物的程度的增大而降低（cf.*ibid.*1078a11 sq.）；因为它们的本性拥有较多的不确定性（《形而上学》iv.5,1010a3；更多讨论参见下文第七章第二部分）。因此，自然哲学的精确性必然比不上第一哲学——因为后者处理的是永恒事物，以及数学和灵魂问题（他在《论灵魂》i,1 *init.* 中称赞了这门学说的精确性）；那些对象是暂时的学科也没有天文学精确（*Metaph.*1078a11 sqq.）；Kampe（*Erkenntnisstheorie d.Ar.*254）指出在精确性的程度上，自然科学的位置是最低的，伦理学和政治学也是这样。

3　《论天》ii.5,287b28 sqq.c.12 *init.*。《论动物的生成》，iii.10,760b27（讨论蜜蜂的生殖）。《动物志》，ix.37 *fin.*c.42,629a22,27.《形而上学》xii.8,1073b10 sqq.1074, a,15.《气象学》，i.79, *init.*.Cf.Eucken, *Meth.d.Arist.Forsch.*125 sq.。参见下一章对这个问题的进一步研究。

4　《理想国》vi.511B sq.vii.519C sqq. ；《斐勒布》173E ；《蒂迈欧》29B sq.and alib.。参见 Zeller, *Ph.d.Gr.*Pt.i.490,516,536 sq.。

去追求一丁点知识，哪怕他不能获得所有知识？[1]

　　亚里士多德把理论知识与实践活动区分开来，因而在一切学科的统一性问题上让步——这个指责对于他来说是不公正的。[2] 这个区分无疑是有根据的；但是统一体的概念也明确地存在于亚里士多德的讨论中，他不仅认为沉思是人类生活真正的完善，还认为实践活动是其中不可或缺的要素，例如，道德实践是获得伦理学知识的必要条件。[3] 如果这种回归"理论"本身是真的，如果哲学的概念排除了一切实践需要和努力（例如，这一点在亚里士多德论神圣生活时变得明显了），从而在事实上为爱智之人不参与任何实践生活铺平了道路，那么我们无法忽略这样一个事实：亚里士多德只是遵循了柏拉图的道路；因为柏拉图的"哲学王"按照自己的愿望只想过理论思考的生活，参与公众生活是迫不得已。我们最不能同意的是下述观点：有人批评亚里士多德说他并不是从一种理想的、人类不能达到的高度来构想哲学的目的，而是从现实世界中人类能够施行的角度来设想哲学的任务，[4] 我们也不能同意那些批评亚里士多德没有像柏拉图那样区分了理想的知识和人类可以获得的科学成就。[5] 如果这样一种理想与现实的关系是存在的，并且根植于亚里士多德的思想中，那么他追寻的并不是抽象的理想，而是事物的现实本质，这正是任何一个哲学家都应当追寻的。然而，即便如此解释，这仍是错误的。对于亚里士多德而言，理念是在现象之外的——它并非完全实现在现象世界的个别对象中，尽管它不是一个非实在的理想。亚里士多德对于这两方面都有清楚的认识。他指出知识的目的是非常崇高的——并非每个

170

171

1　参见《论天》，ii.12 *init.*：我们不应当指责他有一种非哲学态度的宽容。Cf.*ibid.*292a14, c.5,287b31。《论动物的部分》i.5.644b31。

2　Ritter, *Ges d.Ph.*iii.50 sqq.

3　除了下面提到的段落外，对于"最高的善"的研究，参见《尼各马可伦理学》x.10,1179b20 sqq.i.1,1094b27 sqq.。

4　Ritter, *ibid*,p.56 sqq.

5　*Ibid.*ii.222 sqq.

人都能获得它——即使最优秀的人也只能拥有它的一部分。[1] 但他绝不认为知识是完全无法获得的，也决不因为人类的有限性而限制哲学自身的要求。的确，整个阐述已经表明，他与柏拉图在这个问题上是多么地一致了。

在哲学方法上，亚里士多德同样遵循苏格拉底和柏拉图开创的主要路线。他的方法是辩证法，他使辩证法发展到了极致。他将辩证法与自然科学的观察方法结合起来；尽管他并未成功地平衡这两种方法，但他把它们结合起来这一事实便是希腊哲学的最高成就之一。靠着这种改进，他弥补了理念论的片面性，因为在不对理念论的全部原则进行重构的前提下这种补充也是可能的。正如苏格拉底和柏拉图总是从追问一个事物的"理念"出发，并认为这种认识是所有知识的基础，亚里士多德也喜欢以询问当下的研究对象的"理念"来开启一项研究。[2] 正如苏格拉底和柏拉图常常以最简单的问题开启这些研究——例如，从日常生活中来的例子，日常的信念，从词汇的使用和言说方式中得来的论证，亚里士多德也习惯于从流行意见中、从早期哲学家的观点中，特别是从对某一研究主题的日常表述、名称和语词的意义中，发现某些观念的定义以便作为研究的起点。[3] 苏格拉底试图修正研究起点的不确定性，他辩证地比较了不同的意见和来自各方的经验。亚里士多德发展和完善了这种方法，并且更加有意识地将它导向科学的目的。作为一项原则，对于每一项重要的研究，亚里士多德都是从细致地讨论该主题已有的各种观点开始的，包括不同的观点中存在的困难和矛盾，以及支持和反对各个观点的理由；他认为哲学家的任务就是通过对相关观点的准确定义来发

172

---

1 《形而上学》i.2,982b28, xii.7,1072b24；《尼各马可伦理学》，vi.7,1141b2 sqq.,
  x.7,1177b30, c.8,1178b25; cf.*ibid*.vii.1。

2 例如，《物理学》ii.1, iii.1, iv.1 sqq., iv.10 sq., 关于"自然""运动""位置"和"时间"
  的研究；《尼各马可伦理学》ii.4 sq. 关于"美德"概念的研究；《政治学》iii.1 sqq.,
  关于"城邦"的研究；等等。

3 稍后，我们将指出，从它推导出的普遍意见和可能的论证有着怎样的重要性，因
  为亚里士多德认为它们是归纳论证的基础。

现解决困难的方法。[1] 因此，亚里士多德是真正沿着苏格拉底—柏拉图的辩证法来进行哲学的基础工作的。他把苏格拉底的归纳法发展为有意识的、技术化的工具，并创造了三段论和相关的逻辑学说来完善它。在他的著作中，他向我们展示了辩证法的最完美的例子，他的研究是敏锐的，并在各方面都忠实于研究对象。如果我们从前不知道，那么我们现在应当意识到从哲学方法上讲亚里士多德是一个柏拉图主义者。

在使用辩证法的过程中，他同时结合了对事实观察的掌控，以及对它们做出物理解释的热诚，这在苏格拉底和柏拉图那里都是没有的。对亚里士多德而言，一个理念最完美的定义一定展现了这个事物的原因，[2] 因为哲学就是要解释现象。[3] 因此，他认为（我们应当看到）哲学不仅应当研究理念和一个事物的目的因，还应当研究动力因和质料因。我们将看到亚里士多德一贯持有下述观点：一个事物应当由它自身的原因来解释。他不能满足于只有一种"理念"给出普遍原因的方法，并忽略掉一个事物自身的内在确定性。[4] 这就是为什么他对事实有着细致的观察，但

1　更多信息将在稍后给出。

2　《论灵魂》ii.2 *init.*。《后分析篇》ii.1 sq.："每一项研究都包含四个方面：ὅτι（那个）、(διότι)（为什么）、εἰ ἔστι（是否是）、τί ἐστιν（是什么），这些或许可以划归到两个问题上：εἰ ἔστι μέσον（是否有中项?）和 τί ἐστι τὸ μέσον（中项是什么?）。因为'中间'的原因是我们首先要寻找的。"参见这个段落中的例子。*Ibid*.c.3 *init.*c.8 *init.*；*ibid*.i.31,88, a,5。《形而上学》vi.1,1025b17.*Ibid*.vii.17,1041, a,27。参见《后分析篇》ii.11 *init.*。

3　参见上文，p.167。

4　在这个意义上，亚里士多德经常将某个研究对象"逻辑的"方面（即只考虑概念中的普遍要素）与这个对象"分析的"方面相对照——即对特定情况下的特殊状况的分析（他也将其称之为 ἐκ τῶν κειμένων [来自基础方面的]），或与"物理的"方面相对照——即它的结论不仅仅从一个现象的概念中得来而且还从具体的条件中来得。前者的例子，参见《后分析篇》i.21 *fin.*, c 23,84a7, cf.c.24,86a22, c,32,88a19,30；《形而上学》vii.4,1029b12,1030a25, c,17,1041a28。后者的例子，参见《物理学》iii.5,204b4,10（cf.a34,《形而上学》xi.10,1066b21），c.3,202a21；《论天》i.7,275b12；《形而上学》xii.1,1069a27, xiv.1087b20（类似地，"物理的"和"普遍的"，参见《论天》i.10 *fin.*c.12,283b17）。然而，在这里，他认为逻辑是不完善的，但从一个对象具体的确定性出发可以消除这种不完善性。参见《物理学》viii.8,264a7。《论动物的生成》ii.8,747b28；748a7（类似的，参见《论灵魂》i.1,403a2："辩证的和空洞的"；《欧德谟伦理学》i.8,1217b21："逻辑的和空洞的"）。因此，在这些地方，他更喜欢"物

175 有些人常常因为这一点指责他持有一种非哲学的经验主义态度。[1]他不仅是最具思辨色彩的思想家，亦是一位精确的和永不倦怠的观察家，他是世界上最博学的人之一。他认为经验是思想的前提条件，而感知是思想的发源地，因此他在实践中为自己的哲学体系成功地建立了一个经验知识的宏大结构，并把哲学理论建立在坚实的事实数据的基础上。尤其是对于任何关于自然的理论，他都坚持首先了解各种现象，然后再寻找它们的原因。[2]当然，我们并不能期盼他的方法像当今经验科学那般有足够的确定性和精确性。在亚里士多德的时代，经验科学还在襁褓之中，那

176 时科学观察完全缺乏合适的方法，更缺少高等数学的支持。我们还必须注意到，亚里士多德在经验研究中时常穿插了思辨的和辩证的方法——这是他从柏拉图那里继承来的。的确，就自然科学而言，亚里士多德的经验主义不是太多而是太少。[3]然而，在他那个时代，他可以毫无愧色地说他已经尽可能地使用了这两种方法。希腊的科学是从思辨开始的。经验科学的发展开始得比较晚，并且在很大程度上是通过亚里士多德才实现的。因此，苏格拉底和柏拉图的辩证法，辩证法与理念的区分和联系，以及辩证法被流行的意见和语言的意义所引导，这些方法自然比严

理的"研究方法，而非"逻辑的"（例如，《论生成与消灭》i.2,316a10；参见 Zeller, *Ph.d.Gr.* Pt.i.p.869,1)，在关于理念的形而上学研究中（《形而上学》xiii.5 *fin.*)，他认为"逻辑的"研究方法是更准确的。更多细节，参见 Waitz, *Arist.Org.*ii.353 sq.; Bonitz, *Arist.Metaph.*ii.187; *Ind.Arist.*432, b,5 seq.; Rassow, *Arist.De not.Def.Doctr.*19 sq.。

1 因此，施莱尔马赫（Schleiermacher *Gesch.d.Phil.*p.120）说：我们不能否认亚里士多德是一个思辨的天才。他在第110页将亚里士多德与老学园派的其他学者相比较，说后者是"更加思辨"的；但他设定了一个原则，根据这个原则，亚里士多德显然是非常糟糕的，因为"没有一个首先关注经验数据的人能够成为真正的哲学家"。因此，Struempell（*Theoret.Phil.d.Gr.*156）有这样的评价：亚里士多德的偏好使他"更适合于收集整理经验数据和历史材料，而非解决哲学问题"——但这个评价很难与他自己的观察相符（pp.184 sqq.)，并且似乎在每个方面都是不正确的。

2 《论动物的部分》i.1,639b7 sqq.,640a14.；《动物志》i.7,491a9 sq.；《气象学》iii.2,371b21；《前分析篇》i.30,46a17 sqq.。亚里士多德在这里特别谈到了天文学的过程，参见下文第九章的中间。参见 Eucken, *Methode d.Arist.Forsch.*122 sq.。

3 这个批评最初来自 Bacon，此后 Lewes（Aristotle,91,97）以书面形式写下来，Lange（*Gesch.d.Mater.*i.61 sqq.）从亚里士多德时常表现出的片面性出发也提出了这样的批评。

格的经验原则更有优势。亚里士多德与辩证法运动的关系是密切的，我们已经说过，他在理论和实践上进一步完善了它。然而，我们并不期待经验研究的方法在亚里士多德的著作中也达到了完善的程度，这两种方法的区分还远未明晰。它们之间的明确区分只有在经验科学和知识理论的直接研究全面发展之后才能实现，这是到现代才实现的。亚里士多德的伟大贡献是，他广泛的、直接的、对科学本能的兴趣使他立即采用了观察的方法，并把经验观察和理念的辩证法最大限度地结合起来。[1]　177

　　亚里士多德的辩证法比柏拉图的涉及更多经验数据，这就是为什么亚里士多德的叙述方法乍看上去与柏拉图的叙述方法在逻辑形式上非常不同的原因。亚里士多德并未像柏拉图那样仅仅致力于阐述纯粹的理念，[2]尽管他偶尔也这样做。在亚里士多德这里，思辨的过程总是被经验的研究、被对模糊语词的意义考查以及对他人观点的批判而打断。他以科学的名义来研究的问题越广泛，他就越渴望在深入研究的每一环节都应保有丰富的归纳论证和对逻辑原则的严格考察。与柏拉图相比，他的表达方式是枯燥和冗长的；现存的作品中几乎没有什么例子可证明他在文学魅力上不逊于柏拉图。我们完全丢失了他的戏剧作品，他的艺术创造，以及神话描写，这些受人喜爱的对话录。[3]然而，亚里士多德全集　178
充分展示了一种特殊的哲学风格，使我们不仅不能认为他是一个"差劲的作者"，[4]而且应当认为他在这方面比他的前辈们更加卓越。他常常被指责为"形式化的"，然而，当涉及非常具体的讨论时——例如在他的物理学和伦理学中——这种形式化的特点就消失了；这种特点不应当被认为是一种缺陷，人们应当还记得即便在柏拉图那里严格的逻辑分析也是十分必要的——有多少理念论的困惑是必须通过对语词之意义的精细

1　关于亚里士多德的方法论原则以及它们的运用，参见下一章；以及 Eucken, *Die Methode d.Arist.Forschung*（1872）；尤其参见第 29 页，第 122 页以及第 152 页。

2　参见，Zeller, *Plato*。

3　参见 p.106 以下。

4　Ritter, iii.28.

辨析才能解决的，又有多少逻辑谬误是必须依赖对三段论的准确分析才能避免的。亚里士多德对这个世界做出的永久贡献是为一切科学研究建立了坚实的基础，为思想赢得了确定性——而我们却忽略了它的价值，因为我们太熟悉它以至于忘记了它的伟大。

如果我们能够尽可能地去尊重亚里士多德关于宇宙和世界的一般观点和立场，那么我们能够发现两件事。一方面，没有人能够忽略他从苏格拉底和柏拉图那里继承的东西。另一方面，亚里士多德思想的原创性是如此持久和突出，以至于我们无法认为他不过是柏拉图的追随者，不过是整理和完善了他老师的思想；这是一个极不公正的错误。[1]

亚里士多德不仅赞同苏格拉底的命题，即科学只与事物的理念有关，而且也同意柏拉图哲学体系的核心思想，即事物中真正的实在是它的本质，正如理念，其他任何实在之物都是因为分有那个理想的本质。然而，对于柏拉图而言，这个"本质存在"是独立的存在者，它属于一个超越的、与现象世界相分离的理念世界，他的后继者认识到理念作为事物的本质，是不能与事物自身相分离的。因此，亚里士多德认为理念不是某种独立存在的普遍之物，而是驻于个别事物中的共同本质。柏拉图在分离的理念和现象之间给出了一个否定的关系，而亚里士多德认为它们的关系是肯定的，它们是相互依存的。因此，他把可感的元素称为质料，把不可感的本质称为形式。他指出，同一个存在者在这里发展为现实性，而在那里是尚未发展的——仅仅作为一种基质而存在。所以，在亚里士多德看来，质料的内在必然性就是力争成为形式，而形式也必然将自身展现在质料之中。在对柏拉图形而上学的这种改造中，人们很容易发现自然哲学家的实在论立场——他们的目标是解释实在。亚里士多德对理念论的最强烈和最惯常的批判是：它不能解释流变之物和现象世界。他发现他的形而上学的最基本定义都根植于对那些过程的讨论，其中蕴含了所有生成和变化的秘密，无论是自然变化还是技艺生产。

---

1 Braniss, *Gesch.d.Phil.*；参见 Kant, i.179 sqq. 207 sq.。

　　然而，亚里士多德在这些方面也未能完成他的哲学，因为他从柏拉　　180
图那里继承了理念论的二元论。尽管他努力使形式和质料成为同一物，
但它们最终仍然是两个原则，他不能从一个演绎出另一个，也不能从第
三个原则中推演出这两个。虽然它们对有限者的解释是完备的，但最高
的实体是纯粹的精神——它在有限世界之外，它处于自我反思之中——
人最崇高的部分是从外部进入的理性，这个理性从未与个体的人成为一
个真正的统一体。因此，亚里士多德的学说是对苏格拉底和柏拉图的理
念论的完善和终结：说它是完善，因为它被充分而彻底地运用于整个现
实世界，并从"理念"的角度来解释现象世界；但它也是终结，因为它
揭示了：一旦我们在对世界的最基本定义中将理念和现象分开之后，要
将理念和现象完全统一起来是不可能的。

　　倘若我们沿着亚里士多德体系中的这些原则的发展来看，并询问他
采用一般分类的目的，我们立即会发现一个不幸的困难，即无论是在他
自己的作品中还是在任何对他的方法论的可靠描述中，我们都未能发现
任何满意的答案。[1] 后来的漫步学派和新柏拉图主义评注家说亚里士多　　181
德将哲学分为理论的和实践的，并认为前者的使命是完善灵魂的认知部
分，而后者的目的是完善灵魂的欲望部分。他们说，亚里士多德又将理
论哲学划分为三个部分：物理学、数学和神学——神学也被称为第一哲
学或形而上学；实践哲学也被分为三个部分：伦理学、经济学和政治学。[2]

1　接下来的信息，参见 Ritter, iii.57 sqq.; Brandis, ii.b,130 sqq.; Teichmueller, *Arist.
　　Forsch.*ii.9 sqq.; Walter, *Die Lehre v.d.prakt.Vern.*537 sqq.。

2　阿摩尼乌斯这样认为，参见 *in Qu.voc.Porph.*7, a.sqq.（他把数学分为四类：几何、
　　代数、音乐和体育），在他之后，还有下述研究者持有这样的观点：David, *Schol.*25,
　　a,1; Simpl.*Phys.init.Categ.*i.e; Philop.*Schol.in Ar.*36, a,6, *Phys.init.*; Anatol.*in Fab-
　　ric.Bibl.*iii.462 H.; Eustrat.in *Eth.N.init.*; Anon.*Schol.in Arist.*9, a,31。理论哲学和实
　　践哲学的划分早已被亚历山大在《前分析篇》开篇和第欧根尼在 v.28 中指出。此外，
　　后者又把理论哲学分为物理学和逻辑学（尽管他并不认为作为工具的逻辑学是哲学
　　的真正部分），实践哲学被分为伦理学和政治学，而政治学又被分为城邦的政治和
　　家庭的事务。亚历山大（Alex.*Top.*17）认为哲学分为物理学、伦理学、逻辑和形而
　　上学；但是关于逻辑的问题，参见第 133 页注释 4。

在亚里士多德的作品中有不少证据支持这种划分。亚里士多德常常将理论原因与实践原因相对立。[1] 他区分了有关认识的研究和有关行动的研究。[2] 因此，我们发现，在他的学派发展的早期，科学被划分为理论的和实践的。[3] 然而，他自己习惯加上第三种——"技艺的科学"[4]——因为他区分了制作或生产与行为或行动，它们的来源和目的是不同的，前者源自技艺之能力，而后者源自意志，[5] 生产的目的是外在的——它存在于被生产的产品中，而行动的目的存在于行为者的活动中。[6] 然而，与理论活动相对照时，这两者是重合的，因为它们要确定的对象可能以一种方式存在也可能以另一种方式存在，但知识要确定的对象只能以一种方式存在。[7] 亚里士多德说理论科学有三种，第一种是关于运动的和

182

183

1　《论灵魂》iii.9,432b26, c.10,433a14；《尼各马可伦理学》vi.2,1139a6, cf.i.13 *vers. fin.*；《政治学》vii.14,1333a24。更多细节，参见本书第六章。

2　《尼各马可伦理学》i.1,1095a5。类似的段落，参见 *ibid.*x.10,1179a35, ii.2, *init.*。

3　《形而上学》ii.(a),1,993, b,19（在这里，整个哲学都被包括了）。《欧德谟伦理学》i.1,1214, a,8。

4　《形而上学》vi.1,1025b18 sq.; c.2,1026b4(xi.7). 在《论题篇》vi.6,114a15 中对"知识"有相同的划分；参见 viii.i,157a10。更多信息，参见《尼各马可伦理学》vi.3—5, c.2,1139a27, x.8,1718b20，关于技艺的科学和理论的科学之间的差异，参见《论天》iii.7,306a16；《形而上学》xii.9,1075a1, ix.2,1046b2，以及 Bonitz 对这段话的评论。尽管亚里士多德在这里说"行动的知识"和"技艺的知识"（并未说行动的"智慧"和技艺的"智慧"），但这些段落也适用于后来的描述，因为，当知识不仅指一般知识，还指特殊科学时，"智慧"是"知识"的同义词。在《形而上学》vi.1（参见第 131 页注释 1），他认为关于 φιλοσοφίαι θεωρητικαί（理论的智慧）有三种，这无疑预设了有非理论的智慧——即实践的或技艺的智慧。然而，我们并不能认为后者并不是指有关行动和生产的科学（如伦理学、政治学和艺术），而是行动和生产自身——即实践（φρόνησις）和技艺（τέχνη）(Walter, *Lehre v.d.prakt.Vern.*540 sq.）。"φιλοσοφίαι"（智慧）绝没有这样的意思，甚至"知识"在这个文本中也没有这样的意思。既然某些分支又被区分为实践的和技艺的科学，以及物理学、数学和形而上学这些理论科学，前者同样也是真正的科学。但是伦理学的位置在何处呢？

5　《形而上学》vi.1,1025b22。因此，《尼各马可伦理学》vi.5,1140b22 说道："在艺术的领域中，最好的是自由地失误，而在道德的领域中，是不自由地失误。"

6　《尼各马可伦理学》vi.4, *init.*；c.5,1140b3.*Ibid.*i.1 *init.*。

7　《尼各马可伦理学》vi.3,1139b18; c.4 *init.*; Cf.c.2,1139a2 sqq.。《论天》iii.7,306a; 参见第 121 页注释 3；《论动物的部分》i.1,640, a,3。

可感的对象，第二种是关于不动的和可感的对象，第三种是关于不动的和不可感的对象；这些科学分别是物理学、数学和第一哲学[1]，第一哲学也被称为神学，它是一切知识的巅峰。[2]

　　然而，如果我们把以上分类运用到亚里士多德著作的内容上，[3]那么我们立即会遇到许多麻烦。在亚里士多德的所有作品中，只有《诗学》属于"技艺的科学"一类；他认为《修辞学》是另一类，因为它是辩证

184

185

1　《形而上学》vi.1,(xi.7)1026a13。类似的，参见 xii.1,1096a30, c,6 *init.* ；《论灵魂》i.1,403b7 sqq.关于"第一哲学"这个名字，参见上文 p.76。数学作为数字和量的科学，它有着特殊的抽象性，它并不考虑一个物体的物理属性，而是从空间的量的角度来确定数字和量，但并不研究使它们发生的内在条件，参见《物理学》ii.2,193b31 sqq. ；《后分析篇》i.10,76b3, c.13,79a7 ；《前分析篇》i.41,49b35 ；《形而上学》xi.4, c.3,1061a28, vii.10,1036a9, xiii.2,1077a9 to c.3 *fin.*, iii.2,997b20, *ibid.*996a29 ；《论灵魂》iii.7 *fin.*。有关数学的零散论述在许多地方都有发现，例如《形而上学》i.2,982a26 ；《论天》iii.1,299a15, c.7,306a26 ；《论灵魂》i.1,402b16。Cf.Brandis, p.135 sqq。Ritter, iii.73 sq. 发现亚里士多德论述中的矛盾是可以解决的，这个矛盾是：一个可感的基体首先被否认了，然后又被认为是属于数学对象的，而数学对象时而被认为是与可感之物无关的，时而又被认为与之有关；这个矛盾通过对纯粹数学与应用科学的区分得到了部分解决，另一方面，亚里士多德从未说过数学对象是可分离的，只说它在思想中是可分离的——即从可感对象的本性中抽象出来的。另外，在《形而上学》xii.8,1073b3 的论述中，根据一般的理解，天文学并不被称为"最真实的智慧"，而是被称为"*οἰκειοτάτη*"（最亲近的）——即它是与数学最近的知识；Bonitz 的读法是正确的：（它是）与数学知识最亲密的知识。

2　《形而上学》vi.1,1026a21（类似的有 xi.7,1064b1），在前一条笔记之后，亚里士多德这样说："最高的科学处理的必然是最高的属，因此理论的科学比其他的科学更优越，而这种科学（即第一哲学——中译者注）在理论科学中是最优越的。"他在《形而上学》第一卷第 2 章中用较长的篇幅讨论了为什么第一哲学称得上"智慧"这个名字，因为它研究的是最普遍的东西，它给出的是最综合的知识；也因为它处理的是在认识上最困难的东西；还因为关于终极原因的科学是最精确的，它能够给出关于原因的最完备的指引；更因为它追求的是知识自身；作为探究原因的科学，它关注最终目的，因此它必然主宰着别的知识。他在《论题篇》viii.1,157a9 中给出了一个关于分类的例子，"最好的知识是精确的知识"。亚里士多德在《形而上学》xii.9,1074b29 sq. 中也指出知识的价值在于它的对象。然而，普遍的理论知识并不因为这一点而比实践知识和技艺知识更好，也不因为它的精确性而比它们好，因为有些理论知识（例如动物学和心理学）并不比伦理学在普遍性和精确性方面更优越；理论知识的优越性建立在这样一个事实上：它们的目的在自身之中，参见《形而上学》i.1,981b17 sqq.,982a1。

3　因此，Ravaisson（*Essai surla Metaphysique d'Aristotle*, i.244 sqq.）想把理论哲学进一步划分为神学、数学和物理学，而把实践哲学进一步划分为伦理学、经济学和政治学，把技艺哲学划分为诗学、修辞学和辩证法。

法和政治学的一个分支，[1] 而辩证法又不能与分析或逻辑相分离。[2]

如果我们从这个困难中得出结论说两类的划分——理论的和实践的——比三类的划分更好，那么我们将会背离亚里士多德自己的陈述。在他对自己的体系的描述中，他没有解释数学的地位。根据以上的分类，他引用的唯一数学著作——这本书是真迹，是一篇讨论天文学的小册子——属于物理学。别的数学著作，要么是伪作，要么因为缺乏任何引用而难以被认为是他联系紧密的哲学体系的一个重要部分。[3] 另外，《物理学》被认为是"第二"，[4] 而非"第三"哲学——似乎数学并不是在物理学和第一哲学之间的科学，但亚里士多德认为数学公理属于"第一哲学"。[5]

对于实践哲学，亚里士多德并未把它划分为伦理学、经济学和政治学 [6]——后来的评注家们 [7] 持有这个观点是受到《经济学》这一伪作的误导。亚里士多德首先区分了 [8] 主要的伦理科学——他更愿意称之为"政

---

1 《修辞学》i.2,1356a25.c.3,1359b8。《尼各马可伦理学》i.1,1094b2。这些表述似乎与从《修辞学》中引用的一段话有着直接的联系。亚里士多德认为它是为了政治的目的对辩证法的运用；因为一门科学的特征取决于它的目的，他把它归为实践部分。因此，尽管它自身有着艺术的特点，亚里士多德也这样认为（例如，《修辞学》i.1354a11 sq.,1354b21,1355a4,33,1355b11, c.2,1356b26 sqq.；修辞理论也被称为"技艺"，参见第 53 页注释 1 和注释 2），但他似乎并未把修辞学看作哲学体系中的一门独立的科学，正如布兰迪斯（ii.b,147）和 Doering（*Kunstl.d.Arist.*78）所认为的。

2 在《论题篇》i.1, *init.c.*2 中，它被作为一般哲学的辅助科学，尤其是作为对理论研究的辅助。

3 关于这些著作，参见第 63 页注释 1。

4 《形而上学》vii.11,1037a14：物理学即第二哲学。

5 《形而上学》iv.3, *init.*(xi.4)。

6 亚里士多德在《伦理学》vi.9,1142, a,9 中除了将个体的行为称为 φρόνησις（实践理性）之外，也这样称呼经济学和政治学；但是在 1141b31 中他将政治学（即除了伦理学之外的社会生活的科学）划分为 οἰκονομία（经济学）、νομοθεσία（法学）和 πολιτική（政制），因此，从这个观点看，经济学是政治学的一个部分。欧德谟斯在《欧德谟伦理学》i.8,1218b13 中更确切地将政治、经济学和实践理性看作实践科学的三个部分；这个分类在后来被早期的漫步学派所接受。

7 除了 Ravaisson，Ritter, iii.302 也持有这个观点。

8 《尼各马可伦理学》i.1,1094a18 sqq., vi.9,1141b23 sqq.。

治学"[1]——与处于附属地位的经济学、军事学和修辞学;[2] 然后在"政治 187
学"中他区分了处理个体道德行为的部分和处理城邦的部分。[3]

我们必须注意到,在上述划分中,无论是划分为两类还是三类,都
没有逻辑学的位置。后来的漫步学派这样来解释这个困难——这一点是
他们与斯多亚学派的分歧所在——逻辑学不是哲学的部分,只是哲学的
工具。[4] 亚里士多德从未暗示过这个区分,[5] 尽管他确实把逻辑学作为方
法论。[6] 这个解释也不太成功,因为亚里士多德在他的逻辑学中已经倾
注了很多科学研究,所以逻辑学一定在他的体系中占据着某个位置。[7]
唯一正确的结论是:我们从以上引用的亚里士多德的陈述中得到的分类
模式在某些地方太宽泛了,在某些地方又太狭隘了,以致于不能完全囊
括他的作品的主题。

根据其他的描述,我们对这个体系另有一种分类方式,即所有命题 188
和问题要么是伦理学的,要么是物理学的,要么是逻辑学的。[8] 然而,
逻辑学这一类包括了形式逻辑和第一哲学(或形而上学),[9] 这一点或许

---

1 《尼各马可伦理学》i.1, *ibid.*,以及 1095a2, i,2 *init.*, and *fin.*, ii.2,1105, a,12, vii.12
  init., cf.i.13,1102a23。《修辞学》i.2,3,参见第 132 页注释 1。

2 《尼各马可伦理学》i.1.1094b2;《修辞学》i.2,1356a25;《政治学》第一章和《经济学》
  由于这个主题的讨论被认为属于关于政治的范围。

3 《尼各马可伦理学》i.1,1094b7。另外,参见第十卷第 10 章的长篇讨论。

4 参见 Diog.v.28; Alex.*Pri.Anal.init.*, *Schol.*141, a,19, b,25, in *Top.*41, m, Ammon.*apud*
  Waitz, *Arist.Org.*i.44 *med.*; Simpl.*Categ.*1, ζ, *Schol.*39, b, and Philop.in *Categ.Schol.*
  in *Ar.*36, a,6,12,37, b,46。相同的还有 *Anal.Pri.ibid.*143, a,3.Anon.*ibid.*140, a,45 sqq.
  David, in *Categ.Schol.*25, a,1,此处还有对逻辑和逻辑著作的进一步划分。

5 在《论题篇》i.18 *fin.*,以及 viii.14,163b9 中,亚里士多德说逻辑学是作为哲学的
  工具而准备的,此处的说法当然不包括在内。

6 参见上文 p.91 以下。

7 Ravaisson 的说法(*loc.cit.*252,264 sq.)"分析法不是一门特殊的科学而是所有科学
  之形式"不再可靠。毋宁说,这一类型的知识构成了一个特殊的分支——形而上学
  也是如此,它是一切存在者之普遍基础的知识。Marbach(*Gesch.d.Phil.*i.247)甚
  至认为数学是哲学的一部分,它现在被称为逻辑。

8 《论题篇》i.14,105b19。知识和表象的区分并不能威胁到这个关系,参见《后分析
  篇》i.33 *fin.*。

9 作为逻辑命题的一个例子,《论题篇》提到一个原则——它既是方法论的也是分析
  法的和形而上学的(参见《形而上学》iv.2,1004a9 sqq.,1005a2),这个原则说同一

证明亚里士多德在展现他的哲学体系时，并不打算把逻辑学和形而上学明确地分离。

倘若我们不得不放弃在他本人零星的描述中寻找与结构相对应的著作规划的努力，那么我们什么也不能发现，除了从已知的作品中收集他在每部作品中采用的方法论。他的著作中有预备性的论文，也有对历史材料的分析和对自然历史的收集，还有哲学批评论文；对这些作品进行抽象，我们把他的作品分为四个主要的大类。这就是他的逻辑学、形而上学、自然历史和伦理学。还有作为第五类的艺术哲学，除了《诗学》，亚里士多德并未著述其他艺术哲学。他似乎已经忘记要从哲学作为一个整体的观念和问题中推演出不同分支学科，或者要把它们还原到一个更简单的分类方式上。在这五类作品中，逻辑学和方法论是最先的，不仅在重要作品的时间序列上，[1]而且在写作顺序上——因为亚里士多德将它看作一切研究之预备和前提。[2]在研究过科学方法之后，紧接着的是"第一哲学"。尽管在著作集的顺序中它处于末尾，[3]但它包含了理解《物理学》和《伦理学》的关键要素，并且我们正是在它里面才得知所有定义，没有这些定义，我们在任何一门科学中都将寸步难移——例如，对四因的定义，对形式和质料的定义，对存在之多重意义的定义，对实体和偶性的定义，对推动者和被推动者的定义，等等。"第一哲学"这个名字表达了这样一个事实：它在逻辑上优先于其他一切主题的研究，因为它

门科学中包含了对立的两方。另外在第 125 页注释 4 中给出的一个例子，"$\lambda o \gamma \iota \kappa \grave{o} \varsigma$"有时指的是逻辑学，有时指的是形而上学研究；后面这个例子在《欧德谟伦理学》中也出现过，参见《欧德谟伦理学》i.8, 1217b16。

1　参见上文 p.156 以下。

2　《形而上学》iv.3, 1005, b, 2。这里与我们讨论的问题是一样的，无论 $\tau o \acute{v} \tau \omega \nu$（这些）在这里指的是 $\dot{\alpha} \nu \alpha \lambda \nu \tau \iota \kappa \tilde{\omega} \nu$（分析），还是 $\pi \epsilon \rho \grave{\iota} \tau \tilde{\eta} \varsigma \dot{\alpha} \lambda \eta \theta \epsilon \acute{\iota} \alpha \varsigma$（关于真理）的研究，因为从事物的本性来看，无论他说"一个人必须熟知分析法"，还是说"一个人必须熟知分析法所讨论的东西"，它们都是一样的。另一方面，Prantl 的解释（*Gesch. d.Log*.i.137）是不可接受的，他认为 $\tau o \acute{v} \tau \omega \nu$ 指的并不是紧接它的这些词，而是指亚里士多德在前面提到的 $\dot{\alpha} \xi \iota \acute{\omega} \mu \alpha \tau \alpha$（公理）。这种译法的结果是：Prantl 看到把这个段落看作对分析法的优先性的证明——这是非常奇怪的。

3　参见上文 p.76 以下，以及第 117 页注释 2。

处理的是所有前提中最普遍的。[1]《物理学》紧接着"第一哲学",而《伦理学》紧接着《物理学》,因为后者是被前者预设的。[2]《修辞学》应当属于伦理学的范围。[3] 另一方面,艺术哲学自成一类,它与其余著作并未形成固定的关系。因此,我们只能认为它是一个附录。同样的,我们认为亚里士多德关于宗教的零星论述也是附录——因为真正意义上的宗教哲学并不在他的视野之中。

---

1 比 $\pi\rho\dot{\omega}\tau\eta\ \varphi\iota\lambda o\sigma o\varphi\acute{\iota}\alpha$(第一哲学)这个最高级更直观的是比较级的形式 $\varphi\iota\lambda o\sigma o\varphi\acute{\iota}\alpha\ \pi\rho o\tau\acute{\epsilon}\rho\alpha$(较优先的哲学)($\varphi\upsilon\sigma\iota\kappa\tilde{\eta}\varsigma$ [物理学],$\mu\alpha\theta\eta\mu\alpha\tau\iota\kappa\tilde{\eta}\varsigma$ [数学]),参见《形而上学》vi.1,1026a13,30;《论生成与消灭》i.318a5。

2 参见上文 p.159。

3 参见第 132 页注释 1。

第五章

逻　辑

191　　　从古代起，亚里士多德就被誉为"逻辑学之父"，这是实至名归的。然而，我们一定不能忽视下述事实：他认为逻辑不是一门独立的科学，而是一种方法论，即进行哲学研究的"工具"。因此，他从未设想过对思维能力之整体做出完整的和统一的解释，而是对科学证明的形式和规律的单纯研究。他在逻辑学的上半部分——即《论题篇》中陈述了这个观点。[1] 在另外更重要的部分中——即《分析篇》，有一处对逻辑学作为科学工具的文本引用，[2] 我们从这个引用中得知上述观点，从之前说过的《论题篇》的类比中也可以得知，但更重要的是，我们从对这个主题的整体处理方式上也可以得知它。两部《分析篇》是亚里士多德逻辑的扛鼎之作，第一篇处理的是三段论，第二篇讨论的是证明的法则。[3] 只
192　有在与这些研究相关或有研究的必要时，他才开始考虑有关命题的理论。[4] 直到较晚的时期[5]（如果这个时期是存在的），他才将这些线索扩展为一个独立的主题，即《解释篇》。类似的，从三段论中延伸出来的思考使他开始研究"概念"的逻辑。他在《分析篇》中讨论了定义的问

1　《论题篇》i.1.*init*.Cf.c.2.c.3。

2　参见上文第 134 页注释 2。

3　两者的共同主题在《前分析篇》的开篇被指出了。类似的，参见《后分析篇》ii.19, *init*.。

4　《前分析篇》第一卷第 1—3 章，《后分析篇》第一卷第 2 章，72b7。

5　参见上文第 47 页注释 1。

题，[1]但它只是作为与证明相关的讨论；事实上，概念之整体的逻辑特征
对于三段论而言是偶然的。[2]另一方面，范畴理论更多地属于形而上学
而非逻辑学，因为它并不是从概念自身的逻辑形式中演绎出来的，或者
从思维过程的建构中得到的，而是从对那些实在关系的自然划分中得到
的，范畴所指的正是它们的内容。[3]"分析"这个名字[4]表达了我们的研
究应当划在"形式逻辑"之下，亚里士多德考虑的主要是如何确定科学
程序的条件，尤其是确定证明的科学过程。[5]

193

　　苏格拉底已经揭示了形成概念的方法；柏拉图又添加了分类法；亚
里士多德是证明理论的发现者。这一点对他而言是异常重要的，他把这
个理论发展成整个科学的方法论。因此，后来的漫步学派将逻辑[6]描述
为哲学的"工具"[7]，亚里士多德的逻辑著作出版时最终的标题是"工具

1　《后分析篇》第二卷第 3 章以下，另外，参见第 10 章。

2　与此相关的一个标题将在稍后引入。《前分析篇》第一卷第 1 章 24, b, 16 中对 ὅρος（词
项）的定义（ὅρον δὲ καλῶ εἰς ὄν διαλύεται ἡ πρότασις. [我称词项是一个命题分
解出来的东西]）显示了亚里士多德使用分析的方法，正如他从三段论过渡到对命
题的研究，他在这里从对命题的研究过渡到对概念的研究。命题和概念仅仅是构成
三段论的要素。

3　在上文 p.70 提到的关于概念的著述似乎有着纯粹的逻辑特征；但是很可能这些著
作中没有一篇是亚里士多德所写。

4　亚里士多德不仅把主要的逻辑学著作称为"分析篇"（参见第 49 页注释 1），而且（参
见第 134 页注释 2，以及第 126 页注释 1）他用相同的名字称呼他们讨论的科学。

5　"分析"意味着将事物分解为构成它的部分，或者研究使它得以发生的各种条件。
在这个意义上，亚里士多德用"分析"的方法把三段论分解为三个格，例如《前分
析篇》i.32, init.："我们已经说过，证明是由哪些要素形成的以及以何种方式形成
的，这是清楚的"。这句话写在"我们的下一个任务是陈述如何把演绎划归到前面
提到的几个格上"这句话之前。参见 Bonitz, Ind.Arist.48, b,16。既然每一项研究都
包括探寻这一研究主题的构成部分和它的条件，那么"分解"和"追问"就代表了"研
究"。参见《尼各马可伦理学》iii.5,1112b15（Cf.Trendelenburg, Elem.Log.Arist.p.47
sq.）。因此，"分析的知识"（《修辞学》i.4,1359b10）指的是科学研究的技艺，或者
对科学研究的介绍——即科学方法论；相应地，"分析"指的是处理科学研究的学问，
即分析的理论，参见《形而上学》iv.3,1005b2。

6　这个名称从西塞罗时代就开始存在了，参见 Prantl, Gesch.d.Log.i.514,27,535。

7　参见上文第 133 页注释 4。

194　论",[1] 这些说法绝不会与大师自己的观点相悖。[2] 有一种理论认为逻辑作为哲学的"工具",并不是哲学的一个部分,[3] 他却很难赞同这个观点。

　　为了正确地理解这门关于方法的科学,我们必须首先细致地考查亚里士多德有关知识的本性和起源的观点。因为正是"知识"这个概念决定了科学过程的目的和方向;并且在人类思想中知识的自然发展一定也为科学的体系化发展指明了道路。

　　所有知识都与事物的本质有关——与在一切个体事物中保持自身同一的普遍属性有关,以及与一切现实存在者的原因有关。[4] 然而,相反
195　地,普遍者只能通过个体为我们所知,本质只能通过现象来表达,而原因只能通过结果被知晓。这里的原因部分来自亚里士多德的个体与普遍者的形而上学关系——这一点我们稍后论述;因为如果只有个体的存在是最初的现实性,如果普遍者是存在的,但它并不是像"理念"那样独立地存在,而是依附于个体、作为个体的"属性"而存在——那么有关个体的经验知识就必然先于有关普遍者的科学知识。[5] 对于亚里士多德而言,从人拥有的知识能力中同样可以直接得出以上结论。他毫不犹豫地承认灵魂自身之中拥有知识的基本原则,他同样认为不通过经验是无

1　直到公元6世纪,这个名字一直未被任何希腊评注家使用过,后来这个名称才得以使用 (cf.Waitz, *Arist.Org*.ii.293 sq.)。另一方面,在此之前,这些文本被称为 ὀργανικὰ (工具),因为它们指的是 ὄργανον φιλοσοφίας (哲学的工具);参见 Simpl.*in Categ*.1, e; Philop.*in Cat*.Schol.36, a,7,15; David, *ibid*.25, a,3。

2　Prantl (*Gesch, d, Log*.i.136) 在这个问题上的观点是不合理的,他指责"古代后期的学派领袖们"被传染上了斯多亚哲学的愚蠢,他们不计代价地将逻辑作为知识的工具。但这就是亚里士多德的立场和观点。有人说逻辑学与物理学和伦理学一样有着自身的目的和研究对象,或者说它也是人类思维活动的一种哲学表达 (*ibid*.p.138 sq.);这种理论在亚里士多德的著述中是无法得到论证的,在对他的逻辑作品的建构中也是不成立的。然而,"亚里士多德逻辑的真正的形而上学意义"却不必因此而被忽略。即便它被看作关于方法的科学,但它仍然有形而上学的根基;即便它在后者之先,但其最终必将还原到形而上学的原则上。

3　参见第 133 页注释 4。

4　参见上文 p.163, p.173。

5　亚里士多德在《论灵魂》第三卷第 8 章,432a2 中指出了他的感知理论与形而上学的关系 (cf.c.4,430a6)。

法获得任何真正的知识的。当然，学习预设了学习者已经拥有了某些知识，学习只是增加了这些知识。[1] 不承认这个原则就会产生学习是如何可能的疑问，这样的疑问一直困扰着早期的思想家们。[2] 因为，要么我们已经拥有了那些知识，而其余的知识不过是从其中演绎出来的——但这是不正确的，要么我们需要去获取它，但此时上述原则就不适用于最高的知识。[3] 柏拉图试图用"回忆说"——对原先的知识的潜在记忆——来解决这个困难。但是，除了对灵魂预先存在[4]的各种反驳之外，亚里士多德自己也无法调和这个理论，因为对他而言，"我们拥有知识但我们却不知道它"是不可设想的；[5] 更不要说对存在于灵魂中的理念的细致分析必然产生的各种荒谬的结论了。[6] 亚里士多德的答案是这样一个概念，他用这个概念解决了很多形而上学和自然哲学的疑难，这就是"发展"的概念——即在一种基础的、原初的潜在性和完备的现实性之间的区分。他认为灵魂必须在某种意义上拥有知识。即便是我们的感知也并不被看作对事物的被动接收，而是实现接收的活动，[7]那么对于没有外部对象的思想就更是如此了。[8] 我们纯粹的思想与被思考的对象是无差别的，[9]因此在思想的本性中存在直接认识最高原则的可能，这些最高

196

197

---

1 《后分析篇》i. *init.*。亚里士多德紧接着说对于不同的学科要么使用三段论，要么使用归纳证明。类型的论述，参见《形而上学》i.9,992b30；《尼各马可伦理学》vi.3,1139b26。

2 参见 Zeller，*Ph.d.Gr.* Pt.ii.a,696。

3 《后分析篇》ii.19,99b20：用论证得到的一切知识都预设知识的最高原则是已知的。

4 关于灵魂和身体之关系的讨论，参见下文第十章开篇。

5 *Anal.Post.Loc.cit.*，以及《形而上学》i.9,992b33。

6 《论题篇》ii.7,113a25：如果理念是在我们之中的，那么它们也必须和我们一起运动。然而，亚里士多德自己很少在这些诡辩式的攻击上花费篇幅。

7 《论灵魂》ii.5,417b2 sqq.。亚里士多德在此处说意识和思想都不应当被称为 πάσχειν（被动的）或 ἀλλοίωσις（变化或性质变化），除非我们区分两种不同的"被动"和"变化"。类似的讨论参见 iii.5,429b22 sqq.,iii.7,431a5。

8 《论灵魂》ii.417b18（紧接着第 140 页注释 4 中引用的那个段落）。

9 在《论灵魂》iii.430a2192,3（紧接着的段落在第 140 页注释 4 中被引用）。*Ibid.* iii.7 *init.*《形而上学》xii.7,1074b38。

原则被其余一切衍生的和间接的知识所预设，它是它们的基础和起点。[1]

在这个意义上，灵魂可以被描述为"理念的仓库"，[2] 在思想的官能中存在所有可思的东西。[3] 然而，这些被蕴含的知识只能在实际的认知活动中变成现实的知识。因此，在经验之先，灵魂中的知识以可能的方式作为某种基础而存在；所以，亚里士多德认为，正因为如此，灵魂拥有通过自身内在的活动形成概念的能力。[4]

198
199

1　《后分析篇》ii.19,100b8。《尼各马可伦理学》vi.6.c.7,1141a17,1141b2, c.9,1142a25. c.12,1143a35(cf.Trendelenburg, *Histor.Beitr.*ii.375 sqq.；Walter, *Die Lehre v.d.prakt. Vernunft*, etc.,38 sqq.)（对于后者将有更详细的讨论，参见下文第十一章和第十二章）。这种对原则的认识是一种直接的知识，因为任何论证的基础性原则是不能被证明的（参见《后分析篇》i.2,3,72a7,72b18 sqq.c,22,84a30; ii.9 *init*.c.10,94a9；以及《形而上学》iv.4,1006a6,1011a13；更多引用参见后文）。但从这个解释来看，它总是正确的。因为错误的发生是由于不同感知的连接错误，所有错误只发生在谓词与主词相连接的命题中（《范畴篇》4 *fin.*；《解释篇》i.16a12；《论灵魂》iii.8,432a11）；另一方面，直接知识只与纯概念有关，它没有与自身相区别的对象，因此我们只能知道或不知道它，而不可能被欺骗；参见《论灵魂》iii.6, *init.*《形而上学》ix.10。根据这些段落，我们应当把 προτάσεις ἄμεσοι 理解为"直接原则"（《后分析篇》i.2,23,33,72a7,84b39,88b36），只有那些谓词包含在主词之中的命题，而非那些谓词不包含在主词中的命题，是先验的分析判断。类似的，ὁρισμὸς τῶν ἀμέσων（直接词项）（*ibid*.ii.10,94a9）是 θέσις τοῦ τί ἐστιν ἀναπόδεικτος（不可证明的主题），在其中一个概念的存在或不存在是无法确定的，它与一个主题的关系也是不能确定的。最后，当矛盾律（《形而上学》iv.3 sq.1005b11,1006a3）被称为"不可能被欺骗的、所有原则中最绝对的"时，这里考虑的是所有分析判断的基本原则——即每一个概念与其自身在形式上的同一性。

2　《论灵魂》iii.4,429a27。

3　《论灵魂》iii.8, *init.*(cf.ii.5 *fin.*iii.7 *init.*)。

4　《论灵魂》iii.4,429a15（在努斯获得思想之前，它是不被推动的；参见 Bonitz.*Ind. Ar.*72, a,36 sqq.）（参见第 140 页注释 2）。*Ibid.*b,30. 因此，在这里（b5）以及在《论灵魂》ii.5,417a21 sqq. 中，亚里士多德更精确地区分了 δυνάμει 的两种意义：我们说一个人潜在地知道，不仅当他有能力学习但还没有学到知识时，而且当他拥有知识但此刻这一知识并未现实地出现在他的灵魂中。柏拉图在第二种意义上说先天知识，而亚里士多德是在第一种意义上说的。这就是他把灵魂学说与一本尚未写成的书进行比较的意义：当这个比较被按照后来的感知的知识论理解时，它就变成了一种误解（Cf.Hegel, *Gesch.d.Phil.*ii.342 sq.；Trendelenburg, p.485.）。亚里士多德用它来区分潜在性和现实性的不同，在此处，他并未解释潜在的知识是如何变成现实的知识的。但是，根据前文所述（429a15），不是 αἰσθητά（感觉对象）而是 νοητά（思想对象）的活动在努斯这块白板上刻下字迹，因此，我们实际上要讨论的理论与感知哲学是非常不同的。

在他对这个问题的整个讨论中，存在一种模糊性，我们当然能够 200
指出这种模糊性产生的基础，但是在不违背亚里士多德的学说的前提
下，我们并不能完全消除这种模糊性。一方面，亚里士多德反驳了任何
先天知识的可能性，并坚持认为所有概念都来自感知。[1] 另一方面，他
说我们对概念所依赖的基础性真理有直接的认识，[2] 并认为我们在生活中
获得的所有知识从一开始就像胚芽一样存在于灵魂中。[3] 当然，最后这
个观点并不是说在一切经验之先，灵魂已经拥有了那些当下被思考的知
识，或者经验的功能仅仅是把它带入意识之中。[4] 因为这样会使我们回 201
到亚里士多德坚决反对的先天观念的理论上。[5] 然而，说他是一个纯粹
的经验主义者同样是错误的，因为他并不认为"灵魂中的普遍概念绝对
来自于外部世界"[6]。如果他持有这种观点，那么他就不会认为最高的概
念——即所有知识的原则——来自"努斯"的直接认知，而"努斯"有

1　参见 p.195，p.205 以下。

2　参见第 140 页注释 1。

3　参见第 139 页注释 3，注释 8；第 140 页注释 2，注释 3。

4　对这段文本的解释并非必须如此。相反，在《论灵魂》第三卷第 8 章（参见第 140
　　页注释 3）中，亚里士多德说："在某种意义上，灵魂就是一切"，他紧接着解释这
　　段话说（431b28）："但前一种情况是不可能的，并不是石头在灵魂中，而是石头的
　　形式在灵魂中。灵魂就像手一样，因为手是工具的工具，而灵魂是形式的形式，它
　　获得的是可感对象的形式。"手制造和使用了工具，但它是从某些材料中制造出工
　　具的，这个类比只不过使我们认识到灵魂是一切，因为它能够拥有所有东西的形式
　　或印象。但灵魂不能从自己制造形式。相反，正如感知能力被称为"感知的形式"，
　　因为它接受了可感对象的形式，在同样的意义上，灵魂被称为"形式的形式"，因
　　为它能够接受不可感的形式；另外"（储藏）理念的地方"（参见第 140 页注释 2）
　　也可做相同的解释。"普遍者在灵魂之中"这句话出现的段落与知识的增长无关，
　　但在那里亚里士多德试图用"知识"和"沉思"的关系来解释从感知的能力到现实
　　的感知的发展过程（417b5）。最后，在《后分析篇》ii.19（第 140 页注释 1 中引用
　　过这个段落）中，亚里士多德指出，不事先拥有某种知识，我们是不可能获得最高
　　原则的知识的；但他并不认为这些事先存在的知识是灵魂中的先天观念，而是在归
　　纳的过程中获得的。参见下文第五章的末尾。

5　Kampe 的反驳（*Erkenntnistheorie d.Arist.*[《亚里士多德的认识论》] p.192）并非没
　　有道理，但他对《形而上学》i 9,999a7 sqq. 的引用却不在点子上。

6　参见 Kampe *ibid*；但这个阐述很难与他在接下来的段落中的描述相一致，即作为
　　所有知识基础的感知可以还原到某种类型的直观思想上，而这些思想既不同于知识
　　也不同于意见。

着与其他一切思维活动不同的形式。[1] 因为，那些我们只有从个体上升到普遍者才能获得的知识，不可能是任何直接认知的材料，而一定是所有间接认知的材料。他声称我们的认知能力实际上是以这样的方式获得这些原则的；但他并不认为我们对这些原则的意识和思考仅仅是对经验的持续提炼，或者我们对原则的表象仅仅是对经验材料最后的抽象。每一步抽象都包含了归纳，[2] 而归纳的结果只能被表达为一个判断和结论，因此，这结果与所有判断一样，要么是正确的，要么是错误的。然而，另一方面，亚里士多德区分了"努斯"的认知活动与其他的间接认知，我们通过"努斯"获得的知识不是判断而是概念——它并非或错或对，而是永远正确——我们要么拥有它，要么不拥有它，一旦我们拥有它，就绝不会被欺骗。[3] 因为任何归纳都从感知开始，而感知与形式和质料的复合物以及可感之物有关，因为偶然性——即存在与不存在的可能性——与一切有质料的东西是不可分的，[4] 所以，我们永远无法单单从归纳中得到任何绝对的、必然的东西。那些完全建立在经验上的观念不可能比它们的基础更具有确定性。但是，亚里士多德认为知识的原则在所有知识中是最确定的，[5] 除了必然为真的东西，[6] 没有什么比它们更高级了。因此，直接知识只能是一种直观——并且只能是精神直观，这与一切感知活动相区别。然而，人的精神中并无先天观念。因此，这种直观不可能是任何自我直观或任何使我们意识到内在于自身的真理和原则的内省活动。[7] 它必须是精神的思考活动借以产生思想和观念的某物，这种精神的活动与感知活动是类似的，即感知是通过接受感知对象的活动而产生的。事实上，亚里士多德正是基于这个类比，而说"努斯"与可

---

1 关于这点，参见第 140 页注释 1。

2 参见下文第五卷。

3 参见第 140 页注释 1。

4 参见下文第七卷的第二部分，以及有关这些讨论的注释。

5 《后分析篇》i.2,71b19,72a25 sqq.; ii.19,100b9。

6 《后分析篇》i.6 *init.*

7 这是策勒在第二版中的观点。

思对象的关系正如感官与可感对象的关系；[1] 或者说努斯知道可思对象是因为它"触摸"到它；[2] 或者说感知自身必然是正确的，类似地，思想获得的观念自身也必然是正确的。[3]

这样看来，目前我们得到了一个可理解的和一致的理论。但是更多的问题仍然没有得到解答：这种直观是什么，即我们通过它获得了所有间接知识的原则和一切最普遍的观念和公理？它属于什么样的存在？它以何种方法作用于我们的灵魂？我们获得的原则属于什么种类？它们是否只表达了思想的形式规律（例如矛盾律）？某些形而上学观念的获得是否也像它们一样，例如存在、原因和神的观念？这可能是从亚里士多德的学说中得出的自然而然的结论；但我们发现它们非常接近柏拉图的理念直观的学说，不同的是，对于亚里士多德而言，事物的"形式"并不在另一个世界中，因此对它们的直观必要从将来转移到现在。

然而，对亚里士多德在这个主题上缺乏清晰性的最后一个解释是：他想从柏拉图独立自持的理念论的倾向中解放出来，但他只做到了一半。"形式"对于他的意义，正如"理念"对于柏拉图的意义，它们都是本体论上的独立存在者，并为一切个体事物奠基。亚里士多德敏锐地发现理念是从经验中来的，但它们依旧是最为缺乏经验内容和直接感知的，理念将最终从人类思想的逻辑产物变形为对超感知世界的直接呈现，在这个意义上，它就是理智直观的对象。

柏拉图相信沉眠于人类灵魂中的理念在现实的回忆中可以被任何感知活动唤醒，而精神之眼在长期的训练后会习惯于接受理念之光。对亚

---

1 《论灵魂》iii.4,429a15。

2 《形而上学》ix.10,1051b24（参见第 140 页注释 1）：对非复合物的感知是"接触"，并且是正确的，因为不"接触"就不知道；xii.7,1072, b,20：努斯（神圣理智）通过参与可思对象（它自身也是可思对象）来认识自身，因为可思对象是可接触的和可知的。对于这些段落的最先一部分，塞奥弗拉斯特在 *Fr.*12（《形而上学》）25 中也说过："如果我们从观察开始，我们能够到达某个程度，从而可以从原因来解释事物，当我们不能解释最高的东西时，要么因为这些事物没有原因，要么因为我们还不能看透它们"。

3 《论灵魂》iii.6, *fin.* ；见引用第 140 页注释 1 的内容。

205　里士多德而言，在精神发展的最初阶段，我们离目标知识的距离是最遥远的；因此，我们对目标的持续接近就是知识的逐步获取，即逐渐加深对事物的理解，从对特殊的认识上升到对一般的把握，从对现象的认识进入到对本质的了解，从对结果的观察回溯到对原因的理解。知识既不是我们所拥有的自然恩赐，也不是从什么高于知识的东西中推演出来的结论，而是从某些低级的东西中发展出来的，即从感知中得来的。[1] 因此，我们的理念在时间中的发展顺序正是它们的逻辑顺序的反面。那些本身是绝对的、先在的理念，对于我们而言却是最后得知的；因此，从本性上讲，普遍者比个体更具有确定性，原则比演绎更具有确定性，但

206　是，对于我们而言，个体事物和感觉对象反而更具有确定性。[2] 类似的，我们发现从个体和特殊事物开始的证明比从一般原则开始的演绎更加清楚。[3]

　　现实的知识从作为基础的、可能的知识中发展而来的方式是这样的：第一步是感知；没有感知我们就不可能有现实的思想。[4] 缺乏某个感觉器官的人也必定缺乏相应的知识，因为每一门科学的一般原则都是

1　《后分析篇》ii.19,100a10。

2　《后分析篇》i.2,71b33；《物理学》i.1,184a16; i.5 *fin.*。参见《形而上学》i.2,982a23; v.11,1018b29 sqq.; vii.4,1029b4 sqq.; ix.8,1050a4；《论题篇》vi.4,141b3,22；《论灵魂》ii.2 *init.*, iii.7, *init.*；《尼各马可伦理学》i.2,1095, b,2（更有说服力的引用涉及柏拉图的《理想国》第七卷开篇，而不是亚里士多德的，参见《形而上学》ii.1,993b9）。有一处明显的矛盾出现在《物理学》i.1 中："……对于我们而言清楚的事物首先是混淆的、模糊的对象，它们的元素和原则在后来的分析中才逐渐清楚。因此我们必须从普遍的进行到特别的，因为事物作为整体对于感知而言是较为清晰的，而普遍者是像部分构成的整体，它自身中包含了许多事物。"但是，这仅仅被看作语言上的模棱两可（Trendelenburg 在 *Arist.De An.*P.338 中指出过这一点，以及 Ritter 也持这个观点，iii.105, etc.），因为这里处理的不是逻辑上的普遍者而是感知上的普遍者——即一个对象尚未确定的表象，例如，在我们清晰地区分出一个对象的组成部分之前，我们得到这个对象的表象。然而，就它们自身而言，组成元素总是先于它们的合成物；《论天》ii.3,286b16；《形而上学》xiii.2,1076b18, c.3,1078a9。

3　《前分析篇》ii.23, *fin.*。

4　《论灵魂》iii.8,432a4（参见第 138 页注释 5）。《论感觉》c.6,445b16。

通过归纳被发现的，而归纳建立在感知的基础上。[1] 个体事物是感知的对象；[2] 但普遍者被包含在任何一个个体事物中——即便它还未被区分出来，因此，感知间接地与普遍者相通。[3] 或者，更准确地说，感官所感知的东西不是特殊的个体实体自身，而是它的某些属性。这些属性与个体实体作为普遍者的方式相关，因为它们不是"这个"（τόδε），而是"这样"（τοιόνδε）；尽管在感知中，它们从来不以普遍者的方式呈现在我们的直觉中，而总是作为一个确定的个例属于这个或那个事物，但实际上它们是普遍者，并且从关于它们的感知出发，有关普遍者的思想得以发展。[4] 它的发展方式是这样的：在感知活动中，一些可感的属性以及相关的存在于个体实体中的普遍者被分辨出来。[5] 在一般表象的记忆的帮助下，感知进一步发展为经验，因为在不同感知中不断重复出现的东西会被心灵确定和保存下来。因此，经验就此出现了，然后，许多经验被聚集成一般原则，以及技艺和科学，[6] 最后，我们得到最普遍的原则；以

207

208

1　《后分析篇》i.18。

2　《后分析篇》i.18,81, b,6: τῶν καθ᾽ ἕκαστον ἡ αἴσθησις（对于每一个事物的感知）。同样的观点经常出现，例如《后分析篇》i.2（参见第 144 页注释 2），c.31（参见第 145 页注释 4），《物理学》i.5.*fin.*，《论灵魂》iii.5,417b22,27,《形而上学》i.1,981a15。

3　《论灵魂》第三卷第 8 章，参见第 138 页注释 5。

4　《后分析篇》i.31, *init.*（然而，只有 τόδε 是个体实体；参见《形而上学》vii.13,1039a1）。《后分析篇》ii.19,100a17，即感知的直接对象是作为个体的卡里亚斯，但它给予我们的是拥有这些属性的一个人的印象，这个人作为卡里亚斯的条件并不影响我们的感知内容。更多内容，参见《论灵魂》ii.12,424a21 sqq.；以及《物理学》i.5,189a5。这些文本中所描述的与这里讲的亚里士多德的一般理论相吻合，Heider（*Vergl.d.Aristotel.und Hegel'schen Dialektik*, i.160, sqq.）在这个问题上遇到了不少困难。《形而上学》xiii.10,1087a15 sqq. 的内容也不与它矛盾，但 Kampe（*Erkenntnissth*, *d.Ar*.85）认为它们是矛盾的。在那里，亚里士多德说潜在的知识是普遍的和不确定的，现实的知识是确定的这一个——它处理的是"这个"；这里的意思是：认知能力延伸到所有可以认识的东西上，但是每个现实的感知活动是对一个特定对象的感知；这个对象是一个个体还是一个普遍的概念并不是问题的关键所在。Καθόλου（普遍的）在这里指"不确定的"，参见《形而上学》xii.4,1070a32；《论动物的生成》ii.8,748a7；《尼各马可伦理学》ii 7,1107a29。

5　《论灵魂》iii.2,426b8 sqq.。因此《后分析篇》ii.19,99b35 和《论灵魂》iii.3,428a4, c.9 *init.* 中的 αἴσθησις（感知）被称为 δύναμις σύμφυτος κριτική（天生的分辨能力）。

6　《后分析篇》ii.19,100a2.《形而上学》i.1,980b28。在同一个段落中能找到更多类似

同样的方式，通过对这个过程进行方法上的重复——即通过归纳，我们就能得到科学的知识。结果便是如此。柏拉图通过将精神之眼远离现象世界的方式寻找理念，在他看来，在现象世界中出现最多的是对理念的摹写而不是理念自身。相反，亚里士多德关于知识获取的理论建立在对现象中普遍要素的追寻上。换言之，尽管他们二人都要求从直接数据中进行抽象，并对背后的普遍者进行反思，但是他们所认为的抽象与直接数据之间的关系完全不同。对于柏拉图而言，从给予的数据中进行抽象

209 是第一步，只有假设这样的抽象是存在的，对普遍本质的认识才是可能的。对亚里士多德而言，心灵倾向于经验数据中的一般本质——这才是关键，从个别感知中得到的抽象正是这种倾向的必然结果。以同样的理由，亚里士多德也为从感知中得到的知识的真实性辩护；因为他认为，尽管感知可能是矛盾的和具有欺骗性的，但真的感知仍旧是可能的，我们感知到的东西无疑具有现实性——尽管它的价值是相对的；总之，对于感知的真实性[1]的怀疑源于我们在使用感知时不够谨慎。[2]他甚至认为感知自身绝不会欺骗我们，错误首先出现在我们的想象和判断之中。[3]

210 　　事实上，亚里士多德在感知的可靠性问题上显示了某种头脑简单的自信——这对于任何非批判的意识来说都是自然的。这一点在他这里更容易理解，因为与其他希腊哲学家相比，他更缺少对主体活动在我们的经验构成中所扮演的角色进行分析的意识，他简单地认为主体的活动不过是对象的活动——即对象在灵魂中留下的印象；[4]另一方面，这位哲

的论述。《物理学》vii.3,247b 说："通过参与经验，我们获得普遍的知识。"

1　参见《形而上学》iv.5,6,1010b, sqq., 在某种意义上，我们说如果没有一个感知主体，也就没有 αἰσθητά（可感对象），但是若说没有感知活动，那么进行感知活动的主体就不存在——这是不可能的。类似的论述，参见《范畴篇》c.7,7b36。

2　对于这一点，参见《形而上学》iv.5,1010b3 sqq.,14 sqq.; xi.6,1062b13 sqq.。

3　《论灵魂》iii.3,427b11.*Ibid.*428a11. 类似的还有 ii.6,418a11 sqq.；以及《形而上学》iv.5,1010b2。

4　关于亚里士多德的感知理论，参见下文第十章末尾。

学家赋予观察很高的价值，作为一个自然主义者，他需要广泛的经验数据，我们不能期望他充分考虑他的前辈们关于感知的可靠性的批评。[1]
当然，他并不否认感知具有欺骗性，但他相信这不应当归咎于感知自身。他坚持认为每种感官向我们呈现的东西总是真的，或几乎总是真的，例如它感知到这个特殊的色彩或声音等，然而，错觉首先发生在将这些属性指定到一个特定对象上，它们也发生在分辨什么是在感知中直接给予的，与什么是通过抽象得到的。[2]

211

　　亚里士多德关于科学知识的理论——即他的《分析篇》——正是与这些观点相对应的，即与关于知识的本性或起源的观点相呼应。科学的功能就是用原则解释现象，而这些原则必须在普遍的原因和规律中寻找。因此，从一般到个别，从原因到结果的演绎或证明，构成了科学的

212

1　在第 146 页注释 1 中，我们已经讨论过亚里士多德在《范畴篇》第 7 章中把可感属性看作客观的，并反驳了德谟克利特的下述观点——即有些可感属性不过是主体性的（参见 Zeller, *Ph.d.Gr.* i.772, 1.783, 2）。类似的，《物理学》第八卷第 3 章反驳巴门尼德的"一切都是静止的"理论时，他这样评价道（254a30）："这个观点不能解释灵魂的运动这一意见和现象（更准确地说，心灵影像的连环运动），研究这种观点是在寻找我们已掌握的论证和缺少的解释，区分出可信赖的和不可信赖的以及本原的和非本原的。"同样的反驳也运用于"一切总是处于运动之中"的理论，或者对"某物总是被动的而另一物总是不动的"反驳。《论灵魂》253a33 在反驳"一切都是静止的"理论时说："放弃寻找对感知的解释，这便是思想的某种屠弱"，这种理论对他来说是不正常的和不自然的。亚里士多德认为，对于我们如何得知自己是睡着的还是清醒的，以及我们的感觉是否正常？这些问题本身具有误导性（《形而上学》iv.6, 1011a8 sqq., 参见第 169 页注释 4）。他认为在正常的感觉和思考中，我们能对事物的可感属性做出判断——我们也能对善与恶、美与丑做出判断，这一点是自明的。

2　在这个意义上，亚里士多德自己在《论灵魂》iii.3, 428b18 中解释了他的原则："对特定对象的感知是不会错的，或者它有最少的错误。对于知觉对象而言偶然的东西对于感知也是偶然的：在这种情况下我们当然会被欺骗；因为，尽管我们眼前存在白色不会错，但这个东西是白色的还是那个东西是白色的却是会错的。"（关于这些共同之处，参见《论感觉》c.i.437a8）《论感觉》iv.442b8.《形而上学》iv.5, 1010b14，我们只能相信每个感官对于它自身的特殊对象的传递，例如视觉感知色彩。同一杯酒，我们有时尝起来是甜的，有时尝起来不是，因为在某人身体状态改变时，甜的酒并不是甜的，但就酒自身而言必然是甜的。感知最初显示给我们的只是某些属性（我们在 pp.206—7 已经说过）。这些属性所属的对象并不是直接的和专门地被感知所确定；更不用说那些通过我们的知觉推测出来的性质了。

任务：亚里士多德认为一切论证都包含在这样的演绎中。然而，这些演绎证明的前提不可能通过演绎的方法得到。它们也不是直接给出的先天知识。只有从现象出发，不断地提炼，我们才能获得现象背后的原则：只有从个别开始我们才能获得一般。科学地进行这项工作就是归纳法。因此，证明和归纳是科学活动的两个组成部分，也是方法论的基本主题。然而，它们都预设了思想的一般要素，如果事先没有关于它们的知识，就不能解释这两种方法。因此，亚里士多德在他的证明理论的前言中研究了三段论；与此相关，他发现自己不得不更仔细地考虑判断和命题——因为它们是三段论的构成部分。直到他著述的晚期（我们已经解释过这一点），他才将它们分开来讨论，即便到那时，这部分逻辑学仍然没有发展成熟。[1]他的概念理论更是如此。然而，我们必须从这最后一个开始，然后进入判断理论中，最后再进到三段论中——因为，亚里士多德对三段论逻辑的讨论总是预设了关于概念的某些理论。

213 对一般概念的探寻是苏格拉底开启的哲学的新方向，柏拉图和亚里士多德都忠实地追随着这个方向。我们发现，总的说来，亚里士多德承认苏格拉底和柏拉图关于概念的本性和抽象思想的问题。[2]然而，我们发现，在形而上学中他反对柏拉图的普遍者的独立实在性，而认为普遍者被表达在概念之中；此外，在对概念的逻辑分析中，与这个批判相关，他觉得有必要在很多方面得出更精确的结论。[3]柏拉图已经指出，对于概念的定义，我们关注的必须是那些本质属性，而不是偶然属性；[4]同时，他将所有一般观念都提升到一个绝对独立的地位——它们是理念，但他没有进一步区分属性概念和实体概念。[5]亚里士多德引入了

---

1 参见 p.192 以下。

2 参见 p.162，以及 p.172 以下。

3 这些论述，除了 Prantl（*Gesch.d.Log.*i.210 sqq.）和别的概论性作品，参见 Kuhn, *De Notionis Definitone qual.Arist.Constitucrit*, Halle,1844; Rassow, *Arist.de Notionis Definitone Doctrina*, Berl.1843.

4 参见 Zeller, *Ph.d.Gr.*Pt.i.p.518 sq.。

5 *Ibid.*584 sqq.

这个区分，我们将看到，他认为只有个体事物才是实体。但他不仅仅是将偶然的与本质的区分开。[1] 他进一步将本质区分为普遍者和属，这两者都来自事物的概念或概念的本质。[2] 普遍者是几个对象共有的东西，但它们不是偶然地拥有它，而是因为它们的本性而拥有它。[3] 如果这个共同的东西是对另一些更一般的本质的限制，那么这个普遍者就是一个属性概念——它指示了一个本质属性。[4] 如果它属于对象的本质，那么这个普遍者就是属。[5] 如果属概念中共同的显著性质之外加上一些特

214

215

1　关于 συμβεβηκός（偶然的）与 καθ' αὑτό（就自身而言的）区分，参见《后分析篇》i.4,73a34 sqq. ；《论题篇》i.5,102b4 ；《形而上学》v.7, c.9 *init.*, c.18,1002a24 sqq., c.30,1025a14,28, c.6 *init.*; Waitz, in *Categ.*5b16 ；《后分析篇》71b10。根据这些段落的描述，任何"就自身而言"或在本质上属于一个对象的东西，直接或间接地包含在这个对象的概念中；而所有"偶然地"属于一个对象的东西不包含在这个对象的概念中。"两足的"就自身而言属于人，因为所有人都是两足的。但"有教养的"是偶然地属于人的。一个偶性（《论题篇》*ibid.*）属于某个事物，但又不属于它自身。因此某个事物的、就自身而言的属性被这个概念下的所有对象拥有；但偶性只属于一些特殊的对象；因此所有普遍的特征都是本质的或就自身而言的。参见《形而上学》v.9,1017b35。参见第 149 页注释 3。关于"偶性"，参见下文第七章第二部分。

2　因此《形而上学》vii.3, *init.* 指出，"实体"的一般用法是多样的。

3　《后分析篇》i.4,73b26。《论动物的部分》i.4,644a24（类似的文本，参见《形而上学》vii.13,1038, b,11.），另外参见上一条注释。

4　这样的本质属性，亚里士多德称为 καθ' αὑτò ὑπάρχον（属于自身的），πάθος καθ' αὑτò（就自身而言的性质），或 συμβεβηκός καθ' αὑτò（就自身而言的偶性），最后这个表达中 συμβεβηκός 应当作宽泛的理解（这个词在这里的意义与上面提到的意义不同），即某个属于它的东西或性质；参见《形而上学》v.30 *fin.*c.7,1017a12, iii.1,995b18,25, c.2,997a25 sqq.iv.1, iv.2,1004b5, vi.1,1025b12, vii.4,1029b13 ；《后分析篇》i.22,83b11,19, c.4,73b5, c.6,75a18, c.7,75a42 ；《物理学》1.3,186b18, ii.2,193b26, c.3,195b13, iii.4,203b33 ；《论灵魂》i.1,402b16 ；《修辞学》i.2,1355b30 ；参见 Waitz on *Anal.Post.*71,b,10; Trendelenburg, *De An.*189 sq.; Bonitz, on *Metaph.* 1025 a.。

5　《论题篇》i.5,102a31（例如，一个人，他是什么？他是动物）。《形而上学》v.28,1024a36 sqq. 指出 γένος（属）有不同的意义（Bonitz 认为这两个不同的描述是"属"的同一个意义）。*Ibid.*x.3,1054b30 ；X.8,1057b37。《论题篇》vii.2,153a17。因此，每一个属都是普遍的，但并非每一个普遍者都是属；参见《形而上学》*iii.*3,998b17,999a21, xii.1,1069a27, i.9,992b12, vii.13,1038b16,25 sq.；以及 Bonitz on *Metaph.*299 sqq.。关于"属"与"性质"的区分，参见《范畴篇》c.2,1a20 sqq. c.5，某一事物"要么是（*1*）谓述一个主体但不在主体之中，要么（*2*）在一个主体之中但不谓述一个主体，要么（*3*）谓述一个主体又在一个主体之中，要么（*4*）不在一个主体之中又不谓述一个主体。"在这四类中，第四类指的是个体，第一类指

征——它们是整个类的一部分成员的本质，由此这个部分与该属中的其
余部分得到区分，那么这就是种；因此，种是由属和种差构成的。[1]最
后，如果一个对象以这样的方式被定义，它由不同的特征结合在一起，
这个定义作为整体不适用于别的对象，那么我们就得到了关于这个对象
的概念。[2]因此，概念的对象是实体，或者更准确地说，是确定的实体

216

217

的是属和种差（c.5,3a21），第二类指的是性质，活动或条件——即偶性。"人"属
于第一类，"语法"属于第二类，"苏格拉底"属于第四类。然而，描述第三类时直
接显示出这个分类的不确定性，因为，如果有些观念既谓述一个主体又在一个主体
之中——即它同时是属和性质（亚里士多德给的例子是"科学"，科学在人的灵魂中，
它也谓述每一门特殊学科）——那么属和性质就不能得到区分，也不能划分不同类
的普遍者。"属"与"性质"之间的界限何等模糊在亚里士多德讨论实体时也可以
看到（参见下文第七章的前半部分）。

1　《形而上学》x.7,1057b7（例如，"白"和"黑"这两个概念是由属"表面"和种差
$\delta\iota\alpha\kappa\rho\iota\tau\iota\kappa\acute{o}\varsigma$［通透的］和$\sigma\upsilon\gamma\kappa\rho\iota\tau\iota\kappa\acute{o}\varsigma$［浑浊的］构成的，白色是"通透的表面"，
而黑色是"浑浊的表面"）。《论题篇》vi.3,140a28（属概念将这个属与其他的属区
别开）。《论题篇》vi.6,143b8,19（讨论种差的用法的例子，参见 Waitz, *Arist. Org.*
i.279; Bonitz, *Ind. Ar.* 192, a,23）。这些种上的差别，亚里士多德又称之为$\delta\iota\alpha\varphi o\rho\grave{\alpha}$
$\varepsilon\acute{\iota}\delta o\pi o\iota\grave{o}\varsigma$（种之差别）（《论题篇》vi.6,143b7；《尼各马可伦理学》x.3,1174b5）。
他把它们与别的性质相区分，因为它们能够谓述一个主词，但不在这个主词之
中——即它们不依赖于一个主体而存在，或者它们能够独立于这个主体而被设
想（*Cat.* 5,3a21 sq.; cf.c.2,1a24 sq.），它们不是偶性，而是本质属性（《形而上学》
vii.4,1029b14,1030a14；《论题篇》vi.6,144a24）；它们是这个主体的概念的部分，因
此它们所蕴含的东西也被种和种之下的个体所蕴含（*Cat.* c.5,3a21 sqq.b5）。因此，
可以说它们（与属一起）"构成了实体"（《形而上学》vii.12,1038b19；参见下一条
注释），即它们表达了某些实质的东西（《论题篇》*vii.2*，参见第 149 页注释5）；但
是，它们自身并不是实体，而是性质，因为它们并不是"什么"，而是"这样的"。
（《论题篇》iv.2,122b16, c.6,128a26, vi.6,144a18,21；《物理学》v.2,226a27；《形而
上学》v.14 *init.*）。亚里士多德对这个主题的不同论述之间表面上的矛盾（对这些矛
盾的论述，参见 Trendelenburg, *Hist. Beitr. z. Phil.* i.56 sqq.，以及 Bonitz, on *Metaph.*
v.14）也许能用这种方式解决；参见上文 Waitz。

2　《后分析篇》ii.13,96a24，事物的有些性质对于同一个属下的别的事物而言或许
是偶然的。*Ibid.* 97a18：我们通过把一个对象的（概念）属划分为不同的种，这个
对象的种又进一步划分为亚种，逐渐细致地划分，我们最后得到"不可划分的种
差"，即不能再划分为拥有不同差别的两组——这个对象要么属于这一组，要么属
于另一组（这个理论的可靠性，参见 Bonitz, *Arist. Metaph.* ii.346,1）。另外，参见
vii.12,1037b29（或 1038a8）。属被分为不同的种，而种又被分为亚种，这个划分过
程一直持续到不可再分的种差（*ibid.* 1.15）；因为在这个划分过程中，每一个低一级
的种差都蕴含了上一级，所以，属和最低一级的种差之间的词项没有必要在定义中

或被讨论对象的特有本质；[1] 概念自身不是什么别的东西，它就是对这　　218

重复（参见《论动物的部分》第一卷第 2 章开篇）。因此，（《形而上学》1038a28）"最终的种差的公式是定义和实体"，然而，对"最终的种差"我们不仅应当理解为最终的差别，而且应当理解为由种差决定的这个特定概念——它已经包含了其他较高级的种和属。

1　关于概念中被思考的东西之名字，亚里士多德用了好几个表达。除了 οὐσία（实体）和 εἶδος（形式）之外（我们将讨论形而上学时详细考查它们），还有下述表达：他将 ὅπερ 这个词加在前面用作类似的表达，例如 ὅπερ ὄν（存在本身）ὅπερ ἕν（一本身）（《物理学》3,186a32 sqq.），关于"存在本身"和"一本身"的讨论，参见 Bonitz, Ind.Arist.533, b,36 sqq.；另外，还有 εἶναι 加第三格的特殊用法（例如，τὸ ἀνθρώπῳ εἶναι, τὸ ἑνὶ εἶναι τὸ ἀδιαιρέτῳ ἐστιν εἶναι，参见《形而上学》x.1,1052b16, ibid.vii.4,1029b14, cf.Ind.Ar.221, a,34）；以及 τὸ τί ἦν εἶναι（是其所是或本质）这个短语。在第二种表达中，第三格必须表达所属关系，因此 ἀνθρώπῳ εἶναι（是一个人）等于 εἶναι τοῦτο ὅ ἐστιν ἀνθρώπῳ（属于一个人之所是的东西）；所以 τὸ ἀνθρώπῳ εἶναι 指的是属于人的确定的存在方式，即"人的存在"；而 ἄνθρωτον εἶναι 表达的是作为一个人的条件，或实际享有人的本质。对这种解释的证明，参见下述句式：τὸ εἶναι αὐτῷ ἕτερον, τὸ ζῆν τοῖς ζῶσι τὸ εἶναι ἐστιν（Bonitz, Ind.Ar.221, a,42,54 sq., Arist.Stud.iv.377）。冠词从未放在第三格的前面（因为亚里士多德没有说 τὸ τῷ ἀνθρώπῳ εἶναι），这并未阻碍它的表达；因为在这种句法中 τῷ 如果在 τὸ 的后面在语法上是非常奇怪的；并且省略冠词的用法表明在"ἀνθρώπῳ εἶναι"中我们讨论的是属于人本身的"存在"。τὸ τί ἦν εἶναι 也是用宾语的第三格来建构的（τὸ τί ἦν εἶναι ἑκάστῳ［每一物的本质］, cf.Ind. Ar.764, a,60 sq.），因为它等于 ὁ τί ἐστι τὸ εἶναι αὐτῷ δηλῶν λόγος（参见 Alex. Schol.256, b,14 on Top.24 m.）。在解释这个术语时，我们必须注意到这个特殊的"非完成时时态"，它指的是不在此刻的事物，而是在整个存在过程中显现的本质，即与偶然的和暂时的东西相区别的本质（参见柏拉图的《泰阿泰德》156 A：赫拉克利特主义者宣称"一切存在都是流变的和他者"。其他例子，参见 apud Schwegler, ut supra,373 sq.）。因此 τὸ τί ἦν εἶναι ἀνθρώπῳ 的意思是"这个人拥有的他自身的本质"，即这人真正的"存在"；那些属于他的东西又被称为 πρώτη οὐσία ἴδιος ἑκάστῳ（每个东西的第一实体）（《形而上学》vii.13,1038 b10; vii.7, vid.inf.; vii.5 fin.）。但这仅仅是他的理想的存在，是我们思想中的，是我们从现象的、偶然的人中抽象出来的，以及从这些偶性赖以存在的质料元素中抽象出来的。参见《形而上学》vii.4,1029b19,1032b14.Ibid.xii.9,1075a1.1074a35；因此 τί ἦν εἶναι（本质）与 εἶδος（形式）有关。参见《形而上学》vii.7,1032b1.Ibid.1035b32,《物理学》ii.2,194a20。《物理学》ii.3,194b26 说："四因之中的一个是形式和典范，这是本质的公式和属"——这就是亚里士多德在《形而上学》i.3,983a27 中说的"实体和本质"。实际上，所有这些表达都可以互换，例如，在《论灵魂》ii.1,412b10 中，οὐσία ἡ κατὰ τὸν λόγον（逻各斯意义上的实体）是用 τὸ τί ἦν εἶναι 来解释的，参见《形而上学》vi.1,1025b28: τὸ τί ἦν εἶναι καὶ τὸν λόγον（本质和逻各斯），vii.5,1030, b,26: τὸ τί ἦν εἶναι καὶ ὁ ὁρισμός（本质和定义）（类似地，《论动物的部分》i.1,642a25,

219 个本质的思想。[1] 这是通过这样的过程而实现的：属之中的普遍者被许

220 多不同的特征固定下来。[2] 然而，对于亚里士多德而言，事物的本质只

参见《物理学》ii.2, *ut supra*）；《尼各马可伦理学》ii.6,1107a6: κατὰ μὲν τήν οὐσίαν καὶ τὸν λόγον τὸν τί ἦν εἶναι λέγοντα. （根据实体和逻各斯说出的是本质）。在这里 τί ἦν εἶναι 与 τί ἐστι 的关系是前者代表了个别的和确定的，后者代表了普遍的和不确定的。而 τί ἦν εἶναι 只用来指涉某物的形式和特定的存在，而 τί ἐστι；（是什么）这个问题的答案可能是质料，或质料与形式，或某个性质；即便它的答案是形式时，这个回答也不必是这个概念的全部——而仅仅是属或者种差（Schwegler 做出了证明，*Arist, Metaph*.iv.375 sqq.）。所以，τί ἦν εἶναι 是 τί ἐστι 之下的一个种（因此，《论灵魂》iii.6,430b28: τοῦ τί ἐστι κατὰ τὸ τί ἦν εἶναι 的意思是"在其本质方面的存在"）；因此，正如在亚里士多德的著作中经常出现的，后者是一个狭义上的 τί ἦν εἶναι（本质），而其他术语都没有 τί ἐστι（是什么）那么宽泛的意义，即它可以指某物的质料，也可以指某个属性，或者属的一般性。εἶναι 接第三格和 εἶναι 接第四格的关系与此类似："τὸ λευκῷ εἶναι"（系词不定式接第三格——中译者注）指的是白色之物的形式，而"τὸ λευκὸν εἶναι"（系词不定式接第四格——中译者注）指的是白色这个性质。参见 Schwegler, *loc.cit.*p.370；《物理学》iii.5,204a23, *et alibi.*。亚里士多德肯定使用过"τὸ τί ἦν εἶναι"这个短语。尽管斯提尔波（Stilpo）确实使用过这个术语（参见 Zeller, *Ph.d.Gr.* Pt.i.223,3），他很可能是从亚里士多德那里借来的。另外，安提司泰尼（Antisthenes）可能没有使用过"τί ἦν"来表示"概念"，至少这个观点并不能从策勒的论述中得出（*ibid.*p.252, n.1）。后来的研究者们关于"τί ἦν εἶναι"以及它的同源术语有过非常多的讨论；参见 Trendelenburg（他是第一个研究这个主题的人），*Rhein.Mus.v.Niebuhr und Brandis*, ii.(1982),457 sqq.；*De Anima*,192 sqq.,417 sqq.；*Hist.Beitr.*i.34 sqq.；Schwegler, *ut supra*,369 sqq.（他还引用了别的作家的论述）；Hertling, *Mat.u.Form.b.Arist.*47 sq.。

1 《后分析篇》ii.3,90b30,91a1.*Ibid.*ii.10, *init.*（*ibid.*,94a11）。《论题篇》vii.5,154a31。《形而上学》v.8,1017b21。以及 vii.4,1030a6, cf.a,16b4 以及 5,1030b26；另外参见《论动物的部分》i.1,642a25。因此，亚里士多德也用"ὁ λόγος ὁ ὁρίζων τήν οὐσίαν"（《论动物的部分》iv.5,678a34）或"ὁ λόγος ὁ τί ἐστι λέγων"（《形而上学》v.13,1020a18）以及类似的短语来表达"概念"。（λόγος [逻各斯] 和 λόγος τῆς οὐσίας [实体的逻各斯] 与它们所指的对象之关系是形式或存在与事物的关系，例如《论动物的生成》i.1,715a5,8；《论灵魂》i.1,403b2；ii.2,414a9,&c.；参见上一条注释）。在这里，ὅρος（词项或定义）与 ὁρισμός 是同义词，例如《论题篇》i.5, *init.*,4,101b21,7,103a25；《后分析篇》i.3,72b23；ii.10,97b26；《形而上学》vii.5,1031a8；vii.5,13,1039a19;viii.3,1043b28; viii.6,1045a26；《诗学》6,1449b23。然而，这个词在命题中既可以指主词也可以指谓词，因此它是三段论的三个词项的固定表达；《前分析篇》i.1.24b16: 我把一个命题分解的部分称为 ὅρον（词项）。参见《前分析篇》i.4,25b32, i.10,30b31, i.43,48a2；《后分析篇》i.10,76b35 *et supra*。

2 参见第 150 页注释 1 和注释 2。属和种差的关系是这样的：属是概念的质料，而种差是概念的形式；亚里士多德以此解释了这两者在概念中如何是"一"。换言之，属自身是不确定的，但它在特定的概念中变得确定了——ὑποκείμενον（基体）的

在它们的形式中。[1] 因此，只有涉及形式时我们才考虑概念，而可感对象本身不能被灵魂把握。[2] 因为，尽管个别本质拥有一个特定的形式与质料关系，而每个对象的概念也拥有一个特定的形式与质料关系，[3] 然而，能够被定义的不是这个感觉对象，而是可感对象的这种确定的存在方式，即这个对象普遍的形式。[4] 所以，概念并非与个别的感觉对象[5]相关；这对于所有个体都适用。事实上，知识总是普遍的，[6] 一个定义中的词也是普遍的词项。[7] 每个概念都包含好些个体，或许至少能够包含多

221

222

性质是质料的，但它的形式是由不同的标记和特征构成的。然而，基体的存在绝非不带任何性质，不存在没有形式的质料，因此属的存在并不在种之外，而是必然在种之中；就属自身而言，它只蕴含普遍的前设，即在最低一级的种中现实存在的可能性。参见《形而上学》viii.6, viii.2, 1043a19, v.6, 1016a25, v.6, 2, 1024b3; vii.12, 1038a25; x.8, 1058a23; x.3, 1054b27；《物理学》ii.9 *fin.*；《论生成与消灭》i.7, 324b6（《论动物的部分》i.3, 643a24 并不在此列）。

1 参见第 151 页注释 1，更多讨论参见亚里士多德的形而上学，参见下文第七章。

2 参见第 152 页注释 1，以及《形而上学》vii.11, 1036b28：定义是关于形式的是普遍的。类似的，参见《形而上学》第七卷第 15 章开篇：实体有时指的是定义或本质，有时指的是定义或本质与质料的复合物。只要我们不再感知到它，我们就不知道它现在是否还和我们想象的一样。（参见《论题篇》v.3, 131b21；《前分析篇》ii.21, 67a39.）以及第 10 章 1035b34。

3 例如"房子"（《形而上学》vii.15，参见前一条注释）、"灵魂""斧子"（《论灵魂》i.403b2; ii.1, 412b11）和"塌鼻子"（《形而上学》vii.5, &c.）等概念，事实上，在所有自然的和有质料的东西的概念中都是如此。参见《物理学》ii.9 *fin.*；尽管质料因是依赖于形式因或目的因的，但在解释自然现象时，我们必须同时给出质料因和形式因（因为质料因也属于事物的概念）。参见《形而上学》vii.10, 1035a1, b, 14 and vii.11, 1037a29。

4 如果我们一方面否认质料是一个概念的构成部分，而另一方面又不得不承认许多东西的定义必然涉及它们的质料，那么，乍一看，这似乎是个矛盾。亚里士多德在相关的段落中（《形而上学》第七卷第 10 章）试图摆脱这个矛盾，他指出在这些情况中——即在一个种的概念和确定的质料的复合物中——被定义的不是个体事物，而是它们的形式；即被定义的不是"这个圆圈"，而是"圆圈"或 κύκλῳ εἶναι（圆的存在），不是"这个灵魂"，而是"灵魂"或 ψυχῇ εἶναι（灵魂的存在）。然而，这个解释并未消除这里的困惑。例如，如果灵魂是作为工具的身体的"现实性"（《论灵魂》第一卷第 1 章），即"这种身体的本质"（《形而上学》1035b16），那么以某种方式构成的质料就属于灵魂的概念。

5 《形而上学》vii.15, 1039b27，参见第 149 页注释 3。

6 参见上文第 119 页注释 4。

7 《形而上学》vii.15, 1040a8：可以被定义的不仅是可感之物，也包括形式。

个个体；[1] 即便我们下降到最低一级的种，我们看到的仍然是普遍的特性。在种之中，个体之间不是通过种的特征来区分的，而是通过偶性的差异来区分的。[2] 在偶性的差异和种的差异之间存在一些属性，它们唯一地属于种之下的成员，但又不直接被包含在它们的概念中。亚里士多德把它们称为特有属性（ἴδια）。[3] 但在宽泛的意义上，这个名字有时用

1　*Loc.cit.*1.14，亚里士多德提出了这样一个反驳：没有什么可以阻止一个种下有多个成员，但一个种下只有一个成员的情况也是可能的（在确定概念时确实存在这种情况，参见第 150 页注释 2），他给出了几个回答（参见 Bonitz 的这个段落），其中一个在 1.27："即便这个种中只有一个成员，像太阳和月亮，它的概念也可能包含别的东西，但这些东西的定义是相同的。"类似的，在《论天》i.9,278a8 中，假设只有一个圆，但是"圆圈"和"这个圆圈"的差别仍然存在，前者是形式，后者是在质料中的形式——即一个个别的圆。*Ibid*, b,5：即便只有一个宇宙，但"宇宙"与"这个宇宙"仍然是两个不同的东西。

2　《形而上学》vii.10,（参见第 153 页注释 2）：定义是关于普遍者的。《后分析篇》ii.13,97b26：定义总是关于普遍者的。一个概念的确定可以一直持续到所有种的差异都穷尽时，这时我们便得到"最终的种差"；但是在最终的种差之下仍然存在不同的个体，它们在种上不能再分（参见《形而上学》x.9,1058a43 sqq., 以及第 150 页注释 2），它们在某种意义上是 ὅμοια（等同的）（《后分析篇》ii.13,97a37,97b7）；然而，它们仍然是多样的，事实上，它们可以是无穷多的，因此它们不可能是科学以及概念的对象；《形而上学》iii.4, *init.*; cf.ii.2,994b20 sqq.；《论题篇》ii.2,109b14；《后分析篇》i.24,86a3 sqq., 以及 *ibid.c.*19–21 的文本证明了这个论证往上或往下都不可能是无穷的。亚里士多德在这一点上与柏拉图是完全一致的；参见 Zeller, *Ph.d.Gr.* Pt.i.P.524, d,587,1。亚里士多德用下述术语来指"个体"：τὰ καθ᾽ ἕκαστα, τὸ ἀριθμῷ ἕν（参见《形而上学》iii.4,999b34;《范畴篇》c.2,1, b,6 *et supra*; 参见 Waitz 的论述），τὰ τινὰ, ὁ τίς ἄνθρωπος（参见《范畴篇》,1,4b;《后分析篇》i.24,85a34；《形而上学》vii.13,1038b33），τόδε τι（《范畴篇》c.5,3b10；《形而上学》ix.7,1049a27 *et supra*；参见 Waitz 对《范畴篇》的论述），以及 τὰ ἄτομα（例如，《范畴篇》c.2,1b6, c.5,3a35；《形而上学》iii.1,995b29）。最低一级的种不能再区分种差（参见第 150 页注释 2），亚里士多德也用同样的术语来称谓它，但是这种情况下，即当这个意义未出现在文本中时，亚里士多德不仅用 τὰ ἄτομα，还使用 ἄτομα εἴδη（参见《形而上学》iii.3,999a12, v.10,1018b6, vii.8 *fin.*, x.8,9,1058a17,1058b10, xi.1.1059b35）或 τὰ ἔσχατα，以及类似的术语来表达"最低级的种"，因为它们是普遍者的最低一级（《形而上学》xi.1,1059b26；《尼各马可伦理学》vi.12,1143a29,33；《论灵魂》iii.10,433a16；《论记忆》c.2,451a26）。

3　在《论题篇》i.4,101b17 中，亚里士多德区分了 γένος（属），ἴδιον（特有性质）和 συμβεβηκός（偶性）；特有性质又划分为 ὅρος（决定性的性质）和狭义的特有性质，亚里士多德给出了界定后者的定义。c.5,102a17："狭义的特有性质并不是事物的本质，但它只属于那个事物，并且与这个事物的概念换位。人的特有性质是能

来指种差，有时也用来指偶然的性质。[1]

因此，同一个概念之下的东西是相同的。[2] 不同概念之下的东西是不同的。[3] 然而，完全的等同意味着它们的质料是同一的，因为同一个种之下的个体在数目上是不同的，而同一个概念能够在不同的质料中表达自身。[4] 概念的差异最多可以给出相对的对立（Contrary Opposition），而简单的差别产生的是矛盾的对立（Contradictory Opposition）。因为同一个属中的相对者尽可能地远离彼此。[5] 事实上，相对者不过是不同的

224

225

够学习语法。"

1　亚里士多德已经区分过（loc.cit.）ποτὲ ἤ προς τι ἴδιον（关系性质）与ἁπλῶς ἴδιον（单一性质），在《论题篇》第五卷讨论 ἴδια（性质）时（c.1），他区分了 ἴδιον καθ᾽ αὑτο（本质性质）与 ἴδιον πρὸς ἕτερος（偶然性质），以及 ἀεὶ ἴδιον（固有性质）与 ποτὲ ἴδιον（暂时性质）。他指出，偶然性质和一切暂时性质都属于 συμβεβηκός（偶性）的范围。另一方面，他为"本质性质"和"固有性质"给出了例子，例如"不死的动物""有死的动物""灵魂和身体的复合"（128b19,35,129a2）。参见上一条注释。

2　亚里士多德并没有说过这句话，但他对"ταὐτὸν"（等同的）的多种意义的讨论表明了这一观点。《论题篇》第一卷第 7 章（cf.viii.1,151b29;152b31）区分了 ταὐτὸν 的三种意义："属的等同"是指对象都属于同一个属，"种的等同"是指它们属于同一个种（参见《形而上学》x.8,1058a18），"数目的等同"是指它们在活动或状态上为一。最后一个意义的等同有多种表达方式。在《形而上学》第五卷第 9 章，亚里士多德对"等同"的多种意义的讨论与之前的稍有不同。在这里，他首先区分了"偶然的等同"和"就自身而言的等同"；进而又把"就自身而言的等同"划分为"种的等同"与"数目的等同"，这两者都被认为是因为拥有相同的本质部分或相同的质料部分（更详细的解释参见 x.3,1054a32：数目上等同的东西在质料和形式上都是等同的）。作为一般性的解释，他给出了一个公式——它很容易还原为上面引用的那个："一"或"存在"的意义是多重的。并且（根据第 10 章,1018a35），因为"一"和"存在"有不同的意义，那么"等同""不同"的意义也会随之变化。

3　《形而上学》v.9,1018a9。关于不同的种和不同的属的讨论，参见 ibid.x.8, v.10,1018a38 sqq.and v.28,1024b9。

4　见上一条注释，以及第 154 页注释 2。质料决定了事物在个体上的差异，这一点将在稍后讨论，见下文第七章的第二部分。

5　亚里士多德在《范畴篇》c.6,6a17 中给出了这个定义，在《尼各马可伦理学》ii.8,1108b33 中使用了这个定义；但在《形而上学》第十卷第 4 章的开篇，亚里士多德提到了这个定义，并在这里建立了"相对者属于同一个属"的命题，他这样说："不同属的东西之间没有相同的地方，它们离得太远了，不能相互比较（例如，声音和颜色并不对立，因为它们不能被比较，它们是不可通约的）。"另一方面，参见《形而上学》v.10,1018a25.（类似的，参见 x.4.1055a35）。《范畴篇》第 11 章末尾说：

226　种的绝对差别。[1] 但矛盾的对立是肯定和否定之间的对立，[2] 是肯定判断和否定判断之间的关系，因此它们之间不存在中间状态，[3] 关于某个对象所做的肯定或否定判断中必有一个为真。[4] 换言之，某个概念中未包

"所有相对者必然或者属于同一个属（像白和黑），或者在相对的属中（像正义和非正义），或者它们自身是属（像善和恶）。"辛普里丘从 *Π.ἀντικειμένων*（《论对立》）一文中引用了类似的论述（*In Categ.Schol.*84, a,6; *Ar.Fr.*117），参见上文第 51 页注释 4。更成熟和更准确的论述是《形而上学》第十卷（例如，善与恶不是相对的，如果它们不属于同一个属概念，即属于道德行为这个属）；事实上，亚里士多德自己（1055, a,23 sqq.）将早先的讨论带入了相对者（ἐναντίον）的定义中。只有在相对者的定义中，我们才能理解亚里士多德的重要原理（《形而上学》iii.2,996a20; iv.2,1004a9,1005a3; xi.3,1061a18；《前分析篇》i.36,48b5；《论灵魂》iii.3,427b5 *et alibi*；参见 Bonitz 和 Schwegler *on Metaph*.iii.2, *loc.cit.*）：关于相对者的知识是同一种知识。同一门科学的对象是相同的；但是不同属的东西，如声音和颜色，属于不同的科学；参见 *loc.cit.*1055, a,31。另外，从对"相对者"这个定义中（*ibid*.1055a19，参见《论天》i.2,269a10,14，以及《物理学》i.6,189a13），亚里士多德推导出这样一个原则：每个事物只有一个相对者。在一对相对者之间可能有无穷多的中间状态，这些中间状态是相对者的混合（例如黑色和白色的混合）。然而，这些中间状态并非在所有相对者之间都存在，它们只存在于这样的一对相对者中——即相对者并非必然谓述它的主体，并且在两个相对者之间存在一个渐进的转化（参见《形而上学》x.7；《范畴篇》c.10,11b38 sqq.,12b25 sqq.cf.Simpl.*Categ.Schol.in Ar.*84, a,15 sqq.,28 sqq.）。亚里士多德关于相对者的这个理论是自然科学中的变化程度的学说；因为每个变化都是从一个状态向这个状态的相对者的转化；参见《物理学》v.3,226b2,6, i.4,187a31, c.5,188a31 sqq.；《论生成与消灭》i.7,323b29。以上关于"种的相对者"的定义与《气象学》ii.6,363a30 和《物理学》v.3,226b32 中说的 ἐναντίον κατὰ τόπον（位置上的相对者）是对应的。对相对者的正确表述方式的讨论，出现在《论对立》一文中（参见上文第 51 页注释 4，以及 Simpl.*Loc.cit.*83,, b,39 sqq.；*Ar.Fr.*116）.

1　διαφορὰ τέλειος（绝对的差别），这在《形而上学》x.4,1055a10 sqq.,22 sqq. 中被提及。因为这种差别或对立仅仅存在于抽象概念之间，而不存在于具体事物之间，*Π.ἀντικειμένων*（《论对立》）指出只有概念（例如 φρόνησις ［明智］ 与 ἀφροσύνη ［愚蠢］）可以被称为"绝对的相对者"，而并非这些概念之下的个体（例如，φρόνιμος ［智者］ 与 ἄφρων ［愚者］）。Simpl.*Loc.cit.*83, b,24 sqq.，参见柏拉图；《斐多》103B。

2　亚里士多德对这种对立的标准表达是"肯定和否定之间的差别和对立"。在一个判断中，对立被称为 ἀντίφασις（矛盾）（参见第 157 页注释 3）；《物理学》v.3,227a8 以及《形而上学》iv.7 *init.*, v.10 *init.* 两个对象的概念被包含在同一个词中。

3　《形而上学》iv.7, xi.6,1063b19; *Phys.Loc.cit.*, 参见这里关于矛盾判断的讨论。这种对立与《范畴篇》谈到的是相同的，参见《范畴篇》c.10,12b10。

4　《范畴篇》c.10,11b16 sqq.,13a37 sqq.；以及《形而上学》x.1057a33。

含的东西被表达为一个否定性的陈述，[1] 即所有可能的决定性因素的集合被区分为与某个给定的决定性因素等同或不同的两个概念，这时矛盾的对立就出现了。亚里士多德认为在相对者和矛盾者之间存在缺失与拥有（privation and possession）的对立，[2] 但他未能清楚地区分这种对立与前两种对立之间的不同。[3] 关系的概念是作为第四种对立的主题引入

227

1　一个 ὄνομα（名词）或 ῥῆμα ἀόριστον（动词不定式）；参见第 160 页注释 4。

2　拥有（ἕξις）与缺失（στέρησις），例如"看"与"盲"。关于它们的讨论，参见 Trendelenburg, *Hist.Beitr*.i.103 sqq.。

3　在《形而上学》v.55 中（第十卷第 4 章，1055b3 引用了它），亚里士多德区分了 στέρησις（缺失）的三种意义：(1) 某物缺乏它能够拥有的性质，即便该物在本性上不会拥有它，例如，植物缺乏眼睛；(2) 某物自身或它的属能够拥有某种性质，但它未拥有这一性质；(3) 尽管某物能够拥有某种性质，它也应当在这个时间段拥有这一性质，但它未拥有这一性质。只有在第一种意义上，"缺乏"与"否定"才是同义的（因为"瞎"等于"不见"），以此，我们可以确认《范畴篇》c.10,13b20 sqq.（即"后范畴篇"的作者）所说的缺乏与拥有不能被认为是非此即彼的关系（要么"见"要么"瞎"），如果是这种关系，那么缺乏与拥有之间的关系就可以被还原为 ἀντίφασις（矛盾关系）。"缺失"的另外两个意义并不是这种情况，因为"缺失"本身表达了某种正面的东西，正如《形而上学》iv.12,1019b3 sqq. 所指出的，它是某种意义上的"拥有"；因此，如果我们在这个意义上来理解"缺失"，那么它与"拥有"是 ἐναντίον（相对者）。"后范畴篇"（《范畴篇》c.10,12b26 sqq.）中对二者的区分如下：对于没有中间状态的一对相对者（像垂直与弯曲），它们中的一个必然适用于所有能够被它们描述的对象（例如，数要么是奇数，要么是偶数）；另一方面，对于有中间状态的一对相对者而言，这样的结论就不适用了（因为我们不能说，所有带颜色的东西要么是黑的，要么是白的）；然后，在"缺失与拥有"这对对立者中，这些结论都不会出现；我们不能说"所有适用于这一区分的对象必然是对立者中的一个"，因为有时"缺失"或"拥有"都不适用于这个对象——例如，对于那些不在本性上拥有视力的东西，我们既不能说它是瞎的也不能说它是有视力的；然而，我们也不能把它们划归到有中间状态的那类相对者中——对于那些在本性上拥有视力的东西，它要么是有视力的，要么是瞎的。然而，我们看到 (1) 只要这个东西不是在本性上应当拥有视力的，它就不是视力拥有者，因此这个例子是不恰当的；(2) 另一方面，在"缺失"与"拥有"之间存在中间状态，因为存在不同程度的、部分的拥有，我们不仅能看见事物或者不能看见事物，还有"模模糊糊看见"的时候。对相对者与"缺乏和拥有"这样的相对者的进一步区分建立在下述事实上（《范畴篇》c.10,13a18）：对于前者而言，从一个对立面向另一个对立面的转化是可逆的（白色能变成黑色，黑色也能变成白色），但对于后者是不可逆的，只能从"拥有"到"缺乏"。然而，这似乎是错误的：人们不仅可以从有视力的变成瞎子，从富裕的变成贫穷的，而且也能从瞎子变成有视力的，从贫穷的变成富裕的；即便这并非发生在所有的现实情况中，相对者的可逆变化也不是在任何时候都发生的；并不是每

228 的。[1] 在所有这些种类的对立中有一个一般命题，即"对立中的两者属于同一门科学的领域"[2]。

229 然而，概念自身并不能产生任何类型的句子；它们既不是真的也不是假的。特定的表述以及真或假的表述，首先是在命题中被发现的。[3]

个病人都能康复，并不是所有黑的东西都能变白。对于概念之间的逻辑关系，这种区分是不重要的。最后，在《形而上学》x.4,1055b3,1055b14 中，亚里士多德说："缺失"是某种"否定"，即在"主体或接受者中的否定"，而"对立者"也是某种"缺失"（参见 xi.6,1063b17）；因此，这三个概念形成了从高到低的一个等级。然而，只有当"缺失"没有被准确地定义时，才可以这样理解；当它得到确定后，"缺失与拥有"的关系要么是矛盾关系，要么是相对者的关系。《后分析篇》i.4,73b21 指出：对立面要么是某个属的性质的缺失，要么是某个属中的矛盾项——数的非偶就是奇；因为，作为一个对立面，缺失必须表达为一个正面的概念，正如这里区分的"矛盾项"。同样的分析也适用于《形而上学》vii.7,1033a7 sqq.，在这里，病人——在别的地方病人是健康人的对立面——是健康人的"缺失"；参见 *ibid*.xii.4,1070b11。因为冷是热的对立面，如果它是一个形式，那么它就不可能仅仅是否定；因此，尽管它像其他类似的概念一样（例如《论天》ii.3,286a25）是作为否定给出的，但亚里士多德自己在别的文本中承认，在某些情况下，它是一种自然秉性，而不仅仅是否定（《论动物的部分》ii,2,649a18），并且它有产生变化的能力（《论生成与消灭》ii.2,329, b,24），这显然不能仅仅理解为缺乏。参见 Trendelenburg, *loc.cit*.107 sqq., and Struempell, *Gesch, d, theor.Phil*.27 sq.。Π.ἀντικειμένων（《论对立》）也讨论过"缺失与拥有"；参见 Simpl. *Schol.in Ar*.86,, 41,87, a,2; *Ar.Fr*.119。我们稍后讨论"缺失"与"质料"概念的形而上学关系。

1　《范畴篇》c.10,11b17,24 sqq.；《论题篇》ii.2,109b17, c.8,113b15,114a13, v.6,135b17；《形而上学》x.4,1055a38, c.3,1054a23。关系概念的例子如双倍和一半（参见《范畴篇》*loc.cit*., and c.7；《形而上学》v.15），多样性和部分，向上和向下，主动与被动，可测量的对象与尺度，可知的对象与知识。尽管《形而上学》第五卷第 10 章也提到了另外两种对立者，但 Bontiz 和 Waitz, *Arist.Org*.i.308 论证说这两种对立者已经包含在四种对立中了。相反的，《物理学》v.3,227, a,7 只提到了两种对立（即相对者与矛盾者）。

2　见第 156 页注释 1，以上原则可以扩展到一切相对者，参见《形而上学》iv.2,1004a9；《论题篇》i.14,105b33, ii,2,109b17, viii.1,155b30, c.13,163a2。这个命题的基础在于下述事实：人们不可能只知道相对者中的一个，而不知道另一个。在不同的情况中，有不同的原因：在矛盾的对立中，否定性概念非 A 直接预设了 A 的存在；在关系概念中，它们是彼此预设的；在相对者的对立中，以及在"缺失和拥有"的对立中（只有它们适用这里的原则），对立面的种差预设了属的相同。

3　参见上文 p.202；《解释篇》c.4, c.5,17a17；《形而上学》vi.4；参见 Zeller, *Ph.d.Gr*.Pt.i., p.527,5; p.528,1。

名词或专名与动词或表示时间的词的结合，即主词与谓词的结合，[1]是一个句子单元（或者思想、逻各斯）；[2]如果这个句子的形式是断定，如果它肯定或否定了某些东西，那么，不同于用词语表达的其他思想形式，[3]我们得到了命题[4]或判断（ἀπόφανσις）[5]——亚里士多德认为简单的直言判断就是这种类型。[6]一个判断是真的，只要思想的内在过程被语言表达出来，[7]并且词语的结合或分离与现实对象的结合或分离相对应；反之，这个判断是假的。[8]因此，肯定和否定是判断中最基本的区分。[9]每个肯定判断都有一个否定判断与之相对，它们是相互排斥的；因此，其中有一个必然是真的，没有第三种可能。[10]另一方面，有些肯定命题

230

---

1 对于名词和动词（包括系词和谓词），参见《解释篇》c.1,16a13, c.2,3, c.10,19b11；《诗学》c.20,1457a10,14；《修辞学》iii.2,1404b26；这也是柏拉图的观点。参见 Zeller, *Ph.d.Gr.* Pt.i, pp.557, n.5,532, n.2。

2 《解释篇》c.4；以及《修辞学》。

3 例如，表达愿望、疑问的句子。参见《前分析篇》i.1,24a22；《论题篇》i.10,104a8 (cf.Waitz, *Arist.Org.*i.352)。诘问被认为属于三段论的"前提"，但它作为"辩证的前提"与"论证的前提"相区分，后者抓住了矛盾的另一个部分，而前者是对矛盾的追问。类似的对"前提"概念的定义在《解释篇》20b23 以及《后分析篇》i.2,72a8 中可以看到。参见《辩谬篇》6,169a8,14。

4 πρότασις（命题）这个表达参见 Biese, *Phil.d.Arist.*i.128, a; Waitz, *Arist.Org.*i.368; Bonitz, *Ind.Ar.*651, a,33 sqq.。

5 《解释篇》c.4,17a1；《前分析篇》i.1,24a16。

6 《解释篇》c.5,17a20。

7 语言是灵魂遭受影响的标记，参见《解释篇》c.1,16a3, c.2 *init.*c.4,17a1；《辩谬篇》c.1,165a6；《论感觉》c.1,437a14；《修辞学》iii.1,1404a20。根据这些文本的论述，词语表达的、发生在灵魂中的事件对于所有人都是一样的；另外，它们在语言中的指称是约定的结果（书写文字也一样），因此不同的族群使用不同的名称。

8 《形而上学》vi.4, ix.1 *init.*。

9 《解释篇》c.5 *init..ibid.*c.5,6；《前分析篇》i.1,24a16；《后分析篇》i.25,86b33。πρότασις καταφατική 也被称为 κατηγορική（肯定的），而 ἀποφατική 也被称为 στερητική（否定的）。参见《前分析篇》i.2, c.4,26a18,31, c.6,28a20, b615, c.13,32b1。

10 《解释篇》c.6, c.7,17b16；《后分析篇》i.2,72a11。参见第 156 页注释 2 和注释 3。我们稍后讨论矛盾律和排中律。根据《解释篇》*c.9* 的论述，上述规律的一个例外是：将来发生的、偶然的或因自由意志决定的选言命题。因为，我们不能事先断定这些命题，即我们既不能断定它们发生，也不能断定它们不发生（《论生成与消灭》ii.11,337*b*3）；只能对 ὅτι μέλλει（它将发生）断定真假，而不能对 ὅτι ἔσται（它将

与有些否定命题（例如，全称肯定命题与对应的全称否定命题）是相对
231　者的关系，因此并不排除第三种可能的情况。[1]

　　然而，事实上，我们并不期望从亚里士多德那里获得对这些关系的
一个异常清楚的阐释。因为他没能明确地区分系词和谓词，[2]他自然也没
232　能发现否定判断的真正地位。他从未说过否定句否定的只是系词，即它
只与主词和谓词的连接有关，而并未否定主词或谓词自身。[3]这种疏忽
使他认为带有否定的主词或否定的谓词的命题是特殊的一类，[4]但这种

是什么）断定真假；因为后者排除了事件的其他可能性。因此，对于这种情况，只
有"析取命题"是真的，即"它们要么将会发生，要么将不会发生"。"它们将要发生"
和"它们将不会发生"这两个直言命题都不是真的。后一个断定是值得注意的，因
为我们说这两个断定中的一个是真的，但我们只能通过结果来指出哪个是真的。然
而，亚里士多德认为只有那些对现实性断定为真的命题才是真的；因此，在这种情
况下，这个命题本身是不确定的，而不确定的命题不能断定真假。如果某个事件可
能发生，也可能不发生，那么断定它将要发生就既不是真的也不是假的；它只会成
为矛盾事态的其中一个。参见 *Simpl.Categ.103 β Bas*；根据漫步学派的教义，只有
选言命题是真的，即"A 要么发生，要么不发生"；但这个选言命令的哪个部分是真
的，就其自身而言是难以确定的。因此，这类断定既不是真的也不是假的，它将像
这样或者像那样。亚里士多德从麦加拉学派中吸取了这个"疑难"作为主题，并在
上面引用的段落中讨论了它。参见 Zeller, *Ph.d.Gr.* Pt.i.p.220,1.

1　《解释篇》c.7,17b2；参见 224 至 225 页对"相对者"的讨论。根据后来的术语
　　使用方式，特称肯定命题和特称否定命题是一种类型的相对者，在《前分析篇》
　　ii.8,59, b,10 中，它们被认为是 ἐναντίως ἀντικείμεναι（矛盾的相对者）。然而，
　　亚里士多德认为（c.15 *init.*）这"只是根据词语来划分的，而不是根据事物自身"。

2　参见第 159 页注释 1，在《解释篇》c.10,19b19 中，亚里士多德考虑的是"系词是
　　一个命题的第三部分"，正如"存在一个正义的人"这个命题。然而，这与系词和
　　谓词的区分无关，而只与下述事实有关：在存在命题中（例如"存在一个人""不存
　　在一个人"），主词能够通过添加一个形容词来扩展其意义，而这个形容词可以是肯
　　定的（正义的），也可以是否定的（不正义的）；即"存在一个正义的人"与"这个
　　人是正义的"是不同的。亚里士多德从未说过每个命题，或逻辑上的存在命题，都
　　包含三个部分；而《解释篇》甚至偏爱只包含两个部分的存在命题。

3　在《前分析篇》i.46 *init.*c.3,25b19 中，亚里士多德指出 μὴ εἶναι τοδί（不是这个）
　　和 εἶναι μὴ τοῦτο（是一非这个）是有区分的，μὴ εἶναι λευκόν（不是白色的）和
　　εἶναι μὴ λευκόν（是一非白色的）也是有区分的，因为最后这种类型的命题是肯定
　　的形式，但他并未发现这里的真正原因，无论是在此处，还是在《解释篇》c.12 中
　　他都没有发现这一点（参见 Brandis, p.165）。

4　他在《解释篇》c.3,16a30,16b12 中说"非人"不是名词，"不健康"也不是动词；
　　但是他称前者为"不确定的名词"，后者为"不确定的动词"；并且在 c.10 中，与

解释没有事实依据。[1]

亚里士多德进而考虑判断句的量的问题，他区分了关于多个对象的判断与关于单个对象的判断，而前者又划分为关于普遍者的判断和关于特殊者的判断。因此，他把判断句划分为全称判断、特称判断和单称判断。[2]然而，他又加入了"不定判断"一类，并因此陷入了与思想结构的逻辑形式无关的某种区分，这种区分只与表达的语法结构有关。[3]

233

亚里士多德对判断的模态也有许多关注，因为这个主题与三段论有着非常重要的关系。他区分了现实的判断、必然的判断和可能的判断，但这个区分与现在使用的区分并不一致——即直言判断、定言判断和

"存在一个人""不存在一个人"这样的命题对应，他引入了由否定概念构成的命题——$\dot{\varepsilon}\sigma\tau\iota\nu\ o\dot{\nu}\kappa$-$\ddot{\alpha}\nu\theta\rho\omega\pi o\varsigma$（"存在一个非人"），"不存在一个非人""存在一个非正义的非人""不存在一个非正义的非人"等等。塞奥弗拉斯特称这些命题为 $\dot{\varepsilon}\kappa$ $\mu\varepsilon\tau\alpha\theta\dot{\varepsilon}\sigma\varepsilon\omega\varsigma$（从调序来的）（Ammon.*De Interpr.*128, b,129, a,.And Philop.*Schol.in Ar.*121, a）或 $\kappa\alpha\tau\dot{\alpha}\ \mu\varepsilon\tau\dot{\alpha}\theta\varepsilon\sigma\iota\nu$（根据调序来的）（Alex.*Analyt.*134, a.）。

1　因为，判断的形式——即主词与谓词的确定的连接方式——是相同的，无论主词或谓词是肯定概念还是否定概念（《前分析篇》i.3,25b19, cf.c.13,32a31），像 $\dot{\varepsilon}\nu\delta\dot{\varepsilon}\chi\varepsilon\tau\alpha\iota\ \mu\eta\delta\varepsilon\nu\grave{\iota}\ \dot{\upsilon}\pi\dot{\alpha}\rho\chi\varepsilon\iota\nu$（无物存在是可能的。）和 $\dot{\varepsilon}\sigma\tau\iota\nu\ o\dot{\nu}\kappa\ \dot{\alpha}\gamma\alpha\theta\dot{o}\nu$（非善存在。）这样的表达包含了一个肯定的动词。

2　这是《解释篇》第 7 章中唯一的例子，全称判断——又被称为表达普遍者的判断，特称判断——又被称为部分判断，或 $\kappa\alpha\tau\dot{\alpha}\ \mu\dot{\varepsilon}\rho o\varsigma$（根据一个部分）的判断（《前分析篇》i.1,24a17, c.2,25a4,10,20,&c），它们被认为"表达了普遍者和非普遍者的判断"，即它们的主词都是普遍者——它被多个对象谓述，但是，其中一个谓词包括主词所指的全体对象，另一个谓词并不包含全体。另一方面，《分析篇》并未提及单称判断（参见下一条注释）；尽管它们对于这篇文章的主题而言是没有意义的——因为它们是三段论的学说，但我们仍然期望，如果亚里士多德在写《分析篇》时已注意到这种判断，那么他应当明确地说明为什么忽略对它的讨论。如果《解释篇》的写作情况果真如此，那么我们可以推测关于单称判断的笔记一定是在《分析篇》之后才另写的。

3　在《解释篇》中，他没有讨论"不定判断"的问题。在《前分析篇》i.1,24a16（cf. c.2,25a4, c.4,26b3 etc.）中他说"命题，要么是普遍的，要么是部分的（特殊的），要么是不确定的"；但是这里所给的例子在逻辑上属于普遍命题（或全称命题）的范围；另一些例子可以被认为是特称判断，例如"存在一个正义的人"。亚里士多德在《分析篇》中没有进一步使用"不定判断"。塞奥弗拉斯特在这个名字下面包含了特称的否定判断（Alex.*Analyt.*21, b），或如 Ammon.*De Interpr.*73, a 说的一般的特称判断。

假言判断[1]——因为亚里士多德在他的划分中并未考虑主观的确定程度，只考虑了事物的客观本性。在他看来，"可能的"并不是指"可能存在的东西"，而是仅仅指那些可能存在但并不必然存在的东西，因此，"可能存在"或"不可能存在"没有什么不同。[2] 他从定义中得出来的推论，早在古代就被塞奥弗拉斯特和欧德谟斯之类的评论家部分地否认了。[3]

234

---

1 《前分析篇》i.2 *init.*。

2 《前分析篇》i.13,32a18.《形而上学》ix.3,1047a24。类似的内容，参见 c.4,1047b9, c,8,1050b8; ix.9 *init.*: 即能够健康的东西也可能生病，能够静止的东西也可能运动，一个人能够建筑房屋就能够摧毁它。

3 亚里士多德认为"可能性"也包含了它的反面（参见上一条注释，《解释篇》c.12,21b12），这个概念是由 δύναμις——即引起运动的力或承受的力（《形而上学》ix.1,1046a9 sqq.,v.12 *init.*）——的意义来确定的；问题不在于可能性的反面并非总是与可能性相当，ἐνδεχόμενον 或 δυνατὸν（可能的）（这两个词是同义词）有时指那些按照规律发生的事情——尽管并非没有例外，有时指那些可能发生也可能不发生的事情（《前分析篇》i.13,32b4 sqq.）。因此，他在《前分析篇》i.13,32a29 中坚持认为（参见《论天》i.12,282a4）从 ἐνδέχεσθαι ὑπάρχειν（可能存在）中必然推出 ἐνδέχεσθαι μὴ ὑπάρχειν（可能不存在），从 παντὶ ἐνδέχεσθαι（一切可能的）必然推出 ἐνδέχεσθαι μηδενὶ（一切不可能的）（即这里的谓词的可能性要么是零，要么并非描述全体。Prantl, *Gesch, d.log.*i.267 对这几个词的解释是错误的）；因为，可能的就是并非必然的，可能性的反面也会发生。因为同样的原因，亚里士多德否认（*ibid.*c.17,36, b,35）在可能命题中对全称否定命题的简单换位法。因为，否定判断——"可能没有 B 是 A"——包含了肯定——即"可能每个 B 都是 A"，因此，对前者的简单换位可能包含了对一个肯定的全称命题的简单换位，但一个全称肯定命题不能换位。塞奥弗拉斯特和欧德谟斯否认了这些观点，因为他们认为"可能的"是指能够发生的任何事情，而并不指那些不能发生的事情；因此他们认为可能的事物中包含了某些必然的东西（Alex.*Anal.Pr.*51, b, m,64, b,72, a, b, m,73, a）。亚里士多德自己承认（参见《前分析篇》i.3,25a37；《解释篇》c.13,22b29；《形而上学》ix.2 *init.*c.5,1048a4, c,8,1050b30 sqq.）：引起变化的能力——它的作用方向是单一的，这种必然性也可以被称为可能的，因此，普遍的否定的可能命题也能被换位，我们能从必然性中推出可能性——但是他立即指出这一点并不适用于他自己的"可能性"概念。亚历山大曾写过一本书（Alex.*Anal.*4U, b,83, a），讨论亚里士多德和他的学生们在三段论的结论和前提上的两点争论。亚里士多德认为，当一个前提是可能命题，另一个前提是现实命题，那么只有当大前提是可能命题时，才能得出完整的三段论；但是，如果小前提是可能命题，我们首先得到的是一个不完整的三段论，即它的结论是从归谬法中得到的，而非直接从前提中推演出来；其次，在一个否定的三段论中（更准确地说，在所有情况中），结论的可能性的意义是不恰当的（并非限制在那些既可能又不可能的东西上）（《前分析篇》i.15）。相反，塞奥弗拉斯特和欧德谟斯认为：在这种情况下，我们也可以得到一个完整的三段论（Alex.

在所谓的"关系判断"中，亚里士多德很少关注假言三段论和选言三段
论。只有在他所说的矛盾命题中，[1]我们才发现了后来的选言判断学说的
核心思想。另一方面，他在命题的换位法[2]方面有诸多论述，他建立了
著名的规则，[3]但他只在三段论中讨论这些规则。

　　亚里士多德充分发展了三段论理论，这一理论无疑是他最具创造力
的发现。[4]他是第一个将"三段论"引入科学词汇的人，[5]他也是第一个
意识到我们思想中的一切联系和发展都取决于判断的三段论组合的人。
"三段论"是思想的链条，它从一个被预设的事物开始，通过这些链条，

---

*Loc.cit.*56, b)。根据他们"可能性"的定义，认为两方都是正确的。如果我们把"可
能性"理解为可能发生的任何事物——包括必然发生的，那么这些三段论是正确的
和简单的——"每个 B 都是 A，每个 C 可能是 B，所以，每个 C 可能是 A"；"没有
B 是 A，每个 C 可能是 B，所以，可能没有 C 是 A"。另一方面，如果我们把"可
能性"理解为相反的也可能发生，那么我们不能得出这些三段论，因为在小前提中，
"每个 C 可能是 B"包含了否定命题——即"每个 C 可能是非 B"。另外，塞奥弗
拉斯特和欧谟斯只接受下述原则：结论的模态与小前提的模态一致（Alex.*ibid.*）。
他们认为，根据同样的原则，当一个前提是断言的，另一个是必然的，结论就是必
然的（Alex.*Ibid.*40, a,42, b, 以及 Philop.*schol.in Arist.*158, b,18,159, a,6），但是，
根据亚里士多德的看法（《前分析篇》i.9 sqq.），当大前提是必然的，结论是必然的。
在这种情况中，根据命题的模态的不同意义，两方的观点都是正确的。如果命题"B
必然是 A""B 不可能是 A"表达了在 B 和 A 之间不存在偶然性，而是必然的联系，
那么我们可以推出（根据同样的必然性），在 B 和 A 包含的所有东西之间存在或不
存在一个联系（如果所有生物根据本性的必然，都是要死的，那么每一类生物都是
要死的，例如人类），正如亚里士多德（*loc.cit.*30, a,21sqq.）明确指出的那样。另
一方面，如果这些命题的意思是我们不得不认为 A 与 B 有联系或没有联系，命题"C
必然是（或者不可能是）A"只能从命题"B 必然是（或者不可能是）A"中推演出来，
当我们不得不考虑 C 蕴含在 B 中。然而，如果我们只知道"C 是 B"这样一个事实，
那么，我们只能知道这一事实——即 C 是或者不是我们不得不认为的、与 B 相关或
无关的东西。

1　参见上文 p.230。
2　《前分析篇》i.2,3, cf.c.13,32a29 sqq.c.17,36b15 sqq.ii.1,53, a,3 sqq.。
3　全称否定命题与特称肯定命题之间的简单换位法，全称肯定命题的特殊换位法（后
　　来被称为偶然的换位法），以及所有特称否定命题没有换位法——因为亚里士多德
　　还不知道换位法的一般规则。
4　正如他自己所说，参见《辩谬篇》c.34,183b34,184b1。
5　参见 Prantl, *Gesch.d.Log.*i.264。

237　必然得到另一些不同于它们的事物。[1] 这个原则，即这个过程的最简单的形式，包含了最多两个前提，更准确地说是两个判断，从这两个判断中推演出第三个判断，因此，没有任何一个三段论的结论包含两个以上的前提，这一点并未在这个主题的开始被明确地证明过，但亚里士多德后来指出了它。[2] 现在，从给定的两个判断中推演出第三个判断——这只能依赖概念间的关系，而这些概念在给定的判断中还未连接起来。[3] 除非有一个中介概念把两个概念连接起来，否则这是不可能的，[4] 因此，每个三段论必然包含三个概念，不多也不少，[5] 中介概念一边与一个前题中的第一个概念相连，另一边与另一个前提中的第三个概念相连，以

238　这样的方法，第一个概念与第三个概念就能在结论中连接起来。但是，结果存在三种方式。因为，任何判断都包含一个主词与一个谓词的连接（亚里士多德并未把假言判断和选言判断计算在内），并且两个判断连接得到一个结论，换言之，从前提中推演出结论这个过程取决于中介概念或中项与其余两个概念的关系，所以，连接的方法（即三段论的形式）是由中项与其余二个概念的关系决定的。[6] 因此有三种可能的方式：中项可能是大概念的主词又是小概念的谓词，或者中项是大概念和小概

1　《前分析篇》i.24b18.（类似的，参见《论题篇》i.1,100, a,25.《辩谬篇》c.1,165a1）。

2　《前分析篇》i.25,42a32。关于术语，"前提"通常被称为 "προτάσεις"（《形而上学》v.2,1013b20）；《尼各马可伦理学》vi.12,1143b3 vii.5,1147b9 中说 "小前提"是 "ἡ ἑτέρα [或 τελευταία] πρότασις"；"结论"是 "συμπέρασμα"。在《前分析篇》ii.1,53a17 sqq 中，"συμπέρασμα" 指结论的主词。

3　亚里士多德并未以这种形式来表达这一原则，但是，如果我们把它运用在前一个例子中，从他对判断的定义中我们立即可推出此原则。

4　参见《前分析篇》i.23b30 sqq.,41a2。

5　见《前分析篇》i.c.25, init.Ibid,42b1 sqq. 关于三段论的整个序列中概念的数目。在三段论的三个概念中（ὅρος，参见第 132 页注释 1），在两个前提中都出现的称为 μέσος（中项），包含它的概念称为 μεῖζον 或 πρῶτον ἄκρον（高项或大项）；被它包含的概念称为 ἔλαττον ἄκρον 或 ἔσχατον（低项或小项），参见《前分析篇》i.4,25b35,32,26a21, c.38 init., 以及《前分析篇》ii.23,68, b,33 sq.；或者大概念被称为 "第一概念"，小概念被称为 "第三概念"。

6　《前分析篇》i.23,41, a,13 在末尾讨论三段论的格，并指出中项连接了大概念和小概念，它是必要的，亦是非常重要的。参见 c.32,47a40 sqq., 以及 Überweg's *Logik*,103, p.276 sqq. 的研究。

念的谓词，或者中项是大概念和小概念的主词。[1] 亚里士多德没有注意
到第四种可能：中项是小概念的主词和大概念的谓词；然而，我们不必
过分责备他，因为第四种方式从来不会出现在单个的和严格的思想过程
中。[2] 现在，我们得到了三个格（σχήματα），它们构成了直言三段论。
后来逻辑学中[3] 所谓的第四格在这里被忽略了，并且亚里士多德也没有
处理假言和选言三段论的特殊形式。[4]

　　如果我们问：在这三个格中什么样的三段论是可能的，那么我们将
发现每个三段论必然包含一个全称命题和一个肯定命题；[5] 如果两个前提
都是全称的，那么结论也是全称的；[6] 在任何三段论中，至少有一个前提
必须与结论在质和模态上相似。[7] 然而，亚里士多德没有从三段论方法
的本质中推导出这些一般原则。它们不过是从对三段论的各个格的观察
中得出的总结。但是，他十分仔细地进行这种分析。他并不满足对这三

239

240

1　就我们所知，命题的位置并不影响三段论的格。大前提在前，这对亚里士多德而
　　言是比较自然的。我写一个三段论习惯以主词开头，但亚里士多德习惯以大前提的
　　谓词开头，例如 “A ὑπάρχει παντὶ τῷ B, B ὑπάρχει παντὶ τῷ Γ”，因此，在他的
　　表达中，一般是从大概念下降到中项，再由中项下降到小概念。参见 Überweg, *loc.*
　　*cit.*p.276。

2　这个证明在这里暂不能给出。

3　参见 Zeller, *Ph.d.Gr.*iii.a,738（2nd edition）；以及 Prantl, *Gesch.d.log.*i.570 sq.。

4　这是亚里士多德逻辑的失误还是优点（Prantl 认为是优点，*Gesch.d.leg.*i.295）并
　　无必要在此讨论；但是，那个博学的作者与 Biese（*Phil.d.Arist.*i.155）都努力研
　　究亚里士多德对假言三段论的论述，而别的学者没有注意到这一点；他的研究混
　　淆了两个不同的东西（《前分析篇》i.23,40b25,41a21 sqq.c.29,45b22, c.44）。亚里
　　士多德的 “假言三段论” 是指从一个未经证明的前提开始的三段论（cf.Waitz, on
　　*Anal.*40, b,25），而我们将其理解为大前提是一个假言判断的三段论。这两者并不
　　然相同，因为一个未经证明的前提可以被表达为一个直言命题，相反，一个假言命
　　题也可以被证明为真。事实上，同一个句子，在不改变意义的情况下，可以被表达
　　为直言的也可以被表达为选言。现在，我们对于直言命题与假言命题的区分根据的
　　是判断的形式，而非命题的科学的确定性。

5　《前分析篇》i.24 *init.*。前者没有进一步被证明，因为亚里士多德认为从前面对
　　三段论的格的研究来看，它已经非常清楚了。但他证明了后者，参见下文的详细
　　讨论。

6　*Loc.cit.*41.B,23.

7　*Loc.cit.*1.27.

个格的著名的式（moods）的证明，[1] 并细致地研究了前提的模态在纯粹的和混合的三段论中对结论和整个三段论证明过程的影响。[2] 他认为第一格三段论是"完美的"，因为它们直接显示了结论的必然性。另外两种是"不完美"的，它们要通过第一格来完善。它们的证明价值在于它们能被还原为第一格，要么通过归谬法，要么通过换位法来还原。[3] 这些三段论形式被运用在归谬推导上，以及一般的假言论证中。[4]

241　　　亚里士多德以同样的细致态度，建立了在科学中使用这些格的规则，以及应当避免的错误。首先，他表明了什么样的命题难以证明但易于反驳，以及什么样的命题易于证明但难以反驳。[5] 其次，他提出了发现恰当前提的规律，即它与要证明的结论的质和量有关，[6] 因此，他抓住机会批评了[7] 柏拉图的分类法。[8] 他详细讨论了将发现的证明材料还原到严格的三段论形式上所需要的规则和方法。[9] 此外，他研究了三段论的功能与它们的内容之间的关系；[10] 例如那些可以从错误的前提中得到

1　对于第一格（根据学者的命名）有这些式：*Barbara, Darii, Celarent, Ferio*（《前分析篇》i.4）；对于第二格有这些式：*Cesare, Camestres, Festino, Baroco* (*ibid*.c.5)；第三格的式有：*Darapti, Felapton, Disamis, Datisi, Bocardo, Fresison* (c.6)。

2　《前分析篇》i.c.8–23；参见第 162 页注释 3。

3　参见引用的段落，尤其是 c.4 *fin*., c.5 *fin*., c.6 *fin*., c.7,29a30,29b1 sqq., c.23, cf.c.1,24b22. 在这里没有必要为亚里士多德的观点辩护。

4　*Ibid*.c.23,41a21 sqq.；参见第 164 页注释 6。

5　*Ibid*.c.26.

6　*Ibid*.c.27–29，在这里（c.29）还有对归谬三段论和假言三段论的运用。

7　他说（c.31）"用连续划分的方法寻找一个确定的概念是无用的"；我们认为重要的观点是必须被证明的。对于人作为 ζῷον θνητòν（有死的动物）这个概念，从前提"所有的存在者要么是有死的，要么是不朽的"和"人是一种存在者"，我们只能推出"人要么要死的，要么是不朽的"；人是"要死的动物"仅仅是一个假设。因此，亚里士多德认为分类法是无效的证明。类似的段落，参见《后分析篇》第二卷第 5 章。在《论动物的部分》第一卷第 2 章中，柏拉图的方法遭到了批判（与第 150 页注释 2 中给出的原则相反），因为它重复了不必要的中间项的分类，在不同的属下引入了相同的东西，引入了否定的属性，对所有相反观点进行划分。参见 Meyer, *Arist. Thierkunde*,71 sqq.。

8　参见 Zeller, *Ph.d.Gr*. Pt.i.523 sqq.。

9　*Loc.cit*.c.32–46.

10　《前分析篇》ii.1。

正确结论的三段论;[1] 循环论证,[2] 三段论的"换位",[3] 归谬论证,[4] 通过前 242
提换位而得到的三段论,[5] 以及各种逻辑悖论和对付它们的方法。[6] 最后,
他研究了那些非严格的证明,[7] 并为每种证明建立了特殊的论证方法。[8]
现在,我们不能像亚里士多德一样深入到这些研究中去,尽管我们无疑 243
在三段论方法的运用中获益良多,并且它们清楚地证明了这位伟大的逻
辑学家详尽地研究了逻辑学的许多细节。

三段论系统是亚里士多德的科学证明理论的基础,他在《后分析
篇》中探讨了这一点。所有证明都是三段论式的,但并非每个三段论都

---

1 *Ibid.*c.2 *init.*（参见《论题篇》viii.11 sq.,162a9,162b13），因为错误的前提给出的
   理由是错误的,参见上文第 125 页注释 2。在 c.2–4 中亚里士多德讨论了在什么样
   的条件下,对于不同格的三段论,这是可能的。

2 τὸ κύκλῳ καὶ ἐξ ἀλλήλων δείκνυσαι.（循环的并且从真前提开始的证明）,它包
   含在一个三段论的结论中（但它必须被确证为真）,结论与一个前提合取,用来证
   明另一个前提。参见 *loc.cit.*c.5–7,关于反对"死循环"论证,参见《后分析篇》
   i.3,72b25。

3 一个前提与结论的矛盾命题或对立命题的合取可以摧毁另一个命题;*loc.cit.*c.8–10。

4 归谬法,（ὁ διὰ τοῦ ἀδυνάτου συλλογισμός）（一个不可能的推理）c.11–14,参见
   《论题篇》viii.2,157b34,c.12,162b5,以及《后分析篇》i.26,亚里士多德在这里指
   出,直接证明具有更大的科学价值。

5 *Loc.cit.*c.xv.

6 The *petitio principii*,c.16,参见《论题篇》viii,13;c.17;"第一谬误",c.18,参见《论
   题篇》viii.10;从这里推演出来关于反驳的方法,c.19 sq.;关于匆忙假设引起的欺骗,
   参见 c.21;关于偷换命题来证明某一假设,参见 c.22。

7 归纳,c.23;举例,c.24（参见《后分析篇》i.1,71a9;《修辞学》i.2,1356b2,1357b25,
   ii.20）;ἀπαγωγή（将一个问题还原到另一个更容易解决的问题上）,c.25;反驳,
   c.26;由可能的（εἰκὸς）或某些标记构成的三段论——亚里士多德称为"省略三段
   论",c.27。这些证明中最重要的是"归纳",我们稍后讨论。它包含在由小前提和
   结论推导出的大前提中。例如,我们可以绝对地证明"所有胆囊小的动物是长寿的。
   人、马的胆都比较小,因此他们是长寿的";但归纳论证是这样的:人、马等是长寿
   的;人等动物的胆是小的;因此,有些小胆囊的动物是长寿的。然而,这个证明只
   有在小概念（即"有些小胆囊的动物"）与中项概念（"人"）的外延是一致的时候
   才有效,并且当小前提（"人是小胆囊的动物"）能够换位,即它能换成"小胆的动
   物是人"（*loc.cit.*c.23）。

8 对十这些观点的更多讨论,参见 Prantl.pp.299–321。在不同的部分的选择和顺序
   上没有严格的标准,尽管相近的主题被放在一块儿。关于《前分析篇》的分章,参
   见 Brandis,p.204 sq.,219 sq.。

是证明；只有"科学的三段论"配得上这个名字。[1] 科学是对原因的认知，而一个现象的原因必然引起这个现象。[2] 因此，只有当事物由它原初的原因解释时，证明以及通过证明获得的理解才是可能的。[3] 只有必然的东西才是证明的对象。证明是从必然的前提中推出结论。[4] 那些通常是真的东西（尽管不是没有例外）只在一种有限制的意义上能被证明。[5] 另一方面，偶然的事物是不能被证明的——甚至也不是科学能知晓的。[6] 因为，必然为真的东西是从对象的本质或理念中来的，而其他一切都是偶然的，所以我们可以说一切证明都与本质有关，并建立在对象的本质特征上，对象的概念既是证明的起点也是证明的结论。[7] 因此，每个证明的形式给予我们的都是概念和对象的原因，这种信息越纯粹、越完美，它所提供的知识就越高级；一个普遍的证明之价值高于一个特殊的证明，一个肯定的证明优越于一个否定的证明，一个直接的证明优越于一个反面的证明，一个使我们知道原因的证明优越于一个只提供引导的证明。[8] 如果我们把证明看作一个整体，并考虑建立一个科学的体系，那么普遍的知识必然在特殊的知识之先——这是一个公理。[9] 从另一个角度也可得到同样的原则，它深植于亚里士多德的整个思想中：即除非从它自己特殊的原则出发，否则没有什么能够被证明，并且想要无中生有地制造证明是不可能的。亚里士多德相信证明应当从对象的本质特征出发，其他属的任何属性对它来说都是偶然的——因为它们不是这个概念的构成部分。[10] 因此，一切证明都依赖于研究对象的概念。它的主

---

1 《后分析篇》i.2,71b18。亚里士多德指出这个论证是必要的。

2 *Loc.cit.c.2 init.*。更多支持这个观点的讨论，参见上文第 119 页注释 5。

3 *Ibid.*71, b,19.*Ibid.*b,29.

4 *Ibid.c.4 init.*。参见第 168 页注释 7。

5 《形而上学》xi.8,1065a4。《后分析篇》*i.30*。参见第 121 页注释 5。

6 《后分析篇》i.6,75a18, c.30; Cf.c.8, c.33；参见上文第 120 页注释 2。

7 *Ibid.c.6 init.* 同上文，此段的结尾处，另外参见第 149 页注释 1。

8 《后分析篇》i.14, c.24–27。

9 《物理学》iii.1,200b24。

10 《后分析篇》i.7 *init.*；C.9 *init.*。我们稍后回到这个问题。

题在于确定那些因对象的概念而来的属性，以及使这些属性依附于对象的媒介。而证明的功能在于从普遍中演绎出特殊，从原因中演绎出现象。

这种通过中间媒介的连接过程是无限的，还是有一个必要的界限呢？亚里士多德认为它是有限的，他的解释包括三个方面。

我们可以从特殊到一般——从不谓述其他任何东西的主词——到连续的、高阶的谓词；另一方面，我们可以从最普遍的——从主词的最终谓词——下降到特殊事物上。然而，无论如何，我们必须到达这个过程的终点，否则我们不可能获得有效的证明或定义。[1] 这个论证还排除了第三种假设：即在一个确定的主词和一个确定的谓词之间存在无限多的中间项。[2] 如果中间项是无限的，那么对于这些事物我们便无法做出证明，也无法推出知识。[3] 因为，当中间项不存在时，直接知识必然取代证明。想要证明所有事物是不可能的。如果我们试图这样做，我们要么重新回到了无限的过程——它取消了一切知识的可能和证明，要么在做循环论证——这同样不能产生任何有效的证明。[4] 因此，这里只剩下一个结论：证明最终必然是从无须证明的命题开始的[5]——这些命题具

246

247

1　因为他在 83b6,84a3 中说："思想对象不包括无限者。"参见第 169 页注释 4。

2　*Ibid*, ch.19–12. 这个研究的细节，因为它的有些部分不太清楚，在这里无法详细描述。我们在第 154 页注释 2 中已经看到亚里士多德为最高层的概念和最低层的概念的数目都设置了限制。

3　参见 Ch.22,84a30；以及《形而上学》iii.2,997a7。

4　亚里士多德指出（《后分析篇》*i.2*），三段论的证明效力取决于前提包含的科学知识，此后他继续指出（在第 3 章中）："因此，许多人认为没有什么知识是可能的；另一些人则认为一切都可以被证明"。但他拒绝了这两种观点。他承认，如果原因是不可知的，那么被推导出的东西也是不可知的；此外，如果证明出来的间接知识是唯一的知识，那么我们不知道关于原因的知识。但是，亚里士多德自己在 72b18 中否认了以上观点；参见《形而上学》iv.4,1006a6。以上第二种观点，亚里士多德在 72b16 中说："（他们说）一切都是可以证明的。因为证明能以循环的方式和相互支持的方式出现。"但在 72b25 sqq. 的同一页中，他又用先前的解释反驳了它——即这里有"循环论证"（参见第 167 页注释 2）。

5　《后分析篇》c.2,71b20.c.3,72b18. 参见第 146 页注释 4，第 147 页注释 1 末尾。另一方面，即便某物总是如此，我们也没有理由拒绝用它的原因来做证明，因为即便是永恒的东西也可能有产生它的条件——即它的原因；参见《论动物的生成》ii.6,742b17 sqq.。

248　有直接的确定性。这些证明的"原则"[1] 必须比从它们之中推演出来的东西具有更高的确定性。[2] 所以，灵魂一定拥有直接认知的能力，这种能力比间接认知更高级和更精确。事实上，亚里士多德在"努斯"中发现的纯粹理性就是这种能力；他相信它从来不会欺骗自己，它要么获得对象，要么没有获得对象，但它绝不会以错误的或者虚幻的方式获得对象。[3]

　　然而，不得不承认亚里士多德从未证明这种知识的可能性，也未证明它的不可错性。他说这种直接的确定性有两种类型。每个证明过程有三个要素：被证明的东西、论证原则[4] 和证明所属的对象。第一个不是直接认识的对象，因为它是从后两者中演绎出来的。后两者之间有这样
249　的区分——公理对于不同领域的知识是相同的，但特殊对象的基本原理只属于一门特殊的科学。[5] 只有在一门特殊学科恰当的基本原理的基础

1　ἀρχαί（原则或本原），ἀρχαὶ ἀποδείξεως（证明原则），ἀρχαὶ συλλογιστικαί（三段论原则），ἀρχαὶ ἄμεσοι（直接原则），προτάσεις ἄμεσοι（直接前提），参见《后分析篇》72a7,14, c.10 init.；ii.19,99b21，参见第 140 页注释 1；《论动物的生成》ii.6,742b29 sqq.；《形而上学》v.1,1013a14, iii.1,2,995b28,996b27, iv.3，另外，参见 Ind.Arist.111.B,58 sqq.。亚里士多德在《后分析篇》i.2,72a14 中称一个未经证明的三段论的前提为"θέσις"（设定）——如果它指的是一个特殊事实，倘若它指的是一个普遍的假设，则称为"ἀξίωμα"（公理）。此外，如果一个 θέσις 包含了一个对象的存在或不存在的肯定判断，那么它是一个 ὑπόθεσις（前提），否则它是一个 ὁρισμός（定义）。θέσις 在《前分析篇》中的意义是非常广泛的，参见 ii.17,65b13,66a2 以及《后分析篇》i.3,73a9；狭义的"θέσις"，参见《论题篇》i.11,104b19,35（更多引用，参见 Ind.Ar.327, b,18 sqq.）。对于"ἀξίωμα"，参见《后分析篇》i.7,75a41, c.10,76b14，以及《形而上学》iii.2,997a5,12，它的意义也是广泛的。αἴτημα（假设）与 ὑπόθεσις（前提）在《后分析篇》i.10,76, b,23 sqq. 中得到了区分。

2　《后分析篇》i.2,72a25 sqq.；参见第 169 页注释 5。

3　参见上文 p.197 以下，亚里士多德在这里解释了"直接知识"这一概念。

4　《后分析篇》i.7，以及 ibid.ch.10,76b10。《形而上学》iii.2,997a8。他在第六章中对 γένος（属）、ὑποκείμενον（主词）、πάθη（性质）和 ἀξιώματα（公理）进行了重新排序。

5　参见《后分析篇》i.7，以及 ibid.c.10,76a37.c.32 init.。更多关于 ἀποδεικτικαὶ ἀρχαί（证明原则）和 κοιναὶ δόξαι ἐξ ὧν ἅπαντες δεικνύουσιν（从所有人的证明中得出的一般意见）的讨论在第 170 页注释 1 引用的段落中可以找到。

上，才可能建立有效的证明。[1] 但是这些基本原理与那些普遍的公理一样不能从更高级的规律中演绎出来。[2] 它们必须作为特殊对象的知识给予我们。[3] 因此，它们是观察的材料、经验的材料。[4] 亚里士多德并未解释这样的经验是如何产生的。他认为感知是简单数据，因此感知的构成成分是不可分析的。他甚至认为有些对给予材料的判断具有直接的确定性。[5] 因此，根据他的理论，我们无法对人获得直接真理的能力给出一个清晰而充分的解释。[6]

250

想要列举出各个不同学科特殊的基本原理同样是不可能的。亚里士

1　参见《论动物的生成》ii.8,748a7。参见上文第125页注释4。

2　《后分析篇》i.9,78a16（下面的段落摘自上文第245页注释3）。参见第十章，以及第170页注释4。

3　《前分析篇》i.30,46a17。因此，亚里士多德在《动物志》i.7 *init.* 中说："我们必须首先描述一个动物特有的属性，再讨论它们的原因。"

4　参见前一条注释，以及《尼各马可伦理学》vi.9,1142a11 sqq. 中的评论，亚里士多德说年轻人可以在数学知识上获得进步，但不能在关于生活智慧的知识和关于自然历史的知识中获得进步，因为数学是一门抽象的科学，人们不需要通过经验来获得它的原因。

5　在《尼各马可伦理学》iii.5,1112b33 中，亚里士多德说 βύλενοις（审慎）是关涉特殊对象的，例如烘焙蛋糕。*Ibid,* vi,9,1142a23 sqq.，亚里士多德解释说：与知识相反，φρόνησις（实践理性）和 νοῦς（努斯）一样是直接知识；但努斯的对象是定义或概念（在这里，最高原则是实践原则），而实践理性是关于个别事物的知识，它不是科学知识，但却是真的，它也不是事物的可感性质，但却是可感的，它是分析最后得到的东西。例如，分析一个图形，最后得到的是三角形。因此，"这是一个三角形"这样的判断可以被解释为感知的材料（参见《后分析篇》i.1,71a20），它也是实践三段论的小前提，例如"这个行为是正义的""这是有用的"等等可以作为感知材料来理解（参见下文第十二章对实践理性的讨论）。因此，在《尼各马可伦理学》iii.12,1143b5 中，亚里士多德将努斯与实践理性归为同一类后，他说："努斯自身似乎也可以感知。"现在，尽管（正如在 c.9 *fin.* 中所述）感知是在"意识"的广义上理解的——例如《政治学》i.2,1253a17——但它仍然意味着获得一种"直接知识"，这与以上段落中提及的"科学知识"是不同的。Kampe（*Erkeentinissl.d.Ar.*220 sq.）在以上引用的段落中发现了一个证明：《尼各马可伦理学》的第六卷原本属于《欧德谟伦理学》；但《政治学》i.2 表明这个结论是毫无根据的。《尼各马可伦理学》vi.3,1139b33 中的 εἰ μὲν γὰρ πως πιστένη 并非意味着"当我们有任何信念时，我们就有知识"，而是"知识包含在建立在已知原则基础上的某类信念中"。

6　关于这一点的证明参见下文第十二章。

251　多德甚至没有给出关于普遍公理的一般观点。他仅仅想要发现这些原则
中哪一个是最无可置疑的、明显的、绝对的[1]和不可错的。他发现逻辑
矛盾律正是如此。[2]尽管许多人试图怀疑这个规律，但没有人真正成功
过；正因为它是最高原则，所以它是不可证明的——即它不能从更高的
原则中被推出。我们可以从各种反驳中为它辩护；因为这些反驳要么建
252　立在误解上，要么预设了矛盾律，并在攻击它时破坏了自身。[3]然而，
亚里士多德小心地分辨了对矛盾律诡辩式的滥用，以便否认同一个对象
可以拥有矛盾的属性，或者在矛盾项之间变化的可能性。他指出矛盾项
并非绝不能谓述同一个主词，只有当它们处于同一种关系中时不可能同
时谓述一个主词。[4]

　　与建立矛盾律的论证类似，亚里士多德建立了排中律，[5]这亦是一个
无可置疑的公理。[6]但他并未严格地从一个公理中演绎出另一个。

　　尽管亚里士多德坚信由证明获得的知识都加倍地取决于思想中的直
接知识和不可证明的信念，但他并不认为这个信念自身是无法得到科学
检验的。一切证明的开端都是不可证明的——因为它不能从其他原则中

1　《形而上学》iv.3,1005b11。

2　第 19 行（xi.5 *init.*）："相反者不能属于同一个对象的同一方面"这个公理只是这
　　个规律的一个形式；而另一个原则"没人能够同时用相反者描述一个对象"与它的
　　关系十分紧密，有时后者是从前者中证明的，有时前者是从后者中证明的。参见
　　《后分析篇》，*ut supra*, line 26.*Ibid.*c.6,1011b15。

3　在这个意义上，亚里士多德在《形而上学》iv.4 sq. 中反驳了"一个对象同时既是
　　某物又不是某物"这个命题（他认为这个观点属于某些早期的学派，他从他们的观
　　点中推演出来的；参见 Zeller，*Ph.d.Gr.* part.i.600 sq.,910,4），他论证了一切命题都
　　预设矛盾律。在 c.5 *init.*, c.6 中（参见 c.4,1007b22, xi.6 *init.*），他认为如下格言可
　　以还原到这一规律（参见 Zeller，*Ph.d.Gr.* part i,982,1,988,2），即"每个人看起来
　　为真的东西就是真的"。对于这个格言相类似的论证（这些论证与柏拉图的《泰阿
　　泰德》非常相似），亚里士多德持反对意见，他指出（1011a17 sqq.b,4）：既然所有
　　现象都是关于某个对象的现象，那么这个格言使一切都变成了相对的。

4　参见上一条注释。

5　οὐδὲ μεταξὺ ἀντιφάσεως ἐνδέχεται εἶναι οὐδέν（两个矛盾的事物不允许中间情
　　况出现）；参见上文 p.230。

6　《形而上学》iv.7；亚里士多德在运用他的论证时采用了从自然变化的研究中得出
　　的那些理由，他显然想证明他的理论不仅是逻辑的原则，更是形而上学的原则。

演绎出来，或从它自身的原因中演绎出来。然而，它能够在事实中显示
自身——即它是这些事实的奠基者，并且这些事实的存在已预设了它。
因此，归纳被引入证明系统。[1] 在科学思想中我们要区分两条路线：一
条是通往原因的，另一条是从原因下降的[2]——即从普遍到特殊，从那
些自身确定的东西到对我们而言确定的东西；相反的过程是从个体——
即我们最熟悉的东西——到普遍者——即那些在本性上更确定的东西。
前一条路线是三段论和科学证明，而后一条路线是归纳。[3] 所有知识都
是通过这两种方法获得的。那些在本性上无法证明的知识是通过归纳获
得的。[4] 我们已经指出思想中这种不能证明的知识并非必然是从经验中
抽象来的，亚里士多德认为普遍的公理是理智的自发活动获得的。[5] 然
而，理智的这种活动是个体在经验指导下逐渐地发展起来的，因此，他
相信对这些知识的内容和意义的科学检验，除了一种综合的归纳法之外

1　参见第 167 页注释 7 中的引用，"ἐπαγωγή" 这个名字要么是指列举特例，而一
　　个普遍的命题或概念从这些例子中被抽象出来（Trendelenburg, *Elem.Log.Aris.*84:
　　Heyder, *Vergl.d.arist.und hegel.Dialektik*, p.212 sq.），要么是指向某人介绍这些例子
　　（Waitz, *Arist.Org.*ii.300）。有许多段落支持后一种解释，"ἐπάγειν" 指的是某人知
　　道的对象；如《论题篇》viii.1,156a4；以及《后分析篇》i.1,71a19.c.18,81b5。但
　　"ἐπάγειν" 也有 "用归纳证明" 的意思，例如 ἐπάγειν τὸ καθόλου（用归纳证明一般），
　　参见《论题篇》i.18,108b10；《辩谬篇》15,174a34。

2　《尼各马可伦理学》i.2,1095a30；参见 Zeller, *Ph.d.Gr.* Pt.i.491,2；另外，参见第
　　144 页注释 2。

3　除了归纳，Heyder（*Vergl.d.arist.und hegel.Dial.*232 sq.）发现亚里士多德还有另
　　一种程序，即我们从普遍的感知开始直到特殊的和确定的概念，正如我们在归纳中
　　从特殊感知到达一般概念。但是亚里士多德自己发现这个程序只不过是归纳的反面
　　（尽管这一点有时并不十分明确）。当普遍者被作为许多个体中相同的东西时，它就
　　在感知中同其他东西相分离；这就是亚里士多德在上面引用的那段话的意思；参见
　　上文 p.205 以下。

4　《前分析篇》ii.23,68b13.*Ibid.*68b35；参见第 144 页注释 3；《尼各马可伦理学》
　　i.7,1098b3.vi.3,1139b26。（Trendelenburg.*Hist.Beitr.*ii.366 sq., Brandis, ii.b.2,1443
　　删除了最后两个词，因为一切不由证明得来的知识都不依赖归纳；但是这个句子的
　　形式并不比这个段落的别的句子更普遍，对于整体的解释应当从文本讨论中来收
　　集。）类似地，参见《后分析篇》i.1 *init.*, i.18. *Ibid.*ii.19,100b3.《论题篇》i.12.
　　*Ibid.*c.8 *init.*；《修辞学》i.2,1356a35；另外，参见上文 p.205 以下。

5　参见上文 p.197，以及 p.246。

255　没有别的方法。[1] 但是，这里有很多困难。我们已经知道，[2] 归纳论证的基础是概念间的一种交互关系，这种交互关系允许全称的肯定的小前提的转换。它假设三段论的小概念和中项具有相同的外延。换言之，一个有效的归纳论证是不可能的，除非一个谓词适用于它谓述的属之下的所有个体（即它能够谓述这个属中的所有个体。）[3] 然而，想要找到完全适用于所有个体的谓词是不可能的。[4] 因此，任何归纳都是不完美的，而每个建立在归纳基础上的假设都是不确定的。为了解决这个困难，我们不得不引入一个缩略的归纳法，并寻找能够弥补对全部个体的不完整观察的东西。亚里士多德发现，这些东西是辩证法或可能性证明，[5] 他在《论题篇》中提出了关于它们的理论。他认为，辩证法的价值不仅在于它是一种理智训练——即它像精致的艺术那样对待论证，而且它还是科学研究中的重要工具——因为它教会我们探索和评估一个对象能够被思

256　考的各个方面。在建立科学原则时，它是十分有用的；因为这些原则不能从更确定的原则中证明，我们唯一能做的就是获得它们的可能性。[6] 这样的尝试必须从一般的人类教义出发。全世界的人或至少有经验和有智慧的人都相信的东西总是值得考虑的，因为它们的基础是真实的经验。[7]

1　参见第 174 页注释 6 中对《论题篇》第一卷第 2 章的引用。

2　参见第 167 页注释 7。

3　参见《前分析篇》ii.24 *fin.Ibid.*c.23,68b27。

4　即便我们假设我们知道某个种类所有出现过的个体，我们仍然不知道将来是否会出现与它们不同的个体。这个假设自身是不可能的，更是不可证明的。

5　对于亚里士多德的狭义的"辩证法"，参见 Waitz, *Arist.Org.*ii.435 sqq. ；参见下一条注释。

6　《论题篇》i.1.*Ibid.*i.2。亚里士多德称辩证法的三段论为"ἐπιχείρημα"（参见《论题篇》viii.11,162a15）。Thurot, *Etudes sur Arist.*201 sqq. 比较了亚里士多德关于辩证法目的和用途的不同陈述；然而，他过于强调亚里士多德在语言上的不精确。参见《论题篇》以及上文第 49 页注释 2。

7　*Divin.in S* .c.1 *init.* ；《尼各马可伦理学》*i.*8 *init.*vi.12,1143b11 ；《修辞学》i.1,1355a15（参见下文第十四章开篇）。根据同样的原因，《尼各马可伦理学》vii.14,1153b27 诉诸赫西俄德的诗歌（Hesiod, Ἔ.κ.ἤμ.763），以及 SYNES.*Calv.Enc.*c.22（*Ar. Fr.No.*2）。另外，参见《政治学》ii.5,1264a1 ；《欧德谟伦理学》i.6 *init.* ，关于

这样的基础或许是不可靠的；这一点促使亚里士多德感到有必要 257
（这也使苏格拉底建立了他的辩证法）在对流行的不同意见进行综合、
比较和平衡中弥补它的不足。由此，亚里士多德形成了在正式研究开始
之前考查研究主题的各种难题（ἀπορίαι）的习惯；他列举关于这一主
题的、可能触及到的不同侧面，通过相互比较和已有的标准来检验结
论；最后通过检验过程提出困惑，并获得解决困难的科学研究的基础。[1]
这些辩证的阐释为作出肯定的科学结论铺平了道路，它们澄清了研究主
题中的各种问题，将归纳结论按照不同方面分组，并用它们相互解释，
从它们的结合中得到综合的结果。通过这种方法，我们的思想被引入到
明确的问题之中，而对它们的正确解答就是哲学知识。[2]   258

然而，不论是这个理论，还是亚里士多德的实际研究情况，都不能
满足现代科学的严格要求。

无论是他从有规律的观察事实和科学的定义开始的工作程序，还是
他对自然现象的描述，我们都不得不承认它们有许多严重的遗漏和缺
陷。例如，他说归纳法是对某个种类的所有个体的收集，归纳命题表达
了对这一类的所有个体都适用的普遍规律。[3] 事实上，归纳命题只是从
我们"知道的"所有例子中推出一个命题；如果考虑作为归纳法之基础
的原则，那么主要的问题是如何证明从我们知道的所有例子得出的结论
也适用于其余类似的一切例子。我们不能责备亚里士多德没有明确提

αἰθήρ（以太）的信念，参见《论天》270b19 和《形而上学》xii.8 和《气象学》
339b27。与此相关，亚里士多德偏爱谚语和俗语，参见第 79 页注释 1（Παροιμίαι，
[论格言]）。

1 参见《形而上学》iii.1, *init.*。《尼各马可伦理学》vii.1 *fin.*。参见《论天》i.10 *init.*，《后
分析篇》ii.3.*init.*，以及 Waitz 对这一段的论述；另外，参见《物理学》iv.10 *init.*，
《气象学》i.13 *init.*，《论灵魂》i.2 *init.*，《论生命的长短》c.1,464b21。在《论
题篇》viii.11,162a17 中 ἀπόρημα（难题）被定义为 συλλογισμὸς διαλεκτικὸς
ἀντιφάσεως（矛盾的辩证推理）。这些亚里士多德式的"难题"为学者们设立了矛
盾辩论的典型。

2 《形而上学》iv.2,1004b25。

3 参见第 167 页注释 7，以及 p.255。

出这个问题，因为直到密尔写《逻辑学》之前都没有人明确地提出过它；甚至密尔也没能为这个问题找到答案，只提供了一个不充分的和自相矛盾的理论。然而，这是亚里士多德立场的一个不可避免的结果，即他的归纳理论并未帮助我们解决这个真正的困难——即如何保证一个归纳证明的有效性，尽管归纳证明所依赖的经验的范围是不完备的。事实上，亚里士多德试图用"可能性的证明"这个发明，以及对"难题"的辩证研究来填补这个空隙。在对"难题"的辩证研究中，他敏锐和宽阔的科学视野令人印象深刻。但这并不能形成对观察事实令人满意的方法比较，因为这些理论自身并非建立在纯粹的观察上，而是建立在意见的集合上（ἔνδοξον）——即猜测、援引和幻想与现实的经验糅合在一起。即便当亚里士多德处理现实经验时，他在许多方面与我们为一个科学观察者设立的标准相差得太远。对于可靠的观察要满足什么条件，或者什么样的方法能确保个人的观察正确，或者如何控制来自他人的信息的准确性，亚里士多德对这些问题只有零星的论述。因为他并未意识到认知主体的精神活动在所有感知中扮演的角色，[1] 他自然不能提供观察主体如何充分控制错误的方法。

从这方面来看，他的作品在很多地方是有待批判的。的确，在一些作品中，尤其是在动物学研究中，他使用了大量的观察事实，其中绝大部分（只要它们现在能被检验[2]）都是正确的。当然，多数观察结论对于任何观察者而言都是足够明显的；但其中也有不少例子是通过仔细研究

1　参见 p.210，以及下文第 10 章。
2　情况并非总是如此，一方面因为我们不确定这个或那个名字所指的动物是什么，另一方面因为并非亚里士多德提到的所有动物都是我们所熟知的。

获得的。[1] 他并未完全忽略实验的方法。[2] 他的历史研究在广泛程度和精
确性方面值得我们尊敬。[3] 他对于那些被人们接受的观点持批判态度，
因此他细心修正了许多错误的看法，[4] 提醒人们注意有些观点的来源是不
可靠的，[5] 并反驳了当时流行的一些神话故事。[6] 当他缺乏足够的观察时，

---

1 我们在《论动物的部分》iii.4,665a33 sqq. （cf.Lewes, *Arist*,394）中看到亚里士多德
做了关于蛋中胚胎发育的实验，他指出我们发现在蛋中甚至第三天时心脏和肝脏已
经形成分离的点。因此，在《论动物的生成》ii.6 中，他对身体的不同部分的发展
顺序做出描述；从这一点来看，正如 Lewes（475）指出的，我们知道亚里士多德研
究过胚胎的发育。有一个关于某种鲨鱼的胎盘形成的描述（《动物志》vi.10,565b1），
它之前一直被看作是虚假的，现在已经被证实了（Joh.Mueller, *Abh.d.Berl.Ak*.1840,
Phys.math.Kl.187, cf.Lewes, *loc.cit*.205）；类似的情况（参见 Lewes,206—208）还
包括对墨鱼胚胎的研究（《论动物的生成》iii.8,758a21），对筑巢鱼的研究（《动
物志》viii.30,607b19），对鼹鼠的眼睛的研究（《论灵魂》iii.1,425a10,《动物志》
i.9,491b28 sqq.），以及对某种牡鹿尾巴下方的腺体的研究（《动物志》ii.15,506a23,
cf.W.Rapp in *Mueller's Archiv.f.Anat*.1893,363 sq.）。关于他对头足纲动物的描述，
Lewes 认为（340 sq.）这来自他对它们的形式的异常熟悉，我们在其间发现了正确
的个人知识。奇怪的是，Lewes 抱怨亚里士多德没有提及海风的新鲜和潮汐的作
用。这是在谴责亚里士多德没有低劣的品位吗？他从动物学的描述滑向了小品文
的文风，或者没有耐心向终日生活在海边的人们解释那些他们再熟悉不过的东西。

2 Eucken, *Meth.d.Arist.Forsch*., p.163 sqq., 引用了《气象学》ii.3,359a12,358b34（《动
物志》viii.2,590a22）；《动物志》vi.2,560a30（《论动物的生成》iii.1,752a4）；《论灵
魂》ii.2,413b16；《论呼吸》iii.471a31；《动物志》vi.37,580b sqq.（如果这真的是一
个实验，而不是一个偶然的观察的话）。另外，还有用 "λέγουσιν"（我们说）引
起的例子，《论动物的生成》iv.1,765a21（后来他自己反对这个观点），以及《动物
志》ii.17,508b4（尽管在《论动物的生成》iv.6,774b31 中以自己的语气这样描述）。
其中有些实验是成问题的，我们怀疑亚里士多德本人是否真的做过；另一方面，他
很少提及实验，因此我们不得不说他和全希腊的科学家都很少意识到实验的价值。

3 除了从希腊的历史、哲学、诗歌和修辞学中摘取的保存在现存亚里士多德全集中的
大量信息之外，我们在这里还要提到来自《政治学》和一些遗失的著作中的引用；参
见上文第 76 页注释 3，第 53 页注释 2，第 41 页注释 1，第 80 页注释 1 和第 79 页注释 1。

4 如 Eucken（*loc.cit*.124）列举的例子，参见《论动物的生成》iii.5,755b7 sqq.,756a2;
iii.6,756b13 sqq.,757a2 sqq.；iv.1,765a16 sqq.,21 sqq.；《动物志》viii.24,605a2 sq.。

5 在《动物志》viii.28,606a8, ii.1.501a25 中，亚里士多德对 Ctesias 的观点提出了
质疑；在《论动物的生成》iii.5,756a33 中，他说 "渔民们时常忽视了这个问题，因
为他们的观察并不是为了获取知识"。类似的观点，参见《动物志》ix.41,628b8:
αὐτόπτη δ' οὔπω ἐντετυχήκαμεν(我们并未亲眼所见)。但他在 c.29,37,618, a,18,620,
b,23 中诉诸亲眼之证。

6 例如，他质疑俄尔甫斯（Orpheus）诗歌的真假，以及是否真有这个诗人；参见
Zeller, *Ph.d.Gr*. i.50。

他愿意保留自己的判断；[1] 当对一个问题的研究显得仓促时，他会警告我们应当首先处理各种反对意见然后再做出判断。[2] 总之，亚里士多德不仅是一位孜孜不倦的研究者，他对于一切事物之知识——无论是宏大的还是细微的——的渴望[3] 从来不会满足，他也是一位平凡的和细心的观察家。然而，我们发现亚里士多德的著作中有不少显而易见的错误，而且有时候，即便在他所限定的简单方法之内，改正这些错误是非常容易的。[4] 更常见的是，我们发现他从不充分、不完整的数据中得出许多草率的、仓促的结论，或者他迫使他观察到的事实与一般理论相一致——而这一理论自身并没有充分的经验基础。在他的归纳法中，他常常草率地将论证建立在各种未经证实的流行的假设上。他缺乏将现象分析为它们的构成要素的方法和技巧，缺乏追踪每个事实的原因和行为规律的技巧，缺乏分解原因网络中的关键点的技巧。亚里士多德并未掌握建立和分析事实、检验观察和理论，以及在科学中运用经验的最好方法——即便在希腊人可能掌握的少量技巧的范围之内。总之，他并没有达到我们现在对一个自然研究者的一般要求。然而，这并没什么奇怪的，如果他

262

263

1　参见上文第 122 页注释 3。

2　《论天》i.13,294b6。

3　τὸ φιλοσοφίας διψῆν（对智慧的渴求）：参见上文第 123 页注释 1。

4　参见 Eucken, *loc.cit.*155 sqq.。这些例子包括：亚里士多德认为雄性的牙齿比雌性多（《动物志》ii.3,501b19；对这个错误的另一个猜想，参见 Lewes, *Arist*,332, A.19）；男性的头盖骨有三条缝，而女性只有一条（*ibid.*i.8,491b2）；男性每边有八条肋骨（*ibid.*i.15,493b14）——这是当时被普遍接受的一个假设，它并非建立在对人体的解剖学观察上，而是建立在活体的观察上；参见上文第 66 页注释 1；手掌上的纹路显示了人生命的长短（*ibid.*493b32 sq.）；头盖骨后方是空的（《动物志》i.8,491a34；《论动物的部分》ii.10,656b12；《论动物的生成》v.4,784b35）。更多例子，参见 Lewes,149 sqq.,154 sqq.,315,332,347,350,352,386 sq.,398,400,411,486。然而，有人说亚里士多德在《论动物的部分》iii.6,669a19 断言只有人有心脏的跳动（参见 Lewes,399，他说"根据这个描述，亚里士多德似乎从来没有在手中抓过一只鸟"；另外，参见 Eucken,155,2）；这个指责是不正确的。亚里士多德在《论呼吸》20,479b17 中区分了 σφυγμός（不停息的心跳）和 πήδησις τῆς καρδίας（心脏的被动悸动）。甚至后者也不局限在人身上，因为有时候这种悸动非常强烈而导致动物死亡。被引用的这个段落说的是：ἐν ἀνθρώπῳ τε γὰρ συμβαίνει μόνον ὡς εἰπεῖν（被动悸动几乎唯一地发生在人身上）。

达到了这样的水平，那才是奇怪的。

如果亚里士多德不具有我们在他的理论和实践中发现的这些缺陷，那么他不仅远远地走在他自己的时代之前，他也将属于人类思想的另一个较晚的时代。在科学能够达到使我们超越古人的这种确定性、相关性和程序的精确性之前，在科学和历史研究的全部领域内收集事实和进行各种实验是必须的，人们寻找某一类现象的原因并将其逐步普遍化，为了解释各种事实，人们提出了一些假说，而这些假说又不断被事实检验或修改。为此，方法论上的一般阐述是没有用的，只有依靠科学研究。直到实验科学的地位超越了它们在亚里士多德时代的地位，实验知识的方法或方法论才可能真正超越亚里士多德给予它们的形式。在科学的那种形式中，观察事实被大量收集并给予足够的关注，这已经是一个伟大的事件了。我们不该指望观察数据可以通过严格的检验，或者他的个人观察应当与以别的方式得到的信息严格区分开——因为后者具有批判性价值。我们发现许多荒谬的判断可能是亚里士多德从一些可信的著述中转引的，他自己并未怀疑这些知识，因为他关于自然知识的态度并未使他产生任何怀疑的理由。当我们惊异于希腊人时常鲁莽地将某些假说和理论建立在一些显而易见的错误事实上时，我们不禁想到他们对那些帮助我们获得精确观察的方法和工具是多么无知，而工具的缺乏对实施有效实验的阻碍是多么巨大。怎样在没有钟表的情况下确定时间，在没有温度计时比较不同温度，在没有望远镜时观察天空，在没有气压计时测量天气——这些类似的任务就是希腊的自然哲学家们的工作。当时没有测量的精确性依据，因此对现象的分类是一个困难，但对自然规律的发现以及通过经验对各种假设的修正却急剧地增长着，这不禁使我们设想科学研究就是从这种"前科学"的幻想中以躁动的方式逐步地产生出来的。然而，亚里士多德收集了大量的数据，他试图准确地解释他所知的事实，倘若我们用与他那个时代的知识水平和机会相符的标准来评价他的话，他为这个世界所做的工作是相当令人尊敬的。

无论是研究亚里士多德的《论题篇》的细节，还是考查他对诡辩谬

264

265

误的反驳，都超出了我们现在的范围。我们从中得不到关于他的科学原则的更多观点，只能得到在所谓严格科学范围之外的对它们的运用。[1] 然而，在这里，我们需要讨论他对定义的研究，这些研究部分在《后分析篇》中，部分在《论题篇》中。[2] 因为概念是一切科学研究的起点，因此我们可以说，反过来，对于概念完备的理解——这便是定义——是科学研究的目的。知识恰恰是对事物基础的洞悉，这些内容通过概念被概括出来。"是什么"与"为什么"是相同的。一旦我们把握了事物的原因，我们也就把握了事物的概念。[3] 至此，定义的问题与证明的问题相同。我们试图在它们二者中发现那些能使我们认识事物是什么的方法。[4] 然而，亚里士多德认为定义与证明并非完全等同。首先，并非所有能够被证明的东西都能够被定义；例如否定，个体和谓述属性的命题都能被证明，但定义总是普遍的和肯定的，并且它不是关于属性的而是关于实体之本质的。[5] 相反，并非所有能被定义的东西都能被证明，以下事实直接说明了这一点：证明必须从不可证明的定义开始。[6] 一般来说，一个定义的内容在三段论中的确是不可证明的：因为证明预设了对象之本质的知识，而这正是定义所寻求的。证明表达了属性像谓词那样属于一个主体；而定义并不涉及个体的属性，而是涉及本质。证明寻求的是"那个"，[7] 而定义寻求的是"什么"；[8] 为了确定某物"是什么"，我们必须首先确认这个物体。[9] 然而，我们在这里必须做出一个区分。事

266

1　Brandis, pp.288–345 对于两者都有一个概括。

2　除了亚里士多德论逻辑的一般著作之外，参见 Kuehn, *De notionis definitone*, etc.，以及 Rassow, *Arist.de notionis definition*；Heyder, *Vergl.d.arist.u.hegel.Dialektik*, p.247 sqq. 以及 Kampe, *Erkenntnissth, d, Arist*.195 sqq.。

3　参见上文第 119 页注释 4，第 125 页注释 2。

4　参见上文第 125 页注释 2。

5　《后分析篇》ii.3.

6　*Ibid*.90b18 sqq.（参见上文 p.246 以下）。另一个类似的原因在那里给出了。

7　ὅτι ἢ ἔστι τόδε κατὰ τοῦδε ἢ οὐκ ἔστιν.（存在这样一个或者不存在这样一个）。

8　《后分析篇》*ibid*.90b28 sqq.; cf.c.7,92b12.

9　*Ibid*.c.7,92b4.

实上，一个定义并不能从单个三段论证明中得出。我们不能把在定义中被断言的东西作为大前提的谓词，以便在结论中又把它归附于被定义的对象；因为，在这个过程中，如果我们处理的不只是这个或那个属性，而是对象的整个概念，那么大前提和小前提都必须是相似的定义——即一个是中项的定义，另一个是小项的定义。但一个恰当的定义除了这个被定义的对象外不适用于其他任何对象。[1] 所以，在任何一个定义中，主词和谓词的内涵和外延都是相同的，以至于表达定义的全称肯定命题总是可以换位。因此，从这个过程来看，我们只能用一物证明与它相同的一物，[2] 我们得到的不是一个真正的定义，只是一个语词上的解释。[3]

柏拉图用分类的方式来获得定义并非是更好的办法，因为如何划分已经预设了一个概念。[4] 同样的反驳也适用于先假设一个定义然后再用对个体的指称来证明其有效性的方法，[5] 因为我们如何能确定假设的前提真正表达了这个对象的概念，而非仅仅表达了某些个别的特征？[6] 最后，如果我们试图在归纳过程中引入定义，那么我们会遇到下述困难：归纳绝不会告诉我们对象是"什么"，而总是"这个"对象。[7] 然而，尽管定义既不能通过证明获得，也不能从归纳获得，因为它们是分开使用的，但亚里士多德认为通过这两者的结合我们可能得到定义。当我们最先拥有的那些经验告诉我们这个对象有某些特征，然后我们开始寻找

267

268

1　参见上文 p.216 以下。

2　参见《后分析篇》ii.4. 亚里士多德使用了这个例子：灵魂的定义是"一个自我运动的数"。如果我们想用三段论得到这个定义——即任何自身是生命之原因的东西是一个自我运动的数；灵魂自身是生命的原因，那么这是不充分的。因为，以这样的方式，我们只能证明灵魂是一个自我运动的数，但它的整个本质，即它的概念并不包含在这个定义中。为了阐释这一点，我们应当这样来论述：作为生命之原因的概念中包含了自我运动的数，灵魂的概念中包含了它是生命的原因。

3　《后分析篇》ii.c.7,92b5,26 sqq.; cf.c.10 *init*.i.1,71a11;《论题篇》i.5 *init*.;《形而上学》vii.4,1030a14。

4　参见第 166 页注释 7。

5　那个时代的一位哲学家也有同样的观点，但我们不知道他的名字。

6　《后分析篇》ii.c.6，另外参见 Waitz。

7　*Loc.cit*.c.7,92a37：归纳显示出普遍者属于这一类，即证明它在所有特殊的例子中都相同；但这等于证明"它存在或不存在"，而不是"它是什么"。

它们的原因或把它们连接到那个对象的概念上，这时我们就是正在通过证明建立这个对象的本质；[1]倘若我们继续这个过程，直到这个对象在其所有方面都得到定义，[2]那么我们最终会获得它的概念。因此，尽管三段论证明对于构成一个完备的定义是不充分的，但它可以帮助我们寻找到它，[3]在这个意义上，定义是对本质的另一种形式的证明。[4]这个过程适用于任何对象，除了那些原因在自身之中的、不依赖于其他存在者的存在者；这些存在者的概念只能被设想为具有直接的确定性，或者只能用归纳来阐明。[5]

269

通过对定义的本质和条件的研究，我们获得了一些重要的规律和方法，它们在实践中得到运用。因为一个对象的本质[6]只有通过对其原因的指明在属的层次上被定义，所以定义必然包含那些独特的性质——它们实际上构成了这个对象之所是。根据亚里士多德的原则，通过那些优先的和更可知的东西，我们获得定义；这些原则本身并非在我们的知识中是优先的，而是就其自身而言是优先的和更可知的。只有那些没能力理解后者的人才被允许偏爱前者；然而，在这种情况下，他们不能真正阐释对象的本质。[7]这条原则的确是从下述公理来的：即定义由属和种差构成，因为属比它的内容优先，也更确定，而种差比它所标示的种优先。[8]相反地，我们得到同样的结果：倘若定义是决定一个对象之本质

270

1　*Ibid.*c.8,93a14 sqq.

2　在这里有必须填补亚里士多德在这个论证中表达的过于简略的暗示，此论证参见第 150 页注释 2，摘自《后分析篇》ii.13。

3　《后分析篇》ii.8 *fin.*。

4　*Ibid.*c.10,94a11。我们在上面已经给出了更充分的解释。后面一种定义是不充分的。亚里士多德在《论灵魂》ii.2 中对此做出了解释，参见上文第 141 页注释 2。

5　《后分析篇》ii.c.9。参见上一条注释以及《后分析篇》*ibid.*94a9。《形而上学》ix.6,1048a35，以及上文 p.253。《论灵魂》i.1,402b16 描述的过程也属于归纳。当一个定义能够解释一个对象的所有本质属性（即就自身而言的性质；参见第 149 页注释 4）时，它才是正确的。关于直接知识，参见 p.246，p.197 以下。

6　当然，除了刚刚提到的 ἄμεσα（直接知识）这个例子，即它的原因就是它自身。

7　《论题篇》vi.4；参见第 144 页注释 2。

8　*Loc.cit.*141b28; 参见第 150 页注释 1 以及第 150 页注释 2。

的诸多特征的集合，那么它就必然包含属和种差——因为它们是那些原因的科学表达，而原因的联合就产生了对象。[1] 然而，这些原因在一个优劣的等级秩序中彼此相关。属被第一个种差的标记限定；由此产生的种又被第二个种差标记限定，如此持续划分。因此，这些分离的属性在定义中遵循一个怎样的顺序并非是无关紧要的。[2] 事实上，一个定义不仅包含了对本质特征的列举，[3] 更包含了列举的完备性[4]以及恰当的顺序。[5] 意识到这一点后，我们发现，从普遍到特殊的下降过程中，持续划分的实践是最有效的方法，而与此相应，渐进的对一个概念的建构与从下往上获得普遍概念的过程是一样的。[6] 因此，尽管亚里士多德不认为柏拉图的方法是令人满意的获得定义的过程，但还是承认了这种方法并发展了它，使之成为发现定义的工具。[7]

271

　　假设我们用这种方法定义和研究关于概念的整个知识领域，那么我们应当获得柏拉图寻求的那个理念系统，[8]这个系统使我们不间断地从最

1　这是从上文第173页注释2和注释3中引用的段落中推出的，对比第150页注释1和第168页注释7。因为这种联系，亚里士多德在《论题篇》vi.5 sq. 关于 $\pi\rho\acute{o}\tau\epsilon\rho\alpha$ $\kappa\alpha\grave{\iota}$ $\gamma\nu\omega\rho\iota\mu\acute{\omega}\tau\epsilon\rho\alpha$（优先的和更可知的）知识的评论后，立即给出了如何确定一个定义的正确性——即定义是加属加种差。

2　《后分析篇》ii.13,96b30; Cf.97a23 sqq.。

3　$\tau\grave{\alpha}$ $\grave{\epsilon}\nu$ $\tau\tilde{\omega}$ $\tau\acute{\iota}$ $\grave{\epsilon}\sigma\tau\iota$ $\kappa\alpha\tau\eta\gamma o\rho o\acute{\upsilon}\mu\epsilon\nu\alpha$, $\alpha\acute{\iota}$ $\tau o\tilde{\upsilon}$ $\gamma\acute{\epsilon}\nu o\upsilon\varsigma$ $\delta\iota\alpha\phi o\rho\alpha\acute{\iota}$. （关于"是什么"的谓述，属之下的差别）显然，只有这样的东西能够在定义中出现；参见 p.217 以下。《后分析篇》ii.13,96b1 sqq., i.23,84a13., 《论题篇》vi.6；另外的段落，参见 Waitz on *Categ.*2, a,20。

4　我们在 p.246 指出，中间项的数目必须是有限的。另外，参见《后分析篇》ii.12,95b13 sqq.。

5　《后分析篇》ii.13,97a23。

6　亚里士多德没有区分这两者，并将它们都包括在"划分"这一概念中，并在《后分析篇》ii.13,96b15–97,96b25；《论题篇》vi.5,6；《论动物的部分》i.2,3 中给出了关于划分的全部原则。与柏拉图一样（参见 Zeller, *Ph.d.Gr.* i.p.524 sq.），他也认为最重要的地方在于划分应当是持续的，不应当遗漏任何中间项，并且应当将这个对象彻底划分；最后（柏拉图很少注意到这一点），划分不应当依据偶然的或次要的差别，而要依据本质上的差别。参见前一条注释。

7　另外两个原则出现在《论题篇》的第六卷中，在那里，亚里士多德用很长的篇幅列举了定义中出现的错误；我们在这里省略这些讨论。

8　参见 Zeller, *Ph.d.Gr.* p.525, p.588。

高的属下降到所有中间成员直到最低级的种上。因为科学演绎必须包含对原因的确定，而每种差别在向上的方向中蕴含了一个新的原因，每个新引入的原因又产生出一个对应的种差，所以我们的逻辑结构必须与原因的秩序和关联方式严格对应。柏拉图从未展示过如何从一个统一体中推演出一切知识，尽管他一开始就认为这是科学的终结和目标。亚里士多德认为这是一个不可能完成的证明。因为最高的属既不可能从更高的原则中推演出来，也不可能从一门科学的特殊假设中推演出来。[1] 最高的属之间的关联不是本性上完整的共同体，而是通过一种类比，[2] 不同

272

273

---

1 《后分析篇》i.32,88a31 sqq.，；参见上文 p.246 以下。亚里士多德说（《形而上学》xii.4,1070b1）：范畴既不能从彼此之中推演出来，也不能从一个更高的共同属中推演出来；参见 v.28,1024b9（关于形式和质料也有同样的论述）；xi.9,1065b8；《物理学》iii.1,200b34；《论灵魂》i.5,410a13；《尼各马可伦理学》i.4,1096a19,23 sqq.；参见 Trendelenburg, *Hist.Beitr.*i.149 sq.。人们倾向于认为最高的概念，例如，"存在"和"一"并不是属；参见《形而上学》iii.3,998b22; viii.6,1045b5; x.2,1053b21; xi.1,1059b27 sq.; xii.4,1070b7；《尼各马可伦理学》*ibid.*；《后分析篇》ii.7,92b14；《论题篇》iv.1,121a16, c.6,127a26 sqq.，参见 Trendelenburg, *loc.cit.*67; Bonitz and Schwegler *on Metaph.*iii.3（更多讨论，参见下文 p.276）。因此，"所有东西都包含在一个最高的单一的属中"这个所谓的亚里士多德式的学说其实并不是亚里士多德的——Struempell 持有这个观点，参见 *Gesch.d.theor.Phil.d.Gr.*p.193。

2 亚里士多德在《形而上学》v.6,1016b31 中区分了四种统一体（稍微不同的是在《形而上学》第十卷第一章中划分的四种，在那里没有出现类比的统一体）：数目上的一、种上的一、属上的一和类比上的一。前面一种统一体也是后面一种统一体，例如在数目上为一的统一体也是在种上为一的统一体；然而，反过来，这个关系是不成立的。因此，类比的统一体甚至能出现在那些不是同一个属的事物上（参见《论动物的部分》i.5,645b26）。它出现在所有与他者发生关系的事物之中，类比包含某种相等关系，因此它至少有四个组成成员（《尼各马可伦理学》v.6,1131a31）。它的公式是：正如这一个之于这另一个，那一个之于那另一个（《形而上学》ix.6,1048b7；参见《诗学》21,1457b16）。类比的统一不仅有量上的相等关系，例如代数和几何（《尼各马可伦理学》v.7,1131b12,1132a1），而且也有质上的相等关系，例如"相似性"（《论生成与消灭》ii.6,333a26 sqq.），或者行为和功能上的相等关系（参见《论动物的部分》i.5,645b9：就类比而言，它们有相同的能力；*ibid.*i.4,644b11; ii.6,652a3)；实际上，在所有范畴中都有类比的统一（《形而上学》xiv.6,1093b18）。除了这些段落，其他例子参见《论动物的部分》，《前分析篇》i.46,51b22，以及《修辞学》iii.6 *fin.*。凡是不能从其他原则中演绎出来的东西（即最高的原则）必须用类比来解释，例如，质料概念和形式概念，参见《形而上学》ix.6（参见第 182 页注释5)；xii.4,1070b16 sqq.，以及《物理学》i.7,191a7。Trendelenburg 在他的 *Hist.Beitr.*i.151 sqq. 中指出类比对于亚里士多德的自然历史的研究尤其重要；参见下文，以及

的科学不能构成统一体的原因在于每一类现实存在者都拥有只属于它自身的特殊知识。[1] 如果我们在众多科学中找到一门关于第一原则的科学——即"第一哲学"——那么我们一定不能认为它的主题是从任何一个存在者的原则中发展来的。相反，在进行任何进一步的研究之前，我们必须研究关于世界中现实存在者的一般观点，换言之，我们必须列举概念中最高的属。

这就是范畴学说所考察的东西，在亚里士多德的哲学体系中，这一学说构成了逻辑学和形而上学之间真正的连接。

Meyer, *Arist. Thiekunde*, 334 sqq.。

1 《后分析篇》i.28 *init.*。《形而上学》iii.2,997a21.*Ibid*.iv,2,1003b19.*Ibid*.1004a3。科学与第一哲学的关系将在下文中考查。

第六章

亚里士多德形而上学导言

1. 范畴[1]

274   亚里士多德认为我们的一切思维对象属于以下十个概念中的某一个：实体、质、量、关系、位置、时间、状态、拥有，以及主动和被动。[2]

这些最高概念，即范畴[3]，不是思想的主体形式——这对于亚里士多

1　Trendelenburg, *Gesch.d.Kategorieenlehre*（*Hist.Beitr.*i.1846），pp.1–195,209–217；Bonitz 研究亚里士多德范畴的文章：*Aristotel.Stud.*vi.H.（首先在发表在 *Sitzungsbericht der Wiener Akad.*, *Hist.philol.Kl.*1853, B.x.591 sqq.）；Prantl, *Gesch.d.Log.*i.182 sqq.,90 sq.；Schuppe, *Die arist.Kategorieen.*（*Gymn.Progr.Gleiwitz*,1866）；参见布伦塔诺于 1862 年发表的文章 *Von der mannigfachen Bedeutung des Seienden nach Ar.*。

2　《范畴篇》c.2 *init.*c.4 *init.*《论题篇》i.9 *init.*。

3　亚里士多德使用不同的术语来表示"范畴"（cf.Trendelenburg, *loc.cit.*at p.6 sqq., and Bonitz, *ut supra*, at p.23 sqq., 以及 *Ind.Arist.*378, a,5 sqq.）。他称它们为 $\tau\grave{\alpha}\ \gamma\acute{\epsilon}\nu\eta$（属）（即 $\tau o\tilde{v}\ \ddot{o}\nu\tau o\varsigma$，参见《论灵魂》i.1,402a22），或 $\tau\grave{\alpha}\ \pi\rho\tilde{\omega}\tau\alpha$（最高的概念）（《形而上学》vii.9,1034b7），或 $\delta\iota\alpha\iota\rho\acute{\epsilon}\sigma\epsilon\iota\varsigma$（类别）（《论题篇》iv.1,120b36,212a6），或 $\pi\tau\acute{\omega}\sigma\epsilon\iota\varsigma$（式）（《形而上学》xiv.2,1089a26，另外参见《欧德谟伦理学》i.8,1217b29），或 $\tau\grave{\alpha}\ \kappa o\iota\nu\grave{\alpha}\ \pi\rho\tilde{\omega}\tau\alpha$（共同的最高概念）（《后分析篇》ii.13,96b20，以及《形而上学》vii.9,1034b9）；但最常见的是 $\kappa\alpha\tau\eta\gamma o\rho\acute{\iota}\alpha\iota,\ \kappa\alpha\tau\eta\gamma o\rho\acute{\eta}\mu\alpha\tau\alpha,\ \gamma\acute{\epsilon}\nu\eta$ 或 $\sigma\chi\acute{\eta}\mu\alpha\tau\alpha$ $\tau\tilde{\omega}\nu\ \kappa\alpha\tau\eta\gamma o\rho\iota\tilde{\omega}\nu$（$\tau\tilde{\eta}\varsigma\ \kappa\alpha\tau\eta\gamma o\rho\acute{\iota}\alpha\varsigma$）。Bonitz（Luthe, *Beitr.zur logik*, ii.1 sqq. 同意他的观点）对于最后这个术语的解释是正确的，即他将"$\kappa\alpha\tau\eta\gamma o\rho\acute{\iota}\alpha$"翻译为"断言"；把"$\gamma\acute{\epsilon}\nu\eta$"或"$\sigma\chi\acute{\eta}\mu\alpha\tau\alpha\ \tau\tilde{\omega}\nu\ \kappa\alpha\tau\eta\gamma o\rho\iota\tilde{\omega}\nu$"翻译为"断言的基本形式或最高的属"，即一个对象被言说的各种意义。"$\kappa\alpha\tau\eta\gamma o\rho\acute{\iota}\alpha\iota$"也表达了同样的意义，即"断言的不同方式"，或"$\kappa\alpha\tau\eta\gamma o\rho\acute{\iota}\alpha\iota\ \tau o\tilde{v}\ \ddot{o}\nu\tau o\varsigma$"的意思也一样（参见《物理学》

德的实在论来说完全是陌生的，也不仅是某些逻辑关系。它们表达的是 275
现实事物的不同形式。[1] 然而，并非所有现实事物的形式都是范畴或范
畴的部分；只有那些代表着现实事物的不同形式方面的东西才是范畴。
因此，那些能够谓述最多种类的主词的普遍概念，那些根据不同的使用 276
关系而有不同意义的概念（例如，"存在"和"一"的概念[2]），以及那

---

iii.1,200b28;《形而上学》iv.28,1024b13, ix.1,1045b28, xiv.6,1093b19,&c.）；后面这
个术语揭示了每个断言都与存在有关。"谓词"的意义在这里不是亚里士多德说的
范畴，"$\kappa\alpha\tau\eta\gamma\rho\rho\iota\alpha$"在别的地方通常表示"谓述"，但布伦塔诺（*loc.cit.*105 sq.）
和 Schuppe 认为它在这里表示谓词，因为范畴表示的是"简单词项"的多种（或组
合）意义，而谓词自身只能在命题中出现。因此，我们没有必要问这样的问题（在
这一点上 Schuppe, *loc.cit.*21 sq., 使自己陷入了麻烦）：即在什么意义上实体——它
不是谓词概念（参见下文第七章开篇）——属于某个范畴。因为任何一个概念在
断言某物时就成为一个谓词，甚至对于表达实体的概念也是这样（参见《形而上
学》vii.3,1029a23）。例如，命题"这个人是苏格拉底"，苏格拉底是谓词。从这个
逻辑功能来看，一个实体概念可以作为一个命题的谓词，但我们绝不能得出下述
观点：如果离开这种特殊关系并从这个概念自身的内容来看，它指的是某种依赖
性的东西，或者说它是某种性质或偶性。因此，Struempell（*Gesch.d.theor.Phil.
b.d.Griechen*, p.211）的看法是错误的，他说范畴讨论的是谓述的不同形式，或者
概念连接的不同方法，尽管他在有些方面正确地指出范畴只是形式方面的特征。

1　《形而上学》v.7,1017a22（参见《尼各马可伦理学》i.4,1096a23）。因此，范畴被
称为 $\kappa\alpha\tau\eta\gamma\rho\rho\iota\alpha\iota\ \tau o\tilde{\upsilon}\ \check{o}\nu\tau o\varsigma$（对存在的断言）（参见上一条注释）。它们是存在的
多种意义（《形而上学》vi.2 *init.*ix.1.1045b32；《论灵魂》i.5,410a13）；参见 *Ind.
Arist.*378, a,13 sqq.另一方面，概念的逻辑关系（例如定义、属、性质、偶性）并
未表达在个别范畴中，而是在它们中无差别地出现。在回答 $\tau\acute{\iota}\ \grave{\epsilon}\sigma\tau\iota$（是什么）这个
问题时，根据不同的情况，答案可以是实体、量等，参见《论题篇》第一卷第9章。
范畴很少考虑真命题和假命题这对相对者，因为真假命题涉及的不是事物的本质，
而是我们与事物的关系（《形而上学》vi.4,1027b29）。然而，亚里士多德有时也对
范畴做某种本体论上的运用，例如，他从范畴中推出不同种类的变化，一个是关于
实体的变化，另一个是关于质的变化，第三个是关于量的变化，第四个是关于位置
的变化；参见下一条注释。

2　根据《形而上学》（iii.3,998b22 sqq.; x.2,1053b16 sqq.; viii.16,1045b6，参见第
184 页注释1）的论述，这两个概念不是 $\gamma\acute{\epsilon}\nu\eta$（属），但它们可以谓述所有可能的
东西。亚里士多德在《形而上学》第三卷第三章中证明了它们不是属，他指出"一
个属不能被在它之下的种差谓述，但是存在和一能够谓述所有附加在存在者或实体
上的东西"。这两个概念都有多种意义。《形而上学》第五卷第七章给出了存在的四
种意义，而第九卷第十章（cf.xiv.2,1089a26 在这里"就偶性而言的存在"被省略
了）给出了三种意义，其中一种存在的意义是范畴，每个范畴对应于一类存在，因
此存在自身不是任何一个范畴。同样的论证也适用于"一"（即"没有什么东西的

187

些确定的、表述一个对象的具体情况及其物理的或伦理的性质的概念，[1]
277　他都不认为它们是范畴。类似的，他也不认为那些一般的形而上学概念
是范畴——即用来解释具体性质和过程的概念，例如"现实性"和"可
278　能性"概念，"形式"和"质料"概念，以及四种原因的概念。[2]"范畴"
的目的不是描述事物现实的性质，也不是展示达到这个目的所需的一般

本质是一自身"）。它同样出现在所有的范畴中，但它在所谓述的对象之概念中没有
新增加什么；因此，亚里士多德总结说"它自身指示了它如何是一和如何是存在者"
（《形而上学》x.2,1054a9 sqq.），以及"一和存在是相同的，它们相互推导，只是解
释它们的公式并不相同"（《形而上学》iv.2,1003,b,22），即"一"和"存在"的外
延是相同的（xi.3,1061a15 sq., cf.vii.5,1030b10, c.16,1040b16）。关于"一"的论述，
参见《形而上学》x.1 sqq.（在这里，"度量的统一"被特别地讨论过），以及上文
第184页注释2中的引用；另外，参见 Hertling, *De Arist.notione unius*, Berl.1864。
关于"存在"，参见布伦塔诺，*Von der mannigfachen Dedeutung des Seienden*（《论存
在的多种意义》）。

1　因为这个原因，像运动（或变化）这样的概念不被认为是范畴，而是一个物理
概念；亚里士多德认为这个概念通过不同的范畴获得了更多的确定性，例如实体
变化、质的变化、量的变化和位置变化（《物理学》v.1 *fin.*, c.2 *init.*, *ibid.*226a23,
iii.1,200b32;《论生成与消灭》i.4,319b31;《论天》iv,3,310a23;《形而上学》
xii.2,1069b9；更多引用参见下文）。从变化自身看，亚里士多德允许将其归入主动
和被动的范畴中去（《论题篇》iv.1.120b26;《物理学》v.2,225b23, iii,1,201a23;《论
灵魂》iii.2.426a2; Trendelenburg, *Hist.Beitr.*i.135 sqq.），在这个意义上，亚里士多
德甚至在《形而上学》viii.4,1029b22 中指出，非实体范畴如何可能有一个基体，而
基体本身并不是一个范畴。如果我们接受晚期漫步学派的观点，那么它更加不是一
个范畴了（这并不是《形而上学》v.13,1020a26 的观点，参见 Simpl.*Categ*.78, δ,29
Bas），而是属于量的范畴，或者（Simpl.*ibid*.35, δ,38）属于关系的范畴。当欧德
谟斯（《欧德谟伦理学》1217b26）说变化（取代了主动和被动）是一个范畴时，他
并未采用亚里士多德的观点。漫步学派的其他学者，例如塞奥弗拉斯特明确地说
"变化存在于几个范畴之中"（Simpl.*ibid*.35, δ,38; *Phys*.94, a），类似的，"善"也
存在于几个范畴之中（《尼各马可伦理学》i.4,1096a19,23）。

2　这些概念没有一个是范畴，或者属于某个范畴。相反，当亚里士多德考虑"存在"
的多种意义时，他提到了 δυνάμει καὶ ἐντελεχεία（可能性和现实性）的区分，真和
假的区分，这些都是范畴的划分之外的意义（参见《形而上学》v.7,1017a7,22,31,35,
vi.2 *init.*, ix.10 *init.*, c.1,1045b32, xiv.2,1089a26 ;《论灵魂》i,1,402a22, cf.Trendelenburg,
Gesch.der Categorieenlehre, *ut supra*, p.157 sqq.; Bonitz, *ut supra*, p.19 sq.），但是
它们无差别地出现在任何一个范畴中（《物理学》iii.1,200b26;《形而上学》ix.10
init.）。亚里士多德并未告诉我们它们为何不能算作范畴；但原因似乎已经给出，即
这些理念不像范畴那样——例如，实体、性质——只与事物的形式特征和形式差别
有关，而是指示了现实事物的真实关系。

概念。它们被限制于用来指示在任何这样的描述中出现的不同方面。亚里士多德的目的并不是要给我们真实的概念，而是涵盖所有真实概念的结构，无论它们属于这个结构的一部分，还是延伸到好几个部分。[1] 亚里士多德相信这个结构是完善的，[2] 但他从未告诉我们他是如何得到这些范畴，而不是其他范畴的；[3] 并且这里没有范畴之间演化的任何确定原

279

280

1　参见 Brandis, ii.b,394 sqq.。另一方面 Trendelenburg, *ibid*.162 sqq. 解释说："范畴中没有'可能性和现实性'是因为范畴是'分离的谓词'，而前者不是真正的谓词。"但是，相反的情况似乎才是正确的。范畴自身并不直接作为谓词，而是指示了谓词的地位；但可能性和现实性的区分依据真实的和确定的事实，即在个体事物的发展中不同情况之间的对比，以及世界整体在物质的和精神的差异。这个区分中的一个只是另一个抽象的形而上学表述。但我们并不完全同意 Bonitz 在第 18 页和第 21 页的观点，他认为"范畴不过使我们对经验数据的研究得以可能，这些概念因为超越于经验之外而无法得到任何解释"。因为"变化"这个概念与"被动"和"主动"概念一样是从经验中得到的，而"实体"概念与形式和质料，可能性和现实性一样，具有解释经验的价值。布伦塔诺的看法也是不可能的（*loc.cit.p.*82 sq.），他认为范畴是"真实的概念"，即这些概念指的是一系列经验的共同对象，例如重量、广延、思想等概念。然而，那些最常见的和普遍使用的范畴——实体、量、质、关系、主动和被动——指的仅仅是形式方面的关系，因此它们能够包含最具差异性的特征；尽管这一点对于别的范畴不是绝对的，例如位置、时间或状态，但是这种例外只能说明亚里士多德没能将他对范畴的整体规划贯彻到底。布伦塔诺自己也承认（在第 131 页）"范畴之间的区分不是一个真实的区分"。

2　Prantl（*Gesch.d.Log.*i.204 sqq.）否认了"亚里士多德认为范畴的数目是固定的"；然而，不仅从第 186 页注释 2 和第 191 页注释 3 中的列举中，而且从他的其他许多表达中，我们可以看到这个数目是固定的。因此《辩谬篇》c.22, *init.* 说我们已经拥有范畴，即《论题篇》第一卷第 9 章中列出的十个范畴，c.4,166b14 提及了什么、质、量、主动、被动、状态（这只是质的一种；参见《范畴篇》c.8,10a35 dqq.《形而上学》v.20）之后，亚里士多德用"正如我们先前在别的地方讨论过"来指示之前的论述。参见《论灵魂》i.1,402a24.*Ibid.*c.5,410a14；《前分析篇》i.37；《形而上学》xii.1.1069a20.vi.2,1026a36; vi.4,1030a18; xii.4,1070a33。类似的段落，参见《形而上学》vii.9,1034b9, xiv.2,1089a7；《物理学》iii.1.200b26，亚里士多德提及一些范畴之后，对剩下的用"其他范畴"来指示，好像这些是我们非常熟悉的，并且在《后分析篇》*i.*22,83b12,21 中，他用"范畴的数目是有限的"证明了一个论证不可能是无限延伸的。亚里士多德对范畴表的完善性从第 188 页注释 1 的论证也可得到——即只有三种类型的变化（在狭义上）：质的变化，量的变化和位置变化（《物理学》v.1 sq.），因为这条定理是用排除法得到的。亚里士多德认为"变化并不发生在实体范畴中，因此只剩下这三个范畴"。

3　即便在遗失的作品中也没有发现这样的证明；否则，古代的评论家们不可能不提及它。但是，相反的，辛普里丘（Simpl.*Schol.in Ar.*79, a,44）说："在亚里士多德

281　则，[1] 以致于我们不得不假设亚里士多德是从经验中得出它们的——即

的整个著述中，他并未阐述他是如何划分范畴或属的。"

1　Trendelenburg（参见他的论文 *De Arist.Categoriis* [Berl.1833] 以及 *Elementa Logices Aristotelicae*, p.54）是第一个试图发现范畴演化原因的学者。但是他在 *Hist. Beitr.*i.23 sqq.,194 sq. 中的反复解释并未说服我们他成功地做到了这一点。相反，由 Ritter, iii.80 和 Bonitz, *loc.cit.*35 sqq. 提出的对他的观点的反驳似乎更有说服力。Trendelenburg（在他之后还有 Biese, *Phil.d.Arist.*i.54 sq.）相信亚里士多德大约是受到语法区分的影响而得出十个范畴的结论的。他认为实体与名词对应，性质和量与形容词对应，关系与表达中的某些形式对应——例如《范畴篇》c.7 中提到的，位置和时间与表示位置和时间的副词对应，其余四种范畴在动词中有所对应，因为主动和被动可以被翻译为主动语气和被动语气之效力的一般概念，例如 $\kappa\varepsilon\tilde\iota\sigma\theta\alpha\iota$（放置）是不及物动词，而 $\check\varepsilon\chi\varepsilon\iota\nu$（拥有）表示希腊语完成时态的特殊效力。然而，首先，正如 Bonitz, p.41 sqq. 指出的，亚里士多德自己并未在任何地方说他是通过这种方法建立范畴的。相反，他并未使用 Trendelenburg 假设的理论来区分语言的不同部分，因为他并未在任何地方明确地区分出副词，他把形容词和动词放在一起，事实上，他唯一命名过的"语句的部分"是 $\check o\nu o\mu\alpha$（名词）和 $\rho\tilde\eta\mu\alpha$（动词）。因此，语法形式——他没有注意到语句的部分——不可能指引他得到不同的概念。另外，如果 Trendelenburg 的假设是正确的，这两个系列也并不像我们想象的那样相互对应。例如"量"和"质"也能由名词（例如 $\lambda\varepsilon\upsilon\kappa\acute o\tau\eta\varsigma$[白]，$\theta\varepsilon\rho\mu\acute o\tau\eta\varsigma$[热]，参见《范畴篇》c.8,9a29）或动词（$\lambda\varepsilon\lambda\varepsilon\acute\upsilon\kappa\omega\tau\alpha\iota$[变白]）来表达；"主动"和"被动"能由名词和动词（$\pi\rho\tilde\alpha\xi\iota\varsigma$[做]，$\pi\acute\alpha\theta o\varsigma$[作用]）来表达；"时间"不仅可以用副词还可以用形容词来表达（$\chi\theta\iota\zeta\acute o\varsigma$ [昨日的]，$\delta\varepsilon\upsilon\tau\varepsilon\rho\alpha\tilde\iota o\varsigma$ [明日的]）；许多名词并不指示实体（《范畴篇》c.5,4, a,14,21）；对于"关系"没有什么与之对应的语法结构。布伦塔诺（Brentano, *loc.cit.*p.148 sqq.）为亚里士多德的范畴辩护说它们并非没有任何科学依据，他提供了另一种解释。他相信在划分范畴的时候，亚里士多德最先将"实体"从"偶性"中分离出来，然后在"偶性"中将"绝对的"和"相对的"区分开，之后再将前者划分为(1)"内在性质"（质料方面是量，而形式方面是质）；(2)影响或作用（主动和被动，有时亚里士多德又加入情状）；(3) 外部条件（位置和时间，有时包含状态）。然而，问题并非是否可能将十个范畴代入某个逻辑系统（因为，任何序列都可以这样做，除非它们是随机排列的），而是亚里士多德是否是通过逻辑演绎获得它们。有两个事实反对这个假设：第一，亚里士多德在讨论范畴时从未说过它们是从逻辑演绎来的；第二，没有一个逻辑系统满足它们。即便是布伦塔诺的、大才般的设想也不能成功解释它。如果这十个范畴是这样得来的，那么它们应当按照这个对应的顺序来列举。然而，根据布伦塔诺的理论，"关系"范畴应当在最后，不过实际上它却是在中间出现的（参见第 186 页注释 1 以及第 191 页注释 3），它的常规位置（除了《物理学》v.1）是紧接"内在性质"之后。在它之后，并不是"影响或作用"（但布伦塔诺这样认为），而是"外部条件"。此外，"内在性质"和"外部条件"的区分也不是亚里士多德的。关于范畴的逻辑性质，策勒在下文 p.288 有说明——他倾向于这个解释，但是他不认为亚里士多德是通过任何事先准备好的逻辑系统的演绎得到十个范畴的。

把一些重要的观点集合起来，以便在实践中能够用它们来处理经验数据。的确，范畴中存在某些逻辑程序。我们从实体——即物——开始；接着，他处理了质：首先（在量和质中）是那些属于一个事物自身的质，然后是（在关系中）某物与另一物的关系中的质。此后，他讨论了可感实体的外部条件——即位置和时间。最后，他用表达变化和变化之产物的概念结束了这个列举名单。这不是严格的演绎；因为，根据亚里士多德的原则，对最一般的概念的演绎是不可能的。[1] 实际上，范畴的顺序不是固定的。[2] 甚至"十个"范畴也是任意的数字。亚里士多德自己也意识到这一点，他在后期的作品中忽略了"拥有"和"状态"范畴，他在这些地方显然想给出一个完备的清单。[3] 它们很有可能是毕达戈拉斯的例子，[4] 而对十进制的偏好是通过柏拉图主义者继承下来的，[5] 因此亚里士多德自然而然地想为范畴找到一个圆满的数目。然而，我们不能进一步假设他的学说与毕达戈拉斯主义的联系；[6] 也不大可能猜测他从柏拉

282

283

1　参见上文 p.246，p.272。

2　稍后我们将看到例子，另外在第 189 页注释 2 中也有例子。与此相关的最重要的东西在《范畴篇》第七章中，与一般的惯常顺序相反，甚至与第四章中的顺序相反，"关系"在"质"之前。对于这一点没有满意的解释，不过想要由此得出结论说这部作品不是真迹就太莽撞了，因为后来的作者或许不会承认一个与亚里士多德给出的顺序不同的顺序，但这个顺序在亚里士多德那里是不严格的。

3　《后分析篇》i.22,83a21.*Ibid*.b.15（在这里，与"偶性"相对的"实体"被提到了）。参见《物理学》v.1 *fin.*（参见第 189 页注释 2）。《形而上学》v.8,1017a24。

4　参见 Zeller, *Ph.d.Gr.* Pt.1,325。

5　Zeller, ibid., p.857.

6　参见 Petersen 在 *Philos.Chrysipp.Fundamenta*, p.12 中的假设。

图学派 [1] 那里借用了范畴学说。[2] 的确，几乎所有范畴都在柏拉图的著作中出现过；[3] 但是我们不能过分看中这一巧合，因为柏拉图只是偶尔使用它们，并没有试图在同一个系统中列举全部范畴。

284 　　在范畴之中，最重要的是"实体"，稍后我们将细致地讨论它。实体在最严格的意义上是个体实体。能够被划分出不同部分的东西是"量"。[4] 如果这些部分是分离的，那么"量"是一个非连续的量，是"多个量"；如果这些部分是相互依存的，那么它是一个连续的量，是"一个量"；[5] 如果这些部分有一个确定的位置（$\theta\acute{\epsilon}\sigma\iota\varsigma$），那么这个量是有广延的；如果它的部分只有一个顺序（$\tau\acute{\alpha}\xi\iota\varsigma$）而不占据位置，那么这个

1　首先，没有任何文本表明柏拉图主义者的十个范畴究竟是什么；这样一个引人瞩目的观点不可能不被他们的著述记载和传承，也不可能不通过克律西波（Chrysippus）和亚历山大时期的学者传给后期漫步学者，然后流传到现在。另外，范畴理论与亚里士多德的其他理论有非常紧密的联系，因此它不可能从其他体系中产生。例如，关于实体最基本的描述，以及它与属性的关系，是亚里士多德整个范畴分类的基础。这些显然不是柏拉图的；事实上，它是亚里士多德与他的老师之间的一个巨大分歧——柏拉图认为质的理念具有实体地位，因此"质"也是一个实体。我们设想（Überweg 在他的《《逻辑学》》中也是这样做的，参见 47 节，第 100 页）。亚里士多德在对理念论的批判和反思中建立了他的范畴学说，尤其是，他认为理念只在实体形式下代表着事物，但真实的事物有许多不同的存在方式。然而，这个解释预设了实体与属性的区分，因此这个理论并非那么重要。

2　Rose, *Arist. Libr. Ord.* 238 sqq.

3　参见 Trendelenburg, *Hist. Beitr.* i. 205 sqq.；Bonitz, *ut supra*, p. 56. Prantl, *Gesch. d. Log.* i. 73 sqq., 以及 Zeller, *Ph. d. Gr.* Pt. i. p. 589。

4　《形而上学》v. 13 *init.*。然而，$\dot{\epsilon}\nu\upsilon\pi\acute{\alpha}\rho\chi o\nu\tau\alpha$（存在）在这里是不同于概念的逻辑成分的另一个构成成分。因此，亚里士多德在《形而上学》iii. 1,995b27, c, 3 *init.* 中研究了属和存在是否是最高的原则；*ibid.* viii. 17 *fin.* $\sigma\tau o\iota\chi\epsilon\hat{\iota}\chi o\nu$（元素）被定义为 $\epsilon\grave{\iota}\varsigma$ ὃ $\delta\iota\alpha\iota\rho\epsilon\hat{\iota}\tau\alpha\iota$ $\dot{\epsilon}\nu\upsilon\pi\acute{\alpha}\rho\chi o\nu$ ὡς ὕλην（能被分割的作为质料的存在）。类似的文本，参见 viii. 2,1043a19；《论动物的生成》i. 21,729b3. *Ibid.* c. 18,724a24.《范畴篇》c. 2,1a24, c, 5,3a32, &c. (*Ind. Arist.* 257, a, 39 sqq.)。因此，"量"是由不同部分组成的，像一个物体，而不是像一个概念那样由逻辑成分构成。但是，既然数字和时间也是量，我们就不能认为这些"部分"仅仅是物质部分；在《形而上学》v. 13 中，"个体"不应当被理解为个体实体，而在一个宽泛的意义上，它指的是任何在数目上可区分的东西（即"数目上的一"）。

5　《形而上学》v. 13（这里提到了"就自身而言的量"和"就偶性而言的量"）。参见《范畴篇》6 *init.*。Trendelenburg, *ibid.* p. 82 讨论了非连续的和连续的量，他引用了《范畴篇》6，《物理学》v. 3,227, a, 10 sqq. 以及《形而上学》的内容。

量是没有广延的。[1] 不可分的东西，或者划分量的标准，是量的度量单位。这是量的独特标志，即它是可测量的并且有一个度量单位。[2] 正如"量"属于一个可分的实在的整体，"质"表达了概念整体得以区分的差异；因为，在"质"这个词的严格意义上，[3] 亚里士多德指的是区分标记，或者说在某个普遍者中划分个别事物的标准。质主要有两个类型，一个表达的是本质差异，另一个表达的是变化或活动。[4] 亚里士多德在别的地方指出了最重要的四种类型的质；[5] 但它们可以被归于前两种类型。[6] 亚里士多德认为"同与异"这对相对者是"质"的特殊标记。[7] 但他

285

286

1　《范畴篇》c.6 *init.*, *ibid.*5, a,15 sqq.。亚里士多德在这里并没有描述有广延的量与无广延的量对立，而仅仅用例子表达了这一对立（前者例如线段、表面和物体，后者例如时间、数字和词语）。

2　《形而上学》x.1,1052b15 sqq. ；《范畴篇》c.6,4b32。这一点从以上对"量"的定义可以得出：那些能够被分割成部分的东西也是由部分构成的并且能够被它的部分测量。此外，"量"的另一个特征是（《范畴篇》c.6,5b11 sqq.）：没有什么与之相对，它就是它自身，既不多也不少，此外，"相等"和"不等"这对概念只属于它。

3　属概念（第二实体）有时也被称为"质"，或者更准确说"实体性质"（《范畴篇》c.5,3b13；参见《形而上学》vii.1,1039a1）；有时"偶性"也被归为这一类（《后分析篇》i.22,83a36）。

4　《范畴篇》c.8 对 ποιότης（质）这个概念没有解释，除了一些语言和例子的描述。然而，在《形而上学》v.14,1020b13 中有对它的不同意义的列举。第一类中包含了数在质的方面的不同；第二类包含了善与恶。关于 διαφορά（种差）参见第 150 页注释 1。因此，"质"代表了形式的一个特征，因为对于"种差"来说就是如此。参见《形而上学》viii.2,1043a19。

5　参见《范畴篇》c.8。这四种类型的"质"（除了这个分类，我们在 10a25 中还发现了其他情况）如下：(1) ἕξις 和 διάθεσις，前者表示一个持续的状态，而后者有时表示任何状态，有时表示一个暂时的状态（参见《形而上学》v.19,20; 以及 Bonitz and Schwegler 在此处的评论；Trendelenburg, *Hist.Beitr.*i.95 sqq.Waitz, *Arist.Org.*i.303 sqq.）。ἕξις 的例子是 ἐπιστῆμαι（知识）和 ἀρεταί（美德）；而 διάθεσις 的例子是健康和疾病。(2) 自然的能力或无能（但是这一类与 ἕξις 和 διάθεσις 不能完全区分开；参见 Trendelenburg, *ibid.*98 sqq. 我们稍后将仔细讨论"能力"）。(3) 被动的性质，也称为 πάθος，即能够承受变化的性质（《形而上学》v.21），由于持续时间的不同，它与 πάθη（后者属于"被动"范畴）相区分。然而，亚里士多德认为它们不仅是由 πάθος 产生的性质（例如白色或黑色），而且还是那些在我们的感官中产生性质或变化的东西；参见《论灵魂》ii.5 *init.*。(4) σχῆμα καὶ μορφή（形状）。

6　因为前两种和第三种的一部分属于"活动"和"变化"；其余的属于"本质属性"。

7　《范畴篇》c.8,11a15；另一方面（*ibid.*10b12,26），并非所有的量都有"相对者"和"更好或更坏"（即程度的不同）。关于"相似性"概念，参见《论题篇》i.17；《形而上

发现想要把质这一范畴与其他范畴区分开有不少困难。[1] 关系范畴[2] 表

287 示的是在与某物的特定关系中包含的特殊本质；[3] 在这个意义上，关系
是"具有最少实在性"的范畴。[4] 亚里士多德区分了三种类型的关系，[5]
它们又被划归为两种。[6] 然而，他的论述在这一方面并不融贯，[7] 他也没
能发现任何确定这个范畴的标记，[8] 或者避免将它与其他范畴相混淆的方

《学》v.9,1018a15，x.3,1054a3，以及第 194 页注释 5。

1 因为，一方面，"稀疏和稠密""粗糙和平滑"这些概念不属于"质"的范畴，而
是物质部分的状态（即"状态"范畴），但是（Trendelengurg 正确地指出了这一点，
参见 *Hist.Beitr.*i.101 sq.），它们也适用于那些属于质的范畴的东西；另一方面，对
范畴不可能有一个恒定的定义，我们从下述事实可以看出：即一个属概念（例如，
知识）可能属于"关系"范畴，倘若它对应的种概念（例如，语法）属于"质"范
畴（《形而上学》c.8,11a20；《论题篇》iv.124b18；在《形而上学》v.15,1021b3 中，
"医术"是"关系"范畴，而它的属概念——知识也是关系）。

2 在《范畴篇》第七章中，"关系"范畴在"质"范畴（参见上文）之前，这个顺序
与它们的自然关系是相反的，这一点不仅从所有列举的序列中看到，而且在《形而
上学》xiv.1,1088a 22 的解释中也可以看到；此外，间接地（《范畴篇》c.7）从"质
的相等"和"量的相等"属于"关系"（6b21）这个事实也可知；参见《论题篇》i.17；
Trendelenburg, ibid.p.117。

3 《范畴篇》c.7,8a31；先前的口头解释在这里（在这一章的开始）被明确认为是不
充分的。参见《论题篇》vi.4,142a26，c.8,146b3。

4 《形而上学》*ut supra.*；b2。《尼各马可伦理学》i.4,1096a21。

5 《形而上学》v.15："关系"的类型有以下几种：(1) $\kappa\alpha\theta'\ \dot\alpha\rho\iota\theta\mu\acute{o}\nu\ \kappa\alpha\grave{\iota}\ \dot\alpha\rho\iota\theta\mu o\widetilde{\upsilon}$
$\pi\acute{\alpha}\theta\eta$（数量上的性质）；这一类包括"质的相等"、"量的相等"和"自身相等"，只
要它们与某个"一"相关：相等是指属于同一个实体，质的相等是指属于同一个
质，量的相等是指属于同一个量（后者也出现在《论生成与消灭》ii.6,333a29 中）；
(2) $\kappa\alpha\tau\grave{\alpha}\ \delta\acute{\upsilon}\nu\alpha\mu\iota\nu\ \pi o\iota\eta\tau\iota\kappa\grave{\eta}\nu\ \kappa\alpha\grave{\iota}\ \pi\alpha\theta\eta\tau\iota\kappa\acute{\eta}\nu$（主动的能力与被动的能力），例如，
"能加热"与"被加热"；(3) 像 $\mu\varepsilon\tau\rho\eta\tau\acute{o}\nu$（可测量的），$\dot\varepsilon\pi\iota\sigma\tau\eta\tau\acute{o}\nu$（可知的）和
$\delta\iota\alpha\nu o\eta\tau\acute{o}\nu$（可思的）这些表达中的关系。前两种类型在《物理学》iii.1,200b28 中
也出现过。

6 《形而上学》*ibid.*1021a26：前两种情况中列举的"关系"被称为"它是什么是就
他者而言的"（两倍是两倍乘积的一半，被加热的东西是被能发热的东西加热的）。
第三种是"他者是什么是就它而言的"（能够被测量或被思考的东西有着独立的本质，
因为只有当某物测量它或思考它时，它才进入可测量或可思考的关系中）。类似的
还有《形而上学》x.6,1056b34,1057a7。

7 另一种分类方式出现在《论题篇》vi.4,125, a,33 sqq.。

8 《范畴篇》c.7 中提到的各种"关系"范畴的例子只是这个类型中的一部分：例如，
"相对者"（6b15，参见《形而上学》x.6,1056b35, c.7,1057a37 以及 Trendelenburg.123
sqq.），"更好或更坏"，相对者的特征是同时存在的（《范畴篇》715），而这一点并不

法。[1] 其余范畴在《范畴篇》中只得到了简单的讨论——无论亚里士多德在什么地方提到它们，我们在这里不能给出更多的论述了。[2]

范畴理论最重要的意义在于，它告诉我们如何区分概念的不同意义，以及现实事物的不同对应关系。因此，首先，每一事物的实体或原初的、不变的本质与其他衍生的东西被区别开来。[3] 在衍生的事物中又区分出质、活动以及外部条件。在"质"中，有一类属于事物自身，它们有时表达的是一个量上的特征，有时表达的是一个质上的特征——即它们要么与基体（substratum）有关，要么与形式有关；[4] 另一类"质" 属于一个事物与另一个事物的关系——即，它们是相对的。[5] 就活动而言，最广泛的相对者是"主动与被动"；另一方面，我们已经指出，[6] "拥

被第二类型的"关系"所具有（例如"可知的"，参见第 194 页注释 1）。然而，"关系"的一个普遍特征是：任何关系项都有一个相对者（《范畴篇》6b27 sqq.），这与之前的陈述（c.7 *init*）和稍后重复的陈述（8, a,33）都符合，即某物是什么是相对于他者而言的或者它以某种方式与他者相关，后面的陈述不太准确。个体实体（即第一实体）不可能是关系项；但是属概念却可能如此（即第二实体）。《范畴篇》8a13 sqq.。

1　因此，在《范畴篇》c.7,6b2 中，ἕξις（状态）、διάθεσις（情态）、αἴσθησις（感知）、ἐπιστήμη（知识）和 θέσις（位置）被认为属于"关系"范畴，然而，前四个属于"质"的范畴，后一个属于"位置"范畴；根据《形而上学》v.15,1020b28,1021a21 的描述，"主动"和"被动"是"关系"范畴；整体中的部分（例如船舵或头部）也属于"关系"范畴（《范畴篇》c.7,6b36 sqq., cf.,8a24 sqq.）。另外，质料也是"关系"（《物理学》ii.2,194b8）；那么，为什么形式不能是"关系"呢？

2　在《范畴篇》的真实手稿突然终止的地方（即第九章，参见上文第 45 页注释 2 的后半部分），亚里士多德说"主动"与"被动"范畴是允许有相对者和程度区分的。对于别的范畴，除了之前的援引，没有更多的说明。《论生成与消灭》i.7 更详细地讨论了施动与受动，但这段文本是在这些词的物理意义上讨论的，我们稍后处理。《形而上学》v.15 以及《范畴篇》c.15（即"后范畴篇"）分析了 ἕξις（状态）的词源。

3　参见第 196 页注释 2。

4　正如 Trendelenburg, p.103 指出的，"质"与形式有关，而"量"与质料有关；参见第 284 页注释 4 和第 193 页注释 2，第 193 页注释 4 以及第 152 页注释 2。因此，亚里士多德认为相似性是质上的相等（参见第 194 页注释 1，第 194 页注释 6），在其他地方，它被认为是由形式的相等来定义的（《形而上学》x.3,1054b3），在《形而上学》iv.5,1010a23 sqq. 中 ποσὸν 与 ποιόν（量与质）被替换为 ποσὸν 与 εἶδος（量与形式），在《形而上学》xi.6,1063a27 中"质"被认为是 φύσις ὡρισμένη（部分木性），而量（像质料一样）是不确定的。

5　所有关系概念指的对象都是有条件的；实体不是"关系"；参见上文。

6　参见上文 p.282。

有"与"状态"这两个范畴在序列中是不确定的，亚里士多德后来默默地去掉了它们。最后，就外部条件而言，它们要么是就空间而言的，要么是就时间而言的，即"位置"和"时间"范畴。然而，严格说来，这两个范畴应该归于关系范畴之下；或许正是这种亲缘关系使亚里士多德将它们排在紧接关系范畴之后。[1] 然而，所有范畴都回溯到实体范畴——这是它们的基础。[2] 因此，任何关于实体或存在自身的研究必须从对现实存在者的研究开始。

290

2. 第一哲学是有关存在的科学

因为一般科学之任务是研究事物的基础，[3] 所以最高科学一定是研究事物最终的和最普遍的基础。它给予我们最全面的知识，其他知识因这个最普遍的知识而得以理解。这些知识是最难获得的，因为最普遍的知识离我们的感觉经验最远。这些知识是最确定的，因为它的对象是单纯的概念和原则。这些知识是最有价值的，因为它揭示了最终的基础，而一切研究不过是对事物之基础的展示。这些知识是最终的目的，它涉及知识的最高对象。它是掌控其他知识的知识，因为它是其他知识为之服务的目的。[4] 然而，任何揭示事物最终基础的知识必定包含了一切现实

291

1　从第 191 页注释 2 看来，这并不是没有例外。

2　《后分析篇》i.22,83b11（关于 συμβεβηκὸς [偶性] 的意义，参见 p.275）。类似的文本，参见 1.19, *ibid*.a,25, c.4,73b5。《物理学》i.1,185a31（但是"就基体而言的东西"在某种意义上是"偶性"；参见《后分析篇》i.4,73b8；《形而上学》v.30 *fin*.）；c.7,190a34；iii.4,203b32。《形而上学》vii.1.1028a13, *ibid*.1.32（参见全章）；c.4,1029b23, c.13,1038b27, ix.1 *init*.xi.1,1059a29, xiv.1,1088b4.；《论生成与消灭》i.3,317b8。因此，在所有列举的序列中，实体都总是第一个。另外，参见下文第七章开篇。

3　参见上文 p.163 以下。对于这一点我们还可以引用《形而上学》i.1,981b30，这里描述了关于智慧的流行观点。亚里士多德说："有经验的人比有感知的人有智慧，有技艺的人比有经验的人有智慧，大师比工匠有智慧，而理论知识比实践知识有更多智慧。因此，关于原因和本原的智慧是知识。"

4　《形而上学》i.2 归纳了这些描述（982b7）。Cf.iii.2,996, b,8 sqq.。另外，参见《尼各马可伦理学》；《形而上学》vi.1,1026a21。

者，因为这些基础就是那些可以解释存在自身的东西。[1] 其他科学，例如物理学和数学，局限在一个特殊范围内，它们并不考查这个范围本身。但关于事物之最终基础的科学必须研究整个世界，探寻一切事物的永恒原因，而不仅仅是有限的原则，并且它最终回溯到不动的和非物质的推动者上——因为物质世界的一切变化和形态都从它而来。[2] 这样的科学就是第一哲学，亚里士多德也称之为"神学"，[3] 它的任务是研究一切现实者和它们的终极原因——这终极原因必然是最普遍的；第一哲学不仅研究现实世界的一部分，而且研究它的全部。

292

当然，有人怀疑这样一门科学是否可能。一门科学如何处理不具有统一性的各类事物之原因？另一方面，如果我们把对每个属的原因的研究看作一门特殊的科学，那么这样的科学如何可能像我们刚刚描述的那样——因为在这种情况下不同科学的性质是不同的？[4] 此外，第一哲学是否包括科学程序的原则——这是一个问题，或者这些原则是否属于某一门科学——因为所有科学都在使用它们，它们不可能与某个特定的对象相关。[5] 它是一门单一的科学还是多门科学——因为它要处理的是所有种类的现实者？如果它不只是一门科学，那么这些科学是否属于同一类——即第一哲学？如果它是一门单一的科学，那么它似乎必须包含知识的一切对象，如此一来，特殊科学的多样性就不存在了。[6] 最后，我们还要问：这门单一的科学仅仅只与实体有关，还是也与实体的性质有

293

1　《形而上学》*iv.1*。参见第 196 页注释 4，以及第四章。

2　参见上一条注释，以及《形而上学》vi.1。任何一门科学研究的都是某些原则和本原。因此，对于物理学和数学来说，前者的研究对象是变化的东西，形式与质料在变化者中是不分离的，而后者的研究对象是从质料和运动中抽象出来的东西，但它自身并不是非物质的和不动的存在者（参见第 131 页注释 1）。第一哲学的对象是可分离的和不动的。"它的一切原则必然是永恒的和最终的，因为它们显然是神圣的本原"。如果神存在，那么我们就在这些本原之中可以找到神，而第一哲学的可能性正在于此。如果除了自然实体之外没有其他实体，那么物理学就是第一科学了。

3　《形而上学》*loc.cit.et alib.*；参见上文。

4　《形而上学》iii.1,995b4, c.2 *init.*。

5　《形而上学》iii.1,995b4, c.1,995b6, c.2,996b26；参见上文第五章。

6　《形而上学》*Ibid.*995b10, c.2,997a15。

关。前一种选择似乎是不可能的，因为这样一来我们就没法说清关于存在的性质的科学是什么。后一种选择似乎是不可靠的，因为实体不像性质那样可以用证明的方法得知。[1]

亚里士多德这样回答：不仅同一个概念之下的东西，并且与同一个对象有关的东西，都属于同一门科学。[2] 他认为"存在"正是如此。只有那些自身是实体的东西，或者与实体有关的东西，才能被称为"存在"。一切相关概念要么指的是实体，要么是质、活动或实体的条件，最终它们都能划归为某对作为其基础的相对者，而对相对者的研究属于同一门科学。[3] 因此，亚里士多德得出结论说关于存在自身的科学是一门单一的科学。[4]"这门科学必须包含其他所有科学的内容"这个困难由于亚里士多德对存在的不同意义的区分而得以消除。因为一般哲学涉及的是本质存在，因此有多少种类型的本质存在就有多少哲学的部门。[5] 特殊的存在与一般的存在是有差别的，所以第一哲学作为普遍的科学与特殊的科学相区分。第一哲学也讨论特殊的东西，但不是关于它们的特殊性，而是将其作为存在的一种形式。它是对特殊性的抽象，一个事物正是通过自身的特殊性与他者区分开来，但这种抽象性使得第一哲学能够处理一切存在。[6]"实体必须以其他方式来讨论而不是由演绎得出它的

294

295

---

1 C.1,995b18, c.2,997a25。实体的偶性必须包含这些概念——"相等""他者""质的相同""相对者"等等，这些概念在 995b20 中被列举出；参见 iv.2,1003b34 sqq.1004a16 sqq.。《形而上学》第三卷的那些难题不仅是关于"第一哲学"这一概念的，还是关于它的内容的，我们稍后讨论。

2 《形而上学》iv.2,1003b12.*Ibid.*1.19,1004a24；对于 $\kappa\alpha\theta$᾽ ἕν（根据"一"）和 $\pi\rho\delta\varsigma$ ἕν（与"一"有关）的差别，参见《形而上学》vii.4,1040a34 sqq.。

3 关于这一点参见上文 p.224。

4 《形而上学》*iv.*2：存在是有多种意义的。关于"一"的问题也属于这门科学，因为"一"与"存在"是等同的和具有相同的本质；参见 1003b22。此外，参见 1004a9 sqq.25b27 sqq.。

5 《形而上学》iv.2,1004a2,&c.。

6 《形而上学》iv.2,1004a9 sqq.。因为"一"与"多"，"等同"与"差异"的概念与同一个对象有关，所以处理它们的是同一门科学；参见 1004b5。事物的数学性质和物理性质构成了一个特殊的领域，因此有些性质是关于存在自身的，它们正是哲学家要寻找的真理。参见《形而上学》1005a8。这一点在 xi.3,1061a28 sqq. 中有进一

本质属性"这样的反驳并未难倒亚里士多德，[1]因为所有科学的基础概念可能是同一个东西。至于"第一哲学是否包含科学程序的一般原则"这个问题，亚里士多德的回答是肯定的，即只要这些原则与一般的存在相关，而不是与某一类特殊的存在相关。事实上，他立即转入了对矛盾律和排中律的系统研究，我们在上文 p.251 已经讨论了这些原则与方法论的关系。然而，这些研究目前是在本体论的层次上进行的，它们是关于现实者的知识，因此亚里士多德把它们归于第一哲学。[2]

3. 形而上学的基本问题以及早期哲学家对它们的处理

亚里士多德的前辈给他留下了一系列形而上学问题，他认为必须为这些问题找到答案。其中最重要的问题如下；在探寻这些问题时，他的哲学体系的基本观点将会立即呈现。

1. 首先是我们如何思考实在？除了物质存在之外，是否还有其他存在，正如前苏格拉底的自然哲学所认为的那样？或者，在物质存在之外和之上，是否存在某种非物质的东西，如阿那克萨戈拉、麦加拉学派和柏拉图所言？事物的最终基础是质料之本性，还是与质料相区别的某种较高原则的形式？

2. 与此相关的一个问题是：个体和普遍者是什么关系？什么是本质的存在和终极实在？是个体事物，还是普遍观念，或者实际上只有一个单一的普遍存在？第一种观点是近来（亚里士多德的"近来"时间——中译者注）非常流行的观点，比如安提司泰尼（Antisthenes）的唯名论；第二种观点是柏拉图的理论；第三种是巴门尼德和他之后的欧几莱德斯（Eucleides）的观点。

3. 既然存在的统一性和多样性都可以被经验到，那么我们如何将

296

步的解释。

1　在《形而上学》中这个问题没有明确的答案。

2　《形而上学》iv.3。

它们在思想中统一起来？"一"可以同时是"多"吗——即"一"之中有许多部分和性质？"多"可能形成一个现实的统一体吗？这些问题有许多不同的答案。巴门尼德和芝诺否认这两个观念能够调和，因此他们宣称存在的多样性是虚幻的，而智者利用存在的多样性来论证他们的理论，例如安提司泰尼的知识论。[1] 原子论的物理学家们和恩培多克勒学派将"多"与"一"的关系限制在对多个部分的外在的、机械的排列上。毕达戈拉斯学派的数，柏拉图的理念、——这是一种敏锐的哲学洞见，具有将存在的多样性连接为一个内在统一体的功能，而可感事物中的对应关系是用理念产生的影响来解释的。

297

4. 关于从一个状态到另一个状态的转化亦有不同的观点，即关于变化和生成有许多理论。存在如何变为不存在，或者不存在如何变为存在？是否有任何东西能够生成或毁灭？运动或变化是如何可能的？巴门尼德和芝诺对这些问题表示怀疑，麦加拉学派和智者也重申了这种疑虑。这个困难使恩培多克勒和阿那克萨戈拉，留基波（Leucippus）和德谟克利特用物质的混合和分离来解释一切事物的生成与毁灭。柏拉图自己也同意这种解释，因此他将变化限制在现象世界之中，并将它排除在真正的实在之外。

亚里士多德清楚地意识到这些问题。前两个问题大多与[2]亚里士多德列举的难题（ἀπορίαι）有关，他以这些难题开启了对形而上学的研究，并在《形而上学》第一卷的导言之后转入了对它们的探讨。只有可感事物是本质存在吗？或者除它们之外还有别的？这些别的东西是同一类吗，还是它们像柏拉图的理念和数学实体那般是多样的？[3] 将存在限制在可感事物上与柏拉图理念论的一系列论证是相悖的；例如，可感的个别对象是短暂的、模糊的，它们不可能是知识的对象；[4] 短暂的知觉世

298

---

1 参见 Zeller, *Ph.d.Gr.* Pt.1, pp.985 etc.。

2 以上提及的问题的一个例外是，对第一哲学之目的的一般性研究。

3 《形而上学》iii.2,997a34 sqq.(xi.1,1059a38, c.2,1060b23), iii.6, viii.2。

4 《形而上学》vii.15,1039b27; iv.5,1009a36,1010a3, cf.i.6,987a34;xiii.9,1086a37,108

界预设了一个永恒世界，正如被动的事物预设了不动的事物，有形式的事物预设了形式因。[1] 然而，现在我们发现这些柏拉图式的假设充满了各种困难。这个问题以下述形式重新出现：[2] 事物的最终基础应当在它们的属之中寻找，还是在它们的构成部分中寻找——后者是它们的质料结构的基础，前者是它们的形式结构的基础。[3] 对于这两种观点都可以举出可能的论证。一方面，存在一个关于可感事物的类比，当我们试图解释它们的特征时，我们诉诸它们的构成部分。另一方面，存在知识的条件，我们通过确定属和种之概念的过程获得它们。在这里，我们立即遇到这样的问题：真正的原则是最高的属，还是最低级的种？前者应当是普遍的，它像最终的原则那样包含所有个体存在者。后者应当是确定的概念，个体能够从其中唯一地获得它的特殊性质。[4] 与这些思考相关的还有这样一个困难，亚里士多德对其足够关注[5]——即是否只有个体事物才是实在的，作为普遍者的属是否也是实在的。[6] 前一种理论似乎不可靠，因为个体事物的领域是没有限制的，而关于无限制的东西也不可能有知识——因为任何知识在任何情况下都是普遍的。后一种理论对反对普遍者独立存在的所有理论都是开放的，尤其是对柏拉图的理念论。[7] 这个问题在一个特例上的运用被包含在下述研究中："一"和"存在"这样的概念是指某种实在的东西，还是仅仅描述具有不同本性之主词的

299

6b8。

1　*Ibid*.iii.4,999b3 sqq.

2　《形而上学》iii.3（xi.1,1059b21）。

3　参见上文第五章。

4　《形而上学》iii.998b14 sqq.（xi.1,1059b34）。在亚里士多德辩证法复杂多样的形式中，我们只能陈述其思想的主要脉络。

5　《形而上学》iii.4 *init*.c.6 *fin*.(cf.vii.13 sq.), xiii.6, xi.2 *init*., *ibid*.1060b19. 在第一段中，这个难题被称为"最困难的和最有必要思考的问题"；类似的文本参见xiii.10,1086a10。我们后来发现，它的重要性和困难之处不仅在于亚里士多德的体系是柏拉图的反面，而且还在于其体系基础中的内在矛盾。

6　这个难题与p.298中的那个是重合的，亚里士多德在《形而上学》iii.4,999h1中插入了这个问题，因此这里又列举了它的原因，而之前已经提及了。

7　《形而上学》iii.4, c.6,1003a5。对于这个问题的另一种表述是：本原是形式上的"一"，还是数目上的"一"（999b33 cf.c.6,1002b30）？

谓词。那些认为普遍者（例如，数字）是某种实体的人必然承认第一个命题；但是相反的观点不仅被整个世界中具体事物的类比所支持，而且

300 得到下述论证的支持——我们不能既把"一"看作实体，又不否认"多"的存在，就像巴门尼德那样。[1] 类似地，这个问题还包括"数字和图形是否是实体"；它也有两种答案。物体的性质只谓述物体，我们可以将物体作为主词与其性质区分开来，因为物体预设了它们的构成成分，即表面、线段、统一体，因此看起来表面和统一体应当像物体一样是实体；另一方面，这些东西不是独立存在的，而是存在于物体之中，它们不像实体那样有生成和毁灭。[2] 另一个有关个体和普遍者之关系的难题如下：一方面，原则应当是某种潜在的东西，因为可能性在现实性之先；另一方面，原则又必须是现实的，否则存在自身就仅仅是偶然的。[3] 的确，个体事物现实地存在，而普遍的概念只是潜在地存在，除非它在个体事物中找到一个位置。最后，如果在可感事物之外，还有非物质的存在，在变化的事物之外，还有永恒的存在，那么最后的问题就是：它们是否拥有同一个原则。[4] 如果我们的回答是肯定的，似乎不能解释它

301 们之间的差异。如果我们的回答是否定的，那么我们必须确定变化的原则本身是变化的还是不变的。如果它们是变化的，那么我们必须进入更深的原则，同样的困境又会出现。如果它们是不变的，那么我们必须解释变化的事物如何从不变的原则中推出，而不变的事物又如何从不变的原则中推出。[5] 实际上，同样的困难出现在存在的所有种类中。例如，完全不同的范畴中的事物，像实体和关系，如何能够回溯到同一个原则

---

1 《形而上学》iii.4,1001a3 sqq.，以及与此相关，参见 x.2, xi.1,1059b27, c.2,1060a36。

2 《形而上学》iii.5（cf.xi.2,1060b12 sqq.,1002b32: viii.5 *init*.c.3,1043b15）。在对毕达戈拉斯派和柏拉图学说的批判中，我们可以看到对这个观点的更多反驳。

3 *Ibid*.iii.6,1002b32，参见 Bonitz 和 Schwegler 对这个段落的论述。

4 柏拉图假设只有同一个原则，亚里士多德完全同意这一点。参见 Zeller，*Ph.d.Gr.* Pt.i.p.628 sq.805 sq.。

5 《形而上学》iii.4,1000a5 sqq.（xi.2,1060a27）。

上？[1]

　　我们在上面提到的另一个问题——即那些与多样性的统一和变化的可能性有关的问题——被亚里士多德清楚地意识到了，他试图在形而上学的第一原则中为这些问题寻找答案。"多样性如何构成统一体"是他考虑的一个主要问题，这导向了属和种差何如何构成一个概念的研究；[2]然而，亚里士多德意识到在不同本性的事物被结合起来的情况中都会遇到同样的问题。[3] 我们将看到，在所有类似的情况中，亚里士多德的答案是：它们在本质上是同一的。这个答案的基础是可能性与现实性的关系——即质料与形式的关系。[4] 生成和变化的问题对于亚里士多德的体系来说非常重要。如果某物生成，那么它是从存在生成的，还是从不存在生成的？如果某物毁灭，那么它是变成了别的东西，还是不存在了？变化是事物从相对者中产生，还是从相同者中产生？有一种情况似乎是不可能的——因为没有什么能够从不存在中生成，也没有什么事物能够重新变为不存在，更没有什么事物拥有与其本性相反的性质（例如，温暖不可能拥有寒冷的性质）。另一种情况似乎也不可能，因为某物在一个确定的时间中不可能是那个它已经是的东西。[5] 一个与之类似的问题是：那些相互作用的事物是相同的，还是相对的？[6] 只有通过对哲学的

302

1　*Ibid.*xii.4。亚里士多德指出，一切事物的最终基础在类比的方式上是同一的。

2　这个问题也出现在《后分析篇》ii.6,92a29 中。在《解释篇》c.15,17a13 中它被提出来了，《形而上学》vii.12 也有较详细的解释，《形而上学》viii.3,1043b4 sqq.,1044a5 也有讨论，《形而上学》viii.6 的文本提供了这个问题的答案。

3　例如，对于数字（《形而上学》viii.3,1044a2, c.6 *init.*）以及灵魂和身体的关系（c.6,1045b11;《论灵魂》ii.1,412b6 sqq.）的讨论；还有其他许多情况；参见《形而上学》viii.6,1045b12。

4　参见《物理学》i.2 *fin.*，在这里，亚里士多德指责 Lycophron 和其他人由于"一必须同时是多"的推论而陷入了困境。

5　参见《物理学》i.6,189a22, c.7,190b30, c.8 *init.ibid.*191b10 sqq.，《论生成与消灭》i.3 *init.ibid.*317b20 sqq.《形而上学》xii.1*fin.*。

6　参见《论生成与消灭》i.7；《物理学》i.6,189a22, c.7,190b29, c.8,191a34。亚里士多德认为，对于变化而言，这两个问题是重合的，因为推动者必然对应于一个被动者（参见《论生成与消灭》i.7,324a9）。因此，一方面，不是相对者的事物不能相互作用（*ibid.*323b28）；另一方面，相互作用的两方又不能是绝对的相对者（《物理学》

第一原则的细致研究，才有可能解决这些困难。

303　　亚里士多德的前辈们为这些问题提供的解答不能以任何方式令他满意。[1] 他特别留意了前苏格拉底哲学家们的学说，主要因为他们的唯物主义立场使他们无法触及到非物质世界的第一原则；[2] 亚里士多德指出，他们在实践中并未考虑到形式因和目的因。[3]

　　他批评早期的爱奥尼亚学派，因为他们的学说的每个前提都包含了许多困难，[4] 例如，他们对动力因的一贯忽视，[5] 以及他们随意选取某个元素作为事物的普遍基础的肤浅做法——可感性质和物体变化的前提是有不同的元素作为相对者。[6]

　　亚里士多德对赫拉克利特持有类似的批评，因为他和爱奥尼亚学派一样认为事物的基础是物质元素。[7] 对于他的"万物皆流"的学说和相对者的统一性理论，亚里士多德另有批评。他指出，一方面，"万物皆304流"的学说并未被赫拉克利特仔细思考过，另一方面，它忽视了下述事实：任何变化都预设了一个基体；当质料变化时，形式是不变的；并非所有类型的变化都会无穷延续；以及我们不能从月下世界的变化推论说整个宇宙也是变化的。[8] 亚里士多德批评赫拉克利特的相对者的统一性理论与逻辑矛盾律相冲突。[9]

　　对于恩培多克勒的反驳涵盖了亚里士多德自然哲学的许多细节，我

i.7,190b33）。

1　更多解释，参见 Strumpell, *Gesch.d.theor.Phil.d.Gr.* 157–184；Brandis, ii.b,2, p.589 sqq.。这里讨论亚里士多德对早期哲学家的批判只涉及那些最基础的理论。

2　《形而上学》i.8 *init.* iv.5,1009a36,1010a1。

3　《形而上学》i.7,988a34 sqq.b,28，《论生成与消灭》ii.9,335b32 sqq.，《论动物的生成》v.1,778b7。

4　参见《论大》iii.5,《形而上学》i.8,988b29 sqq.。

5　《形而上学》i.8,988b26；《论生成与消灭》ii.9,335b24。

6　《论生成与消灭》ii.1,329a8；《论天》iii.5,304b11；cf.*ibid.*i.3,270a14；《物理学》i.7,190a13 sqq.iii.5,205a4。

7　亚里士多德确实将他归为泰勒斯和阿那克西美尼一类的哲学家，参见 Zeller, *Ph.d.Gr.* Pt.i.585,1。

8　《形而上学》iv.5,1010a15 sqq.；viii.3,253b9 sqq.。

9　参见 Zeller, *Ph.d.Gr.* Pt.i.600 sq.，483,1。

们在这里不能深入讨论，但是它们也涉及到亚里士多德体系的基础。恩培多克勒对于原始质料的永恒性的假设导致了性质变化的不可能，元素间的相互转化的不可能——而这在经验中是可观察的，以及元素在衍生的形式中组成统一体的不可能，以及元素的量的同一性和在"空间"中共存的不可能。[1]亚里士多德还批评说这些元素的演变过程并未被指明，并且它们不是物质对象的原始成分，[2]它们只是部分地表达在我们已知的几种物质中，像火和水。[3]他指出，轻与重这对相对者没有得到解释，[4]而在孔和流溢理论中提出的物体相互影响的解释在逻辑上将导致绝对的原子论。[5]亚里士多德认为恩培多克勒体系中的"运动的两个原因"既不是从第一原则中正确地演绎出来的，彼此也没有得到充分的区分，因为"爱"不仅能连接元素也能使它们分离，"恨"不仅能分离元素也能使它们连接；[6]他评价道：因为它们的运作方式没有规律或原则可言，所以在世界的形成中，只有偶然的和混乱的疆域。[7]"世界处于变化中"的假设是武断的和不可靠的，[8]而"灵魂是由不同元素构成"的理论充满了各种困难。[9]最后，亚里士多德认为恩培多克勒的哲学将最终导致一种感知主义——这将使 切真的东西变成无法确定的。[10]

　　亚里士多德对原子论的批判是类似的。他承认这种理论有一个非常可能的基础。如果我们从爱利亚学派的立场出发，如果我们又愿意拯救

1　《形而上学》i.8,989a22–30；《论生成与消灭》ii.1,329b1, c.7,334a18,26, c.6 *init.*, *ibid.*i.1,314b10,315a3, c.8,325b16。亚里士多德在《论天》iii.7 *init.* 中对原子主义者（恩培多克勒）将性质变化（或偶性变化）划归为原子分离的理论进行了详细的批判。

2　"热"和"冷"这对相对者是亚里士多德的元素理论的基础。

3　《论生成与消灭》i.8,325b19, ii.3,330b21。

4　《论天》iv.2,309a19。

5　《论生成与消灭》i.8；参见 Zeller, *Ph.d.Gr.* Pt.i.695,3。

6　参见 Zeller, *Ph.d.Gr.* Pt.i.698,2；以及《形而上学》iii.8,986a25。

7　《论生成与消灭》ii.6,333b2 sqq.（参见 Zeller, ibid.703,1）；《论动物的部分》i.1,640a19；《物理学》viii 1,252a4。

8　《物理学》viii.1,251b28 sqq.，《论天》i.10,280a11；《形而上学》iii.4,1000b12。

9　《论灵魂》i.5,409b23–410b27；《形而上学》iii.4,1000b3。

10　《形而上学》iv.5.1009b12；参见 Zeller, *Ph.d.Gr. ibid.*727,1。

多样性和变化的观念，那么原子论就是最方便的出路。因此，如果我们
相信物体不可能现实地无限分割，那么唯一的解释似乎是假设不可分的
原子是物体的最终构成成分。[1] 然而，亚里士多德既不承认爱利亚学派
的假设，也不认为对物体的分割能够达到某个极限，[2] 更不认为物体的生
成可以被看作最小单位物体的组合，或者物体的毁灭就是分解为原子。[3]
他指出不可分的物体是不存在的，因为每一个确定的量都可以分割为更
小的量，而它们又可以继续分割。[4] 他说那些在性质上无法区分也不能
相互作用的原子不能解释物体的不同性质和相互作用，也不能解释元素
的相互转化以及生成或变化的过程。[5] "原子在数量和种类上是无限"的
理论也被亚里士多德拒绝了，因为这些现象可以不通过这个理论来解
释，性质和形式上的一切差异都可以划归为某些基本类型，而自然元
素的状态和运动在数量上是有限的；亚里士多德认为，人们偏好数量有
限的原初实体，而非无限的原初实体，因为有限的东西比无限的东西更
好。[6] 虚空对解释运动现象是不必要的，[7] 并且它与物体的运动特征和重
量的差异理论是不相融的，因为在虚空中没有什么东西必须朝某个特定
的方向运动，并且所有物体必然以相等的速度运动。[8] 他发现，在原子
论哲学中运动和运动的不同种类是直接被预设的，它们并不是从第一原
则中推演出来的。[9] 他指出，原子论者完全忽视了自然目的论，这种理

306

307

---

1 《论生成与消灭》i.8,324b35 sqq.c.2,316a13 sqq.；参见 Zeller, *Ph.d.Gr. ibid.* 764 sqq.。

2 参见《论生成与消灭》i.2,317a1 sqq.，亚里士多德对这个问题的表述更准确，尽管没有直接引用原子论者的理论，参见《物理学》iii.6 sq.。

3 《论生成与消灭》i.2,317a17 sqq.。

4 《物理学》vi.1；《论天》iii.4,303a20。

5 《论生成与消灭》i.8,325b34 sqq.c.9,327a14；《论天》iii.4,303a24; *ibid.*c.7, c.8,306a22 sqq. 稍后我们对这个问题将有更多讨论。

6 《论天》iii.4,303a17 sqq.29 sqq.b,4；参见《物理学》i.4 *fin.*viii.6,259a8。

7 《物理学》iv.7—9, cf.c.6. 稍后有关于这个问题的更详细的讨论。

8 《物理学》iv.8,214b28 sqq.；《论天》i.7,275b29,277a33 sqq.ii.13,294b30, iii.2,300b8. 关于德谟克利特的重量理论，参见《论天》iv.2,6；亚里士多德对变化之批判的影响被伊壁鸠鲁表达在他的原子论中。参见 Zeller, *Ph.d.Gr.* Pt.iii.a,378。

9 《形而上学》xii.6,1071b31。

论给予我们的不是现象的任何基础或原因，而是一种没有解释的必然性或者事物总是如此的断言。[1] 许多有争议的段落，在这里只能简单地提及：亚里士多德反对"存在共存的和无限多的世界"的理论；[2] 反对德谟克利特对感知的解释；[3] 反对德谟克利特的灵魂学说，[4] 以及反对他的"感觉表象总是真"的观点。[5]

阿那克萨戈拉的自然哲学与原子论者的物理学和恩培多克勒的学说有着非常密切的关系，以致于他的大部分观点也遭到类似的批判。他认为原初物体的数量是无限的，但这不仅是不必要的——因为有限数量的物体就能起到同样的功能，而且还是错误的——因为它使一切关于事物的知识变成不可能。此外，因为不同质料的原初差异在数量上是有限的，所以原初物体的数量必然是有限的。所有物体都有一个自然的限度，它们的构成部分（所谓的同质质料）不可能是无限大的；所有物体都是有界限的，因此每个物体的构成成分不可能是无限多种的质料——阿那克萨戈拉在逻辑上必须承认这一点。[6] 此外，如果原始质料存在于最简单的物体中，那么物体的同质质料几乎不可能是原始质料。[7] 阿那克萨戈拉承认事物是变化的，但是物体的构成部分是不变的与这个观点矛盾。物体的构成部分的无限性否定了物体的连续性，[8] 尽管阿那克萨戈拉对虚空理论有弱的批判。[9] 亚里士多德发现阿那克萨戈拉和恩培多克

1　参见 Zeller, *Ph.d.Gr.* Pt.1.788 sqq., 以及《论动物的生成》v.8 *fin.*，在这里，亚里士多德对德谟克利特关于自然的机械论解释的批判与柏拉图在《斐多》篇中对阿那克萨戈拉的批判是相似的。

2　《论天》i.8 ；参见 Zeller, *Ph.d.Gr. ibid.*797,2。

3　《论感觉》c.4,442a29。

4　《论灵魂》i.3,406b15; c.2,403b29,405a8。

5　Zeller, *Ph.d.Gr. ibid.*822。

6　《物理学》i.4,187b7 sqq ；《论天》iii.4。关于空间的无限性的更多讨论，参见《物理学》iii.5,205b1。

7　《论天》iii.4,302b14。

8　《论生成与消灭》i.1 ；《物理学》iii.4,203a19。更多类似的批判，但并不是直接针对阿那克萨戈拉的，将在下文第八章的后半部分得到处理。

9　《物理学》iv.6,213a22。

勒一样几乎无法解释重量的差异。[1] 阿那克萨戈拉认为"所有种类的质料在原初是混合在一起的"——这是无法想象的；[2] 但是，如果这个理论有更精确的陈述，那么它或许会导向用"质料"（它被设想为没有性质的同质的东西）代替阿那克萨戈拉假设的无限多的原初物体。[3] 他和其他哲学家持有一个相同的观点：即运动开始于质料之中并在无限延续之后停止，这个观点与自然的有序性相矛盾。[4] 亚里士多德意识到阿那克萨戈拉提出的"普遍理智"的学说是一种进步，但他仍然不满意，因为，一方面，它不能成功地解释自然，另一方面，将这个学说运用到人身上时，它便误解了理智和灵魂的区分。[5]

对于爱利亚学派（亚里士多德很少谈到克塞诺芬尼 [Xenophanes] 和麦里梭 [Melissus]），[6] 他首先指出，他们的哲学没有提供任何能够解释现象的基础。[7] 他们最重要的公理之意义晦涩不清；他们谈论"存在的统一性"，但并未区分统一性的不同意义；因此他们把某些性质归于存在，反过来又否认存在的无条件的统一性（例如，巴门尼德认为存在是有限的，而麦里梭认为存在是无限的）。他们不知道每一个命题都包含了主词和谓词，即物与性质的二元性，因此，我们甚至不能说"存在存在"而不区分作为实体的存在和作为性质的存在——如果只有一个存在的话，那么后者必然是某种不同于存在的东西，即非存在。[8] 爱利

---

1 《论天》iv.2,309a19。

2 除了在《形而上学》i.8 和《论生成与消灭》i.10,327b19 中提出的物理学的反驳，亚里士多德还指出这个陈述以及与之相应的另一个陈述（即在一切时间之中，每一物都在另一物之中）都违反了矛盾律。参见 Zeller, *Ph.d.Gr.* Pt.i.911。

3 《形而上学》i.8,989a30。

4 《物理学》viii.1,252a10 sqq.。

5 参见，Zeller，ibid. 887,4,893, a；《论灵魂》i.2,404b1,405a13。

6 《形而上学》i.5,986b26；《物理学》i.2,185a10, i.3 *init.*，以及《论天》ii.13,294a21；亚里士多德总是带着尊敬的口吻陈述巴门尼德的观点。

7 《形而上学》i.5,986b10 sqq.；《物理学》i.2,184b25；《论天》iii.1,298b14；《论生成与消灭》i.8,325a17；参见 *Sext.Math.*x.46。

8 这是《物理学》i.2,103a20–c.3 至末尾的复杂的辩证讨论中的要点。对于这个讨论的第二部分（c.3），参见柏拉图：《巴门尼德》142B sq.，《智者篇》244B sq.；以及参见 Zeller, ibid.p.562 sqq.。

亚学派肯定了存在的统一性，并否认了非存在；然而，事实上，"存在"不过是所有事物的一个共同的谓词，而"非存在"同样可被理解为对某种特定存在的否定（例如，非大，等等）。[1] 他们攻击存在的多样性，同时又将它描述为在空间中可延展的。[2] 他们否认一切"变化"或"生成"，因而否认了事物的多样性，因为每一个事物的变化或生成要么是从存在开始的，要么是从非存在开始的——而对于爱利亚学派来说这两个假设都是不可能的。然而，他们忽略了第三种可能性，这不仅使得生成是可设想的，而且也是任何现实的生成过程的唯一表达：即任何事物的生成不是从绝对的非存在而来，而是从相对的非存在而来的。[3]

亚里士多德指出，芝诺对运动的反驳建立在类似的错误之上，因为他认为时间和空间不是固定的，而是非连续的量；并因而认为时空包含了无限多的现实部分，但事实上它们只是潜在地包含了一切可能的部分。[4] 亚里士多德认为麦里梭关于存在是无限的和静止的论证不足挂齿。[5] 我们如何能设想"一切是一"，除非我们准备忽视事物的所有差异，甚至将矛盾的双方看作同一个东西。[6] 在这里，亚里士多德发现许多未经证明的假设被当作事物的原则，以及解决最重要的哲学问题时的彻底失败。

在毕达戈拉斯学派中，亚里士多德也没能找到问题的解答。毕达戈拉斯学派试图建立关于自然的哲学，但是他们的原则使得作为一切自然过程之基础的变化和运动不可想象。[7] 他们试图用数字解释物质世界。然而，那些在空间中延展的东西如何从数字中演化出来，有重量的东西

1　《物理学》i.3,187a3；参见 Zeller，ibid.p.563 sqq.。

2　《形而上学》iii.4,1001b7；参见 Zeller，ibid.p.541。

3　《物理学》i.8，参见《形而上学》xiv.2,1009a26 sqq.（下文第八章对此有更详细的讨论）。另一方面，爱利亚学派的假设在《论生成与消灭》i.8,325a13 中得到的解答是指出一个相反的经验事实。

4　《物理学》vi.9, c.2,233a21；参见 Zeller，ibid p 545 sqq.。

5　《物理学》i.3 init.；参见 Zeller，ibid.。

6　《物理学》i.2,185b19 sqq.。

7　《形而上学》i.8,989b29 sqq.。

又如何从那些既不轻也不重（即没有重量）的东西中得出？[1] 事物的性质如何被演化出来？[2] "在世界的形成中，有边界的物质的'一'是在自身中拥有无限的部分的中心"究竟是什么意思？[3] 另外，如果性质不同的事物是由同一个数字来解释的，那么我们是否应当用数字所代表的事物之间的差异来区分不同种类的数字，还是应当因为代表它们的数字是相似的否认事物的差异？[4] 此外，普遍的概念，像"一"和"无限"，如何能够作为实体？[5] 最后，如果我们像毕达戈拉斯学派那样用数字理论来研究问题，那么我们得到的是非凡的浅薄和怪异的想象。[6] 数字理论本身是很不完善的，[7] 并且他们的物理学也有许多不可靠的观点，亚里士多德对此有很多批判。[8]

亚里士多德指出，不仅早期的自然哲学学派，而且后来的哲学体系都需要根本性的重塑。在这里，只有一个较晚的学派被特别地论述，因为亚里士多德认为智者的学说不需要更多的反思。他指出他们教授的不过是一种伪装的智慧——它的对象只是偶然的、非本质的和非实在的东西。[9] 对于智者，亚里士多德的工作不是建立任何形而上学的命题，而

1　《形而上学》i.8,990a12 sqq., iii.4,1001b17, xiii.8,1083b8 sqq., xiv.3,1090a30；《论天》iii.1 *fin.*。

2　《形而上学》xiv.5,1092b15。这段文本涉及的是柏拉图学派和毕达戈拉斯学派。在这儿，其他直接涉及到柏拉图学派的也适用于毕达戈拉斯学派的文本段落没有必要提及。

3　《形而上学》xiii.6,1080b16, xiv.3,1091a13；参见 Zeller, ibid.,381 sq., 349, 4。

4　《形而上学》i.8,990a18(cf.ZELLER, *ibid.*362,1), vii.11,1036b17.xiv.6,1093a1,10。

5　关于"存在"和"一"的问题在《形而上学》iii.4,1001a9,27 cf.x.2 中有所解释（反对柏拉图和毕达戈拉斯的观点）；在那里，亚里士多德特别指出"一"的实体性将会取消事物的多样性。关于 ἄπειρον（无限）的问题，参见《物理学》iii.5 以及 c.4,203a1。

6　《形而上学》i.5,986a6,987a19。

7　参见 Zeller, ibid.367, 2。

8　例如 Antichthon（参见 Zeller, *ibid.*383,4），天体的和谐问题（《论天》ii.9），时间理论（《物理学》iv.10,218a33，参见策勒，*ibid.*406,3 sq.）以及对灵魂的解释（《论灵魂》i.2,404a16, c.3 *fin*。参见《后分析篇》ii.11,94b32）。

9　参见 Zeller, ibid.p.968。

312

313

是反驳怀疑论——因为它质疑一切真理，并揭示智者学说的虚假本质。[1]
苏格拉底提出的哲学使命在亚里士多德这里丝毫没有褪色，尽管他强调
苏格拉底的成就局限于伦理学，就此而言，苏格拉底并没有建立任何形
而上学的基础。[2] 对于那些"小苏格拉底学派"，亚里士多德批判了麦加
拉学派关于可能性和现实性之关系的学说，[3]以及犬儒主义的知识论和伦
理学。[4]

　　亚里士多德对柏拉图和柏拉图学派的关注是彻底而全面的，尽管他
对其他苏格拉底学派的处理有些轻描淡写。他自己的体系是直接从柏拉
图那里发展来的。因此，[5]他不得不将自己的学说与柏拉图的观点彻底区
分开，并提出那些超出柏拉图学派的论证。因此，亚里士多德一遍又一
遍地讨论柏拉图并孜孜不倦地从各个方面指出他观点的缺陷，这并非出
于嫉妒或诽谤；因为对他而言，对老师的这种批判是不可避免的，倘若
在他老师的声望和其学派的盛名之下，他要为自己的哲学个性以及成立
一个新学派的合理性做出辩护的话。除了那些零星的批评，亚里士多德
的批评主要有三个方面：首先，反对理念论本身；其次，反对后期的"理
念论的毕达戈拉斯的解释"；第三，反对作为事物的最终基础的原则，
即质料与"一"。[6]

　　柏拉图的理念论建立在这样一个信念上：只有事物的普遍本质才是

314

1　前者参见《形而上学》iv.5, cf.c.4,1007b20, x.1,1053a35, xi.6 *init.*；后者在对逻辑
　　谬误的讨论中有所涉及。

2　参见 Zeller, *Ph.d.Gr.* Pt.94, 2 and 1143 中引用的段落。亚里士多德在《尼各马可伦
　　理学》iii.7.1113b14 sq.c.11,1116b3 sqq.1117a9, vi.13,1114b17 sqq. 中指出苏格拉底
　　的伦理学是片面的。

3　《形而上学》ix.3 (cf.Zeller, *ibid.*200,1)。在这里，亚里士多德反驳了麦加拉学派
　　的下述原则：可能的东西只能是现实的；他证明说这个原则将取消一切变化和运动，
　　而且它还否认一切技术和能力的获得：一个在当下没有听见声音的人就是聋子；一
　　个在当下没有正在进行建筑活动的人便不再拥有建筑技艺。

4　前者在《形而上学》v.29,1024b32, viii.3,1043b23（参见 Zeller, *ibid.*252 sq.），以
　　及在《尼各马可伦理学》x.1,1172a27 sqq. 中有所讨论。亚里士多德攻击了犬儒主
　　义道德理论的夸夸其辞。

5　参见上文 p.14, p.56, p.162。

6　参见 Zeller, *Platon.Studien*, p.197 sqq.。

知识的对象。这个信念也被亚里士多德享有。[1] 因此，亚里士多德接受柏拉图的下述观点：一切可感事物都是变化的（这是柏拉图理念论的第二主干），以及从变化之物向不变之物和本质的超越的必要。[2] 然而，当柏拉图从这些观点中得出结论说只有普遍者本身才是现实的，并且它是独立存在的、超越于现象之外的实体时，亚里士多德与其产生了分歧。因此，这成了亚里士多德攻击柏拉图的整个形而上学的核心。亚里士多德认为，这个假设是缺乏任何科学基础的；并且它将导致许多完全无法解决的困难和矛盾，它不能解释世界的现象，而是使我们对现象的解释变得不可能。

315

他认为理念论的假设是不成立的；柏拉图给出的论证没有一个不受到致命的反驳。[3] 柏拉图寻求的目的能够也必须通过别的方式达成。的确，每个理念的内容与对应理念的事物——即理念是这些事物的理念——是完全一致的；例如，在"理念的人"这个概念中，即"人本身"包含的内容与日常意义上"人"的概念包含的内容是完全一致的，这两者之间没有什么差别，除了前者加上了"理念"（或"本身"）这个词。[4] 由此看来，理念不过是对世界中的事物的不必要的重复，亚里士多德认为用理念来解释事物就像一个人想要数清一个小数目却用较大的数目来计算。[5] 然而，即便不考虑论证的失败，在亚里士多德看来，理念论本身是不可靠的；因为实体不能与那个它所在的东西相分离，（理念或形式不能与拥有理念或形式的个体事物相分离。——中译者注）属不能与那个它所属的东西相分离（因为它是一部分本质）。[6] 事实上，这个命题归纳了柏拉图体系和亚里士多德体系的全部差异。然而，亚里士多德

316

1　参见上文 p.163，p.300 等。

2　参见上文 p.300 以下。

3　参见《形而上学》i.9,990b8 sqq.xiii.4,1079a。

4　《形而上学》iii.2,997b5。类似的文本，参见《形而上学》vii.16,1040b32。*Ibid.* xiii.9,1086b10，参见《尼各马可伦理学》i.4,1096a34；《欧德谟伦理学》i.8,1218a10。

5　《形而上学》i.9 *init.*xiii.4,1078b32。

6　《形而上学》i.9,991b1; xiii.9,1085a23, cf.vii.6,1031a31, c.14,1039b15。

指出，即便柏拉图主义者放弃这一点，他们也只能从一个困难进入另一个困难。例如，从论证上看，只有实体拥有理念，因此柏拉图学派将理念赋予自然之物。但是，一旦人们承认普遍本质在个体之中被分有，那么人们就不得不认为理念也属于那些个别的和相对的概念，以及所有类型的人造物；[1]甚至在理念本身之中，绝大部分理念将拥有自己的理念——它们是自己的理念的复制品，因此每个事物同时是原型和复制品。[2]所以，每个事物必定拥有许多理念，因为它在许多属之下，这些属是相互隶属的；[3]或者，构成一个概念的各种一般概念都将成为实体，因此，一个理念将由许多理念构成，或者一个实体由许多现实的实体构成，而有时这些实体彼此还是相对者。[4]另外，如果理念是实体的话，那么它就不能同时是一般概念；[5]因为它不是许多个体的统一体，而是众多个体中的一个。[6]反之，它所谓述的东西不可能是真正的主体。[7]对此类理念进行定义是不可能的，因为个体没有定义；[8]如果理念像个体一样是数目上的"一"，那么我们用以划分属的那些矛盾谓词必然能够谓述它，这时理念自身显然不可能是属概念。[9]

亚里士多德认为，"理念包含事物的本质"的观点与"理念是非物质性"的观点相冲突。他指出柏拉图有时宣称"理念的质料"（这一点与理念不在空间之中的观点是矛盾的[10]），有时又宣称对于所有自然物体

317

1　《形而上学》i.9,990b11 sqq.22,991b6, xiii.4,1079a19, c.8,1084a27；《后分析篇》i.24,85b18；参见 Zeller, *Ph.d.Gr.* Pt.i.587,2.

2　《形而上学》i.9,991a29, xiii.5,1079b34。这些段落中的第一段应当这样理解：属的形式也是形式的属。

3　《形而上学》i.9,991a26。

4　《形而上学》vii.13,1039a3, c.14; cf.c.8,1033b19, i.9,991a29, xiii.9,1085a23。

5　《形而上学》xiii.9,1086a32, vii.16,1040a26 sqq.cf.iii.6,1003a5。

6　《形而上学》i.9,992b9, xiii.9，参见上文。

7　《形而上学》vii.6,1031b15；参见 Bonitz 和 Schwegler 对这段文本的评论，以及上文 p.215 对《范畴篇》第二章的引用。

8　《形而上学》vii.15,1040a8—27。

9　《论题篇》vi.6,143b23。长度本身要么是没有宽度的，要么是有宽度的，因此这个属必须同时也是一个种。

10　《物理学》iv.1,209b33；参见 Zeller, *Ph.d.Gr. ibid.*556sq.,628sq.。

而言，质料和生成过程属于它们的本质和概念，因此它们的概念不能独立存在。[1] 类似的，亚里士多德指出伦理概念不能与它们的对象相分离。

318 没有独立存在的"善的理念"，因为"善"这一概念在所有可能的范畴中都可以出现，并根据不同的条件具有不同的意义；善有不同的科学，因此善也有不同的种类，事实上，这些不同的种类组成了一个等级——这个事实否认了一般的善是独立存在的。[2] 另一个反驳是：理念论从逻辑上看是一个无限倒退的过程，因为如果多个事物拥有相同的定义，即它们总是拥有一个理念，那么理念和它的现象的共同本质必然以不同于这两者的第三项出现（理念和它的现象分有作为它们的共同本质的另一个理念，即亚里士多德批评的"第三人"问题。——中译注）。[3]

319 即便理念论的基础是牢固和可靠的，亚里士多德仍然认为它不可能完成哲学的真正任务——即展示现象世界的基础和原则。理念不在事物之中，所以它们不能构成事物的本质，它们对事物的存在也没有任何贡献。[4] 甚至一物与另一物的关系也无法得到清晰的描述，因为柏拉图自己对模仿或分有的描述始终是无法理解的隐喻。[5] 如果没有主动能力的原则，对一切变化过程和自然的解释都是无法想象的，但这个原则在柏

---

1 《物理学》ii.2,193b35 sqq.。

2 《尼各马可伦理学》i.4（《欧德谟伦理学》i.8）；参见前一条注释。用来判断什么是"优先的"和什么是"在后的"的原则不能被划归为一个共同的概念，参见《政治学》iii.1,1275a34 sqq.（参见策勒，*ibid.*571 sqq.）。参见《尼各马可伦理学》中关于这个原则的讨论，亚里士多德在批判"善的理念"时指出，理念论的支持者们认为"前和后"这对关系没有理念；但是"善"实际上也是这样的，因为"善"在所有范畴中都出现，例如，实体的善是神圣性和理智，质的善是美德，量的善是度量，关系的善是有用者，等等。这些不同的善处于某种优先和在后的等级关系中，因此它们之上没有一个共同的一般概念，因此没有不同的善之理念，但（1096b25 sqq.）它们处于类比的关系中（参见上文 p.276 以下）。

3 《形而上学》i.9,991a2, vii.13,1039a, cf.vii.6,2,1031b28。在这里，亚里士多德说"理念论导致了'第三人'问题"。参见 Zeller, *Plat. Stud.*, p.257, 以及 *Ph. d. Gr.* Pt.i.p.623,5。他在普遍者向相同名称的个体变化的过程中发现了"第三人"问题（这个问题当然是理念自身的困难，参见《辩谬篇》c.22,178b36）。

4 《形而上学》i.9,991a12(xiii.5, *init.*)。

5 《形而上学》i.9,991a20,992a28(xiii.5,1079b24), i.6,987b13, viii.6,1045b7, xii.10.1075b34。

拉图那里恰恰是完全缺失的。[1] 作为目的因的原则也是缺失的。[2] 甚至在知识论中，理念也不能给予我们柏拉图所期望的功能，因为如果它们外在于事物，它们就不是事物的真正本质，关于理念的知识就像关于事物的知识一样只是一些不确定的结论。[3] 另一方面，亚里士多德追问：我们能获得任何有关理念的知识吗，倘若不假设内在的理念？[4] 如果我们追随柏拉图和他的学派把理念理解为数字，并且在理念世界和可感事物之间插入整个数学，那么这些困难将被急剧地放大。这些可能出现的困难被亚里士多德用极其细致的、甚至对于现代思想而言异常繁琐的论证探讨过，当然，在他的时代这样繁琐的论证可能是必须的，因为他想切断由色诺克拉底（Xenocrates）和斯彪西波（Speusippus）领导的毕达戈拉斯主义的所有退路。他问道：我们如何理解数字是原因，[5] 或者它们如何使得事物存在。[6] 他向我们展示了将这些数字运用到自然对象上是多么奇怪和矛盾。[7] 他指出概念内容之间的差异是质上的差异，而数字之间的差异是量上的差异，例如两个数字组成一个数字，但是两个理念并不能组成一个理念，以及在组成一个数字的不同数字之间没有质的差异，但若存在数的理念，那么它们必然具有质的差异。[8] 亚里士多德用细致入微的分析[9] 否认了柏拉图和他的学派提出的数学和数的理念之间的各种关系，以及他们用以区分数字和构成它们的单位之间的可设想的

320

321

1　《形而上学》i.9,991a8,19 sqq.991b3 sqq.(xiii.5)992a24 sqq.992b7, c.7,988b3,vii.8, 1033b26, xii.6,1071b14, c.10,1075b16,27；《论生成与消灭》ii.9,335b7 sqq.；参见《欧德谟伦理学》i.8,1217b23。

2　《形而上学》i.7,988b6, c.9,992a29（这是不应当读作 διὸ，而是读作 δὶ ὄ）。

3　《形而上学》i.9,991a12(xiii.5,1079b15)，vii.6,1031a30 sqq.。参见《后分析篇》i.22,83a32。

4　参见上文 p.202。

5　《形而上学》i.9,991b9 这样回答："如果事物像数字一样，那么我们看不出数字的理念对它们有什么作用；另一方面，如果事物是根据数字形成的，那么它们的理念也应当如此，但数字的理念却不是数字，而是'在某种数字载体中的逻各斯'"。

6　《形而上学》xiv.6 init., ibid.1093b21 cf.c.2,1090a7 sqq.。

7　Loc.cit.，摘自 1092b29；参见对这段文本的评注。

8　参见 Zeller, Ph.d.Gr.Pt.i.p.568 sq.854,867 sq.884。

9　《形而上学》i.9,991b21 sqq.992a2。

差异而提出的各种假说。[1] 然而，对于这一点以及这一论证的其他方面，他的主要观点是数字的单位和种的差异之间存在一个根本的矛盾。当然，在这里没有必要复述他对数的理念的各种反驳，它们也运用在对一般理念论的反驳上。[2] 但是，我们必须注意到，在亚里士多德看来，如果我们假设理念和数的理念的存在，那么日常的数字就丧失了地位，因为它们的构成成分也是数的理念的构成成分，因此它们与数的理念在本质上相同。[3] 量的地位也同样遭受威胁，因为"就作为理念而言"，它们必然是数的理念，但"就作为数字而言"，它们必然是数学中的数字；[4] 从量的理论被演绎出来的方式上看，亚里士多德认为会有更多的悖论出现——即要么存在一个没有线段的表面和存在一个没有表面的体积，要么这三个都是相同的。[5]

最后，柏拉图和柏拉图主义者试图在事物的最终原则之中寻找数和理念的终极基础和构成成分，[6] 亚里士多德指出，我们不可能知道一切存在的构成成分，因为那种知识不能从任何先在的知识中推导出来。[7] 他怀疑是否一切存在者都有相同的构成成分，[8] 或者相同的元素组合有时可以得到数字，有时可以得到量。[9] 他指出这种构成成分只能属于实体，并且只属于那些混合了物质性的实体。[10] 他进一步表明这些构成成分既不是个体也不是普遍者：它们不是个体，因为，倘若如此，它们就是不

322

---

1 《形而上学》xiii.6–8。

2 《形而上学》xiii.9,1085a23，以及 xiv.2,1090a7 sqq.c.3,1090a25–1090b5，这些段落是反对斯彪西波的。

3 《形而上学》i.9,991b27；xiv.3,1090b32 sqq.。

4 《形而上学》i.9,992b13；xiv.3,1090b20。

5 *Ibid*, i.9,992a10; xiii.9,1085a7,31。

6 参见 Zeller, *Ph.d.Gr.* Pt.i.628 sq.,805。

7 《形而上学》i.9,992b24；在反驳这些观点时，亚里士多德对证明的知识与归纳的知识的区分或许得到了运用。

8 在讨论这个问题时，他并未提及柏拉图，参见《形而上学》xii.4,1070a33 sqq.；参见上文 p.300，p.301 中介绍的内容。

9 《形而上学》iii.4,1001b17 sqq.。

10 *Ibid.* i.9,992b18; xiv.2 *init.*

可知的，也不可能属于多个物体或理念；它们不是普遍者，因为，倘若如此，它们便不可能构成实体的本性。[1] 另一方面，亚里士多德指出柏拉图主义的"物质元素"学说是不一致的，[2] 他拒绝了斯彪西波对多个不同本原的假设。[3] 通过对柏拉图的两个基本原则——即"一"和"大与小"的细致讨论，亚里士多德认为它们都是难以设想的。他问：倘若普遍者不是实体，"一"何以可能是一个独立的存在者？"一"这个概念只表达了某种性质——或者，更确切地说，它是某种度量标准。然而，他们的观点预设了某个被度量之物，即便这个某物未必是实体，它也可能是某个量，某个性质，或者某种关系，或者任何一个其他种类的东西，因此，它必然是这些东西中的一个，"一"的意义将是多样的，它可以谓述这个或那个主词，只要它们是相似的种类。[4] 谁想要否认这一点就不得不像爱利亚学派那样认为"一"就是唯一的实体——无论其他的反对意见，单单这个观点就使数字的存在变得不可能。[5] 此外，如果我们像柏拉图那样认为"一"与"善本身"是同一的，那么我们将面临一些无法解决的困难；[6] 如果我们像斯彪西波那样把"一"作为一个特殊原则与"善本身"相区分，那么我们也会面临同样无法解决的困难。[7] "大和小"这一概念只表达了性质或者单纯的关系——它们最不应当被设想为实体，因为它们显然需要一个载体。亚里士多德问：实体如何能够由非实体构成，而它的构成成分如何可能同时是它的谓词？[8] 如果我们把第

323

1　《形而上学》xiii.10,1086b19,1087a4。

2　《形而上学》xiv.1,1087b4,12,26, c.2,1089b11；参见 Zeller, *Ph.d.Gr.* Pt.i.p.628,3。

3　《形而上学》xiv.3,1090b13 sqq. 的评论是正确的，即自然不是"无序的、像那些可叹的悲剧"，xii.10 *fin.* 说"太多的本原并不好"。更多讨论，参见 Zeller, *ibid.* 851 以下，以及那里引用的段落。

4　《形而上学》x.2; xiv.1,1087b33，以及 xi.2,1060a36；参见第 210 页注释 5 以及第 184 页注释 2。

5　《形而上学》iii.4,1001a29。

6　《形而上学》xiv.4,1091a29,36 sqq.,1091b13,20 sqq.。

7　《形而上学》1091b16,22, c.5 *init.*。

8　《形而上学》i.9,992b1; xiv.1,1088a15 sqq.。

二个原则与第一个原则紧密联系起来，就像非存在与存在的关系，那么这个理论就显得十分怪异。柏拉图相信他只有假设一个"非存在"的原则才能避开巴门尼德的一元论。然而，为了达成这个目的，这个假设是不必要的，因为存在本身并非是单义的；[1]甚至这个假设并不能达成此目的，因为存在的多义性并不能由"存在"与"非存在"的简单对立来解释。[2]亚里士多德认为柏拉图并没有充分地定义"存在"和"非存在"，当他从"存在"和"非存在"中推演出"多样性"时，他只考虑到实体，而没有考虑到性质、量或者运动等等；[3]因为，如果"大和小"产生了运动，那么理念也必然被推动——因为它的质料被推动了。[4]

柏拉图理论的主要缺陷在于：他认为相对者是一切事物的最初原则。即便一切事物都是从相对者中产生的，它们也不仅仅是从绝对的相对者而来，因为它是否定性的；事物是从相对的对立者而来，即从否定性所属的载体而来。由生成而来的一切事物都预设了一个质料，它从这个质料中生成，而这个质料并不是非存在，而是存在——即它尚未是那个它将要变成的东西。柏拉图误解了质料的这种本性。他将质料与形式原则对立起来，从而认为质料是"恶的"和"非存在"；他忽视了这个问题的另一面——即质料是一切形式活动和一切生成的积极的载体。[5]由于这种忽视，柏拉图使自己陷入了矛盾之中：一方面他认为质料倾向于自我毁灭，另一方面又认为恶倾向于善并必然在自身中蕴含着它。[6]更多的矛盾出现在下述观点中，例如他认为"大和小"（即上面提到的毕达戈拉斯所说的"无限"）必须是独立存在的实体；同时它作为对数字和量的某种规定性却不可能是实体，这个原则还必须是现实的

324

325

1　《形而上学》xiv.2,1088b35 sqq.，参见上文 p.223。

2　*Ibid*.1089a12.

3　*Ibid*.1.15,31 sqq.

4　*Ibid*.i.9,992b7.

5　《形而上学》xiv.1 *init*.c.4,1091b30 sqq.; xii.10,1075a32 sqq. ;《物理学》i.9，参见 Zeller, *Ph.d.Gr.* Pt.i.p.614。

6　《物理学》i.9,192a19 ;《形而上学》xiv.4,1092a1。

无限性——这种观点实在无法设想。[1]最后，如果我们问柏拉图主义者：数字究竟以何种方式从终极原则中得出，那么我们完全得不到需要的明晰陈述或回答。如果我们问：它们是由混合产生的，还是复合组成的，还是生成得到的？我们也得不到任何答案。[2]我们并不知道从"一和多"中如何产生出那些构成数字的单元，[3]我们也不知道数字自身是有限的还是无限的。[4]除了前十个数，我们不知道第一个奇数是如何演绎出来的，其余的奇数又是如何演绎出来的。[5]我们不知道，那些构成"不定之二"的数字单元是从哪里来的——"不定之二"与"一"混合又产生了其余的单元；[6]我们更不知道，"大和小"之二在"一"的协助下如何产生其他数字——而不是通过"一"的叠加产生数字。[7]在亚里士多德的论述中还有许多类似的反驳，但这些已经足够了。

326

亚里士多德对柏拉图理论的批判并非具有同等价值。有为数不少的批评，至少就亚里士多德的直接陈述来看，无疑建立在对柏拉图的误解之上。[8]然而，不可否认的是亚里士多德以极其敏锐的洞见发现了柏拉图理论中的弱点，并确凿地展示了这些缺陷。他不仅充分展现出"数的理念"这一学说的含糊性和内在矛盾，并反驳了理念论以及柏拉图对于事物之基础的看法。在他对柏拉图的批判中，有两个论证是决定性的，其他论证直接或间接依赖于它们；第一个论证是：一切普遍概念（例如，"一""存在""大和小""无限"，以及理念所指的一切概念）在任何意义上都不是实体，它们所指的只是某些性质和关系，至多是事物的属和种，而非事物自身；第二个论证是：理念不具有主动运动的能力，它们

1　《物理学》iii.5,204a8–34, cf.c.4,203a1 sqq.。

2　《形而上学》xiv.5,1092a21 sqq.; xiii.9,1085b4 sqq.; cf.c.7,1082a20。

3　《形而上学》xiii.9,1085b12 sqq.，这里有一个直接反对斯彪西波的论证。

4　*Ibid*.1085b23, c.8,1083b36 sqq.; xii.8,1073a18.

5　Zeller, *ibid*.p.591,3。

6　《形而上学》i.9,991b31。

7　《形而上学》xiv.3,1091a9。

8　参见 Zeller, *Plat. Stud*. 257 sqq.。

327 不仅不能解释变化，而且还使变化现象、事物的生成和毁灭，以及所有建立在运动和变化之上的事物之属性成为不可能。[1] 在亚里士多德对于这些观点的雄辩的激情中，我们发现他继承了"自然哲学家"的精神：致力于对现实世界的清晰定义以及对现象的解释。他对事物的抽象能力并不逊于柏拉图，而他在辩证法方面的技巧甚至优于柏拉图。但是他决心只给予那些能够被经验证明的概念以精确的定义，这些经验要么由一系列的现象组合成一个整体，要么回溯到它们的共同原因上。亚里士多德融合了柏拉图的逻辑唯心主义（Logical Idealism）与自然主义者的实在论立场 (Realism)。

至此，我们讨论了亚里士多德对其前辈的哲学批判。现在，是时候转向他自己对于前辈们未能解决的那些问题的解答了。

---

1 亚里士多德时常强调这个反驳的重要性；参见例如《形而上学》i.9,991a8,20; 992a24。

第 七 章

关于形而上学的主要研究

现在，我们要讨论的问题主要有三个。第一哲学关注一般现实性，328以及存在本身，所以现实者的原初本质问题——即关于"实体"概念的研究必然优先于其他一切研究。关于这个问题，柏拉图在他的理念论中给出的回答是：那些真正的和原初意义上的实在之物只能在事物的共同本质或它们的类中找到，它们是由一般概念来表达的。我们已经指出，亚里士多德对这个回答并不满意，但由于这个缘故，他认为个体和普遍者之间的关系更为重要。柏拉图对这个关系的描述是不确切的，正是在这里，亚里士多德发现了柏拉图理论的根本性错误，他感到对于柏拉图主义的任何修正恰恰是从这一关系的正确理解开始的。因此，哲学的首要问题必然是关于"实体"的研究，即关于个体和普遍者之关系的研究。然而，由于亚里士多德在定义这一关系时将本质的现实性归于个体329一方，所以柏拉图认为的、与普遍者等同的形式，即"εἶδος"，在亚里士多德看来与普遍者并不相同，形式在这里有不同的意义。亚里士多德认为，形式是确定的本质并已发展为完备的现实性；尚未确定的普遍性是存在的可能性，它还未以这样或那样的方式被确定，它被看作与形式相对的质料。因此，形式和质料的关系是形而上学研究的第二个主要问题。总之，形式在本质上与质料相关，而质料也在本质上与形式相关；这种关系体现在这一事实中：质料通过形式的作用而得以确定。这个过程就是运动。所有运动都预设了一个第一推动者，因此，运动和第一推动者成为形而上学研究的第三个主要问题。在下文的讨论中，亚里士多德的理论将按照这三个问题展开。

1. 个体和普遍者

柏拉图认为事物的本质成分是"在概念中所思的普遍者"，并且在完备的和原初的意义上，只有它们是存在。只有通过对这一"存在"的限制，通过对"存在"和"非存在"的混合，个体事物才能出现。因此，这些东西是在可感对象之外和之上的，它们不同于对象自身，即普遍的本质是理念。亚里士多德否认这一点，因为他发现理念论的根本错误在于将概念的本质与对象自身相分离。[1] 普遍者是许多事物共有的东西，[2] 或者，更准确地说，是因为事物的本质而属于它们的东西，因此普遍者是必然的和永恒的。[3] 因此，一切普遍概念的所指只是事物的某些属性，换言之，它们是谓词而不是主词。即使许多这样的属性组成一个属概念，我们得到的也只是这个属的成员所共有的东西，而不是一个在它们之外的、普遍的持存之物。柏拉图的"多之上的一"（$\dot{\varepsilon}\nu\ \pi\alpha\rho\dot{\alpha}\ \tau\dot{\alpha}\ \pi o\lambda\lambda\dot{\alpha}$）被亚里士多德的"多之中的一"（$\dot{\varepsilon}\nu\ \kappa\alpha\tau\dot{\alpha}\ \pi o\lambda\lambda\tilde{\omega}\nu$）取代了。[4] 如果普遍者不是任何独立存在的持存之物，那么它就不可能是实体。尽管"实体"这个词[5] 在多种意义上被使用，[6] 但它最初指的是那些既不是

1　参见上文第 212 页注释 6。《形而上学》xiii.9,1086b2.Cf.c.4,1078b30 sq.。

2　《形而上学》vii.13,1038b11; iii.4,999b34。《解释篇》7,17a39；《论动物的部分》i.4,644a 27，以及上文的论述。

3　《后分析篇》i.4,73b26; c.31,87b32。《形而上学》v.9,1017b35。另外，参见 Bonitz, *Ind.Arist.*336, b,4 sqq., Kampe, *Erkenntnissth. d. Arist* 160 sq.。

4　《后分析篇》i.11 *init.*。《论灵魂》iii.8（参见第 138 页注释 5）。

5　亚里士多德的"$o\dot{v}\sigma\dot{\iota}\alpha$"在这里和别处都被翻译为"实体"。有人说这个翻译是非常奇怪的，（Struempell, *Gesch.d.theor.Phil.b.d.Gr.*213 sq.；参见 Zeller, *Ph.d.Gr.* Pt.i.555,1)，因为亚里士多德没有在任何地方将 $o\dot{v}\sigma\dot{\iota}\alpha$ 理解为"未知的、永恒的、可变属性的真正的载体"。然而，我们却不能停止使用这样一个有着 1500 年传统的亚里士多德词汇，仅仅因为 Herbart 用这个词表达了另外的含义。

6　关于"$o\dot{v}\sigma\dot{\iota}\alpha$"的不同意义，参见下文 p.374 以下。

其他对象的本质的定义，也不以附庸的方式依赖于他物的东西。[1] 换言之，实体是那些只做主词而绝不做谓词的东西。[2] 或者说，实体是原初意义上的存在，它是其他一切存在的来源。[3] 亚里士多德认为这些条件只在个体中被满足。普遍者并不能独立存在，这正是他反对柏拉图的地方。任何普遍者，包括属，只存在于它所谓述的个体之中。普遍者总是在其他对象之中。它指示的不是"这个东西"，而是事物的某个状态。个体事物的存在只属于它自身，并不依赖其它任何事物，个体因其自身而是其所是，并非因他物而是如此这般。[4] 因此，只有在一种衍生的意义上，属才能被称为实体：即当它们规定了某些实体的共同本质时；[5] 它

332

333

1　《范畴篇》c.5。另外，参见 Trendelenburg, *Hist.Beitr.*i.52 sqq.。

2　亚里士多德在别处定义了它。参见《形而上学》v.8,1017b13："实体不谓述其他主词，而它是其他所有主词"；vii.3,1028b36。参见《前分析篇》i.27,43a25；《论生命的长短》3,465b6。

3　《形而上学》vii.1 *init.*：除了它自身，它不是别的什么，也不能运用在他物之上（参见《后分析篇》i.4 以及紧接着的评论）；c.7,1030a22："存在最首要的意义指实体"。更多讨论参见 p.289。

4　参见《范畴篇》c.5,2a34。《后分析篇》i.4,73b5，在这里，亚里士多德称"就自身而言者"为"不谓述别的主词的东西"。《形而上学》vii.1,1028a27：那些承载所有性质的东西被称为"实体和就自身而言者"。c.12,1037a27："实体是驻于质料中的形式"；c.4,1030a19："实体和这一个"；c.10,1035b28："普遍的东西不是实体"；c.12,1037a27："我们说过，实体是某个一和这一个"；c.13,1038b10："第一实体只属于个体，而不属于其他，但普遍者是被共有的"。*Ibid.*1038b34："普遍的性质没有一个是实体，这是明确的，因为没有哪个共同的谓词指示了'这个'，它指示的是'这样的'"。c.16,1040b23："共同的东西不是实体；因为实体不属于其他只属于事物自身，即那个拥有它的事物，它是这个事物的实体"。*Ibid.fin.*："我们说普遍者不是实体"；xii.5 *init.*："有些东西是独立存在的，有些不是，只有前者是实体。因此，所有存在者的原因是相同的"；iii.6,1003a8："任何共同的东西指示的都不是'这个'，而是'这样的'，而实体是'这个'"。《辩谬篇》c.22,178b37(cf.*ibid.*179a8)："'人'和任何一个普遍的谓词指的都不是个体，而是性质、量、关系和类似的东西"（这一点在事物的可感性质上也适用；参见上文 p.206）。《论动物的生成》iv.3,767b33："实体是每一个体自身。其他范畴指示的只是实体的属性"；参见上文 p.289。亚里士多德发现（《形而上学》vii.16,1040b26 sq.），如果将理念看作实体，那么它们自然是独立存在的。理念论的错误恰恰在于将普遍者看作实体 (Hertling, *Mat.Und Form*,44,1 误解了这个观点)。

5　参见《范畴篇》c.5,2a15，及以下段落。在别的地方 δευτέρα οὐσία（第二实体）这个术语并未出现过。然而，他在别的地方用 πρώτη οὐσία（第一实体）指"在原

223

们越接近个体实体，就越具有实体的特征，因此"种"比"属"在更高的程度上是实体。[1] 然而，根据严格的"实体"概念，"种"根本不能称为"实体"，因为它谓述个体，[2] 它和其他普遍者都不是"这一个"，而是"这样的"——它对应的不是名词，而是形容词；它表达的不是实体，而是实体的某个性质。[3]

亚里士多德给出的实体的其他特征——只要它们是这个概念的真正性质——只属于个体实体。[4] 亚里士多德所谓的第二实体并不完全等于性质，也不是恰当的实体。它不过是从性质的角度来描述实体，因为它是某类实体的本质属性的集合。[5] 与之相对，只有个体实体有着自足的、独立存在的本性，因而它们才是原初意义上的实体。

334

初意义上的实体"，用 $\tau\rho\acute{\iota}\tau\eta$ $o\grave{\upsilon}\sigma\acute{\iota}\alpha$（第三实体）指"第三类实体"，我们已经指出在这一点上没有反对意见（第 45 页注释 2）。

1　《范畴篇》c.5,2b7 sq.。亚里士多德似乎说了与之相反的话，参见《形而上学》viii.1,1042a13；但是他并不打算在这些话中表明自己的观点；cf.vii.13; Bonitz and Schwegler *in loco*.

2　《范畴篇》c.5,2a19 sq.,2b15–21。

3　参见第 223 页注释 4。《范畴篇》c.5,3b10："似乎所有实体都是个体"。对于"第一实体"而言，这一点是无疑的。

4　实体的首要特征是"不谓述主词"。然而，我们已经指出，这一点只对个体实体有效。第二特征是（《范畴篇》5,3a6 sq.，以及第 223 页注释 1）"不在主词之中"。但这个特征对于类也有效，并不仅仅对于种差有效（《范畴篇》c.5,3a21），因为种差包含在所谓述的事物之概念中；（根据亚里士多德的意见，同上书）在主词之中的东西不属于它所谓述的主词之概念，而是一个独立于实体的性质：例如，在"这个物体是白色的"这个句子中，"白色"在主词（物体）之中；另一方面，在"人是有两足的"这个句子中，"两足"并不在主词之中。实体的另一个特征是（《范畴篇》c.5,3b24）"实体自身没有相反者"。亚里士多德指出这个特征对于确定的量和其他概念也是适用的。这个特征也意味着（*ibid*.1,33）实体没有程度之多少的区分。或许我们可以说一个比另一个或多或少地是人，但是我们绝不能说他比另一个或多或少地是两足的。最后（*ibid*.4a10,4b3,17），如果我们认为实体最显著的特征是"在数目上为一，并能够接受相对者"，那么这个特征只对个体实体有效，因为对于类，数目上的统一性和变化的概念是不适用的。另外，这个陈述包含了将实体等同于质料的有争议的观点，我们将在后面讨论。

5　《范畴篇》c.5,3b18（在第 224 页注释 4 中引用的那个段落之后）。Cf.Simpl.*Kat*.26, β, Bas., 辛普里丘用"本质属性"解释"实体的种类"。

　　然而，这个观点并非没有问题。如果所有知识都是关于现实者的，[1]
那么只有现实者——即在这个词最高的和最初的意义上——才是知识最
初的和最终的对象。如果知识是对实在的认识，[2]那么它必然与真正的存
在相关，即与事物的实体相关。[3]如果实体是个体，那么，一切知识最 335
终是关于个体的知识，个体将不仅是知识的开端还是知识的全部本质内
容和对象。然而，亚里士多德对这个结论予以坚决拒斥。他相信科学并
非与个体相关，而是与普遍者相关，即便当它最接近个体事物时，它的
对象也始终是一般概念，而非个体事物。[4]亚里士多德体系中的这个矛
盾并不能通过下述区分来解决[5]：即在自然实体的领域中个体是优先的，
而在精神世界中普遍者是优先的。亚里士多德自己并不知道这个区分。
他认为，知识绝对是关于普遍者的，并且只有个体的本质才在绝对意义
上是实在的；他选择的例子所揭示的命题既适用于自然世界也适用于精
神世界。[6]甚至上帝也是个体实体。说实体就是形式并未解决任何问题：
因为，我们将看到，在对形式的研究中出现的问题和困难同样出现在我
们现在对实体的研究中。

　　亚里士多德自己意识到了这个困难，[7]他似乎指出了某种避免这一困 336
难的方法[8]——即知识，就可能性而言，是不确定的和关于普遍者的，
但是，在实际的运用中，知识总是关于某个确定的存在者。然而，这个
观点并未解决根本的问题。关于特殊者的知识是由普遍的知识在特例上

1　参见 p.162。

2　同上文，以及第 152 页注释 1。

3　《形而上学》vii.4,1030b4。另外，参见第 152 页注释 1。

4　参见上文 p.162 以下，以及 p.220 以下。参见《后分析篇》i.24,85a20 sq.。这里有
　　论证说，证明的一般方法比特殊方法更好；*Ibid.*c.14,79a28。

5　Biese, *Phil.d.Arist.*i.56 sq.

6　对于前者，参见《形而上学》xiii.10,1086b33 sq., i.1,981a7；《后分析篇》i.31；
　　对于后者，参见《范畴篇》c.5,3b14 sq.；《形而上学》vii.10,1035b27, c.16,1040b21,
　　xii.5,1071a2。

7　《形而上学》iii.4 *init.*; c.6 *fin.*。参见《形而上学》xi.2,1060b19, xiii.10, vii.13,
　　1039a14。

8　《形而上学》xiii.10；参见第 121 页注释 2。

的运用而产生的。特殊知识的确定性取决于普遍知识的确定性。因此，正如亚里士多德意识到的那样，[1] 这些知识的对象并不是个体事物自身，相反，个体只有通过普遍的逻辑形式才为我们所认识。[2] 另一方面，如果个体本来就是现实的，那么，就其现实性而言，个体正是知识的恰当对象，普遍知识的真实性和确定性就应当取决于个体。事实上，应当是个体而不是亚里士多德认为[3] 的普遍者，在本性上是更可知的和更确定的。[4] 承认这一点，如果我们说属自身比种更是实体，但对于我们而言，种比属更是实体，[5] 那么我们就会使自己陷入到与亚里士多德的观点相悖的境地，因为他坚持认为所有实体——在这个词的严格的意义上——都是个体实体，而不是它们对于我们显得是实体。只有一种情况能使我们避免这个困难：即存在某种原则，它既是普遍的又是个别的；这样它就既是实体和现实性的基础，又是普遍者和真理的基础。这个原则似乎在亚里士多德整个体系的基点中找到了——即在关于纯思想或神的理论中。对他而言，神圣者是思想的本质，也是主体；它作为目的是世界的第一推动者和形式，也是真正意义上的普遍者。神的概念并非偶然地存在于个体本质中，[6] 而是由于它的本性；在一切有限的事物中，普遍者将自己表现在，或可能表现在许多个体之中。[7] 从这一点出发，我们或许可以找到解决这个困难的一个办法，即在作为终极原则的神之中，思想

1　参见上文 p.220。

2　亚里士多德在《形而上学》vii.10 中说的是 $\tau\hat{\omega}\ \kappa\alpha\theta\acute{o}\lambda o\upsilon\ \lambda o\gamma\hat{\omega}$"（作为普遍的逻各斯）（参见上文 p.220, sqq.）。

3　参见第 144 页注释 2。

4　Rassow 的解决方案（Aristot. *de Notionis Definitione Doctrina*, p.57）也不令人满意。他援引了《形而上学》第七卷第 10 章 1035b28（在这里，在 "$\dot{\omega}\varsigma\ \kappa\alpha\theta o\lambda o\upsilon$"［作为普遍的］这个词之后——它与 "$\kappa\alpha\theta'\ \acute{\epsilon}\kappa\alpha\sigma\tau o\nu$"［就每一个自身］相对，我们应当补充上 "$\epsilon\dot{\iota}\pi\epsilon\dot{\iota}\nu$"［已经说过的］）以及第 4 章 1029b19 的内容，并试图这样来解决这一矛盾：即在定义和一般科学中，个体并不被看作个体，而是从它的存在的普遍性来看的。但这正是矛盾所在，倘若只有个体才是实体的话。

5　Brandis, ii.b,568，他对于这个问题的回答并不是很清楚。

6　例如，太阳或月亮的概念；参见第 154 页注释 2。

7　《形而上学》xii.10,1074a33。

的绝对确定性与存在的绝对现实性是重合的；但是，在存在的所有衍生形式中，某物越是个体的就越具有现实性，某物越是普遍的就越能被认识。然而，这个解决方案是否与亚里士多德的所有前提相容还是个未证明的问题。亚里士多德自己并没有给出这个区分。他仅仅指出一切知识都是对普遍者的认识，实体性却只属于个体。即便我们将第一个命题限制在感知的范围内，[1] 它与第二个命题的不融贯也是显而易见的。亚里士多德不是说知识是有关普遍者的，因为我们不能完全认识个体自身。相反，他的观点是即使我们感知到的个体事物对于我们而言是更可知的，普遍者却是严格意义上知识的唯一对象，因为它自身是更原初的和更可知的——因为只有它拥有知识的对象所要求的那种永恒性。[2] 还有一个结论是无法避免的：即与可感的个体相较，普遍者必须拥有更高程度的现实性。此外，我们发现[3] 个体只有通过形式与质料的结合才能得到。然而，人们无法理解形式与质料或现实性与可能性的复合物何以比在普遍概念中所知的纯形式——即不被任何可能性限制的现实性——具有更高程度的现实性或更原初意义上的实体性。[4] 因此，认识到这一点，我们只能说这不仅是亚里士多德哲学的一个缺陷，更是一个深刻的矛盾。[5] 他放弃了像柏拉图那样将普遍概念实体化的努力，但是他保留了两个重要的假设：只有普遍者才是知识的对象，以及知识的真与

339

1　G. V. Hertling 在 *Mat. u. Form b. Arist.* 43 中指出，普遍的形式并非在所有情况下都是知识的必要条件，仅仅在我们处理物质世界的知识时如此。这是我们在面对物质事物的非完全可知性时的唯一资源。

2　参见上文 p.205, p.220。

3　参见下文 p.368。

4　甚至 Hertling 也没能解释清楚这个问题，他在刚才引用的那个段落里说：只有在事物中具有永恒价值的东西才是知识的对象。就感觉世界而言并非如此，因为可感世界与一切偶然的和有质料的东西纠缠在一起。因此，他提出了这一问题：永恒价值的东西与偶然的东西混合在一起的事物何以比纯形式更实在？

5　自从 Ritter（iii.130）提醒我们注意这个困难之后，Heyder 对它有过更多的讨论；参见 *Arist. und hegel. Dial.* 180,183 sq.，以及策勒第一版第 405 页以下，以及 Bonitz, *Arist. Metaph.* ii.569. 和 Schwegler, *Arist. Metaph.* iii.133。另外，参见 Struempell, *Gesch. d. Phil.* 251 sq.。

对象的现实性是一致的。[1] 我们如何同时持有这两种立场而不陷入矛盾之中呢？

亚里士多德在为柏拉图的理念论及其相关理论遗留的问题寻找答案时进一步发展了他自己的理论，然而，在研究这些理论时我们必定会遇到这些矛盾。

2. 形式和质料: 现实者与可能者

340　　现在，我们必须回到柏拉图。他区分了事物不可感的本质与它们的可感现象。亚里士多德拒绝承认前者是事物之外自持的普遍者。但是他并不希望抛弃这一区分，他做出这一区分的基础与柏拉图是一致的——即只有不可感的形式是知识的对象，并且只有形式是变化现象中的持存者。他与柏拉图一样认为：因为感知与知识不同，知识的对象与可感对象不同。一切可感之物都是变化的和短暂的；它是"偶然之物"——即能以这种或那种方式存在。相反，知识要求的对象与知识自身一样是不变的和必然的，它不可能变成它的反面，就像知识不会变成无知一样。对于可感之物，我们既没有概念也没有证明；与知识有关的只有形式。[2] 形式也是一切生成的必要条件：因为任何被生成之物，都是生成为什么，并从别的什么而被生成。因此，生成就是某一质料获取了一个确定的形式。这个形式必然在生成之前就被设定为生成的目的和结果；

341　　即便我们假设在特殊情况下，形式自身能够从生成过程中产生，但是，无论如何，这个假设不能无限持续，因为，如果它可以无限持续，那么我们绝不可能有一个真正的生成过程。换言之，生成这一事实是无法解

1　参见 Zeller，*Ph.d.Gr.* Pt.1.541 sq.。

2　《形而上学》vii.11,15（参见上文 p.220），及《形而上学》iii.4,999b1；iv.5,1010a25。

释的，除非在被生成物[1]之先存在一个形式，[2]而这个形式自身是不被生成的。

　　同样的缘故，质料作为形式的相对者也是存在的。它们之间的关系不像柏拉图定义的那样，仅仅只是相对者——即一切真正的存在全部属于形式的范围，而质料的领域是非存在。一个老问题在这里再次出现：变化是如何可能的？[3]从"存在"之中不可能生成什么，因为它已经存在了；而从"非存在"之中也不可能生成什么，因为没有什么东西能从非存在而来。亚里士多德发现能够避免这个困难的唯一方法是：认识到一切被生成物的生成是从相对意义上的"存在"和相对意义上的"非存在"开始的。被生成物从之而来的东西不是绝对的"非存在"，但它也不是那个将要被生成的存在。因此，剩下的可能是：它是可能的存在，但尚未是现实的存在。例如，倘若一个没有修养的人变成了一个有修养的人，他是从一个没有修养的人变成的，但是，他却真正地是从一个能够被教养的人变成的。实际上，并非是"无修养的"变成了"有修养的"，而是"无修养的人"——这个主体，变成了有修养的；这个主体包含了有修养之倾向，但他还不是现实地有修养的。

　　一切生成或变化都是从可能性到现实性的过渡。因此，一般而言，生成或变化预设了一个基体，它的本质是纯粹的可能性——它在任何关系中都不是现实性。[4]一切被生成之物都是从它的相对者而来。热的东

342

343

1　*Eῖδος, μορφή, λόγος*（即"形式"的不同表达方式，参见第 152 页注释 1），*οὐσία*（实体）参见上文 p.275，*τὸ τί ἦν εἶναι*（本质），参见第 151 页注释 1。

2　《形而上学》iii.4,999b5; vii.8 *init.*。如此，形式只能从另一个形式而来，重复以至无穷，因为一切被生成物都是形式在质料中的具现。"显见的是，形式是不被生成的，本质也是不被生成的。……我们已经指出，形式或实体是不被生成的，从形式而得名的复合物是被生成的，并且在所有被生成物中，质料是在其中的，它的一部分是质料，另一部分是形式。"参见 c.9,1034b7：被生成的不是球形，也不是铜，而是这个铜球，不是"*ποιὸν*"（这样的），而是"*ποιὸν ξύλον*"（这样的一个球）；xii.3 *init.ibid.*1070a15, viii.3,1043b16, c.5,1044b22。

3　参见 p.302, p.309 以下。

4　这个关系在《物理学》第一卷第六至十章中有完备的发展，参见第一卷第 7 章。*Ibid.*190, a,31：在实体生成的过程中，成为实体的是变化的基体；"实体和其他在

344 西先前一定是冷的。一个有学识的人先前一定是无知的。[1] 然而，相对者自身不能变成它们的相对者，也不能相互作用。冷本身不能变成热，无知本身也不能变成有知；当前者不再存在时，后者便开始存在了。变化或生成不是一个属性向相对的属性的转换，而是事物的某种状态向相对状态的转化——而这种转化是通过属性之间的替换来实现的。因此，一切变化都预设了某一存在，它是属性发生交替的基础，它作为这些交替变化的属性和状态的主体，并为它们奠基，它在属性的交替中持存。这个基体，显然在某种意义上是被生成物的相对者，但它并非因其自身如此，而是在衍生的意义上如此。它尚未拥有那些它将接受的属性，与之相反，它拥有这些属性的相对者；在这个意义上，它与从其而来的被生成物的关系是否定的。然而，这个否定关系涉及的不是基体自身的本质，而仅仅是在它之中的性质的规定性。[2] 因为，基体是一切变化或

345

绝对意义上被生成的东西都是从某个基体而来的，这一点将是显而易见的。"亚里士多德继续用植物、动物、艺术作品或化学变化为例子来证明，然后说道："从我们说过的来看，所有被生成物总是复合的，一方面是被生成的东西，另一方面是变化者——而这有两个意义，要么是基体，要么是某一相对者。我说的相对者指的是'无教养的'，基体指的是人，形式或形状或秩序的缺失称为相对者，铜或石头或金子称为基体。因此，显见的是，一切变化或生成是从基体和形式中而来的…… 基体在数目上是一，但在形式上是二"，即 (1) 质料自身和 (2) 对形式的否定作为质料的 *συμβεβηκὸς*（偶性）。正是这个区分使亚里士多德在《物理学》第一卷第八章中解决了早先哲学家们遇到的关于变化之可能性的困难——他们因为这个困难而完全否认了变化的存在，即被生成之物不是从它的否定而来的，因为否定或缺失自身并非独立存在的，例如，一个人变成有修养的并非是从无修养自身而来的。参见《论生成与消灭》i.3,317b15；《形而上学》*xii.2*（这个表述与柏拉图的观点是完全一致的）；*ibid.*c.4,1070b11,18, c.5,1071b8, iv.5,1009a30，以及第229页注释2。

1 参见下文，以及《物理学》ii.5,205a6。

2 参见前一条注释以及 p.323, sqq., 以及《物理学》i.6,189a20；"为了解释变化现象，仅仅假设互为相对者的两个原则是不够的"；c.7,190, b,29："因此，在某种意义上，我们必需的任务原则是二个，在另一种意义上它们是三个"。如果除了"基体"和"形式"（逻各斯）之外，我们还算上"缺失"，这里就有三个原则（*ibid.*191a12），否则就只有两个原则。某物的相对者算作它的原则，只有当它的质料带有"缺失"或质料能够接受形式方面；如果某物的非相对者作为它的原则，那么质料自身既能这样被规定又能那样被规定；c.9,192a16：柏拉图的错误在于将质料简单地等同于非存在（参见第218页注释6）。参见《物理学》iv.9,217a22。

生成的前提，它自身甚至是没有开端的；因为一切可朽事物最终将分解为同一个基体，所以它是不朽的。[1] 变化的这种没有开端的基础[2] 就是质料；[3] 因此，在形式之外，质料是第二原则。[4]

　　这两个原则以及它们的关系在"形式是现实的和质料是可能的"理论中有更清楚的解释。[5] 这两个概念是从对一切变化和生成的两极之区　　346—7

1　参见第 229 页注释 2。《物理学》i.9,192a28。

2　τὸ ὑποκείμενον（基体），τὸ δεκτικὸν（承受者或接受者），参见第 229 页注释 4，除了下一条注释，参见《论生成与消灭》i.10,328b10；《论灵魂》ii.2,414a9. *Ibid.*1.13。

3　参见《物理学》*ibid.1.31*。《论生成与消灭》i.4 *fin*。《形而上学》i.3,983a29。参见上一条注释。

4　参见上一条注释和下一条注释。因为 στέρησις（缺失）本身不是一个独立的原则，而仅仅属于质料本身——即质料是缺少形式的质料；缺失在形式和质料之外作为第三原则的情况只在少数段落中出现，并且带有限制条件；参见《物理学》i.7（第 230 页注释 2）；《形而上学》xii.2,1069b32, c.4,1070b10,18, c.5,1071a6,16。

5　《论灵魂》ii.1,412a6.c.2,414a14 sq.；《论生成与消灭》ii.9,335a32。《形而上学》vii.7,1032a20；c.15（参见上文）；viii.1.1042a2；c.2,1042b9.*Ibid.*1043a12,20,27；c.3 *init.*；c.6,1045a23；ix.8,1050a15；1050b27；xii.5,1071a8,18。这样的段落我们还能列举出更多，以便证明 τὸ δυνάμει ὂν（可能存在者）对应于 ὕλη（质料），而 τὸ ἐνεργείᾳ（现实存在者）对应于 εἶδος（形式）。有人认为 ὕλη 指的是 πρώτη（最初质料或原始质料），而 δυνάμει ὂν 指的是 ἐσχάτη ὕλη（最近质料）（参见第 232 页注释 3），但这个观点是不正确的。如果亚里士多德用"最近质料"回答了"某物在何时是可能的"（《形而上学》ix.7）这一问题，那么他对于"某物的质料是什么"——即这些确定的事物的质料是什么——这一问题的回答将是相同的。如果，"土"不是"可能的人"，那么根据《形而上学》viii.4,1044a35,1044b1 sq. 的论述，"土"也不是"人的质料"；而这同一段文本中的 δυνάμει οἰκια（可能的房子）(1049b8) 指的是 ὕλη（质料）。另一方面，πρώτη ὕλη（原始质料）是纯粹的 δυνάμει ὂν（可能性）。因此，尽管这两对概念（即形式与质料，现实性与可能性）之间是有区分的，但这里关涉的重点不是它们的内容，而是我们理解它们的角度。在形式和质料的区分中，我们是在分辨不同的成分，而在现实性和可能性的区分中，我们是在分辨事物的不同状态或条件。前者涉及的是实体和属性的关系；后者涉及的是前一阶段和后一阶段的关系，或者不完善和完善的关系。然而，因为质料的本质就是实现形式的可能性，所以我们可以设想仅仅需要语法上的改变就能用前者的表达代替后者。反之，我们也可以用后者替代前者的表达。唯一可能出现的困难是：当我们描述的不是某物对另一物的关系——即可能的和现实的关系，而是同一个对象从可能性到现实性的转化；参见《物理学》ii.3,195b3, viii.4,255a33；《论灵魂》ii.5,417a21 sq.；《论动物的生成》ii.1,735a9；但是，即便如此，我们也可以说某物是可能的当且仅当它包含质料。所以，尽管从逻辑上考虑，δυνάμει 和 ἐνεργείᾳ

分的考查中得出的。[1] 如果我们对所有情况做出抽象，即某个对象第一次被生成，我们应当先有某个确定的质料——它缺少某一形式，但能够接受这个形式。如果我们对生成的产物进行完全的抽象——即，如果我们假设某个尚未成为任何事物的对象，那么我们就得到了不具有任何形式之确定性的纯粹质料。这种东西什么也不是，但它能变成任何东西——即主体，或基体，可设想的一切谓词都不属于它，但正是由于这一点它才能够接受任何谓词。换言之，它完全在可能性之中，而丝毫不在现实性之中：它是纯粹的潜在存在，[2] 而非任何现实存在。[3] 相反，如果我们从一个对象中抽掉一切初级的东西以及还未完善的东西，如果我们设想它已经完全发展而获得了自身的目的，那么我们就获得了对这个

348

比 ὕλη 和 εἶδος 的范围要宽（因为，后者仅仅表达了两个主体之间的关系，而前者还表达了一个主体与其自身的关系），但是从形而上学的角度考虑，它们是没有分别的。

1　因此，亚里士多德的"质料"概念以及质料和形式的区分是从对"变化"的解释中产生的，即变化似乎预设了这些概念。我们从这个表述中也可以清楚地看到，所有能够变化的东西都包含着质料；《形而上学》viii.5,1044b27：并非所有事物都有质料，只有那些生成或变化的事物才有质料。参见《形而上学》vii.7（上一条注释）。

2　即 τὸ δυνάμει ὄν（可能者）。在这里，"δυνάμις"有不同的意义，即它可以指能力或力量，即 ἀρχη μεταβλητικη（变化的本源）的意义上，包括发动变化或承受变化的能力，以及理性的或非理性的能力（参见《形而上学》ix.1–6, v.12）；然而，亚里士多德将这两种意义混合起来（参见 Bonitz on Metaph.379 sq.，以及第 162 页注释 3）。他将"δυνάμις"的第二种意义运用在拥有某种能力的材料上，例如《论动物的部分》ii.1,646a14 sq. 中的潮湿和干燥，温暖和寒冷的实体，《论动物的生成》i.18,725b14. 中的某些液体，《气象学》ii.3,359b12 中的盐和碱，以及《论感觉》5,444a1 中的香氛都被称为"能力"。

3　然而，纯粹的质料自身并不直接显现（参见下文），亚里士多德称之为 πρώτη ὕλη（原始质料）。在这个意义上，它的相对者是 ὕλη ἐσχάτη（最近质料），或者是不再需要任何准备就可以与一个确定的形式相结合的质料。原始质料是在一切基本的分化之前就存在的质料；而最近质料是像构成雕像的石头或铜这样的东西；人的"最近质料"是 τὰ καταμήνια（母亲的经血）。参见《形而上学》v.4,1015a7, c.24 init.，viii.6,1045b17, c.4,1044a15,34,1044b1, ix.7,1049a24. 但是，这里有某些语词上的混淆，因为"πρώτη ὕλη"这个词组有时指绝对的原始质料，有时指相对的原始质料（即 ὅλως πρώτη 以及 πρὸς αὐτὸ πρώτη ὕλη）；参见《形而上学》v.4, viii.4,1044a18,23；《物理学》ii.1,193a28，以及《形而上学》v.4,1014b26，以及 Bonitz, Ind.Arist.,786, b,10.

概念纯粹的、完善的实现，在这种完善性中任何非形式的东西、任何未被形式化的质料都不存在。形式，或一个对象的可思本质，就是它的完善的实现，而形式之一般就是现实性。[1] 正如一尊雕塑在未加工的材料中只是潜在地存在，通过工匠把形式传递到材料中，它才变成了现实的存在，因而亚里士多德认为潜在性就是单纯的可接受性——它是不确定的、未发展的存在，但它能够变成一个确定的实在者，尽管尚未被制作出来。另一方面，他认为现实性指的是同一个存在者完备的发展，或已经被制作出来的完全的存在。因此，当他将形式等同于现实者，将质料等同于潜在者时，他指的是形式是质料尚未拥有但能够获得的全部性质。[2] 质料本身，即所谓的"$\pi\rho\dot{\omega}\tau\eta\ \ddot{\upsilon}\lambda\eta$"（第一质料或原始质料）[3] 是不带有形式或任何确定的性质的，它在一切变化和形式化之前就存在；它是一切相对者和确定性质的无区分的中心；它是没有任何形式化性质（即构成事物之形式的性质）的基体。[4] 从这方面看，它是没有界限的或无限的，不是在空间的意义上（因为，我们将看到亚里士多德不承认空间中无限的存在），而是在一种宽泛的意义上——即无限是不被任何确定的形式所规定或限制的，因而它是没有宗结的，也不是完善的。[5] 丝毫不确定的东西是不可知的，所以质料自身是不可知的。我们只有通过类比得知它的概念，即假设一般可感之物的基体和它们的关系与某一质

349

350

1　$\dot{E}\nu\acute{\epsilon}\rho\gamma\epsilon\iota\alpha$ 或 $\dot{E}\nu\tau\epsilon\lambda\acute{\epsilon}\chi\iota\alpha$（具体的 $\tau\grave{o}\ \dot{\epsilon}\nu\epsilon\rho\gamma\epsilon\acute{\iota}\alpha\ \ddot{o}\nu$［现实者］和 $\tau\grave{o}\ \dot{\epsilon}\nu\tau\epsilon\lambda\epsilon\chi\epsilon\acute{\iota}\alpha\ \ddot{o}\nu$）这两个表达的差别正如活动或实现与完备性或现实性的差别一样，但是亚里士多德通常是不加区分地使用它们。参见下文 p.379, sqq.。

2　《形而上学》ix.6,1048a30; c.8,1050a21；《物理学》i.7,191a7. Ibid. iii.1,201a29。

3　参见第 232 页注释 3。

4　《形而上学》vii.3,1029a20; c.11,1037a27; ix.7,1049a24; viii.1；参见第 231 页注释 5，iv.4,1007b28。《物理学》i.7；参见第 233 页注释 2，以及《物理学》iv.2,209b9："当它变成这样时，它被形式和确定的界限所规定……质料和不确定者是这样的东西"。参见《论天》iii.8,306b17。

5　亚里士多德认为 $\ddot{\alpha}\pi\epsilon\iota\rho o\nu$（无限）首先指的是空间中的无限制，《物理学》第三卷第四章中的"无限"概念就是对这个意义的研究。但是，他发现在现实性中不存在无限的空间；最后，他将无限等同于 $\dot{\alpha}\acute{o}\rho\iota\sigma\tau o\nu$（无定）或质料概念。参见 ibid. c.6,207a1：（常识意义上的"无限"概念是错误的）（《论天》ii.4,286b19 重复了这一点）；c.7,207b35; iv.2，参见上一条注释。

料和从它生成的事物的关系是相同的。[1] 另一方面，我们认为所有的性质、规定性、界限和可理解性都属于形式。因此，形式和质料并不需要另外的中介来生成一个整体，它们直接统一起来：形式是质料的确定性，而质料自身是不确定的；质料直接接受形式带来的确定性。当潜在者变成现实者时，这些要素就不是彼此分离和对立的，而是作为同一个东西存在，其中质料是它的潜在性，而现实性是它的形式。[2]

然而，正如我们不认为形式和质料的关系是异质的两个实体，我们也不认为形式或质料分别是单一的实体，以致于认为一个质料和一个形式构成了基本的元素，并通过它们的各种组合产生了事物。的确，亚里士多德承认神圣的理性是不包含质料的、纯形式的存在。但是，他并未将它当作所有形式的可思的理念，即一切事物的普遍的精神性实体，而是把它当作在许多个体之外的一个存在者。同样地，亚里士多德意识到有一个原始性的质料，尽管它在元素中和所有特殊种类的质料中具有不同的形式和性质，但它自身在所有物体中是同一的。然而，这种原始质料从不显现自身，除非在某个元素的确定的形式中。[3] 它也不可能是另外的形态，因为纯粹的和不确定的质料仅仅是没有任何现实性的潜在性。这种原始的、物质性的质料并不是质料概念的全部，亚里士多德还谈到一种非物质性的质料，例如，他发现这种质料存在于概念和数学对象中。当某物与另一物的关系类似于物质性的质料与形式的关系时，如果这些对象是非物质的，那么它就是非物质性的质料。[4] 因此，我们看

---

1 《物理学》iii.6；参见上一条注释；*ibid*.i.7，《形而上学》ix.6；参见第 233 页注释 2，《形而上学》vii.10,1036a8：“质料自身是不可知的”。另外，参见第 153 页注释 2；关于柏拉图的理论中与此类似的地方，参见 Zeller，*Ph d Gr* Pt. i, p. 621, 2。

2 《形而上学》viii.6,1045b17：对于一个概念或一个数字中的不同元素如何可能构成“一”，亚里士多德的回答是：它们之间的关系是质料与形式的关系（参见第 153 页注释 2）。

3 《物理学》iii.5,204b32：这里没有可感的物体，除了这些所谓的元素，否则四元素就要分解为它了，但情况并非如此。参见《论生成与消灭》ii.1,329a8.*Ibid*.1.24.*Ibid*.i.5,320b12 sq.。

4 《形而上学》viii.6,1045a33; vii.11,1036b35.*Ibid*.c.10,1036a9。

到每个这样的概念都指涉单个存在者或某一类事物，而且它们在任何与原初关系类似的情况中都可以被使用，[1] 尽管它们无疑是从对物质性对象的第一次抽象中得到的。[2] 因此，在将概念分析为它们的两个要素时，亚里士多德认为属的意义与质料的意义相同，种差可以等于形式。[3] 类似地，在宇宙的结构中，在生理学、动物学和心理学中，以及上层天宇和下层天宇，四元素之间，[4] 灵魂和身体，[5] 雄性和雌性，[6] 主动理性和被动理性，[7] 它们之间的关系与形式和质料的关系是一致的。几乎不用再次说明，这一关系同样也是潜在性与现实性的关系。它们同样表达了在一切可能对象之间存在的某种确定关系，而解释它最恰当的方法是类比。[8] 亚里士多德正是将质料与形式的关系运用在它们之上。例如，他用它们来解释属和种差的关系，以及多个属性属于同一个物体的一般可能性。[9] 他还用它们解释主动和被动的关系。[10] 我们由此看到，同一个事物从一方面看是质料，从另一方面看是形式：起初它是潜在者，而后它成为现实者。例如，构成一切物体的元素是原始质料的形式；铜作为一尊雕像的质料拥有自身作为金属的特定形式。灵魂一般被视作身体的形式，但在灵魂最高的和非物质的部分中也有两种要素的区分——它们的

353

354

1　《形而上学》xii.4；c.5,1071a3,24。

2　这一点从亚里士多德使用的例子中可以看出；参见第 229 页注释 2，第 229 注释 4 以及第 231 页注释 4。关于质料，他在《论生成与消灭》i.4,320a2 中评论说：我们这样来理解质料，它最严格的意义是接受生成和毁灭的基体。

3　参见第 152 页注释 2。

4　《论天》iv.3,4,310b14,312a1；《论生成与消灭》i.3,318b32, ii.8,335a18。

5　《论灵魂》ii.1,412b9 sq.c.2,414a13 sq.，以及参见其中常提及之处。

6　《论动物的生成》i.2 *init.*, ii.1,732a3, ii.4,738b20，以及《形而上学》i.6,988a5, v.28,1024a34。

7　《论灵魂》iii.5。

8　《形而上学》ix.6；参见第 233 页注释 2。*Ibid.*1048b6; xii,5,1071a3，参见第 219 页注释 3 的引用过。

9　《论灵魂》iii.5。

10　《形而上学》viii.6,1045a23,1045b16；《物理学》i.2 *fin.*；参见第 152 页注释 2，第 234 页注释 2，第 203 页注释 2 和注释 3。

关系仍然是形式与质料的关系。[1] 的确，我们发现一切事物，除了"永恒的非物质的实体"，都包含某些质料，[2] 另一方面，正如我们已经指出的，[3] 质料从不现实地向我们呈现自身，除非它已被赋予了形式。

因此，在质料发展为形式的过程中，我们可以区分出几个阶段。[4] 最初，无形式的质料处于所有事物的开端；但每一事物都有自己特殊的和最终的质料。在原始质料和最终质料之间存在所有物质形态，原始质料通过这些物质形态变成某个特殊的质料，而形式能够与这一特殊质料直接统一起来。[5] 同样的理论也适用于潜在性。[6] 我们不光说一个正在学习但没有实际进行科学活动的人拥有潜在的知识，还说一个学者，甚至一个人拥有潜在的知识。但是，这里存在差别，我们必须区分它们与现实性的接近程度。[7] 除了通过程度的变化，没有什么能够从最初的、潜在的存在变成现实的存在。一般说来，在宇宙中，纯粹潜在性或原始质料与完备的现实性或纯粹形式和神之间存在无限多的中间程度。

在现象世界中，形式将自身表现为三种不同的原因，而质料包含了一切受动性的基础，一切非完善性，以及自然必然性和偶然性。

亚里士多德通常喜欢列举四种原因[8]——质料因，概念因或形式因，动力因和目的因。[9] 然而，如果我们仔细考虑，那么这些原因可以归结

---

1 参见《论生成与消灭》ii.1,329a32；《物理学》iii.1,201a29；《论灵魂》p.375 sq.,440。

2 参见第 352 页注释 2。

3 参见第 234 页注释 3，与第 232 页注释 3 相较。

4 参见第 232 页注释 3 中的引用段落，例如《形而上学》viii.4,1044a20。

5 参见第 234 页注释 2。

6 《物理学》viii.4,255a33；《论灵魂》ii.5,417a21 sq.。

7 《论动物的生成》ii.1,735a9。

8 Άρχαί（本原或本源），关于这个词的意义，参见《形而上学》v,1，以及 Schwegler 和 Bonitz 的评论，以及 xi.1 fin.，《论生成与消灭》i.7,324a27，《物理学》i.5,188a27, viii.1 fin.，《论动物的生成》v.7,788a14；还有《诗学》c.7,1450b27；Waitz, Arist.Org i.457 sq.，以及 Ind.Arist. 中对"αρχαι"的讨论，参见第 170 页注释 1。Άρχαί 指的是在一个系列中的第一个，在这个意义上，它可以用来指所有类型的原因，但是，它特别指第一原因，即不再从更高的原因中演绎出来的原因。参见《形而上学》v.1,1013a17；《后分析篇》i.2,72a6；《论题篇》iv.1,121b9。

9 《物理学》ii.3,194b23（《形而上学》v.2）；195a15：有一种原因是 ώς τὸ ἐξ οὗ αἴτια

为最先提到的两个。一个事物的概念并非区别于它的目的，因为实现一个目的就是充实一个概念。此外，概念与该事物的动力因或许也是等同的，无论这一事物的运动来自于内在的灵魂，还是来自外在的推动者。即便它的运动来自外在的推动者，产生运动的仍旧是该事物的概念，自然的运作和技艺的运作是类似的。只有人能产生人。只有健康的概念能引导医生进行生产健康的工作。[1] 类似的，我们能够在最高的原因中，即神中发现纯粹的形式，世界的终极目的和它的运动的源泉是统一的。

亚里士多德在他的物理学中也不过区分了两种类型的原因：必然的和目

357

358

（来自本原的），这又包括了基体和本质；接下来我们有 ὅθεν ἡ ἀρχὴ τῆς μεταβολῆς ἢ στάσεως καὶ κινήσεως（变化或静止和运动的本原）；最后，我们还有 τὸ τέλος καὶ τἀγαθόν（目的和善的本原）。《形而上学》i.3 init.Ibid.viii.4,1044a32，《后分析篇》ii.11 init.，《论睡眠》2,455b14，《论动物的生成》i.1 init.v.1,778, b,7，以及别的段落；参见 Ind.Arist.22, b,29。关于表达"四因"的不同术语，参见 ibid. 以及 Waitz, Arist.Org.ii.407；Ritter, iii,166 sqq. 在《物理学》ii.3,195a26 sq. 中关于四因的进一步修正是不重要的，以及把"目的"区分为人和事物也是不要紧的，参见《论灵魂》ii.4,415b2；《物理学》ii.2,194a35 和《形而上学》xii.7,1072b2（在这里我们应当将 ἔστι γὰρ τινι τὸ οὗ ἕνεκα καὶ τινός [为了什么既是所为的那个又是指向的那个] 理解为"在一种情况中，目的是治愈疾病，而另一种情况中，目的是获得健康"）。

1　《物理学》ii.7,198a24.Cf.i.7,190b17 sq.；《论灵魂》ii.4,415b7，他用更多的论证证明了这个观点。《形而上学》xii.5,1071a18，他在别处讨论过这三个原因是重合的。参见《形而上学》viii.4,1044b1。《论动物的生成》i.1 init.Ibid.ii.1,732a3，在这里雌性被称为"质料"，而雄性被称为"第一运动原因且拥有逻各斯和形式"，参见 c.6,742a28；正如在 i.1 中解释的那样，形式因和目的因是等同的，从而只列举了三种原因：即目的因、动力因和质料因。《论动物的部分》i.1,641a25。《物理学》ii.8,199a30.Ibid.c.9,200a14,200a34。工匠的方法与自然的方法是类似的。参见《论动物的部分》i.1.639b14；《论灵魂》i.1,403b6；《论生成与消灭》ii.9,335b5；以及上文。《形而上学》xii.3，参见第 229 注释 1 末尾。《形而上学》vii.7 init.。对于 ὑφ᾽ οὗ（被什么生成），亚里士多德解释说"我们说的是同一个种的别的实体中的形式或本性，因为人总是被人生成"，参见 1032b11。参见《论动物的生成》ii.4,740b28；以及《论动物的部分》i.1,640a31；因此在《论生成与消灭》ii.9,335b33,35 中，"形式"对应于"技艺"；在有的地方，技艺被认为是真正的动力因，而工匠只是次要的原因；例如《论生成与消灭》i.7,324a34。参见《形而上学》xii.4 fin.；c.3 fin.。关于"健康"这个例子，在《论生成与消灭》i.7,324b15 中，为目的服务的质料并不是 ποιητικόν（制造者）。

的的,[1] 即质料的运作和形式或概念的运作。[2] 因此，我们认为这便是唯一的基础性区分；而形式因、动力因和目的因的区分只是次要的。尽管这三者在个体中并不总是重合的,[3] 但它们在本质上是同一的，并且只有在可感世界中它们才是分离的。[4] 这个被造的世界有许多原因；而永恒世界只有一个原因——即本质自身。[5]

此外，形式曾是动力因和目的因，质料作为无形式的和不确定的,[6] 曾是一切作用的被动主体以及一切无规范的、盲目运动的原因。质料自身能接受影响，因为所有由影响而产生性质（$\pi\acute{\alpha}\theta o\varsigma$）是一个被确定的过程，只有一个尚未得到确定的东西能够接受这样的过程：即一个不确定的但能被确定的东西，换言之，除了质料自身，没有什么东西能够展示所有的活动和属性，因为，质料自身是没有任何属性或主动能力的。[7] 然而，尽管质料完全缺乏任何主动的和正面的能力，但亚里士多德认为它拥有阻碍被形式塑造的能力。这种能力可以追溯到别的什么本源吗？因为形式总是与目的有关，所以我们必须在质料中寻找一切独立于甚至反对这个最终目的的现象之基础，即盲目的自然必然性和偶然

---

1 有关这一观点的详细讨论，参见上文 p.349。在这个问题上，参见《论动物的部分》第一卷第 1 章，以及 642a1。相反的观点在 642a17 中是这样表达的："本性（或自然）比质料更是本原"，参见在上一条注释中引用的《物理学》第二卷第 8 章和《论动物的部分》第一卷第 1 章中的段落。

2 因为，尽管在《论动物的生成》v.1,778a34 中，动力因被划归为充分必要原因，但是，正如 Ritter 指出的，《物理学》ii.9,200a30 中谈到的动力因并不是分离的或独立的，而是与质料不分离的。另外，参见 ibid.200a14。

3 因此，《物理学》ii.3,195a8 中说到，两个事物可以互为原因，但它们作为原因的意义是不同的；例如，物理活动或许是健康的动力因，而健康是活动的目的因。这就是《物理学》ii.7 中说的 $\pi o\lambda\lambda\acute{\alpha}\kappa\iota\varsigma$（多重）的意思。

4 参见《形而上学》ix.8,1049b17——正如我们解释过的那样，种子在植物之先存在，即种子发芽之后才长成植物，但这颗种子又是从另一棵植物来的，因此我们仍然说植物产生了植物。Ibid.vii.9,1034b16。

5 《论动物的生成》ii.6,742b33。

6 参见上文 p.318, sqq.。

7 《论生成与消灭》i.7,324b4,18；ii.9,335b29。关于质料是被动者和形式是推动者，我们将在下面给出解释。亚里士多德认为被动性完全属于质料的范围，这一点在他的人类学中体现得尤其突出。

性的原则。这些阻碍能力中的第一个被解释为自然需要物质材料以及她的创造取决于这些物质材料。尽管这些物质元素决不是动力因，但是它们是达成自然之目的的必要条件。尽管它自身不是必然的，但它在特定的条件下是必然的：即如果某个存在者要被生产出来，那么必然需要某种特定的质料。[1] 根据相同的原因，自然能够达成其目的的程度——即形式能够实现其自身的方式和程度取决于物质材料的特征，亦即取决于它们接受和展现形式的能力。缺乏这种能力的比例越大，形式化的程度就越不完善，因此形式就不能真正地被实现，而自然的目的也无法真正地达成；或者我们可能得到没有目的的产物，这些产物不过是偶然而来的，它们是在自然目的实现过程中的某些融贯性和必然性的结果。[2] 我

360

361

362

1　柏拉图已经将 αἴτια（本原）与 συναίτια（辅助原因）区分开来，以及将动力因与必然原因区分开来；参见 *Div*.i.642 sqq.。亚里士多德也采用了这一区分。他关于自然的整个理论建立在"设计好的"与"自然必然性"的对立之上，以及一个事物的形式或概念的规定性与它的质料之本性的对立之上：前者是 διὰ δ（因为它），后者是 οὗ οὐκ ἄνευ（没有它不行）；前者是独立的和无条件的，后者是为了一个目的和有条件的必然性。在这两者之外，还有第三种必然性，即强制的必然，但我们在这里不讨论这个意义（这个意义与概念的必然性不同，参见《物理学》viii.4,254b13；《后分析篇》ii.11,94b37；《形而上学》v.5,1015a26 sqq.，vi.2,1026b27，xi.8,1064b33）。参见《形而上学》xii.7,1072b11。《论动物的部分》i.1,639b21.*Ibid*.642a1。《论动物的生成》i.4,717a15; ii.6,743b16; iv.8,77632.《物理学》ii.2 *init.*；我们通常在质料部分中寻找自然的必然性。《论灵魂》ii.4,416a9。《论生成与消灭》ii.9,335b24 sq.：质料不是生产性的原因，因为它是被动的；κυριωτέρα αἰτία（主导性的原因）是本质和形式。物质对象不过是原因概念的工具，热本身不产生任何东西，就像锯子不能锯自己一样。参见《论动物的部分》iii.2,663b22。类似的，亚里士多德区分了（《后分析篇》ii.94b27）ἕνεκά τινος（为了目的）与 ἐξ ἀνάγκης（出于必然），并列举了必然性的普通例子：即没有它就不能存在的东西，以及那些"强制的"东西和单一意义上必然的东西——即 μὴ ἐνδεχόμενον ἄλλως ἔχειν（不能以别的方式存在的东西）。与此观点相一致的是 Eudemus *apud* Simpl.*Phys*.63, a 关于"质料和目的是运动的两种原因"的观点。在"有条件的必然性"之中又有一个区分（《论动物的生成》ii.6,742a19 sq.；然而，742a22 不应当读作"οὗ ἕνεκα"，但是应当读为 Cod.PS.and Wimmer 所说的"τούτον ἕν"）：产生某物的动力因与引起这一生产活动的必要工具之间的区分；前者在被生成物之先存在并且它的目的是生产，而后者在被生产物出现之后出现。关于这个主题的讨论参见 Waitz, *Arist*.*Org*, ii.409 sq.。

2　《论动物的部分》iv.2,677a15。因此，根据《论动物的生成》v.1,778a30 的论述，只有那些为了目的而存在的东西普遍地存在于自然的产物中，或者在某类自然事物中；个体的差异是没有任何目的性；眼睛服务于某个目的，但眼睛的蓝色却没有

们稍后有机会考查这个观点如何深植于亚里士多德关于自然的整个理论中，以及他用质料阻碍或反对形式的理由解释了多少现象。此外，质料的这种属性是自然界中一切偶然性的来源。[1] 亚里士多德是第一个认真研究"偶然性"[2] 概念的哲学家，[3] 他认为，一般而言，"偶然的"是指那些既能属于又能不属于一个事物的东西；即那些既不是它的本质也并非必然蕴含在它的存在之中的东西，[4] 因此偶然的东西既非必然的，也不是常见的。[5] 我们必须假设这样一种原则的存在，而不认为一切事物都是必然的，亚里士多德首先用普遍经验证明了这一点，[6] 其次在自由意志中也证明了它。[7] 然而，他发现一切偶然性的真正基础是：一切有限的存在都包含着存在或不存在的可能，而质料作为不确定的因素使得相反的

363

任何目的；*Ibid*, c.8 *fin.* 提及这样的现象"偶然的生成不是出于什么目的，而是由于必然性和运动的原因"。根据《形而上学》viii.4,1044b12 的论述，月食似乎是没有目的的（《物理学》ii.8,198b18）；动物的单个器官是没有目的的：胆汁是某种沉淀物，它是无目的的（《论动物的部分》*ibid.*198b13）；雄鹿的角也是没有目的的（*ibid.*iii.2,666a6,664a7）。那些多余的物质材料也不服务于任何目的；这样的质料是 ἄχρηστον（无用的），甚至是 τῶν παρὰ φύσιν τι（本性之外的东西）（参见《论动物的生成》i.18,725a1,4）；因此，我们必须确定在指涉同一质料时，它是否服务于某个目的：例如，淋巴包含了一部分半消化的血液，一部分腐败的血液，前一部分是 ἅματος χάριν（为了血液），而后一部分是 ἐξ ἀνάγκης（出自必然）（《论动物的部分》ii.4 *fin.*）。这样的必然性与偶然性是重合的，这一点在以上引用的《物理学》ii.8 中的段落里得到指明。

1 亚里士多德并未告诉我们，偶然的结果是否仅仅出于人们的自由选择（至少有以下几处提及偶然结果是唯一地因自由选择产生的，《解释篇》c.9,18b31,19a7）。在《物理学》i.5,196b17, sq. 中，他明确地将自愿的目的排除在 τύχη（运气）的范围之外。

2 Συμβεβήκος（偶然的）在狭义上指的是 τὸ ἀπὸ τύχης（出于运气的东西）。

3 他自己在《物理学》第二卷第 4 章中这样说。

4 《后分析篇》i.4,73a34,73b10。《论题篇》i.5,102b4；参见第 162 页注释 3 关于 ἐνδεχόμενον（或然的）和 δυνατὸν（可能的），以及第 148 页注释 5 和 149 页注释 4 关于 συμβεβηκός（偶然的）的讨论。

5 《形而上学》v.30, *init.*。同样的定义出现在 vi.2,1026b31 sqq.（xi.8）中。《物理学》ii.5 *init.*；《论天》i.12,283a32。《物理学》ii.8,138b34：自然的合目的性是否能够这样来解释，即在自然的偶然的产物中只有那些维持下来的才是适合生存的？不能！参见《论天》ii.8,289b26。

6 《物理学》*ibid.*196b13。

7 《解释篇》c.9,18b31,19a7。

规定性成为可能。[1]因为质料的这种性质，许多事物的出现将不依赖于动力因的最终作用。动力因的作用总是有一个确定的目标，但它们常常不能达成[2]这一目的，有时是因为它们运用的质料有着不确定的本性，有时是因为存在同样的干扰原因，它们偶然地产生了不在原初设计中的结果。[3]偶然的或巧合的事件是由于偏离了自愿的或强制的、有目的的活动而产生的，这种偏离因外部环境的影响而产生了不同于其目的的结果。[4]现在，既然这些干扰因素总是在质料的本性中被发现——而质料又是实现目的的手段，也在这些手段所属的自然体系中被发现。因此，亚里士多德认为，"偶然性"这个词的意义可以被定义为"朝向一个目的的活动受到中间原因的干扰"。[5]符合目的的活动使得一个对象的本质或概念得以实现。[6]不符合目的的活动是非本质的；因此，亚里士多德指出偶然的事物接近于非存在。[7]我们已经讨论过知识的本质，所以，在这里几乎没必要指出，偶然性这样的原则绝不是科学的对象。

364

365

从我们上面讨论的质料的本质来看，它明显比它的第一定义所表

---

1 《解释篇》c.9,19a9：偶然的事物是存在的。《形而上学》vi.2,1027a13; *vii.*7（参见第 231 页注释 5），v.30,1025a24（参见第 241 页注释 4）。

2 参见上文 p.360, sqq.,《论动物的生成》iv.10,778a4。更多讨论，参见 p.341, sqq.。

3 参见上文注释，《物理学》ii,5,196b17。某人去了一个地方但并不是为了原来的目的，并且他受到一个并未料到的嘉奖——这便是偶然性的例子；或者，某人（《形而上学》v.30）在挖掘地洞的时候发现了宝藏；或者，某人原本打算驶向一个海岛，却去到了另一个地方；或者，一般而言，因为外部环境的影响，原本朝向某个目的的行为却导致了别的、未曾料到的结果（《物理学》ii.6,197b19）。如果这个行为是自由选择的活动，那么这种偶然性（根据刚才引用的《物理学》第二卷中的段落）应当称为 τύχη（运气），否则，应当称为 αὐτόματον（自发的事件），因此，后者是更宽泛的概念。然而，这两者都与有目的的行为相对立（参见《物理学》ii.5,197a20）。

4 两个没有任何因果关系的事件在时间上的重合与此类似，但就我们目前的研究来说，这是不重要的，例如，一次散步和一次月食在时间上是重合的。这种偶然事件（这是偶然性的最简单和最纯粹的情况）亚里士多德称之为 "σύμπτωμα"，参见《论睡眠中的预兆》i.462, b,26 sqq.。

5 参见上文 p.365, sqq.。

6 《形而上学》vi.2,1026b13,21。

7 《后分析篇》i.6,75a18, c.30,33 *init.*。《形而上学》*ibid.*1026b2,1027a19（xi.8）。

达的东西更原始，如果从别的方面考虑，这个观点会变得更清楚。对于"质料"，亚里士多德并不满足于说它仅仅是偶然的和非本质的，它还是事物的某些属性，这些属性属于事物的概念，并决定着事物的一般特征。例如，雄性和雌性的区分被认为是质料上的区分，[1]但是依赖于此的生殖功能[2]在这位哲学家的体系中占据着非常重要的位置。[3]类似的，我们注意到有时低级动物被认为在物理本性上与人类是不同的种类，但同时它们也被认为是不完善的形式化——它的发展被阻止了而没有成为人的形式（我们不得不假设，这里的原因应当归于质料的属性）。另外，月下世界的可变性和可朽性亦是因为质料的缘故；[4]一切恶和不完善也是

366

367

---

1 在《形而上学》vii.5,1030b21 中，性别被认为是本质属性之一，$\kappa\alpha\theta'$ $\alpha\dot{\upsilon}\tau\dot{\alpha}$ $\dot{\upsilon}\pi\dot{\alpha}\rho\chi o\nu\tau\alpha$（就自身而言的存在）；x.9 *init.*；种上的区分建立在定义上的相对或差异，而不是建立在质料之中。参见《论动物的生成》iv.3,767b8 sqq.，ii.3,737a27，以及第 235 页注释 6。

2 《论灵魂》ii.4,415a26 和其他段落。这里的论述与《形而上学》第十卷第 9 章的论述是不相容的，Engel 正确地指出了这一点，参见 *Üb.d.Bedeut.d.ὕλη Arist.*, *Rhein. Mus.*N.F.vii.410。

3 在《论动物的生成》i.2,716a17,716b8 中，亚里士多德甚至说，性别的差异是功能的不同，因而是根据逻各斯或定义而区分的，$o\dot{\upsilon}$ $\kappa\alpha\tau\dot{\alpha}$ $\tau\dot{o}$ $\tau\upsilon\chi\dot{o}\nu$ $\mu\dot{o}\rho\iota o\nu$ $o\dot{\upsilon}\delta\dot{\epsilon}$ $\kappa\alpha\tau\dot{\alpha}$ $\tau\dot{\eta}\nu$ $\tau\upsilon\chi o\tilde{\upsilon}\sigma\alpha\nu$ $\delta\dot{\upsilon}\nu\alpha\mu\iota\nu$（它不是关于偶然的比例或偶然的能力）的区分。

4 我们从"一切变化或生成都预设了质料"（参见第 229 页注释 4 及以下）这个观点出发得出下述结论：质料作为潜在者包含了存在和非存在的可能性（《论生成与消灭》*ii.9*；《形而上学》vii.7，以及别的段落，参见第 231 页注释 5），亚里士多德曾明确指出了这一点。参见《形而上学》vii.15（上文第 236 页注释 8），ix.8,1050b7：不存在永恒的潜在者。或参见《物理学》iii.4,20b 30：存在的可能性蕴含了不存在的可能性（类似的，参见 *xiv.2, init.*）。因此，任何可朽之物的运动都处于混合状态，只有如此，相反情况才可能出现；viii.4,1044b27；vii.10,1035a25（类似的，这也适用于非物质的形式，参见 xii.3,1070a15：不是形式自身，而是形式与这个或那个质料的结合才有开端和结束——我们应当这样来理解 1.22）；xii.1.1069b3：可感实体是变化的；xii.2,1069b24；《论生命的长短》3,465b7，我们不能从这里推论说任何物质存在都是不可毁灭的(因为在这些情况中性质是独立存在的)。《论天》i.12,283a29：没有开端的东西也没有目的，而没有目的的东西也没有起始，因为起始和目的只对于在某个时间存在和在某个时间不存在的东西有效。

因为质料，[1] 尽管完善的和不朽的天体也是由某种质料构成的。[2] 我们应 　368
当仅在质料中寻找变化和运动的原因，即质料对形式的内在渴求。[3] 最
终，质料是个体存在的源泉，对于那些至少是由形式和质料的结合而形
成的事物都是如此。显然，亚里士多德并不认为个体化原则与普遍性和
规定性有关——如我们希望的那样；因此，他给中世纪的追随者们提供
了一个丰富的科学争论的机会。我们此后将会发现，除了物质存在者，
亚里士多德还认为神、天体的精神和人的理性灵魂都是不受质料沾染的
非物质的存在者，它们也是个体的存在。[4] 然而，当形式在某种质料中

1　《形而上学》ix.9,1051a15；在这里，亚里士多德说的似乎是这个观点的反面：就
　　恶的事物来说，目的和现实性必然比潜在性更长；因为潜在者能够是这样或相反的
　　情况。显然，恶不能与恶的事物相分离，因为恶的本性在潜在性之后。但这里说的
　　仅仅是，因为每个潜在性都包含了相反情况的可能性（参见第162页注释3），我们
　　不能认为，对于单纯的潜在者，两个相互排斥的属性都是属于它的，例如善的和恶
　　的，但柏拉图主义者在解释质料作为恶时却是这样做的（cf.*Div*.i.642,6,721,737）。
　　然而，恶的终极原因只能存在于潜在者中，换言之，存在于质料中，亚里士多德已
　　经指出这一点，在我们引用的这段文本中，他继续说道："因此，在那些出于本原
　　的事物和永恒的存在者中，恶是不存在的，它们也没有缺失和毁灭，因为毁灭就是
　　恶。"在永恒者中没有不完善性，因为它是持续作为现实者存在的，因此排除了相
　　反的可能性，它的概念已经永恒地实现了，并且将一直实现着。另一方面，恶和不
　　完善存在于一个事物的概念与它的现实状态的分裂之中。所以，潜在者自身不是恶
　　的，但它是恶的终极原因和条件。亚里士多德曾说过（《物理学》i.9,192a15）"质
　　料是恶的制造者"。他承认质料本身并非是恶，它的本质也不是恶，而是在次要的
　　意义上，当它缺乏形式的时候，它就缺乏善的性质（参见第218页注释5以及第
　　230页注释2）。然而，正是由于这种缺乏和不确定性，它才有转化成恶或善的可能。
　　永恒的现实性排除了恶，因为它要么不包含质料，要么已经被完全形式化了而不可
　　能有别的规定性；然而，转化和可变却是恶和不完善的忠实指标（关于这个主题，
　　参见《尼各马可伦理学》vii.15,1154b28）。所以，我们发现亚里士多德把自然存在
　　者的一切不完善的形式都归于质料对形式的反抗，根据同样的理由，他不得不认为
　　道德之恶的源泉乃是身体——身体在他的哲学体系中是被动的和变化的，倘若他不
　　是完全未澄清这个问题的话。我们将稍后讨论这个问题。
2　亚里士多德自己并未轻视这个反驳。他的处理，参见《形而上学》viii.4,1044b6。
　　类似的段落，参见 xii.2,1069b24。例如，构成宇宙和天体的以太是没有 ἐναντίωσις
　　（相对者）的，因此它们是没有实体变化的。以太没有那些相互对立的元素进行转
　　化时所要求的性质（参见 p.358, sqq.）。然而，问题是：如果所有质料都是潜在者，
　　以及所有的潜在性都包含了相反状态的可能性，那么这样的质料是如何可能的？
3　关于这个问题，参见下文。
4　中世纪学者对于这个问题的解决方法是认为天使是纯粹的灵魂，他们彼此是不同

369　变成现实的，质料本身就解释了为什么形式必须在某些条件下和某些确定的属性中表达自身，而这些条件和属性并不被包含在形式本身中——即它们不在事物的纯概念中。形式或概念总是普遍的，[1]它指的不是一个事物而是一个种类，[2]它能够被思考，但不能依据自身而独立存在。[3]同种之下的个体之间不存在种类或形式的区分，[4]因此，它们彼此之间只有

370—1　通过质料相区分。[5]亚里士多德未能将这个原则坚定地贯彻下去；[6]但是，

　　的种，而他们中的每一个都是他们所属的种的唯一成员，因此他们在种上和在数目上都是单一的。然而，亚里士多德从未作出这样的解释。

1　参见上文 p.221；关于对"形式"的反驳参见第 150 页注释 2，以及第 229 页注释 1 和注释 2，以及上文第 125 页注释 2。

2　《形而上学》viii.8,1033b21："形式不是确定的物质对象之外的东西，而是意味着'这样的'，它不是'这一个'，而是从'这一个'中制造或生成的'这样的'。"这里描述的正是普遍性的特征；参见上文 p.333。

3　《物理学》ii.1,193b4。《形而上学》viii.1,1042a26 sqq. ；参见第 244 页注释 7。

4　参见上文 p.216，p.221。

5　《形而上学》vii.8 *fin.* (cf.c.10,1035, b,27 sqq.)；x.9,1058a37。

6　在亚里士多德的文本中，有些段落似乎指出同一种之下的不同个体之间的差别在于它们的形式或概念；因此，我们不能忽视概念——例如，"人"这个概念，在刚才引用的那个段落中指的是"最小的种"——并未排除某些来自质料和形式的个体差异（例如，它们的物质形式）；然而，在个体形式和普遍形式——即表达了许多个体的共同本质的类概念——之间却没有明显的区分；相反，前者最终被划归为后者。《形而上学》xii.5,1071a27："同一个种之下的个体是不同的，不是种上的不同，而是说不同个体的原因是不同的，你的质料、形式和运动是不同于我的，尽管它们在普遍的公式上是相同的。"根据这一段落，每个事物都有自己的、不同于他者的形式，但它们属于同一个种。因此，这一物与另一物之不同仅仅在于它们从属于不同的主体，换言之，它们真正的实现方式不同，而并非特性的差异——它们是数目的不同，而非形式的不同。《形而上学》vii.3,1029a1（参见第 246 页注释 3），"实体"这个词似乎首先属于 ὑποκείμενον πρῶτον（第一基体），在某种意义上质料是这样的基体，在另一种意义上是形式，第三种意义上是两者的复合物。因此，在别的地方，个体事物作为所有谓词的主词被理解为实体或基体（cf.pp.332 sqq.,300&c.）。我们在这里自然把 μορφή（形状或形式）看作个体事物的个体形式。但是，从第八章（c.8）的解释来看，这个"在可感之物中的形式"（1033b5）或"形式或所谓的实体"只不过是未实现的形式，而它首先使得一个确定的事物能够以这样或那样的方式被实现在质料中，但是，另一方面，这个形式与个体事物的关系正如人与卡里亚斯和苏格拉底的关系。个体化的唯一基础只能是质料："一切被生成的事物都包含质料，因此，事物一方面是形式，另一方面是质料"（1033b18）。《形而上学》viii.1,104a26 说的也是这个意思，类似的论述还包括《形而上学》v.8（参见第 246 页注释 2）。形式是"这个"，因为它表达了一个确定的存在种类（例如，人或动物

他的体系显然没有为可感事物的个体形式留下任何空间。[1] 因此，每一

等）；但是，它只有与一个特定的质料相结合才成为一个确定的个体之形式。倘若不考虑这种结合，形式就是普遍的，Hertling 也是这样认为的（*Form u.Mat.*56）；从《物理学》iv.3,210b29 sq. 来看，亚里士多德似乎将形式和质料一样看作事物的构成成分，即形式也是个体事物的构成原则。这对于那些形式首次在其中个体化的东西来说是正确的。甚至《论灵魂》ii.1,412a6 也并未给出另外的结论，亚里士多德说："实体有好几种意义：它是质料或就自身而言不是这个，它是形式或本质，即事物因此而被称为这个，第三，它是由这两者复合成的。"某物被称为一个确定的事物，即这个种类中的一个，因为它的质料已经接受了这种形式；因此，"τόδε τι" 在这里并不指个体，而是指种的确定的特性。另外，像《形而上学》xii.5,1071a20 这样的段落是非常少见的，亚里士多德在这里说（例如 Hertling 在第 57 页指出）："形式像所有第一原则一样必然是个体的。"Peleus 并不仅仅是个体形式，还是一个真正的个体事物；他是通过人之形式与这个特定的人的身体相结合而成为个体的。此外，"ἴδιον εἶδος"（《形而上学》xii.5,1071a14）指的并不是这个或那个人的个体形式，而是一般的人的形式。因此，这样的论断（《论灵魂》i.3,407b23）——即"灵魂不能进入任何一个身体，因为它们都拥有自身的形式和形状"必须被认为说的是不同种类的身体和灵魂，这意味着人类的灵魂不能进入动物的身体。当《论动物的生成》iv.1,766, a,66 sq. 解释说雌性动物的生成来源于雄性原则不能将质料转化为"ἴδιον εἶδος"（它自己的形式）时，这里讨论的并非个体，而是雄性的形式。这里说的与《形而上学》x.9（参见第 242 页注释 1）中说的并非不同，即性别差异并非来自物种的形式或实体的不同，而是来自质料或身体的差异；即便对于亚里士多德而言，性别的差异并不涉及人或动物的本质，而只涉及身体的特征，但个体性问题并不基于这个解释。

1 Hertling（*Form u.Mat.*48 sq.）相信亚里士多德说的形式必须是个体事物，因为它赋予个体特殊的本性，并因此与 τὸ τί ἦν εἶναι（本质）区分开来——至少在可感事物中，本质总是普遍的。然而，他承认亚里士多德将这两个概念交替使用，尽管在一些文本中又将它们区分开。相反地，或更确切地说，亚里士多德执意将这两个概念等同起来，并把形式和本质都看作普遍的。如果我们发现文本中个别的表述不能与这个观点完全相容，那么这是实际情况迫使亚里士多德做出了不一致的论述。他并非一开始就如此表达这个观点，而是这个观点渐渐变得模糊起来。每个事物的本质在于它的形式——这对于亚里士多德是无可辩驳的，他非常明确地指出了这一点。但是，他从未明确地说过相反的话；这些相反的话只能从某些偶然的表述中推出来，因此我们无法证明亚里士多德认为这些表述是重要的。实际上，构成类概念的本质属性与构成个体差异的非本质属性的界限是难以琢磨的。在试图定义和解释事物的差异是类上的差异还是同种之中的个体差异时，我们总是遇到某些不确定的情况。毫无疑问，亚里士多德遇到了这种困难，但是，他并未放弃努力，他区分了与类概念重合的形式与第二种形式——即它不是这个种共有的东西，而是只属于个体的特殊的东西。事实上，在他的体系中，这样的个体形式是没有位置的。因为，一个众所周知的观点，即形式没有生成也没有结束（参见 p.342，这一点也必须适用于个体实体——参见上一条注释）。所以，可感事物

个体都蕴涵了质料元素，[1] 每个物体都是个体。[2] 亚里士多德对"感知对象"和"个体"这两个术语的使用是无差别的。[3] 如果质料是上述所有事实的原因，那么它区别于形式的地方不可能仅仅是缺失和非存在，相反，它一定为形式贡献了某些东西。

373 　　如此看来，质料必须得到一个更高的评价，当我们忆起亚里士多德认为实体性的最完备的意义仅仅指个体。[4] 如果只有个体是实体，如果形式总是普遍的——正如我们已经指出的，如果个体存在的真正基础是质料——那么我们就无法避免下述结果：质料也是实体的基础，因而纯粹的形式不是实体，只有形式和质料的复合物才是实体。的确，既然我们将实体定义为"基体"（ὑποκείμενον），[5] 并且承认质料是一切存在的基体，[6] 这个观点使得质料是唯一能够被称为所有事物的原初实体。然而，这在亚里士多德看来是不可能的。完备的和原初的实在只属于形式；相反，质料仅仅是作为现实性的形式的潜在性。因此，质料不仅不可能是实体，而且它与形式结合的产物并不比纯形式更实在。此外，在亚里士多德的文本中，有许多段落明确表达了形式与实体是等同的。[7]

的个体形式，如果存在的话，必须与拥有它们的事物相分离；但这在亚里士多德看来是完全不可能的。

1　《形而上学》vii.11,1037a1.*Ibid*, xii.8（参见 p.339）。然而，我们已经指出，这仅仅指最小的种之下的个体成员。

2　参见，例如《形而上学》i.6,988a1：柏拉图认为质料是多样性的源泉。然而，柏拉图并未否认质料构成了多样的事物，即便这些事物之间没有种的区分——亚里士多德也是这样认为的，因为同一个质料只能构成某个种的一个个体。

3　参见《形而上学》iii.4（参见上文 p.342），亚里士多德在这里说："如果世界上除了可感事物再没有其他事物的话，那么就只有可感实体存在，别的都不存在"；xii.3,1070a9。《论天》i.9,227, b,30 sq.：形式自身与在质料中的形式是不同的；例如，如果只有一个唯一的圆存在，圆自身与这个圆仍然是不同的。前者是形式，而后者是"在质料中的形式和属于这个东西的形式"。"个体实在"与"在质料中的形式"在这里指的是同一个东西。

4　参见 p.331, sqq.。

5　参见 p.300, p.333 以及第 202 页注释 1 至注释 4，第 224 页注释 1 至注释 3。

6　参见 p.344, sqq.。

7　例如，《形而上学》i.3,983a27；iii.4,999b12 sqq.；vii.4,1030b5, c.7,1032b1,14, c.10,1035b32, c.11,1037a29, c.17, c.3,1043b10 sqq.；ix.8,1050a5；《论生成与消灭》ii.9,335b6；

亚里士多德指出，在一切原初的和绝对的存在者中，可思的本质与拥有它的事物是等同的，[1]因此，它构成了事物的实体。可思本质不是什么别的东西，它就是绝对的、非物质性的实体或纯粹精神。说"实体"（οὐσία）这个词的使用有多重意义并不足以解决问题，[2]因为现在的问题并不仅仅是语言的使用问题，而是在"现实性"这个词最完备和最严格意义上的实体问题。这个问题是：我们究竟认为个体事物本身是实体，还是它们的可思本质——即在个体事物的变化中不被影响的和持存的形式——是实体。在这里，我们发现了一个困难，或者说一个矛盾，它威胁甚至动摇了这个体系的根基。

　　亚里士多德并未完全克服它。在他的形而上学中有这样一个问题：我们应当从哪里寻找事物的实体——在形式中，在质料中，还是在形式和质料的复合物中。[3]但他的回答不能令人满意。他承认质料不是恰当意义上的实体，[4]但他又不愿将质料从实体的名目中彻底删除，因为它

374

375

《气象学》iv.2,379b26, c.12,390a5；《论动物的部分》i.1,641a25；《论动物的生成》i.1,714a5.Cf.p.214, n。

1　《形而上学》vii.6 回答了这个问题（1031a15），即"每个事物与它的本质是等同的，还是不同的"。亚里士多德指出，当一个概念偶然地从属于一个事物时（即偶然地谓述它），它们是不同的；但是，当这个概念表达了这一事物的本质时，它们是等同的。例如，"白"的概念与"白色的人"是不同的；而"ἐνὶ εἶναι"（一之本质）与"ἐν"（一）是等同的，"善之本质"与"善的东西"是等同的，"白的本质"与"白的东西"是等同的（c.10,1036a1, cf.viii.3,1043b2），"灵魂的本质"与"灵魂"是等同的。否则（不消提别的原因）概念将不存在，事物将不可知（1031b3）。这一点对于所有"就自身而言的东西"都适用，而对"就他者而言的东西"不适用。参见 1031b13,1032a5；c.11,1037a33 sqq.。

2　参见下一条注释以及《形而上学》v.8,1017b23。Schwegler 和 Bonitz 正确地指出，我们只能将这个段落的意思理解为在逻辑或定义上可分。参见《形而上学》第八卷第一章，以及第 244 页注释 7。

3　《形而上学》vii.3 init.（参见 p.370）：我们在四种方式上使用"实体"：本质、普遍者、属和基体。对于最后一种，又有质料、形式和复合物可以称为"基体"。然而，在这四者之中，普遍者和属（属与普遍者的关系，参见 p.213, sqq.）很快被排除在实体之外，参见《形而上学》vii.13（参见上文 p.333）。因为形式与本质是重合的，因此在这里"实体"只有三种意义。参见 c.13 init., viii.1,1042a26 sqq., ibid.c.2；《论灵魂》ii.1（参见第 244 页注释 7）；Ind.Arist.545, a,23 sq.。

4　《形而上学》vii.3,1029a27 列举了几个理由以支持"实体是质料"。更多讨论，参

是一切存在的基体，变化中不变的东西。[1] 说"质料作为实体与形式作为
实体的意义是不同的"也是不充分的，即后者是现实的，前者是潜在
376 的；[2] 因为我们如何设想一个纯粹潜在的实体：它是绝对的存在但并非现
实地存在？如果我们承认形式或严格意义上的现实存在是事物恰当的实
体，并且形式本身不仅与质料相对立，而且与形式和质料的复合物相对
立，[3] 那么亚里士多德并未在任何一处表明这种可能性，因为形式本身总
是普遍的，而个体总是含有质料的，实体在原初意义上是个体实体。他
亦没有告诉我们，一个不能与特定的物体相分离的形式如何作为事物的
本质和实体；[4] 或者，缺乏任何性质和规定性的质料如何产生出具有特殊
规定性的个体，这些个体不是同一个模型制造的许多标记，而是拥有不
同属性的、在质上相区别的个体。最后，我们也不明白为什么只有形式
377 和质料的复合物才有生成和毁灭，而形式本身和质料本身却没有生灭。[5]
即便我们能够设想质料本身是不被生成的，我们也实在难以想象被生成
物的形式不是被生成的——倘若形式既不像理念那样是独立自持的，也
不是本来就蕴含在质料之中的。所有这些困难都展示了我们在处理实体
问题时发现的同一个结论。事实是：亚里士多德在他的形而上学中结合
了两种立场，但未能成功地调和它们。一方面，他继承了苏格拉底—柏
拉图的原则，即事物的真正本质要在它们的概念中寻找，而概念总是普

见 p.345, sqq.。

1　《形而上学》viii.1,1042a32. Cf.p.344. *Ibid*.ix.7,1049a34：个体事物的基体是质料和
　　物质实体；vii.10,1035a1。《物理学》i.9,192a3（cf.pp.342 sqq. 以及注释）。《论灵魂》
　　ii.1（参见第 244 页注释 7）。

2　《形而上学》viii.1,1042a26; c.2 *init.ibid.fin.*；xiv.1.1088b1（反对柏拉图的"绝对
　　的大与小"的学说）。

3　《形而上学》viii.3 *init.*；vii.3,1029a5;1029a29。

4　亚里士多德通常区分了纯粹的形式和在一个确定的质料中的形式；后者的典型例
　　子是"塌鼻子"，它区别于"凹陷的"；其他例子还有斧子、锯子、房子、雕像和灵
　　魂。参见《物理学》ii.1,194a12, ii.9 *fin.*《论灵魂》i.1,403b2, ii.1,412b11.《形而上学》
　　vii.5, c.10,1035a1 sqq.1035b74, c.11,1037a29。

5　《形而上学》vii.15 在上文第 152 页注释 2 中被引用，viii.10 的段落在第 242 页注
　　释 4 中被引用；*ibid*.viii.1,1042a29；c.3,1043b10; c.5 *init.*。参见 p.341 以及那里的
　　注释。

遍的。另一方面，他承认这个普遍者不能离开个体而存在，因此他宣称个体是实体。他不能解释这两种立场如何在一个哲学体系中共存，因此，上述矛盾便产生了。有时形式是现实者，有时形式和质料结合产生的个体是现实者。质料引起的结果与纯粹潜在性是不相容的。质料既表达为不确定的普遍性同时又是个体规定性的基础。所以，这种不确定性一直持续着，直到我们不再惊异于亚里士多德的形式和质料、个体和普遍性的学说不仅在希腊的漫步学派中而且在中世纪的许多逻辑学家那里得到了各式各样的解释和针锋相对的处理。

　　然而，这一学说对于亚里士多德的体系是异常重要的。他发现那些困扰早期哲学家的难题的最佳解决方案就是对形式与质料以及潜在性和现实性的区分。通过这一区分，他解释了一个统一体如何同时具有多样性，属和种差如何构成一个概念，多个个体如何组成一个种，以及灵魂和身体如何是同一的存在。[1] 这一区分使他成功地解决了困扰柏拉图和其他哲学家关于生成的问题。的确，我们看到，这一区分尤其能够解释这个问题。形式和质料像现实者和潜在者那样彼此相关，它们是本质上的相关者；"潜在性"概念蕴含了它变成现实性的可能；而"现实性"概念蕴含了它是潜在者的现实性。任何成为现实者的存在者必然是潜在者；反之，任何潜在者必然在某个时刻变成现实者，因为，倘若某物从未是现实的，它就绝不可能是潜在的。[2] 亚里士多德不认为潜在性仅仅是逻辑的或结构上的，而是具有实在性。质料，就自身而言，或就其能力而言，是形式或现实性的质料；因此，质料自身蕴含了形式，它要求形式，自然而然地倾向和渴求（亚里士多德这样来表达）形式，它得到

378

379

1　参见上文第 152 页注释 2，第 234 页注释 2，以及第 244 页注释 6。《论灵魂》ii.1,412b6, c.2,414a19 sqq.。

2　亚里士多德（《形而上学》ix.3）反对麦加拉学派的观点——即当某事是现实的时候，它才是潜在的；但是他也不允许我们说（*ibid, c.4 init.*）"潜在的东西不存在"，因为这只能对于那些在本质上不存在的东西而言，但它们不是潜在者，因此他否认了（我们在第 242 页注释 4 中已经指出）在那些永恒的事物中存在任何不可实现的潜在性。

形式的激发从而发展自身。[1]另一方面，形式通过实现质料潜在的能力而使质料变得完善；它是质料的"实现"和"现实性"。[2]（策勒在这里

1　参见第 230 页注释 2 中引用的《物理学》i.9 中的段落。质料的本性是 ἐφίεσθαι καὶ ὀρέγεσθαι τοῦ θείου καὶ ἀγαθοῦ καὶ ἐφετοῦ（被神和善和值得欲求的东西推动和吸引），这是我们用来解释上帝引起世界的运动以及灵魂引起身体运动的原则。类似的表述，参见《形而上学》xii.7,1072b3："被爱引起的运动"；ibid.1072a26："欲望的对象和思想的对象推动别的东西运动而自身不动"。这里提到的"渴求"不是一种有意识的欲望，而仅仅是一种自然倾向，亚里士多德通常用其指物体的自然运动的原因。因此，我们在《物理学》ii.1,192b18 中读到："技艺的产品没有内在的运动倾向，但自然物有内在的运动倾向。"参见《形而上学》v.23,1023a8，在这里 κατὰ τὴν αὑτοῦ φύσιν（根据自身的本性）与 κατὰ τὴν αὑτοῦ ὁρμὴν（根据自身的运动）是同义的词组；《后分析篇》ii.11,94, b,37 中 ἀνάγκη κατὰ τὴν φύσιν καὶ ὁρμὴν（本性和运动的必然性）与 ἀνάγκη παρὰ τὴν ὁρμὴν（被迫的冲动）是区分开来的，一块石头的下落是前者的例子（类似的段落，参见《形而上学》v.5,1015a26,1015b1, c.23,1023a17 sq., xii.7,1072b12; Cf.Hertling, Mat.U.Form,91）。然而，我们不得不意识到这些表达和术语的使用是由心理学的类比中得来的，这使我们联想到早期的万物有灵论。

2　亚里士多德不区分这两个术语已经成了一个规则（参见 Trendelenburg, De An.296 sq.；Schwegler, Arist.Metaph.iv.221 sq.；173 sq.; Bonitz, Ind.Arist.253, b,35 sqq., also p.348, n.supra.），如果他在个别段落中区分了这两个术语，那么二者之间的差别也是非常松散的，以致于在其他段落中二者又被看作相同的。因此，运动通常被称为质料的 ἐντελέχεια（现实性），灵魂被称为身体的 ἐντελέχεια（现实性）（参见《物理学》iii.1,200b26,201a10,17,28,30,201b4；viii.1,251a9；《论灵魂》ii.1,412a10,21, 27,412b5,9,28,413a5 sqq., c.4,415b4 sqq.）；然而，在《形而上学》ix.6,8（1048b6 sqq.,1050a30 sqq.）中，运动被定义为 ἐνέργεια（实现），但（ibid.c.6,1048b18 sqq.）它又被认为是不完备的实现，而只有那些目的包含在自身中的活动，例如，看、思考、生活、幸福等，才是实现；那些朝向一个外部的目的并在达成目的时不复存在的东西，例如建筑、走等等，被称为运动（关于这两种类型，即活动和运动，参见 c.8,1050a23 sqq.）。《形而上学》ix.3,1047a30 似乎认为 ἐντελέχεια（现实性）是完备的存在，而 ἐνέργεια（实现）是朝向其目的的运动或活动（看起来，实现首先是运动），以及参见 c.8,1050a22。在《论灵魂》ii.5,417b4,7、10,418a4 中，ἐντελέχεια 指的是完备的状态（《形而上学》xi.9,1065b16,33 中重复使用了 ἐνέργεια，而《物理学》iii.1 使用的是 ἐντελέχεια，但由于前者的真实性受到质疑，这个差别变得不重要了）。在别处，运动被称为"不完备的 ἐνέργεια"区别于"完备的和绝对的 ἐνέργεια"（参见第 252 页注释 4）。但是，ἐντελέχεια 也在纯粹的、非物质的形式和神的意义上使用，例如《论灵魂》ii.5,417a28 以及《形而上学》xii.8,1074a35, c.5,1071a36。在《物理学》iii.3 init. 中，动力因的活动被称为 ἐνέργεια，在被动者中产生的运动被称为 ἐντελέχεια，这里的使用是非常恰当的，因为后者通过运动而达成完备性；然而，在接下来的段落中，ἐντελέχεια 在两种情况中都使用了，在《形而上学》ix.8,1030a30 sqq. 中，亚里士

使用了 $\dot{\varepsilon}\nu\acute{\varepsilon}\rho\gamma\varepsilon\iota\alpha$ 和 $\dot{\varepsilon}\nu\tau\varepsilon\lambda\acute{\varepsilon}\chi\iota\alpha$ 两个词，可分别翻译为"实现"和"现实性"，前者侧重于"运动"和"活动"这样的动态过程，而后者侧重于"现实性"这样完善的存在状态，但它们几乎是同义的。——中译者注）然而，质料的现实性或潜在性的实现就是运动。[1] 因此，形式和质料的关联指向了对运动和运动之原因的研究。

380

3. 运动和运动的第一原因

亚里士多德解释了我们引用的这个关于运动的定义。运动是潜在存在者的"现实性"，换言之，它是那些先前以潜在方式存在的东西转变成实在的过程，是形式对于质料的规定，也是从潜在性向现实性的转化。[2] 例如，建筑运动是将能够建成房子的材料制作成一座现实的房子。但是，运动是潜在存在者作为潜在者的"现实性"，它并不涉及别的方面。例如，把一尊雕像从一块铜制造出来的运动并不是铜作为铜的实现——因为铜作为铜是不变的并且它总是具有某种现实性——只有当铜是一尊潜在的雕像时，它的实现才是运动。[3] 然而，显见的是，这个区

381

382

多德在区分了运动和活动之后说：那些目的不在自身之中的东西，$\dot{\varepsilon}\nu\acute{\varepsilon}\rho\gamma\varepsilon\iota\alpha$ 处于被动者之中；而那些目的在自身之中的东西，$\dot{\varepsilon}\nu\acute{\varepsilon}\rho\gamma\varepsilon\iota\alpha$ 处于推动者之中。因此，我们在语言上不可能有固定的标记用以区分这两个术语。

1 《物理学》iii.1,201a10,201b4；c.2,202b7；viii.1,251a9。以及《形而上学》xi.9,1065b16,33；参见上一条注释。

2 "现实性"或"实现"只是这个"转化"，而非通过转化获得的状态，它是这个实现的过程，而不是现实状态，这一点从这个定义中可以清楚看到，亚里士多德反复地把运动称为"不完备的现实性"或"不完备的实现"（参见第252页注释4以及第250页注释2）。同样的区分在别处也出现过，例如，快乐不是运动，因为运动在每个时刻都是不完备的，而快乐是完备的。前者是追寻过程，而后者是对目的的达成——即一个完备活动的结果。参见《尼各马可伦理学》x.3,4, vii.13,1153a12。

3 亚里士多德以这种方式解释了前面引用的定义，参见《物理学》iii.1,201a9 sqq.（以及《形而上学》xi.9,1065b sqq.）。布伦塔诺的解释是（*Von der mannigf. Bedeutung des Seienden nach Arist.* p.58）：运动是将一个潜在存在者转化成"这个潜在者"的实现，或者"构成或形成一个潜在者"，他的这种解释不仅在亚里士多德的文本中得不到支持，而且在理论上也得不到证明。因为，首先潜在者的"隐德来希"并不是使潜在者得以存在的东西；其次，当铜作为潜在的雕像被制作成一尊雕像时，这一

分只适用于某些特殊的运动；因为这样的运动总是发生在那些已经拥自身现实性的质料中。另一方面，如果我们考虑运动的一般概念，那么它将被定义为潜在性获得实现的过程，或质料通过形式得到的发展，因为质料作为质料是纯粹的潜在性——它并未拥有任何现实性。这个定义包括了所有类型的变化，一切生成与毁灭。然而，它并不适用于绝对的生成和消亡，因为这意味着质料必然是有生成和毁灭的——但亚里士多德绝不会承认这一点。[1] 从我们的分析中可以看出，亚里士多德否认生成和毁灭是运动的类型，并坚持认为每一个运动都是变化，但并非所有变化都是运动，[2]——这个区分必须被认为是相对的，它并不适用于运动的一般概念；因此，亚里士多德自己在别的文本中[3] 将运动和变化作为同义词使用。关于运动的不同类型的研究属于物理学的范围。

我们看到，运动介于潜在者与现实者之间；它就是潜在者向现实者的行进，而现实者尚未从潜在者中解放出来——换言之，运动是不完备的现实性。运动的现实性与纯粹的潜在性相区分，也与严格意义上的现实性相区分，因为对于严格的现实性，朝向某个目的的活动已经获得了这个目的——例如，思想既是一个研究的过程又是对思维对象的拥有——然而，运动在获得它的目的时终止，因此它是一个不完备的结果。[4] 所以，每一个运动都是从一种存在状态向它的反面的转化——即一个东西不再如此存在而要变成另外的状态。倘若没有反面或相对者，就没有变化。[5] 因此，所有变化都蕴含着两个原则——推动者和被动者，

运动并不包含在它成为潜在的雕像（即铜）之中。亚里士多德在紧接着的段落中明白地陈述了运动的定义，《形而上学》第十一卷第 9 章的作者也是这样说的。

1 参见上文 p.341, sqq.。

2 《物理学》v.1,225a20,34, and *passim*；参见下文。

3 例如，《物理学》iii.1,201a9 sqq.c.2 *init.iv.*10 *fin.*viii.7,261a9, and *passim*。

4 《物理学》iii.2,201b27。因此，运动既不是"缺失"，也不是"能力"，也不是"绝对的现实性"。（参见《形而上学》xi.9,1066a17.）VIII.5,257b6。《形而上学》ix.6,1048b17.Cf.c.8,1050a23 sqq. 以及第 250 页注释 2；《论灵魂》ii.5,417a16；iii.7,431a6。

5 《物理学》v.1,224b26 sqq.225a10；《形而上学》viii.1,1042a32, xii.2,1069a13.cf.p.342,

一个是现实的，另一个是潜在的。

　　纯粹的潜在性不能产生运动，因为它缺乏动力；同样，纯粹的现实性也不能产生运动，因为它是完善的和充分发展了的。运动能够被理解为现实者的活动或者形式对潜在者或质料的作用；[1]即便在那些自我运动的存在者中，我们也总能找到与被动者相分离的动因，正如在生物中，灵魂区别于身体，而在灵魂自身中，主动的部分又区别于被动的部分[2]。因此，尽管没有质料或潜在者，生成是不可能的，但某些现实性作为生成的前提和动因也是必须的。即便有时候，某一个体从纯粹的潜在性发展为现实性，因而潜在性在现实性之先，但另一个现实的个体必须在这个潜在者先前存在。生命体从种子生成，但种子又是从另一个体生成的——蛋并非先于鸡而存在。[3]相反，当一个现实者与一个潜在者相遇，如果没有外部因素的阻碍，那么它们必然产生运动。[4]运动发生在被动

384

385

sqq.。

1 《物理学》iii.2（参见第252页注释4），viii.5,257b8；《形而上学》ix.8，尤其参见1050b8 sqq.xii.3；《物理学》vii.1；甚至那些自我运动的物体，被动的质料不可能同时是主动运动的原因，因为如果有一部分是静止的，那么整体就必须是静止的；然而，在自我运动的物体中，静止和运动都不可能取决于别的东西。正确的解释是上面的论述，以及《物理学》iii.2；《论生成与消灭》ii.9：形式本身和质料本身都不能解释生成；"因为质料是接受作用的和被动的，制作者和推动者是别的能动者"。更多讨论，参见 p.341, sqq.。

2 参见上一条注释以及《物理学》iii.4,255a12：一个连续的和自然的东西不可能是自我运动的（参见《形而上学》ix.1,1046a28）。因此，单一的事物是不可能自我运动的；c.5,257b2（参见第252页注释4）。倘若上面的解释是正确的，我们从未听过亚里士多德说过"推动者和被动者是等同的"（Biese, *Phil.d.Arist*.i.402,7,481），他也从未以任何方式证明某物同时是推动者和被动者（《物理学》iii.2,202a3 及其以上）。

3 《形而上学》ix.8,1049b24.1050b3.xii.3（第237页注释1引用过）；xii.5,1071b22 sqq.c.6,1072a9.《论动物的生成》ii.1,734b21.《物理学》iii.2 *fin.*. *Ibid.*c.7；viii.9,265a22；《形而上学》vii.7, c.9 *fin.*, ix.9 *fin.*, xii.7,1072b30 sqq.；《论灵魂》ii.4 *init.*iii.7 *init.*；参见上文 p.355, p.356。

4 参见《物理学》viii.4,255a34 sqq.。只有一个明显的例外出现在《形而上学》ix.5中，在那里，亚里士多德说（1047b35）：我们必须区分理性的和非理性的能力，（如果某种力量迫使理性选择的能力作用于两个对立面，那么对立的结果就会同时产生）。因为，即便在后一种情况下，一旦做出选择，就必然得到结果（1048a11）；然而，如果行动的条件已经具备，意志必须选择其中一方；因为同时产生对立的两个结果是不可能的。最后，当主动的原则和被动的原则能够作用和被作用时，结果必

者或者质料中；而产生运动的是主动的能力或形式。因此，运动是质料和形式的共同运作，尽管它在二者中的作用方向是相反的：[1]主动的能力引起被动者中潜藏的活动，而被动者在自身中实现了这种活动。[2]亚里士多德认为主动原则对被动者的作用是以它们之间的持续接触为条件的。[3]他相信这条原则是必然的，以致于他甚至认为那些非物质性的东西也是通过接触而作用在别的对象上的；甚至思想也是靠接触来获取它的对象[4]。然而，思维对象与思维主体的关系是形式与质料的关系。[5]类似的，上帝作为运动的第一原因也被认为是与世界直接接触的（我们稍后将看到）。[6]但亚里士多德并未进一步解释这种描述在何种意义上能

386

387

然被产生；这里的一般原因已经在 p.378，p.379 中陈述过了。

1　《物理学》iii.3 中对这个观点有详细的讨论。参见 v.1,224b4, *ibid*.224b25; vii.3：ἀλλοίωσις（偶性变化）只发生在物质存在者中。《论灵魂》iii.2,426a2；更多讨论，参见 p.358，p.359。

2　参见 p.378，p.379。

3　《物理学》iii.2 *fin*.vii.1,242b24, vii.2, *init*.。这一点对于所有类型的变化都适用。*Ibid*.viii.2,255a34, c.1,251b1 sqq.；《论生成与消灭》i.6,322b21, c.9,327a1；《论动物的生成》ii.1,734a3；《形而上学》ix.5；参见第 253 页注释 4，以及第 255 页注释 1。亚里士多德认为主动原则与被动对象的接触不仅是第一次推动时的瞬间接触，而是在整个运动中持续的接触，这一点在他对投掷运动的解释中是非常清楚的。被投掷的物体似乎在投掷者的接触停止之后还在持续运动。然而，亚里士多德不承认这种情况。因此，他假设说（《物理学》viii.10,266b27 sqq.,267b11, iv.8,215a14；《论梦》2,459a29 sqq.）投掷者不仅推动了被投掷的物体，而且还推动了被投掷物体所在的介质（例如，空气或水），投掷者将运动传递到介质中，而介质又将运动传递给被投掷之物。然而，被投掷物体的运动在投掷者的运动停止之后仍然存在，而（根据这个假设）介质的运动在投掷者的运动停止之时也停止了；亚里士多德采用了一个非常奇怪的解释：即使介质自身停止运动，它还能够产生运动（267a5）。我们知道，根据惯性定理，运动会持续下去直到它与一个相反的力相遇；但亚里士多德并非不知道这个定理。元素的自然运动将它们带到原初的位置，我们很难解释这些运动如何从与某个力的接触中产生。从以下所述来看（参见《物理学》viii.4,254b33 sqq.,《论天》iv.3 *fin*.），我们甚至无法证明它们是被别的东西推动的。

4　参见第 143 页注释 2。

5　《形而上学》xii.9,1074b19,29；《论灵魂》iii.4,429b22,29 sqq.。

6　《论生成与消灭》i.6,322b21：如果不接触到对象，它就不能对什么对象产生作用或推动，并且在一个对象同时是推动者和被动者的情形中，这种接触必然是相互的（323a20 sqq.）；"接触的物体不被接触它的东西接触"——这里显然是在玩弄语言游戏。

够使用在非物质的存在者上。

因此，我们知道运动与形式和质料一样是永恒的，它表达了形式与质料的本质关系，[1] 它既没有开始也没有结束。[2] 因为，如果它有开始，那么推动者和被动者要么在运动开始之前就存在，要么在运动开始之前不存在。倘若是后一种情况，那么它们就必须被生成，因此在第一个运动之前就必然还有一个运动。如果是前一种情况，那么我们不能假设它们是静止的，因为它们的本性就是运动的。然而，如果它们是运动的，那么一些主动的能力必然使它们获得运动，因此在这种情况下，在运动   388
之前也必然有运动。同样，我们也不能认为运动是有终结的。一个运动总是被另一个运动终止。正如在前面的论证中，我们不得不认为在第一个运动之前还有一个运动，在这里，我们也不能避免最后一个运动之后还有一个运动的情况。[3] 因此，运动是没有开始也没有结束的；世界从来不是被创造的，也不会终结。[4]

然而，尽管从这个角度看，运动是无限的，从另一个角度看，它却是有限的。因为每个运动都预设了一个主动的原则，所以运动的一般概念蕴含了对不动的第一运动原则的假设。没有这个假设，我们就会陷入运动原因的无限序列中去，这便无法产生任何现实的运动，因为它们无法引导我们到达第一原因。如果没有第一原因，那么序列中的任何一个   389
原因都不会发生作用。即便我们假设被动者的运动是自己产生的，也不

1　参见第 229 页注释 2，以及第 231 页注释 1。

2　关于下面论述的内容，参见 Siebeck, *Die Lehre d.Ar.v.d.Ewigkeit d.Welt* (*Untersuch z.Phil.d.Griechen* Halle,1873, pp.137–189)。

3　这些论述包含了《物理学》第八卷第 1 章的主要讨论。《形而上学》xii.6,1071b6 中也指出运动必然是永恒的。此外，如果时间是没有开始和结束的（关于这一点，参见下文 p.406），那么运动也必然如此，因为，我们将看到时间是无法与运动相分离的。参见《物理学》viii.1,251b12；亚里士多德证明了时间在二维方向上是无限的，他在 251b26 中继续说道："如果时间是无限的话，那么运动也必然是无限的，因为时间是运动的一种属性。"与这段内容明显相关的是《形而上学》xii.6 中的论述。相同的推论亦可从以下陈述中得出（《物理学》vi.6,236b32 sqq.；《形而上学》ix.8,1050b3）：每个运动和过程都预设了一个先在的运动。

4　关于"世界是永恒的"这个问题的更多讨论将在下文第九章中出现。

能避免这个结论，因为被动者将要变成什么是由主动的原则来决定的；[1]因此同一个对象不能在同一个关系中既是被动者又是推动者。因此，我们不得不承认存在第一推动者。这个推动者或许是被动的——即自我运动的，或许是不动的。然而，第一种情况将被划归为第二种情况，因为即便在一个自我运动的实体中，主动的能力也必须与被动的对象相区分。所以，必然存在一个不动的实体，它是一切运动的原因。[2]或者(我们在别处已经简略地证明过)，既然一切运动必然从一个主动的原则开始，那么一个没有开端的运动预设了一个与运动一样永恒的主动原则，这个原则作为一切运动的前提必然是不动的。[3]因此，我们得到三个要素：单单被推动而不产生运动的东西，即质料；既产生运动又被推动的东西，即自然；单单产生运动而不被推动的东西，即神。[4]

我们通过之前的研究已经表明这个立场在亚里士多德的哲学中并不是孤立的。最高意义上的现实性与不包含质料的、纯粹形式是同义的——完善的形式作为绝对主体既是主动的原则亦是宇宙的目的。[5]存在的等级，从无形式的质料逐渐上升，直到最高点——即神的位置。这个观点实际上在亚里士多德的哲学中形成了对神之存在的证明起点。[6]亚里士多德在同一部著作中从两个原则推演出关于神的信念——即在灵魂的预感中对神圣本性的自我昭示的反思，以及对天体的沉思。[7]他在一篇著名的残篇中强调宇宙中的美和秩序证实了神的存在。[8]这些论证

1　参见上文 p.384。

2　《物理学》viii.5, cf.vii.1 and ii.(a),2，亚里士多德在这里指出动力因、形式因和目的因都不允许无限延续下去。

3　《形而上学》xii.6,1071b4.c.7,1072a21。

4　《物理学》viii.5,236b20；《形而上学》xii.7,1072a24（Bonitz 修订过这一段）；《论灵魂》iii.10,433b13。

5　参见 p.355，p.395 引用的段落，关于神是最高的形式、纯粹的现实性和最终的目的。《形而上学》xii.7,1072a35。

6　Simpl.De Coelo,130, Schol.in Ar.487, a,6 (Ar.Fr.):15。

7　Fr.13, b, Sext.Math.ix.20。因此，荷马认为 Patroclus 和 Hector 能够预言死亡。

8　即著名的残篇 14（或许来自西塞罗的 N.D.ii.37,95 中的 Π.φιλοσοφίας [《论哲学》]），它的开篇使我们想起柏拉图的洞穴中的居民（《理想国》第七卷开篇）。根

在他的体系中并非毫无根据，尽管有的论证只能用不那么严格的逻辑来　391
解释，或许它们从属于那些早期的、与柏拉图主义相近的学说。在预言
的梦幻中和灵性的感觉中出现的预兆只不过是主动理性连接人类和神圣
理性的模糊表象。[1] 世界的美、各个部分的和谐、事物的秩序中可观察
到的目的、星辰的光辉、天体运动的永恒秩序，这些不仅表明存在天
体的精神（我们将看到它们之中有一个统治者），而且还有一个在它们
之上的神圣存在，它产生了宇宙的运动以及整体和所有部分之间的和
谐。[2] 因此，尽管像苏格拉底和柏拉图一样，[3] 亚里士多德在这些段落中　392
提出的对神之存在的论证是建立在目的论原则上的——也包括他在别处
指出的，自然朝一个确定目的运作的能力就是神[4]——这些论证不仅仅
是对非科学观点的某种顺应，而且与他的整个体系的精神是一致的。世　393
界的统一性以及它对于某些确定目的的顺应只能由一个至高无上的原因
的统一性来解释。亚里士多德有非常好的理由在他最重要的著作中将至

据西塞罗在 *N.D.*ii.49,125 的论述，亚里士多德似乎将动物的本能作为对神之存在
的目的论证明。

1　关于这个问题的更多讨论参见下文。

2　除了《论天》i.9 在下文中被引用的段落（即第 259 页注释 7）之外，参见《形而
上学》xii.7,1072a35 sqq.，在这里，神被描述为 ἄριστον（最好的）和 οὗ ἕνεκα（所
为了的，即目的），因此它是宇宙的动力因；然而第 10 章中提出这样一个问题：至
善和最卓越的东西哪一个拥有完整的本性？以军队为例子，善既存在于将军之中也
存在于整个军队的秩序之中；然而，善在前者中比在后者中的意义更原始。世界与
军队是类似的；除了每一个生物按照自己本性的高贵程度而受制于这一秩序，即便
在一个家族中，自由人受到的约束比奴隶更严格。别的哲学体系都建立在对立的原
则上，亚里士多德是唯一的例外，"最高的存在（或最原初的存在）没有相对者"
（1075b21,24）。如果我们像斯彪西波那样接受原初原则的整个序列，那么我们将否
认一切存在的统一性（参见 *Div.*i.p.854,1）。参见 xiv.3,1090b19，亚里士多德在这
里反对斯彪西波的观点。在 *Fr.*16 中我们看到了同样的观点，这是由一个不知名的
学者留下来的，在那里，亚里士多德说：如果有多个本原，它们要么是有秩序的，
要么是无秩序的。如果是无秩序的，那么宇宙是不可能产生的，因为从无秩序中
产生不了自然的秩序和 κόσμος（宇宙）；但是即便是在前一种情况中，它们也拥有
共同的本原。世界秩序与军队的类比在 SEXT.*Math.*ix.26 sq. 中有更多的延伸讨论，
这应当是根据亚里士多德的《论哲学》来讨论的。

3　参见 *Div.*i.p.143 sq.786（Zeller, *Plato*, p.281 sqq., p.485.）。

4　《论天》i.4 *fin.*。

高无上的存在者之证明与他的运动理论联系起来；因为正是在这里，变化者直接依赖于不变者——因为不变者是一切变化的前提。

我们从上述讨论中可以看到至高无上的存在者的其他特征。运动是永恒的，因此它必然是连续的、从始至终同一的。然而，这样一个单一的运动只能是一个单一的推动者和一个单一的被动者的产物。所以，第一推动者是唯一的，也是和运动一样永恒的。[1] 其次，运动的连续性和统一性意味着这个主动原则是绝对不动的；因为被动的对象是运动的主体，它不能产生一个连续的、统一的运动，[2] 因此，第一推动者在本质上不具备运动的可能性。[3] 它是不变的和绝对必然的；这绝对的必然性是世界统一的原则。[4] 从这方面来看，它是无形的。只有不被毁灭的东西才不可能停止存在；而一切潜在的东西在本质上都是能毁灭的；[5] 只有第一推动者不包含任何未实现的可能性。[6] 潜在者必然是有质料的。一个

1　《物理学》viii.6,259a13；《形而上学》xii.8,1073a23 sqq.，永恒的星辰与 $\pi\rho\acute{\omega}\tau\eta$ $\grave{\alpha}\acute{\iota}\delta\iota\sigma\varsigma$ $\kappa\alpha\iota\mu\acute{\iota}\alpha$ $\kappa\acute{\iota}\nu\eta\sigma\iota\varsigma$ （第一的和永恒的唯一运动）相联系，我们可以看到一个单一的运动如何预设了一个单一的主动原因。参见第 257 页注释 4。我们将在下一章中有更多关于运动的永恒性和统一性的讨论。

2　《物理学》viii.6,259b22, c.10,267a24 sqq.。

3　在 *Fr.*15（保存在 Simpl.*De Coelo*,130,45, K., *Schol.in Ar.*487, a,6）的《论哲学》一文中，神的不变性得到了证明——即最高级的东西不可能接受任何变化，也不需要在自身之中发生任何变化（Bernays, *Dial.d.Arist.*113 以及 Heitz, *Ar.Fragm.*p.37 认为这个扩大发挥从属于亚里士多德的残篇。辛普里丘 [ii.380, D sqq.] 指出，原始的段落在柏拉图的《理想国》中）。《论天》i.9（参见第 259 页注释 7）讨论神的不变性时用到的也是这个论证，另外，参见《形而上学》xii.9,1074b26：神总是在思考同一个对象；参见第 260 页注释 5。

4　《形而上学》xii.7,1072b7。因为只要它是必然的，它就是好的，正如刚刚解释过，它的必然性不是外在的或相对的，而是绝对的。

5　在证明了"现实性"在定义、时间和实体上都优先于"潜在性"之后，亚里士多德在《形而上学》ix.8,1050b6（紧接第 253 页注释 4 中引用的那个段落）中说："在更严格的意义上，现实性比潜在性具有更高的实在性，因为永恒的实体在实体上优先于可朽的实体，永恒的实体不包含潜在性。"他继续证明这个观点说："单纯的潜在者既能够存在又能够不存在……必然的存在者没有潜在性；因为它们是原初的，如果它们不存在，那么其他事物也不存在。"

6　《形而上学》xii.6,1071b12：如果一个 $\kappa\iota\nu\eta\tau\iota\kappa\acute{o}\nu$ （运动者或推动者）没有实现的活动，就不会有永恒的、不间断的运动；因为潜在者可能未被实现。但这同样可能是真的：即实体以潜在的方式存在，因为运动不可能是永恒的，潜在者可能不存在。

在自身中不包含任何潜在性的存在者必然是无质料的和无形的。[1] 只有　　395
无形的东西是不变的；[2] 而任何包含质料的东西都是能够运动和变化的，[3]
并能改变自身的状况。[4] 此外，一切物体都是有量度的，而量度总是有
界限的。但有限的东西不能产生一个像永恒运动那样无限的运动，因为
它的能力是有限的，而无限却没有任何限制。[5] 因此，第一推动者必然
是绝对无形的、不可分的和不被空间限制的、不动的、不受影响的和无
变化的：总之，它必然是绝对的实在和纯粹的现实性。[6]

　　倘若把这个过程颠倒过来，我们便知道，第一推动者和被它推动　　396
的东西是单一的，[7] 因为一切多样性都分有质料。因此，一切运动的原因
或神是纯粹的存在、原初的本质（$\tau\grave{o}\ \tau\acute{\iota}\ \mathring{\eta}\nu\ \varepsilon\mathring{\iota}\nu\alpha\iota\ \tau\grave{o}\ \pi\rho\tilde{\omega}\tau o\nu$）、无形的

这样的本原是必要的——即实体的本原是现实性。这个证明的主要线索在《物理学》
iii.4,203b30 中出现过，亚里士多德在《形而上学》第九卷第 4 章中说："我们不可
能说潜在者能够存在，但是将不存在，因为我们不能说任何在本性上能够停止存在
的东西将永远不会停止存在；因此它不可能拥有 $\alpha\mathring{\iota}\delta\iota o\nu$（永恒存在）的本性。"

1　参见 p.347 及以下，以及《形而上学》xii.6,1071b20。

2　基于上述讨论，这一点已经不需要证明了。一切变化都是从可能性向现实性的转
化，如果没有质料，那么变化也就被排除了，因此也没有潜在者。参见（p.359 以
下）《物理学》vi.4 中的证明：任何承受变化的主体必须是可分的。我们将看到灵魂
在本质上是没有变化和运动的。

3　《物理学》viii.6,259b18，参见第 259 页注释 3 及第 242 页注释 4。

4　参见第 259 页注释 1 以及《形而上学》vii.7,1032a20, c.10,1035a25。

5　《物理学》viii.10,266a10 sqq.267b17；《形而上学》xii.7 *fin.*。

6　《形而上学》xii.7（参见第 258 页注释 5），c.8,1074a35；参见上一条和下一条注释《论
天》i.9,279a16。在对 $\alpha\mathring{\iota}\omega\nu$（永恒）的评论之后，亚里士多德有一段评价。因此，
原初的和最高的神必然是无变化的（参见第 258 页注释 4）。至于这个描述指的是第
一推动者还是第一被动者（即最外层的天），古代的评注家们有不同的意见：辛普里丘
（*in.loc.*）和亚历山大以及漫步学派的早期继承者认为这个描述指的是第一被动者，
年轻的解释者们（新柏拉图主义者）认为是第一推动者。亚历山大的观点似乎被以
下表述证明了：$\kappa\alpha\grave{\iota}\ \mathring{\alpha}\pi\alpha\upsilon\sigma\tau o\nu\ \delta\mathring{\eta}\ \kappa\acute{\iota}\nu\eta\sigma\iota\nu\ \kappa\iota\nu\varepsilon\tilde{\iota}\tau\alpha\iota\ \varepsilon\mathring{\upsilon}\lambda\acute{o}\gamma\omega\varsigma$（永恒的运动是被推动的，
这是有理由的），除非我们将 $\kappa\iota\nu\varepsilon\tilde{\iota}\tau\alpha\iota$（被动）根据辛普里丘的手稿替换成 $\kappa\iota\nu\varepsilon\tilde{\iota}$（推
动），然而，我们很容易将 $\mathring{o}\ o\mathring{\upsilon}\rho\alpha\nu\acute{o}\varsigma$（天宇）补充为句子的主词，即便紧接着说的
是神，而我们必须认为这些描述指的是神——这里的理由是非常明显的：即它们描
述的是天宇和在最上层天的运动所依赖的东西——它是无形的，不变的和最高贵的
神，它是一切存在和生命的原因。

7　《形而上学》xii.8,1074a31。

实体，换言之，它是思想。除了以自我为中心的思想之外，没有什么东西是不包含质料的，即便灵魂也与身体有着本质的关联，而在一切有形的实体中形式总是与质料结合在一起。因此，完备的活动只存在于思想之中。技艺的（ποιητική）和实践的（πρακτική）活动都不是完善的，因为它们的目的外在于活动本身，它们需要质料来运作。[1] 但绝对的存在没有外在于自身的目的，因为它是一切事物的终极目的。[2] 我们在分析思想时，把潜在性与现实性区别开来——即思维的能力与现实的思想（θεωρία）相区分。然而，这个区分并不适用于神，因为他的实体不包含任何未发展的潜在性；甚至对于人而言，只是他有限的本性使他无法进行不间断的思想。神的本性是永无止息的沉思和绝对的完美活动，[3] 这一活动不会改变，因为对于一个完善的存在而言，改变意味着完善的丧失。[4] 因此，神是思想的绝对活动，并且他本身构成了绝对的实在性和生命力，他是一切生命的本源。[5]

那么，这种思想的内容或主题是什么？一切思考都从这个思想对象中获得自身的价值；但神圣思想的有效性并不依赖于他自身之外的东西，他只与最好的东西有关。至善就是其自身。[6] 所以，神的沉思对象是他自身，而他的思想是思想的思想。[7] 因此，在神的思想中，思想与

---

1 参见第 261 页注释 5。

2 《论天》ii.12,292b4。

3 《尼各马可伦理学》x.8,1078b20。《形而上学》xii.7，参见第 262 页注释 1；c.9,1074b28：我们不能认为神圣思想或者是静止的或者是潜在的存在，因为如果他不是现实地思想，而仅仅是思想的能力，那么我们就能说持续的思考对他而言是繁重而折磨的。*Ibid*.1075b7（根据 Bonitz 的文本）：纯粹的思想是不可分的；当人的思考活动在某个时候趋于完善时，不是在它的任何一个片段中而是在它的整个活动中都是不可分的。

4 《形而上学》xii.9,1074b25。

5 《形而上学》xii.7,1072b28。《论天》ii.3,286a9。

6 当然，神也不可能受到任何外部情感的影响。因此，亚里士多德认为（参见《尼各马可伦理学》viii.9,1158b35,1159a4 或《欧德谟伦理学》vii.3,12,1238b27,1244b7,1245b14，以及《大伦理学》ii.11,1208b27），神不爱别人而只是被爱，神和人之间的差距太大以致于相互的爱是不可能的。

7 《形而上学》xii.9,1074b17；他在 1074b29 中说："如果思想只是能力，那么，它持

它的对象是等同的，纯粹精神的思想与其对象也必然是等同的。[1]这种
恒定的思想在自身中的宁静——即思想主体与思想对象不可分的统一
性[2]——构成了神的绝对的福祉。[3]

　　亚里士多德的这些关于神圣精神的命题是第一次为有神论寻找科学　　399
基础的尝试。在这里，神的观念作为自我反思的理智第一次以逻辑的方
式从一个哲学体系的原则中演绎出来，而不是从宗教信仰中借来。但我
们从一开始就遇到了困难，而这个困难的解决是所有神学思考的最终问
题：即我们如何定义神的观念以至于我们既能坚持认为神与一切有限实
在有着本质的差异又能保证他的人格性，反之亦然？亚里士多德认为神
是自我反思的精神；但神又是没有身体和感知的；亚里士多德并不满足
于此，他还宣称不仅行动和创造，而且意志自身都指向一个对象，但这　　400—1
个对象不是神，[4]因此神的思想活动只在单独的自我沉思之中。然而，这　　402

续的活动就是费力的，并且，显然存在比思想更珍贵的东西，即被思想的东西。甚
至思想和思想活动将属于拥有最坏思想的主体。因此，想要避免这种情况的发生，
思想活动就不是最好的东西。所以，他自身必然是思想的对象，而他的思想是思想
的思想。"参见 c.7；《论灵魂》iii.6,430b24。

1　参见第 261 页注释 2 和《形而上学》xii.9。《论灵魂》iii.4 *fin*.(cf.c.5 and c.7 *init*.)。

2　《形而上学》xii.9,1075b7。参见第 260 页注释 4。

3　这个观点紧接着第 258 页注释 5 中引用的那个段落（即紧接《形而上学》
　　xii.7,1072b7 以下）；因为并非仅仅是神的活动本身，一般意义上的活动也是快乐的。
　　在这个段落中，甚至在这本书中，文本的清晰性因一种过分的简洁而被牺牲了。"纯
　　粹思想的对象绝对是最好的东西，而越符合这一标准，对象就越纯粹。因此，实现
　　的知识而非认识的能力才是最好的和最有福祉的"。关于 θεωρία（沉思）的意义，
　　参见 Bonitz.*Ind.Ar*.328, a,50 sqq.。从 1072b18 开始，这个段落的意义变得非常宽
　　泛，它既不是指神，也不是指人类理性；然而，1072b24 重又叙说同一个意思，参
　　见第 260 页注释 6。更多解释，参见《尼各马可伦理学》x.8 的段落——在第 260
　　页注释 4 中已经引用过；*ibid*.vii.15,1154b25；以及《政治学》vii.1,1323b23。

4　亚里士多德在许多段落中都明确地指出 ποίησις（制造或生产）和 πρᾶξις（活动）
　　都不属于神；例如《尼各马可伦理学》x.8,1178b7 sq.。完美的福祉只存在于思想之
　　中，亚里士多德证明每个人都认为神是有福的，这里的问题就是：什么样的活动属
　　于神？是正义的活动？是勇敢的活动？还是自由的活动？这些都是不可设想的。亚
　　里士多德总结说：只有生命（或活着）属于神（参见第 260 页注释 4）。参见《论天》
　　ii.12,292a22.*Ibid*.292b4 在第 260 页注释 3 中被引用；《论生成与消灭》i.6,323a12：
　　因为 ποιεῖν（主动做）都蕴含了一个相应的 πάσχειν（被动），我们不认为任何推
　　动者都主动做（着什么），只有那些本身必须先被推动才能推动他者的东西才是被

推动的；因此，$\kappa\iota\nu\epsilon\tilde{\iota}\nu$（主动推动）是一个比 $\pi o\iota\epsilon\tilde{\iota}\nu$（做）更复杂的概念。这些细节非常明确地反对下述观点（Brentano, *Psychol.d.Arist.*247 sq.）：即亚里士多德想要否认神有满足需求而产生的行为（普遍的"行为"应当认为属于神），因此，尽管否认了活动是属于神的，但他并未否认它在一般意义上属于神。亚里士多德并未承认这些限制，并且这个观点与其他观点是不融贯的（因为，根据第 258 页注释 5 引用的段落，神的所有属性是绝对必然的，对于他的完善和福祉无用的东西都不属于他，因此他不能无故地撇开它们）。相反，亚里士多德毫无保留地指出（《尼各马可伦理学》x.8；参见第 260 页注释 4），"制造"和"活动"都不属于神；活动的完善性（在实践意义上）只有在人类的繁衍中找到一个位置，以及在具有人类情感的主体中找到（《尼各马可伦理学》x.8,1178a9,1178b5, vii.1,1145a25）；每个行动都是朝向一个目的的手段，行动与目的是不同的，因此这样的行动不属于神；对于神而言，没有尚未达成的目的（《论天》以上引用的段落）。亚里士多德在别处（《尼各马可伦理学》vii.15, 参见第 261 页注释 5；《政治学》vii.3,1325b28）所说的"神的活动"也并非是对这个观点的反驳，因为在这里 $\pi\rho\tilde{a}\xi\iota\varsigma$（活动）（《尼各马可伦理学》vi.2,5,1139b3,1140b6）的意义与"制造"是不同的，前者的目的在自身之中，后者的目的不在自身之中，"好的活动"就是目的；"活动"是在一种宽泛的意义上使用的，它包括了所有形式的活动，甚至思想的纯粹活动。其他意义不适合这些词，《尼各马可伦理学》vii.15 说：$\dot{a}\epsilon\grave{\iota}\ \dot{\eta}\ a\dot{\upsilon}\tau\dot{\eta}\ \pi\rho\tilde{a}\xi\iota\varsigma$（活动总是它自身）；类似地，亚里士多德在《政治学》以上引用的 1325b16 sqq. 段落中区分了"为了他者的活动"——即在其他地方被称为狭义上的活动——与"为了自身的活动"（即沉思是为了自身），并认为只有后者属于神，并反对"实践生活高于理性生活"的观点。这是一个恰当的反驳，亚里士多德用流行的语言将 "$\pi o\iota\epsilon\tilde{\iota}\nu$" 归于神，例如《论天》i.4 *fin.*,《论生成与消灭》ii.10,336b31。在这里，"神"指的是主宰自然的神圣力量，但它与运动的第一原因的关系没有得到定义；我们并不能从这个用法中得出亚里士多德的"神是超越的理性"的观点，也不能从《尼各马可伦理学》x.8 和 viii.14,1162a4, x.9,1179a24 中对"神"一词的频繁使用得出这样的结论，我们或许可以说亚里士多德是一个多神论者。"$\pi o\iota\epsilon\tilde{\iota}\nu$"在这些地方的使用是非常宽泛的，它并不局限于 $\pi o\iota\eta\tau\iota\kappa\grave{o}\nu$（有制造能力的主体），参见《形而上学》xii.6,1071b12（布伦塔诺指出过这一点，但在亚里士多德的文本中没有任何地方显示这一意义适用于神），p.182 讨论过这个词的狭义，它只有创造或生产的一般意义，正如"有制造能力的理智"或"$\nu o\tilde{\upsilon}\varsigma\ \pi o\iota\eta\tau\iota\kappa\grave{o}\varsigma$"（主动理性），它仅仅指它是一般意义上的原因而并未进一步规定它的本质。然而，如果活动并不属于神，那么意志也不属于神，因为意志是"活动的本源"，它能激发欲望并能规定目的，它总是预设了一个 $\eta\theta\iota\kappa\grave{\eta}\ \dot{\epsilon}\xi\iota\varsigma$（道德的状态）（《尼各马可伦理学》vi.2,1139a31），这些观点与亚里士多德的神的概念是不相容的。另外，在《论灵魂》iii.10,433a23 中，$\beta o\acute{\upsilon}\lambda\eta\sigma\iota\varsigma$（意愿）被定义为理性的欲望；但亚里士多德的神在任何意义上都没有欲望；我们不能同意布伦塔诺的观点（第 246 页），因为他认为神是"快乐的"，他将我们人类的某些欲望归于神。亚里士多德认为只有感知上的痛苦或愉快才包含欲望（《论灵魂》ii.2,413b23）；他强调在这里说的并不是理性；他在《论灵魂》iii.7,431a10 中宣称 $\dot{o}\rho\epsilon\kappa\tau\iota\kappa\grave{o}\nu$（渴求的欲望）和 $\phi\epsilon\upsilon\kappa\tau\iota\kappa\grave{o}\nu$（回避的欲望）都属于"可感知的"，并在 iii.9,10432b27,433a14（参

个解释 [1] 是无法令人满意的。一方面，人格存在蕴含着思想和意志的活动。另一方面，人格式的思想总是从可能性向现实性的转化——换言之，它总是处于发展的过程中——它的内容不仅取决于对象的多样性还取决于理智状态的变化。由于摧毁了这些条件以及将神圣理智的功能限制在一种单调的自我沉思中，亚里士多德并未将变化或发展注入生命之中，而仅仅是在抽象的意义上获得了人格概念。

当我们思考神如何作用于世界时，困扰我们的问题是非常严重的。我们看到，亚里士多德将神描述为第一推动者以及一般意义上的最高原 403

见《尼各马可伦理学》vi.2,1139a35）中评论说：沉思的理性并不涉及"回避"和"渴求"，但欲望总是由它们规定的。因此，亚里士多德在这些段落中将神的一般概念作为前提来使用，并从中推导出一些结论，但这些段落什么也没有证明，例如《论题篇》iv.5,126a34；《尼各马可伦理学》x.9,1179a24 或者 vi.2,1139b9，以及《修辞学》ii.23,1398a15 中的段落。像"为了自身，神成为自身的欲望对象，神因而欲求整个宇宙和整个自然秩序"这样的陈述（Brent.247）在亚里士多德的文本中得不到任何支持。相反，这样的概念与他关于神的观念是完全不相容的，因为一切欲望都是追逐某个尚未获得的目的的努力，并在本性上已经获得了最好的东西（《形而上学》xii.8,1074a19）——这样的努力是无法设想的。

1　在这个问题上，亚里士多德的表达是非常明确的，没有可疑之处。布伦塔诺的观点（*Psych.d.Arist.*246 sq.）——即神知道他自身，因而神知道整个被创造的世界，以及 Schneider 的修正了的观点（*De Causa finali Arist.*79 sq.；另外，参见 KYM，*Metaphys.Unters.*252,256）——即神知道这个可知的世界，因为全部形式都包含在他的思想中——都不能在亚里士多德的著作中得到辩护。《形而上学》第 12 卷第 10 章的段落（参见第 257 页注释 4）也没有证明他们二人的观点是正确的。亚里士多德在这里讨论的是"世界以何种方式是善的"。然而，这个问题的唯一答案是：军队的将领比秩序拥有更多的善，因为军队的秩序依赖于将领的存在，但将领并不依赖于秩序而存在。如果我们将这个观点运用在神和宇宙的概念上，那么我们将得出宇宙的完善性首先存在于神之中，因为他是运动的第一原因，其次存在于宇宙的秩序中，因为这个秩序来自于神。另一方面，宇宙与军队的类比并未提供任何线索证明宇宙的秩序来自神（因为这不是这里讨论的问题）。正如我们不能从中推论说，神制定了计划，对他的部下部署了命令，等等（尽管，这种神对宇宙之统治的描述是常见的），我们也不能推论说，神通过将宇宙本身或它的部分作为思想对象的思考过程产生了宇宙的秩序。这个观点只能通过亚里士多德在别处的论证来证明。KYM.p.246 sqq. 中的陈述与类比的精神不一致——即神或善并不仅仅是存在于宇宙之外的个体，而是内在于宇宙的秩序和设计中的。然而，对于亚里士多德而言，"神"和"善"并非可以相互替换的术语（例如，参见《尼各马可伦理学》i.4,1096a23, Bonitz, *Ind.Ar.*3, b,35 sqq.），而将领与军队的命令是不同的。更多讨论，参见 p.413, sqq.。

则[1]——他是整个宇宙的基础。[2]尽管我们并不能证实亚里士多德相信每
一个体都享有神佑，[3]但我们仍然可以看到他承认世界是理智的产物，[4]在
自然的适应性中，他认识到[5]神的活动的印记，在人类理智中，他发现
了蕴藏着的神圣理智。[6]然而，如果我们想要把这些信念与以上讨论的
神学调和起来，那么我们将遇到许多难以解答的问题。

首先，如果神不是靠创造的或实践的活动来影响其他事物，那么他
就不可能是第一推动者。然而，我们在这里遇到了曾暗示过的观点，即
形式自身并不运动，但它对质料有一种吸引力，从而使质料朝向它运
动。神以这样的方式推动世界：欲望的对象和思想的对象引起运动，但
这些对象自身并不运动。这两个运动原因终究是相同的（绝对的思想的
对象也是绝对的欲望的对象或纯粹的善）；因为欲望的对象一定是美的，
而意志的原初对象是真正的美；但欲望是由我们的观念决定的（即对象
的价值），而非相反。因此，思想是起点或原因。但思想是由思想对象
推动的，思想和思想对象这两个序列中，只有一个是绝对可知的，[7]这个

1　《形而上学》xi.2,1060a27 的描述并不能被引用来证明这个观点；因为无论从这个
文本来看，还是从平行的段落（即 iii.4,1000a5 sqq.）来看，这些描述都让我们怀疑
是否有这样的本原或原则，但是它们都没有把神描述为个体存在。《形而上学》iii.4
问道："这些本原自身是可毁灭的，还是不可毁灭的？"另一方面，我们在《形而上学》
xi.7,1064a34 sqq. 中发现："如果存在一个可分离的和不动的实体，那么它一定是神
圣的，并且是第一的和最重要的本原。"

2　《形而上学》xii.7,10；参见第 258 页注释 5 和第 257 页注释 4，《论天》i.9；参见
第 259 页注释 7。

3　关于这个问题参见第 276 页注释 1，以及下文第十六章。无论引用的这个段落在文
字上多么短小，有一个事实是非常明确的：神（θεοι）一词总是用的复数形式。但
是，如果我们首先将它翻译为这位哲学家认可的语言，以便发现他的真实意图，
那么这里的问题是：我们是否不必从它们的字面意义推导出结论，正如在类似的情
况中一样——即在下文第九章末尾有关宇宙的内容。

4　阿那克萨戈拉受到称赞（《形而上学》i.3,984b15，参见《物理学》viii.5,256b24），
因为他将理智（努斯）作为宇宙的本原和一切东西的秩序，《物理学》ii.6,198a9 说
"自发"和"运气"总是预设了一个理智（νοῦς）和本性（φύσις）。

5　参见 p.421,p.460 sqq.。

6　《尼各马可伦理学》ix.7,9,1177a13,1177b30,1179a26；《论生成与消灭》ii.3,736b27,
737a10；《论灵魂》i.4,408b29；《论动物的部分》ii.10,656a7, iv.10,686a28,373。

7　Νοητὴ δὲ ἡ ἑτέρα συστοιχία καθ᾽ αὑτήν（可思对象自身是别的系列）。在这里

绝对可知的才是实在，它被定义为简单的和现实的。[1]"目的因的运作方式像一个被爱的对象，它推动别的东西运动并将运动传递下去。"[2]因此，神作为世界的绝对目的——即它在这个意义上是第一推动者，[3]作为统治者，神的命令将被服从，但是他从不亲自行动。[4]他有这样的功能是因为他是绝对的形式。因为形式是通过吸引质料从潜在性转化为现实性而推动质料运动的，所以神对于世界的影响一定是以相同的方式进行的。[5]毫无疑问，这个学说与整个体系是完全融合的。事实上，它是形而上学得当的压轴戏，因为它清晰地显示了形式因、动力因和目的因的最终的统一，以及它们与质料因的关系。另外，我们在其中发现了形而上学和物理学之统一的最终原则——即不动者和运动者之本性的相同之处。它

406

έτέρα συστοιχία（别的系列）应当被理解为存在和善的系列，当代的评注家们是这样认为的，而这一点从上述文本第 35 行中看也是明确的。这个表达指的是毕达戈拉斯学派和柏拉图学派的存在和非存在的普遍对立以及完善和非完善的普遍对立的学说，亚里士多德在 Ἐκλογὴ τῶν Ἐναντίων（《论对立面的选择》）一文中详细地讨论了这个问题（参见第 43 页注释 1）并在别的地方经常暗示它；参见《形而上学》iv.2,1004a1, ix.2,1046b2, xiv.6,1093b12, i.5,986a23；《物理学》iii.2,201b25, i.9,192a14；《论生成与消灭》i.3,319a14。

1　《形而上学》xii.7,1072a26；参见 Bonitz 和 Schwegler。

2　*Ibid*.1072b3.

3　他也是天体的推动者（在下文第九章的关于天体的部分中有讨论），这些推动者引起了运动，参见《形而上学》xii.8,1074a23。

4　参见《形而上学》xii.10 *init.* and *fin.*。

5　在这里，这个问题只得到了一般性讨论；这里的问题并不是神是否推动宇宙，而是他如何推动。因此，当布伦塔诺（Brentano, *ibid*.235 sqq.）质疑"神不是第一推动原则，而只是存在的目的因"时，这一问题是不相关的；根据亚里士多德的论述，没有什么活动是属于神的。这个观点是非常奇怪的，因为如果神是第一推动者，他一定是第一原因，因为运动的原因和推动者是相同的（《论灵魂》iii.5 *init*.；《论动物的生成》i.21,729b13；《形而上学》xii.6,1071b12；《论生成与消灭》i.7,324b13），而只有某些种类的制造活动（ποίησις）不属于神（参见第 262 页注释 1）。然而，对于亚里士多德而言，说神并非直接而是间接地作用于宇宙又是另外一回事，他不是自己推动宇宙，而是由于其作为完善的存在诱发了宇宙的活动；他仅仅因为作为目的因而成为动力因。神在有些段落中被描述为一般意义上宇宙的动力因，但它们并不足以否定上述观点。没有人怀疑这一点。想要证明我们的观点是错误的，就必须找到一些文本来证明神对宇宙的作用或活动是直接的；还必须证明这些文本如何与那些否认神有活动的文本一致；最后，还必须证明这些文本如何与亚里士多德的"神作为绝对不变的存在和自身思维的唯一对象"这一观点相调和。

使亚里士多德将一切运动和变化的最终源泉追溯到绝对的、非物质的和不动的存在上，使神成为中心——他是掌控宇宙的原则，但他并非某种机械原则也并不像人那样干涉和扰乱自然法则的齐一性。这一学说还为亚里士多德提供了调和世界的永恒性与世界依赖于一个神圣的、超越的存在者的方法。一方面，如果宇宙的存在、秩序和运动取决于神的活动，那么我们就不得不承认宇宙是有开端的，因为每一个活动以及该活动的产物在时间中都是有开端的。[1] 另一方面，一个体系被一个确定的点所吸引，而这个体系中的运动又发源于这种吸引（亚里士多德的宇宙就是这样的体系），这个体系可以被设想为有开端的，也可以被设想为没有开端的。然而，这个学说对于亚里士多德来说越重要，就越明显地揭示出他的理论弱点。"被动者在本性上欲求推动者"的观念，以及"有形的东西追寻神圣者"的观念，是如此晦涩[2]，以致于我们几乎不能理解它们。[3] 此外，如果像亚里士多德假设的那样，被动者必须与推动者相

407

408

1　参见第 270 页注释 1。

2　塞奥弗拉斯特发现了这个问题，参见 *Fr.*12（《形而上学》），8。类似的文本，参见 Proclus, *in Tim.*82, A（cf.Schrader, Arist.*de Volunt.Doetr.*Brandenb.1847, p.15, A.42）。

3　因此，我们当然没有理由否认亚里士多德明确接受了这个观点，并反复陈述了它，以及他的追随者们在这个意义上忠实的解释；就亚里士多德的原则而言，确实很难说（Theophrastus, *Fr.*12,5 中的讨论明白地证明了这一点）我们可以设想运动还能以什么别的方式被绝对的不动者产生。布伦塔诺（见上面的讨论，p.239, sqq.）认为没有什么学说比下述观点更加违背亚里士多德的本意了：即"质料是动力因，因为它自己朝向神运动，而神是运动的目的"。他说："没有动力因，目的因不能产生任何东西。"然而，没有人曾断言过这两个观点中的任何一个。当我们说神靠其自身的完善性吸引欲望并产生运动时，这并不是指欲望在质料之中，质料引起了运动；也不是说目的自身（不包括任何动力因）引起了运动。实际上，在这里，动力因与目的因是相同的。尽管在这种情况下，我们应当认为有两个独立的原则在发生作用——吸引的力量和被吸引的东西，但亚里士多德不这样认为。他认为推动者有一个"主动运动的能力"，而运动仅仅有一个"被动的能力"（《形而上学》v.15,1021a15, ix.1.1046a16 sqq.）。因此，他不可能认为那些被他者推动的东西自身有一个独立的运动原则。相反，他认为动力因和目的因在本质上是等同的，我们在 p.356 已经证明过这一点。有时它们在表面上的区分只不过是可感世界的一个现象，在可感世界中，形式在质料中实现自身，因此（参见 p.368, sqq.），形式是在多个个体中的。然而，在可思世界中，动力因和目的因总是等同的，因此，说一个与动力因相分离的目的能够产生某物是不可能的。类似地，神的活动属于天体的精神，它们在天体中

接触，[1] 那么宇宙必须与第一推动者相接触——他的确是这样说的。[2] 他努力将"在空间中接触"的概念从这个观念中排除；因为他经常在文本中使用"接触"这个词，但并不认为它们是在空间中的连接，而是两个事物之间的直接关联。[3] 他承认[4] 被动者与第一推动者是接触的，反之并不成立。然而，即使我们忽略这里蕴含的矛盾，我们仍然发现"空间存在"的观念使我们不得不做出下述判断：神是从宇宙的边缘来推动它的。因为，一般而言，原初的运动是在空间中的运动，[5] 而空间中的运动，除了圆周运动之外没有什么运动是连续的和统一的，[6] 所以，第一推动者对宇宙的影响必然是产生圆周运动。[7] 根据亚里士多德的学说，这一运动要么产生在宇宙的中心，要么产生在宇宙的边缘，因为这两个地方都是本源和整个运动的策源地。然而，他更偏向后者，因为边缘运动得比中心要快，而最靠近运动原因的东西应当拥有最快的速度。[8] 为了捍卫这个立场，

<!-- page marginal number --> 409

产生了运动，它们是运动的目的；参见第 265 页注释 4。奇怪的是布伦塔诺在他所反对的观点上走得更远，他说 (p.240)：根据《形而上学》xii.7,1072a26 的描述，"神是作为知识的对象而推动宇宙的"；因为质料不可能知道神，由此推出神也不推动质料。然而，这个判断建立在一个误解之上。亚里士多德说（参见 p.404）：（神）作为欲求对象和可思对象而推动世界，而不是被推动……努斯被可思对象推动……作为被爱的对象运动。作为可思对象，神只推动努斯（然而，努斯只在一种不恰当的意义上被认为是运动的；参见下文第十一章的开头和末尾）；另一方面，他作为 $\dot{\varepsilon}\rho\dot{\omega}\mu\varepsilon\nu o\nu$（被爱的对象），引起欲望而推动世界。我们确实不认为质料有这样的性质，我们应当毫不犹豫地认为植物和动物都渴望神圣，正如亚里士多德所说（《论灵魂》ii.4,415a26 sqq. 参见下文第十章第二部分）。尽管在我们看来，植物和动物的灵魂并不渴望神圣，因为它们的灵魂必然不会思考神。但是，在这里，亚里士多德认为非理性的存在也无意识地追求神圣者，因此，这是一个万物有灵的世界，这对于希腊人而言是非常自然的，但这个观念最终建立在一个不可靠的人类学类比上，从而使亚里士多德认为天体的世界——其本性比月下世界之本性更高贵（参见第九章论宇宙）——与人的世界是一致的。

1　参见上文 p.386。
2　《论生成与消灭》i.6,323a20。
3　参见第 143 页注释 2。
4　《论生成与消灭》，同上书；参见第 255 页注释 1。
5　《物理学》viii.7,9；参见 p.421, sqq.。
6　*Ibid.*c.8 sq.；《论天》i.2；《形而上学》xii.6,1071b10。
7　《物理学》viii.6 *fin.*, c.8 *fin.*；《形而上学》xii.*fin.*；c.8,1073, a,23 sqq.。
8　《物理学》viii.10,267b6；《论天》i.9,279a16 sqq.。（参见第 259 页注释 7）。在这里，

他或许希望避免遭到如下反驳——即他的空间理论使得神处于一个特殊的位置，[这一处于特殊位置的]"神"的概念排除了任何超越于宇宙界限的事物。[1] 但我们无法接受这个辩护。神就其自身而言局限在恒定的和统一的自我反思的活动中，因此，在他与宇宙的关系中没有其他的作用，除了引起圆周运动。想要解释有限存在的丰富多样性和无限的差异以及运动的

410 无限划分，仅仅靠这个简单的和统一的活动是不可能的。亚里士多德承认有许多天体；因此，在第一推动者之下有许多永恒的实体，它们的任务是引起星球的特殊运动。[2] 然而，同样的描述也必须用来解释所有类型的特殊运动和事物可分离的每个属性。因为运动的第一原因不能产生它们，他对宇宙只有一般的影响，所以我们不得不假设产生它们需要特殊的原因。[3] 只有特殊原因产生的作用不是一般性的：例如，亚里士多德从太阳和星球运行轨道的角度推论出生长和毁灭的现象。[4] 每个事物的特征必然归于它的特殊本性和形式。[5] 这里出现了一个新问题：这些特殊的形式，即在有限事物中作为主动原因的形式和构成事物之本性的形式，它们与最高形式相

411 比——即与原初的主动能力或神相比——占据了何种位置？或者，对于超自然世界的、没有生成和毁灭的存在者——它们是有推动能力和赋灵能力的神圣天体以及人类灵魂中的不朽部分——我们又该如何解释呢？[6] 亚里士多德如何解释他们的存在和本性？我们不能假设他们是由神创造的；[7] 因

亚里士多德的神是超越宇宙的（*Sext. Math.* x.23; *Hypotyp.* iii.218）。

1　参见《论天》i.9（在第 259 页注释 7 中引用过这一段落）以及第 283 页注释 1。

2　《形而上学》xii.8,1073a26。更多解释，参见下文第九章。

3　《形而上学》xii.6,1072a9：为了保证宇宙的运动的统一性，必须有一个东西持续不断地以同样的方式运作。如果有生成和毁灭，那么必须有别的东西以另外的方式运作。

4　《论生成与消灭》ii.10,336a23；参见下文第九章讨论的月下世界的部分。

5　除了 p.350 及其以下，参见第 283 页注释 1。

6　有三类存在者是没有生成和毁灭的，这一点不仅从宇宙的永恒性中可以推论出来，亚里士多德也明确地论述过；参见 p.474, sqq. 以及下文第九章。

7　布伦塔诺（*Psych. d. Arist.* 198,234 sqq.）认为它们是被神创造的。Bullinger（*Des Arist. Erhabenheit über allen Dualismus etc.* 1878, p.2 sq.）走得更远，根据他的观点，亚里士多德认为整个世界以及世界由之而来的材料都是由神创造的。因此，"神创造世界所需的材料"不过是"在神之中的永恒的和现实的力量，世界借这种力量得

为这不仅在他的体系和作品中得不到支持，[1] 而且它还会使我们陷入假设不 412
被创造的对象同时是被创造的以及永恒的东西同时是有时间开端的矛盾之
中。[2] 同样的问题也出现在可感事物的形式中，以及自然的秩序中—— 413

以实现"（p.15）。从现有的解释来看，我们足以证明这些归于亚里士多德的观点不
仅对于他的整个思想是外在的，而且它们与他的许多确切描述是相冲突的。

1　神是 πρώτη ἀρχή（第一原则）——这证明不了什么；因为它不仅可以意味着"神
创造了一切"，而且可以意味着"他是永恒秩序和世界之活动的前提"：的确（《形而
上学》v.1,1013a16,20 sq.），ἀρχή（本源）与 αἴτιον（本原）一样有多重意义，它
包含了目的因概念。因为神作为宇宙中最完善的存在给予整个世界之目的的统一
性，他引起了控制一切运动的第一运动，他也是首要的和独立的原因，可以说整
个宇宙的秩序都取决于他（第258页注释5，以及第259页注释7），我们可以说
他是国王和命令者（第257页注释4）。然而，这个命令者不是造物主。从《形而
上学》ix.8,1050b3（参见第253页注释4）中所说的"神的创造活动在时间上先于
所有存在者"不能推出这个观点；因为 ἀεὶ κινοῦν πρώτως（总是先有推动者）（正
如 Ps.Alex in loc. 所说）并不意味着神是宇宙运动的第一原因。相反（这一点从
1049b17 sqq. 中的解释来看是明确的，"正如我们所说"引起这个解释），这里指的
是任何个体事物都预设了另一个与之相似的、已经存在的事物作为它产生的条件，
类似地，一个东西总是预设了一个在它之前的推动者，直到我们到达这个系列的第
一个对象——它给予整个系列第一推动，即这个系列的第一运动者（并非第一推动
者）；这就是为什么"总是先有推动者"这个词组从1049b26开始反复出现的原因，
在这里（《物理学》viii.10,267a1,3）它的意义显然是这个。亚里士多德因为他的世
界之永恒的观点而不可能承认任何创世理论。另外，创世理论不仅与"ποιεῖν（制
造）和 πράττειν（活动）都不属于神"的观点相矛盾（参见第262页注释1），而且
与"从非存在中什么也不能生成"的原则相冲突（《物理学》i.4,187a34, c.7,190a14；
《论动物的生成》ii.1,733b24；《形而上学》iii.4,999b6, vii.7,1032a13,20,1032b30, c.8
init., ix.8,1049b28, xi.6,1062a24），这个原则对于神也毫不例外，正如布伦塔诺所说
（p.249）。

2　布伦塔诺（Brentano, p.240）确实相信非物质实体在时间中的永恒性并不必然需
要一个动力因，正如运动的永恒性并不必然需要一个推动者。换言之，他努力想通
过一个永恒的神的创造活动的概念来调和世界的永恒性与创世理论。但是，就亚里
士多德的原则及其有神论而言，这是不可能的。如果有人认为神是世界的实体，而
有限事物是这种内在的神圣力量的显现，那么他们或许（或不得不）认为世界和神
一样是永恒的。另一方面，如果有人认为神是世界之外的人格存在，其他事物是区
别于神的许多独立的实体，那么他将陷入一个明显的矛盾——倘若他坚持认为后者
是被前者创造的并永恒地存在。从一个人格意志中来的创造必然处于时间之中，一
个个体为了产生另外的个体必然在时间中先于它们。因为只有"内在的原因"与结
果是共时的，"被传递的原因"总是先于它的结果：父亲先于他的儿子，艺术家先于
艺术作品，造物主先于被造物。如果我们想要把这样的矛盾归于亚里士多德，那么
我们必须证明他认为世界的永恒性与神的创造活动是类似的。然而，情况恰恰相反。

这一秩序来自形式与质料的结合，即形式和秩序也是不被创造的。[1]在亚里士多德看来，我们也不可能将自然的适应性解释为神的任何人格式干预的结果。[2]最后，如果古希腊人关于宇宙是被神圣的力量掌控的观念与亚里士多德的二元论神学[3]有着显著的差异，那么这并不是我们抛开或解释掉他确定的和充分考虑过的论证的理由——这是他的科学观的问题，我们不能因为他忽视了将这些论证与从其他方面迫使他承认的观点相调和而抛弃他的理论。

布兰迪斯（Brandis）采取了另一个解决这些困难的方法。他相信亚里士多德认为形式是神的永恒的思想，它的自我发展产生了个体事物的变化，而这些变化的和谐是由为它们奠基的基础的统一性来保证的。[4]然而，首先，这个观点只适用于形式自身，它丝毫不能解释永恒实体（天体的精神等）。其次，即便对于形式而言，它也是不能成立的。

414

亚里士多德明确指出世界是永恒的，但是我们在他的任何作品中都找不到对神的创造活动的描述，相反，他强调没有任何创造活动属于神。参见下文第十一章末尾。

1　关于形式的讨论，参见第 229 页注释 2；关于宇宙作为整体的讨论，参见 p.387。

2　亚里士多德明确地指出神不会干预世界（参见第 243 页注释 2），我们也并不依赖这个理论而将世界理解为永恒的；参见 p.412。

3　参见下文 p.420。

4　参见 Gr.-rom.Phil.ii.b,575，Brandis 说想要完全理解亚里士多德的形而上学，我们不得不补充几个重要的概念，他继续解释道："的确，一切存在者都要回溯到，或者最终归于，神的活的思想，这些思想一定是简单的基体，具体的存在者和它们之间的变化最终建立在这些基体上，这一点并不需要明确提出，它已经在这个问题中被暗示了（《形而上学》xii.9，参见第 201 页注释 1）：即倘若神圣精神之思想什么也不包括，那么它的价值在哪里？此外，我们可以假设亚里士多德预料到了莱布尼兹的单子，他或多或少地意识到个体事物的性质或本质的变化可以回溯到它们所依赖的神圣思想的自我发展，而自我发展中的障碍和干扰来自它与质料或潜在性的关联；并且通过一个'预定和谐'的概念，不同个体之发展的、和谐的多样性将回溯到终极实在的统一性和完善性之上——即神的绝对的精神，这是个体事物的共同基体。"参见他的第 578 页，在那里，亚里士多德神学的核心体现在这样一个学说之中，即"世界的一切规定性都能回溯到动态的活动中，而这些动态的活动又回溯到神的永恒的思想中"。另外参见第 577 页，他说："动态的活动来自神，因此有限存在是被这些活动赋活的，它们应当返回到神之中，这是非常明白的。"另外，参见 ibid, iii.a,113 sq.。

它在亚里士多德的文本中得不到支持,[1]并且在许多地方与亚里士多德那些无可争辩的学说相矛盾。根据亚里士多德的确切描述,神圣思想的对象不可能是神自身之外的任何东西:它不是那些特殊的有限存在者,也不是特定的、构成事物之本质的概念或形式,因为这些东西总是与神自身不同,它们远远低于神圣思想之对象,因为它们不是神圣的和完美的存在。[2]事物的形式不可能是神的思想,因为,亚里士多德认为形式是事物的实体,而实体既不谓述别的东西又不属于任何别的东西。[3]思想不可能是实体,因为它们存在于灵魂之中,灵魂是它们的主词。[4]此外,我们在亚里士多德的文本中找不到任何神圣思想的自我发展的类比,这个观点直接与"神的思想是没有变化"的命题[5](即神的思想没有从一个状态到另一个的转化)相矛盾。最后,布兰迪斯坚持认为所有事物都是朝向神运动的,因为从神之中流溢出来的主动能力将努力返回神自身,然而,亚里士多德自己却将一切运动的冲动归之于质料,是质料欲求完善,它通过这些力量来完善自身。[6]对这个观点的一个最重要的反驳是:它与亚里士多德体系的整个特征相冲突。因为,如果假设神的思想是具体的存在者和变化的基础,那么有限实在与神的关系就是内在的:神将通过他的思想内在于事物之中,而事物多变的属性将在神之中找到经久的基础。我们得到的不是亚里士多德的二元论神学,而是一个动态的

415

1　即使是《形而上学》xii.9 章的论述也不支持 Brandis 的观点(另外,参见 KYM, *Metaph.Unters*.258)。亚里士多德在那里问道:我们应当如何理解神圣精神的思想?如果他不思考任何东西(即如果他的思想中不包含任何东西),那么他的思考的能力必定是无价值的,正如在睡梦中一般;如果他思考自身之外的东西,那么他的思想的价值不正是由思想对象的价值来确定的吗?然而,这并不意味着神圣的思想构成了事物的本质。

2　参见第 261 页注释 1 以及第 260 页注释 5。

3　参见上文 p.330, p.373, sqq.。

4　Ἐπιστήμη(知识)是亚里士多德提到的一个例子,即它谓述一个主词又在这个主词之中;参见第 149 页注释 5。

5　参见第 260 页注释 5。

6　参见 p.404, sqq., 第 230 页注释 2 和第 250 页注释 1,关于运动在被动者之中因而在质料之中的论述,参见第 254 页注释 1。

416 泛神论体系。[1] 然而，这样的体系不仅无法在这位哲学家的著述中找到，而且漫步学派对这样的体系也十分陌生；直到受斯多亚学派的影响而出现了"将多样的和本质上不同的事物融汇起来"的学说，我们才在伪书《论世界》和新柏拉图主义中遇到了它们。亚里士多德几乎没有回答我们应当如何定义个体事物和个体形式与神之间的关系。从他的论述来看，我们只能说这两者是平行的，亚里士多德并未用神的活动为有限事物的存在和特殊运动做出满意的解释，他甚至并未试图这样做。它们是既定的要素，正如质料是一个既定的要素——他并不打算从形式或神中推演出它。的确，他的体系的统一性并未构成统摄多样性的好的原则，因此，这种统一性是可疑的。[2]

至此，我们得到形而上学的结论。神被定义为运动的第一原因，哲学是从不动者下降到被动者的，换言之，从神下降到自然的。

1　关于这一点，KYM 的讨论是非常清楚的；参见，同上书，第 242 页，第 246 页以下，第 256、258 页以下，以及第 263 页注释 1。根据 KYM 的论述，神不仅仅是创造性概念，还是世界的质料因，它是驻于世界之中的目的和内在的生产力量。然而，这仅仅是一个断言，而并未证明是亚里士多德本人的经得起推敲的观点。

2　参见塞奥弗拉斯特，*Fr.*12(*Metaph.*)，7。

第 八 章

物理学（一）："自然"概念与
自然存在者最一般的条件

我们知道，亚里士多德认为第一哲学研究的是不动者和无形的实417在；尽管在处理第一哲学的恰当主题时，我们实际上不得不涉及到一些相反的原则。自然哲学研究的是有形存在者的总体，它们是变化的主体。[1]一切自然实体都是物体，或者与物体有关；自然存在者包括物体和物质——即一切包含它们或与它们有关的东西。因此，一切有形存在者的领域都是自然科学的范围。[2]但自然科学所处理的形式总是与质料相结合，[3]灵魂总是在身体之中。[4]我们必须注意到，当物质存在者作为418运动和静止的主体时，它们才是自然或自然哲学的研究对象。数学对象并非自然物体；数学与物理学的区分在于前者的对象是不动的实体，后者的对象是运动的实体。[5]此外，只有当运动者自身包含了运动的原则时，它才被认为是"自然的"；这就是自然事物与技艺产品的不同之处。[6]

1　参见第 131 页注释 1。

2　《论天》i.1 *init.*; iii.1,298b27（在这里，"实体"指的是简单物体和复合物体）。

3　《形而上学》vi.1,1025b26 sq.（xi.7）以及别的文本；参见下文。

4　《形而上学》vi.1,1026a5。《论灵魂》i.1,403b7，《论动物的部分》i.1,641a21,32。

5　《物理学》ii.2,193b31：数学家和物理学家一样都关注物体的形式，但不是物体的物理形状，他们也不研究物体的偶性。这就是他为什么把它们区分开的原因，因为，形式与运动在思想中是可区分的，并且把它们区分开来也不会产生什么不同或错误。参见下面的讨论以及第 131 页注释 1。

6　《物理学》ii.1,192b13，亚里士多德在这一章中进一步解释了这个问题。另外，参见《形而上学》xii.3,1070a7。

另一方面，理性能力和非理性能力是不同的——前者可以向两个相反的方向运动，后者只能向一个方向运动，因此，前者是自由的，而后者是必然的，它们是在自然领域之内的再区分。[1] 在所有实体中，形式和质料是可以区分的，我们因此遇到了这样的问题：自然的本质究竟是形式，还是质料？如果是质料，那么一切存在者都需要质料以便成为它所是。[2] 但亚里士多德不得不认为形式才是自然之本质。事物的本质必然在形式中，一个自然对象依赖形式与目的才能成为它所是。[3] 真正的原因是目的因；质料因只是自然对象存在的必要条件。[4] 因此，如果我们想要得到"自然"的一般定义，那么就不能考虑它的质料部分，任凭这个部分具有怎样的推动能力。[5] 自然是事物之中运动和静止的原因——这些事物在原初意义上而非仅在衍生意义上拥有这一原因。一个自然对象就是在自身之中拥有这样主动能力的存在者。[6]

然而，亚里士多德并未精确定义这种"能力"的诸特征。一方面，他认为自然是一个单一的存在，她是有生命的，并且这生命渗透到整个世界之中，[7] 自然的各个部分是被设计好的、统一在一起的。他认为自然试图在她的创造物中实现目的，尽管质料的属性常常阻碍了她的目的。总之，亚里士多德的这些表述除非用人的灵魂来类比和柏拉图式的宇宙灵魂来解释，否则几乎是不可理解的，[8] 尽管他明确地反对柏拉图的这种

---

1 《形而上学》ix.2 *init*.c.5, c.8,1050a30 sqq.。《解释篇》c.13,22b39。

2 《物理学》ii.1,193a9–30。《形而上学》v.4,1014b26。

3 《物理学》ii.1,193a28 sqq.c.2,194a12。另外，参见上面引用的《形而上学》1.35 sqq.，《论动物的部分》i.1,640b28,641a29,641b23 sqq.。

4 更详细的讨论参见下文，以及 p.357，p.358 关于这个问题的讨论。

5 《论动物的部分》i.640b28,641a30：科学研究者们更关注灵魂而不是身体，因为比起形式来，质料更加不是自然或本性。

6 《物理学》ii.1,192b20,192b32。《形而上学》v.4 *fin*.vi.1,1025b19（xi.7,1064a15,30）。把自然描述为运动的基体还是静止的基体是没有区别的，因为亚里士多德认为静止是能运动的对象的一种属性，或者至少它属于能够运动的东西，因此静止仅仅是运动的缺失。参见《物理学》iii.2,202a3, v.2,226b12, c.6 *init*., vi.3,234a32, c.8,239a23, viii.1,251a26。

7 参见这一章的末尾。

8 关于这个观点的证明非常多；它们足够说明对自然之设计的讨论就是紧接着的文

419

420

观点。他指出自然之设计不是由一个工匠的思考决定的,[1]并且从总体上看，他并不认为自然是实在的、意向性的人格存在，但这样的类比仍然存在。[2]然而，另一方面，他坚持认为有生命的存在者是个体实体，它们拥有关于生命的个体原则，并且他从未认为或从未想要发现这个原则是如何与单一的自然能力相联系的。他也没有告诉我们自然如何与神圣的原因相关联。[3]虽然他认为神圣者非常重要，但他不认为任何非理性的东西具有神性;[4]因此，他不可能认为自然作为整体是神圣的，她仅仅是有灵的。[5]然而，亚里士多德在有些段落中似乎遵循了希腊人的大众神学，他们相信并敬重自然现象中神圣力量的某种直接展现。"自然"和"神"几乎是同义词,[6]一切自然存在者，无论多么渺小，都被认为分有神圣。[7]的确，这些摇摆的观点深植于亚里士多德的哲学中。因为神是运动的第一原因，宇宙中所有运动必须从他开始;自然力量只是神之力量的流溢，而自然原因是神作为原因的某种显现。另一方面，如果我们将第一推动者的功能局限于推动外层天体运动，那么这些结论就是不可能的。如果我们不得不假设在天宇中除了终极推动者之外还有一系列下属的永恒存在者，那么为了解释自然世界中繁复多样的运动，我们就必须假设存在某些独立的、在自身之中拥有原动力的实体。这些运动和它们彼此的结合在一个有序的系统中如何达成和谐是难以说清的。它不

421

422

本内容。

1　这一点将在恰当的地方得到讨论。

2　"类比"只意味着相似性，而非等同。

3　参见 Brandis, iii.a.113 sqq. 的讨论。

4　《论动物的部分》ii.10,656a7.iv.10,686a27：人是直立的，因为他拥有神圣的本性和实体，而神圣者的功能是思考和智慧。《尼各马可伦理学》x.7,1177a13 sqq.（参见第 120 页注释 5）：努斯是人之中的神圣部分，因此最崇高的活动是理智活动。

5　《论睡眠中的预兆》c.2,463b12：因为动物也做梦，因此梦不是神圣的;然而，它们或许是有灵的;所以，自然是有灵的，但不是神圣的。

6　《论天》i.4 *fin.*《论生成与消灭》ii.10,336b27 sqq.（参见下文）。《政治学》vii.4,1326a32。《尼各马可伦理学》x.10,1179b21。在这里，"神圣的本原"对应于柏拉图的 $\theta\varepsilon\iota\alpha$ $\mu o\bar{\iota}\rho\alpha$（神圣的命运），参见 Zeller, *Plato*，以及上文 p.402, sqq.。

7　《尼各马可伦理学》vii.14,1153b32：因为一切自然之物都拥有某种神圣性。

可能依靠第一推动者对宇宙的推动而达成。此外，亚里士多德的哲学排除了神对宇宙运动直接干预的概念；因此，凭借他作品中一个模糊的暗示而断定亚里士多德相信流行的神圣恩典是错误的。[1] 所以，我们仍然不清楚自然究竟是一个单一的力量，还是许多力量的集合，是一个独立的存在，还是从神圣的活动中流溢出来的东西；或者，另一方面，我们是否应当把这两个观点结合起来，如果如此，我们又应当怎样做。同时，我们将进一步展示亚里士多德有关自然的观点。

在自然哲学中，我们必须处理的最重要的概念是运动。我们在先前的研究中讨论过这个概念的一般意义；因此，现在需要做的就是补充之前的结论，对更严格意义上和特殊意义上的物理运动进行分析。

在上文 p.380 中，运动被定义为潜在存在者的现实性。通过对不同种类运动的分析，我们获得了关于它的物理特征的特殊定义。亚里士多德区分了三种运动：量的运动，或者说增长和减少；质的运动，或者说偶性变化；以及空间中的运动，或者说位移运动——还应当加上第四种，即生成和毁灭。[2] 现在，所有种类的运动或许能够最终划归为第三

423

---

1 《尼各马可伦理学》x.9,1179a22。显然，亚里士多德在这里说的是流行的概念；他自己认为神是没有任何外在的活动的。参见上文 p.389, sqq.。

2 《物理学》v.1,225a, c.2,226a23（《形而上学》xi.11,12），参见《形而上学》viii.1,1042a32, xii.2 *init.*；《物理学》viii.7,260a26,261a32 sqq., vii.2 *init.*；《论生成与消灭》i.4,319b31；《论灵魂》i.3,406a12；《论生命的长短》3,465b30；《论天》iv.3,310a25。《范畴篇》c.14 *init.*。亚里士多德在这里区分了一般意义上的三种 μεταβολή（变化）：从存在到存在的转换，从存在到非存在的转换，从非存在到存在的转换。第一种是严格意义上的运动，第二种是毁灭，第三种是生成。然后，他把运动划分成以上所说的三种（量的运动，质的运动和空间中的运动，参见《物理学》viii.7,260b26），此后，又把生成和毁灭计算在内，因此有四种类型的变化：生成和毁灭，增长和减少，质的变化（偶性变化）和位移运动。《物理学》第五卷第2章指出，这些是运动能够被设想的所有范畴，在那里，实体自身的变化（即生成和毁灭）并不被认为是运动（类似的还有 c.5,229a30；Cf.Simpl. *Phys*.201, b, 辛普里丘认为漫步学派普遍持有这个观点，然而，塞奥弗拉斯特和其他人并未严格遵循这种语言的使用）；在别的地方，亚里士多德也把生成和毁灭归于变化的一种，并将"变化"和"运动"作为同义词使用。参见第252页注释3。《物理学》vii.2,243a21（参见《论灵魂》i.3,406a4）区分了两种不同的位移运动：一种是自发运动的，另一种是受他者推动。后者又分为四种：ἕλξις（拖），ὦσις（推），

种——即空间中的运动。因为，如果我们仔细研究它们，我们就会发现，例如，增长和生长是对已经接受了形式的质料加入新的质料：加入的东西潜在地而非现实地等同于被增加的东西，并且预设了后者的形式；换言之，增长是质料的增加，而形式是保持不变的。类似地，减少是质料的缩减，形式保持不变。[1] 因此，量的变化包含了质的变化和位移运动。[2] 然而，在这两者中，位移运动是优先于质的变化的；因为每个变化都来自于产生变化的东西与变化发生在其中的东西的重合，即主动的因素与被动的因素的重合。[3] 这种重合只能以空间接触的方式发生，因为（尽管反面的情况不一定是真的）被动者必须被推动者接触，而没有位移运动，接触是不可能发生的。[4]

424

甚至，最后一种运动——生成和毁灭——也是建立在位移运动的基础上的。如果我们假设存在绝对的开端和结束，那么这种转化根本不可能被称为运动，因为在这种情况下，运动的基体自身就是有开端和结束的。但是，这种绝对意义上的生成和毁灭是不可能的。[5] 一切事物都从某种存在开始，消亡而后又成为某种存在。[6] 只有具体的、特殊的对象才有存在的开端和结束。它的开始是其他存在者的结束，而它的结束是

425

ὄχησις（扛）和 δίνησις（转），然而第三种和第四种可以被划归为前两种。参见 viii.10,267b9 sqq.；《论灵魂》iii.10,433b25；《论动物的行进》c.2,704b22（《论动物的运动》c.10,703a19）；《修辞学》i.5,1361b16 中的描述不是那么准确，要么是严格意义上的 ὦσις（推），要么是 πληγή（击）；参见《气象学》iv.9,386a33；《论灵魂》ii.8,419b13，以及 Probl.xxiv.9,936, b,38.Ideler, Arist.Meteor.ii.509.

1 参见《论生成与消灭》i.5 中的更多讨论。

2 《物理学》viii.7,260a29,260b13。

3 亚里士多德认为 ποιεῖν（制作或做）在物理学的意义上与 ἀλλοιοῦν（改变）是同义的，而 πάσχειν（遭受）与 ἀλλοιοῦσθαι（被改变）是同义的。参见《物理学》iii.3 fin.：《论生成与消灭》i.6,322b9,323a17。关于"制作"的更进一步的含义，参见第 262 页注释 1。

4 《物理学》viii.7,260b1 sqq.，在这里，亚里士多德进一步解释说：所有质的变化最终可以还原为变得稀疏和变得密集，这些变化包含了位置的改变。《论生成与消灭》i.6,322b21 sqq.c.9,327a1，参见 p.386。

5 《论生成与消灭》i.3，在这些论证中，亚里士多德指出，如果毁灭意味着真正的湮灭为无，那么质料最终是要被用完的（318a13）。

6 《物理学》viii.7,261a3。参见 pp.384–387。

其他存在者的开始。[1] 因此，尽管生成和毁灭与变化不同，但这个差异仅仅针对个体事物。当个体事物作为一个整体并未改变而只改变了它的属性时，这个个体发生了变化；当它作为一个整体开始存在或停止存在时，它经历了生成或毁灭。[2] 相反，如果我们考虑的是整个宇宙而不是个体，那么生成和毁灭在一定程度上与组合和分离一致，在一定程度上与质料的转化一致。[3] 这两种过程都伴随着空间中的运动。[4] 被生成的每个东西都有它的原因；一切"生成"都蕴含了"存在"——它是从"存在"中生成的。正如我们在偶性变化的情形中看到的，生成过程不可能与位移运动相分离，因此，位移运动必然在一切生成过程之先。[5] 此外，如果位移运动在生成之先，那么它必然在生长、变化、萎缩和毁灭之先；因为这些过程必须在那个已被生成的存在者中发生。[6] 所以，这种类型的运动在原因的序列中是第一位的，在时间上和逻辑上也是第一位的。[7]

尽管如此，亚里士多德并非仅仅用位移运动的机械原理来解释自然现象，像原子论者所做的那样。在亚里士多德看来，即便是纯粹的物理现象也不可能通过这种方法获得满意的解释。因为，它们之中的许多现

1 《论生成与消灭》i.3,318a23, *Ibid.*319a20, ii.10,336b24，参见 p.387。

2 《论生成与消灭》i.2,317a20。偶性变化发生在属性中，而生成和毁灭发生在基体中，即包括形式方面和质料方面；参见 c.4,319b10。

3 参见《气象学》iv.1,378b31 sqq.，亚里士多德指出，生成是作为动力因的推动者以某种方式转化或决定某个特定质料的过程，毁灭则是被动的质料战胜了占据统治地位的形式。

4 参见《物理学》viii.7,260b8。

5 《物理学》*ibid.*,261a1 sqq.《论生成与消灭》ii.10 *init.*。

6 《物理学》*ibid.*,261b7。在这里，亚里士多德进一步指出"位移运动"优先于其他种类的运动，因为其他运动都预设了它，但它不预设其他类型的运动。没有天体的运动，就没有生成和毁灭，也没有生长和物质变化。另一方面，运动自身是独立于这些概念的，并且它们之中没有任何一个适用于天体（260b19 sqq.《论生成与消灭》ii.10 *init.*）。因此，空间中的运动是这些概念中唯一与永恒存在者有关的概念，它可以是永恒延续的（260b29,261a27 sqq.）。另外，亚里士多德指出，因为空间中的运动（或位移运动）对于个体来说在时间上是最晚的，所以它在本性是最优先的（260b30,261a13）；并且他认为位移运动在被动者中引起的变化是最小的，它也是自我运动产生的运动类型中最受偏爱的（261a20）。

7 《物理学》260b15 sqq.。

象仅仅被设想为质的变化或质料的转化。[1]物理学从未穷尽"自然"概念。目的因在质料因之上，后者服务于前者；而这些在德谟克利特主义者的哲学中是不存在的。[2]最后，如果"生成"是从潜在性到现实性的转换，或者一个发展的过程，并且亚里士多德自然哲学的重要性在于在最大限度上使"发展"这一概念成为可能，并有意赋予它最重要的地位，那么，亚里士多德显然不会否认任何"生成"或质的变化之存在，而仅仅给我们留下关于不变的质料的位移运动。因此，在位移运动之外一定还有质的变化，即便在质料的领域内，它是自然现象的第二来源；与这两者相对，亚里士多德建立了自然目的论，一切物质的和被自然必然性决定的东西都是达成目的的手段。

427

在讨论了位移运动之后，亚里士多德进一步研究了与位移运动直接相关的物理学概念：包括无限、空间、时间、运动的统一性和连续性等等。[3]

"无限"这个概念[4]在前亚里士多德哲学中曾起到非常重要的作用。柏拉图和毕达戈拉斯学派甚至认为无限是万物的构成元素，因此是一个实体。亚里士多德证明这是不可能的，他指出"无限"并不属于实体的范畴而属于性质的范畴。[5]此后，他证明了"无限的量"是不可设想的。因为，如果假设它是一个物体，但物体是被表面所限制的；或者假设它是一个数字，但数字是能够被计数的——能被计数的东西就不是无限

428

1　参见第 205 页注释 1 以及第 206 页注释 5。

2　参见第 207 页注释 1 和上文 p.359, sqq.。

3　亚里士多德对这些概念做了一般性的描述，参见《物理学》iii.1,200b15 sqq.c.4 *init.*，并认为它们从属于研究运动的部分；他在第三卷和第四卷讨论运动的种类之前处理了前三个概念；但他处理它们的方式表明他考虑的主要是位移运动。

4　亚里士多德在《物理学》iii.1,200b15 中讨论了这个概念，他说："看起来，运动是属于连续的事物，而无限首先呈现在连续的事物中。"参见 c.4 *init.*；他认为自然科学处理的是物质、运动和质料，这些对象要么是有限的要么是无限的。更多讨论，参见 Zeller, *Ph.d.Gr.*Pt.i.186。

5　《物理学》iii.5,204a；参见第 210 页注释 5 和第 219 页注释 1。

的。[1]最后，一个无限的物体既不可能是复合的也不可能是简单的。它不可能是复合的，因为元素的数量是有限的，一个无限的物体不可能由有限的元素构成，除非其中一个元素的量是无限的——而这个元素将不可能给其他元素留下任何空间。[2]无限的物体也不可能是简单的。首先，就这个世界而言，除了四元素之外没有其他物体存在，也没有任何一个元素自身就能生成万物，因为一切生成都是在两个相对者之间的运动；如果原初的物体是多个，那么它们中的任何一个都不可能是无限的。[3]此外，每个物体都有它自身的位置，它在这个位置静止，若不在这个位置时就朝向它运动；这个法则决定了不同物体的重量的差别；毫无例外，每个物体必须处于一个确定的空间中，它有一个位置；然而，在无限中没有确定的位置，没有上和下、中间与边缘、前和后、左边与右边的分别。[4]此外，物体要么像天体那样做圆周运动，要么像元素那样做上下直线运动，但无限不可能这样运动。它不可能做圆周运动，因为圆周在本质上是有界限的，并且圆周运动是围绕一个中心旋转，而在无限中是没有中心的；[5]它也不可能做直线运动，因为直线运动有一个起点和一个终点。[6]显然，"无限"是不能运动的，因为如果它是运动的，那么它将用无穷的时间通过一个可设想的最小距离。[7]最后，亚里士多德为无法设想无形式的存在的希腊人提供了一个论证：无限自身是不完备的和没有形状的——我们称无限为不确定者的量，它从来就不是完成了的或完

429

1　《物理学》*ibid.*,204b4。

2　《物理学》*ibid.*,204b11，参见《论天》i.7 *init.*。

3　《物理学》*ibid*,204b22。

4　参见《物理学》*Ibid.*205a8 至这一章的末尾，iv.8,215a8。《论天》i.6 *init.*c.7,274b8, 29,276b6 sqq.。在 273a21 sqq. 中，亚里士多德通过以下论证得出了同样的结论：尤限的物体必然是无限重的或无限轻的，但是一个无限重或无限轻的物体是不可能的，因为要么它的速度是无限快的，要么它是绝对不动的。

5　《论天》i.5,271b26 sqq.，亚里士多德关于这一内容冗长的论述是不必要的。另外，参见 272b17 sqq.c.7,275b12。

6　《论天》i.6 *init.* 以及 c.7,275b15 sqq.。

7　《论天》272, a,21 sqq. ；《物理学》vi.7,238a36。

善的，它不可能被限定——因为总有一些部分可以在它之外。[1] 当无限被形式规定时，它第一次变成完备的整体。世界是无法设想的，除非它是一个完备的整体。[2] 因此，无限自身不可能作为一个真正存在的无限的量。[3]

430

　　然而，我们并非完全不需要"无限"概念。时间和运动（运动是被时间测量的）是没有开始和结束的。量可以被无限分割，分割的次数无限递增。[4] 所以，我们必须指出无限在一种意义上存在，在另一种意义

431

1　亚里士多德是这样说的：οὐ γὰρ οὗ μηδὲν ἔξω, ἀλλ' οὗ ἀεί τι ἔξω ἐστι, τοῦτ' ἄπειρόν ἐστιν（没有什么东西在它之外，但总是有些东西在它之外，这就是无限）。然而，这里的对立仅仅是语言上的，"οὗ μηδὲν ἔξω"意味着"在它之外没有什么东西存在"，而"ἀλλ' οὗ ἀεί τι ἔξω ἐστι"意味着"总有一个部分是不被包括在内的"。

2　《物理学》iii.6，参见上文 p.350。《论动物的生成》i.1,715b14，对"无限的空间预设了一个无限的物体"的反驳（《物理学》iii.4,203b22 sqq.），亚里士多德在稍后的文本中将其取消了（iv.5,212a31,212b8,16 sqq.；参见《论天》i.9，参见第 259 页注释 7），因为他对"空间"概念有一个特殊的定义，即空间是包含者和被包含者之间的界限。因此，根据这个观点，世界的边界不在空间之中；而在世界之外，没有空间——无论是空虚还是被占据的空间。

3　《物理学》iii.5 fin.c.6,206a16,206b24。

4　《物理学》iii.6 init.。亚里士多德特别证明了（1）时间的永恒性，以及运动的永恒性，因为运动是被时间测量的。除了第 255 页注释 4 中引用的段落之外，参见《物理学》viii.1,251b10 sqq. 以及《形而上学》xii.6,1071b7。他指出，因为现在是过去和未来的中间点，而任何时刻都是一个现在，所以我们不可能设想一个没有之前和之后的时刻，或者第一个和最后一个时刻，即时间的开始和结束。（2）亚里士多德证明了量的无限可分性。因为连续的东西，无论是空间、时间、运动都不包含不可分的东西。连续的量只能由有相同边界的东西构成（参见《物理学》v.3,227a10），并且这些东西彼此不重合；然而，对于不可分的量，它们要么必然是彼此分离的——即它们没有任何接触点，要么必然是完全重合的（《物理学》vi.1 init.，参见《论生成与消灭》i.2,317a2 sqq.，《论天》iii.8,306b22）。不可分的物体表面或不可分的线段的假设不仅与数学的基本原则相矛盾（《论天》iii.1,298b33 sqq.c.5,303a20, c.7,306a26；参见 ἀτόμων γραμμῶν [论不可分的线段]），而且它还使一切物理现象中最普遍的运动变得不可能，因为，倘若量和时间是不可分的，那么就不可能有穿过现在部分之前的部分。因此，就不可分的元素来说——以及由它构成的整体——运动只能谓述一个过去的对象，不能谓述一个现在的对象（《物理学》vi.1,231b18 sqq.；参见 c.2,233a10 sqq.c.9,239b8,31），而速度的一切差异都会以相同的方式被取消（ibid, c.2,233b15 sqq.）。此外，在不可分的事物中，变化是不可能的，因为变化包含了较早状态和较晚状态之间的区分（《物理学》vi.4 init.）。特别当我们遇到德谟克利特和柏拉图所说的不可分的物体和表面时，我们立即发现这

上不存在；换言之，它是潜在的而非现实的存在。空间中的量之可分性是不确定的；但我们并不能因此认为存在一个无限小的量。数字的增长是没有界限的；但并不存在无限大的数。[1] 总之，无限绝不能以现实的方式出现。它总是潜在的，并在两个相反的方向上展现其自身——即在无限可分性中的扩展，但不是无限递增；以及数字可以无限递增，但并非无限可分，因为它的单位是最小的数。[2] 真正的无限只在无形的实体中是可能的——即作为一个无限的力量。然而，这一点也只在一个永无止境的序列中出现，即无限呈现在世界无休止的运动中。[3]

在讨论"空间"概念之前，我们注意到亚里士多德并不认为空间是界限或一个物体的形状；倘若如此，物体就不能"在"空间中运动，而是"带着"空间运动，而多个物体也不能相继进入同一空间。其次，空间也不等同于物体的质料，因为质料与处于空间中的物体是不可分离的；它也不是用来规定他者的东西，而是被规定的。第三，我们也不能认为空间是物体边界之间的距离，因为这个距离随着物体的变化而变化，而空间总是恒定的，无论什么存在者在空间中运动。[4] 或许，空间能被恰当地定义为"围绕物体相对于被围绕的物体的界限"。[5] 因此，每个物体的位置 [6] 是由围绕它的物体的内界限决定的，一般意义上的空间

些概念被许多新的困难缠绕。(3) 最后，因为没有最大的数字，所以数是无限多的。这一点从来就是没有争议的，因此不需要证明。

1 《物理学》iii.6,206a12 sqq.。我们不能假设这个潜在存在者能够变成现实存在者，所以无限不应当被理解为个体，而是总在生成和毁灭的过程中；参见 c.7,207b11（关于数字的无限性）。在《论生成与消灭》i.2,316a14 sqq. 中，亚里士多德指出，无限的可分性并不能真正地被实现，因此它只是潜在地存在。正因为它只能作为潜在者，无限才被归于质料因的范围（参见第 233 页注释 5）。

2 然而，在《物理学》iii.7 中时间被认为在两个方向上都是无限的。

3 参见第 295 页注释 3 至注释 7。

4 《物理学》iv.1–4，参见 211b5 sqq.,209b21 sqq.。

5 即 τὸ πέρας τοῦ περιέχοντος σώματος，或者，更确切的表达是：τὸ τοῦ περιέχοντος πέρας ἀκίνητον πρῶτον（围绕物体［相对于被围绕物体］的不动的第一界限）。参见《论天》iv.3,310b7。

6 ἴδιος τόπος（个体自身的位置），它在《物理学》iv.2 init. 中被认为是与 τόπος κοινός（共同的位置）是相对的。它也被称为 ὁ πρῶτος τόπος ἐν ᾧ ἐστιν ἕκαστον

就是世界的界限。[1]

　　亚里士多德通过一个类似的程序得到了"时间"概念。[2]没有运动，433
时间就不存在，因为只有通过思想的运动我们才能感受到时间。然而，
时间不是运动，因为运动本身与受动对象是不可分的，因此运动在某些
情况中是较快的，在某些情况中是较慢的；但时间是恒定的，它的运动
总是保持同样的速度。所以，时间与运动有着特殊的关系，但又区别于
它。时间是关于前与后的、对运动的测量或数字。[3]这个数字的单位是
"现在"。时间是由"现在"的运动来规定的。正是"现在"使时间既是
连续的量亦是非连续的量：它是连续的，因为"现在"在当前时刻与过
去时刻是同一的；它是非连续的，因为"现在"之存在对于每个时刻都
是不同的。[4]

　　时间和空间的概念意味着，时间是无限的而空间是有限的；我们已
经知道亚里士多德对这个区分给出了更多理由。[5]类似的，他的"空间"　434
概念蕴含了虚空的不可能性。如果空间是围绕物体相对于被围绕物体
的界限，那么我们必然得出这样的结论：没有物体存在，就没有空间存

（每个个体之存在的第　位置）；参见 *ibid*, c.4,211, a,28。

1　《物理学》iv.5,212a31,212b18。在这里，某物的空间被称为"围绕它的物体的
　　最内层的不动的界限"是很奇怪的（c.4,212a20）；因为我们看到（下面的讨论和
　　p.377）天体的穹庐进行持续的圆周运动。然而，亚里士多德指出（c.4,212a18 sqq.
　　c.5,212a31 sqq., viii.9,265b1 sqq.），正如一个球体围绕它的中轴旋转时，它的中心
　　是静止的，圆周运动只影响到它的部分，因为只有这些部分改变了位置，所以，最
　　高层的天体只以某种方式运动，它们只在"偶然的意义"上处于空间之中——即只
　　要它们的部分是运动的，那么这些部分就在空间之中（参见《论天》v.5；Brandis,
　　ii.b,748 关于这个段落的怀疑是错误的）。类似的，据说（212a18）河流是静止的，
　　而只有个别的波涛是运动的。

2　《物理学》iv.10,11。

3　即（时间是）ἀριθμὸς κινήσεως κατὰ τὸ πρότερον καὶ ὕστερον（根据前和后之
　　分的运动的数），参见 c.11 *fin.*；《论天》i.9,279a14。

4　《物理学》iv.c.11,220a5.*Ibid*.c.13, *init.*。

5　参见 p.428, sqq.，以及上文 p.387。然而，亚里士多德在这里区分了无止境的时
　　间——可变的存在者在其中运动——与永恒或不变者的、非时间性的存在；柏拉图
　　也做过这个区分（参见《蒂迈欧》37D,38B）。参见《物理学》iv.12,221b3；《论天》
　　i.9,279b11–28；参见第 259 页注释 7。

在——虚空是不包含任何的物体的（因此它不存在）。亚里士多德用细致而耐心的论证反驳了当时已被广泛接受的关于虚空的假设，这一假设主要来自原子论者，它已经成为当时自然哲学的一部分。

他们支持虚空存在的理由在亚里士多德看来是无效的。运动并不需要由这样一个假设来解释，因为我们可以设想一个运动的物体进入了这个空间，同时另一个物体离开了。凝结可以被解释为空气或别的物质离开了这些物体；而稀释则是它们进入了这些物体。水变成空气时经历的膨胀（即变为蒸汽）能够用质料的变换来解释，因为质料的变换必然包含了不同程度的稀薄性；或者重力的现象能够用元素具有返回它们的自然位置的倾向性来解释。[1] 相反，虚空使得变化成为不可能。因为虚空在各个方向都存在，所以，我们无法设想一个物体能够朝某个确定的方向运动而不是朝另外的方向。我们将无法区分自然的位置。没有任何一个确定的运动能够在虚空中发生。另一方面，在无限的虚空的假设下，我们也不可能解释自然中的静止现象。此外，如果物体下降或上升的速度与它们在其中运动的介质的密度成正比，那么在通过无限小的密度的虚空时，所有物体的下降和上升的速度将是无限大的。越大的物体下降或上升的速度比越小的物体快，因为它们更容易克服介质的阻碍，但在虚空中没有任何阻碍需要克服，最小的物体与最大的物体的运动速度将是相同的。最后，我们如何想象虚空存在于一个被物体充满了的空间之外，因为，如果一个物体进入了那个空间，这里就有两个空间——一个是空的，另一个是充满了物体的，一个在另一个之中吗？如果每个物体都有自身的延展，这样的虚空又有什么用？[2] 除此之外，如果我们坚持认为存在虚空或者世界之外存在其他的空间，那么我们就会陷入这样的

435

1　《物理学》iv.7,214a24 sqq., c.8 *init*.c.9。

2　《物理学》iv.8；参见《论天》iv.2。当然，为了评价这些论证的力量，我们必须考虑当时自然科学的研究状况，以及亚里士多德和原子论者共同持有的某些假设。参见下文 p.442。

矛盾：即一个物体处于没有任何物体能在的空间之中。[1]

　　倘若虚空是不可能存在的，空的时间——即没有充斥任何运动的时间——也是无法设想的，因为时间不过是运动的数。[2] 事实上，亚里士多德坚持认为运动是永恒的，既无开端亦无终结。[3] 关于这一点，他提出了一个著名的问题：如果没有灵魂，究竟是否还有时间？他回答说：时间在本质上是蕴含在运动中的，但在现实中它不能与灵魂相分离，因为没有计数者数字就不存在，而唯一的计数者就是理性。[4] 然而，如果我们在这个问题中试图发现关于时间理论的任何唯心主义倾向——这种理论在现代哲学中占据着极其重要的地位，那么我们就误解了亚里士多德。他否认时间或空间的概念是纯粹的或抽象的，但我们对这种明显的唯心主义的偏见相当熟悉。尽管他并未像柏拉图那样走得那么远——柏拉图将空间等同于延展的实体，将时间等同于星辰的运动，[5] 但他从未想过对空间和时间做出严格的区分，并认为它们是感知和存在的普遍形式。我们已经看到，[6] 没有物理位置——即高的和低的，重的和轻的——空间是无法设想的。[7] 亚里士多德将最严格意义上的空间限制在被其他不同的物体围绕的物体上，因而认为世界之外是没有空间的，且世界

436

437

1　《论天》i.9,279a11。

2　《物理学》viii.1,251b10,26。《论天》i.9,279a14：在世界之外是没有时间的，因为时间是运动的数，而运动是不能离开自然物体的。参见第 259 页注释 7。

3　参见上文 p.387。

4　《物理学》iv.14,223a16,25，离开灵魂，时间自身是不能存在的，但构成时间之本质的东西能够存在，这就是作为时间之存在基础的那个实在；参见 Torstrik, *Rh. Mus.* xii.1857, p.161 sqq.。运动能够不依赖灵魂而存在。灵魂的哪个部分能够感知时间？亚里士多德的回答并非处处一致。根据上面的段落和《论灵魂》iii.10,433b5 sqq.，我们必须假设理性感知时间，而对时间的感知仅仅限制在理性存在者中。然而，在《论记忆》i.450a9–23 中，他认为感知时间的是第一感官，并认为这是记忆，许多低等动物都拥有记忆（*ibid*,2,453a7 sqq.；《动物志》i.1,488b25）因而它们能够感知时间（*ibid*.449b28）。

5　参见 Zeller, *Ph. d. Gr.* Abth. i.pp.613,648,2。

6　参见上文 p.428。

7　因此，亚里士多德在《物理学》iv.1,208b8 中说：元素或简单物体（例如，土、火）的运动不仅显示了空间的存在，并且显示了它拥有某种能力。

作为整体并不在空间之中，只有世界的单独部分在空间之中。[1] 类似的，一个物体的同质部分作为整体的一个部分只是潜在地在空间之中；它们并非现实地在空间中，除非将部分从整体中分离出来。[2] 关于时间也是类似的。时间作为运动的数预设了一个被动对象和一个计数主体。然而，亚里士多德明确指出，当时间被称为运动的数时，我们一定不能将"数"理解为计数的单位，它是被计数的东西。[3] 在这里，数字不是在它作为主体的意义上理解的，而是在它作为对象的意义上理解的。亚里士多德从来不把时间看作我们的某种感知形式，而是认为它从属于运动，因而是属于被动对象的。在世界之外，如果没有物体，那么时间也就不复存在。[4]

在对亚里士多德物理学的"运动"概念的进一步讨论中，我们将主要集中在那些与他的"第一推动者"学说以及宇宙的构造直接相关的问题上。他定义了"在空间中共存"的意义，以及"接触""中间位置""相继""连续"等概念的意义。[5] 他区分了我们可以在什么不同的关系中定义单一的运动，[6] 他在连续的或不间断的运动中发现了绝对单一的运动——即在同一段时间和同一种关系中它从属于同一个对象。[7] 亚里士多德问道：是什么构成了运动的统一性以及它的反面？[8] 即在何种情况下，两个运动，或运动与静止可以被认为是彼此相反的；以及这两种情

438

1　参见第 281 页注释 2。

2　《物理学》iv.5,212b4。

3　《物理学》iv.11,219b5。

4　《论天》i.9；参见第 285 页注释 2，以及第 259 页注释 7。

5　《物理学》v.3。在 συνϵχϵς（连续的东西）中，必须既有统　性又有接触点。关于 ἀφή（接触）参见《论生成与消灭》i.6,323a3。

6　《物理学》v.4 *init.*：运动要么是同一个属的，要么是同一个种的，要么是绝对同一的。关于运动被描述为"一"的其他意义，参见 *ibid,*228b11 sqq.，参见 Bekker 的小版本 vii.1,4 第 125 和 139 页。

7　《物理学》v.4,227b21：绝对意义上的单一运动是指它在实体上为一以及它在数目上为一，后一种情况是指：被动对象和它的运动类型（偶性变化，毁灭等，以及它们的各种变形）和运动时间都是同一的。参见 228a20。

8　*Ibid.*227b15 sqq.。

况中一个运动的自然的或不自然的特征应当如何考虑？[1] 他证实了一切连续的量都是无限可分的，[2] 因而时间和空间都是无限可分的，然而，实际上，运动只在一个有限的时间内穿过一个有限的空间——在同样的意义上，穿过无限空间的运动则需要无限的时间，[3] 所以，他认为"现在时刻"是不可分的，并得出结论说在"现在"中运动和静止都是不可能的。[4] 他探讨了运动和被动对象的可分性，[5] 并认为变化是在一个不可分割的时刻完成的，而变化的开端从来就是无法确定的。[6] 他指出，想要在无限的时间中测量一个有限的空间或者在有限的时间中测量一个无限的空间是不可能的，因此一个无限的量在一段有限的时间内是不能移动任何距离的。[7] 这些结论为他提供了反驳芝诺否认运动的论证的手段，[8] 并且使他能够证明不可分者既不能运动也不能以任何方式变化。[9] 最后，他以这样一个问题[10]为研究宇宙的运动和原因铺平了道路：即一个单一的运动能否无限持续下去。在确立了运动的永恒性和第一推动者的必要性之后，他回答道：[11]假若存在一个没有始终的、连续的、单一的运动，那么

439

440

---

1 《物理学》v.5,6。

2 *Ibid*.vi.1 sq. ；参见第 281 页注释 4。所以（正如《论灵魂》iii.6,430b17 sqq.），空间和时间的不可分的最小单位（即点和时刻）从未被发现是现实地存在的或者是一个可分离的独立存在者，它们只是潜在地被包含在可分者之中，除了作为否定，它们甚至是不可知的。

3 《物理学》vi.2,233a13 sqq.。

4 《物理学》c.3，以及 c.8，他在这里说：从运动到静止的转换中，运动与转换过程是同时存在的；因此，当一个东西将要静止时，它仍然是运动的。

5 《物理学》c.4（参见第 281 页注释 4）。根据这一段落，运动在两个意义上是可分的：首先在它占据的时间上是可分的，其次被动对象是可分的。

6 《物理学》c.5.6. 我们从 Simpl.*Phys*.230, a, m.231, b.m. 和 Themist.*Phys*.55, a, m. 中得知：这些与这一观点相关的困难已经向塞奥弗拉斯特和欧德谟斯展示出来了。

7 《物理学》vi.7 ；参见第 280 页注释 7。亚里士多德在《物理学》viii.9,265b16 中指出，他的前辈们同样认为位移运动是最原初的。

8 《物理学》vi.9，以及 233a21，viii.8,263a4，以及上文 p.311。

9 《物理学》viii.10。

10 参见这一章的末尾。

11 《物理学》viii.1-6 ；参见上文 p.387,sqq.。

它必然是位移运动，因为这种运动优先于其他任何运动，[1] 并且其他运动都是在相对者之间的转换；[2] 一个运动在某个时刻停止，在这个时刻一个新的运动或许在另一个方向上开始了，但是同一个运动没有间歇是不能持续的。[3] 这个论证还证明只有圆周运动符合一切条件。如果所有的位移运动要么必然是直线运动，要么是圆周运动，要么是混合运动，[4] 那么只有前两者是无限延续的，混合运动才是无限延续的。但直线运动不可能有这样的特征，因为每个有限的直线运动 [5] 都有终点，它在终点处停止，尽管在这些终点之间，直线运动能够无数次地重复，但是这些重复的运动不能构成一个连续的运动。因此，圆周运动是唯一没有开端和终结的运动，它是连续的、不间断的同一个序列。[6] 它连接了静止的宇宙与持续的运动，因为它使宇宙在不改变整体位置的情况下运动。[7] 它是其他一切运动的量度。它自身是齐一的，但直线运动 [8] 的速度与离开起点的距离成正比。[9] 我们已经讨论过这种永恒的旋转是如何由第一推动者产生的 [10]。

441

---

1 《物理学》viii.7；参见上文 p.423, sqq.。

2 生成是从非存在到存在；毁灭是从存在到非存在；增长是从少到多；减少是从多到少；偶性变化是从一个状态到另一个状态，例如从水到蒸汽。

3 《物理学》261a31 sqq.。

4 我们在这个区分中必须认为，除了圆周运动，一切曲线运动都是混合形式的运动。

5 一个无限的存在是不可能的，不仅因为无限自身是不可能的（参见第 281 页注释 4），而且因为世界不是无限的。

6 所有这些陈述在《物理学》viii.8,261a27,263b3,264a7 sqq.c.9 *init.* 中有详细的解释。

7 参见《物理学》viii.9,265b1；参见第 261 页注释 4。

8 即，那些被亚里士多德当作元素之自然运动的运动，换言之，重的物体向下的运动，轻的物体向上的运动。被迫的运动情况相反。

9 《物理学》viii.9,265b8 sqq.。

10 《物理学》第七卷就这样被很快带过，因为它并非《物理学》的本来部分（参见第 60 页注释 1）。它的内容如下：第一章解释了每个运动必然来源于第一推动者，第二章解释了（参见第 252 页注释 3，以及第 276 页注释 2）第一推动者必须同时运动，第三章则继续指出偶性变化只涉及到事物的可感性质；第四章讨论了两个运动在何种情况下是可比较的，最后，第五章证明了相等的力在相同的时间内推动一半重量的物体的速度是原来（即重量加倍的物体）的二倍，而在一半的时间中所走的距离与原来的相等；类似地，同样大小的力在相同的时间内推动相同重量的物体运动相等的距离，在一半的时间内推动相同重量的物体运动一半的距离，而一半大小的力尽管位移运动非常重要，它是最原初的运动类型，其他所有类型的运动都依赖于它；但亚里士多德却不能同意机械论的物理学——这种理论将所有运动类型都还原为位移运动，并假设只存在质料的混合和分离，质料的转化是不存在的。这里出现了三个问题：质料的种类差异是质的不同吗？是否存在质料的质的变化？质料的混合能够引起它们的性质变化么？原子论者认为这三个问题的答案是否定的，而阿那克萨戈拉和恩培多克勒至少认为第二个和第三个问题的答案是否定的。亚里士多德则做出肯定的回答，他反驳了他的前辈们的机械论，并在自己的学说里为他们的困难寻找解答。当然，我们今天的自然科学拒绝承认他的努力是完全成功的，我们甚至时常倾向于像培根那样[1]用德谟克利特的某些理论来反对他。然而，我们必须警惕对一个在科学研究者中和在古代哲学家中占据最高地位的人进行一种过于草率的批判。为了公正评价亚里士多德对物理学机械论的反驳，为了尊重他的观点，我们必须记住这里探讨的不是今天的原子论哲学，而是德谟克利特的理论——它与今天的原子论有着天壤之别。与他的对手一样，亚里士多德只拥有极少的方法论基础和观察结果，而我们今天拥有大量的方法和材料。在一个科学观察仅仅局限于肉眼所及之范围和实验仅仅依赖少量简单的和在很大程度上不可靠的经验程序的时代，他却不得不为物理学的基本概念下定义。在我们拥有的[2]一切数学的、光学的和物理学的工具中，他只拥有尺子和圆规以及其他某些工具的极不完善的替代品。化学分析、精确度量和称重，以及在物理学中对数学的完备运用，这些在那个时代都是未知的。物质的相互引力、重力原理、电子现象、化学混合的条件、空气

442

443

推动一半重量的物体走相同的距离；另一方面，我们并不认为，同样大小的力推动两倍重量的物体一半的距离——即与一倍重量的物体相同的距离，或者一半大小的力推动同样重量的物体一半的距离——即它是同样大小的力推动的距离的一半；因为这个力或许不能推动物体。同样的原理对于其他类型的运动也适用。

1　参见 Kuno Fischer, *Franz Bacon*, 262 sqq.（英译本）。

2　参见 Brandis, ii.b, 1213 sq., 1220 sq., 以及 Meyer 对亚里士多德测量热量的方法的引用（*Arist. Thierkunde*, 419 sq.）。

的压力和作用、光的本质、热和燃烧——总之，为现代物理学奠基的事实在那个时代全部或几乎全部是尚未被发现的。在这样的条件下，如果亚里士多德发展出的自然哲学不做任何改变也能有益于我们现代人，那么这真是一个奇迹。如何展示他用当时所拥有的知识来融贯地解释自然现象，这是历史研究的任务。[1]

没有哪个古代的哲学体系像原子论那样表达了一个如此纯粹的机械论物理学，这个理论与柏拉图从菲洛劳斯（Philolaus）那里继承来的、关于元素的理论是紧密相连的。它们都否认了质料之间的质的差异，并认为形状和量的不同是唯一原始的和真正的区分。亚里士多德反对这种观点，不仅因为它承认无限小的物体或表面的存在，更因为它否认质料在种上的不同。根据他的判断，柏拉图的理论[2]弱点在这两个方面是相当突出的。它与数学相矛盾，因为它认为物体是由表面构成的，这在逻辑上预设了不可分的线段的存在，[3]而且这种观点还将量还原为点。[4]因此，它取消了物体的可分性。[5]此外，柏拉图假设元素的形状并没有充满世界的空间，但是他却不允许虚空存在。[6]最后，这些元素是不可能形成任何统一的物体的。[7]从物理学的观点看，围绕这个理论的许多困难并非是不重要的。因为，有重量的物体何以能够由没有重量的平面构成呢？[8]根据这个假设，特定重量的单个元素又是如何产生的呢？如

---

1 参见上文 p.262, sqq.。

2 参见 Zeller, *Plato*, Stud, 270, sqq.。

3 柏拉图和色诺克拉底确实采用了这个假设；参见 Zeller, *Ph.d.Gr.*Pt.i.p.807,802 以及 868 页末尾。

4 《论天》iii.1,299a6,300a7, c.7,306a23. 参见《论生成与消灭》ii.1,329a21；因为《蒂迈欧》中的 $\pi\rho\acute{\omega}\tau\eta\ \H{\upsilon}\lambda\eta$（原始质料）并不是表面，所以，最基本的质料并不能还原为表面或平面。

5 《论天》iii.7,305b31,306a,26；元素的基本原子是不可分的（柏拉图和德谟克利特认为它们是不可分的），因为当火或水被分割时，每个部分仍然是火或水——而一个球形或三角形的部分却不再是球形或三角形了。

6 《论天》c.8 *init.*；参见 Zeller, *Ph.d.Gr.* Pt.i.679,3。

7 《论天》306b22 sqq.。

8 《论天》iii.1,299a25 sqq.299b31 sqq.（在这里，我们读到 $\tau\grave{\alpha}\ \sigma\acute{\omega}\mu\alpha\tau\alpha\ \tau\tilde{\omega}\nu\ \dot{\epsilon}\pi\iota\pi\acute{\epsilon}\delta\omega\nu$ [由平面构成的物体]，$\dot{\epsilon}\pi\iota\pi\acute{\epsilon}\delta\omega\nu$ [平面的] 这个属格是被 $\pi\lambda\acute{\eta}\theta\epsilon\iota$ [量

果火的体积越大，那么它就越重并且上升得越慢；许多空气将比少许的水重。[1] 另外，尽管经验告诉我们，所有元素都可以相互转化，但柏拉图只承认以上提到的三种元素可以相互转化；[2] 即便在这些情况中，有多余的三角形被剩下[3]——因而产生了不少困难，并且我们很容易想到平面的叠加就是柏拉图认为的复合。[4] 此外，元素具有不变的形式与下述事实矛盾：元素的形状——例如，水或土的形状——是由它周围的空间决定的。[5] 最后，我们如何根据柏拉图的这些假设来理解元素的性质和运动？德谟克利特认为火是球形的，因为它具有运动和破坏能力；柏拉图认为火是由三角锥体构成的，而土是由正方体构成的——因为它相对不易运动。然而，这两种元素处于它们自身的位置时是难以运动的，但处于别的位置时却容易运动，因为它们力图逃离后者而不是前者。[6] 因此，亚里士多德不得不认为柏拉图的元素理论在每一个方面都是错误的。[7]

445

德谟克利特和留基波的原子论受到亚里士多德的更多重视；[8] 然而，他仍然认为想要证明"万物是从一个具有绝对同质性的原始质料中而来"是不可能的。首先，它面临着与"假设存在不可分的物体"相同的各

446

所辖的）；参见对毕达戈拉斯学派相应的反驳，参见第 210 页注释 1 和注释 2。

1 《论天》iv.2,308b3 sqq.c.5,312b20 sqq.。我们已经指出了如何用亚里士多德的口吻来解释这些反驳。

2 《论天》iii.7,306a1 sqq.。参见 Zeller, *Ph.d.Gr.* Pt.i.676,1,2。

3 *Ibid*, i.20；参见柏拉图《蒂迈欧》56D sq.。

4 《论天》iii.1,299b23。

5 《论天》c.8,306b9。

6 《论天》306b29 sqq.，在这里有进一步的反驳：球形和三角锥更容易做圆周运动，但火向上运动。如果角度赋予火产生热的能力，那么所有元素以及一切有形状和几何角度的物体都能产生热，因为它们都有角。火能够改变被火俘获的物体；一个三角锥或一个球形不能使那些与它接触的物体变成三角锥或球体。火使不同的东西分离开，使相同的东西结合起来。另外，如果热与某个特定的形状是结合在一起的，那么冷也有某个特定的形状。

7 后来，Proclus 在一篇独立的论文中反对亚里士多德的批评，并为这个观点辩护；参见 Simpl., *Schol.in Ar.*515,a,4。

8 参见《论生成与消灭》i.2,315b30 sqq. 的讨论，主要的句子在 Zeller, *Ph.d.Gr.* Pt.i.771,4 中有引用；另外，关于柏拉图的理论，参见《论天》iii.7,306a5 sqq.。

种反驳。[1] 其次，对柏拉图而言，如果每个元素都有一个独特的形状的话，它们由于自身的形状将无法充满空间。[2] 再次，我们已经知道[3] 亚里士多德为什么不愿意承认原子形状的差异是无限多的；如果基本原子之间仅仅由它们的尺寸来区分，那么一个元素并不能从另一个元素发展而来。[4] 如果所有原子都是同质的，那么我们将无法知道它们是如何分离的，当彼此接触或靠近时它们为什么不能结合。如果它们是由异质的质料构成的，我们应当在这个条件中寻找现象之原因，而不是在形状的差异中，并且它们在接触时应当彼此影响，而这正是原子论者所否认的。[5] 同样，如果某些性质（如热）与某一形状是成对出现的，那么它们将会彼此影响；然而，我们无法设想没有任何性质的原子被赋予了某些特定的属性。[6] 此外，我们没有理由说为什么只存在小的和不可分的原子，而大的原子是不存在的。[7] 最后，如果原子是由别的力量推动的，那么它们经历了某种影响，因此它们不可能是不被推动的；如果它们是自我运动的，原动力要么在它们自身之中并且与被推动的部分不同——在这个意义上它们不可能是不可分的，要么相反的属性存在于同一个对象中。[8]

1　参见 p.306，以及第 281 页注释 4 中引用的论述，这些论述都或多或少直接针对原子论者。在这里，我们要时刻提醒自己注意到当时的科学状况，以及亚里士多德评判的理论的特别之处。例如，当他指出原子不能结合在一个固体物中，他说的并不是现代物理学中的原子——它们彼此吸引和排斥，并以许多方式处于平衡状态，他说的是德谟克利特的原子——它们以机械式的碰撞或挤压影响彼此。显然，我们很难想象一个稳定的和统一的物体如何能够由这样的原子构成。为了保证得到稳定的物体，德谟克利特采用了这样的方式：他认为原子之间有角度和钩子将它们彼此连接起来（cf.ZELL.*Ph.d.Gr.*i.796,2,798,4），这种理论在亚里士多德和他的继任者斯特拉托（Strato）看来（根据西塞罗的 *Acad.*ii.38,121）是相当荒唐的。
2　参见第 291 页注释 5。
3　参见 p.331, sqq.。
4　《论天》iii.4,303a24 sqq.。参见第 206 页注释 6。
5　《论生成与消灭》i.8,326a29 sqq.，然而，关于这一点我们或许可以这样来回答：它们不能结合，因为它们不是液态，而是固态。
6　《论生成与消灭》326a1–24。
7　同上书，326a24。
8　《论生成与消灭》326b2。

亚里士多德相信德谟克利特与柏拉图一样不能解释事物的物理属性。一个认为火是球形的，另一个认为火是三角锥形的，但他们都错了。[1]然而，亚里士多德从一个现代科学支持的重力现象中得出了他反对质料同质性的最具说服力的论证。德谟克利特与亚里士多德一样并不知道所有物体都是彼此吸引的，在地球空间中，它们都被地心吸引，它们下降速度的不同是由空气的阻力引起的，并且大气压力引起火或蒸汽的上升。德谟克利特认为所有原子都在虚空中下降，越大的原子下降得越快，从这个假设可以推出存在原子间的震荡和小原子被向上推动的压力。根据同样的理由，他认为在相同的环境下，复合物体的重量对应于减去虚空缝隙之后的物体的量。[2]亚里士多德证明[3]这个假设是错误的：在无限的空间中不存在上面和下面，因此不存在向下的自然倾向；一切物体在虚空中必然以相同的速度运动，[4]物体之中的虚空也不可能使物体变得比实际的更轻。然而，由于不熟悉需要解释的现象，并且为了避免在原子论的假设中得出的那些结论，亚里士多德否认了德谟克利特体系中唯一正确的观点，但是德谟克利特没有认识到的那些真理，亚里士多德认识到了。基于那些假定的事实，他反对一个原初的思辨理论——这个理论只有在证明了它假设的那些事实之后才能得到支持，这完全在古代科学所及的范围之外。的确，正如亚里士多德所说，所有在虚空中的物体的下降速度是相同的；但这在他看来是如此的不可思议，以致于他认为这就是否认虚空存在的充分证据。[5]他继续论证说：如果所有物体都是由相同的质料构成的，那么它们必然是重的，而没有什么是轻的了，也没有什么由于自身的本性而有上升的倾向，只有向下运动的物体

448

449

---

1 参见第 291 页注释 4 中引用的段落，亚里士多德对两个观点的评判是类似的，并且基于同样的理由。参见《论生成与消灭》i.8,326a3。

2 参见 Zeller，*Ph.d.Gr.*i.779 sq.,791 sq.。

3 《物理学》iv.8,214b28 sqq.。《论天》iv.2,308a34,309a18；参见第 280 页注释 4。

4 伊壁鸠鲁认识到了这 点，但是他并不认为这是原子论的某种真止的进步，而是将其作为他自己武断的做出关于原子偏离的假设的手段。参见第 207 页注释 1。

5 参见《物理学》iv.8,216a13。

或者由于他者的推动而向上运动。两个相同大小的物体，密度越大的就越重，但是大量的空气或火必然比少量的土或水更重。然而，亚里士多德认为这是不可能的，[1]他指出某些物体明显总是倾向于上升，物体的体积越大上升的速度就越快——亚里士多德认为根据质料的绝对同质性的假设，这个现象是无法解释的。如果重量是由体积决定的，那么大体积低密度的质料将比小体积高密度的质料重，因此前者将会向下运动。相反，如果一个物体包含的虚空越多，它就越轻，那么大体积的、高密度的和沉重的实体就比小体积低密度的实体包含更多的虚空。最后，如果每个物体的重量对应于它的体积与虚空缝隙的比例，那么大体积的金或铅将不比最少量的金或铅下降得快，而较大体积的火也不比最小体积的火上升得快。因此，他总结说我们不得不认为某些物体的存在自身就是重的或轻的，它们分别向宇宙的中心或边缘运动；[2]这一点只有当我们承认它们不是由构成质料的形状或量来区分彼此的，而是由构成质料的性质之不同来区分的，才是可能的。[3]

宇宙的质料不仅在性质上是有差异的，而且它们也能够经历性质的改变。除非我们承认这一点，否认我们不得不把质料的改变解释为简单地挤出某些现存的质料（像恩培多克勒、阿那克萨戈拉和原子论者）或者元素的形状的改变(像柏拉图)。[4]我们已经看到，[5]亚里士多德不同意柏拉图的这种解释。另一方面，如果我们设想同一个物质性实体，像蜡那样，首先获得一个元素的形式，然后又获得了另一个元素的形式，并且这种变换实际上就是质料的变化，那么这些元素实体就是不可分的，[6]

---

1 《论天》iv.2,310a7。参见上一条注释，*Ibid*, c.5,312b20 sqq.（但是，在这里我们必须把 312b32 读作 ἐὰν δὲ δύο τὰ μεταξὺ πῶς ἔσται ποιοῦντα [如果它是两个，那么制造者就在中间]，Prantl 在他的译文中是这样读的，但并不在自己的文章中这样读）。

2 亚里士多德在这里继承了柏拉图的观点；参见 Zeller，*Ph.d.Gr.*i.678 sq.。但是斯特拉托重新回到德谟克利特的观点上；参见下文第二十章。

3 《论天》308a21 sqq.309b27 sqq.c.5,312b20 sqq.。参见下文关于元素的讨论。

4 参见《论天》iii.7。

5 p.444，sqq.

6 《论天》iii.7,305b28 sqq.,306a30。这里的意思是：我们可以假设由原子构成的元而亚里士多德认为这一点与"物质性"之本性是不相容的。[1] 就恩培多克勒和原子论的理论而言，那些由别的实体变换成的实体事先就存在，它们先前与别的实体相混合，并且是从这些实体中挤压出来的。亚里士多德认为这个概念首先与我们的经验证据不符。[2] 经验告诉我们在质料的变换中实体的基本属性也改变了。一个实体变成了另一个实体，或者一个实体由许多东西构成。水冻结或冰融化，这些现象并不仅仅是实体的部分在位置和顺序上的改变，也并不仅仅是质料发生了分离或混合，而是实体自身保持不变，它的某些属性发生了变化。[3] 更具体些，当空气变成了水，一个比空气重的物体生成了，但这并不是部分空气分离和压缩的结果。相反，当空气通过水的蒸发而产生时，前者与后者相比占据了非常大的空间，以致于它会溢出容器之外。我们如何解释这一现象，如果我们假设空气事先在水中存在而并没有任何改变？[4] 当一个物体生长或萎缩，这并不仅是新的部分加入其中，而是所有部分在尺寸上都增加或减少了——这就包含了质料的一般变化。[5] 当骨头和肉从食物中形成，它们并不在我们吃的东西中——不像砖在一面墙之中或者水在

452

素具有一个特定的形状——土是由立方体的原子构成的，火是由四边形的原子构成的，但并不采用柏拉图的关于物体之构成的观点，一个元素向另一个元素的转换可以这样来解释：元素并非分解为原初的表面以及这些表面又混合成一个新的形式，而是作为所有相似的元素之基体的质料的转换（菲洛劳斯就是这样做的，参见 Zeller, *Ph.d.Gr.* i.376 sq.）。然而，这样来考虑的话，构成元素的原子就是可分的，但我们不得不面对已经提到的困难，参见第 290 页注释 5。

1　参见第 281 页注释 4。

2　《论生成与消灭》i.1,314b10 sqq.；《论天》iii.7,305b1；《形而上学》i.8,989a22 sqq.。

3　《论生成与消灭》i.9,327a14 sqq.。

4　《论天》见以上的引用 305b5 sqq.。亚里士多德关于重力的观点排除了下述理解：水的重量比水蒸气的重量大，仅仅因为它的密度更大。那个时代的原子论者不可能把液体到气体的膨胀解释为原子之间增加排斥力的结果；至少谟克利特的原子是不可能产生内部变化的。恩培多克勒和阿那克萨戈拉（亚里士多德在《论天 305b16 sqq. 中首先讨论了他们的观点）不得不将蒸汽解释为从水中流溢出来的某种气体；原子论者只能认为它是从水中流溢出来的一束原子——这些原子先前被困在水中。就对这些理论的反驳而言，亚里士多德的论证是合理的。

5　《论生成与消灭》i.9,327a22。

一只桶中那样，当食物变成了新的质料，它们才得以存在。[1] 此外，元素自身显然也是有生成和毁灭的：火被点燃而后毁灭；水在空气中凝结又变成水汽。我们应当如何解释这些变化和分解？这些过程必然有开端和终结，一切生成都是如此，否则我们就不得不假设一个在两个方向上都无限延伸的过程。然而这些终结点绝不包含任何不可分的物体——无论是我们已指出的[2] 绝对的不可分之物（或原子），还是在本质上可分但

453　现实上不可分之物；为什么小的物体是不可分的，而大的实体却是可分的呢？元素不能从非物质实体中产生，[3] 也不能从与它们不同的物体中产生；因为如果后者不是某种元素，它可能没有重量或自然位置，所以它或许是一个数学的而非物理的对象，它在空间中并不存在。所以，我们必须认为一个元素是从另一个元素发展来的。[4] 而这个过程只能被设想为某种转化。如果它不是元素之间的转化，而只是原先就包含在元素自身之中的另一种元素的显现，那么一个实体就不可能完全地分解为另一个实体，而是作为一个不可分解的东西留存下来；这样一来，任何在经验中观察到的实体之间的完全转化就是不可能的。[5] 粗糙的和精细的质料绝不能实现向对方的完全转化。[6] 最后，我们应当如何设想实体之间的相互影响，除非它们能够发生性质的改变？恩培多克勒和德谟克利特认为物体通过"微孔"进入彼此之中。然而，我们不能接受这个假设，

454　因为物体只要求能够被分割，但并不要求现实地被分割以便能够相互影

1　《论生成与消灭》ii.7,334a18,26；参见《论天》iii.7,305b1。参见 p.457, sqq.。

2　参见第 206 页注释 6，以及第 292 页注释 4 中引用的《论天》iii.4 中的段落。

3　这个观点在《论天》iii.7,305b16 sqq. 中有冗长的和不太清晰的证明，

4　《论天》iii.6。

5　这个反驳阿那克萨戈拉的论证首次出现在《物理学》i.4,187b22 sqq. 中，在《论天》iii.7,305b20 sqq. 中，它被用来反对一切将质料变化解释为某种"排挤"的理论——这个论证是有效的，因为，例如，如果蒸汽包含了不同于水的质料或原子，蒸汽就可能从水中被排挤出来，但是水却不能完全分解为蒸汽。

6　《论天》iii.4,303a24，在这里 ὑπολείψει γὰρ ἀεί（它将总是留存下来）一定意味着"既然大的原子不能被释放"，那么水之中必然有留存下来的、不能转化为空气的原子。

响；而且这个假设并未服务于任何真正的目的，因为如果两个物体不能靠接触而相互影响，那么通过微孔接触的部分也不能相互影响。[1] 因此，尽管机械论的自然哲学仅局限于研究空间中的基础元素的运动，但亚里士多德坚持认为这些运动包含着性质的变化。机械论将显见的变化解释为一个扩展的过程，但亚里士多德认为这是在某些条件下发生的真正的改变。他的前辈们把物体之间的相互影响限制在挤压和推动的作用中，而他将其扩展到物体的内在本性上——这些内在本性使物体改变了它们原初的性质。

亚里士多德认为这个过程就是严格意义上的“主动和被动”。[2] 这些变化的条件与其他运动一样，被包含在潜在性和现实性的关联中。当两个物体相遇，其中一个是现实的，另一个是潜在的，这时，后者是受动者，前者是推动者；[3] 同时变化被产生在一个物体中，并起因于另一个物体。[4] 与所有运动一样，主动和被动一方面预设了推动者和受动者的区分，另一方面预设了两者的直接或间接的接触。如果这两个条件中有一个没有被满足，那么运动或变化是不可能发生的；如果两个条件都满足了，那么变化的发生是必然的。[5] 此外，这里还要求：推动者部分与受动者相似而部分与受动者相反；因为两个完全不同属的事物（例如形状和颜色）是不能产生任何变化的；完全相似的两个事物也不能产生变化，因为变化总是从一个状态向相对状态的转化，如果一个事物不在任何方面与另一个事物相对，它就不能在后者中产生一个相对状态。因此，推动者和受动者必然属于同一个属，但属于不同的种；所以，“彼

455

1　《论生成与消灭》i.8,326b6–28, c.9,327a7 sqq.。

2　《论生成与消灭》i.6,323a12：被动者的一部分是被推动的，另一部分是不动的；这对于推动者也是适用的。

3　《论生成与消灭》c.9 init.。

4　我们在第 254 页注释 1 中已经指出：一切运动的位置都在受动者之中，而不在推动者中。

5　《论生成与消灭》327a1, c.8,326b1。《论生命的长短》3,465b15。参见上文 p.378, sqq.。

此影响的东西究竟是相似的还是不同"这个古老的争论是由下述法则决定的：相似的东西和不同的东西在绝对的意义上都不能相互影响，而在某种关系中它们都能相互影响。[1] 推动者和受动者在同一个属之下是相对的；[2] 而变化就是推动者使受动者变得与其相似，以便消除它们的相对性。[3] 因此，受动者处于"质料"的地位，而推动者则传递了一个确定的"形式"。[4] 只要受动者还未接受这个形式或者它拥有另外的形式，它就是与推动者相对的；但只要它能够接受这个形式，它与推动者在"种"的方面就是相似的。如果推动者同时也是受动者，那么它们彼此相互作用，并且它们的质料是相同的——从这个方面说它们是同一个属。[5] 然而，这个条件并非普遍地适用于推动者：因为第一推动者是不动的，所以第一推动力不与受动性相关，因而它是没有质料的；相反，直接作用于物体最低层的能力来自质料，它的运作依赖于自身的条件（$\pi\acute{\alpha}\theta\rho\varsigma$）。[6] 为什么受动者的所有部分都被推动者影响以及被它引起的变化所影响，这个原因应当在物体的本性中寻找。作为潜在者，整个物体在朝现实性的转化中都是变化的主体，它在所有的点上都是可分的，因而没有什么部分能够对推动力产生绝对的阻碍。[7]

关于质料的混合物的问题必须用同样的观点予以判断。混合物[8] 是两种或多种质料的结合，[9] 在混合物中并非一种质料融合到另一种质料

---

1 《论生成与消灭》i.7,323b15,324a14，参见 p.340,sqq. 的注释。

2 一切相对者都是如此，参见第 155 页注释 5。

3 《论生成与消灭》i.7,324a9。

4 这个关系与第 297 页注释 3 引用的段落中描述的关系是等同的，即潜在性与现实性的关系。

5 《论生成与消灭》324b6；$\gamma\acute{\epsilon}\nu\rho\varsigma$（属）与 $\epsilon\tilde{\iota}\delta\rho\varsigma$（种）的关系是质料与形式的关系；参见第 152 页注释 2。

6 以上观点参见《论生成与消灭》从 324a15 到本章末尾；以及 c.10,328a17。

7 《论生成与消灭》i.9 *init.*（参见第 297 页注释 3）。《论生成与消灭》327a6 sqq.。

8 根据《论生成与消灭》第一卷第十章的论述。

9 亚里士多德在《论生成与消灭》327b13 sqq.328a9 中指出，只有实体与实体的结合可以称为 $\mu\tilde{\iota}\xi\iota\varsigma$（混合物），性质之间的结合、形式与质料的结合、非物质的动力因与受动对象的结合都不是混合物。我们认为这一点是多余的；但是，根据《形而上学》i.9,991a14 的陈述（参见 Zeller, *Ph.d.Gr.*i.890, n.4, 以及 *ibid*, i.881 sqq.），他

中，[1]它们也并非无变化的共存，而是形成了第三种，这种东西是同质的（*ὁμοιμερές*）。[2]换言之，混合物既非一种质料对另一种质料的吸收，也不仅仅是两种质料机械式的连接或杂糅，[3]而是一种化学式的结合。当两种质料混合，它们并非保持不变或者维持原有性质，也并非以不可见的微小颗粒掺杂在一起，[4]而是完全变成了一种新的质料，它们在这种新的质料中潜在地存在，因为它们能够重新从这种质料中提炼出来。[5]然而，只有当相互混合的质料能够彼此作用和被作用时，这一关系才会发生；[6]此外，两种质料的能力必须处于某种平衡状态，以便一种质料不被另一种质料吸收，它的性质不会像一滴掉进汪洋大海的酒被吸收；最后，两种质料必须易于分割，以便它们在尽可能多的点上彼此作用，例如两种液体的彼此作用。[7]当这些条件得到满足，质料以这样的方式影响彼此，它们混合时发生了改变。这种混合同时伴随着被混合的质料的变化，最终形成了混合物。[8]

458

亚里士多德并不满足于用质的不同和质料转化理论来代替机械论的

对这个观点是有所保留。另外，混合实体只能是物质性的——这是自明的，因为非物质性的实体是不能 *ἀπαθές*（被作用的）。

1 例如对于燃烧的例子（《论生成与消灭》i.9,327b10），这里产生的并不是混合物，而是火的生成和木头的毁灭，或者是木头变成火的变化。这个解释也适用于营养活动以及一种质料转化成另一种质料的所有情况（*ibid.*,328a23 sqq.）。这个例子不是"混合"，而是"偶性变化"。

2 参见《论生成与消灭》328a10。关于 *ὁμοιμερές*（同质的东西）参见下文第九章末尾，以及 Zeller, *Ph.d.Gr.*i.879, n.2。

3 *Σύνθεσις*（复合物）与 *μῖξις*（混合物）或 *κρᾶσις*（结合）是有分别的。在《形而上学》*vii.*2 中 *σύνθεσις* 进一步被划分在 *κρᾶσις* 一类之下。

4 阿那克萨戈拉、原子主义者以及后来的伊壁鸠鲁就是这样认为的。

5 参见《论生成与消灭》327b22；因为它们能够重新被分离开来；另外，参见 327b31 sqq.。在后来的使用中，这种类型的 *τὸ πάντη μεμῖχθαι*（完全混合物）（参见《论感觉》c.3,440b11）与最微小颗粒的混合物相区别，前者被称为 *ἡ δι ὅλου κρᾶσις*（整体的结合）。

6 条件是它们的质料是相同的种类，而它们的性质是相反的；参见 *ibid.*328a19 sqq.328a31；参见上文 p.454。

7 《论生成与消灭》328a18 到这一章的末尾，这个观点是这样表达的：当某物与性质相似的其他东西发生作用时，混合就产生了。

8 《论生成与消灭》328b22。

物理学。他进一步指出，他远远不能满足局限于质料因和物理法则的物理学说。质料因只是中间的原因——即仅仅是手段和现象的不可或缺的条件。在它们之上，还有目的因；在质料的必然性之上，还有宇宙的设计秩序；在对自然的物理解释之上，还有目的解释。

我们的研究到此为止已经达成了下述结论：自然万物都有自己的目的。如果自然是运动的内在原因，那么运动的目的决定了它的手段和方向。[1] 如果事物的本质在它们的形式之中，那么形式是不能与目的相区分的。[2] 倘若一切运动的物体必然被他者推动，那么运动的终极原因包含在推动宇宙的目的因之中，[3] 而运动之一般只能被设想为形式对质料的作用，形式是运动中的"欲望的对象"，而质料朝着这个目的努力。[4] 亚里士多德不能解释有规律和有秩序的事件，除非将其与有目的的人类活动进行类比。因此，尽管他反对柏拉图的宇宙灵魂的理论，但他自己却采用了一种相似的观点。[5] 他认为不仅外层空间的运动——它将运动传递给其他空间层，而且星辰的运动（跟柏拉图一样）都是精神活动，这种精神活动与被其推动的星辰的关系就像人类灵魂与身体的关系一样。[6]

1　参见第 229 页注释 2。

2　参见 p.356, p.418 以及第 302 页注释 2。

3　参见 p.404 以及第 260 页注释 3。

4　参见 p.383 以及第 250 页注释 1。

5　《论灵魂》i.3,406b25 sqq. ;《论天》ii.1,284a27 sqq. ;《形而上学》xii.6,1071b37。亚里士多德拒绝了这个理论，首先因为他不认为灵魂在任何意义上是运动者，甚至它是不能自我运动的（参见下文第十章开篇）。其次，他反对柏拉图将宇宙灵魂解释为某种在空间中有广延的东西。我们也无法设想灵魂的思想是圆周运动或者任何别的运动。灵魂的完美的幸福不可能在于它与身体相混合，灵魂也不可能不间断地产生与其自身本质无关的运动，像伊克西翁（Ixion）和他的轮子，由于负担了身体和物质，灵魂的运动是费力的。这个理论的确没有解释灵魂是如何产生运动的。最后，灵魂不可能是《斐德罗》中宣称的本原，倘若根据《蒂迈欧》的描述，灵魂是与世界一起被生成的。

6　参见 p.373，以及接下来关于天体的一章。至此，亚里士多德自己证明了世界作为整体以及它的任何部分都是充满灵魂和生命的，正如他在《论天》ii.12 中所说，欧德谟斯也是这样认为的（*Fr.*76 b, Simpl.*Phys.*283 m.; cf.Siebeck, *D.Lehre d.Ar. v.d.Leben d.Universum,* in Fichte's *Ztschr f.Phil.*ix.31）。神是宇宙的一部分，正如理性是人的一部分；天体的精神与天体也是这样的关系。然而，每个天体精神只赋予他甚至认为一般意义上自然的力量在某种程度上也是如此；在运动的永恒性中他发现了自然的不朽生命，[1] 他甚至认为元素也拥有某种生命。[2] 正如我们所见，[3] 一切生命活动都是有目的的活动，因为一切有生命的事物与灵魂的关系就是物质存在的非物质性统一。所以，如果将自然看作一个活物，并且把自然的运动看作从统治着一切质料变化的非物质的形式中产生的，那么亚里士多德一定承认自然目的论的必然性 [4]——他的论证基础在这一点上与柏拉图是相似的。[5] 他认为神和自然不做无目的之事；只要情况允许，自然总是努力达到完善；没有什么东西是多余的、无用的或不完善的；我们可以说自然的产物不是偶然的，而技艺的产物或许还有偶然，因为一切自然的产物都有自身的目的；[6] 的确，自然的设计造就了其产物的完美和魅力——即便最微小的自然物都值得我们研究。[7] 亚里士多德指出，自然的本质是形式，而事物的形式是由它的

461

462

被它推动的天体以生命，而第一推动者只赋予第一层天体以生命。尽管第一层天体的运动确实传递到其他所有天体上，但它在这种情况中是从外部传递运动的，就像驾驶员在卡车上的运动；而它们自身的运动并不是由第一推动者引起的，而是由特定的推动者引起的。尽管整个宇宙因此被赋予了生命，但是亚里士多德不像柏拉图那样将其称为 ζῷον（活的），因为它的生命不是从一个单一的运动原则来的。

1　《物理学》viii.1 *init.*。在这里，亚里士多德似乎想到了赫拉克利特的文本，策勒在 *Ph.d.Gr.*i.586,2 中引用过这段文本。

2　《论动物的生成》iii.11,762a18。

3　参见下文第十章的开端。

4　参见 Zeller，*Ph.d.Gr.*i.642, sqq.。

5　关于以下讨论内容，参见 Ritter 关于整个主题的详尽处理，iii.213 sqq.265 sqq.。

6　《论天》i.4 *fin.*ii.8,289b26,290a31.c.11,291b13.c.5,288a2。《政治学》i.8,1256b20。《论动物的部分》i.1,639b19.iv.10,687a15(cf.ii.14)，c.12,694a15。《论灵魂》iii.9,432b21。《论生成与消灭》ii.10,336b27。《论生与死》c.4,469a28。《论动物的生成》ii.6,744b36。类似的文本，参见 c.4,739b19。《论动物的行进》c.2,704b15。即便在最不重要的自然产物中我们都能够发现结果的某种完善性；参见下一条注释以及《尼各马可伦理学》x.2,1173a4.vii.14,1153b38。

7　《论动物的部分》i.5,645a15。陌生人看见赫拉克利特在厨房的火炉前取暖，他们踟蹰不前，但赫拉克利特说：进来吧，因为神就在这里。在研究动物时，我们不必厌恶某种动物，因为每一种动物都显示出自然与美。因为它们不是偶然如此，而是为了最完美的自然本性的活动。自然物为了自身的目的而生成，它们的目的是美的一种样式（参见第一章，在前一条注释中有引用）。

功能决定的。[1]一切生成都有目的，而运动的终点就是它的目的和对象。[2]对自然的设计目标的追求在我们的经验中得到了证明——宇宙是有序的和一致的，以及某些结果通过某些手段的实现是有规律的。总是发生的或经常发生的事情不可能是偶然的。[3]亚里士多德尤其强调了天体的运动，生物从种子开始的生成，动物的本能，动植物的结构中对自然设计的证明，以及人类的行为，因为，如果说一切技艺都是对自然的模仿或完善，那么自然更是如此。[4]如果我们不否认贯穿在可朽世界中的自然设计的证据，那么我们必须承认整个宇宙拥有更多的规定性和预先设计的证据，因为它的秩序更严格，它的规律性更普遍。统治着可朽世界的原则除了从宇宙整体中得来，还能从别的什么地方得到吗？[5]所以，目的因的发现构成了自然科学首要的和最重要的问题。它关注的不是个体，而是个体所服务的整体——不是质料而是形式。[6]然而，如果有人认为，为了追寻确定的目的，自然必须能够有意识地思考，那么这是毫无理由的。亚里士多德认为，甚至技艺也不能反思，它只是无意识地做

463

464

1　参见《气象学》iv.12,390a10。

2　《物理学》ii.2,194a28,30，参见上文 p.356。《论动物的部分》i.1,641b23。《物理学》ii.1,193b12。《论灵魂》ii.4,415b16。

3　《物理学》ii.8,198b34,199b15,23；《论动物的部分》iii.2,663b28；《论动物的生成》i.19,727b29，参见第 240 页注释 5；《论天》ii.8,289b26。

4　《物理学》ii.8,198b32,199b26, viii.1,252a11。《论动物的部分》i.1,641b12–30；《论天》ii.8,289b25；《论动物的生成》iii.10,760a31；《形而上学》xii.10, xiv.3；参见上文第 257 页注释 4。

5　《论动物的部分》i.1,641b12。参见 Zeller, *Ph.d.Gr.*i.650,579,1。

6　《物理学》ii.9,200a32（在第 239 页注释 1 中引用的段落之后）：因为自然根据将要生产的那个东西来选择它的质料。亚里士多德在《论生成与消灭》ii,9,335b29 中指出："给出一个事物的质料因是不够的。质料只是受动者，而推动者无论是在自然中还是在技艺中都是别的东西；最高的原因是形式。"物理主义的物理学，不能告诉我们真正的原因，只能告诉我们得到产品的手段，就好像一个人用"锯子"来回答"谁锯断木头"这个问题。参见第 239 页注释 1，以及第 204 页注释 3 中引用的段落，以及第 207 页注释 1，以及策勒在 *Ph.d.Gr.* Pt.i.788,1,3,893, a 中关于古代哲学忽视了目的因的讨论。《论动物的部分》i.1,639b14, c.5,645a30：在研究动物的有机体时，问题不是关于个别部分或质料的，而是关于整个形式，或复合物和整体实体的。

着艺术家的工作。[1] 这正是我们已经指出的亚里士多德对技艺与自然的区分，即技艺产品的运动原则是外在的，而自然产物拥有内在的运动原则。[2] 现在，我们第一次接触到了“内在的设计”这个重要的概念，这个概念对亚里士多德的体系非常重要，根据他的观点我们可以将自然定义为朝向一个确定目的的内在活动的领域。

　　然而，这种服务于目的的活动在自然中并非达到对自我的完全掌控：因为除了形式的自由运作，还有必然的元素作为质料，它们并不能完全服从形式。我们已经指出（p.359, sqq.），亚里士多德在质料中发现了偶然性的基础和盲目的自然必然性。实际上，这两者最终是重合的，因为偶然性正是那些不按照设计结果发生的东西，它是受某些干扰原因的影响而产生的。自然存在者的这种特征使得我们不能认为宇宙中的任何事物都是有目的的。的确，自然活动朝向确定的目的，但在实现自然计划的过程中，自然出于必然性附带产生了许多东西；[3] 然而她仍然最大可能地利用这些副产品，让多余的东西服务于她的目的，并且像一位出色的主妇那样，使每一件事物都得到利用。[4] 类似的，我们知道自然不可能总是以同样严格的原则运作，我们必须考虑必然性和偶然性对自然的预先设计的干扰，必须承认规则的例外，并在大多数例子满足一般规

465

1　《物理学》ii.8,199b26。在这里，亚里士多德认为技艺变成了一个固定的习惯，成为了艺术家的第二本性。然而，他指出这样的技艺并不属于艺术家，而是在技艺本身之中，因为创造性的原因并不驻于艺术家中，而是在他使用的技艺之概念中，因此亚里士多德将这种创造性原则等同于技艺本身；参见《形而上学》vii.7,《论动物的生成》ii.4,《论动物的部分》i.1 中的段落，以及第 237 页注释 1，以及《论生成与消灭》i.7,324a34。

2　参见第 273 页注释 6。自然是生命体内在的运动原因，这个意义上的自然明显与人类的理解力是相对的——因为后者是从外面对事物发生作用；参见《论动物的生成》ii.6,744b21。

3　参见第 239 页注释 2。

4　《论动物的生成》ii.6,744b16。他特别指出 περιττώματα（剩余的质料）（参见《论动物的生成》i.18,724b23 sqq.）被动物有机体利用在成形和营养方面；参见《论动物的生成》ii.4,738a37 sqq., iii.2,663b31。另外，参见第 239 页注释 2 以及《论动物的部分》iv.5,679a29，他在这里讨论了乌贼的汁液。

律时感到满意。[1]

466　　从质料对形式的反抗中，亚里士多德推演出一切异常的自然现象（τέρατα），例如流产以及类似现象。他认为这些现象是自然对一个未实现的计划的中断，就像切断[2]或毁坏了她原本设计好的目的。[3]它们产生的原因在于形式不能完全掌控质料。[4]此外，我们注意到，他甚至认为下述情况是自然目的的流产或失败：即孩子不像他们的父母，特别是不像他们的父亲，[5]或者一个好人生下了一个邪恶的儿子或一个邪
467　恶的父亲生了一个好儿子，[6]或者身体的本质与灵魂不相适应。[7]他认为所有雌性与雄性相比都是不完善的和残缺的，因为当男性的赋形能力不足以控制来自女性的质料时，就会生出雌性的后代。[8]此外，动物与人类相比是矮小的，因为它们身体的上半部分与下半部分不成比例；[9]它们是自然创造人时出现的不合格产品——这种发展模式与儿童的发

1　《论动物的部分》iii.2,663b27，参见《形而上学》ii.3 *fin.*，以及第 121 页注释 5 和第 122 页注释 1。Ritter 认为（参见他的书第 212 页）亚里士多德的自然理论不是建立在科学基础上而是建立在意见的基础上，这个观点似乎来自于对《后分析篇》i.33,89a5 的错误翻译，在这里 ἡ φύσις ἡ τοιαύτη（即 τὸ ἐνδεχόμενον καὶ ἄλλως ἔχειν [拥有其他可能性的自然]）被认为等于 ἡ φύσις τοιαύτη（自然本身），因此，自然是 ἀβέβαιος（不确定的）。

2　《论动物的生成》iv.3,759b10 sqq.。亚里士多德在这里讨论了流产的问题，并指出流产的原因是缺少人类身体的某些本质部分，或多长了不需要的部分，他将以上的解释运用在这两者上。另外，参见 767b13。

3　《物理学》ii.8,199b1。

4　《论动物的生成》iv.4,770b9；这个命题被后来的神学家们用来证明奇迹，这个证明变得非常著名，尽管人们并不知道它最初来自于亚里士多德。因此，即便一个东西是怪胎，在某个意义上它也是根据自然来的，即形式没有完全控制质料。参见前一条注释。

5　《论动物的生成》ii.3,767b5。

6　《政治学》i.6,1255b1。

7　《政治学》i.5,1254b27。

8　参见下文第十章关于动物的性别的讨论。

9　《论动物的部分》iv.10,686b2,20.cf.c.12,695a8。出于相同的理由，儿童也是侏儒。参见《论动物的部分》iv.10,686 b10；《论动物的行进》710b12；《论记忆》c.2 *fin.* and *passim*。

展是类似的。[1] 此外，我们还能在动物的种类中进一步区分出畸形的物种——例如，鼹鼠[2]——或者，更准确地说，我们能够区分完善的动物与不完善的动物：例如，有血的动物比无血的动物更完善，[3] 驯养的动物比野生的动物更完善，[4] 拥有一个生命中心的动物比拥有多个生命中心的动物更完善。[5] 类似的，与动物相比，植物是不完善的。[6] 它们显示着自然的设计，但处于一种不完全发展的状态；[7] 我们将会看到，它们也是有生命的存在者，尽管只处于生命发展的最低阶段和最基本的状态。亚里士多德甚至在无机物中发现了某种程度的生命，尽管是最低的程度。[8] 因此，自然作为一个整体，是形式对质料的逐步征服——即持续地朝向生命的更完善的发展。绝对的、首要的存在，即形式，在时间顺序上是最后出现的，因为一切生成都是从质料向形式迈进的运动，并且一切生成的起始之处（即在思想中最先出现的东西）也是终结之处。[9] 因此，我们知道，复杂的存在者比简单的存在者出现得晚，有机物比无机物出现得晚。[10] 然而，亚里士多德并未将这个观点延伸到月

468

1　《动物志》viii.1,588a31：儿童的灵魂与动物的灵魂区别不大。

2　《动物志》iv.8,533a2。

3　《论动物的生成》ii.1,732a16。

4　《政治学》i.5,1254b10。然而，亚里士多德自己承认在《论动物的部分》i.3,643b3中将动物区分为驯养的和野生的是错误的，因为所有驯养的动物在野外环境中也是存在的。因此驯养动物的更大的完善性是后天获得的；只要它是某种自然，它就是一种纯粹的能力。

5　《论动物的部分》iv.5,682a6；亚里士多德在这里指出，自然的确想要给这些生物一个中心器官，但因为无法做到这一点，它不得不给它们多个中心。在《问题集》（x.45）中，这位作者认为自然产生的野生动物和植物比驯养的动植物的数量多得多，因为产生不完善的东西比产生完善的东西要容易得多，并且还因为自然像技艺一样，只有在长时间的练习之后才能创造出更好的东西。然而，这个观点是对亚里士多德关于自然之弱点的过分夸大。

6　参见《论动物的生成》iii.7,757b19,24。

7　《物理学》ii.8,199b9。

8　参见第301页注释2；以及下文第十章，在第一部分的末尾。

9　《论动物的部分》ii.1,646a25。《形而上学》ix.8,1050a7。另外，参见第144页注释2。

10　《论动物的部分》646b4。《气象学》iv.12,389b29；我们对于人的认识比对于骨头和肉的认识更明确，而对于骨头和肉的认识又比对于元素的认识更明确。

下世界之外。他主要将其运用在有机物的本性上，他在其中敏锐地发现了从无机物到有机物以及从不完善的形式到完善的形式的连续发展过程。

第 九 章

物理学（二）：宇宙和元素

现在，我们从关于自然的一般性研究转向关于世界的实际构成的考 469
察，亚里士多德遇到了在先前的形而上学讨论中占据主导地位的一个问
题，即创造问题。他的前辈们无一例外地认为我们生活的世界在时间
上有一个确定的开端——有些人，包括阿那克萨戈拉、柏拉图和毕达
戈拉斯主义者[1] 还认为这个世界是唯一的；另一些人认为我们现在的这
个世界是无限的过去世界和现在世界中的一个。[2] 亚里士多德是第一个
认为我们的世界是永恒的和不被生成的人。[3] 这种信念似乎很早就在他
的思想中生了根。[4] 尽管在他的体系中，这种观念并未与永恒的运动直 470
接相关，[5] 然而，从创造力的运作与创造力必须是永恒的和不变的考虑出
发，我们可以推出被创造的宇宙作为整体在时间上是没有开端的——尽

1　关于后者，参见 Zeller，*Ph.d.Gr.* Pt.i.378 sqq.410 sq.。

2　原子论者认为无限的过去世界和现在世界都是存在的；阿那克西曼德、阿那克
　西美尼和第欧根尼以及恩培多克勒认为无限的世界只存在于过去。关于赫拉克利
　特的观点，参见 Zeller，*Ph.d.Gr.* Pt.i.586,2 *ad fin.*629,1 *ad fin.*，以及克塞诺芬尼
　*ibid.*498,3 *fin.*。

3　正如他自己在《论天》i.10,279b12 中讨论的。

4　西塞罗（*Acad.*ii.28,119）（*Ar.Fr.*18）或许是从 *Π.φιλοσοφίας*（《论哲学》）一文
　中引用的（参见上文 p.56, sqq.），无论如何他是从这些对话中的一个引用的（参见
　柏拉图，《蒂迈欧》34B,68E 以及别处），以及 Philo, *Aetern.M.*ii.489（*Ar.Fr.*17）；
　在这里"无神性的生灵"认为"可见的神"并不比人类的产物更好。

5　参见上文 p.387。后面一个观点与"世界是有生成和毁灭的"是完全相容的。

管宇宙的单独部分可能是变化的。[1]亚里士多德确实没有在流传下来的著作中的任何地方明确表达过这一推论，尽管他已经非常接近这个观点了。[2]在关于世界之起源的研究中，他证明了运动是永恒的，反驳了"世界是有开端但没有终结的"这一观点。[3]然而，这个观点显然被包含在他的形而上学中。如果第一推动者是不变的，那么它对世界产生的影响总是一致的。它不可能有时是创造的力量，有时又是毁灭的力量。同样的结论也适用于亚里士多德关于天体和星辰由不变的质料构成的科学假说。因此，不光"世界在绝对的生成和毁灭的意义上有开端和终结"这

471

1　关于这个观点参见第 305 页注释 8。

2　《物理学》viii.1,251a20 sqq.。在这里，亚里士多德反对"运动是有开端的"这个观点，他说：如果推动者和受动者是存在的，但并不产生任何运动，那么从静止到运动的转化只能被一个先前发生在推动者或受动者或两者中的运动产生，并且我们应当假设一个"在先的第一或（最初的）变化"。类似的，我们不得不得出下述结论：在从世界的生成到毁灭（或者从毁灭到生成）的转化之先的变化，这个变化必然要么发生在创造力中，要么发生在它作用的质料之中。如果两者都未改变，那么它们之间的关系也不改变，因此它们产生的结果也是不变的。但是，根据亚里士多德的学说，神是永恒的和不变的；但质料（不考虑构成天体的不变的质料）因为受到原因的作用而发生变化。因此，如果主动原因自身是不变的，那么它与质料的关系以及与它的宇宙产物的关系都是不变的。这就是在上面提到的被西塞罗引用的段落所指明的论证，亚里士多德在那里宣称想象如此完善的宇宙有一个开端是不可能的；因此我们或许可以推论创造力因为其自身不变的完善性将最好的东西都创造为永恒的。

3　亚里士多德在《论天》i.10–12 中证明了天体是没有开端和终结的，然而，他几乎局限在对柏拉图观点的攻击上。这个论证说：尽管天体将一直存在，但它们在时间上是有开端的。他的主要反驳论证是：开端和终结是彼此排斥的。永恒存在的事物是没有开始亦没有结束的；有开始或结束的事物必然在某个时刻是不存在的（参见 c.12,281b18 sqq.；但这里的论证太形式化了）。另外，为什么偶然存在的事物在这个特定的时刻开始存在？或者为什么永恒存在的事物在这个时刻不再存在（283a11）？它的本性便是构成一个没有开端和终结的事物，正是这一假设排除了不存在的可能性；另一方面，有开端和终结的事物的本性必然包含了不存在的可能。因此，后者不可能永恒存在，正如前者不可能有开端和终结（283a29 sqq.；参见第 242 页注释 4 末尾，以及这个脚注中从《形而上学》ix.8 中引用的段落）。另一方面，那些认为世界既是有开端的又是有终结的人的观点在这里只是简单地被提及。亚里士多德对原子论的反驳在他关于世界统一性的学说中已经提出了，而关于赫拉克利特和恩培多克勒，他已经满足于指出（c.10,280a11 sqq.；参见 Zeller, *Ph.d.Gr.* Pt.i.629,1 *ad fin.*），他们的观点只承认世界有形式上的变化而并没有真正的生成和毁灭。

一学说在亚里士多德的体系中是没有位置的，而且像赫拉克利特和恩培多克勒假设的世界的根本变化与亚里士多德的宇宙论和形而上学是完全不相容的。对于亚里士多德来说，问题不是关于世界在时间上的起源，而只是关于世界的实际特征和构成。

亚里士多德认为宇宙分为对立的两半——一半是地上世界（或月下世界），另一半是天体世界（或月上世界）。这两半的对立可通过我们的感觉立即得知；并且亚里士多德几乎无法用其他方式来揭示它。在他看来，星辰不变的本性和它们运动的恒定规律与地上世界的可朽和流变形成了强烈的对比，[1]以致于我们不得不承认它们是本质上不同的两个世界，各自有不同的规律。这种对立越是重要，亚里士多德就越认为必须证明它的必然性。他指出所有自然物体都能够在空间中运动。然而，空间运动要么是直线运动，要么是圆周运动，要么是两者的混合。因为第三种空间运动是从前两者中得来的，所以它们是简单的和原初的——直线运动是从中心向边缘的运动，或者从边缘向中心的运动，而圆周运动是围绕圆心的运动。如果这些是首要的自然运动，那么必然存在一些物体由于自身的本性成为这些运动的主体，它们因此是最原始的和最古老的物体。相反，那些展示了复合运动的物体一定是复合的，并且这些物体的特殊性来自于在它们复合结构中占主导地位的成分。自然的物体总是先于非自然的或反自然的物体。因此，圆周运动和直线运动一定符合某些物体的本性，而圆周旋转是唯一不间断的和永恒的运动，任何反自然的东西都不能符合这些条件。所以，一定存在两种简单物体——一种做直线运动，另一种做圆周运动。[2]直线运动有相对的方向：它要么朝上运动，要么朝下运动，即从中心向边缘运动或者反过来。所以，直线运动的物体必然有着相反的本性——即它固定地朝一个或另一个方向运动，所以它要么是轻的，要么是重的。但是，圆周运动就不存在这样的

1　正是这个观察使亚里士多德在第一个例子中做出了两个世界的区分，这一点从他对主题的整个分析中来看是明显的。参见第 242 页注释 4。

2　《论天》i.2,268b14 sqq.。

相对性。它从任意一点开始并朝向圆周上的任意一点运动。因此，在本性上适合圆周运动的物体必然是没有相对性的。我们甚至不能强加给它
474　向上或向下的运动，因为如果一种运动对其而言是不自然的，那么另一种运动[1]必然是它的自然运动。[2]在自然本性上适合做圆周运动的物体是没有开端和终结的，它既不增加也不减少，既不受影响也不会改变。[3]亚里士多德说：每一个被生成的物体都是从它的相对者那里来的，而每一个被毁灭的物体都分解为它的相对者；[4]一切增加和减少都取决于构成一个物体的质料的增长或减少，因此，不被生成的东西是没有质料的，它是无法增加或减少的；最后，一切变化的物体要么增长，要么减缩，
475　如果没有这样的过程，就没有任何变化。[5]这个观点得到了经验的支持。他声称，如果天宇空间以及天和地之间的空间中充满了气或火，同时考虑到星辰的量和它们之间的距离，那么这些元素与其他元素相比是非常多的，以致于它们不能维持平衡，气或火将吞噬其他元素。因此，元素

1　根据已经建立的原则（c.2,269a10,14）作为讨论的基础（参见第 155 页注释 5），当 ἐν ἑνὶ ἐναντίον（在某个对立者中）这样普遍地被表达时，它的意思显然是值得商榷的。

2　*Ibid.*c.3,269b18,270a12；βίᾳ μὲν γὰρ ἐνδέχεται τὴν ἄλλου καὶ ἑτέρου（它能够被不同于自身的东西推动）（c.2,269a7）这个立场除非作为暂时普遍有效的，否则它是不能够被接受的。正如在下面谈到的，这个观点并不适用于"以太"。后面的结论依赖于这个观点（即圆周运动是没有对立面的）。的确，亚里士多德用特殊的证明努力支持这个观点（c.4）。然而，他不能证明这一运动或许不是弯曲的或倾斜的；因为，如果我们有两个在相同线段上或平行线段上（线段分为两个相反的方向）进行的相对运动，那么无论这些线段是直的还是环形的都不会产生区别。事实上，恒星和行星的运动轨迹是相对的；那么，这些物体为什么不能由不同的以太构成呢？但我们不能仅仅因为这个理论带来的实际困难，就像 Meyer（*Aristot.Thierkunde*,393）那样怀疑亚里士多德表达得非常明确的意思。

3　参见《论天》i.3,270a13,270b1。参见《形而上学》viii.4,1044b7,xii.1,2,1069a30,1069b25。

4　关于这个观点，参见 p.341, sqq.。

5　《论天》i.3,270a13–35。没有相对者的物体不能变化或许可以从下面这个命题（p.341, p.353, sqq.）得到简单而有说服力的证明：所有变化都意味着从一个状态向相对状态的过渡，并且一个物体只能被它的相对者作用。然而，亚里士多德在这里并未采用这个方法，因为他关于变化和作用之概念的研究直到很晚才被发表——即在他关于生成和毁灭的论文中。

间的恰当平衡[1]只能在下述条件下得到维持：即天宇空间中充斥着一种不同于元素之质料的物体。[2]并且我们从他那里知道这种物体优先于一切变化，因为，在传统所及的范围内，古代历史并未记载任何关于宇宙的构成及其部分的演化证据。[3]最后，与这种信念一起产生的是前反思的、关于人与宇宙和谐的信念，这种信念值得尊重，因为它是无数世代的思想遗产。[4]所有民族都认为神是住在天上的，因为他们相信神是不朽的和神圣的。对于亚里士多德，"以太"的名字可以追溯到这个信念上，柏拉图也一样，[5]他从"ἀεὶ θεῖν"（总是像神一样存在）以及天体无休止的旋转中得到了这个名字，而不是从"αἴθειν"（点亮）这个词中得到的。[6]结论是"以太"必然与其他所有元素的质料不同。[7]它没

476

477

1　这个比例包括等量的气和等量的火，它们是由等量的水转化为气，等量的气转化为火的，因为这些元素的量是相等的。

2　《气象学》i.3,339b13,340a18。

3　《论天》i.3,270b11。

4　《论天》270b19。参见《气象学》339b27，这里陈述的理由几乎都是相同的，以及参见《形而上学》xii.8 *ad fin*，参见下文第九章关于天体的部分第十二章第二部分的讨论。

5　参见柏拉图：《克拉底鲁篇》410B。

6　《论天》i.3,270b4–25；《气象学》i.3,339b19 sqq.；以及下面这些段落：*De Mundo*, c.2,392, a,5。关于"以太"这个名字，参见 Zeller, *Ph.d.Gr.*i.897,4, ad *fin*.。

7　它被称为 πρῶτον στοιχεῖον（第一元素），参见《论天》iii.1,298b6；《气象学》i.1,338b21；c.3,339b16,340b11，τὸ τῶν ἄστρων στοιχεῖον（天体的构成元素）；参见《论动物的生成》iii.3,737a1，在这些段落中，它与其他四种元素相区分。在《论动物的生成》ii.3,736b29 中，它被称为"别的物体和更神圣的元素"；《气象学》i.3,340b7（参见第 319 页注释 3）："火和气以外的元素"；《论天》i.2,269a30："它是不同于我们所知的、其他形式的物质实体，它在元素之先并比它们更神圣"；参见 *ibid.*c.3（参见下一条注释）。因此，如果我们认为"元素"就是这些彼此相对和彼此转化的简单物体，我们就不能认为"以太"是元素。只有当我们把这个词的意义扩展到所有简单物体时，我们才能说以太也是一种元素。另一方面，说亚里士多德认为天体没有"物质基体"（Brentano, *Psychol.d.Arist.*198; Hertling, *Mat.und Form*,22）或者"以太是非物质的或它包含了非物质性的质料"（Kampe, *Erkenntnis-sth.d.Arist.*30 sq.），这个观点至少是不准确的。天体的"质料"是指它们包含了在空间中运动或变化的潜能，我们在这个意义上甚至可以认为"努斯"也是有"质料"的（Hertling, *ibid.*23）。亚里士多德在《形而上学》viii.4,1044b7 中指出，我们必须注意到"被生成的实体的质料"和形式，但是对于永恒的自然物体而言，它是没有质料的，或者说没有这种类型的质料，只有能够引起位移运动的质料。然而，这

有相对者，也不会变化，它在元素的冲突和斗争之外：元素属于地上世界，而以太属于天宇世界——它是构成天体和星辰的质料，在质料的世界中它是神一样的存在。[1]

四元素在所有方面都是不同的。如果圆周运动专属于以太，那么元素的运动就是直线的。但是，我们已经指出，直线运动有两个相对的方向，上和下，朝向圆周或和朝向中心。那些自然地向下运动的物体是重的；那些自然地向上运动的物体是轻的。因此，元素有轻与重之不同。[2]亚里士多德认为这对相对者不能划归为量的差异，或数的差异，或密度的差异；它们是原初的和性质的相对者。我们不能像柏拉图和德谟克利特那样用原子的数学性质来解释元素的特性，也不能像早期的物理学家那样用某个原始质料的分散和凝结来解释它们。我们已经证明了第一个假设。[3]然而，那些认为质料的差异来自于原始元素的凝结和分散的人除了别的论证之外一定会遇到下述反驳：他们无法解释轻的物体和重的物体的区分。他们将元素之间的差异局限在量的关系上，因此认为它们

478

个意义上的质料不属于天体，即它只属于时间性的存在者。亚里士多德指出，如果我们将"质料"理解为一个物体从之而来的东西，即生成和毁灭的基体（参见《论生成与消灭》i.4,320a2），那么不被生成的和永恒的实体是没有质料的；然而，如果我们在一般的意义上来理解变化的基体，或潜在存在者，那么只要天体能够在空间中运动，它就是有质料的。这便是亚里士多德的意思，我们从相关的段落中也可得知，参见《形而上学》xii.2,2069b24（只有从位置方面看，才能够说它是潜在地而不是现实地运动的，因为它还没有到达它所朝向的那个位置）。参见《论天》i.9,278a10 sqq.。亚里士多德明确地说"天体"作为一个普遍的概念与"这个天体"是不同的，前者是形式，后者是混合了质料的形式。从《形而上学》viii.4中，我们也无法推出天体是非物质的存在（像以太一样，它们被称为"神圣的物体"，参见 Ind.Ar.742, a,43–60）；因此，我们不能假设大体不包含质料就像非物质的灵魂不包含质料一样，或者质料与前者的关系和与后者的关系一样。

1 它被称为"神"，参见《气象学》i.3,339b25；以及《论天》i.3,270b11,20.Ibid. ii.1,284a4。后来的哲学家，例如 Cicero's Epicurean（N.De.i.13,33, cf.Krische, Forsch.,306 sqq.）和 pseudo-Justin Cohort.c.5,36 根据这个理由把"神"和"以太"等同起来。

2 参见 p.473, sqq.。

3 参见 p.443, sqq.。

的差异仅仅是量的差异。[1] 亚里士多德认为，直线运动的相对性和自然位置同时要求元素间质的差异。直线运动和圆周运动一样原始，那么必然有某些物体在本性上就被设定为做直线运动。[2] 此外，因为直线运动有两个方向：向上和向下，所以我们必须首先假设存在两种物体，一种物体的自然运动是下降，另一种物体的自然运动是上升，前者向中心运动，后者向宇宙的边缘运动。其次，我们必须想象有一种或一对处于中间的元素，其中一种接近于前者，另一种接近于后者。在这四种元素中，前两种是土和火，后两种是水和气。土绝对是重的，它没有任何轻的部分；火绝对是轻的，它没有任何重的部分。土径直向中心运动，因此它下沉并在其他物体之下；火径直向边缘运动，因此它上升并在其他物体之上。另一方面，水和气在相对的意义上是重的也是轻的。水比气和火重，但比土轻；气比火重，但比水和土轻。除非被强制推动，火绝不可能下降到气的位置，土也绝不可能上升到水的位置。相反，气和水可以下降到较低的位置，倘若原来充满这些位置的质料消退了。[3] 土在任何位置上都是重的；除了土之外，水是最重的；除了土和水之外，气是最重的；[4] 而火在任何位置上都是轻的。[5] 因此，两个物体相比，含有较多气的物体在空气中较重但在水中较轻——例如，一百磅的木头在水中比一磅铅要轻。[6]

479

---

1 亚里士多德在《论天》iii.5 中讨论了这个观点，参见《论天》iv.5,312b20；以及《形而上学》i.8,988b29 sqq.。

2 参见 p.473。

3 的确，它们应当朝更高的位置上升；亚里士多德也承认这一点，参见《论天》iv.5,312b sqq.。在这里，他指出除非有外力的作用，这种情况才会发生。但他并未解释这个对于他的理论如此重要的情况是什么。

4 甚至空气也是有重量的，从以下事实可以得知：即一袋空气比一个空的袋子要重；*ibid.*c.4,311b9。

5 在前一条注释引用的段落中，亚里士多德在他的理论中发现了对绝对的和特殊的重力之差异的解释。

6 参见《论天》第四卷第二至五章，同样的观点出现在第二卷第三章 286a12 sqq.，尽管后者的解释有少许差异。在这里，亚里士多德指出宇宙并不是单纯由以太构成，因为它必须有一个不动的中心。所以，必然有某个物体的本性就是在中心静止，并朝向中心运动，因此也必然有物体具有相反的本性。所以，存在土和火，而

480　　我们可以用另一种推理程序更准确地获知这四种元素。[1]一切被感知的物体都是可以被认识的；然而，触觉感受到的一切性质，除了重和轻之外，[2]都能划归为以下四种——热的、冷的、干的和湿的。[3]亚里士

481　多德认为前两种性质是主动的，而后两种性质是被动的。[4]现在，我们将这四种性质组合成对，在排除两种不可能的组合之后，我们得到四种可能的组合，在这四种组合中一个主动的性质总是与一个被动的性质相结合，由此四种简单的物体或元素就产生了[5]——热的和干的东西，即

它们又要求水和气作为中间的元素。

1　关于后面论述的内容，参见《论生成与消灭》ii.2,3。这个元素理论的真实作者据说是希波克拉底（Hippocrates）（参见 Ideler, *Arist.Meteor*.ii.389，他援引的是盖伦的观点，参见 *De Elem, sec.Hippocr*.i.9,*Opp*.ed.Kuehn, i.481 sq.）。但这个说法并不确定，理由如下。首先，这里涉及的著作 Π.φύσιος ἀνθρώπου（《论人类的起源》）和 Π.σαρκῶν（《论肉体》）都不可能是希波克拉底的。前一部著作或者一部著作的摘要无疑是 Polybus 写的，他是希波克拉底的女婿；而后一部著作是亚里士多德之后的作者写的，参见 Kuehn, *Hippocr.Opp*.I.cxlvii., clv.; Littre, *Ceuvres d' Hippocrates*, i.345 sqq.384。另外，尽管《论人类的起源》承认（c.1 *init*.）恩培多克勒的四种元素，甚至认为热和冷，干和湿是所有生物的构成元素（c.3），但它仍然没有像亚里士多德那样将这两种立场结合起来，或者从这四种性质的配对组合中推导出每一个元素；盖伦也没有这样解释它（参见上文）。另一方面，《论肉体》涉及亚里士多德对元素的描述（在 i.425, k），但这只能证明它的成书时间晚于亚里士多德。在亚里士多德的时代，热和冷，干和湿被医学流派认为是事物的元素，这一点在柏拉图的《会引》186D,187D. 中有记载。早期的物理学家们认为热和冷的冲突是进化的基本原则，并时常把它们与干和湿联系起来，然而，他们并未将这四者看作事物的原初性质。参见 Zeller, *Ph.d.Gr*.i.205,241,519 sq.897。

2　我们在这里并不处理它们，因为它们并非指一种特殊的主动和被动；然而，元素彼此之间的关系是某种特殊的主动和被动的关系（*ibid*.329b20），这个问题在关于生成和毁灭的讨论中涉及。

3　参见《生成与毁灭》329b24（参见《气象学》iv.4,381b29）。λεπτὸν（薄的），παχὺ（厚的），γλίσχρον（黏的），κραῦρον（脆的），μαλακὸν（软的），σκληρὸν（硬的）这些性质可以划归为这些原初性质；διερὸν（浸湿）和 βεβρεγμένον（沾水）是湿的两种形式，而狭义上的 ξηρὸν（干）和 πεπηγὸς（凝结）是干的两种形式。

4　《气象学》iv.1 *init*.c.4 *init*.c.5,382a27 sqq.c.10,388a21, c.11,389a29。

5　亚里士多德对这四种基本元素和它们的性质的描述并不是处处一致的。因此，在《论生成与消灭》ii.2,329b7,13, c.3,330a30,33 以及《气象学》i.2,339a13 中，他把"热"和"冷"称为"元素"和"本原"，而它们所谓述的物体被称为 ἁπλᾶ σώματα（简单物体），参见 *Ind.Arist*.76, b,15 sqq.。另外，它们通常也被称为"所谓的元素"，（《物理学》i.4,187a26, iii.5,304b33；《论生成与消灭》ii.1,328b31,329a26；《气象

火；热的和湿的东西，即气；[1]冷的和湿的东西，即水；冷的和干的东西，即土。[2]它们是构成一切复合物体的四种质料，它们能从所有复合物体中提炼出来，而复合物最终分解为这些质料。[3]它们是原始的和非合成的，因为，尽管它们能够相互转化，但它们无法从自身中提炼出任何别的物体。[4]地上世界的每一个复合物都包含了这四种质料。[5]但在我们的经验中它们从来都不是纯粹的。[6]例如，火元素绝不能与火焰相混淆，火焰是因为热量的强化而产生的，正如冰是因为水之冷的强化而产生的。火元素是有热量的，它是温暖的和干燥的蒸汽；[7]相反，火焰没有固

482

483

学》i.3,339b5；《论动物的生成》ii.3,736b19；《形而上学》i.4,985a34）。它在《论动物的部分》ii.1,646a13 中，甚至被称为 τὰ καλούμενα ὑπό τινων στοιχεῖα（某人所谓的元素），因此，我们看到亚里士多德只是遵照别人的用法。另一方面，"元素"在最一般的意义上是指任何种类的物体的构成部分，因此一个概念或者一个证明的构成部分或者一个事物的形式也是"元素"，但在特殊的意义上，ἐνυπάρχον ὡς ὕλην（质料的存在）代表了一个物体自身最终的物质构成（《形而上学》v.3,1014a32；i.3,983b8；参见《论天》iii.3,303a15），以及《论生成与消灭》ii.7 *init.*；《气象学》i.1 *init.*（物体的元素）；ii.2,355b1,iv.1 *init.*；《论天》iii.3 *init.c.5 init.*，以及其他许多地方。这些原初的相对者是继原初实体之后的存在的第二原则（元素是存在的第三原则，参见《论生成与消灭》ii.1,329a32），它们又被称为 αἴτια τῶν στοιχείων（元素的本原），参见《气象学》iv.1 *init.*。

1 《论生成与消灭》ii.3,330b4。

2 《论生成与消灭》ii.3 和《气象学》iv.1 *init.*。

3 《论天》iii.3，以及《形而上学》v.3，参见第 314 页注释 5 以及其他地方。

4 《论天》iii.3,302a19 sqq.。

5 《论生成与消灭》ii.8 对这个问题有更详细的讨论。

6 《论生成与消灭》ii.3,330b21。参见《气象学》ii.4,359b32（这里涉及对"湿的蒸汽"和"干的蒸汽"的区分）。*ibid.*ii.5,362a9：当湿润存在的时候，干燥的蒸汽才能被产生。参见《气象学》第四卷第 8 章。根据《物理学》iv.7,214a32 的描述，气与水是混合在一起的；在《论感觉》c.5,443a4 中，这个观点是有争议的；参见 Meyer, *Arist.Thierkunde*,404 sq.。

7 《论生成与消灭》ii.3,330b25。同样的描述也适用于火，参见《气象学》i.3,340b21, c.4,341b22。被称为"火"的东西是某种易燃的材料，它像烟一样，微小的运动就能将其点燃。赫拉克利特把"火"与"热"等同起来（参见 Zeller, *Ph.d.Gr.*i.588 sq.）；在他的学派中出现了对"火"和"火之热"的区分（柏拉图《克拉底鲁》413C）。亚里士多德做出这个区分有一个特殊的理由，正如上面引用的《气象学》的那个段落所说。因为在气层和天体层之间不可能存在火层，但是，如果火只是可见的火焰，那么他不得不承认在那里火层是存在的。

315

定的质料，它只是伴随着湿的实体转化为干的实体（气转化为土）而发生的。[1] 此外，尽管每个元素都包含两种本质性质，但只有一种是它的特有性质——土的特有性质是干，水的特有性质是冷，气的特有性质是潮湿或流动，而火的特有性质是热。[2] 最后，因为每个元素都包含了一个主动的和一个被动的性质，[3] 所以我们知道它们彼此推动和被推动，它们彼此混合和相互转化——除此之外，别的变化是无法设想的。[4] 每一个元素都可能转化为其他元素，因为每一物都是从相对者而来的；所有元素都是彼此相对的，因为它们的特有性质（热、冷、干和湿）是彼此相对的。这种相对性越完整，元素间转化的过程就越困难越缓慢；相对性越小，转化的过程就越容易。因此，当两种元素各自拥有相互冲突的两种本性时，转化的过程是缓慢而困难的；当它们拥有一种共同的性质和一对相对的性质时，转化的过程就容易得多。对于后一种情况，一种性质向另一种性质的变化是一种完全的转化；而对于前一种情况，通过这样的变化我们只获得中间步骤——因为这时只产生了两个相对元素的中间元素，而它在完成转化之前还需要第二步变化。例如，消除了水的冷之后，气被产生；但是只有当水和气共有的湿润性质被消除之后，火才产生。如果水的湿消失了，那么土就被产生了；但为了产生火，土和

484

1　《气象学》ii.2,355a9.*Ibid*.c.3,357b31；《论生与死》c.5,470a2。

2　《论生成与消灭》ii.3,331a3；《气象学》iv.4,382a3。在后面这个段落中，亚里士多德指出，土层和水层是生物栖息的地方（参见下面的论述），因为只有它们是身体的质料。尽管亚里士多德认为冷是水的原初性质，湿是气的原初性质，但他在这里这样说：“在元素中，土代表了干，而水代表了湿，因此我们认为干的物体一定包含了土，而湿的物体一定包含了水”（iv.4,5,382a3,382b3）；因为，干和湿被认为是被动的或质料式的性质（参见上文 p.480），土和水被认为是所有物体的质料。另一方面，火在一种特殊的意义上代表了元素的形式（《论生成与消灭》i.8,335a9 sqq.），因为，在这里以及在别的文本中，亚里士多德认为一种元素包含着另一种元素，包含元素与被包含的元素的关系类似于形式与质料的关系（《论天》iv.4,312a11）。类似地，热比冷具有更多的实在性，因为前者是主动的性质，而后者是被动的性质；前者被归于存在的范围，而后者被归于非存在的范围（《论生成与消灭》i.3,318b14）。

3　参见上文 p.479, sqq.。

4　《论生成与消灭》ii.2,329b22, c.7, 以及别的文本；参见上文 p.450, sqq.。

水共有的冷的性质必须被消除。所以，完全相对的两种元素之间的转化是一个间接的过程；那些部分相对的两种元素之间的转化则是直接的。火直接转化成气或土，但间接转化为水；气直接转化为火或水，但间接转化为土；水直接转化为气或土，但间接转化为火；土直接转化为水或火，但间接转化为气。[1] 因此，正如赫拉克利特和柏拉图所说的，[2] 所有元素共同构成了一个完善的整体，它是生成和毁灭的轮回，[3] 这个整体的部分持续地经历着变化，并遵循变化的规律，它们在永无止息的质料的变换中保持着不变的形式和比例。[4]

485

　　这些关于元素之本性的命题足以证明只有一个世界。因为，如果每种元素都有其自然位置，并且它的本质就是占据这样的位置，那么所有元素，除非受到外力的阻碍，必朝向它们的自然位置运动——土向中心运动，以太向边缘运动，其他元素向中间区域运动。所以，土、水、气、火和以太占据的区域是唯一的，在我们的生活世界之外不可能存在另一个世界。我们无法设想一个物体依赖外力可以停留在世界之外的某个地方，因为这个地方必然是其他物体的自然位置；并且如果这个世界中的所有物体都有自身的位置，那么不可能有什么物体在世界之外，因此，世界之外没有空间，因为空间是一个物体处于或能处于的地方。[5] 我们从另一个角度也可以得到相同的结论。多个世界必然预设了多个运动的第一原因，这些原因在种上是相似的，它们只有质料的差异。但是第一推动者是没有质料的：它是单一的和完善的。因此，从第一原因中得到连续的、永恒的运动世界必定也是单一的和完善的。[6] 然而，如果

486

1　《论生成与消灭》ii.4。

2　参见 Zeller, *Ph.d.Gr.*i.619, ii.680。

3　《论生成与消灭》331b2。

4　《气象学》ii.3,357b27,358b29。另外，参见 Zeller, *Ph.d.Gr.*i.2,576,620。

5　《论天》i.8, c.9,278b21 sqq.279a11。

6　这个形而上学的证明在《论天》i.8,277b9 中有所提及，也在《形而上学》xii.8,1074a31 sqq. 中给出过；参见 p.388, sqq.。关于质料是多样性的来源，参见 p.368, sqq.。

我们认为"世界"这个概念像其他概念一样，必须例示在多个个体中，那么亚里士多德会这样回答：只有存在一种现实世界之外的质料使得世界能够在其中例示自身，这个论证才有说服力，但是我们的世界包括了所有质料，因此世界的种类必然是单一的，尽管我们总是应当区分"世界"概念和呈现在我们的感官之中的关于世界的现象。[1]如果现在的世界是单一的，那么在将来或者过去的任何时间都不可能存在多个世界。我们的这个世界是唯一的，单独的和完善的。[2]

487　　　宇宙的形状是由这五种简单物体的本性决定的。因为其中一种元素做圆周运动，而其他元素做直线运动，所以我们首先获得两个区域的区分——这一点在上面已经讨论过了，即一个由圆周运动统治的区域和一个由向上和向下的相对运动统治的区域，换言之，一个充满了以太的区域，另一个充满了四元素的区域。在这两个区域中，质料以球形的层次叠加。因为相似的质料会朝向它们的自然位置运动，而这个自然位置又是由它们与宇宙中心的距离决定的，所以每种元素形成一个球形——它们所在的点与中心是等距的。土元素是整个宇宙的中心，它形成一个固

488　体层，[3]但它只占据了宇宙的一小部分。[4]它被固定在这个位置，部分原

1　《论天》i.9；参见 p.222。

2　《论天》279a9.*Ibid.*i.1 *fin.*。

3　除了行文中引用的这个论证，亚里士多德从月食时地球投射在月球上的阴影的形状证明了地球是球形的（《论天》ii.14,297a6 sqq.），他还从在北方和南方的不同星辰以及下降的物体并不以平行线运动而是从一个相似的角度朝地球运动的事实（在296b18 中有所提及了）出发，证明了地球是球形。对于最后一点，我们可以怀疑这个事实是否是从准确的观察和实验中得出的，或者它是否只是从以下理论中推出的：即一切有重量的物体都朝向中心运动。

4　为了证明这一点，亚里士多德在《气象学》i.3,339b6,340a6 中援引了 *ἀστρολογικὰ θεωρήματα*（天文学的定律）（《论天》297b30 sqq.）。他是这样来论证的：当我们向北或者向南移动很短的距离，在地平线上的某些星辰似乎改变了它们的位置。他指出，数学家们认为地球的周长是 400000 距（约合 50000 英里，它的两倍是正确的测量），因此，与其他天体相比，地球是很小的。关于印度洋和大西洋是同一个海洋的假设（这个假设对于哥伦布后来的发现是非常重要的），他认为是值得重视的。参见《论灵魂》iii.3,428b3，《气象学》i.8,345b2；他告诉我们太阳比地球要大得多。

因是它的质料本性，[1]部分原因是它在宇宙中的位置：[2]另外，我们通过观察确认了这个事实。[3]土层中的空洞被水填满，它的外表面呈球形。[4]在水和土的周围是中空的球体层——首先是气层，然后是火层。但亚里士多德时常将最后这两层等同起来，他认为我们称为气的东西是由湿润的和干燥的蒸汽构成的，而后者是由土产生的，前者是由水和土的湿润产生的；越干燥的东西越向上运动，而越湿润的东西，由于重力的缘故，越向下运动；因此前者充满了上层空间，而后者充满了下层空间。[5]

489

下层空间与天体所在的上层空间相关，后者围绕着前者，并在所有的点上都与其接触。[6]但从它们自身来看，我们很难想象天体还有别的形状，[7]因为球形是原初的和最完善的形状，而原初的物体应当是球形。

1　《论天》ii.14，在这里，亚里士多德否认了地球的运动像菲洛劳斯（Philolaus）（参见 Zeller, *Ph.d.Gr.*i.388）认为的那样，或者像 Hicetas, Ecphantus 和赫拉克利德（Heraclides, *ibid.*i.459, ii.1,887 sq.）认为的那样运动，他认为柏拉图有类似的观点（*ibid.*ii.1,682,2）。他的理由主要是（296a27,296b6,25）圆周运动与土元素的本性是相悖的，土元素的本性是做直线运动并朝向宇宙的中心运动。根据相同的理由，它也不可能做其他类型的运动，因为土元素的自然运动是朝向宇宙的中心，并且当物体到达它们的自然位置时，它们就停止运动了，所以离开中心的运动不可能属于土元素，因为土元素在到达中心时就停止运动了。

2　宇宙的转动预设了一个固定的中心，亚里士多德认为这个中心是物质的；参见上文 p.480。

3　因此，当重的物体被垂直上抛，它们必将回到起点（*ibid.*296b25 sqq.）。此外，天文学现象为地球静止的假设（297a2）找到了满意的解释，而相反的假设将得到不规律的结果；例如，星星并不总是在同一地点上升或下沉(296a34 sqq.)。《后分析篇》ii.1,89b30 中所指的"运动"是地震。

4　《论天》ii.4,287b1 sqq. 中的证明如下：水总是在最深的部分累积，越靠近中心，这个部分就越深，水一定持续地向中心流动，直到所有较深的部分都被充满，即直到它的表面的任何点与中心都是等距的。水的自然位置是被海洋覆盖的部分，参见《气象学》ii.2,355a35,355b15,356a33。

5　《气象学》i.3,340b19 sqq.341a2, c.4,341b6–22; i.7,344b8, c.8,345b32; ii.2,354b4 sqq.；《论天》ii.4,287a30；关于干燥的和湿润的蒸汽的讨论，参见《气象学》ii.4,359b28, 360a31, iii.6,378a18。

6　《论天》ii.4,287a30 sqq.。因为没有真空（参见 p.432 以下），天体和火层在所有点上是彼此接触的。

7　关于这个观点的推论，参见《论天》ii.4。

此外，只有这种形状能够在它自身封闭的空间中旋转，[1] 在天体之外是没有空间的。最后，天体的运动是最快的，因为它是其他所有运动的度量；速度最快的物体其运动的轨迹也最短，而圆圈是从一个点到这个相同点的最短距离。[2] 如果天体的质料越完善和越统一，那么它的形状就越接近完美的球形；[3] 的确，在最完美的物体中，质料完全服务于形式，正如"天体是球形"的证明所要求的那样。[4] 然而，我们仍然不能认为构成天体的质料是绝对同质的。在亚里士多德看来，自然通过循序渐进的过程调和了所有对立面，而构成天体的以太越接近地上区域就越少纯粹性。[5]

490

亚里士多德是由观察的指引来研究宇宙特征的。[6] 似乎所有天体每

491—2

1　《论天》287a11。这个命题是非常奇怪的，Alex.*apud* Simpl.*in loco*, *Schol.* 493, b, 22 指出有许多形状都符合这一特点，即所有光滑的旋转物体都满足这个特点，因此这些物体的中轴的垂直切线构成了一个圆圈，而圆心在中轴线上。辛普里丘是这样解决这一困难的，他指出在其他满足这个特点的形状中符合要求的只有一个轴，而在球形中可以任选一个轴；我们满意的解释竟然如此微不足道。

2　正如辛普里丘（Simpl.*in loco*）解释的：在所有从一个点开始又回到其自身的线段中，圆形是最短的（这一线段划分了一个空间）；正如在所有等面积的物体中，圆的周长最小，在所有等体积的物体中，球形的周长最小。即便如此解释，这个论证也不是很有说服力。亚里士多德接受地球是球形的假设是从感知得到的直接证据，而这些证明只是作为补充性的证据。

3　《论天》287b14；地上世界没有任何一个物体是如此完善，以致于它能够拥有一个绝对对称的形式。

4　根据上述论证，天体外表面任何微小的上升或下沉都预设了在天体之外存在真空。

5　《气象学》i.3, 340b6。Kampe 认为气是火层的质料而不是这里提及的以太，他的这个看法是错误的。ἄνω μέχρι σελήνης（向上的地方直到月亮）并非指月下的区域，而是指上层天空到月亮的区域，它在月亮和其他星体之间。此外，σῶμα ἕτερον ἀέρος（气以外的其他物体）不可能是指气，而是 340b10 中得到指明的 πρῶτον στοιχεῖον κύκλῳ φερόμενον（做旋转运动的第一元素）或以太。然而，我们绝不能认为元素的混合不可能延伸到圆周运动的空间中，而仅仅是密度上的不同。

6　根据欧德谟斯（Simpl.*De Coelo*, *Schol. in Arist.* 498, a, 45）的看法，柏拉图已经讨论过天文学的问题；从那时起，希腊天文学就认为它的功能是发现能够解释天体运行的统一性假说（他们的假说是鲁莽的）。辨别一个理论之真伪的最高标准是 τὸ σώζεσθαι τὰ φαινόμενα（保存现象）。试举几个例子，例如，从赫拉克利德（Heraclides）中引用的几个句子，参见 Zeller, *Ph.d.Gr.* i.881, 1，以及 Böckh, *D.kosm.Syst.d.Platon*, 134 sqq.；亚里士多德对卡利普斯（Callippus）的评价，参

日自东向西运动，但有七个天体[1]的运动不在此列，它们的运动周期较长而彼此不一，并且它们在相反的方向上运动，即自西向东围绕地球运动。古代的天文学家不知道天体能够在空间中自由运动。他们想象每个天体固定在一个球形空间中，因此他们一定认为天体有多少不同的运动

见《形而上学》xii.8,1073b35。从 Geminus 中引用的句了和评论，参见 Simpl. *Phys*.64, b；辛普里丘说古代的天文学家们有一部分人追随欧德谟斯，另一部分人追随 Sosigenes；参见《论天》，以及 *Schol.in Arist*.472, a,42,498, a,43,499, a,7,500, a,25,501, b,28,502, b,5 sqq.503, a,23,504, b,32 sqq.。亚里士多德采用了同样的标准。他只承认能够被事实证实的观点；那些不被充分知晓的东西，或者不能被清楚规定的东西，他从不认为它们是确定的，而满足于说它们是可能的。因此，在《形而上学》xii.8,1073b38,1074a14 中，他宣称（1073a11）研究还未完成之后，说道："这是必要的，如果所有球体空间都用来解释这些现象，每一个天体都应当有另外的球体空间，这些空间相互作用，并使天体回到同一位置，天体的第一个位置在当前天体的下方。"参见《论天》ii.12,292a14；c.5,287b28；想要了解一切事物的欲望要么代表了伟大的热情，要么代表了致命的愚蠢。然而，这种努力是否应当受到指责取决于激发这种研究的动机，以及一个人对他的观点的正确性的确信程度，他的论证是否有说服力。如果有人成功发现了精确性高的证明，那么我们肯定会感谢他的贡献，但是目前我们只能满足于那些看起来如此的东西。参见《论动物的部分》i.5,644b31，亚里士多德在这里说对宇宙的研究拥有无穷的吸引力，倘若我们不局限于微观世界的话。关于观察之必要性的讨论，参见 *ibid*, c.1,639b7（这里明显可以看出亚里士多德决定采取前一种方法）。亚里士多德自己是一个极细致的事实观察者；参考第 32 页注释 1。

1　当然，亚里士多德论述的只是古代已知的天体，以及肉眼可见的星辰。

周期，它就有多少球形空间。[1] 亚里士多德也持有这种观点。他认为，[2] 天体和整个宇宙似乎是运动的；并且因为地球是不动的，这个现象必须由宇宙或天体或者两者真正的运动来解释。天体和宇宙的运动不可能是相互分离的，因为，倘若如此，我们何以解释天体的运动速度严格对应于它们所在的球体（即宇宙）的运动速度呢？我们不能把一个恒定的、有规律的现象归之于偶然的巧合。天体是运动的而它们所在的空间是不动的——这是不可能的。此外，天体运动的速度必然对应于它们的运动轨迹的大小，尽管这两者之间没有真正的关联。因此，我们不得不假设球体空间是运动的，而天体是固定的并由球体空间带动。[3] 这个假设完美地解释了为什么同心圆中在越大的圆轨迹上运行的物体其运动速度也越快。更进一步看，这是必然的，因为球形的天体[4]要么滚动，要么围绕轴心旋转。然而，滚动并不能使它们在轨迹上运动；[5]月亮总是以同一

1　许多早期的哲学家们认为星辰是由空气或世界的旋转来带动的。除了克塞诺芬尼和赫拉克利特之外，还有人认为星辰是云雾状的物质，阿那克萨戈拉、德谟克利特，甚至阿那克西美尼都持有这个观点；恩培多克勒认为行星是云雾状的，但恒星不是，它们是宇宙的穹柱，是不能运动的（参见策勒，《希腊哲学史》i.226 sq.500,622,715,799,898,3）。阿那克西曼德似乎是第一个研究天体理论的人（*ibid*.206 sq.），这一理论后来被毕达戈拉斯主义者（*ibid*.384,1,449）和巴门尼德（*ibid*.528）继承了，此后，亚里士多德同时代最伟大的天文学家欧多克索和卡利普斯也采用了这个观点（参见下文 p.497, sqq.）。他们在研究星辰的自由运动时，遇到了困难，那时重力的普遍作用还是个未知的事实。另外，根据天体运动自身的特点，即如果它们每天绕着地球做同样的运动，那么用一个整体的球形空间——这个空间中有许多恒星——的单一运动来解释这个现象比用许多分离的运动来解释自然得多。一个类似的假设似乎提供了关于天体运动的最好解释，包括太阳和月亮的运动；即它们自身的运动是由它们所在的宇宙空间的旋转造成的，这个旋转运动与恒星处于相反的方向，而它们每天的运动轨迹是由包含它们的宇宙空间的旋转来解释的。

2　《论天》ii.8. 这个论证的陈述是充分的，因为它显示出亚里士多德已经假设了不同的天体空间的存在。

3　《论天》289b32："在它们自身的球体空间中是不运动的，而是被球体空间一起带动"。

4　球体是它们的形状（*ibid*, c.11），这一点不仅从月亮在不同时段的形状可以证明，而且也可以由目的论论证来证明：自然不做无用之事，她没有给天体位移运动的器官或工具，那么她必然给了天体相应的形状，即球形。

5　另外，亚里士多德补充说，只有太阳在上升和下降时才是滚动的，这个现象与恒星闪烁的光同样是一种视觉的欺骗。

个侧面朝向我们的事实证明它并不旋转。另外，它们的形状最不能适应前进式的运动，因为它们不具备位移运动的工具，[1]这是因为自然并不打算让它们进行这种类型的运动。[2]

现在，为了解释天体的运动，我们必须假设每个天体围绕自身的中 494
轴以一个恒定的速度旋转。因此，如果不同的天体之运动不是完美的圆周运动，或者它们不是匀速运动，那么它们就应当被视作由单纯的和统一的旋转运动复合起来的运动。所以，一个天体所需要的球体空间的数目等于它的运动分解为单纯的旋转运动的数目。亚里士多德不得不接受这些假设，因为他从未怀疑天体和构成它们的质料的旋转运动是我们的肉眼所见之事；此外，他也不得不假设宇宙中的球体空间，因为不存在真空，不能容纳其他类型的运动。[3]他进而将关于运动的理论与这些观点联系起来。所有运动都是由一个推动者与一个受动者的接触产生的， 495
这个原则必须运用在球体的运动上，因为在同一个物体中一个推动者只能产生一种类型的运动，[4]还因为一切运动最终是从一个不动的原因来

1　参见 Zeller, *Ph.d.Gr.* i. 681, 1。

2　在亚里士多德反驳球体的和谐论时（c. 9 *fin.*）——我们省略了，他给出了另一个理由：即如果天体的运动是自由的，那么将产生无穷的混淆。

3　关于宇宙之运动的讨论，参见 p. 489，以及原始物体的圆周运动，参见 p. 473。在古代的天文学家中，这是一个普遍的假说，可以追溯到柏拉图（参见上文 p. 490，以及对欧多克索和卡利普斯的引用，参见下文 p. 500, sqq.），即天体的运动必然是完美的和统一的。亚里士多德最初想在与第一层天（即恒星的球体空间）的联系中确立这个假设的正确性。他认为速度的增加或减少只在有开端、中间和结束的运动中才是可能的；而在圆周运动中是不可能的，因为圆周运动是没有开端和终结的。变速运动预设了推动者或受动者的改变，或者两者的改变，但这对于天体是不可能的。最高层宇宙的运动是统一的和恒定的，就宇宙整体而言，当我们考虑到变速运动只有在增加或减少动力时才是可能的，那么我们不得不承认宇宙整体的运动也是统一的和恒定的，并且减少或缺失动力对于天体来说是非自然的状态。这些理由对于单个的行星也适用，不考虑天体之间的相互影响以及第一层天对它们的影响。亚里上多德在我们引用的 288a14 段落中指出他自己的观点属于后者。较低层天的运动是由较高层天的运动合成的。行星运动的真正解释（行星的速度是可以变化的）是完全无理由的和相似的虚构（289a4）。

4　《物理学》viii. 6, 259a18（参见第 197 页注释 6）。

的，而没有开端的运动是被一个永恒的原因产生的，[1]我们必须设想有多少产生球体运动的、永恒的和不动的实体，就有多少解释天体运动现象所需的球体空间。[2] 天体不是死的物质，它们是有生命的；[3]有多少天体，就有多少"灵魂"来掌管它们的运动。因此，宇宙的结构是一组同心球体，它们一个套着另一个，彼此之间没有空隙。[4] 这个系统的中心被称为底层，而边缘被称为顶层；所以外层球体是高层的，而内层球体是低层的，并且空间中的每个位置距离中心的远或近决定了它是高还是低。[5]

我们间接地根据天体之运动，把"上"和"下"的概念运用在圆周的两个相对的点上，然后我们才能分辨出左边和右边，前边和后边。在这种

---

1 参见 p.388, sqq.，以及在 p.404 讨论的不动的动者产生运动的方式。

2 亚里士多德认为一个永恒的、非物质性的运动原因是必要的，在《形而上学》第十二卷第七章中，他问：这样的实体只有一个还是有多个？如果有多个，那么数目是多少呢？他在 1073a26 中回答说：因为运动者必须被他者所推动，而第一推动者自身一定是不动的，永恒的运动必然是被永恒的实体产生的，而单一的运动由单一的东西产生……因此天体有多少运动就有多少推动它的实体。布伦塔诺认为这些永恒的存在者是由上帝创造的，这一点已经在上文 p.412 中讨论过了。

3 《论天》ii.12,292a18,292b1。在这个段落里，αὐτῶν（它们）指的似乎是天体，而不是它们的球体空间，并且我们可以像 Kampe（*Erkenntnissth.d.Arist.*39 sq.）那样认为每个天体都由一个灵魂赋予生命；但是这个段落并未使我们得出这样的结论，因为如果球体空间是有生命的，那么天体作为它的一部分必然分享了它的生命活动。然而，在别处，例如《形而上学》xii.8（参见下文 p.501, sqq.，以及上一条注释），他明确说不可能存在比球体空间还多的永恒的不动者，我们从他的论述中也只能推出这一点，因为正如上一条注释指出的，亚里士多德是从天体的运动中推出这些存在者的。另外，他只承认球体空间是被推动的，而不是天体。因此，只有球体空间是有"灵魂"的，或者，更准确地说，只有它们与各自的精神的关系与人类身体和灵魂的关系类似，即灵魂推动别的东西运动但自身是不动的（参见下文第二册）。参见《论天》ii.2,285a29,284b32；《论动物的部分》i.1,641b15 sqq.。然而，因为最高层天的推动者在它之外，并且这个推动者自身是不动的，柏拉图的"宇宙灵魂"概念（亚里士多德明确地拒绝了这个观点，参见第 300 页注释 5）不适用于这一点，因为它与它的空间的关系，与其他天体与它们各自的空间的关系是不同的。

4 亚里士多德否认任何虚空的存在（参见上文 p.433），因此他认为天体的球体空间和其他所有（甚至最底层的）空间层都是彼此接触的。参见《气象学》i.3,340b10 sqq.;341a2 sqq.；《论天》ii.4,287a5 sqq.。

5 参见上文 p.473, p.478；《物理学》iii.5,205b30 sqq.；《论天》i.6 *init.*ii.4,287a8，以及别的文本。

情况下，从恒星的球体空间开始计算，我们把球体的南半球部分称为上层，而从行星的球体空间开始计算，我们把北半球部分称为上层。[1] 每个球体空间都有自身的运动，这一运动来自于主导它的非物质存在；然而，天体的运动都是统一的，没有开始或终结，并围绕轴心转动；但旋转的方向和速度对于不同的天体是不一样的。同时，天体之间以这样的方式彼此连接：内部的或低层的天体被外部的天体带动，就像每个天体的中轴从两极插入外层的天体中。[2] 因此，我们的问题出现了：我们如

498

499

1　参见《论天》ii.2（参见刚才引用的《物理学》的段落）以及 Boeckh, *D.Kosm. Syst.d.Platon*, p.112 sqq. 中的通畅解释。这里说的差异只适用于运动，因此只适用于生命体和自我运动的东西；对于有生命的物体，上半部分是（285a23）引起运动的地方，而右边是运动开始的地方，前边是运动朝着的方向（参见《论动物的行进》705b13 sqq.）。如果我们把这一点运用在整个世界上，那么第一层天的右边是运动开始的地方，即运动从东方开始。这种运动被想象为（285b19）以画圈的方式向右运动，柏拉图也这样设想过（参见 Zeller, *Ph.d.Gr.*i.684,1），这像人们围成一个圆圈，每个人都是从右边将东西传给与他相邻的人（例如，圆桌上的杯子或谈话，参见柏拉图的《会饮》177D,214B,214C,222E,223C）。因此，第一层天被视作在中轴线上的内层天宇，它的头部连接了宇宙的一极，而脚部连接了宇宙的另一极，并在赤道的某点上用它的右手（右手引起了它自身的旋转）推动这个球体。这一运动的自然方向与圆周上受到其前方的中轴线上的推动点的运动方向一致；换言之，从右到左的正向运动。然而，这是恒星所在空间的运动，当且仅当这个空间中一个天体的头部朝向南极；另一方面，根据相反的假设，这是从西向东运动的行星所在空间的运动。因此，亚里士多德认为我们的对应点在上半球，他也将其称为世界的右边（显然，这与我们刚才提及的观点不同）；我们在下半球和宇宙的左边。另一方面，从行星运动的轨迹来看，我们居住的地方是上半球和宇宙的右边，他们是在下半球和世界的左边。的确，他指出就世界作为整体而言，我们不能确定什么地方是左，什么地方是右（284b6–18）；然而，在《物理学》iii.5,205b33 中，亚里士多德说：上和下，前和后，左和右的区分不仅是根据其自身和位置来确认的，而且也存在于整体本身之中；在《论动物的行进》706b11 中，他发现运动自然地从前方的上部和右边开始。因此，在《论天》iii.5 中，对于天体为什么从东向西而非向相反方向运动的问题，亚里士多德回答说：因为自然总是以最完善的方式来安排一切，而向前的运动比向后的运动完善，根据 c.2 中描述的"右"与"左"，天体的运动是向前的。《气象学》ii.5,362a32 sqq. 中对北极是上方和南极是下方的暗示是一个日常语言的不重要的使用。

2　柏拉图曾认为内层天体和周围天体的关系类似于行星与恒星之间的关系，在《蒂迈欧》36C,39A (cf.*Ph.d.Gr.*i.683) 中，他指出前者的中轴是插入后者的，因此行星的运动是一种由两个圆周运动复合起来的螺旋运动。从亚里士多德的《形而上学》xii.8,1073b18,25 和 Simpl.*De Coelo, School.in.Arist.*498, b,36 中，我们或许能

何确定天体的数目以及它们的旋转方向和速度，以便能够解释由观察所得的星辰之运动。[1]

为了实现这个目标，克尼多斯（Cnidos）著名的天文学家欧多克索（Eudoxus）绘制了 27 颗星的天文系统，其中有 26 颗是行星，他或许是依靠准确观察[2]得出完整的天文学理论的第一人。他认为宇宙中的恒星只有一个球体空间，因为它们的运动是简单的，而在这个空间中所有天体的位置都是固定的。另一方面，他认为位于上部的五颗行星，每一个都有四层空间，而太阳和月亮各有三层空间；他与柏拉图一样认为行星层是最低的。每个行星的第一层空间是用来解释它的日常旋转与恒星相呼应的现象，因为它每天自东向西完成一个旋转运动。每个行星的第二层空间与第一层空间相扣，行星在这层空间中从相反的方向旋转，而它在穿越黄道平面上的十二宫星座所需时间内（太阳所需的时间是三百六十五又四分之一天）完成一次运动。其他的空间层是被周围的空间层带动的，但它们在旋转的速度和周期上不同，这些空间层是为了解释在天体的明显运动和前两个空间产生的运动之间可观察到的差异。每

500

够设想欧多克索和卡利普斯也认为天体作为整体是由恒星层的运动带动的，而行星作为整体是由在黄道线上运动的天体层带动的。然而，从辛普里丘的进一步解释和亚里士多德对于天体的列举来看（亚里士多德与卡利普斯的不同在于，他添加了 σφαῖραι ἀνελίττουσαι [后退的空间层]），这是不正确的。柏拉图关于行星层的运动是由恒星层的运动带动的观点对于他们而言是荒谬的。他们认为只有属于同一颗行星的天体空间才是彼此联系在一起的。相反，亚里士多德将柏拉图的观点扩展到所有上层空间与包含在它们之中的空间的关系上，这一点从他对"后退的空间层"的假说中可以得知（参见下文，以及《论天》ii.12,293a5, Ibid.c.10）。他这样证明这个观点：上层空间与下层空间的关系是形式与质料的关系（参见《论天》iv.3,4,310b14,312a12；参见第 219 页注释 1）；并且因为每一个天体与另一个是直接接触的（参见第 324 页注释 4），所以每个天体都能将其自身的运动传递给与之相接触的那个。这个关系对于一般球体并不像对于天体那样严格，因为它们不像天体那样是一个在本性上做圆周运动的物体。然而，亚里士多德在《气象学》i.3,341a1, ii.4,361a30 sqq. 中指出，风围绕地球做圆周运动——它被宇宙之旋转带动。

1　参见第 320 页注释 6。

2　欧德谟斯和 Sosigenes 被 Simpl.De Coelo, Schol.in Ar.498, a,45, b,47 被引用；另外，参见第 259 页注释 1 以及 Ideler 论 Eudoxus, Philosoph.Abh.d.Berl.Akad.1830, p.67 sq.。

颗行星的最低一层空间支持着这颗天体。[1] 卡利普斯（Callippus）[2] 添加了另外七层空间——太阳和月亮各有两层，水星、金星和火星各有一层。[3] 亚里士多德认为这个理论是比较可靠的，[4] 而没有意识到他自己关于球体空间在整个宇宙中的和谐学说使得欧多克索和卡利普斯理论中行星的第一层空间变得多余了。[5] 同时，他认为有必要对这个理论做出一个重要的更正，即天体的系统是和谐统一的。因为，如果每个空间层在运行中带动所有在它之内的空间层，那么低层天体的运动必然被高层天体的运动极大地干扰，并且这一假定的天体系统的整个结果将被改变，除非采取措施来平衡从一个天体到另一个天体的运动传递。为了解决这个困难，亚里士多德在每个行星的最低层空间和紧接着的最高层空间中插入了另一些空间，以此消除第一层空间对第二层空间的作用。然而，整个理论的前提要求这些新的空间层的运动速度与那些被它们平衡的空间层的运动速度是一致的，并且它们恰恰在相反的方向上运动；[6] 此

501

1　有关欧多克索和卡利普斯之理论的详细论述，除了亚里士多德的简略暗示（《形而上学》xii.8,1073b17）外，参见 Simpl.*ibid*.498, b,5–500, a,15。他的论述一方面根据欧多克索的著作 *Π.ταχῶν*，另一方面根据 Sosigenes 的记载；但他并未能避免某些错误。另外，参见 Theo.*Astronom.*p.276；Martin 是此书的编者，他指出了好些严重的错误。在解释方面，参见 Ideler, *ibid*.73 sqq. 以及 Krische, *Forschungen*, p.288.，他的观点得到 Bonitz, *Arist.Metaph.*ii.507 sq. 和 Schwegler, *Arist.Metaph.*iv.274 sq 赞同；参见 Prantl.*Aριστ.ϖ.οὐρ.*p.303 sqq.。

2　根据辛普里丘的说法（*ibid*.498, b,28,500, a,23），这个天文学家是欧多克索的学生（或者是他的学生 Polemarchus 的学生），他在欧多克索去世之后到雅典加入了亚里士多德的学派。辛普里丘并不知道他的任何作品，但是他从欧德谟斯的《天文学历史》的记载中推论出这位学生在某些地方与欧多克索的意见有分歧。

3　《形而上学》1073b32；Simpl.*ibid*.500, a,15 sqq.；Theo, *ibid*.278 sq.；Ideler,81 sq.；Krische,294 sq.。

4　从第 320 页注释 6 中引用的段落来看，亚里士多德并不认为这个理论是完全可信的。根据 Simpl.503, a,3 的记载，亚里士多德甚至在《问题集》中对这个观点给出了好几个反驳。然而，这个段落并未出现在我们现有的文本中，因此它的真伪是难以确定的。

5　因为正如辛普里丘指出的（503, a,38 sqq.），我们并不需要一个特殊的空间层来解释行星自东向西的日常运动（然而在 1.41 中我们必须将其读为 *συναποκαθιστῶσαν*），因为恒星层将运动传递到所有包含在其中的天体上。

6　因为，如果两个同心球的中轴在一条直线上，并且内部的球体被外部球体的两极

502 　外，被它们平衡的运动有多少个，后退的空间或减速的空间 [1] 就有多少
　　层。换言之，每颗行星所有的运动都要考虑在内：即它的运动没有一个
　　会被传递给别的行星，而由第一层空间引起的行星自东向西的日常运动
　　不需要被平衡。[2] 只有月亮不需要带动它的空间之下的另一个后退的空
　　间，因为月亮之下没有行星。因此，亚里士多德在卡利普斯的三十三层

503 　空间之外添加了二十二层后退的空间，土星和木星各有三层，火星、金
　　星、水星和太阳各有四层；一共有五十五层，或者算上恒星层空间，共
　　有五十六层，在恒星层中永恒的、非物质的实体引起了天体的运动。[3]

　　固定住，它们围绕轴心以相等的速度反方向转动，那么内部球体的每个点在每一时
　　刻的位置恰好是两个球体静止时该点的位置。就对内部球体的影响以及取决于内部
　　球体的运动来看，这两个运动完全中和了彼此。参见 Sosigenes 的正确解释（Simpl.
　　ibid.500，b，39）。

1　*Σφαῖραι ἀνελίττουσαι*（后退的空间层）（ Simpl.*ib*.502，a，43；1074a2–12），即"将
　　那些在下面的天体带回的空间"传递给这些空间的运动与紧接它们之上的空间层的
　　运动相反，以这种方式将它们的位置保持在与恒星相较的固定地方——就像在它们
　　之上的行星层并未对它们产生任何影响一样；参见《形而上学》*ibid*.1074a1 sqq.；
　　塞奥弗拉斯特称这些空间为 *ἀντανᾰφέρουσαι*（带动的空间），因为它们将那些在它
　　们下面的天体带回来，以及称它们为 *ἄναστροι*（无天体的空间），因为它们全部都
　　不包含天体（Simpl.*ibid*.498，b，41，然而，在这里，后退的空间似乎是和个别星座的
　　无天体空间混合在一起的）；参见 *ibid*.502a40。

2　这个假设和我们在上文 p.501 中讨论的观点都是错误的，即"每个行星自东向西旋
　　转的日常运动需要一个特殊空间层的理论与亚里士多德的空间体系是相容的"观点。
　　根据亚里士多德的看法，恒星空间层的旋转带动了所有被它包含的天体，每一个以
　　相同的速度和方向旋转的更远的空间层将再添加一个行星所包含的日常旋转的空间
　　层的数目，除非这个结果被后退空间的特殊排列所中和。显然，亚里士多德忽略了
　　这一点。如果他曾经注意到，他就不会想要中和与恒星层平行的每个行星的原始层
　　的作用了，而是将它们一起抛弃。

3　参见《形而上学》*ibid*.cf.Simpl.*ibid*.500，a，34 sqq.；Krische，*ibid*.206 sqq.；Ideler，
　　ibid.82；以及 Bonitz 和 Schwegler 讨论《形而上学》的一个段落。亚里士多德在那
　　里（1074a17 sqq.）明确指出并不需要更多的空间，因为每个运动的存在是为了被
　　推动者，所以如果不是为了某个天体，宇宙中就不存在运动和空间层（然而，在
　　1074a20 中我们应当和 Bonitz 的读法一样，不是读作 *τέλους* [复数的目的——中
　　译者注] 而是 *τέλος* [单数的目的——中译者注]；布伦塔诺对这个修正读法的反驳
　　[*Psychol.d.Ar*.344 sq.] 是没有理由的；而传统的读法显然是胡说）。我们也可以看
　　到他的理论是建立在观察基础上的。他在 1074a12 中指出，如果我们不计算太阳和
　　月亮，那么行星的数量是 47 颗；但这里的错误是明显的，Sosigenes 认为这个数目
　　是错误的，而推测其为 49 颗（Simpl.*ibid*.502，a，11 sqq.）。Krische 和 Bonitz 认为

然而，观察的进步明确揭示出这种关于天体的理论（即便被如此设想）不能充分地解释现象。因此，早在公元前三世纪中叶，佩尔格的阿波罗尼乌斯（Apollonius of Perga）提出了"本轮"理论，并成功地反驳了之前的天体理论。[1] 甚至亚里士多德体系的反对者也承认他的后退空间的理论是对欧多克索假设的天才般的修正和补充。[2]

恒星构成的圈，或亚里士多德所谓的"第一层天"是天体世界中最 504
完美的部分。它处于紧靠神的位置，紧靠那个最好的和最完善的对象，它只需要一个单一的运动就能完成它的目的。在它的单一的空间层中，它带动了许多天体运动。[3] 它的运动是纯粹的、不变的和统一的旋转，[4] 从好的一方开始旋转，并朝向更好的方向，即从右边向右边旋转。[5] 它

（Schwegler 似乎也同意）这指的是在水星和太阳下面的八个后退空间层；但我们很难理解从属于太阳和月亮的后退空间是如何不被计算在内的。

1　关于这一点，参见 Ideler, *ibid*. 83 sq. 。Luebbert：On the Greek Theory of the Moon's Orbit（《论希腊理论中的月亮轨迹》，*Rhein. Mus.* xii.(1857), 120 sq. ）。

2　关于漫步学派的 Sosigenes（关于此人的生平，参见 Zeller，*Ph. d. Gr.* i. 696, 701），参见 Simpl. *ibid*. 500, a, 40。接下来辛普里丘提出了反驳亚里士多德理论的论证。

3　参见《论天》ii. 12；亚里士多德追问道：每个天体的运动数目为什么不随着它们离第一推动者的距离的增加而增加，而中间三颗行星比上面的两颗行星和下面的两颗行星的运动数目多一个？并且为什么第一层天包含了许多天体，而别的空间层却恰恰相反——即一个天体包含了好几个空间层？为了回答前一个问题（292a22），亚里士多德说最完美的东西不需要做任何活动（参见第 260 页注释 2 和注释 3，以及第 260 页注释 4），但在不完美的东西中，有些需要少许活动来达成它自身的目的，而另一些需要更多的活动，甚至有些东西做任何努力都不能达成它们的目的，而只能满足于与完美者的差距。地球是不动的，与它最靠近的物体所做活动最少，离地球次近的物体和第二次近的物体可以获得更多的完善性，前者靠许多活动来完善自身，而后者靠较少的活动来完善自身。最后，离地球最远的物体（即最高层天）只依赖一个单一的运动获得最高的完善。为了回答第二个问题，亚里士多德指出第一层天远比其他层在活力上和原始动力上强大得多（292a28）；越靠近第一层天，它就能带动越多的天体旋转，因为低层天是被高层天带动的。从亚里士多德的描述看来（291b24, 292a14，参见第 123 页注释 1，以及第 320 页注释 6），他自己似乎并不认为这些解释是可信的。然而，这些问题对于他而言是非常重要、不可忽视的。他以一种宗教敬畏的方式研究过这些问题，但它们太接近他的个人兴趣了。

4　参见第 323 页注释 3。

5　参见第 325 页注释 1。

505 毫不费力地转动，既不需要巨柱的支撑，也不需要靠任何外力带动。[1]
它的运动包含了所有运动，并产生了其他一切运动。它没有生成也没有
毁灭，不被任何尘世的纷扰所搅动，它在一切时间和空间中自我反思，
并享有物质存在者可能的最完善的存在状态。[2] 次完善的存在属于行星
层。这里的一个空间层并非包含无数的天体，而是有多个空间层，其中
一些只带动一颗天体。它们的运动来源于宇宙的左边，尽管就单个空间
层来考虑，它的运动是纯粹的、统一的旋转，但整体的结果却并非如

506 此，因为低层空间是被高层空间带动的，所以复合运动和偏离圆轨道的
运动就产生了。[3] 此外，这些运动的速度受低层空间与高层空间之关系
的影响，[4]使得这些运动不具备自足的完善性。然而，这些空间层属于可
见宇宙最神圣的部分，它是不动的，也不受外界的任何影响，并且它分
享了完善性。[5] 以太比其他四元素优越，所以天体无疑占据了比地球优
越的位置。它们构成了天宇世界，与之相比，地上世界是渺小的和转

1　参见第 300 页注释 5。

2　《论天》ii.1 *init.*；然而，亚里士多德的 *ὁ πᾶς οὐρανός*（整个天宇）通常指的是
πρῶτος οὐρανός（第一层天），他在 i.9,278b11 中将其直接称之为 *οὐρανός*（天）。
古人的这个观点是对的，即他们认为天体是不可毁灭的，因为它们是神圣的。参见
279a10。紧接着的一个段落（第 259 页注释 7 中引用过），其中有一部分指的是同
一个主题，尽管它的描述主要是关于神的，而不是关于天体的。p.473, sqq. 对以太
的讨论也适用于第一层天，根据第 320 页注释 5 的论述，第一层天是由纯粹的以太
构成的。

3　参见上文 p.494, sqq.。

4　《论天》ii.10：行星的运行速度（然而，亚里士多德 [另外，参见柏拉图：《蒂迈欧》
39A, sq.，《理想国》x.617A，《法律》vii.822A sq.] 这里的意思不是指它们的绝对
速度，而只是指它们旋转的时间，因此，他说旋转得快的球体所用的时间较少；另
外，参见 c.7,289b15 sqq.，《气象学》i.3,341a21 sqq.）与它们和地球的距离成反比。
离地球越远，行星完成一个完整旋转的时间就越长，因为自西向东运行的行星越靠
近某一天体，该天体自东向西的运动对它的反作用就越大。亚里士多德用数学证明
来验证后一个命题的正确性，而我们必须这样来理解：围绕一个中轴同时旋转的同
心圆或同心球，外部的圆或球比内部的圆或球的速度快，因此它们的运动速度（就
围绕地球一周的运动而言）向中心递减。

5　参见上文 p.474 和第 330 页注释 2，以及《物理学》ii.4,196a33.《形而上学》
xii.8,1074a17（参见第 328 页注释 3）。因此天体被称为 *θεῖα σώματα*（神圣的物体），
参见《形而上学》*ibid.*i.30，《论天》ii.12,292b32；类似的文本，参见 *ibid.*3,28611。

瞬即逝的。[1] 亚里士多德与柏拉图一样，认为天体是被理性灵魂赋予了 507
生命的物体，他们相信这些存在者的本性比人类之本性更神圣。[2] 因此，
他认为，尽管人们拥有极少的天体知识，但这些知识具有至高无上的价
值，倘若人们自负地认为能获得这种知识的话。[3] 从这里看，我们可以
将形而上学的结果——即它演绎出一切运动——追溯到非物质的本质
中；但我们或许也可以从某些思想的反思中发现它，这些思想植根于希 508
腊人的自然宗教中，并在柏拉图的哲学中留下了印记。[4] 确实，亚里士
多德自己完全清楚他的理论与他的民族的古代信仰之间的联系。[5]

　　地上世界和天宇世界的关系引起了地上事物的运动和变化。统治地
球的规律必然与统治天体的规律不同，[6] 因为构成它们的质料不同，倘若
没有其他原因的话。元素的本性使它们在相反的方向上运动，并展示出
相反的性质，它们彼此作用和被作用，彼此转化或混合。[7] 然而，任何

1　《论动物的部分》i.1,641b18。《形而上学》iv.5,1010a28。因此，我们把宇宙分为
　　地上部分和天宇部分，亚里士多德要在地上世界和天宇世界之间做出区分，前者
　　是由四元素作为质料构成的，生成、毁灭和性质变化都发生这个世界之中，而后
　　者是由以太作为质料构成的，它只有位移运动而没有生长或其他类型的变化。类
　　似的文本，参见《论天》i.2,269a30,269b14；c.8,276a28 sqq.276b3, ii,12,292b1,
　　在这里 τῶν ἄστρων（天体的位置）和 ἐνταῦθα（在这个位置）是相对的；《气象
　　学》ii.3,358a25。在日常语言中 "ἐνταῦθα" 和 "ἐκεῖ" 分别指 "上面的世界" 和
　　"下面的世界"（例如，Soph.*Ajax*,1372；柏拉图：《理想国》i.330D,451B；《申辩》
　　40E,41B sq.，以及其他文本），这两个词在柏拉图那里是指 "理念世界" 和 "可感
　　世界"（《泰阿泰德》178A；《费德罗》250A），当亚里士多德描述柏拉图的理论时，
　　他也是这样使用的，参见《形而上学》i.9,990b34,991b13, iii.6,1002b15,17,22,467。
2　《尼各马可伦理学》vi.7,1141a34。参见《论天》i.2，以及上一条注释。
3　《论动物的部分》i.5 *init.*：世界中的存在者要么是被生成和毁灭的，要么是不被生
　　成和毁灭的。另外参见《论天》ii.12（第123页注释1）。
4　参见 Zeller，*Ph.d.Gr.*i.p.686,sqq.。
5　参见第330页注释2以及 p.475。《形而上学》xii.8,1074a38。
6　基督徒和异教徒（例如，柏拉图主义者 Atticus，参见 Euseb, *Praep. Ev.*xv.5,6;
　　Athenag.*Supplic.*c.22, S.88 p; Clemens, *Strom.*v.591, D; Euseb.*ibid.*5,1; Chalcid.*in
　　Tim.*c.248 以及别的文本；参见 Krische, *Forsch.*347,1）都将这个观点曲解了，他们
　　认为这意味着神意的影响最远到月亮而并不扩展到地球。这种解释究竟有多少符合
　　亚里士多德的真正意图可以从我们上述讨论中得知，参见 p.403,p.410,p.421。
7　参见上文 p.453,p.477,sqq.。

被动的物体都是被别的物体推动的，所以元素之间的相互作用是从外部
引起的。这些运动的直接来源是天体。[1] 它们的运动伴随着热和冷的变
化，在亚里士多德看来，这是元素中最一般的和最能动的力量。[2] 尽管
天体和它们的空间层既不是冷的也不是热的，[3]但它们通过运动在离它们
最近的空气层中产生了光和热；的确，所有快速运动的物体依靠摩擦使
周围的物体升温，甚至被点燃。太阳所在空间的状况尤其如此，因为它
既不像恒星那样遥远[4]，也不像月亮那样运动缓慢。此外，太阳的运动常
常会使支撑着空气的火爆炸或猛烈向下涌动。[5] 如果太阳的运动像地球
一样统一和稳定，那么它将造成生成或毁灭的简单结果。然而，太阳的
倾斜角度使得这种结果不均衡。它有时候靠近地球，有时候远离地球，
而生成和毁灭的交替就是这种状况的后果。[6] 无论人们是否认为前者就
是太阳的近地点，而后者就是太阳的远地点，前者是一年中温暖的季
节，而后者是寒冷的季节，[7]也无论人们是否认为生成是冷和热的合比例
的混合，而毁灭是冷热不均的后果，[8]事实都是同样的。天体的双重运动

509

510

511

1　《气象学》i.2,339a21。

2　参见第 314 页注释 4。

3　它们不可能是冷的或热的，因为构成它们的以太不包含任何相对的性质，但这些相对的性质构成了元素的性质。它们也不具有火的本性，参见《气象学》第一卷第3 章结尾的论证。

4　《论天》ii.7,289a19：天体并非由火构成。运动使木头、石头和铁燃烧，使箭或子弹上的铅熔化(关于古人的这个广为流传的错误观点，参见 Ideler, *Arist.Meteor.* i.359 sq.)；因此运动一定使物体周围的空气变热了。太阳的作用在《气象学》中有所解释，参见《气象学》i.3,341a19 对刚才引用的段落相一致的阐述，它们使用的术语也是类似的。更多解释参见《气象学》i.3,340b10, i.7,344a8。然而，即使对于一个亚里士多德主义者来说，整个解释也面临着许多困难。光和热如何从这样一个单独的天体中产生，因为产生它们的应当是整个天体的运动。在这种情况下，我们不得不假设太阳像一个海角　样隆起在它的旋转空间之外。或者，如果月亮将火层和气层与太阳的空间层分离，那么这个观点如何与上述解释相容？

5　《气象学》i.3,341a28。

6　《论生成与消灭》ii.10；但生成和毁灭本身都是永恒的。参见《气象学》i.9,346b20, ii.2, 354b26。

7　参见上一条注释以及第 333 页注释 3 中引用的段落。

8　《论动物的生成》iv.10,777b16：动物的生成、发展和生命有自然周期，这些周期是由太阳和月亮的旋转决定的。空气温度的变化取决于太阳和月亮，水的温度的变

伴随着元素彼此间的作用，并且，通过引起元素间的相互转化，它阻止了元素占据其他的位置——如果没有控制力来阻止元素运动的话，它们将各自占据不同的位置。因此，构成世界的质料在一个永不停息的相互转化的流动中连续地传递着，从上面向下面传递和从下面向上面传递。[1]这个过程的永恒性使可朽的事物拥有了某种无限性。除了最高的原因，没有什么实体能够被称为"不朽的"存在者，但是神赋予了它们永恒的"生成"，因此宇宙中是没有间断或不连续之处的。[2]因此，这一变化规律是对一种更高秩序的反映：天体以固定的和相等的周期靠近和远离地球，所以自然使生成和毁灭的转化与这些周期一致；[3]因为宇宙做圆周运动，所以地上世界的元素的相对运动也是某种形式的圆周运动——只要每个元素都转化为其他元素，并最终又转化为它自身。[4]

　　亚里士多德的《气象学》的主题是运动产生的各种现象，以及元素的相互作用和混合。[5]他首先描述[6]了火层中的那些现象；然后描述[7]了低层部分[8]的现象；最后描述[9]了土层的现象。这部著作的后半部分似

512

513

化取决于空气和风。任何存在者或被生成者都必须适应周围的环境（参见第241页注释2中引用的段落）。

1　《论生成与消灭》ii.10,337a7。亚里士多德正是在这里指出，通过温度的改变，太阳影响了元素之间恒定的转化；这个论证在《气象学》中，我们将在下面讨论它。

2　《论生成与消灭》ii.10,336b26.*Ibid*.c.11 *fin*.：可朽事物完成其存在的周期不是通过对"形式"的保持，而是通过对种的"数目"的保存。（可朽事物的"永恒"存在并非指它自身中的形式或本质的不朽，而是通过繁衍使其种之存在的不朽，即一个种之中的个体总是存在。——中译者注）参见 Zeller, *Ph.d.Gr.*i.p.512。

3　《论生成与消灭》336b9。然而，经验事实与这一理论是融贯的，因此我们看到当太阳接近时，生成就发生了，当太阳远离时，毁灭就发生了，并且生成和毁灭的持续时间是相等的。在许多情况下，死亡确实来得更容易。这里的原因却在于质料之间的不成比例或不均衡。

4　《论生成与消灭》337a1, c,11,338b3,11 sqq.; cf.c.4（参见上文 p.484），关于生成周期的讨论，参见《物理学》iv.14,223b23 sqq.。

5　这部著作的研究对象在第一章中提出来了，参见《气象学》c.1。对有机物的讨论应当与这些讨论相关（参见同上书，第四卷第12章末尾）。

6　《气象学》i.3–8。

7　*Ibid*.i.9–iii.6.

8　*Ibid*.i.9 *init*.

9　《气象学》iii.6,378a15 sqq.。这个部分之划分根据 Belcher 的计算，而根据 Ideler

乎并未完成。亚里士多德似乎并未继续这部著作的写作，而是另写了一篇独立的论文，即现存《气象学》的第四卷；这篇论文在讨论我们现在所指的无机化学和有机化学的领域时，[1] 提供了向生物之研究的恰当过渡。在这些讨论的第一部分，许多现象，例如流星、陨石，[2] 以及彗星和星系被解释为大量干燥的和易燃的气体被天体的运动点燃。[3] 彗星是由缓慢燃烧的气体构成的，它自由地运动或者紧接着行星运动。[4] 对银河的解释也是类似的，即它的气体状的质料被挤出来并被整个天空的运动点燃。[5] 在天空的低层部分，所有与云的形成有关的现象都可以观察到。在太阳的热量的影响下，地表的湿气被蒸发。雾气在上升的过程中被高层的空气冷却，将它们的一部分热量传递到火层中去，它们在与高层冷空气的接触中散失了剩下的热量。[6] 然后，它们凝结，从气变成了水，[7] 重新落回地面。以这样的方式，气和水形成了径流，从上到下构成了一个循环圈。当太阳靠近地球时，气的体积增大，或热量开始蒸发；当太阳远离时，水又降落到地面。[8] 亚里士多德利用这个现象来解释云、雾、[9]

的划分这个部分包括第三卷第 7 章以下。

1　参见第 61 页注释 2。

2　《气象学》i.4,5。

3　参见第 315 页注释 6，第 313 页注释 6，第 320 页注释 5 以及第 332 页注释 4。

4　《气象学》c.6–7，尤其是 344a16 sqq. 以及 c.8,345b32 sqq.。与在这里对彗星的解释相一致，亚里士多德试图解释（344b18 sqq.）某些气象（例如风暴和干旱），并努力预测它们。在《气象学》i.396 中，Ideler 指出亚里士多德对彗星的解释在最著名的天文学家心中占有一席之地，直到牛顿的时代。

5　《气象学》c.8,346b6 sqq.。在这里，亚里士多德根据这个假设试图细致地解释银河的本质和现象。

6　《气象学》i.c.3,340a26 给出了这一现象的原因。

7　气是由潮湿和热构成的，当它冷却下来，就变成了潮湿和冷——即水；参见上文 p.484。

8　《气象学》i.c.9。

9　*Ibid.* 346b32.

露、霜、雨、雪和冰雹，[1]并进一步用它们来解释河流[2]和海洋[3]的起源及形成。河流的形成部分是因为空气，部分是由地面上的蒸汽转化为水。海洋和宇宙一样永久，它的一部分总是以蒸汽的形式存在，这部分蒸汽在空气中转化为水之后，以水的形式注入河流，又通过河流重新回到海洋。海水的苦咸滋味是由土颗粒带来的，因为土颗粒在燃烧的过程中变得苦涩了：因为当土产生了干燥的空气，继而发生从土到火的变化，即燃烧。这些气体带着燃烧的产物一起上升，与雨水和蒸汽混合，并因为其较重而不被蒸发，所以它留存在海洋里。干燥的蒸汽产生了风，而湿润的蒸汽产生了雨。这两者在天空的低层部分混合，但干燥的蒸汽上升并被上部区域的旋转带动。温暖物质的释放使得剩余的湿润物质被冷却并凝结成雨；这种冷却效果被传递到上层温暖的蒸汽中，从而使它们向下运动并形成了风。[4]所以，风和雨的交替取决于干燥的蒸汽和湿润的蒸汽不断交换彼此的位置。[5]大量的蒸汽穿入土层时，风就能产生地震。[6]雷、闪电、龙卷风和热带风暴的成因是类似的，[7]而太阳和月亮周围的光环、彩虹、幻日和云层中的光带[8]或许可以用光线在湿润的蒸汽和水中的反射来解释。在地球上，石头是由干燥的蒸汽和其他所有不能熔化的矿物一起产生的；而湿润的蒸汽在变成水之前被硬化，便形成金属。[9]

1　*Ibid*.c.10–12.

2　*Ibid*.c.13,349b2, c.14 *fin*.，在这里，亚里士多德研究了最著名的河流和它们的起源。第 14 章的问题将在下文中讨论。

3　*Ibid*.ii.c.1–3.

4　*Ibid*.i.c.13,349a12 sqq.，ii.4–6, c.4，这个主题得到进一步探讨。另外，参见 Idel-er, i.541 sqq.；《气象学》i.3,341, a,1；《问题集》xxvi.26。

5　ἀντιπερίστασις（交替）这个概念在亚里士多德的自然哲学中起到非常重要的作用，它在柏拉图哲学中的作用也是非常重要的，以及在后来的斯多亚学派中也起到重要的作用，参见《气象学》i.12,348b2；以及《论睡眠》3,457b2。

6　《气象学》ii.7,8.Ideler 在 *in loco*,582 sqq. 给出了古代学者解释地震的许多假设。

7　*Ibid*.ii.9 以及 iii.1.

8　这些现象在《气象学》第三卷第 2 至 6 章中被讨论过。

9　《气象学》iii.6,7,378, a,15 sqq.。

516 在《气象学》第三卷的末尾，亚里士多德承诺将对这些现象做更详细的描述。但第四卷却展开了一个新的主题，它并未与上述讨论相关。[1]亚里士多德论述了四种基本性质，并认为冷和热是主动的原则，而干和湿是被动的原则，[2]他首先描述了前者的各种表现，稍后描述了后者的各种表现。从冷和热之原则中，他推演出了生成和毁灭：[3]当这些原则以某种合适的比例混合并作用于某个物质基体，它们完全掌控这个存在者的实体时，[4]某物就生成了；当一个存在者的湿润元素所含的热量被外在的热消耗，并因此毁坏了形式和存在者的独特性时，某物就毁灭了。[5]

517 除了生成和毁灭，适用于类似解释的现象还包括消化、成熟、沸腾、烤焦等。[6]湿和干两个被动的原则，前者在本性上更容易被确定；因此，湿润决定了干燥的特性，而不是相反；然而，它们不能脱离彼此而存在，而是一同（因为干和湿是元素的基本性质，所以拥有这些基本性质的两种元素也是一同存在的）存在于所有物体之中。[7]这种混合产生了硬与软的对立。[8]任何拥有自身形式的物体[9]必然是坚硬的，而坚硬是干燥的一种形式。[10]因此，我们接下来要研究的是干涸、熔化和硬化，以及遭受这些变化的物质。[11]同质的物体是在冷和热的影响下由土和水

---

1 参见上文 p.513。

2 参见第 314 页注释 4。

3 《气象学》iv.1,378b28。

4 Ibid.378b31.

5 Ibid.379a2；毁灭也可以被描述为 φυχρότης οἰκεία（冷之入侵）和 θερμότης ἀλλοτρία（热之转移）的综合作用。然而，湿润是一个必要的条件（1379a8 sqq.），因为一切生成都是服从自然动力因作用下湿润（参见第 314 页注释 3）对干燥之作用的结果；而毁灭则开始于强大的分离者包围可被分离者之时。

6 πέψις（消化），πέπανσις（成熟），ἕψις（沸腾），ὄπτησις（烤焦）是热的后果，而 ἀπεφία（不消化），ὠμότης（生硬），μώλυσις（未沸腾），στάτευσις（未烤焦）是冷的后果。参见《气象学》iv.2 sq.。

7 《气象学》c.4。

8 Ibid.382a8 sqq.c.5 init.

9 τὸ ὡρίσμενον σῶμα οἰκείω ὅρω（一个确定的能被定义的物体）（参见第 314 页注释 3），它与从外部被赋予一个形式的物体相区分，例如在一个瓶子中的水。

10 《气象学》c.5 init.。

11 Ibid.c.5–7.

形成的。[1] 亚里士多德曾描述过它们的性质和构成，[2] 他在转入对生物的　518
详细讨论时指出，同质物体是构成异质物体的质料，而自然的设计更清
楚地体现在后者中，而不是在前者中。[3] 然而，事实上，我们在他的晚
期作品中发现的对感知对象的所有零散描述，例如对光、颜色、声音、
气味等的描述，都属于物理学的这个部分，即《气象学》的研究内容。
我们在这里仅能提供这些建议，[4] 因为现在我们必须转入（在接下来的一　519

1　*Ibid.*c.8 *init.*c.10,388a20 sqq. 关于 ὁμοιομερῆ（同质物）的本性，参见第一部分
　　（879,2）。同质物一般被定义为由一种质料构成的物体，无论这种质料是简单的元
　　素还是复合的，狭义上的同质物被定义为由一种复合质料构成的物体。与同质物
　　相对的是 ἀνομοιομερές（异质物），或者那些由不同的质料机械地组合在一起的
　　物体，有机物的身体是最典型的例子。除了以上引用的段落外，参见《气象学》
　　iv.10,388a13.c.12 *init.*；《论灵魂》i.5,411a16–21,411b24 sqq.，在这里，除了"同
　　质物"，我们还有 ὁμοιειδής（同形式之物）——它被进一步解释为"同一个种之
　　下的全部个体"，参见《论动物的部分》ii.9,655b21，在这里"同质物"被解释为
　　συνώνυμα τοῖς ὅλοις τὰ μέρη（同名的整个部分），参见 *Ind.Arist.* 对这个词条的解
　　释。根据菲洛庞努斯的看法，亚里士多德在《欧德谟斯》中区分了元素的同质物与
　　有机体。这篇对话中有一段是这样说的（参见 *Ar.Fr.*1482, a,10，参见上文 p.482）：
　　"疾病来自于元素的不合比例，孱弱是同质物的不合比例，丑陋是身体器官的不合
　　比例。"然而，这段话或许是记录者为了解释之便而插入的。
2　*Ibid.*c.8–11，8 至 9 讨论了由热和冷的作用产生的硬化现象；由热和湿的作用产
　　生的熔化现象；以及软化、融合和延展等现象；破碎、皱裂和绽裂等现象；尤其是第
　　10 至 11 行讨论了同质物的构成元素以及通过哪些性质它能够被认识。对于后面
　　这个问题的详细讨论，参见 Meyer, *Arist.Thierkunde*,416 sqq.477。
3　《气象学》c.12。
4　亚里士多德在《论灵魂》ii.7,418b3 sqq. 中给出了对光的解释；另外，参见《论感
　　觉》c.3,439a18 sqq.。透明是许多物体的共同属性，并且它与这些物体的其他属性
　　是不可分离的。光使得透明这个属性变成现实的（418b9,419a10），且光使得透明的
　　物体显示出颜色，光又是被火或者以太产生的，因此光被定义为"火或类似的东西
　　显示在某物中"。同时，亚里士多德反驳了恩培多克勒的观点（《论灵魂》418b20；
　　《论感觉》c.6,446a25 sqq.）——即光是从天体到地球的运动，因为这两个世界的距
　　离是无边的。他认为光是运动的结果（参见上文 p.468），但它本身不是运动，而是
　　一个物体作为整体在偶性变化中产生的一个确定状态，例如冻结（《论感觉》c.6,446,
　　b,27 sqq.）。同时，亚里士多德宣称视觉是运动穿过透明的介质从一个对象到眼睛
　　的结果（《论灵魂》ii.7,419a9,13, iii.1,424b29, c.12,435a5；《论感觉》2.438b3）。
　　他指出，某物的出现产生了光，它的隐匿产生了黑暗，这个东西在透明物体的边界
　　上产生出颜色。因为颜色仅存在于物体的表面，因此它属于那些有确定边界的东
　　西。正如，光被定义为"在无边界的东西中显现的"（《论感觉》c.3,439a26），颜
　　色被定义为"在确定的物体中显示的边界"（*ibid.*439b11）。白和黑与物体表面的

章）亚里士多德对有机自然的观察和结论的研究。

光和暗相对应（439b16），从这两种原始颜色中产生了其他各种颜色，但它们并不单单是靠元素的机械混合产生的，也不仅仅是靠一种颜色照亮另一种颜色，还要通过真正的混合过程，即我们在 p.420 描述过的那种混合。如果它们是以单纯的数字比例来混合的，那么我们得到单一的颜色；若非如此，我们得到驳杂的颜色。除了白和黑，亚里士多德列举了所有七种基础颜色（*ibid.*439b18 到本章末尾，以及 c.6,445b20 sqq.，以及 c.4,442a19 sqq.，参见《论灵魂》ii.7 *init.*；419a1 sqq.；《气象学》iii.4,373b32 sqq.，i.5,342b4）。关于颜色的讨论或多或少是从一些不同的前提开始的；参见 Prantl，他从一个完全不同的角度来处理亚里士多德的颜色理论（pp.86—159）。另外，参见 Bäumker, *Arist.Lehre v.d.Sinnesvermögen* (1877), p.21 sqq.。

声音被认为是坚硬物体之间的震荡产生的，并在空气中传播。正是为了描述"声音介质"这个观点，塞奥弗拉斯特和漫步学派的其他人创造了"$\delta\iota\eta\chi\grave{\epsilon}\varsigma$"一词，并将其与"$\delta\iota\alpha\varphi\alpha\nu\eta\varsigma$"（透明的）相类比；类似地，他们创造了"$\delta\acute{\iota}o\sigma\mu o\varsigma$"一词用来描述传播气味的介质，参见 Philop.*De An.*L.4; cf.*ibid.*M,8, o.10.o.。这些笔记是在很短的时间内被非常仓促而印象深刻地记录下来的，即"快速笔记"；而另一些笔记则是在较长的时间后才被记录下来，它们的记忆或许不那么深刻了，即"慢速笔记"（《论灵魂》ii.8,419b4,420b5）。那些与别的物体紧密连接并被它们带动的物体，例如天体，在其运动中是不产生声音的（《论天》ii.9,291a9 sqq.）。

气味被认为是由干燥的物体溶解在潮湿的物体中产生的，例如溶解在水或空气中（$\check{\epsilon}\gamma\chi\upsilon\mu o\varsigma\ \xi\eta\rho\acute{o}\tau\eta\varsigma$ [被湿润的了干燥物体]，443a1,443b4；注意早先的和暂时的对"气味"作为"烟雾散发"的描述，《论感觉》2,438b24 中的论述被否定了，参见 *ibid.*c.5,443a21）。这就是它们如何成为感知对象（《论感觉》c.5,442b27,443b16；《论灵魂》ii.9,421a26 sqq.422a6；Cf.Baeumker,28 sq.）。以类似的方式，味道是干燥的或土质的物质同湿润的物质结合的结果，然而它不像气味那样溶解在水或空气中，而恰恰是溶解在水中。味道这种感知的对象是汁液（$\chi\upsilon\mu o\acute{\iota}$），"汁液"被定义为"使我们的味觉器官能现实地感觉到"（441b19）。因为所有颜色都是白和黑的混合，所以一切味道（包括 $\lambda\iota\pi\alpha\rho\grave{o}\nu$ [油腻的]、$\acute{\alpha}\lambda\mu\upsilon\rho\grave{o}\nu$ [咸的]、$\delta\rho\iota\mu\grave{\upsilon}\nu$ [涩的]、$\alpha\grave{\upsilon}\sigma\tau\eta\rho\grave{o}\nu$ [苦的]、$\sigma\tau\rho\upsilon\varphi\nu\grave{o}\nu$ [酸的] 和 $\grave{o}\xi\upsilon$ [辣的]）都是苦的和甜的混合；如果这些元素以某种比例混合，我们就感知到愉快的味道；否则是不快的味道（《论感觉》c.4；《论灵魂》ii 10, Baeumik.32 sq.）。以这样的方式，毕达戈拉斯主义者们发现的规律——即声音的和谐与否取决于某个数学比例——也可以应用于对颜色和味道的解释。参见《论感觉》4,442a19 sqq.c.7,448a15。亚里士多德比较了七种主要的味道与七种主要的颜色。他打算在 $\varphi\upsilon\sigma\iota o\lambda o\gamma\acute{\iota}\alpha\ \pi\epsilon\rho\grave{\iota}\ \tau\tilde{\omega}\nu\ \varphi\upsilon\tau\tilde{\omega}\nu$（关于植物的研究）中进行更多关于"味觉"的研究（参见《论感觉》c.4 *fin.*）。关于亚里士多德的 $\pi.\chi\upsilon\mu\tilde{\omega}\nu$（《论味觉》）的讨论，参见第 62 页注释 1。触觉对象是物体的所有一般性质（《论灵魂》ii.11,422b25,423b26），这些性质最终可以还原为元素的相对属性，我们在上文 p.479 已经讨论过，因此在这里就不再进一步讨论了。

Die Philosophie der Griechen in ihrer
geschichtlichen Entwicklung

中国人民大学科学研究基金
（中央高校基本科研业务费专项资金资助）项目成果
10XNI010

聂敏里　主编

古希腊哲学史

Die Philosophie der Griechen in ihrer
geschichtlichen Entwicklung

第四卷（下）

亚里士多德与早期漫步学派

[德] 爱德华·策勒　著

曹青云　译

人民出版社

德国哲学史家策勒
的《古希腊哲学史》
是古希腊哲学学科
的奠基之作，中国学
者有责任将它完整地
翻译过来！

汪子嵩
2016-6

目　　录

第 十 章

物理学（三）：生物

1. 灵魂和生命

是什么区分了生物与其他存在物？是灵魂[1]。事实上，所有生命都包含自我运动的能力，[2] 即一种内在的、引起存在者自身变化的能力：它最简单的形式如植物的营养、生长和腐败。[3] 任何运动都包含了两个方面——推动者和受动者，即形式和质料；如果某物能自我运动，那么它必然在自身之中包含了这两个方面。[4] 因此，任何有生命的存在者必然是一个复合物；如果我们称质料部分为身体——它是运动的主体，那么形式作为运动的原因是分离和独立于身体的。[5] 一般而言，形式等同于动力因和目的因，它或许也能被看作身体的最终目的。[6] 作为动力因或

2

1　《论灵魂》i.1,407a4：灵魂之本性的研究是具有最高科学价值的研究。

2　《论灵魂》ii.1,412b16,412a27；另外，参见下文。

3　*Ibid.* ii.2,413a20；因为在任何生命的高级形式出现的地方都存在生命的最低形式（参见下文），所以它可以被视作生命体的普遍特征；*Ibid.* c.1,412a13。另一方面，参见《论灵魂》i.2,403b25：有灵魂的存在者与其他存在者的区分涉及两个特征：它们能运动和能感知，但这只表达了关于生命的流行意见，而不是技术化的定义。

4　参见第 340 页注释 4。

5　《论灵魂》ii.1,412a15。《论动物的部分》i.1,641a14–32；《论动物的生成》ii.4,738b26；《形而上学》viii.3,1043a35。亚里士多德在《欧德谟斯》中将灵魂描述为 εἶδός τι（某种形式）；参见 i.p.383。

6　参见《论灵魂》ii.4,415b7，这个段落引用了第 237 页注释 1 的内容（415b12）。亚里士多德解释说，身体是质料，而灵魂是动力因。参见《论动物的部分》i.1,641a25：

推动原则的形式被亚里士多德称为"现实性";[1] 所以他把灵魂定义为现

3　实性,或者更确切地说,灵魂是具有生命能力的自然身体的第一现实
性。[2] 这个定义中的身体指的是拥有器官的身体,它们是为特定的目标

4　而设计的,是实现某些特殊功能的工具。[3] 因此,灵魂是一个有器官的
自然的身体的第一现实性。[4] 然而,这个定义并不适用于灵魂的高级部
分,在人的精神中,高级部分是附加在其他部分之上的。自然哲学并不
涉及这些内容,它是"第一哲学"的主题。[5]

　　灵魂作为身体的形式和动力因是非物质性的;[6] 在这里,那些将灵魂

οὐσία（实体）既是动力因又是目的因。

1　参见 i.p.379。

2　参见《论灵魂》ii.1,亚里士多德说:ἡ δ᾽ οὐσία ἐντελέχεια（实体是现实性,即形
式是动力因）,τοιούτου ἄρα σώματος ἐντελέχεια（这样的身体的现实性）。然而"现
实性"这个表达有双重意义:有时它被理解为活动或变化的能力,有时它是活动本
身（前者的典型例子是知识,而后者的典型例子是沉思;参见同上书,以及《形而
上学》ix.6,1048a34;《物理学》viii.4,255a33;《论感觉》4,441b22;《论动物的生成》
ii.1,735a9;Trendelenburg, De An.314 sq.; Bonitz, Arist. Metaph. ii.394）。灵魂只在
第一种意义上被称为"现实性"（即能力）;因为它在睡眠时也存在;这就是"第一的"
这个修饰语的意思,亚里士多德在 412a27 中说:灵魂是潜在地拥有生命的自然身体
的第一现实性,因为能力总是在活动之前就存在。

3　参见（412a28）:τοιοῦτο δὲ ὃ ἂν ᾖ ὀργανικόν（这样的身体是拥有器官的身体）,
亚里士多德指出植物的部分也是器官或工具,尽管是非常简单的工具（参见《论动
物的部分》ii.10,655, b,37）。关于生命的定义,参见 Trendelenburg in loco 中引用
的段落;《论动物的部分》i.1,642a9:正如斧子要实现它的功能必须是坚硬的,身
体也是如此,它是为了实现某个目的的工具,如果要正常运转,那么它必须具备
某些特征。参见 Ibid. i.5,645b14。正如锯子是为了锯东西而存在的,身体同样也
是为了灵魂而存在的,并且它的每个部分都是为了灵魂的某个功能而存在的。Ibid.
ii.1,646b10 sqq.:在生物的构成部分中,有些部分是同质的,而有些部分是异质的
（参见第 337 页注释 1）;然而,前者是为了后者而存在的。Ibid. ii.10,655b37:植
物只有少量的异质部分,因为它们的活动较少,所以为这些活动服务的器官也就较
少。因此,身体的"工具"或"器官"是为了某个特定目的服务的;关于这个词的用法,
参见《论动物的生成》ii.4,739b14;《论动物的行进》705b22。然而,一个生物体的
所有部分都服务于某个活动,即以其为目的。

4　《论灵魂》ii.1,412b4。类似的定义出现在 412b9 中。

5　关于这个主题,参见《论动物的部分》ii.1,641a17–b,10;另外,参见《论灵魂》
i.1,403a27,403b9 sqq., ii.2,413b24。

6　参见第 339 页注释 5。《论青年和老年》467b14。

解释为某种物质存在的学者们与亚里士多德的观点是冲突的。灵魂自身并不运动——柏拉图设想灵魂是自我运动的，因为，倘若如此，那么灵魂既是推动者也是受动者，而任何受动者都占据着空间。[1] 灵魂也不是身体的某种和谐；[2] 因为这样的和谐要么是不同成分的结合，要么是它们按某种比例的混合，而灵魂既不是前者也不是后者。和谐的观念更适合物理状态，例如健康，而不是灵魂。[3] 此外，灵魂也不是自我运动的数，因为它并不推动自身，如果它是一个数的话，它一定不能如此。[4] 灵魂也不像德谟克利特认为的那样是某种质料，或者像恩培多克勒相信的那样是某些质料的混合。[5] 因为，如果它是某种质料，那么它就无法贯穿于身体的各个部分[6]——因为两个物体不能在同一个空间中同时存在。另外，如果灵魂必须包含一切质料，以便能够感知所有物质存在者，那么同样的理由将迫使我们认为灵魂必然包含质料的所有组合方式，以便获得关于它们的所有知识。我们不认为它就是我们呼吸的空气，因为并非所有生物都会呼吸。[7] 灵魂并不渗透在所有类型的质料中，[8] 因为元素

5

1　《论灵魂》i.3,404a21, c.4,408a30 sqq.。我们在这里省略反对这个观点的其他理由。关于柏拉图的"世界灵魂"的概念，参见第300页注释5。

2　关于这个假设，参见 Zeller, *Ph.d.Gr.*i.413。

3　《论灵魂》i.4 *init.*408a30，在这里，这个结论有更多的证据支持，参见 Philop. *De An.* E,2, m.(*Ar. Fr.*41). Themist. *De An.*44 sq.; Simpl. *De An.*14, a, o, 以及 Olympiodorus 在 *Phaed.* p.142 中也提到过《欧德谟斯》中的这个论证。

4　《论灵魂》408b32 sqq.；参见 Zeller, *Ph.d.Gr.*i.871,2。

5　前一个观点，参见《论灵魂》i.5 *init.* c.3,406b15 sqq. c.2,403b28 以及 Zeller, *Ph.d.Gr.*i.807 sq.；对于后一个观点，参见《论灵魂》i.5,409b23 sqq. c.2,404b8；*Ph.d.Gr.*i.725。亚里士多德对恩培多克勒的理论有许多反驳，我们在这里只给出了一个。

6　某些植物或动物被切割之后——只要它的存活条件被维持着——它们仍然可以存活；从这个事实来看，至少有营养能力的、并有感知能力的灵魂是贯穿于身体的每个部分的。参见《论灵魂》i.5,411b19, ii.2,413b13; i.4,409a9；《论生命的长短》6,467a18；《论青年和老年》2,468b2 sqq.483。

7　《论灵魂》i.5,410b27。

8　亚里士多德刚开始的时候把这个观点归于泰勒斯，但后来认为它是阿波罗尼亚的第欧根尼（Diogenes of Apollonia）的观点或者是赫拉克利特的；参见《论灵魂》i.5,411a7 sqq.；以及 c.2,405a19 sqq.。另外，参见 Zeller, *Ph.d.Gr.*i. pp.178, 2; 238; 240; 587,2; 642 sqq.。

并不拥有生命。

6   所以，灵魂不在任何意义上是物质，而任何物质实体拥有的属性都不属于灵魂。但它不能离开身体而存在。[1] 亚里士多德甚至迫切地指明了灵魂进驻的特定质料，以及灵魂在繁殖过程中从一个存在者传递到另一个存在者时带有的质料。他有时把这种质料描述为热量（$\theta\varepsilon\rho\mu\grave{o}\nu$），有时将其描述为普纽玛（Pneuma），并认为它不同于以太，但比四元素更高级；然而，他完全不能对这种质料的性质给出任何清楚的解释，或

7   者将这个概念与《物理学》中的一般观点相调和。[2] 唯一正确的观点是：

1　《论灵魂》ii.1,413a4。参见《论动物的生成》ii.3,736b22 sqq.737a7 sqq.；以及第340页注释6以及第343页注释1。

2　这个主题的关键文本是《论动物的生成》ii.3,736b29。它不是火而是热量，无论是来自太阳还是来自动物，这种热量都能产生生命。因为亚里士多德在这里明确指出灵魂进驻的质料不是元素，我们自然联想到它是以太，在别的文本中（参见第311页注释7和第312页注释1），它几乎被描述为以太。然而，以太既不是冷的也不是热的，也不像有固定位置的元素那样能够进入地上事物的生成或毁灭（参见i.p.473, sqq.，以及 Meyer 在 *Arist. Thierk.*409 sqq. 中有价值的讨论）。根据《论天》i.2,269a7（另外参见第310页注释1）的讨论，即便我们假设（参见 Kampe, *Erkenntissth. d. Ar.*23）以太是被动地进入有机物的种子中的，我们还面临着如何解释这个过程的问题以及如何解释作为灵魂之本原的种子，无论"$\delta\iota\alpha\lambda\acute{\varepsilon}\sigma\theta\alpha\iota$"一词涉及的是种子还是后代，它也如以太是"不动"的（参见 i.p.476）。但这个问题中的质料却从未被描述为以太，它只是被用来与以太相比较。亚里士多德也没有说过一种以太的质料，只提到了活力的热量和活力的气息是居于身体中的。类似的文本，参见《论生与死》4,469b6：所有动物，它们的整个身体拥有某些自然的热量，因此当它们活着的时候身体是热的，死了身体就变冷。失去了心脏的热量，动物就不能存活。心脏好比是灵魂之火燃烧的炉灶。《论动物的部分》ii.3,650a2：因为只有依赖热量，食物才能被消化，所以所有植物和动物都需要一个"自然热量的本原"。参见 c.7,652a7 sqq.：灵魂不是火，但却居住在一个火的身体中，热量就是灵魂在实现营养和运动功能时的主要工具。参见 667b26；《论呼吸》c.8,474a25,474b10。这种热量存在于心脏中，灵魂的其他功能不能离开营养的功能而存在，而营养的功能也不能离开自然之火而存在，因为自然只有在其中才能使自己产生出火和热量。参见 c.13,477a16：高级的动物拥有更多的热量；因为它们必然拥有高级的灵魂。c.16,478a28：所有的动物都需要降温，因为灵魂是在心脏中被点燃的 c.21 *init.*（在480b1中称为 $\pi\bar{\upsilon}\rho$［即火］）。*Ibid.* c.17,479a7 sqq.：当动物体的热量不再被补充时，动物就会失去生命。因此，随着年龄的增长，肺（或腮）变得坚硬和干燥，而火（或活力的热量）逐渐消失，并很容易一起死亡。参见《论灵魂》ii.4 *fin.*；《论动物的生成》ii.1,732a18：高级的动物体形更大，而它们也拥有更多的灵魂之热量。参见 c.6,743a26；744a29：人的心脏拥有最纯粹的热量。参见《论动物的生

灵魂是身体的形式，因为形式不能脱离它所属的质料而存在，但它自身又不是物质性的。[1]这使我们能够回答关于灵魂和身体的统一性问题。它们彼此的关系正是形式与质料的关系。[2]询问灵魂和身体是否是统一体，正如询问一块蜡和印在它上面的形状是否是统一体一样可笑。它们既是统一体又不是：它们在思想中是可分的，但在现实中是不可分的。[3]生命并不是灵魂和身体的结合，[4]而生物也并非这两个部分结合的产物；[5]

8
9

成》ii.4,740b29：灵魂的营养能力形成和养育了植物和动物，它将冷和热作为它的工具。根据《论动物的生成》iii.11（参见上文 i.p.460）的讨论，活力的热量存在于 πνεῦμα（普纽玛）中，而普纽玛的本原是心脏（《论睡眠》2,456a7），动物所有的热量都来自于此；在那些没有心脏的动物中，这种"内在的气息"存在于类似心脏的部位（*ibid.*456a11）。这种内在的气息是一种自然的和动物固有的性质，不是外在的附属，亚里士多德经常提到它，例如《论动物的生成》ii.5,744a3, v.2,781a23（Zeller, *Ph.d.Gr.*i.16,659, b,17），亚里士多德在这里说它充满了听觉和嗅觉的管道，它是听觉和嗅觉的中介。《论动物的部分》iii.6,669a1，我们在这里得知，无血液的动物拥有少量的内在热量，所以它们不必呼吸，内在的气息已经足够它们用来降温了。然而，根据上面的讨论，它是动物的心脏之所在，因此这里的句子必须按照《论呼吸》9,474b31 sqq. 中的意思来理解，即它意味着不需要呼吸的动物，它们的降温所需要的手段不仅仅是通过周围的空气和水，它们还需要别的降温方式，这就是通过普纽玛的延展和收缩，这个过程通过腹部肌肉的运动，像蟋蟀鸣叫似的，像风扇那样发生作用（我们应当这样来理解 475a11,669b1 的内容）。除了这些段落，《论动物的生成》第二卷第三章的内容是分离的和独立的。那里说的"神圣的元素"与普纽玛不同，但我们仍然难以认为它是以太或类似以太的东西。事实或许是：亚里士多德在这里需要一种他的哲学并不能提供的东西。Π. Πνεύματος（《论普纽玛》）这篇伪作的作者讨论了"普纽玛"的本性，尽管他从未将自己局限在这个主题内。但他并未说明他对质料的看法。关于亚里士多德对"普纽玛"的假设与他的灵魂学说的关系问题将在后面讨论（参见下文第十一卷关于理性的讨论）。

1　参见第 339 页注释 5，以及《形而上学》vii.10,1035b14; c.11,1037a5：身体是质料，而灵魂是第一实体。参见 viii.3,1043a35。《论灵魂》ii.2,414a12：正如形式在每个地方都与接收它的质料相区分，灵魂也是如此。《论灵魂》ii.1,412b11 sqq.，在这里，亚里士多德是这样解释的：如果斧子是有生命的物体，那么使它具有斧子之本性的东西就是灵魂；如果眼睛是独立存在的，那么它的视力就是它的灵魂，灵魂和身体的关系就像视力和眼睛的关系。

2　参见第 234 页注释 2。

3　《论灵魂》ii.1,412b6：灵魂是一个有机身体的现实性。

4　柏拉图主义者或许是这样定义灵魂的，这与《斐多》64C 中对死亡的描述是一致的。

5　《形而上学》viii.6,1045b11。《论题篇》vi.14 *init.*：ζῆν（活着）和 ζῷον（生命）并不是灵魂和身体的 σύνθεσις ἢ σύνδεσμος（结合或混合）。

灵魂是在身体中运作的主动原则，或者，可以这样说，身体是灵魂的天然的工具。我们不能将它们彼此分离，正如我们无法分离眼睛和视力一样。[1] 只有活着的身体才配得上"身体"这个称谓，[2] 而一个特定的灵魂只能在它自己的身体中存在。[3] 因此，毕达戈拉斯学派的"灵魂在不同种类的身体之间转世"的观点是十分荒谬的，这好比有人想象同一项技艺能够无差别地使用各式工具——例如，笛子对于木匠而言与斧子有着同样的功能。[4]

事物真正的本质是它的形式，而任何被生成物的本质是它的结果或目的。[5] 有生命的存在者也不例外。每个生物都是一个微型宇宙，一个整体，它的每个部分都是实现整体目的的工具。[6] 但是，每个工具都是由它被设计来达成的那种功能决定的；因此身体是为了灵魂而存在的，并且身体的任何性质都是由灵魂的性质决定的。[7] 自然像一位精明的管家，给予每个事物它能够使用的工具。[8] 因此，早期的自然哲学家从物质存在中推演出精神，而亚里士多德采用了相反的路径，他认为灵魂之生命是目的，而身体之活力是手段。阿那克萨戈拉曾说人是最理性的存

1　《论灵魂》ii.1,413a1。

2　《论灵魂》412b11,20,25。《论动物的部分》i.1,640b33 sqq.,641a18。《论动物的生成》ii.5,741a10。《气象学》iv.12,389b31,390a10。《形而上学》vii.10,1035b24。

3　《论灵魂》ii.2,414a21（参见第 343 页注释 1 中引用的段落）。参见第 153 页注释 3 中引用的《物理学》ii.9 中的段落。

4　《论灵魂》i.3,407b13：大多数哲学家对灵魂和身体之结合关系的看法是错误的，亚里士多德主要指柏拉图（参见第 343 页注释 1 末尾）。

5　参见第 247 页注释 4，第 459 页以下。《论动物的部分》i.1,640b28 的这个表达 "ἡ γὰρ κατὰ τὴν μορφὴν φύσις κυριωτέρα τῆς ὑλικῆς φύσεως"（因为，形式方面的本性比质料方面的本性更重要）被用来指示上面提到的灵魂和身体的关系。

6　参见第 340 页注释 3，以及《物理学》viii.2,252b24。

7　《论动物的部分》i.1,640b22 sqq.（包括 641a29）；c.5,645b14。《形而上学》vii.10,1035b14 sqq.《论灵魂》ii.4；参见第 339 页注释 6。

8　《论动物的部分》iv.10,687a10. Ibid. c.8,684a28. iii.1,661b26 sqq.；那些为了自卫之目的的器官或对于维持生命不可或缺的器官，自然将这些器官给予那些能够运用它们的动物，或者如果不是单独给予它们，也是在最大的程度上给予它们，自然把最完善的器官给予那些能够最好地使用它们的动物。因此，雌性通常是全部缺失或部分缺失自卫器官的。

在者因为他有手，亚里士多德认为这句格言是不正确的，除非反过来说——即人之所以有手因为他是最理性的存在者；因为工具必须适合它的功能，而不是功能适合它的工具。[1] 的确，工具的本性并非与目的无关：某个东西不能从任意的实体中制造出来，也不能通过任意的手段得到；[2] 但这并未否认下述事实：对工具的选择取决于相关的目的。[3] 这一点在有生命的存在者中尤为明显。在自然中广泛存在的、手段对目的的适应性在这里得到最完美的表现。[4] 这里恰到好处地体现了一个原则：在给定的条件下，自然总是产生出可能的最好结果。[5]

12

　　这种朝向确定目的的活动在有机体的营养和发展中得到体现。营养活动并不仅仅是对热的加工——正如之前的假设；热量在这个过程中或许是重要的，但总是灵魂在规范它并将其引向一个确定的结果。[6] 我们不能接受恩培多克勒对植物生长的解释，他说复合物中的火元素向上运动，而土元素向下运动；倘若果真如此，那么是什么使这两种元素结合

13

1　《论动物的部分》iv.10,687a7–23（尤其是在上面引用过的那个段落之后的词句）。

2　参见第 340 页注释 4 和注释 5。

3　因此，在前面的学说和《论动物的生成》ii.6,744a30 的论述——即人的理性证明生物的中心器官是有温度的——之间并不存在真正的矛盾；《论动物的部分》ii.2,648a2 sqq. c.4,651a12 说：较高的智力是较薄的和较冷的血的结果；参见 *ibid.* iv.10,686b22：动物、儿童和侏儒拥有较低的智力是因为他们的灵魂使用的器官是土质的和不能运动的。参见《论呼吸》13,477a16：体温较高的动物拥有更高贵的灵魂。在《论灵魂》ii.9,421a22 中，亚里士多德指出人的触觉的敏锐性超越了所有其他生物，因为人是所有生物中最有智慧的。人群中白种人是最聪明的，所以他们拥有更加精细的感知能力，他们在精神上是更高贵的（另外，参见《形而上学》i.1,980b23）。精神活动在表面上或许依赖于某些条件，但这些条件反过来是为了前者而存在的，即在实体上是基础的和原初的原则可能在时间上是在后的和被产生的结果；参见《论动物的部分》ii. i.646a24。然而，进一步的考虑显示出这个问题的逻辑困难。一方面，灵魂的发展被认为是依赖于它的身体官能，另一方面，身体的性质和特征是由灵魂的需要决定的——那么，究竟哪一个是基础的和决定性的？如果是灵魂，那么它为什么没有一个具备更高级能力的身体呢？如果是身体，那么它为何仅仅被理解为灵魂的工具呢？

4　《气象学》iv.12；参见第 305 页注释 10。

5　参见 i.p.459, sqq.，那里的论述指的绝大多数是有机物的本性。

6　《论灵魂》ii.4,416a9。参见第 346 页注释 6；另外关于 *αἴτιον*（本原）和 *συναίτιον*（辅助原因）这两个概念，参见第 239 页注释 1，以及第 302 页注释 4。

在一起而不分开呢？[1] 同样的论证也适用于有机物的结构。根据下述假
设，我们甚至不可能解释有机生物的起源：[2] 即有机生物的不同部分是由
盲目的和无目标的必然性结合起来的，只有那些从无目的的质料之流中
成功产生出来并适应于一个目的和能够获得生命的混合物才幸存下来。[3]
偶然性产生的仅仅是特殊的或不正常的结果。另一方面，当我们在处理
自然的正常适应性时，我们不得不将它们理解为从一开始就是被自然有

14　目的地设计好的。[4] 这正是我们对生物的看法。使生命体成其为自身的
不是分离的质料或元素，而是它们之间特殊的和独特的组合方式，即它
们所属的整个形式。[5] 我们不能单单用质料中元素的运动来解释有机物
的结构，而只有通过灵魂的作用我们才能解释它，即灵魂使用元素的
运动作为工具，就像给质料赋予了形式。[6] 自然制造的是适合于每个有
机体之目的的器官，并根据它们的不同用途依次创造它们。[7] 首先，她

15　创造了维持生命和生长的部分；[8] 然后创造了有机体最重要的部分；最
后创造的是有机体用来满足特殊需要的工具。[9] 营养的灵魂是最先发展
的，因为它是一切生命的共同基础；接下来，更高级的有机体拥有的灵
魂的各种功能根据存在的等级依次出现。首先，自然创造的是一个有生

1　《论灵魂》415b28 sqq.。

2　恩培多克勒试图这样来解释；参见下一条注释。然而，我们并不认为恩培多克勒
　　（或者任何一个前亚里士多德哲学家）是亚里士多德所谓的这些理论的代表，因为
　　他在这里给出的理由是相当简略的。

3　《物理学》ii.8,198b16。

4　《物理学》198b34；亚里士多德在这里进一步证明了自然所做的设计。参见第302
　　页注释2。

5　《论动物的部分》i.5,645a30；例如我们谈论一座房子或者一件家具时，我们指的
　　并不是构成它们的材料，而是整个形式（或形状），因此在研究自然时，我们讨论
　　的是结合方式和整个形式，而不是物质元素。

6　《论动物的生成》ii.4,740b12；因此在那种情况中，同质的部分，例如肉和骨头等，
　　将在分离的物质中结合起来。

7　《论动物的生成》ii.6,744a36。

8　在低级的动物中是心脏或者相应的器官；参见《论动物的生成》ii.1,735a23。

9　《论动物的生成》ii.6,742a16,742b6, c.1,734a12,26。

命的存在者，然后是某类特殊的存在者。[1] 根据同样的法则，有机体按照相反的顺序被分解。生物最终都会死亡，而活力最少的生物最先死亡；自然以这种方式向起点做循环运动。[2] 生物的所有部分和功能都展示了对自然之设计的证明，它们只有作为设计之产物才可能被理解。因此，亚里士多德对动物的物质本性的研究都依据这个观点。本质的和决定性的原因总是目的因，[3] 并且在自然的日常进程中，无论什么东西朝向一个确定的目的，它必然是为了那个目的而存在。[4] 亚里士多德试图证明，每一个器官正是那个根据当前的条件能够以最好的方式达成目标的东西。[5] 他指出每一个动物拥有的器官如何与它的生活方式相适应，或者同一个种族之个体的相同器官如何适应于它们的特殊需要。[6] 他并未忽视不同成员之间的相互依存，他将直接服务于生命之目的的主要器官与那些附加的、为了保护和维持生命所需的器官相区分；[7] 他认为自然总是为最高贵和最脆弱的部分提供最好的保护，[8] 如果一个器官不足以完成

16

1　《论动物的生成》ii.3,736a27,736b14（cf.737b17, c.1,735a4 sqq.）。作为居住在一个物质身体中的东西，灵魂或许被认为潜在地存在于种子中。在生物的发展进化中，营养的灵魂最先出现，然后是感知的灵魂和理性灵魂；首先出现的是一个"动物"，然后才是一类确定的动物，例如一匹马或者一个人。因为，目的是最后才生成的，特有的性质就是每一个种的目的。

2　《论动物的生成》c.5,741b18；心脏是核心器官，这一点在动物死亡的时候可以发现。

3　参见 i.p.459, sqq.。

4　参见下文 p.17。

5　对于这个观点的证明，最重要的一个将在下面得到讨论，这些证明贯穿在《论动物的部分》全书之中，以及亚里士多德的动物学和人类学的作品的许多段落中。

6　例如，亚里士多德认为，大象不仅是陆地动物，而且在泥沼中过着两栖类的生活，它有一个长鼻子可以更容易地在水下呼吸；参见《论动物的部分》ii.16,658b33 sqq.。类似的，鸟类的喙的形状取决于它们的食物形态，例如（*ibid*. iii.1,662b1, sqq. iv.12,693a10 sqq.）肉食猛禽、啄木鸟、乌鸦、吃种子和昆虫的鸟、水鸟的喙有不同的形状。另外，海豚和鲨鱼（*ibid*. iv.13,696b24）的吻部在它们的身体的前端，这使得其他动物容易逃走，并保护它们自己不受贪食的伤害。

7　例如，肉是感知的主要器官；而骨头、神经、血管、皮肤和毛发、指甲等是为了感知而存在的，参见《论动物的部分》第二卷第八章。

8　参见 Zeller, *Ph.d.Gr.*ii.14, 658b2 sqq., iii.11,673b8, iv.10,690b9。

它的任务，那么自然会提供另一个器官来服务于这个目的，[1]并且她将性
质相反的器官放置在相邻的地方，以便它们能够彼此补充。[2]亚里士多
德在动物的类技艺的本能中看到了自然之无意识设计的最充分的例证。[3]
他也没有忘记必然性的影响，在这里以及其他地方，必然性与自然在实
现目的的过程中共同作用。[4]的确，亚里士多德明确要求自然的观察者
同时使用这两种原因来解释现象。[5]然而，他坚信物理的原因只是自然
为了实现自身的目的而采用的手段，并且它们的必然性是有条件的；[6]他
也没有停止研究自然为了适应其目的而选用的那些材料，以及自然如何
战胜对抗性的对立面。自然像一位精明的主妇，她利用了动物生命的
糟粕和垃圾来产生有益的目的，没有浪费任何东西。[7]她使每一物都得
到了可能的最好运用；[8]如果一个器官能够完成某个功能，自然决不会给
一个动物好几个器官；[9]如果她需要材料来加强某个成员，她就会剥夺另

17

18

1　*Ibid.* iv.9,685a30。

2　*Ibid.* ii.7,652a31（因此，头部平衡了心脏）。

3　《物理学》ii.8,199a20；参见第 302 页注释 4。

4　参见第 329 页注释 1。

5　参见《物理学》以及《论动物的部分》i.1,643a14。（参见柏拉图：《蒂迈欧》46C；
　　Div. i.642,6）。在讨论身体的个别部分时，他通常依次给出这两个方面的解释，例
　　如《论动物的部分》ii.14,658b2。

6　这个证明在第 329 页注释 1 中已经给出了。

7　参见第 302 页注释 2。

8　因此，例如（《论动物的部分》iii.14,675b17 sqq.）有些动物的肠子紧紧地卷在一
　　起，尤其那些生命活动十分节俭的动物。类似的观点在柏拉图的《蒂迈欧》72E 中
　　被提及。

9　因此，亚里士多德指出（《论动物的部分》iii.2），不同的动物拥有不同的自卫武器，
　　一些有角，一些有爪子，一些体形巨大，一些行动敏捷，还有一些有难闻的气味。
　　另外，参见 *ibid.* iv 12,694a12，他认为有刺的鸟就没有弯曲的爪子，这儿的原因是
　　"自然不做多余之事"。此外，参见《论呼吸》10,476a6 sqq.：肺和腮从来不会同时
　　存在，因为自然不做无益之事；如果有两个器官，那么其中一个就是多余的。《论动
　　物的部分》iii.14,674a19 sqq.：有发达的咀嚼器官的动物（例如 ἀμφώδοντα），其
　　消化系统就很简单。那些咀嚼器官不发达的动物通常有好几个胃；他列举了前一类
　　动物的好几个例子，并在 674a28 中说：那些有好几个胃的动物，比如骆驼，是因为
　　它们的巨大体形和它们的食物粗糙，这是例外；骆驼的牙齿和胃跟有角的动物很像，
　　因为骆驼的多个胃比牙齿更加重要，没有牙齿它也能存活——因为它的牙齿没什么
　　用途。

一个成员的不必要的材料；[1] 如果一个器官能够完成多个任务，她就仅仅 　19
制造这个器官；[2] 当这个器官不再能承担这些任务时，她也不会吝啬她
的设计；[3] 在她能够使用的不同质料中，她将最好的质料用于最高贵的部
分，而较差的质料用于不那么重要的部分。[4] 甚至一个似乎没有任何用
途的结构，也蕴含着某种自然的目的；亚里士多德认为它们的目的能够 　20
在形式的完善性和对称性中实现，[5] 这解释了为什么许多动物拥有无用途

1　《论动物的生成》iii.1,749b34：瘦的动物拥有强大的生殖能力；因为原本过剩的
　　营养现在变成了精液，自然把东西从一个地方拿来又添加在另一个地方。《论动物
　　的部分》ii.14,658a31：长尾巴的动物，尾巴上的毛是较短的，短尾巴的动物，尾
　　巴的毛是较长的，这个规律同样适合于身体的其他部分；自然给予一个部分就会剥
　　夺另一个部分。参见《论动物的部分》c.9,655a27。更多解释参见 Meyer（我的许
　　多观点来自于他），*Arist. Thierk.*468：“自然使用剩余的土元素制造了角或者双排
　　牙齿（参见《论动物的部分》iii.2,663b31,664a8——或者，如骆驼，它有一个坚
　　硬的颚，*ibid.* c.14,674b2）。熊有一个多毛的身体，而它的尾巴必然是短的（*ibid.*
　　ii.14,658a36）。在哺乳动物中，土制的材料用来构成尾巴，因此，不像人那样，它
　　们的腿上没有肉（*ibid.* iv.10,689b21）。另外，鲨鱼需要这种土制的材料使它们的
　　皮肤足够厚实，因此它们的骨骼中只有软骨（*ibid.* ii.9,655a23）。”Meyer 从《论动
　　物的部分》ii.13,657b7, iv.9,685a24 中引用了更多的例子，参见《论动物的部分》
　　iii.2,663a31。

2　因此，嘴除了进食的目的之外，还有其他目的，所以它的形状是各异的；（参见
　　《论动物的部分》iii.1,662a18，参见《论呼吸》c.11 init.）。类似的，舌头（参见《论
　　呼吸》*ibid.*；《论动物的部分》ii.17）也是如此。手并不是一个器官，而是许多器官，
　　因为它是其他器官的器官（《论动物的部分》iv.10,687a19，另外，参见《论灵魂》
　　iii.8,432a1）；它可以是（432b2）爪子、钩子和角等；类似的还有雌性的乳房，参见
　　《论动物的部分》iv.10,688a19 sqq.，大象的鼻子，参见 *ibid.* ii.16,659a20，以及动
　　物的尾巴，参见 *ibid.* iv.10,690a1（以及别的段落）。

3　《论动物的部分》iv.6,683a22（参见 Goettling, *De Machaera Delphica*, Ind. lect.
　　Jen.1856, p.8）。《政治学》i.2,1252b1（参见 Goettling, *ibid.*；Oncken, *Staatsl. d. Ar.*
　　ii.25，但他们都没有给出关于质料的完整论述）。Meyer（*Arist. Thierk.*470）正确
　　地指出，这些描述与前面讨论的自然的节俭原则相矛盾，即便亚里士多德的文本或
　　许能够在“ὅπου ἐνδέχεται”（在某些方面可能）这个短语中找到调和两者的基础，
　　但是我们不能否认它的使用方式存在某种随意性。

4　参见《论动物的生成》ii.6,744b11 sqq.，在这里，自然之安排被用来与一位主妇相
　　比较，她给自由人分配了最好的食物，仆人得到了粗糙的食物，而家养的动物得到
　　最差的食物。

5　例如，他认为所有器官都是成对的——这是一个普遍的法则，因为身体有左右之
　　分，前后之别和上下之不同（《论动物的部分》iii.7 init. c.5,667b31 sqq.）。即便所
　　有情况都显示出只存在单个器官，他还是努力地证明它是成对的（*ibid.*669b21）。

的器官，或者至少拥有无用器官的残留。[1] 只有在他未能发现任何目的之痕迹的地方，这位哲学家才将这些现象解释为出自偶然的或者盲目的必然性。[2]

21　　　自然之设计的广泛性在一种渐进的过程中展示着自身，正如我们已经看到的（第 466 页以下），这是一个连续的发展过程。灵魂和生命的各种功能并非在相等的程度上为一切生物所拥有，不同的生命形式以及不同的灵魂部分是可以被区分的，它们决定了生命的不同等级。植物只有营养和繁殖的能力，它们之中只有营养的灵魂在活动。[3] 动物除了营养的灵魂之外还有感知的灵魂，因为感知是动物和植物之间最一般的区分标志。[4] 感知的最低形式存在于所有动物之中，即触觉；从触觉中发

　　另一个典型的法则是：在可能的情况下，高贵的部分应当在上面、前面和右边，因为这些是更好的位置（《论动物的部分》iii.3,665a23,665b20, c.5,667b34, cf. c.7,670b30, c.9,672a24, c.10,672b19 sqq.）；因此，根据同样的理由，运动的原因应当发源于这个部位（《论动物的行进》5,706b11）；参见第十章。自然的这种拟人化的设计概念在观察中被发现，参见《论动物的部分》ii.14,658a15 sqq.，人的前面比后面受到了更好的保护，因为前面是高贵的一面，所以它需要更多的保护；而在658a30 的同一个段落中，亚里士多德认为马和其他动物尾巴上的毛发只起到装饰作用。

1　雌鹿没有角，但是它有刺一般的牙齿，因为它属于有角类动物；类似的，在某些蟹类中，雌蟹也有钳子，但只有雄蟹的钳子是必要的，这些生物属有角类（参见《论动物的部分》iii.2,664a3, iv.8,684a33）。另外，脾对于胎生的动物是必要的，因此它在这些动物中比较发达，但所有动物都有脾，因为它是肝的对称器官，肝在身体的右侧，因而需要另一个对应的器官在身体的左侧（参见《论动物的部分》iii.7,669b26 sqq. c.4,666a27,《动物志》ii.15,506a12）。类似的，猴子属于四足类动物，它有一个特征性的尾巴，参见《动物志》ii.8,502b22, c.1,498b13. Cf. Meyer, p.464 sq.; Eucken, *Meth. d. arist. Forsch.* 104 sqq., 91。

2　亚里士多德认为胆汁就是这种无目的的创造（参见《论动物的部分》iv.2,677a11 sqq.；以及第 239 页注释 2）；关于必然性和偶然性，参见 i.p.359, sqq.。

3　《论灵魂》ii.2（参见第 333 页注释 1）. *Ibid.* 413b7, c.3 init. c.4,415a23.《动物志》viii.1,588b24；《论动物的生成》i.23,731a24，生殖是作为植物灵魂的一个特殊功能来讨论的；另外，参见《论灵魂》ii.4,416b23。另一方面，《论动物的生成》ii.4,740b34 sqq.（cf. c.1,735a16）指出同一个生命活力首先形成了身体，然后再滋养身体，但是前者是更重要的功能。

4　《论灵魂》ii.2,413b1；《论感觉》c.1,436b10；《论青年和老年》c.1,467b18,27；《论动物的部分》ii.10,655a32,656b3；iv.5,581a12；《论动物的行进》c.4,705a26 sqq.705b8；《论动物的生成》i.23,731a30; ii.1,732a11。这些段落中的绝大多数都明

展出对疼痛和喜悦的感知，以及欲望，而对食物的欲望是最先出现的。[1]　22
有些生物具有感知能力和运动能力，它们属于动物灵魂。[2] 最后，除了
营养的能力和感知的能力之外，人还拥有理性，这第三种能力是灵魂的
最高能力。[3] 灵魂还以别的形式存在，而不仅是我们刚才描述的那些方
式。[4] 然而，这些能力是彼此关联的：高一级的能力不能离开低一级的
能力而存在。[5] 动物的生命展现了一个逐渐发展的层次，每一个后继的　23
阶段都包含了之前的所有阶段。因此，柏拉图的灵魂部分的学说适用于
一切有生命的存在者，这并非与"创造者"这个一般概念相矛盾，尽管
在细节上存在重要的修正，[6] 并且我们能够以整体性的视角将一切自然种　24

确地提到生命和动物之间的区分。

1　《论灵魂》ii.2,413b4 sqq.413b21 sqq. c.3,414b1–16,415a3 sqq. iii.12,434b11 sqq. c.13,
　　435b17 sqq. ；《论感觉》1,436b10–18 ；《论动物的部分》ii.17,661a6 ；《动物志》
　　i.3,489a17 ；《论睡眠》1,454a29, c.2 init.。在这些段落中，亚里士多德有时只提及
　　ἀφή（触觉），有时提及 ἀφή καί γεῦσις（触觉和味觉），它们是所有动物都拥有的
　　性质，但这里表面上的不一致可以这样来解释：亚里士多德将味觉作为触觉的一种；
　　参见《论感觉》2,438b30 ；《论灵魂》ii.9,421a19; ii.10 init. iii.12,434b18。

2　《论灵魂》ii.3,414b16。

3　《论灵魂》ii.3,414b18（cf. iii.3,427b6 ；《论动物的生成》i.23,731a30 sqq.）。关于
　　这个观察经验的后半部分，参见下文中对生物的不同种类的讨论。

4　《论灵魂》ii.3,414b19：正如没有什么形状既不是三角形，也不是四边形，或者没
　　有任何角，灵魂也不可能不是任何一个以上提到的功能。

5　《论灵魂》414b28（关于这个问题参见下文）；Ibid. c.2,413a31 ；Cf. i.5 fin. ；《论睡
　　眠》1,454a11 ；《论青年和老年》1,467b18 sqq.。

6　亚里士多德反对（《论灵魂》iii.9,10,432a22 sqq.433a31 sqq.）柏拉图对灵魂的
　　三重划分，因为如果我们把灵魂的功能作为划分的原则，那么我们将得到比三个
　　部分更多的划分，即对营养的、感知的、想象的、理性的、意愿的、ὀρεκτικόν
　　（欲望的）区分比对 ἐπιθυμητικόν（肉欲的）和 θυμικόν（勇气的或精神的）区
　　分更宽泛。亚里士多德在《论灵魂》i.5,411b5 问道：如果灵魂是可分的，那么
　　是什么使它的部分结合在一起？不可能是身体，因为是灵魂使身体的部分结合成
　　整体；另一方面，如果是一种非物质性的力量，那么它应当是灵魂。但是问题在
　　于：灵魂是单一的还是复合的？如果是单一的，为什么灵魂自身不能恰好如此？
　　如果是复合的，那么为了结合多个部分，必然需要一个 συνέχον（结合者），以
　　致无穷。所以，我们不得不最终假设灵魂的每个部分都驻丁身体的一个特殊部分
　　之中，但这一点既不适用于理性灵魂——因为理性灵魂没有对应的身体器官，也
　　不适用于生命的低层原则——因为那些被切开还能够存活的动物和植物，它们的
　　每个部分都是活着的。然而，亚里士多德宣称灵魂是有部分的（参见第 350 页注

类包含在一个从低级到高级的、对同一个生命的渐进的展现过程中。

生命的渐进发展与经验事实是相对应的，亚里士多德无疑观察到这一点，并且这个事实使他从一开始就得出了他的理论：即一切生物都展示了从不完善和有缺陷的阶段向丰富的和完善的生命形式的稳固发展。他说："自然从无生命的国度向有生命的国度的转化是连续的和渐进的，以致于有生命和无生命的界限以及中间位置是难以分辨的和值得怀疑的。与无生命的国度相邻的是植物；在这里我们不仅能够区分出在不同个体之间的或多或少的生命力，而且就整个物种而言，它们相对于无机物是有生命的，但相对于动物是无生命的。此外，从植物向动物的转化是渐进的，因此我们无法确定有些海洋生物究竟是动物还是植物，因为它们生长在地上并且不能离开地表而存活。贝类动物与能移动的动物相比更像植物。"感知、物理结构、生活方式、繁殖和哺育后代的方式，我们在这些方面都能看到连续的发展进程。[1] 这种顺序上的连续性

释 3；《论生与死》i.467b16），尽管他试图在部分的多样性中完整地保存生命的统一性，但他并不比柏拉图做得更好，在他的理论中，努斯与灵魂的低级部分的关系并不比柏拉图的不朽灵魂与其他部分的关系更亲近。因此，他与柏拉图的差异并非十分显著。他与柏拉图的不同在于他对动物的不同生命形态的描述，但是柏拉图在这方面并不比他做得少，柏拉图认为灵魂的最低层次属于植物灵魂，而中间层次属于动物灵魂，并认为高级部分预设了低级部分，而非相反；参见 Div. i. p.714。因此，这两位哲学家的主要差别在于他们各自的起点不同：柏拉图是从伦理学的方向开启对自然和灵魂之部分的研究，而亚里士多德是从自然哲学的方向开始的。另一方面，Struempell（Gesch. d. theor. Phil.324 sqq.）指出亚里士多德不仅认为同一个灵魂具有不同的部分或功能，而且认为人有四个灵魂，动物有三个灵魂（即感知的原则和运动的原则是两个），Brandis 指出（ii. b,1168 sqq.），Struempell 的这种观点过于极端。亚里士多德的确说过"营养的灵魂""感知的灵魂"和"理性的灵魂"是不同的"灵魂"（参见前一页的讨论；《论生与死》3,469a24），但他并不是说几个不同的灵魂存在于同一个体中；他甚至以最明白的方式定义了这些所谓的灵魂之间的关系是包含的，即营养的灵魂被包含在感知的灵魂中，而感知的灵魂被包含在理性的灵魂中，正如三角形被包含在四角形中（参见上一条注释），所以，一个动物并不拥有两个灵魂，正如一个四角形并不包含两种形状。事实上，即便他没有成功地捍卫灵魂的统一性（参见第十二章末尾），我们也不能以此否认他没有试图这样做。

1 《动物志》viii.1,588b4 sqq.，亚里士多德在这里给出了详细的证明；《论动物的部分》iv.5,681a12 在讨论动物的类型和可观察到的差异时，亚里士多德说：因为自然以这样一种连续的顺序从无生命的物体过渡到动物，在它们之间存在并非动物的生

使类比的原则得以运用，但是在有机物和它们的生命功能之领域中，亚里士多德对类比原则的证明遇到了某些麻烦。我们曾经说过，[1]类比是整合各个不同的属的纽带；在有机物以及别的领域中，类比超越了属之差异，即便没有种的真正相似性，它也能产生相似性。[2]在差异最大的地方，我们也能够发现这种类比。例如血液，无血液的动物体内有某种类似于血液的液体；[3]动物的肉也有这样的类比。[4]软体动物没有脂肪，但它们有一种类似的物质。[5]蛇和鱼的软骨或软骨结构类似于骨头，而在更低级的动物中，外壳类似于骨头，它们的功能也是支撑身体。[6]四足动物的毛发类似于鸟类的羽毛、鱼类的鳞片以及陆地卵生动物的盔甲[7]，野兽的牙齿类似于鸟类的喙。[8]无血液的动物没有心脏，但有一个类似

26

物，在相邻的物种之间似乎并不存在什么差异。

1　参见第 184 页注释 2。关于后面的内容，参见 Meyer, *Arist. Thierk.* 334 sqq. 103 sq.。

2　《论动物的部分》i.4,644a14。为什么水生的和有翼的动物不被包含在一个名字下呢？因为这些种类的动物也有某些相似的性质。但是这里的命名是公正的。如果一些对象只具有程度上的差异或只有构成元素的多少的差异，它们才被归于同一个名称之下。那些只有类比的相似性的对象是不同的属。例如，两种不同的鸟彼此的差异只是翼展的大小；而鸟和鱼具有类比的相似性，因为前者是有羽毛的，后者是有鳞片的。这样的类比几乎在所有动物中都能找到，因为所有动物都有相似之处。类似的，亚里士多德在这个段落（644b7 sqq.）中对比了同一个属的差异，例如在大和小、软和硬以及平滑的和粗糙的动物之间的差异，与那些只有一般的类比相似性的生物的差异。参见 c.5,645b4; *Ibid.* 20 sqq. ;《动物志》i.1,486b17 sqq.,487a9, c.7,491a 14 sqq.; ii.1,497b9; viii.1（参见下文）。

3　《动物志》i.4,489a21；《论动物的部分》i.5,645b8, ii.3,650a34, iii.5,668a4,25；《论动物的生成》ii.4,740a21. ;《论睡眠》c.3,456a35 以及别的段落。

4　《论动物的部分》ii.8 *init.* iii.5,668a25, ii.1,647a19；《动物志》i.3,4,489a18,23；《论灵魂》ii.11,422b21,423a14。

5　《论动物的生成》i.19,727b3；《论动物的部分》ii.3,650a34。

6　《论动物的部分》ii.8,653b33 *fin.* c.9,655a17 sqq. c.6,652a2；《动物志》iii.7,516b12 sqq. c.8,517a1,486b19。

7　《论动物的部分》iv.11,691a15, i.4,644a21；《动物志》iii.10 *init.* i.1,486b21。

8　《论动物的部分》iv.12,692b15。

的中心器官，[1] 它们没有大脑，但也有一个类似的器官。[2] 在鱼类中，鳃
代替了肺，因为它们在水中呼吸而非在空气中呼吸。[3] 植物的根系与动
物的头或嘴有相似的功能，因为它把食物吸收进植物的系统中。[4] 有些
动物没有舌头，但它们有一个类似的器官。[5] 人类的手臂、四足动物的
前肢、鸟类的翼、螃蟹的钳，这些器官都是类似的，[6] 而大象的鼻子就像
它的手臂。[7] 卵生动物是从卵或蛋中出生的；类似的，哺乳动物的胚胎
被一层像蛋似的皮肤包裹着，而成茧的昆虫有着椭圆的形状。反过来
说，高等动物最初的生命形态对应于孵化成昆虫的幼虫。[8] 动物的习性、
居住环境、脾气和理智能够与人类相比较；而儿童的灵魂很难与动物的
灵魂区分开。[9] 因此，有一个内在的统一性贯穿在有机体的所有部分中，
即同一个生命从基础形态开始持续地向着最完善的程度展开自身。生物
是自然设计的产物，因此，其他无机物必须为其服务。元素是为了同质
实体而存在的，而同质的实体又是为了构成有机物而存在的。所以，在
这里，存在的秩序是反过来的：在起源上最晚的存在者在本质和价值上
是最优先的。[10] 自然在展示了从最高的天宇世界到地上世界的逐渐降低
的完善性之后，达到了她的拐点，这个连续下降的存在层级重又开始上

1　《论动物的部分》ii.1,647a30, iv.5,678b1,681b14,28,681a34；《论动物的生成》
　　ii.1,735a23 sqq. c.4,738b16. c.5,741b15。《论呼吸》c.17,478b31 sqq.。《论动物的运
　　动》c.10,703a14。对于亚里士多德关于与心脏相似的身体部分的论述，参见 Meyer,
　　p.429。

2　《论动物的部分》ii.7,625b23,653a11；《论睡眠》3,457b29。

3　《论动物的部分》i.5,645b6, iii.6 *init*. iv.1,676a27；《动物志》viii.2,589b18, ii.13,504b28；
　　《论呼吸》c.10 sq.475b15,476a1,22。

4　《论灵魂》ii.4,416a4。《论青年和老年》c.1,468a9；《论动物的行进》c.4,708a6。

5　《论动物的部分》iv.5,678b6-10。

6　《论动物的部分》iv.12,693a26,693b10, c.11,691b17；《动物志》i.1.486b19, c.4,
　　489a28, ii.1,497b18。

7　《论动物的部分》iv.12,692b15。

8　《动物志》vii.7,586a19；《论动物的生成》iii.9，参见第 304 页注释 7。

9　《动物志》viii.1,588a18；亚里士多德用例子解释了这个观点。

10　《论动物的部分》ii.1,646a12；关于这一点，参见第 337 页注释 1，因为房子的存在
　　不是为了砖石，但砖石的存在是为了构成房子，一般而言，质料的存在是为了形式
　　和最终的产品。

升。[1] 元素的混合为生物的发展准备了必要的条件，我们看到生命形态从最微弱的萌芽一直发展到最辉煌的人性。[2]

亚里士多德在无机自然中发现了生命形态的第一个标示。一般意义上的运动能够被看作生命的一种形态。在某种意义上，我们认为一切事物都充满了生命：我们谈论空气和风的生命，发现海洋动物的生命现象是与之相似的。[3] 另一方面，宇宙像植物和动物一样有着青年和老年之分，除非它们不是作为整体的各个部分彼此接续，而是作为部分的不同

29
30

1　参见《论动物的生成》ii.1,731b24。

2　亚里士多德认为存在一个从低级到高级的发展过程，人是这个发展中的最高阶段，因此，将人作为参照，我们可以推出低级存在者的完善程度。这个观点从以下这些段落中可以明确得知，即第 21 页以下和第 25 页以下，以及 i.p.465, sqq.；另外，参见下面这两个被引用的段落，《论动物的部分》ii.10,655b37 sqq. 和《论动物的生成》i.23,731a24。在前一个段落中，亚里士多德说：植物仅有少量的和简单的器官，但动物不仅是活的，而且它们还能感知，因此它们的部分是多样的，这种多样性在有些动物中更显著，尤其是那些拥有高级生命能力的动物。在后一个段落中，亚里士多德说：植物的本性不过是繁殖或产生种子，繁殖是通过雌性和雄雌的结合，因此自然把它们结合在植物中，所以植物是没有性别分化的。但动物的功能不仅仅是繁殖……因此它们还能感知，而这是一种知识。下面这个观点并非与刚才陈述的观点相矛盾——即与人类相比，亚里士多德应当（《论动物的部分》iv.10,686b20 sqq.）给不同的动物种类赋予持续降低的完善程度，并且（《动物志》i.6,491a19）应当把人类作为对我们来说最可知的存在者开始研究。我们不能像 Frantzius（*Arsit. Üb. die. Theile. d. Thiere*, p.315,77；他与 Meyer, *Arist. Thierk*.481 sqq. 的观点相反）那样从这些段落中得出结论说：亚里士多德认为自然不是以进步的方式而是以倒退的方式发展，并把自然的历史理解为一个理想生命形态进行连续的倒退，即它从人的形式向植物的形式的倒退。因为，首先亚里士多德并不总是从人出发，只有当他处理外部器官时才这样做；另一方面，当他讨论生物体的内部构造时，低级动物比人更为我们所知，因此他采用相反的途径（《动物志》i.16 *init.*，参见《论动物的部分》ii.10,656a8）。其次，为我们熟知的东西并不必然在价值上或时间上是优先的，或者尽管亚里士多德在讨论有机生命的形式时从完善的形态开始过渡到不那么完善的形态，但我们不能推论说自然采取了相同的方式。相反，亚里士多德在任何时候都非常确定地指出自然的生产方式是相反的；参见上一条注释。这里不存在一个进步的或者倒退的发展问题。亚里士多德并不认为存在一个理想的个体，它要么进步地演化出各种形态，要么倒退地展现出各种形态。有机物的形式并不会自己变成另一种形式；这个转化是由自然充分地使用她的创造力量来发动的。参见上文 p.25。

3　参见第 300 页注释 5 和注释 6；以及《论动物的生成》iv.10,778a2。关于海洋的讨论，参见《气象学》ii.2,355b4 sqq.356a33 sqq.。

状态同时存在。一块湿润的土地能够被蒸干和变老，而一片干涸的地方也能够通过及时的滋润变得鲜活起来。当河流增多，河口地域就会逐渐

31　变成海洋；当河流干涸，海洋就变成了陆地。[1] 若这些变化缓慢地发生，时间的漫长跨度和转化的连续性通常使人们忘记了曾发生过的变化；[2] 若它们突然发生，它们就变成了毁灭性的洪灾，[3] 亚里士多德和柏拉图都 [4] 认为这些灾难导致人类向原始的野蛮时代倒退，尽管人类被认为和宇

1　关于这个问题的全面和卓越的讨论，参见《气象学》i.14。亚里士多德在那儿指出，同一个地域并非总是潮湿或干燥的，而是随着河流的出现和消失，土地后退或者海洋后退。然而，这些变化遵循着某些规律和周期，这些变化的原因是地球内部有成熟的周期，就像植物和动物的身体那样。然而，动植物的身体变化不是关于每个部分的，而是它们作为一个整体的生长或消亡，但地球的变化只是关于其中的部分。当湿度增加或减少时，地球的部分改变了它们的特征。当一个地域干涸了，河流减少直至最后消失时，海洋就后退，而陆地在原来有海洋的地方出现了；当一个地域变得湿润，相反的情况会出现了。亚里士多德将埃及作为前一种情况的例子，他在紧接着的段落中（351b28 sqq.,352b19 sqq.）说埃及无疑是尼罗河的残余，是河流的馈赠（Herod. ii.5），而 Ammon 的神谕所说的地方，像埃及一样，在海平面之下，因此它原先一定是海底；阿戈斯地区（Argolis）和希腊的迈锡尼（Mycenae）的周围，以及博斯普鲁斯海岸（Bosphorus）一直在变化。他说（352a17 sqq.；根据 ii.3,356b9 sqq.,的讨论，亚里士多德在这里指的是德谟克利特，但是阿那克西曼德和第欧根尼也有相同的观点，参见 Zeller，*Ph.d.Gr.*i.205，a,799,4）有人将这些变化归之于世界作为整体的变化，即 ὡς γινομένου τοῦ οὐρανοῦ（宇宙的生成），因此他们认为海洋的总量随着持续的蒸发而减少（与《气象学》ii.3 的观点相反）。然而，如果在许多地方，海洋变成了陆地，而原来的陆地变成了海洋，那么我们不能用宇宙的生成来解释这些现象。丢卡利翁（Deucalion）神发起的大洪水主要在古代希腊泛滥或者河神阿刻洛斯（Achelous）掌管的区域泛滥，参见 352b16。终将有一天顿河（Tanais）和尼罗河不再流淌，亚速海（Palus Maeotis）也将干涸，因为它们的活动是有边界的，但时间是没有边界的。

2　《气象学》351b8 sqq.,这里指的还是埃及。

3　一种突然的、毁灭性的旱灾的可能性已经完全被亚里士多德忽略了，在这一点上他比柏拉图更甚。

4　柏拉图在《蒂迈欧》中引入了亚特兰蒂斯（Atlantides）的故事，他指出毁灭性的风暴有时是以火的形式出现的，例如在法厄同（Phaethon，希腊神话中太阳神阿波罗的儿子，因驾驶太阳车引起地球的火灾而触怒宙斯，后被闪电劈死。——中译者注）的时代，有时是以洪水的形式出现的，这些灾难每隔一段时间就会毁灭人类。当一个文明的城市被淹没，绝大多数幸存者都是半野蛮的山野人，他们必须从头开始。所以，一个年青的希腊文化和一个衰落的埃及文明并存。在考察文明城邦从原始的野蛮地域逐渐崛起的过程中会出现相同的概念；在《法律》iii.676B sqq. 中，柏拉图提出了这样的问题：人类是否永恒存在，还是仅仅存在于一段不确定的时间中（vi.781E），但这段时间究竟有多长是无法确定的。

宙一样永恒，[1]但这种向野蛮时代的倒退时不时地降临在人类文明的历史 　32
中。[2]然而，在最严格的意义上，生命只存在于那些依赖自己的灵魂而
运动的存在者中，像亚里士多德反复强调的那样——生命只存在于植物
和动物中。[3]

2. 植物

植物在生物的等级中是最低的。[4]但它们拥有一个真正的灵魂—— 　33
不仅仅是类似于灵魂的东西；这个灵魂存在于一个有器官的身体中。然
而，这个灵魂是最低级的，它的功能只是营养和繁殖。[5]植物没有感知

1　亚里士多德确实没有在现存作品的任何地方明确说过人类和世界一样永恒；然而，
　　从他关于宇宙的整个学说来看，我们可以推出他不认为人类是有开端的或者世界是
　　有开端的。因为人类是自然之目的，如果在某个时刻人类还尚未存在，那么自然必
　　然在无限长的时间内是不完善的。此外，亚里士多德实际上说过（参见第 311 页注
　　释 4，第 331 页注释 5）在文明的历史中，同样的发现发生了无数次；他的学生塞奥
　　弗拉斯特反驳了下述观点：相对晚近的发现证明了人类是在一个确定的时间段中产
　　生的，而不是永恒的，参见第十二章第三部分。根据 Censorinus 4,3 的记载，亚里
　　士多德在他自己的一篇论文中讲授人类的永恒性。《论动物的生成》iii.11,762ba28
　　sqq. 讨论我们如何设想人类和四足动物之起源的问题，但这被证明为一个假问
　　题，它并不是从亚里士多德的理论立场出发的。参见 Bernays, *Theophr. v. d. Fröm-
　　migk.*44 sq.。
2　这个问题已经讨论过了（参见第 311 页注释 4，第 331 页注释 5，第 174 页注释 7），
　　并且将在下文第十二章第 2 部分中得到进一步证明：即亚里士多德认为宗教信仰和
　　寓言真理是一个文明遗留的残迹，这一文明在自然灾难中被毁灭了。然而（根据第
　　356 页注释 1），这些灾难只能影响地球的某些部分，尽管灾难之后的少数幸存者通
　　常不得不从头开始建立文明。因此，Censorinus,18,11 关于 great annus mundi（伟大
　　的纪年）有这样的评价（参见 Zeller, *Ph.d.Gr.*i.684, n.4, p.250）"quem Aristoteles
　　maximum potius quam magnum appellat"（亚里士多德称这样年代为"至大的"，而
　　非仅仅是"伟大的"）。但我们不能认为这里说的是（正如 Bernays, *ibid.*170 中描述
　　的）亚里士多德相信宇宙的历史是周期性变化的或者地球作为整体也是周期性变化
　　的。他或许采用了亚里士多德在《论哲学》一书中讨论别人的观点时的表述（i.p.56）。
3　参见 ii.p.1。
4　关于亚里士多德的植物学研究的论文，参见第 93 页。他的现存作品中所有关于
　　植物主题的部分被收集在 Wimmer 的 *Phytologioe Aristot. Fragmenta*（Breslau,1838）
　　一书中。
5　参见第 339 页注释 3。

或运动的能力或者为这些能力奠基的生命功能。[1] 它们没有维持统一体的中心（μεσότης），因为它们在被切割成片段后仍然能够存活；由于这个缺陷，它们并不能感知到那些作用在它们身上的形式。[2] 所以，我们可以把它们与动物之整体相比较；尽管植物实际上只有一个灵魂，但它

34 们结合了好几个潜在的灵魂。[3] 另一方面，性别在植物中还未得到分化：因为局限于种群的存活和繁殖，它们处于性别的永久结合状态。[4] 它们的身体之本性与它们的灵魂的不完善性是相适应的。它的物质构成主要是土元素；[5] 它的结构是简单的，为少量的功能服务，因此它只有少量的器官；[6] 植物从土壤中汲取营养，并且由于不能运动，它根植在土地上，它的根系的上半部分类似于动物的头部，但根系是朝下的——身体最好的部分处于最差的位置。[7] 在它的结构和本性中，我们并非完全不能发

1　参见第 350 页注释 4。植物从来不会有感知，因此它们的存在像一种永久的睡眠，它们没有苏醒和睡眠的转换（《论睡眠》1,454a15；《论动物的生成》v.1,778b31 sqq.）。因为相同的原因，植物也没有前边和后边的区分——因为这种区分取决于不同感觉器官的位置。最后，尽管它们能够生长，但是没有运动能力，因此它们也没有左边和右边之分，只有上下之分；参见《论动物的行进》c.4,705a29,705b21；《论青年和老年》c.1,467b32；《论天》ii.2,284b27,285a16，参见第 325 页注释 1。尽管亚里士多德关于植物的看法与柏拉图有些偏差，但仍然与其非常接近，参见 Ph.d.Gr.pp.731,714,7。

2　《论灵魂》i.5,411b19，ii.2,413b16，c.12,424a32；《论生命的长短》c.6,467a18；《论青年和老年》c.2,468a28。另外，参见下一条注释。

3　《论青年和老年》2,468a29 sqq.，亚里士多德在这里指出，昆虫被切割之后仍能够存活；他说：它们是连接在一块儿生活的植物；它们只有一个现实的灵魂，但有好几个潜在的灵魂；因为它们好像是生长在一起的好几个动物。参见《论动物的生成》i.23,731a21。《论灵魂》ii.2,413b18。《论动物的部分》iv.5,682a6；《论呼吸》c.17,479a1；《论动物的行进》7,707b2。

4　《论动物的生成》i.23,731a24,731b8，c.20,728b32 sqq.，c.4,717a21，ii.4 fin. iv.1,763b24，iii.10,759b30；《动物志》viii.1,588b24，iv.11,538a18。

5　《论呼吸》13,14,477a27,477b23 sqq.，；《论动物的生成》iii.11,761a29。亚里士多德认为在植物中除了土元素之外还有其他成分，这一点从第 315 页注释 5 中引用的段落里可以明确得出。根据《气象学》iv.8,384b30 的论述，植物的构成成分是土和水，水还是它们的食物（《论动物的生成》iii.2,753b25；《动物志》vii.19,601b11），为了消耗水，热量是必须的（参见第 345 页注释 6 以及第 346 页注释 6）。

6　《论灵魂》ii.1,412b1；《论动物的部分》ii.10,655b37；《物理学》viii.7,261a15。

7　《论动物的行进》c.4 init. c.5,706b3 sqq.；《论生命的长短》6,467b2；《论青年和老年》

现自然之设计的痕迹，但这些痕迹不那么明显。[1] 然而，尽管与别的生物相较，植物占据了低层的位置，但是与无生命的世界相比，植物灵魂之功能，尤其是种群的繁殖功能，却占据着很高的地位。[2] 正如一切地上世界的事物都能通过它们不间断的繁殖来模仿天国的永恒，植物在自身种群的范围内能分有永恒和神圣。[3] 这是植物生命的最高目的。[4] 更高

---

c. 1 *fin*. ；《论动物的部分》iv. 7, 683b18, c. 10, 686b31 sqq. 。更多引用参见第 354 页注释 4。

1 《物理学》ii. 8, 199a23。

2 参见上一条注释，以第 13 页以下。

3 《论动物的生成》ii. 1, 731b31. *Ibid*. 735a16：所有动物和植物都拥有营养的功能。参见《论灵魂》ii. 4, 415a26；《政治学》i. 2, 1252a28。参见《论生成与消灭》第二卷第 10 章和 11 章的段落（参见第 333 页注释 2），《经济学》i. 3, 1343b23 的内容复制了这些段落，但在这里亚里士多德采取的是柏拉图的主张，参见 Zeller, *Ph. d. Gr.* i. 512, 3。

4 《论灵魂》ii. 4，参见第 350 页注释 3。

36　级的生命形态表现在动物中,[1]亚里士多德为此倾注了大量的科学研究。[2]

1　亚里士多德关于植物的研究细节有以下几点：(1) 他把植物分为根系、主干、枝条和叶子。根系是营养器官，叶片上有脉络，以便输送树液中的养分（《论动物的部分》iv.4,678a9, iii.5,668a22；《论青年和老年》3,468b24)。另外（参见《论动物的部分》ii.10 init.)，他把植物和动物的身体分为三个主要的部分：一是将食物吸收进入自身系统的部分（即头部），二是处理多余物质的部分，三是在两个部分中间的部分。对于植物，根系是它的头部（参见第 354 页注释 4)；它们从土壤中吸收的营养是已经被消化过的，所以，它们不需要额外的空间来储藏多余的物质（关于这一点，参见《论动物的生成》ii.4,740a25,740b8)；然而，根系的相反一端的果实和种子是植物的结晶（《论动物的部分》ii.3,10,650a20,655b32, iv.4,678a11；《动物志》iv.6,531b8 中的描述与《论感觉》5,445a19 中的讨论并非不相容，亚里士多德在这里认为植物没有吸收的、留在土壤里的元素似乎是植物的食物的剩余)。(2) 土和水是植物的食物（《论生成与消灭》ii.8,335a11；《论动物的部分》ii.3,650a3 以及第 358 页注释 5。另外，参见《动物志》vii.19,601b12；《论动物的生成》iii.11,762b12)；甜的食物滋养了植物和动物（《论感觉》4,442a1–12)；它们通过有普纽玛的热量来消耗这些甜的食物（参见第 345 页注释 6，第 346 页注释 6；《论动物的部分》ii.3,650a3 sqq.)，热量有一部分是从食物中来的，有一部分是从周围的环境中得到的，即便植物不需要呼吸，如果环境太冷或者太热，普纽玛的热量就被消耗了，植物也会死去（《论感觉》c.6；《论呼吸》17,478b31)。关于土壤和水的性质对植物的特征和颜色的影响，参见《政治学》vii.16,1335b18；《论动物的生成》ii.4,738b32 sqq. v.6,786a2 sqq.；《动物志》v.11,543b23；《论感觉》4,441a11,30；《问题集》20,12；《论颜色》c.5。(3) 植物的种子和果实是由它们的食物的剩余部分构成的（《论动物的部分》ii.10,655b35, c,7,638a24；《论动物的生成》iii.1,749b27,750a20, i.18,722a11,723b16,724b19, c,20,728a26, c.23,731a2 sqq.；《气象学》iv.3,380a11)；它们包含了新植物的生成所需的胚芽和营养（《论灵魂》ii.1,412b26；《论动物的生成》ii.4,740b6, i.23,731a7)；小型植物产生较多的种子，它们在形成种子时消耗了更多的质料；另一方面，过多的果实会妨碍和毁坏植物，因为它们吸收了过多的营养物质（《论动物的生成》i.8,718b12, iii.1,749b26,750a20 sqq. iv.4,771b13, i.18,725b25；另外，参见《动物志》v.14,546a1。关于果实稀少的树的论述，尤其是野生的无花果树，参见《论动物的生成》i.18,726a6, c.1,715b21, iii.5,755b10；《动物志》v.32,557b25)。关于种子的起源，参见《论动物的生成》i.20,728b32 sqq. c.18,722a11,723b9。关于从种子到胚芽的发展，以及插枝繁殖的讨论，参见《论青年和老年》c.3,468b18–28（cf. Wimmer, p.31; Brandis, p.1240)；《论动物的生成》ii.4,739b34, c.6,741b34, iii.2,752a21, c.11,761b26；《论呼吸》c.17,478b33。关于植物和动物的自我繁殖，参见《论动物的生成》i.1,715b25, iii.11,762b9,18 中的评论，另外，参见《动物志》v.1,539a16。(4) 关于植物的生命长短和死亡的讨论，参见《气象学》i.14,351a27；《论生命的长短》c.4,5,466a9,20 sqq. c.6；《论呼吸》17,478b27；以及《论动物的生成》iii.1,750a20；关于叶子的脱落和返青的讨论，参见《论动物的生成》v.3,783b10–22。

2　关于亚里士多德在研究中获得帮助的记载，参见 Brandis, ii. b,1298–1305 的有用的

3. 动物

所有动物除了拥有营养能力和生殖能力之外，还拥有感知能力、感 37
受愉快与痛苦的能力，以及欲望；而它们中的绝大多数还拥有运动的能
力。现在，有感知的和可运动的灵魂被添加到植物灵魂之中就成了动
物。[1] 甚至人类身上获得最完备发展的、道德的和理性的生命也能在低
级的动物中找到些微的痕迹：它们有温和的或凶猛的性情，它们有恐惧
和勇气，也有狡猾的和通情理的动物；某些动物能够学习，我们不难发
现它们有一种类似于人类的科学能力的东西；相反，儿童与动物一样只 38
有初级的道德和理性。[2]

论述。在亚里士多德的前辈中，这个领域中最重要的研究无疑是德谟克利特的，亚
里士多德常常带着尊敬的态度提到他。另外，亚里士多德还提及阿波罗尼亚的第欧
根尼（Diogenes of Apollonia）、阿那克萨戈拉、恩培多克勒、巴门尼德、Alcmaeon、
Herodorus、Leophanes、Syenneis 和 Polybus 等人的观点，以及通过语言上的修辞他
将 Ctesias 和 Herodotus 的一些话时不时地归于诗人的话（然而，他对这些话是不信
任的）。尽管有前人的研究，他关于动物的理论主要建立在他自己的观察之上，以
及从牧羊人、猎人、渔夫、饲养者以及兽医那里得到的补充信息。他的理论，除了
个别地方，应当是原创。Brandis（1303）说："他对他的前辈们留给他的信息的运
用以及他为动物学提供的科学方法，在所有可能的方面都是他自己创造的。"然而，
Lange（*Gesch. d. Material.* i.61）有不同的意见，他说："'亚里士多德是一个自然科
学的伟大发现者'是广为人知的确定看法。然而，我们知道在这个领域内他有许多
前辈，因此，这个确定看法是应该受到批判的。"但是，当我们追问这些前辈的出
处在哪里时，Lange 给我们指出的只是(pp.129,11,135,50) 从 Mullach, *Fr. Phil.* i.338
中得来的一个引用，但作者在这里的表达是非常谨慎的和有所保留的。关于亚历山
大对亚里士多德的动物学研究给予帮助的论述，参见 ii.p.29, sqq.。

1 参见 ii.p.21。
2 《动物志》viii.1,588a18（另外，参见第 354 页注释 9，后继段落，参见第 354 页注
释9）。*Ibid.* ix.1 *init.*(cf. c.3 *init.*)；亚里士多德指出身体结构之不同产生了性别差异；
参见 608b4；i.1,488b12 sqq.；《论动物的生成》i.23（参见第 355 页注释2）。关于
许多动物的可驯服性和明理性，参见《形而上学》i.1,980a27 sqq.；《尼各马可伦理
学》iv.7,1141a26；《论动物的部分》ii.1,4,648a5,650b24。在《自然历史》的第九卷，
亚里士多德不仅讨论了动物一般意义上的习惯，而且更多关注了它们表现出的理
性。在四足动物中，绵羊的智力是最低的(c.3,610b22)，而牡鹿的智商比较高(c.5)。
熊、狗、豹等动物能够找到治疗伤口和疾病的药物，以及抵御其他动物攻击的合适
的方法 (c.6)。燕子的智商能够使它建筑巢穴，而鸽子能为它的伴侣和幼鸽提供食
物 (c.7)；鹤能够聪明地进行飞翔导航 (c.10)；一般而言，鸟类的行为都显示出它

39　　　动物的身体结构和特征与它们处于自然生命之等级中的较高层次相适应。它们多样的功能要求数量多样的和结构复杂的器官。亚里士多德在《论动物的部分》中讨论了动物的所有器官。[1]首先（第二卷第2至9章），他描述了构成这些器官的同质质料——即血液、脂肪、骨髓、脑、肌肉、骨头、肌腱、血管、皮肤等。构成这些质料的基本成分是热的、冷的、干燥的和潮湿的元素。[2]肌肉，或者在低等动物中类似肌肉的部分，[3]是构成动物的最重要和最不可缺的部分：因为亚里士多德并不知道神经，所以他相信肌肉是最普遍的知觉中介，即触觉的中介，因此它是动物的最普遍的器官。[4]骨头、肌腱和皮肤是用来连接和保护肌肉

40　　的。[5]血液[6]为各种固态的组织输送营养。脑的功能是使血液冷却，[7]因此

们的计划性，例如栖息地的选取、建筑巢穴和需找食物（参见 *ibid.* c.11–36）。类似的，亚里士多德描述了许多海洋动物的狡猾（c.37），蜘蛛、蜜蜂、黄蜂等动物的勤劳（c.39），大象的温顺和聪明（c.46），骆驼和马的道德直觉（c.47），以及海豚的类人的性情（c.48），等等；就上述情况而言，我们很自然地把那些有疑问的东西放在一起来看。

1　更准确地说，它们是在这本书的最后三卷中讨论的；参见上文第69页注释1和第66页注释2中关于这个问题和 Ἀνατομαί（解剖）的讨论。

2　《论动物的部分》ii.2 *init.*–c.3, 650, a,2 指出了我们可以在不同的情况下，描述一个物体比另一个物体更热，以及从一个状态向另一个状态的转化。

3　参见第353页注释4。

4　《论动物的部分》ii.8 *init.*。另外，关于更多肌肉对于感觉的重要性的论述，参见 c.1, 647a19, c.3, 650b5, c.10, 656b34；《动物志》i.3, 4, 489a18, 23；尤其是《论灵魂》ii.11, 422b19, 34, sqq. 423b1, 29, iii.2, 426b15。知觉器官是心脏（参见下文）。

5　《论动物的部分》ii.8, 653b30 sqq.。

6　血液或类似于血液的东西（参见第353页注释3）是动物的身体（《论睡眠》c.3, 456a34；《论动物的部分》ii.3, 650a32 sqq. c.4, 651a12；《论动物的生成》ii.4, 740a21 and *passim* τελευταία 或 ἐσχάτη τροφή（最终的或者最后的食物）；因此灵魂和身体之生命力都取决于血液的质量；参见《论动物的部分》*ibid.*, c.2, 648a2 sqq. 根据后面这个段落的描述，浓稠的和温暖的血液更能传导力量，稀薄的和冷的血液更能传导感觉和思想。最好的混合状态是温暖的和稀薄而纯粹的血液。

7　《论动物的部分》c.7（参见第348页注释2）。因此，有血液的动物才有大脑（*ibid.* 652b23）；人类的脑袋在身体的比例中比其他动物大得多，而男人的脑袋又比女人大（653a27），因为他们的血液比较热，需要更大的脑来使它冷却。无血液的动物也有类似于脑的部分，参见第354页注释2。

它是由冷的元素，即土和水构成的；[1]骨髓[2]和其他部分[3]是由剩余的血液构成的。在这里，我们可以注意到手段和目的的一个渐进层级。身体的同质部分是为了构成器官而存在的，[4]但有些同质材料能够直接作为有机体的部分来为目的服务，而有些仅仅是前者的营养物质，还有一些是营养物质的剩余，[5]当然，它们在自然秩序中也有自身的用途，并不会被丢弃。[6]每一种质料根据它的目的而被分为优等的和劣等的，因此，即便在这里，不同的动物以及同一个动物的不同部分不是在同一个等级上的。[7]灵魂最初存在于普纽玛中，它是产生活力热量的原因，因此它主要在心脏中。[8]

如果我们继续考虑由同质的质料构成的器官，我们必然会注意到，动物首先拥有将各种功能统一起来的点，因此它们有一个生命的核心器官；[9]对于有血液的动物而言，这个器官是心脏，对于别的动物，它是类似于心脏的器官；[10]只有一些非常低级的和接近植物的动物才至少拥有多个潜在的生命活力点，所以它们在被切割成片段后还能存活。[11]动物的

41

1　《论动物的部分》652b22。

2　*Ibid.* c.6 *fin.*。

3　例如种子——将在稍后讨论，以及乳汁（《论动物的生成》*iv*.8）。

4　参见第 337 页注释 1，第 340 页注释 3，以及第 354 页注释 10。

5　《论动物的部分》ii.2,647b20 sqq.。

6　参见第 303 页注释 4。

7　《论动物的部分》ii.2,647b29；这里解释了三种类型的同质物质，肌肉类似的差异在《论动物的部分》iii.3,665a1, c.7,670b2 中被指出了；参见《论灵魂》ii.9,421a25。

8　参见第 342 页注释 2。

9　参见第 358 页注释 2。

10　参见第 354 页注释 1，以及《论动物的生成》ii.4,738b16。《论生与死》c.2–4;《论动物的部分》iii.4,665b9 sqq. c.5,667b21。关于亚里士多德所说的类似于心脏并总是处于身体中心位置的器官的详细讨论，参见《论动物的部分》iv.5,681, b,12–682, b,8；关于它们的位置，参见《论青年和老年》2,468a20。

11　亚里士多德在《论灵魂》ii.2,413b16 sqq. 中对这个问题做出了评价。另外，参见《论青年和老年》2,468a26 sqq.；《论动物的行进》7,707a27 sqq.；《论动物的部分》iii.5,667b23, iv.5,682b1 sqq.（参见第 332 页注释 1）。许多昆虫被切成片段后还能存活（但它们并未完全被确认是什么物种；参见 Meyer, *Arist. Thierk.*224）。

核心器官在它们生命的开端就形成，倘若它没有被毁坏，动物就不会

42　死亡。[1]它的功能[2]部分在于制造血液，部分在于产生感知和运动。除心

1　《论动物的部分》iii.4,666a10,20,667a32；《论生与死》3,468b28；《论动物的生成》ii.4,739b33,740a24；亚里士多德在这里反驳了德谟克利特的观点，后者认为动物的外表部分是最先形成的。亚里士多德说："好像我们面对的是木头或石头的外形，而不是生命存在者——它们的发展和演化是从内部向外部进行的。"

2　Meyer, *Arist. Thierk.*425 sqq.。血液被心脏的热量加热（《论呼吸》20,480a2 sqq.）；血液的循环以及动脉和静脉的区分（《论动物的部分》iii.4,666a6，《论呼吸》20,480a10 以及《论动物的部分》iii.5 关于整个血管之系统的描述；另外，参见《动物志》iii.3）是亚里士多德所不知道的，然而他知道心脏有节律地跳动和脉搏有节律地搏动（参见第 178 页注释 4），他也提到了血液有不同的性质（参见下文以及第 363 页注释 7）。他还准确地描述了许多血管（《论动物的部分》iii.5,《动物志》iii.3,513a12 sqq. 参见 Philippson, ὕλη. ἀνθρ.[《人的质料》]，第 28 页）。血管的源头不像希波克拉底和他的学派认为的那样在头颅中，而是在心脏中（《论动物的部分》ii.9,654b11, iii.4,665b15,27, c.5 *init.*；《动物志》iii.3,513a21；《论动物的生成》ii.4,740a21；《论睡眠》3,456b1）。纯粹的和黏稠的血液的分离发生在心脏中，至少在大型动物中如此，前一种血液向上运动，后一种血液向下运动（《论睡眠》c.3,458a13 sqq.；《动物志》iii.19,521a9）。心脏原本的内在热量使血液维持着它的热量，而血液的热量又维持了身体的热量（《论动物的部分》iii.5,667b26）；因此，亚里士多德在《论动物的部分》iii.7,670a24 中把心脏比喻为雅典的卫城，它是维护自然的神圣之火的地方。血液的热量在心脏中产生了气体（参见 Meyer），气体使心脏跳动，并扩展胸腔，在扩展留出的空间中，空气被挤入并冷却了它，当它冷却后会收缩，直到心脏产生的气体再次产生出脉搏，而脉搏通过血管传播并伴随着呼吸（《论动物的部分》ii.1,647a24, iii.2,665b；《动物志》i.16,495b10；《论呼吸》20,479b30,480a2,14, c.21,480a24,480b17）。心脏既是呼吸的原因，亦是运动的原因；《论睡眠》2,456a5,15；《论动物的行进》c.6,707a6 sqq.。另外，亚里士多德认为肌腱的来源也是心脏，尽管它们并不完全取决于后者，但心脏本身就是由许多肌腱组成的（《动物志》iii.5；《论动物的部分》iii.4,666b13）。然而，亚里士多德并没有解释四肢是如何被心脏推动的（参见 Meyer, p.440）。心脏是知觉或感知生命的主要场所，参见《论动物的部分》ii.1,647a24 sqq. c.10,656a27 sqq.656b24, iii.4,666a11, c.5,667b21 sqq., iv.5（参见第 363 页注释 10）；《论睡眠》2,456a3；《论青年和老年》3,469a10 sqq.469b3, 参见下文第三部分。血管是感知向心脏传导的通道（《论动物的部分》iii.4,666a16），尽管血液本身是没有感觉功能的（参见 *Ibid*；《论动物的部分》ii.3,650b3, c.7,652b5）。触觉通过肌肉传递（参见第 362 页注释 4），而其他感知通过感觉器官与心脏之间的管道传递（《论动物的生成》v.2,781a20），我们不得不假设亚里士多德在这里说的是血管，正如 Meyer, p.427 和 Philippson 所说（关于通往脑部的管道的讨论，参见《动物志》i.16,495a11, iv.8,533a12；《论动物的部分》ii.10,656b16）；参见《论青年和老年》3,469a12；《论动物的部分》ii.10,656a29；《论动物的生成》ii.6,744a1；《动物志》iii.3,514a19, i.11,492a21。对于嗅觉和听觉，在被感知的对象和通向心脏的血管之间存在 πνεῦμα σύμφυτον（先

脏之外，次重要的器官是脑，[1]我们已经指出，[2]它的功能是冷却血液和分　43
散心脏产生的热量。亚里士多德并不认为脑是感知的中心器官。[3]肺的
作用也是冷却血液，而气管[4]是为肺部提供空气。[5]由于这个目的，肺的
本性因一个动物拥有的内在热量的多少之不同而有差别。哺乳动物的肺
充满了血液；而鸟类和两栖类动物的肺充满了空气。[6]鱼类并不怎么需　44
要给器官降温，它们拥有腮；腮在完成了降温功能之后还能把从食物中
吸收的水分排出去。[7]没有血液的动物是没有肺的，它们的本性是冷的，

天的普纽玛）；参见《论动物的生成》ii.6,744a1；《论动物的部分》ii.16,659b15。亚
里士多德不知道神经的存在；参见 Philippson, *ibid.* 以及 Meyer, p.432。如果他是通
过对神经的经验观察而得出以上"管道"之理论的——Schneider（*Arist. Hist. An.*
iii.47）和 Frantzius（*Arist. üb. Die Theile d. Thiere*, p.280,54）认为他所说的就是神
经，那么这一事实本身就证明了他并不知道这些通道就是神经。另外参见第十章第
3 部分。

1　《论动物的部分》iii.11,673b10。
2　参见第 362 页注释 7。脊柱中的骨髓与脑部是相连接的，这是为了用大脑来使它
　冷却。
3　《论动物的部分》ii.10,656a15 sqq.（在这里，亚里士多德指的主要是柏拉图的《蒂
　迈欧》75, B sq.）；参见 Meyer, p.431。
4　参见《论动物的部分》iii.3 以及《动物志》iv.9，气管在这里被认为是与它的特殊
　功能相适应的发声器官。
5　关于这个问题的详细讨论，参见《论动物的部分》iii.6 以及《论呼吸》，尤其参见
　c.7,474a7 sqq. c.9 sq. c.13, c.15 sq.。血管从心脏通往肺部，并将空气从前者带往后
　者之中；参见《动物志》i.17,496a27；Meyer, p.431（参见上文，以及 *Ph.d.Gr.*i.730,4）。
　柏拉图已经设想过心脏是由肺来冷却的。
6　《论呼吸》1,470b12, c.10,475b19 sqq. c.12 *init.*；《论动物的部分》iii.6,669a6,24
　sqq.。有趣的是，我们应当注意到亚里士多德对某些信息的不完善的掌握如何使他
　得出了错误的结论。他的经验观察使他认为在呼吸和动物的身体热量之间有一种关
　联；但是，因为他既没有血液的氧化或者燃烧的一般性质的概念，他便认为血液只
　是被呼吸冷却而并不从其获得营养。在《论呼吸》c.6,473 中，他明确地反对"吸
　入的空气是内部热量的食物"这个观点。
7　《论呼吸》10,476, a,1 sqq.22, b,5, c.16；《动物志》ii.13,504, b,28，以及别的段落；
　参见第 354 页注释 3。亚里士多德明确地反对鱼类也能呼吸空气的观点，参见《论
　呼吸》c.2,3。这个问题只有在发现了气体的转化之后才可能解决（参见 Meyer 的评
　论，第 439 页）。

因而不需要肺。[1] 心脏的血液是从营养物质形成的，[2] 而它们是消化器官产生的；[3] 有血液的动物的消化器官通过腹膈与高贵的器官分开，这是45 为了使感知灵魂的活动不被从食物中升起来的热气妨碍。[4] 食物在胃中得到了初步的消化，[5] 变成了液态，这样它才能进入身体。[6] 它通过蒸发进入胃周围的血管中，然后进入心脏，它在那儿被转化为纯粹的血液。[7] 血液离开心脏后，根据不同的需求，[8] 被带到身体的不同部位。血液从胃部到血管的通道是肠膜，肠膜中的褶皱仿佛是根系或吸盘，动物靠它们从胃中吸收食物，就像植物从土壤中吸收养分一样。[9] 腹膜上的脂肪层

---

1 《论动物的部分》iii.6,669a1；《论呼吸》c.9（参见 i.p.7, sqq.）c.12,476b30。亚里士多德确实知道一些无血液动物的呼吸器官，但他认为这些器官有另外的功能。

2 《论生成与消灭》ii.8,335a9 sqq.，《论感觉》5,445a17；亚里士多德在这里指出，一般而言，就植物和动物来说，这种物质是所有元素的混合；参见第 315 页注释 5。严格来说，营养物质是甜的东西，因为这个部分较轻，它可以被加热至沸腾而升华，而苦的和黏稠的东西被剩下来了；其余所有营养物质都是甜的（《论感觉》4,442a2 sqq.，参见《论动物的生成》iii.1,750b25；《气象学》ii.2,355b5；《论动物的部分》iv.1,676a25）。脂肪是甜的（《论感觉》4,442a17,23；《论生命的长短》5,467a4）；甜的血液才是更健康的（《论动物的部分》iv.2,677a27），而脂肪是被加工的、有营养的食物（《论动物的部分》ii.5,651a21）。

3 牙齿只具有准备消化食物的功能（《论动物的部分》ii.3,650a8）。然而，嘴巴除了有将食物摄取入身体系统的功能之外，还有好几种别的功能，参见《论动物的部分》ii.10 init.（参见第 349 页注释 2），c.16,659b27 sqq.，iii.1；《论感觉》5,445a23。

4 《论动物的部分》iii.10,672b8–24；参见《古希腊哲学史》i. p.729。营养的灵魂（或植物灵魂）位于腹中膈之下，这个观点在《论动物的生成》ii.7,747a20 中被指出，参见第 363 页注释 10。

5 胃在不同的动物中有不同的性质，参见《论动物的部分》iii.14,674a21–675a30 的描述；另外，参见《动物志》ii.17,507a24–509b23, iv.1,524b3, c.3,527b22.&c。

6 参见《论动物的部分》ii.2,647b26。

7 《论动物的部分》ii.3,650a3–32，《论睡眠》3,456b2 sqq.。

8 亚里士多德在《论动物的生成》iv.1,766a10, ii.6（参见第 349 页注释 3）以及《气象学》ii.2,355b9 中指出，身体的每一个部分都是由恰当的和适合的质料构成的，高贵的部分是由好的质料构成的，而低级部分是由差的质料构成的；但我们并不知道这个具体的过程是怎样的。从《论动物的生成》iv.1,766b8, ii.3,737a18, i.19,726b9, ii.4,740b12 这些段落看来，我们只知道亚里士多德认为血液是 ἐσχάτη τροφή（最终的食物），它自动地流向需要它的部位。

9 《论动物的部分》iv.4,678b6 sqq. ii.3,650a14 sqq.；根据这些段落的描述，胃对于动物的功能与土壤对于植物的功能是一样的：即它保存食物并为食物的使用做准备。

使得消化时腹部的温度增加，[1]而肝和脾也有同样的、使血液温度增加的功能，[2]这两个器官同时起到固定血管网的作用。[3]另一方面，胆汁是无用的物质，它已经被血液取代了。[4]多血液的动物因为体温较高而需要更多液态的营养物质，它们的膀胱和肾有特殊的部分起到排除多余物质的作用，这些多余物质不能再次进入身体。[5]与摄取食物的嘴和向胃部传导食物的食管相对应，[6]所有动物的肠道中都有一个排泄管，它的作用是排除无用的营养物质。[7]但是，有些动物的肠道分担了部分消化功能。[8]肠道的狭窄和弯曲克制了动物的食欲，因此最贪食的动物有着像鱼类一样宽阔的和垂直的肠道；[9]然而，对营养物质的真正需求量取决于动物的身体中所含的热和冷的量。[10]骨骼的作用是支撑和保护躯体柔软的部分，低级动物也有与骨骼类似的部分。[11]有血液的动物的所有骨头都是从脊

46

47

1　《论动物的部分》iv.3,677b14，亚里士多德在这里试图从物理的方面（或必然性的方面）来解释腹膜的形成。

2　《论动物的部分》iii.7,670a20 sqq.。

3　《论动物的部分》iii.7,670a8 sqq.（cf. c.9,671b9），这里对肾和肠道的一般描述是相同的（类似的，德谟克利特指出母体内胎儿的肚脐是一个固定器官）。我们已经指出（参见第349页注释5）脾并非为所有动物所需。无血液的动物需要肠道和脂肪；参见《论动物的部分》iv.5,678a25 sqq. ii.5,651a25。关于对不同动物的器官之形态的描述，参见《论动物的部分》iii.12,673b20,28, c.4,666a28, c.7,670b10；《论灵魂》ii.15,506a13。

4　参见第350页注释2。因为只有甜的物质是营养物，所以苦涩的胆汁是 $\pi\varepsilon\rho\acute{\iota}\tau\tau\omega\mu\alpha$（多余的物质），参见《论动物的部分》iv.2,677a24。所以，并非所有动物都有胆；ibid.676b25, iii.12,673b24；《动物志》ii.15,506a20,31。

5　《论动物的部分》iii.8,9；《动物志》ii.16。亚里士多德知道上述规则是有例外的，他找到了解释它们的方法。他对于肾上的脂肪的处理（627a1 sqq.）是从物理的必然和自然的设计两个方面来进行的，这个解释是充分而有趣的。

6　然而，并非所有动物都有食管，参见《论动物的部分》iii.14。

7　《论动物的部分》iii.14,674a9 sqq.675a30,656b5。

8　《论动物的部分》675b28。

9　《论动物的部分》675b22, Ibid.675a18；《论动物的生成》i.4,717a23 sqq.；参见，柏拉图，《蒂迈欧》72E sq.。

10　《论动物的部分》iv.5,682a22。

11　《论动物的部分》ii.8,653b33 sqq.；参见第362页注释5；ibid. c.9,654b27 sqq.。关于与骨骼类似的组织结构的讨论，参见第353页注释6。

柱生发出来的；[1]在这里，我们可以确定的是亚里士多德第一个认识到了它们有一个共同属性。[2]四肢通过肌腱和关节与脊柱相连，这样骨头彼此连接但又不会阻碍运动。[3]亚里士多德准确记载了许多与运动和运动器官相关的物理机制的经验观察。[4]但他时常用伪造的和不能证明的假设支持一些有问题的陈述。[5]我们也不能假装认为他对影响和伴随运动的条件至少做出了生理学的解释。[6]

48

　　动物和植物的一个最重要的区别是它们的繁殖方式不同。[7]植物

1　《论动物的部分》ii.9,654b11。

2　《动物志》iii.7,516b22。

3　关于这个主题的完整讨论参见《论动物的部分》ii.9,654b16 sqq.。亚里士多德关于骨骼的研究中有一两处重要的忽略，例如对于骨盆的讨论以及动物的腿骨和人的腿骨的相似性，参见 Meyer, p.441 sq.。

4　例如在 Π. πορείας ζῴων（《论动物的行进》）一文中，亚里士多德指出所有运动的东西都需要一个支点（c.3）；至少有两个器官才能产生运动，即一个抵抗压力，另一个进行活动（ibid.705a19）；因此腿总是偶数（c.8,708a21；《动物志》i.5,489b22）；动物的所有向前的运动都是靠弯曲和伸展来实现的（c.9, c.10,709b26；这一章还包括了对鸟类和昆虫的飞行的研究，以及不同的飞行器官的重要性）；人为了垂直站立不可能拥有两条以上的腿，并且他的身体的上半部分一定比下半部分轻，而人的这个比例比其他低矮的动物要高（c.11 init.）。这个解释同样适用于第 12 至 19 章中的很多论述，即关于人和其他动物的关节的弯曲和运动的方式。

5　因此，在 c.4 sq.（参见第 325 页注释 1）中，亚里士多德试图以巧妙的方式证明运动总是从右边开始的，尽管他并不是从科学观察中得出这个结论，而是从教条的前提中推论出的（c.5,706b11）——即上方优先于下方，前面优先于后面，右边优先于左边，因此本原的位置一定是在上方、前面和右边。但他也指出我们同样可以说这些位置是优先的，因为本原处于它们之中。关于后面这个观点，参见《论动物的行进》705a29 sqq.；《论天》ii.2,284b26。他继而提出（c.6 sq.）一个虚假的证明（这个证明也出现在 c.1,704a11, c.10 init.；《动物志》i.5,490a25 sqq.）：即有血液的动物运动不依赖超过四条以上的腿（在《动物志》中他明确地说它们只能有四条腿）。此外，他对于动物的运动方式的描述（c.12 sqq.）有不少错误，参见 Meyer 的讨论，第 441 页以下。

6　我们的确被告知动物的一切运动都是从心脏发端的，但是这并未解释这种发端是如何可能的（参见第 364 页注释 2）。π. πενεύματος（《论普纽玛》）（c.8 init.）提出了生命力沿着肌腱传递并且它是推动力的解释，但这种解释并不是亚里士多德的。

7　亚里士多德研究这个问题的著作，即《论动物的生成》，受到了最充分的认可，这种认可甚至来自于当代的科学家。尽管 Lewis 在别的方面并不认同他的观点，但在这里却倾向于给予亚里士多德的科学研究很高的评价，他与 Aubert 和 Wimmer（参见他们的版本 p. v. sq.）都认为这部作品应当得到尊重，因为他以娴熟的技巧和丰

没有性别差异，性别差异始于动物，它们暂时的结合是为了繁殖的目的。因为动物不仅仅为了维持生命，还为了感知事物，所以它们的繁殖活动[1]一定是限制在某个范围内的。[2]只有贝类动物和植虫类[3]是没有性别区分的；它们处于动物王国和植物王国的边界，因此它们缺少植物和动物共有的功能：它们像植物一样并不通过交配来繁殖，它们又像动物一样并不是用种子或果实来繁殖。事实上，它们是从分泌液中自发地生成的。[4]另外，它们的运动功能也处于类似的模糊状态。[5]

　　就性别的对比而言，我们或许会说雄性和雌性的关系是形式与质料的关系。[6]前者是主动的，后者是被动的；一个是能动的和赋形的力量，另一个提供被赋形的材料；[7]一个给予灵魂，另一个提供身体。[8]亚里士多德非常坚定地维护这个观点，他否认雄性的精子参与了胚胎的物质构造，[9]并宣称它只传递给雌性提供的质料以必要的运动，[10]正如形式

富的知识研究了许多生物学中最深层的问题，时至今日，它并不比 Harvey 的名著陈旧或逊色（*Arist.*413）。

1　*ἔργον τοῦ ζῶντος*（动物的功能），*ἔργον κοινὸν τῶν ζώντων πάντων*（所有动物的相同的功能）。

2　《论动物的生成》i.23，引用是从这里来的，参见上文 p.29。

3　除了后面提到的少数情况，它们应当被视作例外。

4　《论动物的生成》i.23,731b8, c.1,715a25,715b16, ii.1,732a13, iii.11,761a13–32。只有这种相对简单的有机体才能以这种方式繁殖，因此，如果"人和四足动物是从土中生成的"是真的——像有些人认为的那样，那么他们一定是从先前的蛋或卵中生成的（《论动物的生成》iii.11,762b28 sqq.）。然而，亚里士多德自己并未采用这种观点，尽管塞奥弗拉斯特采用了这一观点。

5　性别的区分只存在于 *ζῶα πορευτικὰ*（有腿的动物中），在刚才引用的那个段落中，贝壳类动物被描述为在植物和动物之间的生物，因此它们是中性的，参见《论动物的行进》19,714b13。我们之前说过，即使它们的腿被切除，它们也会像有腿的动物那样运动。

6　参见 i.p.353。

7　《论动物的生成》i.2,716a4, c.20,729a9,20。另外，参见 c.21,729b12,730a25, ii.4,738b20–36,740b12–25, and *passim*；参见下一条注释。

8　《论动物的生成》ii.3（参见第 342 页注释 2），*Ibid.*737a29（参见第 371 页注释 2）c.4,738b25。

9　《论动物的生成》i.21,22：胚胎是在母亲体内形成的，母亲提供了来自父亲的赋形力量所需的质料，但是雄性的精子并不作为任何物质部分而进入胚胎。

10　他从这个方面比较了精子（《论动物的生成》i.20,729a11, ii.4,739b20）与使牛奶凝

与质料的一般关系，即主动的与被动的、推动者与受动者的关系。在这些情形中，前者与后者没有任何物质上的结合，只是作用于它。[1] 因此，
51 亚里士多德认为，在所有可能的情况下，雄性一定区别于雌性；如果形式优于质料，那么它们的差别越大，它们就能产生出越好的结果。[2] 因此，他仔细地区分了雄性的生殖功能的部分，即精液，和雌性的生殖部分——即经血。他认为，它们在种类上是相同的，并且它们的来源也是相同的，即它们都是营养物质的一种分泌物，或者血液的一种产品。[3] 然而，这种液体的分泌量是很大的，它在雌性中以粗糙的形式出现——即雌性的经血或者其他动物与此类似的东西；但它在雄性中变成了精
52 子。[4] 因此，同一种物质在两种性别中以如此不同的方式存在，以致于

结的酪蛋白。然而，亚里士多德在《论动物的生成》iv.4,772a22 中明确反对运用这个类比。

1 《论动物的生成》i.21,729b1：雄性的精子是否参与了胚胎的成形？即它是否作为一个先在的部分存在于胚胎中，并与来自雌性的质料混合在一起？或者精子并不能为胚胎提供任何物质成分，而是为其赋予力量和运动？亚里士多德选择了第二种回答，因为，一方面被生成者从另外两个存在者生成，那么这两个存在者中的一个是主动的，另一个是被动的，主动的存在者并不存在于被生成者中；一般而言，当一物作为推动者推动另一物时，情况皆如此。另一方面，这个观点得到其他事实的支持：即便雄性的精子和雌性提供的质料之间没有任何物质接触，生成也是可能的，例如未受精的卵后来孵化了。

2 《论动物的生成》ii.1,732a3。

3 关于这个主题的详细研究参见《论动物的生成》i.17–20。亚里士多德一开始就（721b11 sqq. cf. c.20,729a6,730a11）否认了精子是身体的所有部分的分泌物的观点（参见 Zeller, *Ph.d.Gr.*i.805,2,720,6, 以及 Aubert-Wimmer, p.7）。他继而指出（724a14 sqq.）σπέρμα 一定是这两种物质中的一种：要么是用过了的质料的有机部分的 σύντηγμα（排泄物），要么是营养物质的 περίττωμα（剩余），这种剩余要么是一种有用的营养的残余，要么是无用的。它不可能是一种排泄物，也不可能是无用的剩余营养；因此它一定是身体的有用的营养物质。然而，最有用的营养物质是 τροφη ἐσχάτη（最终的食物）或血液；因此，σπέρμα 是作为最终的营养物质的血液之剩余，而血液最终被输送到全身各个部分（c.19,726b9）。这就是为什么子女都像他们的父母的原因（*ibid.* c.13）。关于精子的性质和物质构成的讨论，参见《论动物的生成》*ii*.2。

4 *Ibid.*726b30 sqq. c.20,729a20。亚里士多德在 c.19,727a15 sqq. 中解释了女性的体格之纤弱、脸色之苍白、毛发之稀疏和身材之矮小的原因是血液供应量的不足。

它以其中一种方式存在就不能以另一种方式存在。[1] 我们立即就能看到两种繁殖物质的理论很好地呼应了这位哲学家关于生成过程和两性关系的观点。如果经血的构成物质与精子的构成物质是相同的，差别仅在于它们的发展程度，那么我们就可以认为经血是未发展完善的精子。[2] 因此，它们潜在地包含了精子现实地拥有的东西；它们是质料，而精子是发展的原动力和形式的传递者。经血和精子是重要的营养物质的剩余，甚至胚胎形成之后，它们还维持着原先在身体中的运动，并且通过运用它们内在的生长和营养之能力，产生出与其父母类似的后代。[3] 亚里士多德认为，如果被生成的存在者仅仅是植物的话，那么雌性就足以保证它的发展，因为灵魂的营养功能在雌性的生殖材料中已经是现实的。另一方面，对于一个动物的生成来说，雄性的精子是必不可少的，因为只有它包含了感知灵魂的萌芽。[4] 因此，雄性提供的部分作用于雌性提供的被动的质料，由此产生了包含两者之本性的一个结果。动物自身的本性是从这两个方面发展来的，不是因为物质在空间排列上与它们类似，而是因为一旦运动起来它们就朝向一个被内在本性规定了的目的而

53

1　C.19,727a25. c.20, ii.4,739a20，这里的文本指出没有什么能够代替雌性的经血。

2　《论动物的生成》ii.3,737a27。例如未受精的卵，它们是在不与雄性接触的条件下形成的。参见 c.5,741a15。

3　《论动物的生成》737a18（参见上一条注释）。参见 i.19,726b13（参见第370页注释3）。

4　《论动物的生成》ii.5,741a9：如果生殖的物质被包含在雌性的剩余营养中，并且雌性的这部分和雄性一样有着相同的灵魂，那么为什么雌性只靠它自身不能繁殖呢？原因是动物与植物的差别在于它们能够感知；如果雄性拥有产生感知灵魂的能力，而雌雄两性又是分离的，那么雌性就不能独立地繁殖。然而，就未受精的卵而言，雌性在某种程度上是能够独立繁殖的。这些包含了潜在的灵魂，但它是最低层次的，即 θρεπτικη（营养的灵魂）；但是动物也拥有感知的灵魂，因此，没有什么动物是直接从未受精的卵中产生的。如果有些种类的动物没有雄性，例如红海的胭脂鱼（事实是否如此并不清楚），那么雌性就能够独立地繁殖。然而，倘若某种动物有性别的区分，那么这就是不可能的；否则，雄性在繁殖中就没有任何作用；实际上，感知的灵魂最开始是从雄性来的。

54 运动[1]——因为，事实上，精子包含了灵魂的萌芽和潜能。[2]在这个过程中，自然使用的能动力量是热和冷；[3]但是具有繁殖力的物质材料和它包含的潜在的灵魂决定和规范着这些能动力。[4]每一个萌芽产生出一个与它的父本相似的存在者，因为血液是身体直接的营养物质，而它倾向于形成一个特定种类的身体，这种倾向持续地在精子中起作用。所以，个

55 体和种类的特征在生殖活动中得到传递。[5]如果雄性的精子——它传递了发展的推动力——有足够的能量作用于雌性提供的质料，那么后代就随父亲的性别；如果它缺乏足够的热量，那么后代的本性就是冷的——即它的后代是雌性。性别的区分最终在于它们包含的生命热量的多少：较热的本性能够使血液成熟并产生出完善的种子，而较冷的本性只能产生出粗糙的生殖质料，即雌性的经血。[6]女性是未完成的男性，她处于

56 较低的发展层级。[7]生殖器官是与它们的功能相适应的；我们不能把它

---

1 《论动物的生成》ii.4,740b12。在这里，能动的力量是营养的灵魂，而它的工具是冷和热。c.5,741b7：雄性提供的部分是发展的最初来源，因为正是这个部分包含了感知的灵魂。这个观点已经被详细地证明了（参见733b30以下）。

2 关于这个问题，参见《论动物的生成》ii.1,733b32,735a4 sqq. c.3,736b8 sqq.；以及第342页注释2。

3 在严格的生成中，这些东西来自 φύσις τοῦ γεννῶντος（生产者的本性）；就自发的生成而言，它们来自 κίνησις καὶ θερμότης τῆς ὥρας（运动和季节中的热量）；ibid. ii.6,743a32。

4 《论动物的生成》c.1,734b31。这个问题在这里得到了更多的扩展。参见c.4,740b25（参见第372页注释1）。c.6,743a3。这里解释了不同的材料如何通过两种方式被结合，参见743a21。

5 参见第370页注释3，第374页注释3。《论动物的生成》iv.1,766b7（参见第366页注释8）。

6 在反驳了关于性别差异的起源的各种观点之后，亚里士多德在《论动物的生成》iv.1,765b8中阐述了他的观点。同样的论述在766b8中被清楚而准确地复述过。参见c.3,767b10。为了支持这个理论，亚里士多德列举了许多事实（参见c.2）。

7 参见第371页注释2；《论动物的生成》ii.3,737a27. iv.6,775a14. i.20,728a17. v.3,784a4；参见《问题集》x.8。亚里士多德在《论生命的长短》6,467a32中指出男性比女性高大，因为他的身体的上半部分相对要大些，然而这个观点与这里的说法不相容，因为正是这些较大的部分构成了儿童的矮小的体形（《动物的部分》iv.10,686b10；《论记忆》2,453a31,453b6），女性也处于类似的状况。

们看作性别差异的原因，它们是性别差异的体现。[1] 我们应当在生命原则和中心器官中寻找性别差异的原因，因为尽管直到性器官的出现，性别的区分才算完成，但是它的萌芽出现在心脏的形成中，即在胚胎刚开始存在时就出现了。[2] 从这方面看，性别在动物的生命中起着多重的和重要的作用，它影响着动物的脾气以及生理结构，[3] 因此，阉割带给男性和动物的影响是巨大的。[4]

除了性别差异外，别的现象源自生殖力的孱弱。雄性的精子传递的 57 运动倾向于形成一个与父亲相似的后代。然而，如果精子的活力不足以转化雌性提供的生殖物质，那么后代就是雌性；或者，如果它不能成功地模仿父亲的特征，那么后代就像母亲而不像父亲；如果精子在这两个方面都不能成功——这种情况很常见，那么后代就是一个与母亲相像的雌性。[5] 如果运动本身的力量不足，[6] 那么后代就缺乏这一运动本该带来的个别化的特征，它只在一种较弱的程度上接收了属的特征——这是父本在自身的个别性之外拥有的特性。如果遗传的不是父母的特征而是家族的特征，那么子代会跟他的祖父母相像，或者与更远的祖先相像。因此，如果只有种族的特征得到传递，那么子代拥有人类的形式却并不拥有家族特征。最后，还有一种可能性：子代仅仅是一个生物但并不拥有人类特征，例如那些畸形的儿童。[7] 倘若雄性和雌性的关系是完全不适 58

1　参见上一条注释。

2　《论动物的生成》766a30。

3　这个主题的主要文本是《动物志》*iv*.11，亚里士多德在这里讨论了不同物种中每种性别的物理结构的特性，并在该书的第九卷第1章中讨论了它们的不同特征。

4　关于这个问题，《动物志》ix.503 给出了一个描述。另外，参见《论动物的生成》iv.1,766a28。根据此段落的描述，这种影响不是由于切除了睾丸，而是由于心脏的变化，尤其是在《论动物的生成》v.7,787b26 的论述中，亚里士多德并不知道睾丸的特殊功能，因此把它们仅仅看作输精管的一个附件。关于他给出的支持后一个假设的证明，参见 *ibid*.788a3 sqq.。

5　《论动物的生成》iv.3,767b15 sqq.768a2 sqq.768a21 sqq.。

6　亚里士多德明确地区分了（*ibid*.768a14,31）ἐὰν λυθῶσιν αἱ κινήσεις（当运动不受控制）和其他情况，即 ἐὰν μὴ κρατήσῃ ἡ κίνησις（如果运动不够强大）的情况。

7　《论动物的生成》iv.3; cf. esp.767b24,768b15,769b2 sqq.。

当的，那么就不会有受精的胚胎。¹

在动物共同的生命现象中，我们接下来要谈的是感知，这是动物和植物最重要的区分。²感知是由可感对象³在感知者中引起的一个变化，这个变化通过身体中介传递给灵魂。⁴这个变化的本质可以通过主动和被动的抽象原则来解释和评估。⁵可感对象引发运动，而感知者被推动。前者是主动的，后者是被动的。因此，前者与后者的关系与现实者和潜在者，或形式与质料的关系相同。一个主体所拥有的感知能力通过可感对象被转化为现实性；即可感对象的形式被印压在感知者中。⁶然而，

1　《论动物的生成》c.2,767a13 sqq.。许多其他有关性别差异和生殖功能区分的段落，我们在这里只能简要提及。不同动物的性器官在《论动物的生成》i.2–16, ii.6 和《动物志》iii.1 中有所描述。参见 Aubert-Wimmer, pp.3 sq.，以及他们的《论动物的生成》一书的编辑版本；关于青春期、经期和哺乳期的讨论参见《论动物的生成》iv.8, ii.4,738a9 sqq.；关于生育和不生育的原因，参见《论动物的生成》ii.7,746a29–c.8 fin.；关于 πολυτοκία（多产）、ὀλιγοτοκία（少产）、μονοτοκία（单胎）、某些类型的流产、胎儿成形的完备和不完备，以及多胎的讨论，参见《论动物的生成》iv.4–7；关于动物身体的成形以及身体部分的发展顺序，参见《动物志》viii.7 sq.；《论动物的生成》ii.1,734a16–33,735a12 sq. c.4,739b20–740b25, c.5,741b15 sqq. c.6（743b20 将自然与技艺类比，自然首先画出结构图，然后再添加颜色）；胚胎的营养是通过脐带输送的，参见《论动物的生成》ii.7,《动物志》viii.8；关于鸟类的出生和发展，参见《论动物的生成》iii.1 sq.6；关于鱼类的生成和发展，参见《论动物的生成》iii.3–5,7；关于软体动物和贝类的情况，参见《论动物的生成》iii.8；关于昆虫，尤其是蜜蜂的研究（亚里士多德认为蜂后、雌工蜂都是蜂后生的，工蜂之间是不交配的），参见《论动物的生成》iii.9,10,《动物志》v.19（cf. Lewes, Arist.188 sqq.）；关于自发的生成，参见《论动物的生成》iii.11, i.23 fin.，《动物志》v.15 sq. c.19,551a sq. c.11,543b17, vi.15,569a10 sqq.；关于出生的性质和怀孕之期限的讨论，参见《论动物的生成》iv.9。那些不同的动物在生成和繁殖方式上的差异将在下文中得到进一步的讨论，而灵魂的起源和渐次的发展是下一章的主题。

2　参见上文 p.27, p.37；关于下面这个描述，参见 Bäumker, Des Arist. Lehre von den Sinnesvermoegen（Leipsic,1877）。

3　《论灵魂》ii.5 init.。

4　κίνησίς τις διὰ τοῦ σώματος τῆς ψυχῆς（通过身体的 [传递给] 灵魂的某种运动）。参见《论睡眠》454a9。我们在何种意义上说"灵魂的运动"是下文的主题。

5　参见 i.p.454 以下引用的段落，关于这个问题的确切引用出现在《论灵魂》ii.5,417a1。

6　《论灵魂》ii.5,417a9（直到这一章的末尾）；参见《论灵魂》iii.2,425b25。因为活动或运动发生在被动者之中，这个特殊的活动发生在感知者中。参见第 375 页注释 4，第 376 页注释 3；以及《论动物的部分》ii.1,647a5 sqq.。

这个关系被感知者的本性所限制。与思想一样，感知能被恰当地称为"被动的影响"，倘若这个短语指的是从潜在性到现实性的进程。[1] 因此，感知也能够被描述为一个活动，或更准确地说，感知者和可感对象的共同活动，[2] 但这个活动发生在感知者身上。[3] 此外，只有当可感对象是能够被感知的而感知者是能够进行感知的，它们的关系才是现实性与潜在性的关系。可感对象的质料并不作用于相应的感官，只有感官能够接受的那些性质才能作用于它。因此，在感知活动中，感知者接受的是对象的可感形式而非它的质料；换言之，物质对象本身并不传递给感知者，只有它的可感形式得到传递。[4] 只有灵魂中存在一个统一的中心，这种对不带有质料的形式的把握才是可能的，感觉印象在这个中心点中反思自身；由于这个原因，感知首先出现在动物王国中。[5] 此外，因为感知功能是物理器官的能力和形式，所以它预设了其构成部分处于一种和谐

60

61

1　《论灵魂》ii.5,417b2。因此，以学习为例，我们要么认为学生不是活动的主体，要么区分两种类型的被动——朝向相反性质的变化和向着本性或自然的变化（参见 i.p.197）。类似的，就感知而言，一旦感知者开始存在，他就拥有了知识和感知的能力。（类似的，思想是就现实性来说的，因为后者是对一个已经拥有的能力的现实运用，所以感知也是对已经在感知者中存在的能力的运用）。参见 iii.7,431a4；感知对象使得具有感知能力的潜在者变成了现实者(然而，根据 ii.5,417b29 sqq. 的论述，这仍然是"可感知的"）。

2　《论灵魂》iii.2,426b15。参见下一条注释。这里没有任何关于被感知对象与感觉器官相互作用的问题（Prantl, *Arist. v. d. Farben*,144；Kampe 批判了 Prantl 的观点，参见 *Erk.–Theorie d. Arist.*80,4），因为对象并不受任何影响，这里产生了一种共同的或联合的作用，其结果就是知觉。我们在 i.p.208 以下已经指出，这个活动给出了关于可感对象的一个真实的描述。

3　《论灵魂》ii.2,456a5。其他感知也是如此：即感知活动和知觉发生在感知者身上。

4　《论灵魂》ii.12 *init.*；然而，在这个段落中并不能找到支持 Volkmann 观点的证据，参见 *Grundz. d. Arist. Psychol.(Abhandl. d. boehm. Gesellsch.* X.126 sq. *Psychol.* i.218)，这个观点是"知觉并不受到声音影响或作用，这是就它的本质来说的，即就其作为知觉而言的。"参见下一条注释，以及《论灵魂》iii.2,425b23；因此，我们可以推出所有知觉都是普遍的，是一个 τοιόνδε（如此这般的东西）；参见第 145 页注释 4。

5　《论灵魂》ii.12,424a32：植物是没有感知的，尽管它们拥有灵魂，因为它们没有中间值，所以它们没有接受可感形式的原则，而是和它们的质料一起接受影响。iii.12,434a29：那些没有感知能力的生物是不适合接受不带有质料的形式的。参见 i.p.33,sqq.，以及下文中关于知觉的传递的评述。

的状态；并且如果这种和谐状态被过于强烈的知觉干扰了，那么感知功能就会丧失。[1] 这种功能的位置始终处于同质的身体中，[2] 而身体潜在地包含了可感对象可能传递给它的相对性质；然而，正是由于这个缘故，它必须处于相对性质之间。[3] 可感对象对感官的作用需要一个中介来传递。肌肉是触觉的中介，空气和水是其他感知的中介；[4] 构成感觉器官的质料与这个中介是相应的。然而，亚里士多德只是尝试性地将五种感知与四种元素[5]联系起来。[6] 高级动物拥有全部五种感知；而低级动物缺少

62

63

1　《论灵魂》ii.12,424a26：$\alpha i\sigma\theta\alpha\nu\acute{o}\mu\varepsilon\nu o\nu$（能感知的）是一个身体（即量 [$\mu\acute{\varepsilon}\gamma\varepsilon\theta o\varsigma$]）；而 $\alpha i\sigma\theta\eta\sigma\iota\varsigma$（知觉）不是量，它是某种逻各斯和感知的能力，这使我们能够解释可感对象的过度强烈会损害感觉器官；如果对象引起的运动对于器官太过强烈，那么感知能力的形式就会被干扰；正如和弦和音调会被过于强烈的琴弦震动损害。参见iii.13,435b15。

2　《论动物的部分》ii.1,647, a,2 sqq.，在这里 "$\alpha i\sigma\theta\eta\tau\acute{\eta}\rho\iota\alpha$"（感觉器官）与 "$\acute{o}\rho\gamma\alpha\nu\iota\kappa\grave{\alpha}$ $\mu\acute{\varepsilon}\rho\eta$"（器官之部分，例如脸、手等等）得到区分。

3　亚里士多德论述了触觉的特殊性。参见《论灵魂》ii.11,423b29 sqq.。他指出这个感官可以感知物体的相反的性质；因为感知是一种被动运动，在此过程中潜在者被主动的原因转化为像它那样的现实者（参见第 374 页注释 6）。正如功能正常的眼睛能够感知到白色和黑色，但它们都不是现实地存在而是潜在地存在于眼睛中，触觉的情况也是如此。

4　《论灵魂》ii.7,419a7–35。根据这个段落的描述，视觉的中介是光，听觉的中介是空气，而嗅觉的中介是湿润之物；触觉和味觉似乎是类似的，它们的中介是肉（参见第 362 页注释 4）。更多细节的讨论，参见下文以及第 299 页注释 2。

5　亚里士多德曾指出（《论动物的部分》ii.1,647a12；《论感觉》c.2,437a19 sqq.），有些哲学前辈试图建立这种联系，但他并未指明这样做的人究竟是谁。关于他对恩培多克勒、德谟克利特（参见 Zeller, *Ph.d.Gr.*i.723,817,3）和柏拉图（*ibid.* ii. a,727,3）在这个问题上的引用并不足以解释这个陈述（在上述引用的《论感觉》的段落），即四种元素中的一种与某种感知相对应，因为这会导致在许多方面的矛盾。

6　参见《论灵魂》iii.1 和《论感觉》2,438b16 sqq. 这两个段落。在前一个段落中，亚里士多德试图证明不可能存在五种以上的感知（德谟克利特持相反的意见，参见 Zeller, *Ph.d.Gr.*i.817,5），他是这样来证明的：事物的属性要么是直接被感知的，要么是通过中介而被感知的。触觉就是直接感知事物的属性的（这指的是中介就在感知者自身之中，参见第 375 页注释 5，以及《论灵魂》ii.11,423b12）。在后一种情况中，感觉器官必须包含与中介的质料相同的一种元素，因此，通过中介，感知才能到达器官。然而，严格地说，我们只讨论了水和气两种元素，因为火作为生命力的热量存在于所有感知中，而土元素要么不在任何一种感官中，要么只在触觉中（亚里士多德认为，味觉是触觉的一个子类，参见第 351 页注释 1）。但是，即

其中一种或几种。只有触觉和附属于它的味觉是所有动物都拥有的。[1] 64
亚里士多德认为动物不可能没有触觉并且只有动物才拥有它。事实上，
它是最普遍和最重要的生命特征；因此，任何对这个感官的过分作用不
仅会损坏单个器官——别的器官也一样，而且将毁灭动物的生命。[2] 这
两种知觉因而是最普遍的和最低层次的；它们提供给生命最基础的需
要；[3] 视觉和听觉作为理性发展的工具占据着最高的层次。但听觉是更
重要的，因为我们依靠这个感官才有了发声说话的可能。[4] 在所有生物
中，人的味觉和触觉是最精细的；许多动物的其他知觉比人类要敏锐得

便是作为触觉器官的肌肉也不仅仅包含了土，而是土、水和气的混合。所以，尽
管它是所有感官中最物质化的，但它仍然处于不同种类的可触摸物体的中间，并
且能够感知它们（《论灵魂》ii.11,423a11 sqq. iii.13,435a11–435b2 ；《论动物的部
分》ii.1,647a19, c.8,653b29）。眼睛的瞳孔是由水构成的；声音通过耳朵中的空气
感知；嗅觉能够通过水和空气来传递。然而，对事物的普遍属性的感知，例如对形
状、大小和运动的感知并不局限于任何一个特殊的感官，因为它们是被所有感官感
知的（参见下文 p.66,sqq.）。关于上述引用的第二个段落（参见《论感觉》2,438b16
sqq.）；我们在这里不能假设说（Alex. *in loco*, p.80 sq.）亚里士多德将不同的感觉器
官分别对应于四种元素。他在这里重申了《论灵魂》中关于嗅觉的论述，即嗅觉器
官只是潜在地嗅，因为热潜在的是冷的质料，像眼睛一样，它与脑部紧密连接——
脑是身体的最冷的和最潮湿的部分；但是嗅觉本身是属火的，因为它是通过 ὀσμὴ
καπνώδης（烟雾气体）加热的鼻器官而产生的，而烟雾气体的本性就是火。（参见
c.5,444a8–22，亚里士多德根据这一原因解释了人们嗅到某种气味时身体的愉悦感；
参见第 378 页注释 2）然而，根据贝克尔（Bekker）的文本，以上对 "φανερὸν ὡς
δεῖ" 的解释是不可能的，更有可能的解释是 Baeumker. p.47 sq. 给出的，即七个版
本的《论感觉》438, b,17 的手稿中有四个将 "εἰ" 放在 "δεῖ" 之前，因此我们应
当这样读：φανερὸν ὡς εἰ δεῖ…τῶν στοιχείων, τοῦ μὲν ὄμματος.（如果有必要的话，
它看起来是……元素的，眼睛的）这样一来，亚里士多德给出的这个解释只是假设
性的，并且是从一个不同于他自己的观点的角度出发的。我们对这一段落的解释与
Alex. *ibid.* 的观点完全一致，他似乎认为 "εἰ" 是在 "δεῖ" 之前；参见第 78、80 页；
此外，参见《论动物的部分》ii.1,647a12。

1　关于这个问题，参见下述并非完全没有论述的矛盾，参见《动物志》iv.8 ；《论灵
魂》ii.3,415a3 sqq. iii.12,434b11–29, c.13,435b17 sqq. ；《论感觉》1.436b12 sqq. ；《论
睡眠》1,436b12 sqq. ；《形而上学》i.1,980b23; Meyer. *Arist. Thierk.*432 sq., 以及第
351 页注释 1。

2　《论灵魂》iii.12,13,434b22,435b4–19。

3　触觉对于动物的生存来说是不可或缺的，其他感知对于动物的存在而言不是必须
的，但为了它们生活得好而是必须的。参见《论灵魂》iii.13,435b19,434b22 sqq.。

4　《论感觉》1,436b12 至此章末尾，参见《形而上学》*ibid.*。

多，[1]但是对于人而言，知觉在他的精神生活中起着特殊的作用。[2]

65 关于特殊的感知，亚里士多德说视觉位于眼睛的瞳孔中。瞳孔是由水构成的，它被从透明介质传递过来的颜色所作用。[3]声音通过空气介质作用于我们的耳朵，它又被耳朵管道中的空气传递给感官。[4]气味是通过空气和水传递到嗅觉器官的：它们和空气一起被动物吸入体内；对

66 于无呼吸的动物来说，气味的传递中介是水。[5]构成一切物体和它们的特殊形态的质料之原初性质是触觉的恰当对象。[6]触觉的器官是心脏，

1　《论灵魂》ii.9,421a9–26；《论感觉》4,440b30 sqq.；《论动物的部分》ii.16 sq.,660a11,20；《论动物的生成》ii.2,781b17。

2　《论灵魂》*ibid.*：人的高智商是源于他们的感知的精细；但是亚里士多德肯定也认为人的眼睛和耳朵在精神生活的发展中起到远比在其他动物中更重要的作用；参见《尼各马可伦理学》iii.13,1118a16 sqq.，他在此评价了嗅觉、听觉和视觉，参见《论感觉》5,443b15–444a9, *ibid.*1,28 sqq.。关于嗅觉，亚里士多德认为只有人为了自身的目的而喜欢这些知觉，而不仅仅是为了获得食物（尽管嗅觉是最低层次的感知，参见《论感觉》4,440b31；《论灵魂》ii.9,421a9）；在《论动物的生成》*ibid.*中，亚里士多德评论了一般意义上的感知，他说："人的感觉器官是最纯粹的，它们包含了最少的土元素和物质材料，而他的皮肤也是最精细的"。Meyer（*ibid.*435 sq.）将亚里士多德关于各种动物的感觉器官的描述收集在一起。

3　参见上文 p.64；《论感觉》2,438a12 sqq.438b5；《动物志》i.8,491b20；《论动物的部分》ii.8,653b25, c.10,686a37 sq.；《论动物的生成》ii.6,744a5 以及别的文本；参见 Bäumker,48 sq.，以及第 337 页注释 4。眼睛也作用于对象（不仅仅是反射光线），这一点被一个虚构的经验证明了，参见《论梦》2,459b23 sqq.。

4　《论动物的部分》ii.10,656b13 sqq.；《论灵魂》ii.8,420a2 sqq.; cf. p.478; Bäumker,52。我们并不十分清楚亚里士多德是如何解释这些空气与知觉的中心器官的关联的；他在《论动物的部分》中（*ibid.*）评论说耳朵通过这些管道与后脑部相连（但根据他的说法，后脑是空的，参见第 178 页注释 4）。

5　《论灵魂》ii.9,421b8 sqq. iii.1（参见上文 p.6）；《论感觉》5,442b27 sq.444a8 sqq.；cf. p.537,3,539,6,478, *med.*, Bäumker,33 sq.。在第 576 页注释 6 中，我们已经指出，嗅觉也是与脑相连的，但是它与心脏是否有关联却没有描述。亚里士多德在《论感觉》5,455a4 sqq. 中指出嗅觉位于触觉和别的知觉的中间位置。

6　《论灵魂》ii.11,423b26。除了这些基本的性质，触觉的对象还包括坚硬、柔软和别的性质，亚里士多德在 422b19 中问道：它是一种感知还是好几种感知呢？他排除了后一种回答（422b27 sqq.），因为其他类型的知觉也能够感知多个对象，例如，听觉除了可以感知高低音，还可以感知声音的大小、尖锐和轻柔等等。因此，布伦塔诺的观点（*Psychol. d. Ar.*,85）——亚里士多德不认为触觉是一个单独的感官——是不正确的。

而肌肉是向心脏传递感觉的中介；[1] 味觉的情况是类似的，它是触觉的一种，[2] 它们之间仅有的区别在于舌头是味觉的唯一中介。[3] 然而，特殊的感官传导的知觉如何存在于头脑中[4]，而感知灵魂的位置在心脏，[5] 以及所有感知为何属于灵魂的同一个部分，[6] 亚里士多德未能解释这些问题。[7] 如果他认为图片式的印象是在感觉器官中产生的，而它与对象的指涉关联发生在心脏中，[8] 那么问题依然存在：即知觉如何在不包含感知

67

1　参见第 362 页注释 4，第 376 页注释 6；《论灵魂》ii.11,422b20,35 sqq.423b1 sqq.423b22；《论动物的部分》ii.10,656b35；《论生与死》3,469a5–20; Bäumker,54 sqq.。

2　参见第 351 页注释 1，关于味觉的来源参见第一卷第 518 页以下。

3　《论灵魂》ii.11,423a17 sqq. c.10,422a34。

4　Baeumer（78 sqq.）指出（他反对 Schell 的观点，参见 *Die Einheit des Seelenl. nach Ar*.163 sqq.）：在下述段落中（即《论灵魂》ii.1,412b18,413a2, ii.11,423b17 sqq. iii.2,426b8；《论动物的部分》ii.1,647a2 sqq. c.8,653b24 sqq.），亚里士多德认为以上三种感知位于大脑中。参见《论感觉》c.2（参见第 376 页注释 6）。

5　参见第 41 页以下。"大脑是感知的位置"这个观点（Alcmaeon，参见 Zeller, *Ph.d.Gr*.i.456,1；柏拉图：《蒂迈欧》67, B,76, D）被亚里士多德明确拒绝了，参见《论动物的部分》ii.10,656a15 sqq.656b11, c.7,652b2；《论青年和老年》3,469a20。他认为脑是没有感知能力的，这个观点建立在一些假定的经验上，关于这个问题的讨论，参见 Meyer, *Arist. Thierk*.431。

6　《论灵魂》iii.1,425a31，以及《论感觉》7,449a5 sqq.（以及别处）。正如一个事物有不同的属性，我们设想，对于灵魂而言，感知功能在一般意义上是在数目上为一的，但它通过不同的感觉器官感知不同属的性质。《论睡眠》2,455a20（它的特征在每一种感知中是不同的）。

7　无论是从《论动物的部分》iii.4,666a16, ii.10,656b3（参见《动物志》i.4,489a23；《论睡眠》2,455b6）出发，还是从《论梦》c.3 中的一个段落出发——这个段落似乎对这个观点给出了最大的支持，我们都不能肯定地说亚里士多德认为血液作为传导者把感知活动传递给心脏。他显然认为血液的一部分在一段时间后回流到心脏，并带入了它自身的运动（*ibid*.461, b,11）。然而，他从这里出发只得出结论说（将在第 382 页注释 1 中说明）：被先前的感知引起的运动潜在地存在于感官中，它不再被血液的运动所压制，而是自由地被带入心脏中；因此，亚里士多德似乎认为这些运动与血液的运动是不同的。

8　这个观点在刚才引用的《论梦》中出现过，参见 461a30。这些词指的是对自我欺骗的讨论，"δοκεῖν"（假设或想象）这个词的反复出现正好说明了这一点，参见 c.2,460b3 sqq.11,20,22 sqq. c.3,461b30。亚里士多德解释说对对象和它的图画式的印象的判断是建立在不同功能的运用之上的（*ibid*.460b16；例如，对于我们而言，太阳似乎只有一英尺那么宽，但我们拒绝相信这一点；c.2,460b18）。正是这种 *κύριον καὶ ἐπικρῖνον*（掌控力和判断，461b24 sq.）将感知与它的对象关联起来。

灵魂的器官中产生？

68

　　然而，特殊的感知并不足以解释一般感知的事实。事物普遍的属性——例如时间、运动、静止、统一性和多样性、尺寸和形状——并不像声音和颜色那样是特殊感知的特定对象；[1] 它们被所有的感知所知觉，并且只是间接地被特殊感知所知觉。因此，感知它们的功能必须不同于所有特殊感知：它一定是一个共同的感知或"通感"。[2] 此外，通感使我

69

们能够比较和区分不同感官的知觉。[3] 另外，当我们认为通过感觉呈现在我们面前的现象有时是客观的和真实的，有时是不真实的，这并非我们的感知自身做出的判断，因为它们的表象在这两种情况中是相似的；也不是我们被自己的判断欺骗了，因为感知并不为这种错误负责，它们的表象总是正确的。[4] 所有感知的共同原则唯一地为知觉指涉的对象负责，因此它也为错误负责。[5] 最后，这个原则是自我意识的基础，它伴

　　例如，当知觉呈现给我们一个人的印象时，它就把它确认为这个人。另一方面，处于睡眠中时，意识是被禁锢的，这个印象就被认为是对象本身。这个功能的位置是一个单一的判断力的器官（参见《论睡眠》2,455a21），而睡眠和苏醒都是它的特殊状态（参见下文 p.75）。

1　在《论灵魂》ii.7 中，亚里士多德区分了 καθ᾽ αὑτὰ αἰσθητὰ（就自身而言的感知）、ἴδια（特定的感知）和 κοινὰ（共同的感知），参见 418a11。类似的，参见 iii.1,425a13（Torstrik 关于这个段落的解释被布伦塔诺拒绝了，后者的做法是正确的，参见 Psychol. d. Ar.98）。《论记忆》450a9。关于时间的感知，参见第 383 页注释 2。

2　只是 κατὰ συμεβεβηκὸς（在偶然的意义上），我们才通过特殊的感官感到运动等属性（《论灵魂》iii.1；参见上一条注释）。这些属性伴随着特殊的知觉，甚至感知的多样性帮助我们将它们与特殊知觉区分开来（ibid.425b5.）。因此，如果我们将对它们的感知限制在特殊的知觉中，那么我们只是附带地感知到它们（例如，如果我们看见一个白色的运动物体，我们应当感知到它的颜色而不是它的运动），参见 ibid.425a24 sq.；《论记忆》ibid 指出，感知尺寸和运动的能力与感知时间的能力是同一个，相同的表象是知觉。参见第 285 页注释 1。

3　《论灵魂》iii.2,426b8。因此，把不同的知觉彼此分开来的能力是同一个。为了能够比较不同的知觉，它们必须是同时存在的，就像两条线段在同一点相交（这个理论的细节存在许多困难，不能一一讨论；除了 Trendelenburg in loco，参见 Kampe 的讨论，Erkenntinissth. d. Ar.107; Brentano, Psychol. d. Ar.90 sqq.; Bäumker,70 sqq.）。类似的，参见 c.7,431a20；正如一个知觉能够区分白色和黑色，同一个能力能够知道白和甜的差别。参见《论睡眠》2,455a17（参见第 379 页注释 6）。

4　参见第 146 页注释 3。

5　参见第 380 页注释 1，在这里，这个观点被指明是亚里士多德的。

随着一切知觉：因为知觉与可感对象不同，给我们提供表象的知觉不可能告诉我们对象的真实性。[1]"通感"的器官是心脏[2]，我们已经指出感知灵魂的一般原则居于心脏之中。[3]

　　亚里士多德把许多重要的精神现象归于这个单一的感知能力或"通感"。[4]它是想象和记忆的源泉，[5]而想象和记忆是人和许多动物共有的能力。想象是由知觉产生的一种运动，是知觉的一种后继效应[6]——换言之，它是一种"用过了的知觉"。[7]由外部对象作用于感官产生的运动不仅产生了一个直接的知觉效果，并且这一效果持续存在于感觉器官中，[8]它在某些条件下被传递到中心器官中，由此产生了一个图画式的表

70

71

---

1 《论灵魂》iii.2 *init.*。然而，前者是不可能的，因为如果没有别的原因，我们就必须认为颜色是视觉主体的属性，那么一切可视物的属性都是视觉主体的。参见《论睡眠》2，455a15。

2 心脏是共同的感知器官，参见《论青年和老年》1，467b28; *ibid.* c.3，469a10。

3 参见上文 p.42, sqq.，以及第 379 页注释 5。关于位于大脑中的三种感知获得的知觉如何传递到心脏中的论述，参见第 379 页注释 7。但是心脏也是触觉的位置（参见第 379 页注释 7）；关于这个观点，参见《论睡眠》2，455a22，亚里士多德在这里指出特殊的和共同的感知同时存在于最广泛的触觉中（关于这句话我们必须假设 455a22 中 "τοῦτο" 的意思指的是在 Bontiz 整理的句子 455a17–22 "οὐ γὰρ…χρώματος" 中的一个插入语），触觉是唯一将其器官作为感知的中心器官的类型。

4 关于这个描述，参见 Freudenthal, *Über d. Begriff d. Wortes φαντσία b. Arist.*（《论亚里士多德的想象概念》）1863。

5 《论灵魂》iii.3，428a9,21, c.10，433a11, c.11 *init.*；《动物志》i.1，488b25；《论记忆》1，449a28,450a15, c.2，453a6；《形而上学》i.1，980a27,980b25；参见第 382 页注释 1 以及第 383 页注释 2。因此，有些动物像人一样的会做梦，参见《论睡眠中的预兆》2，463b12。

6 在《论灵魂》iii.3 中，亚里士多德指出想象既不是感知，也不是思想，也不是知识或者意见，更不是意见和感知的混合。参见 428b10,30；另外，参见《论梦》1，459a17（这个段落显示了《论灵魂》429a2 中的词是 γιγνομένη [生成，即分词第一格——中译注]），而不是 γιγνομένης [分词第二格]）。

7 《修辞学》i.11，1370a28。

8 《论记忆》1，350a27：作用或性质包含了一种图画，而记忆是一种状态，它是感知在灵魂中产生的东西，也是在具有感知能力的身体部分中产生的。根据这个解释，在严重的情绪影响下或者在儿童的早期，记忆是很微弱的。类似的现象在 c.2，453b4 中得到了解释，儿童和老人记忆都减弱了，因为儿童的快速成长引起的某种运动影响了记忆，而对于老人因为身体的快速衰老引起了这种运动。后面这个被引用的段落可以充分证明：亚里士多德认为知觉印象的持续——它被比喻为一个邮戳印——并不是对象实际的物质复制（即便在他关于感知描述中，亚里士多德也

72 象,[1] 甚至那时可感对象已经不存在了。[2] 这种重新产生知觉表象的能力

73 被亚里士多德称为想象力；而这些表象或图像相应地被称为想象。[3] 此外，他认为想象力是伴随思想的图像的来源。[4] 对于感知的解释不可能运用于思想：[5] 它们必须被认为是理智活动的某种独立的产物。但亚里士多德并未向我们解释它们的起源或者它们与知觉表象的关系。尽管单个

不支持这个观点，参见上文 p.58），也不是发生在感觉器官中的性质变化，而是由于被原初的知觉所引起的感官之运动的延续。这个观点在下一条注释的引用段落中将变得更加明确。关于整个问题的讨论，参见 Freudenthal, p.20 sqq.。

1 这个意思在《论梦》c.3 的段落中被指出。在第二章的开始，亚里士多德说我们研究梦的本质和它的来源的最好方式是观察伴随睡眠的各种条件，他指出给出与对象相对应的判断功能与为知觉提供形象的功能是不同的（参见第 379 页注释 8），因此我们会获得发烧般的、混乱的想象和别的知觉的幻象，它们是由激情和情感诱发的。亚里士多德在 c.3 中指出：产生这些运动的原因部分是从外部获得的印象，另一部分是身体内部产生的印象，这些身体活动在白天被感知和思维活动压抑，似乎变得不存在了（就像少量的东西与大量的东西相比似乎是不存在的——就如星光与太阳光相比一样）；在夜晚，由于感知不再活动，它们没有能力实现自身时，这些运动就集中到感知的中心（即心脏）里，并在那里作为剩余的、混乱的印象而被释放。同样的情况也发生在睡眠中，参见 461a18 sqq.（那些被感知的印象产生并留存的运动的残余是想象的来源；参见第 381 页注释 6）。这里的原则是：感知报告的东西被认为是真的，只要没有其他更权威的报告与之相左（参见第 379 页注释 8）；在睡眠时（461b10），大部分血液是流向心脏的。然而，血液的运动一部分是潜在的，一部分是现实的，当压抑它们的运动消失时，潜在的运动就会实现；当大部分血液流回心脏后，有些运动会残留在感觉器官中，其中包含的感知运动一直是潜在的，现在因为其他运动的消耗，它们变成现实的了，它实现的原因还包括血液量的减少以及之前压制着它们的运动的消退。只要我们在睡眠中保持了意识的一点儿残余，我们就不会错误地认为这些印象是真实的对象；另一方面，如果我们在睡眠中失去了所有意识，那么我们就会混淆这些印象与现实的对象。因此，梦（462a11: τὰ φαινόμενα εἴδωλα καθεύδοντι [睡眠中的幻象]）是由知觉引起的运动的残留（461b21），所以，在苏醒的时刻它们通常会被意识到只是梦。

2 关于这 点，参见《论灵魂》III.8,432a9。

3 对于这个问题的证明，参见 Bonitz, *Ind. Arist*.811, b,11 sqq.812, a,9,25。

4 参见下一章。

5 亚里士多德实际上区分了两种类型的 φαντασία（想象）。参见《论灵魂》iii.10,433b28, c.11,434a5。在这里 αἰσθητικὴ φαντασία（知觉的想象）指的是从残留在感觉器官中的运动中重构表达图像的能力，而 φαντασία βουλευτική（理性的想象）（或者 λογιστική，参见《尼各马可伦理学》vi.2,1139a12）一定意味着将事物的图像投射到未来的能力，它是对手段和目的的相对价值的审慎评估与选择。然而，这些图像不同于记忆，它们是在感官的刺激中产生的。

知觉的表象在它自身的范围内是不会出错的，但是想象和"通感"的一般表象是可能出错的。[1] 此外，如果一个想象与先前的感知相关并表达为对后者的复制，那么我们称其为记忆（$\mu\nu\dot{\eta}\mu\eta$）；[2] 而对一个记忆的有意识的重构，我们称其为回忆（$\dot{\alpha}\nu\alpha\mu\nu\eta\sigma\iota\varsigma$）。只有人拥有回忆的能力，因为只有人能够反思；[3] 但是动物也有记忆。回忆取决于产生想象图像的运动的自然一致性；依赖此种一致性，一个图像被另一个先前与之联系的图像唤起。[4] 这些运动发生在心脏中。[5] 最后，从感知和想象中发展出

74

75

1　参见第 146 页注释 3，第 379 页注释 8。

2　《论记忆》第一卷：一切记忆指的都是过去的事情，因此它预设了对时间的直觉，参见 449b28（参见第 285 页注释 4，第 381 页注释 6，第 382 页注释 1）。记忆依赖的能力是想象力，因为它总是首先指涉了感知图像，其次它指涉了思想——因为思想不可能不被图像伴随，正如动物和人一样拥有记忆这一事实证实的那样（450a15）；参见 450a13,450a22。然而，当我们在幻象中认出它是对现实感知的复制时，并且当我们把这个复制物与它是对先前的感知的重复这一想法联系起来——我们并非总是确信这一点，$\phi\dot{\alpha}\nu\tau\alpha\sigma\mu\alpha$（想象）就变成了记忆。因此，我们有时不能认识现实的记忆本身，有时又把幻象当成了记忆（450b18 sqq.）。Freudenthal, *ibid.*36 的看法是不可取的，它的狭义参见第 193 页注释 5，但它具有的或保持的含义，参见 c. i.449b25。

3　《动物志》i.1 *fin.* ;《论记忆》ii.451b2,453a6 sqq.。关于这个问题的原因，参见 453a9。《动物志》*ibid.* 同样将 $\beta o\nu\lambda\varepsilon\dot{\nu}\varepsilon\sigma\theta\alpha\iota$（审慎）与 $\dot{\alpha}\nu\alpha\mu\iota\mu\nu\dot{\eta}\sigma\kappa\varepsilon\sigma\theta\alpha\iota$（回忆）联系起来，并认为它们是人所特有的。

4　或许，亚里士多德在《论记忆》451a10 sqq. 中暗示说这个问题的解释关系到其他文本中提到的记忆（参见《论灵魂》iii.3,427b19 ;《论梦》1,458b20 ;《论题篇》viii.14,163b28）。他指出，回忆发生，$\dot{\varepsilon}\pi\varepsilon\iota\delta\dot{\eta}\ \pi\dot{\varepsilon}\phi\nu\kappa\varepsilon\nu\ \dot{\eta}\ \kappa\dot{\iota}\nu\eta\sigma\iota\varsigma\ \dot{\eta}\delta\varepsilon\ \gamma\varepsilon\nu\dot{\varepsilon}\sigma\theta\alpha\iota\ \mu\varepsilon\tau\dot{\alpha}\ \tau\dot{\eta}\nu\delta\varepsilon$（既然运动在它之后已经产生）；如果这个联系是必然的，那么第一个就必然被第二个唤起；如果它只是习惯性的，那么第一个被第二个唤起只是一条法则。然而，有时单独的事件产生出一个固定的习惯来。无论意向性的回忆和非意向性的回忆都意味着唤起从前的运动并保存它们的顺序直到这个研究对象。我们从一个当下的直觉中开始这个过程，或者从别的事物开始，例如从相同的事物开始，或从相对者开始，或从邻近的事物开始。亚里士多德并没有继续研究这些观念之间如何连接，他也没有解释回忆的这两个原则，即 $\dot{\alpha}\nu\dot{\alpha}\gamma\kappa\eta$（必然的）和 $\ddot{\varepsilon}\theta o\varsigma$（习惯的），前者只包括这些情况：即使图像成形的物理运动机械地产生了另外的运动，或者一个表象的内容必然引起对某些别的东西的回忆。另一方面，亚里士多德给出了决定那些依赖习惯而连接的观念之顺序的一般规则，即每一个表象被紧接在它前面出现的表象唤起。参见 451b22,28。

5　《论记忆》*Ibid.*453a14 sqq.。它是什么并没有得到进一步的解释。然而，因为记忆一般位于心脏中，所以，它的意思一定是这样的。

了快乐和痛苦的感受，[1]以及欲望——我们将在人类学的研究中详细处理这个问题。[2]

76　亚里士多德认为睡眠和苏醒是一般感知功能的条件。[3]睡眠禁锢了感知能力，而苏醒重新唤醒了它。[4]因此，拥有感知能力的存在者才能够满足这一条件；并且它们在感知者中总是如此，因为感知功能不可能一直保持活动而不觉得疲倦。[5]睡眠的目的是维持生命、恢复精力和修复活力；这又为更高的目的——即苏醒之后的活动——做准备。[6]睡眠的自然原因在吸取营养的过程中。从食物中获得的热量使烟雾向上升；并在上方汇集，烟雾使得头部变重并产生了睡眠；但烟雾使脑部冷却之后，它们再次下降并引起心脏的冷却，结果这个感知的主要器官的活动被暂停了。这种状况一直持续到食物被消化以及提供给身体的上半部分的纯血液从密集的物质中分泌出来，这种密集的物质是向下流动的。[7]梦是由于感觉器官的内在运动产生的，这些运动在外部印象停止传递后还能持续。在清醒的状态下，这些运动消失在感知活动和思维活动之中；相反，在睡眠中，尤其是在睡眠快结束时，当血液的干扰停止，它

77　们就会越发清楚地呈现出来。[8]因此，身体中的一个内部运动在清醒时

1　《论灵魂》ii.2,413b23、iii.3,414b4（类似的文本，参见《论睡眠》1.454b29）；c.7,431a10。《物理学》vii.3,247a24。我们将在伦理学的讨论中重新研究快乐的问题，但不论是在这里还是在那里，我们都不能找到关于感知的准确的心理学描述。

2　参见《论灵魂》ii.2,413b23、c.3,414b1–16, iii.7,431a8 sqq. iii.11；《论睡眠》i.454b29；《论动物的部分》ii.17,661a6。

3　《论睡眠》c.2,455a5–b13：睡眠和苏醒并不属于特殊的感知，而是其他所有感官的先决条件和首要条件。

4　《论睡眠》454a32；然而，永远沉睡的状态是不可能的，因为不会苏醒的睡眠就是感知能力的丧失；参见454b25。

5　参见上一条注释以及《论睡眠》1,454b14–455a3，亚里士多德在这里指出，所有动物，除了贝类，都可以实际地观察到它们的睡眠；根据我们上面提到的一般原因，我们必须假设贝类也需要睡眠。

6　《论睡眠》ii.455b16–28, c.3 至末尾。

7　《论睡眠》c.3，这个问题在那里被详细地讨论过。

8　对相同领域之事物的细致观察和有趣的举例证明了这一点，参见《论梦》（第382 页注释 1），参见《论睡眠中的预兆》1,463a7 sqq.。根据这里给出的描述（c.3,462a8,29），梦是由想象引起的感觉器官的运动。

可能没被感知到，但在睡眠中它或许能被察觉到，或者梦境反而能促使人们依靠梦呈现在灵魂中的图像进行下一步行动。或许，我们在梦中获得的知觉印象对感官的影响并不比白天获得的知觉印象更混乱，或许我们并没有注意到这些知觉印象。所以，有些预言式的梦境可以通过自然的方式来解释；任何超越这个范围的梦一定是某种偶然的巧合，因为许多梦并没有变成现实。[1]

死亡与梦一样必须用发生在中心器官中的变化来解释。当位于心脏中的（或者类似的器官）活力热量被消耗殆尽时，[2] 死亡就发生了。热量耗尽的原因——影响到所有类似于火的东西——一般是缺乏营养。这又有两种方式：一是敌对性物质的活动[3] 可能妨碍火加热它的食物，在生物体中这种敌对性物质是从血液中升腾的蒸汽；另一种是过多的热量对营养物质的过快消耗。[4] 后一种情况就是老年时的自然衰弱。随着时间的推移，呼吸器官逐渐变得坚硬和干燥，因而它们的运动就愈发缓慢，不能为内部的心脏提供必要的遮挡。[5] 所以，内部的火越来越少，直到最后消失；像一团小小的火焰，被某些微弱的运动消耗完了。[6] 亚

78

1　这正是 π. τῆς καθ᾿ ὕπνον μαντικῆς（《论睡眠中的预兆》）一文的主要学说。然而，这个观点不能被看作亚里士多德的科学信念的表达，他在一篇对话（参见上文第 257 页注释 1）中说灵魂在睡眠和濒死时，即它将要从身体中逃逸出来并获得自身的真正存在时，拥有一种预知未来的能力。这个观点很可能并不是亚里士多德本人的，而仅仅表达了一个他认为能够引起对神之存在的信仰的观点。如果在写作这篇对话时，他认为这个观点是真正有价值的，那么这将是许多"柏拉图的观点仍然主导着其思想"的证据中的一个。他对这个问题的整个讨论说明，他离把睡眠看作精神生活的高级形态的时期已经非常远了，即处于其思想的晚期。西塞罗在 Divin. i.38,81 中认为这个观点是亚里士多德的，即神经质的人的灵魂有预言的能力，但这个观点更有可能来自某篇对话，而不太可能来自《论睡眠中的预兆》c.2 init. 或《欧德谟伦理学》vii.14,1248a39。

2　《论生与死》c.4；参见上文 p.7，p.42，另外，参见《论呼吸》17,478b31 sqq.479a7 sqq.。

3　例如火被水浇灭。

4　《论生与死》c.5,496b, sq.；亚里士多德在这里并未注意到还有第三种可能性：必要的食物供给不能被满足，例如因饥饿而死。

5　这是呼吸的目的，这个问题我们在 p.43 已经说明了。

6　《论呼吸》17,479a7 sqq.；参见《论生与死》5,469b21,470a5（在这里，火被炭室

里士多德在一篇特别的论文中讨论过寿命之长短的原因。[1]

　　到此为止，我们已经专门研究了动物生命的共同形态和特别之处。不同种类的动物以不同的形式和不同的完善程度表达出共同的特征。动物王国展现了从最简单的和最低级的生命形态到最高级生命形态的、渐进的和连续的发展，亚里士多德用这个区分第一次呈现了这种等级，并且动物生命的所有方面都遵循这种等级秩序。[2] 甚至不同动物的栖息地以及构成它们的元素都能用来区分它们的重要性和完善程度。[3] 它们的生命热量的差异也不能被忽略，因为这是确定动物的完善性的最重要的

息的情况被当成一个例子，并以同样的方式来解释）。《气象学》iv.1,379a3；《论生命的长短》5,466a19,22,466b14；《论动物的生成》v.3,783b6。

1　*Περί μακροβιότητος καὶ βραχυβιότητος*（《论青年与老年》）；另外，参见《论动物的生成》iv.10,777b3。对于那里的结论（c.5,6），我们无法更多地讨论了。

2　在上文 p.20 我们已经大致地讨论过这个问题；参见 i.p.466, sqq.。

3　亚里士多德时常涉及这个问题。然而，他的论述并不总是一致的，例如他关于动物的出生和栖息地、关于不同动物的物质元素构成，这些论述是不一致的。参见《气象学》iv.4,382a6（《论灵魂》i.5,411a9 与另一个主题相关）；关于这个句子，参见上文第 316 页注释 2。另一方面，根据 Cic. *N. D.* ii.15,42；Plut. *Plat. V.*20,1（*Fr. Ar.*19）的看法，他或许在对话《论哲学》中宣称：因为存在 ζῷα χερσαῖα ἔννδρα πτηνά（陆地动物、水生动物和空中动物）（或参见西塞罗的记载"cum aliorum animantium ortus in terra sit, aliorum in aqua, in aere aliorum"），也必然存在 ζῷα οὐράνια（宇宙中的动物），所以星辰是有生命的。此外，在《动物志》v.19,552b6–15 中，亚里士多德认为虫子是从冰中自发地生成的，苍蝇是从火中自发地生成的，在《论生成与消灭》ii.3,330b29 中，他又明确否认任何动物可以从冰或者火中出生。如果我们从流行话语的层面来看，《论哲学》中提及的"空中的动物"指的是有翅膀的动物，但是在《自然的历史》中提到的以及被其他作家引用过的"火中动物"（参见 Fabricius, on Sext. Pyrrh. i.41. Ideler, on *Meteorol.* ii.454; Philo, *Plant. Noee*,216, A, *De Gigant.*285, A）所指的却不能与别处的论述一致。其次，就生物的物质构成而言，亚里士多德认为（《论灵魂》i.5,411a9, iii.13 *init.*，以及第 315 页注释 2 中引用的段落）尽管每个动物的身体都包含了所有元素的混合，但不同的身体中不同的元素占据着主要地位。但是，他的这个观点也并不总是一致的。参见《论呼吸》13,477a27；另一方面，参见《论动物的生成》iii.11,761b13。在这里，整个 πεζά（陆地动物和鸟类）物种被认为是空中的动物，正如《论感觉》c.5,444a19 说人和四足动物是属于空中的动物；另一方面，火中的动物据说居住在月亮上，这个观点在《论灵魂》ii.3,414b18 中也出现过（参见第 350 页注释 2）。但问题是：在以太构成的范围中——月亮是属于这个范围的——怎能存在由四元素构成的生物呢？参见 Meyer, *Arist. Thierk.*413 sq.393，以及 i.p.472, sqq.。

依据。[1] 除了生命热量，我们还应当考虑血液的性质以及其他动物与之相应的体液的性质，有血液的动物和无血液的动物的宽泛区分是建立在其基础上的。[2] 动物的脾气和智力在很大程度上取决于它们的血液构成，当然血液对它们的物理结构的影响也是重要的。[3] 有血液的动物才拥有肌肉，而无血液的动物只有一些与肌肉类似的组织；[4] 前者是有心脏的，而后者拥有一个类似的中心器官。[5] 此外，生命热量和血液的构成决定了冷却器官和分泌器官的发展——即大脑、肺、肾、膀胱和它们的特殊功能。[6] 在与动物的运动和姿态有关的方面，亚里士多德也注意到它们的特殊意义。有些物种像植物一样依附在地面上，而较完善的物种能够自由移动。[7] 此外，他研究了能够自由移动之动物的运动器官的重要差异以及它们的不同运动方式。[8] 只有在能够运动的动物中，才有右边和左边的区分以及更加复杂的结构，[9] 亚里士多德认为左右之分是非常重要的。[10] 最后，对于贝类和植物来说，它们的头部是向下的，而对于没有腿的动物或者有多条腿的动物而言，它们的头朝向宇宙的中间位置，两

81

1　《论呼吸》13,477a16。

2　关于这个被亚里士多德经常使用的区分，除了许多其他的段落，参见《动物志》i.4–6,489a30,490a21,26 sqq.490b9, ii.15 *init.* iv.1 *init.* c.3 *init.*；《论动物的部分》ii.2,648a1. c.4,650b30 以及第 353 页注释 3 中引用的段落。Brandis（ii. b.1301）从《论动物的部分》iii.4,665a31 中得出结论说：德谟克利特区分了有血液的动物和无血液的动物；然而，这个推论是值得怀疑的，因为德谟克利特只是提到了特殊种类的动物，ἄναιμα（无血液的）这个一般性的概括或许只是亚里士多德的。

3　《论动物的部分》ii.2,648a2（参见第 362 页注释 6）；c.4,651a12。

4　参见第 353 页注释 4。

5　参见第 354 页注释 1；第 363 页注释 10。

6　参见第 354 页注释 2；第 362 页注释 7；第 365 页注释 6。

7　《动物志》viii.1,588b10 sqq.；《论动物的部分》iv.5,681a12–20；《论动物的行进》19；《论灵魂》ii.3,415a6 以及参见第 369 页注释 5。

8　鸟类在这个方面似乎是迟钝的，鱼类就更加如此了（《论动物的部分》iv.13 *init.*）；在蛇和虫子的运动中似乎没有左边和右边的区分（《论动物的行进》4,705b22 sqq.）；对于昆虫而言，数目众多的腿表明它们缺乏统一性和生命力量的集中性（*ibid.* c.7），它们跟某些鸟类一样只有很小的能力来控制飞行方向（*ibid.*10,710a4）。

9　《论动物的部分》iv.7 *init.*。

10　参见第 358 页注释 1 以及《论动物的行进》4,705b13 至末尾。在那里，亚里士多德指出（706a18），右边和左边的区分在人类中得到了最高程度的发展。

82　足动物的头是向上的，人尤其如此。[1]身体的结构和它的部分之关系对应着运动形态的差异。[2]对于人类而言，身体的上半部分比下半部分轻，这是为了他们的理智活动的缘故，并因为他们拥有较多的热量。在四足动物中，这些部分的尺寸和重量都要大得多。当生命热量减少，而土元素的构成成分开始占据主导地位时，腿的数目就增加了，直到最后它们消失，整个身体就变成了一只巨大的腿。超出这个范围的生物，它们的

83　头部朝下，没有感知能力，动物变成了植物。[3]此外，动物的体形大小与它们在存在层级中的位置对应：亚里士多德认为体温高的动物一般较高大，因此有血液的动物比无血液的动物体形大，但是他没有注意到这条规则的例外。[4]另一个明确的分类基础或许是生殖和繁育的方式。有些动物是胎生的，它们的后代在子宫中成形，这个过程要么有一个卵的阶段，要么没有。[5]第二类动物是卵生的，鸟类、卵生的四足动物和蛇类是典型代表，而鱼类、软体动物和贝类是非典型的代表。第三类动物靠幼虫繁殖，它们的繁殖有的依赖交配，有的不依赖，[6]幼虫在多次变形

1　《论动物的部分》iv.7,683b18；《论动物的行进》c.5；《论生与死》1,468a5。人的直立姿势在《论呼吸》13,477a20 中被解释为血液的纯粹和充沛的结果；在《论动物的部分》ii.7,653a30, iii.6,669b4 中它被解释为由人较高的体温所引起，因为热量能够使身体上升，这一点可以由下述事实证明：热血的四足动物的姿势是向上的。参见《论动物的部分》iv.10,688a25，这个论证是目的论证：人有胳膊而不是前腿，在所有动物中只有人是直立的，这是因为他的本性和他的神圣实体。神圣实体的功能是思考和做出明智的决定。然而，直立的姿态对于一个沉重的身体来说是非常困难的，它会向下压，而它的重量会阻碍理智的运动和一般感知的运动。身体的上半部分重量的增加要求有多条腿在水平上支撑它；参见 iv.10,688a25 sqq.。

2　《论动物的行进》c.11：因为人是两足动物，并被设计为直立行走，所以他身体的上半部分必然是较轻的，而下半部分必然是较重的。鸟类不是直立的姿态；由于拥有这种姿态，人也不可能拥有翅膀（关于这里的原因，学生们得自己询问亚里士多德了）。参见前一条注释，以及《动物志》ii.4,500b26。

3　《论动物的部分》iv.10；参见第 388 页注释 1。

4　《论呼吸》13,477a18；《论生命的长短》5,466b18,28；《论动物的部分》iv.10,686b28；《动物志》i.5,490a21 sqq；《论动物的生成》ii.1,732a16 sqq.。

5　前者例如（《论动物的生成》ii.1,732a32, i.10 以及别的文本）人、马、牛和海豚等，后者例如软骨的鱼类和蝾蛇。

6　亚里士多德认为单性繁殖的情况在蜜蜂和一些鱼类中可以找到，参见《论动物的生成》iii.10（参见第 374 页注释 1），c.5,755b20, ii.5（参见第 371 页注释 4）；《动

之后才能达到最终的形态：几乎所有昆虫都属于这一类。第四类动物从身体的黏液或分泌物中自发地繁殖：例如，大多数贝类、有些鱼类和昆虫。[1] 不同方式的繁殖有一个共同的基本样式：从虫子到卵再到有机形式的发展；[2] 然而，这个进程有不同的路径，它根据动物之地位的高低，产生出一个或多或少的完善结果。因此，既然温暖的和土元素较少的动物是最高贵的，我们可以说繁殖和发展遵循着有机体的温度和它的物质构成的规律。[3] 它们的繁殖方式反映了它们的本性的完善性或不完善性，如果用这个标准来评估整个动物王国，那么我们将获得一个从最完善的动物逐渐下降到最不完善的动物的层级。[4] 不同种类的动物拥有的感知是不一样的：只有最完善的动物拥有五种感知，其他动物或多或少分有这些感知。[5] 此外，只有少数动物从感知能力中发展出了记忆和想象的能力；因此，动物在智力上和可驯服性上的差异是相当大的。[6] 最后，亚里士多德转向对动物的习性和特征的研究，并花了很多力气说明人的生活与动物的生活或多或少是相似的，[7] 他尤其注意到，例如在动物的性活动和它们养育后代方面，人类和它们是相似的——即从一种无差别的

84

85

物志》iv.11,538a19。

1　参见《论动物的生成》ii.1,732a25 sqq.；《动物志》i.5,489a34–b18；《政治学》i.8,1256b10 sqq.。关于胎生动物，参见《论动物的生成》ii.4 sqq.；关于其他的繁殖方式和自发生成的讨论，参见第 374 页注释 1，第 369 页注释 4 中引用的段落，以及 Meyer, *Arist. Thierk.* 453 sqq.。

2　一方面，他认为卵生动物、甚至胎生动物的胚胎刚开始时都是蠕虫状的；另一方面，他认为昆虫的蛹最初像一条虫子，这是朝向卵之形态的变形；因此，即便在这里，我们仍然可以使用类比的原则。参见《论动物的生成》iii.9,758a32（关于这个问题，参见《动物志》viii.7）。昆虫的后代是一条虫子，无论它是自发地生成的，还是按照惯常的方式生成的，毛毛虫和蜘蛛的卵也属于这种情况。蛾子和其他类似的动物都属于这种情况；参见第 389 页注释 4。

3　《论动物的生成》ii.1,732b28。温暖和湿润有益于完善的发展，而寒冷和干燥是有害的；亚里士多德在 733a3 sqq. 中试图证明不同的繁殖方式取决于这些性质的分布和组合的不同方式。

4　《论动物的生成》733a32。

5　《动物志》iv.8；《论灵魂》ii.2,415a3；《论睡眠》2,455a5 以及上文 p.64。

6　参见第 381 页注释 6，第 361 页注释 2 中引用的段落。

7　参见第 361 页注释 2。

营养能力上升到对后代的德性教导。[1]

　　亚里士多德没能将这些不同的观点结合起来，以便建立一个完整的关于整个动物王国的渐次的分类，他确实没能成功地避免在处理这个主题时持续出现的错误和矛盾，因为他遵循的分类原则太过错综复杂。[2] 一般而言，他把动物分为九类，其中有一些过渡阶段的形式：胎生的四足动物、卵生的四足动物、鸟类、鱼类、鲸、软体动物、软体甲壳动物、有壳动物和昆虫。[3] 与卵生的四足动物相近的是蛇类，尽管它们在许多方面与鱼类相似。[4] 另一种一般分类方法是：有血液的动物与无血液的动物。前者包括了我们刚才列举的前五种；后者包括后四种。[5] 尽管这种区分的运用非常广泛，[6] 并且亚里士多德将其视为一个本质区别，[7] 但是他并未将整个动物王国区分为有血液的和无血液的两大类，然后再把它们划分为更小的类，例如胎生的和有血液的等等。[8] 他的其他分类体系甚至更加不严格，例如，他说陆生的和水生的动物，[9] 胎生的、卵

1　《动物志》viii.1,588b28，参见《经济学》i.3,1343b13。

2　关于这个问题，参见 Meyer, *Arist. Thierk.*485 sqq.。

3　《动物志》i.6, ii.15 *init.* iv.1 *init.*，《论动物的部分》iv.5 *init.*，以及其他文本。参见 Meyer, *ibid.*102 sqq.151 sqq.，*ibid.*71 sqq.，但尤其注意 84 sqq.，亚里士多德在这里反对两分法和其他虚构的分类方式。

4　一方面，参见《论动物的部分》iv.1 *init.*，《动物志》ii.17,508a8，以及别的段落。另一方面，参见《动物志》iii.7,516b20, *ibid.* c.1,509b15, v.5,540b30；《论动物的生成》i.3,716b16；《论动物的部分》iv.13,697a9；Meyer, *ibid.*154 sqq.。

5　参见第 387 页注释 2 中引用的段落。

6　参见本卷下册 p.80。

7　《动物志》ii.15,505b25；《论动物的部分》iv.3,678a33；cf Brandis, ii. b,1294 sq.。

8　参见 Meyer, *ibid.*138 sq.。亚里士多德在《论动物的部分》i.2 sq. 中详细描述了不把对动物的分类建立在这种划分之上的原因（参见第 166 页注释 7，以及第 183 页注释 7），尤其注意 642b30 的陈述（"无血液的"这个词与下文一致，别的词无法代替）。这个特征（即无血液的）并不适合用作一个大的属之下的种差，不为别的原因，仅仅考虑它是一个否定概念就足够了，因为否定概念不可能根据其内在的原则而进一步被划分为更小的类别（642b21,643a1 sqq.643b9–26）。

9　《动物志》i.487a34, viii.2 *init.* ix.48,631a21, ii.2,648a25，以及别的段落；参见《论动物的部分》i.2,642b10 sqq.；《论题篇》vi.6,144b32 sqq.；Meyer,84 sq.140。参见第 386 页注释 3。

生的和虫生的动物，[1]移动的和不移动的动物，[2]两足的、四足的、多足的和无足的动物，[3]行走的、飞翔的和水栖的动物，[4]以及食肉的和食草的动物，等等。[5]在追溯最大的属被进一步划分为种时，亚里士多德并没有使用这些区分作为分类的标准。相反，他试图通过观察来找到自然的分界，[6]并且如果他不能通过这些方法成功地划分出不同的种来，他就毫不迟疑地认为存在中间种类——它们的一部分属于这个种而另一部分属于另一个种。[7]最后，尽管我们不否认亚里士多德的系统呈现了一个在动物王国中逐渐趋向完善的过程——这个过程的终点是人，[8]但是各个种类的地位是不确定的，他从不同的方面以不同的标准来评价它们，而这些标准彼此之间复杂交错，以致于同一个种从一个方面来看地位较高，而从另一个方面来看地位却较低。一般而言，植物形动物比真正的动物要低级；有壳的鱼类比能移动的动物要低级，而无足的比有足的动物低级，虫生动物比卵生动物低级，而卵生动物又比胎生动物低级；所有动物都比人低级。[9]然而，昆虫是否比软体动物和软体甲壳动物高级，鸟

88

1　《动物志》i.5,489a34，以及其他段落；参见 Meyer,97 sq.141 sq.；以及本卷下册 p.82 以下。根据这里的描述，第四类动物是自发繁殖的。

2　《论动物的行进》4,705b13；《论动物的部分》iv.5,681b33 sqq. c.7 *init.*。

3　《动物志》i.4,489b19；《论动物的部分》iv.10,687a2,689b31 sqq.；《论动物的行进》1,704a12. c.5,706a26 sqq.,706b3 sqq.。

4　Νευστικὰ（水栖动物）和 πτηνὰ（飞翔的动物）是作为不同的种类来研究的，参见《动物志》i.5,489b23,490a5。后者是一个单独的种类，它又被分为 πτερωτὰ（有羽毛的），πιλωτὰ（有斗篷的）和 δερμόπτερα（薄膜羽翼的）；与它们相反，我们有第三个种类，即那些在陆地上移动的动物。

5　《动物志》i.1,488a14, viii.3,592a29,592b15,28；《政治学》i.8,1256a24；参见 Meyer, p.100。

6　Meyer, *ibid.* p.158–329, 对这些问题给出了详尽的说明。

7　这些过渡阶段的形式，例如猴子位于人类和胎生的四足动物之间，蝙蝠位于飞翔的和行走的动物之间；海豹是胎生动物，但它位于陆地动物和水生动物之间；鸵鸟尽管属于鸟类，但很多方面它类似于四足动物；鳄鱼是卵生的四足动物，但它很接近鱼类；关于蟒蛇的描述参见第 390 页注释 8；在无血液的动物中，鹦鹉螺和寄生蟹是软体动物，但它们与甲壳类相似。参见 Meyer, pp.146–158 给出的引用。关于人在动物界的地位的讨论，参见本卷下册第 393 页注释 1。

8　参见本卷下册 p.25 以下，以及第 355 页注释 2。

9　参见本卷上册 p.487 以下。

类是否比两栖类动物高级，鱼类是否比蛇类高级或低级，亚里士多德并未给这些问题提供决定性的回答。我们甚至怀疑[1]有壳的鱼类和昆虫的地位是否正确。此外，尽管有血液的动物因其含有大量的活力热量以及复杂的结构而被认为是高级的，但有些昆虫，像蜜蜂和蚂蚁在智力上和技艺上要比许多有血液的动物优越得多。[2]鸟类作为卵生动物比哺乳动物低级，但它们的姿态最接近人类；[3]因此，奇怪的是它们在繁殖方式和物理结构上与人类的差异比哺乳动物离人类的差异要大得多。[4]如果我们把自发的无性繁殖视作低等动物的一个标志，它们处于植物王国和动物王国之间，那么我们会惊奇地发现无性繁殖的方式不仅在昆虫中可以找到，甚至在鱼类中也可以找到。[5]另一方面，因为胎生动物是最完善的，[6]所以鲸鱼和海豚，以及鳐鱼与蝰蛇都比鸟类和两栖类动物高级，尽管前者在很多方面不如后者。[7]如果我们把从四足动物到多足动物再到无足动物的过渡解释为热量的逐渐减少，[8]那么无血液的昆虫应当比有血液的蛇类、鱼类和海豚有更高的体温。[9]我们不能否认的是复杂多变的事实并非总能与这个系统的前提融贯，在对它们的运用中不协调的情况、甚至矛盾的结论是无法避免的。亚里士多德没有注意到这些缺陷的大部分；他只是试图使用辅助假设来消除其中的少数。[10]但他自己从未动摇过这个伟大的信念：有机自然界展现了一个趋向完善的、渐进的发展过程。

1　Meyer, p.486 阐述了这个观点。

2　《论动物的部分》ii.2,648a4 sqq.；参见第 362 页注释 6，这里提供了对此困难的一个解决方式，但这并不是一个充分的回答。

3　《论动物的行进》5,706a25,706b3；《动物志》i.5,489b20。

4　因为直立的姿态被认为与大量的活力热量有关；参见本卷下册 p.81 以下。

5　参见本卷下册 p.82, p.48。

6　《论动物的生成》ii.4,737b26；参见第 388 页注释 3。

7　对于软骨鱼和蝰蛇来说，这一点并不需要证明；鲸类没有腿，并且与鸟类相比它们的头的位置在亚里士多德看来是严重的缺陷。

8　参见本卷下册 p.81。

9　参见 Meyer, p.487 sq.，他给出了更多的例子。

10　参见《论动物的生成》i.10 sq.，在这里鲨鱼的胎生现象被解释为它们的寒冷本性，而哺乳动物的胎生现象是由它们大量的活力热量和较完善的本性决定的；参见《论动物的部分》iii.6,669a24 sqq.；《论动物的生成》ii.4,737b26 以及其他段落。

第 十 一 章

物理学（四）：人

　　动物界发展的目标是人。人的身体将自己与低等动物联系起来，尤其是与陆地的胎生动物。[1] 然而，即便在他的物理机体的特征中，我们也能发现某些高等功能的证据，这使得他比低等动物要高贵得多。他的身体比低等动物更温暖。因此他拥有更多的血液和巨大的脑容量。[2] 因为大量的热量和高贵本性的需要，人拥有真正的对称结构以及与之相

91

1　值得怀疑的是亚里士多德是否把人归于胎生的四足动物，还是自成一类。因此《动物志》i.6,490b15 sqq. 中提到的、那些没有所辖种的属与人这个属是相似的；另一方面，在《动物志》的第二卷第 8 章开篇，亚里士多德认为人与四足动物是相对的，猴子是处于它们之间的一类动物。这个明显的矛盾源于亚里士多德没有给整个物种一个恰当的名字：作为两足的动物，人不可能被划分为"四足的胎生动物"；另一方面，"胎生动物"又包括整个另一个属的动物。事实上，人与胎生的四足动物是同一个属，但它们是不同的种。这就是《动物志》i.6,490b31 sqq. 的意思，人在这里被描述为与狮子、牡鹿同为四足动物和胎生动物的属之下的种，并且在人这个种之下没有其他的亚种了；参见《论动物的部分》i.5,645b24，在这里 ὄρνις（鸟类）被认为是属的一个例子，而人是种的一个例子。《动物志》ii.15,505b28 把有血液的动物的第一类总体描述为人和四足的胎生动物；参见 ibid. vi.18 init. ;《论动物的生成》i.8,738a37; Ibid. ii.4,737b26。这个段落以及别的一些段落指出，人和陆地的胎生动物的区分已经被提到了（例如《论动物的部分》ii.17,660a17），但亚里士多德似乎并不认为它们是将人看作一个独立的属的充分依据。

2　《论动物的部分》ii.7,653a27–37, iii.6,669b4, iv.10（参见第 388 页注释 1）;《论呼吸》13,477a20。这个因素决定了生命的长短（只有大象的寿命比人的长），而它又取决于身体的构造和周围的环境，尤其是动物心脏在身体上半部分的位置；参见《论动物的生成》iv.10,777b3 sqq. ;《论生命的长短》c.5,6,466a30 sqq.466b14,467a31。

应的直立姿态。[1] 左和右的区分在人体中的发展是最完善的。[2] 人的血液是最纯粹的，[3] 所以他的知觉是最精确的，他的感知能力是最完善的，他的理解力是最敏锐的。[4] 他的嘴、气管、嘴唇和舌头拥有另外一种功能，即语言能力，这使得他不同于其他所有生物。[5] 自然没有像限制别的动物一样，只赋予人一种防御的方式。人的自我保护的方式是无限的，并能够适应不同的需要。[6] 他的手是所有工具的工具，因此手被自然巧妙地设计为能够实现最广泛的各种目的，以致于它可以代替一切工具。[7] 总之，人是所有生物中最高级的和最完善的。[8] 不太完善的事物在较完善的事物中找到它自身的目的，[9] 所以一切动物生命的低级形式必然是为人类服务的。[10]

正是在人类的灵魂中，完善性才找到了它的适当位置。人甚至被赐予了物理上的优越性，因为他的身体必须为一颗高贵的灵魂工作。[11] 其他动物只局限于营养的和感知的灵魂的低级活动，人类因为拥有思考的

---

1 除了这些引用的段落外，参见《论动物的行进》5,706b3,9，c.11,710b5–17；《论生与死》1,468a5 以及第八章第 304 页注释 9。

2 《论动物的行进》4,706a18；参见上文第 388 页注释 1。

3 《论呼吸》13,477a20。

4 参见上文第 378 页注释 2，以及第 345 页注释 3。

5 《论动物的部分》ii.16,659a30 sqq. c.17,660a17 sqq. iii.1,662a20,25；《论动物的生成》v.7,786b19；《动物志》iv.9,536a32。

6 《论动物的部分》iv.10,687a23，在对人手的赞美中以及在我们引用的这段话之后（参见第 345 页注释 1），亚里士多德说（亚里士多德想的是柏拉图的《普罗泰戈拉》21 C）：那些说人的构成不仅是有缺陷的而且比其他动物要低劣的人犯了很多错误；因为他们只看到人是光足的、赤裸的、没有任何防御武器……但是人有许多防御武器，并且他可以任意挑选武器；也能够按照喜好来使用武器。

7 参见刚刚引用的那个段落中的更多描述，以及第 19 页注释 1；另外，参见《论灵魂》iii.8,432a1，手在这里被称为 ὄργανον ὀργάνων（工具的工具）。

8 《动物志》ix.1,608b5；性别的伦理学特征在拥有较多习惯的动物尤其是人类中是最明显的。参见《论动物的生成》ii.4,737b26。

9 参见 p.28。

10 《政治学》i.8,1256b15：自然在任何生物来到这个世界时已经提供了能够满足其所需的食物。

11 参见 ii.p.10, sqq.。

能力而比它们都要优越。[1] 营养、生殖、睡眠和苏醒、诞生、衰老、死 93
亡、感知，甚至想象和记忆，对于人类和动物而言是相似的；[2] 这些现象
在不同的动物中有不同的表达，但它们在本质上没什么不同。[3] 此外，
愉快和痛苦的感觉以及由它们引起的欲望在人类和动物中也是相似的。[4]
但在已知的所有生物中，只有人类拥有思想或理性（Noῦς）。[5] 在亚里
士多德看来，"理性"指的是广义上的思考能力，[6] 但它也指特殊的思维
能力——即它处理的是超感知的实在，[7] 特别是在意识活动中直接把握由 94

---

1 参见 ii.p.22, sqq.。
2 自主的回忆是动物不具备的能力，参见 p.73 以下。
3 因此，这些方面我们只需要简单地回顾前面一章。
4 参见第 351 页注释 1。
5 像柏拉图一样，由于这个原因，亚里士多德区分了灵魂的理性部分和非理性部分；
  参见《尼各马可伦理学》i.13,1102a26 sqq. ;《政治学》vii.15,1334b17, and *passim*.
6 《论灵魂》iii.4,429a23。
7 《论灵魂》iii.4,429b10 sq.，亚里士多德解释了具体的、带有质料成分的对象与纯
  形式之间的区分，此后他指出（429b12）：肉的本质和肉要么通过不同的功能得到区
  分，要么通过同一功能的不同方式来区分。所有抽象概念都适用于这种情况：本质
  和具有本质的对象得到了区分。在这里 κρίνει(区分或辨别) 的主词是 νοῦς(理性)，
  正如前文所述。然而，或许说理性知道（因为我们在这里必须给予"辨别"更一般
  的意义，例如在《论灵魂》iii.3,428a 2 中）热和冷以及 τῷ αἰσθητικῷ (可感对象)
  的一般的感觉性质（尽管根据布伦塔诺 [Psychol. d. Ar.134] 的观点，将这里的文本
  读作"αἰσθητῷ"是不必要的，且这种读法是不被接受的）是很奇怪的。然而，尽
  管简单的感觉材料属于 αἴσθησις (感知)，不属于 νοῦς (理性)，但是与它们相关
  的任何判断都有理性的参与（即宽泛意义上的理性）（参见上文第 146 页注释 3，以
  及第一卷第 147 页注释 2），在这个程度上，理性也可以被描述为通过感知能力而知
  晓可感对象。另一方面，概念本身作为普遍的思想并不局限于个别经验，它们是通
  过理性本身被认知的，但它们的质料是感知来提供的（正如"肉"这个概念）。亚
  里士多德的表达是有歧义的：即这些东西是通过与认识可感对象不同的能力被认识
  到的，还是通过同一种能力的不同方式被认识到。如果我们在这里必须选择一个术
  语的话，我们只能说——亚里士多德也是这样做的——它们是通过别的能力被认
  识的（理性是另一种能力），而不是通过感知能力。然而，说"有三种方式"——
  如果没有其他方式了——表示亚里士多德认为这两种描述在某种意义上都是允许
  的。理性通过与认识可感事物的能力不同的能力而知道不可感的事物，并且这种能
  力在本质上和现实上与感知能力不同，因为它通过自身就能知道不可感的事物；然
  而，只要理性能够认识可感事物，我们就可以说它是通过另一种方式认识不可感
  事物的；它直接认识前者，间接认识后者——即通过对感觉材料的判断。这就是 ἡ
  ὡς ἡ κεκλασμένη (作为断裂) 的意义，对它的进一步解释是不重要的，它并不与

95 间接方式无法获取的对象。[1] 灵魂的这个部分不能与身体结合。它必须是简单的、不变的和永恒的。[2] 因为它的对象是从一切质料中抽象出来的纯形式，所以它本身是自由的和不受身体的任何束缚的。[3] 它没有像

这个段落的核心意义相关，因为即便我们把这个断裂的和延伸的句子的解释看作对 $ἄλλως\ ἔχειν$（不同的方式）的解释，情况也不会有什么不同。

[1] 这个能力主要涉及思想的最高原则，即 $ἄμεσα$（直接的，无中介的）；参见第 139 页注释 6。以这种方式（参见第 139 页注释 9，以及上文从《形而上学》xii.7，第一卷第 143 页注释 2 中引用的段落），理性从无中介的直觉中认识它自身，正如思考者和思想是重合的。至于神的思想和其他形而上学概念是否也是直接认知的对象，亚里士多德并没有说明，参见上文 i.p.204。

[2] 《论灵魂》iii.4,429a18（这个内容之前的论述，参见第 140 页注释 4）；如果理性分有身体的性质，并因此在可知对象的认识中带入这些性质，那么它就不能把握不变的（参见上文第一章第 140 页注释 4）和纯粹的对象，因为普遍的思考能力的运用要求它与身体相混合：这个解释似乎与 "$διὸ$"（因此，由于）的意义更融洽，而不是布伦塔诺的解释，参见 ibid.120 sq.。Hayduck, *Observat. crit. in loc. al. Arist.* p.3，这里并非没有理由指出这个句子的怪异，因为它很难被解释，在第 25 行以下，$τὸ\ ἀπαθὲς$（不被影响的东西）并不是 $πάσχειν$（被动）的主词；因此他或许会将它们删除；我们或许应当将 "$ἀπαθὲς$" 读作 "$ἀμιγὲς$"（纯粹的东西），参见上面引用的 429a8 的内容。这个原因的独立性解释了添加的这个注释，即在《论灵魂》ii.1,413a4 sqq. 中，灵魂被定义为身体的现实性：因此灵魂（如果它有不同部分的话，那么某些部分）并不独立于身体（参见上文第 342 页注释 1）。更多讨论参见第 397 页注释 3，以及下文关于 $νοῦς\ ποιητικὸς$（主动理性）的讨论；另外，参见《论灵魂》i.3,407a33。《物理学》vii.3,247b1. Ibid.247a28；$λῆψις\ ἐπιστήμης$（获取知识）并不是一个生成过程或者偶性变化，而是 $ἠρεμία\ καὶ\ κατάστασις\ ταραχῆς$（对无序的消除和停止）——即去除妨碍理性运用其功能的障碍，类似于从睡眠中苏醒。

[3] 参见第 395 页注释 7。$Χωριστὸς$（可分离的或独立的）常常被用来描述理性，而灵魂的低级功能是不可分离的；参见第 397 页注释 2。另外，参见《论灵魂》ii.2,413b24。

知觉那样的身体器官；[1] 也不像灵魂的其他部分那样生而有之；[2] 身体的死　96
亡不能影响它。[3] 因此，它只在思考活动中是真实的；除此之外，它仅　97
仅是思想的潜在性。[4] 因为在自然界中现实的思想在潜在的思想之先，
而在人的精神领域中潜在的思想在现实的思想之先，[5] 亚里士多德区分了
人的两种理性——现实的和潜在的，即主动的和被动的：[6] 前者能产生

1　参见上一条注释和下一条注释，更多论述，参见《论灵魂》iii.4,429a29。根据
这些确切的描述，想要把一种由以太构成的物质基体归之于理性，显然是无益的
(Kampe, *Erkenntnissth. d. Ar.*12–49)。即便从《论灵魂》第二卷第 3 章引用的这个
段落来看（参见第 342 页注释 2），也不能支持这个观点，因为即便在那里，灵魂
之源的 σπέρμα（种子），只有当它代表理性时才被描述为 χωριστòν σώματος（独
立于身体的），它甚至被认为与 γονη（生产者）一同进入子宫中，这也并不能推出
理性与这个基体或另外的物质基体相结合。理性的确被认为存在于有生命的身体之
中，但它并不与身体相混合或者与它的生命相混合；生产者自身是从外部进入的；
参见下文 p.100。此外，尽管以太像理性一样被称为"神圣的"和"永恒的"，但它
们的本质区分（一个是物体，而另一个不是）并不能因此被取消，我们在第一卷第
476 页中已经指出理性并不涉及任何"非物质性的质料"，当 Kampe (p.32,39) 指
出"为了支持这个观点，我们必须认为由以太构成的星辰是有理性的存在者"时，
他忘记了星辰本身并不是有理性的，而推动它们的精神是有理性的。最后，《尼各
马可伦理学》x.7,1177b34 将理性与灵魂的不同功能的多样性相比较，并说"它的
界限很小，但在功能和价值上却是卓越的"，但我们不能从这里推论出这个比喻性
的表达证明了亚里士多德认为理性是与身体相结合的。

2　《论动物的生成》ii.3,736a31; *ibid.*736, b,8。关于感知灵魂和理性灵魂，亚里士多
德认为要么它们所有的部分一定是在出生时刻首次被生成的，要么必然是先前就存
在的，否则它们的有些部分是在出生时刻被生成的，而有些部分是先前存在的（因
此，并不是所有的部分都来自外部）。另外，参见 737a7（这个种类中的一个），参
见上文第 342 页注释 2。《论灵魂》i.4；参见下一条注释。关于理性如何进入身体
之中的更多讨论，参见上文 p.80。

3　《论灵魂》i.4,408b18(ἀπαθές [不变的] 的主语是 τò νοοῦν，它与上面的"νοῦς"[理
智] 一词相对应，且是对 νοεῖν 的补充)。参见 iii.5,430a22（参见第 398 页注释 2）；
《形而上学》xii.3,1070a24 sqq.（参见下文对不朽的讨论）。

4　《论灵魂》iii.4,429a21 sqq.429b5 sqq.30；参见第 140 页注释 4，在这里，这个句
子的意义得到了进一步解释。

5　参见第 140 页注释 4。

6　亚里士多德当然使用过 νοῦς παθητικòς（被动理性）这个表达（参见第 398 页
注释 2）；但他从未使用过 ποιητικòς νοῦς（主动理性）这个表达（cf. Bonitz, *Ind.
Ar.*491, b,2; Walter, *Die Lehre v. d. prakt. Vern.*278 sqq.），或许因为他想要避免某种
混淆——即从他在其他地方对 ποιεῖν 或 πράττειν（制作或实践）与 θεωρεῖν（沉
思）区分而来的混淆，另一方面（参见第 130 页注释 4），如果"主动理性"被认

一切，而后者能变成一切。[1] 只有主动理性是独立的和与身体分离的——

98　它是不变的、永恒的、不朽的、绝对纯粹的和完善的现实性。另一方面，被动理性随着身体的生成而生成，身体的死亡而死亡，它是身体之不同状态的参与者。[2]

　　然而，如果我们想要把这个解释还原为一个清楚一致的理论，那么我们会遇到许多亚里士多德未能回答的问题。

99　　首先，主动理性似乎不仅是人的神圣的部分，[3] 它还与神圣精神自身等同。因为，尽管主动理性作为某种个体与人的生理的和心理的本质之

　　为是"沉思"的对面（《论灵魂》ii.3,415a11, iii.9,432b27, iii.10,433a14），那么 νοῦς πρακτικὸς（实践理性）也一定如此（《论灵魂》iii. *ibid.*）。然而，"主动理性"被称为"本原"和"创造者"，因为它能够产生一切对象，而在别的地方 ποιητικὸς（主动的）一直被用来作为 παθητικὸς（被动的）的对面（*Ind. Ar.*555, b,16 sqq.），我们似乎完全可以说"被动的理性"和"主动的理性"，尤其是它们在亚历山大的 *De An.*140 的评注中已经是被认可的术语了（参见 Walter,282）。

1　《论灵魂》iii.5 *init.*。

2　《论灵魂》（接上一条注释的引用）：（除了身体之外，它的本质也不包含任何外来的成分）。布伦塔诺（*Psychol. d. Ar.*175）和 Hertling（*Mat. u. Form*,173）将这个段落的开头解释为"这种理性也是分离的"。但这种解释与语法结构和这个段落的意思都相反；首先，它使得这个句子与前一个句子的联系中断了（我们至少需要 καὶ οὗτος δὲ ὁ νοῦς），其次，前面的讨论不仅没有提到另一种可分离的和不受影响的理性，而且亚里士多德并不知道有这种理性，他刚才说的 νοῦς παθητικὸς（被动理性）并非不受任何影响，但这里说的理性（c.4；我们将在第 400 页注释 2 中看到）本身就是主动理性。接下来的话"τὸ δ᾽ αὐτὸ…χρόνῳ"在第 7 章的开头被重复过；但是它们在那里出现打断了前文的文意，Torstrik（p.199）认为它们与第 7 章剩下部分是在一块儿的，他的观点无疑是正确的；第一行（到 431a7 的 τετελεσμένον）的位置不正确。但 Torstrik（p.185）在"ἀλλ᾽ οὐχ ὅτε μὲν νοεῖ"中删除了"οὐχ"，这是错误的。根据他的看法，说"理性有时思考，有时不思考"是不可理解的；但是，如果我们假设亚里士多德的意思是"在作为整体的世界中，单单潜在的知识并不优先于现实的知识，即便在时间上它也并不优先（更不要说在存在上的优先了）；情况并不是（在作为整体的世界中）理性（它必须被补充在主语的位置上）有时思考，而有时不思考"；这样一来，这个句子就变得非常好理解了。（为了使这个意思更加明白，在 ἀλλ᾽ οὐχ 之前应当是逗号而不是分号），这个意思也不与 c.4,430a5 的"μὴ ἀεὶ νοεῖν"（并不总是在思考）的意思相矛盾，因为后者指的是在个体中的思想，我们从面前的这个段落可以辨别出潜在的思想和现实的思想的区分，因此理性并不总是在思考。

3　参见第 397 页注释 2 和第 397 页注释 3 中引用的段落，另外参见《尼各马可伦理学》x.7,1177a15。

萌芽一起进入到每个人之中，但是用来描述它的术语只适用于普遍的精神。当我们从它抽象出所有物质生命、所有主动的演化、[1]所有被动的状态，以及一切记忆和自我意识，[2]那么我们至少很难理解个体性还剩下些什么。因此，阿弗洛狄西亚的亚历山大（Alexander of Aphrodisias）有很好的理由在神圣精神中而非在人的灵魂中寻找主动理性。[3]然而，这不是亚里士多德的观点。因为超越的神圣精神不可能与内在的理性原则等同，后者在人出生的时候便进入个体之中并且成为人的灵魂的一部分。[4]然而，我们如何准确地向我们自己陈述灵魂的这个部分，以及它是什么种类的实在？它被认为是从外部进入身体之中的，[5]所以它必然在之前就已经存在。亚里士多德显然接受这个观点。[6]甚至在它进入身体之后，它与身体的关系仍然是疏离的，并且它并不参与身体的任何活动，[7]主动理性与身体的结合不影响它自身的独立性，而身体的生命形态也不能以任何方式限制它。然而，无论我们从自身的角度还是从亚里士多德的观点来看，我们都会发现作为人的灵魂部分的理性之个体性似乎以这样的方式被牺牲掉了。因为，根据亚里士多德的观点，个体的卡里亚斯和苏格拉底是由人的普遍形式和这个特殊的人的身躯构成的。[8]类

100

1　这种情况发生在从潜在性向现实性的转换中；然而，在主动理性中没有什么是潜在的，因为它的所有部分都是纯粹的现实性。

2　这些都属于被动理性的范围，参见《论灵魂》iii,5（参见第 397 页注释 4），紧接着的这段文本都是对这个观点的证明。

3　参见《论动物的部分》iii.712a4。

4　主动理性和被动理性的区分，据说（参见 Themist, *De An.*89, b, pp.188 sq. Sp. 以及 Ammon. *in Philop. De An.* Q.3, O. 支持这个观点）存在于灵魂之内，参见上文同上书。灵魂的一个部分被认为（《论灵魂》iii.4,429a10,15）是不受身体影响的；这个独立的理性被称为（《论灵魂》ii.2,413b24）$\psi\upsilon\chi\tilde{\eta}\varsigma\ \gamma\acute{\epsilon}\nu o\varsigma\ \acute{\epsilon}\tau\epsilon\rho o\nu$（另一种灵魂）。

5　参见第 397 页注释 2。

6　参见 736b15 sqq.（这个段落，我们在上文 p.96 引用过它，亚里士多德描述了感知灵魂和理性灵魂）。亚里士多德显然认为 $\pi\rho o\ddot{\upsilon}\pi\acute{\alpha}\rho\chi\epsilon\iota\nu$（先在的）和 $\theta\acute{\upsilon}\rho\alpha\theta\epsilon\nu\ \epsilon\iota\sigma\iota\acute{\epsilon}\nu\alpha\iota$（从外部进入的）是在一起的，所以如果后者能够正确地谓述埋性，那么前者也能。

7　参见第 396 页注释 2，第 397 页注释 2。

8　参见第 244 页注释 6 和第 244 页注释 7。

似的，只有当理性进入一个人的身体并将其作为工具来使用时，我们才能得到个体的人的理性。但是，如果它不与任何身体结合，或者尽管存在这种结合但它没有任何质料的器官也不受身体的任何影响，它何以作为这个确定的个体之理性呢？换言之，它如何构成一个理性的自我，这确实很难理解。[1] 亚里士多德自己曾说：[2] 人们不记得主动理性之前就是存在的，因为被动理性使思想变成可能，但它是可朽的；[3] 正如他用持续进行的思想（他认为这属于主动理性）来谓述一般的理性，而不谓述任何个体的理性。[4] 然而，我们到哪里寻找这样的理性——它是不变的、

101
102

1　在这种情况下，灵魂与身体的结合如何可能同样是无法理解的，因为，根据第 404 页注释 2 的论述，我们知道身体是灵魂的工具。

2　参见第 398 页注释 2 引用的段落，即《论灵魂》iii.5,430a23: *οὐ μνημονεύομεν δὲ*（但我们不记得了）。对于这个短语，下面这些理解方式都是可能的：这些词在它们的最直白的字面意义上指：在现在的生活中我们不记得前世的生活，或者死后我们将不记得现在的生活，或者更一般地，主动理性的永恒生命是完全没有记忆的——因为"我们不记得"的原因是在理性与被动理性结合和在它们结合之前和之后中间的那段意识的连续性。然而（参见 Biehl, *Üb. d. Begr. des νοῦς b. Arist.* Linz.1864, p.12 sq., 以及 Trendelenburg *in loco*，但是他后来改变了自己的观点，参见此书的第 2 版，第 404 页的注释），最初，这些词的意思一定是在现在的生活中我们不记得前世的生活了。这个意义能够在文本中得到证明，并且动词的现在时态也支持这种解释。

3　即 "*οὐ μνημονεύομεν δὲ ὅτι τοῦτο μὲν ἀπαθές, ὁ δὲ παθητικὸς νοῦς φθαρτὸς καὶ ἄνευ τούτου οὐθὲν νοεῖ.*" Trendelenburg 将后面的分句翻译为"被动理性离开主动理性就不能思考任何东西。"但这并不容易看出他做了怎样的解释。如果记忆属于被动理性，作为可朽的东西（*φθαρτὸς*）（这个词与 *αἴδιον*［永恒的］相对，后者指的是从存在的开端到结束，参见第 242 页注释 4 末尾），那么被动理性在它尚未存在的时候就没有时间记忆，或者在它不再存在时也没有记忆；那么这里的 "*καὶ ἄνευ*" 就是多余的。另一方面，如果记忆属于主动理性，即不受身体之影响的理性，那么记忆的不存在就丝毫没有被解释，因为不是说记忆不能与被动理性同时存在，而是说被动理性的活动和运用不能没有记忆。因此，我们必须认为 "*τούτου*" 指的是被动理性，而 "*νοεῖ*" 的意思要么是绝对的，即亚里士多德的一个惯常的用法（*οὐθὲν νοεῖ ὁ νοῶν*［即没有什么思想是潜在的］），要么它的主词是主动理性。后一种解释与前面 "*οὐχ ὅτὲ μὲν νοεῖ*" 的意义相一致（参见第 398 页注释 2）；因为，在那里，个体中潜在的知识被认为优先于现实的知识，因此"不思考"并不适用于个体思想。然而，通过这一点，我们必须理解亚里士多德说 "*ἄνευ τούτου οὐθὲν νοεῖ*"，这个句子不像在其他文本中的意思，它的意思仅仅是：如果没有 *φάντασμα*（想象），灵魂是不能思考的（参见第 405 页注释 2）。

4　参见我们刚刚讨论过的那个段落（第 398 页注释 2）。

永恒的、不被身体影响的和永远主动的，倘若它既不与神圣思想重合，也不是任何个体的思想？

被动理性学说中的困难丝毫不比以上的困难少。我们能够理解是什么使亚里士多德区分了人的两种理性：他不能忽视精神生活的渐进发展以及官能和思想活动之间的差异；另一方面，他的哲学原则禁止将纯粹理性设想为任何物质性的存在，或者它拥有任何质料的性质和状态。此外，我们看到他的"被动理性"的一般意义是想象和知觉之外的表象功能的总和，但这些功能又在更高的思想之下，最高的思想与它的对象处于一种完善的统一性中。被动理性是思想中处理知觉的多重性的方面。它的根基在身体之生命中，并且是从感知经验中发展来的。[1] 然而，当我们继续深入并试图找到一个更确切的、关于这个功能或灵魂部分的概念时，我们发现这个理论充满了明显的矛盾和缺陷。一方面，被动理性与努斯和人的精神是等同的。亚里士多德认为它区别于一切感知功能，因此它不可能等同于感知功能的统一体——像特伦德伦堡（Trendelenburg）认为的那样，[2] 或者它也不可能像布伦塔诺（Brentano）认为的那样，[3] 等同于精神表象的想象。[4] 这些功能都是人与动物共有的，而理性使得人区别于和超越于动物。[5] 然而，另一方面，任何事物都不

103

---

[1]　在这个意义上，Brandis（*Gesch. d. Entw.* i.518, cf. *Handb.* ii. b,1178）将"被动的精神"理解为"与表象相关的精神，它借助质料来沟通从其而来的思想和从对象而来的知觉，并需要精神的图像"，或者"它的功能是沟通思想"。类似的，参见 Biehl.*Üb. d. Begr. d. νοῦς b. Arist*（Linz,1864, *Gymn. Progr.*），pp.16 sq.。但是他并未遇到以上提及的困难。

[2]　Arist. *De An.*493（405）："Quae a sensu...dictas esse arbitramur." 类似的，参见 Hertling, *Mat. u. Form*,174，他把"被动理性"定义"感知灵魂的认知能力"。

[3]　*Psychol. d. Ar.*208 sq.。

[4]　关于这个问题，参见第405页注释2。

[5]　参见 p.58, p.61, p.93。"被动理性"这个词语本身就是对这个解释的一种最初的反驳。亚里士多德用特定的术语来表达感知能力和表象能力，即 αἴσθησις 和 φαντασία。那么，他为什么要用另一个不可理解的和误导性的术语来表达它，同时并不给出它与之前的术语是同义词的任何说明呢？我们也不能从《尼各马可伦理学》vi.12,1143b4 中得到证明，因为在那里"αἴσθησις"的意思并不是感知；参见第171页注释5。

拥有被动理性本身，它在别的地方被认为是理性本身的特殊性质。就一般的理性来说，亚里士多德认为它既没有生成也没有毁灭；它不能被推动也没有变化；它与身体是分离的并且不拥有任何身体器官；它的活动完全独立于身体：它是从外部进入的；它既不同身体一起生成，也不同身体一起死亡。[1]然而，我们读到的这些描述后来仅仅适用于主动理性。只有主动理性是没有身体器官的、不变的、永恒的和无生灭的等等。[2]那么，有什么理由说被动理性也是理性呢？或者拥有如此矛盾的特征的两个本性——一个是变化的，另一个是不变的，一个是被动的，另一个是主动，一个仅仅是潜在性，另一个是永不停息的活动——如何构成一个存在者、一个精神人格、一个拥有理解力的存在者？我们的研究并不指望调和亚里士多德的两种理性的学说，以便找到一种针对它的批评者的各种观点的解释，从而发现它的正确意义。[3]

1　参见 ii.p.93 以下。

2　参见 ii.p.98。有一种消除这个困难的做法：假设第三种形式的理性，即"接受性的理性"，它既不同于主动理性也不同于被动理性，它在《论灵魂》iii.4（Brentano, *Psychol. d. Ar.*143,175,204 sq.208; Hertling, *Mat. u. Form*,170 sq.）中被提及，但这种做法得不到支持。亚里士多德确实将 νοῦς（《论灵魂》iii.4,429a15）称为 δεκτικὸν τοῦ εἴδους（形式的接受者），但是这里没有一处说"接受性的"理性是不同于被动理性和主动理性的第三种理性。他在《论灵魂》iii.4 中对理性的描述是一般性的，正如他在《论灵魂》i.4, ii.1,2 和《论动物的生成》ii.3（参见第 396 页注释 2，第 396 页注释 3，第 397 页注释 3）中的描述也是一般性的，并使用了相同的术语。想要获得这个"接受性的理性"的清晰概念，或者为它在亚里士多德的灵魂学说中找到一个位置是十分困难的。这个假设并不能获得什么。如果亚里士多德在《论灵魂》iii.5 中说主动理性本身是独立的、不受身体影响的、纯粹的、不朽的和永恒的，如果同样的描述使用在第 4 章中提及的另一个功能上，即"接受性的理性"（这里并未明确提及它的永恒性，但这个意思包含在它的独立性中），那么我们会遇到术语上的矛盾。另一方面，如果这些谓词首先是描述一般的理性的，后来它们只用来描述理性的高级部分，而其他谓述（在它思考之前，它不是现实的；参见第 396 页注释 2）只适用于它的低级部分，那么至少在解释上就没有明显的矛盾。在这种情况下，困难是后来才出现的：即当我们进一步追问应当如何理解这两个理性部分的细节。

3　塞奥弗拉斯特已经发现了亚里士多德理性学说的问题（参见第 2 版，pp.677 sq.）。阿里斯托克勒斯（Aristocles）和阿弗洛狄西亚的亚历山大的例子表明（cf. Zell. pt. iii. a,703 sq.712），后期的漫步学派在这个问题上持有不同的观点。参见 Themist. *De An.*89, b,9 sq. 和 Philop. *De An.* Q.2 qq. 中更多的引用和例子（不太令人满意的

　　理性在思想中实现自身，思想就其本质而言，并不是通过逐渐结合不同的部分而形成概念的间接过程，而是对可思实在的直接把握——这个过程是单一的和不可分割的活动。[1] 它并不涉及任何概念的组合，而是处理纯概念本身，它们是一切知识不可证明的前提。因此，思想是绝对正确的和不可错的，[2] 必须与间接的理解[3]和知识[4]相区分。然而，亚里

106

是 Simpl. *De An*.67, b, f 的记载）。中世纪时期，关于这个问题的争论主要发生在阿拉伯哲学家和阿唯罗伊的意大利学派之间。古代的和现代的关于理性的双重本性的讨论，尤其是阿唯森那、阿唯罗伊和托马斯的观点，被布伦塔诺详细地讨论过，参见 *ibid.*5 sqq.。

1　我们已经指出（参见第 203 页注释 6），亚里士多德将理性的思考描述为它与思想对象的接触。通过这样的方式，它具有统一性和性质上的单纯性，它不像空间和时间那样是可分割的；参见《论灵魂》iii.6 *init.*：对于任何空间的量，如果它不是相继呈现，而是同时作为一个整体呈现，那么它就是不可分割的；尽管它能够被分割，但在现实上并不被分割。就时间和空间而言，它们的不可分的量——例如一个点，只有通过与可分的量的对比才能被理解；对恶的理解也是类似的。参见 430b24：εἰ δέ τινι μὴ ἔστιν ἐναντίον τῶν αἰτίων（如果它不是本原的对立者）(Torstrik 193 sqq. 试图通过一个猜测来校订这些词语，但不是很清楚，他认为 "τῶν αἰτίων" [Cod. S. 认为这个词应当是 τῶν ἐναντίον] 是从 "ἐναντίον" 来的，这是由于一个读者的书写错误和重复；因为神圣理性并没有对立者，它是无质料的，参见《形而上学》xii.10,1075b21,24）。这种知识是间接的，这个观点在这里以及在《后分析篇》i.3,72b18, ii.9 *init.* 中都可以看到；参见 c.10,94a9，理性在这里被认为是认识第一原则的能力。参见 i.p.245，以及第 140 页注释 1。

2　参见第 140 页注释 1。

3　柏拉图区分了这种"间接的知识"与"理性"，他将前者称为 "διάνοια" 或者 "ἐπιστήμη"（参见策勒，i.536,2）；类似的，亚里士多德在《论灵魂》i.4,408b24 sqq. 中也将其称为 "διάνοια"，在 *ibid.* ii.3,415a7 sqq. 中，它被称为 "λογισμός" 和 "διάνοια"。然而，亚里士多德通常在一种宽泛的意义上使用 "διάνοια" 和 "διανοεῖσθαι"，即一般的思想（例如《形而上学》iv.1,1025b6；《政治学》vii.2,1324a20, c.3,1325b20；《尼各马可伦理学》ii.1 *init.*；《诗学》6,1450a2，以及其他文本）。类似的，在这里 "τὸ λογιστικόν" 指的是（《论灵魂》iii.9,432b26）一般的思考能力，尽管在大多数地方（例如《尼各马可伦理学》vi.2,1139a12, sqq.；《论灵魂》iii.10,433a12,433b29, c.11,434a7）它指的是审慎的能力或实践理性（参见下文）。关于 "διάνοια" 参见 Alex. on *Metaph*.1012, a,2; Themist. *De An*.71, b, o; Trendelenburg, *Arist. De. An.*272; Schwegler, *Arist. Metaph*. ii.214，以及 Waitz, *Arist. Org.* ii.298；关于 "λογισμός"，参见 Bonitz, *ibid*.39 sq.。

4　《尼各马可伦理学》vi.3,1139b31（解释了知识的特殊性质之后）。参见上面的引用以及第 119 页注释 5。在《后分析篇》i.3,72b18,33,88a36 中这个词有另一种意义，即 "ἐπιστήμη ἀναπόδεικτος"（不可证明的知识）被定义为 "ὑπόληψις τῆς

士多德并未告诉我们这一活动依赖的功能是什么，以及思想活动与这些功能的关系如何，尽管我们几乎可以假设这里是指主动理性对被动理性的某些作用和影响。类似的，意见[1]可以被认为是理性和知觉的产物，[2]尽管我们仍然没有发现任何确定的描述。此外，通过理性活动，人们可以随时回忆起他之前的知觉印象并认识到它们属于他自身。[3]最后，实践理性与技艺来源于理性的同一个部分。亚里士多德将它们与知识相区分，因为实践理性与技艺都指向一个外在于它们的对象：实践理性的对象是行动，而技艺的对象是创造。[4]但他指出这两者都依赖于正确的知识，并且他特别将智慧作为一种理智德性。[5]"理性依赖于低级的灵魂能力"这一学说最突出地表现在亚里士多德认为知识是从感知和经验中逐渐发展起来的。[6]此外，他指出任何思想都必然伴随着一个内在的表象图像或想象图像，这个图像在思想中的作用类似于图纸上的图案对数学家的作用。他在不可感的形式和可感事物的紧密结合中

107

108

ἀμέσου προτάσεως"（对直接前提的获取），关于这个主题，参见上文 i.p.197。

1 关于意见和知识的差别，参见上文 i.p.163。

2 δόξα（意见）不像知识那样与必然的和不变的事物有关，而是与 τὸ ἐνδεχόμενον ἄλλως ἔχειν（可能是别样的存在）有关，它是 ὑπόληψις τῆς ἀμέσου προτάσεως καὶ μὴ ἀναγκαίας（从直接条件得到的判断并且不是必然的）（参见《后分析篇》i.33,89a2；《形而上学》vii.15,1039b31；《尼各马可伦理学》vi.3,1139b18）；然而，偶然的或可能的事物只能通过感知和经验得到。另一方面，ὑπόληψις（判断）的意义实际上与 δόξα 的意义是重合的（《尼各马可伦理学》ibid.；《论题篇》vi.11,149a10；《范畴篇》7,8b10；《前分析篇》ii.21,66b18,67b12 sqq.，以及别的文本；参见 Waitz, *Arist. Org.* i.523），它被认为属于理性，而意见与想象不同，参见《论灵魂》iii.3,428a20。

3 参见第 383 页注释 3。

4 《尼各马可伦理学》vi.4,1140a16。因此 τέχην（技艺）被定义为（参见《尼各马可伦理学》vi.4）：正确的、有理性的创造能力，参见 ibid. c.5,1140a3,1140b4。关于实践理性参见第 145 页注释 6；关于技艺，参见《尼各马可伦理学》vi.7 sq., c.11,1143a8, c.13,1143b20,1152a8；以及《政治学》iii.4,1277a14,1277b25；关于"制作"和"活动"参见第 130 页注释 6。我们将在伦理学的讨论中回到"制作"和"活动"的问题上来。

5 参见上一条注释和《修辞学》i.9,1366b20。

6 参见上文 i.p.205。

发现了理性。[1] 然而，理性和感知完全的相互依赖只能使亚里士多德的两种理性之间的分裂更加明显。

　　同样的情况也适用于意志范围内理性的实践活动。[2] 即便是低级的、非理性的动物，它的欲望也来自于感知，因为哪里有感知，哪里就有快乐和痛苦，而快乐和痛苦带来了欲望，欲望不过是追逐快乐的努力。[3] 感知首先告诉我们存在一个对象，然后我们对这个对象有一种快乐或痛苦的感受，并因此产生接受或拒绝的确定态度。我们觉得它是好的或坏的，并因此在自身中引起一种渴望或憎恶——总之，一种欲望。[4] 这个欲望最终的基础是"实践的善"，即拥有它或不拥有它取决于我们自身的行动。对这个善的思考引起了灵魂的欲望部分的运动，[5] 这一运动又通过身体器官引起了整个生物体的运动。[6] 亚里士多德把唤起欲望的内在过程看作一个三段论的结论，因为在每个活动中一个普遍的原则总能产生一个确定的结果。[7] 为了正确理解身体的运动如何被意志和欲望引起，我们必须注意到内在知觉的所有变化都包含了对应的身体状态的变化。[8]

109

110

1　《论灵魂》iii.8；另外，参见 *ibid.* c.7,431a14,431b2；《论记忆》1,419b30。

2　Schrader, *Arist. de Voluntate Doctrina*, Brandenb.1847.(*Gymn. Progr.*); Walter, *Die Lehre v. d. prakt. Vernunft in d. griech. Phil.*1874.

3　《论灵魂》ii.2,413b23,3,414b4；《论睡眠》1,454b29；《论动物的部分》ii.17,661a6；参见上文第 351 页注释 1。

4　《论灵魂》iii.7,431a8；参见《尼各马可伦理学》vi.2,1139a21。

5　因此，所有欲望都预设了一个表象，这个表象对于欲望而言绝不会错。《论灵魂》iii.10,433a9,433b27(cf. c.11,434a5) 因此，想象（参见 Schrader, p.8 sq. 以及 Brentano, *Psychol. d. Ar.*161 的评论）是连接我们的思想和欲望及来自欲望的冲动的纽带。但是亚里士多德并未进一步解释从思想到欲望是怎样的过程。

6　《论灵魂》iii.10,433a27: ἀεὶ κινεῖ...κίνησίς τίς ἐστιν ἡ ἐνέργεια [v.1. ἡ ἐν——Torstr. 猜测这里的词是 ἡ ἐνέργεια，但这是不必要的]。稍后，我们将回到对这个问题的讨论。这段文本的一个好的注解，参见《论动物的运动》6,700b15 sqq.，后者可能是根据前者的观点写成的。

7　《尼各马可伦理学》vi.5,1147a25（类似的，参见《论灵魂》4.434a17），c.13. cf. c.12,1143b3（参见第 140 页注释 1），"小前提"在这里指的是活动或行为。

8　《论灵魂》i.1,403a16。这一点从下述事实可以证明：根据身体的物理状态，有时强烈的影响并不产生任何结果，但有时轻微的影响就能产生深刻的后果。参见《尼各马可伦理学》*ibid.*1147a15 以及第 384 页注释 2 关于快乐和痛苦是发生在 αἰσθητικὴ μεσότης（中心感知器官）中的讨论。

这个观点在《论动物的运动》中得到了进一步发展。我们知道，意志追寻对象之表象的过程是一种推理过程。大前提是一个普遍的目的概念；小前提是这个普遍概念之下的一个现实示例；而结论是从第一个前提下的第二个前提的子前提中得出的一个活动。[1] 如果省略掉小前提，三段论通常会变成一种简单的样式；[2] 另一方面，如果人们没有审慎的思考就行动并用欲望的要求来取代大前提的位置，那么他们是鲁莽的。[3] 但是，在这里，意志推动我们身体器官的能力被解释为冷和热的后果；它们是被痛苦和快乐的知觉引起的；快乐和痛苦又引起了某些身体部位的扩展或收缩，从而在身体中产生了变化和运动。[4] 亚里士多德和柏拉图一样并不认为情感是一类特殊的活动，而是把它们全部划归在意志范围之内。例如，他认为爱与激情（θυμός）有关，它不仅仅是精神性的，而且存在于心脏中。[5]

然而，当研究持续深入，亚里士多德发现来自理性表象的欲望和来自非理性表象的欲望有着不同的性质。我们的欲望总是由可欲之物引起的，但可欲之物可能是一个真实的好东西，也可能是一个表面上看起来好的东西，[6] 因此，欲望本身要么来自理性的反思，要么是非理性的。[7] 愤

1　《论动物的运动》7,701a7；亚里士多德用更多的例子解释了这个观点，701a23。（参见《尼各马可伦理学》iii.5,1112b24 sqq.）

2　*Ibid.* L.25.

3　L.28.

4　*Ibid.*701b1：正如机器人，因为在机械结构上适应于圆柱形状，只要有轻微的触动，它们就能运动，生物的运动机制也是类似的；骨头代替了木头和铁，肌腱代替了圆柱体（参见第 372 页注释 1 引用的《论动物的生成》ii.5 的段落）。然而，在生物体中，冲动是（通过热使部分增长而冷使部分减缩的变化）而产生的。舵的轻微运动造成了船身的剧烈运动，因此心脏中的细微运动会造成全身的充血、苍白或者颤抖等等，参见 c.8。另外，因为引发四肢运动的内部器官的排列结构非常容易产生运动，所以这些运动几乎在我们思考它们的同时就发生了。

5　《政治学》vii.7,1327b40。参见下一页的讨论。

6　《论灵魂》iii.10；参见第 405 页注释 6。

7　《论灵魂》iii.10,433a9（参见第 405 页注释 5）；433a22,433b5。《修辞学》i.11,1370a18。感知的欲望是非理性的，倘若它们欲望理性的东西，则是因为被说服了。《政治学》iii.4,1277a6, *ibid.* vii.15,1334b18。参见下一条注释。

怒和满足感知的欲望是非理性的。[1] 如果理性参与了目的概念之构成并且影响了欲望，那么它是实践的或者审慎的理性。[2] 亚里士多德和柏拉图一样[3] 把因理性引起的欲望称为"意志"——即在这个词的狭义上，[4] 而"欲望"这个词语只用来指它的非理性的活动。[5] 欲望与理性有两种关系。一方面，欲望有意服从理性，并通过这种服从参与理性的活动。另

1　与柏拉图一样，亚里士多德常常把这两种非理性的欲望对立起来；《修辞学》i.10（参见第 407 页注释 5）。《论灵魂》ii.3,414b2（$\epsilon\pi\iota\theta\mu\iota\alpha$ 因此被定义为"愉快的欲望"）；iii.9,432b5。《尼各马可伦理学》iii.4,1111b10：$\pi\rho o\alpha\iota\rho\epsilon\sigma\iota\varsigma$（审慎）既不同于 $\epsilon\pi\iota\theta\upsilon\mu\iota\alpha$（欲望）也不同于 $\theta\upsilon\mu\acute{o}\varsigma$（愤怒或激情），因为后两者都属于非理性的存在，前者却不是。参见《政治学》vii.15（参见第 407 页注释 5），《论动物的运动》6,700b22,c.7,701a32；《欧德谟伦理学》ii.7,1223a26；《大伦理学》i.12,1187b36。在《论题篇》中（ii.7,113a35 sq.，iv.5,126a8，v.1,129a10）柏拉图对理性的灵魂、愤怒的灵魂和欲望的灵魂之区分得到了一般的认可和运用，亚里士多德在《尼各马可伦理学》vii.7,1149a24 中遵照了柏拉图的描述（参见 Zeller，*Ph.d.Gr.*i.714），即不能控制愤怒比不能控制欲望要好些；愤怒服从于由理性给出的报复的第一冲动，但并没有等待理性的完整命令；另一方面，欲望在理性或感知宣布某物愉快之时，即刻就要追求这种快乐。然而，在严格的心理学区分中（《论灵魂》iii.9,432a18 sqq.），亚里士多德拒绝了这个观点——即理性、愤怒和欲望是能够引起运动的灵魂三部分，一方面因为它们之间的差别比营养灵魂和感知灵魂之差别要小，另一方面，因为营养灵魂不能被分割而灵魂并不包含三个分离的部分。亚里士多德并未对"愤怒"给出更准确的定义；即便 P. Meyer 对这个段落的细致讨论（*ὁ θυμὸς ap. Arist. Platonemque, Bonn*,1876）所得出的结论也是不能令人满意的，正如 Walter（*ibid.*199 sqq）给出的关于这个词的日常意义的简短结论一样。这个词指的是对伤害的回避或报复的激情。然而，某些更温柔的情感也属于它的范围；参见第 406 页注释 5。

2　《论灵魂》iii.10,433a14. Cf. c.9,432b27。《尼各马可伦理学》vi.2,1139a6,26,35. *Ibid.* c.12,1143b1；《政治学》vii.14,1333a24。参见第 403 页注释 1，关于实践理性及其引起的活动的详细讨论，参见下文第十二章第二部分。

3　参见 *Ph.d.Gr.*i. p.505。

4　"实践理性"自身不是"意志"，对于亚里士多德而言，意志在本质上是一种欲望；而实践理性是引起行动的思想。

5　《论灵魂》iii.10,433a22 sqq.（参见第 406 页注释 7），以及 c.11,434a12（参见第 408 页注释 1）。在这里 $\beta o\acute{u}\lambda\eta\sigma\iota\varsigma$（意愿）与 $\check{o}\rho\epsilon\xi\iota\varsigma$（欲望）是相对的，参见《修辞学》i.10,1369a2。《尼各马可伦理学》v.11,1136b7；更多讨论参见第 407 页注释 1。柏拉图的观点，参见 *Ph.d.Gr.*i. p.505, p.719,3。$\beta o\acute{u}\lambda\eta\sigma\iota\varsigma$ 有时有一个更宽泛的意义，例如在《政治学》vii.15,1334b22 中。但在《尼各马可伦理学》iii.6 中，两个意义都包括了，至于 $\beta o\acute{u}\lambda\eta\sigma\iota\varsigma$ 涉及的是善的东西还是表面上善的东西的问题，其回答是：就其自身而言，在一个有美德的人身上它指的是前者，而在一个恶的人身上它指的是后者。

一方面，由于欲望的本性是非理性的，它反抗理性的命令，并时常反

115 过来控制理性。[1] 在这两种冲动之间存在人的自由意志；因为我们是自

116 己行动的主人，并且我们自己有能力决定善与恶，[2] 亚里士多德坚信这一
点，他从美德的自愿性中认识到它，[3] 它还体现在立法活动所预设的道德
责任中，以及对奖励和惩罚、赞扬和责备、劝勉和警告的普遍评价中。[4]
在确定的道德情景中，他相信确实存在例外的情况。这些东西从一开始
就取决于我们自己；但是当我们一旦成为好人或坏人，那么我们几乎无
力改变自身，正如已经生病时我们就无法变得健康。[5] 类似的，亚里士
多德承认，当意志一旦获得一种确定的倾向，外在的行为必然由此产
生。[6] 然而，倘若说一切欲望都是朝着表面善的东西，且它们并不为这
些表面的善负责，那么亚里士多德不会承认这个观点，因为即便是那些

---

1 《尼各马可伦理学》i.13,1102b13：我们必须在灵魂中区分一个理性的部分和一个
 非理性的部分。后者又分为两种。灵魂的一个部分——营养的灵魂——与行为没有
 任何关系；在自制的人和在不自制的人中，理性都发挥着作用（i.13,1102b13 sqq.）。
 参见《政治学》vii.14,1333a16。《论灵魂》iii.11,434a12。这个段落由 Trendelenburg
 和 Torstrik, *in loco* 以及 Brentano, *Psychol. d. Ar.* 111 sq. 和希腊的评注家们（Tren-
 delenburg 做出了讨论）做出过许多解释和修订，我们在这里可以将这些解释省略，
 因为这个观点已经足够清晰了。除了从前的版本，策勒也有一个版本。亚里士多德
 的学说与柏拉图的学说的不同之处在于（参见 *Ph.d.Gr.*i.713 sq.）：亚里士多德用整
 个营养的灵魂代替了柏拉图的 θυμὸς（愤怒或激情的灵魂）。

2 《尼各马可伦理学》iii.7,1113b6. c.5,1112b31。关于亚里士多德的自由意志学说，
 参见 Schrader, *ibid.*; Trendelenburg, *Histor. Beitr.* ii.149 sqq.。

3 亚里士多德时常用这个论证来指责苏格拉底和 Epicharmus（希腊喜剧作家——中
 译者注）的格言，即 οὐθεὶς ἑκὼν πονηρὸς οὐδ᾿ ἄκων μάκαρ（无人自愿作恶）（参
 见《希腊历史》i.462,5, iii. b,119,2, cf.719,3），因为说善是自愿的而恶是非自愿的
 是矛盾的；参见《尼各马可伦理学》iii.7,1113b14,1114b12 sqq.。

4 《尼各马可伦理学》1113b21,1114a31，这个观点在这里得到了详细的讨论，并且亚
 里士多德还研究了下述问题：在什么程度上，以及在什么情况下我们无法为无知或
 精神的缺陷或身体的缺陷产生的行为负责；在何种程度上我们必须为这些行为负责，
 因为它们是应当接受惩罚的。

5 《尼各马可伦理学》iii.7,8,1114a12 sqq.,1114b30, cf. v.13,1137a4,17：个别的正义
 或不正义的行为是自愿的和容易实施的，但是当他已经拥有这些习惯或倾向时，想
 要不按照习惯来行为是很困难的。

6 《形而上学》ix.5，参见第 253 页注释 5。

决定我们的道德评价的习惯或倾向也是我们自己创造的。[1] 他也不太赞同从析取命题中证明一个偶然的结果在逻辑上不可能。[2] 相反，他认为自愿性是能够进行道德评价的行为的本质条件；[3] 如果这个描述并未穷尽亚里士多德的"意志"概念（因为亚里士多德也把儿童甚至动物的行为称为自愿的），[4] 那么，我们至少可以说，倘若没有自愿性，意志是不可能的。并非所有自愿的行为都是意向行为，但所有意向行为必然是自愿的行为。[5] 亚里士多德认为一个行为的道德性质首先取决于目的

117

118

1　*Ibid.* iii.7,1114, a,31 sqq.，有意识地犯错误在何种程度上是可能的，这个问题在《尼各马可伦理学》中有详细的讨论，参见下文。

2　参见第 159 页注释 10。我们在那里已经看到亚里士多德并未避免所有困难；但这愈发清楚地证明这个观点对拯救自愿行为的可能性有多么重要。

3　《尼各马可伦理学》iii.1 *init.*. c.1–3, cf. v.10,1135a23 sqq. 这里对 *τὸ ἑκούσιον*（自愿的行为）和 *ἀκούσιον*（非自愿的行为）有着详细的讨论。根据这里的描述，在强制或无知的情况下做出的行为是非自愿的。然而，我们必须对前者区分物理的强制——这造成了绝对的非自愿行为，和道德的强制——这只造成了相对的非自愿行为；对于后者，我们必须区分 *ἀγνοοῦντα ποιεῖν*（无意识的行为）——这些行为或许是自愿的（例如在匆忙或生气时做出的行为），与 *δι' ἄγνοιαν πράττειν*（无知导致的行为）。此外，决定行为的因素是多重的（与 quis, quid, ubi 等类似，亚里士多德提到如下几种：*τίς καὶ τί καὶ περὶ τί ἢ ἐν τίνι πρᾶττει, ἐνίοτε δὲ καὶ τίνι, οἷον ὀργάνῳ καὶ ἕνεκα τίνος.*[谁在行动、为什么行动、对什么行动或在什么上行动，有时还包括凭什么行动，例如行为的手段和目的]），我们必须追问无知具体是指哪个因素：当一个人在行为的目的和对象的本质内容上发生错误时，他的行为是最大程度的非自愿。最后，亚里士多德指出一个人对因无知而做出的行为是否后悔，将产生不同的后果；如果行为者不觉得后悔并默许了它，那么尽管此行为不是自愿的，但它也不是非自愿的，因为它并不违背行为者的意志（c.2 *init.* and *fin.*; cf. vii.8,1150a21, c.9 *init.*）。另一方面，参见 c.3 *init.*。另外，参见《修辞学》i.10,1368b9。然而，审慎并不是自愿行为的必要条件，相反，亚里士多德明确否认了激情和情感能够取消一个行为的自愿性。

4　《尼各马可伦理学》iii.3,4,1111a24,1111b8。然而，在严格的意义上（参见第 407 页注释 5），意志是不属于它们 / 他们之中的任何一个的。

5　《尼各马可伦理学》iii.4,1111b6,1112a14。亚里士多德进一步区分了 *προαίρεσις*（审慎）与 *ἐπιθυμία*（欲望）、*θυμὸς*（愤怒或激情）和 *βούλησις*（意愿）（在这里，亚里士多德的意思是"愿望"而非"意志"，因为它指向的是不可能发生的事和超出我们能力的事）以及 *δόξα*（意见）（或某种意见，例如，关于真理或关于什么是恐惧对象的正确意见，一般而言，它指的是关于实践问题的意见）；它的特征是审慎（c.5,1113, a,2: *βουλευτὸν δὲ...προαιτετόν ἐστιν.*）；因此，*τὸ προαιρετὸν*（审慎的行为）被定义为 *βουλευτὸν ὀρεκτὸν τῶν ἐφ' ἡμῖν*（我们自身能力范围内意愿的

或意向。[1] 类似的，审慎也只有在那些由我们自己的能力控制的事物之内才是可能的。[2] 然而，亚里士多德并不打算准确而详细地说明自由意志运作的内在过程，他也并未试图解决自由意志学说产生的所有困难。第一个明确提出这些问题的是斯多亚学派，但直到现代哲学的时代人们才真正地重视他们的研究成就。

119

然而，在我们从亚里士多德的伦理学角度研究人的自由决断引起的活动的各种形式之前，还有一些人类学的问题值得研究。这些问题早已被注意到，但是直到现在它们才得到了全面的研究。

亚里士多德认识到，整个动物王国中有一个渐进的、向高级生命形式发展的过程，他也从这个角度来看待人类的灵魂。人在自身中结合了每一种生命形式。在营养的生命上添加了感知和运动的能力，在这些能力之外又有理性的能力。在从知觉到记忆和想象的发展过程中出现了思想，继而发展出反思和理性的最高级的纯直观；从满足感知的欲望到理性意志的过程中发展出人的行为。人不仅有知觉和经验，而且还拥有艺术和科学。他超越了动物的欲望而拥有了道德的行为；他不仅仅拥有动物的营养和繁殖能力，他拥有更多。因此，亚里士多德把他的整个灵魂学说概括为：灵魂在某种意义上是一切现实性，因为它在自身中结合了知觉的和精神的现实性，所以它包含了两者的形式 [3]——这个描述当然

行为），而 προαίρεσις（审慎）则是 βουλευτικὴ ὄρεξις τῶν ἐφ᾽ ἡμῖν（我们自然能力范围内的意愿）。同样的描述在《尼各马可伦理学》vi.1,1139a23 中出现过，参见 v.10,1135b10。另一方面，狭义上的 ὄρεξις（欲望）指的是非理性的欲望，（这个意义在《论灵魂》iii.11,434a12 中出现过），它不是 τὸ βουλευτικόν（意愿）的一部分。

1　《尼各马可伦理学》c.4,1112a1。

2　Βουλευόμεθα δὲ περὶ τῶν ἐφ᾽ ἡμῖν πρακτῶν（我们意愿在自身的范围内能够做的事情）；ibid. c.5,1112a30。亚里士多德进一步指出（1112b11 sqq. vii.9,1151a16）审慎的对象不是目的而是手段。我们自己设定一个目的，然后我们询问在什么样的条件下能够获得它，就像做数学分析一样；接下来，我们要思考为了创造这些条件什么东西是必须的，我们继续这样的思考和分析，直到达到我们能力范围之内的、能够获得此目的的第一个条件。一旦我们拥有了这个条件的知识，审慎的活动就终止了；为了实现这个条件，行动开始了。参见 Trendelenburg, *Histor. Beitr.* ii.381 sq.; Walter, *Lehre v. d. prakt. Vern.* 220 sq.。

3　参见第 140 页注释 4。

尤其适用于人的灵魂。然而，正如我们发现柏拉图的理论中存在一个缺陷：他无法找到一个内在统一的原则使得被分割的灵魂三部分得以统一，他甚至没有用科学的方法准确地提出这个问题；[1]亚里士多德的理论也存在类似的缺陷。感知灵魂和营养灵魂之间存在这样一个问题：前者是否是从后者发展来的，或者它们是否同时被生成并独立存在。如果是后一种情况，我们应当在哪里寻找它们的联系以及生命的统一性？当涉及理性灵魂以及它与灵魂的低级能力的关系时，这个困难就变得更加严重了。不论我们在开始阶段或过程之中或结束之时来寻找它们的统一性，我们都会发现同一个无法解决的、二元论的问题；我们在任何地方都无法找到对下述问题[2]的满意回答：我们应当在哪里找到人格的统一性原则——即一个处于统治地位的原则，它统一了灵魂的所有部分。[3]一般而言，根据亚里士多德的描述，灵魂是与身体一起被生成的，它是身体的现实性。亚里士多德不仅拒绝了灵魂预先存在的假设，并且明确地宣称灵魂的生命萌芽已经包含在雄性的精子中并通过精子从父辈传递给子辈。[4]然而，另一方面，他却不能把这个观点运用到理性灵魂上，因为理性完全不同于身体之中的生命原则。因此，据说理性灵魂的萌芽同样通过精子繁殖，但它同时又被认为[5]是从外面进入身体之中的，[6]并且与人的物质构成无关。[7]然而，一个与身体没有任何相似之处且不拥

120

121

1　参见 Zeller, *Ph.d.Gr.* i. pp.717 sq.。

2　亚里士多德并未忘记指出这是柏拉图的问题；参见上文第 351 页注释 6。

3　即便 Schell（Die *Einheit des Seelenlebens aus d. Principien d. arist. Phil. entwickelt.* Freib.1973）证明亚里士多德的理论是完全一致的努力也是不成功的。关于这个问题的详细评论在这里省略了，以免造成对下面的研究的偏见。

4　参见第 344 页注释 4，第 342 页注释 2，以及第 397 页注释 2。

5　参见第 397 页注释 2 和第 397 页注释 3。

6　理性灵魂随着精子进入子宫之中，但它是从 θύραθεν（外面进入）精子中的，这个观点明确地表达在第 397 页注释 2 引用的段落中，参见《论动物的生成》ii.3,736, b,15 sqq.。

7　χωριστός（可分的）（《论动物的生成》ii.3,737a9；《论灵魂》iii.5；参见第 397 页注释 2，第 398 页注释 2），在这里的意思不仅是可分的，并且在现实上是分离的，或许柏拉图对理念也有同样的描述；与之意义相等的一个短语是"*οὐθὲν γὰρ αὐτοῦ τῇ ἐνεργείᾳ κοινωνεῖ σωματικὴ ἐνέργεια*"（它的现实性并不包含任何质料的现实

有任何身体器官的、非物质性的原则如何可能存在于精子之中，并通过后者来繁殖自身呢？这个问题是完全不能理解的[1]——更别提没有任何文本提及理性灵魂在什么时间，或以什么方式进入身体之中。即使我们提出下述假设也不能避免这个困难：即精神或理性灵魂直接从神而来，[2]无论我们认为它的起源是自然法则的运作中必然产生的一个事件，还是它在任何时候都是神圣意志的创造结果。[3]就前一种观点而言，它或多或少与流溢说类似，但这个观点不仅在亚里士多德体系中得不到任何支持，而且完全不能与亚里士多德的不变的和超越的神之本性的学说相容。[4]另一方面，"人类精神是由神创造的"这个假设与亚里士多德一再强调的[5]、"神并不用意志来干预世界"的观点相冲突。[6]此外，他尽可能清楚地证明了精神既不被生成也不被毁灭，因此它是"先在的"，[7]尽管这是在一种非人格的意义上说的。因此，亚里士多德决不可能提出下

性）（参见 739a28）。

1 我们无法想象一个非物质存在者占据着空间中的一个位置，这里的关系也不是主动的原则与它的工具之间的关系——它用来解释灵魂与身体的结合（参见第 340 页注释 3）；这个关系并不适用于理性，因为它没有任何身体工具。参见第 396 页注释 2，以及第 399 页注释 7。

2 Brandis, *Gr-Roem, Phil.*（《希腊罗马哲学》）ii. b.1178。

3 后一种观点，即所谓"造物主"的观点不仅被中世纪的亚里士多德学者认为是亚里士多德本人的确凿的观点，而且也被布伦塔诺接受，参见 *Psychol. d. Ar.*195 sqq.；Hertling 也遵照了布伦塔诺的看法，参见 *Mat. und Form.*170（L. Schneider 的观点要更谨慎些，参见 *Unsterblichkeitslehre d. Arist.*54 sq.）。布伦塔诺认为"灵魂的理性部分是上帝直接从无之中创造的，同时人的身体特征归于物质部分"（p.199）；当胚胎发育到最后的阶段（根据第 411 页注释 6 的描述，这个最后的阶段必须在时间上早于生殖活动的发生），理性就被上帝从无中创造出来；参见 p.203。

4 参见 i.p.413, sqq.。我们也不能认为（Grote 持这样的观点，参见 *Arist.* ii.220,230）绝对的非物质的精神是从以太——即 θεῖον σῶμα（神圣的物体）中流溢出来的。

5 关于这个问题参见 i.p.399, sqq.。

6 Biehl 的观点与我们的一样是正确的（*Üb. d. Begriff* νοῦς *b. Arist.* Linz,1864; *Gynm-Progr.* p.9）。

7 参见第 397 页注释 2 中引用的段落以及第 400 页注释 3。根据布伦塔诺提出的一般性的理由（p.196 sq.），我们不能否认这几个段落的字面意义，因为他的理由不仅在亚里士多德的心理学中得不到支持，而且在任何得到正确解释的文本中也找不到证据。

述问题：在身体被生成之时，理性是被谁产生的又是如何产生的？即使对于下述这个亚里士多德唯一可能提出的问题，他在著作中也没有任何回答；无论这个问题对他来说从未成为问题，还是他认定它是无法解决的并愿意将其流传下来，[1] 这个问题是：是什么原因使理性与人的身体统一起来，又是什么原因使这个特殊的身体与其理性相统一，以及这种统一是以什么样的方式发生的？亚里士多德对"被动理性"之起源的描述同样不够明确，被动理性的存在与身体的存在是同时的。[2] 尽管我们自然地假设：他认为被动理性是主动理性与创造性的想象结合的产物，但是他并未给出任何解释以帮助我们形成一个确定的被动理性之起源的概念。[3]

123

如果我们进一步研究不同的功能在人的灵魂中如何结合，我们会非常难以理解两个不同的部分如何统一在一个存在者中，因为其中一个部分是被动的，另一个部分不是被动的；被动的部分与身体结合，而主动的部分不拥有任何身体器官。我们或许会问：理性是否参与了物理生命和低级功能的变化，还是后者参与到理性的不变性和非被动性之中？在亚里士多德的文献中，支持这两个假设的文本或许都能找到，但这两个假设中的任何一个都与亚里士多德哲学的诸前提不相容。一方面，在他对"被动理性"的描述中，[4] 灵魂的可朽部分的性质被认为是理性的性质；另一方面，正如一般意义上非物质的形式或者主动原则本身被认为是不动的，[5] 亚里士多德同样指出理性和一般意义上的灵魂是不动的和没

124

---

1 布伦塔诺提醒我们注意的句子所指的是这个意义（参见《论动物的生成》ii.3,736b5）：那些拥有理性灵魂的动物何时、如何以及从何处获得了理性？

2 参见第 398 页注释 2。

3 Schlottmann (*Das Vergängliche und Unvergängliche in d. Menschl. Seele nach Arist.* Halle,1873, p.46 sq.) 假设被动理性是主动理性在进入身体时的流溢。然而，这个假设在亚里士多德的文本或他的哲学学说体系中都找不到支持。根据亚里士多德的原则，理性像一切非物质的和不动的存在者一样，能够以吸引的方式促成其他东西的发展，但不能从自身发展别的东西。

4 参见上文 p.96 以下。

5 参见第 5 页引用的段落，摘自《论灵魂》i.3,4。亚里士多德在《论灵魂》第一卷

有变化的。[1] 事实上，"被动理性"这个概念本身浓缩了我们现今能够考
125 虑到的一切矛盾。[2] 灵魂的低级部分是不动的，这与其他许多观点相矛
盾，[3] 例如它们与理性有着根本的差异。如果它们是完全不动的或没有变
化的，那么它们如何能够接受影响——因为任何影响都包含着变化。[4]

最终，在这个由异质部分构成的统一体中，我们将在哪里找到灵
魂的平衡点——即我们称为人格的东西。人格似乎不能存在于理性之
中，因为这个部分是永恒的和普遍的，它不受个体生命之变化的影响；
它是不被生成的和无法毁灭的；它不被影响也不会变化；它永不失败或
犯错；它没有爱、恨、记忆甚至智力活动，[5] 它只属于那个拥有它的人。[6]
人格亦不可能存在于灵魂的低级功能中。因为，一方面，我们已经指出
亚里士多德不认为它们是运动的，而认为感知和思维活动的恰当主体不
126 是灵魂本身，而是灵魂和身体的统一体。另一方面，亚里士多德指出每
个人的本质是他的理性，[7] 人用理性来思考，任何理智的活动都是理性发

第 3 章开篇提出这个讨论，他指出灵魂就其自身本性而言是不动的，即它是不可能
拥有自身之运动的。在证明这个观点的诸论证中，第一个论证是有说服力的，参
见《论灵魂》406a12。在详细地证明了灵魂不可能运动，尤其是它不可能在空间中
运动之后，亚里士多德再次转向这个原初的问题（c.4,408a30），并宣称灵魂本身是
不可能运动的；它只能被 κατὰ συμβεβηκὸς（偶然地）推动，即便它能运动，也是
处于一个容器中被推动的，它自身绝不能在空间中运动。我们说灵魂是痛苦的、快
乐的、恐惧的、愤怒的、它在感知和思考，这些都是运动的形式，因此我们似乎
在说灵魂是运动的。但事实并非必然如此……我们最好不说灵魂是痛苦的，或灵
魂在学习和思考，而是说一个人因为他的灵魂而做这些。亚里士多德在《物理学》
vii.3,246b24 指出，就高级的功能而言，无论是美德、恶习还是思想都不能被认为
是灵魂的 ἀλλοίωσις（变化），尽管它们是由某种变化产生的。参见第 396 页注释 2。

1　参见第 254 页注释 1，第 238 页注释 7。
2　参见 p.103 以下。
3　例如，在第 405 页注释 5 中引用的那个段落，根据它的描述，灵魂的欲望部分既
　　是运动的又是被推动的，而 ζῷον（活着）仅仅是被推动的；关于感知的描述，参见
　　第 374 页注释 4。
4　参见第 297 页注释 2 和第 297 页注释 3。
5　Διάνοια 有 "间接的思想" 的意思在第 403 页注释 3 中讨论过。
6　除了 399 页注释 2 和第 414 页注释 2 中引用的那个段落之外，参见《论灵魂》
　　iii.10,433a26。另外，参见《论灵魂》i.4,408b24。
7　《尼各马可伦理学》x.7,1178a2. ix.4,1166a16,22. c.8,1168b28。好人或许可以被认

动的。[1] 如果他拒绝承认灵魂是运动的主体，那么他也不会认为身体是运动的主体。[2] 然而，最严重的困难是与意志有关的地方。意志不属于理性本身，因为理性本身是理论的而非实践的。甚至实践的思想有时也被认为是一个与理论不同的功能。[3] 事实上，运动或活动来自欲望，而欲望又是由想象引起的。[4] 欲望能够引起运动，但这不是理性的运动，[5] 因为它既属于动物也属于人，而意志只属于人。[6] 因此，理性和欲望必然成为意志的构成部分。[7] 但意志的本质或自由的自我决断的能力存在于这两个部分中的哪一个是很难判断的。一方面，控制欲望的能力被归于理性，后者被定义为主动的能力，或者更准确地说，它是意志之决断的来源；[8] 而不道德的行为来自对理性的违背。[9] 另一方面，亚里士多德

127

128

为是 φίλαυτος（自爱的），因为他自身中最为本质的一部分（爱）主导了他的一切行为。

1　参见第 395 页注释 6。

2　《尼各马可伦理学》x.2,1173b10：如果快乐是 ἀναπλήρωις（对欲望的满足），那么身体必须是感知快乐的主体，但事实并非如此。

3　《尼各马可伦理学》vi.2；参见第 407 页注释 2。

4　参见《尼各马可伦理学》vi.2,1139a35（这个段落在 p.113 已被引用过）。参见《论灵魂》iii.10,433a22. c.9,432b26。

5　《论灵魂》iii.9 *fin.*。

6　参见第 407 页注释 5 以及第 409 页注释 4。

7　参见第 407 页注释 5 以及《尼各马可伦理学》vi.2,1139a33,1139b4。与以上观点相反，如果有人说意志属于 ὄρεξις（欲望），并且亚里士多德认为后者是灵魂的一个独立的部分（Schrader, *Arist. de Volunt. Doctr.*12），那么这个观点是不能被接受的。亚里士多德明确指出理性是意志的一个构成部分，但理性与动物灵魂有着本质的差别，而欲望属于动物灵魂。

8　亚里士多德常说灵魂的命令来自理性。理性是灵魂的 κύριον（统治者）（参见《尼各马可伦理学》x.7, xi.8；参见第 414 页注释 7），没有比理性更高级的东西了（《论灵魂》i.5,410a12）。另一方面，欲望必须服从理性的命令（参见《政治学》i.5.《论灵魂》iii.9, ἐπιτάττοντος τοῦ νοῦ [理性的命令]；《尼各马可伦理学》i.13。类似的，参见《政治学》vii.14, v. p.588；逻各斯只存在于理性之中），这种服从构成了 ἐγκρατής（统治）和 ἀκρατής（被统治）的差异（参见《论灵魂》iii.9，参见第 415 页注释 5）。在《尼各马可伦理学》iii.5,1113a5 中，我们必须将 τὸ ἡγούμενον（统治者）理解为理性，而不是（这个观点是 Walter 的，参见 *Lehre v. d. prakt. Vernunft*,222 sqq.）"理性和行动的和谐统一"，"人之整体"不可能称为在人之中起统治作用的部分。

9　《尼各马可伦理学》vii.7,1150a1 sqq., c.9,1151a17 sq.。

宣称理性并不引起运动，它是完善的和绝对正确的。[1]但是，如果理性不会出错，它就不可能是意志的来源，因为意志既能够引起正确的行为又能够引起错误的行为。我们根本无法判断，亚里士多德究竟把意志归于哪个部分。他显然被相反的考虑引入相反的方向，而无法决定选择哪个。人的精神元素的崇高性使他无法承认理性在身体之中，也无法认为它是可错的和不道德的；另一方面，在灵魂中起统治作用的部分只能归于理性。然而，这两个部分实际上是不可分离的，他认为我们行为中一切好的东西都是从理性中推演出来的，而一切错误的东西、一切以可分对象和物质对象为目的的行为，以及行为和状态的变化都属于灵魂的低级功能，因此他将人的本性分离为两个部分，且它们之间没有任何活生生的联系。[2]如果亚里士多德对这个问题研究得足够深入的话，类似的困难在关于自我意识的讨论中也会出现。然而，他不仅没能这样做而且也没能提出我们现在的这个问题，他没能告诉我们在变化的行为和状态

---

1 关于前一种观点，参见第 415 页注释 4，关于后一种观点，参见《论灵魂》iii.10（第 414 页注释 6）。参见《尼各马可伦理学》i.13,1102b14；因此，在不自制的情况下，错误并非出于灵魂的理性部分；*ibid.* ix.8,1169a17，美德在这里被认为是灵魂的较高部分对理性的服从，而理性总是选择正确的事情。

2 即便我们像 Brandis 那样假设（iii. a,105 sq. ii. b,1042 sq.）亚里士多德认为自由包含在"与自身本质一致的自我进化的精神功能中"，这个困难仍然存在。因为我们要问这种进化属于灵魂的哪个部分？主动理性显然不能自我进化，因为它是不变的；欲望和感知也不能展示自由的自我进化，因为它们总是被别的东西决定的；只有在有理智的地方，我们才能发现自由的活动。最后，被动理性作为我们最后的选项也同样面临着不确定性和矛盾的问题；因为，我们在理性和感知之间无法为它找到一个确定的位置。上述对自由的定义更像是莱布尼兹的而不是亚里士多德的。在这里以及上文 i.p.413 的段落中，Brandis 似乎在亚里士多德的学说和现代德国哲学之间找到了很多相似之处。他用来证明上述观点的主要论证是：如果自我决断存在于人之本性的统治部分，那么它应当在精神之中；并且如果精神是人的本质，那么我们将推出它必然通过自由的自我决断来进化和发展，而自我决断是根据人的个体本质的原初特征来的。但是，按照亚里士多德的看法，精神或理性仅仅构成了意志的一个部分；知觉也是意志的一个本质部分。意志不是纯粹的理性，而是理性的欲望。倘若不是如此——倘若意志仅仅是理性的一种活动，那么我们就能说它是不可能自我进化的、也不能犯错误；因为亚里士多德认为变化和发展只局限于感知的范围，甚至只局限在身体的范围中。因此，我们很难判断亚里士多德究竟认为什么地方才是自由意志的寓所。

之中那个不变的自我究竟是由什么构成的，[1]他在这些方面的失败再明确不过地证明了他关于人格生命的统一性的理解是多么的欠缺。

现在，如果理性是从外部进入人的灵魂的，并且如果它与灵魂的其他功能以及与身体的结合始终只是外在的，那么我们不得不期望这种结合在某一时刻开始并在某一时刻结束。[2]因此，亚里士多德像柏拉图一样认为灵魂有可朽的部分和不朽的部分。它们在尘世生命开始时结合在一起，并在生命结束时分开。此外，在这个理论的发展中，亚里士多德在开始时紧密追随着柏拉图的观点。他在早期著作中列举了柏拉图关于灵魂的前世存在的诸学说，灵魂在身体中的禁锢，以及灵魂在动物死亡之后返回更高的存在世界。[3]因此，他预设了人格的连续性和自我意识在个体死亡后的存在，但是，像柏拉图一样，他也没能详细地考察这个学说在何种程度上能够与柏拉图哲学的前提相容。[4]然而，在他自己的体系的独立发展过程中，他怀疑起这些假设来。当他意识到身体和灵魂从根本上是结合在一起的，当他把灵魂定义为身体的现实性，当他相信每个灵魂都拥有属于自身的、恰当的器官并且在失去这些器官后便不能运作，他已经认识到灵魂在别的世界中的漫游是一个神话，而柏拉图关于灵魂的前世存在和不朽性的学说是值得怀疑的。[5]只要灵魂的存在和活动是依赖于身体的，那么它必然和身体一同生成和毁灭。只有非物质性的精神才能在身体生成之前和死亡之后持续存在。在亚里士多德看

130

131

---

1 亚里士多德确实指出，我们知道自我活动的每个形式，因此我们能意识到自我的存在。参见《尼各马可伦理学》ix.9,1070a29。然而，他认为这种意识是和正在进行的活动一起被给予的。在感知中，意识存在于 sensus communis（通感）中（参见第 381 页注释 1）。自我意识在不同的灵魂部分和功能引起的不同活动之中是如何保持同一性的，亚里士多德并没有研究这个问题。

2 Schrader 讨论了亚里士多德关于不朽的理论，参见 *Jahrb. f. Philologie*, vol.81 and 82(1860), H.2, p.89–104; Leonh. Schneider, *Unsterblichkeitslehre d. Aristot.*(Passau, 1867), p.100 sq.。

3 我们已经讨论过这个主题的内容了。参见 Bernays, *Dial, d, Arist.* 21 sqq. 143 sqq.。

4 关于这个问题，参见 Zeller, *Ph.d.Gr.*i.717 sq.。

5 参见上文 p.10。

来，唯有理性才能如此，灵魂的这个部分——即主动理性，没有受到灵魂低级活动的浸染。感知的灵魂和营养的灵魂都不能独立于身体而存在。它们与身体一同生成，倘若离开身体，它们甚至是不能被设想的，就像行走离不开双脚一样。[1]甚至被动理性也是暂时的，它像一切能够受影响的事物和被推动的事物一样。只有主动的理性是永恒的和不朽的；它自身不仅是独立的，而且它在本性上就是与身体分离的。[2]然而，这个在个体死亡之后仍旧存在的主动理性究竟是什么？它是普遍的、与人的个体性相区别的。另一方面，任何形式的人格活动要么涉及到灵魂的低级功能，要么涉及到由灵魂和身体构成的整体——这个整体在人死亡时便不存在了。如果我们认为理性与身体是分离的，那么我们必须把爱与恨、记忆和理性思维排除在理性之外；[3]同样，一切情感，包括快乐与痛苦的感觉，显然都属于感知的灵魂；甚至意志的存在也依赖于理性与欲望的结合，因此它也必然与灵魂的低级部分一同消亡。[4]亚里士多德无疑相信精神或思想是不朽的，并且它只有在思维活动中实现自身，

132

---

1 参见第 342 页注释 1，以及第 397 页注释 2。

2 参见第 398 页注释 2 以及《形而上学》xii.3,1070a24：一个复合实体分解之后，是否有什么东西留存下来？

3 关于这个问题，参见第 414 页注释 6 中引用的段落以及第 400 页注释 3，参见《论灵魂》i.4,408a24 sqq. iii.5,430a22。在第一个段落中，διανοεῖσθαι（算计）、φιλεῖν（爱）、μισεῖν（恨）和 μνημονεύειν（记忆）被认为不属于理性，而将它们归于一个理性存在者的描述有一个限制：即 "当承载者毁灭时，记忆和爱也消失了，因为它们不是理性的活动，而是那个能够毁灭的复合实体的活动"。就第二个段落而言，在第 400 页注释 3 中我们已经指出 οὐ μνημονεύομεν δὲ（我们忘记）指的是第一个例子中的理性对前世存在的遗忘，但是今生与前世的关系也必然是未来与今生的关系。既然记忆（根据 p.70 之后的描述）是感知灵魂的一种性质依赖于身体器官，并且如果没有与身体一同消亡的被动理性，个体的思想是不可能的（第 400 页注释 3），因此，显然记忆和被动理性都不可能在身体死亡之后持续存在。Schlottman（参见第 413 页注释 3 中提及的著作第 50 页）认为 οὐ μνημονεύομεν（我们忘记）指的是在今生的生命中主动理性的持续活动是不被意识到的，这个解释既不能与它们之间的关系相融合，也无法与 μνημονεύειν（记忆）这个词在亚里士多德的术语系统中的意义保持一致。

4 参见第 405 页注释 4 和第 405 页注释 5，以及 p.126 以下。

所以思维活动必然是不朽的，正如它被证明不会衰老。[1]但是，精神在与身体或灵魂的低级功能分离后以何种方式持续存在？亚里士多德并未给我们任何形式的说明或暗示。思想如果没有图像式的想象的帮助是不可能实现的，[2]但想象在任何意义上都不可能在感知灵魂死亡之后还存在。当个体灵魂预设的身体[3]、知觉、想象、记忆和反思，以及快乐和痛苦的感觉、情感、欲望和意志都不再存在之时，最终当灵魂和身体相结合的整体不再存在，那个留存下来的、被称为"精神"的独立的东西究竟在哪里？我们又能如何描述任何人格生命？[4]亚里士多德自己明确否认人死后还能够感到快乐，因为他们丧失了所有感知能力，[5]没有任何知

133

134

---

1 参见第 397 页注释 3。

2 参见第 405 页注释 2。

3 参见上文 i.p.369 以下。

4 甚至布伦塔诺（*Psychol. d. Arist.*128 sq.）也没能为这个问题找到一个满意的回答；尽管他认为灵魂与身体分离之后，必然作为一个个体而存在，但他也承认它不再是一个"完善的实体"，他重复了第 196 页以下的描述。然而，当一个人不再是他在今生中这个"完善的实体"时，他如何才能被认为是同一个人，这是很难判断的，更别提"不完善的实体"在亚里士多德的体系中是一个矛盾概念了。

5 《尼各马可伦理学》iii.4,1111b22 的意义与这里的讨论无关。在这里，ἀθανασία 的意义必须被理解为不受死亡影响的，或"不死的"，而非在死后不朽。参见 *Ibid.* c.11,1115a26；这里讨论的仅仅是大众的意见。另一方面，《尼各马可伦理学》i.11 的描述对这个问题是重要的。亚里士多德在这里询问已死之人是否能够感到快乐（参见 1100a13），这不是很荒谬吗？尤其是我们说幸福是一种活动；如果我们不说一个死人是幸福的，如果梭伦的意思不是这个，而是一个死了的人是有福的，因为他最终脱离了恶和不幸。亚里士多德的回答暗示已死之人是不能够进行任何活动的，尽管他说善和恶属于一个已死之人，就像一个活着的人并未感知到它们一样；参见 1101b1。然而，他在这里的意思不是：已死之人拥有快乐和痛苦的感觉并且这些感觉随着后代的繁荣和不幸而增加（这是正在讨论的主题）。这个观点被明确地拒绝了，它与亚里士多德的学说根本无法相容。在这里，他说的是对人类生活的审美评估，这里的问题是一个人的生活呈现给我们的幸福画面能够在何种程度上被他后代的幸与不幸所改变，正如（1100a20）一个人死后而来的荣耀和耻辱。一种现实的人格不朽的观念离亚里士多德的思想有多么遥远，在《尼各马可伦理学》ix.8,1169a18 的讨论中可以看得非常明确。因此，他说好人会为他的朋友和国家做很多事情，必要时他还会为他们牺牲；他会为了崇高的目的，抛弃财富、荣誉以及人们追逐的一般利益。此外，柏拉图认为高尚行为的内在价值会在下一次轮回的生命中得到补偿；但亚里士多德并没有这样的观念。《尼各马可伦理学》iii.12,1117b10 中说的正是这个意思。

觉留存下来。在这种情况下，我们不能认为亚里士多德持有一种人格不朽的学说。[1] 他仅仅认为有思想的精神是持续存在的，但否认它拥有任何人格特征，并且他从未解释过或明确地提出过下述问题：这一精神在何种程度上属于某一个体，正如非物质的理性尽管是永恒的和不变的，但它仍然属于某一个体。[2] 就这个被忽略的主题而言，我们还遇到了另一个类似的问题，它兴起于柏拉图学派，并贯穿了亚里士多德的整个人类学研究。正如亚里士多德的形而上学在个体性问题上没有给出清晰一致的论述，他的心理学在关于人格的问题上也有同样的缺陷。正如他在形而上学中并未确定个体存在的基础是质料还是形式，在心理学中他也并未指出人格是存在于灵魂的高级功能中还是低级功能中，或者究竟是存在于人之本性的不朽部分中还是可朽部分中。我们只能得到下述结论：每一种解释都包含了诸多困难，亚里士多德未能解决它们，因此，我们相信他自己其实没能发现这些问题。或许，理性本身或纯粹的精神并非人格的来源，因为它是永恒的、普遍的和不变的。它不受短暂生命的诞生、死亡和变化的影响。它在其自身的生命历程中保持不变，不被外界事物影响，也不从自身向外传递任何活动。然而，感知的领域包含了一切多样性和运动、人和世界之间的所有转化形式、一切变化和发展——总之，人的存在中一切确定的和活生生的东西。但是，人格和一个理性存在者的自由意志不可能存在于感知灵魂中。那么，它究竟存在于什么地方？对于这个问题，亚里士多德没有回答；在他看来，理性在人出生时从外面进入到感知灵魂中，并在人死亡之时离开，所以，在人的生命历程中这两个部分之间缺少真正的内在统一。此外，被动理性和意志学说因其模棱两可的论述，完全无法为调和人类灵魂的不同部分提供任何科学的原则。

1　Schrader, *ibid*.101 sq..

2　参见第 399 页注释 4。

第 十 二 章

实践哲学（一）：伦理学

依照我们的目的，我们已经研究了关于实在本身的知识。现在，我 们要处理的是将知识作为手段的一种活动。这种活动要么包含在生产中，要么包含在行动中。[1] 对后者的科学研究，亚里士多德归之于一般的政治学，[2] 但他区分了政治学本身即关于城邦的学说与伦理学，[3] 伦理学

1　参见第 130 页注释 2，关于这种科学的研究方法参见第 122 页注释 1。然而，它并非只与实践的兴趣有关，这一点在《政治学》中可以看出，参见《政治学》iii.8 *init.*。因此，尽管实践哲学就其实践方面而言与行为有关，但就其哲学方面而言它也是关于纯粹知识的科学研究。

2　参见上文 i.p.187。实践哲学也被称为 *ἡ περὶ τἀνθρώπινα φιλοσοφία*（关于人的哲学）。参见《尼各马可伦理学》x.10,1181b15。

3　对于它们之间关系的一般意见（参见 i.p.187）是：伦理学处理的是个体的道德活动，而政治学处理的是城邦的道德活动，关于这个问题，参见 Nickes（*De Polit. Arist. Libr.* p.5 sq.）和 Brandis（p.1335）的评论。亚里士多德显然区分了（参见《尼各马可伦理学》x.10）政治学的这两个部分，他的根据是第二个部分讨论的是手段，通过它们可以获得伦理美德的知识，并将其运用在生活中，他证明了进一步研究的必要性，因为讨论或知识并不能使人变得有美德。所以，伦理学和政治学的关系是同一门科学的纯理论部分和运用部分的关系。然而，在亚里士多德看来，这些手段只有在社群生活中才能被发现，而伦理学（作为研究道德行为本身的科学）并不涉及这个领域，因此以上描述的实际上是作品之间的关系。此外，亚里士多德甚至区分了（《尼各马可伦理学》vi.8,1141b23）两种不同的实践知识：一种是关于个体的，另一种是关于社群的，他还区分了政治学的不同部分。然而，尽管 *φρόνησις*（实践理性）是与道德行为相关的知识，伦理学不过是对明智所要求的那些原则的研究，欧德谟斯（参见第 132 页注释 6）因此这样来称呼它。《大伦理学》将政治学归于伦理学之下（Brandis, *ibid.*），这是不正确的。在这里，伦理学从一开始就被描述为 *μέρος τῆς πολιτικῆς*（政治学的一部分），这里的文本还强调说整个主题应当被

137　在本性上优先于政治学。关于伦理学，我们首先必须问：亚里士多德是
如何定义人类的一切行为之目的？然后，我们研究他对道德行为和特定
美德之本性的描述；此后，我们将关注他对友谊的讨论，因为友谊是连
接伦理学和政治学的桥梁。[1]

1. 善

138　　　人类一切行为的目的是善，[2] 或更准确地说，善是人类行为能够获
得的，伦理学并不关心抽象的善的理念。[3] 所有行为的最终目标必然是
最高的善：换言之，善必然是被追逐的东西，而非达成任何目的的手
段，它仅仅是并且唯一地为了自身而存在，它自身足以赋予生命最高价

　　　称为"政治学"而非伦理学。如果 Nickes（*ibid.*）认为在《尼各马可伦理学》中有
　　　一个关于至善的讨论，那么这个描述（如果它指的仅仅是对至善的发现和它的构成
　　　部分）就太狭隘了；《尼各马可伦理学》在关于至善的四个标题下来划分它的内容（参
　　　见第 10 卷开篇）：美德、友谊、快乐——所以，即便从表面上看它也不仅是对至善
　　　的描述，而是对道德行为之整体的研究。另一方面，如果我们在有关至善的讨论中
　　　囊括对它的一切条件和构成成分的研究，那么这个描述就太宽泛了，因为它最重要
　　　的部分——即理性的活动——在《尼各马可伦理学》中并未得到充分的讨论。

1　我们已经指出（i.p.96 以下）亚里士多德伦理学的三个版本，以下讨论只局限于《尼
　各马可伦理学》，因为只有它是真迹；对于其他两个版本，我们只参考它们解释前者
　或者从前者中衍生出来的某些重要段落。

2　关于这个主题，参见 Teichmüller（"Die Einheit der arist. Eudümonie"，*Bulletin de la
　Classe d. Sci. hist.–philo. et. polit. de l'Academie de St-Petersbourg*，t. xvi. N.20 sqq.
　p.305 sqq.），他正确地辨析了幸福的构成成分和外部条件。

3　参见《尼各马可伦理学》i.1 *init.*。在这里，"善"（1094a18；c.2,1095a16）被称为
　πρακτὸν（实践的）或 πρακτὸν ἀγαθόν（实践的善）。亚里士多德紧接着详细描述
　了（c.4）柏拉图的善的理念（*Ph. d. Gr.* i.591 sqq.），并提出了几个反驳它的论证
　（*ibid.*1096b30），他指出这种研究属于另外一种科学（参见 Rassow，*Forsch. üb. die.
　nikom. Eth.*53 sq.）。善的理念——至少作为理想的善——不是善的事物和行为的引
　导原则。他在别处说：编织工和木匠就他们自身的技艺而言知道什么是有用的和
　善的；好似道德哲学是为人工技艺服务的。这当然不是亚里士多德的观点（Teich-
　müller，*loc. cit.*315 sq. 在他的评论中明确地表达了这个观点），但如果他真的用这
　个论证来反驳柏拉图，那么这个论证很可能会反过来对付他自己；因为我们必须承
　认亚里士多德对幸福的论述中由编织工或木匠在对技艺的追寻所获得的幸福并不
　是很多。

值。¹所有人都认为最高的善是幸福，²然而，当我们追问幸福本身是什 139

---

1 《尼各马可伦理学》i.1,1094a18。C.5：善在任何形式的活动中都是 *οὗ χάριν τὰ λοιπὰ πράττεται*（行为的目的）（类似的段落，参见柏拉图的《菲勒布》22 B）；x.6,1176b3,30。参见 i.12，在这里，幸福被解释为完善的，它不是 *ἐπαινετόν*（值得赞扬的），而是 *τίμιον*（有价值的），它是"某种比值得赞扬的更好的东西"。

2 亚里士多德认为这个观点是被普遍接受的，参见《尼各马可伦理学》i.2,1095a17；《修辞学》i.5, *init.*。他在《尼各马可伦理学》i.5,1097a34 sqq. 中详实地证明了它；参见 x.6,1176b3,30，从上一条注释的观点可以看出。然而，《尼各马可伦理学》i.5,1097b16 sqq. 的语句的意思却难以理解，这些句子最明显的意思是：幸福本身是最值得欲求的东西，不必加上别的因素，而它被欲求的程度随着附加的东西的增多而增加，尽管这些附加东西的价值是很小的（Brandis. p.1344; Münscher, *Quäst. Crit. In Eth. N.* Marb.1861, p.9 sqq.）。然而，这个解释对于这个段落而言是不可理解的；一个完善的东西如何能够增加自身呢？（Teichmüller 正确地提出了这个问题，*loc. cit.* p.312），或者，幸福既然在自身中包含了所有善又如何能被附加的东西增加更多的善呢？此外，《尼各马可伦理学》x.2,1172a32 明确指出，如果靠附加善的东西而使某物变得更加值得欲求，那么没有什么东西是善的。因此，Teichmüller 将这个句子作为一个反证：如果我们不认为幸福是全体，那么它不是最值得欲求的东西，但如果我们这样认为，那么即便是最小量的善的附加都会使其变得更值得欲求，因此，我们不能认为幸福是特殊的善的全体。Thilo 给出了相同的解释，参见 *Zeitschr. f. Exacte phil.* ii.3,284 sq. 以及 Laas（参见下文）。然而，这个段落中的问题并不是"幸福是否是善的全体"，而是"它是否是最值得欲求的东西"；"*συναριθμούμενος*"的意思不是"被看作全体"，它的意思与其在同一种类的段落中的意思相同（在《论题篇》iii.2,117a16 有所解释，参见 Alexander *in loco*），例如《修辞学》i.7,1363b19；《政治学》vi.3,1318a35；《辩谬篇》5,167a25；《尼各马可伦理学》ii.3,1105b1：即它指的是"一起计算"或"加起来"，当它谓述一个单数的主词时，它的意思必然是前者，因此同一个段落 1172b14 的"*μονούμενον*"（单一的）是用来解释它的，它的意义就是"单一的"。参见《大伦理学》i.2,1184a15 sqq.；另外参见 Rassow, *Beitr. z. Erkl. d. nik. Ethik*（Weimar,1862, *Grmn.-Progr.*），p.5 sqq.，Laas 的解释（*Εὐδαιμονία Arist.* Berl.1858,7 sqq.）以及 Münscher 和其他学者的解释都讨论了。Rassow 的解释（p.10：幸福不算作善，也不是不同于别的善的另一种善）很难与这个段落的语言相容。如果这里的文本是正确的，那么我们必须将其解释为："我们认为幸福是所有事物中最值得欲求的，因为它能够与其他事物相比较，而其自身并不是全体中的一员（它比其他任何事物更值得欲求）；如果我们把它与其他善的事物一起也算作一种善，那么它将变得更加值得欲求，倘若它的价值是通过附加别的善而增加的。"然而，我们很难看出后一个句子的说服力，因为对幸福是最完满的善的证明被这个非亚里士多德式的观点削弱了。这里的问题是，从"*ὑπεροχὴ γὰρ* 到 *αἱρετώτερον ἀεί*"这几句，或者从"*συναριθμουμένην δὲ* 到 *αἱρετώτ. ἀεί*"的整个段落是否是后来插入的。在前一种情况中，我们或许能够在 *αἱρετωτέραν* 后面加上 *πάντων*，并这样来解释它们："我们认为幸福是所有事物中最值得欲求的，因为它自身并非它们中的一员；或者因为它属于别的事物，与最小的善一起，它比别

140　么？我们立即遇到不同的回答。[1]有人说幸福是快乐，也有人说它是实践活动，还有人说它是科学沉思的生活。[2]第一种意见对于亚里士多德
141　来说几乎不值得反驳。他并未否认快乐是一种善，但他对只为了快乐的生活持十分轻蔑的态度。他认为快乐不是最高的善，因为快乐不是自足的；有些快乐是不值得欲求的；许多事物拥有自身的价值——这些价值不依赖于它们带来的快乐；快乐和享受只是一种消遣，它们是为了实施某种行为而存在的；即使最坏的人——这种人在任何意义上都是不幸福的——也能感受到知觉的快乐；只有有德的人承认的善才是真正的善，[3]正如荣誉和财富几乎不被认为是最高的善。荣誉对接受者的影响不如对给予者的影响大；此外，它的价值实际上在于它产生了对价值的意识，这个意识比荣誉本身更有价值。[4]财富就其自身而言是不值得追求的，因此它缺少更高级的善的首要特征。[5]

　　事实上，人的幸福仅仅存在于他的活动中，[6]或更确切地说，存在于
142　人之为人的生活中。[7]这是什么样的活动呢？不是一般的生命活动，因

　　的任何事物都更值得欲求。"新近的《尼各马可伦理学》的编辑者和评注者 Ramsauer 既没有注意到这个段落的内在困难也没有关注他的前辈们对这个问题的解释。

1　参见《尼各马可伦理学》i.2,1095a20 sqq., c.9 *init.*；《修辞学》1360b14 sqq.，在这里那些通常被认为是幸福的事物被一一列举，并按照作者特殊的目的被详细讨论。

2　亚里士多德指出（《尼各马可伦理学》i.2,1095a28），他并不打算研究所有讨论幸福之本质的观点，而只研究那些最普遍的和看起来正确的观点。他命名了三种观点，参见 c.3 *init.*。

3　《尼各马可伦理学》i.3,1095b19, x.2,1172b26,1173b28 到这一篇的末尾；参见 c.6,1176b12–1177a9。

4　《尼各马可伦理学》i.3,1095b22 sqq.。

5　《尼各马可伦理学》1096a5，参见《修辞学》i.5,1361a23。

6　亚里士多德反复指出幸福并不在于仅仅拥有某些优势，即一种 ἕξις（拥有）或 κτῆσις（获得）的状态（参见第 193 页注释 5），而是存在于现实的活动中。参见《尼各马可伦理学》i.3,1095b31, c.6,1098a3；更准确的描述参见 c.9,1098b31。例如，在奥林匹克大会上，强壮和公正是不够的，为了赢得胜利的桂冠，一个人必须参与竞赛的活动，因此在生活中，我们也是通过活动而赢得善和公正。参见 x.6,1176a33. ix.9,1169b29。

7　《尼各马可伦理学》i.6,1097b24。

为这种活动甚至是人与植物共享的；不是感知的活动，因为这种活动不仅属于人也属于低级动物；是理性的活动。[1] 只要理性的活动被正确地施行，我们就称其为美德。因此，人的幸福就包含在美德的活动之中，或者，由于美德是多重的，幸福存在于最完善和最高贵的美德的活动之中。[2] 这就是理论的或思想的纯粹活动。因为它属于最神圣的功能并朝向最高级的对象；它是连续的，并提供了最高程度的快乐；它不需要外在的支撑，也不受外部的影响；它是自身的目的和对象，并因其自身而有价值；人在这种活动中获得了宁静与平和，而在军事生活和政治生活中，或者在一般的实践生活中，人总是无休止地追寻那些行为和活动之外的目的。人的理性是神圣的，它是人的真正本质。只有理性的纯粹活动能够与人的真本性完美协调。只有它能带来无条件的满足，并使人超越人类的局限而上升到神的生活。[3] 其次是道德活动，它构成了幸福的第二本质要素。然而，因为人的神圣的部分引起思想的活动，它或许能够被称为超越人类的善；而道德德性在一种特殊的意义上是属于人类

143

144

---

1 《尼各马可伦理学》1097b33 sqq.。

2 《尼各马可伦理学》i.6,1098a7. x.6,1176b2：活动的价值要么来自外在目的，要么来自自身，后者是除了活动自身之外没有什么有价值的东西了。幸福（参见上文）一定属于后者。然而，幸福并不包含在这些之中（参见第424页注释3），而是（1177a9）包含在美德的活动中；它是（i.10,1099b26）依照美德的灵魂的实现，或者更确切些（i.13, *init.*），它是依照完善美德的灵魂的某种现实性。

3 《尼各马可伦理学》x.7, *init.*1177b16。另外，参见 x.8,1178b1。神被认为是最幸福的；但什么行为是属于他们的呢？我们是否应当认为买卖的行为展现了他们的正义、直面危险展现了他们的勇敢、馈赠财物体现了他们的慷慨、战胜邪恶的欲望体现了他们的自制？他们不会像 Eudymion 那样睡觉。现在，如果你从一个活人身上抽走活动以及其他的生产行为，那么除了沉思之外，还有什么剩下的呢？神的活动就是沉思，这是所有活动中最幸福的。因此，在人的活动中，与沉思最相似的一定最接近幸福的本质。参见《形而上学》xii.7,1072b24：沉思是快乐的和至善的。参见第261页注释5。这些句子与《政治学》vii.2,1324a25, c.3,1325b14 sqq. 的句子之间的矛盾只是表面的。在《政治学》的段落中，亚里士多德认为理论活动本身并不与实践活动相比较，而是献身科学的生活与献身城邦的生活相比较；尽管实践生活被认为更加卓越，但是对它的描述是在宽泛的意义上使用的，理论活动本身是自足的，并且它没有外在的目的，因此它被认为是 $\pi\rho\tilde{\alpha}\xi\iota\varsigma$（活动或行动）的最完善的形式。参见《政治学》vii.15,1334b14。

的善。[1]

　　尽管这些因素无疑都是构成幸福的本质的和必要的条件，但亚里士多德并不认为幸福不再需要其他的馈赠和有益之物，它们有些来自道德的和理性的活动，而有些是独立于这些活动的。[2]例如，幸福必然需要一种完整的生活。一个儿童不可能是幸福的，正如他不可能是有德的，因为他还没有能力进行任何理性的和道德的活动。[3]此外，短暂的幸福是不充足的：一口不能吃成胖子。[4]因此，如果我们不愿意像梭伦（Solon）那样说一个人的幸福得盖棺定论的话，我们也必须承认幸福至少应当在某种成熟的生活中寻找。事实上，幸福是灵魂在一段完整生活中有德性的活动。[5]此外，人若要获得完美的幸福还需要外在的善。幸福确实不同于好运。[6]一个勇敢的人做出高尚的行为，但贫穷、疾病和不幸也会发生在他身上，因此一个真正幸福的人绝不是可怜的。然而，如果普里阿摩斯（Priams）的命运降临到一个人身上（普里阿摩斯是特洛伊的末代国王——中译者注），没有人会说这个人是幸福的；[7]尽管极少的好运就能使一个有德的人感到满足，[8]对他来说在许多方面它们是不可或缺的：没有财富、权利和影响力，一个人几乎不能做成什么事情；高贵的出身、美貌、多子是完美幸福的构成要素；友谊更是构成幸福的

145

146

1　《尼各马可伦理学》（参见第 425 页注释 3）c.8 *init.. Ibid.* 1178b5（参见第 425 页注释 3）。从以上的讨论中，我们可以清楚地看到这里的区分只是表达上的，我们也不能认为（Ritter, iii.327 持有下面这个观点）因为亚里士多德的表达摇摆不定，他在定义人的幸福的时候有意地排除了理论活动。

2　有一种观点认为这些被称为有益之物的东西有一个直接的道德上的意义（Teichmüller, *loc. cit.* 337 sq.），但这不是亚里士多德的观点；他时常把它们称作充足的事物，并且善的东西很可能就是有益之物。

3　《尼各马可伦理学》i.10, 1100a1。

4　《尼各马可伦理学》i.6 *fin.*。

5　*Ibid.* i.11, 1191a14；参见第 419 页注释 5；x.7, 1177b24。

6　《政治学》vii.1, 1323b26；《尼各马可伦理学》vii.14, 1153b21。

7　《尼各马可伦理学》i.11, 1101a6（参见第 429 页注释 4）；vii.14, 1153b17；《政治学》vii.13, 1332a19。

8　《尼各马可伦理学》x.9, 1179a1。个体的人格从原则上来说是最幸福的。参见《政治学》vii.1, 1323a38 sqq.。

必要条件；健康对于所有人来说都是无价的；总之，为了获得完全满足的生活，除了精神的善之外，某种程度的物质的善和外在的有益之物（财产、好时节、好天气）也是不可或缺的，[1] 我们不能错误地认为神必然赋予有德性的人这些东西。[2] 因此，好运就其本身而言是某种善，但是对于某个人来说它或许会变成恶。[3]

亚里士多德甚至把快乐视作构成幸福的条件，他反对柏拉图和斯彪西波对快乐的批评。[4] 因为他对快乐的本质有着完全不同的看法。柏拉图把快乐归于不确定的、变化的或生成的范围；而亚里士多德认为它是任何活动的自然完善，即快乐自身是完善的活动的直接后果，正如健康和美丽是身体之完善的直接后果。快乐不是一种运动或生成，而是生命

147

1　参见《尼各马可伦理学》i.9,1099a31 sqq. c.3,1096a1, c.11,1101a14,22, vii.14, 1153b17, viii.1 *init.* ix.9,11（我稍后将讨论这个段落），x.8,1178a23 sq. c.9 *init.*；《政治学》vii.1,1323a24, c.13,1331b41，以及《修辞学》i.5,1360b18 sqq.。

2　亚里士多德在《尼各马可伦理学》第九卷的最后和第十卷的开头说：遵照理性生活的人最受神的喜爱，他们从与自身相近的东西中得到快乐；如果神是关心人的，那么这种人最受神的喜爱，如果神赐予人类什么礼物的话，这礼物必然是幸福。我们知道亚里士多德的体系没有神圣恩赐的任何地位。因此，如果我们把通俗的表达转换为科学的表达，那么我们要说神的关爱必然与理性的自然活动相一致。另一方面，亚里士多德坚持认为外在的善是一种偶然；参见《尼各马可伦理学》x.10,1099b20 sqq. vii.14,1173b17；《政治学》vii.1,1323b27, c.13,1332a29。

3　《尼各马可伦理学》v.2,1129b1 sqq.; cf. c.13 *fin.*。

4　参见 Zeller, *Ph.d.Gr.*i. pp.506,861,3. 亚里士多德的论述是否包括犬儒学派是不清楚的；我们从《尼各马可伦理学》第十卷第一章的描述中似乎可以认为他包括了这个学派；参见 *ibid.* i.262,2. 关于亚里士多德的快乐学说，参见《尼各马可伦理学》x.1–5, vii.12–15 中的详细讨论。在这里，我们只引用以下段落便足够说明问题，参见 x.2,1173a15（柏拉图《菲勒布》27E sqq.30E sq.，别的段落，参见 Zeller, *Ph.d.Gr.*i.506）；对于美德和健康来说，情况是相同的。幸福被认为是某种运动和生成（参见 Zeller, *Ph.d.Gr.*i.506,3）；然而，如果它是一种运动，那么它必须持续一段时间，因此，像其他的运动一样，快乐也有确定的速度；如果快乐是某种生成，那么它必然有一个结果；但是这些结果都是不可接受的；快乐自身是被运动产生的，但它本身不是一种运动（*ibid.*1.29 sqq. c.3,1174a19 sqq.）。此外，任何快乐都涉及痛苦：它是一种满足，而任何满足都预设了一种缺乏；但是存在没有痛苦的享受，它们并不包含在对缺乏的满足中；然而，它们只是快乐的原因，而非快乐本身（《尼各马可伦理学》1173b7 sqq. vii.15,1154b15）。最后，存在邪恶的快乐；但我们并不能因此推论说任何快乐都是恶的（x.2,1173b20 sqq. c.5,1175b24 sqq.,1153a17–35,1153b7–13.）。

148 的一切运动所寻求的安宁的和完善的目的。[1] 一个活动越高尚，伴随它的快乐就越高级。思维活动和道德行为产生了最纯粹的快乐，[2] 神的福祉不是别的，就是从最完善的活动中产生出来的快乐。[3] 因此，亚里士多德认为对快乐普遍的追寻是绝对必要的，它不是别的，而是生命的本能。[4] 但快乐不是最高的善；[5] 并且不同种类的快乐之间是有区分的，每一种快乐的价值都与产生它的活动的价值成正比；有德性的人的快乐才是真正属于人类的快乐。[6] 然而，亚里士多德并没有把快乐之一般从"幸福"概念中排除，也不认为它处于下属地位——像柏拉图所做的那样。

现在，我们研究了幸福的不同条件之间的关系。其中最不可或缺的条件，即幸福的本质只能是灵魂理性的和道德的活动，亚里士多德时常

149 强调这一点。例如，在处理活动与快乐的关系时，他宣称前者绝对的优先性使其必然值得被欲求。一种只知享乐的人生是不值得过的。他认为唯一适合人类本质的活动是实践活动：而比人类本质更高贵的活动是理智活动。[7] 快乐不是我们行为的目的或动机，而只是伴随着人的本性之

---

1 《尼各马可伦理学》x.3 *init.*：快乐就像直观的知觉，它在任何时刻都是完善的；参见 c.4,1174a20,1174b31：快乐对活动的完善不是作为一个内在的状态，而是作为一个结果伴随着它。因此，快乐持续的时间与活动持存的时间是重合的，它与活动一起变化和消退，但人的活动总是间歇性的（cf. vii.15,1154b20 sqq.）；参见 c.5,1175a20：没有活动就不能产生快乐，而任何活动都是被快乐完善的。因此快乐似乎有不同的种类。这个观点在接下来的段落中得到了进一步的发展，即任何活动都会从活动自身的快乐中获得超强的能量和持续的动力，任何活动都会来自其他活动的快乐扰乱；参见 vii.14,1153b14；参见下文，《修辞学》i.11 *init.*："我们可以认为快乐是灵魂的某种运动"；这里的句子是不太准确的：一方面，严格来说，亚里士多德并不认为灵魂是运动的，另一方面，根据我们刚刚引用的段落，快乐不是一种运动，而是运动的结果，这个定义在《大伦理学》ii.7,1205b6 中出现过。

2 《形而上学》xii.7,1072b16,24；《尼各马可伦理学》x.2,1174a4, c.4,1174b20, c.7,1177a22,1177b20, i.9,1099a7–29, vii.13,1153a20.

3 《形而上学》*ibid.*；《尼各马可伦理学》vii.15,1154b25；参见第 216 页注释 5。

4 《尼各马可伦理学》14,1153b25–32. x.2,1172b35 sqq. c.4 sq.1175a10–21, ix.9,1170a19。

5 参见上文 p.140。

6 《尼各马可伦理学》2,1173b20 sqq. c.4 *init.* c.5,1175a21 sqq.1175b24,36 sqq.1176a17, c.7,1177a23, i.9,1099a11, vii.14,1153b29 sqq.，以及参见第 428 页注释 1。

7 参见上文 p.140 以下。

活动。倘若它们能够被分开，那么一个好人绝对愿意选择无快乐的活动而不是无活动的快乐；[1]然而，我们无法将快乐从美德的本质中分离，并且我们能在美德的活动中直接获得满足，而不需要从外部附加快乐。[2]从这个观点来看，亚里士多德伦理学的纯粹性和其论述的特殊性是不容置疑的。他关于外在善的描述或许会遭致人们的指责：即他使人过分地依赖自然的和偶然的有益之物。然而，亚里士多德承认它们只是作为完美生活的不可或缺的条件和道德活动的工具；[3]就此而言，他无疑是正确的。另一方面，他并不愿意将人设想为受命运或运气的主宰。亚里士多德相信人的幸福和不幸取决于其精神的和道德的状况；人们只有在这里才能找到持久满足的基础；一个有德之人的幸福并不会轻易被外在的运气改变，或者由于最残酷的损失而变成不幸。[4]亚里士多德与柏拉图一样[5]坚信真正的善是属于灵魂的，而外在的和物理的善只有在作为获得前者的工具时才是有价值的。[6]他甚至明确指出，真正的自爱包含在对更高的善的追求中，因此为了朋友和国家的福祉，一个自爱的人会毫

150

151

---

1 《尼各马可伦理学》x.2 *fin.*, c.6；另外，参见第 425 页注释 2。

2 《尼各马可伦理学》i.9,1099a7。《政治学》vii.13,1332a22。

3 《尼各马可伦理学》vii.14,1153b16（犬儒学派，参见 *Ph.d.Gr.*i.258,3,267,4；或许还包括柏拉图，参见 *ibid.*743 sq.）。另外，参见 1154b11：某些身体上的快乐能有多大的价值呢？；*ibid.* i.9 sq.1099a32. c.1099b27。参见《政治学》vii.1,1323b40；参见 p.144 以下；《欧德谟伦理学》i.2 *fin.*。

4 《尼各马可伦理学》i.11,1100b7,1101a5；他的幸福会被许多悲惨的不幸所干扰，而只有通过艰难的努力他才能恢复幸福的生活。

5 《法律》v.743E；《高尔吉亚》508D sqq.；参见 *Ph.d.Gr.*i. p.505 sq.。

6 《尼各马可伦理学》i.8,1098b12。《政治学》vii.1,1323a24：一个幸福的人必须拥有三种类型的善（外在的善、身体的善和灵魂的善）；唯一的问题是在何种程度上以及在什么比例上拥有它们。就美德而言，大多数人都很容易满足；但是对于财富、权力和荣誉而言，人们很难被满足。我们必须指出人们不是通过外在的善来获得或维持美德的，而是通过美德来获得外在的善，幸福无论是快乐还是美德都是在那些拥有美德的和有教养的心灵中被发现的，他们只拥有适度的外在的善……物质资料像其他一切工具那样有着天然的界限，这个界限取决于它们被用来达成的目的；超出这个界限，它们要么是无用的要么是有害的；另一方面，精神之善的价值与它们的崇高性成正比。如果灵魂比身体和外在的事物更有价值，那么灵魂的善将比身体的善和外在的善有更多的价值。神的福祉说明了幸福的多少取决于美德和明智的多少……因此我们必须把 εὐδαιμονία（幸福）和 εὐτυχία（好运）区分开来。

不犹豫地贡献出他拥有的外在善，甚至自己的生命。然而，在所有这类
情形中，最高的奖励——即道德上善的行为——是属于这个行为施行者
的，因为高贵的和善的行为比一段长寿的、但没有完成任何伟大事业的
人生更有价值并更能赐予人幸福。[1] 类似的，亚里士多德认为受苦比作
恶要好，因为在前者中只是我们的身体或财物受损，而在后者中是我们
的人格受损。[2] 因此，亚里士多德始终坚信他从一开始研究最高的善时
就使用的原则——即幸福的本质主要包含在遵照理性的行为中，或者在
一个完善的美德的活动中。其他的善只有在某些条件下才被认为是善
的：倘若它们是这个活动的自然产物，像快乐，或者它们是获得最高的
善的手段，例如外在的善或物理的善。然而，如果我们不得不在不同的
善之间抉择，那么其他的善必须为道德的和精神的善让位，因为只有它
们才是绝对的和无条件的善。[3]

所以，如果美德是构成幸福的本质条件，那么伦理学的问题就是研
究美德的本质并揭示它的组成部分；[4] 当然这一问题是限制在精神的完善
性之中的。[5] 现在，这个问题像精神活动一样有着两个本质方面：理智
的和道德的。前者与理性活动本身相关，后者与灵魂的理性部分对非理
性部分的控制相关。前者的对象是思想，后者的对象是意志。[6] 伦理学

---

1 《尼各马可伦理学》ix.8,1169a6 sqq.（参见 p.132 引用的段落）。

2 《尼各马可伦理学》v.5,1138a28：受到不公正的待遇和作恶都是恶的，但是前者是
　较小的恶，后者是较大的恶，作恶更坏，因为它本身就是恶的。

3 我们已经讨论过这一点（参见 p.149），我们将在亚里士多德的美德学说中发现，他只
　承认那些目的在道德活动之中的美德是真正的美德；参见《尼各马可伦理学》iv.2 init.。

4 《尼各马可伦理学》i.13 init.：既然幸福是灵魂的美德的实现活动，我们必须考虑
　美德的本质；唯有如此我们才能更好地理解幸福的本质。

5 希腊词"ἀρετη"的意思不仅指道德上的出色和完善，还指任何与人和物有关的活
　动的完善性。亚里士多德是在这个意义上使用它的，参见《形而上学》v.16,1021b20
　sqq.；《尼各马可伦理学》ii.5 init. and passim。然而，当我们讨论人的幸福时，它
　的意义只能是关于精神的完善性；参见《尼各马可伦理学》1102a13。

6 亚里士多德讨论了灵魂中的理性部分和非理性部分，并区分了两种不同的理性——
　一种直接意义上的理性和一种衍生意义上的理性，即思想和欲望；此后，参见
　1103a3：美德也据此分为不同的类型，因为我们说有些美德是理智的，有些美德是伦
　理的。他在《尼各马可伦理学》第二卷第 1 章的开头和第六卷第 2 章回到这个区分上

考察的是后者。[1]

2. 道德美德

为了帮助我们研究道德美德的本质，亚里士多德的研究起点是寻找美德之一般。美德不是一种情感或者一种能力，而是灵魂拥有的一种确定的性质或状态（ $\xi\xi\iota\varsigma$ ）。[2] 情感本身是不值得赞扬或责备的。它们也不能使我们变得更好或更坏。它们不是自愿的，但美德预设了意志的活动。美德意味着某些运动。另一方面，美德或恶习是恒定的状态。道德评价的对象不是能力。能力是天生的；而美德和恶习是后天获得的。[3] 它们与能力不同，也与科学（和技艺）不同，后者包括两个对立的方面，而前者仅仅指向一个方面：[4] 一个拥有关于善的知识和能力的人也拥有关于恶的知识和能力，但是一个意愿善的人不可能同时意愿恶。另一方面，我们同样必须区分美德与单纯的、外在的行为。一个愿意行善的人不仅必须做正确的事情，而且必须根据正确的思想来做善事。[5] 正是这一点而非外在的结果赋予一个行为以道德价值。[6] 也正是这一点使得美德和道德洞见的实现是艰难的：在这里，我们处理的不是特殊的行为，而是行为者的一般特征。[7]

154

155

来。因此，道德美德被认为是由理性统治的欲望（即意志，参见上文 p.114）的产物，亚里士多德一直坚持这个观点。

1　这一点是显然的，我们从这门科学的名称以及从其将 $\pi\rho\tilde{\alpha}\xi\iota\varsigma$（行为）作为研究主题的确定中就能得知——例如，第一卷第 130 页注释 2 中引用的论述，以及《尼各马可伦理学》ii.2,1104a1 中的描述。此外，我们从《尼各马可伦理学》整体的写作计划中更容易看出这一点。如果研究的对象是理智美德和道德美德，那么情况将有所不同。关于这一点以及对第六卷中理智美德的讨论，参见下文。

2　这三者的关系，参见《尼各马可伦理学》ii.4 *init.*。

3　参见《尼各马可伦理学》1105b28 sqq. 的结尾处；cf. c.1,1103b21 sqq.。

4　《尼各马可伦理学》v.1,1129a11。

5　《尼各马可伦理学》ii.3,1105a28,1105b5,vi.13,1144a13 sqq. 因此，亚里士多德区分了正直的人格和正直的行为，*ibid.* vi.10, *init. et al.*（参见第 431 页注释 5）。

6　《尼各马可伦理学》iv.2,1120b7。

7　参见《尼各马可伦理学》v.13 *init.*。认识到这一点并不是一件容易的事情；根据同

　　亚里士多德把这个特征更准确地定义为意志的特征。这样一来，他就在两个方向上规定了道德的界限，一方面，他将道德美德与自然的和非道德的倾向区分开来，前者与人的行为有关，另一方面，他将道德美德和与人的行为无关的知识区分开来。道德的基础和前提是某些自然性质。为了能够实施道德活动，一个人首先必须具备一定的心理和物理结构，[1] 并具备实现美德的自然能力；[2] 因为任何美德都预设了某些自然特性，道德的性质已经在某种程度上存在于确定的冲动和倾向中。[3] 然而，

156　这种自然倾向还不是道德的。它不仅在儿童中而且在低级的动物中都存在。[4] 因此，当亚里士多德说"物理的德性"时，他明确地把它们与恰当意义上的美德相区分，[5] 后者指的是自然之倾向与理性之洞见的结合以及自然倾向对实践理性的服从。[6] 自然倾向和自然冲动并不取决于我们自己，但美德是在我们掌控之中的。前者生而有之；后者是通过训练逐渐获得的。[7] 亚里士多德用这个原则将所有非自愿的情感和倾向排除在道德范围之外，甚至将它扩展到道德生活的早期阶段。他不仅认为情感

157　本身，像恐惧、愤怒、怜悯等，都不在受赞扬或责备的范围内，[8] 而且他还对自制与美德、不自制与恶习做出严格区分。[9] 类似的，他认为谦虚

　　样的理由，亚里士多德认为正直的人不可能做不正直的事情。外在的特殊行为他或许会做，但是懦弱的和不正义的行为他是不会做的。参见 p.116。

1　《政治学》vii.13,1332a38。

2　《尼各马可伦理学》ii.1,1103a23。《政治学》*ibid.*。

3　《尼各马可伦理学》vi.13,1144b4；《大伦理学》i.35,1197b38, ii.3,1199b38, c.7,1206b9。参见《政治学》vii.7 关于不同群体中道德的和智力能力的不平衡分配。

4　《动物志》i.1,488b12, viii.1, ix.1；参见第 361 页注释 2；《尼各马可伦理学》*ibid.*。

5　τὸ κυρίως ἀγαθόν（恰当意义上的善），ἡ κυρία ἀρετή（恰当意义上的美德），参见《尼各马可伦理学》同上书。

6　《尼各马可伦理学》1144b8。

7　《尼各马可伦理学》ii.1,1103a17。例如，视力不是我们通过感知而接收到的，而是我们感知的前提。我们通过道德的行为而变成有德的，通过不道德的行为而变成邪恶的。参见 x.10,1179b20（i.10 *init.* 中的描述无疑是针对柏拉图的《美诺篇》70A,99E 的内容的）。关于自愿性是道德美德之特征的讨论，参见《尼各马可伦理学》ii.4,1106a2, iii.1 *init.*; c.4 *init.* 以及上文 p.115 以下。

8　《尼各马可伦理学》ii.4,1105b28；参见第 431 页注释 3。

9　《尼各马可伦理学》vii.1,1145a17,35; *Ibid.* c.9,1150b35,1151a27。根据这些段落的

是一种情感而非美德。[1] 在这些精神状态中，亚里士多德未能发现意识的普遍性——即所有行为遵循的原则。他坚信没有理性之洞见的行为不是道德的，任何不违反理性的行为都是道德的。

　　尽管没有理性的美德是不可能的，但理性和道德不是等同的。正如意志是理性和欲望的结合，[2]意志的道德性质必须在同一个范畴中来讨论。道德美德涉及快乐与痛苦，因为它与产生这些感受的行为和情感相关：即快乐和痛苦是欲望的最初源泉，[3]也是我们一切行为的准则，[4]在某种意义上，它们甚至是我们做有用的和正确的事情的动机。[5]因此，亚里士多德反对苏格拉底的学说——美德即知识。[6]总起来说，他对这个观点的反驳是：它忽视了灵魂中的非理性部分和美德的非逻辑方面。[7]当他进一步考察这一学说的基本原则时，他发现了它的错误前提。苏格拉底坚信如果知道一件事情是错误的和有害的，那么人们是不可能作恶的；[8]相反，在亚里士多德看来，这个观点忽视了纯粹的理性知识和实践知识的区分。他指出，我们首先必须区分单纯地拥有知识作为一种技能和知识作为一种活动。一个人或许知道某个行为是善的或恶的，但这种

　　描述，自制是 σπουδαία ἕξις（好的状态或情感），而非美德。

1　《尼各马可伦理学》iv.15, ii.7,1108a30：它的确是值得称赞的，但它并非美德；它是 μεσότης ἐν τοῖς πάθεσι（情感的中道）。

2　关于意志的讨论，参见 p.113, p.126。

3　这个观点，参见 p.107 以下。

4　《尼各马可伦理学》ii.2,1104b8：所有道德感受都源自对快乐的欲求和对痛苦的厌恶，而惩罚也是出于同样的原因；ii.5,1106b16, *Ibid*.1.24, iii.1 *init*.（参见第 409 页注释 4），vii.12,1152b4,1172b21；x.7；参见第 425 页注释 3；《物理学》vii.3,247a23。另外，参见《政治学》viii.5,1340a14。

5　这个句子（《尼各马可伦理学》ii.2，参见第 433 页注释 4）或许看起来是令人吃惊的，因为亚里士多德明确地区分了快乐和善（参见 p.140 以下）。然而，根据上述描述，我们必须采用第 429 页注释 2 的解释。善的思想通过感受作用于意志，善将自身表达为某种值得欲求的东西，并可以提供快乐和满足。

6　《尼各马可伦理学》vi.13,1144b17 sqq. vii.5,1146b31 sqq. cf. c.3 *init*. x.10,1179b23；《欧德谟伦理学》i.5,1216b, vii.13 *fin*.；《大伦理学》i.1,1182a15, c.35,1198a10。

7　这个观点可以从《尼各马可伦理学》vi.13, c.2,1139a31 的描述中总结出来，尤其参见《伦理学》i.1.；参见第 433 页注释 4。

8　参见 Zeller, *Ph.d.Gr*.i. p.118 sq.。

159 知识在特殊情况下或许只是潜在的，因此，这个人或许会作恶但此刻并未意识到它是恶的。其次，考虑到这种知识的内容，我们必须区分一般原则和它的实际应用。因为，如果每个行为都是在一般的法则下对一个特殊例子的运用，[1]那么行为者自己知道这个普遍的道德法则，但他或许在特定情况下忽视了对它的运用，并允许自己被知觉的欲望而非道德的原则控制。[2]因此，尽管苏格拉底相信没人自愿作恶，但亚里士多德认为人是自己行为的主人，并且行为的自主性是区分实践生活和理论生活的显著标志。[3]类似的，实践活动不同于技艺。对于技艺而言，最主要的东西是知识和生产某些产品的技术，而在行为中最主要的东西是意志。技艺的目标是产品必须具有某种特征；而实践活动的本质是行为者本身具有某种特征。在技艺中有意犯错的人可能是卓越的；而在实践活动中人不能有意犯错。[4]

160 因此，亚里士多德认为[5]道德活动是自然冲动和实践理性之活动的结合，或者，更准确地说，它是欲望对理性的服从[6]——欲望是灵魂中的非理性部分但它能够接受理性的命令。道德活动的最终源泉是理性的欲望或意志，而意志最根本的属性是在知觉的冲动和理性的冲动之间做出决定的自由。[7]然而，只有当自由本身成为第二本性时，道德才是完善的。美德是意志的恒定性质，是从自由的活动中获得的习惯：道德的根基在习俗之中，即道德（ἦθος）在习俗（ἔθος）之中。[8]因此，如果我们问美德从哪里起源，那么答案是：它既不是从本性中来的，也不是

1　参见第 405 页注释 7。

2　《尼各马可伦理学》vii.5 主要讨论的问题是"过度"。与知识相区别的行为的另一个特征——亚里士多德并未在这里提及——已经在第 448 页注释 7 中提到过了，另外参见第 404 页注释 4。

3　参见上文 p.115 以下。

4　《尼各马可伦理学》ii.3（参见 i.6），vi.5,1140b22 ；《形而上学》vi.1,1025b22。

5　《尼各马可伦理学》vi.5,1140b22 cf. v. i.1129a3 ；《形而上学》v.29 *fin.*。

6　《尼各马可伦理学》i.13 *ad fin.*。

7　参见 p.115 中关于这个主题的讨论。

8　参见上文 p.153, p.156。

从学习来的,而是从实践中得到的。因为,尽管自然倾向是一个必要条件,伦理知识是美德的自然后果,但就美德的本质特征是意志的一种确定倾向而言,美德完全取决于持续的道德活动,[1]通过这些活动,那些原先易变的东西变成了某种恒定的品格。[2]亚里士多德甚至认为对道德原理的理解也是由美德的实践行为获得的:一个愿意聆听道德教导的人一定已经践行过美德。有德之人一定先于道德知识。[3]因此,美德总是预设了精神的成熟。儿童和奴隶并不在严格的意义上拥有美德,因为他们没有意志,或者只有一个不完善的意志,而年轻人并不适合学习道德哲学,因为他们还缺乏稳定性。[4]

161

至此,我们仅讨论了道德活动的形式,还未研究它的内容。我们发现美德是意志的一种道德性质。现在,我们要问的是:意志的什么性质是道德的?亚里士多德对这个问题最初的回答是非常抽象的:这种性质不仅使人自身变成善的,而且还能使人正确地实施恰当的行为。[5]他后来把"恰当的行为"定义为避免过度和不及的行为,即保持适当的中道;[6]相反,错误的行为是越过这条界限并偏向一端或另一端的行为。[7]为了

162

---

1 亚里士多德指出,一个人只有通过实践道德的行为才能变成道德的,在《尼各马可伦理学》ii.1 中(参见第 432 页注释 7),他问到:这个观点是否使我们自己陷入某种循环,因为为了实践道德的行为我们必须已经是道德的人;他给出的答案是否定的。参见 ii.1,1103b10 sqq.。参见 X.10,1179b23。通过学习能获得更多的东西,这一点是肯定的,参见《政治学》vii.13,1338a38 sqq.。在这里,φύσις(自然或本性)、ἔθος(习俗)和 λόγος(理性)被认为是美德的三种来源;他对于理性有这样的评论:"除了习俗和自然,许多事情是根据理性的指导而完成的,如果能够说服别人那就更好了。"但它们的差别是不重要的。以上使用的语言使我们不得不想起柏拉图,柏拉图认为道德习惯必然在实践理性之前存在(参见 Ph.d.Gr.i. p.532 sqq.);亚里士多德与之不同,他将哲学家高尚的美德与习惯分开,而柏拉图将道德美德限制在习惯之中。

2 《尼各马可伦理学》ii.3(参见第 435 页注释 1):美德的一个性质是稳定和不易变。参见《论记忆》c.2,452a27;以及上文第 408 页注释 5。

3 《尼各马可伦理学》i.1,2,1094b27 sqq.1095a4,vi.13,1144b30。

4 《尼各马可伦理学》i.1;另外,参见 c.10,1100a1,《政治学》i.13,1260a12 sqq.31。

5 Ibid. ii.5.

6 Ibid.1106b8.

7 亚里士多德指出,无论是美德还是恶习在日常语言中时常没有名字;参见《尼各马可伦理学》ii.7,1107b1,7,30,1108a5,16,iii.10,1115b25,c.14,1119a10,iv.1,1119b34,

进一步确定"中道"的本质和位置，我们不仅必须考虑行为的对象，更要考虑我们自身的人格本性。[1] 道德的问题就是发现与我们自身相合的中道：我们的情感和行为既未越过也未不及那条由人格主体、对象和环境共同决定的界限。[2] 的确，亚里士多德承认这个描述仍然是概括的，

163　倘若我们想要发现中道和行为的准则，[3] 我们必须仔细观察和研究；然而，在这里，他只能为我们指向实践理性——它的功能正在于标示出一个特定情况中的正确行为是什么；因此，他把"美德"定义为"意志之性质，它保存了适合于我们本性的中道，这是一个有根据的定义，正如一个有实践理性的人给出的定义。"[4]

从这个观点出发，亚里士多德继续研究特殊的美德，但他并不打算从一个确定的原则中推演出它们。即便在他自己的上述理论中发现有进行这种推演的倾向，也被搁置起来了。他研究"幸福"概念，并在"美德"中发现了基本的中道，因此，他或许想尝试着来定义不同种类的活动——这些活动能使我们获得目的，并最终找到"美德"的主要类型。

164　然而，他并未这样做。甚至在他对道德美德之秩序的某些观点给出说明
165　时，这些观点也并未遵循任何原则。[5] 因此，我们在这里要做的只剩下

---

　　c.10 sq.,1125b17,26, c,12,1126b19, c.13,1127a14。

1　《尼各马可伦理学》1106a26。例如，两磅食物太少，而十磅却又太多；μέσον κατὰ τὸ πρᾶγμα（[进食]行为的中道）或许是六磅；然而，这个数量对于某个人来说或许太多，对于另一个人来说又或许太少；因此，技艺的大师避免"过度"或"不及"，他寻找并选择中间的，但这个"中间"不是对象的中间值，而是相对于我们的中间值。

2　《尼各马可伦理学》1106b16（第 435 页注释 2 中引用的段落之后）。参见下一条注释。

3　《尼各马可伦理学》vi.1：我们应当选择"中道"，而不是过度（参见 ii.5）。

4　*Ibid.* ii.6 *init.*。

5　将美德定义为"中道"之后，亚里士多德在《尼各马可伦理学》ii.7 指出，我们必须转向对这个原则的特殊应用的研究。荣誉的过度是野心。欲望的中道是节制。此外，关于一般的言行有三种类型的中道：一种是关于真理的，另外两种是关于快乐的，前者有关少数人（参见第 440 页注释 6），后者有关所有人（参见第 440 页注释 3）。关于勇敢和节制，亚里士多德说（iii.13）：它们似乎是非理智部分的美德。然而，这个分类是松散的，我们在其中也未发现任何确定的原则。Häcker 试图在一篇有趣的文章中（*Das Eintheilungs-und Anordnungsprincip der moralischen Tugendreihe in der nikomachischen Ethik*, Berl.1863）指出，亚里士多德被一个外在

描述亚里士多德自己列举的那些美德，而无法阐明它们之间的任何逻辑关系。

　　"存在众多的美德"这个最初的命题是亚里士多德用来反对苏格拉底的，因为苏格拉底认为美德都可以划归为"实践理性"。亚里士多德

的原则引导，但这个原则并不适用于他的学说。Häcker 认为亚里士多德首先指出了那些与维系和捍卫生命的低级本能有关的美德：勇敢是 $\theta\nu\mu\grave{o}\varsigma$（激情）的美德，而节制是 $\grave{\epsilon}\pi\iota\theta\nu\mu\acute{\iota}\alpha$（欲望）的美德。第二类美德（慷慨、爱荣誉、温和、正义——因为特殊原因它被放在最后）的范围是和平时期政治生活的实践，包括个人在城邦中的事务和他占据的位置；第三类美德属于生命的完善，即"活得好"。然而，亚里士多德不可能将美德的分类建立在这个模型上。首先，他自己认为把勇敢和自制联系起来的原因是它们代表了人的非理性部分的美德；这只不过说（除非像Ramsauer 说的那样，但我们拒绝他的解释）将勇敢与自制放在一起讨论是恰当的，因为在柏拉图将这两者命名为激情的和欲望的美德之后，这种讨论方式就成为习常。如果亚里士多德对美德的分类遵从的是 Häcker 认为的那些原则，那么他必然将 $\pi\rho\alpha\acute{o}\tau\eta\varsigma$（温和）与勇敢划为同一类。如果后者是对本能的服从，那么前者就是（iv.11）欲望的中道；但是愤怒来自报复的本能，它与勇敢一样都存在于激情之中（iv.11,1126a19 sqq.；《修辞学》ii.2 *init*.12,1389a26. cf. p.583,2），并且它和勇敢一样（《尼各马可伦理学》iii.11,1116b23 sqq.）不仅存在于人之中，也存在于动物之中。因此，愤怒和勇敢的联系是如此紧密，以致于我们很难将它们区分开来（《尼各马可伦理学》ii.9,1109b16, sqq., iv.11,1126b1；《修辞学》ii.5,1383b7）。此外，在《修辞学》ii.8,1385b30 中"愤怒"被称为 $\pi\acute{a}\theta o\varsigma$ $\grave{a}\nu\delta\rho\acute{\iota}\alpha\varsigma$（人的情感）。暂且不论这个问题，如果欲望的中道被认为属于不同于勇敢的、另一类美德——因为勇敢仅仅来自保存生命的本能，而愤怒主要来自对公民荣誉的伤害（Häcker, p.15,18），那么这种观点很难与亚里士多德的论述一致。在《尼各马可伦理学》iv.11,1125b30 中，亚里士多德说愤怒的原因是不同的和多样的，另一方面，勇敢并不是指在任何情况下都不惧怕死亡，而是在某些重要的情景中不惧怕死亡，尤其是在战争中（iii.9,1115a28），这与政治生活有更密切的联系，而不只是与个人荣誉的丧失有关。至此，亚里士多德确实认为勇敢是动物本能的中道，而愤怒是对一种更高级的本能——即社会生活——的控制和导向；他宣称（《尼各马可伦理学》iii.11,1116b23–1117a9）当人们因为愤怒而轻视危险，因为报复而忽视欲望时，他们便不能被称为勇敢的，而不过像一头被猎人伤害了的、鲁莽而暴躁的动物（激情在这里几乎等于冲动）。此外，与金钱有关的美德之地位也没有从下述理由中得到解释：即有钱人总是能够保证一定的社会地位（Häcker, p.16），因为亚里士多德并未在任何地方暗示过这个观点，尽管对于伟大的人（但不是慷慨的人），亚里士多德提到金钱在公共事务上的用途。然而，如果这是美德分类的原则，那么战争中的勇敢应当被放在这一类中。最后，我们不能说第三类美德比其他两类更接近"好的生活"；因为"好的生活"在亚里士多德看来是自我约束的、慷慨的和正义的，它要比"放纵的快乐"重要得多。

承认一切完善的美德在本质上和原则上是同一的，并且因为实践理性，我们获得了其他所有美德。[1]但是，美德的自然基础——即道德境况——在不同的情况下必然是不同的。例如，奴隶的意志与自由人的意志是不同的；女人和儿童的意志与成年男人的意志是不同的。因此，他认为不同个体的道德活动必然是有差异的。一个人不仅拥有与他人不同的特殊美德，而且任何特定的群体必然有不同的要求。[2]对于不同群体的美德，亚里士多德言之甚少（他不是在《尼各马可伦理学》中提出的，而是在《经济学》中提出的）。在《尼各马可伦理学》中，亚里士多德处理了美德的完善形式，并认为这种完善形式只存在于人之中，他在别处指出人是人性的最佳类型，因此他只描述了人性的构成部分。

勇敢[3]在诸美德中首先被提及。一个不惧怕有尊严的死亡或死亡威胁的人是勇敢的，或更一般地说，勇敢的人能够承受、直面或敬畏他在正确的时间以正确的方式为了正确的目标应当做的事情。[4]勇敢的过度和不及：一端是麻木和愚勇，另一端是懦弱。[5]与勇敢相似但并不相同的一个美德是公民气概和从冲动、愤怒、承受痛苦中来的勇气，[6]它的基础在于通晓易见的危险或对一个有益后果的期望。[7]节制[8]是被提及的第

---

1 《尼各马可伦理学》vi.13,1144b31。

2 参见第 438 页注释 1 以及《政治学》vi.13,1260a10。尽管这里的文本并没有说一个美德可以与其他美德相分离而存在，尽管《尼各马可伦理学》vi.13 指出只有物理德性满足这个情况，但是奴隶和女性不完善的美德必须被认为是对美德的不完整的和部分的拥有，因此它不包含所有理智美德，并只适用于其中一些人而不适用另一些。

3 《尼各马可伦理学》iii.9–12。

4 《尼各马可伦理学》1115a33, c.10,1115b17。另外，参见《修辞学》i.9,1366b11。

5 《尼各马可伦理学》1115b24 sqq.。

6 例如，亚里士多德认为自杀是懦弱的表现；参见 iii.11,1116a12, cf. ix.4,1166b11。

7 C.88（然而，在 1117, a,20 中 "ἢ καί" 必须被省略）。πολιτικὴ ἀνδρεία（公民气概）与 "真正的勇敢" 是最接近的（1116a27）。然而，亚里士多德区分了它们，公民气质是他律的，以致于勇敢的行为不是为了其自身。

8 Σωφροσύνη（节制，c.13–15）与 ἀκολασία（放纵）相对，以及与某种类型的、没有名字的 "麻木" 相对——因为它不在人之中（c.14,1119a9; Cf. vii.11 init.；亚里士多德或许会把这种失败归于后来的禁欲主义者）；参见 vii.8,1150a19 sqq. 以及第七卷关于 ἐγκράτεια（自制）和 ἀκρασία（不自制）的段落；参见《修辞学》

二个美德，但亚里士多德把它限制在保存触摸的适度愉悦和动物的性冲 168
动的适度满足的范围内。第三个美德是慷慨，[1]它是贪婪和奢侈之间的中
道，[2]在这里，给予和获取外在善的态度立即成为一个自由人道德的和有
价值的行为，[3]与之类似的美德是对财物的大度。[4]自豪[5]（在描述这个美
德时，亚里士多德头脑中的例子或许是他那个伟大的学生）、崇高的抱 169

---

*ibid.*1.13。在讨论这个问题时，亚里士多德指的是柏拉图的学说，他自己没有理由
认为勇敢以及所有道德美德都属于灵魂的非理性部分。

1 或者，更准确地说是 ἐλευθεριότης（大度）。

2 Ανελευθερία 和 ἀσωτία，这些恶习的、更坏的和不可救药的形式是贪婪，参见
《尼各马可伦理学》iv.3,1121a19 sqq.。

3 《尼各马可伦理学》iv.1—3。亚里士多德处理这个主题时，谈到的高尚的精神可以
在这些段落中看到，参见 *c.2 init.*。

4 Μεγαλοπρέπεια（对财物的大度），*ibid.*4—6，它在 1122a23 中被定义为 ἐν μεγέθει
πρέπουσα δαπάνη（适宜的大量花费），它处于寒碜和粗俗之间。它与 ἐλευθεριότης
（大度）的不同之处在于它不仅与正确的和恰当的方式有关，而且与钱财的大量花
费有关（iv.4,1122b10 sqq.；然而，在 1122b18 中我们应当与 Cod. Lb Mb 的读法相
同，即 καὶ ἔστιν ἔργου μεγαλοπρέπεια ἀρετὴ ἐν μεγέθει；"μεγαλοπρέπεια"是
指大量的、出色完成；而 b12 的意思被解释为"量的多少是由大度决定的，即对同
一些对象的大量的慷慨"，或许"在这里量构成了大度的多少"；除非我们倾向于
Rassow 的猜测（*Forsch. Üb. d. nikom. Ethik.*82），他将 λαβούσης（获得）一词插
入 μέγεθος（量）之后，但这样做或许是错误的，因为后面还接着 οὔσης 一词，因
此这里的意思是"对于同一个对象的慷慨［程度］到了很大的量"。参见《修辞学》
i.9,1366b18。

5 Μεγαλοψυχία（自豪）是精神贫瘠和虚荣的中道，参见 iv.7—9；《修辞学》*ibid.*。
自豪（1123b2）是"认为自己做了伟大的事情"。因此这个美德总是预设了现实的
成就。

负、[1]温和、[2]友善[3]的社交美德、[4]诚恳、[5]和蔼[6]等美德相继被讨论；在这些美德之外，还有性情的优雅、[7]虚心[8]和义愤[9]。

正义得到了最充分的研究，亚里士多德《尼各马可伦理学》的第五卷以它为主题。[10]考虑到伦理学和政治学的紧密关系，对最直接地决定公共福祉之维系的美德给予特别的关注就是必要的。但是，在这里，正

---

1 这个美德在《尼各马可伦理学》iv.10 中被描述为爱荣誉和不爱荣誉的中道，它与宽宏大量的关系正如慷慨与对财物的大度的关系，但是这里没有恰当的词来命名它。

2 温和是自然冲动的中道，参见《尼各马可伦理学》iv.11。亚里士多德把这个美德称为 πραότης（温和），而对应的恶习是 ὀργιλότης（暴躁）和 ἀοργησία（易怒），然而，所有这些名词都是他为了描述美德而生造的。参见对"温和"的定义，以及关于 ἀκρόχολος（烦躁的）和 χαλεπός（苛刻的）的讨论，同上书。

3 亚里士多德用这个词指示在《尼各马可伦理学》iv.12 中提到的一个没有名字的美德，它是奉承迎合与不友善和忧郁的中道，并且它被描述为知晓必要的舒适性的社交接触。亚里士多德在这里评论说它与友爱是类似的，但与友爱不同的是它不取决于对某人的喜爱或厌恶。参见《欧德谟伦理学》iii.7,1233b29，这个美德在这里被简单地称为"友爱"。

4 亚里士多德自己在 iv.14 fin. 中讨论了这个标题下的内容。

5 这个美德也是没有名字的，它是 ἀλαζονεία（虚荣）和 εἰρωνεία（自卑）（它的另一极端是 βαυκοπανοῦργος[自夸]）的中道，参见 iv.13。

6 Εὐτραπελία（活泼）或者 ἐπιδεξιότης（聪慧）(iv.14)，它的反面是 βωμολοχία（粗鄙）和 ἀγριότης（野蛮）。在这里，它也是一个社交的问题（参见 1128b31），但它特别指社交的娱乐方面。

7 《尼各马可伦理学》ii.7,1108a30。它被称为"情感的中道"，参见《欧德谟伦理学》iii.7 init.，在这些之中还包括 φιλία（友爱）、σεμνότης（自尊）、ἀλήθεια（真诚）、ἁπλότης（独立）和 εὐτραπελία（活力）。

8 Αἰδώς（虚心），参见《尼各马可伦理学》iv.15, ii.7（参见第 433 页注释 1）。根据这些段落的意思，自制的人是在无耻的人和羞怯的人之间的中道。然而，"虚心"在恰当的意义上不仅是属于年轻人的、值得称赞的美德，因为任何成年人都不应当做羞耻的事情。

9 只有在 ii.7,1108a35 sqq. 中，它被描述为 μεσότης φθόνου καὶ ἐπιχαιρεκακίας（恶意的和幸灾乐祸的中道）；它涉及对别人的幸运感到快乐或悲伤，即对别人的优异感到愤怒和悲伤。类似的段落，参见《修辞学》ii.9 init.。

10 关于这个主题，参见 H. Fechner, Über den Gerechtigkeitsbegriff d. Arist.（Lpz.1855），pp.27–56；Hildenbrand, Gesch. u. System. d. Rechts-und Staatsphilosophie, i.281–331，他也引用了别的文本；参见 Prantl in Bluntschli's Staatswörterbuch, i.351 sqq.；Tren-delenburg, Hist. Beitr. iii.399 sqq.。

义并不被理解为在广义上与作为整体的社会美德等同，[1] 而是狭义的：它是有关财物之分配的美德，即对于中道的保持[2] 或者合比例地分配优势与劣势。[3] 但这个比例会根据我们所讨论的、对不同城邦的利益和公共财物的分配而不同，这是分配正义的功能，或者消除和预防错误的发生——这是修正正义的功能。[4] 在这两种情形中，对财物的公正分配是最终的目的。[5] 然而，这条原则在前一种情况中要求每一个人都应当获得与他的付出相应的回报，而不是人人等量的回报。因此，这种分配呈一种几何学的比例：A 的值对应于 B 的值，因此 A 获得的荣誉和益处也对应于 B 获得的。[6] 在别的情形中，即修正错误的行为导致的不公平以及签订契约时并不存在个人的价值问题。每个做了错事的人必然要承受与他的不正义行为相适应的损失；即在他获得的东西中减去一个与他的错误行为带来的损失相同的量。[7] 类似的，在买卖关系中，在出借与

171

172

1　参见《尼各马可伦理学》v.3,1129b17,25 sqq.1130a8, c.5,1130b18。

2　因为"中道"在所有美德中都是最高的标准；参见《尼各马可伦理学》*v.6 init. c.9 init.*。

3　狭义上的"不正义"的重要特征是"贪婪"，参见 c.4；另外，参见 c.10,1134a33。关于正义，参见 c.9,1134a1，以及《修辞学》i.9,1366b9。因此，正直和正义是针对那些拥有过多或过少的东西的人而言的——对于那些无限的存在者是不存在正义问题的，例如神；或者对于那些无可救药的坏人，他们不配拥有任何东西；参见《尼各马可伦理学》v.13,1137a26。

4　我们应当说公共的权利和私人的权利。

5　在这个意义上，正义等于平等，而不正义等于不平等；另一方面，在宽泛的意义上，正义等于 νόμιμον（合法的），而不正义等于 παράνομον（违法的）；参见 Trendelenburg, *Hist. Beitr.* ii.357 sqq.; Brandis, p.1421 sq.; Rassow, *Forsch. Üb. d. unikom.* Eth.17,93。

6　这里指的是《政治学》iii.9,1280a16 的内容。相反，在社会义务方面，每个人应当分担的与他承担事物的能力相适应。然而，亚里士多德并未触及这一点，尽管他似乎考虑过它，参见《尼各马可伦理学》v.7,1131b20，在这里，他讨论了大的恶和小的恶。

7　κέρδος（优势或获利）与 ζημία（劣势或损失），亚里士多德在这里的意思（参见《尼各马可伦理学》v.7,1132, a,10）不仅仅是通常的理解。正如他把修正的正义理解为不仅指刑法和民法，而且还指契约的法律（或合同法），他极大地扩展了这个词的日常意义，以便把这些不同的概念包括在一个通用的表达中。因此，他把任何人主动做出的不正义的行为归于他的获利，任何人被动承受的不正义的伤害归于他的损失。

转让关系中，这是一个标的物的价值问题。因此，这里的原则只是代数
中的相等原则：从那些拥有过多财物的人中拿出一部分，以使两边保持
相等。[1] 在交换中，这种相等表现为价值的相当。[2] 对价值的普遍度量是
必要——它是一切交换的源泉；而代表这种需要的符号就是货币。[3] 现
在，正义就是正确地处理这些关系；反之则是不正义。正义要求一个人
不应当使自己得到过多的财富或减少损失，从而使他人承受过多的损失

173

174

---

1 《尼各马可伦理学》c.5—7，尤其参见 c.5,1130b30, c.6,1131b27。柏拉图在《高尔吉
亚》508A 中将 $\iota\sigma\acute{o}\tau\eta\varsigma$ $\gamma\epsilon\omega\mu\epsilon\tau\rho\iota\kappa\acute{\eta}$（几何学的相等）和 $\pi\lambda\epsilon\sigma\nu\epsilon\xi\acute{\iota}\alpha$（贪婪）对立起来。

2 亚里士多德在上述段落中讨论了分配正义和修正正义，他继而指出：正义就是 $\tau\grave{o}$
$\dot{\alpha}\nu\tau\iota\pi\epsilon\pi\sigma\nu\theta\grave{o}\varsigma$（应得的回报）（参见 Ph.d.Gr.i.360,2）。他并不认为这是对正义普遍
的和有效的定义，因为它既不适用于分配正义，严格说来也不适用于惩罚的正义。
只有"等价的交换"才取决于"应得的回报"，但在这里它并非等量，而是关于代
数中的比例，参见 1132b31 sqq.。它们不是相等的，而是有差别的，尽管相等的事
物可以彼此交换，但是每次交换的标准都包含在这个公式内：一个人的财物与另一
个人的财物交换，因此前一个人获得的必然变成后一个人获得的。参见 ix.1 init.。
因此，我们前面所说的"修正正义是数学上的比例"这个观点就不能适用于这一类
别，它甚至不能适用于惩罚的正义。在这里，比例是几何学的：A 的行为对应于 B
的行为，因此 A 获得的东西也对应于 B 获得的东西。只有对伤害的赔偿才是根据
数学的比例来确定的，甚至在这里它只是一个类比，因为它的相等是被假设的（亚
里士多德的理论有一个明显的缺陷，即他没有区分赔偿和惩罚。他认为惩罚——它
当然还有别的目的——仅仅是修正违法者的不正义行为使他人遭受的损失）。然而，
当特伦德伦堡（ibid.405 sqq.）根据建立契约的不同基础区分了赔偿或补偿的正义
与修正的正义，并认为前者属于分配正义——它包括了交换中的交互正义和城邦的
分配正义，而修正正义局限于法官的行为，要么判定惩罚，要么判定有争议的所有
权；然而，特伦德伦堡的这个观点不能得到多少支持。从第 442 页注释 1 中引用的
段落可以明确地看到，亚里士多德的分配正义指的是对 $\kappa\sigma\iota\nu\acute{\alpha}$（公共财富）的分配，
无论它们是荣誉还是别的财富；另一方面，修正正义与 $\dot{\epsilon}\kappa\sigma\acute{v}\sigma\iota\alpha$ $\sigma\nu\nu\alpha\lambda\lambda\acute{\alpha}\gamma\mu\alpha\tau\alpha$
（自愿的协议）有关，在第一个例子中它指的是交易中的公正，而不是诉讼中的法
律正义，正如"$\dot{\epsilon}\kappa\sigma\acute{v}\sigma\iota\alpha$ $\sigma\nu\nu\alpha\lambda\lambda\acute{\alpha}\gamma\mu\alpha\tau\alpha$"这个短语表达的意思，它的字面意思是
(c.5)：它们建立在自愿的契约上。即便在这样的情形中也存在矫正和修改：卖方因
为出售他的财富而承受的损失由他得到的支付来补偿，所以双方都没有损失或不当
得利（c.7,1332a18），只有当双方无法达成一致的协议时，才由法官来决定。因此，
它们不属于分配正义，而是属于修正正义。亚里士多德的正义理论其他的主要缺陷
是：他没有清楚地理解权利的一般概念，以及没有推演出自然权利的科学系统，参
见 Hildenbrand, ibid. p.293 sqq.。

3 《尼各马可伦理学》1133a19；因此 $\nu\acute{o}\mu\iota\sigma\mu\alpha$（货币）这个词是从 $\nu\acute{o}\mu\sigma\varsigma$（习俗）
这个词来的。参见 b,10 sqq. ix.1,1164a1。参见关于货币的更多讨论，《政治学》
i.9,1257a31 sqq.。

或获得过少的财富，而是正确地分配属于自己和他人的财物；相反，不正义正是这样的行为。[1] 此外，一个正义的或者不正义的人或许可以这样来定义：他的意志执行的是这种还是那种行为。行为的正义和人格的正义并不绝对等同。一个人可能做了不正义的事情，但他的行为并非是不正义的，[2] 一个人的行为或许是不正义的，但他并非因此是不正义的，[3] 因此，亚里士多德区分了伤害、犯错和不正义。[4]

在讨论正义的本质时，我们必须进一步考虑完善的自然权利和法律权利与不完善的自然权利和法律权利之间的差异。在严格的意义上，权利只属于自由平等的人们；[5] 因此，政治的、家庭的、私有的权利是有分别的。[6] 此外，政治权利分为自然权利和法律权利；前者以相同的方式关联着所有人，而后者取决于任意的法令，或者针对特殊的情况和关系；[7] 因为，无论人类的法律和机构有多大的差异和变化，我们都无法否

175

176

1　参见第 441 页注释 3 以及《尼各马可伦理学》c.9,1134a6。因为正义包含了对他人权利的尊重，所以它又被称为对 ἀλλότριον ἀγαθὸν（对他者的善），参见 c.3,1130a3, c.10,1134b2。

2　《尼各马可伦理学》v.10,1135a15。

3　C.9（参见第 441 页注释 3），"正义的人"被定义为"选择做正义的事情的行为人"，参见 c.10 init.；如果一个人因为激情而通奸，并非有意为之，那么我们必须说他做了不正义的事情，但他并非是不正义的人；他不是贼，但他却偷了东西，他不是放荡的人，但他却做了通奸之事。参见第 443 页注释 4，以及第 408 页注释 5。

4　《尼各马可伦理学》1135b11，行为被划分为自愿的和非自愿的，前者又进一步被划分为有意的和无意的（参见上文 p.116 以下），（在这个段落中，亚里士多德或许想的是柏拉图在《法律》中区分的 βλάβη [伤害] 和 ἀδίκημα [犯错]，参见 Ph.d.Gr.i.719,3, fin.）。然而，即便是非自愿的行为也是可以原谅的，因为它不仅是在没有知觉的情况下做出的，并且还出现了错误的知觉；在无意中犯的错误是由应受谴责的情感引起的。

5　C.10,1134a25。不具备这些条件时，我们就没有 τὸ πολιτικὸν δίκαιον（城邦的正义），而是有 τὶ δίκαιον（某种特殊的正义，它与"绝对的正义"相区分），但它们是相似的。参见 1134b13。

6　《尼各马可伦理学》1134b8。

7　《尼各马可伦理学》1134b18. Cf. c.12,1136b33。自然权利是普遍的、未成文的法律；另一方面，法律权利是通过成文法规定的（参见《修辞学》i.10,1368b7; Cf. c.14,1375a16, c.15,1375a27,1376b23；《尼各马可伦理学》viii.15,1162b21）：然而，即便在这里也存在成文法和未成文法的差异（未成文法属于习俗和习惯的规则），参见《修辞学》i.13,1373b4；参见《尼各马可伦理学》x.10,1180a35。

443

认存在一种自然权利，也无法否认存在一种自然标准，尽管我们可能偏离这个标准。[1] 的确，这样的自然权利是修正其他法律包括最好的法律之缺陷的唯一标准，因为它是一般规则且根本不容许任何例外。[2] 当例外发生时，它必然要牺牲法律权利来保障自然权利。自然权利的这种积极修正性构成了平等。[3] 亚里士多德在研究正义的本质时偶尔提及的其他几个问题，我们在这里略过，[4] 因为他并未对这些问题给出确定的结论。

177　　　对主要美德的研究表明之前给出的关于美德的一般定义是有效的。

1　《尼各马可伦理学》v.10,1134b24 sqq.；参见《修辞学》i.13,1373b6 sqq.；在这里，亚里士多德把自然的普遍正义诉诸广为人知的索福克勒斯和恩培多克勒的诗句，以及人们普遍赞同的观点。

2　柏拉图有类似的观点，参见 Zeller，*Ph.d.Gr.*i.763,1。

3　《尼各马可伦理学》v.14,1137b11,24（参见第 443 页注释 5，《政治学》iii.6,1279a18，以及《尼各马可伦理学》v.10,1134a25，这里指的是自然的正义）...ἀλλὰ τοῦ διὰ τὸ ἁπλῶς（这几个词或许是猜测的；然而，这些词可以通过插入"διὰ τὸ ἁπλῶς"之后而不是在"δίκαιον"之后而得到解释）；1134a35。

4　这些问题是：自愿承受伤害和自己伤害自己是否可能？在一个不公正的分配中分配者和接受者是否犯错？亚里士多德在《尼各马可伦理学》v. c.11,12 和 15 中处理了这些问题。他没有为这些问题找到任何满意的答案，因为，一方面他把不正义局限在贪婪的范围内，另一方面对可转让的权利和不可转让的权利的区分以及对民事权利和刑事权利的区分与正义的关联是错误的。有人质疑包含这些描述的段落的真实性。第 15 章一定不是亚里士多德写的，因为它与描述正义的那些内容的关系很奇怪。因此，Spengel（*Abh. d. Bair. Akad.* philos.-philol. Kl. Iii.470）建议移除第 10 章和第 14 章，但是这样做没能解决这里的难题，因为第 13 章仍然打断了第 12 章和第 15 章之间的联系。Fischer（*De Eth. Nicom &c.* p.13 sqq.）和 Fritzsche（*Ethica Eudemi*,117,120 sqq.）认为第 15 章来自《欧德谟伦理学》第四卷的残篇。Brandis（p.1438 sq.）认为这些解释和其他可能的解释之间的选择是开放的（例如，它是一个更广泛的研究的预备笔记）。如果我们把第 15 章除了最后一句话之外的内容放在第 12 章和第 13 章之间，那么这里的困难似乎就解决了。但它处理的问题并非已经解决了：亚里士多德在第 11 章中问一个人是否能够自愿地受苦，而这里的问题是一个人是否自愿伤害自己。在第 12 章的开头，这个问题还明显处于待解决的状态，尽管对它没有更多满意的解释，但比第 11 章中类似的讨论更令人满意些。特伦德伦堡宣称他认可对章节的移除的做法，为了支持这个观点他将《大伦理学》i.34,1196a28 与《尼各马可伦理学》v.15,1138b8 做对比。另一方面，Ramsauer 对第 15 章的位置带来的困难没有任何评价。然而，就第 15 章的文本来说，这个顺序是有缺陷的；参见 Ramsauer, *in loco*, Rassow, *Forsch, über die nikom. Eth.*42,77,96。

所有美德都是保持两个错误极端之间的中道。然而，我们是如何发现"中道"的呢？无论是在上述对美德的一般讨论中，还是在对单一美德的研究中，亚里士多德都未告诉我们任何判断中道的可靠标准。在前者中，他告诉我们，通过实践理性来发现什么是正确的；[1] 而在后者中，我们通过两个有害极端的对立来发现中道。但是，当我们追问什么样的行为是有害的？没人能够给出答案，除了"有实践理性的人"，这里没有一个最终的标准而只有一个中道的观念。一切道德判断以及与之相关的一切道德洞见都依赖于"实践理性"。如果我们想要理解道德美德的真正本质，那么我们接下来必须面对的就是实践理性的本质问题，因此，亚里士多德在《尼各马可伦理学》的第六卷讨论了这个问题，用与之类似的性质来说明它，并解释它的实践意义。[2] 我们已经指出，为了这个目的，他首先区分了理性的两种活动：即理论的和实践的，前者是关

178

179

1　参见第 436 页注释 4。

2　人们通常认为论述理智美德的这个部分是独立的。《尼各马可伦理学》被认为是对所有美德的一般论述，而这些美德包含伦理的和理智的；第二卷第二至五章是对前者的讨论，第二卷第五章以后是对后者的讨论。欧德谟斯（根据《欧德谟伦理学》ii.1,1220a4–15）或许是这样处理他的主题的，但是亚里士多德的意图似乎不同。亚里士多德认为伦理学只是政治学的一部分（参见 p.135），但欧德谟斯（i.8,1218b13）却小心地区分了它们，并认为伦理学是一门独立的科学。伦理学的目标不是认识，而是实践活动（《欧德谟伦理学》i.1,1214a10 将它表述为"不仅是知识，更是行动"），因此它需要经验和理解力（《尼各马可伦理学》i.1095a2 sqq.，另外，参见第 435 页注释 3 和第 435 页注释 4）。如果伦理学的对象是以自身为目的的理性活动并且它与人的行动无关——如 vi.7,1141a28 宣称的政治学与之无关，那么这将与伦理学的实践目标不一致（这个反驳已被早期的漫步学派提出来，参见《大伦理学》i.35,1197b27，但当时这个问题还未完全成熟）。此外，如果第六卷给出了对理智美德的完整描述，那么这个研究方式是不令人满意的。理性活动的最高级方式只得到了极简单的讨论。另一方面，如果我们假设真正的目的是研究实践理性，其他理智美德只是为了划分实践理性的范围以及通过与对立面的比照而清楚地展示它的特点而被提及，那么这就是很好理解的。亚里士多德不得不提及实践理性，因为他已经将道德美德定义（例如 c.1，参见第 436 页注释 4）为遵照 ὀρθὸς λόγος（正确理性）的行为，或者 φρόνιμος（明智的人）也可以作为它的定义，因为这个讨论构成了对道德美德之完整描述的一个必要部分。关于这个主题，参见 vi.13（第 438 页注释 1）x.8,1178a16。

于必然为真的问题，而后者是关于选择的问题。[1] 他还研究了理性、知

180　识、智慧、明智和技艺之间的关系，[2] 并认为知识的对象是必然为真的东西——它是通过思想的间接过程获得的——换言之，通过推理；[3] 必然的真理也是理性（努斯）的对象，狭义的理性指的是在一个认识活动中直接把握那些最高的和最普遍的、作为一切知识之前提的真理的能力；[4] 而

1　参见第 407 页注释 1。

2　《尼各马可伦理学》vi.3 *init.*；φρόνησις（我们不得不把它翻译为"明智"或"实践理性"，因为找不到更好的词了）。亚里士多德是否打算讨论五个所有的美德还是讨论其中的一些，对于我们的研究目的而言是不重要的。此外，我们不能同意 Prantl（*Über die dianoeet. Tug. d. nikom. Eth. Muech.* 1852）仅仅把智慧和明智看作理智美德的观点，因为前者是拥有逻各斯的——它的对象是必然的存在者；后者是附属于它的（例如明智、意识、认知、聪慧）——它的对象是偶然的存在者；另一方面，亚里士多德指出努斯本身不能被认为是美德，正如知识和技艺也不是美德，但是存在 ἀρετὴ ἐπιστήμης（卓越的知识）、智慧和卓越的技艺，正如上一个例子中说的智慧。亚里士多德在 c.7,1141a12 中把智慧称为 ἀρετὴ τέχνης（卓越的技艺），但只是在流行意见的意义上；因为智慧的对象是必然的，它不可能是卓越的技艺，因为技艺处理的是偶然的存在者。然而，除了不准确，Prantl 的观点更是不可靠的，首先因为亚里士多德明确指出（c.2 *init.*）理智美德是接下来要讨论的主题，他在任何地方都没有暗示这里的理智美德不是第三章列举的五个美德；其次，他对美德的定义全部适用于五种美德。如果任何一个值得称赞的性质都是一个美德的话（《尼各马可伦理学》i.13 *fin.*），那么知识和技艺无疑是值得称赞的性质（关于知识是一种性质，参见《范畴篇》c.8,8a29,11a24）；如果，我们接受型文本给出的对美德的定义（《论题篇》v.3,131b1）：ὃ τὸν ἔχοντα ποιεῖ σπουδαῖον（使它的拥有者受益或变好），那么这个定义对两者都适用。当我们把努斯看作灵魂的一个特殊性质而不是灵魂的部分时，情况也是一样的，因为当我们把它和知识归为一类时，我们确实是这样来看的；参见 c.12 *init.*，此外它也被描述为一种性质，但如果它是一个性质的话，它必须是值得称赞的性质，换言之，是一种卓越和美德。

3　*Ibid.* c.3；参见上文 p.243。

4　*Ibid.* c.6，以及参见 p.244 以下。实践理性与这种理性是有区分的。根据《论灵魂》iii.10 和《尼各马可伦理学》vi.2,12 的描述（参见第 407 页注释 1，第 409 页注释 5），这里的差别是实践理性的对象是行动，因此它的对象是偶然存在者，而理论理性的对象是一切最高的原则，它的对象不是偶然存在者。在后来对实践理性的讨论中，亚里士多德的观点是不一致的。第 407 页注释 2 中引用的段落中，它的功能被描述为 βουλεύεσθαι（审慎）或者 λογίζεσθι（算计），而它本身被称为 τὸ λογιστικόν（有理由的或有理性的）；在一种不太重要的意义上，我们知道实践理性还代表了 διάνοια πρακτική（实践的思想）或 πρακτικὸν καὶ διανοητικόν（实践的和思考的）。另一方面，参见《尼各马可伦理学》vi.12,1143a35；ἐπιστήμαις（熟知）不是 ἀποδείξεσι（论证），πρακτικαὶ ἀποδείξεις（实践的论证）作为一个种

并非与 ἀποδείξις（论证）作为一个属相对立的；此外，前一个短语中包含一处矛盾，根据 p.243 的论述，论证是从必然的前提中推出结论，而审慎与偶然的事物有关。根据这个段落的意思，在认识由证明得到的不变的原则之外，还存在一种次级的理性，它的对象是低级的、可能的和相对的事物，因此它也被描述为对这些对象的感知（"τούτων" 在这里只能指 "ἀρχαὶ τοῦ οὗ ἕνεκα"）。ἔσχατον（最后的或最终的）的意义与 iii.5,1112b23（cf. vi.9,1141a24，以及第 410 页注释 2）的意思相同，τὸ ἔσχατον…τῇ γενέσει（最终的直接事物）是获得目的的最基础的条件，发现了它，审慎的思考就停止而实际的行动便开始了，参见 iii.5,1112b11 sqq.；参见《论灵魂》iii.10（参见第 407 页注释 2）。因为这个条件是否能够实现取决于我们自身的能力，所以它又被描述为 ἐνδεχόμενον（可能的）。但它的意思与"第二前提"的意思并不重合——Walter, *Lehre, v. d. prakt. Vern.*222 是这样认为的。因为后者是实践三段论的小前提；《尼各马可伦理学》vi.5（参见第 405 页注释 7）的例子"παντὸς γλυκέος γεύεσθαι δεῖ, τουτὶ δὲ γλυκύ."（所有甜的东西吃起来必然是甜的，这个东西是甜的），这个例子的"第二前提"是"这是甜的"这个分句；但立刻引起行为的"最终的直接事物"是结论（即这个例子中的"τούτου γεύεσθαι δεῖ"这个分句）——它在《论灵魂》iii.10（参见第 407 页注释 2）和《尼各马可伦理学》vi.8,1141b12 中被称为 ἀρχὴ τῆς πράξεως（行动的本原）或 πρακτὸν ἀγαθόν（实践的善）；在那里 τὸ πρακτὸν（被完成的事情）被描述为 τὸ ἔσχατον（最后的），类似的文本，参见 vi.8,1141b27, c.8,1142a24；而前一个段落中的 τὸ ἐνδεχ 的意思也是如此——即小前提（"这是甜的"，"这是羞耻的"），小前指的并不仅是一种可能性，而是一个无法改变的事实。当我们知道这两者都不是通过逻辑推理得到的，而是通过努斯得到的——因为实践三段论的小前提是有关知觉的而非努斯，我们当然感到非常吃惊；尽管结论——那个最终的事物——是从前提中推出的，但它是通过推理得到的而不是通过努斯得到的，即它是间接知识，而非直接知识。然而，尽管在许多情况中（例如上述"这是甜的"），一个实践三段论的小前提是真实的知觉，但在有些情况中，它超越了单纯的知觉，例如，大前提是"我们必须做正义的事情"，小前提是"这个行为是正义的"。在这里，我们并非在恰当的意义上说"知觉"，参见第 171 页注释 5（另一个例子，参见《尼各马可伦理学》ii.9,1109b20），亚里士多德指出（参见第 449 页注释 1），他在这里说的"知觉"应当称之为"明智"。然而，即便"最终的事物"——即被完成的事情，也一定是知觉的对象，因为它是特殊的和个别的，而所有特殊的事物都是如此（参见下文 p.183）。更值得注意的是，在我们面前的这个段落中，实践理性的功能不是 βουλεύεσθαι（审慎的思考），而是在对小前提和"最终的事物"的认识中。说这里指的是理论理性而不是实践理性是完全错误的，而 Walter, *ibid.*76 sqq. 就持有这种错误的观点。如果有人把"ὁ μὲν κατὰ τὰς ἀποδείξεις"的意思理解为同一个努斯知道这两者，那么这是不能被接受的。如果我们检验这一卷中的第 2 章（参见第 407 页注释 2），在那里 τὰ ἐνδεχ 和 ἄλλως ἔχειν（偶然的存在者）明确被认为属于实践理性的行动范围之内，而 θεωρητικὸς（沉思）则被限制在必然真理的范围内；此外，如果我们知道沉思在亚里士多德哲学中的重要性的话（参见第 140 页注释 1；《后分析篇》i.33 *init*.: 在这里"ἐνδεχ. ἄλλως ἔχειν"既不是一种知识也不是努斯），那么我们必须认识到在

182　智慧是理性与关于最高的和最有价值的对象之知识的结合。[1] 因此，这三者构成了理性的纯粹理论的方面。它们是我们知晓实在和它的法则的过程。它们处理的东西不在其自身之外，因此它们的对象不可能是人的活动。然而，技艺和明智[2] 处理的问题是人的活动：前者的对象是生产，后者的对象是行为。[3] 因此，在所有认知活动中，只有实践理性可以作为我们行为的指引。但是，它并非决定一个行为的唯一要素。亚里士多德认为，[4] 行为的最终目的不仅仅是由审慎的思考决定的，也是

183　被意志的性质决定的：[5] 或者，他宁愿这样来解释：一切行为的目的都是幸福[6]——而这取决于一个人在追求幸福时的道德品质。实践中的审慎是实践理性之运用的唯一领域；[7] 因为这与它们在一个特定情形中的状况有关，而与普遍命题无关，所以，对实践理性而言，个别事物的知识比普遍的知识更加必要。[8] 正是这种对实践目的的设定和对特

其他段落中以最明确的方式被否定的该理性的性质绝无可能在这里被明确地承认。下述解释不是必要的：亚里士多德认为明智、实践理性的美德，以及实践的审慎和对最终的事情和被完成的事情的直接认识都是实践理性的运用范围（参见第 448 页注释 4）。因为，他认为实践理性不仅拥有关于现实者的知识——这是一个审慎思考的起点，而且拥有关于一个目的的知识。

1　C.7,1141a16（他拒绝了对 σοφία[智慧] 一词的日常意义和不正确的使用）。参见第 196 页注释 4。

2　亚里士多德在 c.7,1141a20 中指出将实践理智和 πολιτική（政治技艺）当作最高的知识是荒谬的；因为按照这样的思路，我们应当把人看作所有存在者中最神圣的。前者考虑的是对于人来说什么是最好的，但智慧是知识和在本性上有价值的理智。c.8 *init.*。

3　参见第 404 页注释 4。

4　Walter 正确地指出了这个观点，参见 *Lehre v. d. prakt. Vern.* 44,78 ；此外，Hartenstein 与特伦德伦堡的看法（*Hist. Beitr.* ii.378）是相反的，另外参见这篇论文的早期观点。

5　《尼各马可伦理学》iii.5,1112b11. vi.13,1144a8,20。此外，参见第 451 页注释 1。

6　参见第 423 页注释 2。

7　C.8 *init.* ；参见第 410 页注释 2。

8　《尼各马可伦理学》vi.8,1141b14（参见第 448 页注释 3 中引用的句子）。因此（参见《形而上学》i.881a12 sqq.），没有知识的经验（即没有对普遍原则的掌握）作为原则比没有经验的知识在实践上更有用。由于这个缘故，年轻人通常是缺乏实践智慧的（c.9,1142a11）——因为他们没有经验。

定情况的运用将实践理性与科学理性和理论理性区分开来。[1]然而，我 184
们知道这两个方面都是对实践理性的体现，它产生出的事物有着如此完
美的本质特征，以致于我们能在其中毫不费力地发现"实践理性的美 185
德"，换言之，实践理性培养了美德。[2]一方面，实践理性的对象是个体

---

1 《尼各马可伦理学》vi.9,1142a23（在第 448 页注释 5 引用的段落中，实践理性被
认为与实践的善有关；参见 c.8,1141b27）。在当代，这个段落被特伦德伦堡（*Hist
Beitr*. ii.380 sq.）和 Teichmüller（*Arist. Forsch*. i.253–262）讨论过，Walter 对它的
研究更为充分（*Lehr. v. d. prakt. Vern*.361–433）。亚里士多德的意思以及他得出这
个意思之根据的最好解释如下：实践理性与知识不同，我们已经熟知它们的区分标
准了。它进一步与努斯对比——努斯的对象是不可证明的原则，我们显然能够将这
个意义上的努斯理解为理论理性，它不是实践理性，实践理性是灵魂的另一种能
力，因为它的对象是实践的和可能的、个别的事物（参见第 446 页注释 4）。最后，
我们并不感到惊奇的是：ἔσχατον（最后的事物）是实践理性的对象，它并不是知
识的对象，而是感知的对象。因为这个目的是实践三段论的结论，它是行动的完
成，因此它总是一个确定的和特殊的结果；这个目的是行为的动机，它是实施此行
为所必须的（参见第 446 页注释 4）。然而，特殊个体不是科学知识的对象，而是感
知的对象；参见 p.163 以下。尽管如此，我们在实践三段论的结论中（通常涉及这
个实践三段论的小前提，参见 p.180 以下）必须处理的不仅是对一个实现的事实的
理解，而且还包括它所属的那个普遍概念（例如这个结论："我想要一个好老师，苏
格拉底是一个好老师，因此苏格拉底一定是我的老师。"）；所以，实践三段论的结论
涉及的不是一个简单的感知，而是一个有关感知的判断。因此，与实践之目的有关
的感知不是（特殊）感知本身——即个别感官对对象的可感性质的把握（正如上文
p.69 指出的，这总是伴随着特定的个别知觉），而是另一种不同的感知。这是何种
类型的感知并未清楚地得到论述，只有一个例子来解释它：在数学中三角形是最后
的图形，即对一个图形的分析中，最后一个不能再分析的图形是三角形。（因为只
有如此，这几个句子才能被理解，这也是最普遍的解释；Ramsauer 的解释"primam
vel simplicissimam omnium figuram esse triangulum（三角形是所有图形中最基本和最
简单的）"与外部条件相矛盾，他自己也意识到了这个问题，即这个命题并非通过
感知而获知。换言之，这种感知包括了对它的对象之性质的一种判断。但是，这样
的命题——即"这是必须做的"与例子中的命题——"这是三角形"是不同的，它
在前一个命题中指涉的是图像中的某些东西，而并不仅仅是呈现在知觉中的东西。
因此，它们仍然与恰当意义上的感知相差甚远。所以，亚里士多德又强调说：它们
的本质不止是实践理性；但它们更像感知。因此，这个段落的意思是可理解的，我
们没有必要拒绝从"ὅτι τὸ ἐν τοῖς μαθ."到末尾的句子；倘若如此，我们不得不假
设这一章缺少真实的结尾。

2 亚里士多德并没有明确这样说，但是他认为实践理性（参见第 446 页注释 4）就
是表现出明智的那些行为和活动，即审慎及可能的手段、实践的善和行为的目的，
并且它们都是与感知有关，不属于知识（参见第 449 页注释 1）。如果这些论述是一
致的，那么它们必须建立在下述假设上：它们指涉的是同一个主题，并且明智

和它的善，另一方面，它的对象是公共的善：对于前者，它是狭义上的实践理性，对于后者，它是政治学——而政治学又分为经济学、法学和政府管理学。[1] 明智就是通过实践理性来发现获得目的的恰当手段；[2] 而理解力（understanding）就是实践理性对相关问题的正确判断；[3] 只要一个人能公正地判断出这些事物与其他事物的异同，我们就认为他是一个理智的人。[4] 因此，正如理论理性的所有完善形式都包含在智慧中，实践理性的所有美德都可以追溯到理性的洞见。[5] 理性洞见的自然基础是理智上的敏锐，它使我们发现和运用恰当的手段来获取目的。[6] 如果它的目的是善的，那么它就成为一个美德，反之，则是恶习；因此一个有德之人的理性洞见和一个恶棍的精明有着相同的根基。[7] 然而，目的之

186

是实践理性唯一正确的状态。Prantl 认为（*ibid.* p.15）它是关于意见的美德，但这个观点甚至在那个被引用的段落中（c.10,1142b8 sqq.）就遭到了反驳，更不用说 c.3,1139b15 sqq. 对它的反证了。

1 《尼各马可伦理学》1141b23–1142a10；参见 p.136。

2 Εὐβουλία（明智）*ibid. c.*10；另外，参见第 410 页注释 2。根据对它的描述，明智必须不与知识混淆，因为探究和审慎并不是构成知识的要素，另一方面，明智也不能与敏锐（εὐστοχία）和精明（ἀγχίνοια）相混淆，因为后者并不需要过多的思考就能发现什么是正确的。此外，明智也必须与意见相区分，因为后者并不是一种探究；明智是理解力的一种特殊性质（参见第 403 页注释 3）。在这里，我们必须进一步区分 τὸ ἁπλῶς εὖ βεβουβεῦσθαι（绝对的明智）和 τὸ πρός τι τέλος εὖ βεβουλεῦσθαι（为了某个目的的明智）。只有前者称得上无条件的"明智"，参见对它的定义：正确的或根据某一目的的，实践理智的真判断。

3 Σύνεσις（理解），*ibid. c.*11，它与实践理性的关系，参见 1143a6。

4 Γνώμη（判断力），参见 c.11,1143a19 sqq.。类似的，συγγνώμη（承认）的意义等同于 γνώμη κριτικὴ τοῦ ἐπιεικοῦς ὀρθή（适宜的和公正的批判力）。然而，一切与他者有关的行为都与平等有关。

5 亚里士多德用下述句子来结束对理智美德的讨论：什么是实践理性（或明智）和什么是智慧，我们已经探讨过了。因此，他自己似乎认为这些美德代表了理智美德的两大类。此外，在它们之间以及它们与别的美德之间存在差异（c.12,1143b6 sq. c.9,1142a11 sqq.），因为 νοῦς（努斯）、σύνεσις（理解）和 γνώμη（判断或认知）在某种程度上是自然的禀赋，而 σοφία（智慧）和 φρόνησις（实践理性）却不是。

6 《尼各马可伦理学》c.13,1144a23。

7 *Ibid.*1144a26,1152a11。参见上述讨论。柏拉图曾经指出（《理想国》vi.491 E），这些相同的自然禀赋，如果得到正确引导将产生卓越的美德，如果它们误入歧途则是可怕的、邪恶的源泉。

特征首先取决于我们的意志，而我们的意志之特征又取决于我们的美德；因此，在这个意义上，实践理性是以美德为前提的。[1] 然而，反过来，美德也是以实践理性为前提的；[2] 因为，正如美德使意志向善，而实践理性教导它获取目的的恰当手段。[3] 因此，道德美德和实践理性相互依存：前者使意志倾向于选择善的事物，而后者告诉我们什么样的行为是好的。[4] 在这里，我们似乎陷入了一个循环，下述解释并不能真正解决它：[5] 美德和实践理性一同出现，并在习惯的逐渐形成中一同发展；任何道德行为都预设了实践理性，而任何真正的实践理性都预设了美德；[6] 然而，如果我们寻找的是美德和实践理性共同的原始根源，那么这一定是教育——长者的实践理性培养了青年人的美德。倘若我们处理的仅仅是个体的道德发展，以及美德是否在时间上先于实践理性的问题，那么这个解释或许足够了。但主要的困难仍然在于美德和实践理性绝对地彼此依赖。美德在于维护恰当的手段——而手段只能由"有实践理性的人"来确定。[7] 因此，实践理性不可能仅仅局限于对获取目的之手段的发现，它对于决定什么是真正的目的也是必不可少的；此外，只有当明智的活动是为了道德目的的达成，它才称得上是实践理性。

187

188

　　实践理性是道德美德的一个边界，那些从自然冲动（然而，这些冲动并非完全不受意志的控制）而非意志中来的活动构成了另一个边界。激情便属于这一类活动。因此，在实践理性的讨论之后，亚里士多德讨论了关于激情的正确态度和错误态度。对激情的正确态度被亚里士多德称为自制，对激情的错误态度被称为不自制，它们与节制（σωφροσύνη）

1　《尼各马可伦理学》vi.13,1144a8,20（参见第 448 页注释 5）。*Ibid.*1144a28（第 448 页注释 4 和第 448 页注释 5 中引用的段落的句子之后）；这个词在这里指的是一种恒定的性质，参见第 431 页注释 2。Cf. c.5,1140b17, vii.9,1151a14 sqq.。

2　《尼各马可伦理学》vi.13,1144b1–32。参见第 451 页注释 1 以及第 432 页注释 6。

3　参见第 448 页注释 5；《尼各马可伦理学》vi.13,1145a4。

4　《尼各马可伦理学》1144b30；x.8；参见第 445 页注释 2。

5　Trendelenburg, *Histor. Beitr.* ii.385 sq.。

6　特伦德伦堡认为这个观点的来源是《大伦理学》ii.3,1200a8。

7　参见 p.163。

和放纵这对道德性质是有区别的，[1] 后者对欲望的控制和放纵建立在遵从原则的意志之倾向中，而前者完全取决于意志本身的强大或软弱。因为，如果一切道德行为的核心是理性与欲望的关系，并与快乐和痛苦有关；[2] 如果在道德行为中总有正确与错误，善良与邪恶，那么这种对立或许有189 三种不同的程度和种类。如果我们一方面假设完善的美德与一切软弱和邪恶完全不同，另一方面又认为美德是完全不被意识到的，那么前一种情况下的美德是神圣的和绝对完美的、在人类中几乎不存在的，而在后一种情况下美德却是极度麻木的、在人类中也几乎是不存在的。[3] 如果意志的特征不是像我们之前假设的展现出一成不变的和绝对的善与恶，而是显示了或善或恶的性质，那么我们就拥有美德和邪恶。[4] 最后，如果我们允许自己被激情左右但实际上无意作恶，那么这种状态是不自制或软弱；如果我们拒绝了激情的诱惑，就是自制或坚定。自制与不自制的对象和节制与放纵的对象是相同的——即身体的痛苦和快乐。它们的区别在于：前者的错误行为仅仅来自于情感，而后者的错误行为来自于意志的特性。如果在追求身体的快乐或在避免身体的痛苦时，一个人的行190 为超过了软弱的恰当范围但并非源于一个邪恶的意志，那么我们称他为不自制的或软弱的；如果他的行为能够维持在一个恰当的范围内，那么他就是自制的和坚定的。[5] 这种类型的人与真正具有节制之美德的人是

1　参见第 438 页注释 8。

2　参见上文 p.156 以下。

3　《尼各马可伦理学》vii.8 *init.*。关于 θηριότης（野蛮），参见 c.6,1148b19,1149a20, c.7,1149b27 sqq.。关于野兽般的欲望，亚里士多德列举了 ἀφροδίσια τοῖς ἄρρεσι（男性之间的爱慕和纵欲），然而，正如文本指出的，他在这里指的仅仅是被动的而不是主动的 παιδεραστία（男性之爱）。

4　参见前一条注释，以及下面关于 σωφροσύνη（节制）和 ἀκολασία（放纵）与 ἐγκράτεια（自制）和 ἀκρασία（不自制）之间的关系，此外参见 p.160 以下。

5　*Ibid.* c.6；更准确地说，这些性质与节制和放纵的对象是相同的，即身体的痛苦和快乐；参见 c.8. *init.*（但 μαλακός [软弱] 是指有意地避免痛苦，关于它的定义参见 1150b1）；c.9,1151a11；ἀκόλαστος（放纵的）人在原则上欲求过度的身体方面的快乐，这种欲望的根源在人的整个道德品性中（参见 c.4,1146b22）。C.11,1152a15：不自制的人的行为是自愿的，但不是恶的，因为他的选择是好的，因此他是一半的恶。他的状态类似于一个拥有好法律的城邦但是却不遵守它们；而它遵守的那些法

不同的，因为他仍然处于与邪恶欲望的斗争中，而真正节制的人已经脱离了邪恶的欲望。[1] 不自制的行为是如何产生的或如何可能的，以及我们的好知识是如何被欲望控制的，这些一般的问题我们已经讨论过了。[2]

3. 友谊

我们已提到与个体的美德相关的是友谊问题。我们在这里展开的这个关系概念是如此具有道德上的美感；它具有无与伦比的必要性，它那纯粹的和无私的特征，它显示出的那种纯良的品性以及一种精致的和幸福的思想展现的那种深切的价值，都使我们在一种极大的震撼中铭记着亚里士多德本人的心胸和品格。亚里士多德认为《伦理学》中对友谊的研究是必须的，不仅因为它属于美德的范围，[3] 更因为它对于人类生活来说是非常重要的。每个人都需要朋友；[4] 幸福的人或许需要和别人分享他的幸福和喜悦；[5] 不幸的人需要他人的安慰和支持；青年人需要他人的告诫；人类需要联合起来行动；老年人需要他人的帮助。友谊是自然的法则：它通过自然纽带把父母和孩子连接起来，把公民和公民、人和人连接起来。[6] 正义的最高阶段需要友谊的补充，因为它得到全体的同意并

192

律都是恶的。因此，他与放纵的人的区别是他为自己的行为感到后悔（参见《尼各马可伦理学》iii.2, p.590），所以他并非无可救药的。亚里士多德将放纵与迷狂和疯癫类比，将不自制与浮肿和萎靡类比（参见 c.8,1150a21, c.9 *init.*）。不自制被进一步区分为两种：即 ἀσθένεια（软弱）和 προπέτεια（鲁莽），一个是有意为之，而另一个是由于暴躁的脾气而没有经过任何思考产生的行为；在这两种行为中，鲁莽是更可治的（c.8,1150b19 sqq. c.11,1152a18,27）。不自制的人的对立面是刚愎自用的人（c.10,1151b4）。过度的愤怒比不自制的行为要好些（c.7, c.8,1150a25 sqq.; cf. v.10,1135b20–29；以及参见第 407 页注释 1）；而高尚冲动的过度是可以原谅的（c.6,1148a22 sqq.）。关于愤怒、害怕、同情和嫉妒，参见《修辞学》ii.2,5–11.

1　C.11,1151b34.

2　参见 p.155（《尼各马可伦理学》vii.5）。

3　*viii.1 init.*.

4　下面论述的内容，参见《尼各马可伦理学》viii.1,1155, a,4–16.

5　*Ibid.*.

6　*Ibid.* c.16–26(*inter alia*), Cf. ix.9,1169b17；关于这一点参见下文。

不再有任何利益冲突。[1] 因此，友谊不仅是外在必要的，更是道德上必要的。[2] 人的社会冲动在友谊中找到了最直接的表达和满足；正因如此亚里士多德认为它构成了伦理学的一个本质部分。伦理学在一般意义上是政治学，道德的生活也是社会生活，[3] 所以，在他看来，任何道德活动193如果没有社会化构造都是不完善的。因此，对友谊的研究既是对伦理学之研究的完善，同时也是连接伦理学和政治学的桥梁。[4]

亚里士多德指出，一般而言，友谊是双方意识到的、相互的善意关系。[5] 然而，这种关系由于其基础之不同有着不同的特点。我们追求的对象一般有三类：善、快乐和有用；[6] 吸引我们的朋友有时属于其中一类，有时属于另一类。我们寻求与他们的友谊，要么因为我们期望从他们那里获得好处，要么因为他们能够给予我们快乐，要么因为我们在他们那里发现了善。然而，真正的友谊只能建立在最后一种动机中。一个只为了从朋友那里得到好处或者快乐的人并非真正爱他的朋友，他只爱194那些好处和快乐；因此，他的友谊会随着这些东西的改变而改变。[7] 真

1　*Ibid.* 1169b24 sqq.：最高的正义是朋友间的正义。

2　*Ibid.* 1169b28.

3　参见第 450 页注释 4，以及《尼各马可伦理学》x.7, 1177a30。只有理智美德是自足的；参见 c.8, 1178b5；参见第 426 页注释 1。

4　亚里士多德在第十卷中论讨论了快乐和幸福，把它们插入伦理学和政治学之间——因此将《尼各马可伦理学》的结尾部分和开头部分连接起来，因为在开篇时他指出人的行为之目的是幸福。

5　VIII.2, 1155b31 sqq.（b33 中在 "ἐὰν" 后面的 "μὴ" 必须删除）。在这里友谊被定义为 εὔνοια ἐν ἀντιπεπονθόσι μὴ λανθάνουσα（彼此都知道的、相互的善意），因为只有当彼此知道对方希望自己好，这种相互的善意才成为友谊。《修辞学》i.5, 1361b36 对友谊的定义 ὅστις ἃ οἴεται ἀγαθὰ εἶναι ἐκείνῳ, πρακτικός ἐστιν αὐτῶν δι ἐκείνον（一个朋友为了你的利益总是试图做他认为对你好的事情）是出于修辞的原因而呈现的一种表面定义。

6　*Ibid.* 1155b18.

7　*Ibid.* c.3, 5. 为了有用或利益的友谊通常出现在老年人之间；为了快乐的友谊通常出现在年轻人之中。只有后者会要求朋友们应当生活在一起，并且他们是最不持久的，倘若双方彼此有差异并追求不同的目的：例如（在那些不适当的爱情故事中），一个人追求他自己的快乐，另一个人追求对他有用的东西。参见 c.10, 1159b15, ix.1, 1164a3 sqq.。

正的友谊只存在于精神上亲密的人之间，它的基础是美德和尊重。在这样的友谊中，一个人因为另一个人是这样的人而爱他。他在绝对的善自身中寻找他个人的快乐和好处。这样的友谊并不会很快形成，因为一个人在信任他的朋友之前需要长期的交往；[1]它也不可能存在于多个人之间，因为一种内在而亲密的关系只能同时存在于少数几个人之间。[2]此外，友谊不仅是感受或倾向，无论这些对于它多么必要，而更是一种品格[3]——它像美德一样是一种持久的性质。其他类型的友谊因为取决于外在的和非本质对象，它们仅仅是对真友谊的不完善的模仿。[4]真正的友谊要求朋友爱戴彼此身上的善，他们应当从对方那里接受善并回赠善。[5]另一方面，有德之人既不向对方要求，也不给予对方任何恶，甚至不会允许这样的事发生在他们身上。[6]真正的友谊建立在品格的相似和人格的平等以及精神的亲近上，所以，友谊的基础都是平等。[7]这种平等是完美的，假若双方除了拥有相似的特征，还在价值方面彼此相似。然而，如果彼此拥有的东西是不同的，[8]或者当一方优越于另一方

195

196

---

1 VIII.4 *init.*：这样的朋友是为了彼此之善，而非为了偶然的事物。*Ibid.* c.6 *init.*。参见第 455 页注释 5。

2 VIII.7,1158a10 sqq.，更详细的解释参见 ix.10。

3 VIII.7,1157b28: ἔοικε δ᾽ ἡ...ἕξει（关于"ἕξει"参见第 193 页注释 5 以及第 431 页注释 2）。然而，另一方面亚里士多德指出在彼此的社群中获得相互的快乐也是友谊的一部分；关于阴郁的人的讨论，参见 1158a7。

4 参见第 455 页注释 1，以及 viii.8,1158b4 sqq. c.10,1159b2 sqq.。

5 C.4,1156b12, c.7,1157b33（或许如 God. Kb 那样省略"ἡ"，因此被引用的是与 ix.8,1168, b,8 相同的一个谚语：友谊就是平等）。

6 C.10,1159b4.

7 参见第 425 页注释 3；以及 viii.10,1159a34，在这里，我们不同意 Brandis, p.1476 的解释，即"对朋友的爱就像对美德的爱"，因为它前面的词否定了这种翻译；它的意思应当是："因为爱是有价值的事物，他是朋友中的某种完善性，或者是建立在完善的基础上的；因此建立在真实价值上的友谊是持久的，而建立在真爱上的友谊更是如此"。这也适用于爱人间的关系。参见第 455 页注释 2。

8 例如，爱者和被爱者，或者大师和他的学徒，在这样的关系中一方寻求的是快乐，而另一方是好处；另外，还有智者和他的学生的关系，前者教学而后者付钱；参见 ix.1,1164a2–32；参见第 454 页注释 7。

时，[1] 我们只有某种程度的、不完善的平等或类比：一方对另一方的爱和责任与他对于另一方的价值成正比。[2] 因此，友谊类似于正义，而正义也是在人类社会中建立平等关系的问题；[3] 但法律和权利首先考虑的是不平等的关系——即个体的人与他的价值成正比，其次才考虑平等的问题；友谊针对的情况恰好相反：平等的人之间的友谊是首要的和完善的，而不平等的人之间的友谊是次要的。[4]

亚里士多德接下来讨论了那些在狭义上与友谊类似的关系。他认为任何群体，即便那些为了特殊目的而存在的群体都包含着友谊，并且他特别关注了那种包含其他所有形式的群体——即政治群体——什么样的个人关系对应着什么样的原则——即各种不同的政体。[5] 从这些更多属于契约本质的事物出发，他区分了相似的关系和纯粹的友谊。[6] 根据相同的原则，他还区分了[7] 建立在互惠基础上的两种友谊，它们之间的关系好似成文法和不成文法：一种是法律的，即相互责任是确定的，因此这仅仅是一种契约；另一种是道德的，即相互责任是由个体的善意决定

1　例如父母和孩子的关系，长者和年轻人的关系，以及男人和他的妻子、统治者和被统治者的关系，参见 viii.8,1158a8 以及其他文本。

2　VIII.8 *init.*, c.15 *init.*, c.8,1158, b,17（介绍不相似关系中友谊的例子）。父母对孩子的关系与孩子对父母的关系是不同的；只要双方都承担属于自身的责任，他们就能维持一种正确的和持久的关系。Cf. c.13,1161a21, c.16,1163b11, ix.1 *init.*。

3　VIII.11 *init.*；参见第 454 页注释 1。

4　VIII.9 *init.*；这是建立在类比上的，参见 p.171 以下，即 διορθωτικὸν[正确的]，这是根据代数的相等原则，因为完善的友谊是拥有平等价值的人之间的关系，而其他形式的友谊都是不完善的摹本；参见第 455 页注释 1 和第 455 页注释 5。为了支持这个观点，亚里士多德指出，友谊不可能存在于巨大的不平等关系中，例如在人和神之间，或者主人和奴隶之间；在这些情况中甚至也不可能存在权利（*ibid.* c.18; cf. x.8,1178b10）。这个区分从整体上来看是不重要的，从第 456 页注释 2 和第 454 页注释 1 中引用的段落来看，亚里士多德甚至不认为它穷尽了对这个主题的解释。原因在于他对"法律的正义"和"道德的正义"的区分是模糊的，甚至是失败的。

5　关于旅行中同伴的关系、战争中战友的关系、宗族中成员的关系、行会的关系，参见 VIII.11；关于城邦和各种形式的政体的讨论，参见 c.12 sq. 以及第 456 页注释 3。

6　VIII.14 *init.*。对类似的关系的讨论，出现在第 14 章中以及第 12 章的部分。我们在讨论家庭的时候将回到这些问题。

7　VIII.15,1162b21 sqq.。

的。此外，亚里士多德还研究了朋友间发生分歧和分裂的情况。他指出在友谊中相互指责主要源自对利益或好处的追求，因为当友谊是为了美德而存在时，朋友间彼此争着帮助对方——这完全地排除了任何不平等的感受；然而，如果友谊仅仅建立在快乐之上，当一方不能满足他所寻求的快乐时，他就可能抱怨受到不平等的对待。除此以外，一个人对另一个人表示友好，并希望他能够获得友好的回报时，他会时常感到失望。[1] 同样的情况可能会发生在不平等的人的友谊中。他们经常抱怨受到不平等的对待，而正义要求一个有价值的人在无法得到他应得的回报时，应当获得相应的荣誉补偿。[2] 最后，无论哪一方在缔结友谊时怀有不同的目的，那么朋友间会很容易出现误解。[3] 亚里士多德进一步讨论了一个人对他的朋友的义务与对别人的义务发生冲突的情况，他提出了一个明智的原则：在任何时候，我们必须考虑当下情况中的特殊责任。[4] 他问：如果友谊联盟中的一方发生了改变，那么这个联盟是否应当瓦解？他的回答是：如果发生改变的是关系的本质方面，那么分裂就是无法避免的。[5] 他还考察了爱自己和爱友人的关系，并发现对友人的热爱反映了有德之人对待自己的态度；[6] 然后，他将这个观点与下述问题

1　参见 VIII.15 中的有趣的讨论。另外，参见对教师与学者的关系的讨论，参见 ix.1,1164a32 sqq.。

2　VIII.16.

3　有关这个问题的详细讨论，参见 ix.1；以及第 454 页注释 7。

4　参见 IX.2（尤其参见 1165a16,30）。当关系是同质时，这种比较是容易做出的，当关系是异质时，这种比较是难以做出的；但即便在后一种情况中，对它们的比较也不能被忽略。

5　参见 IX.3：当然，这种友谊是建立在快乐或利益的基础上的；或者，如果某人被他的朋友欺骗了，他认为自己得到了无私的爱，但他的朋友只是为了在他身上得到快乐或好处。如果一个人在道德上堕落了，那么他的朋友的首要责任是帮助他找回那个善的自己，但是如果他是无可救药的，那么他们只有分道扬镳，因为一个人不可能，也不应当爱一个坏人。最后，在年轻人结成的朋友中，如果一个人比另一个在道德和理智上有了更大的进步和发展，那么真正的友谊就变得不可能了；然而，之前的友谊应当尽可能地被尊重。

6　IX.4, *ibid*.1166b6–29；在这里，亚里士多德真切地描述了邪恶的人在灵魂方面的不和谐，伦理学的实践目标总是对道德的人的描绘。

连接起来：一个人应当更爱自己还是更爱友人？他回答说：在爱自己和
爱友人之间不可能、也不应当存在任何真正的对立，因为真正的自爱在
于追求对于自己来说最好的东西——即道德的美与善；但我们为朋友牺
牲得越多，我们就越能充分地感受到这种美与善。[1] 因此，亚里士多德
认为（忽略其他的观点[2]）幸福的人不能没有朋友。他给出了许多理由。[3]
他说幸福的人需要帮助他的朋友；因为关注朋友们的优异为他提供了类
似于意识到自己的优异的快乐；与别人一起生活比单独生活更容易获得
活力和快乐；一个人总是从与好人的交往中获得道德鼓舞。总之，人从
本性上来说就是愿意与他人交往的，而幸福的人必然能够过一种群体的
生活；[4] 正如对每个人来说，他的生活和活动是善的，而他对于这种生活
和活动的意识便构成了快乐，因此，一个友人的存在使一个人自身的存
在变成了双倍，并且在与友人的交往中对这种存在的意识一定是一种快
乐和善。[5] 如果我们追问：我们是在顺境中还是逆境中更需要朋友，那
么回答是：[6] 我们在逆境中更需要朋友，而在顺境中拥有朋友是高尚的。[7]
在逆境中我们更需要朋友的帮助；人知道如何独自承受痛苦，但是在别
的情况中更需要友谊的安慰。一个人渴望与友人分享他的喜乐，而当在

200

201

1　IX.8，参见第 419 页注释 5 末尾，第 430 页注释 1。

2　例如，εὔνοια（好意，ix.5）和 ὁμόνοια（和谐，c.6）对 φιλία（友谊）的关系；
一个明显的事实是施惠者通常更爱受惠者，因为每个人都爱他自己产生的东西，例
如母亲对孩子的爱比孩子对母亲的爱更多些（c.8）；一个人的朋友的数目不应当太
少也不应当太多，而是应当够足够一起生活的数量，因此一种亲密的关系只可能存
在于少数人中，而最亲密的关系只能存在于两个人之间；尽管一个人的政治上的朋
友（即同一个党派中的成员）可以有很多。

3　IX.9，cf. viii.1，1155a5.

4　IX,9,1169b17；参见第 453 页注释 6。

5　Ibid.1170a13 sqq.；亚里士多德在这里首次指出，感知和思想是人的生命的构成部
分，他继而在 1170a19 中表达了这个观点。参见 1170b1：在对感知和思想的意识中，
我们意识到了生命。

6　IX.11.

7　对 ἀναγκαῖον（必然）和 ἀγαθὸν（善）与 καλὸν（美）的相似的区分已经在前面
出现过了，参见第 120 页注释 5（摘自《形而上学》i.2），以及第 454 页注释 2。另
外，参见《政治学》vii.14,1333a36。

悲伤时，却厌恶朋友们的援助；一个人应当更愿意在朋友陷入困难时帮助他们，而不是分享他们的成功。然而，真正的友谊同时要求这两个方面。[1] 友谊是生命的联合和交往，是从自爱到爱人的延展。每个人在他的朋友的存在和活动中体会到犹如自身的存在和活动一般的快乐，并将自己最珍视的价值投射到他的朋友身上。[2] 因此，友谊是自然群体和人类统一体的最典型的例示。它是连接人与人的纽带，这纽带不是外在的——像一个由法律权利构成的社群，而是源自人最深层的本能。个体的道德在友谊中扩展为一个精神的联合体。然而，这个联合体仍然局限于并取决于个人关系的偶然条件。只有在城邦中它才获得了一个广阔的领域和建立在法律和持久政体上的更坚实的基础。

202

1　C.11.

2　参见第 458 页注释 5 以及 ix.12（论友谊部分的结尾）。

第十三章

实践哲学（二）：政治学[1]

1. 城邦的必然性、本质和功能

203   亚里士多德的城邦学说像他的哲学的其他部分一样，在许多地方难以为读者提供确定的和完整的观点，这与《政治学》一书是如何流传下来的有关。尽管这些文本缺乏统一性和均衡性，文本不同部分的性质和影响力的分配并不平衡，但亚里士多德八卷本的《政治学》的确是古代流传下来的最优秀的作品。他收集了丰富的历史资料，并拥有对社会生活之现实状况最完善的洞见，他把科学思想中最精细和最敏锐的分析能

204 力与所需材料结合起来。然而，这部作品很可能在作者去世时也没能完成；[2]当他留下的那些草稿被修订在一块儿，[3]文本中的缺失或缝隙是不可

---

1 将亚里士多德的城邦学说作为一个整体和不同的部分来研究的近期文献，参见 Hildenbrand, *Gesch. u. Syst. der Rechts-und Staatsphilosophie* (Leipizg, 1860), i.342 sqq.; Überweg, *Grundriss*, i.203 sq.(5th ed.1876); Susemihl, *Jahrb. f. Philol.* vol. xcix.593, ciii.119, 以及 Bursian's *Jahresbericht*, 1874, p.592 sq.1877, p.372 sqq.。

2 参见附录。

3 这里的情况与《形而上学》类似（参见上文 p.76 以下），亚里士多德留下来的笔记和手稿似乎是被简单地拼接在一块，没有经过修改。我们不知道是谁承担了这项工作；正如塞奥弗拉斯特被认为是《形而上学》的编辑者（p.79），他也可能是《政治学》的编辑者；这个观点可以解释《政治学》是以他的名义来传播的。这个观点在 Diog. v.24 中有一个奇怪的表达：πολιτικῆς ἀκροάσεως ὡς ἡ Θεοφράστουα-ή（政治学是属于塞奥弗拉斯特的），这些词语本身很难理解，因为我们不可能用塞奥弗拉斯特的那本为更多人知道的著作来比较和解释亚里士多德的《政治学》。因此，

避免的；这些对于《政治学》的读者来说必然是一个严重的阻碍，尽管　　205
文章的主要思想和基本特征几乎不受这些缺陷的影响。

无论个体的美德和关于这些美德的知识多么有价值，亚里士多德发
现它们倘若局限于个体之中就是不充分的，希腊人似乎都持有这种观
点。道德在城邦中实现它的第一个完善形式。群体的道德活动比个体的
更伟大、更完善、更高贵和更神圣。[1] 甚至美德的持续产生和维系也完
全取决于城邦。仅仅依赖教导在多数情况下是不够的：一个奴隶既不愿
意听从劝导，也不会理解它。使他行动的是对惩罚的恐惧而不是对恶的
厌恶。他不知道那些高尚的东西带来的快乐。那么，我们如何仅仅依靠
劝诫就能改造他那根深蒂固的恶习呢？习惯和教育不仅对儿童有益，而
且对成人也有好处，因为他们与绝大多数顺从的人都是受法律约束的。
但是一种好的教育和有约束力的法律只有在城邦中才是可能的。[2] 只有

这里的问题是 "πολιτικῆς… Θεοφράστουά-ή" 这几个词是否是原来的样子，是否
"ή Θεοφράστου" 开始是被另一个人加注在页角，然后又混入这个文本中并被搁在
"ώς" 之后。Krohn（ibid.51）推测说在奈留斯的地窖中亚里士多德的著作和塞奥
弗拉斯特的著作是合在一起的，这或许能够解释为什么塞奥弗拉斯特的许多文本
被混在亚里士多德的《政治学》中，以及为什么学者们最终认为塞奥弗拉斯特是《政
治学》的作者；但是上文 p.150 说的这部著作直到西塞罗时期的使用情况使我们无
法接受这个观点，即便我们承认直到阿珀里康（Apellico）发现这些书籍时，赫尔
米普斯（Hermippus）列举的名单中也没有这个标记（即 ώς ή Θεοφράστουά）的
位置。因此 Krohn 将这里所谓的塞奥弗拉斯特的文本从我们现有文本中删去的做
法并非毫无根据。这个论证同样也能说明 Hildenbrand 的假设（Gesch. d. Rechts-
u. Staatsphil. i.360 以及 Oncken's Staatsl. d. Arist. i.65 sq.）是错误的，即他认为
《政治学》在其作者死时只有原初的手稿，而它在塞奥弗拉斯特死后与阿培利科
重新发现亚里士多德书籍的这段时期中遗失了。的确，我们在这段时期发现了它
的残篇，但这个现象得到了充分的解释：这个时期对政治学的研究兴趣是非常微
弱的，我们从流传下来的残篇中可以看出当时哲学的贫瘠。甚至在后来的岁月中，
亚里士多德的政治学观点鲜少被提及（参见 Susemihl 引用的段落，p. xlv. 以及
Spengel, Üb. d. Pol. d. Arist.[Abh. d. Münch. Akad. V.44]，以及 Heitz, Verl. Schr.
d. Ar.242）；除了斯托拜乌（Stobaeus，参见上文 p.203）的摘要，它们没有得到充
分的讨论（除了柏拉图主义者 Eubulus 的论述，Part iii. a,719, b,408,1, Porph. V.
Plot.15,20），其中有　个部分得到了公开的发表，参见 Mai, Collect. Vatic. ii.671
sqq.。

1　《尼各马可伦理学》i.1,1094b7。

2　Ibid. x.10.

在城邦中，一个人才能获得属于他自身的恰当的善。[1] 城邦生活是人天

206 然的使命。人的本性使他适宜于社会生活，[2] 只有人才拥有语言能力这一事实清楚地证明了这一点。[3] 道德活动在城邦中立即找到了它的位置和完整性。城邦是道德的整体，因此它优先于个体和家庭；[4] 只是在起源的时间上和人类的需要上，城邦是在它们之后出现的。[5] 只有超越于人类的存在者或低于人类的存在者才可能远离城邦的群体生活。对于人来说，群体生活是不可缺少的。就道德文化而言，人是所有物种中最高贵的，但没有法律和权利他就是最低劣的——对权利的调节正是社会群体

207 的一般功能。[6] 因此，个体的道德必须在城邦中得到完善：伦理学是在政治学中得以完成的。

因此，在亚里士多德看来，城邦的功能不仅局限于有些人认为的、甚至许多现代人认为的对个人和财产的保护。他认为城邦显然起源于人类的需要。为了交往的目的，家庭和家庭连接为社区；不同的社区又进一步形成城邦。但是"城邦"这个概念并未因此得到完全的表达。它的功能并不止于对成员的身体的照顾，因为这种照顾不仅针对自由人而且还针对奴隶和驯养的动物；它的功能也不仅是抵御外敌和保卫内部安全。这样的社群只是一种联盟而非城邦共同体，它仅仅是一种联盟，因为盟友具有一种地域上的统一性。尽管所有这些对象是一个政治社群之

---

1 《政治学》i.1 *init.*：任何社会的目的都是某种善。参见《尼各马可伦理学》i.1,1094b6；这种善与作为更高的善的沉思在何种程度上是兼容的，我们已经在上文 p.143 讨论过了。

2 《政治学》i.2,1253a2。与这个段落有关的文本，参见 iii.6,1278b19。另外，参见《尼各马可伦理学》ix,9；参见第 453 页注释 6；以及第 462 页注释 1。

3 《政治学》i.2,1253a7 sqq.。

4 《政治学》i.2,1253a19;1252b30。

5 关于这个意义，参见《尼各马可伦理学》viii.14,1162a17。 ἀναγκαῖον（必然的东西）是为了满足物理的（或身体的）需要的，因此它与 τὸ καλον（美的东西）有绝对的区分；参见第 458 页注释 7。然而，这并不妨碍其他任何社会形式对政治形式的服从。另一方面，欧德谟斯认为城邦和家庭是平行的两种机构（《欧德谟伦理学》vii.10,1242a22），他也把经济学与政治学相区分。参见第 450 页注释 7。

6 《政治学》i.2,1253a27（他在同一页的第 3 行中也说过类似的话）。

存在的必要条件，但一个"城邦"——在这个词恰当的意义上——首先 　208
是公民为实现完善的和自足的社会生活而产生的。[1] 总之，城邦的目的
是公民的幸福。[2] 幸福是美德的无阻碍的活动。[3] 整个群体的幸福不可能
与个体的幸福有任何差别。因此，城邦和政治技艺的最高功能是培养
和教育公民，保护他们在道德上和精神上的健康，以及对崇高的和自 　209
足的活动之内在冲动的养护。[4] 因此，培养一个好公民与铸造一个勇敢
的人是相同的：一个公民的完整美德并不是一个美德，而是美德在社会
生活中的运用。[5] 我们有两种美德——理智的和实践的。若问这两种美 　210
德中哪种更优越，就好像问社会生活的最终目的是和平还是战争；因为

1　《政治学》i.2,1252b12 sqq.。家庭的扩展产生了村庄，早期村庄是由家族的首领统
　　治的。iii.9,1280a25：社会的存在不仅仅是为了保护财产。联盟的成员没有共同的
　　领导权威。这样的组合都是联盟，而不是一个城邦共同体；任何不以培养正义的和
　　好的公民为目的的法律都是 συνθήκη（习俗），而不是 νόμος（法），如果拥有这些
　　习俗的人们居住在同一个地区，那么它的改变不会引起大的变动。

2　《政治学》iii.9,1280b39. vii.8,1328a35。

3　参见上文 p.137 以下。

4　参见第 463 页注释 1；《尼各马可伦理学》i.13,1102a7, ii.1,1103b3；《政治学》
　　vii.2 *init.*, c.15 *init.*。

5　《政治学》iii.4：一个好人的美德是否等同于一个好公民的美德？它们不是绝对相
　　等的（参见《尼各马可伦理学》v.5,1130b28），因为不仅不同形式的城邦对它的成
　　员的要求是不同的（因此，在不同的政治组织下会有不同特征的社会美德），而且
　　城邦本身也包含了不同的成分，不只是有美德的人。另一方面，只要城邦是一个自
　　由的社群，它是自由人和平等的人的政府（1277b7 sqq.），那么好人与好的公民的美
　　德就是重合的，因为如果一个人不知道怎样下命令和怎样服从命令——换言之，他
　　不是一个好人——那么他就不可能被认定为这个城邦的一员。参见 c.18,1288a37,
　　vii.1,1323b33. c.9,1328b37（πρὸς τὴν ὑπόθεσιν δίκαιος 指的是一个支持现有法律和
　　制度，但也为其中的缺陷和不正义辩护的人）。c.13,1332a36（尽管整个群体或许是
　　善的，但其中的个体可能不是，成员的不完善性得到整体的完善性的补偿；我们稍
　　后还要谈到这一点，参见《政治学》iii.11,13,15）；如果每一个体都是有德的，这是
　　更有价值的和更值得欲求的。c.14,1332a11：城邦的美德和最好的人的美德是同一的，
　　但在最好的城邦中，它们都是符合城邦的价值和需求的，立法的目的必须是使所有
　　公民都成为好人。参见 c.15, *init.*。根据这里的解释，这个词组（iii.4,1272a4）出现
　　在一个辩证的讨论中（即一个 ἀπορία［难题］中），它不应当被埋解为好像业里士多
　　德自己打算否认那种必要性。他在这里的意思是说它们是社会美德与个人美德绝对
　　重合的先决条件。这个条件是否出现以及在何种情况中出现是接下来的文本要讨论
　　的主题。

亚里士多德认为和平时期的主要任务是科学活动，而战争时期的主要目标是对可能的最伟大的行动能力的获取。[1] 然而，我们已经看到，亚里士多德把理智生活置于实践生活之上，因此不难发现他强烈批评那些喜欢战争而不热爱和平的城邦，例如斯巴达和克里特。他说这些城邦所在意的只有征服，好像对外邦任何形式的征服都是被允许的，无论它征服的是什么城邦，也无论它采取的是何种手段；正因如此，他们培养残暴的和有野心的个体精神，并使这些人与和平的艺术相疏远；所以，当他们的领土获得了安全并且军事活动让位于和平建设时，这些城邦便立即陷入衰败之中。亚里士多德认为和平是社会生活的真正目标；而战争只是获得和平的手段；因此，只有为了自卫或者为了征服那些本来应当被统治的人时，战争才是必要的。所以，他指出为了维护城邦的独立，勇敢和坚毅的美德是必要的，但和平时期的美德——即，正义、节制和智慧也应当培养。[2] 不可否认的是，城邦的目的因此被放置在足够高的位置上。的确，亚里士多德并不认为它是绝对的最高目的，如早期希腊人认为的那样。他和他的老师都认为最高的目的是科学活动——它本身无需其他社会活动。只有科学活动能使人根据自身的本性获得最高的完善性，人在科学活动中超越了人性的界限并过上了一种神的生活。只有人作为人生活时，他才需要实践的美德和这些美德赖以实现的社群。[3] 作为人自身，这些东西是完全必要的。最高形式的社群包含和完善了其他形式的社群，它就是政治城邦。它的目的包含了其他所有道德目的，它的功能不仅是通过法律和教育来保障道德生活的安全和稳定，而且它还将道德生活扩展到整个群体中。因此，我们获得了一个关于城邦的最高

---

1 然而，这种平行只是局部有效。亚里士多德告诉我们（《政治学》vii.15,1334a22 sqq.），道德美德，例如正义和自制，在和平时期是尤其必要的。此外，尽管科学活动最需要和平，但它只能在很少的一部分公民中得到最好的实践。

2 《政治学》vii.2,3, c.14,15；《尼各马可伦理学》x.7,1177b4。另外，参见第 425 页注释 3，关于战争的目的是获取奴隶的论述，参见《政治学》i.8,1256b23。

3 参见从《尼各马可伦理学》x.8 中摘录的段落，以及第 425 页注释 3 中引用的别的段落。

功能的定义：使公民通过美德获得幸福。这个观点在本质上与柏拉图的观点是一致的。这两位哲学家只有一个差别，尽管这是重要的和根本的。柏拉图认为城邦和这个世界上其他东西一样在本质上依赖于另一个世界——所有真理和实在都是从那个世界而来。这就是他的政治理想主义的最终来源。正如理念属于超越的世界，他所相信的、能够实现这些政治理念的哲学王也属于那个世界，他们只是不情愿地下降到我们的世界来处理俗事。因此，城邦的功能不仅是道德的教育，更是为自由灵魂更高级的生活所准备的——在《理想国》的篇末，柏拉图让我们瞥见了死后获得自由之灵魂的美妙生活。然而，在亚里士多德的思想中，我们无法找到任何此类关于城邦和人之生活的观点。我们在这里讨论的只是当下的生活和作为道德的和精神的完善之结果的幸福。城邦的目的不是表达一个超越的和理想的世界，或者为了另一种生活做准备，而是满足人们当下的生活需要。此外，亚里士多德并不认为哲学是政治学中的统治性原则——我们稍后会看到，他也不认为哲学和政治学之间存在任何对立——这种对立会使哲学家的政治生活变成痛苦的自我牺牲。他认为人的本性有同等重要的两个本质方面，一个在公民的实践活动中获得满足，另一个在哲学家的理论活动中获得满足。除了神，没有任何人能够只过着理性沉思的生活。人作为人无法放弃社群中的实践生活；对于人来说，城邦和必要的社会生活不仅是一种强制，更是一种道德需要。

　　《政治学》的目标是研究城邦实现其功能的各种手段，有关这些功能之本质的各种完善的或不完善的概念，以及与之对应的政制。但是，在进行这项研究之前，亚里士多德在《政治学》的第一卷讨论了家庭和家庭事务的问题；因为他认为，为了完整地理解城邦的本质，我们必须分析其最简单的构成部分。[1]

1　《政治学》i.1,1252a17，对城邦的经济和家庭的经济做出区分；他的意思是对于方法论的问题和研究计划就不再多说了，这些问题已经在《尼各马可伦理学》的最后阐述过了。Cf. c.3 *init.*。

2. 家庭作为城邦的基本构成部分

城邦是人类社会最完善的形式，它在思维顺序中优先于别的形式。然而，正如亚里士多德在别处指出的：在本质上优先的东西在起源上是最后的，最初的原则往往是最后的结果。因此，社会的第一个自然形式——即家庭——出现在城邦之前，它是产生城邦的条件。[1]

家庭由三种关系构成：丈夫与妻子、父母与孩子以及主人与奴仆。[2]

214 丈夫和妻子的关系在本质上是一种道德关系。的确，一种自然本能是这种关系的基础，但这种结合必须预设更高形式的友谊、善意和互助。[3]原因是他们彼此的道德能力有一部分是相同的，有一部分是不同的，因此在他们之间形成一种自由的关系不仅是可能的，而且对于他们实现自身的完善性也是必不可少的。在某种意义上，他们的关系是对等的。妻子有自己的意志，也有与她自身相符的美德。她必须被认为是一个自由人。如果女人是奴隶，亚里士多德认为男人自然也是奴隶，因为一个自由的男人只能和一个自由的女人结合。[4]然而，女人的道德能力在种类和程度上与男人是有差异的：她的意志是软弱的，她的美德是不完善的或非自足的，她的职业从整体上来说不是独立的，而是隐居式的

215 或家庭内部的。[5]因此，女人和男人之间真正的关系只能是男人作为优

---

1 《政治学》i.2。

2 《政治学》c.2, c.3, c.12 *init.*。亚里士多德在第 2 章中将丈夫与妻子的关系，奴隶和自由人的关系描述为两个基本的关系。他的讨论是从后者开始的，参见 c.3 sqq.。他把对财产类型的讨论与这些关系联系起来。另外两种关系稍后得到了处理，参见 c.13,1260b8，他指出女性和儿童的教育以及一切家庭事务的安排必须取决于城邦的特征和目的。然而，这些讨论未保存在现在的《政治学》一书中，第七卷和第八卷关于教育的论述并没有特别涉及家庭生活。为了阐述的方便，我们最好遵从这样的顺序：从对我们而言最自然的对象开始，即先讨论家庭，再讨论奴隶和财产。

3 《政治学》i.2 *init.*；《尼各马可伦理学》viii.14,1162a16 sqq.；参见《经济学》i.3 sq.。

4 《政治学》i.2,1252a1 sqq. c.13,1260a12 sqq.；《尼各马可伦理学》*ibid.*。

5 《政治学》i.5,1254b13, c.13,1260a12,20 sqq. iii.4,1277b20 sqq,；《经济学》i.3, *ad fin.*；参见《动物志》ix.1，在这里，亚里士多德根据动物的不同性别讨论了不同的特征和倾向。参见 608a35。通过比较，我们可以得出这个对比的细致观察基础与柏拉图轻率的结论（《理想国》452 E sqq.；参见 *Ph.d.Gr.*i. p.775）——柏拉图否认在

越者制定法则，而女人是家庭事务的一个自由搭档；女性在任何不正义的行为中都会受到保护，并且女性有属于自己的、不受男性干扰的领域。这种关系是拥有不相等的权利的自由成员之间的联合——换言之，亚里士多德时常将其描述为一种贵族政体。[1]

父母和孩子之间的关系就不那么自由了。在讨论这个主题时，亚里士多德将内容限制在一个特殊的领域中，即父亲和儿子的关系。[2]尽管我们刚才引用过类似的观点，但母亲和女儿的关系并未得到进一步的研究。他将婚姻关系比喻为一种贵族政体，他将父亲和儿子的关系比喻为君主制。[3]严格说来，孩子没有反对父亲的权利，因为他是父母的一部分，[4]但父亲对于他的孩子负有义务——即支持他的最高兴趣的义务。[5]因为孩子有自己的意志和美德，尽管他们是不完善的。父亲拥有完善的意志和美德，因此我们可以把父亲和儿子的恰当关系描述为前者将他完善的美德传递给后者，而儿子的服从使得他自己获得了这种美德。[6]

216

最后是主人与奴隶的关系，这种关系完全是附庸的。亚里士多德特别关注奴隶制的问题，一方面，因为他要研究奴隶制的必要性和正义性，另一方面，因为他想获得对待奴隶的恰当方法。首先，他认为奴隶

两性的自然功能之外还存在什么天生的差异。

1　《尼各马可伦理学》viii.12,1160b32 sqq. c.13,1161a22; cf. v.10,1134b15；《欧德谟伦理学》vii.9,1241b29；《政治学》i.13,1260a9；《经济学》i.4，在这里，细节问题和实践的方向已经给出了。另外，参见下文 p.222。

2　然而，《尼各马可伦理学》viii.14,1161b26, ix.7,1168a24 这两个段落的内容几乎与这个主题无关。

3　《尼各马可伦理学》viii.12,1160b26, c.13 *init.*（《欧德谟伦理学》vii.9,1241, b,28.）。

4　《尼各马可伦理学》v.10,1134b8; cf. viii.16,1163b18。

5　《政治学》iii.6,1278b37。

6　《政治学》i.13,1260a12,31; cf. iii.5,1278a4。关于家庭关系的完整讨论还应当包括兄弟间的关系，但是亚里士多德并未在《政治学》中讨论这个主题；这个问题只在《尼各马可伦理学》中探讨友谊时被涉及。他指出兄弟之间的爱部分建立在他们的共同血缘上，这本身就是一种统一性，部分建立在共同的生活和教育上；兄弟之间的友谊与同龄人之间的友谊是类似的。亚里士多德比较了这种关系与荣誉政体，因为它们都是建立在相互的平等关系上，而年纪的差异是优越性的唯一来由；对于关系疏远的亲属间的分析，参见 viii.12–14.1161a3,25,1161b30 sqq.1162a9 sqq.。

制是必要的，因为家庭的本质不仅需要无生命的工具，而且需要有生命的和有理智的工具。但工具是使用者的财产。因此，为了满足家庭的完全供给，有些人应当是他们主人的财产[1]——即奴隶。[2]其次，奴隶制是正义的，因为它不仅建立在法律条文上——有人曾这样断言，[3]而且建立在自然法则上，亚里士多德试图从处于自然状态的人的差异来证明这一点。那些在本性上只适于体力劳作的人应当受到那些适于智力活动的人的控制——这是正义的，因为后者更优越，正如神比人优越，人比动物优越一样，因为，一般而言，理智必须统治身体。[4]亚里士多德甚至假定他们之间存在物理差异，如果一个自由人的灵魂进入到一个奴隶的身体中，那么这就是自然界的畸形。[5]这个关系也是蛮族与希腊人的一般关系，蛮族自然被认为是希腊人的奴隶。[6]因此，亚里士多德不仅认为奴隶制本身是正义的，而且支持为了获取奴隶发动战争，[7]只要把奴隶的范围限制在那些在本性上注定被统治的人之中就行。只有对于那些在本性上自由的人，奴隶制才是不正义的。因此，亚里士多德谴责不加区

---

1 《政治学》i.4；《经济学》i.5 *init.*。

2 《政治学》i.4 *fin.*。参见 *ibid.*1254a1 sqq.。

3 《政治学》i.3,1253b18 sqq. c.6,1255a7；参见 *Ph.d.Gr.*i.1007,2, 4th edit.；Oncken, *Staatsl. d. Arist.* ii.32 sqq.。

4 《政治学》c.5,1254b16,34, vii.3,1325a28。柏拉图已经表达过这个观点；参见 Zeller，*Ph.d.Gr.*i.755,2。

5 《政治学》i.5,1254b27。他指出，如果人类中的一部分在物理上或身体上比其他人优越，就像神一样，那么没有人会拒绝无条件地服从他们。这是希腊人的特点。亚里士多德认为精神特征自然地和必然地反映在一个和谐的外在形式中，他发现他的族人（即希腊人）有一种形体的美，这直接证明他们比蛮族优越。从这个观点看，黑人和有色人种的奴隶制的正义性似乎能够得到证明。

6 《政治学》i.2,1252b5, c.6,1255a28; cf. vii.7。亚里士多德承认这个断言是有例外的；自然的意图（i.6,1255b1）确实是从人中产生人，从动物中产生动物，从好人中产生好人，但自然并非总能成功。他继续说到：奴隶制的合法性是有争议的，并非所有奴隶生来就是奴隶，但有些族群生来就是奴隶，正如在第 2 章中假设的那样，因此，我们假设俘获奴隶的战争是正义的。Thurot 在 *Etudes s. Arist.*10 中把"οὐκ εἰσὶν οἱ μὲν"替换为"οὐκ εἰσὶν εἰ μή"，但这句话的意思就变得很奇怪了：即所有奴隶生来就是奴隶。

7 《政治学》i.8,1256b23 sqq.。

别地对待战俘，因为战俘中可能有最优秀的人和那些因偷袭被捕的人。[1]
主人和奴隶的关系必须受这些原则制约。妻子拥有软弱的意志，儿子拥
有不完善的意志，奴隶是没有自己的意志的，他的主人的意志就是他的
意志，服从和有用是奴隶能够拥有的美德。[2] 亚里士多德承认奴隶作为
一个人必然也拥有作为人特有的美德，但他立即指出奴隶只能拥有最低
程度的美德。[3] 类似地，他提倡人们应当以温和的和慈善的态度来对待
奴隶。他认为教育奴隶使其能够掌握必要的美德是主人的义务；[4] 因此，219
他提倡将自由作为对奴隶的好行为的承诺或奖赏。[5] 然而，他认为主人
的权力从整体上来看是专制的，主人对奴隶的爱不可能与神对人的爱相
比。[6] 亚里士多德的这个观点是就奴隶作为奴隶来说的，而不是就奴隶
作为人来说的，[7] 但他的观点是不一致的。希腊人的道德和他们的思维方
式在亚里士多德的头脑中根深蒂固，以致于他无法得出下述逻辑推论：[8]
人作为人不可能是奴隶。

在对奴隶制的研究中，亚里士多德不时附加了对财产和获取财产[9] 220
的一般讨论；他认为奴隶是财产的一部分，因此财产这个主题在这里找

1　*Ibid.* c.6,1255a21 sqq..

2　《政治学》i.13,1259a21 sqq.1260a12–24,33；《诗学》15,1454a20。

3　《政治学》*ibid.*。

4　《政治学》i.7, c.13,1260b3。关于奴隶的讨论，参见《经济学》i.5。

5　《政治学》vii.10 *fin.*；参见 Hildenbrand. *Rechts-u. Staats-phil.* i.400，他指出这个观
　　点与亚里士多德的原则是矛盾的：因为那些本性上是奴隶的人不应当获得自由；而
　　那些本性上自由的人不应当成为奴隶。

6　《尼各马可伦理学》viii.12,1160b29, c.13,1160a30 sqq.; cf. viii.9。

7　《尼各马可伦理学》viii.13 *fin.*。

8　尽管 Fechner 反驳（*Gerechtigkeitsbegr. d. Arist.* p.119）说：即便在人的理性中也存
　　在差异。但 Ritter (iii.361) 告诉我们亚里士多德确实没有做出这样的逻辑推论。亚里
　　士多德显然假定这些差异是存在的，他甚至认为——正如我们刚刚指出的——它
　　们深刻地影响着人们，使得有些人不具备获得自由的能力。然而，真正的问题是这
　　种假定是否正确，倘若我们同时不得不承认属于这个群体的人也能够拥有法律、习
　　俗以及人与人之间的友谊；另外，我们还必须考虑关于人类全体的正义是否存在。
　　一个物体或一个性质是不能拥有任何权利的。如果一个人没有任何意志和美德却拥
　　有奴隶间的友谊，这对于亚里士多德来说是不可能的。

9　《政治学》i.8–11，参见《经济学》i.6。

到了恰当的位置。[1] 他区分了两种不同的产品："自然的"和"人造的"。[2] 前者包括为了满足生活所需的一切活动——牲畜的养殖、狩猎、农业，等等。[3] 在这些产品的交换中首先产生出贸易，贸易因此被认为是生产

221

的自然形式，因为它能够直接满足自然的需要。[4] 为了商业的需要而创造的、作为价值之普遍标准的货币[5] 是在人造产品的发展中出现的，人造产品不是为了满足生活所需而是为了积累货币。[6] 只有自然产品是家庭经济不可或缺的部分。[7] 它是真正的财富——即家庭必需品的积累，因此它被严格地限制在家庭需要之内。[8] 然而，赚取货币是完全没有限制的，它在本性上是恶的，并且与生活的真正目的相违背，因为它并不是为了生活的净化和提升，反而仅仅为物质生活和享乐提供手段。[9] 所以，亚里士多德认为整个生产的规模应当是小范围的，如果生产的规模越大，那么它就包括越多赚钱的生意，在所有非自然的生产中钱款借贷

222

是最反自然的。[10] 因此，他接下来的讨论限制在对这种生产的各种分类

---

1 参见《政治学》i.8。奴隶曾被描述为 κτῆσις（财产）的一部分，而财产是 οἰκονομία（家庭）的一部分；但 Teichmüller 的观点（参见 338 页）——即这个部分的位置是恰当——是不能被接受的。因为在第 3 章中，只有主人与奴隶、丈夫与妻子、父亲和儿子这三种关系得到了讨论，它们是经济学的主题。而在 1235b12 中关于财产的理论只是简单地被提及，因此这个段落仅仅被看作对经济学研究的补充。Teichmüller 指出这段文本的生产理论与奴隶制之联系的评价仅仅显示出它们与亚里士多德说的外在善的意义相混淆了，但是他天才般地发现了此前没有被发现的联系——对它们的解释从前是不存在的，或者只存在于评注者的头脑中。

2 参见《政治学》c.8 *fin.*, c.9 *init.*。

3 列举了各种自然的生产之后，亚里士多德指出有一种奇怪的生产形式——盗窃（1256a36,1256b5），它既不是有德之人的自然生产，更不是任何生产活动，参见 1256b26。

4 《政治学》c.9,1257a28，即在解释以物易物之后的讨论。

5 参见上文 p.173。

6 《政治学》c.9,1257a30 sqq.。

7 *Ibid.* c.9 *fin.*。

8 *Ibid.* c.8,1256, b,30（紧接第 470 页注释 3 中引用的段落）。

9 *Ibid.* c.9,1257b28–1258a14.

10 *Ibid.* c.10,1258a40.

中，[1] 并简单评价了如何获得一种商品的垄断权。[2] 他对这些事物的科学研究和对它们在实践中的运用有着不同的评价。[3] 他和其他希腊人一样：他们都看不起体力劳动，[4] 他当然地认为体力劳动的地位较低，因为它仅要求较低的道德和理智水平，它更多的是身体的劳作，并会使身体遭受深深的折磨。[5]

柏拉图在他的《理想国》中曾要求将家庭和家庭事务归入城邦事务之内。对他来说，一个由妻子、孩子和财产构成的社群似乎才是一个完美城邦最需要的安排和最适合的结构。亚里士多德不接受这个观点。[6] 柏拉图希望所有事物都是公共的，这样城邦便可以成为最完善的统一体。然而，一个城邦不仅仅是统一体；它还是由许多部分构成的整体。倘若无任何差异性的完美统一体是最高级的，那么城邦就必须缩小为一个家庭，而家庭又缩小为单个的人。[7] 假使我们承认统一体对于城邦来说是最好的，但亚里士多德认为柏拉图提出的这种安排并不是达成目的的有效手段。更不用说这种安排在实际运用中产生的许多困难，[8] 柏拉图曾说，[9] 如果所有人都把我的东西都看成你的东西，那么城邦的统一体是最

223

1　他在 c.11 中列举了三种 χρηματιστική（赚钱的生意）：（1）农业、畜牧业、家庭手工业和商业；（2）μεταβλητική（贸易）又有三种类型：商业利润、高利贷和工资，最后这类包含了所有商业生产；（3）处于中间的形态，即 ὑλοτομία（伐木）和 μεταλλουργία（采矿）。

2　他指出应当制造全部这些东西和类似的人造物（1259a3），这一点在《经济学》第二卷中得到讨论，他举出了两个例子。依据写作的原则，他首先讨论了早期作者关于农业的论述（1258b59）。他自己没有在这些主题上花费过多的篇幅。

3　*Ibid.* c.11 *init.*.

4　关于这一点的更多证明，我们将在关于城邦的整体的那部分讨论中遇到。

5　*Ibid.*1258b35:。关于 τὸ βάναυσον（匠人）的定义，参见 c.5,1254b24 sqq.，柏拉图：《理想国》vi.495 D（参见 Zeller, *Ph.d.Gr.*i.754,3）。

6　他在第二卷中表达了这个主题的观点，第一卷是讨论家庭的，第二卷是讨论早先理论中的理想城邦。尽管我们这里的研究顺序不符原来的顺序，但这样做的目的是为了阐述的清晰。

7　《政治学》ii.2,1261a9 sqq.(cf. c.5,1263b29 sqq.)；此外，这是城邦自足性的基础；参见 *ibid.*1261b10 sqq.。

8　关于这个问题的更多讨论，参见 c.3 sq.1262a14–40,1262b24 sqq.。

9　《理想国》462 C。

完善的。亚里士多德敏锐地指出这个主张是含混不清的。如果所有人都把同样的东西看作自己的私人财产，或许会促使统一体的形成。但情况并非如此。另一方面，如果孩子和财产是属于所有人的公共财产，那么就不会得到柏拉图希望的那个结果。[1] 相反，由于这些关系的排他性，它们所有的价值和那些给予它们真正意义的东西都将被摧毁：如果一个人对一千个儿子中的一个有一千分之一的父亲的权利，并且他并不十分肯定这一点，那么他就不会觉得自己是任何人的父亲。[2] 同样的情况也适用于财产。这种做法不仅不会促成统一，相反，共同拥有财产将是争斗和冲突的无尽源泉。[3] 我们需要的是公平分配财产以及自愿将自己的财产充公。[4] 此外，共享财富和私人占有财富的欲望摧毁了慈善和慷慨带来的快乐；正如共妻制取消了性关系中的节制之美德，共享财产使得对待财富的恰当态度之美德[5] 成为不可能。[6] 在这种反柏拉图的社会制度的立场中，我们不仅应当认识到亚里士多德的实践意图，他对于现实生活的处境和法则的清晰洞见，对于伦理生活片面性的厌恶，以及对人性和社会生活的深刻认识，并且我们还应当察觉到他与柏拉图一样把政治观点与形而上学原则紧密连接起来。柏拉图要求取消一切私人财产和压制一切个人兴趣，因为只有理念或普遍的事物才是真正的实在。[7] 亚里士多德拒绝了他的观点。对他来说，个体才是最终的实在，也是首先为人们所认识的。在他的形而上学中，个体并不只是对理念的模仿，而是独立的实体；普遍概念不是独立的实体，而是对许多个体的共同性质的

224

225

---

1 《政治学》c.3,1261b16–32。

2 *Ibid.*1261b32 sqq. c.4,1262a40 sqq.。

3 Ibid. c.5,1262b37–1263a27.

4 *Ibid.*1263a21–40, *fin.*。这个观点在 vii.10,1329b41 中得到了重复。

5 即 *ἐλευθεριότης*（慷慨），参见上文。

6 《政治学》1263a40–1263b14。他在这里对 *σωφροσύνη*（节制）的指责显然是不公正的，因为柏拉图认为如果政府没有给一个男人指派妻子，那么他就必须拒绝所有女人。柏拉图式的社会对待女人的态度绝不是放纵私欲（参见策勒在 *Vortr. u. Abh.* i.76 中对这个问题的更多讨论）。

7 参见 *Ph.d.Gr.*i. p.780。

表达。类似的，在他的道德哲学中，他将人类行为和社会组织的最终目的从城邦转移到个人，并在个人的自由发展中实现这一目的。城邦的最终目的是公民的幸福。整体的善建立在构成它的个体的善之中。[1]同样，人们通过行动来获得善，而行动必然是被个人的自由意志决定的。由于文化的熏陶和教育的培养，人们的行动是发自内心的，而非依赖于政制的强迫执行，唯有如此，城邦才能保持统一。[2]在政治学中与在形而上学中一样，柏拉图学说的核心是普遍者，而亚里士多德学说的核心是个体。前者要求在不考虑个体利益的情况下整体应当实现它的目的；而后者认为对所有个体利益的满足才能称得上是真正的目的。

226

　　这些评价自然形成了对政治结构各种形式的研究。亚里士多德批评了早期的政治结构和理论之后，[3]在《政治学》第三卷中展开了他自己关于这个问题的研究。家庭和城邦——即"社会"概念——之间的联系还不是我们的研究对象。社会学兴起于现代甚至当代。"社群"这个概念尽管在古代就有与之类似的，但它却不是特殊的研究主题。对于像亚里士多德那样的希腊人而言，社会就是他们的城邦；因此，社群如果与城邦不同，那么它指的是村庄；然而，村庄仅仅是一种过渡形式，只要综

1　柏拉图曾经回应过这个反驳（《理想国》iv.420B sqq），这个反驳是城邦"守护者"并不幸福。柏拉图回答说这里的问题不是部分人的幸福，而是整体的幸福；关于亚里士多德对这个问题的评价，参见《政治学》ii.5,1264b17。类似的段落参见 vii.9,1329a23。在这些段落中，我们只能看到真相的一个方面；对"守护者的生活是最幸福"这个质疑也没有解决，他自己在后面的段落中遇到了这个问题（参见《理想国》465E）。柏拉图在原则上否认了亚里士多德的观点——即个人的幸福本身是检验所有政体的标准；因此他在同一个段落中指出，个人应当在无私的自我奉献中寻找最高的幸福。

2　《政治学》ii.5,1263b36；城邦的真正本质必须不被一个过分夸张的统一体概念所取代。参见第 477 页注释 3。

3　我们在这里不能像《政治学》第二卷中那样讨论这些评价的细节。亚里士多德反对共享女人、儿童、财产以及《理想国》中提出的其他公共资源。此后，他讨论了（c.6）柏拉图的《法律》（关于这个问题和其他对柏拉图的政治哲学的评价，参见 Zeller, *Plat.Stud.* 288 sqq.203–107）；Phaleas 和 Hippodamus 的政治构想（c.7 sqq.）；斯巴达（c.9）和克里特（c.10）的政治形态，以及迦太基人的政体（c.11）；最后（c.12：参见 *Ph.d.Gr.* i.676），他讨论了梭伦、Zaleucus、Charondas 和其他古代立法者的法律。

合的社会形式取代了由于生活必需品的交换需要而形成的地域联系,[1]村庄就会消失在城邦或社会中。

227 　　然而,这个社会统一体要实现它的目的所依赖的特殊政制以及它必须采取的形式都取决于社会的个体的人之特征。这些内容就是亚里士多德接下来要讨论的。

3. 城邦和公民

　　城邦是一个复合的整体,它的构成部分是公民——公民之间的关系是由政体的性质决定的。[2]那么,是什么构成了一个公民的身份?一个人可以生活在一个城邦中但却不是它的公民。外邦人甚至被允许进入一个城邦的法庭。另一方面,一个公民的公民身份并不是由他的出身决定的,否则城邦的第一批建设者和那些被赋予永久选举权的人都不是公民了。[3]在"公民"这个词的恰当意义上,它指的是有资格参与城邦的政府事务和正义事业之管理的人。城邦就是这样的人的集合,它必须满足公

228 民的公共生活的所有需求。[4]一般而言,事物的本质存在于它的形式中而不是它的质料中,因此城邦的本质也必须在其形式或结构中寻找。只要城邦的结构保持不变,那么这个城邦就不变,即便个体公民已经改变了;然而,如果城邦的结构变化了,那么它就变了,即便公民保持不变。[5]另一方面,城邦结构同样必须适应于人的特征和状态,因为它就

1　参见第 463 页注释 1。

2　《政治学》iii.1,1274b36 sqq. ;另一方面,城邦是一个由许多部分构成的整体——即它是由许多公民构成的。

3　《政治学》iii.1 sq.1275a7 sqq.1275b21 sqq.。

4　《政治学》c.1,1275a22 ;类似的段落,参见 c.13,1283b42。在对细节做出更多解释之后,亚里士多德在阐述中指出对本原的研究必须包括对公众议会的研究,参见 *ibid.*1283b18。关于最后一个分句,参见第 463 页注释 1 以及第 463 页注释 2 的解释。

5　*Ibid.* c.3,1276a34 :一个城邦能够维持多长的时间? 答案或许是:只要构成它的种族不变,它就可以维持下去。但这个回答是错误的。然而,在这里"πολιτεια"不应当仅仅理解为狭义上的政制,而是整个社会组织。

是为他们而设计的。一个城邦的成员并非在任何方面都是平等的，但他们并非在任何方面都是不平等的。[1] 一切宪法都与对政治权利和利益的公平分配有关。只有与分配有关的每个人自身是完全平等的，平均分配才是正义的。如果他们是不平等的，那么正义的分配就是不平均的分配。因此，为了正确评价一个城邦结构的特征，我们必须知道与城邦事务有关的平等和不平等究竟存在于什么地方。[2]

　　这个主题的最根本和最重要的问题首先是公民的职业和生活方式的问题。[3] 我们在家庭事务中区分了自由人和奴隶，与这个区分类似，公民也分为不从事体力劳动的人和从事体力劳动的人。为别人提供体力劳作的人是奴隶：为城邦提供体力劳作的人是生产者（θης）或手艺人（βάναυσος）。[4] 这个区分的重要性体现在：[5] 这几类人只有在不完善的城邦中才拥有公民权，而在完善的城邦中他们是没有公民权的。因为完善的城邦之目的是全体人的幸福；而幸福只有通过美德才能获得，一个并未拥有真正美德的人绝不可能是以美德为基础和目的的城邦的公民。出身和财产是另外两个需要考虑的重要问题。尽管自由人是平等的，但高贵的出身能够使人们从他们的祖先那里继承更高的能力和地位；另一方面，富有的人要求更多的政治权利，因为他们掌握着国家财产的大部分；此外，有财产的人在所有贸易形式中都比没有财产的人更可靠。当然，亚里士多德并非不加限制地承认这些观点，他认为它们是有道理

229

230

1　参见第 471 页注释 7，以及《政治学》iv.11,1295b25；因为只有在平等的人之中友谊和公民情谊才是可能的。参见 vii.8,1328a35。我们将看到，公民拥有平等的自由，相同的政治权利以及某种程度上相同的社会美德；尽管他们在财产、职业、出身和个人能力上是不平等的。

2　《政治学》iii.9 *init.*：寡头政治和民主政治都建立在权利上，但它们的权利都是不完善的；c.12,1282b16; c.13,1282a26 sqq.。

3　《政治学》iii.5, vii.9.

4　*Ibid.* iii.5,1278a11.

5　*Ibid.* iii.5,1278a15 sqq. vii.9,1328b27 sqq.1329a19 sqq.。我们在后面还会经常遇到这个概念，尤其是在讨论最好的政体时；另外，参见 viii.2,1337b8 sqq. c.4,1338b33, c.5,1339b9, c.6,1340b40,1341a5,1341b14。

的，因为尽管政治权利的分配并不依据任何优越性，只依据政治重要性，但我们并不否认这些重要性是"政治的"优势。[1] 因此，在谈到财产分配时，他拒绝了寡头政治，因为经验观察告诉他只有当城邦完全由商人组成时这种政体才是正当的，[2] 但他并不掩饰财产的分配对于城邦来说是最重要的。富人和穷人都有许多道德上的恶：富人因为自负而变得残暴，而穷人因为不诚实而变得残暴；富人不知道如何服从或统治自由人，而穷人也不知道如何统治或服从自由人；当一个城邦被富人和穷人分裂时，它便丧失了公共生活的内在联系，即公民间的平等、一致和

231

同情。因此，生活得好的中间阶层，作为"中道"是最好的：他们拥有的财富并不过分，同时亦能抵御敌人的攻击；这个阶层最不喜欢追求政治；因此如果社会的重心是这个阶层，那么我们将拥有最有序的和最持久的政治形式。[3] 谁使得政治制度具有稳定性，谁就能获得这个阶层的支持，因为它在富人和穷人这两个冲突的阶层中维持平衡。[4] 然而，更重要的是公民的政治权利。城邦的本质和目的是公民的幸福和道德完善；谁对这个目的的贡献最大，谁就在城邦中拥有最大影响力。一个人最重要的美德是正义和军事能力，因为后者对于保卫城邦而言是必不可少的，前者是任何城邦的基础并且它包含了其他所有美德。[5] 因此，不

232

同的原则以不同的方式分配政治权利。[6] 采用其中一个或者另一个，或

---

1 *Ibid.* iii.12 sq.1282b21–1283a37.

2 《政治学》iii.9,1280a22 sqq.。

3 *Ibid.* iv.11,1295, b,1–1296, a,21；在这里，他进一步指出规模较大的城邦比小型城邦更安定，因为它们的中间阶层数量巨大；民主制比寡头制更稳定，因为中间阶层会生活得很好——倘若他们实行民主制的话；著名的立法者，例如梭伦、Lycurgus、Charondas 都来自中间阶层。

4 《政治学》iv.12,1296a34 sqq.。

5 *Ibid.* iii.9,1281a2 sqq. c.12 sq.1283a19–26,37.

6 亚里士多德在这里列举了国家的特征和地理位置以及外部环境的情况。我们可以从《政治学》vii.6, c.11,1330b17, vi.7,1321a8 sqq. 中看到，亚里士多德对这些因素的政治重要性是非常敏锐的。他指出，近海的国家会有大量航海人口，因此促进了民主制的产生；而雅典的卫城是君主制和寡头制的产物，一个地势平坦的国家适合民主制，有坚固要塞的国家适合贵族制；而在一个育马技术非常成功而又多骑士的国家最容易形成寡头制。同时，他提出了（*ibid*）中和这些结果的方法，并且因为

者几个原则以一种确定的方式联系起来，便产生出一个政体的特征。因此，城邦的一般特征的差异取决于它们的目的之不同和获取目的的手段之不同，[1]而政体形式的差异取决于不同的公民阶层对政治利益的分享和获得政治利益的各种活动。[2]然而，在这里具有决定性的问题是：谁拥有最高权力——即谁是最高统治者？[3]因此，亚里士多德列举了一个阶层与另一个阶层可能的不同关系，以便为比较不同形式的政治体制之价值做准备，并研究它们兴起和持续的条件以及与之对应的城邦结构。

233

4.政体的形式

我们习惯把"政体"仅仅理解为一个城邦的一般统治形式——它的各种政制的总和规定了政治功能的分配情况。[4]亚里士多德对这个词的

234

环境因素不是直接影响政治体制，而是通过被环境决定着的人来间接地影响它，所以，他在当前的研究中略去了对环境因素的解释。

1　《政治学》v. ii.8,1328a35。

2　亚里士多德列举了对一个社会的存在不可缺少的活动形式，以及公民的不同阶层（例如农民、艺术家、士兵、商人、牧师、法官和管理者）之后，对这个问题进行了论证，参见 *ibid. c.9 init.*。类似的，与这个段落有明确的引用关系的，参见 iv.3,1289a27 sqq.。一个城邦是由许多家庭组成的，它拥有大量或少量的或中等数量的人口，有战争时期和和平时期，有农民、商人、手艺人；此外，人的出身和能力是有差异的。在这些阶层中，有些阶层中的一些人、有些阶层中的多数人、有些阶层中的全部人参与了政治活动。亚里士多德在解释政治体制的不同形式时，再次列举了社会中的不同阶层（c.4,1290b21 sqq.）：即农民、艺术家、商人、体力劳动者、士兵，为社会提供财富的富人，治安官、法官和为社会提供管理服务的政府人员。（但是这段文本中 1291a33 中 "$\check{\epsilon}\beta\delta o\mu o\nu$"［第七］和 "$\check{o}\gamma\delta oo\nu$"［第八］这两个词引起了一个麻烦，为了避免这一点，Nickes, *De Arist. Polit. Libr.*110 把它们读作 "$\check{\epsilon}\kappa\tau o\nu$"［第六］和 "$\check{\epsilon}\beta\delta o\mu o\nu$"［第七］，而 Susemihl, *in loco* 和 Conrigh 认为 "$\check{\epsilon}\beta\delta o\mu o\nu$"［第七］之前有一个空白，这个空白应当是第六个社会阶层的名称。）

3　《政治学》iii.6 init.：我们必须追问有多少种政治体制并且它们是什么样的？ Cf. c.7,1279a,25。在民主制国家中，人民是最高统治者；在寡头制中，只有少数人是最高统治者，因此这些差异构成了不同的政治体制。

4　这至少是"政体"的科学的概念；那些明确定义了"政体"的成文文献并未包含这个概念的所有内容，并且它们不局限于此，但通常包含了城邦的基本法律，这一点特别值得注意。

理解远不止如此。他理解的"政体"（Polity）不仅包含所有这些意思，而且还包括社会群体的实质特征，它自身在得到认可的城邦理论和统治精神中得到表达。[1] 因此，亚里士多德比现代学者更加清晰地阐明了一个民族的政治体制和他们的生活整体之间的关系，并且他较少把政治体制作为独立的和适用于所有群体的东西。在这里以及在《政治学》的文本中，他采用的方法的显著特点是：科学地回溯每个事物的真正起源，并就每个事物的本性寻找它的解释原则。但是，不可否认的是，这里对政治体制的处理过于简单，尽管它并没有把自身限制在从精神和公民关系中演绎出文明生活的组织形式，而是把它与对法律细节的讨论结合起来。亚里士多德并未完全避免这种混淆，[2] 尽管从总体上说，他明确地区分了法律的问题和政体的问题。[3]

亚里士多德在研究政体时批评[4]从前的哲学家只满足于描绘一个理想的城邦，或者赞扬斯巴达和历史上的其他政制。亚里士多德致力于对这个主题进行更全面的研究。他认为政治科学不可能仅仅局限于对一个理性城邦的描述。它还必须揭示出在特定的环境下一个城邦能够获得的最好形式是什么；此外，它必须考虑实际存在的政体形式以及产生和维系它们的条件；最后，它必须能够说明什么政体是能够被大多数城邦采用的。[5] 因此，对理想城邦的描述必须得到对实际状况的全面考察的补充。

---

1 从第 477 页注释 1 的内容来看，这是非常明显的（见其他）；参见第 477 页注释 1 和第 477 页注释 2。

2 除了刚才引用的这个段落，参见《政治学》iv.1,1289a13，以及 vii.12, *init.*。在对不同政体形式的讨论中，政体的本质是什么这一问题始终包含了"城邦的最终目的是什么"的问题，对"最好的政体"（参见下文）的讨论更多围绕教育的法律和类似的法律，而不是我们理解的、关于政治体制的问题。

3 参见第 478 页注释 2，以及《政治学》ii.6,1265a1；《尼各马可伦理学》x.10,1181b12：因为他的前辈们并没有研究立法的问题，他自己将处理这个问题以及关于城邦的问题；参见 1181b21。

4 《政治学》iv.1,1288b33 sqq.。然而，这个针对柏拉图的批评并不公允，因为柏拉图在《法律》中探讨了比理想城邦低等级的城邦，而且《理想国》也描述了不完善的政体形式。然而，这些研究都不能满足亚里士多德的要求。

5 《政治学》iv.1。亚里士多德在讨论政治学的问题之前提出了四个问题：（1）什么样的城邦是最好的，它的本性是什么，如果没有外部的阻碍，最符合我们思考的答亚里士多德并没有否认理想城邦，但他希望同时研究所有可能的城邦形式，以及产生它们的自然条件、它们制定的法律和维持它们运转的政制。他以一个科学家的敏锐视角观察了不同的城邦，他对大的和小的、正常的和非正常的城邦一视同仁，他以一个政治家的实践态度对实际状况做出公正评价，并根据不同条件调整理想城邦的内容。[1] 此外，他以哲学家的精神研究政体的内在本原，将过去的和单独的事实抽象为普遍概念，并在研究现存事实时始终参考理想模型。正是这种对不同方面的混合以及罕见的统一性使得亚里士多德的政治哲学自成一家、与众不同。

237

在上述讨论中出现了两个观点，我们可以通过它们区分并评价政体的不同形式——即被认可的统治目的，以及政治权力的分配。就统治目的而言，有些城邦把公共利益作为最高目的，有些城邦把统治者的利益作为最高目的。[2] 另一方面，就政治权力的分配而言，亚里士多德首先

案是什么？（2）除了绝对好的城邦之外，我们还要讨论底线程度上的好城邦，类似的（3）还要讨论在假设的好城邦和（4）适用于大多数城邦的善的城邦（参见 c.11 init.）。在这四个问题中，第三个问题经常以奇怪的方式被误解，例如巴泰尔米·圣伊莱尔（Barthelemy ST-HILAIRE）以及格特林（Goettling *in loco*）的观点。然而，亚里士多德认为（1288b28）他自己的意思是非常明确的（参见 iv.11,1296b9；另外参见 v.11,1314a38）。根据这里的描述，$\pi o \lambda \iota \tau \epsilon i \alpha \ \dot{\epsilon} \xi \ \dot{\upsilon} \pi o \theta \acute{\epsilon} \sigma \epsilon \omega \varsigma$（出于假设的城邦）与 $\dot{\eta} \ \delta o \theta \epsilon \tilde{\iota} \sigma \alpha \ \pi o \lambda \iota \tau \epsilon i \alpha$（给定的城邦）是等同的。在这里"$\dot{\upsilon} \pi \acute{o} \theta \epsilon \sigma \iota \varsigma$"指的是某个给定的情况和特殊的、真实的处境，因此它的意思与第 485 页注释 3 的意思相同，而在 *Ph.d.Gr.*i.1015 中，这个词与"$\theta \acute{\epsilon} \sigma \iota \varsigma$"（处境）相区别。上面这个段落与柏拉图的《法律》v.739A sqq. 的内容相似。然而，相似之处较少；因为（1）柏拉图只描绘了三种城邦而不是四种；（2）他对第三种城邦的描述没有任何细节（第一种城邦在《理想国》中得到描述，第二种在《法律》中得到描述），但他几乎没有考虑那些实际存在的城邦；（3）即使《法律》中描述的第二种城邦也不符合亚里士多德所说的底线程度上的好城邦，因为柏拉图在这篇对话中并没有指出最好的城邦可以从现存的环境中发展而来，如在《理想国》中一样，他简略地描绘了理想城邦的概貌，这里的描述与《理想国》的差异只在于更接近现实罢了。《法律》中的城邦也不等同于亚里士多德假设的好城邦；Grote 的做法是不正确的（参见 *Plato*，iii.357 sqq.），因为他错误地把"$\dot{\upsilon} \pi \acute{o} \theta \epsilon \sigma \iota \varsigma$"的意思理解为"假设的原则"。

1　参见亚里士多德对他的前辈们的批评，《政治学》1288b35。
2　《政治学》iii.6,1278a30 sqq.：在家政事务中，对奴隶的管理首先是为了保障主人的利益，其次才是保障奴隶作为服务主人之手段的利益，另一方面，对家庭的管理首先是为了被管理者的利益，其次才是为了管理者的利益——因为他也是家庭的成员，因此我们在城邦中必须首先区分这两种不同的管理模式。

保留了数字上的区分，即根据统治者的人数是单个、多个还是全民来划分城邦的类型。他把这两个原则结合起来，从而列举了六种形式的政体，其中三种是好的，另外三种是坏的——它们是不正义的或独裁的，

238　因为这些城邦的目的不是公共的善，而是统治者的利益。[1] 倘若城邦的统治目的是公共的善，并且它的统治者是单个，那么这个城邦就是君主制的；如果它的统治者是少数几个，那么这个城邦是贵族制的；如果它的统治者是全体公民，那么它是共和制（polity）的；倘若城邦的统治目的是统治者的利益，那么君主制就堕落为专制暴政，贵族制堕落为寡头

239　制，而共和制堕落为民主制。[2] 然而，这个分类原则并非一以贯之；因为尽管根据以上描述，贵族制和共和制的差别仅在于统治者的数量，但我们在别的段落中发现这一差别本身取决于群体的特征。因此，当一个家族在一个群体中具有绝对的统治权，那么这个群体自然由一个人来统

1　《政治学》iii.6 *fin.*; iii.17 *init.*。

2　《政治学》iii.7, iv.2, 1289a26, 1289b9；《尼各马可伦理学》viii.12。亚里士多德在这里的论述指的是柏拉图的《政治家》（参见 Zeller, *Ph.d.Gr.*i. p.784），亚里士多德自己在《政治学》iv.2, 1289b5 中提醒我们注意这一点，但同时他们在一个地方有所不同。《伦理学》和《政治学》之间确实存在差异，在《政治学》中，三种真正的政体中的第三种被称为"共和制"（polity），但是在《伦理学》中它被称为 $\tau\rho\acute{\iota}\tau\eta\ \delta'$ $\mathring{\eta}\ \mathring{\alpha}\pi\grave{o}\ \tau\iota\mu\eta\mu\acute{\alpha}\tau\omega\nu$（出自荣誉的第三种政体）。然而，这种差异不足以使我们认为亚里士多德的政治学观点前后有改变，或者因为它的出现而认为《伦理学》比《政治学》的写作时间早得多。事实上，《政治学》也把共和制描述为荣誉政体（参见 *Ph.d.Gr.*i. p.745 sq.），因此，这个差异最终得到如下解释：在《伦理学》中，亚里士多德因为某种原因称它为荣誉政体，而在《政治学》中他用一个常用的术语"$\pi o\lambda\iota\tau\epsilon\acute{\iota}\alpha$"来界定它，因为他现在有足够的空间解释它的准确含义。*Isocr. Panath.*131 的内容似乎指的是刚才《伦理学》中的那个段落（Oncken, *Staatsl. d. Arist.* ii.160），并且它得出结论说《尼各马可伦理学》的写作时间不可能晚于公元前 342—339 年（Henkel, *Stud. zuer Gesch. d. griech. Lehre vom Staat*, 46; Oncken 采用了另一个观点）。但更有可能的是，这个段落指涉的是柏拉图，因为他在《政治家》（302 D sq.）中列举了合法的民主制，在《理想国》（viii.545 B, C）中讨论了特殊的荣誉政体；因为伊索克拉底并没有说他批评的作者把这两人等同起来（正如亚里士多德做的那样）。然而，如果我们在这里发现了柏拉图的追随者，即亚里士多德，那么这个修辞学家很可能指的只是柏拉图的一篇对话（例如在《政治学》iii.6 中提到的；参见第 88 页注释 1）。《尼各马可伦理学》的写作年代不可能像 Henkel 认为的那样早，我们已经证明过这一点，参见 i.p.154 以下。

治；当自由公民组成的群体满足于由一些合适的人来统治的时候，这个群体采用的是贵族制；当一个军事群体根据价值标准为有产阶层分配城邦的管理事务并知晓如何发布和服从命令，这个群体采用的是共和制。[1]此外，亚里士多德批评了那些以统治者人数的多寡来区分民主制和寡头制的人——他们认为前者是全部人作为统治者而后者是少数人作为统治者。亚里士多德指出，这种数量上的区别仅仅是偶然的和次要的：这两种政体的本质差异在于一个是由富裕阶层制定法律，而另一个是由贫困阶层制定法律。[2]类似的，在这两种政体之间的共和制是由占大多数的中间阶层来统治的。[3]此外，他发现了民主制特有的自由和平等的特征，　240因为所有自由人享有平等的政治权利；亚里士多德把这个原则与其他两个原则相结合，并指出在民主制中统治者是占多数的穷人和自由人，在寡头制中统治者是占少数的富人和贵族；[4]在一个人人平等的城邦中，来自多数人的选票决定了统治权力必然在多数人的手中——而穷人总是占多数。[5]根据同样的理由，亚里士多德认为美德、财富和自由是不同政体各自的特征：美德是贵族制的特征，财富是寡头制的特征，而自由是民主制的特征。[6]他在一个段落中[7]列举了四种政体：民主制、寡头制、　241贵族制和君主制。他指出在民主制中统治权是根据人数分配的，在寡头制中是根据财富分配的，在贵族制中是根据教育分配的。[8]如果单个人的统治是建立在法律和秩序之上的，那么这种政体就是君主制；否则就

1　《政治学》iii.17,1288a1。

2　《政治学》iii.8, cf. c.7 *fin.* iv.11,12,1296a1,1296b24 sqq.。

3　*Ibid.* iv.12,1296b38.

4　*Ibid.* iv.4,1290b1; *Ibid.*1291b34.

5　*Ibid.* vi.2 *init.*。因此，所有公民的平等是它的基础，从这里可以推论出由大多数人统治的政体以及由穷人统治的政体。

6　《政治学》iv.8,1294a10,19; Cf. iii.12,1283a16 sqq.（参见上文 p.229）；v.9,1310a2；《修辞学》i.8,1366a4。

7　参见《修辞学》i.8,1365b29。

8　*παιδεία ὑπὸ τοῦ νόμου κειμένη*（法律规定的教育），我们不应当把这个短语理解为一种理智传统的教育，即根据法律、道德、政治权力和与之匹配的现存政制而进行的教育，因为那些遵从习俗的人是贵族制中的统治者（*Ibid.*1.35）。

是专制暴政。这些论述之间并不完全相容；但这里出现了更大的困难：在论述的进一步发展中，他极大地偏离了此前对于不同政体的研究所得出的自然分类。因此，我们应当期待的是从第三卷第 14 章往后亚里士多德首先讨论三种好的城邦，然后讨论三种坏的城邦。相反，亚里士多德在第三卷第 9 至 13 章的介绍性内容完毕之后，讨论了君主制（第三卷第 14 至 17 章），然后研究了城邦的最好形式（第三卷第 18 章）——但他只涉及了这个问题的一部分（即第七卷和第八卷），因此这两卷应当紧接第三卷；接下来，他在第四卷（第 2 章）中转向了对其他政体形式的研究，他指出，在之前提出的六种政体中，君主制和贵族制已得到解释，因为它们属于城邦的最好形式，因此剩下的是共和制、寡头制、民主制和暴君专制；此后，他首先研究了(第 4 章 1291b14 至第 6 章末尾)民主制和寡头制的不同形式；然后指出（第 8 章以下）共和制是这两种政体的恰当混合，并研究了一些类似的政体（第 7 章）；最后，他讨论了暴君专制（第 10 章）。这里的研究从根本上偏离了之前的研究，以致于不能用《政治学》本身的不完整性来解释，但这种偏离也是必要的——它无法被解释掉。[1] 我们不得不承认，正如亚里士多德在解释民主制和寡头制的显著特征时结合了几种不同的观点，但未能将这些观点完全调和起来，他在处理共和制的时候也不能摆脱在这些观点之间来回摇摆。一方面，他认为共和制属于城邦的好的形式，因为它建立在公民的美德上并以公共的善为目的。另一方面，他又不能把它与君主制和贵族制放

---

1 例如 Fechner（*üb. d. Gerechtigkeitsbegriff d. Arit.* p.71 sq. n., cf. p.92,1）认为《尼各马可伦理学》第八卷第 12 章和《政治学》第四卷中的共和制（polity）与《政治学》第七卷中阐述的作为理想城邦的"真正的共和制"是不同的。且不论亚里士多德不可能用一个名字来描述两种政体而不加任何限制，而且他在接下来的讨论中完全忽视了第三卷中提及的"真正的共和制"，我们可以指出：(1) 第七卷和第八卷描述的完善的城邦绝不是指共和制（更不用说 iii.7,1279a39, vii.14,1332a34 中描述的了），而是指贵族制或 ἀρίστη πολιτεία（最好的政体）（例如 iv.7,1293b1, c.2,1289a31），并且共和制只是三种真正的政体中的一种；(2) 在《政治学》iv.2 *init.* c.8 *init.* 这些段落中，我们显然不能区分出第四卷中描述的共和制与《尼各马可伦理学》中的共和制，以及之前在讨论真正的政体中提及的共和制。

在同一个层次上，[1]因为它是由大多数人统治的，而多数人永远不可能达　　243
到一个人或少数人能够达到的美德和理性的高度。共和制的唯一优势是
军事，因此它的统治者自然是那些能够拥有武器的人群。[2]因此，这种
城邦的美德是不完善的。公民之间的自然对抗并没有消除，全面的、统
一的教育和平等职业带来的相同自由没能消除这种对抗，正如贵族制那
般。因此，这里的问题必然是设计出一种能够平衡对抗势力的政制，避
免像民主制和寡头制那样的过度，在亚里士多德看来，中间阶层占主导
地位是共和制的主要优势。虽然我们能够以这种方式解释共和制在他的
理论中占据的地位，但其地位的模糊性仍旧是亚里士多德政治学理论一
个永久的缺憾。产生这种模糊性最根本的错误在于他从一开始就把政体　　244
简单地区分为好的和坏的。在共和制与不完善的类贵族制之间勉强存在
第三种形式——它没有一个明确的地位，除非我们放弃这种区分，并在
好与坏的质的对立上补充完善程度的量的差异。[3]

接下来，我们要分别研究不同形式的政体，但我们必须先回顾之前
的讨论——即对于任何一个政体，这里的问题都是对权利和特权的分
配，我们根据分配正义的原则来决定如何进行分配。这一原则要求平等
的人获得相等部分；相反，不平等的人根据他们的差别比例获得不相等
的部分。[4]然而，这并不是说任何一种优越性都是政治特权，只有那些

1　参见《尼各马可伦理学》viii.12,1160a35；这里的荣誉政体等于 $\pi o \lambda \iota \tau \varepsilon i \alpha$（共和制），
参见第 480 页注释 2。参见 1160b16：民主制主要与荣誉政体关系密切，在这两种
政体中占统治地位的大多数公民拥有平等权利，公民的统治权几乎是从平等权利中
衍生来的。

2　《政治学》iii.7,1279a39。根据这个段落和第 17 章的论述（参见第 481 页注释 1），
我们应当将 a37（这个观点与 Spengel 的不同，*Abh. d. Münchn. Akad. philos.-philol.
Kl.v.*23）读作 $\tau o \ \pi o \lambda \varepsilon \mu \iota \kappa o \nu \ \pi \lambda \tilde{\eta} \theta o \varsigma$（许多战士），而不是 $\tau o \ \pi \lambda \tilde{\eta} \theta o \varsigma$（许多人）。

3　亚里士多德有时为共和制的地位辩护，例如《政治学》*iv.8 init.*。但这仅仅证实
了上面的说法。因为，如果共和制既不是最好的，也不是最坏的政体，那么，政
体显然不能仅仅被划分为好的和坏的；把共和制和最好的城邦区分开来的是程度的
欠缺，因此同一个政体与最好政体相比较就是有缺陷的，而与别的政体相比较它
却是真实的。亚里士多德甚至承认其他政体在相对的意义上是好的；参见，例如
v.9,1309b18–35。

4　参见上文 p.228 以下。

与公民的本质属性密切相关的优越性，例如自由、财富、美德，才是过
一种完善的和满足的社会生活所必需的。[1] 然而，这些优势中的任何一
种都不足以使人们获得城邦的统治权。那些在某个方面与他人平等的人
要求与他人在所有方面平等，以及那些在某些方面优越于他人的人要求
在所有方面都获得优待，他们的要求都是无理的。[2] 因此，这里的问题
是确定这些性质的相对价值，以便根据它们来规定相应的政治权利，并
以此评估不同阶层对于统治权的诉求的价值，因为这些诉求表达在不同
的政体中。[3] 我们已经看到，[4] 亚里士多德认为这些性质中最崇高的一种
是美德，它在完善的城邦中是唯一重要的；尽管他并没有否认其他性质
的重要性。但是除了个人的品格之外，我们还需要考虑他们在数量上的
比例。一个人或少数人在美德、理智和财产上都优越于剩下的人，这并
不代表他们必然优越于所有人。大多数人中的每一个或许都比不上某些
极少数的人，但他们作为整体或许更优越，因为每个人都与他人互补，
因此他们加起来能够获得更高的完善性。在这种情况下，个体对城邦
的贡献是微弱的，但是每个人的贡献加起来就比在其他情况中大得多。[5]
如果并非对于每个人来说都是如此，那么它至少对于有些人来说是真
的。[6] 因此，我们虽然不能相信个别的人具有多数城邦事务要求的特别
品质，但这些人作为整体构成了公共组织和法庭，他们制定法律、选举
官员并执行管辖，[7] 如果一个城邦把它的大部分公民完全排除在政治管理

---

1 《政治学》iii.12,1282b21–1283a23；参见上文 p.229。

2 *Ibid.* iii.9,1280a22, c.13,1283a26, v.1,1301a25 sqq.1301b35.

3 亚里士多德自己并没有这样准确地描述这个问题，但是以上陈述与他在
iii.13,1283a29–1283b9 中关于 ἀμφισβήτησις（争论）和 κρίσις τίνας ἄρχειν δεῖ（有
必要开启某种判断）的论述是对应的。

4 参见上文 p.230。

5 亚里士多德经常回到这个敏锐的评论上，它对于民主制的评价是非常重要的；参
见 iii.11 *init.*; c.13,1283a40;1283b33。

6 《政治学》iii.11,1282b15。

7 关于 εὐθύνη（公共监督），参见 c.11,1281b33,1282a26。

之外，那么它就面临着把它的大部分公民变成敌人这一最可怕的危险。[1]
这里有一个反驳：这是无能的人统治有能力的人，即把最重要的功能
（城邦的最高权威）放在那些还算不上是次等重要的人手中（即个别的
机构）。亚里士多德对这个反驳的处理是在上述解释[2]中加入一个相关的
观察：使用者对许多事物的判断和制造这些事物的人的判断一样好甚至
更好，[3]换言之，尽管公民可能不理解城邦和政府运作的细节，但他们或
许非常了解一个政府是否保障了他们的利益。因此，个人能力的弱小可
以被人群在数量上的优势所抵消甚至增强；反之亦如此，个人能力的强
大可以被数量上的劣势所抵消甚至削弱。如果一个城邦的人数太少，那
么能力强的人也无法获得统治权，因为数量过少的人或许无法形成一个
城邦。[4]任何政体得以保存的第一条件是：它的支持者要优越于它的反
对者。但这并不仅仅是质量的问题，还是数量的问题。只有同时考虑这
两个方面，我们才能恰当评估政治力量的平衡。较强的一派比另一派在
这两个方面都具有优势，或者在其中一个方面具有绝对的优势，以致于
另一方面的缺陷可以忽略不计。[5]个人或阶层的影响力将与他们各自对
城邦的稳定和城邦之目的的获得所做出的贡献成正比。然而，城邦的目
的必须是整体的善，而不是任何特殊阶层的利益。[6]这个目的更容易在
法治下获得，而非在人治下获得——因为人总是恒常地处于各种软弱和
激情之中，所以亚里士多德不赞同柏拉图的观点，[7]他指出好的法律总是
有弹性的，只有在法律没有规定的地方，法官才能运用自己的自由意志
做出判断，因为法律必然是普遍的因而不可能覆盖可能发生的全部事

247

248

---

1 《政治学》c.11,1281b21 sqq.,34。

2 参见《政治学》c.11,1282a14,34。

3 *Ibid*.1282a17.

4 *Ibid*. iii.13,1283b9.

5 *Ibid*. iv.12,1296b15.

6 *Ibid*. iii.13,1283b36：立法者应当保障优秀的人的利益，还是应当保障大多数人的
利益？因此一切不以普遍利益为目的的政体都绝对是坏的。

7 参见 Zeller, *Ph.d.Gr.i.* p.762 sq.。

249 件。或许，有人反对说法律本身可能是不完善的，亚里士多德承认这一点；法律可能是好的或坏的，正义的或不正义的，因此政体也有好坏之分，而法律在任何地方都是与现行政体相应的。然而，他得出的结论不是判决是由人而非法律决定的，而是政体应当是好的。[1] 因此，所有这些考虑的最终结果是对建立在法律基础上的秩序的要求，它的目的是整体的善，而影响力和特权应当根据个人或阶层对整体生活的重要程度来分配。

我们接下来要考虑的情况是：一个人或极少数的人拥有异常卓越的
250 能力，以致于超出其他人的能力和政治重要性的总和。那么，把这样的人与其他人同等对待是否是正义的呢？因为他们在任何一个方面都如此优异。让狮子与兔子结盟不是一件非常荒唐的事么？如果一个城邦不愿遭受政治上的不平等，那么它需要做的不过是把那些超越于一般大众的能人排除出去。在这个意义上，"贝壳流放法"这种政体不是没有任何道理：有时候，它或许对于民主制的安全来说是必要的。然而，就其自身而言，它完全是不正义的，并且，它实际上因政党私利而被滥用。真正的解决方式是不仅把那些优异的人当作城邦的一员，更要当作统治者，他们不在法律之下，他们自身就是法律。他们在人中间就像神一样——你不能统治他们，或者像分割朱庇特的权力一样来分割他们的权力。人们对于他们的态度只有一种——即自愿的服从。他们是天生的君
251 主；[2] 只有他们才是真正意义上的君主！[3] 亚里士多德认为这种君主制是

---

1 《政治学》iii.10：统治权究竟应当在谁的手中？在大多数人的手中，在富人的手中，在好人的手中，在优异的公民的手中，还是在暴君的手中？亚里士多德考察了所有这些不同的观点，并排除了第三和第四种观点之后，因为这样一来大部分的公民就被排除在政治权利之外，参见 1281a34。亚里士多德的结论，参见 1282b1。但是法律的特征取决于政体的特征（广义的 πολιτεία 在 232 页以下有解释）。关于法律的至高无上，参见下文 p.252。

2 《政治学》iii.13,1284a3。接着以上的讨论，参见 1284b25。类似的观点，参见 c.17,1288a15 sqq.。

3 《政治学》iii.17,1281b41 sqq.。

所有政体中最好的，[1] 他相信在这种制度下公民的利益最有保障；因为这种严格意义上的君主拥有一切美德和凡人缺少的优异才能；这样的人不会为了自己的利益而牺牲臣民的利益，他就像神一样因为自身的富足而慷慨地给予别人好处。[2] 然而，从总体上说，亚里士多德并不是君主制的颂扬者。他列举了君主制的不同种类，[3] 并认为它们由两种基本形式演变而来——即军事命令和不负责任的专制。然而，前者适用于绝大多数形式的政体，因此它不可能是其中任何一种政体的基本特征。在目前的研究中，一个君主制政体意味着一个不负责任的君主制。[4] 但是，亚里士多德指出这种政体遭到许多反驳。他并不否认在某些情况下君主制可能是自然而然的和合理的。不能自我管理的人必然需要一个统治者，这时，君主制是正义的和有益的。[5] 然而，由自由人组成的公民，他们彼此的关系是绝对平等的，此时，单个人的统治就是违背自然法的，因为自然法要求平等的人拥有相同的权力；在这样的城邦中，唯一正义的统治形式是权力的转移；这个城邦应当由法律来统治，而不是由一个君主

1　《尼各马可伦理学》viii.12,1160a35。

2　*Ibid.*1160b2。参见第 486 页注释 2。

3　亚里士多德在 περὶ βασιλείας（《论君主》）这一部分中插入了第三卷第 14 至 17 章的内容，这些内容与之前的讨论密切相关，我们需要提及。除了真正的君主制之外，他列举了五种君主制：(1) 英雄时代的君主制；(2) 蛮族的君主制；(3) Aesymnetae 的统治或者选择继承人的统治形式；(4) 斯巴达人的君主制；(5) 绝对的君主制（c.16,1287a8）。亚里士多德指出（c.14,1285b3 sqq.,20 sqq.,1285a7,14），第一种是法庭、教会和军事组织的混合；类似的，斯巴达人的军事首领是世袭的。蛮族的君主也具有世袭的统治权（他们对奴隶的统治是残暴的，对自由人的统治是政治迫害；参见《政治学》iii.4,1277a33,1277b7, c.6,1278b32,1279a8），但人们自愿受他的统治，并且这种统治受到传统方式的限制（iii.14,1285a16,1285b23）。选举的君主制是终身独裁制，或者在某个时期或为了特定目标而统治（关于 αἱρετὴ τυραννίς [选举的君主制]，参见 *ibid.*1285a29 sqq.1285b25）。一个人统治所有人实际上是一种不负责任的君主制；它是一种放大了的家长制（*ibid.*1285b29 sqq.）。

4　《政治学》iii.15,1286b33–1287a7, c.16 *init.*。

5　参见《政治学》iii.17 *init.*（对君主制的反驳之后）。c.14,1285a19：君主的权利在有些蛮族中是无限制的，形成了暴君制。然而，它却是合法的（根据他们的法律和继承权）。参见第 481 页注释 1。

的意志来统治。[1] 此外，如果有人说由最优秀的人管理的政府比由法律管理的政府要好，因为后者仅仅是普遍的规则不涵盖特殊情况，那么我

253　们必须提醒他注意，个体的人首先必须被普遍的原理引导，并且这些原理在执行时最好保持其纯粹性，不应当被歪曲了的影响力所蒙蔽。法律不受这些影响，但任何人的灵魂都不可避免地受到激情的歪曲和影响；法律是不带有欲望的理性。法律统治的城邦好像神统治的城邦，而个人统治的城邦就像野兽统治的城邦。[2] 这个优势或许能够被抵消——因为法律无法考虑特殊的情况而一个法官却能处理它，但这并不具有决定性。的确，我们应当看到一个政体必须允许修订和改善法律[3]——即法律没有覆盖的那些特殊情况必须交由权威的法官和管理者来判断，法律

254　的条款应当由一些固定的、受过特殊教育的人来制定，人们信任这些人在立法上的职能；但这绝不意味着城邦的最高权威是任何个人。相反，不可否认的是，众多的人比单个的人更优越，个人容易被激情愚弄，被欲望腐蚀，甚至高高在上的君王也无法离开仆人和助手的帮助，因此，将权力分散到全体公民的手中并让他们使用才是明智的做法，而不是将权力集中在一个人的手中[4]——倘若拥有权力的公民是自由的和有能力

1　*Ibid.* iii.16,1287a8 sqq. cf. c.17,1288a12, c.15,1286a36.

2　*Ibid.* iii.15,1286a7–20; c.16,1287a28; cf. p.248 sq. vi.4,1318b39.《尼各马可伦理学》v.10,1134a35。

3　亚里士多德在 ii.8,1268b31 sqq. 中谈到了这个问题。他说无论是成文法还是不成文法都不会一成不变。统治术像其他艺术和科学一样逐渐完善。从最早期的居民那里我们能够获得的洞见是很少的，无论他们是原住民，还是更古老居民的后裔；因此，完全依赖先前的判例是荒谬的；另一方面，成文法无法涵盖所有特殊情况。然而，在修订法律的过程中需要极高的智慧；法律的权威完全建立在使用和习惯上，如无必要，不能侵犯；人们应当容忍轻微的非正常情况，而不应当损坏法律的权威；政府、传统和公民可以调整立法。

4　《政治学》c.15,1286a20–1286b1, c.16,1287a20–1287b35；参见第 484 页注释 6；《修辞学》i.1,1354a31：案件应当尽可能地由法律来解决，并远离一般人的评价；因为（1）真正的理性洞见更可能存在于制定法律的个人和少数人之中，而不是在那些使用它的大多数人之中；（2）法律是成熟的思考，是对当下情况的决断；（3）最重要的是：立法者为未来制定了普遍的原则，法庭和议会对一个特殊的例子进行判决，在判决中喜好、厌恶和个人的利益经常扮演着一定的角色。因此，在条件允许的时候，我们必须把这些问题留给事实——过去的和将来的事实。

的。[1] 此外，我们不能忽视下述事实：习俗和传统比成文法更有影响力，因此由它们统治的社会至少比由一个人统治的社会更好，即便我们否认由成文法统治的社会比由一个人统治的社会更好。[2] 最后（这个论证对于亚里士多德来说很重要），任何君王都希望他的统治权能够在家族内继承；在这种情况下，有什么能够保证统治权不会传递给最无能的人以致于造成城邦的毁灭？[3] 因此，亚里士多德认为由许多公民统治的城邦 255 比由一个人统治的城邦更好；换言之，他偏好"贵族制"而不是"君主制"。[4] 我们已经看到，只有在两种情况下他才认为君主制是合理的：即一群人十分低能以致于他们无法自我统治，或者一个人比其他人优异得多，以致于这些人不得不尊他为王。对于前一种情况，亚里士多德在现实经验中找到许多例子；例如，他根据这个原则来解释亚洲的专制。对于后一种情况，无论是在他自己的时代还是在整个民族的历史中都找不到哪怕比较接近的一个例子，除了他自己的学生亚历山大。[5] 当亚里士多德描述一个能力超群的、天生的王者，他的头脑中想到的正是亚历山大。[6] 相反，我们设想他把真正的王者之理念（如果他在马其顿的时期就有这个想法[7]）作为无限权力实现有益目的的手段，并且这位统治者不 256 会为自身利益谋划任何好处，真正的王者是因为他在道德上的绝对的伟大。然而，这些描述是令人困惑的。亚里士多德自己评价说历史和现实

1　《政治学》1286a35。我们讨论的是善的人和公民。这里有一个反驳：在数目众多的人群中会出现宗派斗争，回答是：ὅτι σπουδαῖοι τὴν ψυχὴν ὥσπερ κἀκεῖνος ὁ εἷς（在灵魂上善良的人，就像是那一个人）。

2　《政治学》c.16,1287b5。

3　*Ibid.* c.15,1286b22.

4　*Ibid.* c.15,1286b3。因此，原先的君主制变成了共和制，因为有能力的公民变得越来越多。

5　在这里，伯里克利（Pericles）或者也被提到了；然而，他不是一个君王，而是一个公众的领导者；《政治学》ii.12,1274, a,5 sqq. 把他仅仅描述为一个蛊惑民心的政客。

6　参见 Oncken, *Staatsl. d. Arist.* ii.268 sq.。

7　他为亚历山大写了一篇文章 περὶ βασιλείας（《论君主》）；参见第 35 页注释 1。

中没有一个人像真正的王者那样比其他所有人都优秀。[1] 此外，在整个《政治学》中，他接受了希腊民族及其政治生活的许多预设，他的君主制理论考虑的不太可能是马其顿王室[2]——亚里士多德在其他地方追溯了这个国家以及其他国家君主制起源的历史背景。[3] 我们最好根据纯粹的科学原则来解释亚里士多德的观点。在许多可能的情况中，美德都是政治生活的基础，亚里士多德考察这位王子拥有的基本美德，他在精神上卓尔不群的美德将传递到社群之中。从他自己的陈述中，我们不难发现关于人的软弱本性和绝对君主制弊端的描述，这样的君主制不可能在现实中出现；即便最伟大和最有能力的人也不是神，没有任何君王的个人成就能与自由人构成的协作组织相匹敌，也没有任何君王能够要求对自由人无限制的统治。然而，尽管亚里士多德通常对错误的理想主义怀有敌意，并且他在《政治学》中清楚地意识到现实状况，毫无疑问，他仍旧未能完全摆脱对理想主义的偏好。他承认一个人天生地具有卓尔不群的品质是非常罕见的；但他认为这并非完全不可能，因此他觉得在其理论发展中不能忽视这一点。[4]

亚里士多德讨论了划分城邦的原则之后，继而研究各个不同的形式，他从对最好城邦的研究开始，然后研究不完善的城邦。但他对"最

1　《政治学》v.10,1313a3。这段文本指的不是从前的君主制城邦中的王子有着理想的王者的品格，而是为当今城邦介绍君主制——这些城邦有着不同于君主制的政体；然而，"μηδένα...ἀρχῆς"说的是亚里士多德在描述真正的君主时想的并不是当时的例子。如果他指的是历史中的例子，那么他应当会在神话时代寻找这样的例子——或许是忒修斯——因为他在 iii.15,1286a8 中假设君主制是最古老的政体，或许因为只有在古代，极少数的人比起一般人来说是非常优秀的。

2　《政治学》v.10,1310b39；亚里士多德在这里指出，马其顿、斯巴达和摩洛哥的国王都是他们城邦的建立者。

3　即便 vii.7 的这个段落的意思是：希腊民族现在在政治上统一了（但严格来说，从腓力到亚历山大治下，它也没能获得统一），他们有能力统治世界，而不仅仅是说"如果能够实现政治上的统一，他们就能统治世界"。这个段落并不能证明亚里士多德持有下述观点（Oncken 有这样的观点，参见 *Staatsl. d. Arist.* i.21）：马其顿治下的国家统一实现了他的民族命运。参见 Susemihl, *Jahrb. f. Philol.* ciii.134 sq. Henkel, *Studien,&c.*, p.97。

4　Susemihl, *Jahresber, über class. Alterthumsn.*, 1875, p.377, 持有这个观点。

好的城邦"的描述是不完备的，我们已经注意到这一点。因此，我们只
能满足于那些摆在我们面前的部分。

258

5.最好城邦 [1]

　　一个完美的城邦首先需要一定的自然条件；正如每一项技艺都需要
一种适合的材料来加工，政治科学也是如此。群体和个人获得完全的幸
福都需要外在条件。[2] 首先，城邦的规模不能太大也不能太小：如果城
邦太小，它就会失去独立性；如果太大，它就缺少统一性。恰当的比例
在于公民数量应当一方面能够满足所有需求，另一面保持在个体成员彼
此足够亲近并与政府相熟悉的范围内。[3] 此外，在亚里士多德看来，一
个卓有成效的国家能够提供生活的一切必需品，但又不会导致奢侈浪

1　人们常常认为亚里士多德并不打算描绘一个理想的城邦（参见 Hildenbrand, *ibid.*
　p.427 sqq. Henkel, *ibid.*74）；然而，我们逐渐认识到，他自己的陈述无疑表明了
　他对理想城邦的描述。参见，例如 iii.18 *fin.* vii.1 *init.* c.2,1324a18,23, c.4 *init.*
　c.9,1328b33, c.13 *init.* c.15 *init.* iv.2,1289a30。《政治学》第七卷和第八卷讨论的
　主题在以上这些段落中被描述为"最好的城邦"或 πόλις μέλλουσα κατ᾽ εὐχὴν
　συνεστάναι（设定的理想化的城邦），亚里士多德明确指出在描述这样的城邦时，
　必须做出许多预设，但这些预设不应当超出可能的范围。然而，这也正是柏拉图为
　他的理想城邦设定的条件（《理想国》473C,499C-D,502C；参见 Zeller, *Ph.d.Gr.*i.
　p.776），他们两人在这个问题上的差别是微乎其微的，尽管柏拉图宣称"我所说的
　不全是愿望，它尽管非常困难，但是可能的"（《理想国》540D），亚里士多德说的
　似乎是相同的话（vii.4,1325b38，以及 ii.6,1265a17）：建构一个理想城邦时，我们可
　以假设我们希望的（形式），但应当避免那些不可能性。他明确指出，柏拉图的蓝
　图最特殊的地方是：它是不合适的和无法实践的；此外，他不像柏拉图那样否定了
　理想城邦应当允许别的形态，且不认为只有哲学家能够管理城邦；他认为政治科学
　应当研究现实中不完美的情况，以及现实环境确保的最好形态是什么；但同时他也
　像柏拉图一样并不怀疑政治学应当描绘一个理想的完美城邦。

2　《政治学》vii.4 *init.*。

3　*Ibid.*1326b5 sqq.。同时，他坚持认为城邦规模的一般标准是它容纳居民的能力，
　而不是数量，即最优秀的是那些能够最好地满足城邦特殊目的的人，因此我们考
　虑的不仅仅是人口或居民的数量，而是合格公民的数量。参见《尼各马可伦理学》
　ix.10,1170b31；我们不应当过低地估计合格公民的数量，倘若我们考虑希腊城邦的情
　况，即这些城邦中的所有公民都直接参与了政治活动（参见《政治学》*ibid.*1326b6）。

费，它易于防守又适合进行各种贸易。在最后这个方面，他不同意柏拉图的观点，[1]他为海洋国家辩护，同时指出如何避免海洋国家的不便之处。[2]然而，更重要的是人们的自然品性。只有人们的激情和理智相互补充，一个健康的社群才能存在。亚里士多德与柏拉图一样认为这种情况只出现在希腊人中。北方的蛮族有着粗野的激情，因此他们可能获得自由，但无法产生政治文明；亚洲人拥有技艺和天赋，但他们是软弱的，注定成为奴隶。[3]只有希腊人能够从事政治活动，因为只有他们被赋予了道德感，这种适度的道德感使他们在任何方面都能避免过度与不及。亚里士多德发现一切文明和道德生活的条件——即一种真正的希腊精神——仅存在于他的民族当中。就当时世界的理性状况而言，亚里士多德的观点是有道理的；我们的民族也同样有这种理智上的傲慢，它已经以更加令人厌恶的方式出现在对奴隶制的讨论中了。

迄今为止，我们讨论的是偶然的事物。然而，最重要的和构成一个城邦之幸福的本质是公民的美德，这个问题不是关于偶然性的，而是关于自由意志和理智的。[4]因此，我们在这里必须以政治科学为向导。首先，我们应当通过它的帮助来决定如何最好地利用外部环境。在这个主题下，我们要研究的是亚里士多德对地域的划分，以及对城邦的位置和结构的划分。他首先指出[5]整个疆域的一部分应当被划分出来作为城邦的财产，这个地域上产出的东西应当用来支付宗教事务和公共集会的开支，疆域剩下的部分每位公民应当分得两份，一份在城市邻郊，一份靠近边界。[6]他认为城邦不仅要有健全的位置和适合的结构，而且要有要

1　即《法律》iv. init.，亚里士多德头脑中想的无疑是这个段落，尽管他没有提及它，也没有说它的作者是谁。

2　《政治学》vii.5。

3　《政治学》vii.7（在这里，亚里士多德讨论的是希腊人）1327b29（参见第 490 页注释 1）；参见柏拉图：《理想国》435E，374 E sqq. 亚里士多德引用了后面这个段落。

4　《政治学》vii.13,1332a29；参见 c.1323b13 以及整个章节。

5　*Ibid.* c.10,1329b36 sqq..

6　在柏拉图的《法律》中（745C sqq.）有一个类似的计划，但亚里士多德在《政治学》ii.6,1265b24 中认为柏拉图的规划是非常可疑的。然而，他们二人的差异是微不足道的。

塞和堡垒，亚里士多德以有效的理由[1]反对柏拉图[2]和斯巴达人对要塞的轻视。然而，这里更重要的是为了确保公民的个人能力而必须采用的方法。在最完善的城邦中，这些方法并不仅仅是为了一个特殊的政体形式或特殊目的来教育人，也不是使人们有效地组成社群——尽管个体和群体一样是不完善的；相反，因为公民的美德在这里与人的美德是一致的，所以每个公民都应当被教育成有能力的、适合参与城邦管理事务的人。[3] 为了达成这个目标，必须做三件事情。人存在的最终目的是理性的教育。[4] 低级的东西总是在时间上先于高级的东西，手段总是先于目的[5]，因此对灵魂的非理性部分的训练——即对欲望的训练以及对身体的训练，先于理性的教育。因此，我们必须首先进行身体的训练，然后是道德的训练，最后才是哲学的训练；因为身体的养育是为灵魂服务的，所以对欲望灵魂的训练必须为理性服务。[6]

　　亚里士多德和柏拉图一样认为城邦对个人生活的干预应尽早开始，比我们现今惯常开始干预的时间要早，城邦甚至应当规划生育。当然，我们已经指出[7]，他没有像柏拉图在《理想国》中走得那么远，即没有把干预行为作为对管理命令的执行。但他应当提出了关于婚姻年龄和生育年龄的法律[8]；他特别关注父母和子女的关系带来的结果，以及父母之间的关系带来的结果。法律甚至还规定了应当在哪个季节和吹什么方向的风的时候孕育小孩。法律必须规定如何照料怀孕的女性，公开畸形儿童的情况，以及规定生育的数量。对于那些多余的儿童或者父母过于年幼

1　《政治学》vii.11,12。

2　《法律》vi.778D sq.。

3　参见第 463 页注释 5。

4　参见 p.142 以下，以及《政治学》vii.15,1334b14。

5　参见上文第 355 页注释 2。

6　《政治学》vii.15,1334b20。参见 viii.3 *fin.*。关于理性和欲望的讨论，参见上文 ii.p.112，p.155 以下。

7　参见上文关于家庭的讨论。

8　男人的结婚年龄应当在 37 岁，女人的结婚年龄应当在 18 岁；在男性 54 岁或 55 岁之后不应当再生育了。

263 或年老的儿童，亚里士多德严厉地命令抛弃他们，因为他认为没有生命的人是没有任何权利的[1]，他和他的先人们一样都进行过这种不道德的实践。他从对生育的控制继而谈到教育问题，他认为教育开始于生命的最初阶段并延续到结束。[2] 在人生的最初几年，儿童必须得到全面的照顾，他们不仅需要适当的运动和体育锻炼，而且需要游戏和故事，以便为道德教育做准备。儿童必须尽可能地远离奴隶的生活圈，确保他们不会接触到不适宜的话语和图像——这些东西是完全不被允许的。[3] 对儿童的公共教育始于七岁，并持续到二十一岁。[4] 亚里士多德为城邦制定的教育计划建立在教育对公共生活的重要性上，因为公民的道德品质支撑并决定了城邦的性质；如果一个人想要在城邦中实现他的美德，那么他必须在此前就拥有它。[5] 在最好的城邦中，所有人都有相等的能力，整个城邦为了一个共同的目的，并且没有一个人是为了他自己，每个人都属

264 于城邦，所以，在这种城邦中，教育必须是完全公共的，必须为了城邦整体的需要制定教育的每个细节。[6] 因此，教育的目的是训练人如何运用作为一个自由人的美德。教学的主题和方法也是由相同的原则来决定的。因此，技艺的教育服务于生活的需要，未来公民应当学习那些对一个自由人有价值的东西——那些不会使人的灵魂和身体变得俗气的东西[7]，例如，阅读、写作和绘画，绘画除了具有实践价值外还拥有更高的

1　这些主题在《政治学》vii.16 得到讨论。

2　关于这个主题的讨论，参见 Lefmann, *De Arist.Hom. Educatione Princ*. Berl.1864; Biehl. *Die Erziehungslehre d. Arist*. Gymn.-Progr. Innsbruchk,1877. 关于其他文献，参见 Überweg, *Hist. of Phil*. vol. i. p.172（英译本）。

3　《政治学》vii.17.

4　*Ibid* 1336b35 sqq.

5　《政治学》viii.1 *init*.。参见 v.9,1310a12，以及第 463 页注释 5。

6　*Ibid*.1337a21 sqq.；参见第 463 页注释 5。亚里士多德的确说过（《尼各马可伦理学》x.10,1180b7）私人的（或家庭的）教育或许更能够适应学生的需要，但他认为公共教育并非必然会忽视这些，因为它是由值得信赖的人制定的。

7　《政治学》viii.2,1337b4。亚里士多德与柏拉图一样（参见 *Ph.d.Gr*.i. p.754）把它们看作商业交换的结果；它们使人们思想愚钝并产生愚昧的观点。这些东西甚至在高级的活动中也能找到（音乐、体育等）——倘若人们以片面的方式过度地追求它们。最后，一个人为了他自己或他的朋友可以做很多事情，或者为了某些好的目的

价值，因为它能够训练眼睛对物理之美的捕捉。[1] 然而，即便属于严格的全识教育的那些技艺，也存在一个本质的区分：即那些我们为了它们的实践运用而学习的技艺和我们为了它们自身的价值而学习的技艺。前者的目的在自身之外，它们是获得这些目的的手段，而后者的目的在自身之中，它们对自身的运用就是高级的和自足的活动。这种技艺是更高级的，它们才是真正自由的艺术，亚里士多德坚信这一点。[2] 此外，希腊人的教育主要有两项——音乐和体育——体育教育是为了获得勇敢，而音乐教育是为了修炼精神气度，他反对一边倒的体育教育——这种教育曾经是斯巴达教育体系的基础。他认为，如果体育训练和耐力的培养成为教育的唯一目标，那么就会产生残暴，这与真正的勇敢是极其不同的；这些手段也不足以使人们获得追寻的目标——即战争中的卓越：因为一旦斯巴达人不再拥有对体育训练的垄断权，那么他们就失去了对其他城邦的优越性。因此，亚里士多德希望看到体育教育适时地服从于教育的真正目的，在身体获得足够的力量和心灵通过学习获得对抗偏见的平衡之前，人们要防止过度的体育训练。[3]

就音乐教育而言，亚里士多德首先是在狭义的"音乐"上说的，它并不包括诗歌[4]，我们必须区分它的几种意义。[5] 音乐的目的是为了获得

265

266

也会做很多事，但他不会为了陌生人这样做。

1　《政治学》viii.3,1337b23,1338a3 sqq. *Ibid.*1338a37：在有用的技艺中，有许多是值得学习的，不仅仅是为了它们的功效，而且是因为它们对将来要学习的文化有帮助。这些技艺包括写作和绘画。绘画的主要价值是使人们思考物体的美。

2　除了上文 p.141 的陈述，关于理论对实践的优先性的讨论，以及 p.209 以下关于和平的职业和战争的职业的讨论，参见 vii.14,1333a35。类似的段落，参见 c.15,1334a14, viii.3,1337b28（关于音乐的论述）。单纯的娱乐并不是目的，而仅仅是消遣的一种手段，因此，它在 $\alpha\sigma\chi o\lambda i\alpha$（工作）中是更必要的，在 $\sigma\chi o\lambda\eta$（闲暇）中反而不必要。闲暇是已获得目的状态，因此它立即就能产生愉悦和幸福；而工作是为了获得一个目的的手段。

3　《政治学》viii.4,1338b17。

4　另一方面，柏拉图在《理想国》关于音乐教育的那个部分主要探讨了诗歌的问题——即它的形式和内容。参见 Zeller, *Ph.d.Gr.*i. pp.773,779 sq.。

5　《政治学》viii.5,1339b11. c.7,1341b36。

愉悦和为道德教育做准备；它能够抚慰心灵[1]，提供一种使人快乐的活动。[2] 然而，年轻人教育的重点是伦理道德。他们是不成熟的，因而他们不能把音乐作为一种独立的职业来实践。[3] 音乐适合娱乐和生产，因为它提供了无害的愉悦；但是愉悦并不是学习的目的，但若将音乐的功能限制于此可能会把它置于过低的位置。[4] 音乐更重要的功能是对品格的影响。它比其他任何艺术都更能表现道德情景和品质：愤怒、温柔、勇敢、节制和任何一种美德，以及邪恶和激情都能在音乐中得到表达。这些表达唤醒了聆听者心灵中的各种感受。[5] 我们易于被某些事物取悦或伤害，我们在那些摹本中习惯性地获得的感受也是我们对于生活的实际感受。但美德恰恰在于此：在善的事物中感受到愉悦，在恶的事物中感受到痛苦。因此，音乐是教育的最重要的手段，它对青年人的影响因为它带来的快乐而极大地增强了。[6] 这些原因决定了亚里士多德为音乐

1　它的功能是 $\kappa\acute{\alpha}\theta\alpha\rho\sigma\iota\varsigma$（净化）心灵，不只宗教音乐可以做到这一点，所有音乐都有这种功能；参见《政治学》viii.1342a4 sqq.；关于"净化"的详细讨论，参见下文第 15 章。

2　$\Delta\iota\alpha\gamma\omega\gamma\acute{\eta}$ 这个词的意思一般指的是目的在自身之中的活动，因此这种活动必然伴随着愉悦，像任何一种目的在自身中的活动一样（参见上文 p.146 以下）。因此，亚里士多德在那些为了人之需要的艺术和为了 $\delta\iota\alpha\gamma\omega\gamma\acute{\eta}$（愉悦生活）的艺术之间做出区分（《形而上学》i.1 sq.981b17,982b22），后者包含了所有形式的娱乐活动，高雅的和粗俗的。在这个词的广义上，单纯的享乐活动也被归于 $\delta\iota\alpha\gamma\omega\gamma\acute{\eta}$ 之下（参见《尼各马可伦理学》iv.14 init. x.6,1176b12 sqq.；《政治学》viii.5,1339b22）。然而，在狭义上，亚里士多德用这个词来指那些 $\delta\iota\alpha\gamma\omega\gamma\grave{\eta}\ \dot{\epsilon}\lambda\epsilon\nu\theta\acute{\epsilon}\rho\iota\sigma\varsigma$（自由的活动）（《政治学》viii.5）。因此，他把《尼各马可伦理学》ix.11,1171, b,12 中朋友的社会，或《形而上学》xii.7（参见第 261 页注释 5）和《尼各马可伦理学》x.7,1177, a,25 中神圣的思想活动和人类精神称之为 "$\delta\iota\alpha\gamma\omega\gamma\acute{\eta}$"。亚里士多德在《政治学》vii.15,1334, a,16 中（我们在 p.209 以下接触过这里的讨论）提到 $\sigma\chi\eta\lambda\acute{\eta}$（闲暇）和 $\delta\iota\alpha\gamma\omega\gamma\acute{\eta}$，在我们前面的这个段落中（即 c.5,1339a25,29,1339b13, c.7,1341b40）他区分了以教育和休闲为目的的对音乐的使用与以愉悦和明智为目的的对音乐的使用，他认为在后者之中"美"和"快乐"被结合在一起。参见 Bonitz, *Arist. Metaph.* ii.45; *Ind. Ar.* 178, a,33; Schwegler, *Arist. Metaph.* iii.19 sq.

3　《政治学》viii.5,1339a29；它们不是单纯的愉悦。

4　*Ibid.* 1339a26–41,1339b14–31,42 sqq..

5　即 $\dot{\alpha}\kappa\rho\omega\acute{\mu}\epsilon\nu o\iota\ \tau\tilde{\omega}\nu\ \mu\iota\mu\acute{\eta}\sigma\epsilon\omega\nu\ \gamma\acute{\iota}\gamma\nu o\nu\tau\alpha\iota\ \pi\acute{\alpha}\nu\tau\epsilon\varsigma\ \sigma\nu\mu\pi\alpha\theta\epsilon\tilde{\iota}\varsigma$（文意参见正文——中译注）。

6　《政治学》1339a21 sqq. 1340a7–1340b19。

教育制定的规则。它确实不能与实践训练相分离，没有实践人们就不能获得对音乐的真正理解；然而，音乐教育的目的并不是对这种艺术本身的实践，而是对音乐品味的培养，因此对音乐的实践必须被限制在学徒期内，因为成为一个音乐家并不等于成为一个人。甚至对于孩童来说，他们要成为懂音乐的人，但不是专业的音乐家，这个区分是不能逾越的。[1] 对于音乐家来说，音乐是一种交易方式，即他们向未受教育的大众传授音乐；因此它是一个艺术家的职业，一种使身体衰弱和心灵颓丧的职业。然而，对于自由人来说，音乐是文明和教育的手段。[2] 对乐器和旋律的选择要符合这个目的。然而，除了安静的和简单的音乐允许被演奏，亚里士多德还允许在公共集会中演奏振奋的和华丽的音乐，它对于受过全识教育的人而言是热诚的和纯洁的音乐，对于下层人和奴隶的消遣生活而言却不那么高雅或纯洁。[3]

《政治学》一书在做出上述评价后结束了，甚至对音乐的讨论都没能完成。[4] 然而，难以置信的是，亚里士多德竟然打算结束他关于教育的研究。他强烈地意识到音乐教育是异常重要的，也注意到柏拉图之前的例子，因此，他不可能忽视对诗歌的研究；他的确透露说接下来要研究喜剧。[5] 一个像亚里士多德这样认为科学活动是最高贵的亦是构成幸福之本质部分的人——并且他认为政治科学在人的社会生活中是至关重要的[6]——绝不可能不动声色地忽视科学训练的整个主题。[7] 他也不能信任任何私人的尝试，因为他认为所有教育都是公共的。亚里士多德反

269

1　参见 Ibid. c.6,1341a10。

2　《政治学》viii.6,1340b20,1341a17,1341b8–18, c.5,1339b8。

3　*Ibid.* c.6,1341a–1341b8, c.7.

4　因此在 viii.7 之后，我们应当看到对音乐韵律的讨论；参见 Hildenbrand, *ibid.* p.453（他与 Nickes 的观点相反，参见 *De Arist. Polit. Libr.* p.93）。

5　《政治学》vii.17,1336b20。

6　参见《尼各马可伦理学》x.10,1180a32,1180b20 sqq.。

7　对公民的教育问题导向了《政治学》vii.14,1333b16 sqq. 中的这段话，即理论活动是最高级的，并且是其他活动的目的。因此，它必然是目的和最好城邦的教育的本质要素之一。

复指出，他打算在对伦理学的问题做出分析之后，讨论理智教育的问
270 题。[1] 此外，他计划要返回对家庭生活和女性教育的研究中（他认为这
是重要的，并严厉批评忽视这个主题的做法），并将这些主题与不同政
体形式的研究结合起来[2]；但我们发现他的这个计划没有实现。[3] 他还讨
271 论了惩罚如何作为教育的手段[4]，因此，我们应当期望对它的目标和运用
的完整讨论，至少有关于惩罚性正义之体系的概述；然而，在《政治学》
中，我们没有看到这个主题。类似的，关于公共的经济[5]、奴隶制[6]、餐
饮习俗[7]，这些问题都在计划之中，但都没有得到实际的研究；从总体上
说，关于成年公民的生活规范性的整个问题都被悄悄地略过了，尽管亚
里士多德相信这些问题属于政治科学最主要的问题，并且，他与柏拉图
一样认为教育应当作为道德的引导原则持续不断地在人的一生中施行。[8]

---

1 《政治学》vii.15,1334b8。这里指出道德教育必须在先（参见上文 p.261）；它意味
　着紧接的研究是关于科学教育的。在 viii.3,1338a30 sqq. 中，有好几个部分属于全
　识教育，viii.4,1339a4 提出下述规定：在进入成年之后，年轻人应当在其他方面接
　受三年的前期教育，这种教育开始于高强度的体育教育之前，因为这两方面的教育
　是不相容的——身体上的疲惫和透支对思想是有害的——因此这里应当有个部分是
　关于科学教育的。

2 《政治学》i.13,1260b8. cf. ii.9,1269b17. Brandis, ii. b,1673, A,769。

3 我们不能把在第二卷第 6、7、9 章中发现的偶尔的暗示看作实际的讨论。

4 关于惩罚的量的讨论（参见上一章的末尾）已在修正正义的原则中得到体现，这
　个原则规定一个人必须根据他不正当所得的比例而受到相应比例的损失。另外，亚
　里士多德认为惩罚的目的主要是改造罪犯，并阻止他们进一步做错事，如果这个
　人是无可救药的，那么惩罚的目的就是保护社会避免受到他的伤害；在这个问题
　上，亚里士多德与柏拉图的观点是一致的（参见 Ph.d.Gr.i. p.744）。参见《修辞学》
　i.10,1269b12；《尼各马可伦理学》ii.2；参见上文第 433 页注释 4。《尼各马可伦理
　学》x.10,1179b28：被激情左右的人仅靠劝勉是不能进步的。ibid.1180a4（参见第
　499 页注释 1）：有人说（例如柏拉图——但亚里士多德自己也有同样的观点）好人
　也必须被劝诫。参见 Ibid. iii.7,1113b23。因此，惩罚的目的是进步，除非我们不得
　不面对一个不可救药的罪犯；但这仅仅是行为的进步，即因为害怕惩罚而改正行为，
　而不是高尚的人在教导和劝勉中表现出的那些基本的品性。所以，这种进步的意义
　仅仅是阻止犯罪。参见 Hildenbrand, ibid.299 sqq.。

5 《政治学》vii.5,1326b32 sqq.。

6 《政治学》vii.10 fin.。

7 《政治学》vii.17,1336b24，这里提及的接下去的讨论不仅仅涉及喜剧。

8 除了《政治学》vii.12,1331a35 sqq. c.17,1336b8 sqq. 之外，参见《尼各马可伦理学》

我们已经指出，关于立法的整个问题和教育的问题一样：《政治学》在这个问题上言之甚少，但我们不能责怪亚里士多德，因为这部著作是不完善的。

如果它是完善的，那么我们还应当看到关于最好的城邦政体的更细致的描述。在上述文本中，我们只发现了它的两个特征——即公民权的条件和政治权的分割。就公民权的条件而言，亚里士多德和柏拉图一样带有希腊式的、对体力劳动的轻视，他认为手工艺人和从事农业的人都不配享有最好城邦的公民权。因为，最好城邦的公民只能是那些拥有能人的一切品性的人；但为了获得这些，并使自己完全投入城邦的事务中，这个人需要有摆脱了低级劳作的闲暇和自由，但这对于农夫、手艺人和工人是不可能的。因此，在最好城邦中，这些劳作和职业必然是靠奴隶来完成的。公民必须把他们全部的精力放在保卫和管理城邦上；此外，只有公民拥有土地，因为国家的财产只属于他们。[1]另外，所有公民必须参与城邦事务的管理，亚里士多德指出这一点既是正义所要求的，亦出于必然；因为那些在本质上平等的人也必须拥有相同的权力，而那些拥有权力的人将不会允许自己被排除在政府事务之外。[2]然而，因为城邦实际的管理者不可能包括所有公民，而统治者和被统治者是有区别的，并且管理者和保卫者需要不同的品格——后者需要的是身体上的强健，前者需要的是理智上的成熟——亚里士多德认为不同的年龄段需要不同的氛围：年轻人应当为军事服务，而年长者的职责是政府管理，包括宗教机构的事务；尽管所有公民都应当分享对城邦的管理，但是生活得卓越的人应当拥有实际的权力。[3]这就是亚里士多德对贵族政体的描述。[4]在基本的概念方面以及美德和文化作为原则方面，他与柏

272

273

---

x.10,1180a1。

1 《政治学》vii.9,1328b24 sqq.; 1329a17–26,35; c.10,1329b36，这些内容在对埃及人和其他类似的情况做出讨论之后才出现。

2 《政治学》vii.9,1329a9; c.13,1332a34; c.14,1332b12–32。

3 *Ibid.* vii.9,1329a2–17,27–34; c.14,1332b32–1333b11.

4 *Ibid.* iv.7,1293b1; c.2,1289a31。与这个段落中对贵族政体的定义相符的是

拉图的观点是非常接近的，但他们在细节上有诸多差异；甚至，这里的差别是社会的而不是狭义的政治形态的。

6. 不完善的政体形式

274　　除了最好的政体之外，还有许多从它之中以不同的方式和不同的程度[1]演化出来的政体形式，我们也要研究这些。这些政体与理想城邦不同，它们是有缺陷的[2]；然而，这并不影响它们在某些既定的条件和形式下拥有一定程度的合理性，尽管它们彼此在相对的价值和稳定性方面又有差别。我们已经看到[3]，亚里士多德列举了不完善的政体的三种主要形式：民主制、寡头制和暴君制；此后在讨论中又加入了第四种，即共和制（Polity），以及与之相似的几种混合形式。

　　民主制是建立在公民的平等和自由之上的。为了公民的平等，他们必须享有相等的政治权利；因此，这样的社会必然是自治的，社会决策出于大多数人。另外，为了公民的自由，每个人都有按照自己的喜好生活的自由；因此，没有人有权力命令他人，或者，如果命令是不可避免的，那么命令和服从必然属于全体公民。[4]所以，一切社会机构都是由民主制产生的，它们的产生基于下述原则：城邦的职能部门以普选、或抽

---

iii.1,1279a34（参见上文 p.234）这个段落，少数人的统治是为了多数人的共同的善，因为，首先，亚里士多德说的是公共利益，同时他指出这是"实现共同的善才是最好的统治"的唯一理由；其次，完美城邦中实际上总是少数人在统治。因此，我们没有理由区分在第三卷第 7 章中提到的贵族政体和在第四卷第 7 章和第七卷中以相同的名字说到的政体（参见 Fechner, *Gerechtigkeitsbegr. d. Arist.* p.92, n.），第三卷第 17 章（参见第 481 页注释 1）也不能支持这个区分，因为它完全是指理想城邦。

1　参见上文 p.235 以下。
2　参见第 480 页注释 2 中引用的段落，尤其参见《政治学》iv.2,1289b6。亚里士多德说：柏拉图说，如果寡头制和其他政体都是好的，那么民主制就是最坏的，但如果政体形式都是坏的，那么民主制就是最好的。但我们认为它们都是有缺陷的，寡头制并不比其他政体形式更好，它只是不那么坏。政体的不完善形式通常被称为 παρεκβάσεις（偏差的形式）。
3　参见 p.237 以下。
4　《政治学》vi.2,1317a40–1317b16，以及其他；参见 p.239 以下。

签、或轮流的方式产生；没有财产的限制，或对财产的限制很小；职权　　275
部门的权力受到限制；所有人都参与正义的审判，尤其是在重要的案件
中；公共议会的能力范围非常广泛，但执行力会尽可能地受到限制；所有
官员、法官、议员和牧师都能领取津薪。参议院是一个民主机构。如果
它的功能与公共议会相结合，那么政府就更加民主。低等的出身，贫穷
和教育的缺乏被认为是民主制的特质。[1] 但是这些特征在不同的城邦中可
能有不同程度的表象，并且一个城邦或许表现出全部的或许只表现出部
分特征，因此民主制有不同的形式。[2] 亚里士多德认为这些差别主要取决
于人们的职业和生活方式，下述因素在政治上是非常重要的：居民是由
农民、手艺人和商人构成，还是由在海上讨生活的人，或者贫穷的劳工，
或者没有完整公民权的人，还是这些人混合在一起的各种阶层。[3] 从事农　　276
业或畜牧业的人一般会满足于在和平的环境中从事劳作。因此，他们满
足于对政治管理的中等程度的参与，例如，官员的选举，官员的管理责
任，对正义事务的参与。剩下的部分，他们愿意留给明智的人处理。这
是最古老的民主制。一个由手艺人、商人和工人构成的群体处理起来会
有更多的麻烦。他们的工作更偏向于某个特征，并且与他们生活的城邦
密切相关，他们随时准备在城邦的公共议会上发表意见。如果所有人无
一例外地拥有完整的公民权，如果那些出身不是自由人的公民也获得了
选举权，如果古老部落的联系和社群的联系被瓦解了而人群中的不同因
素被不加分辨地混在一起，如果传统的束缚力已经失效并且对女性、儿
童和奴隶的控制减弱了，那么这里就必然会出现群氓大众及其喜爱的、
无规则的民主制[4]，因为他们在放纵和规则之间总是选择前者。因此，民

1　*Ibid.* 1317b16–1318a3; iv. 15, 1300a31.

2　*Ibid.* vi. 1, 1317a22, 29 sqq.

3　*Ibid.* iv. 4, 1291b15 sqq. c. 6 *init.* c. 12（参见第 485 页注释 5），vi. 7 *init.* c. 1, 1317a22
　　sqq.。后面这个段落提到民主制的差异——即人群的特征和政制的民主程度的两种
　　原因。然而，从其他段落来看，亚里士多德明确认为第二种差异是由第一种决
　　定的。

4　《政治学》vi. 4（在 1318b13 中的"$\mu\eta$"必须被删除）；cf. iv. 12, 1296b24 sqq.。

277 　主制存在不同的形式，亚里士多德列举了四种。[1] 第一种是真正平等的统治，富人或穷人都没有绝对的影响力，公共机构拥有的财产是有限制的——尽管这种限制是少量的。第二种形式是选举资格仅属于有公民权的和无过错的人们。第三种形式是政府机构根据宪法建立，尽管公共机构在权利上属于每个公民。最后，第四种形式或无限制的民主制是人民的命令高于法律；人们被政客所蛊惑，就像一个暴君与他的幕僚，他们变成了专制的暴君，这里的宪法秩序消失在群氓领导的绝对权力之中。[2]

　　我们知道寡头制指的是富人阶层的统治。但是，在这里，我们也发现了一个从温和的形式到绝对的、无限制的寡头制的发展过程。最温和的形式是：虽然它要求财富的拥有量足够达到把大量贫穷的公民排除在政治权力之外，但选举权仍旧自由地分配给所有拥有必要财产的公民。第二种形式是：政治权力掌握在最富有的阶层手中，这个层级要么从全体公民中吸纳新成员，要么从某一个层级中吸纳新成员。第三种形式是：政治权力从父亲传递给儿子。第四种形式与独裁制和

278 　无限制的民主制类似，它的继承权不受任何法律的限制。[3] 然而，亚里士多德在这里使用了对所有政体都适用的术语进行评价，他说：这种政府精神经常与政体的法律形式相悖，倘若政体的变化迫在眉睫，这种情况便尤其突出。[4] 因此，混合的政体形式出现了；这些形式通常是有意地避免极端的民主制和寡头制的结果，对于所谓的"贵族制"和"共和制"也是如此。

1　*Ibid.* iv.4,1291b30 sqq.; c.6; c.12, *ibid.*, vi.4,1318b6,1319a38。第 五 种 形 式 在 Iv.4,1291b39 中得到讨论，它似乎是被插入第　种和第二种之间的，然而，从这个段落看来，它的特殊性是指它是从荣誉而来的，但根据 iv.6 *init.* 的描述，它的特殊性与第一种形式的特殊性是一致的。因此 Susemihl 和其他一些学者认为最好把这个段落中的"ἄλλο δέ"去掉。参见 Henkel, *ibid.* p.82。

2　关于这种形式的民主制的描述，参见《政治学》1292a4 sqq.; v.11,1313b32 sqq. vi.2,1317b13 sqq.，参见柏拉图：《理想国》viii.557A sqq.;562B sqq. vi.493，这里表达的精神与亚里士多德的观点相似。

3　《政治学》iv.5。

4　*Ibid.*1292b11。

严格说来，"贵族制"是指最好的政体形式，但亚里士多德仍然允许这个称谓用在这样一些形式上——即它们虽然不像前者一样把全体公民的美德当作主要目标，但在选举政府机构时，它们不仅考虑财富还考虑能力。因此，这种贵族制是一种混合的形式，它是寡头制、民主制和真正的贵族制的混合。[1] 这种政体与"共和制"关系密切。[2] 在这里，亚里士多德把它描述为寡头制和民主制的混合。[3] 它建立在穷人和富人的恰当比例上[4]；它是寡头制的政制和民主制的政制的一种混合结果[5]；因此，它或许可以同时被划归为寡头制和民主制，只要这种融合是可行的。[6] 总之，它的主要特征是富人与穷人之对立的调和以及他们掌握的政治权力的和解。当问题被解决时，极端政体形式之间的"中道"也就被发现了，一个普遍满意的结果将出现在现存政制中，它是整个政体中稳固的和长久的结果。[7] 因此，共和制是最持久的政体形式，也是对大多数城邦来说最适合的形式。因为，如果我们不考虑最完美的政体形式，以及使得它成为可能的美德和文化，并追问什么才是最值得拥有

279

280

---

1 参见 *Ibid.* iv.7，亚里士多德列举了这个意义上的三种形式的贵族制。参见 v.7,1307a7。

2 参见第 503 页注释 1，以及《政治学》iv.11,1295a31。

3 《政治学》iv.8,1293b33。参见上一条注释。

4 *Ibid.*1294a19。参见第 503 页注释 1。

5 参见《政治学》iv.9，为了获得"共和制"，我们必须把注意力集中在民主制和寡头制的特殊政制上，*εἶτα ἐκ τούτων ἀφ᾽ ἑκατέρα ὥσπερ σύμβολον λαμβάνοντας συνθετέον*（接下来，从这两种政制中得到混合的东西）（关于这个表达，参见 *Gen. An.* i.18,722, b,11；柏拉图：《会饮篇》191D）。这种混合可能以三种方式进行：（1）直接混合不同的政制：例如，寡头制的习俗是惩罚富人——如果他们拒绝参加法庭事务，而民主制的习俗是，如果穷人参加了法庭事务，那么就付给他一天的工钱，我们把这两种习俗混合起来；（2）通过协商：例如，参与公共议会的条件是拥有不太高也不太低的、处于中间程度的财富；（3）通过采用一种或几种寡头制的政制，同时采用民主制的机构形式：例如，我们采用寡头制的政府选举制，而不是抽签制；我们也采用民主制的、取消一切财产限制的制度。

6 《政治学》1295b14 sqq.。在这里，亚里士多德具体指出斯巴达的政体就是这种例子。

7 《政治学》1295b34（这并不是因为那些希望采用另一种政体形式的大多数人被排除在政治参与之外）。

的[1]，那么唯一可能的回答是：极端的政体形式的缺陷通过不同形式的混合而得以避免[2]，在这种混合形式中，不是富人和穷人，而是广大的中间阶层具有决定性的权力。[3] 这正是我们在共和制中发现的东西。它显示出穷人和富人的对抗在权力上的平衡，因此它自身必然建立在穷人和富人之间的中间阶层上。它是中间形式的政体[4]，在公共福利和普遍正义方面[5]，它比其他任何政体都要好，并且它意味着中间阶层与穷人和富人相比占有绝对优势。[6] 如果一个政体与共和制越接近，它就越好，与它的差异越大——如果我们不考虑赋予这个政体以相对价值的特殊环境——它就越坏。[7] 既然美德在于维持中道，我们或许可以说共和制比其他政体更接近城邦的美德生活[8]；因此我们应当前后一致地把它划归到好的那类政体中去，并认为它的基础是流传在所有阶层中的某些公民美德。[9]此外，如果这种美德在军事能力中占据首要地位，并且共和制被定义为能够拿起武器战斗的政府[10]，那么以下观点能够支持这一看法：即，首先，

281

282

1　参见 *Ibid.* iv.11 *init.*。这个问题（参见 p.235）的答案已经在文本中给出了。

2　*Ibid.* iv.11,1297a6; cf. v.1,1302a2 sqq.。

3　*Ibid.* v.11；参见第 485 页注释 5。

4　*μέση πολιτεία*（中间的政体），参见《政治学》iv.11,1296a37。

5　《政治学》iv.11,1296a22：为什么最好的政体——即在寡头制和民主制之间的政体——是很稀少的呢？因为对于多数城邦，中间阶层是很弱小的；因为在战争中获胜的一方不会建立起普遍的和平等的政体；因为在希腊的霸权斗争中，一方喜欢民主制，而另一方喜欢寡头制；因为人们并不习惯平等，而是喜欢掌控权力。关于希腊的霸权，参见 1296a39。这里的 *εἷς ἀνήρ*（领导者）指的是 Lycurgus（斯巴达的立法者——中译者注）；有人认为指的是忒修斯（Theseus）（Schneider, ii.486; Spengel, *Arist. Stud.* iii.50），或者梭伦（Solon）（Henkel, *ibid.*89, Susemihl, in *Bursian's Jahresbericht* 1875, p.376 sq.）或者别人。但是这些人并未拥有统治希腊的霸权。另外，Oncken（*Staatsl. d. Arist.* ii.269）认为这个段落指的是马其顿的腓力国王；但是，他显然在第 338 号条约中保留了每个城邦原来的政体形式，我们并不知道他在什么地方建立或重建了共和制。这里指的是否是 Epaminondas（古希腊底比斯的摄政王——中译者注）以及他建立的 Megalopolis 和麦撒那（Messene）城市呢？

6　《政治学》iv.12；参见第 485 页注释 5。

7　*Ibid.*1296b2 sq.。

8　参见《政治学》iv.11,1295a35。

9　参见第 480 页注释 2。

10　《政治学》iii.7,17；参见第 481 页注释 1。

一个军事国家唯一允许的政府形式是建立在普遍的自由和平等上的政体[1]；其次，构成希腊军队之主体的那些全副武装的士兵主要属于富裕的阶层。[2] 然而，共和制在亚里士多德的理论中的地位十分模糊，我们在这一章中曾讨论过，但这些评论无法为这种模糊性辩护，也不能将其解释掉。

所有政体形式中最坏的是暴君独裁制，因为最好的政体——即真正的君主制——已经转化为它的反面。[3] 在对这种政体的简要论述中，亚里士多德区分了三种形式的暴君独裁制，并对这三种形式使用了相同的名字，即绝对的专制、有些蛮族选举式的君主制和古希腊埃斯米特（Aesymnetae）的独裁制。然而，真正的独裁制只在这样的城邦出现：即一个人拥有绝对的权力并按照自己的意志行事，不顾人民的意愿。[4]

亚里士多德接下来研究了每种不同的政体适合什么样的权力划分[5]，并在这里区分了权威的三种来源：议会、地方官和法庭。[6] 然而，这三者的功能并没有得到明确的定义，因此它们并不完全等同于现代政治理论中的立法、行政和司法。[7] 亚里士多德在这里并未忽视有权势的党派的把戏和骗局，他们试图包围对手并攫取自己的利益[8]，反而显得他们自己在这些浅陋的手段中只得到了些微的好处。[9] 然后，他讨论了城邦重要机构的人员应当具有哪些品质。为了这个目的，一个人不仅应当拥有

283

1　关于这个主题，参见 *Ibid.* iii.11,1281b28 sq.。

2　*Ibid.* vi.7,1321a12。这里部分原因在于士兵的装备是昂贵的，但更主要的是军事活动所要求的前期的身体训练也是非常昂贵的。参见《政治学》iv.13,1297a29 sqq.。

3　《政治学》iv.2,1289a38 sqq.(cf. vii.1313a34–1314a29)。在这个段落中，根据相同的原则，寡头制是第二坏的，而贵族制是第二好的政体。民主制是最坏的政体中最好的形式，因为它是共和制的某种变形。对这个观点的完整陈述，参见《尼各马可伦理学》viii.12。

4　《政治学》iv.10; cf. iii.14,1285a16–1285b3，以及上文 p.240 以下。

5　*Ibid.* iv.14–16; cf. vi.2,1317b17–1318a10.

6　*Ibid.* iv.14,1297b37.

7　*Ibid.*1298a3。根据希腊人的用法，议会除了立法功能之外，还有重要的司法和行政的功能。

8　*Ibid.* iv.13.

9　*Ibid.* v.2,1307b40.

284 经验、商业能力和对现有政制的忠诚，更应当拥有与政体精神和谐一致的文化素养和品格。[1]他简略地讨论了城邦的各种机构[2]，但在本应对有关公共机构的法律进行讨论的地方，他却没有做出阐述。他细致地研究了引起政体形式变化和分解的诸原因[3]，以及抵消它们的方式。[4]在这里，亚里士多德的方法是尽可能具体化，他将广泛的观察与反思结合起来，并追溯各种起作用的原因以及它们产生的效果。因此，他挑战了柏拉图在《理想国》中关于城邦的变革及其原因的结论，他的评价是公正的，因为他的政治理论与事实有着更为严格的对应，但他对城邦真正的特征并非没有任何误解。[5]这个部分充满了由敏锐的观察得来的大量例子、可靠的判断和关于世界的深刻认识；然而，我们在这里只能提及一些重要的观点。其中有两个观点尤其重要。首先，亚里士多德提醒我们不要低估了对现状的细小偏离，或者党派斗争中不起眼的事件。尽管党

285 派争斗的目标通常是巨大的，但战争可能是由最微小的原因引爆的[6]，并且一开始政府的变化或许很小，但这变化本身可能是更大变化的原因，因此从微小的变化开始逐渐会形成整体的完全变革。[7]其次，我们知道这样一个原则，它构成了亚里士多德《政治学》的主要思想之一，并且是这部作品展示的诸多政治洞见之一——即任何政体都会被它自身的过度所损害，因此权威的适度使用、对所有人的正义、良好的管理和道德能力是维系权力的最好方式。民主制会因为政客的煽动和对兴盛阶层的不公正而遭受损害；寡头制会因为压迫人民以及将政治权利过于集中在少数人手中而遭受损害；君主制会因为君王的傲慢和残暴而遭受损害。[8]

---

1 *Ibid.* v.9，在这里，亚里士多德对每个城邦的美德和正义的第三个常被忽视的论点有着特别仔细的讨论。参见上文 p.261 以及第 507 页注释 4。

2 *Ibid.* vi.8.

3 *Ibid.* v.1–7,10.

4 *Ibid.* v.8,9,11, iv.5–7.

5 *Ibid.* v.12,1315, a,40 sqq.；参见 Zeller，*Plat. Stud.*，206 sq.。

6 *Ibid.* v.4 *init.*；为了支持这个观点，在接下来的文本中有大量的例子。

7 《政治学》v.7,1307a40 sqq. c.3,1303a20。

8 *Ibid.* v.5, c.6 *init.*, *ibid.*1305b2,1306a12, c.10,1311a22 sqq.。亚里士多德认为这些

若想要维护一个政体，就必须努力把事情维持在适度的范围内，并避免由于过度偏向它的某个构成原则而招致毁灭[1]；人们必须努力调和派别冲突；必须用一方的影响力来平衡另一方的优势地位，防止一方过度。[2]　　286
最重要的是，人们必须小心地防止公共机构为自身牟利，或者有些公民被另一些公民掠夺和压迫。在这里，正确的做法恰巧是通常所追寻的做法的反面：最需要考虑的是一个政体的自然的对手，以免不公正的对待使之成为城邦真正的敌人。[3] 从另一个角度看，这里要求的东西是通常发生的事情的反面。对于维系一个政体，没有什么比对掌权者事先的教育更重要了。[4] 然而，统治能力只取决于节制和刚毅；寡头制的权力与阴柔的、放纵的、自由散漫的人是不相容的。[5] 任何政体形式都是如此，没有例外。甚至君主制的绝对权力的维系也取决于对权力的限制[6]；　　287
暴君不正义的统治只能通过类似君主制的执政形式而使人们忘记对其起源的憎恶。维护独裁制的最好方式是关心公共福利、粉饰城邦繁荣和关心宗教的公共服务，有适度的居民和良好的经济，对价值的认同，有礼貌的和有尊严的举止，威严的人格，清醒的和坚强的品格，尊重所有人的权利和利益。[7] 类似的，对于寡头制来说，它越是残暴，就越需要建立良好的政府秩序：正如有病的身体或古怪的血管需要最精心的照料，所以，越是坏的政体越需要好的管理，以便抵消它的缺点。[8] 因此，我们总能得到相同的结论：即正义和道德是唯一能够维系城邦的保障。然而，随着亚里士多德对或多或少缺少这种基础的政体进行深入分析，我们最终只能获得同样的结果，政体形式必须遵从那些为真正的形式奠基　　288

不止是毁坏它们的原因，还是最常见和最重要的原因。

1　*Ibid.* v.9,1309b18; *cf.* iv.5,1320a2 sqq..

2　*Ibid.* v.8,1308b24.

3　*Ibid.* v.8,1308b31–1309a32, c.9,1310a2 sqq. vi.5,1320a4,29 sqq. c.7,1321a31 sqq..

4　*Ibid.* v.9,1310a12. 参见上文 p.261，以及第 506 页注释 1。

5　*Ibid.*1310a19.

6　*Ibid.* v.11 *init.*.

7　*Ibid.* v.11,1314a29–1315b10.

8　*Ibid.* vi.6,1320b30 sqq..

的原则：在这些原则之中最重要的是政府的原初目标——即全体公民的福祉——它是维持统治必不可少的手段。

事实上，亚里士多德无法按照他的计划来发展一个全面的和完整的政治理论，这对于他的哲学来说无疑是巨大的遗憾。但是，即便在我们拥有的这个不完整的形式中，《政治学》也是古代流传给我们的最富饶的遗产；如果考虑到时代的不同，它便是我们所拥有的政治科学领域中最伟大的成就。

第十四章

修辞学

我们知道，亚里士多德认为修辞学是政治学的附庸。[1]他对这个主 289
题的研究与对其他学科的研究一样，完全是革命性的，可以说他的工作
开创了历史的新纪元。他的前辈们不过满足于对演讲手段和技巧的零星
收集[2]，而他试图揭示为事物奠基的恒常原则，这些事物通常是偶然存在
的，或者最多是实践的或预备性的存在，因此，亚里士多德为技术化地
研究修辞学奠定了基础。[3]他努力补充了柏拉图提出[4]但并未实际研究的
问题——即对修辞艺术之原则的科学阐述。他并没有像惯常那般，把这 290
项艺术局限在法庭辩论和政治演说中。他指出，语言的天赋是普遍的且
可以运用在最广泛的目的上，因为语言的运用，无论是公共的还是私人
的，无论在给予建议、劝勉还是任何种类的讲述中，本质上都是相同
的，修辞学和辩证法一样并不局限于任何特殊领域[5]；正如辩证法展现了
思想的形式，修辞学展现了说服的语言形式的普遍性，除此之外，它

1　参见第 499 页注释 2，关于亚里士多德的修辞学著作，参见 i. p.72 以下。

2　除了柏拉图在《费德罗》266C sqq.，中所说的，以及亚里士多德自己在《修辞学》
　　i. 1, 1354a11 sqq. 中的评论，另外，参见 Zeller，*Ph.d.Gr.*i. p.1013 sqq.。

3　《修辞学》i. 1, 1354a6。

4　《费德罗》269 D sqq.；参见 Zeller，*Ph.d.Gr.*p.803 sq.。

5　《修辞学》i. 1 *init.*，以及 1355b7，c.2 *init.*，1356a30 sqq. ii.18 *init.* c.1, 1377b21；参
　　见柏拉图《费德罗》261A sqq.。

们也能够运用于特殊的主题。[1]另外，正如柏拉图已经注意到的[2]，演说艺术的功能与哲学的功能是不同的：后者致力于教诲，而前者致力于说服；前者的目的是可能性，而后者的目的是真理。[3]然而，亚里士多德与他的老师不同：他认为演说艺术及其理论阐述有着更高价值。[4]他和柏拉图一样都批评一般的修辞学仅仅局限于外在目的，并且只作为激发情感和赢得诉讼的一种手段，它忽视了演说的高级目的，只为了低级

291 的、政治的诉讼辩论，但手段仅占有次要的地位。一方面，他认识到，在所有情况下，演讲者的本质功能就是说服他的听众[5]，因此，他承认真正的修辞学是建立在辩证法和逻辑证明的技艺之上的。[6]他甚至明确宣称一切修辞技艺都必须被严格排除在法庭之外，而演讲者必须仅使用逻辑证明。[7]然而[8]，他意识到所有这些都不是科学的知识，大多数人必须从常识开始，常识是可能性的领域，而非抽象的真理。亚里士多德并不认为这样做会有什么危险，因为他相信人人都拥有对真理的直觉，而这种直觉一般说来都是对的。[9]他提醒我们说，我们在修辞艺术中拥有一种保证真理的胜利和为自己辩护的手段；并且为了避免被对手任意宰

292 割，我们必须善于理解他们的本性。[10]因此，正如他在《逻辑学》中用

---

1 《修辞学》i.4，1359b12。

2 参见 *Ph.d.Gr.*i. p.803 sq.。

3 《修辞学》i.1，1355a25，c.2 *init.*。另外，参见下文。

4 他确实没有在《修辞学》i.1，1355a20 sqq. 中提到柏拉图，但他心中想的是柏拉图，尤其是柏拉图的《高尔吉亚》（*Ph.d.Gr.*i. p.510），这一点被 Spengel 正确地观察到了（*Üb. die Rhetorik des Arist.: Abh. d. philos.-philol. Kl. d. Bayer. Akad.* vi.458 sq.）。

5 《修辞学》i.1，1354a11 sqq. b,16 sqq.。

6 *Ibid.*1355a3 sqq.1355b15, c.2,1356a20 sqq.。

7 *Ibid.* i.1,1354a24, cf. iii.1,1404a4.

8 *Ibid.*1355a20–b7; cf. iii.1,1404a1 sqq.。

9 《修辞学》1355a14：修辞学是建立在辩证法的基础上的；因为真理和近似真的东西是由同一个能力获得的；我们或许注意到人对什么是真的有一种充分的自然本能，并常常能够获得真理。参见第 490 页注释 2。

10 《修辞学》1355b2：对演讲技的滥用显然是非常危险的，这一点对于所有技艺都适用，除了美德——即越对其运用就越有价值。

关于可能性证明的研究来补充对科学证明的研究，他在《政治学》中用
关于有缺陷的政体的研究来补充对最好城邦的研究，而在《修辞学》中，
他也没有忽视研究演讲者采用的方法，以便补充现实的证明，并且他讨
论了严格意义上的，以及可能性意义上的证明的技艺——即那些从被普
遍承认的和对大多数人显见的前提开始的证明。[1] 然而，他认为严格的
证明是最重要的，所以把大部分的精力都用来阐明它。《修辞学》共有
三卷，前两卷是亚里士多德研究计划的第一部分，它阐明的是证明的方
法（πίστεις）；而第二和第三部分被压缩在第三卷中，这里讨论的是风
格（λέξις）和结构（τάξις），此外，第三卷的真伪并非没有争议。[2]

  亚里士多德认为证明可以分为在技艺的范围内的和不在此范围内
的。修辞学是与前者有关的科学。[3] 根据它们的主题、演讲者和听众的

293

1　因此，亚里士多德不仅把修辞学作为 *ἀντίστροφος τῇ διαλεκτικῇ*（辩证法的对应
  物），参见《修辞学》i.1 *init.*（然而，这里首要的意思是它们两者处理的都是思想
  和语言的普遍形式，而不是它们的内容），而且还把它作为辩证法的一个分支（参
  见上文第 490 页注释 2），甚至是 *μόριόν τι τῆς διαλεκτικῆς καὶ ὁμοίωμα*（它的一
  个部分和相似的），参见《修辞学》i.2,1356a30——Spengel, *Rhet. Gr.* i.9, 把这个
  句子中的"*ὁμοίωμα*"（相似物）读作"*ὁμοία*"（相似的），"*ὁμοία*"就我们面前的
  这个问题而言是不重要的，但是它的变形是不太可能的。修辞学是由分析法和伦理
  学构成的一门科学。总之，它的绝大部分是辩证法在某些实践问题上的运用（参见
  下文 p.295）。因此，我们不能把在一般辩证法中为真的情况直接运用在修辞学上，
  更不能把修辞学中为真的情况运用在哲学上，尽管 Thurot（*Etudes sur Aristote*,154
  sqq.242 sq.；*Questions sur la Rhetorique d'Aristote*,12 sq.）对这两门科学的区分在大
  多数情况下是有道理的，但是我们从这里并不能推论说上述对它们关系的陈述是不
  正确的，并且我们和 Thurot 一样有理由改变文本，从而对《修辞学》i.2 中的陈述
  置之不理。亚里士多德认为演讲者最重要的功能是证明，它可能处于辩证法的范围
  之内（《修辞学》i.1,1355a3 sqq.）；修辞学是从意见中得来的证明，它与公共演说的
  主题相适应，正如辩证法是与一切可能的主题相适应的一种证明。但我们也不能接
  受 Thurot 的读法（*Etudes*,248 sqq.），即把《修辞学》i.1,1355a9, c.2,1356a26 和《后
  分析篇》i.11,77a29 中的"*διαλεκτική*"（辩证法）读作"*ἀναλυτική*"（分析的）。
  因为，作为"从意见中推理的方法"，辩证法处理的必然是一般推论，并且这种推
  理正是修辞学的主题，所以我们最好把它与辩证法联系起来，而不是与分析法联系
  起来，但我们是在一个较为宽泛的意义上使用"辩证法"一词的。关于辩证法与修
  辞学的关系的讨论，参见 Waitz, *Arist. Org.* ii.435 sqq.。

2　参见 i.p.74；参见 *Ph.d.Gr.*i. p.389。

3　《修辞学》i.2,1355b35。

不同，修辞学又分为三类。如果一个演讲者成功地展示出他的断言是真的并且他自己是值得信赖的，并且他知道如何在他的听众中产生良好的印象，那么他就能够说服别人。依据主题划分的第一种修辞学讨论的是证明问题；依据演讲者划分的第二类修辞学讨论的是演讲者用什么方法向听众推介自己；依据听众划分的第三类修辞学讨论的是听众的情绪或演讲者如何吸引听众。[1] 因此，这三个部分是修辞学最重要的内容。[2]

294　　　这三个部分又与具有不同内在价值的主题相关。[3] 因此，亚里士多德自然应当以最长的篇幅研究第一个部分，即证明理论。正如科学论证在三段论和归纳法之先，修辞学也在省略三段论和实例之先。[4] 一个主题从不同的角度可能有不同的阐述[5]，即演说的论题占据了亚里士多德论述的大部分；在这里，他并没有把自己限制在对任何语言都适用的普遍原则上，而是讨论了每个种类的特殊性——这些特性取决于特殊的目标和主题的特点[6]；因此，亚里士多德不仅展示了一般形式的修辞学原

295　　则，而且揭示了特殊形式的修辞学原则。为了做到这一点，他区分了三

1　《修辞学》i.2,1356a1 sqq., ii.1,1377b21 sqq., iii.1,1403b9; cf. i.8,9,1366a8,25。

2　περὶ τὰς ἀποδείξεις（证明），π. τὰ ἤθη（风格），π. τὰ πάθη（影响或性质）。

3　参见第 510 页注释 6。

4　《修辞学》i.2,1356a35–1357b37，在这里，亚里士多德对这些证明的方法之本质有着详细的阐述，参见 ii.22 init.；《前分析篇》ii.27,70, a,10。根据这个段落的描述，一个省略三段论是 συλλογισμὸς ἐξ εἰκότων ἢ σημείων（根据可能性或理性证明的推理）。《修辞学》1356b4 给出了另一个定义："我说省略三段论和修辞学是推理，修辞学是归纳推理的典型。"然而，它最终被认为是同一个东西，因为演讲者就演讲者而言限制在可能的证据之内。

5　在《修辞学》i.2,1358a2, ii.26 init. 和 II.1 init. 中，亚里士多德只阐述了省略三段论的原则；但是一个具体的例子总是使人想起省略三段论中展现的普遍命题，因此他的论述事实上指的是一般的证明，他也的确在一般证明中（例如 ii.20, c.23,1397b12 sqq.,1398a32 sqq.）涉及例子和归纳。

6　《修辞学》i.2,1358a2 sqq.：省略三段论的一个部分是普遍命题——它们不属于任何一个特殊的技艺或科学，而是既适用于物理学也适用于伦理学，另一个部分是只适用于特殊科学（例如物理学或伦理学）的命题；亚里士多德称前者为 τόποι（共同领域），后者为 ἴδια 或 εἴδη（特性或形式），这个区分是重要的，但在亚里士多德之前几乎没有人认识到它。

种类别的语言：审慎的语言、诉讼的语言和演讲雄辩的语言。[1] 第一种是用来提供建议和警告的；第二种是用来起诉和辩护的；第三种是用来赞美和责备的。第一种与将来有关；第二种与过去有关；而第三种与当下相关。对于第一种语言，人们关心的是收益与损害；对于第二种，人们关心的是对与错；对于第三种，人们关心的是高尚与卑劣。[2] 亚里士多德列举了这三种语言涉及的论题。[3] 他指明了[4] 与政治所需的建议有关的主题，在这些主题的联系中产生的问题，以及与这些问题有关的信息。他详细分析了人类的一切行为的目的——即幸福；幸福的组成部分和条件[5]；善和我们称为善的事物[6]；我们区分高尚品格和卑劣品格的标准[7]；以及最后，他简要阐述了不同政体的显著特征，因为这些特征在任何时候都决定了演讲者的真正计划和他对听众的态度。[8] 类似的，在对演讲者的修辞技艺的实践指导中，他进一步阐述了高尚的和值得尊敬的行为，美德和美德的主要形式，它的外在表现和效果，以及演讲者在处理这些主题时应当采用的方法。[9] 就诉讼中的演讲者而言，亚里士多德首先讨论了非正义行为的原因和动机，因为快乐和善（我们讨论过这些问题）可能是一种动机，所以亚里士多德继续研究了快乐和产生快乐的事物的本性和种类。[10] 他研究了环境中哪些东西会引诱罪犯和受害者。[11] 他考察了犯罪的本质、种类和程度[12]；最后，他在这个部分加入了

296

---

1 亚里士多德无疑是第一个指出这个重要区分的人，因为我们不能认为 *Rhetorica ad Alexandrum*（c.2 *init.*，参见 i.p.74 中的评述）一书出现在亚里士多德之前。

2 《修辞学》i.3。

3 参见《修辞学》i.4 *init.* 中更一般的评价。

4 《修辞学》1359b18 sqq.，他在这里列举了五个主题：报复、战争与和平、自卫、出口与进口、立法。

5 *Ibid.* i.5.

6 *Ibid.* i.6.

7 《修辞学》c.7。

8 *Ibid.* i.8，参见上文第 481 页注释 6。

9 *Ibid.* i.9.

10 *Ibid.* i.10 sq..

11 《修辞学》i.12。

12 *Ibid.* i.13 sq., cf. c.10 *init.*.

在技艺范围之外使用的证明原则，这些原则只在司法审判中占有一席之地。[1] 他关于所有这些主题提出的观点当然与他的伦理学和政治学观点完全一致，只不过，在这里，为了符合这一著作的目的，它们的表达方式更加通俗，以致于有时是一种不那么精确的或科学的形式。亚里士多德讨论了不同修辞学的特征之后，进一步研究了适用于所有种类的证明形式[2]，他在这个主题下还研究了证明的普遍形式——即省略三段论和实例，以及修辞学的一些日常用法。[3] 除了严格的证明之外，还有两种形式的证明——即演说者个人的推荐和听众的印象——前者只得到简略提及，因为与它有关的原则可以从这个论证的其他部分推演出来。[4] 此外，亚里士多德详细地分析了情感以及对它们的处理方式：关于愤怒以及产生它和平息它的方法[5]；关于爱与恨、喜爱和厌恶，以及产生它们的方法[6]；此外，还包括恐惧、羞耻、善意、同情[7]、义愤[8]、羡慕和嫉妒。[9] 最后，他阐述了年龄和外部环境对一个人的品格和性情产生的影响。[10]

1　*Ibid*. i.15，参见第 511 页注释 3。

2　*Ibid*. ii.18（从 1391b23 往后），c.26，这意味着，我们按照 Spengel 的意见把这个部分（参见 i.p.74）放在第二卷的前 17 章之前。但是，如果我们采用 Brandis（iii.194 sq.）和 Thurot（*Etudes sur Arist*.228 sqq.）的意见，把传统的顺序作为原初的顺序，那么我们必须承认这个部分的内容就是在这个地方。

3　根据第 18 章末尾的陈述，第 19 章讨论的主题正是可能性和不可能性、真理和谬误、相对重要的和不重要的（1392a19）；第 20 章讨论的是说明和解释，第 21 章是格言集；第 21 至 26 章是省略三段论，亚里士多德不仅给出了一般的法则（第 22 章），而且还给出了证明与反驳中用到的形式的完整说明（第 23 章），以及谬误（第 24 章）；混合的省略三段论的例子（第 25 章）。

4　《修辞学》II.1378a6；为了把自己推荐给他的听众，演讲者必须保证三件事：理性、正直和宽容，参见第 513 页注释 9。

5　《修辞学》ii.2,3。

6　*Ibid*. c.4.

7　*Ibid*. c.5–8.

8　对无价值之人的无价值之命运的厌恶，《修辞学》ii.9 中的阐述与《尼各马可伦理学》ii.7 中的阐述是相容的（参见 p.169）。

9　《修辞学》ii.10,11。

10　*Ibid*. ii.12–17.

这些评论构成了《修辞学》的第一部分和最重要的一部分；《修辞学》的第三卷仅简要论述了风格和结构的问题。在第一部分中，亚里士多德首先对讲演和语言做出了区分。尽管作者渴望对修辞的讲演做出技术化的系统指导，但他对如此外在的因素之于演讲的一般后果产生的影响感到遗憾。[1] 他随后注意到演讲者的语言和诗人的语言之间的区分，并认为前者必须具备两个根本的特征：清晰和尊严[2]，为了确保获得这两个特征，他提议演讲者应当把自己限制在恰当的表达和有效的比喻中[3]，他进一步详细阐述了上述性质和条件。[4] 此后，他讨论了语言的恰当性[5]、完整性和表达的适用性[6]，音律和句法结构[7]，表述的流利和优美。[8] 最后，他考察了书面语和口头语以及不同类型的言说中应当使用的语气。[9] 然而，我们在这里不可能详述作者在这些主题上的许多激动人心的观察和发现。它们清晰地显示出，当今流传的《修辞学》即便不是直接出自亚里士多德之手，也是建立在他的学说之上的。

《修辞学》最后的部分讨论的是结构的问题，它的重点是任何演讲都有两个不可或缺的部分：即对主题的阐述[10]和证明。在这两个部分之

298

299

1　*Ibid.* iii.1,1403b21–1404a23。亚里士多德没有详细地讨论什么是好的讲演和什么是坏的讲演；他仅仅指出它取决于声音——尤其是它的音量、旋律和节奏。

2　*τὸ πρέτον*（清晰的）在 *τὸ ταπεινὸν*（低级的）和 *τὸ ὑπὲρ τὸ ἀξίωμα*（高级的）之间的中道，即在粗陋的风格和过分华丽的风格之间的中道。

3　《修辞学》iii.1 sq.1404a24–1404b37。

4　*Ibid.* to c.4 *fin.*

5　*τὸ ἑλληνίζειν*（用希腊语表达或说希腊语），参见 iii.5，在这里，除了语言正确的性、数、格和句法，还有明确性和没有歧义的表达，以及易于朗读和易于理解。

6　*ὄγκος τῆς λέξεως*（表达的完整性），参见 c.6；*τὸ πρέπον τ. λέξεως*（表达的清晰性），参见 c.7，它们主要是指内容和风格的真正关系。

7　前者在第8章中，后者在第9章中得到讨论。

8　*ἀστεῖον*（优美的）和 *εὐδοκίνουν*（易接受的），以及 *πρὸ ὀμμάτων ποιεῖν*（显而易见），参见 c.10 sq.。

9　《修辞学》c.12。

10　*πρόθεσις*（假设或前提），叙事仅仅是在诉讼语言中使用的一种特殊的种类；参见 c.13,1414a34 sqq.。

外，大多数演讲还包括前言和结论，因此演讲共有四个主要部分。[1] 每个部分所要求的研究方法，以及环境的特殊性所要求的、关于它们的结构和实行的原则，亚里士多德都触及了，他的阐述充满了洞见和学识。正如他的修辞学理论从整体上看并未忽视那些有利于成功的外部条件，在这里，只有考虑到听众的或演讲者所处情形的弱点时[2]，演讲者才被允许使用某些辅助手段。在这个意义上，《修辞学》恰恰是《论题篇》的对应。但是，无论是对于《修辞学》还是对于《论题篇》，我们在这里无法对这些主题进行详细的描述。

1　参见《修辞学》c.13。与这个区分相对应，亚里士多德首先给出（c.14 sqq.）前言，其次阐述了（c.16）这个主题（然而，他在这里将其称为 $\delta\iota\eta\gamma\eta\sigma\iota\varsigma$），关于证明，参见 c.17 sq. 关于结论，参见 c.19。
2　《修辞学》c.14,1415b4。

第 十 五 章

艺 术 哲 学[1]

除了知识和行动，亚里士多德还区分了第三个领域，即艺术的生 300
产，他在理论科学和实践科学之外加入了诗的科学。[2] 然而，他对于诗
歌的研究不像前两者那样全面和深入。这类作品流传下来的只有一本是
关于艺术的，且它并非关于艺术的全部，只是关于诗歌的艺术；即便如
此，我们也只拥有一份不完整的、关于诗歌艺术的研究。但是，那些没
有流传下来的作品也没有一个是全面研究艺术的，哪怕是研究精美艺术
的。[3] 除了一本关于音乐的书之外——它的真实性非常值得怀疑[4]——我 301

1　E. Müller, *Gesch. der Theorie der Kunst bei den Alten*, ii.1–181. Brandis, ii. b,1683
　　sqq. iii.156–178; Teichmüller, *Arist. Forsch.* vol. i. ii.1867,1869; Reinkens, *Arist. über*
　　Kunst bes. üb. Tragoedie,1870; Doering, *Kunstlehre d. Arist*.1876. 关于这个主题的更
　　多研究文献，参见下面的论述以及 Überweg, *Grundr*. i.204 sq.; cf. Susemihl, *Jahrb.*
　　f. Philol. lxxxxv.395 sqq. xcv.150 sqq.221 sqq.827 sqq. cv.317 sqq.，参见他的《诗
　　学》（第 2 版，1874 年）的前言和注释，另外参见 *Bursian's Jahresbericht*,1873, p.594
　　sqq.1875, p.381 sqq.1876, p.283 sqq.。

2　参见 i.p.106, p.182。

3　亚里士多德认为，这两者之间存在差异；智力的、美的和有用的一切产品都属于
　　技艺，参见其他，以及第 404 页注释 4；《形而上学》i.1,981b17,21。尽管他在《形
　　而上学》同一个地方说有些技艺（τέχνη）是为必然的东西服务的，而有些技艺是
　　为愉悦服务的，尽管存在不同于为了愉悦和为了知识的必然性的技艺，但是亚里士
　　多德没有明确地指出是什么区分了精美的艺术（或技艺）和有用的艺术。在《物理
　　学》ii.8,199a15 中他讨论的不是（Teichmüller, *Ar. Forsh*. ii.89 sqq. 有这样的观点）
　　两种艺术，而是艺术与自然的一般关系的两个方面。参见第 519 页注释 4，以及
　　Boering, p.80 sq.。

4　关于这本书，参见第 78 页注释 1。另一方面，罗泽（*Fragm*.43, p.1482）和 Heitz

们只听说过关于诗人和诗歌历史的武断论述，其中有一些还可能是伪造的。因此，我们无法在亚里士多德这里寻找有关艺术的完整理论；从现有的资料来看，我们也无法完全了解他的诗歌艺术理论。

亚里士多德的艺术哲学与柏拉图的一样[1]，不是建立在抽象的美的概念之上的，而是建立在抽象的艺术的概念之上。美的概念始终是模糊的、最终也没有得到定义。在谈论道德的美时，亚里士多德把美与善相比较，因为善因其自身而被欲求[2]，他同时在别的地方指出：从另一个观点看，与善相较而言，美是一个更宽泛的概念，因为善这个词只能谓述某些行为，而美这个词可以谓述不动的和不变的东西。[3] 他指出美的本质特征是：有时是秩序、对称和限制[4]，有时是恰当的界限[5]和秩序。[6] 然

302

（*Fr.*75, p.53）认为 Plut. *De Mus.*23, p.1139 的残篇指的是《欧德谟斯》，但是我们在这篇对话中不太可能找到这段残篇的恰当位置，我认为它可能是从这本书中来的。然而，由于这本小书有毕达戈拉斯学派的风格，我们不认为它是亚里士多德的著作。

1 关于这个问题的说明，参见 Zeller, *Ph.d.Gr.*i. p.795。Belger, *De Arist. in Arte Poeetica Componenda Platonis discipulo*，在这里 Belger 详细解释了亚里士多德的理论与柏拉图理论的相似之处，以及它们的差异。

2 《修辞学》i.9,1366a33。ii.13,1389b37：美的与有用的是不同的，或者对于个体的善是绝对的善。许多文本描述了美被理解为道德的美，例如，善（被理解为道德的美）；有些文本我们已经指出了，例如第 429 页注释 2，第 430 页注释 1 以及第 454 页注释 3。然而，我们在亚里士多德的文本中（P. Ree 是这样做的，参见 $\tau o\tilde{v}$ $\kappa\alpha\lambda o\tilde{v}$ notio in *Arist. Eth. Halle*,1875）找不到对于这个概念更准确的定义；他似乎觉得在伦理学和美学中都没有必要给出这样的定义。

3 参见《形而上学》xiii.3,1078a31。数学（它的对象是不动的，参见 i.p.183）在一种特殊的意义上处理的是美的问题。亚里士多德用善和美来描述神，但神是绝对的不动者（参见第 260 页注释 6 以及上文 i.p.404）；他认为神在广义上是活动的（参见第 262 页注释 1 末尾）。但这并不代表我们可以把面前这段话的字面意义理解为相反的（Teichmüller 是这样做的，参见 *Arist. Forsch.* ii.209,255 sqq.）。它只不过为亚里士多德对"善"和"美"的表达之模糊性提供了另一个证明。在《形而上学》xiii.3 中，他只是在伦理学的意义上考虑"善"的问题。

4 《形而上学》1078a36。这个句子中的"$\epsilon\tilde{i}\delta\eta$"指的并非不同种类的美，而是美的事物的各种形式或性质。Müller 向我们展示了这些观点如何表现在亚里士多德的艺术理论中（p.9 sqq.），他比较了《问题集》xix.38, xvii.1 中的内容。

5 Doring（第 97 页）正确地指出，从实践上看它与 $\tau\grave{o}$ $\dot{\omega}\rho\iota\sigma\mu\acute{\epsilon}\nu o\nu$（可分的）是等同的。

6 《诗学》7,1450b36（参见《政治学》vii.4,1326a29 sqq.1326b22；参见第 491 页注释 3，以及《尼各马可伦理学》iv.3,1123b6）。正如一个可见的物体必须有一个适合的尺寸，

而，无论"美"这个概念有多么含糊，无论它与可感现象之间的关系有多么遥远，我们从上述描述中 [1] 确切地知道这些特征主要出现在数学中。如果美不止是科学研究的对象的一种性质，或者不止是艺术生产的善的行为，那么它是一个过于含混的概念而不能作为艺术哲学的基础。因此，亚里士多德在《诗学》开篇就把它撇在一旁 [2]，并从对艺术之本质的考察开始。[3] 亚里士多德和柏拉图一样认为，一般而言，艺术的本质是一种模仿。[4] 它起源于模仿的本能以及在模仿活动中感到的愉悦，它把人类和其他存在者区分开来；因此，艺术产生了特殊的快乐。[5] 亚里

303

304

才能被轻易地看到，神话必须易于记忆。这个段落中的插入语（συγχεῖται γὰρ...）的意思是：如果一个对象太小，那么它的部分就将集合在一起，从而我们不能清楚地看见它。在"ἀναισθήτου"（不可感知的）后面的"χρόνου"（时间）一词很可能是从《物理学》iv.13,222b15 的文本中偷偷混入的（参见 Bonitz, *Arist. Stud.* i.96; Susemihl, *in loco.*）。

1　参见《形而上学》1078b1。为了回应 Teichmüller 对上述论述的反驳（*Arist. Forsch.* ii.275 sq.），Susemihl（*Jahrb. f. Philol.* cv. p.321）指出，这里在知觉的具体现象（例如颜色、声音等）和抽象的、可感对象的数学形式之间存在混淆。

2　这里使用的句子（πῶς δεῖ συνίσταθαι τοὺς μύθους, εἰ μέλλει καλῶς ἕξειν ἡ ποίησις）（如果被造物注定拥有美，那就有必要将这些描述美的语言混合起来。）Teich Müller（ii.278）显然并不反对这个观点。我们几乎不必指出这里的表达，即"拥有美"和"述说美"等（例如《气象学》i.14,352a7,11;《政治学》iv.14,1297b38;《形而上学》xiii.6 *init.*;《尼各马可伦理学》vii.1, 以及其他许多段落）与"美"的特殊的美学意义无关。

3　Teichmüller（*ibid.* p.208–278）确实在关于美的详细讨论中和关于"四种美学的观念"的描述中（秩序、对称性、界限和大小）试图阐述亚里士多德的艺术理论是建立在"美"这一概念上的。然而，这种努力被 Doering（p.5 sqq.93 sqq.）否定了——他的做法是正确的。如果抽象的美的概念是亚里士多德艺术理论的起点，那么他应当首先对其进行详细的研究，并把这种研究的成果作为阐释艺术的标准。然而，他并没有这样做，尽管他要求艺术作品必须是美的，他说语言拥有美，神话更加美，而悲剧是最美的（《诗学》c.9 *fin.* c.11,1452a32, c.13,1452b31,1453a12,22, and *passim*），但他从来没有从"美"这个普遍概念中推导出任何艺术的原则，而是从对一个特殊艺术的阐述中推导出艺术的原则。

4　《诗学》i.1447a12（关于诗歌和音乐的不同形式）;c.2 *init.* c.3 *init.*；另外，参见《物理学》ii.8,199a1。艺术在这里是作为精美艺术的。它仅仅是模仿，但它或许也能够被认为是对本性的完善，例如对声音和举止的训练。

5　《诗学》4 *init.*，在这里，亚里士多德指出这样一个明显的事实：好的图片使我们感到愉快，即便图片上的对象产生出与它们自身相反的印象：例如，令人厌恶的动物或尸体。参见第 520 页注释 1。

士多德认为，这种愉快除了来自对图画中的对象的辨认和由此获得的享受，还来自对知识的普遍欲求的模仿。[1]然而，知识由于认知对象的不同而具有不同价值[2]，对于艺术模仿而言也必然如此。在艺术中被模仿的对象一般是自然或者经验到的现实世界。[3]但是，自然包括了人和人的活动；最精美的艺术——即诗歌和音乐——只与人有关[4]；艺术模仿的本质目标不仅仅是事物的外在表象，在很大程度上是它们内在的理智本质。人们或许可以把自己限制在普遍的和现实的事物中，也可以超出这个限制，或低于这个界限。[5]人们可以按照事物之所是来表达它们，也可以按照它们通常被理解的方式来表达，或者按照它们应当所是的方式来表达。[6]艺术的主要功能正体现在最后这种表达方式中。亚里士多德认为艺术必须表现普遍的、必然的和自然的东西，而不是个体本身。它不能满足于反映单纯的实在，而是必须将其美化。例如，绘画者必须既忠实于他的对象又提升它[7]；诗人必须告诉人们的不是已经存在的事物，而是根据自然的本性什么应当存在，因此亚里士多德喜欢关于历史的诗歌，它们更高级并且更接近哲学，因为它们不仅向人们展示了个别的事实还有普遍的法则。[8]对于严肃的诗歌和喜剧来说都是如此。前者在带给我们超越普通界限的形式的同时必然展现出一个崇高的人类本性的图景，因为它表现了典型的人物——他们的某些道德品格的真本质向我们

1　《诗学》4,1448b12。《修辞学》i.11,1371b4。

2　参见第 519 页注释 4。

3　《物理学》ii.8，参见第 519 页注释 4。

4　参见第 520 页注释 5，甚至舞蹈艺术也只与人有关，c.1,1447a27。

5　《诗学》2 *init.*；接下米，亚里士多德用绘画、诗歌和音乐（作为例子）阐述了这一点。

6　*Ibid.*25,1460b7。我们可以认为这些句子是亚里士多德的真迹，尽管它们处于一个十分可疑的文本中。

7　《诗学》15,1454b8。希腊神像的美化和理想化当然不会被哲学家忽视；参见第 468 页注释 5。

8　《诗学》9 *init.*；*Ibid.*1451b20; c.15,1454a33; c.1,1447b13 sqq.：造就诗人的不是韵律，而是内容。恩培多克勒（在 *Diog.* viii.56 中，亚里士多德称赞了他的荷马式的魅力）与荷马相同的地方只有韵律。

明晰地展示着[1]；尽管喜剧与人性的懦弱有关[2]，但它的主要目的不是攻击个别人，而是表现各种类型的人格。[3] 因此，尽管柏拉图和亚里士多德都认为艺术是一种模仿，但是他们从对艺术的阐述中得出了非常不同的结论。柏拉图认为它只是对知觉现象的模仿，因此他对艺术的无用和错误表示出最大程度的轻蔑[4]；另外，亚里士多德认为艺术是普遍真理给予人们的感性工具，因此他把艺术的地位放在对个体事物的经验知识之上。

现在，我们要解释，在亚里士多德看来，艺术的目的和效果是什么。在我们之前引用过的两段文本中[5]，他区分了音乐的四种作用[6]：

1　《诗学》15（参见第 520 页注释 7。参见下一条注释，以及 c.13, 1453a16。

2　《诗学》c.2 *fin.*; c.5 *init.*。

3　参见《诗学》9, 1451b11 sqq. c.5, 1448b5；《尼各马可伦理学》iv.14, 1128a22。在这里，亚里士多德喜好新的喜剧形式而非旧的喜剧形式，因为它不会被滥用。此外，他称赞荷马是喜剧人物 Margites 的作者（《诗学》4, 1448, b, 34）（Margites 是喜剧人物的名字，他被描述为一个滑稽而愚蠢的人。——中译者注）。亚里士多德的《诗学》无疑是 Cramer 在 *Anecd. Paris* 的附录中的评价的来源（*Arist. Poet.* p.78; Vahl. p.208; *Fr.*3 Sus.）。《修辞学》iii.18, 1419b7 的内容属于这个主题，他说 εἰρωνεία（掩饰或虚伪）对自由人比对僧人或修士更有价值。这个观点也在亚里士多德的《诗学》中被单独讨论过（《修辞学》i.11, 1372a, cf. Vahlen, ibid. p.76; *Fr.*2），并且这里的文本是 *Anecd. Paris.*（*Fr.*9）的来源，参见 *ibid.*。

4　参见 *Ph.d.Gr.*i.p.799，这里的观点与下述事实是不相容的：艺术同时被认为是最重要的教育手段之一，它的功能是表现道德理念（*ibid.* p.532 sq.772 sq.800 sq；参见《会饮篇》209D）。

5　《政治学》viii.5, 7，参见上文第 266 页。这几个段落中的第一段根本没有提到"净化"；参见 1339a15。但第二段文本确实提到了它，参见 1341b36。然而，由于这个原因，像 Spengel 那样改写后面这个文本（*Über die* κάθαρσις τῶν παθημάτων, *Abh. der philos.-philol. Kl. der Bayr. Akad.* ix.1.16 sq.）是一种粗暴的权宜之计；Bernays 反对这种做法（*Rhein. Mus.* xiv.1859, p.370 sqq.）——我们认为他的观点是正确的。这些提议中的第一种是很难被接受的，即便从风格的角度来看也是如此，它们两者都不能从第五章和第七章所谓的矛盾中得到支持，因为亚里士多德的文本通常有这样的情况：一个先前的区分在后来的文本中得到了补充（例如，在第一卷第 400 页以下所说的关于政体的不同分类）；此外，这两者都与启发的音乐和净化的音乐的区分不相容，这个区分在第 7 章中被提出来并立即引起了注意。

6　音乐不仅仅有三种作用，Bernays（*ibid.*）把 ἀνάπαυσις（休息）和 διαγωγή（娱乐）看作同一个。但亚里士多德清楚地区分了这两者：他说青年人是没有能力娱乐的，他们倾向于 παιδιά（幼稚）和 ἄνεσις（放纵）（参见第 496 页注释 3）；休息是

308　（1）它有放松和消遣的作用；（2）它是道德教化的手段；（3）它是有趣的活动；以及（4）它有净化的作用。他并未阐明每种形式的音乐是否都有这四种作用；他也不认为任何情况下它们在这个方面都是相似的。他指出造型艺术的道德作用尽管是存在的，但与音乐比起来它是低级的，[1]并且他很可能不认为它们具有净化作用。如果它们把自身限制在对个别对象的精确模仿上，那么在亚里士多德看来，它们的目的

309　不过是满足一种浅陋的好奇心。[2]他似乎也不期望从喜剧中（关于这个主题的讨论参见下文）获得道德的启发或净化的效果。另外，我们将看到，情感的净化是严肃诗歌的主要目的，当然，这种艺术并不因此排除在它的听众中产生其他效果以及与之相关的或从中而来的其他效果。假若这种效果的一部分——即娱乐——源于从可感的表象中得来的愉悦，那么更高级的和更有价值的部分源于理想化的内容——亚里士多德认为这是艺术的功能所呈现的。作为高贵的精神娱乐（διαγωγή）的手段，高雅的诗歌一定与我们的理性有关，因为根据亚里士多德的原则，我们的理性活动的程度也是我们的幸福程度[3]；并且，事实上，亚里士多德认为艺术的净化效果与理智活动的关系是密切的。[4]类似的，诗歌能够启迪道德，因为它向我们展示了道德活

　　　一种目的，而娱乐仅仅是一种手段（c.5,1339a29,1339b25–42；参见《尼各马可伦理学》x.6,1176b27 sqq., 以及上文第 140 页）；前者预设了一种更高的文化；后者却非如此。因此，它们是完全不同的，参见 1339a25,1338b13,15 sqq., *ibid.*4; cf. a,33. 参见第 507 页注释 2。

1　《政治学》viii.5,1340a28: συμβέβηκε…ἐστι τοιαῦτα（即道德态度和举止），"πάντες"（这里读作"οὐ πάντες"，采用 Müller 的推测，参见 *ibid.*10 sq.348 sqq.）。然而，青年人应当不被允许学习 Pauson 的绘画，而是应当学习 Polygnotus 的绘画，或者向其他任何有道德美德的画家和雕塑家学习。

2　参见第 520 页注释 1。

3　参见从《尼各马可伦理学》x.8 中引用的段落，以及第 425 页注释 3。

4　参见在《政治学》viii.5，以及第 521 页注释 5 中引用的文字：πρὸς διαγωγήν τι συμβάλλεται καὶ φρόνησιν（获取它是为了精神娱乐和明智）。Spengel, *ibid.* p.16 和 Thurot（*Etudes sur Arist.*101）分别提出这里的文本应当读作"εὐφροτύνην"（或者"τὸ εὐφραίνειν"），而不是"φρόνησιν"，因为他认为"明智"不应当属于娱乐，而是应当属于之前提及的"美德"。然而，这个观点是不正确的。亚里士多德用"美

动的本质和目的，它给出的例子激发了我们的崇敬或憎恶的情感——
亚里士多德相信诗歌无疑具有这样的功能。[1]最后，就艺术的净化效
果而言，我们必须承认，在亚里士多德对悲剧的定义所引起的无休止
的争论之后[2]，迄今为止，人们仍旧没有对下述问题达成一致看法：艺
术的净化效果在哪里？以及产生它的条件是什么？然而，这并非不同
寻常，因为现存的《诗学》文本已经遗失了原书中包含的对"净化"
的完整阐述[3]，尽管缺失的部分可以从其他文本中得到一些补充。首
先，这些阐述表明艺术产生的、对情感的净化作用不是发生在艺术作
品自身之中，而是发生在那些看见它或听见它的人身上。[4]我们还知
道它的直接对象不是道德进步，正如之前设想的那样[5]，而是对情感产
生某种影响。亚里士多德明确把净化和道德培养作为不同的目的[6]：他
认为后者是与前者完全不同的一种教育形式，因而对它们的处理当然是

310

311

德"指的是道德德性，而非对品格的训练；用"娱乐和明智"指的是对理智和品位
的训练。关于"διαγωγή"的讨论，参见第496页注释2。

1　参见 p.304。

2　关于这个主题的评论，参见 Susemihl. *Arist. ϖ.ϖοιητ.* p.36 sqq.，以及别的文本（参
见第517页注释1）；Reinkens, p.78–135，以及 Doering, p.263 sqq.339 sq.；后者讨
论了关于这个主题的大约70篇论文，其中大部分是最近50年写成的。

3　参见第77页注释2。

4　Goethe（*Nachlese zu Arist. Poeetik*, 1826; *Briefwechsel mit Zelter*, iv.288, v.330,354）
把悲剧的定义中的这个句子 δι᾽ ἐλέου καὶ φόβου περαίνουσα τὴν τῶν τοιούτων
παθημάτων κάθαρσιν（激起怜悯和恐惧，并在悲剧中完成这些情感的净化）解释
为（《诗学》6,1449b24 sqq.）"演员自身获得的平静"。然而，这个解释现在被普遍
认为是错误的（例如 Müller, *ibid.*380 sqq.; Bernays, *ibid.*137; Spengel, *ibid.*6）。除
了语言上的困难，《政治学》viii.7,1342 明确提出"净化"是发生在听众身上的，这
一点在《诗学》中也可以得到证明，正如 Müller 指出的那样。因为，如果我们说悲
剧通过恐惧和怜悯净化了演员的情感，那么需要下述条件：即他们带着恐惧和怜悯
来到舞台上；但这（参见 Lessing, *Hamb. Dramat.*78 St.）绝对是不寻常的，通常不
会发生这种事。亚里士多德在这个问题上尽可能清楚地表达了他的观点，参见 c.14
init.。

5　参见 Lessing 和先前学者的评价（*Hamb. Dram.*74–78 St. *Werke*, vii.352 sqq.
Lachm.）："这种净化并不取决于其他，而是把激情转化为获得美德的敏感"（p.352）。
他的这个观点有许多追随者，例如 Spengel，参见第521页注释5。

6　《政治学》viii.7,1341b36，参见 c.6,1341a21。

312　不同的。[1] 此外，他把净化描述为一种治疗和伴随着愉悦的精神放松[2]，因此，他并不在任何意志的发展中或者产生美德的性情中寻找净化[3]，而是在剧烈的情感扰动后的恢复和平静中找到了它。[4] 事实上，在亚里士多德思想中占据重要地位的"净化"之意义究竟是宗教上的还是医学上的是不重要的[5]；因为在任何一种情况中，我们面对的都是一个比喻的表

313　达，这个术语的意义并不能被任意地从一个领域转化到另一个领域[6]，并

1　参见第 523 页注释 6 以及 c.7,1341b32：因为我们必须区分道德的、实践的和令人振奋的音乐，还因为需要其他种类的音乐来为第 521 页注释 5 中所说的不同目的服务；这是纯净音乐的另一种作用，不同于"净化"，它净化了情感主体自身，并带给所有人愉悦（因此 Thurot, *Etudes*, 102 sq. 假设的 ὁμοίως δὲ 之前的空隙是不正确的）。从这个段落来看（尽管我们可以解释它的一般意义），下述观点是非常明显的：亚里士多德认为一种音乐产生了净化的效果，尽管它并不包含道德性质，因此它或许并不用于对青年的教育，也不被公民实践，但他们可能聆听到这种音乐——即令人振奋的音乐；倘若如此，净化虽然对道德品性有间接影响，从它的直接效果来看，它本身并不是意志的产物。悲剧产生的净化效果也是如此，因为它所涉及的那些情感（参见下文）被明确表达为与振奋或兴奋相关的，即怜悯和恐惧。

2　参见上一条注释，类似的段落参见《诗学》c.14,1453b10（在第 6 章中有这样的描述：悲剧表演的目的是净化，而它被放置在一种愉悦的享受中）。

3　即 χαίρειν ὀρθῶς καὶ λυπεῖσθαι（单纯的快乐与悲伤），《政治学》viii.5, 1340a15, 22；参见上文 p.266。

4　这个意义是许多古代学者认为的"净化"的意义，例如亚里士多塞诺斯（Aristoxenus，参见 Zeller, *Ph.d.Gr.* i. p.714），Ps. Jambl. *Myster. Aegypt.* p.22, Prokl. in *Plat. Remp.*(*Plat. Opp.* Basil.1534) p.360,362, Plut. *Sept. Sap. Conv.* c.13, p.156 c. *Quäst. conviv.* III.8,2,11, p.657 A; cf. Bernays, *Grundzuege der Verlorenen Abhandlung d. Arist. Über Wirkung der Tragoedie* (*Abh. der Hist.-philos. Gesellschaft in Breslau 1.*1858), p.155 sqq.199.; id. *Über die trag. Katharsis bei Arist.*(*Rhein. Mus.* Xiv.374 sq)。

5　Boeckh 在 1830 年（*Ges. kl. Schriften*, i.180）指出"净化"指的是医疗上的清除之后，这个观点被 A. Weil（*Üb. d. Wirkung der Trag. nach Arist. Verhandl. der* 10. *Vers. Deutscher Philologen*, Bale,1848, p.136 sqq.）采纳，Bernays 在第 524 页注释 4 中提到的文章中更全面深入地研究了这个问题，他的研究独立于他的前辈们。Thurot, *Etudes*,104 继续了前人的研究；参见 Doering, *ibid.*278 sqq., 他也坚决为这个观点辩护（*ibid.* p.248 sqq.）。

6　另外，我们不能假设亚里士多德使用的"净化"（κάθαρσις）——他用这个词表达了艺术表现的一种确定效果——在《政治学》中说的音乐的"净化"意义与《诗学》中说的悲剧的"净化"意义是不同的，《政治学》viii.7,1341, b,38 也没有给出对"悲剧的净化效果与音乐的净化效果是不一样的"这个假设最弱的证明。虽然一个可以通过不同的方法从另一个产生出来，但是"净化"的效果本身在两者中必须

且我们只能通过参考别的段落和整个学说来确定这个术语中的类比意义能够延伸多远。他的 "$\kappa\alpha\theta\alpha\rho\sigma\iota\varsigma$" 这个词（即 "净化"）在第一个例子中的意思很可能是 "去除身体上的负担或有害的物质"[1]，但由于他把这个概念运用到情感状态上，继而把它同 "从污染和精神疾病中解救" 的观念联系起来[2]——正如人们常常未加清晰辨别就把在一个含混的复合结构中拥有相同表达的观念混合起来。此外，古人对于 "净化" 概念并没有做治疗和救赎的区分。[3] 然而，我们注定要研究的问题是某些内在的过程——亚里士多德认为它们是艺术之净化效果的手段和条件。我们从他的阐述中知道，净化是对某些过度兴奋的激情或过度的精神压抑的释放[4]；因此，我们应当把第一个例子中的 "净化" 理解为清除不健康的

314

在本质上是相同的，除非我们认为亚里士多德被一些误导性的术语迷惑了。Stahr, *Arist. und die Wirk. d. Trag.* p.13 sq.21 sq.，并没有充分地区别这两个意义。

1　亚里士多德自己的表述，参见《政治学》viii.7,1342a10,14。Jambl. *De Myst.* i.11 对情感有类似的评论；此外，Procl（in *Remp.*362）指出，亚里士多德反驳柏拉图说他禁止悲剧和喜剧的做法是错误的；这些陈述指向这个观点。

2　《政治学》viii.6,1341a21 指出狂欢式的音乐对精神的净化作用比学习更好，在 c.7,1342, a,9 中，亚里士多德认为 "治疗" 和 "净化" 是由于 "灵魂的兴奋" 所致。因此，某种宗教音乐的效果是能够与医学治疗相比拟的。亚里士多德似乎还使用了 "$\dot{\alpha}\varphi o\sigma\iota\omega\sigma\iota\varsigma$"（清除）这个词，它指的是通过施舍以及其他宗教行为来消除罪孽，它也表达了相同的效果。Procl. *ibid.* p.360 描述说，亚里士多德问柏拉图为什么要拒绝悲剧和喜剧，并以清除一切为最终的目的。亚里士多德自己回答说（p.362）：因为它们没有 $\dot{\alpha}\varphi o\sigma\iota\omega\sigma\iota\varsigma$（清除）的功效。

3　谁拥有激情或任何其他强烈的、支配他自己的情感，谁就是 $\kappa\alpha\tau\alpha\kappa\dot{\omega}\chi\iota\mu o\varsigma$（迷狂之人），亚里士多德在《政治学》viii.7,1342a8 中曾这样指出。但是 $\kappa\alpha\tau\alpha\kappa o\chi\dot{\eta}$ 或 $\kappa\alpha\tau o\kappa\omega\chi\dot{\eta}$（迷狂）最初被认为是 $\theta\epsilon\dot{\iota}\alpha \kappa\alpha\tau o\kappa\omega\chi\dot{\eta}$（神的迷狂），在迷狂中，救赎是通过与神的和解而实现的，疾病是一种神秘的造访，而治愈是和解的结果（参见柏拉图《费德罗》244 D）。

4　我们在第 524 页注释 1 的引用中以及《政治学》viii.7 中看到，激情被认为是许多人可以拥有的一种兴奋的形式，并且通过狂欢式的音乐，他们好像是被治愈和净化了，$\kappa o\nu\varphi\dot{\iota}\zeta\epsilon\sigma\theta\alpha\iota$（舒缓或释放）这个词被用来表达相同的效果。

315　情感[1]，而非对灵魂的恒定情感的任何净化。[2]当我们问艺术是如何实施这种清除的？有人告诉我们，艺术通过产生无害的兴奋来参与和满足人对剧烈情感之体验的内在需要，从而达成这种效果。[3]然而，艺术产生的效果的特殊性质并不容易被解释清楚。为什么在这种情况下，治疗是
316　通过顺势疗法实现的，而在别的情况下是通过对抗疗法实现的呢？[4]为

1　"κάθαρσις τῶν παθημάτων"（对不幸和苦难的净化）这个词组要么说的是情感的净化，要么对情感的释放，因为我们要么说 καθαίρειν τινὰ τινὸς（净化某个东西），要么说 καθαίρειν τι（清除被污染的东西）。从希波克拉底的时代起，医学术语便采用了"κάθαρσις"的第二种用法（参见 Reinkens, p.151 sq.，他遵照了 Foesius 的意见）。它的意义被移植到道德语境中，例如柏拉图在《斐多》69B 中说美德是对所有事物的某种净化，即对快乐和恐惧的净化和释放。亚里士多德自己在一种"纯净的分泌物"的意义上使用这个词，例如他在《论动物的生成》iv.5,774a1 说到 κάθαρσις καταμηνίων（纯净的经血），在 ibid. ii.4,738a28 中说到 κάθαρσις τῶν περιττωμάτων（纯净的分泌物）（在 a27 行中使用的是"ἀπόκρισις"[纯净的]）。这些例子和前一条注释中提及的段落使得"κάθαρσις τῶν παθημάτων"的意义很可能是指"从不幸和痛苦中的释放"。这个观点看起来确实与我们熟知的悲剧定义不相容（参见第 530 页注释 2），即悲剧被定义为：怜悯和恐惧引起的不幸的释放和净化；似乎怜悯和恐惧的情感完全不可能通过振奋而被消除。然而，有人已经给出这个问题的答案（例如 Reinkens, p.161），他说人为引起的悲剧性的怜悯和恐惧的情感可以释放从生活事实中产生的怜悯和恐惧的情感（参见第 524 页注释 1，这些情感已经以或强或弱的方式存在于每个人中），这就是为什么亚里士多德写下了"τῶν τοιούτων παθημάτων"而不是"τούτων"的原因，这两种怜悯和恐惧的情感是相互联系的，但是并不相同（另外，亚里士多德写的是"παθημάτων"，而不是"παθῶν"，这是不重要的，因为 Bonitz, *Arist. Stud.*5, H 指出 [但 Bernays 持有相反的意见] 这两个词在亚里士多德那里是同义词）。

2　参见策勒之前的观点。

3　参见 Weil, *ibid.*139；但 Bernays 的观点也是不完整的，他指出艺术产生的净化效果是对有害情感的清除：因为"清除"意味着通过排除不健康的物质使得身体变得健康，所以纯净的音乐通过对迷狂情感的释放在我们身上产生了抚慰的效果。参见 171,176,164 以及他的 1858 年文章的其他段落。类似的，Bernays 的继承者，例如 Doering 在第 259 页指出"净化是通过增加有害物质的方式而最终将其全部分泌出，或者加快自然本身的治疗过程，因为后者已经倾向于这两种后果了。"此外，Überweg, *Zeitschr. f. Phil.* L.33 sqq. 这样说"净化是通过对情感的兴奋和沉溺而暂时对这些情感的释放（Überweg 认为这是人的正常需要）"；但是他忽视了这样一个事实，即"πάθημα"（不幸或苦难）并不是指任何可能的，甚至正常的情感（更不用说"正常的需要"，参见 p.33，以及 *Grunder.* i.213; see Eng. Tr. *Hist. of Phil.* vol. i. p.179），而只是指病态的或者压抑的情感，只有这些情感才需要被清除。

4　《尼各马可伦理学》ii.2,1104b17。

什么是艺术引起的兴奋而不是其他任何兴奋的情感能够产生平静和清除有害物质的净化效果，而在现实生活中经常出现的某些情感却能够产生一种重复自身的倾向？[1]亚里士多德并未忽略这种情况；但如果他发现了这一问题，那么我们或许可以肯定地说他也试图去解释它。他确实这样做了。在他看来，"净化"的确是通过引起情感的兴奋而实现的，并且它是对情感的顺势疗法[2]；但这种效果不是从所有情感兴奋中不加区别地获得的，而只有从艺术的情感兴奋中才能获得——亚里士多德在这里说的艺术不是指那些在我们身上产生出过于强烈情感的艺术，而是产生出正确情感的艺术，正如我们在他的悲剧理论中看到的。倘若亚里士多德认为艺术的净化仅仅取决于某些情感的兴奋而不取决于引起它们的方式和手段，那么他一定只在艺术作品对观看者产生的效果上而不是在它们的内容和恰当的方式上为艺术作品寻找标准。但他并没有这样做。[3]因此，我们不得不追问为什么亚里士多德认为艺术产生的情感兴奋有安抚的效果，而现实生活中情感的兴奋却没有这种效果，为什么艺术表象的特殊本质才会产生这样的效果——换言之，这是艺术和现实在类别上的差异。现实只呈现给我们特殊的个体，而艺术呈现给我们的是在个体中的普遍性；在现实中，偶然性占据主导地位，而艺术向我们展示出规律的必然性。[4]亚里士多德显然没有在其他地方指明这就是艺术具有净化效果的原因；但是如果我们依照亚里士多德学说体系的精神来补充这些破损的艺术理论的残篇，那么我们就很难拒绝这个结论。我们应当说，艺术净化和抚慰了情感，它把我们从有害的和压抑的情感中释放出来，

317

1　参见《尼各马可伦理学》ii.1,1103b17。

2　悲剧通过怜悯和恐惧产生了净化这些情感的效果（《诗学》6），而神圣的音乐在我们身上产生了精神的振奋因而有治疗和净化的效果（《政治学》viii.7,1342a4 sqq.，参见 c.5,1340a8 sqq.，参见第 524 页注释 1）。

3　我们只需提及一点：亚里士多德没有重复阐述悲剧表演和人物必须根据必然性的原则和可能性的原则来发展（《诗学》7,1450b32. *Ibid.* and c.9，参见第 520 页注释 8，以及 c.10,1452a18, c.15,145a33 sqq.），并且他批评诗人抛弃了发展的需要，而这种需要是由观众品味的本质所要求的（c.9,1451b3 sqq.; cf. c.13,1453a30 sqq.）。

4　参见上文 p.304。

它使这些情感依照自身的原则得到兴奋，它使情感朝向那些普遍的东西，而不是单单朝向个别之物，它把情感的轨迹限定在一个确定的原则上并为它们划定了界限。[1] 因此，例如悲剧对英雄的刻画使我们能够瞥见人的普遍命运以及正义的永恒法则[2]；音乐抚慰了人们的精神兴奋，并因其韵律与和谐而使人入迷。[3] 尽管我们不知道亚里士多德是如何发展这个思想的，但我们不得不认为他以某种方式明确地阐述了它。[4]

　　如果我们现在从这些关于艺术的一般观点转向对特殊艺术的讨论，那么我们会发现亚里士多德提出了不同的原则，根据这些原则艺术可以分为不同的种类。所有艺术都是模仿，但它们的手段、对象和模仿的方式是不同的。模仿的手段有时是颜色和形状，有时是声音，有时是言辞、和谐和音律；此外，这些手段有时只使用了一种，有时是几种混合

318

319

1　我们至少在 Proclus 的陈述中看到对这个观点的暗示，参见第 525 页注释 1，他说悲剧和喜剧有治愈有害情感的效果，因为它们能够有节制地满足情感。

2　根据《诗学》c.13 的描述，那些从幸运变得不幸的人要么是完全无辜的，要么是极恶之徒：他们不被邪恶或善良评价，而是处于一般的道德标准之上。因此悲剧必须这样来建构：我们能够把自己设想为英雄，发生在他身上的事物或许也会发生在我们每个人身上，但是我们同时感受到他的命运并非完全与之不配，而是他自己的行为招致的，由此展示出世界的道德秩序的原则。Kock. *Üb. d. Arist. Begr. d. Catharsis*, 1851, p.11 的看法很怪异，他误解了这个段落的意义；他认为对怜悯的净化取决于下述想法——即我们不需要过分可怜受害者，因为他的遭遇不是无辜的，此外，对恐惧的净化则取决于下述想法——即如果我们避免那些遭致不幸的错误，那么我们就可以避免他们的不幸。如果悲剧的效果在亚里士多德看来存在于这种平庸的道德实践中，那么他将极力赞扬这种观点，而不是果断地拒绝它 (*ibid*.1453a1,30) ——即错误和冒犯是要受到惩罚的，而美德必将得到奖赏，因为在这些情景中，观众带着一种平静的态度：他能够避免错误和冒犯而获得更多的对美德的奖赏。亚里士多德知道这些道德反思带来的满足，但他认为 (*ibid*) 它们属于喜剧的范围，而不是悲剧的范围。

3　Stahr（*Arist. und die Wirk. d. Trag.*19 sqq.）说他自己是满意 Bernay 关于这个问题的解释的，但这非常奇怪。他因为这种解释而使自己陷入了在不同的情形中对"净化"的意义有不同的解释，但亚里士多德用相似的术语描述了不同艺术形式中的"净化"概念。参见第 524 页注释 6。

4　在这个问题上，策勒的观点与 Brandis（ii. b,1710 sqq. iii.163 sqq.）和 Susemihl（*Arist. π. ποιητ.*43 sqq.）的是一样的。

起来使用的。[1] 模仿的主要对象是活生生的人[2]；不同的人在道德价值上是有差异的。[3] 模仿的方式（亚里士多德在这里说的是诗歌）则根据模仿者自己的言辞或根据他人的言辞的不同而不同；对于前一种情况，他或者是以自己的身份来说话的，或者仅仅是转述别人的话。[4] 然而，亚里士多德并不打算把这些差异作为对艺术之整体的系统划分的基础。除了诗歌艺术，在他流传下来的作品中只有很少是关于特殊艺术的：我们只看到关于绘画的零星描述[5]，以及一篇关于音乐的完整讨论[6]，它的主要内容我们已经阐述了。[7] 最后，在亚里士多德现存的著作中，关于诗歌的讨论几乎全部是关于悲剧的。据说，诗歌艺术来自一种模仿的本能；为了模仿高尚的人格和行为，史诗产生了[8]；为了模仿卑劣的人格，讽刺剧产生了；后来，为了寻找高尚的诗歌的最好形式，悲剧出现了；作为

320

1　《诗学》i.1447a16 sqq.。

2　c.2,1448a1: *μιμοῦνται οἱ μιμούμενοι πράττοντας*（我们模仿的对象是活动）。这个句子需要些微的修改，修改的依据是我们在第 519 页注释 5 以及第 520 页注释 1 中引用的段落，即关于特殊的自然对象的表象。因此，亚里士多德不会认识到风景画，这在他的时代还不是一种独立的艺术形式，或者还不是艺术。

3　C.2，参见第 520 页注释 7。

4　《诗学》c.3 *init.*。亚里士多德在这里区分了（Susemihl 正确地观察到这一点），(a) *μιμεῖσθαι ἀπαγγέλλοντα*（模仿信使或别人的话），(b) *μιμεῖσθαι πάντας τοὺς μιμουμένους ὡς πράττοντας καὶ ἐνεργοῦντας*（模仿一切能模仿的行为和活动）。戏剧是由后者组成的；在 (a) 中或许可以模仿 (1) *ἢ ἕτερόν τι [τινα] γιγνόμενον*（其他被生成的东西），或者 (2) *ἢ ὡς τὸν αὐτὸν καὶ μὴ μεταβάλλοντα*（自己且非变化的东西）。第二种范围以及个人的叙述或许属于抒情诗，尽管亚里士多德没有明确地在《诗学》中论述过这一点，但是我们可以这样来理解。虽然这与柏拉图对艺术表现形式的划分很接近，但亚里士多德并没有完全同意他的观点。

5　《诗学》2,15，参见第 520 页注释 5，《政治学》viii.5，参见第 522 页注释 1；另外，参见《政治学》viii.3，参见第 495 页注释 1。

6　《政治学》viii.3,1337b27, c.5—7。

7　参见第 266 页，参见第 524 页注释 1 和第 524 页注释 2，尽管亚里士多德认为音乐尤其具有表现道德性质的能力（正如上文所说的），但他在《政治学》中并没有解释为什么音乐会拥有这样的优势，而其他艺术形式却没有。在《问题集》xix.17, cf. c.19 中有这样的问题：为什么只有通过声音来感知道德；回答是：因为我们只有通过听觉才能感知运动，而道德习俗（*ἦθος*）表达在行为中，因而在运动中。但这个段落不太可能是亚里士多德所写。

8　参见 p.303。

最好的讽刺剧形式，喜剧出现了。[1]悲剧是对重要的和完善的行为的模仿，它有较长的篇幅和优美的风格，它有几组不同的部分，它通过表演来表达，而不只是叙事，它通过怜悯和恐惧来净化情感。[2]因此，悲剧的最初效果是通过演员的命运来引起我们的同情：他们的遭遇激发了我们的怜悯；他们遭受的厄运引起我们对命运的恐惧——悲剧悬置了命

321　运，在悲剧故事的发展中，人们的命运有时是不幸的[3]，有时又反转为幸运的。[4]然而，悲剧诗人把英雄和他们的命运设定为人类的本性和生活的普遍类型，所以我们的同情不会限制在这些特殊的人物身上，而是扩展到普遍的人类本性；因此，尽管与怜悯和恐惧近似的自我嘲讽的幽默是通过我们参与演员的经历而产生的，但我们自身的痛苦在感受别人的痛苦的同时被消解了，我们个人的悲伤在观看普遍命运时沉寂了，我们从那些沉重的压抑中释放出来，并且我们的情感在认识到那些永恒的、由悲剧揭示的原则后获得了平静。[5]这种效果首先取决于得到表达的那

322

1　C.4,5.

2　C.6,1449b24（正如紧接着解释的：不同种类的表达——言说和歌唱——分别运用在悲剧的对话和合唱中）；cf. c. *fin.*（参见第 526 页注释 2 末尾）。

3　从 Lessing 的时代起（*Hamb. Dramat.*75 *St.*）学者们就认为——策勒在前一个版本的书中和他的观点是一致的，亚里士多德的"恐惧"定义通常被理解为：由于我们看到与我们相似的人的不幸遭遇而产生的对自身命运的恐惧，我们相信那些降临在他们身上的命运也会降临在我们自己身上。这个观点部分来自下述观察：对悲剧英雄的担忧和恐惧已经蕴含在怜悯的情感之中，因此没有理由再次提及它了；另一部分原因是"恐惧"被定义为：从可怕的、注定的想象中得来的悲伤和痛苦（参见《修辞学》ii.5, *init.* ii.8, *init.*）。然而，我们不能确定的是恐惧仅仅指的是那些威胁我们的、可怕的东西——任何这样的断定都将是完全错误的；另外，对他人的恐惧和对他们的怜悯的区分表明，前者是由将要发生的、可怕的东西引起的，而后者是由那些已经发生的事情引起的。相反，正确的做法是反对 Lessing 的解释（Susemihl, *Poet.*57 sqq.，以及他所引用的那些作者），根据亚里士多德的确切的陈述，悲剧里的主要恐惧对象不是我们自己而是他人，参见《诗学》13,1453a4。对于这个解释，还有一个实践上的反驳：由观看悲剧引起的对自身的恐惧和担忧不大可能是把我们自己从这一种自我恐惧中释放出来的恰当手段。

4　后者在《诗学》c.13,1453a12 sqq.1453a35 sqq. 中被提及了，它更接近喜剧而不是悲剧。

5　参见上文 ii.p.316 以下。为了与悲剧的净化效果相区分而把道德效果作为其次的和不同的结果是不正确的（例如 Überweg, *Zeitschr. f. Philos.* xxxvi.284 sqq. 的做法）。

些事件的本性。因此，它们是任何一个悲剧表演中最重要的东西。亚里士多德认为，"神话"是悲剧的灵魂[1]，因此，他把自己的研究任务设定为首先考察那些影响一出悲剧之效果的必要性质：即故事的自然发展[2]，恰当的长度[3]，风格的统一[4]和对典型的和普遍的事件的叙述。[5]他区分了 323 简单的事件和复杂的事件，以及那些由某些新的认识和命运的反转而带来人物地位改变的事件。[6]此外，他阐述了应当如何处理神话故事，以便激发怜悯和恐惧的情感，而非道德的义愤或满足[7]，或者仅仅是惊诧，

    尽管亚里士多德讨论音乐时把教育、娱乐和净化放在一起，好像它们是同等重要的目的（参见第 521 页注释 5），但这并不意味着悲剧必须以同样的方式获得这些目的。相反，正如存在一种道德效果的音乐和一种净化效果的音乐（即直接影响人的意志的音乐，以及主要影响人的情感的音乐——它通过影响情感来影响人的道德品格），也存在一种以净化为主要目的的诗歌。我们必须假设，在亚里士多德看来，悲剧是有净化效果的一种诗歌，因为在定义悲剧时，他一定以完整的形式给出了它的目的，倘若他给出了这个定义的话。悲剧具有的道德效果与这一点是相容的，它是次要的效果、与净化共存，但它是净化的结果，并且它存在于由情感的净化和节制的习惯而产生的平静的情感状态中。

1 《诗学》c.6,1450a15（列举了悲剧中的六要素），1045a 38, Cf. c.9,1451b27。另一方面，通过观看悲剧而产生的效果被认为是最没有艺术价值的；*ibid.*1450b16。

2 《诗学》c.7，参见第 527 页注释 3。

3 这个问题是确定的，参见 1450b34 sqq.，类似的，如《政治学》（第 491 页注释 3）讨论城邦的大小。长篇的和丰富的叙述本身是更美的，如果故事情节并没有因为它的长度而变得不清晰；这里的标准是故事的长度足够英雄的命运通过几个阶段由幸运变得不幸运，或者从不幸运变得幸运，这可以是一个故事的量的限度。

4 法国学派提出了亚里士多德说的"三种统一体"，但只有"行动的统一"在亚里士多德那里可以找到，并且是为人熟知的；参见《诗学》c.8; cf. c.9,1451b33 sqq. c.18,1456b10 sqq.。他从来没有说过"地点的统一"，关于时间，他的观点是(c.5,1449b12)一出悲剧竭力把所有行动都集中在一天之内，或者至少把它们尽可能限制在这个范围内，但是他并没有给出这里应当遵循的原则。

5 《诗学》c.9；参见第 521 页注释 1。

6 《诗学》c.10,11,16，他在这里讨论了 ἀναγνώρισις（认识）和 περιπέτεια（反转），关于第 16 章的真伪和地位的问题，参见 Susemihl, p.12 sq. 以及书的结尾。

7 在这个意义上，即道德情感的满足（Nemesis 对它的解释是错误的，参见第 440 页注释 9），我们能够把 τὸ φιλάνθρωπον(慈悲) 解释为(c.13,1453a3, c.18,1456a21)：犯错的人应当得到相应的惩罚。它通常被认为指的是（Lessing 的观点）人类利益的一般关切，即便在一个罪犯身上人们也有这样的关切；但是亚里士多德似乎认为（尤其是在第 18 章）慈悲也是对犯罪的惩罚：一个希望人性之善的人不希望他的敌人得到好处。

并且这种效果是通过情感本身产生的，而不是仅仅依靠外在的表演。[1]
亚里士多德进一步指出了对于恰当人物的刻画和[2]叙事[3]什么是必需的，
最后，他谈及悲剧能够采用的、最好的表现风格。[4] 然而，在这里，我
们无法停留在这些技术化的细节上。就阐述叙事诗歌[5]的这部分而言，
即《诗学》的结尾，正如我们已经看到的，亚里士多德仍然强调行动的
统一性，并在其中发现了将史诗与历史区分开来的标志：即对当时发生
的事件的单纯叙述而不涉及它们内在联系的是史诗。[6] 此外，亚里士多
德主要根据统一性标准，比较了悲剧与史诗，并认为前者具有更高的艺
术价值，因为它是艺术创作的一种形式。[7] 亚里士多德现存的著作没有
探讨其他形式的诗歌。只有早期的一段文本简单地提及了喜剧的问题[8]；
尽管他对这个问题的陈述[9]十分粗糙，但我们仍能看出亚里士多德并不
愿意像柏拉图那样对它的价值做出苛刻的评价。[10]

324

1　*Ibid*. C.13,14.

2　《诗学》C.17 sq.。

3　*Ibid*. C.15，关于文本和结构的问题，参见 Susemihl, p.10,13 sq.。

4　"Λέξις"（语言表述）c.19–22，参见 Müller, *ibid*.131 sqq.。

5　《诗学》C.23–26。

6　《诗学》C.23。

7　《诗学》C.26。

8　参见上文 ii.p.304.

9　补充材料（例如 Bernays 阐释的）包括 Vahlen 和 Susemihl 的编辑版本中的一些句
子，我们在 i.p.102 已经说过了。除了这些引用（参见第 206 页注释 3，以及第 211
页注释 1），把喜剧划分为 γέλως ἐκ τῆς λέξεως（语言的喜剧）和 γέλως ἐκ τῶν
πραγμάτων（行为的喜剧）在这个关系中具有特别的重要性。参见 Bernays, *Rhein.
Mus*. N. F. viii.577 sqq.。

10　柏拉图认为喜剧一般只是对畸形事物的表达，通过它产生的愉悦是丑恶的。只有在
《法律》中，他才承认喜剧是道德教育的一种手段（参见 *Ph.d.Gr*.i.800,802）。亚里
士多德承认喜剧与人类的软弱有关，但他又说它处理的只是无害的软弱，同时人们
需要的喜剧应当致力于描述人物的类型，而不是个别人物的滑稽可笑；他开启了重
新认识喜剧的道路，即它是净化和升华人的自然情感的一种手段。但亚里士多德是
否真的采用了这个观点，以及他是否认为喜剧比音乐具有更高的地位——在《政治
学》viii.7,1342a18 sqq. 中他认为普通人应当远离音乐——是不能确定的。

第 十 六 章

亚里士多德哲学的宗教方面

我们在上一章中对亚里士多德的一个完整的理论给出了残缺而匆忙 325
的解释，但这一章涉及的主题，亚里士多德并没有对其进行任何科学的
研究，只是在一些零散的段落中偶尔提及它。亚里士多德不像柏拉图有
一种科学意义上的宗教哲学；[1] 他的体系甚至缺少那些使柏拉图哲学具备
一种宗教情怀的特征，尽管柏拉图对现存宗教有着严厉的批评，但他自
己的学说却具有一种特殊的宗教情怀。亚里士多德并不要求退回流行的
意见中去，正如柏拉图在他的神话理论中做的那样，尽管普遍的意见和
不加反思的传统从来不是确定的真理[2]，但亚里士多德也愿意使用它们提
供的建议和启示。[3] 他的科学研究并没有显出与个人生活持续的、直接 326
的联系以及对人们所处境遇的关注——而这些在一定程度上给予柏拉图
哲学一种宗教的色彩[4]；甚至在道德中，他所认为的行为之动机也是严格
意义上伦理的而非宗教的。他对整个世界的观点建立这样的原则上：对
事物的解释要尽可能完全依赖于它们的自然原因；他从不怀疑自然事物

1　亚里士多德的神圣存在者的观点是在《形而上学》中提出来的；但是宗教哲学的根
　　本问题，即宗教的主要特征以及宗教与哲学的关系，并未在任何文本中得到细致的
　　研究。
2　参见第 174 页注释 7，以及第 510 页注释 9。
3　关于这一点的证明，参见下文。
4　参见 Zeller, *Ph.d.Gr.* i.p.793 sqq.。

的宇宙必须涉及一个神圣的原因[1]；但是由于这个原因并没有为自然事物提供任何科学的解释，所以他从未将个别的事物和事件与神圣的主宰者联系起来，柏拉图倒是常常把它们与神圣的原因相连。"神恩"概念在苏格拉底和柏拉图那里是常见的，它是施加在个别事物上神圣的活动，但它在亚里士多德这里没有任何位置。[2] 因此，我们在他的体系中很难感受那种宗教情感的温暖，但在柏拉图的著作中，敏感的心灵总是能够感受到它；与之相较，亚里士多德的哲学似乎是冷冰冰的和死气沉沉的。

这两位哲学家在宗教方面的差异不可否认，也不容低估。他们显然以不同的精神来处理这个主题。在柏拉图那里连接哲学和宗教的内在纽带在亚里士多德这里并未被完全切断，但是这个纽带极大地放松了，以致于科学在它自身的领域中是最为自由的。亚里士多德从未试图用宗教的预设来回答科学的问题。另外，他也从未把对宗教本身的正面阐述作为与技艺和道德相似的一门科学，柏拉图也并未这样做过。他们的不同之处在于对待宗教的实际态度，但是在对它的科学研究中他们是非常接近的，这里主要的差异是亚里士多德在做出结论时严格遵照逻辑，而结论的前提对于柏拉图来说也不是陌生的。我们已经看到，亚里士多德和柏拉图一样相信神圣存在者的统一性（只要我们在恰当的意义上理解神，即它是最高的动力因），他是超越于这个世界的，他是非物质的和纯粹的精神实体，他是完善的；亚里士多德试图用比他的前辈们更详细和更精确的科学证明来揭示神的存在和他的属性。然而，柏拉图一方面把神等同于善的理念——它只能被设想为非人格的存在，另一方面他又描述了神的创造活动和统治活动——这与流行的神的观念一致，并且还附带各种神话修辞的描述。柏拉图的神之观念的含混性在他的学生这里被消除了，亚里士多德在这两个方面都明确定义了神圣存在者的本质：一方

---

1 参见 i.p.421。

2 参见 i.p.399 以下。

面，神作为一个人格的超越的存在是与任何普遍概念或非人格的能力相区分的；另一方面，神只限制在他的纯粹思想活动中和绝对的自我实现中，并且他对世界的影响仅仅是引起宇宙最外层的运动。[1]因此，个别事件并不是直接由神圣的存在者引起的。宙斯下雨不是为了使玉米生长或毁坏，下雨是因为普遍的自然律：即升腾的水蒸气冷却后凝结为水[2]；预言式的梦并不是神向人们告示未来，这里的问题是关于原因的而不是偶然的巧合，这些梦是物理原因的自然结果。[3]这一情况在任何程度上都不会被下述事实改变：在天上的神和下面的地球之间有许多永恒的存在者[4]；既然天体的运动只是在自身之内的圆周运动，它们对个别事件不会产生任何影响——尽管流行意见认为个别事件是由神和精灵引起的。然而，亚里士多德并没有在这个描述中放弃"神恩"概念中的基本真理。他也认识到在宇宙的秩序中存在神圣力量的运作和理性的设计[5]；他尤其相信神是眷顾人类的，他们喜爱那些过着理性生活的人，而幸福是来自神的礼物[6]；亚里士多德也反对下述观点：神是善妒的，因而如果他愿意，他就不会赐予人最好的礼物，即知识。[7]然而，在亚里士多德看来，神恩完全与自然原因的作用重合[8]；更重要的是他拒绝了柏拉图的末世论，并认为神并不直接作用于事物，而在很大程度上柏拉图在对来世生活和它的回报的构想中承认了神恩的直接作用。亚里士多德认为神是在世界之外的，处于独立的自我沉思之中；对于人类而言，神是敬仰

328

329

1　参见 i.p.388；参见 *Ph.d.Gr.*i.p.785 sqq.591 sqq.。

2　参见第 239 页注释 2。

3　参见 ii.p.75，以及《论睡眠中的预兆》1,462,b,20。

4　参见 i.p.494。

5　参见 i.p.420。

6　《尼各马可伦理学》x.9,1179a24; i.10,1099b11; viii.14,1162a。

7　《形而上学》i.2,982b32。参见 *Ph.d.Gr.*i.602,1,781,1。

8　《尼各马可伦理学》i.10。如果我们将这个段落与《尼各马可伦理学》x.10（上文第 432 页注释 7 引用的）的段落比较，就会看到神赐予的幸福只存在于人的道德和精神能力中——对理性的自然拥有，但一个人仍然需要实际的学习和练习来保障这种能力。

和崇拜的对象[1]；获得关于它的知识是心灵的最高目的[2]；它是一切有限存在者（包括人类）为之奋斗的目标，而它的完善性激发了人的爱。[3] 然而，人不能期望从神那里得到爱的回报[4]，他也不能经验到任何来自神的影响——如果这种影响与自然原因不同，而人的理性活动是与神交往的唯一方式。[5]

因为这些观点，亚里士多德并不认为流行的宗教具有柏拉图所认为的那种重要性。当然，它蕴含着自身的真理，这是从人类的历史发展和普遍意见的价值中推出的。他相信普遍的信念本身就是真理的一种标志[6]，因此，当我们遇到那些从人类的远古时代流传下来的信念时，它们必然蕴含着真理。亚里士多德认为世界是永恒的，地球也一定是永恒的；如果地球是永恒的，那么人类也一定是永恒的。[7] 然而，地球上的所有部分都在进行着无休止的变化[8]，变化的一个结果就是人类的发展不是线性的和连续的，而是不断被切断并退回原始的、愚昧无知的状态[9]，并从一个新的起点开始创造的循环。[10] 所有知识和技艺都以这样的方式无数次的被丧失和重新发现，而相似的观念会重新出现在人之中，不是一次或者两次而是无数次。然而，对某些特殊真理的记忆在人类境遇的变化中得以保留，在亚里士多德看来，正是这些保留下来的知识形成了神话传统的内核。[11] 因此，即便流行的信念也是根植于人们对真理的追

330

331

---

1 《形而上学》xii.7（参见第 131 页注释 2）。参见塞涅卡，*Q. N.* vii。
2 神圣的存在者是思想的最高对象（参见第 389 页），因此，神学是哲学最高级的分支（第 131 页注释 2）。
3 参见 i.p.404 以下。
4 参见第 256 页注释 1，从《尼各马可伦理学》viii.14（参见第 535 页注释 6）中引用的段落得到止确的解释；人是爱神的，但这种爱的关系并不是相互的。
5 关于这个问题，参见 i.p.403 以下。
6 参见 i.p.291。
7 参见上文第 357 页注释 1。
8 参见 ii.p.29。
9 参见《政治学》ii.8,1269a4。
10 参见《物理学》iv.14,223b24。
11 《形而上学》xii.8；参见第 331 页注释 6。《论天》i.3；《气象学》i.3,339b19；不仅仅是我们有 πρῶτον στοιχεῖον（第一元素）是天体之实体的观点。参见《政治学》

求之中的，无论我们把它追溯到连亚里士多德也不愿反对的对神圣存在者的直观中[1]，追溯到那些被他看作流行神学之来源的经验中[2]，还是追溯到古老的科学和宗教传统中——因为这一传统的根源最终仍在人类的理性中。亚里士多德和柏拉图一样在他们关于城邦的普遍信念中发现了两个真理：一是神是存在的；二是宇宙中的天体是神圣的。[3] 另外，对于希腊神话的更多细节，对于把人类的软弱和特征赋予神的那些学说和故事——总之，对于人神同形同性论的整个理论——亚里士多德和柏拉图对其完全不抱任何同情的态度；唯一的差别是他不再认为它们是必要的，而柏拉图曾这样做；亚里士多德明确地拒绝了这些叙述，只把它们视作荒谬的故事。[4] 如果我们追问这些错误的因素是如何渗入到流行信念中去的，亚里士多德说这或许是因为人们有用人神同形同性论来理解神的内在倾向[5]——这一点甚至使克塞诺芬尼（Xenophanes）反感[6]，或许是因为政治家出于政治目的使自己适应了这种倾向，并用它来为自己的目的服务。他指出[7]，甚至古代的传统也认识到宇宙和天体是神，并且整个宇宙是由神来推动旋转的。然而，这一切都是神话的修辞，目的是为了吸引大众，辅助立法，促进公共利益。因此，柏拉图曾允许立法者

332

333

---

vii.10,1329b25，相似的需求和情形总是导致相同的发现。

1　《论天》ii.1 *fin.*：亚里士多德关于世界永恒性的观点是真的。关于 πάτριοι λόγοι（传统的故事）的讨论，参见《论天》284a2。《形而上学》xii.8，参见第 331 页注释 5。

2　参见第 257 页注释 1。

3　第一个观点几乎不需要证明；然而，参见第 257 页注释 1 和第 257 页注释 2 对赛克图斯（Sextus）和西塞罗的引用，以及第 259 页注释 7 中对《论天》i.9 的引用；在后面这个段落中，对真知识的追溯是在 αἰών（永久）的名下发现的，正如在别的地方是以"以太"的名义。καὶ γὰρ τοῦτο τοὔνομα θείως ἔφθεγκται παρὰ τῶν ἀρχαίων（从远古开始，它就一直被称为有神性的）。为了支持"宇宙和星辰是神圣的"这一观点，亚里士多德在我们刚刚引用的段落中诉诸已有的宗教观点。

4　《形而上学》xii.8；参见第 331 页注释 5；*Ibid.* iii.2,997b8；参见第 212 页注释 4，以及 c.4,1000a18。《诗学》25,1460b35：诗歌的表达方式是为了回应理想的或现实的事物。

5　《政治学》i.2,1252b24。人被众神统治这个信念的得出是非常重要的，因为亚里士多德或许同样会在那个传统中发现对神的统一性的证明。

6　参见 Zeller，*Ph.d.Gr.* i.490。

7　参见从《形而上学》xii.8 中引用的段落，在第 331 页注释 5 中。

为了城邦的利益使用神话（但他并未解释神话的起源）作为教育的手段，[1]亚里士多德更进一步，因此他的观点更接近智者式的自由思想的宗教起源论，[2]即神话，或者至少神话的绝大部分，从一开始就仅仅是为了教育的目的而创造的。的确，我们可以从下述事实中推出亚里士多德的这个观点：他把所有神话故事从他的科学研究中严格地区分出来，他拒绝把宗教因素混入他的自然主义世界观中，[3]他的《伦理学》唯一地建立在道德动机上而忽略了宗教的动机。他总是认为宗教本身是一个绝对的、道德的必然。他指出，[4]一个怀疑人们是否应当敬畏神的人并不适合被教育，而是适合被惩罚，这样的人就好像在怀疑他的父母是否值得他去爱一样。在亚里士多德的体系中，世界无法被设想为与神相分离的，因此人也无法脱离宗教。然而，想把这样的宗教建立在普遍信念的著名的神话故事上，这里的理由只能是前面说的政治上的便宜。[5]亚里士多德自己有时也使用这些神话以及另一些流行的意见，以便揭示出它们之中蕴含的普遍真理，[6]正如他喜欢把科学预设追溯到它们的、最不起眼的

334

1　参见 *Ph.d.Gr.*i.792。

2　*Ibid.* i.1010 sq.。

3　这个表述并没有轻蔑的意思，而是说明世界上的任何事物都是自然原因的结果。

4　《论题篇》i.11,105a5，参见《尼各马可伦理学》viii.16,1163b15, ix.1,1164b4，以及第 536 页注释 1。

5　如果亚里士多德完成了对最好邦之中的教育的讨论，那么他可能会接受柏拉图的观点，即神话故事在教育中是不可或缺的，因为它很容易与论证相结合。

6　因此《形而上学》i.3,983b27, c.4 *init.* xiv.4,1091b3 以及《物理学》iv.1,208b29 指出，在赫西俄德（Hesiod）和其他诗人的宇宙生成论发现了一些关于世界的科学的观点。在《气象学》i.9,347a5 中，海神被解释为在地球上旋转的气流。亚特兰蒂斯的神话证明，宇宙的创造者让天体具有重量（《论天》ii.1,284a18,《论动物的运动》3,699a27 中，亚特兰蒂斯被解释为世界的中轴；在《论动物的运动》4,699b35 中出现了荷马诗歌中的金链条，它意味着第一推动者是不动的）。据说，"阿芙洛狄忒"（Aphrodite）这个名字来自于精子的雾状性质（参见《论动物的生成》ii.2 *fin.*）；在这个神话故事中，最初创造者使得阿瑞斯（Ares）与这位女神结合，因为他虽是战神，但有着爱的倾向（《政治学》ii.9,1269b27）。有个故事讲述了阿尔戈英雄们把赫拉克勒斯（Heracles）留下，这里隐藏了一个真正的政治事件（《政治学》iii.13,1284a22）；雅典娜（Athene）丢弃笛子的故事表明，这种乐器对于精神生活来说是不必要的（《政治学》viii.6,1341b2）；对美慧三女神的崇拜表达了互惠的必要性（《尼各马可伦理学》v.8,1133a2）；数字 3 在日常宗教中的重要性源自这个事实：它是有开端、中间和结

开端上，并且尊重流行意见和谚语。[1]然而，除了神话中蕴含少量宗教的普遍原则之外，他不认为神话还有什么更重要的地方；因此，他似乎并不认为宗教的净化是一种目的。他相信城邦已经预设了宗教的存在[2]，正如他个人并未抛弃宗教仪式，并且表示他依赖于朋友和亲属——因为宗教赋予了它神圣的形式[3]；关于柏拉图提出的、用哲学来改造宗教的要求，我们并没有在亚里士多德的思想中发现任何踪迹，但他在《政治学》中允许使用一些现存的宗教仪式，尽管他反对这些仪式本身。[4]因此，亚里士多德的哲学从整体上看与宗教之间有着一种最松散的关系。它们仅仅有着字面上的联系，并未有观念上的融合。他的哲学不太愿意净化或改革宗教；相反，他似乎接受了宗教的不完善性，一种不太可能改变的不完善性。哲学与宗教彼此无关；哲学有自己的道路，它不会给宗教带来麻烦，或者担心在进行自己的工作时受到任何干扰。

335

尾的第一个数字（《论天》i.1,268a14）。

1　因此，亚里士多德在《动物志》vi.35,580a15, ix.32,619a18 中，引用了好几个关于动物的神话故事；在残篇《欧德谟斯》中（Plut. *Cons. Ad Apoll.* c.27 *fr*.40），他使用了迈答斯（Midas）（希腊神话中获得点金术的国王——中译者注）和希勒诺斯（Silenus）（希腊神话的森林之神——中译者注）的故事；关于他对谚语的偏好，参见第 174 页注释 7。

2　这个观点在《政治学》vii.8,1328b11, c.9,1329a29, c.12,1331a24, c.16,1335b14 中得到了明确的表述。但我们并不能从《政治学》vii.10,1330a8 的论述中得出下述结论：城邦的第四部分区域应当被划分神职的教区，以便用来支持宗教活动（*Ferien-schr*. N. F. i.303 持有这样的观点）。亚里士多德确实在这里说过城邦的地域应当被划分为公共的和私人的，而后者又应当被分为两个部分，分别用于支持宗教和共餐制，但他没有说这些区域的大小是相同的。

3　这里的引用指的是对死者给予支持和赠予礼物，参见第一章末尾。

4　《政治学》vii.17,1336b3。这里明确表现出亚里士多德在面对他不赞同的事物时，如何在某种程度上允许使用它，并尽可能使它对其他事物无害。

第 十 七 章

回　顾

　　亚里士多德哲学最突出的特征是混合了两种倾向，我们从一开始时就注意到这一点[1]，即辩证的或思辨的倾向与经验的或现实的倾向。一方面，他的哲学体系指出，事物真正的本质存在于非物质的形式中，有关事物的真正知识是对概念的把握；另一方面，他又坚持认为形式不应当被理解为与事物相分离的、超越的"理念"，最终的实在不是普遍的观念或属，而是个体。因此，他的哲学把经验作为概念的唯一来源，概念不是通过从现实世界转向理念世界而获得的，而是通过把握经验信息中的本质；所以，追寻概念的辩证发展必须与对事实的整体观察相结合。这两种特征同样根植于作者的理智能力之中，他的伟大正是在于对下述两种特征的平等估价和结合，而大多数人认为它们是彼此排斥的：即哲学思考的能力和以浓厚的兴趣准确观察事实的能力。迄今为止，这些元素以不同的比例被混合在哲学中。在苏格拉底和柏拉图学派中，提出概念的能力远远超出了把握事实的能力。他们给予人的内在世界直接的关注，而忽略了外在世界，并认为思想本身是人类真理的直接来源。思想，即概念，代表着绝对确定的东西，它是检验经验的标准。这个理论最强烈的表达和最著名的推论就是柏拉图的理念论。亚里士多德确实分享了这种理念哲学的一般预设；他也相信事物的本质只有通过思想才能

337

1　参见 i.p.170 以下。

被把握，并仅存于思想对象之中，即存在于形式之中而不是质料之中。然而，他认为柏拉图超越的理念是个例外。他并不认为形式或本质是与拥有形式或本质的事物相分离而存在。此外，他意识到概念的起源并非独立于经验，因此他更加相信柏拉图将理念和现象相分离是错误的。亚里士多德抛弃了理念论，并为我们提供了一个完全崭新的观点。他指出，不是属而是个体构成了最终的实在；形式不是与事物相分离的普遍者，而是存在于事物之中的——它就是这个或那个个体的特殊形式。亚里士多德保留了柏拉图理念论之基础的一般原则，但抛弃了它发展为理念论的具体阶段。因此，柏拉图超越的和不可感知的理念拥有了一个新的地位——它是现象世界中的形式和动力原则。形式是事物的内在本质，它应当在事实本身中寻找，它在经验中向人们呈现出来。因此，亚里士多德的学说或许可以同时被描述为对柏拉图的完善和反驳。他反驳了柏拉图学说之样式；但同时系统地以逻辑规律发展了柏拉图的基本思想，因为他认为形式不仅是完善的和原初的实在，而且形式是产生一切实在者的创造力。所以，相较于柏拉图，亚里士多德在整个现象世界的领域内更为深入地追溯了思想之能力。

所有重要的亚里士多德哲学学说都可以从这个基本的原则中逻辑地推导出来。因为普遍者不能与个体分离而存在，所以它自身不是独立的，只有个体是最终的实在。因为，形式被设想为从现象中抽象出来的，而非绝对的本质，但是作为在现象中发生作用的动力因，形式与形式的载体——即质料——之间的关系不可能像柏拉图认为的那样仅仅是对立的。如果形式是绝对的实在，那么质料不可能是绝对的非实在和非存在者；因为，倘若形式能够实现在质料之中，那么它们之间除了明显的对立之外，必然存在某种亲缘性或正面的关系。因此，质料只是尚未实现的形式，它是现实的形式的潜在性。[1] 从形式和质料的相互关系中产生了运动，以及一切自然的生命形态、一切生长和腐朽，一切

338

339

1　参见 i.p.340 以下。

变化和转换。然而，因为形式和质料这两个原则最初是彼此对立的和相反的，所以这个关系本身，或者说运动，预设了形式的绝对存在；如果它是一切运动的原因，那么它本身必然是不动的，并优先于一切被推动的物体——如果这种优先性不是时间上的，那么至少是实在之逻辑秩序上的。因此，我们必须区分出实现在质料中的形式与第一推动者，即神——它是纯粹的形式或纯粹的理性，它的唯一对象就是它自身。既然任何运动都是从形式出发的，那么它们必然朝向一个确定的、作为其目的的形式。自然中没有什么东西是没有自身的内在目的；既然任何运动都使我们追溯到一个最初的来源，那么事物的总和服从于一个最终的目的，并构成了一个有机的整体——即一个有序的世界。形式作用于质料，而质料逐渐发展为它注定要成为的那个对象，形式的规划只能在许多限制下得到实现，它受到质料的阻碍，因此形式有时会得到较多的完善，有时只有较少的完善。世界由许多部分组成，它们的价值和美是千差万别的；这些部分又再次区分为两个大的部分，即月上世界和月下世界，前者显现出渐次的不完善，而后者恰恰相反，显现出渐次的完善。但是，世界的所有部分，即便是最不完善的和最不重要的，都是整体中的本质元素，它们的每个特殊性质都值得人们关注，因此，以相同的严谨科学态度来研究重要的事物和细微的事物，以及不带偏见地对待那些似乎在科学上不重要和无价值的事物是亚里士多德学说体系的需要，而不仅仅是作者的个人偏好。[1] 当然，这并不排除事物之间存在重要的等级差别，例如，亚里士多德在有生命的自然存在者的领域中澄清过这一点。因此，在可朽的存在者中，最重要的是人，因为精神只有在人之中才展现自身。人的主要目的存在于精神能力的运用和培养之中；换言之，科学的知识和道德的意志是构成幸福的本质条件。然而，没有恰当的质料，任何效果都不可能产生，人不可能脱离外在的手段实现自己的

---

1 关于这个主题，参见第 121 页注释 4，第 123 页注释 1，以及柏拉图的论述，参见 *Ph.d.Gr.*i.p.665。

目的；此外，任何事物都必须通过逐渐地发展才能成为它们能够成为的东西，所以在人的精神生活中，也存在一个发展过程。从感知开始，人发展出想象和记忆，继而又发展出思想；自然能力存在于道德行为之先，而实践和习惯又在道德知识之先；理性乍看似乎是被动的，并且在将自身实现为主动的、纯粹的存在者之前，它与灵魂的低级能力是不可分离的。然而，我们的精神生活最完善的样式存在于科学的沉思之中，因为理性只有在这里才直接接触到事物的纯形式，但同时理性无疑不能把自己限制在关于第一原则的直接知识中，而是有条不紊地从现象推进到概念，并从原因看到它引起的结果，最终必然把握整个实在世界。

341

　　这个简短的总结已向我们揭示出亚里士多德的学说有着严密的体系结构，对它的概述是在符合一个基本思想的情况下严格执行的。从前面的整个论述来看，他的学说直到最细微的部分都是精细的和一致的。然而，正如我们不时指出的，这个体系的所有连接点并非同样牢固；而这种缺陷的最终原因必须在下述事实中寻找：即他的整个体系的基础并未挖掘得足够深入。且不论那些由于缺少经验知识而使亚里士多德得出错误结论和提出不可靠解释的地方，我们仅仅限制在他的学说的内在一致性问题上，而不深入到绝对真理的领域，我们无法否认的是亚里士多德并未成功地将他的主要观点以一种融贯的方式连接起来。正如在他的科学研究中，辩证的倾向和观察的倾向，思辨的倾向和经验的倾向，并未得到完全平衡，苏格拉底和柏拉图常用的先验的（a priori）方法一再出现在严格的经验研究中[1]，我们在他的形而上学思想中发现了类似的现象。柏拉图学说体系的最大困难是理念和现象的二元论，这个观点在理念的绝对存在和质料的非实在性中表现得尤为突出。亚里士多德对这种二元论的反驳是他对柏拉图形而上学的全面重构的关键之处，也是他自己的学说体系的基本思想。虽然他克服二元论的努力是诚实的和彻底

342

1　参见 i. p.175, p.258 以下。

的，但他毕竟没有成功。

他否认了柏拉图将普遍的类作为最终实在的观点；但是他同意"所有概念都是普遍的并且概念的真取决于它们的对象的实在性"的观点。[1]他反对柏拉图的理念的超越性以及理念与现象的二元论。但他自己却把形式和质料的关系理解为与之类似的相互对立，因此，他无法把它们回溯到一个共同的起源上；在对这两个原则的进一步阐释中，他陷入了这样的矛盾[2]：一方面事物的本质和实体是形式，另一方面形式又是普遍的，因此个体性以及实在性的来源必然是质料。他反对柏拉图的观点，因为理念不包含任何运动的原则；然而，他自己对形式和质料之关系的阐述同样无法解释现实的运动。他把神看作超越于世界的人格存在；但为了避免对神的完善性有任何减损，他又认为我们必须否认神是人格存在。为了避免神与有限存在者的相互影响，他把神的活动（这个观点与他在别处的、更鲜活的神的观念相矛盾）限制在引起宇宙外层的运动，并认为这就是神自身的活动，似乎神是占据空间的存在者。

与之相关的是他的"自然"概念的模糊性。秉承古代的精神，他把自然描述为朝向目的的单一存在者，一种理性的能动力量：但是他的体系没有提供任何拥有这些性质的主体。[3]亚里士多德远远超出了苏格拉底和柏拉图的肤浅的目的论，但他实际上并未成功解决物理原因和目的因的对立[4]；尽管必须承认他在这里面临的问题仍旧困扰着我们，因而我们不能苛责他没有成功地解决它，然而，使我们惊讶的是：在自然哲学的开端就设立的这两个原则到后来竟然轻易地变成了相互矛盾的和彼此排斥的。另一个困难与亚里士多德对生命体之本性的解释有关，尤其与人有关，因为想要发现连接灵魂的不同部分的内在原则是困难的，而更困难的是如何解释生命现象，倘若灵魂本身像别的能动力量一样是不被

1　参见 i.p.334。

2　关于这个问题，参见 i.p.372。

3　参见上文的评论，参见 i.p.420。

4　这个观点在 p.358 和 p.464 是明显的，另外，参见上文 p.17。

推动的。然而，这个困难将变得最为难解，倘若我们问如何在个体生命的统一性中把握人的理性和灵魂的低级功能，又如何确定理性在人的精神活动中的作用；我们应当如何设想被动的东西和非物质性的东西是灵魂的同一个部分，而它被定义为身体的"隐得来希"，并且人格存在于人的本性的两个构成部分之间———一个部分是超越于人格的，而另一个部分是低于人格的。[1]

最后，在亚里士多德的道德哲学中，我们发现他在修正苏格拉底和柏拉图的片面观点时取得了许多成功。他不仅拒绝了苏格拉底的"美德即知识"的观点，而且取消了柏拉图对普通美德和哲学美德的区分。他认为所有道德性质都与意志有关，它们最初的源泉不在劝导之中，而在习惯和教育之中。然而，他对理智美德的解释表现出他在道德知识与道德行为的不同关系间摇摆，此外，对理论活动而非实践活动的偏好[2]（这一点是从亚里士多德的灵魂学说中逻辑地推导出来的）所预设的前提正是亚里士多德反对的观点。因此，甚至他的政治哲学，无论它对社会生活的其他现实条件的洞见有多么深刻，无论它和柏拉图的政治理想主义相比多么优越，我们仍然在其中发现了旧的理念论的残迹———如果我们不是在最佳政体的描述中发现的，那么就是在正确的城邦与错误的城邦的区分中发现的———这一区分是站不住脚的，因为"共和制"的地位相当模糊。[3] 因此，在亚里士多德的体系中，每个部分都贯穿了从柏拉图那里继承来的二元论，并且，从最宽容的角度来说，在亚里士多德把它作为一个基本的原则之后，它就从未被完全克服。另外，亚里士多德越是努力地超越这种二元论，他的努力带来的结果就越发矛盾，而在他的哲学中结合的元素就越清楚地表现为异质的，并且一旦理念和现象、精神和自然的对立被如此清楚和深刻地提出来———正如柏拉图所说的，希

345

1　p.119 以下。
2　参见上文 p.142；"神只进行理论活动"———亚里士多德明确地把这个命题运用在伦理中。
3　参见上文 p.243。

腊哲学面临的问题就是极其困难的。

346　　　亚里士多德是否提供了解决这个问题的满意的方法，以及后来的学派在这个方向上做了哪些尝试，这是这本书接下来的研究任务。那些早期的追随者继续建构亚里士多德体系的基础，他们属于漫步学派，我们无法期望能够在他们的思想中找到比亚里士多德自己的答案更满意的回答。亚里士多德自己的结论深深地根植于他的体系的基本预设中，以致于无法在不对整体进行重构的情况下改变这些预设。然而，漫步学派持续出现了敏锐的和独立的思想家，他们不可能对亚里士多德学说的这些困难视而不见，因此，他们自然设计了许多避免这些困难的方法。但是，由于这些困难最初起源于唯心论和经验观察的不当结合，即精神理念的观点和自然主义的观点在没有得到完全调和的情况下的结合，并且对它们的调和在给定的条件下是无法达成的，所以，除了压制其中一方，这种矛盾是无法解决的。然而，我们期待科学的倾向应当比思辨的倾向更受偏爱，因为前者是区分亚里士多德学派与柏拉图学派的显著特征；漫步学派的创建者植入的新的兴趣自然要比从苏格拉底和柏拉图那

347　里继承来的旧的理念论具有更大的魅力。亚里士多德体系的这个特点或许正是吸引那些拥护新哲学的人的主要理由，因此亚里士多德的学说在以后的时代中享有一种过分的声望。后来漫步学派的发展与这种期待是相吻合的。亚里士多德之后最重要的时代成就是把纯粹自然主义的观点发挥得愈发显著，以致于忽略了事物的精神层面。

第 十 八 章

漫步学派：塞奥弗拉斯特

这个斯塔吉拉人的众多学生中，塞奥弗拉斯特是最出色的。[1] 他出 348
生在列斯堡岛（Lesbos）的埃雷索斯（Eresos）[2]，他早年与亚里士多德
相知（或许甚至在柏拉图去世之前），[3] 他的年纪并不比亚里士多德小很

---

1 Diog. v.35; Simpl. *Phys*.225, a.; id. *Categ. Schol. in Ar*.92, b,22. 他确实是亚里士
多德最优秀的学生，这可以从我们对塞奥弗拉斯特的了解以及他在漫步学派的地位
明确得知。

2 他一直被称为"埃雷索斯人"。根据 Plut. *Adv. Col*.33,3, p.1126; *N. p. suav, vivi
sec. Epic*.15,6, p.1097 的记载，他两次从暴君手中解放了他的城邦。然而，我们并
不知道这个故事的细节，也无法在这里查验这段历史的真伪。

3 根据 Diog. v.36 的记载，他在埃雷索斯一个名叫 Alcippus 的人下受教，*εἶτ᾽
ἀκούσας Πλάτωνος μετέστη πρὸς Ἀριστοτέλην*（他和亚里士多德一道听说过柏拉图
的课）（这在时间上是可能的），这意味着塞奥弗拉斯特和亚里士多德都曾是柏拉图
学园的学生，直到柏拉图去世。柏拉图死后，他一直追随亚里士多德。此外，从好
几个记载中，我们得知他和亚里士多德一起在马其顿生活过；因此埃里安（Aelian）
的陈述是不可靠的（参见 *V. H*. iv.19)，即说他很受腓力的器重；更可能的情况是他
是卡里斯塞奈斯的朋友，并且他在那个时候才认识后者；他可怜卡氏的悲惨命运，
并写了一篇名为 *Καλλισθένης ἤ περὶ πένθους*（《卡里斯塞奈斯的不幸》）的文章
（CIC. *Tusc*. iii.10,21, v.9,25; Diog. v.44; Alex. *De An*.162, b *fin*.）。他在斯塔吉拉
拥有财产（Diog. v.52）；他对这个城市的多次提及，以及它的博物馆的陈述都证明
了塞奥弗拉斯特当时与亚里士多德一起住在马其顿。后面这个描述据说指的是他和
卡里斯塞奈斯，但这是非常可疑的，因为它也可以指柏拉图和伊索克拉底（参见
Zeller, *Ph.d.Gr*.i.842,1)。类似的，Brandis（iii.251）和 Meyer（*Gesch. der Botanik*,
i.147）指出："塞奥弗拉斯特曾经的名字是 Tyrtamus，后来亚里士多德认为他很优
雅而给他改了这个名字"，但这一说法是非常值得怀疑的（Strabo, xiii.2,4, p.618;

349　多。[1] 亚里士多德去世前，就把私人事务[2] 和他的学院都托付给塞奥弗拉斯特，或许早在亚里士多德离开雅典时就已把学院交付给他。[3] 在塞

350　奥弗拉斯特治下，学院更加繁荣地发展[4]，34 年后[5]，塞奥弗拉斯特去世，那时他获得了国内和国外的敬重[6]，尽管也有人对他抱有敌意[7]，他捐赠了

CIC. *Orat*.19,62; Quintil. *Inst*. x.1,83; Plin. *H. Nat. praef*.29; Diog.38; Suid. Θεόρ.; Ammon. *De Interpr*.17, b, and: Olympiod. *V. Plat*. p.1）。

1　塞奥弗拉斯特的生卒年不详，我们只知大约的年代。根据阿波罗多洛斯（Apollodorus）的记载（Diog.58），他死于第 123 届奥林匹亚年（即公元前 288—前 284 年间），但具体哪一年无法确定；据说是 287 年（Brandis, iii.254; Nauwerck, *De Strat*.7），并且他担任了 35 年或 36 年的学派领袖（Ritter iii.408），但这仅仅是个猜测。Diog.40 记载说他活了 85 岁，这比一封伪造的信件中的说法要可靠得多——这封信出现在塞奥弗拉斯特的《品性》一书的开篇，信中说他时年 99 岁，希罗尼姆斯（Hieronymus）说他活了 107 岁（*Ep*.34 *Ad Nepotian*. Iv. b,258 Mart.；在这里的文本是 "Themistoclem"，而不是 "Theophrastum"），第欧根尼的描述或许是从阿波罗多洛斯的记载中来的。这些陈述说明他的年纪比亚里士多德还大，因而不可能被指定为亚里士多德未成年的女儿的丈夫（参见第 548 页注释 2）。根据第欧根尼的记载，塞奥弗拉斯特生于公元前 373—前 368 年之间；因此他比亚里士多德小 11 到 16 岁。

2　亚里士多德嘱咐塞奥弗拉斯特及其他人，直到尼卡瑙尔能自己管理事务之前，都由他来管理。此外，如果尼卡瑙尔在跟他的女儿皮提娅结婚之前去世的话，塞奥弗拉斯特就有责任娶她，并照顾和教导她的弟弟。（参见亚里士多德的遗嘱，Diog. v.12,13.）。塞奥弗拉斯特实际上成为了后者的老师，他后来也承担了教育皮提娅的儿子们的责任（参见第 14 页注释 7；Diog.53; Sext. *Math*. i.258）。他对亚里士多德儿子的喜爱引起了亚里斯提波的指责，说他们有爱欲关系（Diog.39）。在塞奥弗拉斯特的遗嘱中（*ibid*.51 sq.），他留下了如何处理亚里士多德和尼各马可的画像的指示。

3　参见 i.p.37 以及第 27 页注释 1。

4　Diog.37：他的学生超过 2000 人。如果这说的是在他的一生中有这么多学生，那么我们必须假设这指的是他的圈子内部的学生；如果说的是他一次有这么多学生，那么这只能是在一个讲座上，例如修辞学或者其他流行的话题。芝诺（Zeno）的话（Plut. *Prof. in Virt*. c.6 *fin*. p.78; *De se ipso laud*. c.17, p.545）指的是他的学生的数目。

5　参见第 548 页注释 1。

6　参见第 548 页注释 7。在伊壁鸠鲁学派中，除了伊壁鸠鲁之外（Plut, *adv. Col*.7,2, p.1110），Leontium 也攻击过塞奥弗拉斯特；参见 CIC. *N. D*. I.33,93。

7　根据 Diog.37 的记载，外国王子卡山德（Cassander）和托勒密都给予他很高的评价；他为前者写了一篇名为《论国王》的文章，但有些人怀疑它是伪作（Diog.47; Dionys, *Antiquitt*. V.73; Athen. iv.144, e）。他在雅典受到的尊敬可以从他的葬礼看出来（Diog.41）。Agnonides 曾经指控他犯有渎神之罪，但这是完全不实的（或许埃里安 [*V. H.* viii.12] 说的是这件事），此外，根据索福克勒斯（Sophocles）之法律

一个花园和廊厅，此后，漫步学派便有了固定的场所。[1]他对漫步学派 　351
之学说的贡献亦是引人注目的。在思想的创造性方面，他确实不能与亚
里士多德相比。但他尤其适合于补充、扩展和完善亚氏留下来的体系。
他对科学有着浓厚的兴趣，这使得他把其他兴趣服从于对科学的平静追
求，甚至放弃了自己的家庭生活[2]；他对知识有着无止境的渴望，甚至在
死时还抱怨生命太短暂了[3]；他在年老时也鲜少放松学习[4]；他流传下来的 　352
作品展现出深刻而明晰的思想；他的语言和表达是优美的，他因这些作

（参见 Athen. xiii.610, e; Krische, *Forsch*.338），元老院和民众认为有必要开设哲学
学校。后来，所有哲学家（包括塞奥弗拉斯特）都离开了雅典（约公元前 306 年至
前 305 年），据说这项法律因为他而被废除，并且立法者遭受了处罚；Diog.37 sq.,
cf. Zumpt. *Über den Bestand der Philos. Schulen in Athen*, *Abh. der Berl. Akad. hist.-
phil. Kl*.1842,41 sq.。

1　Diog.39。参见塞奥弗拉斯特的遗嘱，*ibid*.52。根据第 51 章以下的描述，缪斯的神
庙和它旁边的两个小室——其中一个的土墙的侧面悬挂有图画——很可能属于这里
提及的建筑。从第 39 章的描述来看（μετὰ τὴν Ἀριστοτέλους τελευτὴν [在亚里
士多德死后]），Zumpt 推断（*ibid*.31 sq.）亚里士多德之前拥有这个花园，但他死
后，这个花园卖给了德米特里（Demetrius），后来又被塞奥弗拉斯特买回。Brandis
(iii.253）认为这个推论是鲁莽的，但他假设亚里士多德拥有用于教学的房子并在吕
克昂有自己的花园。然而，我们没有关于这个问题的任何信息；但是根据第一卷第
38 页中的论述，即亚里士多德的遗嘱没有提及这样的财产，我们也不能得出相反的
观点。Zumpt 的推论所依赖的陈述即便有什么特殊的意义，它们也可以因为同样的
理由被认为指的是"漫步学派直到亚里士多德死时也没能成为这些财产的拥有者"。
因此，亚里士多德很可能没有在他自己的花园中教学。根据 Athen. v.186, a, (i.402,
Dind）的记载，塞奥弗拉斯特还留下了为学院的成员提供餐食的办法。

2　从亚里士多德的遗嘱中我们知道，亚里士多德死的时候塞奥弗拉斯特还没有结婚
（参见第 548 页注释 2）；他后来一直没有结婚，我们从他自己的论述中和别的材料
中都找不到相反的记载。残篇 Hieron. *Adv. Jovin*. i.47, iv. b,189, Mart. 告诉我们他
不结婚的原因，他劝哲学家们都不要结婚，因为婚姻会带来与科学的生活不相适应
的混乱和干扰。

3　CIC. *Tusc*. iii.28,69; Diog. v.41; Hieron. *Epist*.24 *Ad Nepotian*. iv. b,258 Mart..

4　Diog.40.

品获得了名誉[1]，他拥有独立的研究环境[2]，他还拥有保护学术劳动的必要方法[3]——所有这些都极大地促使他成为一位出色的科学研究者和教师。他留下的大量作品是对他的勤奋的最好见证，它们涉及当时已知的所有知识门类。[4] 这些门类繁多的作品只有很小一部分流传下来：两本关

353

1　除了第 547 页注释 3 中引用的段落外，参见 CIC. *Brut.*31,121: *quis...Theophrasto dulcior? Tusc.* v.9,24: *hic autem elegantissimus omnium philosophorum et eruditissimus.* （但这个人是所有哲学家和最有学问的人中最优雅的）。他与亚里士多德的情况类似，他的这种名声主要体现在他流传下来的作品上，尤其是对话，而这些对话也和亚里士多德的一样被描述为公开的（参见第 83 页注释 4 和第 83 页注释 5）。Prokl. *In Parm.* i. *fin.* p.54 Cous. 抱怨它们的前言与主要内容无关。根据赫尔米普斯（Hermippus）（Athen. i.21, a）所说，他个人的修饰成分过多，并且他的表达过于戏剧化。人们还时常提到他的俏皮话，例如 Plut. *Qu. Conv.* ii.1,9,1, v.5,2,7（vii.10,2,15）；*Lycurg.* c.10（*Cupid. Div.* c.8, p.527; Porph. *De Abstin.* iv.4, p.304）。

2　我们从塞奥弗拉斯特的遗嘱中可以推知他是富有的（Diog. v.51 sqq.），他拥有大量的土地、奴隶和金钱，尽管金钱的数量是多少（p.59 以下）没有被言明。

3　在他的遗嘱中（Diog.52; Athen. i.3, a，在这里 "τούτων" 这个词表示泰奥弗拉斯托拉的名字排在亚里士多德之后）以及斯特拉波的遗嘱中（Strabo, xiii.1,54, p.608）提到了塞奥弗拉斯特的图书馆，亚里士多德的书籍是这个图书馆的基础。O. Kirchner, *Die Botan. Schr. d. Theophr.*(*Jahrb. f. Philol. Supplementbd.* vii.1874, p.462 sqq.) 认为从塞奥弗拉斯特的植物学著作中，我们大概知道他除了希腊的大部分地区和马其顿之外，还到访过克里特，尼罗河三角洲，或许还有南色雷斯，小亚细亚沿岸等地，因此他在研究方法中加入了许多外国的知识。

4　赫尔米普斯和安德罗尼柯曾列出过他的作品名单（参见第 34 页注释 5；Plut. *Sulla*,26; cf. Porphyr. *Vit. Plotini.*24）；Diog. v.42–50 记载了一份这样的名单（关于此，参见 Usener, *Analecta Theophrastea* Leipsic,1858,1–24 的详细论述；其中关于逻辑的文章，参见 Prantl. *Gesch. der Log.* i.350）。这份名单不仅遗漏了一些已知的作品（Usener,21 sq.），而且它的顺序也很奇怪。这里有两个按照宇母顺序排列的名单——第二个名单是对第一个的补充，但两个名单中包括的都是亚历山大图书馆或其他图书馆收藏的塞奥弗拉斯特的作品，在这两个名单之后还有两个补充性的名单：第一个没有根据任何原则来排列，而第二个是按字母顺序排列的，倘若我们排除一些插入部分的话。正如 Usener 认为的那样，这个名单很可能是赫尔米普斯的，并从 Favorinus 手上流传下来（cf. Ross, *Arsit. Libr. Auct.*43 sq.），而第欧根尼的名单直接从它这里引用了（v.41）赫尔米普斯的话，而他的名字也出现在亚里士多德作品的名单前（v.21）和柏拉图的遗嘱前（iii.40）。我们几乎没办法确定这里列举的作品的真实性；Usener（p.17）认为它们中的一些很可能属于欧德谟斯（例如《代数》、《天文学》、《几何的历史》，或许还包含《神学观念的历史》（v.48,50））。

于植物学的书[1]，几篇自然科学的短文[2]，一篇形而上学著作的残篇[3]和重　　354
要的物理学史的残篇[4]（这是一座宝藏，后来的传统对早期物理学家的了

1　*Π. φυτῶν ἱστορίας*（《植物志》）有九卷；*π. φυτῶν αἰτιῶν*（《植物的本原》）有六
　　卷。这些作品已经被证明（参见第 70 页注释 1）是塞奥弗拉斯特的而不是亚里士多
　　德的；为了确定它们的写作时间，我们必须进一步考虑在《植物志》v.2,4 中提及德
　　米特里一世（Demetrius Poliorcetes）摧毁麦加拉（Megara）的事件（约公元前 306
　　年），参见 vi.3,3 对雅典执政官 Simonides 的描述（第 117 届奥林匹亚的第 2 年），
　　iv.3,3 中对 Ophellas（第 118 届奥林匹亚的第 1 年）的远征的描述，以及 ix.4,8 中
　　对国王 Antigonus 的描述。《植物志》v.8,1 中提到了德米特里一世征服塞浦路斯之
　　后的时期（Diodorus, xx.47 sqq.73 sqq.），因而它是在公元前 306 年之后写成的（参
　　见 Brandis, iii.322 sq.）。辛普里丘（Simpl. *Phys*.1, a）指出亚里士多德对植物的研
　　究部分是历史性的，部分是原理性的，但并非指的是这两部作品，并且它们是不重
　　要的（我们已经在第 21 页注释 2 中指出），因为辛普里丘并不知道亚里士多德论植
　　物的文章。塞奥弗拉斯特的这两部作品除了有许多损坏，在文本上还有很多空隙。
　　《植物的本原》的最后一个部分（或许是两卷，因为 Diog.46 说这本书共有 8 卷）
　　一定遗失了（参见 Schneider, *Theophr. Opp.* v.232 sqq.）。Diog.46 认为《植物志》
　　共有 10 卷或许可以这样来解释：现存的（Schneider, *ibid.* 认为第四卷是残缺的，c.12
　　fin.）其中一卷分散在某些手稿中；相反的，《植物志》viii.4,5 和 ix.18,2 分别被
　　Apollon. *Mirab.*33,41 引用时说，前者来自 ζ′ 卷，而后者来自 ἡ περὶ φυτῶν，这一
　　事实证明了早先几卷中的某一卷遗失了或者它和其他卷一起遗失了。另一方面，有
　　一种观点认为植物学的第九卷原本并不属于它（Wimmer, *Theophr. Hist. Plant.*1842,
　　p. ix.），但这个观点被 Kirchner 以很好的理由拒绝了，参见 *De Theophr. Libr. Phy-*
　　*tol.*34 sqq.。Diog(*ibid*) 和 Apollon 都指出这一卷是属于这部作品的，Apollon 在 c.29
　　中引用了 ix.13,3；20,4, c.31, ix.17,4, c.41, ix.18,2, x.48, ix.11,11, c.50, ix.17,3 的
　　内容；它无疑指的是《植物的本原》的第六卷，它甚至引用了 ii.6,4 的内容（参见
　　Hist. ix.18,10），它的内容预告了 i.12,1 的内容，在 1.4；2.2；8,8；19,1 中它指的是前
　　面几卷。类似的，Meyer（*Gesch. d. Botanik.* i.176 sq.）和 Brandis（iii.32 sq.）正确
　　地指出《植物的本原》的第六卷不是独立的或完全伪造的文本。甚至关于数字 7 的
　　评价（c.4,1,2）也不包含任何令人惊讶的内容，尽管 Brandis 认为这有些奇怪；亚
　　里士多德已经指出有 7 种原始的颜色，7 种味道对应于 7 种声调（参见第 337 页注
　　释 4），与对数字 7 的阐述相似的是塞奥弗拉斯特在 De Ventis（*Fr.*5），49 中对数字
　　3 的阐述。
2　参见 Schneider, *Opp.* i.647 sqq. Wimmer, vol. ii .(1862)。
3　关于这些形而上学问题，我们不知道它们是否属于一部综合性著作，或者仅仅是
　　一篇论文的前言。根据学派的记载，它们所属的著作既没有被赫尔米普斯，也没有
　　被安德罗尼柯记录在目录中，但是被大马士革的尼古劳斯（Nicolaus of Damascus）
　　引用过。关于这个文本的损毁问题，参见 Brandis（*Arist. et Theophr. Metaph.*308
　　sqq.），以及 Wimmer（*Fragm. No.*12），Usener, *Rhein. Mus.* xvi.259 sqq.。
4　这本著作有时被称为 φυσικὴ ἱστορία（《物理学的历史》）（Alex. apud Simpl.
　　*Phys.*25, a, o.），有时被称为 φυσικὰ（Diog. ix.22; Simpl. *De Coelo, Schol. in*

355 解几乎都来自它[1]），以及其他一些残篇。[2]《品性》一文只是不完整的摘要，其中包含了几个外来的补充，它们或许来自塞奥弗拉斯特的伦理学著作。[3]

据我们所知，塞奥弗拉斯特的科学劳作的主要特征是努力完善亚里士多德学说的范围以及更精确地定义它们的内容。这个体系的基本原则并没有任何改变，并时常以亚里士多德的原话来呈现。[4] 塞奥弗拉斯特尽可能在每个方面完善和发展亚里士多德的学说，他增加了科学的和伦

356 理的观察事实的数量，把亚里士多德的原则运用到特殊的例子上，尤其是那些被忽视了的地方，他修正了特殊概念的错误并澄清了它们的意

---

*Ar.*510, a,42; Stob. *Ekl.* i.522），在别的地方还被称为 φύσικαὶ δόξαι（《物理学的观点》）（*Diog.* v.48），περὶ φυσικῶν（*ibid.*46），π. τῶν φυσικῶν（Alex. *Metaph.*24,4; *Bon.*536, a,8 bk.），以及 π. τῶν φυσικῶν δοξῶν（Taubus apud Philop. *Adv. Procl.* vi.8,27）。Diog. v.46 认为它共有 8 卷，v.48,16。Usener, *Anal. Theophr.*30 sqq. 校对过这个残篇；但是 περὶ αἰσθήσεως καὶ αἰσθητῶν（《论感知和可感对象》）这篇论文似乎也属于这本著作（Wimmer, fr.1）——Philippson 处理过这个文本，即 ὕλη ἀνθρωπίνη（1831），81 sqq.（人的质料）（cf. Usener, *ibid.*27）。另一方面，此处的摘要（ap. Philo. *Aetern. m.* c.23–27, p.510 sqq. Mang.）是从这个文本中来的（Usener. p.38; Bernays, *Theophrast. Üb. Frömmigk.*46），这样的假设是不成立的；因为斯多亚派的芝诺独断的和诡辩式的论述（参见策勒在 Hermes, xi.422 sqq. 中说的话）不可能是一部历史著作的一部分，它也一点不像《论感知和可感对象》这篇论文的风格。在《自然的历史》的第一卷中（参见 *Abhandl. d. Berl. Akad.*1877, p.150 sqq.）塞奥弗拉斯特考察了先前哲学家们的原则，他在这里把自己的作品与亚里士多德《形而上学》第一卷联系起来。

1 他是第一个这样做的，对这个事实的详细证明参见 H. Diels 的新作 *Doxographi Graeci*，以及 *ibid.* p.473 sq. 即 φύσικαὶ δόξαι（《物理学的观点》）的残篇。

2 在 Wimmer 收集的那些残篇之外，必须还要加上 περὶ εὐσεβείας（《论虔诚》）文，Dernays（Theophrast. *Schrift über Frömmigkeit*）把它巧妙地从波菲利的 *De Abstinentia* 一文中整理出来。《论不可分割的线段》也被认为是塞奥弗拉斯特写的。甚至有人认为亚里士多德的《政治学》也是他写的（参见第 460 页注释 3）。近年来，有些学者认为《论颜色》是他写的（Schneider, iv.864, 他认为这些文章只是一部作品中的一部分；另外，参见 Prantl, *Arist. v. d. Farben*,84 sq.），以及《论麦里梭》、《论克塞诺芬尼》等（关于这个主题，参见 Zeller, *Ph.d.Gr.*i.476, sqq.）。

3 关于这个主题以及塞奥弗拉斯特的伦理学著作，参见下文。

4 例如，Kirchner, *Jahrb. f. Philol. Supplementb.* Vii.532 sqq. 列举出了植物学著作中的情况。

义。[1] 塞奥弗拉斯特的起点是经验。正如亚里士多德在他的所有研究中都以事实为坚实的基础，并以全面的归纳为基石建立起最普遍的概念，塞奥弗拉斯特也相信，为了获得真概念，我们必须以观察为起点。理论必须与经验证据相符，这要求我们从对个体事物的观察开始[2]；知觉提供给思想的材料要么可以直接运用以获取目的，要么能够解决经验带来的困难而利于将来发现新事物。[3] 此外，自然科学必须建立在知觉上，因为它完全是关于物质实体的。[4] 因此，塞奥弗拉斯特坚持这个原则。当普遍的法则不能解释个别事实时，他毫不犹豫地把我们引向经验[5]；如果不可能达到完全的确定性，他会像柏拉图和亚里士多德一样满足于可能性[6]；如果精确的证明失败了，他会像他的老师一样采用类比的方法[7]，但他同时警告我们说不要滥用类比或者误识现象的特殊性质[8]，正如亚里士多德曾经制定的基本原则——即任何事物必须由特属于它的原则来解释。[9] 事实上，我们不能说塞奥弗拉斯特完全抛弃了系统的和普遍的观点；但他自己的倾向和科学研究无疑有着下述偏好：倾向于特殊的事物而不是基本原则。

357

358

这就是塞奥弗拉斯特和他的追随者欧德谟斯研究逻辑的方法。尽管他们遵从亚里士多德的原则，但在细节上有诸多差异。[10] 例如，在讨论概念时，塞奥弗拉斯特拒绝承认所有的对立者都属于同一个属。[11] 他和

---

1 参见 Boeth. *De Interpr*. p.292: *Theophrastus, ut in aliis solet,...tractatas exsequitur*.

2 参见《植物的本原》i.1,1;17,6; ii.3,5。

3 Fr.12 (*Metaph*.),19. *Ibid*.25. Clemens, *Strom*. ii.362, D; Sext. *Math*. vii.217。

4 Fr.18。

5 *Caus. Pl*. ii.4,8; cf. *Hist*. i.3,5：植物种类之间的差异有时是模糊的。

6 Simpl. *Phys*.5, a, m：自然科学无法获得完全确定的知识。参见 i.p.167 以下。

7 参见 *Caus. Pl*. iv.4,9–11; *Hist*. i.1,10 sq.。

8 *Hist*. i.1,4；我们必须在所有方面仔细比较植物与动物的差异。

9 参见第 170 页注释 5，第 171 页注释 1、注释 2。

10 参见 Prantl. *Gesch. der Log*. i.346 sqq.，然而，他似乎低估了塞奥弗拉斯特和欧德谟斯对逻辑学的贡献。

11 参见 *Fr*.15(Simpl. *Categ*.105, ά; *Schol. in Ar*.89, a,15)。Alex. on *Metaph*.1018, a,25；另外，参见第 155 页注释 5。

欧德谟斯都有关于判断理论的文章，亚里士多德的这一理论在他们手中
被添加了许多内容[1]，然而，这些内容就我们所知是不太重要的。[2]他们
在命题转换理论中引入一些变化，命题转换理论是亚里士多德三段论的
起点，他们用对全称否定命题的简单转换的直接证明代替了亚里士多德
的间接证明。[3]此外，当他们从另一个方面接近判断的模态问题时[4]，他

359

360

1　塞奥弗拉斯特的文章包括：$\pi\varepsilon\rho\grave{\iota}\ \kappa\alpha\tau\alpha\varphi\acute{\alpha}\sigma\varepsilon\omega\varsigma\ \kappa\alpha\grave{\iota}\ \grave{\alpha}\pi\sigma\varphi\acute{\alpha}\sigma\varepsilon\omega\varsigma$（《论肯定和否
定》）（Diog.44,46; Alex. in *Anal. Pr.*5, a, m,21, b, m,124, a,128; *Metaph.*653, b,15;
Galen, *Libr. Propr.*11, xix.42, k; Boeth. *Ad Arist. de Interpr.*284,286,291,327, Bale;
*Schol. in Ar.*97, a,38,99, b,36; Prantl,350,4），$\pi.\ \lambda\acute{\varepsilon}\xi\varepsilon\omega\varsigma$（《论语言》）（Diog.47;
Dionys. *Hal. Comp. Verb.* P.212, Schaef.），$\pi.\ \tau\tilde{\omega}\nu\ \tau\sigma\tilde{\upsilon}\ \lambda\acute{\sigma}\gamma\sigma\upsilon\ \sigma\tau\sigma\iota\chi\varepsilon\acute{\iota}\omega\nu$（《论语言
的成分》）（Prantl,353,23, Simpl. *Categ.*3, β, Bale 正确地修订过它）。对于欧德谟斯
的 $\pi.\ \lambda\acute{\varepsilon}\xi\varepsilon\omega\varsigma$（《论语言》），参见 Alex. *Anal. Pr.*6, b, *Metaph.*566, b,15, Br.; *Anon.
Schol. in Arist.*146, a,24; Galen, *ibid*。其他逻辑学著作，参见第 45 页注释 2, Prantl.
p.350，以及《欧德谟伦理学》i.6 *fin.* ii.6,1222, b,37, c.10,1227, a,10。

2　塞奥弗拉斯特在他的文章《论肯定和否定》中区分了前提的不同意义（Alex.
*Anal. Pr.*5, a, m; *ibid.*124, a; *Top.*83, a,189, a）。类似的区分除了出现在这篇文章中
之外，还出现在 $\pi.\ \tau\sigma\tilde{\upsilon}\ \Pi\sigma\lambda\lambda\alpha\chi\tilde{\omega}\varsigma$（《论多重方式》）一书中（这本书可能是依照
亚里士多德的模式写的，参见 i.p.76 以下）；欧德谟斯注意到存在命题的系词的谓
述功能（*Anon. Schol. in Arist.*146, a,24, 对欧德谟斯的系词理论的评价，参见 Alex.
*Anal. Pr.*6, b, m）。塞奥弗拉斯特认为特称命题是不确定的（参见第 161 页注释 3,
以及 Boeth. *De Interpr.*340, m; *Schol. in* Waitz, *Ar. Org.* i.40; Prantl,356,28）以及亚
里士多德说的命题的不确定性来自换位（参见第 160 页注释 4; *Stephanus and Cod.
Laur. in* Waitz, *ibid.*41 sq.；关于他这样做的理由，参见 Prantl,357）。他区分了"并
非全部"与"一些不是"的特殊否定命题（*Schol. in Ar.*145, a,30）。关于判断的模
态，他区分了简单的必然性和从特殊条件中得到的必然性（Alex. *An.* p.12, b, u）。
他解释了矛盾命题，并认为它们一般是不能被证明的（Alex. on *Metaph.*1006, a,11,
p.653, b,15, Br.）；他指出，只有当矛盾命题的意义是固定的，它们才是彼此排斥
的（*Schol. Ambros. in* Waitz, *ibid.*40），这是对 Prantl（p.356）提出的不必要的反
驳的告诫。

3　参见 Arist. *Anal. Pr.* 1.2,25, a,15。塞奥弗拉斯特和欧德谟斯的陈述更简单："如果
没有 B 是 A，那么 A 与所有 B 不同，因此 B 与所有 A 也不同，并且因此没有 A 是
B"（Alex. *An. Pri.*11, a, m.12, a.; Philop. *An. Pr.* xiii. B; *Schol. in Ar.*148, b,46; Cf.
Prantl,346,45 的边注）。Prantl 批评了这种"方便的"证明；相反，策勒认为它是
正确的，并指出他并没有发现亚里士多德的"建立在属和种的本性上的理由"，如
Prantl 所做的那样。

4　我们已经指出（参见 i.p.234），亚里士多德用"可能性"和"必然性"概念表示事
物的一种性质，而不是我们关于事物的知识。他所说的可能性不是我们理解的没有
理由否认的东西，必然性也不是指我们不得不接受的东西。他认为可能性的意思是

们最终否认了亚里士多德的观点——即任何肯定的可能性都蕴含了相反的可能性，相反，他们认为可能性的全称否定命题是可以转换的[1]；对于那些从不同模态的条件中得出的结论，他们坚持认为这里的原则是结论遵从弱的条件。[2] 我们还知道塞奥弗拉斯特在亚里士多德三段论的第一格的四个式之外添加了另外五个式，它们是由结论或前提转换来的，但我们并未看到他的修改带来的任何益处[3]，此外，他可能对另外两个格也做了同样的处理[4]，与亚里士多德的观点相反，他宣称它们能够产生完善的结论。[5] 他还改变了几个式的顺序。[6] 然而，更重要的是，塞奥弗拉斯　　361特和欧德谟斯在逻辑理论中引入了假言三段论和选言三段论。[7] 他们把

在本质上或者是或者不是，而必然性的意思是在本质上是如此。塞奥弗拉斯特和欧德谟斯的确没有在这个主题上为我们留下任何一般性的阐释（甚至在 Prantl, 362, 41 引用的这个段落中，Alex. *Anal. Pr.* 51，这些句子似乎属于塞奥弗拉斯特的《前分析篇》，而剩下的属于亚历山大）；但他们与亚里士多德观点的差异是明显的，我们要提及的是他们认为可能性和必然性是形式逻辑上的意义。

1　参见 i.p.234，以及 Alex. *Anal. Pr.* 14, a, m.; Anon. *Schol. in Ar.* 150, a, 8。这两位漫步学派哲学家的证明在 Prantl 的一个边注中出现过，这个边注是他（364, 45）从 Minas 关于盖伦（Galen）的 Εἰσαγωγὴ διαλεκτικὴ（《逻辑论证导论》p.100）的注释中引用的。同一个作者从 Beoth. *Interpr.* 428 中关于塞奥弗拉斯特的引用（362, 41）只与一个不太重要的解释有关。类似的，Alex. *Anal. Pr.* 42, b, n. 中提及的、对亚里士多德的论证的修正也被认为是不重要的——Prantl. p.370 持有这样的观点。

2　他们认为从一个必然的前提和一个直言命题的前提可以得到一个直言命题的结论；从一个直言命题的前提和一个假言的前提出发可以得到一个假言结论；从一个必然的前提和一个假言的前提出发可以得到一个假言的结论（参见 i.p.234 以下，以及第三种情况，参见 Philop. *Anal. Pr.* ii. a; *Schol. in Arist.* 166, a, 12；塞奥弗拉斯特关于这个问题的论证，参见 Alex. *Anal. Pr.* 82, b.）。

3　这里的细节，参见 Alex. *Anal. Pr.* 22, b.34, b.-35, a; Anon. *Schol. in Ar.* 188, a, 4，以及 Prantl, 365, 46 的引用——这些引用来自 Apul. *De Interpr.* (*Dogm. Plat.* iii.), 273 sq. 280, Oud.; Beoth. *Syll. Cat.* 594 sq; Philop. *An. Pr.* xxi. b (*Schol.* 152, b, 15); Cf. Überweg, *Logik*, 282 sqq.。

4　Prantl（368 sq.）对 Alex. *Anal Pr.* 35, a 做出了这样的推测。参见第 555 页注释 5。

5　*Schol.* in Waitz. *Arist. Org.* i.45.

6　他在第三个格中把亚里士多德的第四式作为更简单的，并放在第三式之前，把第六式放在第五式前（Anon. *Schol. in Ar.* 155, b, 8; Philop. *ibid.* 34, 156, a, 11），此外，他通过划分第一式添加了第七式（Apul. *ibid.* p.276）。

7　正如 Alex. *An. Pr.* 131, b. 和 Philop. *An. Pr.* lx. a; *Schol. in Ar.* 169, b, 25 sqq. 明确表述的观点。根据 Beoth. *Syll. Hypoth.* 606（in Prantl, 379, 59）的观点，欧德谟斯

这些论证归入"假言三段论"名下，并指出在选言三段论中，原来不确定的条件可以通过添加第二个从句得到确定。[1] 此外，他们区分了两种假言结论：那些由纯粹的假言命题构成的结论，即它们只陈述某物是或者不是的条件[2]，另一种是那些证明了某物是或者不是的结论。[3] 后者又分为假言形式的和选言形式的两种。[4] 然而，这两种都有一个特点：在大前提中陈述的可能性在小前提中要么被肯定要么被否定。[5] 在假言三

362

对这个问题的讨论比塞奥弗拉斯特更详细。Alex, *An. Pr.*128, a, 给出的关于塞奥弗拉斯特对三段论的小前提的讨论是不重要的；参见 88, a, m.; Philop. cii. a; *Schol. in Ar.*189, b, 12; Anon. *Ibid.*1.43, 190, a, 18, cf. Prantl, 376 sq. 。这些三段论是由亚里士多德提及的那些命题构成的，参见《前分析篇》ii.5, 58a29, 58b10。然而，根据 Alex.128, a, *Schol.*190, a, 1 的观点，塞奥弗拉斯特明确说这些命题与普遍的直言命题只有形式上的差异；但是他给予它们的过于烦琐的讨论只是在处理细节时常常出现的许多不必要的证明之一。

1 参见 Philop. *An. Pr.* lx. b; *Schol. in Ar.*170, a, 30 sqq.; Alex. *An. Pr.*109, b. M。这个段落中的这两位作者都遵循了漫步学派的观点，正如塞奥弗拉斯特和欧德谟斯表达的那样，这是从整个文本中可以确证的。

2 οἱ τίνος ὄντος ἢ μὴ ὄντος τι οὐκ ἔστιν ἢ τί ἔστι δεικνύντες（它是某物或不是某物的证明）（如果 A，那么 B——如果 B，那么 C——如果 A，那么 C），塞奥弗拉斯特称之为"通过三个条件"或者"通过所有的条件"，因为这三个命题有类比上的相似性。塞奥弗拉斯特区分了三种形式的三段论，它们与亚里士多德的直言三段论的三个格相对应，此外他调换了第二格和第三格的顺序。Alex. *Anal. Pr.*109, b, m.110, a.; cf.88, b.; Philop. *ibid.*170, a, 13 sqq. 179, a, 13 sqq. 189, a, 38.

3 Philop. *Schol. in Ar.*170, a, 14, 30 sqq. cf. Alex. *An. Pr.*88, b.

4 Philop. *ibid.*。前者中又列举了两种形式：通过肯定前件而肯定结论的与通过否定结论而否定前件的（如果 A，那么 B。如果非 B，那么非 A）。另外一种又以更复杂的方式分为三种：(1) "A 同时不是 B 和 C 和 D。但 A 是 B。因此，A 不是 C 也不是 D。" (2) "A 要么是 B，要么是 C。但 A 是 B。因此，A 不是 C。" (3) "A 要么是 B，要么是 C。但 A 不是 B，因此 A 是 C。"

5 这种直言的小前提加上一个选言的或假言的大前提的三段论，后来在斯多亚学派那里有一个名字叫"πρόσληψις"，早期的漫步学派学者（cf. Prantl.385, 68）遵照亚里士多德的观点（*Anal. Pr.* i.23, 41, A, 30; cf. Waitz, *in loco*; c.29, 45, b, 15）将其称为"μετάληψις"（Alex. *An. Pr.*88, a, o.109, a, m.; Philop. *Schol. in Ar.*169, b, 47, 178, b, 6）。如果这个小前提本身是一个直言三段论的结论，我们就把它称为"混合三段论"（Alex.87, b, m. sq.）。条件句称为"συνημμένον"，前件称为"ἡγούμενον"，结论称为"ἑπόμενον"（Philop. *Schol. in Ar.*169, b, 40）。然而，塞奥弗拉斯特指出了条件句之间的差异，即有些条件句是由疑问词"εἰ"引起的，而有些条件句的引导词是肯定式的"ἐπεί"（Simpl. *De Caelo, Schol.*509, a, 3）。此外，他还指出（Alex. *Anal. Pr.*131, b, Ald.; cf Prantl, 378, 57）μετάληψις 要么仅仅是一

段论之下还有一类被称为"比较的三段论"[1]，或者，漫步学派所谓的"性质三段论"。[2] 塞奥弗拉斯特和欧德谟斯流传下来的作品没有对《分析篇》的第二部分——即证明理论——有任何重要的贡献[3]，因此，我们可以假设他们的结论与亚里士多德的结论没有什么重要的差异。《论题篇》的情况同样如此，塞奥弗拉斯特对此有几篇论文。[4] 它们都无法证明他对科学的解释与亚里士多德有什么不同[5]；就我们所知，塞奥弗拉斯特和欧德谟斯对这个主题的一些独立论述也只不过是对亚里士多德学说在形式上的扩展。[6]

363

个条件，要么它是直接确定的，要么它能够由演绎或归纳来证明。

1　*Οἱ ἀπὸ τοῦ μᾶλλον καὶ τοῦ ὁμοίου καὶ τοῦ ἥττον.*（从更多的、相似的和更好的来比较）。例如："如果不那么珍贵的东西是好的，那么珍贵的东西也是好的；但是财富没有健康那么珍贵，并且财富是好的，那么健康也是好的。"关于这个主题，参见 Alex. *An. Pr.* 88, b, m.109, a.–b.; Philop. *An. Pr.* lxxiv. b; Prantl, 389 sqq.。

2　*Κατὰ ποιότητα*（关于性质的），这个表达或许是从 Arist. *An. Pr.* i.29,45, b,16 中来的，但在那里这个表达并没有得到进一步解释。

3　甚至 Prantl（p.392 sq.）也没能知道两个以上与这个主题有关的句子：一个在 Philop. *An. Post.* 17, b.; *Schol. in Ar.* 205, a,46 区分了 *ἢ αὐτὸ* 和 *καθ᾽ αὑτό*；另一个句子是在匿名的注释中，*ibid.* 240, a,47，那个定义被包含在证明中。同样不重要的是关于 *καθ᾽ αὑτό* 的评价，参见 Alex. *Qu. Nat.* i.26, p.82, Speng.；关于定义，参见 Boeth. *Interpr.* ii.318, Schol.110, a,34；关于定义和证明，参见 *Eustrat. in Libr.* ii.; *Anal. Post.* 11, a, o.; *Schol.* 242, a,17; cf. *ibid.* 240, a,47；关于证明矛盾命题的不可能性，参见 Alex. on *Metaph.* 1006, a,14; Syrian. in *Metaph.* 872, b,11（来自《论肯定命题》一文）；此外，Themistius 对 *ἀξίωμα*（公理）的定义，参见 *Anal. Post.* 2, a; *Schol.* 199, b,46。

4　Cf. Prantl. 350 sq. nn. 11–14.

5　Prantl（p.352）从这个句子（Ammon. *De Interpr.* 53, a.; *Schol. in Ar.* 108, b,27; *Anon. ibid.* 94, a,16）中推论说，塞奥弗拉斯特区分了两重关系，一是与事实有关的问题的真或假；二是与听众有关的问题的真或假；但后者并不涉及对话而是使用在诗歌或修辞。欧德谟斯的《分析篇》中的引用（Alex. *Top.* 70）也是亚里士多德式的。

6　塞奥弗拉斯特区分了 *τόπος*（位置）和 *παράγγελμα*（秩序），后者被视作一般的和不确定的法则，而前者是确定的（Alex. *Top.* 72; Cf.5, m.68）；对于亚里士多德列举的论题（*γένος*[属], *διαφορά*[种差], *ὅρος*[种], *ἴδιον*[性质], *συμβεβηκὸς*[偶性], *ταὐτόν*[事物自身]），他把 *ταὐτόν* 和 *διαφορά* 放在 *γένος* 之下（*ibid.* 25），其他的除了 *συμβεβηκὸς*（偶性）之外，放在 *ὅρος* 之下（*ibid.* 31—这是我们知道的全部，但是 Prantl, p.395, 似乎解释错了，参见 Brandis, iii.279）。他认为——除了那些不重要的评论，即被 Alex. on *Metaph.* 1021, A,31, and *Top.* 15（*Schol.* 277, b,32）所引用的评论——对立面并不属于同一个属概念（参见第 553 页注释 2）。塞奥弗拉斯特

364 　　至此，我们得到下述结论：塞奥弗拉斯特绝不是盲目地接受亚里士
多德的学说，我们在他的形而上学残篇中可以更清楚地看到这一点。[1]
残篇中提到的困难主要是指亚里士多德的预设，但是我们完全不知道作
者是否以及以何种方式找到对它们的解释。从第一哲学和物理学的区分
开始，塞奥弗拉斯特追问它们各自的对象——即超越的对象和可感的对
象——是如何相互联系的；并且在证明了它们之间必然有某种共同的纽
带以及超越的对象必然包含可感对象之后，他继续考察了这是如何可能
的。[2] 数学的原则（斯彪西波认为它拥有最高的地位）对于解决这个问
题是不够的；我们需要一个更高的原则，而它只能在神那里寻找。[3] 因

365 此，神必然是世界之运动的原因。然而，神产生运动并不是因为他自身
的运动，而是出自他的本性：即他是一切低级存在者的欲求对象，这就
是宇宙无穷运动的原因。虽然这个观点无疑在许多方面是令人满意的[4]，
但它并非没有困难。如果只存在一个运动的原则，那么所有天体为何不
做同一个运动？如果存在多个运动的原则，那么如何解释天体运动之和
谐？然而，对于天体的多样性我们也必须有一个合理的解释，此外，一
切事物都必须被解释为精心设计的结果。为什么天体出于本性欲求运动

366 而非欲求静止？并且欲求是否预设了一个灵魂，因而预设了运动？[5] 为

对 γνῶμαι（认知方式）的划分（Gregor. Corinth. *ad Hermog. de Meth.* vii.1154, w.），
欧德谟斯对这些问题的划分（Alex. *Top.*38），以及他对语言悖论的分类（似乎盖伦
在 π. τ. παρὰ τ. λέξ. σοφισμ. 中继承了他的观点），参见 Prantl,397 sq.。

1　参见 §1 sqq.。

2　第 1 章以下；以及第 2 章中读到 ἀρχὴ δὲ πότερα，"从这里开始了'是否'这一问题"。

3　第 3 章以下，根据 Usener 的修订（参见第 551 页注释 3），此前 Wimmer（p.151,11）
甚至接受把 ὥστε 替换为 οἷά τε，参见第 4 章。

4　第 6 章；"任何事物都有对善的自然倾向"这个观点也出现在塞奥弗拉斯特的残篇
中，参见 *Schol. in Plat. Legg.* p.449,8 Bekk.。

5　参见第 7 章以下（在 1.12 w 中的 ἀνήνυτον [无穷的] 或许应当读作 ἄριστον [最
好的]）。在第 8 章中关于柏拉图主义者的评价（τί οὖν ἅμα τῇ μιμήσει [你同时模
仿的什么]）几乎是不可理解的，或许是因为文本的残缺。Brandis 赋予它的意义
（iii.328 sq. q. v.）似乎并不被包含在文本中，也难以被理解。在接下来的几句话中，
Usener（p.267）把 διαφορὰ（种差或差异）替换为 μεταφορὰν（转换），而句子的
意思是"除非 'ἔφεσις'（欲求）这个表达只是用于不恰当的类比"。甚至在第 558

什么月下世界的物体和月上世界的物体不欲求最好的东西？此外，天体的这种欲求为何产生旋转而不是更高级的东西？因为灵魂和理性的运动比旋转更高级。然而，我们或许可以说：这是因为并非一切东西都能获得完美。最后，我们还要问：运动和欲求是否是天体的本质，或者仅仅是它们的偶然属性？[1] 此外，我们从第一原则中必然地推演出一切实在[2]，但这些第一原则本身存在许多新的问题。它们是无形式的质料吗？或者它们被赋予了形式吗？还是两者兼有？如果这些预设中的第一个是不可能的，那么说一切事物包括最微不足道的事物都是被自然设计好了的就存在困难。因此，我们必须确定宇宙的秩序范围以及它为何在某个点上停止。[3] 此外，我们应当如何理解静止？它是否像运动一样是从我们的第一原则中演绎出来的实在，或者真正的实在仅仅属于活动——在可感对象中只属于运动——而静止是否仅仅是运动的停滞？[4] 我们又应当如何描述形式和质料的关系？质料是不存在的吗，尽管它是潜在的实在？或者质料是存在的，尽管它缺少任何确定的形式？[5] 为什么整个宇宙被划分为一对对立者，以致于没有什么东西是没有对立面的？为什么坏的东西比好的东西在数量上多得多？[6] 既然事物是有差异的，那么知识也是有不同种类的，这里的问题便是：我们在每一种情况中应当采用什么方法，以及我们应当如何定义知识的本性和种类。[7] 为每个事物

367

页注释 4 中引用的残篇说的只是有生命的物体。

1　参见 9—11 章，在第 10 章中 Usener 把 "$\sigma\nu\mu\beta\alpha\acute{\iota}\nu\epsilon\iota$" 读作 "$\lambda\alpha\mu\beta\acute{\alpha}\nu\epsilon\iota$"；但这个句子更好地读作：$\sigma\nu\mu\beta\alpha\acute{\iota}\nu\epsilon\iota\ \gamma\grave{\alpha}\rho\ \epsilon\tilde{\iota}\nu\alpha\iota\ \kappa.\ \Sigma\nu\mu\beta$（是偶然的属性）。

2　参见第 11—13 章（p.153, W. n.）。柏拉图主义者因为这样做而受到批判。

3　参见第 14 章以下，以及第 15 章。在这里 "$\alpha\grave{\upsilon}\tau\grave{o}$" 应当读作 "$\alpha\grave{\upsilon}\ \tau\acute{o}$"。

4　这个观点是第 16 章前半部分的意思，但后半部分的意思是不可理解的，参见 Brandis, p.332。

5　参见第 17 章，我们应当将其读作 "$\delta\upsilon\nu\acute{\alpha}\mu\epsilon\iota\ \delta$'$\ \check{o}\nu$"（潜在存在者），而不是 "$\delta\upsilon\nu\acute{\alpha}\mu\epsilon\iota$ δ'$\ \hat{\epsilon}\nu$"（Br.）或者 "$\delta\upsilon\nu\acute{\alpha}\mu\epsilon\iota\ \mu\grave{\epsilon}\nu\ \check{o}\nu$"（W.）。

6　参见第 18 章。

7　第 19—20 章。在这里我们不能进入具体个别的讨论；参见 Brandis, iii.334 sq. Usener, *ibid*. p.269 sq., 他把 c.8 Br（19—27 W.）放在 cc.3 和 4 Br.（参见 13 和 14W）之间。

寻找原因是不可能的，因为无论对于可感世界，还是对于超越的世界，我们都不可能无限地追寻原因而不放弃知识的可能性；但是我们能够从可感对象到超越对象的方向上前进一点点。然而，当我们到达实在的最终基础时，便不能再前进了，因为要么这些事物没有原因，要么我们的眼睛无法看透它们而获得最终的真理。[1]但是，如果有人认为思想通过直接接触而获知真理[2]，因而它们是不可错的，那么无论它有多么重要，我们也很难说这种主张是关于什么事物的以及这种直接知识的对象是什么。[3]此外，假若世界和宇宙的结构是永恒的[4]，我们无从知晓它的起源，但问题仍然是如何辨识世界的动力因和目的因，以及解释个别形式的存在，包括动物和植物。天文学本身不能满足这些要求中的第一个；因为运动是宇宙的本质，正如生命是生物的本质一样，我们必须在宇宙的本质和终极原因中寻找它深层的起源。[5]关于世界的设计问题并不总是清楚的，暂且不论别的考虑[6]，一个事物的存在是否有一个确定的目的，还是仅仅是偶然事件的结果或出于自然的必然性？[7]即便我们假设世界是被设计好的，我们仍然无法证明它在每一个地方都体现了设计之目的，我们必须承认有许多事物与它的设计目的

368

369

1　后者是对亚里士多德学说的一种偏离（参见第144页注释2以及 p.246以下），这里与《形而上学》993b9中的陈述类似。

2　关于亚里士多德的观点，参见第123页注释5。

3　我们应当如此来理解第26章中的句子。Brandis 解释说（第336页）："我们应当设立探寻的界限"，但这儿的文本似乎并不支持这样的解释。其他内容参见第24章以下。

4　参见第26章最后。Spengel（参见 Brandis, p.337）已经把无意义的词 "ἡμέρων" 替换为 "ἡ μερῶν"（部分）。

5　这至少是第27章的意思。

6　这些观点在第28章中出现。Usener, *Anal. Theeophr*.48。在这里，"πόθεν τ᾽ ἄρξασθαι χρή" 可以出现，而不是 "πόθεν δ᾽ ἄρξασθαι χρῆν"；否则，人们可以保留 "ἄλλως"，并省略掉 "μάτην"——它是作为解释放在前面的。在这里 "Ἀφορισμός"（界限或边界）与 "ὁρισμός"（界限）相等，正如 Smipl. *Phys*.94, a 对塞奥弗拉斯特的段落的引用情况。

7　塞奥弗拉斯特在第29章中给出了例子，但是在第30章中，"τούτων χάριν" 应当按照 Usener（*Rhein. Mus*. xvi.278）的意见读作 "τοῦ χάριν"。在接下来的文本中，καὶ ταῦτ᾽ 这些词语的顺序似乎是错乱的。

相反，甚至它们的数量远远大于那些符合设计目的的事物——换言之，"恶"远远大于"善"。[1]

从损毁严重的残篇中，我们几乎不可能获得塞奥弗拉斯特关于实在之最终基础的任何确切观点。我们只看到，他清楚地认识到亚里士多德学说的困难，并把这些困难表达得更为突出，特别是在推动者和被推动者的关系问题上以及自然目的论的问题上。然而，我们必须承认，即便在他的《形而上学》中，他也与那位哲学大师的观点关系密切，正如他自己在几个重要问题上的表述显示的那样[2]，从总体上说，我们没有在任何地方发现他对亚里士多德学说的偏离。甚至塞奥弗拉斯特流传下来

370

---

1 第28—34章，参见第31章。在接下来的文本中 ἐπὶ τῶν ζῴων 与 καθ᾽ ἕκαστον 相当。在32章中，我们应当把上述文本读作: ἀκαριαῖον τὸ βέλτιον καὶ τὸ εἶναι…πολὺ δὲ πλῆθος(没有 ἤ 或 εἶναι)τὸ κακόν。后面的文本或许本来是这样的: οὐκ ἐν ἀοριστίᾳ δὲ μόνον καὶ οἷον ὕλης εἴδει, καθάπερ τὰ τῆς φύσεως (在人的世界里——因为这里的暗示必然指的是这个——自然中不仅存在不确定性和物质性，而且还存在恶)。然而，在这个文本之后，似乎存在一个间隙；在缺失的词语中只有 ἀμαθεστάτου (无知)一词被保存下来。类似的，在紧接着的段落中，前件 εἰ γὰρ—ἑκατέρωθεν (参见 Ph.d.Gr.i.852,3，另外参见 Usener 的猜测，ibid,280: τὰ δ᾽ ἀθρόα καὶ ἑκατέρωθεν)之后需要一个后件: 这一点 (即善的稀缺)对于人类来说是更加切真的。下一页只有残缺的几个词 τὰ μὲν οὖν-ὄντα.，剩下的部分或许是完整的或接近完整；然而，讨论突然中断了，我们无法猜测下面的文本。Usener 对第33章的推测 (ibid.) 为其提供了证明。

2 除了下面讨论的神学学说之外，我们应当注意到形式与质料的区分 (Metaph.17, Themist. De An.91, a, m)，以及这一区分的意义和亚里士多德的目的论。后者被塞奥弗拉斯特表达在亚里士多德的术语中，(《植物的起源》) i.1,1(cf. ii.1,1), Ibid. i.16,11 (此外，我们应当把"ή δ"读作"η δ"): ἀεὶ πρὸς τὸ βέλτιστον ὁρμᾷ (总是欲求最好的)。参见 iv.4,2;1,2。一方面，技艺是一种模仿 (Cause. ii.18,2)；另一方面，它是对自然之设计的支持和完善 (ibid. ii.16,5, i.16,10 sq. v.1,1)；然而，它与自然的区别是 (Caus. i.16,10, cf. sup. vol. i. p.418, n.3)：后者是从内向外作用的，因此是 ἐκ τῶν αὐτομάτων(自发的)，技艺是从外部发力作用的，因而是渐进的(Caus. i.12,4)；所以，技艺的产物是不自然的 (ibid. i.16,11, v.1,1 sq.)。它不是没有目的，而是不为了自然之目的，它是为了人的某种目的 (cf. v.1,1)；然而，技艺和自然并不重合，它们甚至彼此矛盾 (Caus. i.16,1;21,1 sq. iv.4,1。塞奥弗拉斯特在这里区分了果实和它们的成熟性)。然而，即便非自然的事物也能够通过习惯改变它的本性 (Cause. ii.5,5, iii.8,4, iv.11,5,7)；另外，塞奥弗拉斯特相信许多植物和动物被自然用来服务于人类，因为只有人能够获得完善，而正是这里存在野生的与驯养的区分 (Caus. i.16,23)，他认为这不仅是人为的区分，也是自然的区分。

的神学理论可以在任何方面与亚里士多德的学说调和。据说有人反对塞奥弗拉斯特的观点，因为他认为神有时是精神，有时是天体和星辰[1]；但是同样的反驳也适用于亚里士多德[2]，我们会误解亚里士多德的整个观点，倘若我们没有发现对下述事实容易出现的解释——即尽管他把最高意义上的神等同于无限精神本身，但他把天体尤其是最高的天体的动力源泉看作永恒的和神圣的存在者。塞奥弗拉斯特也持有这个观点。他认为神在绝对意义上是纯粹理性[3]，它是一切实在的最终原因，并且它自身是不动的但能引起别的事物的运动，因为它是欲求的对象。[4] 为了证明这个假设，塞奥弗拉斯特像亚里士多德一样[5]诉诸宗教信念的普遍性。[6]他也把神的无所不在的作用描述为神圣的恩典[7]，但是并没有区分这种神圣的原因与自然的一般作用[8]，他亦认为人应当模仿神的无止境的理智活

371

372

---

1 参见西塞罗对伊壁鸠鲁学派的记载，CIC. *N. D.* I.13,35。参见 Clemens, *Protrept.* c.5,44, B。

2 参见西塞罗，同上书 33，参见 Krische, *Forsch.*276 sqq.。

3 *Metaph.*16.

4 *Ibid.*4 sqq.（参见上文）。

5 关于这个问题，参见 i.p.390。

6 我们从下述事实中至少可以推出这一点，参见 Porph. *De Abst.* ii.7 sq.（参见 Bernays, *Theophr. Üb. Froemm.*56 sq.），他遗忘了对神的祭拜，这件事使神明异常愤怒，因为这件事，色雷斯的 Thoans 被神摧毁了；参见 Simpl. Epic. *Enchir.*38. iv.357。

7 MINUC. FEL. *Octav.*19,11；Cf. Procl. in *Tim.*138, e.

8 参见 Alex. Aphr.，他的《论灵魂》最后说的话。因为"εἱμαρμένη"指的是被神圣者规定的世界之进程，因此根据塞奥弗拉斯特的观点，这等同于自然秩序，因为他认为神赋予每一个体的命运就是一个人的自然状态。参见 Stob. *Ecl.* i.206。对于后面这两者，τύχης 指的是偶然的，而 ἀνάγκη 指的是强制的（要么是他人的强制，要么是自然的必然性）——它与自然或与合目的的本性相区分。从 Olympiodorus *in Phaed.* ed. Finckh, p.169,7 对塞奥弗拉斯特关于神圣恩典的描述中我们不能推出什么。

动。[1]同时，他和亚里士多德一样[2]认为天体是有灵魂的[3]，它们的更高本性在有序运动中得到体现[4]；他赞同亚里士多德的"构成天体的质料是以太"的学说[5]以及世界的永恒性观点[6]，所以他不仅认为最高的天体是神圣的——这一点他明确表示过[7]，而且还认为别的天体也是神圣的。[8]在他和亚里士多德之间并不存在观点上的差异。

373

然而，塞奥弗拉斯特把更多的注意力放在科学研究上而不是对形而上学的探讨，他在科学研究方面的确很有天赋。在这里，他无疑继续建构着亚里士多德学说的基础；但是我们发现他不仅通过更多的观察去努力完善他老师的学说，并且通过再次检验来修正他的科学概念。从这一角度出发，他在自己的一部作品中[9]对"运动"概念进行了一番研究，

1　Julian, *Orat.* vi.185, a, Spanh.，柏拉图自己也这样表达过；在这里，我们可以看出塞奥弗拉斯特在多大程度上持有这个观点；他说："καὶ γὰρ καὶ ὁ Ἀριστοτέλης. ὃ γὰρ ἡμεῖς ποτὲ τοῦτο ὁ θεὸς ἀεί"（亚里士多德曾说：我们人有时如此，而神总是如此）。参见上文。根据 Diog. v.19 的记载，塞奥弗拉斯特为了反对学院派的神恩的观点而写了一篇论文。

2　参见第 324 页注释 3。

3　Procl. *in Tim.*177, a；塞奥弗拉斯特认为没有必要把灵魂的存在建立在更高的原则上，尽管灵魂是运动的原因，就像柏拉图认为的那样。关于最后这个主题，参见 p.281, b, *Plat. Theol.* i.12, p.35 Hamb.。

4　关于这个问题，参见 *Metaph.*34, CIC. *Tusc.* i.19,45；这一段的意思是天体是美丽的。但 πάτριος καὶ παλαιὰ φιλοσοφία（父亲般的和古老的智慧）的意思从字面上看指的是关于天体的知识，或天文学。

5　根据 Taurus（*Scholiast to Timaeus*, *Bekker's Scholia* p.437 and Philop. *Aetern*, m. xiii.15）的看法，塞奥弗拉斯特否认了亚里士多德的以太学说，因为他认为柏拉图已经指出（《蒂迈欧》31B）所有固体的和可见的对象都包含着火和土。

6　参见 i.p.380。

7　参见第 310 页注释 3 中对亚里士多德的引用。

8　根据第 301 页注释 6 中引用的段落，我们看到塞奥弗拉斯特接受了亚里士多德的天体理论，他也像亚里士多德一样，不得不假设有一个永恒的推动者引起每个天体的运动——这个假设也可以由漫步学派关于推动者和被动者的原则而得出。

9　περὶ κινήσεως（《论运动》）三卷本。关于这些文本和八卷本的《物理学》（如果真的有这么多卷的话）的讨论，参见 Philoppson, Ὕλη ἀνθρ. p.84, Usener, *Anal. Theophr.*5,8，以及 Brandis, iii.281。最后的评述，正如 Rose, *Arist. Libr. Ord.*87 指出的那样，Simpl. *Phys.*23, a 和 *Categ.*100, β（*Schol.*331, a,10,92, b,23）中出现的 11 卷本的《论运动》和 14 卷本的《物理学》是由于编辑错误产生的（τῷ ιά 和 τῷ ιδ′ 是从 τωι α 中来的）。从前面段落中的 ἐνδεκάτῳ（第十一）引申出 Aldine 文本

而"运动"概念是亚里士多德自然学说的根基[1]；他发现在这个问题上有
必要偏离亚里士多德的某些理论。例如，他认为运动可以谓述所有范
374　畴，尽管他同意亚里士多德把运动定义为潜在性的实现[2]；运动不仅像亚
里士多德认为的那样可以谓述实体、数量、性质、位置[3]，而且可以谓述
关系，状态等。[4] 此外，亚里士多德认为所有变化都是逐渐进行的，因
此任何处于变化之中的物体都是可分割的[5]；相反，塞奥弗拉斯特承认在
一个物体的所有部分中同时进行变化的可能性[6]——亚里士多德自己在
375　其他文本中也承认过这一点。[7] 与这个主题相关，亚里士多德最终认为，

中的 $\delta\epsilon\kappa\dot{\alpha}\tau\omega$（第十）。

1　塞奥弗拉斯特指出，物理学研究的应当是被推动者（参见 i.p.417 以下）；参见第
　　553 页注释 4。

2　Theophr. *Fr.*19 sq.23b, Simpl. *Phys.*201, b,94, a, m. *Categ. ibid.*, Th. Apud Themist. *De
　　An.* p.199,20 Sp.。参见第 252 页注释 4 中引用的段落，我们可以清楚地看到这个观
　　点与亚里士多德的观点完全一致。在 Simpl. *Categ.*77, ϵ, *Phys.*202, a 中，我们也很难
　　看到 Ritter (iii.413sq.) 所谓的对亚里士多德的观点的偏离。参见第一个段落（*Fr.*24）。
　　在这里，每个运动都是现实性，但并非每个现实性都是运动；现实性是广义的概念，
　　而运动是狭义的概念。因此，这里的意思几乎与 Ritter 的解释相反，即他拒绝把现实
　　性理解为运动，或者把运动理解为现实性。参见 Simpl. *Phys.*202, a。他的意思是塞奥
　　弗拉斯特使用了"$\kappa\dot{\iota}\nu\eta\sigma\iota\varsigma$"一词表示空间中的运动，也用它来表示其他类型的变化。
　　在更一般的意义上，他或许这样来理解"灵魂的运动"（参见下文）。然而，亚里士多
　　德时常把"$\kappa\dot{\iota}\nu\eta\sigma\iota\varsigma$"和"$\mu\epsilon\tau\alpha\beta o\lambda\dot{\eta}$"（变化或转化）作为同义词使用，他甚至把运动
　　称为活动和现实性（参见第 252 页注释4）；然而，另一方面，亚里士多德和塞奥弗拉
　　斯特都说运动只是一种不完善的现实性。根据 Priscian（*Physics* bk. v. p.287, *Theophr.*
　　Opp. ed. Wimm. iii.269）的记载，他明确说过：$\tau\alpha\hat{\upsilon}\tau\alpha\ \delta\dot{\epsilon}\ (\dot{\epsilon}\nu\dot{\epsilon}\rho\gamma\epsilon\iota\alpha\ \kappa\alpha\dot{\iota}\ \kappa\dot{\iota}\nu\eta\sigma\iota\varsigma)$
　　$\delta\iota\alpha\phi\dot{\epsilon}\rho\epsilon\iota.\ \chi\rho\hat{\eta}\sigma\theta\alpha\iota\ \delta\dot{\epsilon}\ \dot{\alpha}\nu\alpha\gamma\kappa\alpha\hat{\iota}o\nu\ \dot{\epsilon}\nu\dot{\iota}o\tau\epsilon\ \tau o\hat{\iota}\varsigma\ \alpha\dot{\upsilon}\tau o\hat{\iota}\varsigma\ \dot{o}\nu\dot{o}\mu\alpha\sigma\iota\nu.$（这样的活动或变化持
　　续存在；有时必须使用相同的名字）。

3　参见第 276 页注释 2。

4　Theophr. *Fr.*19,20,23（参见第 564 页注释 2）。*Fr.*20 对关系的运动的描述是模糊的，
　　而下面这句话"$\dot{\eta}\ \gamma\dot{\alpha}\rho\ \dot{\epsilon}\nu\dot{\epsilon}\rho\gamma\epsilon\iota\alpha\ \kappa\dot{\iota}\nu\eta\sigma\iota\varsigma\ \tau\epsilon\ \kappa\alpha\dot{\iota}\ \kappa\alpha\theta'\ \alpha\upsilon\tau o$"很可能是残缺的。或许
　　我们应当读作：$\dot{\eta}\ \gamma\dot{\alpha}\rho\ \dot{\epsilon}\nu\epsilon\rho\gamma\epsilon\dot{\iota}\alpha\ \kappa\dot{\iota}\nu\eta\sigma\iota\varsigma\ \tau o\hat{\upsilon}\ \kappa\alpha\theta'\ \alpha\dot{\upsilon}\tau\dot{o}.$ 然而，即便如此，这个文
　　本的意思也不清楚。

5　《物理学》vi.4 *init.*（参见第 287 页注释 5），参见第十章。

6　Themist. *Phys.* vi.4, p.381,23 sqq. c.5,389,8 sqq. cf. Simpl. *Phys.*233, a, m（*Fr.*54
　　sqq.）。另外辛普里丘（Simpl. *Phys.*23, a）对塞奥弗拉斯特的引用不是直接反对亚里
　　士多德的，而是与亚里士多德一起反对 Melinus 的。

7　《物理学》i.3,186a13，以及在关于轻与重的讨论中涉及这个问题，参见第 337 页
　　注释 4。

尽管存在一个变化完成的时刻，但是不存在变化开始的时刻[1]；塞奥弗拉斯特指出这是无法理解的。[2] 此外，他还强烈反对亚里士多德的"空间"概念。[3] 如果空间是由围绕的物体对被围绕的物体设定的界限，那么后者必然是一个平滑的平面；那么空间将会随着围绕的物体一起运动，这是无法想象的；并且这将导致并非所有物体都在空间之中，因为最外层的物体不处于空间中；此外，倘若围绕的物体与被围绕的物体完全重合或者被完全移除，那么所有在空间中的物体即便自身不发生任何改变也不再处于空间之中。[4] 所以，塞奥弗拉斯特倾向于把空间定义为一个物体与别的物体相对的顺序和位置。[5] 除此之外，从他的《物理学》节选出来的、关于一般问题的论述就不那么重要了。[6] 他关于元素的文章[7]流传下来的是对火元素的阐述，他在这里遵照亚里士多德的

1　参见第 287 页注释 6。

2　Simpl. *Phys*.230, a, m. Themist. *Phys*. p.386,16 Sp.(*Schol*.410, b,44,411, a,6). Cf. Eudemus in Simpl.231, b（Fr.67 Sp.）.

3　关于时间的问题，他完全同意亚里士多德的观点；参见 Simpl. *Phys*.187, a, m. cf. *Categ. Schol. in Ar*.79, b,25；因此他们像欧德谟斯（参见 Simpl. *Phys*.165, a, and b, Fr.46 Sp.）一样否定了柏拉图的时间观。

4　*Fr*.21, b, Simpl. *Phys*.141, a, m.；塞奥弗拉斯特在《物理学》中反驳了亚里士多德对空间的定义。但是根据 Simpl. *Phys*.131, b,136, a.141, b,143, a 的观点，塞奥弗拉斯特和欧德谟斯把"空间是不动的"作为一条公理，正如亚里士多德所做的那样，参见第 432 页，*Phys*. iv.4,212, a,18 sqq.。

5　Simpl. *ibid*.149, b, m.（Fr.22）。塞奥弗拉斯特是这样描述空间的，尽管这只是个建议。

6　在文章的开始，他引用了亚里士多德的观点，并指出一切自然存在者都拥有它们的原则，因为所有自然物体都是复合的（Simpl. *Phys*.2, b,5, b, m. *Schol. in Ar*.324, a,22,325, b,15. Philop. *Phys*. A,2, m）；在第三卷中——它的标题是 π. οὐρανοῦ（《论天》），他区分了三种方式的生成：即被相似的事物生成，被相反的事物生成，以及被既不相似也不相反的事物生成而是被一般意义上先在的现实性生成（*Fr*.16, b, Simpl. *ibid*.287, a）。

7　根据 Alex. in Simpl. *De Caelo, init.*, *Schol*.468, a,11 的描述，塞奥弗拉斯特在他的《论天》中论述了这些问题，但（*ibid*.435, b,33 以及第 565 页注释 6）它们与《物理学》第三卷的内容是一样的。然而，Simpl. *De Caelo*,517, a,31 也引用了他的一本特殊的著作 περὶ τῆς τῶν στοιχείων γενέσεως（《论元素的生成》）（Usener, *Anal*.2 认为这或许与 Diog., v.39 中的《论生成》是一本书）。

学说[1]，并未发觉任何困难。尽管其他元素都是确定的物质，但火（无论我们是否认为它包括光）仅仅存在于燃烧的和发光的物质之中；那么它如何能够作为一个基本的实体呢？只有我们假设在一个更高的领域中[2]，热是纯粹的和无混合的，而在地上它只能在与别的物体结合在一起并在生成的过程中被发现；但是，在这种情况下，我们又必须追问：地上的火是否来自天上的元素，或者来自于燃烧的物质的某种状态和运动？[3] 此外，我们应当如何解释太阳？如果它是由某种火构成的，那么这种火必然与别的火不同；如果它不是由火构成的，我们必须解释它为什么能够点燃火。我们不得不承认火与热都是属性。但我们何以认为热也是属性呢？因为它是远比火要普遍和根本的原则。这又提出了新的问题。热与冷果真是第一原则，而非属性吗？[4] 所谓的简单物体是否是复合的？因为即便潮湿也包含着火，如果没有火的话，它就会结成冰；土也不可能完全没有潮湿，倘若如此，它就会变成碎片。[5] 然而，我们不能因为这些批评而认为塞奥弗拉斯特实际上已经背离了亚里士多德的学说。[6] 他只是遵循着他的习惯，指出他老师的观点中包含的困难，但这并不意味着他放弃了这些观点。

我们没有必要继续描述塞奥弗拉斯特对火的讨论，因为他尽管得到许多正确的观察，但经常提出错误的假设，也没有为燃烧过程给出任何

377

378

1　热和冷是构成元素的成分（参见 i.p.478 以下；关于这个解释，参见 *De Igne*, 26 中 τὸ γὰρ πῦρ θερμὸν καὶ ζῃρόν [火、热和干燥] 的所指）。类似的，塞奥弗拉斯特遵循了亚里士多德关于物体的轻与重的学说；cf. *De Vent*. 22, *De Sensu*, 88 sq.。

2　ἐν αὐτῇ τῇ πρώτῃ σφαίρα（在第一个球体之中），这里的意思应当是元素的第一个领域。

3　*De Igne*. 3–5. Cf. Olympiodorus in *Meteorol*. i.137, *id*..

4　*Ibid*. 5–7, 在第 6 章中有这样的句子：ἐν ὑποκειμένῳ τινὶ καὶ τὸ πῦρ καὶ ὁ ἥλιος τὸ θερμόν（火和太阳是热的基础或来源），在这个句子中我们必须补上 "ἔχει"。

5　*Ibid*. 8.

6　亚里士多德也指出元素在现实存在中并不是分离的；参见第 315 页注释 6。

与现实知识有关的解释。[1] 我们也无须讨论他对风的解释[2]（他认为产生风的原因是太阳和热气的运动[3]），以及他对雨的形式[4]，对天气的特征[5]，　　379

1　因此，在解释一些现实的或者假设的现象时，我们这样假设：小的火（正如亚里士多德的《论生成与消灭》i.7,323b8 的假设）被大的火消耗了，或者它被密集的空气压抑或窒息了（Fr.3,10 sq.58; Fr.10,1 sq.）；周围环境的冷通过 ἀντιπερίστασις（挤压）增加了内部的火（ibid.13,15,18,74, π. ίδρώτ.23 π. λειποψυχ. Fr.10,6; Caus. Pl. i.12,3, vi.18,11 and passim；参见索引词 "ἀντιπερίστασις" 和 "ἀντιπερίίσασθαι". Plut. Qu. Nat.13, p.915）。因此，那里有这样的陈述（in Simpl. De Coelo,268, a,27; K. Schol.513, a,28）：火焰从人的眼中射出。

2　Π. ἀνέμων（《论风》）（Fr.5）。这本书的第五章提到了 π. ύδάτων（论水）（参见 Diog. v.45; Usener, Anal. Theophr.7）。

3　Ibid.19 sqq. Alex. in Meteorol.100, b；参见上文 i.p.514 以下。在早先的文章中，塞奥弗拉斯特更详细地探讨过这个主题——De Vent.1。

4　关于这个问题，参见 Olympiodorus on Meteorol. i.222 id.。

5　Fr.6.

380　对石头[1]，对气味[2]、味道[3]、光[4]、颜色[5]和声音[6]的解释。他对宇宙结构

1　*Π. λίθων*（《论石头》）（*Fr.*2），根据他在 Praxibulus 执政期间所写的第 59 章（公元前 315 年）的内容。这篇文章的开始是关于金属的讨论，参见 Usener, p.6 以及第 62 页注释 1。塞奥弗拉斯特（*ibid.*）认为石头是由土和属水的金属构成的，于是他的学说与亚里士多德的观点联系起来了（参见 i.p.514），他在讨论这个主题时基本遵从了亚里士多德的观点（参见 Schneider 的评注，iv.535 sqq. and *passim*），只不过比起亚里士多德在《气象学》（iii.6）中的阐述，他更多地探讨了个别的事物。

2　关于气味和味道，参见《植物的本原》vi.1–5（这本书后半部分讨论的主题是植物）；关于气味的讨论，有 *περὶ ὀσμῶν*（《论气味》，*Fr.*4）。在这里，塞奥弗拉斯特认为那些没有明确的分离边界的气味其实是味道，然后他详细地论述了有特殊香味或刺激性气味的实体，以及它们的混合物。参见 Plut. *Qu. Conv.* i.6,1,4。

3　根据 Diog. v.46 的记载，他关于这个主题有五卷本的书（cf. Usener, p.8，参见第 62 页注释 1）；在《植物的本原》vi.1,2,4,1 中，他列举了七种主要的味道，这显然是对亚里士多德的模仿。他在 *De Sensu*,4,442, a,19（参见 i.p.85）中，以及 *ibid.* c.1,1 中给出了 *χυμός*（味道）的定义，这与亚里士多德的观点是一致的（参见 i.p.85）。Olympiod. in *Meteorol.* i.286 *id.* 中提到一个与海水的咸味有关的假设（即这是因为海底的性质）。

4　塞奥弗拉斯特在《物理学》的第五卷中解释过这个问题，这本书的残篇保存在 Priscian 的 *Paraphrase*（参见 Philippson, *Ὕλη ἀνθρωπίνη* pp.241, sqq.; Wimmer, *Theophra. Opp.* iii.232 sqq.）之中。关于光线和透明的问题，参见第 16 章以下。那里的观点与亚里士多德的意见是一致的（参见第 337 页注释 4）；*διαφανές*（透明的东西）不是一个物体而是某些物体的性质或状态，当光被称为 *ἐνέργεια τοῦ διαφανοῦς*（透明的东西的现实性）时（第 18 章），这种活动必须被理解为广义上的 *πάθημα*（影响或性质）或者在透明物质中的某种变化。"光是一种物质的流溢"这种观点已经被抛弃了。

5　就我们所知，塞奥弗拉斯特的作品（然而，亚里士多德论颜色的伪著并不属于此列；参见第 552 页注释 2）在这个主题上与亚里士多德的观点几乎是一致的，并且它们被收集在 Prantl, *Arist, üb. d. Farben*,181 sq 之中；*Fr.*89, a,6 也属这类著作。

6　塞奥弗拉斯特在关于音乐的文章中讨论过声音的问题。这篇文章的残篇（*Fr.*89）被波菲利保存在 *Ptol. Harm*（Wallish, *Opp.* iii.241 sqq.）之中。塞奥弗拉斯特反驳了"高音和低音的差别仅仅是数量上的差别"这个假设。我们不能断定高音比低音（前者是赫拉克利德 [Heraclides] 的假设，后者是柏拉图和亚里士多德的假设；参见 *Ph.d.Gr.*i.887,1,655 n.，以及 i.p.519）包含着更多的部分或者运动得更快（第 3 章；*πλείους ἀριθμοὺς κινεῖται* [运动了更多的数]，根据第 5 章末尾的论述，运动的速度是通过它在相同的时间走过更多的距离来确定的）。因为，首先，如果声音的本质是数，那么只要哪里存在数，我们就在哪能够听见声音；另外，如果数字不是声音的本质，那么声音就不是只能通过数字来辨别；其次，经验观察告诉我们，低音和高音一样需要强烈的运动；此外，如果它们以不同的速度运动或者是由不同的运动的数构成的，那么高音和低音就不可能相同。如果高音在较远的地方能够听

的看法与亚里士多德的观点是完全一致的。[1] 他同亚里士多德一样认为世界是没有开端和终结的，并维护其作为亚里士多德物理学的纲要，他对这个观点详细的辩护成功反驳了斯多亚学派的创建者。[2] 在漫步学派的其他理论预设中，人类的永恒性是包含在世界的永恒性之中的[3]，另外，塞奥弗拉斯特认识到文明的起源是相对较晚的，此外，通过研究作为人类文明之基础的技艺的起源[4]以及宗教仪式[5]，他得出了和他的老师相同的假说: 即历史上发生过一次又一次的自然灾难，它们横扫巨大的区域，要么完全摧毁地球上的居民，要么把他们打回原始的愚

到，这只是因为它是向前传送的，而低音是向各个方向传送的。他认为间隙并不能解释声调上的差异，人们只是感觉到后来的声音而忽略了中间的。人们在声音中比在颜色中更应当承认一种性质的差异。然而，这种差异究竟存在于什么地方，塞奥弗拉斯特并没有准确地给出定义。

1　我们从辛普里丘关于倒退天体的讨论中知道这个情况，参见第 318 页注释 3，以及 Pseudo-Alex. in *Metaph*.678,13 Bon. (807, b,9 Br)。Fr.171,6 的评价 ($\pi. \tau \tilde{\omega} \nu$ $\overline{I} \chi \theta \acute{\upsilon} \omega \nu$)——气比水更靠近火——指的是亚里士多德说的元素围绕在土的周围形成了一个球体的假设。我们不必相信塞奥弗拉斯特认为银河（正如 Macrob. *Somn. Scip.* i.15 所说的）是接连构成天空的两个半球的纽带；他或许把银河比作纽带，但是"天空是由两个部分构成的观点"与亚里士多德的"宇宙因为构成它的质料的缘故是完善的球体形式"的观点相冲突（参见 i.p.486）。我们在上文 ii.p.372 已经指出塞奥弗拉斯特在关于宇宙的一般问题上与亚里士多德的观点是一致的。

2　这个问题的摘要已经在 pseudo-Philo 的文本中考虑过了，参见第 552 页注释 2。塞奥弗拉斯特在这里 (c.23 sqq. Bern) 反驳了他的对手的四个论证，并坚持说（例如策勒的 *Hermes*, xi.424 sq. 中谈到的，参见 c.25, p.270,6 sqq.）: 如果世界是没有开端的，那么地球表面的不平坦一定是很久之前就形成的，但斯多亚派的上述断言忽略了这样一个事实: 即地球上的火使得高山升起（参见，塞奥弗拉斯特的残篇 2 和 3），并持续地托举着它们；其次，如果发生在某个地方的海洋的消退是一种完全的消失以及火对所有元素的吸收，那么这会忽视下述事实: 减少（正如亚里士多德之前的观点，参见第 356 页注释 1）只是局部现象，并且它会被发生在其他地方的增加而平衡掉；我们无法从世界的所有部分都是转瞬即逝的推出世界作为整体是转瞬即逝的，因为一个物体的毁灭总是另一个物体的生成（参见 i.p.485）。如果有人说人和世界最终被认为是有开端的，因为艺术和技艺是有开端的，那么塞奥弗拉斯特是反对这个观点的。

3　参见第 357 页注释 1。

4　Diog. v.47 提到了他的两卷本的 $\pi. \varepsilon \acute{\upsilon} \rho \eta \mu \acute{\alpha} \tau \omega \nu$ (《论发明》)。

5　关于这个问题的更多讨论，参见下文。

昧状态。[1] 事实上，亚里士多德在旧天文学的假设中预设了宇宙的永恒性与地球和人类的永恒性同在[2]，而这个错误再次出现在塞奥弗拉斯特的观点中。

382　　　塞奥弗拉斯特有两本关于植物学的著作，它们极大地展示出他在自然历史研究方面的能力。[3] 他以非凡的勤奋收集了当时所有已知地域的观察数据。研究人员通过不充分的方法和手段获得的、所有关于植物的数据，它们的形式和部分，它们的发展过程，以及它们的培育、使用和许多植物的地理分布状况[4]，这些问题都在塞奥弗拉斯特这里得到了解决。他的论述一般而言是可靠的，并且如果数据来源于他人的证据，他会十分谨慎地对待它们，因而他的论述使我们看到他自己具有高超的观察能力和批判技巧。在古代和中世纪时期，没有任何一本植物学著作能够与他的作品比肩。然而，他对事实的科学阐释必然在很大程度上是无法令人满意的，因为这本书无论在植物学方面还是在一般的科学方面都是不完善的。亚里士多德在他的地质学中能够用宏大的基础性思想和许多特殊的机智猜测以及具有洞察力的观察来弥补类似的不足；但是塞奥弗拉斯特在这些方面无法与他的老师相比。

383　　　他的植物学理论的基本观点是从亚里士多德那里来的。[5] 植物是有生命的。[6] 塞奥弗拉斯特并没有明确提及它们的灵魂；他认为它们的自

1　参见 Pseudo-Philo c.27, p.274,3 sqq. Bern. 中说从技艺和艺术的古老历史中，我们不能推断人类也是古老的；他解释了这两种灾难是如何发生的，以及山区的居民如何被一种自然灾害摧毁，而山谷和平原的居民又如何被另一种自然灾害摧毁。

2　参见 *Phil.-histor. Abhandl. der Berl. Akademie*,1878, pp.105 sq.。

3　Kirchner (*Die Botan. Schrift. d. Th.[Jahrb. f. Philol. Supplementb. vii.]* p.497) 认为塞奥弗拉斯特命了 550 种植物，而其中有 170 种我们不知道它们之前是否已经被人们认识。然而，因为他遗漏了几种在他的时代已知的植物，所以我们不能假设他的目的是列举所有已知的植物种类。

4　参见 Brandis (iii.298 sqq.) 和 Kirchner (499 sqq.) 从塞奥弗拉斯特的著作中收集的、关于他的植物学知识的来源和范围。

5　Kirchner, *ibid*.514 sqq. 比较了塞奥弗拉斯特和亚里士多德的植物学，这是迄今我们知道的、对这个问题唯一的研究。

6　Ζῶντα（活的），参见 *Caus.* i.4,5, v.5,2;18,2; ἔμβια（有生命的），*ibid.* v.4,5；他们没有ἔθη（ἤθη，习惯）和 πάξεις（行为），不像动物那样，但是它们拥有生命，

然的热量和湿润是它们的生命之所在[1]；并且这些也是它们区别于彼此的、个体特征的主要依据。[2] 然而，要使它们发芽和生长，适宜的外部环境是不可或缺的。[3] 植物的生长和完善，发展和退化主要取决于空气和土壤中的热量和湿润程度以及太阳、雨水的作用。[4] 这些因素之间的关系，以及它们与植物的关系越和谐，植物的生长就越好[5]，因此，植物的生长一方面受外部环境的影响，另一方面是由它自身的本性或种子决定的，对于后者我们又必须区分主动的能力和被动的、对外来作用的接受性。[6] 当然，这种物理的解释，在塞奥弗拉斯特这里和亚里士多德那里，都不能脱离目的论的解释；塞奥弗拉斯特发现目的论的解释无论是在植物的个体发展中还是在它对于人类的用途中都是存在的，但他并未深入研究这个问题，也没有进一步深究它与植物学的关系。[7]

我们接下来要讨论的主要问题是这两本植物学著作对植物的部分、起源、发展和分类的研究。

就植物的部分而言，塞奥弗拉斯特关心的问题是：每年新长的叶

384

参见 *Hist.* i.1,1。

1　*Hist.* i.2,4; Cf.11,3; *Caus.* i.1,3：发芽需要 ἔμβιος ὑγρότης（生命力的湿润）和 σύμφυτον θερμὸν（内在的热量），以及二者之间适合的比例。*Hist.* i.11,1：种子包含了内在的湿润和热量，如果失去了这些，那么它就失去了发芽的能力。参见 *Caus.* ii.6,1 sq.8,3 以及其他段落。

2　参见《植物的本原》i.10.5, *Ibid.* c.21,3。然而，他指出后者是难以测量的：因此他努力在这个地方以及 c.22 中发现能够使我们认识到植物的不同程度的温度的方法，但是我们可以说他的这种努力几乎没有成功。

3　《植物的本原》ii.3,4, c.9.6。Brandis（iii.319）的陈述——热的作用是以它的相对者的存在为条件的——在《植物的本原》ii.9,9 或者塞奥弗拉斯特的其他文本中都没有发现，尽管他在一个与《植物志》v.9,7 相关的段落中说主动的东西和被动的东西必须是不同的种类。

4　参见《植物志》i.7,1；《植物的本原》i.21,2 sqq. ii.13,5, iii.4,3;22;3, iv.4,9 sq.13，以及其他段落。在解释这些问题的时候，塞奥弗拉斯特确实经常陷入困难之中，但他的解决之道是做出一些假设，例如第 567 页注释 1 中提到的"外在的冷压缩了内在的热"的假设。

5　《植物的本原》i.10,5;6,8, ii.9.13, iii.4,3, and *passim*。

6　《植物的本原》iv.1,3：δύναμις τοῦ ποιεῖν（主动的能力）和 τοῦ πάσχειν（被动的能力）。

7　参见第 561 页注释 2。

子、花朵和果实是否应当被看作植物的部分。他并没有给出确定的答
案，但他倾向于否定回答[1]，因此，他把植物基本的外在部分[2]命名为根
系、主干、枝条和细枝丫。[3]他阐释了植物是如何通过这些部分的出现
或缺失、它们的特征以及大小和位置来进行区分的，[4]他指出植物不像动
物那样有固定的嘴巴和肚子，因此它们有无限多的存在样式，在谈到植
物的形式时，我们必须时常满足于类比。[5]他把"内在的部分"称为树
皮、木质、木髓，此外，构成这些内在部分的是：汁液、纤维、叶脉和
果肉。[6]他区分了这些恒定不变的部分和每年都发生变化的部分，在大
多数情况下，整个植物是由它们一同构成的。[7]然而，塞奥弗拉斯特在
这里以及其他文本中经常把树看作他的研究基础；他似乎认为树是完善
的植物，正如亚里士多德认为人是完善的动物，而人是人性最完美的
形式。

　　塞奥弗拉斯特在研究植物的起源时，指出植物有三种不同的繁殖方
法：从种子繁殖，从植物其他部分的繁殖和自发的生殖。[8]其中最自然
的方法是从种子繁殖。所有能够产生种子的植物都采用这种繁殖方法，
即便有些个体也采用其他方法。塞奥弗拉斯特认为这个原则不仅可以从
明确的观察得来，还可以从下述事实得出：如果并非如此，那么植物的
种子将是无目的的，但在自然界中没有什么东西是无目的的，至少像

---

1 《植物志》i.1,1-4。

2 即 $\tau\grave{\alpha}\ \check{\epsilon}\xi\omega\ \mu\acute{o}\rho\iota\alpha$（ibid.），$\grave{\alpha}\nu o\mu o\iota o\mu\epsilon\rho\tilde{\eta}$（[异质部分] ibid.12，参见第 337 页注释
　1，以及第 354 页注释 10)。

3 《植物志》i.1,9；它取决于潜在的本性，而不是在地面上的位置，Hist. i.6,9。亚
　里士多德的观点并非完全与其相同；参见第 360 页注释 1。

4 Ibid.6 sqq.．

5 Ibid.10 sqq.．

6 "$\tau\grave{\alpha}\ \grave{\epsilon}\nu\tau\acute{o}\varsigma$"（内部的东西）ibid.；"$\tau\grave{\alpha}\ \grave{\epsilon}\xi\ \grave{\omega}\nu\ \tau\alpha\tilde{\upsilon}\tau\alpha$"（来自本身的东西），"$\acute{o}\mu o\iota o\mu\epsilon\rho\tilde{\eta}$"
　（同质的东西）Ibid.2,1。

7 《植物志》i.2,1.3. 关于植物的 $\tilde{\iota}\varsigma$（纤维）、$\phi\lambda\acute{\epsilon}\psi$（叶脉）和 $\sigma\alpha\rho\xi$（果肉）的论述，
　参见 Meyer, Gesch. der Bot. i.160 sq.．

8 他在这里遵循了亚里士多德的观点；参见 ii.p.36。

种子这样重要的东西不可能是无目的的。[1] 塞奥弗拉斯特把种子比拟为蛋[2]，正如恩培多克勒曾做过的那样，但他没有真正的果实受精的概念，也不知道植物的性别区分。他的确时常区分雌性的与雄性的植物[3]，这与亚里士多德不同[4]；但是当我们追问他进行这种区分的意义时，我们发现，首先这个区分指的总是整个植物，而不是植物的受精器官，因此，这个区分只能适用于一部分植物；其次，塞奥弗拉斯特认为只有树有雌雄之分，甚至并非所有树都有雌雄之分；最后，这一区分甚至不是建立在任何对果实的受精过程的实际知识的掌握上，而是建立在与流行语言的模

1　《植物的本原》i 1, 1 sq.4, 1；《植物的历史》ii.1, 1, 3。

2　《植物的本原》i.7, 1，参见 Zeller, *Ph.d.Gr.*i.717, 5。另外，参见亚里士多德的《论生成与消灭》i.23, 731a4。

3　参见 ii.p.34，p.48。

4　参见在"ἄρρην"（雄性）和"θῆλυς"（雌性）这两个词的索引。

387 糊的类比上。[1]另外，他记载了对一些植物的发芽过程的准确观察。[2]

388 他详细讨论了用片状茎和球状茎繁殖植物的不同方法[3]，他研究了嫁接和插条的方法——树干在这种繁殖方式中好似嫩芽或枝条的土壤[4]；此外，植物每年发新芽是出于相似的原因。[5]最后，塞奥弗拉斯特明确指出自发的繁殖是经常发生的，许多植物的种子太微小，因此不易被发现，或者它们被风、水和鸟类带到那些我们并不期望发现它们的地方。[6]然而，

1　从他对雌性植物和雄性植物的区分来看，塞奥弗拉斯特并不是第一个提出这种观点的人。在他之前，这个区分已经被提出了，并且它事实上是由语言的不科学使用引起的。他没有在任何地方给出这个区分的定义或它的基础；相反，他时常把它作为"称谓"的日常使用的划分或者类似的表述（例如，*Hist.* iii.3,7,8,1,12,6,15,3,18,5）。他在文本中提到的划分只限制在树木中：他认为树可以分为雌性和雄性（*Hist.* i.14,5, iii.8,1；*Caus.* i.22,1, and *passim*）；除了树以外，没有任何植物有雌性或雄性之分；因为，虽然他说过（*Hist.* iv.11,4）；与其他植物相比，某种芦苇有着 θηλυς τη προσόψει（雌性的外表），但是这并不同于把它划分为雌性或雄性。塞奥弗拉斯特也曾说（*Caus.* vi.15,4）"ὀσμη θηλυς"（雌性的气味）。然而，即便树木也并非都有这个区分；参见《植物的本原》i.8,2。这个区分不是建立在植物受精的正确概念上的，并且他对它的进一步描述证明了这种区分的价值是多么微弱。雄性和雌性树木的区分在于前者是不孕的，或者比后者的果实少（*Hist.* iii.8,1）。对树的最一般区分是雄性与雌性，然而，一些人反而把雌性称为雄性的。《植物的本原》ii.10,1；参见《植物志》iii.3,7, c.9,1,2,4,6, c.10,4, c.12,6, c.15,3, c.18,5；《植物的本原》i.22,1, iv.4,2。此外，据说雄性植物拥有更多的枝条（*Hist.* i.8,2），并且它们的木质更坚硬，有紧密的组织，颜色更深，而雌性植物更纤细（*Hist.* iii.9,3, v.4,1；*Caus.* i.8,4）。塞奥弗拉斯特指出，雌性枣树的果实只有接受到雄性的花粉后才会成熟且不会脱落，他把这个比拟为雄鱼散精；但是，即便在这里，他也未能看到真正意义上的果实受精，而是假设果实已经存在；他的解释是：果实被花粉加热并烘干，并且把这个过程与无花果的成熟相比较（*Caus.* ii.9,15, iii.18,1; *Hist.* ii.8,4,6,6）。他从未设想过任何种子的形成都需要受精。他在《植物的本原》iii.18,1中明确拒绝了可能建立在下述事实上的观点：雌性并不是自足的。他指出如果情况如此，那么也只有一两个例子，但这应当是普遍的，或者适用于大多数情况。因此，当他说"就植物而言，土与种子的关系相当于母亲与动物的关系"我们并不感到惊讶。

2　参见《植物志》viii.2关于谷物、脉搏和一些树的讨论。

3　《植物志》ii.1 sq. ；《植物的本原》i.1–4 and *passim*。此外，存在所谓的利用裂口进行的繁殖，参见《植物的本原》i.4,6；《植物志》ii.2,1；另外，参见 Meyer, *Gesch. der Bot.* i.168。

4　《植物的本原》i.6。

5　*Ibid.* i.10,1，在这里，这个主题得到了进一步讨论。

6　*Ibid.* i.5,2–4, ii.17,5；《植物志》ii.1,5。

他相信[1]自发的繁殖方式真实地发生着，尤其对于小型植物，他认为它们就像动物的自发繁殖一样，是某些物质在地球和太阳热量的影响下被分解的结果。[2]

塞奥弗拉斯特把植物分为四类：树木、矮树、灌木和草本[3]，他注意到这种分类是不完善的。[4]他进一步区分了园艺植物和野生植物，结果实的和不结果实的，开花的和不开花的，常青的和落叶的；虽然他承认这些区分是不重要的，但仍然认为它们是某些种类共同的自然属性。[5]他特别强调了陆生植物和水生植物的区分。[6]他对植物的研究遵照了第一种主要划分，但他把树木和矮树作为同一类。[7]在这里，我们不对他的生物学著作的内容进行更多的讨论了。[8]

塞奥弗拉斯特的动物学[9]著作几乎没有流传下来；我们从其他资料中获得的、关于他的动物学的信息表明，他在这个方面的工作不过是扩

389

390

1　《植物的本原》i.1,2,5,1. ii.9,14, iv.4,10；《植物志》iii.1,4。

2　《植物的本原》i.5,5; Cf. ii.9,6,17,5。

3　《植物志》i.3,1。

4　*Ibid.*2；塞奥弗拉斯特用例子和其他事实解释了为何有些灌木和草本有树的形式，因此我们或许应当在植物的大小、强度和承受性方面做出更严格的规定。参见第5章的结论。

5　《植物志》i.3,5 sq.。更多评论参见 c.14,3。他区分园艺植物和野生植物，并在这里和 iii.2,1 sq. 中观察到这是一个自然的区分，因为有些植物在人工培育下会衰亡，或者至少不会发展；而另一些植物恰好相反（*Caus.* i.16,13），因为它们是园艺植物。

6　《植物志》i.4,2 sq.14,3, iv.6,1；《植物的本原》ii.3,5。

7　《植物志》第二卷至第五卷讨论了树木和矮树，即木本植物；第六卷讨论了灌木；第七卷和第八卷讨论草本植物；第九卷讨论植物的汁液和它们的疗效。

8　Brandis（iii.302 sqq.）对这两本书的内容做出了评述；另外，参见一篇短评，Meyer, *Gesch. der Bot.* i.159 sqq.。

9　Diog. v.43 首先列举的七本书是根据它们各自的标题来的，然后把它们归属于 π. ζῴων（《论动物》）这个标题之下。Athenaeus 引用过单卷本的书；参见 Usener, p.5；塞奥弗拉斯特提到（*Caus. pl.* ii.17,9, cf. iv.5,7）ἱστορίαι περὶ ζῴων（《论动物的历史》或《动物志》）。然而（如果我们从第欧根尼的单个标题中来判断的话），他似乎并不打算在这本著作里给出一个完整的自然的历史，而只是（亚里士多德已经为他的一般计划建立了基本原则）通过对特殊问题的细致研究来补充亚里士多德的著述。Fr.171–190 也属于这本著作。

展了亚里士多德的观察事实，以及一些零星的、价值不大的研究。[1]

391　　然而，他对生命和人类灵魂的看法是较为重要的。[2] 亚里士多德的一些基本概念在这里受到了质疑。亚里士多德把灵魂描述为引起运动但自身不动的原则，并把所谓灵魂的运动——如果灵魂是能够运动的——归之于身体。[3] 塞奥弗拉斯特认为亚里士多德的观点只适用于灵魂的低

392　级活动；相反，思想活动必须被认为是灵魂自身的运动。[4] 亚里士多德

1　对他的学说的引用，除了一些零散的、有些神秘的自然历史的论述之外（例如 Fr.175，以及 Plut. *Qu. conv.* vii.2,1），主要有以下内容：动物比植物的地位高级，它们不仅仅有生命，而且还有习俗（$\dot{\varepsilon}\theta\eta$）和行动（$\pi\rho\dot{\alpha}\xi\varepsilon\iota\varsigma$）（*Hist.* i.1,1）；它们在身体和灵魂上都与人接近（参见第 578 页注释 2）。它们的生命开始于一种天生的和内在的热量（Fr.10 π. $\lambda\varepsilon\iota\pi o\psi\upsilon\chi$.2）；同时，它们需要适宜的环境、空气与食物（*Caus. Pl.* ii.3,4 sq. iii.17,3）；地域和季节的改变会使动物发生某些变化（*Hist.* ii.4,4, *Caus.* ii.13,5,16,6）。与亚里士多德一样（参见上文第十章），塞奥弗拉斯特强调动物身体器官的特征是合目的性的，他们反对早期的物理学，并认为身体器官是工具，而非生命活动的原因（*De Sensu*,24）。然而，他在这里并没有忽视下述事实，亚里士多德也一样（参见上文第七章），即便在动物中我们也不可能在所有细节中发现自然的设计目的（Fr.12,29；参见第 345 页注释 1）。他有时区分了陆地动物和水生动物（*Hist.* i.4,2,14,3. iv.6,1；*Caus.* ii.3,5），野生的和驯养的动物（*Hist.* ii.2,2, *Caus.* i.16,13）；在 *Hist.* i.3,6 中他指出后面这个区分是根据它们与人的关系，因为人是最温顺的动物。塞奥弗拉斯特在《自然历史》中指出了不同动物的用途（*Caus.* ii.17;9 cf.5）。关于动物的繁殖，他相信有些动物是自发繁殖的，例如鳗鱼、蛇和鱼（*Caus.* i.1,2,5,5, ii.9,6,17,5；Fr.171,9,11,174,1,6；Cf. Porph. *De Abst.* ii.5，根据这里的描述，第一只动物是从泥土中生的，参见 Diog. v.16 的 π. $\tau\tilde{\omega}\nu$ $\alpha\dot{\upsilon}\tau o\mu\dot{\alpha}\tau\omega\nu$ $\zeta\dot{\omega}\omega\nu$）；动物的变态发育在 *Caus.* ii.16,7, iv.5,7 中被提到了。塞奥弗拉斯特与亚里士多德一样认为呼吸的目的是使身体冷却：鱼类是不用呼吸的，因为水已有冷却的作用了（Fr.171,1,3; Cf. Fr.10.1）。疲倦被认为是（*Fr.*7,1,4,6,16）是一种 $\sigma\dot{\upsilon}\nu\tau\eta\xi\iota\varsigma$（疾病），即身体的构成成分的某种分解（参见第 370 页注释 2）；眩晕（Fr.8, π. $\iota\lambda\dot{\iota}\gamma\gamma\omega\nu$）是气流在头部的不规律运动造成的。Fr.9, π. $\iota\delta\rho\dot{\omega}\tau\omega\nu$（《论呼吸》）研究了呼吸和产生它的条件的特征。昏厥是呼吸器官中生命热量缺少或丧失的结果（Γ.10, π. $\lambda\varepsilon\iota\pi o\psi\upsilon\chi\dot{\iota}\alpha\varsigma$）；类似的，麻痹是冷的血液造成的（Fr.11, π. $\pi\alpha\rho\alpha\lambda\dot{\upsilon}\sigma\varepsilon\omega\varsigma$）。

2　塞奥弗拉斯特在《物理学》第四卷和第五卷中谈到灵魂的问题，根据 Themist. *De An.*91 a, Spengel ii. p.199,11 的记载，文本的标题是 π. $\psi\upsilon\chi\tilde{\eta}\varsigma$（《论灵魂》）。

3　参见上文第十一章。

4　根据 Simpl. *Phys.*225, a, 的记载，他在 $\pi\varepsilon\rho\dot{\iota}$ $\kappa\iota\nu\dot{\eta}\sigma\varepsilon\omega\varsigma$（《论运动》）的第一章谈到上述观点。我们知道塞奥弗拉斯特把音乐描述为 $\kappa\dot{\iota}\nu\eta\sigma\iota\varsigma$ $\psi\upsilon\chi\tilde{\eta}\varsigma$（灵魂的运动）。Ritter, iii.413 认为 Themis *De An.*68, a, Sp. ii. p.29 sq. 所说的也是塞奥弗拉斯特，这里提出了对亚里士多德否认灵魂之运动的反驳，这是从一位被称为"亚里士多德

谈到一种被动理性，并指出只有认知能力是内在的，而这种能力能够逐步实现为知识[1]；但发展的最初阶段是一种能力或可能性，换言之，这种可能性的实现就是运动。[2] 关于灵魂的本质方面，塞奥弗拉斯特不太可能与亚里士多德持有不同的观点[3]；但是他发现在主动理性和被动理性的关系上，亚里士多德的观点存在严重的困难。"理性曾经怎样从外部进入并成为内在的？"这一问题似乎可以这样回答：即它是在人出生的时刻进入的。但是，另一个问题出现了：如果理性最初不是现实的，而是完全潜在的，那么当它进行思想活动时，它是如何完成向现实的思想和情感转化的——因为我们不得不在这样或那样的意义上说它有现实的思想和情感？如果说理性是被外在的事物推动而进行思考的，那么我们很难理解一个非物质性的存在如何被一个物质性的存在推动或影响。如果它是从自身之中受到推动的——即它是受知觉推动的——那么它就不是完全被动的。无论如何，这种被动性与一般的被动性不同；它不是尚未

393

的研究者"的匿名作者那里摘录来的。Themist. 89 b. Sp. p.189,6 明确地说"塞奥弗拉斯特是亚里士多德的研究者之一"，Hermolaus Barbarus 把这两个段落（根据 Ritter 的观点）都翻译为 *Theophrastus in iis libris in quibus tractat locos ab Aristotele ante tractatos*（塞奥弗拉斯特在那些书里阐述了亚里士多德讨论过的问题）。但这种相似性可能是由于 Hermolaus 把塞奥弗拉斯特的名字从第二个段落中移到一个段落中产生的——但这种转移的合理性并不能从这个段落中得到辩护。Themistius 的陈述似乎指的是另一个作者，他的写作时间比塞奥弗拉斯特要晚得多，例如，当他指责他的匿名对手时（68, a），他显然完全忘记了亚里士多德关于运动的观点，（塞奥弗拉斯特几乎不可能写这样的文章——ἐκδεδωκώς 更多是指一部原创的作品——从这一点也不能证明他知道亚里士多德的运动理论 [68, b]），他记载说："我们同意说灵魂的运动是实在的和自然的，因为，他说它被推动多少就偏离了实体多少"（塞奥弗拉斯特显然不会这么说）；当他做出这样的描述时，他显然并不知道变化与活动的区分。Themistius 的论证的基本语境传递出这样一种印象：他参与的是他同时代人的讨论。

1　参见 ii. p.96。

2　参见第 575 页注释 5。

3　参见 Jamblichus 在 Stob. *Ecl.* i.870 中的描述。但是亚里士多德把灵魂定义为一个作为工具的身体的现实性（organic body 是指身体作为实现灵魂活动的工具。——中译者注）。因此，塞奥弗拉斯特的观点或许只是加上了灵魂的第一载体是以太，即神圣的物体。然而，他的意思或许与亚里士多德所说的是一致的（参见第 342 页注释 2）——即灵魂与一个像以太的实体结合为统一体。

获得完善性的物体的可运动性，而是一种完成的状态。此外，如果质料被定义为单纯的潜在存在者，那么作为单纯潜在性的理性不就变成某种物质存在了么？最后，如果对理性的这种区分是必要的，正如在其他地方对动力因和质料因的区分，那么下述问题就仍然存在：即我们应当如何描述它们各自的本性？我们能够通过被动理性理解什么？如果主动理性是内在的，那么它为什么不从一开始就起作用呢？如果它不是内在的，它又是如何起源的？[1] 塞奥弗拉斯特坚持亚里士多德的理性的双重本性的观点，这是毋庸置疑的[2]；就我们所知，他对一些疑问保持沉默，这仅仅说明他把适用于理性的各种词汇在不同的意义上使用，即不同于它们在其他地方的意义，并认为理性的发展与非物质的存在者无关，因为后者总是存在于理性之中，而是只与物质性的存在者有关，因为理性可以为它提供解释。[3]

394

1　参见塞奥弗拉斯特出现在 Themist. *De An*.91 a, Sp.198,13 sq. 中的描述（同样的描述在一个残缺的 Priscian 文本的摘要中出现，ii.4, p.365 sq. Wimm.），这里说"它不是现实的"，这不应当被理解为它不是实在的，而是它作为能力的存在，理性的运用预设了它的存在。理性是如何变成思想的对象的？它自己是如何与思想统一的？亚里士多德说神圣的思想和人的思想是思考活动的对象；参见第 139 页注释 9以及 p.199。思想必定存在于它自身的能力之中，它并非来自外部对象，它并不像知觉来自于可感对象，αὐτοῦ（自身）指的是 ἐκείνου（那个）；布伦塔诺的替换是不必要的，见 *Psychol. d. Ar*.219。*Themistius* 指出塞奥弗拉斯特在《物理学》第五卷继续了这一讨论，并在《论灵魂》第二卷也讨论了这个问题（Prisian 也有这样的说法，但他把它们作为引言，并指出我们不能设想理性是完全被动的）。参见 Priscian（遵照亚里士多德的观点，参见第 376 页注释 2）…χωριστόν（分离的）（这里应当加上 διὸ，参见 Priscian, c.9, p.272 W）。*Themistius* 在 89, b, Sp.189,8 中给出的最后一个段落更为直接。主动理性从潜在性发展也在 Priscian 的残篇中（c.10）被提及了，它在这里被描述为一种能力（ἕξις）的获得（参见第 140 页注释 1）。对于以上文本，除了参考 Spengel 和 Brandis, iii.288 sq. 之外，另外参见 Torstrik, *Arist. de An*.187 sq. 和布伦塔诺, *ibid*.216 sqq.。

2　参见第 578 页注释 1，以及第 576 页注释 4。

3　甚至 Themistius 的模仿也采用了这种方法。理性的被动性和潜在性被认为不同于物质性存在；因为它独立于身体，所以它并不需要外在的影响来达到作为主动性的完善状态，而是自身从潜在性发展为完善的能力；错误和遗忘是由它与身体的结合而造成的。塞奥弗拉斯特对亚里士多德学说的辩护与以上观点类似，参见 Priscian, ii.17, p.277, W.。使用这些段落的时候，我们必须注意到我们所知的塞奥弗拉斯特的观点是由一个新柏拉图主义者转述的。

从上述观点，尤其是把运动归于灵魂的问题上，我们可以看到塞奥　395
弗拉斯特无疑有把人的精神与身体更紧密地结合起来的倾向。我们知
道，他认为人的灵魂与动物的灵魂有相同的本质，因为它们展现出相同
的活动和状态，而它们的差异仅仅在于完善程度的不同。[1] 然而，这指　396
的只是灵魂的低级能力，并不包括理性。[2] 灵魂的高级能力与低级能力
的关系问题似乎也存在难以解决的困难；至少我们知道，塞奥弗拉斯特
对"想象应当与理性灵魂有关还是与非理性灵魂有关"这个问题充满
怀疑。[3] 从我们已知的、他对理性的研究来看，他发觉这个问题充满了
疑难。[4]

我们现在能够看到塞奥弗拉斯特对知觉问题有较为完整的讨论。[5]　397
他采用了亚里士多德的结论，而没有任何重要的修改。[6] 早期哲学家关
于知觉和可感对象的观点被准确地记录下来，漫步学派对其进行了考
察。[7] 塞奥弗拉斯特和亚里士多德一样认为知觉是感觉器官中发生的变
化，感觉器官在这个变化中被可感对象的形式同化了，而不涉及可感

1　Porph. *De Abst*. iii.25 (*apud* Bernays, *Theophr. übr Frömmigk*.97,184；这里给出
　的残篇属于这本书，而不属于 π. ζῴων φρονήσεως [《论动物的实践理性》]，参见
　Bernays, p.99)；这是对同一种类人说的，即便他们拥有不同的血统。剩下的部分讲
　的是波菲利，而不是塞奥弗拉斯特。
2　计算的能力在动物身上是不完善的，但亚里士多德认为它与动物身上的类似理性
　和明智的能力相比并没有根本的差异 (参见第 354 页注释 9，以及第 361 页注释 2)。
3　Simpl. *De An*.80, a. 关于想象和感知的差别，参见 Priscian, c.3,6,263, W.
4　关于想象的理论与 Priscian 提出的一个问题有关 (参见 Plotin. P.565, ed. Didot, cf.
　Brandis, iii.373)。然而，我们注意到 Priscian 没有明确说出塞奥弗拉斯特的名字；
　这里指他是由 Dübner 做出的一个推论。这儿的问题是：我们醒来之后为什么记得我
　们的梦境，但我们在梦中却忘记了我们不是清醒的？ Priscian 并没有给出任何清楚
　的回答。
5　我们注意到另一篇人类学的讨论：即论"忧郁"，这个主题出现在亚里士多德的《问
　题集》，xxx.1, pp.953–955 中，而罗泽 (*De Arist. libr. ord*.191) 发现了它对《论火》
　(35,40) 一书的引用 (954, a,20)，因而认为它出自塞奥弗拉斯特 (参见 Diog. v.44,
　π. Μελαγχολίας)。人们通常认为忧郁有许多效果，这些现象与喝酒的效果相似，
　忧郁被认为有冷的本性，但能够获得很高的能量，因此，根据周围的环境，它有时
　产生出寒冷和低沉的效果，有时产生出热量和兴奋的效果。
6　参见 ii.p.58 以下。
7　在《论感觉》一书中，参见第 551 页注释 4。

对象的质料。[1] 这个变化是可感对象引起的。[2] 为了产生知觉，可感对象必须与感觉器官处于某种恰当的关系中，这种关系是重要的；[3] 它或许不仅仅是这两个成分的同质性或异质性的问题。[4] 对象对感觉器官的作用总是间接的，塞奥弗拉斯特用第三个东西把它们联系起来。[5] 他评判了前辈的观点，同时发展了自己的学说，他明确讨论了各种感知，但只有一篇粗陋的文章流传下来。[6] 他和亚里士多德都区分了通感和其他感知，但他并不完全赞同亚里士多德所说的普遍性质被感知的方式。[7] 他为知觉的诚实性辩护，并反驳了德谟克利特的攻击。[8]

1　Priscian, i.1, p.232, W.。ἀπορροή（流射）理论——即对象向感官射出的东西——在 De Sensu 20 中受到批判，参见《植物的本原》vi.5,4，并比较这个文本与从第 374 页注释 6 中引用的段落。

2　Priscian, i.37, p.254, W.

3　De Sensu 32, Prisc. i.44, p.258, W，《植物的本原》vi.2,1,5,4。

4　塞奥弗拉斯特在 De Sensu 31 中批判了这两个观点，第一个观点在 ibid.19 中也有提及，参见 apud Prisc. i.34, p.252，以及 i.p.454 以下。

5　参见 i.p.519（关于 διηχές[传导声音] 和 δίοσμον[传导气味]）。Prisc. i.16,20,30,40, p.241,244,250,255; Caus. Pl. vi.1,1。塞奥弗拉斯特与亚里士多德的观点一致（参见 ii.p.64），在这里，他说一切感知都是通过中介传递的，触觉的中介是我们的肉，其他感知的中介是某些外部的实体：例如视觉的中介是透明的东西，听觉的中介是气，味觉的中介是水，嗅觉的中介是气和水。他还认为感觉的直接器官，例如视觉、听觉和嗅觉器官是由水和气构成的。

6　除了已经引用的段落之外，我们应当提及下述观察事实（Fr.4 De Odor.4, Caus. Pl. vi.5,1 sq.；这些观点遵从亚里士多德，参见第 378 页注释 5）：尽管嗅觉是人类最弱的知觉，但是只有人因为愉悦的气味本身而喜好气味，听觉最能影响人的情感（Plut. De Audiendo,2, p.38, a）；眼睛能够发射火焰（apud Simpl. De Coelo, Schol.513, a,28；参见第 378 页注释 3——这儿的引用应当与此相比较）；以及对德谟克利特（参见 Zeller, Ph.d.Gr.i. p.818）的空气中任何可见物都存在一个摹本的理论的批判。此外，塞奥弗拉斯特谈到了（ap. Priscian, i.33, p.251, W）在镜子中的影像。

7　亚里士多德曾说过（《论灵魂》iii.1,425a16 sqq.）形状、大小等是通过运动被感知的；参见 Prisc. i.46, p.259, W。

8　De Sensu,68 sq.（然而，对于 68 中的残缺的 χυμοῦ[味道]，我们不应当同 Schneider 和 Philippson 一样读作 χυλοῦ，而是应当读作 θερμοῦ[热]），塞奥弗拉斯特抱怨说德谟克利特把轻、重、坚硬、柔软看作事物自身，而把冷、热、甜等看作事物的相对性质。他指出，如果这些性质取决于原子的形状——例如，如果热存在于圆形的原子中，那么这些性质必然在某种意义上是客观的。如果它们不是客观的，因为它们并非对于任何人而言都是相似的，那么同样的结论应当适用于所有性质。

　　作为漫步学派的成员，塞奥弗拉斯特当然肯定了意志的自由。[1] 在　　399
《论自由行为》[2] 一文中，他详细研究了意志问题，他可能注意到斯多亚
学派的决定论——当时这一学说刚刚兴起。然而，塞奥弗拉斯特在这个
问题上的贡献究竟有多少，我们不得而知，就像其他需要进一步研究的
亚里士多德的心理学问题一样。

　　他的伦理学保存得较为完整。[3] 他在这个方面也仅仅是继续亚里士　　400

即便像甜和苦这样的性质，人们在某种特殊的情况下才会被欺骗，但并不是因为
甜的或苦的性质本身而被欺骗。像冷和热这样的基础性质一定属于那些事物本身。
参见 i.p.209。伊壁鸠鲁反对塞奥弗拉斯特的观点，并为原子论辩护（*ap*. Plutarch,
Adv. Col.7,2, p.1110）。

1　Stob. *Ecl*. i.206; Pseudo-Plut. *V. Hom*. ii.120, p.1155.

2　Π. ἑκουσίου ά, Diog. v.43.

3　Diog. v.42 sq.（参见 Usener, *Anal. Theophr*.4 sq 的更多讨论）记载了塞奥弗拉
斯特有下述伦理学著作：v.42, π. βίων（《论生活》）三卷（这篇作品真正研究了
生活的不同目的，例如沉思的生活，实践的生活和享乐的生活，[参见第 424 页
注释 2]，而不仅是传记体）；v.43, ἐρωτικὸς ά (Athen. xiii.562, e.467, b.606, c),
π. ἔρωτος ά (Strabo, x.4,12, p.478), π. εὐδαιμονίας (Athen. xii.543, xiii.567,
a; Bekker, *Anecd. Gr*. i.104,31; *Cic. Tusc*. v.9,24, cf. *Aelian. V. H*. ix.11)；v.44,
π. ἡδονῆς ὡς Ἀριστοτέλης ά, π. ἡδονῆς ἄλλο ά (Athen. xii.526, d,511, c; *ibid*.
vi.273, c. viii.347, e, 然而，他说这篇作品也属于 Chamaeleon 之作）；Καλλισθένης
ἢ π. πένθους (Alex. *De An. fin*., Cic. *Tusc*. v.9,25, iii.10,21)；v.45, π. φιλίας 3
B（Hieron. vi.517, b, ed. Vallars.: GELL *N. A*. i.3,10, viii.6, 以及下文 p.409), π.
φιλοτιμίας 2B (CIC. *Ad Att*. Ii.3 *ad fin*.)；v.46, π. ψευδοῦς ἡδονῆς (Olympiodor.
Phileb.269)；v.47, π. εὐτυχίας: ἠθικῶν σχολῶν ά: ἠθικαὶ χαρακτῆρες（参见下文）:
π. κολακείας ά (Athen. vi.254, d); ὁμιλητικὸς ά: π. ὅρκου ά: π. πλούτου ά (AS-
PAS. In *Eth. N*.51, and CIC. *Off*. ii.16,56). προβλήματα πολιτικὰ ἠθικὰ φυσικὰ
ἐρωτικὰ ά；v.50, π. εὐσεβείας (*Schol. in Aristoph. Av*.1354；关于 Bernay 的观点，
参见第 552 页注释 2), π. παιδείας ἢ π. ἀρετῶν ἢ π. σωφροσύνης ά（关于这份残
篇，参见 *apud* Stob. *Floril*. iv.216, No.124, ed. Mein.）。有一篇名为 π. παθῶν
的文章没有被第欧根尼提及，但它出现在 Simpl. *Categ*.69, δ. *Schol. in Ar*.70, b,3
之中。此外，塞奥弗拉斯特还写了两篇更长的伦理学著作，其中一篇可能是第欧
根尼提到的 ἠθικαὶ σχολαί，它应当不止一卷。这两篇文章的名字分别是 Ἠθικὰ
（《伦理学》）和 π. Ἠθῶν（《论品性》）。Plut. *Pericl*.38 从 Θεόφρ ἐν τοῖς ἠθικοῖς
（塞奥弗拉斯特的伦理学）中引用了一个关于伯里克利的故事，根据 Cramer's
Anecd. Paris. i.194 的注释者的记载，塞奥弗拉斯特提到了 Simonides 的贪婪，
此外根据 Athen, xv.673, e 的记载，这位学者同时代的一位名为 Adrantus 的人写
了五本研究塞奥弗拉斯特的伦理学的书，以及六本研究亚里士多德的《尼各马可
伦理学》的书。我们不得不假设塞奥弗拉斯特的伦理学著作比亚里士多德的更

多德的工作，他最主要的贡献是极大地完善了亚里士多德伦理学的细
401 节。然而，我们在这里发现了对亚里士多德的某种偏离，它不是某些新
的或者不同的结论，而是对构成伦理学的不同成分的重要性的重新评
价。亚里士多德并未忽视外在的善和环境对于人的道德生活的重要性，
但他认为它们只是道德活动的辅助和工具，是服务于实践美德的。然
而，我们在塞奥弗拉斯特的思想中发现，他因为想要摆脱一切纷扰而倾
向于认为外部环境具有更大的作用。对理论活动的偏好深植于亚里士多
德的体系中，而在塞奥弗拉斯特这里，学习者不受影响地全身心投入研
究的要求与由于时代的变迁而引起的个人生命的局限性被结合在一起。
因此，他的道德学说缺少某些亚里士多德学说的严谨和力量，尽管他谨
慎地辨别了行为的外在条件。然而，这个由斯多亚派的反对者提出来
的反驳明显被夸大了；塞奥弗拉斯特与亚里士多德的区分是不值得强调
的，因为他们没有原则上的根本差异。

402 塞奥弗拉斯特的伦理学的特点尤其表现在他对幸福的阐述中，他认

全面，因为它用很大的篇幅记载并评论了历史事件；此外，我们也明确地知道它
像《尼各马可伦理学》一样由好几卷组成。事实上，Eustrat. 在 *Eth. N*.61，b 中
告诉我们，依据可靠的信息我们知道论正义的诗句（Arist. *Eth*. v.2,1129，b,29）
在 π. *Ἠθῶν* 的第一卷中被塞奥弗拉斯特归于 Theognis 所作，而在 *Ἠθικὰ* 的第
一卷中它被归于 Phocylides。我们发现《论品性》中出现的许多错误似乎来自这
两篇作品中的一篇，或两篇皆有。因此，这本书或许不是塞奥弗拉斯特的真迹；
Brandis, iii.360 认为它是以塞奥弗拉斯特的《论品性》为基础而写成的，但这
种观点是不太可靠的。上述文集的来源正好解释了它为什么没有形成一个连续
的整体，以及为什么这些文本有好几种不同的版本，参见例如 Petersen, *Theoph
Churucieres*, p.56 sqq., Sauppe, *Philodemi De Vitiis*, I. x. （Weimar,1853），p.8.
Spengel. *Abhandl. der Münchener Akad. Phil.*, *Philos*, *Kleinschriften*, iii.495, 此
外 Petersen, *Theoph. Characteres*, p.66 也指出塞奥弗拉斯特的这篇文章在漫步学
派中被用作伦理学教材，参见 Stobaeus, *Ecl*. ii.242-334. Herren 把这个解释的一
部分（参见他的评论，p.254）与塞奥弗拉斯特的 π. *εὐτυχίας*（《论好运》）联系
起来。无论如何，斯托拜乌（Stobaeus）的观点所依据的文本一定是较晚的（参
见 Zeller, *Ph.d.Gr*.iii. A,546 sq.），因此我们不能据此认为他提供了塞奥弗拉斯
特的教学证据，除了一段提及他的名字的文本（第 300 页）。关于这一点，参见
Brandis, p.358–359.

为幸福是哲学的目的，也是人类行为的一般目的。[1]虽然他和亚里士多德一样认为美德是绝对值得欲求的，并且，如果它不是唯一值得欲求的，也至少在某种意义上是善的[2]，但他并不认为外在的条件是无关紧要的。他不认为美德本身足以获得幸福，更不认为在极端受苦的情况下人们还是幸福的。[3]他抱怨我们的理性生活会受到身体的侵扰[4]；人的生命是如此短暂，在我们刚刚获得某种洞见时生命就已结束[5]；以及人们受制于不受自身控制的外部环境。[6]他并不是想说这种方式降低了美德的价值，或者应在偶然的好运和情景中找寻幸福的本质[7]，然而，与他的老师相比，他显然认为外在关系更为重要。这个特征与他偏好平静的理论生活有关。外在的善本身确实具有积极的价值，在这一点上塞奥弗

403

1　Cic. *Fin*. v.29,86:"omnis auctoritas…omnessumus"——我们假设这几个词很可能是被插入到这个地方的。

2　西塞罗，*Legg*. i.13,37-38。然而，我们应当认为只有后面这个观点是属于塞奥弗拉斯特的，并且我们坚信，因为西塞罗的文本很可能来自安提俄库斯（Antiochus），正如他在别的地方也一再引用后者的文本。安提俄库斯的折中主义使得他把斯多亚派伦理学和漫步学派伦理学的差异最小化，而斯多亚派一方喜欢夸大这种差异。参见 *Tusc*, v.9,24，西塞罗告诉我们塞奥弗拉斯特承认了三种善——与亚里士多德（参见第 429 页注释 6），以及柏拉图和学园派的观点一致（参见 Zeller, *Ph.d.Gr*.i.808, n.3,879, n.2）。

3　Cic. *Tusc*. v.8,24; Cf. *Fin*. v.26,77,28,85。这无疑是西塞罗在 *Acad*. ii.43,134 中说"芝诺要求的美德比人性能够达到的要高得多"时所暗示的那个部分；此外，参见 *Acad*. i.9,33；以及 *Fin*. v.5,12。

4　*Apud* Plut. *De Sanit. tu*.24, p.135, e. Porph. *De Abstin*. iv.20, p.373: πολὺ τῷ σώματι τελεῖν ἐνοίκιον τὴν φυχήν（灵魂受到来自身体的许多束缚）。普鲁塔克的残篇（i.2,2, p.696）把它解释为 λύπαι（身体的疼痛）, φόβοι（恐惧）, ἐπιθυμιαι（欲望）, ζηλοτυπίαι（嫉妒）。

5　参见第 549 页注释 3。

6　CIC. *Tusc*. v.9,25; Cf. Plut. *Cons. ad Apoll*.6, p.104, d.

7　参见第 583 页注释 2。在 Plut. *Pericles*,38 中记载的伯里克利的故事只能对塞奥弗拉斯特的问题做出否定的回答。从卡里斯塞奈斯（Callisthenes）那里引用的句子（如西塞罗自己的评价以及他的有韵律的译文所揭示的）是另一位作者的话，它或许来自一位悲剧或喜剧作家，塞奥弗拉斯特也引用了他的话；此外，我们从它可推出一个可靠的结论之前，应当知道塞奥弗拉斯特引入它们的文本背景，这似乎是必要的。像这样一条孤立的、来自反对者的文本摘要并不足以使我们得知塞奥弗拉斯特真正的观点。

404 拉斯特并没有受到指责。[1] 甚至，他对快乐的阐述也与亚里士多德的学说十分相近。[2] 他和亚里士多德一样偏爱科学研究的生活[3]，但是这种生活似乎走向了极端，他把自己与一切可能干扰科学研究的东西都隔绝起来。我们尤其可以在他关于婚姻的残篇中读到这一点[4]；他劝告哲学家不要结婚，因为对家庭和财产的照料会耽误他的工作，并且他必须是自

405 足的，以及有足够的能力来处理家庭事务。[5] 由于这种态度和想法，塞

---

1 他受到的指责在于，他认为悲伤和不幸是获得幸福的阻碍；但这是亚里士多德的观点；参见第 583 页注释 3。但是，另外，他要求（*ap*. Stob. *Floril*. iv.283, No.202, Mein.）人们应当仅仅依据生活的简单性使得自己独立于外在的事物；他希望（*ap*. Plut. *Lyc*.10，参见 Porph. *De Abst*. iv.4, p.304. *Cup. Div*.8, p.527）看到人们通过恰当地使用财富变得不再贪婪和嫉妒；他认为（ap. CIC. *Off*. Ii.16,56）财富的主要价值是 "magnificentia et apparatio polularium munerum."（[财富的主要价值是提供] 共同的福利以及 [使人们享有] 高贵。此处翻译得益于邱羽。——中译者注）

2 在 Aspasius 给出的一个段落中（*Class. Journal*, xxix.115; cf. Brandis, iii.381），塞奥弗拉斯特说对快乐的欲望没有什么可责备的，欲望的过度和自我控制的缺失才是可责备的。根据 Olympiodorus 的记载（*Phileb*.269, Stallb.），他反对柏拉图的观点，$\mu\grave{\eta}\ \varepsilon\tilde{\iota}\nu\alpha\iota\ \grave{\alpha}\lambda\eta\theta\tilde{\eta}\ \kappa\alpha\grave{\iota}\ \varphi\varepsilon\upsilon\delta\tilde{\eta}\ \grave{\eta}\delta o\nu\grave{\eta}\nu,\ \grave{\alpha}\lambda\lambda\grave{\alpha}\ \pi\acute{\alpha}\sigma\alpha\varsigma\ \grave{\alpha}\lambda\eta\theta\varepsilon\tilde{\iota}\varsigma$（快乐不存在真或假，所有快乐都是真的）。然而，他在这里并不是要否认不同种类的快乐有着不同的性质，漫步学派一直是这样认为的。从 Olympiodorus 的详细解释中，我们知道他的意思是：对快乐是 "真的" 或 "假的" 这样的描述是不恰当的，因为任何快乐对于感觉到它的人来说都是真正的快乐，而 "假的" 这个谓词不适用。如果后面这个词 "$\tilde{\eta}$ $\rho\eta\tau\acute{\varepsilon}o\nu$"（我们必须提及）也是塞奥弗拉斯特使用的，那么他甚至承认了在这个意义上使用 "真的" 或 "假的"——只要它们能够被恰当地解释。

3 西塞罗在 *Fin*. v.4,11 中提到了两者："vitae autem degendae ratio maxume quidem illis placuit quieta, in contemplatione et cognitione posita rerum."（他们认为最值得过的生活就是一个人把时间花在沉思与研究当中）。我们在 *Ib*.25,73 以及 *Ad Att*. ii.16 中得知，狄凯亚尔库偏好实践的生活，而塞奥弗拉斯特喜爱理论的生活。

4 Hieron. *Adv. Jovin*. i.47, iv.6,189, Mart. Vide *Theophrasti Opp*. (ed. Schneid.) v.221 sqq.

5 塞奥弗拉斯特在这个段落中回答了下述问题：智慧的人是否应当娶一个妻子？他一开始时指出了一些条件，但是他立刻指出这些条件很少能汇集在一起，因此不结婚是更明智的。最好的老师可能在国外，但如果一个人被他的妻子束缚，那么他就不能去寻找老师。此外，妻子总是不满足。塞奥弗拉斯特在一个生动的模仿剧中说到，她总是在她丈夫的耳边不停地抱怨，日夜不休。贫穷的女人养起来很贵，而富有的女人是不可持久的。男人只有在婚后才能发现妻子的缺点。她的欲望、她的嫉妒，她对娘家的贴补都是无穷尽的。美貌的妻子很难保持忠贞；而丑陋的妻子是一种负担。男人应当明智地把管理家庭的事务留给忠诚的仆人，在生病的时候信任他的朋友。就陪伴的需求而言，男人不需要妻子，智慧的人是绝不孤独的，因为他与

奥弗拉斯特回避那些阻碍人们获得完美幸福的外在纷扰和威胁到心灵平静与自由的困苦。他的本性并不适合与世界和生活的困苦做斗争。这种斗争所需的时间和精力将挤占科学研究的劳作，而后者是他的幸福的唯一所在；与生活搏斗将会打扰平静的沉思和与之相伴的理智的安宁。因此，他回避一切可能使他陷入这种争斗中的东西。当时，斯多亚派和伊壁鸠鲁派都致力于使爱智之人自足和独立。塞奥弗拉斯特追寻同样的目的，但他拒绝轻视自足生活的外在条件[1]，这真正契合漫步学派的伦理学精神。

就上述阐述来看，塞奥弗拉斯特和亚里士多德之间的差异仅仅是程度上的，无法被严格定义；就我们所知，他的伦理学的其余部分几乎见不到什么与亚里士多德存在差异的重要观点。塞奥弗拉斯特像亚里士多德一样，把美德定义为理性在两种恶之间选择的中道，或者，更准确地说，美德是在实践理性的引领下致力于达成某一目的的意志之品性。[2]在

406

407

同龄的智慧的人相伴；并且人还可以与上帝交谈。男人也不应当有孩子，因为他们总是带来麻烦和苦恼，而非快乐与帮助。对于继承人，男人应当选择他的朋友。

1 然而，我们不能认为 CIC. *Fin.* v.6,17,9,24 sqq. 以及 Stob. *Ecl.* ii.246 sqq. 的论证说的是塞奥弗拉斯特的观点，在这里，斯多亚派的"符合自然的生活"的独断论与漫步学派不同种类的善的理论联系起来了；根据 c.3,8,25,75,27,81 的记载，西塞罗的解释是从安提俄库斯那里来的；从 Arius Didymus 中来的斯托拜乌（参见 Zeller, *Ph.d.Gr.*iii. a,546 sq.2nd ed.）的观点和后来的折中主义的观点明显地修饰了这两个来源。

2 Stob. *Ecl.* ii.300（这是逐字地对亚里士多德的定义的转述；参见第 436 页注释 4）。解释了列举出的这些美德的本质之后，他接着说：φρόνησις（明智或实践理性）被直接包含在"正义"概念中，因为正义是实践理性所要求的权利之关系的调试；但是正义只是间接地包含在实践理性之中。就这一点而言，这个摘录似乎来自塞奥弗拉斯特，因为在"εἶτα παραθέμενος"这些词之间有语法上的联系，而这正是他的使用习惯。在这个段落的第二行中，Petersen 正确地指出了"ἐν ταῖς ἐντυχίαις"（在这些交谈中）的读法（*Theophr. Characteres*,67 sq.），但 Heeren 猜测的读法"ἐν τοῖς περὶ εὐτυχίας"——是错误的。然而,Petersen 曲解了塞奥弗拉斯特的意思（这个不完整的摘要的表述是不清楚的），因为他用"καὶ μὴν τὸν καιπρὸν ἔλαβεν"代替了"μὴ τ. κ. ἔλ."。因为"οὗτος...ἔλαβεν"这些词指的不是正确的描述，而是第三种错误——即被完成的事情本身或许是正确的，但它在个人行为的特殊环境中是不正确的；换言之，这里被观察到的是 μεσότης πρὸς τὸ πρᾶγμα（行为的中道），而不是 μεσότης πρὸς ἡμᾶς（个人的中道）（参见第 436 页注释 1）。

对各种美德和恶习的描述方面，我们不得不认为他比他的老师更加细致 [1]，尽管我们在这里只能根据《品性》中对恶习不太确切的描述来了解他的著作。他持有下述观点：不同美德之间的差异在某种程度上是微不足道的，因为它们在道德的实践理性中有着相同的根源和相互关联的原则。[2] 一个偏好科学活动超过实践活动的人不可避免地要区分出理智美德和道德美德——这是毋庸置疑的，他不可能在他的《伦理学》中轻易地回避它；但我们不知道他是否详细地讨论过这个主题。[3] 我们也不知道他对于情感有哪些研究。[4] 我们只知道他反对芝诺的观点，并坚持认为有些情感是自然的和不可避免的，例如由于做错事和兴奋而产生的愤怒。[5] 至于其他情感，他认为人们的行为不应当受它们的影响——例如，

1　从 Stob. *Ecl.* ii.316 sqq., and CIC. *Fin.* v.23,65 的描述来看，这一点尚未得到确切的证明（我们已经论述过）。然而，与塞奥弗拉斯特著作的一般线索相比较，这种证明或许是可能的，当我们记起《品性》一书对各种缺陷的细致描述时，这种证明就越发可能了。我们从赫尔米普斯（Hermippus）那里知道（*ap.* Athen. i.21, a；参见第 550 页注释 1），塞奥弗拉斯特在他的演讲中甚至引入了对外在品质的长篇模仿剧，这或许带有一些夸张的成分（正如 Brandis, p.359 指出的）。但他对于细节描绘的天赋和喜好在第 584 页注释 5 中提到的残篇中是显见的。Adrantus 的描述（参见上文第 400 页）极可能是在解释他的《伦理学》时使用的一个例子。

2　Alex. Aphr. *De An.*155, b。参见第 586 页注释 1 从斯托拜乌那里引用的段落的末尾。*Ibid.* p.270：实践理性决定了对于它自身和别的美德而言什么是要被做的和什么是不被做的。

3　Petersen, *ib.*66（参见 Spengel, *Abhandl. der München. Akad. philol.-philos. Kleinschriften*, iii.495）指出这个观点并不能从《大伦理学》没有论述理智美德而得出。然而，一方面（参见 Brandis, ii.6,1566, iii.361），这些美德不是没有在这本书中出现，另一方面，我们不可能证明这本书遵从塞奥弗拉斯特的观点。在 Stobaeus, *Ecl.* ii.316 中，我们发现 ἕξις θεωρητική（理智的性质）包括智慧、知识和明智，并且与 ἕξις πρακτική（实践的性质）不同。然而，因为亚里士多德自己（参见第 445 页注释 2）只在他的《尼各马可伦理学》中讨论了理论的活动，它对于生活的伦理的完整解释是必要的，所以，我们无法假设塞奥弗拉斯特以另一种方式处理了这个问题。

4　Simpl. *Schol. in Ar.*70, b,3,引用了 π. παθῶν（参见 ii.p.399），这告诉我们塞奥弗拉斯特用 μᾶλλον καὶ ἧττον（较好的和较坏的）的标准区分了 μῆνις（愤怒）、ὀργή（冲动）和 θυμός（勇气或激情）。

5　塞涅卡（Seneca），*De Ira*, i.14,1,12,1,3; Bariaam. *Eth. Sec. Sto.* ii.13（Bibl. *Max. Patr.* xxvi.37 D, and *apud* Brandis, iii.356）。Simpl. *Categ.* Schol.86, b,28 提及的关于美德的易变性的论证无疑是用来反对斯多亚学派的。

出于愤怒而做错事的人不应当受到惩罚。[1] 他宣称比愤怒还要糟糕的是　　409
欲望的过度——这是一种情感之罪恶，因为屈服于快乐比屈服于痛苦更
可怕。[2]

　　塞奥弗拉斯特和亚里士多德一样对建立在社群生活上的道德关系有
着特别的关注。我们知道他写过关于友谊、爱情和婚姻的文章。[3] 他认
为友谊拥有最高的价值——假若它是那种正确类型的友谊，但通常并非
如此。[4] 他甚至允许人们对自己的责任有轻微的违背，倘若这样做能够
极大地增进一个朋友的利益，因为在这种情况下，道德美德的价值被朋
友能够获得的巨大价值平衡掉了，正如一小片金子的价值或许比不上大
量的铜的价值。[5] 更重要的是在选择朋友的时候必须保持明智。[6] 亚里士　　410
多德区分的三种类型的友谊也在塞奥弗拉斯特这里得到了承认[7]，并且他
在文章中无疑发现了关于每种友谊的许多细节和特征以及友谊中包含的
不同关系。[8] 对于热烈的爱，他并未抱有多少同情：他认为这是非理性

1　Stob. *Floril.*19,12.

2　M. Aurel. πρ. ἑαντ. ii.10, Schol. *apud* Cramer, *Anecd. Paris.* i.174。另外，参见亚
里士多德：第 452 页注释 5 以及第 407 页注释 1。

3　参见第 581 页注释 2。塞奥弗拉斯特关于友谊的三本书被西塞罗在他的 *De Amicitia*
中大量的引用过，参见 Gell. *N. A.* i.3,11。

4　Hieron. *in Micham*, iii.1548, Mart.。参见第 584 页注释 5 中引用的评论，即被朋友
喜爱和照料胜于被妻子喜爱和照料。

5　参见 Gell, *N. A.* i.3,10,21–28，他给出了一部分希腊文文本，一部分是翻译和评注。
西塞罗（*Amic.*11 sqq.17,61）对这个问题给予了太少的关注，正如格利乌斯（Gellius）
所评论的。他猛烈地抨击下述观点：一个人为了他的朋友的利益可以背叛他的国家
或者犯下其他重罪；因为没有人会持有这种观点；但是在末尾处他的结论又是模棱
两可的，说如果朋友的利益是深切的，这也是可行的。Brandis（iii.353）认为这是
对塞奥弗拉斯特学说的批判；但这个批判似乎不是必要的。

6　Plut. *Frat. Am.*8, p.482, b（Stob. *Floril.*84,14; Seneca, *Ep.* i.3,2；参见 Schneider,
v.289）：在我们爱我们的朋友之前，我们必须考验他们，但是对于家庭，情况正好
相反。

7　Eustrat. *in Eth. N.*141, a（Brandis, iii.352 认为它或许指的是 Aspasius）；塞奥弗拉
斯特和欧德谟斯认为不平等的人之间的友谊和平等的人之间的友谊一样可以被分为
三种。参见《欧德谟伦理学》vii.4 *init.*，以及第 456 页注释 2。

8　例如格利乌斯（Gellius viii.6）的引用："在与朋友和解的时候，解释是危险
的。" Plut. *Frat. Am.*20, p.490："如果朋友之间的任何东西都是相同的，那么他们各

的欲望，它会控制灵魂，它像酒一样只能适当饮用。[1] 然而，这并不是他排斥婚姻的理由；[2] 尽管如此，关于婚姻，关于教育和女性的行为，[3] 他或许说出了许多真实的东西。[4]

411　　对于塞奥弗拉斯特的政治学著作，除了一些历史记载，我们只知道下述事实：他致力于补充亚里士多德的学说，并在亚里士多德对城邦的不同类型的阐述之外添加了对法律的汇编。在他自己对城邦本质的研究中，他对地方官的事务给予特别的重视，并对与特殊环境相关的一些问题做出了处理。塞奥弗拉斯特并没有在什么地方与亚里士多德的政治学

412　原则相违背；[5] 如果他明确地认为，除了公民之间的自然纽带之外，所有

自的朋友必然也是相同的。" Plut. *Cato Min*. c.37；"过度的友谊很容易演变成仇恨。" 参见 Stob. *Floril*.3,50 *ad fin*.。塞奥弗拉斯特这本书中更多有趣的残篇内容，参见 Heylbut, *De Theophr. Libr.ϖ. φιλίας*,13 sqq.。

1　Stob. *Floril*.64,27,29; Athen. xiii.562, e.

2　参见第 584 页注释 5。

3　参见 Stob. *Floril*.74,42：女人既不应当想要观看，也不应当想要被看到；*ibid*.85,7：她的任务不是政治而是家务；*ibid*. vol. iv.193; No.31 Mein.：女孩的文化教育是必须的，但不应当超出家务所需求的范围。

4　Stob. *Floril*.3,50 引用的段落中说他对妻子和孩子是有同情心的和友善的。塞奥弗拉斯特伦理学剩下的残篇只给出了零星的论述，尽管这些论述通常是犀利而敏锐的，但它们没有任何特别的哲学关切。斯托拜乌在 *Florilegium*（参见那里的索引）以及普鲁塔克在 *Agis*. c.2 和 *Sertor*. c.13 中记载的一些格言，例如，他对热情的赞美，参见 CIC, *Off*. Ii.18,64（这或许是对阿那克萨戈戈拉说的），对快乐和痛苦的关系的阐述，参见 ASPASIUS in *Arist. Eth*.(*Classical Journal*, xxix.)114。这个注释（*ap*. Olympiod. *in Phileb*.169）说的三种错误并不是道德上的错误，而是 *ψευδὴς ἡδονὴ*（错误的快乐）的可能的意义（参见第 584 页注释 2）。

5　我们所知的他的政治学学说几乎都来自西塞罗。事实上，我们知道他是最受西塞罗喜爱的政治学思想家之一（*Ad Att*. ii.9,2）。西塞罗告诉我们，塞奥弗拉斯特有着完整的政治学思想，他对这一主题拥有全面的知识（*Divin*. ii.1,3; *Legg*. iii.6,14）。此外，西塞罗还给出了他的政治学著作的详细内容。参见 *Legg*. iii.5,14; *Fin*. v.4,14。我们从第欧根尼的记载中知道塞奥弗拉斯特的政治学作品，包括下述著作：*νόμοι*（《法律》）24 卷（参见 Fr.97–106；10 卷本的 *ἐπιτομὴ νόμων* 是后来从 *νόμοι* 中摘录来的）；1 卷本的 *π. νόμων* 和 1 卷本的 *π. παρανόμων*（Diog.47）；或许还包括从 *νόμοι* 中摘录的文本；3 卷本的 *νομοθετῶν*（《论立法》，标题无疑是 "*νομοθέται*" 或者 "*περὶ νομοθ*."）；4 卷本的 *πολιτικῶν ἐθῶν*；6 卷本的 *πολιτικῶν*（D.45），以及 2 卷本的 *πολιτικῶν*（D.50）——它或许是其他著作的副本或者摘要，除非我们把 D.50（参见 Cobet 和 Henkel 的观点，*Stud. z. Gesch. d. griech. Lehre vom*

人的兄弟般的、自然的友爱是更重要的，[1]那么这个观点与他老师的观点在精神上是一致的，[2]无论这种阐述方式对斯多亚派的世界公民主义产生了多么大的影响。[3]

塞奥弗拉斯特在一篇伦理学著作中表达了关于祭祀的观点，这种观点是禁欲的亚里士多德主义者追随恩培多克勒得来的，后来波菲利也持有这种观点。[4]他不仅用历史证据证明，远古时代人们只用最简单的自然产物[5]来祭祀，动物作为祭品是后来才出现的，[6]他还要求人们拒绝用动物祭祀，并尽量使用无害的物品，例如田野中的果实。[7]此外，塞奥弗拉斯特还谴责杀害动物和食用它们的肉，如果人们并不是因为动物的凶猛袭击而杀害它们，或者不是因为缺少食物而吃掉它们的话，人们的确不应当这样做，因为动物与我们一样享有生存的权利，人不应当以暴

413

Staat, p.20）读作"πολιτικὸς"（这与亚里士多德的用法相似，参见 i.p.59），而不是"πολιτικῶν"。另外，他的政治学作品还有 1 卷本的 π. τῆς ἀρίστης πολιτείας (*D*.45) 或 πῶς ἄριστ᾽ ἂν πόλις οἰκοῖτο (*D*.49)；2 卷本的 ἐπιτομὴ τῆς Πλάτωνος πολιτείας；1 卷本的 π. βασιλείας (*D*.42) 以及 1 卷本的 π. Τυραννίδος (*D*.45)，这两本书可能结合为 2 卷本的 π. βασιλείας (*D*.49)；πρὸς Κάσσανδρον π. βασιλείας (*D*.47)——根据 Athen. iv.144, e 的记载，这书是 Sosibius 所作；1 卷本的 π. παιδείας βασιλέως；4 卷本的 πολιτικῶν πρὸς τοὺς καιρούς (*D*.50 的 2 卷本的 καιρῶν 或许指的是它）。这篇作品经常被引用（CIC. *Fin*. v.4,11）。更多关于这些作品的评论和证据可以在 Usener 的 *Anal. Th*.6 sqq. 中看到，另外，参见 Henkel, *ibid*.19 sqq.；关于 νόμοι 的阐述，参见 Usener, *Rhein. Mus*. xvi.470 sqq.。

1 参见 *apud* Porph. *De Abst*. iii.25，这段文本在第 579 页注释 1 中被引用。

2 参见从《尼各马可伦理学》viii.13,1161b5 中引用的段落（第 469 页注释 8），在那里，亚里士多德说（自由人）与奴隶的友谊是可能的，不是因为他作为奴隶，而是因为他作为一个人。

3 参见 Bernays, *Theophr. üb. Frömmigk*.100 sq.。他评论说，亚里士多德的伦理学中没有人性之爱的主题，但他的观点一定是被刚才引用的那个段落局限了。我们或许能够得出结论说：在塞奥弗拉斯特这里，事情的这个方面得到了更多的重视，它们在亚里士多德那里是不太重要的，这种变化与后亚历山大的新时代精神是一致的。

4 π. εὐσεβείας（《论虔敬》），参见第 552 页注释 2。

5 例如，祭品最初是草，后来是果实；最初是水，后来是蜜，再后来是酒。

6 Porph. *De Abstin*. ii.5–8,12–15,20–1, pp.39,56,62,79,&c. Bern. 他讨论了用人来祭祀（*ibid*. c.7）以及犹太人特殊的祭祀习俗（ii.26）；关于后面部分的错误，参见 Bernays, p.109 sqq.184–5。

7 *Ibid*. c.12 sqq.22 sqq.。

力夺取它们的生命。[1] 然而，他并不是要取消祭祀的自然仪式。[2] 他的意
思是：祭祀仪式的道德价值并不取决于祭品的贵重与否，而是存在于祭
414　祀者的品格之中。[3] 塞奥弗拉斯特的整个宗教观念与他的老师是一致的。[4]

415　　　塞奥弗拉斯特大量的修辞学[5] 著作，只有很少的和不太重要的几篇
文章流传下来。[6] 至于他的艺术理论，[7] 只有几本受到古代作家高度赞扬，[8]

1　*Ibid.* c.12–18,22–23，参见 ii.p.396。

2　Porph. *De Abstin.* ii.43, p.184。波菲利在这里提出的理论——即这个观点建立在对
神鬼的信仰上——并非来自塞奥弗拉斯特；事实上，波菲利也没说这是他的理论。
根据 Plut. *Def. Orac.*20, p.420 的描述，我们也没有足够的理由认为塞奥弗拉斯特相
信鬼神。即便这个段落确实显示出他对待这些信仰的态度，它也只能证明他不会在
现有的形式中接受它，但是也没有绝对地否认它。

3　Apud Stob, *Floril.*3,50; *ap.* Porph. *De Abstin.* ii. c.19，他说祭品的昂贵并不是重要
的，更重要的是目的纯粹；因为神会被我们身上与他最相近的东西取悦，这个部
分是最神圣的，参见 *Arist. Eth.* ix.9,1179, a,24。

4　我们在讨论他的神学时已经指出过这一点，参见 ii.p.370 以下。在流行宗教和神话
方面，塞奥弗拉斯特与亚里士多德也是一致的，倘若他把普罗米修斯的神话解释为
普罗米修斯是人类的第一位老师的观点（Fr.50, b. *Schol. in Apoll. Rhod.* Ii.1248），
而水泽仙女哺育狄奥尼索斯的神话则被解释为葡萄藤上的"眼泪"（Athen. xi.465, b）。

5　研究情况参见 Usener, *Anal. Theophr.* p.20，他的推测是非常有道理的，即 εἰδη ιζ′
περι τεχνῶν ῥητορικων（《修辞术的十七个种类》）是一个综合的标题，它包含了
好几篇分列在目录中的文章。

6　他把 σκῶμμα（嘲笑）定义为 ὀνειδισμὸς ἁμαρτίας παρεσχηματισμένος（因举
止错误受到的责备。Plut. *Qu. Conv.* Ii.1,4,7, p.31），这显然是从一本修辞书中来的
（或许，像 Brandis, iii.366 指出的那样，它来自 π. γελοίον [论笑话]），并且它们
的细节是类似的（参见 Fr.93–96，索引中 *Rhetores Graeci* s. v. 'Theophr.' CIC. *De
Invent.* i.35,61；阿摩尼乌斯（Ammonius）记录了这样一句话（*Theophr. Fr.*74 sq.，
参见第 557 页注释 5）：塞奥弗拉斯特对语言区分了两种关系——对听众的关系，以
及与当下言说者的关系。对于前者来说涉及到修辞学和诗学的问题，因此这些研究
与表达的选择、言说的魅力、言说者的愉悦和有效的表达方法有关。阿摩尼乌斯引
用这句话来证明 π. ἑρμηνείας（解释）只与ἀποφαντικὸς λογος（宣告式的语言）
有关。因此，它在塞奥弗拉斯特的文本中应当仅仅指口头语言的形式，不是描述一
般意义上的哲学与修辞学和诗学的区分的。

7　Diog.47–8 提到了两篇 π. ποιητικῆς（论诗歌）和一篇 π. κωμῳδίας（论喜剧）；
Athen. in. vi.261, d 命名了后者，而在 viii.348, a 出现了 π. γελοίον（论笑话），但是
他从中引用的文字是不可靠的。在亚里士多德那里，悲剧被定义为 ἡρωικῆς τύχης
περίστασις（在某些环境中的英雄的行为，Diomed. *De Oratione*, p.484, Putsch），塞
奥弗拉斯特在对这个问题进行了细致的研究之后，发觉这个定义是不令人满意的。

8　Plut. *N. P. Suav. V sec. Epic.*13,4, p.1095（反对伊壁鸠鲁的观点）。因此，他认为

而关于音乐的一些书流传下来了[1]，它们是唯一有详细信息的作品。甚至这些书的主要部分是对声音进行物理解释，我们在之前的讨论中对此已经阐述过了。[2] 否则，我们仅知道塞奥弗拉斯特认为音乐是由灵魂的运动产生的，[3] 通过音乐，人们释放了由于某些情感而产生的烦恼和苦闷；[4] 塞奥弗拉斯特列举了三种这样的情感：痛苦、快乐和沉迷；[5] 他把由音乐产生的生动印象归因于听觉的敏锐；[6] 他指出生理的疾病甚至也能够被音乐治愈。[7] 我们从有限的残篇中看到的塞奥弗拉斯特的艺术理论就是这些，它们与亚里士多德的观点并没有什么不同。

416

　　塞奥弗拉斯特与著名的音乐家阿里斯托克塞努斯（Aristoxenus）是同级别的。这些对塞奥弗拉斯特的引用和提及并不是对他的音乐思想的茶余饭后的谈资（Brandis, iii.369），对于阿里斯托克塞努斯的引用也是如此。

1　*Π. μουσικῆς*（《论音乐》）2 卷本（D.47，参见第 591 页注释 8）；*ἁρμονικῶν ἁ*（D.46）；*π. ῥυθμῶν ἁ*（D.50）。从 *π. μουσικῆς* 一书中摘录的残篇（Fr.89），参见第 568 页注释 6。

2　参见第 568 页注释 6。

3　Censorin. *Di. Nat.* 12,1。

4　参见 *Fr.* 89 的末尾。结尾的否定从句由原来的 *ἡ κατὰ ἀπόλ.* 被 Brandis, p.369 修改为 *ἡ κ. ἀλόλ.*，它的意思是："音乐能够使我们从情感引起的痛苦中释放出来，或者唤起情感。"然而，这个意义需要以下这个词组来表达：即 "*ὅπου οὐκ ἐστίν*" 或 "*ἐὰν μὴ ᾖ*"，而不是 "*εἰ μὴ ἦν*"。此外，以这样方式表达的意义并不总是令人满意。策勒指出这个文本或许是这样的：*ἡ κ. ἀπόλ....κακιῶν βέλτιον ἔχειν ἡμᾶς ποιεῖ ἢ εἰ μὴ ἦν*，即 "音乐是灵魂的一种运动，它为情感引起的痛苦带来了疏解，因此在人身上创造了更好的生活，这种生活是值得我们过的，即比那种没有这些情感的生活更好"——这正是亚里士多德的"净化"的观点；参见 ii.p.309 以下。

5　Plut. *Qu. Conv.* i.5,2, p.623。另外，参见 Joh. Lydus, *De Mens*, ii.7, p.54, Roeth., 以及 Cramer. *Anecd. Paris.* i.317,15。

6　Plut. *De Aud.* 2, p.38, a；我们无法判断后面的论证是否是从塞奥弗拉斯特那里摘录的。

7　Athen. xiv.624, a. 相似的论述，参见 Plin. *H. N.* xxviii.2,21. 据说塞奥弗拉斯特认为，被毒蛇咬伤和其他某些伤害都可以被笛子演奏的音乐治愈（Gell. iv.13,2, Apollon. *Mirabil.* c.49）。

第 十 九 章

欧德谟斯、阿里斯托克塞努斯、
狄凯亚尔库及其他人

在亚里士多德的学生中，[1] 比塞奥弗拉斯特次重要的要数罗德岛的欧德谟斯了。[2] 他和塞奥弗拉斯特一样博学，他写了有关漫步学派的哲学和科学史的许多文章。[3] 然而，据我们所知，他作为哲学家的

417

1　我们不知道欧德谟斯的生平。他通常被称为"罗德岛人"和"亚里士多德学者"，以便把他和其他同名的人区分开（参见 Fritzsche, *Eth. Eud.* xiv）。他似乎是在塞奥弗拉斯特的影响下写了他自己的《逻辑学》，他们就亚里士多德《物理学》的讨论有书信往来（参见第 49 页注释 5），所以，我们猜测他在雅典跟随塞奥弗拉斯特学习过一段时间，后来他回到自己的家乡，或者到了别的国家。参见第 593 页注释 4。

2　欧德谟斯在第 27 页注释 1 提及的故事中出现了，并且他被认为（参见第一卷第 59 页注释 1）是亚里士多德的《形而上学》的编著者。然而，这个故事是不可靠的（Asclep. *Schol in Ar.*519, b,38 sqq.），据说亚里士多德把这本书带到他那里询问是否可以出版，但这本书显然是未完成的；参见 *Hist.-phil. Abh. d. Berl. Akad.*1877, p.156。

3　我们所知的欧德谟斯的著作如下（关于它们出现的段落，参见 Fritzsche, *ibid.* xv，关于残篇，参见 Spengel, *Eud. Fragmenta*, ed. ii.1870）：Γεωμετρικαὶ ἱστορίαι（《几何学史》），Ἀριθμητικὴ ἱστορία（《数学史》），Ἀστρολογικαὶ ἱστορίαι（《天文学史》），它们是我们关于古代的数学家和天文家的主要和几乎唯一的信息来源。在这些研究之外，还应当加上对神学思想史的研究；至少他密切关注过这个问题，并且与之有关（遵照亚里士多德，参见第 40 页注释 1），他讨论过俄尔甫斯、荷马、赫西俄德、Acusilaus、Epimenides 和 Pherecydes 等人的宇宙生成论，此外，他还研究过巴比伦人、琐罗亚斯德教教徒（Zoroastrian）、腓尼基人和埃及人（不准确）的世界起源思想。我们从 Damasc. *De Princ.* c.124–5, p.382 sqq 中得知这一点；参见 Diog. L. *Prooem.*9（*Fr.*117–8）；另外，参见第 550 页注

价值主要是对亚里士多德哲学的运用和传播，而非对这些思想的独立发展。[1] 的确，我们已经指出，他的逻辑学观点与他的老师有些不同，他在一两个重要的地方补充了亚里士多德的理论；[2] 但他正确 419 地坚持了亚里士多德逻辑学的基本原则，并且他做出改变的地方与塞奥弗拉斯特的观点大致相同，后者与前者比起来是更为独立的思想家，因此欧德谟斯遵循着塞奥弗拉斯特的看法。[3] 他对亚里士多德《物理学》的解释[4] 遵照了原文的线索，并把保留每个字作为一项原

释 4 末尾。他或许还讨论了柏拉图的宇宙论，此外 Plut. *An. Procr.*7,3, p.1015 中记载的、对质料的论述或许属于这里，尽管它也可能属于他的《物理学》。此外，他的作品还包括：π.*γωνίας*（《论角》），*Ἀναλυτικὰ*（《分析篇》）两卷本（参见第 49 页注释 1，以及第 554 页注释 1；*Fr.*109 sq.），π. *λέξεως*（《论语言》，参见第 47 页注释 1；*Fr.*113 sqq.）；但它或许不是《范畴篇》或者 π. *ἑρμηνείας*（《解释篇》，参见上文 i.p.65）。然后是《物理学》，我们现在将讨论它，以及《伦理学》，我们仍然拥有其中的前三卷和最后一卷（参见第 73 页注释 2）。我们从 Apul. *Apol.* c.36 (*Fr.*109), Aelian, *Hist, An.* iii.20,21, iv.8,45,53,56, v.7 的记载中了解到有一本动物学的书后来归于他的名下；但是埃里安记载的内容说它并非真迹。罗泽认为（*Arist. Libr. Ord.*174），这位叫欧德谟斯的人就是盖伦（Galen）赞扬的那个名叫"欧德谟斯"的人（参见索引，Rose, *ibid.*; Sprengel, *Gesch, d, Arzneik*,4, ed. i.539–40），另外参见 Rufus, *Eph.* i.9,20 以及荷马学者的研究（参见 Fritzsche, *ibid.* xx.49–50）。然而，这个"欧德谟斯"在这些地方都没被说成是罗德岛人，并且根据盖伦的记载（*De Ut. Anat.*3, vol. ii.890, *De Semine*, ii.6, vol. iv.646, *Hippocr, et Plat. Plac.* viii.1, vol. v.651, *Loc. Affect.* iii.14, vol. viii.212, in *Aphor.* vol. xviii. a,7, *Libr. Propr.* vol. xix.30），他并不是 Herophilus 的师兄，也不是埃拉西斯特拉图斯（Erasistratus）的学长，而后者是塞奥弗拉斯特的学生（Diog. v.57），他也不是梅特多罗斯（Metrodorus）的学长（*Sext. Math.* i.258），而梅特多罗斯是亚里士多德女儿的第三任丈夫（参见第 21 页注释 5）；所以，我们大约可以说他是另一位名叫欧德谟斯的人（*De Gen.*; cf. Fritzsche, p. xvii）。此外，那个修辞学家欧德谟斯也要和我们这里的哲学家区分开来。

1　Simpl. *Phys.*93, b.

2　参见上文 ii.p.358 以下。

3　这可以从下述事实中得知：除了他们的相同观点之外，专属于欧德谟斯的观点是很少的，但塞奥弗拉斯特有很多自己的观点。

4　他显然把这本书当作他的口头教学的教科书，参见 *ap.* Simpl. *Phys.*173 a；在未来的世界中每一个存在者都会再次出现。如果我们把这个段落与第 99 页注释 5 中引用的内容一起来看，那么欧德谟斯可能在雅典之外的城市建立了自己的学院，而他的《物理学》就是在那里完成的。

则。[1] 他自己的《物理学》几乎没有任何区别于他老师的重要观点，[2] 他做出的修正仅仅是对卷数的删减、[3] 调换一些文本的位置、[4] 做出历史

420 解释；在他看来，这些改变了的表述方式对于澄清文本似乎是必要的。[5]

1　参见第 108 页注释 3 对这个问题的完整说明。

2　辛普里丘经常谈到欧德谟斯，他指出了一个差别，但这是可疑的。他告诉我们（*ibid*.93, b,94, a; *Fr*.26）欧德谟斯在他的第二卷中把时间的变化（例如，变老）归于亚里士多德的四种变化之中（参见第 276 页注释 2）。但我们知道他并不同意塞奥弗拉斯特把运动扩展到所有范畴上的观点（参见上文 ii.p.373），当他解释亚里士多德的《物理学》v.2,226a23 的内容时，他明确地指出我们只能在"运动"这个词的衍生意义上谈论"关系的运动"（参见《物理学》201b）。除了这个问题，我们找不到其他重要的差别了，只不过有一些对亚里士多德学说不重要的细节的怀疑。

3　辛普里丘说欧德谟斯的这本著作只有三卷；就他给出的引用来看，引用的内容超出了亚里士多德的《物理学》前六卷的内容（参见第 594 页注释 4），而第七卷被欧德谟斯略过（参见上文 i.p.82），因此欧德谟斯的《物理学》总共不可能超过四卷。

4　亚里士多德的《物理学》第四卷第 1 至 2 章的内容在欧德谟斯这里（根据 Simpl.220, a 的记载）与时间和空间的无限可分性一起讨论，而后者在亚里士多德《物理学》的第三卷第 6 章中出现（参见第 281 页注释 3）——欧德谟斯要么是一起处理了这些内容，要么是在他的第二卷中有所涉及。对时间和空间的一般性研究是亚里士多德《物理学》第四卷的内容，是欧德谟斯的第三卷（Simpl.124, a,155, b,167, b,169, b,173, a; Themist. *Phys*.40, a）。此外，欧德谟斯在他的第二卷中（或许在同一个问题域中）谈论了我们可以在何种程度上说性质的变化发生在一个不可分割的时间点上，而亚里士多德是在《物理学》第六卷第 5 章的末尾讨论这个问题的。在别的地方，欧德谟斯遵照了亚里士多德的顺序，第七卷除外，参见辛普里丘（p.242, a）对第七卷开篇的评注："欧德谟斯几乎遵循了全部文本的主要内容，致力于了解每一卷的主要内容"。根据他在 p.216, a 中所说的话，欧德谟斯直接从第五卷的末尾跳到第六卷；因此，第五卷和第六卷的主要部分在欧德谟斯这里与亚里士多德那里一样处于第四卷和第八卷的内容之间。

5　在目前这个版本中，策勒认为没有必要通过考察《欧德谟物理学》的残篇来证明这一点，因为这些残篇绝大部分保留在辛普里丘的评注中，策勒的德文第二版也是如此（第 701—703 页）。这里的原因部分是 Brandis, iii.218–240 已详细研究了这部著作的内容和特点，部分原因是这些残篇的材料在 Spengel, *Fr*.1–82 中也有详细的记载。后者唯一忽视的地方是 *apud* Simpl. *Phys*.2, a (cf. Arist. *Metaph*. xiv.1,1087, b,13 and Diog. iii.24) 所说的柏拉图是第一个把质料因称为"στοιχεῖα"（元素）的人，这是从普鲁塔克那里引用的一个段落（参见上文 ii.p.418）。在这本书的导言中，欧德谟斯（v. Simpl. ii, a; *Fr*.4）提出了一个亚里士多德《物理学》没有触及的问题：不同的科学是从它自身的原则中演绎来的，还是从一个更高的科学中演绎来的？然而，正如策勒指出的（*Hist.-phil. Abhandl. d. Berl. Akad*.1877, p.159 sqq., 以及第 58 页注释 1），欧德谟斯在这里遵

我们在他的许多残篇中可以毫不费力地辨识出他对亚里士多德学说的真正领悟，他对其中各种问题有着细致的思考，对许多陈述和概念给出了详细的阐释；但我们在这些残篇之中没有发现任何新的科学思想或观察数据。[1]

421

除了一个值得关注的、关于范畴的学说之外，[2]我们还发现他与他的老师在物理学和形而上学的边界划分上存在一个重要的差异。尽管欧德谟斯在总体上赞同亚里士多德的神学概念，[3]但他正确地指出"第一推动者自身必然和世界一起运动以便推动世界"[4]这个观点与"第一推动者是非物质存在"的观点相矛盾。然而，他自己并没有意识到他对于"神处于空间中的某个位置"的假设也面临同样的矛盾。此外，他似乎也没有

422

照的是他老师的某个文本——即《形而上学》(iii.2, iv.3,5)，我们在《欧德谟物理学》中也发现了亚里士多德《形而上学》的踪迹。

1　Brandis (p.240) 指出："欧德谟斯说他在自己的《物理学》中细致和全面地追随了他老师的思想主旨，但他在一些小问题上也有犹豫不决的地方。"Fritzsche, *Eth. Eud.* xviii 提出了一个相反的观点，而他的这个观点是建立在 Weisse 的观点上的 (*Arist. Phys.* p.300)，他们指出欧德谟斯在他的《物理学》中表现出了与亚里士多德巨大的差异。他们的观点证明他们并没有准确地理解辛普里丘的话。

2　亚里士多德在《尼各马可伦理学》i.4,1096a24 中，指出了六个范畴：$\tau\acute{\iota}$（实体）、$\pi o\iota\acute{o}\nu$（性质）、$\pi o\sigma\acute{o}\nu$（量）、$\pi\rho\acute{o}\varsigma\ \tau\iota$（关系）、$\chi\rho\acute{o}\nu o\varsigma$（时间）和 $\tau\acute{o}\pi o\varsigma$（地点）；而欧德谟斯在《欧德谟伦理学》i.8,1217b26 中说：存在和善有多种 $\pi\tau\acute{\omega}\sigma\epsilon\iota\varsigma$（方式），例如 $\tau\acute{\iota}$（什么或实体）、$\pi o\iota\acute{o}\nu$（性质）、$\pi o\sigma\acute{o}\nu$（量）、$\pi\acute{o}\tau\epsilon$（何时），'$\kappa a\grave{\iota}\ \pi\rho\grave{o}\varsigma\ \tau o\acute{\upsilon}\tau o\iota\varsigma\ \tau\grave{o}\ \mu\grave{\epsilon}\nu\ \grave{\epsilon}\nu\ \tau\hat{\omega}\ \kappa\iota\nu\epsilon\hat{\iota}\sigma\theta a\iota\ \tau o\ \delta\grave{\epsilon}\ \grave{\epsilon}\nu\ \tau\hat{\omega}\ \kappa\iota\nu\epsilon\hat{\iota}\nu$'（以及被推动者和推动者的关系），而后两者没有出现在亚里士多德那里（参见上文 i.p.274），它们似乎代替了亚里士多德的范畴中的主动和被动。

3　*Fr.*81, b, Simpl.319, a, b 指出第一推动者的位置（参见，亚里士多德，第 268 页注释 4）在最大的天体上，即宇宙的中轴穿过这个天体的两端，因为它是转得最快的（根据亚历山大的解读，而这个读法显然比辛普里丘的手稿更清楚）。然而，欧德谟斯坚持认为第一推动者是没有任何部分的，这个观点与亚里士多德一致（参见上文 i.p.395），参见第 596 页注释 1，以及 Spengel, p.109；欧德谟斯反复强调神思考的对象只是他自己（参见《欧德谟伦理学》vii.12,1245b16）。因此，他推出了新的命题"神是不需要朋友的"，并且由于神与人类完全脱离，他是不爱人的，或者至少他不像人爱神那样爱人（参见 *Eth.* vii.3–4,1238b27,1239a17, c.12,1244b7,1245b14；参见第 261 页注释 1）。

4　参见上文 i.p.409。

对神如何推动世界给出进一步的解释。[1]

423　　此外，我们要从神学方面来寻找欧德谟斯伦理学的特别之处。[2] 亚里士多德在他的伦理学中完全把自己局限在人的目的和能力的自然方面；而欧德谟斯把人的行为的起源和目的更多地与神联系起来。关于人类行为的起源，他指出许多人没有依据内心的理性判断而行动，但他们的所作所为仍然是幸运的；欧德谟斯不能认识到这种现象的发生是偶然的和不规律的，[3] 所以他认为这一定是由于这些人拥有幸运的天赋——即意志和品质的天然的正义。然而，这种天赋是从哪里来的呢？人类不可

424　　能赋予自己这种天赋：它必然来自作为这个世界运动之源泉的神。[4] 此

1　参见第 595 页注释 3；*Fr*. 82, Simpl. 320, a（参见第 276 页注释 2，第 286 页注释 5；Brandis, iii. 240）猜测这里的词应当是 "ἅπτ. ἄλλα ἄλλως"，而 Spengel, p. 110 推测这里的词应当是 "ἅπτ. ἄλλων"；但是后面的词表明在 "ἄλλως" 之前必须有某个词指涉处于静止的对象。我们在这里并不容易看到对这个问题的任何解决，第一推动者与地球的关系在这个论述中并不清楚，或者就亚里士多德的体系来说是不令人满意的。因为在欧德谟斯看来，地球是靠接触而运动的，但一个本性不能运动的物体不能与一个处于静止状态的物体相比拟，因为静止（参见第 274 页注释 6）只谓述能够运动的物体。

2　我们已经指出（第 73 页注释 2，以及第 444 页注释 4），这些文本的确属于欧德谟斯，这本书只有前三卷和第七卷保留下来；Fischer 和 Fritzsche 错误地认为这里的文本指的是《尼各马可伦理学》的第五卷第 15 章以及第六和第七卷。《欧德谟伦理学》第七卷第 13 至 15 章（Fritzsche 和绝大部分的手稿都记载了它有第八卷）包含了大量残篇摘要，这些文本的损坏程度是很高的。然而，我们可以确定这些摘要实际上就是《欧德谟伦理学》的结尾（正如 Fritzsche 在第 244 页所说，以及 Brandis, ii. b, 1564–5 证明的），它们并不在第七卷之前，Spengel（p. 401–2，参见第 73 页注释 2 中引用的问题）曾依据《大伦理学》ii. 7（从 1206a36 往后），8，9 章而错误地认为它们在第七卷之前。

3　这里的原则参见第 240 页注释 5，以及第 302 页注释 3。

4　他在《欧德谟伦理学》i. 1,1214a16 中说，人们要么通过学习获得幸福，要么通过实践获得幸福，或者通过另外两种方式中的任意一种：靠神的恩赐或运气。他在《欧德谟伦理学》vii. 14 中解释说，许多人几乎做什么事情都是成功的，但他们几乎没有任何实践理性，根据上面的原则，他们的成功不应当归功于机会，而应当归功于本性，这些人之所以如此不是因为运气，而是因为本性；参见 1247b18; 1248a15, 24——这些人没有 "λόγος" 也能找到正确的做法，他们不是通过实践或经验，而是通过神（的眷顾）。类似的，欧德谟斯解释了启示的梦境；Cf. ii. p.1225, a, 27：ἐνθουσιῶντες（迷狂的人）和 προλέγοντες（传递神谕的人）不是自由的，尽管作为结果的活动是理性的。我们在阿里斯托克塞努斯那里发现了类

外，实践理性和由之产生的美德都指向同一个原则，[1] 无论它们自身与这个对真的、非反思的理解有多大的差异，因为任何理性活动都预设了理性的存在，而理性是神的恩赐。[2] 正如美德的来源是神，因此神被认为是一切理性的和道德活动的最终目的。虽然亚里士多德认为科学知识是最高级的理性活动和构成幸福的最核心的要素，但欧德谟斯进一步把这种知识理解为关于神的知识，因此他把亚里士多德的"幸福与沉思同在的命题"[3] 转换为"任何事物都有某种程度的善，因为它指引我们思考上帝"。另一方面，任何由于过度或不足而阻碍我们思考神或崇拜神的东西都是恶的；正是这个概念补充了亚里士多德缺乏的东西——即理性行为的精确定义。我们越是在行动中保持这个目标，就越不容易被灵魂的非理性部分侵扰。[4] 尽管对于欧德谟斯来说，追寻关于神的知识是一切

425

426

似的、关于 $τύχη$（运气）的观点。

1　因为这是没有逻各斯的；参见第 596 页注释 4，以及《欧德谟伦理学》1246b37, 1247a13 sqq.。

2　《欧德谟伦理学》1248a15：就这些幸福的人来说，他们幸运的本性是建立在运气上的吗？（他们的理性洞见并非来自之前的思考），参见上面两条注释。

3　《尼各马可伦理学》x.8；参见第 425 页注释 3。欧德谟斯的观点与亚里士多德的完全一致（《欧德谟伦理学》vii.12, 1244b23 sqq., 1245a9；参见第 458 页注释 5）：即生命不过是感知（$αἰσθάνεσθαι$）和思考（$γνωρίζειν$），因此人类总是希望活着，总是愿意思考。

4　《欧德谟伦理学》vii.15, 1249a21（或许是整本书的结论）：正如医生对健康有一个明确的定义，他通过这个定义知晓什么东西是健康的，或有何种程度的健康。根据这种读法，在"$διώρισται$"（定义）一词前后的词是插入语，这个论证说的是："一个人应当由他自身之中天生占据统治地位的原则来指引他的生活；但这个原则有两个方面：一方面是主动的能力，它能够决定一个人要做什么，另一方面是目的，即这些能力所朝向的目的。前者是理智或 $φρόνησις$（实践理性）；后者是神——即神作为人类行为的最高目的，他统治着我们；然而，神不像一个为了自身的利益而命令我们的君王，因为他不需要我们的服务；神作为目的与人作为目的的意义不同，神是更高的目的，他可以是所有人的目的"。关于"$οὗ ἕνεκα$"（所为）的两重意义，亚里士多德在《论哲学》中阐述过自己的观点；但他现存的作品只有少量的提示，我们从这些文本中知道亚里士多德有下述区分：受行动之益的东西与行动的最终目的；参见，亚里士多德《物理学》ii.3, 194a35；《形而上学》xii.7；第 236 页注释 9 末尾；《论灵魂》ii.4, 415b1。在上面引用的段落中，欧德谟斯想的似乎是最后这个段落，即便重新出现在第 20 行的 "$τὸ δ' οὗ ἕνεκα$" 这个词组像特伦德伦堡说的那样应当被删除；参见《欧德谟伦理学》中紧接注释开头引用的段落。

道德活动的最终目的，但道德的原初形式以及给予所有美德以统一性的原则是性情的善，他称之为"美善"（καλοκἀγαθία），美善存在于对有绝对价值的东西的习惯性追求中，对高尚的和值得赞扬的东西本身的追求，换言之，美善就是建立在对善的热爱之上的完善的美德。[1] 亚里士多德确实在正义的名目下讨论过这个完善的美德，但这只是出于偶然，因为他仅仅在人与人的关系中展现出这种美德的时候意识到这一点；[2] 他认为美德的统一性的纽带是实践理性。[3] 但欧德谟斯指出意志和性情是一切美德之根基，它们是异常重要的，因此，他填补了亚里士多德学说的间隙。然而，事实上，亚里士多德已经在他对美德之本质的讨论中提及了这个原则。[4]

就我们所知，《欧德谟伦理学》的其他方面和《物理学》一样与亚里士多德的差异仅仅是一些文本顺序的改变、文本解释、缩写以及词语的表达和意义的改变。[5] 欧德谟斯打破了《伦理学》和《政治学》之间的紧密联系，因为他把《经济学》作为第三种科学插入两者之间。[6] 此

---

1 《欧德谟伦理学》vii.15, init.：讨论了各种美德之后，我们应当考虑由它们连接成的统一体。这就是 καλοκἀγαθία（美善）。正如所有身体部位的良好状态是健康的条件，拥有所有美德是正直的条件。然而，它与单纯的 ἀγαθὸν εἶναι（善本身）是不同的。因为只有这些事物是"美的"；ὅσα δὶ αὑτὰ ὄντα αἱρετά（Spengel 的读法代替了在这里没有意义的"πάντα"一词，参见《修辞学》i.9，第 518 页注释 2）ἐπαινετά ἐστιν（因为就其自身而言，美德是值得被称赞的）；只有美德可以这样被谓述（cf.1248b36）。因此在本性上为善的东西是善的（参见第 429 页注释 2 以及《尼各马可伦理学》v.2,1129b3），这种情况只发生在对善的事物（例如财富、健康、好运等等）的正确使用时。如果一个人想要拥有美德，并且他是为了善的事物而如此，那么他确实是一个好人，但他不可能拥有"美善"的品性，因为他追求美不是为了美本身。另一方面，对于赞同后一种观点的人来说（在 καὶ προαιροῦνται 之前，在 1249a3 那里似乎有一个缺漏），不仅美的事物是美的，而且其他任何善的事物都是"美的"，因为它服务于一个美的目的。

2 参见上文 ii.p.170。

3 参见第 438 页注释 1。

4 参见第 431 页注释 5 和注释 6，以及注释 7，第 429 页注释 2。

5 参见 Fritzsche, Eth. Eud. xxix. sqq.。另外，参见 Brandis, ii. b,1557, sqq. iii.240 sqq.，他把《欧德谟伦理学》不同于《尼各马可伦理学》的地方收集在一起。

6 参见第 132 页注释 6，我们在下文中看到，在讨论亚里士多德的伪作《经济学》时，欧德谟斯被认为可能写了一本有关经济学的书，这本书或许就保留在这本伪作的

外，认知活动和相应的理智美德在他自己的伦理学中比在亚里士多德那里的地位更加独立。[1]但这些差异并未有效地影响他对伦理问题的理解。 428

《欧德谟伦理学》的其他特点就更不重要了。[2]另一方面，上述所说的伦 429

第一卷中。

1 参见第445页注释2，欧德谟斯在i.5,1216b16中把诗学和实践的科学归于 $ποιητικαὶ ἐπιστῆμαι$（生产的知识）之下，它们与理论的知识相对立，但这个观点是不重要的。

2 欧德谟斯把《尼各马可伦理学》的开篇压缩成了几句话，然后从第一卷第9章1099a24开始；他把i.2,1214b11 sqq.对构成幸福的要素和幸福的不可分的条件区别开（参见第429页注释3；第239页注释1）：在第一卷第5章中扩充了《尼各马可伦理学》第一卷第3章的内容（部分内容属于《尼各马可伦理学》第六卷第13章；参见第433页注释6）；他在第一卷第6章中插入的方法论阐述实际上与亚里士多德的观点完全一致；他在第8章中扩充了《尼各马可伦理学》第一卷第4章的善的观念，加入了一些一般性的观察；他省略了《尼各马可伦理学》第一卷第10至12章的内容（参见上文ii.p.144），并修正了第8和第9章的论证，把它们和前面的论证结合起来。在对美德之本质的讨论中，《欧德谟伦理学》ii.1,1218a31–1219b26的内容是对亚里士多德学说的重复编排（参见《尼各马可伦理学》i.6, x.6 *init*. i.11 *init*. i.13,1102b2 sqq.）；接下来的内容与《尼各马可伦理学》第一卷第13章相近；《欧德谟伦理学》第二卷第2章遵照《尼各马可伦理学》第二卷第1章；它的第二卷第3章是《尼各马可伦理学》的第二卷第2章1104a12 sqq. ii.5,1106a26, ii.8 *init*. 的内容；对美德和恶习的概要讨论（1220b36 sq. 似乎包含了后来添加的文本，参见Fritzsche, *ad loc.*）遵照《尼各马可伦理学》第二卷第7章；1221b9 sqq. 的内容建立在《尼各马可伦理学》iv.11,1126a8 sqq. 上。关于《欧德谟伦理学》第二卷第4章参见《尼各马可伦理学》第二卷第2章1104b13 sqq. 以及第4章开篇。《尼各马可伦理学》第二卷第1章（美德是通过有德的行为产生的）被忽略了，《尼各马可伦理学》第二卷第5章的内容（美德既不是 $δυνάμις$[能力] 也不是 $πάθη$[遭受的性质]，而是 $ἕξεις$[状态]）几乎没有涉及；但美德不仅被称为" $ἕξις$"（状态，*Eud.* ii.5, c.10,1227b8,&. C.），而还被称为" $διάθεσις$"（性情，ii.1,1218b38,1220a29）。《欧德谟伦理学》第二卷第5章基本是从《尼各马可伦理学》第二卷第8章来的。关于自由意志的研究是欧德谟斯开启的，他在第二卷第6章中有一个介绍，在此之后，第7至10章给出了亚里士多德在《尼各马可伦理学》第三卷第1至7章论证的主要部分，但他在文本的选择和顺序上是随意的（cf. Brandis, ii. b,1388 sqq.），第11章作为结尾提出了一个问题（它是为了解决《尼各马可伦理学》iii.5,1112b12 sqq. 的问题而提出的）：美德究竟指向意志还是理性？欧德谟斯认为是前者，因为美德的主要问题是我们的行为目的，而这是由意志决定；保护人的理性能力不被欲望扭曲是 $ἐγκράτεια$（自制）的任务，自制是一种值得赞誉的性质，但它不是美德。在对特殊美德的讨论中，欧德谟斯遵从了他老师的观点，改动的地方很少，如下：*iii.1* （$ἀνδρεία$）（男性气概）出自《尼各马可伦理学》*iii.8–12*；*iii.2*（$σωφροσύνη$）（节制）出自《尼各马可伦理学》iii.13–15；然后跳到了（c.3）$πραότης$（和善，

理学与神学的联系尽管建立在亚里士多德的学说上，但它无疑显示出对
亚里士多德哲学精神的背离以及与柏拉图主义的亲近。[1]

欧德谟斯的宗教态度与他的学生阿里斯托克塞努斯和狄凯亚尔库的
自然主义态度形成了鲜明的对比。阿里斯托克塞努斯[2]在与亚里士多德

《尼各马可伦理学》iv.11），后面是（c.4）ἐλευθεριότης（慷慨，《尼各马可伦理学》iv.1–3），以及 c.5 的 μεγαλοψυχία（高贵，《尼各马可伦理学》iv.7–9）和 c.6 的 μεγαλοπρέπεια（高尚，《尼各马可伦理学》iv.4–6）。这些文本一般是缩写和摘要，它们只包含少量的解释。最后，在 c.7（参见《尼各马可伦理学》iv.12–15，以及上文 i.p.169）欧德谟斯处理了 νέμεσις（义愤），αἰδώς（敬重），φιλία（友爱），σεμνότης（尊严，在《尼各马可伦理学》中没有），ἀλήθεια（真诚）以及 ἁπλότης（坦率）和 εὐτραπελία（机智）这些性质，它们与亚里士多德的观点有些微差异，欧德谟斯认为这些性质都是值得称赞的，但它们不是严格意义上的美德，而只是 μεσότητες παθητικαί（情感的中道）或 φυσικαὶ ἀρεταί（自然的德性，1233b18,1234a23 sqq.），因为它们并不包含 προαίρεσις（意志）。Φιλοτιμία（热爱荣誉，《尼各马可伦理学》iv.10）被略去了；其他一些亚里士多德没有给出名字的美德（φιλία 和 ἀλήθεια），欧德谟斯通常给予了技术化的术语——这是他的著作成书时间较晚的一个标志。接下来的三卷（参见第 73 页注释 2）与亚里士多德的原文一致。第七卷第 1 至 12 章主要陈述了亚里士多德对友谊的阐述（《尼各马可伦理学》viii. ix），他的文本只在一些细微的地方有新观点，但从未与亚里士多德的学说相左。我们已经讨论过这本书的最后三卷（第八卷是相当残缺的）的内容，参见第596 页注释 2。

1 在这个方面，我们应当提及欧德谟斯的侄子 Pasicles（ap. Philop.“Pasicrates”），他应当被称为亚里士多德的研究者，倘若他真的是《形而上学》第二卷（α 卷）的作者（根据上文 i.p.79 的描述）。参见 c.1,993a9；另外，参见柏拉图的《理想国》第七卷开篇，除此之外，这本书的内容没有任何特别的地方。

2 关于阿里斯托克塞努斯的生平和著作，参见 Mahne, *De Aristoxeno*, Amsterd.1793,以及 Müller, *Fragm. Hist. Gr.* ii.269 sqq., 他在这里收集了许多残篇。阿里斯托克塞努斯出生于塔兰托（参见 Suid. Ἀριστόξ.；Stephanus Byz. *De Urb. Τάρας*），他的父亲 Spintharus（Diog. ii.20, Sext. *Math.* vi.1；关于他的别名“Mnesias”*apud* Suid.,参见 Müller, p.269）是一位有名的音乐家（Aelian, *H. Anim.* ii.11, p.34, Jac.）。根据 Suid. 的记载，阿里斯托克塞努斯师从音乐家 Lamprus（参见 Mahne, p.12；参见Zeller, *Ph.d.Gr.*i. p.45, n.3）；他也是毕达戈拉斯学派的 Xenophilus（*ibid.* i. p.310,n.5）的学生和亚里士多德的学生。作为亚里士多德学者，他在 CIC. *Tusc.* i.18,41和 Gell. *N. A.* iv.11,4 中被提到过。他自己在 *Harm. Elem.* p.30（Zeller, *ibid.*p.596,n.3）中提到过亚里士多德的一个口头陈述，而在同一本书的第 31 页他说亚里士多德喜欢在讲座开始前给出讨论的主题和主要思想。Suidas 说作为最优秀的亚里士多德学者之一，阿里斯托克塞努斯曾期望成为亚里士多德的接班人，但最终没能实现，因此他在亚里士多德死后诽谤他。然而，阿里斯托克勒斯（Aristocles）否定了这种说法（参见第 8 页注释 5，以及第 9 页注释 3），它很可能仅仅是在第 8 页注释

相识之前，曾是毕达戈拉斯派的学生，他因为音乐方面的著作[1]获得了 430
古代造诣最高的音乐家的名声，[2]我们所知的他的著作充分证明他是实至
名归的。他在研究的完整性方面远远超过他的前辈们，[3]并且他在方法的 431
严格性上也达到了很高的水平，[4]他给出的定义是精确的，他的音乐知识
是全面的。除此之外，他还研究过自然科学、心理学、伦理学和政治学

---

　　5 中引用的那个故事开端的陈述（这指的是另一个人）。我们还知道阿里斯托克塞
努斯早年或许生活在曼提尼亚（Mantinea），他是狄凯亚尔库的朋友（Cic. In *Tusc.*
i.18,41，被称为"aequalis et condiscipulus"[他的好友和同窗]，他在 *Ad Att.* xiii.32
中提到那时候狄凯亚尔库写给阿里斯托克塞努斯的一封信）。我们不知道 Lucian 的
故事的依据，*Paras.*35 说他是奈留斯（Neleus）的食客（斯克普西斯的奈留斯？但
这个人所处的时代很晚；参见第 100 页注释 1，以及第 102 页注释 2）。无论如何，
我们都不能依赖这个信息。我们无法确定阿里斯托克塞努斯的生卒时间，大约只能
通过他与亚里士多德和狄凯亚尔库的关系来确定。Cyrill. *C. Jul.*12 c 把他的生活时
间放在第 29 届奥林匹亚年，但他把这个人与较早的塞利奴（Selinuntian）（希腊地
名——中译者注）的诗人混淆了（参见 Mahne,16）；然而，他在 208, B 中说的是正
确的：即阿里斯托克塞努斯比 Menedemus of Pyrrha 年轻（参见 Zeller,*Ph.d.Gr.*p.365,
n.2, p.837）。

1　我们所知的著作包括（参见 Müller, p.270）十一本书，其中有些书是多卷本的，
　　论音乐、论韵律以及关于乐器的。我们还拥有三本 π. ἁρμονικῶν στοιχείων（《论
　　音乐技艺之元素》），π. ῥυθμικῶν στοιχείων《论音律之元素》的残篇，以及别的残
　　篇（*ap.* Mahen, p.130 sqq. 以及 Müller, p.283 sqq.）。关于阿里斯托克塞努斯的和谐
　　理论和韵律理论，参见 Überweg, *Grunder.* i.216。

2　ὁ Μουσικὸς（音乐大师）是对他的一般描述。作为最重要的音乐家，Alex. *Top.*49
　　把他和伟大的医生希波克拉底和伟大的数学家阿基米德归为一类。参见普鲁塔克，
　　第 591 页注释 2；Cic. *Fin.* v.19,50, *De Orat.* iii.33,132; Simpl. *Phys.*193, a; Vitruv.
　　i.14, v.4。

3　他时常骄傲地提醒人们注意是他首先提出了许多重要的问题：例如 *Harm. El.*
　　pp.2–7,35–37,&c.

4　他的习惯是在每一项研究的序言中陈述研究程序以及论证的提要，因此读者能够
　　清楚他的研究工作以及他的新观点；*Harm. El.* p.30–1,3–8, p.43–44。

问题，[1]以及算术[2]和历史学问题。[3]然而，就历史问题研究的可靠性而言，他对苏格拉底和柏拉图[4]的夸张描述显然包含某种不良的动机，这给我们留下了深刻的印象。[5]

就我们所知，阿里斯托克塞努斯的观点表现出对毕达戈拉斯派严432 苛的道德和漫步学派的科学经验主义的结合。他有着严苛的和禁欲的性情，[6]虽然他属于漫步学派，但他发现自己与毕达戈拉斯学派的伦理学有着惊人的一致，于是他用毕达戈拉斯学派的口吻来陈述自己的思想。[7]他把下述观点归于毕达戈拉斯学派：对虔诚的赞赏、自制、感恩、对朋友的忠诚、对父母的尊敬、对法律的严格遵守、对儿童的精心教育，[8]这

---

1 他的伦理学著作不仅包含 Πυθαγορικαὶ ἀποφάσεις（《驳毕达戈拉斯学派》），而且还包含了他对毕达戈拉斯学派的历史研究。除此之外，我们听到过他的 νόμοι παιδευτικοί（《教育的法律》）和 νόμοι πολιτικοί（《城邦的法律》）。他研究毕达戈拉斯学派的著作可能包含了对灵魂问题的阐述——我们将在下面的注释中引用，因为它们与毕达戈拉斯学派的观点很接近。从 σύμμικτα ὑπομνήματα（混合的笔记）中摘录的内容与自然历史有关，参见 Müller, 290–1。

2 来自 π. ἀριθμητικῆς（《论算术》）的残篇，参见 Stob. Ecl. i.16。

3 他写了关于和声学的历史的一本书（在 Harm. El. p.2 中被引用），一本关于悲剧诗人的书，另一本是关于笛子演奏家的书，以及名为 βίοι ἀνδρῶν（《名人传记》）的书——其中讨论了直到亚里士多德的所有著名哲学家；以及 ὑπομνήματα ἱστορικὰ（《历史学笔记》），我们看到它对柏拉图和亚历山大大帝多有引用。在他的其他著作中无疑也存在许多对历史问题的讨论。

4 参见 Zeller, Ph.d.Gr.i. pp.48,51, a,54,6,59 sqq.342,372,1,373,6 以及被 Lucian, Paras.35 从阿里斯托克塞努斯那里引用的柏拉图到访西西里岛的故事。

5 一般而言，他既有博学的名声（CIC. Tusc. i.18,41; Gell. iv.11,4; Hieron. Hist. Eccl. Praef.），亦有文风优美的名声。西塞罗（Ad. Att. viii.4）认为阿里斯托克塞努斯和狄凯亚尔库都有这样的声誉。

6 至少我们知道埃里安（Aelian. V. H. Viii.13）说他是不苟言笑的人，参见 Adrast. ap. Procl. in Tim.192, A。

7 我们必须假设他自己撰写了这些毕达戈拉斯学派的论述，或者他是从古代的文献中摘录来的——至少他是完全接受这些文献的，这些论述在下文说的阿尔基塔（Archytas）的生平中被引用，参见下面的注释。

8 关于这一点，参见 Zeller, Ph.d.Gr.i.428–9 中引用的残篇，参见 apud Stob. Floril. x.67（参见 Müller, ibid. Fr.17）里关于人为的、自然的和病态的欲望，以及由 Athen. xii.545, a 给出的残篇，它来自阿尔基塔的生平（Fr.16），然而，他描述了前面的一半，即 Polyarchus 赞美快乐的演说，而接下来阿尔基塔对它的反驳并未被引用。

些观点不仅与毕达戈拉斯学派伦理学的内在精神相容，而且也确切地表达了他自己的观点。类似的，他把自己与毕达戈拉斯主义联系起来，比欧德谟斯更近一步，[1] 他认为好运和福气一部分来源于自然的恩赐，另一部分来源于神圣的启示。[2] 我们甚至在他的音乐理论中也能看到同样的倾向。他和毕达戈拉斯主义者一样认为音乐有一种道德的、教育的[3] 和净化的效果，亚里士多德也曾经这样认为，因为音乐可以平复情绪、舒缓病态的情感。[4] 然而，即便音乐有这些功能，它也是独立的、并具有自身的严肃性；阿里斯托克塞努斯认为这亦是音乐作为一种艺术的要求；因此，我们发现他严厉地批评他那个时代阴柔的或野蛮的音乐僭越了先前的古典风格。[5] 然而，阿里斯托克塞努斯与他的毕达戈拉斯学派

433

434

1　参见上文 ii.p.422 以下。

2　*Fr.*21 *ap.* Stob. *Ecl.* i.206（摘自 πυθ. ἀποφάσεις）；我们可以看出前者不通过任何判断就能达到一个幸运的结果，而后者无论如何也不行。

3　Strabo, i.2,3, p.15–6：诗歌作为一种教育的工具，它不是通过 ψυχαγωγία（说服）起作用的，而是为了 σωφρονισμός（传授道德），阿里斯托克塞努斯是根据毕达戈拉斯学派的观点来描述音乐家的。Cf. *Fr.*17, a（Stob. *Floril. v.*70，摘自 πυθ. ἀποφάσεις）：真正的 φιλοκαλία（爱与美）并不是生活的外在修饰，而是对美、ἐπιτηδεύματα（实践）和知识的热爱。*Harm. El.*31：但是我们不能据此要求和谐的韵律——它只是音乐的一部分——能够使人们变得更加高尚。音乐的道德作用在 *ap.* Plut. *Mus.* c.17,1135, e 对亚里士多德的评论时被指出，它与柏拉图对多里安的口音（多里安是古希腊中南部，它的繁荣发展取代了阿提卡地区的中心地位。——中译者注）的偏好相对立。在 Origenes *ap.* Procl. *in Tim.*27 c 中引用的阿里斯托克塞努斯的观点也属于这个主题。

4　Marc. Capella, ix.923（*Fr.*24）：阿里斯托克塞努斯和毕达戈拉斯主义者认为音乐能够抚慰"凶残的动物"。根据 Cramer, *Anecd. Paris.* i.172 的记载，阿里斯托克塞努斯认为毕达戈拉斯主义者净化身体的方法是外科手术，而净化灵魂的方法是音乐。Plut. *Mus.* c.43,5, p.1146–7。Apollon. *Mirab.* c.49（他引用的出处是塞奥弗拉斯特）说阿里斯托克塞努斯曾经用音乐治愈了一个患有精神疾病的人。

5　Themist. *Or.* xxxiii. p.364；接下来的讨论是对当时剧院音乐的批评。阿里斯托克塞努斯自己在 *Fr.*90（*ap.* Athen. xiv.632, a）中说：意大利的波西多尼亚人（Posidonia）原来是希腊人，现在变成了第勒尼人（Tyrrheneans）或罗马人，他们仍然每年庆祝希腊的哀伤节，因为他们变成了野蛮人。另外，参见 *Harm. El.*23 以及 *apud* Plut. *Qu. Conv.* vii.8,1,4, p.711 c 的评论，阿里斯托克塞努斯在那里称他的反对者为 ἄνανδροι καὶ διατεθρυμμένοι τὰ ὦτα δὶ ἀμουσίαν καὶ ἀπειροκαλίαν（因缺少教养和品味而软弱和无力），在 *De Mus.* c.31, p.1142 中，他讲述了一个人为了符合当时的品位而变得病态的故事。

前辈们分属不同的学派，他们直到古代晚期都处于对立的状态。[1] 他指责他们不仅没有对一个主题进行完整的研究，[2] 而且他们的研究方法也是变化无常的：因为他们并不遵从事实的引导，而是强加了许多先验的假设。他自己的方法是与非科学的经验主义对立的，他要求原则与证明；他从经验事实出发，并拒绝在感觉经验未能涉及的领域中寻找本质和原因。[3] 此外，为了从独立的基础上推出结论，他从原则上排除了一切从其他科学中借用来的东西。因此，他认为音乐理论必须限制在它自身的恰当领域内，并且必须完全覆盖这一领域。[4]

435

我们在这里无法细致阐述阿里斯托克塞努斯的音乐理论，而只能满足于对它的一般原则的陈述，这些原则显示了这一理论的特点和倾向。[5]

---

1 关于毕达戈拉斯主义者或和谐论者与阿里斯托克塞努斯的对立，Ptolemaeus 试图解释他们的差异，参见 Bojesen, *De Harmon. Scientia Graec.* (Hafn.1833) p.19 sqq. 以及从 Ptolemaeus, *Harm*.i（c.2,9,13,& c.）中引用的内容；参见，波菲利的 *Ptol. Harm.* (Wallis, *Opp.* iii.)189,207,209–10, Caesar, *Grundz. Der Rhythmik*.22–3。

2 参见第 601 页注释 3。

3 *Harm. El.*32；音乐不像几何学，后者并不需要观察。这里需要做三件事：对现象的正确观察、对它们的正确分析以及从中得出正确的结论。关于一些后来的作家对阿里斯托克塞努斯的敌意的批评，例如 Ptolemaeus（*Harm.* i.2,13），波菲利（*Ptol. Harm.* Wallis. *Opp.* iii.211）和波爱修（Boethius）（*De Mus.*1417,1472,1476），参见 Mahne, p.167 sqq. Brandis, iii.380–1。

4 *Harm. El.*44；和声学的研究必须从直接的知觉数据开始。然而，事实上，阿里斯托克塞努斯并没有对声调的本质进行物理学的研究；参见下一条注释，以及 *ibid.* pp.1 and 8。

5 阿里斯托克塞努斯的和声学研究的基础是人类的声音（参见 *Harm. El.*19,20 以及 Censorin. c.12 他说阿里斯托克塞努斯认为音乐存在于"身体的发音"——但是他不能从这里得出结论说阿里斯托克塞努斯认为音乐仅仅存在于这里而没有更深的基础，尤其是这个观点与第 603 页注释 2 中的引用矛盾，正如 Censorin 在同一个段落中说苏格拉底认为音乐是"in voce tantummodo"（[只在语音中]）。声音有两种类型的运动：说话和唱歌。说话是一个连续的运动；唱歌是间断的运动：即我们说话时有一个音调的连续变化，而在唱歌时每个音调在同一个层次上保持一段时间（*ibid.* p.2,8）。音调自身是否是运动的一种形式，阿里斯托克塞努斯说他并不打算研究这一点（*ibid.* p.9,12）；他说一个音调是"静止的"只要它不改变它的高低，但他承认这或许是现实的静止状态，或许仅仅是运动的延续状态；他没有进一步研究声音是否能够真正地保持同一个调，因为它看起来似乎如此。这里的结果一定是"定义的死循环"，"ἐπίτασις φωνῆς" 被定义为声音从低到高的运动，"ἄνεσις φωνῆς" 被定义为声音从低到高的运动。"ὀξύτης"（高音）被定义为 τὸ γενόμενον διὰ τῆς

阿里斯托克塞努斯把灵魂描述为一种和谐，准确地说，灵魂是身体 436
的和谐。他认为灵魂的活动是身体器官共同运动的产物；身体器官的运 437
动只要有一个被干扰，就会损害它们运动的和谐，从而造成意识的终
结——换言之，死亡。[1]他的这个学说仅仅是继承了前人的思想——很
可能是毕达戈拉斯学派。[2]这个学说对于阿里斯托克塞努斯这样的经验
主义者来说是合适的，因为它对灵魂的解释与他关于音乐的观点相一
致。正如他在音乐中把自己限制在经验事实的范围内，在处理灵魂时，
他把自己严格限制在可感的现象中；正如他在音乐中从多个单音的共鸣 438
中听到和声，他认为灵魂产生于身体各个部分的共同运动。

阿里斯托克塞努斯的朋友和学生，[3]麦撒那的狄凯亚尔库
（Dicaearchus of Messene）[4]通常与之归为一类，因为他关于灵魂之本性

$ἐπιτάσεως$（通过收紧的弦而产生的东西），而"$βαρύτης$"（低音）被定义为 $τὸ$
$γενόμενον\ διὰ\ τῆς\ ἀνέσεως$（通过放松的弦而产生的东西）(p.10)。此外，$δίεσις$（四
分之一音）被认为是可感知的最小声调和声调之间最稳定的差异（pp.13–4），而人
类声音的最大值或一个单独乐器的最大音值是八度五分之一度音（p.20）。他定义
了音调和间隔（p.16–17），音调系统之间的差异也得到了规定（p.17–18），全音阶
被认为是最原始的，其次是半音阶，最后是小于半音阶的，因此耳朵很难听到它
们（p.19）。我们在这里不再阐述他的音乐研究的更多内容。阿里斯托克塞努斯（参
见 *Harm.* pp.24,45–46）把第四音域限制在二个半之内，把第五音域限制在三个半
之内，把第八音域限制在六个之内，而真正的音域要小一些，因为第四和第五音域
的半音不是完整的半音，这个问题受到 Ptolem. *Harm.* i.10 的批判；参见 Boeth. *De.
Mus.* 1417; Censorin. *Di. Nat.* 10.7. Cf. Plut. *An. Procr.* c.17, p.1020–1（$ἁρμονικοὶ$
是阿里斯托克塞努斯的追随者，他们在别的地方被称为 $γανικοὶ$ 或者 $μουσικοὶ$ [音
乐家]）。阿里斯托克塞努斯很可能在处理音律的同时讨论了字母表中的字母；参见
Dionys. *Comp. Verb.* p.154。

1　CIC. *Tusc.* i.10.20; Cf. c.18,41; C.22,51; Lactant. *Instit.* vii.13（西塞罗的观点或
　　许是从这里来的）：他认为和谐是从琴弦的张力中产生出来的；参见 Lact. *Opif.* D.
　　c.16。

2　参见 Zeller，*Ph.d.Gr.* i.413。阿里斯托克塞努斯或许在他的毕达戈拉斯学派的书中
　　阐述过这个观点；但是 Jambl. 在 *Theol. Arithm.* p:41 中引用的毕达戈拉斯的灵魂转
　　世的内容并未证明阿里斯托克塞努斯自己相信这个学说。

3　参见 CIC. *Tusc.* i.18, *Ad Att.* xiii.32，以及第 600 页注释 2。

4　根据 Suid. *s. v.* 的记载，他是 Phidias 的儿子，出生在西西里的麦撒那，他是一位
　　亚里士多德学者、哲学家、修辞学家和几何学家。他通常被称为麦撒那人和亚里
　　士多德学者（例如，CIC. *Legg.* iii.6,14; Athen. xi.460–1, xv.666, b and a）。我们并

的观点与前者类似，[1] 他甚至明确和彻底地把这个问题作为他的研究主

439 题。[2] 他亦认为灵魂不是绝对的独立存在者，而仅仅是物质成分之混合的结果，它实际上只不过是一个活的身体中四元素的和谐混合：只是因为灵魂与身体相结合，并分散在身体的各个部分中，它才拥有了现实性。[3] 因此，从这个观点看，我们应当期望他强烈反对灵魂不朽的观点。[4]

440 然而，我们非常惊异地看到他相信梦境和迷狂状态带来的启示。[5] 像亚

不清楚 Themistius 为何认为他是亚里士多德的诽谤者（参见第 28 页注释 2）；因为，无论是 Müller（*Fragm. Hist. Gr.* ii.225–6）指出的他比亚里士多德更加看重实践生活（参见下面的讨论），还是狄凯亚尔库背离了亚里士多德的灵魂学说，都不能说明他们两人之间的私人关系。最可能的解释是 Themistius 或他的助手插入了一个错误的名字——或许原本应当是 Demochares。我们没有更多的关于狄凯亚尔库的信息，除了知道他生活在伯罗奔尼撒半岛（CIC. *Ad Att.* vi.2），以及他被麦撒那的国王任用来测量最高的山峰（Plin. *H. Nat.* ii.65,162），这个工作是在伯罗奔尼撒完成的，因为 Suidas 认为他 καταμετρήσεις τῶν ἐν Πελοποννήσῳ ὀρῶν（测量了伯罗奔尼撒半岛的地界）。他的博学受到 Plin.（*loc. cit.*）的称赞，参见 CIC. *Ad. Att.* ii.2 以及其他文本，Varro, *De R. R.* i.1（cf. Müller, *ibid.* p.226）。他的生卒年不详。关于他的生平和著作，参见 Osann, *Beitr.* ii.1–119; Fuhr, *Dicaearchi Messen. quae supersunt*（Darmst.1841）；Müller, *Fragm. Hist. Gr.* ii.225 sqq.，后来的残篇是从他这里引用的。

1 CIC. *Tusc.* i.18,41,22,51.

2 我们从 CIC. *Ad Att.* Xiii.32, *Tusc.* i.10,21,31,77 以及 Plut. *Adv. Col.*14,2, p.1115 那里得知，他写了两本关于灵魂的书，都是对话集的形式，一个故事发生在科林斯湾（Corinth）（位于伯罗奔尼撒半岛的北部——中译者注），另一个的故事发生在希腊的列斯堡（Lesbos）。有一本名叫 *De Interitu Hominum* 的书（CIC. *Off.* Ii.5,16; *Consol.* ix.351）是否是这两本书中的一本（Osann,40–1 认为是 κορινθιακὸς [发生科林斯湾的那篇对话]——中译者注）？仍旧是一个未解的问题；但这似乎是不可能的。

3 CIC. *Tusc.* i.10,21；κίνησις（运动）和 αἴσθησις（感知）已经被亚里士多德指出来了，参见《论灵魂》i.2,403, b,25，它们是 ἔμψυχον（有生命）的显著标识，cf.11,24；*Ibid.*18,41,22,51（参见第 605 页注释 1，以及 *Acad.* ii.39,124）。塞克斯都的话参见 *Pyrrh.* II.31 (*Math.* VII.349). Atticus, *ap.* Eus. *Praep. Eu.* xv.9,5. Jambl. *ap.* Stob. *Ecl.* i.870. Simpl. *Categ. Schol. in Ar.*68, a,26. Nemes. *Nat. Hom.* p.68（参见 Plut. *Plac.* iv.2,5; Stob, *Ecl.* i.796; Hermias, *Irris.* p.402），它与 κρᾶσις καὶ συμφωνία τῶν στοιχείων（元素的混合与和谐）是相同的。因为，它不是音乐的和谐音，而是热、冷、湿润和干燥这些元素的和谐混合。因此，据说他认为灵魂是 ἀνούσιος（非实体的）（它不是"非物质"的——如 Osann, p.48 所译，而是"非实体"的）。Tertull. *De An.* c.15 的意思（参见下文对斯特拉托的论述）并不明确。

4 CIC. *Tusc.* i.31,77, Lactant. *Instit.* vii.7,13; 参见下一条注释。

5 Ps.-Plut. *Plac.* v.1,4。类似的文本，参见 CIC. *Divin.* i.3,5,50,113. Cf. *ibid.* ii.51,10.

里士多德一样，[1] 毫无疑问的是，他能够用自然主义的解释把这些观点
与他的灵魂学说调和起来。[2] 我们从他的《特洛丰尼乌斯的洞穴》（The
Cave of Trophonius）的残篇中得知他的朋友中并没有预言家或通灵
的人。[3]

　　与狄凯亚尔库的灵魂学说相关的是下述观点：实践生活优先于理论
生活。[4] 一个像他那样认为灵魂与身体是完全不可分离的人，不可能认
为思想活动属于身体，因为思想活动不需要任何外在的事物，而是完全
处于自身之中的，但这个观点是柏拉图和亚里士多德的——我们从他们
的灵魂观中可以得知。相反，一个认为灵魂的最高级活动是生活实践的
人必然倾向于认为灵魂的本质不是与身体相分离的，而是渗透到身体中
能动的力量。狄凯亚尔库认为，正如灵魂的力量渗透到整个身体之中一
样，道德的力量应当显现在人的生活的整个过程中：并不是著述造就了
哲学家，也不是公共演说或管理事务造就了政治家，哲学家是那个把他
的哲学带到每一个地方和每一个行为中的人，而政治家是献身于公民服
务的人。[5]

441

　　由于这种强烈的实践倾向，狄凯亚尔库自然认为政治学尤其引人注
目；因此，我们看到他不仅在一般意义上对这些问题给予特别的关注，[6]

1　参见上文 ii.p.76，p.328。

2　"灵魂的某一部分是神圣的"这个命题（伪普鲁塔克的最后一个注释）或许并不会
　　阻碍他，因为，即便是德谟克利特（参见 Zeller, *Ph.d.Gr.*i.812–3）也承认这一点。
　　然而，问题是 *Placita* 是否能够在这个方面把狄凯亚尔库和亚里士多德联系起来。
　　显然，我们不能把西塞罗在 *Divin.* i.50,113 中所说的"灵魂在睡眠和兴奋时会脱离
　　身体"归于他，实际上，西塞罗在这里并没有提及狄凯亚尔库的名字。

3　*Fr.*71–2, *ap.* Athen. xiv.641, e, xiii.594, e; cf. Osann, p.107 sqq..

4　CIC. *Ad Att.* ii.16; Cf. *ibid.* vii.3.

5　这是 Plut. *An. Seni s. ger. resp.* c.26, p.796 的这个段落的最主要思想，我们应当假
　　设这个段落的主要部分都是狄凯亚尔库写的，而不仅仅是一个单独的句子。这里的
　　意思是：正如人们使用 περιπατεῖν（走）表达行走，而行走是直接为了运动这一目
　　的，人们通常也使用 φιλοσοφεῖν（爱智慧）和 πολιτεύεσαι（成为公民）表达那些
　　直接地和明确地为了一个哲学目的或政治目的而进行的活动；但是这两种用法都是
　　不正确的。

6　CIC. *Legg.* iii.5,14.

而且他对希腊政体做出了解释；[1] 尤其是在《论三种政体》中——这是对亚里士多德观点的发展 [2]——他指出有三种纯形式的政体的混合（即民主制、贵族制和君主制）是最好的，并认为斯巴达是这种混合形式的一个例子。[3] 除此之外，我们几乎不了解狄凯亚尔库的政治哲学。[4] 我们忽略他的历史、地理、文学和艺术发展的许多著作的残篇，因为这些文本表达的思想没有特别的哲学意义。[5]

442

1　CIC. *Ad Att.* ii.2（cf. Osann, p.13 sqq.）列举了他对以下城邦之政体的解释：培拉（Pella），科林斯（Corinth）和雅典，它们或许是关于政体的一般历史的一部分，如果它不是希腊历史的话（参见下文）；Suid 说他的 πολιτεία Σπαρτιατῶν（《斯巴达政体》）一书（或许是《论三种政体》的一部分）每年都在斯巴达公开传阅。

2　参见上文 ii.p.230 以下，特别参见 p.278 以下。

3　这是《论三种政体》一书的主要思想。西塞罗向狄凯亚尔库学习，并且很崇敬他（参见第 607 页注释 4；*Tusc.* i.31,77；*Ad Att.* ii.2），他从他的理论中借鉴了混合的政体形式的思想，以及在一个现存的城邦中实践这种混合形式的想法。此外，Polyb. vi.2–10 的内容或许遵照的是狄凯亚尔库的观点，Osann, *ibid.* p.8 sqq. 证明了这一点，但是他错误地把 Archytas 和 Hippodamus 的政治学残篇当作他的真迹，并引用它们来证明自己的观点。Plut. Qu. Conv. Viii.2,2,3, p.718 记录说：狄凯亚尔库说的是苏格拉底和毕达戈拉斯的观点在柏拉图观点中的结合。这个推论假设，当我们看到 Phot. *Bibl. Cod.*37, p.8, a（根据公元 6 世纪一位学者的看法）说"最好的政体形式"（参见 *Fr.*23, b. Athen. iv.141, a）时——这三种政体的混合，我们就想到它是最好的政体；此外（根据 *Fr.*23, b. Athen. iv.141, a 的论述），《论三种政体》包含了对斯巴达政体的准确描述，当我们比较这些数据时就会发现西塞罗在 *Republic*（e. g. i.29,45–6, and ii.28,39）和 Polybius 在 *loc. cit.* 中处理的是同一个主题。Osann 也指出（p.29 sqq.）西塞罗在 *Ad Att.* xiii.32 中说他在一本名为"De Gloria"的书中采用了《论三种政体》的观点。

4　我们没有关于这个主题的任何直接信息，除了下述评论（Plut. *Qu. Conv.* iv. Prooem. P.659 引用过它）：即我们应当在所有人中寻找善良意志，而在好人之间寻找友谊。从 Porph. *De Abst.* iv,1,2（参见第 608 页注释 5）的描述中，以及从"被人杀死的人比被野兽和自然灾害杀死的人还要多得多"的说法中（CIC. *Off.* Ii.5,16, *Consol.* ix.351 Bip.），我们知道狄凯亚尔库反对战争。根据波菲利（*Ibid.*）的记载，狄凯亚尔库甚至认为（和塞奥弗拉斯托斯一样）屠杀动物的习俗是人性向恶的开端。

5　他认为地球是圆锥形的（*Fr.*53; Plin. *H. N.* ii.65,162），世界是永恒的，人类和动物也是永恒的，这些观点和亚里士多德的完全相同（*Fr.*3,4 ap. Cens. *Di. Nat.* c.4; Varro, *R. Rust.* ii.1）；因为他试图（他使用了 Kronos 之法的神话）用清晰地描述呈现出人类生活的原初状况，以及人类从原始社会逐渐发展到田园生活（从吃肉和有战争开始）的历史，以及进一步发展为农业社会的历程（*Fr.*1–5, b; Porph. *De Abstin.* iv.1,2, p.295–6; Hieron. *Adv. Jovin.* II. t. iv. b,205, Mar.; Censor. c.4; Varro, *R. R.* ii.1, i.9），所以他一定也和亚里士多德、塞奥弗拉斯特一样（参见上文 ii.p.30,

关于漫步学派的哲学家，我们还知道有一位名叫法尼亚斯 443
(Phanias) 的，[1] 他是塞奥弗拉斯特的朋友和同乡，关于他，我们只知道
一些零散的有关历史和科学的论述。[2] 类似的情况还有索里的克勒阿库
斯(Clearchus of Soli)；[3] 就我们所知，[4] 他的作品没有一篇是关于历史的，[5]
但是对他的作品的引用几乎都与历史学有关，这些文本的大多数都是不
重要的，[6] 因为它们表现出极少的批判精神，并且克勒阿库斯的推测是缺 444
乏品味的，[7] 这些文本表明作者的能力是薄弱的。总的说来，凭我们对他

---

p.378 以下）认为人类文明的历史是循环往复的。

1　我们所知的此人的生平信息（参见 Suid. *s. v.*; Strabo, xiii.2,4, p.618; Plut. *Themist.* c.13; Ammon, *in Categ.*, *Schol. in Ar.*28, a,40）如下：他是埃雷索斯人（Eresos），研究亚里士多德的学者，他大约生活在第 111 届奥林匹亚年（那时亚里士多德从马其顿返回雅典）。第欧根尼（v.37）引用过一封塞奥弗拉斯特晚年写给这位法尼亚斯的信，参见 *Schol. in Apoll. Rhod.* i.972。

2　我们听说法尼亚斯著有许多历史学著述；一本是 π. ποιητῶν（《论诗人》），另一本是关于苏格拉底的（或许是另一位哲学家），还有一本 πρὸς τοὺς σοφιστὰς（《论智者》），它的一部分或许是 πρὸς Διόδωρον（Diodorus Kronus）所著，还有一书名为 π. φυτῶν（《论植物》），Plin. *H. Nat.* xxii.13,35 所引用的材料说 "法尼亚斯是物理学家" 可能出自这里。此外，据说他写了许多关于逻辑学的书（Ammon. *Ibid.*，参见第 45 页注释 2）。这些文本的信息以及它们的残篇已被 Voisin 整理收集（*De Phania Eres.* Grand.1824），后来由 *Müller* 整理，参见 *Fragm. Hist. Gr.* ii.293 sqq.。

3　他通常被称为 Σολεὺς，以及塞浦路斯人，而不是西里西亚人（Cilician），我们知道索里这个名字来自 Athen. vi.256, c. e. f.（许多学者持这个观点，例如 Müller, *ibid.*302，但他的观点与 Verraert, *De Clearcho Sol.* Gand.1828, p.3–4 相反）。我们不知道他的生平，除了知道他是一位亚里士多德学者（参见下面几条注释）。

4　参见目录和残篇，*apud* Verraert 以及 Müller 同上。

5　π. βίων（《论生活》）一书是他的主要作品，我们知道对其第 1、2、3、4、8 卷的引用，如果我们从这些残篇来判断，那么它甚至不是传记类的书，而只是对不同生活方式之价值的讨论。参见 Müller, *ibid.* p.302。

6　这里的原因并不仅仅在于我们所知的引用内容来自 Athenaeus 的闲言碎语。

7　例如，他对勒达（Leda）之蛋（勒达是斯巴达的王后，她被化身天鹅的宙斯引诱，生了一对双胞胎，海伦和 Pollux。——中译者注）的神话故事的解释（*ap.* Athen. ii.57, e）：住在天上的古人使用蛋，因此，海伦是生在天上的，这个故事证明她是从蛋中生出来的。他对 Pittacus 说的话（*ap* Diog. i.81）如下（这些话显然来自一首名诗，*ap.* Plut. VII. *Sap. Conv.* c.14, p.157, e）：τούτῳ γυμνασία ἦν σῖτον ἀλεῖν（这样磨面就是锻炼身体），他认为（*Fr.*60 *ap.* Müller）狄俄墨德斯（Diomedes）的吃人的坐骑是他的女儿们！

的了解并不能得出下述结论：他不比任何一位漫步学派的学者差，[1] 尽管必须承认，我们并不知道普鲁塔克指责他背离了漫步学派的学说内容究竟是什么。[2] 除了一些不太重要的科学论断，[3] 以及对不同种类的谜语的讨论，[4] 我们从克勒阿库斯的残篇中能够提炼出他的一些伦理学观点：一方面，奢靡和浮夸应当受到最严厉的谴责，[5] 另一方面，犬儒派和斯多亚派的"对外在环境不动心"的思想亦不值得赞誉；[6] 友谊和奉承必须得到严格区分；[7] 而激情和不自然的爱应当被避免；[8] 等等。从总体上看，克勒阿库斯给我们这样的印象：他是一个多才多艺的、博学的、有些肤浅的作家，[9] 而不是一位学者和哲学家。

445

人们有时认为篷托斯的赫拉克利德（Heraclides of Pontus）是亚里士多德的学生。然而，我们已经指出，[10] 他生活的年代和他的学说的特点都与这个假设不符，尽管他的学问表现出他与漫步学派是亲近的。亚里士多德的影响或许更明显地表现在演说家和诗人塞奥狄克特斯（Theodectes）身上，但是他在亚历山大大帝东征波斯之前就去世了。[11]

1　Joseph. *C. Apion.* i.22, ii.454, Haverc. Κλ.; Athen. xv.701, c..

2　*De Fac. Lun.*2,5, p.920.

3　*Fr.*70–74, a,76,78; cf. Sprengel, *Gesch. d. Arzneik.*（第四版）；参见 Rosenbaum, i.442–3。

4　*Fr.*63, *apud* Athen. x.448, c. cf. Prantl. *Gesch. d. Log.* i.399 sq..

5　克勒阿库斯在他的《论生活》一书中详细论述了这些缺陷和它们的后果，Athenaeus 引用了他的观点（*Fragm.*3–14, cf. *Fr.*16–18,21–23）；另一方面（*Fr.*15, *ap.* Athen. xii.548, d），Gorgias 证明了节制的有益后果。

6　参见 *Apud* Athen. xiii.611, b, 他区分了（显然与犬儒学派相反，或许亦与斯多亚学派相反）βίος καρτερικὸς（苦行生活）和 βίος κυνικός（犬儒的生活）。

7　Cf. *Fr.*30,32（Athen. vi.255, b, xii.533, e）大胆地讲述了一个年轻软弱的王子被奉承他的大臣毁害的故事，*Fr.*25–6（Athen. vi.255, c.258, a）。

8　*Fr.*34–36（Athen. xiii.573, a,589, d,605, d, e）。

9　亚里士多德与一个犹太人的对话被克勒阿库斯记载下来（*Fr.*69, *ap.* Joseph. *C. Apion.* i.22），这或许是文学上的创造，那儿说犹太人的哲学是从印度传来的。就我们所知的现存的克勒阿库斯的信息来看，这本被引用的书（π. ὕπνου, *de quo* Bernays, *Abh. d. Hist.-philos. Gesellsch. in Breslau*, i.1858,190, 'Theophr. üb. Frömmigk.'110,187）并不一定是伪造的。

10　参见第574页注释2，以及 p.433 以下；参见 Zeller, *Ph.d.Gr.*i. p.843, n.1。

11　这位作者时常被亚里士多德引用，并且我们知道（参见第53页注释1，根据 Plut.

其他一些亚里士多德学者，例如卡里斯塞奈斯（Callisthenes）、[1] 拜占庭　　446
的利奥（Leo of Byzantium）、[2] 克吕图斯（Clytus），[3] 我们只知道他们是历
史学家，美诺（Meno）[4] 是一本药物学史的作者。[5] 斯塔吉拉的希帕库斯
（Hipparchus of Stagira）有一本神学著作的标题流传下来。[6] 那些没有可
信的文字著述或口头讲授的人，我们就不再赘述了。[7]

Alex, c.17 的记载）他和亚里士多德同在马其顿生活过，参见 Westermann 的 *Gesch. d. Beredsamk. Bei d. Griech. u. Roem*. i.84, A,6,142, A,21, 以及第 28 页注释 3, 以及 p.72。

1　他是亚里士多德的亲属和学生，参见第 16 页注释 1 末尾（参见 Valer. Max. vii.2, ext.8, Suid. Καλλισθ.）；关于他的死，参见上文 i.p.32 以下；关于他的更多信息以及他的著述情况，参见 Geier, *Alex. Hist. Script*.191 sqq.; Müller, *Script. Rer. Alex*.1 sqq.。

2　关于这位历史学家（Suid λέων Βυζ. 将他与另一位早先的拜占庭政治家混淆了，因为他们的名字相同），我们可以从 Suid. *ibid*., Athen. xii.553–1 以及伪普鲁塔克那里得知。*De Fluv*.2,2,24,2 的内容，参见 Müller, *Fragm. Hist. Gr*. ii.328–9。

3　Athen. xiv.655, b, xii.540, c; Diog. i.25; Müller, *ibid*.333.

4　盖伦在 *Hippocr. de Nat. Hom*. vol. xv.25–26 K. 中指出，这位医生是亚里士多德学者，他著有多卷本的 ἰατρικὴ συναγωγή（《医学汇编》），但人们错误地认为这书是亚里士多德的。这本书显然是医学理论的历史汇编，从主题的角度（它们与 Τεχνῶν συναγωγή [《技艺汇编》] 相当，参见第 53 页注释 2），以及从盖伦的评述的角度来描述，他的这本书收集了那时存在的所有医学著作。

5　关于历史学家 Marsyas（参见第 16 页注释 1），我们不知道他是否与漫步学派有联系，以及有多深的关系。

6　Suid. Ἵππαρχ.(cf. Lobeck, Aglaoph.608) 指出了他的一部作品的名称：τί τὸ ἄρρεν καὶ θῆλυ παρὰ θεοῖς καὶ τίς ὁ γάμος, καὶ ἄλλα τινά（诸神之旁的男人和女人是什么？什么是婚姻，及其他?）。

7　这些人包括：Adrastus of Philippi（Steph. Byz. *De Urb*. φίλιπποι）；Echecratides of Methymna（Steph. Byz. Μήθυμνα）；卡山德国王（Cassander）（Plut. *Alex*. c.74）；Mnason of Phocis（Athen. vi.264, d; Aelian, *V. H*. Iii.19）；此外，根据 Athen. xiii.610–11 的记载，还有 Philo；根据 Diog. v.38 的记载，还有索福克勒斯，他是第 548 页注释 7 中提到的立法者，他起诉一次违宪事件；此外，还有上文 i.p.97（cf. Heitz, *Verl. Schr*.118–19）提到的 Eucairos，以及在 Diog. iii.109 中提及的那位 "柏拉图"。安提帕特（Antipater）是亚里士多德的朋友，但并不是他的学生。

第二十章

塞奥弗拉斯特学派：斯特拉托

447　　塞奥弗拉斯特派的绝大多数学者似乎都有文学研究和历史研究的倾向。他们大多数只在历史学领域中有所建树，例如文学的历史、伦理学的历史、政治学的历史和修辞学的历史。法莱隆

448　的德米特里（Demetrius of Phalerus）是一位优秀的学者和政治家；[1]

1　Ostermann 以极其细致的方式研究了他的生平，参见 *De Demetrii Phal. Vita*,&c.（第一部分），Hersf.1847 以及（第二部分）Fulda,1857；他的作品的标题和残篇在第二部分中给出，另外参见 Herwig, *Über Demetr. Phal. Schriften*,&c., Rinteln,1850。他出生于公元前四世纪中叶（Ost. i.8），或许亚里士多德那时还活着，德米特里追随塞奥弗拉斯特学习（CIC. *Brut*.9.37, *Fin*. v.19,54, *Legg*. iii.6,14, *Off*. i.1,3; Diog. v.75），并且（根据 Demetr. Magn. *Apud* Diog. v.75 的记载）他最初是以一个受欢迎的演说家的形象出现的，那时 Harpalus 正来到雅典，即公元前 324 年左右。在拉米亚战争（Lamian War）结束的时候，他似乎与福基翁（Phocion）一起成为马其顿贵族的重要成员。安提帕特（Antipater）死后（公元前 318 年），反对派掌权，福基翁被处死了，德米特里也被判处死刑（Plut. *Phoc*.35）。然而，他越狱并活了下来，在接下来的那一年，卡山德成为了雅典的执政官，他把这座城市交与德米特里管理，雅典形成了寡头的共和政体。在后来的十年中，德米特里一直处于这个位置，我们承认他的统治并非没有缺点，但他的确为雅典的秩序和繁荣作出了重要的贡献。杜利斯和 Diyllus（*ap.* Athen. xii.542, b sqq. xiii.593, e, f）指责他虚荣、傲慢、无情（Aelian, *V. H.* ix.9 把这一描述转移给德米特里一世 [Demetrius Poliorcetes]）；但杜利斯的话并不可信，而且他的陈述表现出的敌意使我们认为这是夸大其词。当德米特里一世在公元前 307 年控制了比雷埃夫斯港（Piraeus）（雅典城最大的港口——中译者注），雅典爆发了反对德米特里和卡山德政权的暴动，德米特里逃到底比斯（Thebes）。最后，卡山德死后（公元前 299—前 298 年），他逃亡到埃及。在那里托勒密（Ptolemy Lagi）给予他一个富有影响力的位置，他负责建造亚历山大图书馆（参见 Ost. i.26–64：他在第 64 页提出了一个不太可能的假设，*ibid*. ii.2 sqq.; cf. Grauert, *Hist. u.*

杜利斯（Duris）[1] 和他的兄弟卡梅来昂[2] 的林卡乌斯[3]（Lynceus of Chamaeleon）以及普拉克斯法奈斯（Praxiphanes）也是如此。[4] 即便在 449

---

phil. Analckten, i.310 sqq.; Droysen, *Gesch. d. Hellenism.* ii. b,106 sqq）。在这位王子死后（根据 Hermipp. *Apud* Diog. v.78 的记载，这件事在他死后旋即发生，大约是公元前 283 年），他反对托勒密二世（Ptolemy Philadelphus）的继位，因此被囚禁；他作为政治犯被囚禁一段时间后，死于毒蛇的噬咬（西塞罗 [*Pro Rabir. Post.*9,23] 说他是自杀；但是赫尔米普斯 [Hermipp., *ut supra*] 说这是一个意外）。西塞罗对他的评价很高，说他是一个天才的演说家和学者（参见 *Brut.*9,37 sq.82,285, *Orat.*27,92, *De Orat.* Ii.23,95, *Offic.* i.1,3, 参见 Quint. *Inst.* x.1,33,80, 以及 Diog. v.82），尽管西塞罗在他的演讲中并未发现伟大的、雅典的自由演说家的那种巨大的煽动力。据说他完成了旧约圣经的希腊文本翻译，但这或许只是个传说，因为 Osterman 本不该相信 Aristaeus 的谎言（ii.9 sqq.46–7）。因此，关于犹太人的著作是伪造的，尽管 Herwig（pp.15–16）和 Ostermann（ii.32–3）都认为它是真的。

1　我们只知道杜利斯（Duris）是萨摩斯岛人（Samian）和塞奥弗拉斯特的学生（参见 Eckertz 对他的描述，*De Duride Sam.* Bonn.1864; Müller, *Fragm. Hist. Gr.* ii.466 sqq. and Athen, iv.128, a）。想要确定他的生卒年（cf. Müller, *ibid*）是不可能的。根据 Athen. viii.337, d 的记载，他在某个时期是当地的统治者，但我们无法确定这个时期。Plut. *Pericl.*28 严厉地批评他的历史学研究不可信。我们从对杜利斯的引用中知道这个批评，Eckertz 已经充分地证明了这一点。他的文学造诣也并不被看好，参见 Phot. *Cod.*176, p.121, a,41 sqq. 或者 Dionys. *Comp. Verb.* v.28 R。

2　参见 Koepke, *De Chamaeleonte Peripatetico*, Berl.1856。关于他的信息我们同样知道的很少。他是彭都斯的赫拉克利亚人（Heraclea in Pontus, 彭都斯是黑海南岸古国——中译者注）（Athen. iv.184, d, viii.338, b, ix.374, a,&c.），他或许就是 Memnon（*apud* Phot. *Cod.*224, p.626, a）提到的勇敢地回答了塞琉古斯（Seleucus）国王的那个人。他被描述为一个漫步学派的学者，参见 Tatian, *Ad Gr.*31, p.269, a, 他的 π. ἡδονῆς（《论快乐》）一书曾被认为是塞奥弗拉斯特的（cf. Athen. vi.273, e, viii.377, e），这证明了上述描述。因此，Koepke（p.34）得出结论说，这个卡梅来昂人实际上是塞奥弗拉斯特的学生。然而，他或许也是他的同事，因为他（*apud* Diog. v.92）评判了他的同时代人赫拉克利德（Heraclides），后者是柏拉图的学生（参见 Zeller, *Ph.d.Gr.*i. p.842,2），他被指控剽窃。此外，Tatian 在同一个段落中（cf. Athen. xii.513, b, Eustath. In *Il.* a, p.84,18, Suid. Ἀθηναίας, 以及 Hesych. Ἀθηνᾶ）还提到了一位名叫 Magaclides（或 Metacl.）的漫步学派学者，他有一本关于荷马的书，人们引用过对它的批评文字。

3　参见 Athen. *ibid.*, 关于他的著作目录参见 Müller, *ibid.* p.466。

4　Procl. *Tim.*6, c 将他描述为 ἑταῖρος Θεοφράστου（塞奥弗拉斯特的学生）。根据这个段落的描述，他反对《蒂迈欧》的开篇；根据 Tzetzes 在 *Hesiod. Opp. et Di.* v.1 中的记载，他认为这本书的导言部分是伪造的。斯特拉波在 xiv.2,13, p.655 中称他是罗德岛人（Rhodian），而 Epiphan. *Exp. Fid.*1094, a 说他的学说与塞奥弗拉斯特的一致。他是否是那个叫普拉克斯法奈斯（Praxiphanes）的漫步学派学者和语言学家——Callimachus 认为这个人有一本著作（参见 Bekker 的 *Anec.* ii.729，然而，在

450　这些人的伦理学作品中，我们也未能发现丝毫哲学的特征。[1] 关于塞奥弗拉斯特学派的其他成员我们知道一些名字，[2] 其中有些人几乎不能被称

那里出现的是 $\pi\alpha\grave{\rho}\ \text{'}E\xi\iota\phi\acute{\alpha}\nu o\upsilon\varsigma$；此外，参见 Arat. ed. Buhle, ii.432）——是无法确定的（正如 Zumpt 指出的，参见 *Abh. d. Berl. Akad.* v. J.1842, *Hist-phil. Kl.* p.91），因为 Clem. *Strom.* i.309 指出一个叫普拉克斯法奈斯的米提利尼人（Mytilenean）是第一个被称为语法学家的人。然而，这些段落说的似乎是同一个人。普拉克斯法奈斯有一个名叫柏拉图的学生，这件事在 Diog. iii.109 中有所记载，这个人与另外那个柏拉图被清楚地区分开来。

1　除了此文中说的这些，我们对于普拉克斯法奈斯一无所知。在杜利斯的八本著作中，最重要的无疑是三本关于历史的书（《希腊和马其顿历史》、《阿加索克利斯》（Agathocels）以及《萨摩斯岛编年史》（Samian Chronicles））。另外四本书的主题是节日活动、悲剧、画家和雕塑。《论法律》或许是哲学类的，但我们只知道其中两个神话故事，此外什么都不知道。林卡乌斯（Lynceus）是一位作家，也是一位美食家，他写过一本论美食艺术的书（Athen. iv. P.131–2, vi. P.228 c, vii. p.313–4; Cf. iv. P.128, a），Athenaeus 在他的许多引用中（参见 Athen, Müller, *ibid.* 的索引）谈到这些故事，以及 Plut. *Demetr.* C.27, Schol. *Theor.* to iv.20 也谈到它们，它们主要是关于厨艺的。Koepke, p.15 sqq. 列举了这位卡梅来昂人的十六本著作，其中有十二本是关于史诗、诗歌、喜剧和悲剧诗的，这些只与文学史有关。我们从 $\Pi\rho\sigma\tau\rho\epsilon\pi\tau\iota\kappa\acute{\sigma}\varsigma$ 和 $\pi.\ \mu\acute{\epsilon}\theta\eta\varsigma,\ \pi.\ \acute{\eta}\delta\sigma\nu\tilde{\eta}\varsigma,\ \pi.\ \Theta\epsilon\tilde{\omega}\nu$ 这几本小册子中发现了一些不太重要的历史评论（参见 Koepke, p.36 sqq., ：这些引用出现在 Athenaeus, *passim*, in Clemens Alex. *Strom.* i.300 A, in Bekker, *Anced.* i.233, 以及 Diog. iii.46）。德米特里是漫步学派中最多产的作家，除了 Diog. v.80 中提及的他的四十五本书之外，我们还知道些别的。Ostermann（*op. cit.* ii. p.21 sqq.）以及 Herwig（*op. cit.* p.10 sqq.）认为他有五十本著作，其中一些还是多卷本；但这些书目中不包含关于犹太人的论著（参见第 612 页注释 1），或许也不包含关于埃及人的论著（参见 Ostermann, p.34）。在他的真实作品中，有许多是关于伦理问题的（包括八篇对话，它们似乎属于这一类），还有两本书是关于城邦统治的，还有一本是论法律。此外还有关于历史的、语法的和文学的研究，西塞罗一定知道有一本关于修辞的演讲集，还有一本书信集。然而，除了一些历史学的和语法学的残篇以及一些不重要的伦理学和政治学的评论流传下来，大量的文献都失传了。（*Fr.*6–15,38–40,54, Ostermann, 来自 Diog. v.82,83; Stob. *Floril.*8,20,12,18; Plut. *Cons. ad. Apoll.* c.6, p.104; Diodor, *Exc. Vatic.* Libr. xxxi. 此外还有五本，参见 Mai's *Nova Collet.* ii.81, Polyb. *Exc.*1. xxx.3, *ibid.*434 sq.; *Exc.*1. xxxiv.–xxxvii.2, *ibid.*444; *ibid.* x.22, Rutil. Lupus. *De Fig. Sent.* i.1)。

2　这些人的名字都包含在塞奥弗拉斯特的遗嘱中（参见 Diog. v.52–3；以及第 549 页注释 1），他们在斯特拉托之后继承了这个学派，例如 Hipparchus, Neleus (i.p.137, 以及第 102 页注释 2), Callinus, Demotimus, Demaratus, Callisthenes, Melanthes, Pancreon, Nicippus；另外还有尼各马可和皮提娅的三个儿子（参见第 14 页注释 7 末尾，以及 Sext. *Math.* i.258）：分别是 Procles, Demaratus 和 Aristotle；此外还有塞奥弗拉斯特的一个奴隶，即 Pompylus (Diog. v.36)。

为哲学家。[1]

对哲学有较大贡献的是兰萨库斯的斯特拉托（Strato of Lampsacus），
他是塞奥弗拉斯特的继承人，[2]是唯一成功继承了塞奥弗拉斯特和亚里士　451
多德的科学研究的学生。[3]在塞奥弗拉斯特死后，他成为漫步学派最重
要的人物，[4]他是名副其实的，不仅由于他学识广博，著述丰厚，而且更　452
因为他的思想是精确的和独立的，他在科学研究的原创性方面超过了塞
奥弗拉斯特。[5]他有许多著作，覆盖了整个哲学领域，这些作品致力于

1　例如 Menander 是一个喜剧作家，据说他是塞奥弗拉斯特的学生。

2　斯特拉托的故乡是兰萨库斯（Diog. v.58，因此兰萨库斯人是他的绰号），他是塞
　　奥弗拉斯特的学生（*ibid*. CIC. *Acad*. i.9,34, *Fin*. v.5,13. Simpl. *Phys*.187, a,225,
　　a,&c.）。他在后者死后，成为学派的继承人，他执掌学派 18 年后去世（*ibid*. p.68），
　　时间大约是公元前 270 至前 268 年之间。如果按照第欧根尼所说，他真的是托勒密
　　二世（Ptolemy Philadelphus）的老师（据说公元前 285 年他和他的父亲一起统治国家，
　　之后在公元 283 年继承了王位），那么斯特拉托一定在埃及宫廷生活过，或许他是
　　被法莱隆的德米特里邀请的。他给 Arsinoee 的书信，即托勒密的姐姐和妻子的信
　　（在 Diog. p.60 中被引用）可以证明这件事。他的这位学生据他指派了八十位才能
　　出众的助手，这个故事在第欧根尼看来只是个传说。然而，他的遗嘱（*apud* Diog.
　　p.61 sqq.）表明他是一个富有的人。他在遗嘱中把花园和学院的房子，共餐的一切
　　必要支出，以及他的图书馆留给了吕科（Lyco），除了他自己的手稿；他把其他财
　　产留给了 Arcesilaus，一个与他父亲的儿子或侄子同名的人。关于其他细节，参见
　　Nauwerch, *De Stratone Lampsaceno*, Berl.1836; Krische, *Forschungen* &c, p.349. ；另
　　外，参见 Brandis, iii. P.394 sqq.。

3　埃拉西斯特拉图斯是一位知名的物理学家，他被认为是塞奥弗拉斯特的学生
　　（Diog. v.57 ；另外，参见 Galen, *Nat. Facult*. ii.4, vol. ii.88,90–1, K., *De Sang.
　　in Arter*, c.7, vol. iv.729，它们记载了埃拉西斯特拉图斯的追随者）。这不是不可
　　能，但根据盖伦的记载（*Nat. Facult*. ii.4, *ibid*. in *Hippocr. de Alim*. iii.14, vol.
　　xv.307–8，以及参见 *De Tremore*, c.6, vol. vii.614），他的学说在很多方面与漫步学
　　派的学说存在差异。他甚至说他自己 οὐδὲν ὀρθῶς ἐγνωκέναι περὶ φύσεως τοὺς
　　περιπατητικούς（对漫步学派的本质特点没有直接的认识）。他似乎只有在自然目
　　的论方面（cf. Galen, *Nat. Facult*. ii.2, vol. ii.78,81）与漫步学派是一致的；甚至在
　　这个方面他也并不总是同意他们的看法。就我们所知，他从未进行过任何独立的哲
　　学研究；参见 Sprengel, *Gesch. d. Arzneik*.4th. ed.; Rosenbaum, i. p.321 sqq.。

4　参见第 615 页注释 5，以及 Diog. v.58. Simpl. *Phys*.225, a.。西塞罗对斯特拉托没
　　有好感，但他称其为"大物理学家"（*Fin*. v.5,13,[in physicis] magnus），并在 *Acad*.
　　i.9,34 中称赞他。然而，他的学派没有 Menedemus（of Eretria）的学派流行，关于
　　对斯特拉托的评论，参见 *apud* Plut. *Tranqu. An*.13, p.472。

5　我们能够找到许多文本证明他的思想的独立性，而这一点也被古代作家们承认

对一些具体问题的充分研究，而不仅仅是对一个主题系统的和概括的
453　处理。[1] 然而，他的强项是对自然的探讨，他正是遵照这个名字表达的

了；参见 Plut. *Adv. Col.*14,3, p.1115;&c. Pseuo-Galen, *Hist. Phil.* c.2, p.228 K. CIC. （根据安提俄库斯的话），*Fin.* v.5,13; *Acad.* i.9.34; Polyb. *Exc. Libr.* xii.25, c. vol. ii.750 Bekk. 。

1　Diog. v.59–60 指出（除了书信和回忆录之外，它们的真实性是值得怀疑的）他的作品有四十四篇，或许还应当加上 Procl. in *Tim.*242 sq. 提及的 περὶ τοῦ ὄντος（《论存在》）一书，以及 Simpl. *Phys.*214, a, and 225, a 中提及的《论运动》一书。他的作品可以分类如下：（1）逻辑学：π. τοῦ ὅρου., π. τοῦ προτέρου γένους., π. τοῦ ἰδίου., τότων προοίμια. （2）形而上学：π. τοῦ ὄντος., π. τοῦ προτέρου καὶ ὑστέρου（参见 Simpl. *Categ.*106, a,107, a, *Schol. in Ar.*89, a,40,90, a,12），π. τοῦ μᾶλλον καὶ ἧττον, π. τοῦ συμβεβηκότος, π. τοῦ μέλλοντος, π. Θεῶν γ΄. （3）物理学：π. ἀρεῶν γ΄（它处理的是冷和热作为物理学的原则），π. δυνάμεμων, π. τοῦ κενοῦ, π. χρόνου, π. κινήσεως, π. μίξεως, π. κούφου καὶ βαρέος, π. τοῦ οὐρανοῦ, π. τοῦ πνεύματος, π. χρωμάτων, π. ζωσογονίας, π. τρυφῆς καὶ αὐξήσεως, π. ὕπνου, π ἐνυπνίων, π. αἰσθήσεως, π. ὄψεως, π. τῶν ἀπορουμένων ζώων, π. τῶν μυθολογουμένων ζώων, π. φύσεως ἀνθρωπίνης, π. ἐνθουσιασμοῦ, π. νόσων, π. κρίσεων, π. λιμοῦ καὶ σκοτώσεων. （在这三类作品中，很可能存在对这位物理学家的著述与前面提到的埃拉西斯特拉图斯的追随者的混淆，但是我们必须注意到塞奥弗拉斯特自己也写了关于眩晕这类主题的文章。）此外，λύσεις ἀπορημάτων（《释疑难》）和 π. αἰτιῶν（《论本原》）讨论的似乎是一些物理学问题；而 π. τῶν μεταλλικῶν μηχανημάτων 一书关注的也是物理学的机械运动方面。（4）伦理学：π. τἀγαθοῦ γ΄, π. ἡδονῆς, π. εὐδαιμονίας, π. βίων（如果这不是一本历史学著作），π. ἀνδρείας, π. δικαιοσύνης γ΄, π. ἀδίκου, π. βασιλείας γ΄, π. βασιλέως φιλοσόφου（这两本，尤其是后者，或许是为了托勒密二世写的；然而，Cobet 给出了 π. βας. φιλ. 这个标题，而早先的文本的标题是 π. φιλοσοφίας）。此外，εὑρημάτων ἔλεγχοι δύο（《关于发现的两个反证》）一书与 Clemens, *Strom.* i.300, A 308, A（Euseb. *Praep. Eu.* x.6,6 引用了它）的引用（ἐν τῷ 或 ἐν τοῖς περὶ εὑρημάτων）提到的是同一本。Plin. *H. Nat.* i.; *Ind. Libr*, vii. （'Stratone qui contra Ephori εὑρήματα scripsit'）说它是为了反驳 Ephorus 而写的（然后，或许是为了反对别人的观点），并且这解释了第欧根尼给出的标题的意思。斯特拉托想要修正早前的作者关于各种艺术之起源的观点。除了以上提及的作品之外（除了小部分，其他作品的真实性无从考证），盖伦指出（*De Venae Sect. adv. Erasistratum* 2, vol. xi.151, 以及 *De V. S. adv. Erasistrateos* 2, vol. xi.197）这位哲学家还有关于医学的著述，倘若这些段落中提及的斯特拉托指的是同一个人的话。Diog. v.61 明确地区分了这两者，尽管他在这里仅仅依照了 Demetrius of Magnesia 的观点，但我们没有理由怀疑他的证据（正如罗泽所做的那样，参见 *De Arist. Lib. Ord.*174），因为盖伦（在刚被引用的那个段落中，这个意思是清楚的，意思更清楚的段落参见 *De Puls. Differ.* C.17, vol. viii.759）和 Oribas（*Collect.* xlv.23; *Ap. Mai, Class. Auct.* iv.60）以及 Erotian（*Lex. Hippocr.* P.86, Franz）都把物理学家斯特拉托

精神来进行研究的，在所有知名的漫步学派学者中他被誉为"物理学家"。[1]据我们所知，他对逻辑学和本体论的贡献[2]是不太重要的。另一方面，如果我们询问他是如何理解存在的原则和世界中的运动，那么他的观点和亚里士多德的差异立即明显地表现出来。亚里士多德把这些原则归于自然，而自然首先被理解为普遍的动力因，此后被进一步描述为神或第一推动者，然而，亚里士多德并没有明确地定义这两个概念之间的关系。[3]此外，无论是因为斯特拉托认识到亚里士多德观点的模糊性和根本性的矛盾，还是因为其思想的整体倾向是反对一个外在的、超自然的原因，他拒绝了"神是一个分离的、与整个世界不同的存在者"的观点，并满足于"自然"概念。然而，他只能把这个概念理解为一种没

454

455

描述为埃拉西斯特拉图斯的追随者；尽管如此，Tertullian 在 *De An.* 14 中比较了"斯特拉托和埃拉西斯特拉图斯"与哲学家斯特拉托关于灵魂的位置问题的观点。根据第欧根尼（*ibid.*）的记载，如果这位物理学家是埃拉西斯特拉图斯的学生，那么他很可能是盖伦在 *De Comp. Medic.* iv.3, vol. xii.749 中说的那个 Berytian 人；关于这个主题，参见 Sprengel, *Gesch. d. Arzneik.* 4,559（ed.1）。

1　这种说法是对斯特拉托最普遍的描述（参见 Krische, *Forsch.* 351），这样的例子我们已经在第 615 页注释 2 和 615 页注释 4 中看到。比较西塞罗，*Fin.* v.5,13 的文本；西塞罗在 *Acad.* i.9,34 中说的话甚至没有限制；并且他不认为斯特拉托是一个漫步学派的学者，一部分原因是这个，另一部分原因是他在物理学观点上与前者的差异。然而，他的作品的目录证明他并没有忽视伦理学。塞涅卡（Seneca）对他的评价要更公正些（cf. *Nat. Qu.* Vi.13,2）。

2　塞克斯都（Sext. *Math.* viii.13）告诉我们，斯特拉托并没有像斯多亚学派那样区分 σημαινόμενον（理念），σημαῖνον（语词）和 τυγχάνον（对象），而是像伊壁鸠鲁一样区分了 σημαῖον（语词）和 τυγχάνον（对象），因此他认为真与假是有关声音的（即语词）。这句话的后半段很可能是塞克斯都（Sextus）的推论；而前半段既没有准确地复述斯特拉托的表达也没有传达出他的意思。此外，据说斯特拉托给出了存在的定义：τὸ ὄν ἐστι τὸ τῆς διαμονῆς αἴτιον（存在是事物中恒在的本原）（Procl. in *Tim.* 242, E）。此外，我们从 Simpl. *Categ.* 106, a,107, a sqq.（*Schol. in Ar.* 89, a,37,90, a,12 sqq.）中得知，他区分了 πρότερον（优先的）和 ὕστερον（在后的）这组词的多重意义，辛普里丘（*ibid*）发现很难把它们划归到亚里士多德曾在《范畴篇》第 12 章中谈到的优先性的五种意义。最后，Alex. *Top.* 173, 以及 ALD（*Schol.* 281, b,2）批评斯特拉托试图扩大亚里士多德的一个原则（*Top.* iv.4,125a5），以便弄清两个概念的从属关系。然而，我们不能在这里讨论这个问题。

3　参见上文 i.p.388, p.420。

有意识和反思的必然的能力（这与亚里士多德是一致的[1]）。普鲁塔克指出，[2]他把世界作为一个无生命的整体，而一切自然现象都是自然必然性之效果。尽管他反对德谟克利特的原子论，但是他同意下述观点：即一切事物都必须在重力和运动中得到解释，因此他受到西塞罗和其他学者的指责，因为他认为神对于世界的构成不是必要的。[3]更准确地说，他把神与自然等同起来，他并不认为神具有人格，或者与人相似，神仅仅是一种普遍的能力——即一切变化和事物之生成的源泉；[4]据此，严格地说，有些学者认为他否认神是拥有灵魂的，[5]而认为天空和大地，即宇宙，就是神。[6]

关于斯特拉托对自然原因的解释，我们发现，他不能把自己与德谟克利特式的、对世界的机械解释调和起来，[7]尽管他自己持有自然主义的立场，这里的原因部分是他发现这种理论不能对现象给出充分的解释，[8]部分是他认为不可分割的物体如同无限的虚空一样不可理解。[9]斯特拉

---

1 参见第 303 页注释 1。

2 *Adv. Col*.14,3, p.1115（参见第 615 页注释 5）。我们必须防止自己相信普鲁塔克的话（另外，参见德谟克利特，以及 Zeller, *Ph.d.Gr*.i.788–9），他说斯特拉托认为偶然性是自然的基础。他的意思可能是斯特拉托指出了自然的必然性；但是，把这种必然性和"偶然性"联系起来是普鲁塔克自己的观点，因为必然性与偶然性都与自然目的论概念相冲突（参见上文 i.p.357 以下）。

3 CIC. *Acad*. ii.38,121.

4 伊壁鸠鲁学派的陈述被西塞罗记录，参见 *N. D.* I.13,35，" nec audiendus…et fijura（即伊壁鸠鲁学派的神具有人的模样）"。这些陈述几乎被 Lactant. 在 *De Ira*, D. c.10 *init*. 中逐字逐句地复述，更简略的复述，参见 Minuc. Felix, *Octav*.19,9。类似的，参见 Max. Tyr, i.17,5；甚至无神论者也有神的观念，即便他用自然来代替神的位置。

5 Seneca *apud* Augustin. *Civ. D*. vii.1.

6 Tertullian, *Adv. Marc*. i.13.

7 参见第 618 页注释 3。

8 这看起来至少是西塞罗的意思（参见第 618 页注释 3）："原子"是一个任意的假设，因为它被断定和希冀来解释一些事实——而非证明这些事实，"原子"是故意被设计出来解释这些事实的。

9 关于这两个观点参见下文。斯特拉托在他的一篇文章中讨论了关于虚空的假设（参见第 616 页注释 1），或许他是为了反对德谟克利特。然而，我们不知道他是否进一步反驳了原子论，还是仅仅停留在亚里士多德对德谟克利特的批判上。

托认为本质原因存在于事物的性质之中，[1] 或更确切地说，存在于产生这些性质的主动力量之中。[2] 他进一步认为最原始的性质是热与冷，[3] 亚里士多德曾认为它们是事物中的主动元素。[4] 与亚里士多德一样，[5] 斯特拉托显然认为生命和存在之最初的和主动的原则具有更高的实在性。[6] 他指出冷的最初载体是水；而热的最初载体是火或热气。[7] 热和冷不断地进行斗争；若一方强迫入侵，另一方就消退。这种变化解释了，例如，雷电和地震现象。[8] 有了这些有形的力量，斯特拉托认为他就可以抛弃无形的力量了。[9]

458

　　我们并不知道斯特拉托是如何把热和冷这对原始的对立性质与其他原始的对立性质联系起来的，或者如何从它们之中推演出别的元素；就后面这个方面来说，他或许遵循了亚里士多德的观点。另一方面，他反对亚里士多德关于重力的观点。亚里士多德根据每一种元素所倾向的方向为它们设定了各自在宇宙中的位置。土元素是最重的；而火元素是最

1　Sext. *Pyrrh*. iii.33（参见 Galen, *Hist. Phil*. c.5, p.244）。此外，正如 Fabricius 指出的，我们必须把 *Clementine Recognitions*, viii.15（"Callistratus qualitates [sc. Principia mundi dixit)" 中的 "Strato" 读作 "Callistratus"。

2　斯特拉托在三卷本的 π. ἀρχῶν（《论本源》）中讨论过这个问题，或许在 π. δυνάμεων（《论潜能》）中也讨论过（参见第 616 页注释 1）。

3　Stob. *Ecl*. i.298；参见第 619 页注释 8。

4　参见第 314 页注释 4。

5　参见第 316 页注释 2。

6　Epiphan. *Exp. Fid*.1090 A.

7　Plut. *Prim. Frig*.9, p.948。关于热的问题，尽管我们没有正面的信息，但是对应的意思是自明的。这些观点都来自亚里士多德；参见第 316 页注释 2。

8　参见塞涅卡（Seneca, *Nat. Qu*. vi.13,2，关于地震的解释）：水井的水因此在冬天是热的。如果地球的内部有热量聚集，并且又有一些热量（或冷量）在压力下聚集，多余的量就会被迫寻找出口，因此便产生了地震。见 Stob. *Ecl*. i.598。参见第 335 页注释 5 所陈述的内容，以及第 567 页注释 1 中关于亚里士多德和塞奥弗拉斯特的 ἀντιπερίστασις（相互转化）的理论。

9　Plut. *ibid*.。另外，关于轻与重的讨论，参见第 620 页注释 6；参见 Plut. *Plac*. v.4,3（Galen. *H. Phil*. c.31, p.322）。斯特拉托不可能像德谟克利特那样把一个"物体"视作"能力"，根据普鲁塔克真实的文本记载，他认为能力是附属于物质对象的，后者是它们的载体和实体。

轻的；气元素和水元素相对较重和较轻。[1] 然而，斯特拉托与德谟克利特一样，根据一个非常简单的观察进而认为所有物体都是重的并朝向中
459　心运动；如果有些物体向上运动，那么这是因为重的物体对轻的物体施加的压力。[2] 然而，我们并不知道他是如何解释重量之差异的——他是否认为尽管任何物体都有重量，但根据物质的质的差异，物体的重量是不同的；或者他是否和德谟克利特一样[3] 认为所有物质都是一样重的，而物体重量的差异是由它们之间的空隙来解释的。他在别的地方表达的观点更支持后一种假设。因为，他虽然和亚里士多德一道极力反对原子论，并认为物体是无限可分的，[4] 但他仍然同意德谟克利特的虚空存在的
460　观点：尽管他认为那些支持虚空存在的多数理由不是决定性的，[5] 但是他仍旧相信我们无法解释许多现象——例如光和热的现象——除非我们假设虚空是存在的，这样光线和热量才能找到一个入口。[6] 然而，这个观点仅仅证明了虚空在物质世界中是存在的，并且斯特拉托对空间的定义
461　与亚里士多德相似，[7] 即他排除了在世界之外的虚空概念，所以，他把虚

1　参见上文 i.pp.447–8，i.p.477。
2　Simpl. *De Caelo*,121, a,32 sqq. K., *Schol. in Ar*.486, a,5：元素向它们的自然位置的运动。Stob. *Ecl*. i.348。
3　Zeller，*Ph.d.Gr*.i.779。
4　参见第 618 页注释 3，以及 Sext. *Math*. X.155。参见第 621 页注释 4。
5　亚里士多德在《物理学》iv.6,213（参见上文 i.p.434）中讨论了假设虚空存在的三个理由，它们在斯特拉托这里（根据 Simpl. *Phys*.153, a 中的记载）被归为两个：即如果没有虚空，那么空间中的运动以及压缩运动就不可能发生（正如辛普里丘进一步解释的那样）。然而，他并不认为这些论证是有说服力的，因为我们发现，在辛普里丘引用了亚里士多德反对的例子之后，他对第一个论证评价说："斯特拉托提出的反驳意见是更加令人吃惊的——即在一个封闭的、充满水的瓶子中的小石子会向瓶口运动，倘若有人把这个瓶子倒过来的话。"对于第三个论证，参见 Simpl.155, b。我们在辛普里丘的文本中发现的这些论证和对它们的评价一定是直接或间接地从斯特拉托的 π. κενοῦ（《论虚空》）一书来的。
6　Simpl. *Phys*.163, b。从这个段落中，我们知道斯特拉托甚至比亚里士多德更坚定地认为光和热是物质性的。
7　Stob. *Ecl*. i.380: τόπον δὲ εἶναι τὸ μεταξὺ διάστημα τοῦ περιέχοντος καὶ τοῦ περιεχομένου（空间是围绕的物体和被围绕的物体之间的间隔）。他对空间的定义与亚里士多德对空间的定义的差别在于（参见第 283 页注释 1）：后者认为围绕的物体的内部边界是被围绕的物体占据的空间，而斯特拉托认为物体之间是由虚空隔开

空的存在限制在世界之中，并拒绝了德谟克利特的"世界之外存在无限的虚空"的观点。[1] 类似的，关于时间，[2] 他的观点也与他的前辈们不同。亚里士多德把时间定义为运动的数或计量，这在他看来是错误的。他认为数是不连续的，而时间和运动是连续的量——因而它们是无法被记数的。时间从开始到终止都是连续的；而数并非如此。数字的不同部分可以同时存在；但时间的不同部分绝不能同时存在。如果时间是数，那么当下的时间必然是"一"。最后，时间为什么是对早和晚的度量，为什么它仅仅指涉运动而不指涉静止——而静止同样也有早晚之分？[3] 斯特拉托把时间定义为活动的量，[4] 运动和静止的量；[5] 他细致地区分了[6]时间与在时间之中的东西，[7] 因此他拒绝承认日、年等是时间的部分：相反，

462

的，因此在围绕的物体和被围绕的物体之间的虚空是被围绕的物体占据的空间。

1　Stob. *Ibid.*。我们发现这个文本与 Theodoret, *Cur. Gr. Aff.* iv.14, p.58 的内容是相似的。这里的内容以及第 620 页注释 6 的内容与 Simpl. *Phys.*144, b 的内容是一致的：有些人认为 χωρητικòν（具有容纳能力的东西或容器）是无边界的，正如德谟克利特认为的那样。我们发现，辛普里丘并没有绝对地把这个观点归于斯特拉托；除此之外，他在这个段落中只是讨论"空间完全被世界中的物体占据了"这个命题，因此它排除了"外部虚空"的概念，但并未排除内部存在细小的虚空。辛普里丘在 140, b 中所说的是不准确的；他指出，有人认为在没有物质的地方也存在空间，例如德谟克利特和伊壁鸠鲁。在这里，物体之中的虚空被忽略了。

2　"时间"这个主题以及"虚空"的问题，他在一篇独立的文章中讨论过；参见第 616 页注释 1。

3　参见 Simpl. *Phys.*187, a 对这些反驳的详细描述。我们在这个段落的后半部分看到，斯特拉托评论说：如果在时间中存在等于被时间包围，那么永恒就不在时间之中。关于这一点，辛普里丘在第 621 页注释 4 中有更多说明。

4　Simpl.187, a。如果 Zeller, *Ph.d.Gr.*i.859, n.4 中的评论是正确，那么我们看到斯彪西波给出了一个与之相似的、对时间的定义。

5　Stob. *Ecl.* i.250. Sext. *Pyrrh.* iii.137 (*Math.* x.128). *Math.* x.177.

6　参见 Simpl.187, a；斯特拉托讨论了 ταχù（快）与 βραδù（慢）的概念。他说："快是指它首先到达终点，它从起点到终点所用的量是少的，但它所通过的量是多的，而慢的意思则相反。"对于静止，我们没有这样的区分，因此在静止状态中，时间是既不快也不慢的，只有多或少的区分；因为只有活动或运动才能被称为较快的或较慢的，而非在活动中的量。

7　或者，更准确地说，时间在什么东西之中；参见 Simpl.187, b, d。在这里，我们在相反的意义上使用"在什么之中"这个词，例如我们说"这个小镇在混乱之中"或者"人们在恐惧之中"，ὅτι ταῦτα ἐν ἐκείνοις（这个在那些之中）。

463　　它们是真实的和确定的事件，而时间只是这些事件的持续。[1] 有人说斯特拉托认为时间是由不可分割的最小单元构成的，运动在这些分离的时间单元中不是持续前进的，而是一个时刻接一个时刻地完成的，[2] 这个观点似乎是一种误解。[3] 斯特拉托采用了一种比亚里士多德更加复杂的方
464　式来证明运动[4]与时间和空间一样是连续的。[5] 他认为变化不仅发生在被推动的物质中，而且也发生在随着变化产生和消失的东西上，对于性质的变化尤其如此。[6] 他通过对物体降落的观察证实了运动的加速理论。[7]

　　　斯托拜乌（Stobaeus）指出斯特拉托有一个不同于亚里士多德宇宙论的观点，即他认为天宇是由火构成的，而星辰的光辉是对太阳光的反射。[8] 对于前一个观点，我们怀疑它并没有在其他地方被提到过，因为它实际上只不过是抛弃了以太理论以及所有建立在这个理论之上的推论；但我们并非因此而拥有充足的理由否认亚里士多德的假设面临的困难——即天体发光发热的能力 [9]——它们使得斯特拉托把天空和天体看作火而非以太。对天体发光的描述并未使我们在面对当时的天文学时产

1　Simpl.187, b ；接下来的话并非来自斯特拉托，而是辛普里丘对他的批评，Brandis, iii.403 已经证明这一点。另一方面，我们一定不能从辛普里丘的话（*ibid.*189）中得出下述结论：即斯特拉托否认了时间的实在性；他只不过简单地提出了这个难题，这正是亚里士多德在《物理学》第四卷第 10 章开篇所做的工作。

2　赛克斯都，参见第 616 页注释 1。

3　斯特拉托明确地说（*apud* Simpl. *Phys.*187, a）时间不是运动的数。关于运动的连续性的更多讨论，参见下文。或许，斯特拉托只是重复了亚里士多德已经提出的观点（参见第 287 页注释 4，以及 p.417，以及《物理学》i.3,186a15）——即现在时刻的不可分割性和 $\alpha\theta\rho\delta\alpha\ \mu\epsilon\tau\alpha\beta\delta\lambda\eta$（全体的改变）。

4　关于这个主题，斯特拉托写了一本单独的书。

5　Simpl. *Phys.*168, a。接下来的内容并非来自斯特拉托，而是对亚里士多德文本的解释，正如 "$\alpha\lambda\lambda\dot{\alpha}\ \pi\tilde{\omega}\varsigma\ \epsilon\tilde{\iota}\pi\epsilon\nu$"（别人这样说）这个组词所指示的（即亚里士多德，《物理学》iv.11,219a13）关于运动的量的阐述。在这个部分的最后，即在 168, a 行中间，辛普里丘才返回对斯特拉托的转述。

6　Simpl.191, a（这里指的是《物理学》第五卷第一章）。亚里士多德的定义，参见第 273 页注释 2。

7　参见 $\pi.\ \kappa\iota\nu\eta\sigma\epsilon\omega\varsigma$（《论运动》）一书的残篇，*apud* Simpl., *ibid.*214, a。

8　*Ecl.* i.500; i.518.

9　参见 i.p.509 以下。

生任何严重的困难。但斯托拜乌给出的证据并不足以证明这些陈述是真的。[1] 据说斯特拉托认为世界的组成部分是无限的，[2] 似乎这种观点说的是世界看起来在空间中无限延伸，[3] 但这显然是错误的。我们所知的斯特拉托的其他观点，例如地球的稳定性、[4] 彗星、[5] 气象和地震、[6] 海洋的形成、[7] 颜色、[8] 声音，[9] 不能在此备述。

465

1　首先，斯特拉托所说的火球不能移到天上；其次，仅仅与行星有关的东西不能被扩展到所有天体上。

2　Epiphan. *Exp. Fid.*1090, A.

3　因为这个观点并不是斯特拉托的，参见第 621 页注释 1。这个陈述或许只是对他的质料的无限可分性学说的误解，参见第 620 页注释 4。

4　斯特拉托和亚里士多德一样持有这个观点，并且他打算给出一个自己的论证，参见 Cramer, *Anecd. Oxon.* iii.413。然而，不幸的是这个论证实际上没有给出。

5　Stob. *Ecl.* i.578（Plut. *Plac.* iii.2,5; Galen, *H. Phil.*18, p.286）。斯特拉托认为彗星是 ἄστρου φῶς περιληφθὲν νέφει πυκνῷ, καθάπερ ἐπὶ τῶν λαμπτήρων γίνεται（大量的云层包裹着星星的光线，因此产生了灯笼似的区域）。

6　参见第 619 页注释 8。

7　根据 Strabo, i.3,4, p.49 的记载（部分内容来自埃拉托塞尼 [Eratosthenes]，但他无疑引用了斯特拉托的话，引用的内容直到第 50 页的"τὴν Σκυθῶν ἐρημίαν"；之后的内容才是他自己的话），斯特拉托提出了一个建立在古生物学上的假设：黑海最初是与地中海分离的，地中海通过一个地峡与大西洋相连，但后来地峡逐渐被打破，它们才连起来了。

8　关于这一点，从 Johan. Damasc. i.17,3（Stob. *Floril.* iv.173, ed. Meineke）的记载中，我们只知道一个不太清晰的注解："斯特拉托说颜色发生在物体的表面，倘若它们在空气中被移动"。

9　Alex. Aphr. *De Sensu*,117（p.265,9 sqq., ed. Thurot），他指出斯特拉托解释说我们不可能在远处区分开不同的音调，他不像亚里士多德那样认为（*De Sensu*,6,446,b,6）空气中的运动形式在传播途中会被改变，因为并非在不同的状态中会产生不同的声音，而是敲击不同的弦会产生不同的声音（接下来的观点不是斯特拉托的，而是亚历山大的，正如 Thurot 在他编辑的第 451 页提醒我们的那样）。这些话与伪亚里士多德残篇 π. ἀκουστῶν（《论声音》）的开篇是一致的，参见 800a1&c。然而，这种巧合并不足以证明"这篇文章是斯特拉托所写"（Brandis, ii. b,1201），无论对它的考查多么细致，也无论它如何看起来就是斯特拉托的作品。因此，在这里，我们没有必要讨论这篇文章对人发音的音调、音乐乐器以及它们各种变化的解释。这个理论的一般基础已经在 p.803, b, p.34 sqq. 中得到了清晰的表述。根据这个段落的表述——它使我们想起了赫拉克利德的一个理论（参见 Zeller, *Ph.d.Gr.*p.887,1），我们知道每一个声音都是由个别的敲击震动而构成的，我们无法区分单个的震动，而是感觉它们是一个连续的声音；高音的运动更快，它是由较多的震动引起的，而低音是由较少的震动引起的。我们听到的一个声音实际上是由好几个声音同时震

　　关于他的心理学，我们仅知道一些零散的和不重要的论述。[1]然而，他对人的灵魂[2]的看法与亚里士多德的不同，这值得我们注意。根据他的世界动力因的一般理论，我们应当期待他对于灵魂问题有独立的见解。如果，一般而言，动力因不能与质料分离，那么灵魂的能力也一定如此。虽然我们不能推论说斯特拉托也像阿里斯托克塞努斯和狄凯亚尔库一样把灵魂解释为身体之和谐，[3]但是他不可能像亚里士多德那样认为灵魂是不动的，以及灵魂的一部分与其他部分是分离的、也与身体是分离的。他比塞奥弗拉斯特[4]更强调灵魂的所有活动都是运动，思想和感知都是运动——因为它们都是对潜能的运用；为了证明感知活动和思想活动之间没有本质差异，斯特拉托诉诸一个已被亚里士多德发现的事

　　动和停止而引起的。声音的高度和宽度，尖锐和柔和，甚至每一种性质都取决于（803b26）产生音调的物体在空气中产生的运动之性质。这种运动可以复制它自身，只要空气的每一个部分将自身的运动传递给下一个部分。

1　盖伦（*De Sem*. ii.5, vol. iv.629）告诉我们，斯特拉托解释性别差异之起源（*supra*, vol. ii. p.55, n.2）的方式比亚里士多德更加物质化（但他没有采用德谟克利特的观点，参见 Zeller, *Ph.d.Gr.*i.805,2），他认为要么是雄性的种子统治了雌性的种子（亚里士多德不会承认这一点，参见上文 ii.p.50 以下），要么是雌性的种子统治了雄性的种子。根据 Plut. *Plac*. v.8,2（Galen, *H. Phil*.32, p.325）的记载，他认为流产的原因是"添加的反面，丢失和部分的错位，蒸发或者由于包含在其中的空气使得种子剥落"。最后，在 Jamblich. *Theol. Arithm*. p.47（Macrob. *Somn. Scip*.1,6,65 重复了这里的内容；参见 Censorin. *Di. Nat*.7,5）中，我们了解到他关于胚胎最初几周的发育的论述。类似的论点也被认为来自一位名叫 Diocles of Carystus 的医生，Ast 在 *Theol. Arithm*. 中说此人的鼎盛年大约是公元前 232 年，根据 Ideler, *Arist. Meteorl*. i.157 的记载，他是斯特拉托的学生，还是后者的遗嘱执行人（参见 Diog. v.62）。然而，Sprengel（*Gesch. d. Arzneik*. 第四版，第 463 页）认为他生活的年代更早，这是正确的；因为，即便"他生活在希波克拉底死后的一段时间"这个说法是正确的——但我们也没有任何证据，盖伦明确指出（参见 *Aphorisms*, vol. xviii. a,7）他生活在埃拉西斯特拉图斯的年代之前；并且就我们所知，他的理论（Sprengel, *ibid*）也印证了这个观点。

2　这个主题他在 π. φύσεως ἀνθρωπίνης（《论人性》）与 π. αἰσθήσεως（《论感觉》）这两部著作中讨论过。

3　Olympiodor. *Schol. in Phaedon*., p.142。我们不知道，他是否真的认为灵魂是一种和谐，或者这个评论仅仅是作为反对柏拉图（《斐多》92，E sqq.）的一个论证，又或者这个短语只是陈述了别人的观点。Tertull. *De An*.15 区分了斯特拉托的观点与狄凯亚尔库的观点，我们认为他的做法是正确的。

4　参见第 576 页注释 4。

实:[1]即，倘若我们不是原先就对一个对象有知觉的话，我们就不能思考　　468
它。[2]然而，另一方面，他指出感知和知觉是以思想为条件的，因为当
我们在思考其他对象时，我们的感知获得的印象时常无法被意识到。[3]
一般而言，感知发生的地方是灵魂而非身体；因为当我们相信我们感受
到某个部位的疼痛时，这仅仅是一个幻觉，正如我们以为听到的声音是
在外面的，但实际上我们是在耳朵里听见声音的。疼痛是由身体的某个
部分把外部的影响突然传递到灵魂而引起的；如果这个传递的连接被破
坏了，那么我们就感觉不到疼痛。[4]因此，斯特拉托反对亚里士多德对　　469
灵魂的理性部分和感知部分的区分。他认为灵魂是一种单纯的能力；理
性(他和斯多亚学派一样[5]似乎把理性称为"统治部分"[6]，亚里士多德之
前就持有这个观点)就是灵魂的全部，而不同的知觉仅仅是这个核心能
力的特殊表现。[7]斯特拉托认为灵魂的位置在眉毛中间[8]以及这个区域的　　470
大脑中。他指出灵魂渗透到整个身体之中，尤其在感觉器官中，[9]感官或

1　参见第 138 页注释 5，以及第 144 页注释 4。

2　Simpl. *Phys*.225, a。其中从 "ὅτι οὖν" 到 "αἴτιαι" 的这些句子或多或少是无法理
　　解的，因为我们并不知道这里的文本。

3　Plut. *Solert. An*.3,6, p.961（参见 Porph. *De Abst*. iii.24 对他的引用）；接下来的内
　　容很可能不是斯特拉托的（参见 Zeller，*Ph.d.Gr*.i.462,5）。

4　Plut. *Utr. An. an Corp. sit. Libido*（*Fragm*. i.4,2. p.697）；这里说的一定是灵魂的位
　　置，参见下文。*Plac*. iv.23,3。

5　参见第 415 页注释 8。

6　参见第 625 页注释 5 和第 625 页注释 7 的说明。

7　参见第 625 页注释 4；参见 Sext. *Math*. vii.350. Tertull. *De An*.14。因为，斯特拉
　　托并不像狄凯亚尔库那样，把灵魂看作一个分离的实体，而仅仅看作与身体不可分
　　离的一种能力，它在身体中有一个固定的位置，并且灵魂的生命整体与它的特殊表
　　现是有区别的（参见第 625 页注释 8），Tert. *De An*.15 引用了斯特拉托的话，并认
　　为他和柏拉图、亚里士多德的观点都与狄凯亚尔库的观点相反。另一方面，塞克斯
　　都认为斯特拉托把灵魂等同于感知，因为斯特拉托和亚里士多德一样并未把灵魂的
　　不同部分分配给知觉和思想。

8　Plut. *Plac*. iv.5,2 (Galen, *H. Phil*. c.28, p.315; Theodoret, *Cur. Gr. Aff*. v.23, p.73)；
　　Pollux, *Onomast*. ii.226; Tertull. *De An*.15；参见第 625 页注释 3。

9　如果我们把第 625 页注释 3 和第 625 页注释 4 中引用的段落与关于灵魂位置
　　的描述结合起来，就会得出这个结论。第 625 页注释 3 中使用的表达——即
　　προκύπτειν（向着发出）一方面暗示了外部的影响到达灵魂的统治部分，另一方

471 许是通过生命气息与灵魂相连接的。[1] 睡眠是这种气息的消退，[2] 但我们无法说清梦境究竟以何种方式与这个观点相关。[3]

根据斯特拉托的观点，理性不再是人类灵魂的特殊标志，即灵魂的特殊的高级部分。因此，一方面，斯特拉托能够宣称一切生物都拥有理性——这理性与意识相同，并且如果没有理性，那么感知是不可设想的；[4] 然而，另一方面，他不得不把亚里士多德曾教导的灵魂的低级部分的有限性扩展到整个灵魂。因此，我们发现他不仅反对柏拉图的灵魂回

472 忆说，[5] 并以一种敌意的态度批评了《斐多》对灵魂不朽的证明，[6] 这种态

面意味着灵魂受到对应部分的影响——这证明了灵魂并不总是渗透到身体的每个地方，而是位于头部，因此，接收到影响之后，灵魂就把这些影响传递到感觉器官中。我们不知道斯特拉托究竟是如何描述它的发生过程的。我们只能假设他心中想的或许是神经——当时神经已经被 Herophilus 和埃拉西斯特拉图斯发现了，它们（至少眼部神经）是传导的通道，正如 Sprengel 在 *Gesch. d. Arzneik.*4th ed. i. pp.511–2,524 中所说——或者，他想的更可能是动脉血管，埃拉西斯特拉图斯认为动脉输送的不是血液，而是（*ibid.* p.525 sq.）传递给身体的 $\pi\nu\epsilon\tilde{\upsilon}\mu\alpha\ \zeta\omega\tau\iota\kappa\acute{o}\nu$（活的普纽玛）。

1　这个观点在下一条注释中涉及到；它符合第 625 页注释 3 对普纽玛流向灵魂的统治部分被打断的描述，以及第 619 页注释 9 中关于种子的潜在的普纽玛的描述。

2　Tertull. *De An.*43：这里说的是斯特拉波是自然哲学家或物理学家，而不是医生。

3　Plut. *Plac.* v.2,2（Galen, *Hist. Ph.*30, p.320）。这里的意思似乎是：在睡眠中灵魂的非理性较为强大，思想活动被打断了，灵魂接收到许多图片和印象，它们中的大多数或多或少都是混乱的，这些印象在人苏醒后会消失而不会被注意到（参见上文 ii.p.75 以下，以及第 606 页注释 4）。

4　Epiphan. *Exp. Fid.*1090, A.

5　参见 $\pi.\ \varphi\acute{\upsilon}\sigma\epsilon\omega\varsigma\ \dot{\alpha}\nu\theta\rho\omega\pi\acute{\iota}\nu\eta\varsigma$（《论人性》）一书的摘要，Olympiodor *Schol. in Phaed.* ed. Finckh. p.127（以及 Plut. *Fr.* vii.19）p.177（根据阿弗洛狄西亚的亚历山大的评注），p.188, $\acute{\alpha}\ \beta'$。

6　Olympiodor in *Phaed.* p.150–1, p.191 中描述的《斐多》102, A sqq. 的证明之反驳如下：如果灵魂是不朽的，因为它的本质就是生命，而生命是不死的，那么同样的情况也适用于所有生物，即一切动物和植物，因为只要它们是有生命的，它们就不会死亡；对于任何一个自然存在者来说，它们的自然状态排除了任何非自然的东西；对于所有复合的和被创造的存在者来说，复合与分解是不相容的，它们的存在与毁灭是不相容的。然而，死亡不是在生命尚在时就接近它，它是生命的消失。生命并不是"灵魂"概念不可分割的一种性质，或者一种 $\dot{\epsilon}\pi\iota\varphi\acute{\epsilon}\rho\upsilon\sigma\alpha$（内在性质），也不是 $\dot{\epsilon}\pi\iota\varphi\epsilon\rho\upsilon\mu\acute{\epsilon}\nu\eta$（被给予的）；即便如此，灵魂也只能在它存在时和尚未死亡时给予生命。承认这一点，便意味着承认下述事实：有限的存在者只拥有有限的力量，它们最终会变得虚弱而后死亡。斯特拉托提出了反对《斐多》70 C sqq. 中"死

度使我们设想他在拒绝这些证明的同时也抛弃了"灵魂不朽"的信念。

关于斯特拉托的伦理学，只有一个关于善的定义流传下来，[1]而这个定义与亚里士多德的定义是一致的。

的东西是从活的东西中来的，所以活的东西也是从死的东西中来的"的论证。他指出（*ibid*.186），这个证明是错误的，因为现有的质料并不是从腐败的质料中产生的。此外，即使一个部分——例如一只切除了的手臂——不再是活的，这也并非整体的情况。从一个个体中产生出的另一个个体只是与它在种上相同，而不是数目上相同。此外，我们并不总是能够发现互易性规律，例如，食物变成了肉，金属变成了锈，木头变成了炭，青年人变成了老年人，但颠倒过来的变化绝不会发生。因此，没有什么东西能够从它自身的对立面而来，除非载体是持存的和未被毁灭的。如果没有这样的互易性，个体的生成就会停止——这一定是错误：因为这里要求的仅仅是相似的存在者被产生，而不是相同的个体被产生。

1　Stob. *Ecl.* ii.80。参见 ii.p.141 以下。

第 二 十 一 章

斯特拉托之后至公元前二世纪的
漫步学派

473　　斯特拉托之后，漫步学派并不缺少博学的人以及因出色的教育思想和研究而闻名的人；但没有证据表明这个时期还有任何拥有独立思想的哲学家。漫步学派仍旧是当时的学术中心；在同时代的学派中，只有克律西波斯（Chrysippus）治下鼎盛期的斯多亚学派可以与之匹敌。漫步学派在历史、文学和语法学的研究中颇具造诣，这使亚历山大时代成了学术的黄金时代；与这些研究相关，漫步学派还致力于研究修辞学和伦理学，尽管他们在这些领域中的原创观点非常少。如果他们不是完全泯灭了创造力，那么他们在科学和形而上学中的努力就不应当完全限制在对旧学说的复述上。关于这个时期，我们只拥有微量的信息，但这不是造成这种表面上贫瘠的缘故；因为我们不仅抱怨过这个时期的漫步学派

474　的思想是贫瘠的，[1] 而且我们不得不承认，如果在斯特拉托的继任者中有任何重要的人物或思想，那么一定会有丰富的历史记载，尤其是那些博学的亚里士多德评注者一定会时常提及他们，但这些评注者对在斯特拉

1　斯特拉波（Strabo, xiii.1,54, p.609）指出，塞奥弗拉斯特之后，漫步学派只拥有非常少的亚里士多德著作，并且这些著作几乎都是"外传的"，不是系统哲学（即在真正科学的意义上），它们只是粉饰了相同的地方。参见 Plut. *Sulla*,26，普鲁塔克指出"可以肯定的是，他们没有亚里士多德和塞奥弗拉斯特的著作。"当然，这个陈述是错误的；因为说这个学派的思想贫瘠开始于塞奥弗拉斯特之后也是错误的（参见 i.pp.138–9）。西塞罗在 *Fin*. iii.12,41 中也指责漫步学派不懂辩证法。

托和安德罗尼柯之间的漫步学派[1] 保持着一贯的、深深的沉默。

斯特拉托的继任者是特洛阿斯的吕科（Lyco of Troas），他担任漫步学派的领袖几乎长达半个世纪，[2] 他有许多著作，[3] 这些作品以风格优雅和聪慧见长，却没有什么原创性。[4] 他流传下来的作品很少，它们的题目局限于对最高的善的定义，[5] 以及一些关于伦理学问题的讨论。[6]

罗德岛的希罗尼姆斯（Hieronymus of Rhodes）[7] 是吕科的同时代人，

1　策勒在许多对古代哲学家有引用的评注中未能找到对这些作者的任何一条引用。

2　特洛阿斯的吕科（Lyco of Troas）（Diog. v.65, Plut. *De Exil*.14, p.605）是斯特拉托的学生，他也是辩证法家 Pantoides 的学生（Diog.68）。斯特拉托将他指定为学派的继承人（参见第 615 页注释 2），他在斯特拉托死后，于公元前 270 至前 268 年间继任，当时他还非常年轻，此后他治理学派的时间长达 54 年，他死时 74 岁，大约在公元前 224 年（Diog.68，以及第 615 页注释 2）。吕科是一位著名的演说家（参见第 629 页注释 3）。他一生忙于公共事务，根据 Diog.66 的记载，他为雅典作出了巨大的贡献，因此他一定成为了雅典公民（如果第欧根尼在这里说的 $\sigma\upsilon\mu\beta o\upsilon\lambda\acute{\epsilon}\upsilon\epsilon\iota\nu$[咨询] 的意思是他在公共议会中演讲）。我们听说他受到早期 Pergamenian 国王的尊重和赞誉，尤其是受到 Antigonus 的尊敬，他被安提俄库斯（Antiochus）邀请到宫廷讲学（Diog.65,67；这里无疑指的是安提俄库斯二世，他的名字是 Theos）。吕科的遗嘱证明他很富有（*apud*. Diog.69 sqq.）。根据赫尔米普斯（Hermippus, *apud* Diog.67）的记载，他是一个正直的人；而 Antigonus（*apud* Athen. xii.547, d）把他描述为傲慢无礼的，这无疑是夸大其词。这个作者（*ibid*.548, b）和 Diog.67 都记载了他为体育艺术作出了贡献。他在遗嘱中嘱咐说自己的葬礼（Diog.70）应当得当而不奢侈。

3　他把他的著作留给了一位奴隶，这位奴隶无疑曾帮助过他，他给予这个奴隶自由，并赠予他用于学习的书籍（*apud* Diog.73）；另一方面，他把未出版的著作留给了他的学生 Callinus，由后者来进行编辑工作。

4　CIC. *Fin*. v.5,13。另外，参见 Diog.65–66；这里描写他的演讲是 $\epsilon\grave{\upsilon}\omega\delta\acute{\iota}\alpha$（甜蜜的），因为这个缘故，他也被称为"嘴甜的人"（参见 Plut. *ibid*.），但又说"在写作中他不像他自己"。第欧根尼引用的这个例子证实了西塞罗的判断。参见 Themist. *Orat*. xxi.255 B 关于他在那个时代的名声的记载。

5　Clemens, *Strom*. i.416 D：吕科说灵魂真正的快乐和美才是生活的目的。这个定义与亚里士多德对幸福的定义并不冲突，尽管它没有说完；但我们不知道吕科是否认为它是一个完整的定义。关于尘世之财物的微弱价值的讨论，参见第 629 页注释 6。

6　*Apud* CIC. *Tusc*. iii.32,78；*Apud* Stob. *Floril*., *Exc. e Jo. Damasc*. ii.13,140（iv.226, ed. Mein），吕科说儿童教育是 $\iota\epsilon\rho\grave{o}\nu$ $\mathring{\alpha}\sigma\upsilon\lambda o\nu$（温和的奉献）。Diog.65–66 说他是直率的人并在儿童教育方面是专家，同时参见对他的原话的引用。

7　CIC. *Fin*.3,8；Athen. X.424–5；Diog. ii.26；Strabo, xiv.2,13, p.656，以及其他人说希罗尼姆斯是罗德岛人。他和吕科、Arcesilaus 以及雅典的怀疑主义者 Timon 是同时代人（Diog. v.68, iv.41–2, ix.112）。当 Athen. x.424–5 把他称作"亚里士多德

476 但他的观点与亚里士多德的相差甚远。西塞罗说这位哲学家以博学多才而著名，[1]我们对于他的了解主要限制在历史学领域，[2]以及一些书的名字和不太重要的零散引述。[3]据说，他宣称"至善以及一切行为的最终目的就是无痛苦"，但他把无痛苦和快乐尖锐地对立起来；与亚里士多德

477 的观点相左，[4]他认为快乐在任何意义上都不是善的。一位名叫普莱塔尼斯（Prytanis）的人[5]也属于这个时代。

的学生"时，他是在这个短语的宽泛意义上使用的，即希罗尼姆斯属于漫步学派。Lucian 在 *apud* Macrob.,22 中提及的那个人不是这里说的这个人，而是历史学家 Heironymus of Cardia——他是 Eumenes 和 Antigonus 的密友，他活到 104 岁，这在开篇处可以得到确认。

1 西塞罗在 *Orator*,57,190 中称他为"漫步学派中第一重要的人"，参见 *Fin.* v.5,14。参见 *Fin.* ii.6,19；我们在下文被引用的段落中可以收集到关于他的各种细节。

2 例如：Athen. ii.48, b, v.217, e, xiii.556, a,557, e,602, a,604, d（主要来自 ἱστορικὰ ὑπομνήματα [《历史学笔记》]，它在 557, e 和 604, d 中被命名），xiv.635–6（来自 π. ποιητῶν [《论诗人》] 第五卷讨论七弦琴颂歌），x.424–5, xi.499–500（来自 π. μέθης [《论醉》]），x.434–5（来自书信）；Diog. i.267（来自 σποράδην ὑπομνήματα [《零散的笔记》] 第二卷，这与 ἱστορικὰ ὑπομνήματα 相同），ii.14（是类似的），26,105（ἐν τῷ π. ἐποχῆς），viii.21,57, ix.16；普鲁塔克在 *Qu. Conv. Prooem*.3 中提到了他的"关于历史时间的论述"，并将他看作一位懂音乐的作家（*N. p. suan. Vivi*,13,6, p.1096）。Zeller, *Ph.d.Gr*.i.84 中已经指出 Damascius 和 Josephus 提到的希罗尼姆斯并不是我们刚刚说的这位作家。

3 参见西塞罗 *Ibid.*（来自一本论修辞和音律的书）；有大约三十行的诗篇是对伊索克拉底的引用；Plut. *Qu. Conv.* i.8,3,1, p.626 有关于老年人之短视的描述；塞涅卡在 *De Ira*, i.19,2 中记录了平息愤怒，以及 Stob. *Floril.*, *Exc. e Jo. Dam.* ii.13,121（vol. iv.209, ed. Mein.）反对受教于卖弄学问的人。

4 在这里，我们信息的主要来源是西塞罗，他常常引用希罗尼姆斯的这个观点。参见 *Acad.* ii.42,131；参见 *Fin.* v.11,35,25,73, *Tusc.* v.30,87–8；以及 *Fin.* ii.3,8;6,19; v.5,14. Cf. Clemens, *Strom.* ii.415, C. 在这里，Clement 似乎和西塞罗的 *Acad.* ii.42,131 从同一个文本中得到信息；安提俄库斯在那里被西塞罗看作权威。根据 *Fin.* ii.6,19 的描述，我们不能推出西塞罗直接读过希罗尼姆斯的伦理学著作和修辞学著作。Jambl. 在 *apud* Stob. *Ecl.* i.920 涉及了 ἀοχλησία（不动心）的观点，普鲁塔克在 *Sto. Rep*.2,2 中把 ἡσυχία（宁静）看作希罗尼姆斯的理想。后者说他像伊壁鸠鲁一样按照自己的学说和理论来生活。

5 这位漫步学派的学者被 Antigonus Doson（公元前 230 至 221 年）聘任来管理许多城邦事务，Polyb. v.93,8 把他描述为"漫步学派的知名人物"。他那时一定步入老年了，倘若他的学生 Euphorion 真的出生在（根据 Suidas 的记载）公元前 277 至前 273 年之间。Plut. 在 *Qu. Conv.* Prooem.3 中把他称为写下了"席间漫谈"的著名哲学家。

在吕科之后，克沃斯的阿里斯托（Aristo of Ceos）[1] 被他的弟子们推选为漫步学派的领袖。[2] 他也以写作的优雅风格和精细准确而出名，他的思想没有什么原创性。[3] 他有许多作品，但只有少量作品的名称，[4] 以

478

1　阿里斯托在吕科的遗嘱中被叫作 Κεῖος（即克沃斯人，Diog. v.74），从此以后，人们习惯这样称呼他，以区别于斯多亚派一个同名的人，即 Ἀρίστων ὁ Χῖος，但他们常常因为姓氏相同而被混淆。另一个姓 Ἰουλιήτης 或 Ἰλιήτης（Diog. vii.164）表明他的家族来自朱利斯（Julis）——克沃斯岛上的主要城市，正如 Strabo, x.5,6, p.486 指出的那样；Stephanus, De Urb. Ἰουλις, Plut. De Exil.14, p.605 认为 Ἀρίστων ἐκ Κέω（克沃斯的阿里斯托）在 Glyco 和克里托劳斯（Critolaus）之间；吕科把他看作自己的学生（参见第 631 页注释 2，以及 CIC. Fin. v.5,13）。当我们发现，Sext. Math. ii.61 说的"克里托劳斯的熟人"不是他而是阿里斯托时，我们无法假设这个名字指的是一个更加年轻的漫步学派学者，但我们必须假设这个"熟人"可能是一个学生，这里的所指是非常宽泛的；昆图良（Quintilian, xi.15,19）似乎使用了同一个表述——即"漫步学派的克里托劳斯的学生"。此外，我们知道他是 Borysthenean Bio 的崇拜者，参见 Strabo, x.5,6 以及 Zeller, Ph.d.Gr.i.294,4。这里的意思或许仅仅是：他崇拜 Bio 的著作，或者他与 Bio 很熟悉，Bio 一定在阿里斯托年轻时还活着（参见 Zeller, Ph.d.Gr.i.294,4）。那位与 Arcesilaus（他死于公元前 241 年）共事的不是克沃斯的阿里斯托，而是 Aristo of Chios，参见 Strabo, i.2,2, p.15; Sext. Pyrrh. i.234; Diog. iv.33。关于他的生平和著作的更多信息，参见 Hubmann, Jahn's Jahrb. Supplement. iii.1834, p.102 sqq.; Ritschl. Aristo d. Peripat. apud CIC. De Sen.3（Rhein. Mus. N. F.1842, I.193 sqq.）; Krische, Forsch.405–6,408。

2　至少，亚里士多德指明塞奥弗拉斯特为他的继承人；塞奥弗拉斯特把漫步学派传给了十位朋友；斯特拉托传位给吕科（参见第 27 页注释 1，以及第 549 页注释 1）；吕科在他的遗嘱中嘱咐把漫步学派（apud Diog. v.70）传给十位朋友（但除了阿里斯托，我们并不知道其他人）。然而，如果 Themist.Or. xxi.255 B 说的是真的，那么他一定在生前就给予了阿里斯托优先权。

3　CIC. Fin. v.5,13；在斯特拉托与 Bio 的比较中（如上所述），情况亦是如此。

4　关于他的著作，我们知道有一本叫 Lyco 的书（Plut 在 Aud. Po.1 init. p.14 中提到它；参见 CIC. Cato M.1,3 以及 Ritschl, ibid.），它与伊索寓言和赫拉克利德的阿巴里斯（Abaris of Heraclides）归为同一类书籍，因此它一定与后者相似，也是一本寓言集；此外，还有一本书叫 Ἐρωτικὰ ὅμοια，它在 Athen, x.419, c. xiii.563–4, xv.674, b. 中被引用过。然而，Diog. vii.163 中所列的一切作品据说是斯多亚的阿里斯托所写（除了给 Panaetius 和 Sosicrates 的信），但它们也被认为是漫步学派的克沃斯的阿里斯托的作品；或许，这里只有部分作品属于后者。

479　及一些残篇——主要是论述历史人物的[1]——流传下来。他的继任者[2]，

1　在 Athenaeus（参见索引）中的所有残篇——除了 ii.38,9（关于饮料的论述）——以及 apud Plut. Themist.3, Aristid.2, Sotion, De Fluv.25 的笔记，都是关于历史问题的。第欧根尼（参见 i.p.64，以及第 26 页注释 4）对漫步学派的记载无疑来自阿里斯托，包括关于他们的其他信息；这或许是他对吕克昂学院之历史的描述只到吕科为止的原因。我们还知道，在 Stob. Ecl. i.828 中（这里指的是我们的阿里斯托），灵魂的认识能力被区分为感知和理智，前者与身体器官协同作用，而后者的运作是不需要器官的；此外，在 Sext. Math. ii.61, Quintil. ii.15,19（参见第 634 页注释5）中，有一个关于修辞学的定义，这使得我们设想他在修辞问题上写过一些文章。斯托拜乌的 Floril.（参见索引）中记载的阿里斯托的残篇是斯多亚派的那个人的，这一点在好几个段落中可以得到证实；例如 4,110;80,5;82,7,11,15,16。辛普里丘（Categ., Schol. in Ar.65, b,10,66, a,38）说的一位阿里斯托指的是漫步学派的一位年轻学者，他是安德罗尼柯的继承者之一，或许就是被塞涅卡（Ep.29,6）取笑的那位。普鲁塔克（Amator.21,2, p.767, Praec. Ger. Reip.10,4, p.804）说的阿里斯托究竟是哪位并不清楚。Demosth.10,30 的文本至少给出了"Xῖος"（克沃斯）这个提示。至于 π. κενοδοξίας（《论虚幻》）一书，以及从 apud Philodem. De Vit. x.10,23 中得来的摘要中说的阿里斯托，Sauppe 认为（Philocl. de Vit. Lib. Dec. pp.6–7,34）他很可能就是我们的阿里斯托。

2　就我们所知，没有一个作者明确说过克里托劳斯是阿里斯托的直接继承人；Clement 记录了一份漫步学派学者的名单（参见 Strom. i.201B），但他（或者，至少在那个段落中）忽略了阿里斯托（在亚里士多德之后的是塞奥弗拉斯特，然后是斯特拉托，然后是吕科，然后是克里托劳斯，然后是狄奥多罗）。普鲁塔克在 De Exil.14, p.605 中并没有给出一份完整的名单，他只是记载了那些从外邦来到雅典的漫步学派学者。西塞罗在 Fin. v.5,13–14 中也并不打算陈述漫步学派的领袖顺序，因为他仅仅描述了后期漫步学派与亚里士多德和塞奥弗拉斯特的关系；因此，在列举了斯特拉托、吕科和阿里斯托之后，他举出了克里托劳斯。因此，在阿里斯托和克里托劳斯之间还可能存在一些学者，尤其当我们考虑到阿里斯托和克里托劳斯的死亡时间间隔非常之久，这种情况就越发可能。吕科死于公元前 226 至前 224 年之间，但是克里托劳斯（参见下一条注释）公元前 156—前 155 年在罗马。假设他在罗马时已是晚年，但这时离阿里斯托掌管学院的时间已有七十年之久，如果我们加上吕科掌管学院的四十四年，那么这三个人活的年纪都超过了 120 岁。Zumpt（'Bestand d. Philos. Schulen in Athen,' Abh. d. Berl. Akad. Hist.-phil. Kl.1842, p.90 sqq.）倾向于认为在阿里斯托和克里托劳斯之间还有别的学者，他引用了 Anonymus of Menage, p.13,8, West 的描述：塞奥弗拉斯特、斯特拉托、Πραξιτέλης、吕科、阿里斯托、Λυκίσκος、普拉克斯法奈斯（Phraxiphanes）、Ἱερώνημος、Πρύτανις、Φορμίων、Κριτόλαος。不幸的是，这份名单的证据是不充分的。因为我们不能接受这样一个安排学派领袖人物的名单，即在斯特拉托和吕科之间有一个人——这个人被认为是紧接着斯特拉托来接管学派的，这是一个不知名的人物"Πραξιτέλης"，斯特拉托甚至在遗嘱中都没有提到这个名字（我们不能认为他是斯特拉托的同时代人，正如 Zumpt 指出的那样，他不是他的继承人）。普拉克斯法奈斯被认为是阿里斯托的第

在吕西亚的帕塞利斯人克里托劳斯 (Critolaus of Phaselis in Lycia)[1] 似乎
是一个更重要的人物。就我们所知，[2]他无疑是漫步学派的忠实拥护者，[3]
但他的观点在许多方面与亚里士多德不同。他认为灵魂——包括灵魂的
理性部分——是由以太构成的，[4]在伦理学中，他超出了亚里士多德的观
点，认为快乐是罪恶的。[5]在其他方面，例如他关于至善之本质的看法
完全是亚里士多德的：他把至善描述为一般意义上的自然生命的完善，

481

二顺位继承人，他是塞奥弗拉斯特的研究者（参见上文 ii.p.449），但他在这里被当
作塞奥弗拉斯特的第五顺位继承人。当时弗尔米奥 (Phormio)（公元前 194 年）已
经是一位老人了（参见 CIC. *De Orat.* ii.18,75–76），他当时在以弗所 (Ephesus) 一
带居住；普拉克斯法奈斯还要年长一些（参见第 631 页注释 1），他是阿里斯托的第
四顺位继承人，因此，我们认为在公元前 226 年和公元前 156 年之间有七位学派领
袖。然而，我们必须明白从西塞罗的话中并不能必然得出下述推论：阿里斯托和克
里托劳斯之间存在间隙，并且他似乎并不知道在此之间掌管学院的任何人物：希罗
尼姆斯等人被他漏掉了，因为他们不能算作学派的领袖。此外，说安德罗尼柯（或
者有人说他的学生波爱修）是继亚里士多德之后的第十二任领袖显然与 Zumpt 的
理论相反。毕竟，我们为什么不能说阿里斯托和克里托劳斯掌管学派的时期持续
了七十年或八十年呢，正如吕科时期是四十四年，而塞奥弗拉斯特时期是三十六
年？但后两位在他们继任时已不年轻了。我们从 Lucian, *Macrob.*20 中了解到克里
托劳斯（不像 Zumpt, p.90 说的那样）活到八十二岁。斯多亚派的克律西波和第欧
根尼掌管学派的时间也超过了八十年，而斯多亚派的前五位学院领袖在任的时间
总共超过了 140 年。类似的，从 1640 年到 1740 年，从 1740 年到 1840 年，这两
段时间中普鲁士只有三位君主，而从 1640 年到 1786 年的 146 年间只有四位君主。

1　关于克里托劳斯的家乡的信息由普鲁塔克 (*ibid*) 和其他作者提供证据。除此之外，
　　关于他的生平，我们只知道他与第欧根尼、克里托劳斯一起参加了由雅典派往罗马
　　的著名使团 (CIC. *Acad.* ii.45,137, 在 P. Scioipo 和 M. Marcellus 执政期间，即公
　　元前 156 至 155 年，参见 Clinton, *Fasti Hellen*)，他们去谴责以 Oropus 城的名义在
　　雅典强征税收的事情。关于这个主题的更多信息参见 Pausan. vii.11; CIC. *Ibid.*, *De
　　Orat.* ii.37,155, *Tusc.* iv.3,5, *Ad Att.* xii.23; Gell. *N. A.* vi.14,8, xvii.21,48; Plin. *H. N.*
　　vii.30,112; Plut. *Cato Maj.*22; AEL. *V. H.* iii.17（另外，参见下文对这个故事的历
　　史记载）。克里托劳斯和其他一些人在罗马讲学，这是被明确记载过的（参见第 633
　　页注释 2）。从以上注释中，以及从我们所知的他的继承者的情况中，我们知道克里
　　托劳斯是在晚年才去了罗马。我们只知道他活过 82 岁，但是不知道他死亡的具体
　　时间。

2　参见西塞罗, *Fin.* v.5,14；关于他的罗马演讲的引用，参见 Gell. vi.14,10（与 Ru-
　　tilius 和 Polybius 相同）。

3　正如西塞罗指出的那样；参见上一条注释。

4　Stob. *Ecl.* i.58. Tertull. *De An.*5.

5　Gell. *N. A.* ix.5,6.

482　并进一步解释说它应当包括三种类型的善；[1]然而，在这里，他把灵魂的善看作绝对的，从而把其他类型的善看作完全不重要的。[2]他的物理学反对斯多亚学派的观点，并捍卫了一个重要的亚里士多德学说：即世界和人类是永恒的。[3]他的论证主要建立在自然秩序的不易性上，自然秩序的不易性排除了人是以某种方式被生成的、他的过去与现在不同这个假设；他提出了一个间接证明，即"原始人是从泥土中生成的"这个观点在许多方面存在不一致；他因此得出结论说人和世界必然是永恒的，正如柏拉图和亚里士多德已经指出的，[4]自然尽管无法使个人得到永生，但她通过繁殖的方式使得人类整体获得永恒。他进一步论证到，一个以自身为原因的存在者，如这个世界，必然是永恒的；如果世界有一个开端，那么它就有生长和演化，不仅对于它的质料构成如此，而且对于它的作为统治部分的理性亦如此；但这不可能发生在一个完善的存在

483　者中，比如世界。尽管疾病、老化和缺失毁灭了生物体，但它们却不能影响世界整体；如果世界的秩序和命运是永恒的，那么世界本身也一定是永恒的，因为世界本身不过是对这种秩序的展现。尽管，这个论证的主要思想并不新颖，但是我们必须意识到它们是对漫步学派之学说的有力捍卫。除此之外，我们所知道的克里托劳斯的其他观点[5]并不重要。

　　与阿里斯托和克里托劳斯同时代的漫步学派学者还有弗尔米奥

1　Clemens, *Strom*. ii.316, D. Stob. *Ecl*. ii.58.

2　CIC. *Tusc*. v.17,51.

3　Philo, *AEtern. Mundi*. p. 943 B–947 B, Hoesch., c.11–15, Bern.

4　参见第 359 页注释 3；另外，参见 Zeller, *Ph.d.Gr*.i.512,3。

5　根据 Stob. *Ecl*. i.252 的记载，克里托劳斯认为时间是 νόημα ἢ μέτρον（思想对象或测量尺度），而不是 ὑπόστασις（被度量的对象）。另外，参见 Sext. *Math*. ii.12,20。根据 Quintil. ii.17,15 的记载，他对修辞学进行了猛烈的批判（关于这一点，赛克斯都有所描述），并把修辞学定义为 usus dicendi（具有时效的巧辩），参见 Quint. ii.15,23（Quint. 加上了 nam hoc τριβῆ significat），这个定义意味着（正如柏拉图在《高尔吉亚》463B 中所说）：修辞学不是一门技艺，而仅仅是通过训练获得的、对语言的娴熟（使用）。关于他对修辞学的更多批评，参见 Gell. xi.9。

（Phormio）。汉尼拔（Hannibal，迦太基统帅——中译者注）于公元前
195 年在以弗所（Ephesus，以弗所是古希腊小亚细亚西岸重要的贸易
城市——中译者注）一带遇到他，[1] 除了知道弗尔米奥为迦太基的一位英
雄讲了一篇不合时宜的、关于领袖问题的演说之外，我们对他的情况一
无所知。[2] 同一时期的著作还有索提翁(Sotion)[3] 的一本广为流传的关于
哲学流派的书，[4] 以及关于赫尔米普斯(Hermippus) 和萨提鲁斯(Satyrus)　　484

1　我们从西塞罗的 *De Orat*. ii.18 中得知这件事。因为汉尼拔当时与安提俄库斯在以
　　弗所，所以这件事发生的时间一定是公元前 195 年之后；他称这位哲学家为 "delirus
　　senex"（疯癫的老者），因此弗尔米奥当时已经上了年纪。

2　我们已经指出，我们从 ANON. MEN. 那里引用的句子（参见 i.p.480）中无法得到
　　任何信息。

3　对于"索提翁（Sotion）是漫步学派的学者"并没有明确的描述，但是我们
　　从他著作的总体特征中可以明显看出。Cf. Sotion, *De Fluv*.44 (Westermann,
　　Παραδοξόγραφοι, p.191)。

4　参见 Westermann, Παραδοξόγραφοι, p. xlix；另外，参见 Panzerbieter, "Sotion",
　　in *Jahn's Jahrbb. Supplement*, v.(1837) p.211 sqq.。通过第欧根尼的数据，我们知道
　　Διαδοχή τῶν φιλοσόφων（《哲学纪略》）写于公元前 200 至前 150 年间——或许是
　　公元前 200 至前 170 年之间；因为，一方面，克律西波死于公元前 206 年，这本书
　　提到了这一点（Diog. vii.183）；另一方面，赫拉克利德雷布斯（Heraclides Lembus,
　　参见下文）从它之中摘录了一条笔记。Panzerbieter 认为《哲学纪略》可能有 13 卷，
　　他试图描述它的内容。Athen. iv.62, e, viii.343, c. xi.505, c 和 Sext *Math*. Vii.15. 中
　　出现的一条引用也属于这本书。Athen. viii.336, d 告诉我们索提翁有另一本书 περὶ
　　τῶν Τίμωνος σίλλων。从时间上看，他可能还写了 12 卷的 Διοκλείων ἐλέγχων,
　　以便反驳 Diocles of Magnesia 的观点（v. Dion. x.4）。至少 Κέρας Ἀμαλθείας 一文
　　(Gell. *N. A*. I.8,1, cf. Plin. *H. N*. praef.24)，即描述河流和泉水的残篇 (Westermann,
　　Παραδοξόγραφοι, p.183 sqq., cf. Phot. *Bibl. Cod*.189) 很可能是以上这本书的内
　　容。π. ὀργῆς（《论欲望》，Stob. *Floril* 14,10,20,53,108,59,113,15）和摘自它的文
　　本是从 apud Stob. Floril.84,6–8,17,18 的残篇中衍生来的，它属于一位或两位同名
　　的年轻人。如果被格利乌斯提及的 Κέρας Ἀμαλθείας 的作者是漫步学派的索提
　　翁，那么我们应当认为他和塞涅卡的老师、那个塞克图斯学派的人是同一个（参见
　　Zeller, *Ph.d.Gr*.iii. a,600,3,605,3）；Müller 在 *Fragm. Hist. Gr*. iii.168 中认为这是真
　　实的，但他们也有可能是不同的人。因此，我们必须认为属于那位漫步学派的学者
　　(Zeller, *ibid*.iii. a,694, 2nd edit.) 的文本有 Alex. Aphr. *Top*.123 中的引用（这似乎
　　是对亚里士多德的一个注释），以及 Cramer 的 *Anecd. Paris*. i.391,3，以及普鲁塔克
　　的 *Frat. Am*. c.16, p.487 和 *Alex*. c.61。另一方面，斯托拜乌引用的道德律是塞涅卡
　　老师的文本。我们几乎不能说出哪一个才是在 Geoponica 那里经常被引用的索提翁，
　　但他绝对不是 Διαδοχή 一书的作者。M. Hertz "Ramenta Gelliana" (*Bresl. Universi-
　　tatschrift*.1868) p.15–6 认为 Κέρας Ἀμαλθείας 的作者是那位年长的索提翁，但这与

485　的历史书。[1] 赫拉克利德雷布斯（Heraclides Lembus）[2]、阿伽塔基德斯

Gell. i.8,1 的描述不符；参见 Athen. xiii.588 c; Diog. ii.74。

1　参见 Lozynski, *Hermippi Fragm*. Bonn,1832; Preller, *Jahn's Jahrb*.1836, xvii.159
sqq.; Müller, *Fragm. Hist. Gr*. iii.35 sqq.; Nietzsche, *Rhein. Mus*. xxiv.188–9, z. 赫
尔米普斯在 Hieron. *De Script. Eccl*. c.1 那里（这个来源并不可靠）被描述为一位漫
步学派的学者，此外，Athen. ii.58–9, v.213–4, xv.696–7 把他描述为 "Callimachus
的学生"；因此，他很可能是 Athen. vii.327C 中所说的那个赫尔米普斯——一个来
自 Smyrna 的人。我们知道他在他的一部重要著作中提到了克律西波的死（Diog.
vii.184），但人们并不援引他的话作为参考，我们或许可以认为他的创作时期大约
在公元前 200 年或稍晚。*Etymol. M*.118,11 的引用在年代上或许更早，大约是公元
前 203 年——如果这里援引的作品是他所有；参见 Müller 关于 *Fr*.72 的笔记。关于
他的作品，我们听说过一本伟大的传记，这本传记的不同部分似乎有不同的名字。
另一本书名叫 π. τῶν ἐν παιδείᾳ διαλαμψάντων（*Etym. M*. ibid.），Suidas *s. v*. 引
用的 π. τῶν διαπρεψάντων ἐν παιδείᾳ δούλων 无疑是这本书的一部分，它有可
能是后来贝鲁特的赫尔米普斯（Hermippus of Berytus）所写，正如 Preller, Müller
等人指出的。关于其他不属于我们的赫尔米普斯的著作，参见 Preller, p.174 sqq.。
在这部传记中记载的亚里士多德和塞奥弗拉斯特的著作清单，参见 i.p.51。类似
的，萨提鲁斯在 Athen. vi.248, d. xii.534, b,541, c. xiii.566, a 中被描述为一个漫步
学派的学者，他的主要著作是一部传记集，在引用时被称为 "*Βίοι*"（参见 Athen.
vi.248, d, f,250 f, xii.541, c, xiii.557, c,584, a; Diog. ii.12, viii.40,53; Hieron. *Adv.
Jovin*. Ii.14, *De Script. Eccl*. c.1），它较为完整的名称是 "*Βίοι ἐνδόξων ἀνδρῶν*"
（《名人传记》）（Bernays, *Theophr. Üb*. Froemm.161 Hier. *Adv. Jov*.）。此外，Athen.
iv.168, E 中引用了一位作者的话，他显然就是我们的萨提鲁斯，这段话是一本名叫
π. χαρακτήρων（《墓志铭》）书的残篇。另一本书记录了 Demes of Alexandria 的著
作清单（Theophil. *Ad Autol*. ii. p.94），以及一份谚语集（Dionys. Hal. *Antiquitt*. i.68），
但是这并不确切，它或许是一位后来漫步学派的学者的著作（如果他确实存在），
但我们不确定他是否是漫步学派的人（因为 Athen. xiii.556, a 只提到了我们的萨提
鲁斯，而且他实际上总是用同一种方式被称呼的）。但我们可以肯定地说，那首萨
提鲁斯的、刻在宝石上的诗篇（PLIN. *H. N*. xxxvii.2,31,6,91,7,94）不是我们这位
漫步学者的作品。参见 Müller, *ibid*.159，以及这里的残篇，如果它们是真迹，那么
它们只包含了历史学讨论，除了那些来自 "人物"（*Charaters*）的内容。

2　参见 Müller, *Hist. Gr*. iii.167 sqq.。赫拉克利德的姓为雷布斯（cf. Müller, *ibid*.），
根据 Diog. v.94 的记载，他来自彭都斯的加莱（Calatis in Pontus）或者来自亚历山
大里亚（Alexandira）；根据 Suidas, s. v. *Ἡρακλ*. 的记载，他来自埃及的 Oxyrynchus
地区。根据 Suid. 的记载，他生活在托勒密六世（Ptolemy Philometor）治下（公
元前 181—前 147 年），拥有很高的地位。Suid. 称他为 "哲学家"，并指出他有许
多哲学作品和其他作品。他的仆人阿伽塔基德斯（参见第 637 页注释 1）也算是
漫步学派的人，他自己的书籍证明了这一点，我们可以把他算作这个学派的一员。
"*Λεμβευτικὸς λόγος*" 据说是他的姓氏来源（Diog. *ibid*.），或许是一部哲学作品的
名称；他最重要的作品是历史学的研究。我们知道他有一本至少包含了 37 卷的历

（Agatharchides）和罗德岛的安提司泰尼（Antisthenes of Rhodes）是漫步学派晚期的人物。[1] 然而，他们没有一句与哲学有关的话被保留和流传下来。 486

对于我们来说，更重要的人物是泰尔的狄奥多罗（Diodorus of Tyre），[2] 他是克里托劳斯的继承人。他关于灵魂的看法与他的老师基本一致，[3] 但他的伦理学与他的老师和亚里士多德的伦理学有些不同，他把 487

史学著述，一篇对萨提鲁斯生平的摘要（Diog. viii.40,44,53,58），以及六卷本的缩写——这是索提翁著作的缩影（Diog. v.90,79, viii.7, x.1）。参见它们的残篇，*apud* Müller, *ibid.*。

1 克尼多斯的阿伽塔基德斯（Agatharchides of Cnidos）是 $\acute{o}$ $\grave{\epsilon}\kappa$ $\tau\hat{\omega}\nu$ $\pi\epsilon\rho\iota\pi\acute{\alpha}\tau\omega\nu$（漫步学派的一个成员），他是刚才说的赫拉克利德雷布斯的秘书（Phot. *Cod*.213 *init.*），此后（我们从他自己的话中得知，*apud* Phot. *Cod*.250, p.445, a,33,460, b,6）他成为了一位王子的家庭教师（Müller, *ibid*.191 设想这位王子是 Ptolemy Physcon II.，他在公元前 117 至前 107 年间统治王国，这个观点与 Wesseling 的一致）。阿伽塔基德斯写了好些历史和民族学的著作，其中有一篇关于红海的著述较完整地保存在 Phot. *Cod*.250, pp.441–160 中；关于其他部分，参见 Müller, p.190 sqq.。因此，安提司泰尼被 Phlegon, *Mirab*.3 称为漫步学派的学者和著名的作者，他给我们讲述了一件发生在公元前 191 年的动人故事。他或许与第欧根尼经常提及的 $\Delta\iota\alpha\delta o\chi\alpha\grave{\iota}$ 的作者是同一个人，他或许是那个来自罗德岛的历史学家——根据 Polybius, xvi.14 的记载，他在公元前二世纪的前三十年还活着（Müller, *Hist. Gr.* iii.182, 认为这二位是不同的人）。第欧根尼的引用不能推出他的生活年代超出 Cleanthes 的死亡时间（Müller, *ibid.*）。伪亚里士多德的 $M\alpha\gamma\iota\kappa\grave{o}\varsigma$（《祭师》）或许属于这个罗德岛的安提司泰尼的说法已经被评论过了，参见第 59 页注释 1。

2 STOB. *Ecl.* i.58 说狄奥多罗是一个泰尔人，西塞罗在 *De Orat.* i.11,45, *Fin.* v.5,14 以及 Clem. *Strom*,1,301 B 把他描述为克里托劳斯的学生和继承人。除此之外，我们不知道关于他的其他信息，我们也不能确定他的死亡时间，或他继任学派领袖的年代；然而，如果我们相信西塞罗在 *De Orat. ibid.* 中说的话，那么他在公元前 110 年还活着（参见 Zumpt.'Über d. Bestand d. philos. Schulen in Athen.,' *Abh. d. Berl. Akad. Hist.-phil. Kl.*1842, p.93）；但是，根据第 638 页注释 3 陈述的事实，这种说法是有问题的。

3 参见 Stob. *ibid.*，以及第 633 页注释 4。他并未忽视理性灵魂与非理性灵魂的区分；根据 Plut. Fragm.1, *Utr. An. an Corp.* C.6,2（如果这里的 "$\Delta\iota\acute{o}\delta\omega\rho o\varsigma$" 可以读作 "$\Delta\iota\acute{o}\delta o\nu\tau o\varsigma$"，或者如果我们可以把 Dübner 说的 "$\Delta\iota\acute{o}\delta o\tau o\varsigma$" 看作同一个名字的另一种形式）的描述，他认为灵魂的理性部分有自身特殊的 $\pi\acute{\alpha}\theta\eta$（性质），而与物理的（即与身体有关的）部分和非理性部分也有自身的性质；这个观点可以与斯托拜乌的 "灵魂不动" 的观点相调和，假若我们设想他对灵魂的理性部分的描述——包括即思想活动——不是指某种 $\pi\acute{\alpha}\theta o\varsigma$（性质）。

他们的观点与希罗尼姆斯关于至善的观点结合起来，并在一定程度上融合了斯多亚派和伊壁鸠鲁学派的伦理学原则，他指出幸福就是过一种有美德的和无痛苦的生活；[1]然而，他认为美德是构成幸福的本质的和不可或缺的要素，所以这里的差异实际上没有乍看起来的那么重要。[2] 厄律尼乌斯（Erymneus）[3]是狄奥多罗的继承人，我们只知道他的名字。至于卡里弗（Callipho）和狄诺马库斯（Dinomachus）这两位哲学家，我们只知道他们的伦理学处于伊壁鸠鲁学派和漫步学派之间，但我们完全不知他们究竟属于哪个学派。[4]

　　关于漫步学派在公元前三世纪到前二世纪之间的作品，在我们已知的材料中很可能要算上那些之前被我们认定为伪作的亚里士多德著述。

488

1　参见西塞罗，*Fin.* v.5,14；另外，参见 25,73, ii.6,19 以及 *Acad.* ii.42,131; Cf. *Fin.* ii.11,34; *Tusc.* v.30,85. *Ibid.*87. Clemens, *Strom.* ii.415 c。

2　我们发现狄奥多罗有一个关于修辞学的定义（Nikol. *Progymn. Rhet. Gr. apud* Spengel, iii.451,7），这意味着他写过修辞学著作。我们没有更多理由怀疑这个狄奥多罗是漫步学派的哲学家，因为我们看到同样的情况也出现在阿里斯托和克里托劳斯那里；参见第 634 页注释 5。

3　波塞冬纽斯（Posidonius）有一个长而详细的残篇被保存在 Athen. v.211, d sqq. 中，它记载了一个雅典人的历史，并把他描述为一位漫步学派的学者；他首先在麦撒那（Messene）学习，然后在拉里萨（Larissa）学习（据说他成了这个学派在雅典的领袖，这种说法显然是 Athenaeus 的无知造成的，因为我们可以从波塞冬纽斯对他的引用中反驳这一点），后来他设计讨好 Mithridates，并为自己谋得在雅典的一个职位（这个人又被称为 Aristion，参见 Plut. *Sulla*,12,13,23 以及别的文本，他被 Appian *Mithr.*28 描述为伊壁鸠鲁学派的成员）；波塞冬纽斯明确指出，这个人是 Athenion 的儿子，他是厄律尼乌斯的学生。雅典在公元前 88 年进行了反抗罗马统治的起义，所以，我们从这个残篇中推断厄律尼乌斯不可能晚于公元前 120 至前 110 年之间继承领袖地位。

4　根据 CIC. *Fin.* ii.6,19,11,34（参见第 638 页注释 1），v.8,21,25,73, *Acad.* ii.42,131, *Tusc.* v.30,85,87, *Offic.* Iii 34,119, 以及 Clem. *Strom.* ii.415 c 的记载，我们所知的这两位哲学家的思想如下：他们认为最高的幸福是快乐与美德的结合，或者如克莱门所说，他们在快乐中寻找幸福，但他们也认为美德是有价值的；或者，像 *Tusc.* v.30,87 所描述的，美德是不可或缺的。根据 CIC. *Fin.* v.25,73 的记载，卡里弗比狄奥多罗年长，而根据 *Acad.* ii.45,139, 的记载，卡里弗比 Carneades 要年长，至少不比后者年少。我们并不知道他和狄诺马库斯（Diomachus）属于哪个学派；但是 Harless（*Fabric. Biblioth.* iii.491）犯了一个大错误，因为他说这个狄诺马库斯是 Lucian 在 *Philopseud.*6 sqq. 中说的那个斯多亚学派的人，但这个人显然是 Lucian 的同时代人。

虽然这些著作的重要性是微乎其微的，但它们并非完全没有价值，只要
我们仔细研究它们的内容便能发现。这类著作包括逻辑学领域的《范畴
篇》的第二部分，它很可能就是以我们现在看到的这个样式流传下来
的。[1] 尽管这些所谓的"后范畴篇"或许是重要的，但是亚里士多德在
这里说的一些逻辑学原则对我们而言是不重要的，《解释篇》的最后一
章也属于类似的情况。[2]《形而上学》伪造的章节[3] 几乎没有对亚里士多
德的学说进行任何修正，除了我们已经讨论过的第二卷。[4] 关于对麦里
梭、芝诺和高尔吉亚的评述，我们并不知道它们的写作年代，它们被视
为伪作更多是由于历史记载的缺失、评注的缺失以及它们的论证目标模
糊，而非它们与亚里士多德学说的差异。[5] 关于物理学的著作，特别是
关于"世界"的一卷将引起我们的关注，因为它是对漫步学派理论与斯
多亚学派理论进行折中处理的一个典型。[6] 一篇《论不可分的线段》——
如果它不是塞奥弗拉斯特的作品[7]——似乎是在他那个时代写成的，它
描述了与亚里士多德否认的观点之争论。一些关于颜色、声音、生命气
息以及动物运动的文章或许属于塞奥弗拉斯特和斯特拉托学派，这些文
章并非没有独立性，它们是科学领域中值得尊重的作品。这些作品中的
第一篇与亚里士多德的完全不同，它把颜色的来源追溯到元素，它指出
火是黄色的，而其他元素是自然的白色；黑色是由于一个元素转化为另

489

490

1　参见第 45 页注释 2。

2　"后范畴篇"处理的问题是：（1）c.10–11 四种不同的对立者，我们在上文 i.p.223
　　以下讨论过；（2）c.12 "优先性"的不同意义，这里与《形而上学》v.11 中的内容
　　有一些形式上的差异；（3）c.13 "$\check{\alpha}\mu\alpha$"（同时）一词的意义，这里有一部分建立在
　　原先的文本上，有一个部分是原先的文本（参见 Waitz, *ad loc.*），尽管它并非与亚
　　里士多德的观点相反；（4）c.14 讨论运动的六种类型，与前面的观点一致，参见第
　　276 页注释 2 ；（5）c.15 讨论"拥有"一词的意义，这个文本与亚里士多德在《形
　　而上学》v.23 中的陈述很不一样。

3　参见第 47 页注释 1。

4　参见第 600 页注释 1。

5　参见 Zeller, *Ph.d.Gr.* i.464 sqq.。

6　参见 Zeller, *Ph.d.Gr.* iii. a,558 sqq.2nd, edit.。

7　参见第 63 页注释 1，以及 Zeller, *Ph.d.Gr.* i.868,4。

一个元素以及气和水的烧干和水的干燥而引起的。[1]一切颜色都是由这三种元素混合而成的。[2]光被描述为火特有的颜色；[3]显然，在这里，光被设想为物质性的，[4]因为它不仅被划分为颜色一类的事物，而且厚而透明的物体的暗淡光泽也是以类似的方式得到解释的。[5]这篇论文的内容涉及颜色之来源，以及植物和动物的自然色彩，我们在这里不能展开。此外，论声音的短文在风格和方法上与论颜色的文章相似，它们或许出自同一位作者，在这里，我们只参考前面对它的引用便足够了。[6]《论生命气息》一文[7]或许是另一作者所写，因为它用怀疑的口吻来讨论被亚里士多德视作灵魂原初载体的生命气息（anima vitae）的起源、维持、分散和运作。[8]此书由于只剩残篇并且文本损坏非常严重，所以我们时常无法理解它。它的基本假设——即自然的设计、[9]灵魂和生命气息在人体中的结合[10]——是亚里士多德的观点。然而，这本书的特点是它假设生命气息从心脏通过动脉血管传递到整个身体——正如埃拉西

491

---

1 《论颜色》c.1；Prantl. *Arist. v. d. Farben*,108 发现这篇文章混淆了两个观点：(a) σκότος（暗）要么是完全没有光，要么是部分没有光（后者的例子如影子，或者穿过一些厚而透明的物体的光线）；(b) 黑暗是按照上述方式解释的。然而，这里明显不一致的是：因为暗产生了黑色（791a12），它与 μέλαν χρῶμα（黑色的表面）是有区分的，后者是物体阻碍光线的性质——它会产生 σκότος（暗）。

2 C.1,791a11, c.2,792a10, c.3,793b33。关于各种颜色之起源的更多细节讨论，参见 c.2,3。

3 C.1,791b6 sqq.；cf 791a3。

4 斯特拉托在这个问题上持有相同的看法，但这不是亚里士多德或塞奥弗拉斯特的观点；参见第 337 页注释 4，以及第 568 页注释 4。

5 光泽是（c.3,793a12）συνέχεια φωτὸς καὶ πυκνότης（光线和频率的连续）。如果透明的物体很厚，它就会阻碍光线穿过它，因而它看起来就是暗淡的；如果透明的物体很薄，那么它就显得明亮，如同空气，当空气不以密集的方式存在时，光线就能透过它，参见 c.3,794a2 sqq.。

6 参见第 623 页注释 9。

7 参见第 66 页注释 3。

8 参见第 342 页注释 2。

9 参见 c.7,484b19,27 sqq. c.9,485b2 sqq.。

10 C.9,485b11; cf. c.1,480a17, c.4,482b22, c.5,483a27 sqq.。这篇文章的主题并不包括对"努斯"的任何讨论。

斯特拉图斯（Erasistratus）认为的那样；[1] 因此生命气息（而不是亚里士多德说的肉）才是原初的感觉器官。[2] 呼吸、脉搏、食物的消化和吸收[3]都是生命气息运作的结果，它自己从血液中得到营养，而呼吸的目的是为了冷却血液——正如亚里士多德曾经教导的那样。[4] 主动的普纽玛（pneuma）[5]——据说存在于肌腱和神经中[6]——与这种生命气息的关系并不是完全清楚。[7]

492

　　有一本关于动物运动的书比这本书要晚些、[8]也更清楚一些，据说它是亚里士多德所写，[9]但这是不可接受的。[10] 这本书的内容几乎全是从亚里士多德那里摘录来的，但从整体上看它与亚里士多德学说的精神相

1　这位医生或许是塞奥弗拉斯特的学生（参见第 615 页注释 3），关于他的"普纽玛通过动脉传递"的理论，参见 Sprengel, *Gesch. d. Arzneik*.4 ed. i.525 sqq. ；关于 π. πνεύματος（《论普纽玛》）一书与他的学说的关系，参见 Rose, *De Arist. Libr. Ord*.167–8。

2　C.5,483a23 sqq.483b10–26, c.2,481b12,18.

3　C.4–5.

4　参见第 342 页注释 1，以及上文 p.43。

5　C.1–2, c.5 *ad fin.*，在 p.484, a,8 中我们读到：σύμφυτον πῶς ἡ διαμονή（持存的本性）。

6　肌腱和神经在 Herophilus 那里还没有得到区分，他是第一个发现神经的人，或者说他的同时代人埃拉西斯特拉图斯是第一个发现神经的人，或者说后来很长一段时间神经才被发现，但他们都用一个相同的术语来称呼它，即 "νεῦρα"，这个词的原义是肌腱；参见 Sprengel, *ibid*.511–12,524–25。

7　参见 c.8 *init*.（在 p.485, a,4 中我们或许应当这样读）。

8　我们看到 π. πνεύματος（《论普纽玛》）在 π. ζῴων κινήσεως（《论动物的运动》）c.10,703a10 中得到引用；参见 i.p.92。因此，我们并不排除这两本书的作者是同一人这种可能性，但它们的风格和写作方式是迥异的。

9　π. ζῴων κινήσεως（《论动物的运动》）的开篇说 "它是对一项先前研究的完成"，这里指的显然是 π. ζῴων πορείας（《论动物的行进》）。此外，在 c.1,698a7 中我们有一个对《物理学》的引用，在 700b4 第 21 行和第 9 行中（参见 i.p.80）有对《论灵魂》和 π. τῆς πρώτης φιλοσοφίας（《第一哲学》）的引用；在 c.11 *ad fin.* 中出现了对 π. ζῴων μορίων（《论动物的部分》）、对《论灵魂》以及对 π. αἰσθήσεως καὶ ὕπνου καὶ μνήμης（《论感知、睡眠和记忆》）的引用，并且它将《论动物的生成》看作紧挨它之前的一部作品。这些引用的方式正是亚里士多德自己在著作中习惯的方式。然而，《论动物的运动》在风格上和内容上都非常随意，任何一个标记都显示出它的写作时间是相当晚的，我们不应当认为它的成书时间就在安德罗尼柯编撰亚里士多德作品后不久。

10　参见第 69 页注释 3。

悖。它从下述原则出发：一切运动最终需要一个自我推动的和不动的实
体，[1] 但它继而用一个例子推论说任何机械运动都预设了两个不动的实
体：一个是在运动物体中不动的点——运动从这个点开始，另一个是在
物体之外的不动者——它是运动物体的基础；[2] 此外，它又得出结论说：
推动世界运动的不动者不可能在世界之中，而必然在世界之外。[3] 这本
书还讨论了我们熟悉的一个问题，即欲望对象的表象如何在心灵中产
生欲望，而欲望又是如何产生物理运动的，[4] 既然物理运动是从身体的中
心——即知觉的部位——发出的，或严格地说，物理运动是从灵魂发出
的，而灵魂居住在身体的中心。[5] 因此，灵魂通过舒张和收缩而作用于
身体，即通过生命气息的上升和下沉。然而，为了作用于身体，灵魂并
不需要离开心脏的位置并直接作用身体的所有部分，因为它是统管一切
秩序的原则，它的命令是自动执行的。[6] 这本小书的结尾部分是关于非
自愿运动的。[7]

　　就重要的亚里士多德伪作而言，我们还必须谈及《机械的问题》一
书，[8] 但它的哲学特征很少，我们不打算花时间来讨论它。至于《面相
术》，从总体上说它是一次错误的尝试，但它为我们提供了一个逻辑学
方法的范本，以及一些细致甚至敏锐的观察。它的主要思想是身体与灵

1　C.1,698a7 sqq.（在这里，我们应当这样读：τούτον δὲ τὸ ἀκίνητον)，另外，参见
　　c.6,700b7。

2　C.1,698a11, c.2 *ad fin.*；以及 c.4,700a6 sqq.。参见 698a11，这是对亚里士多德的
　　观点的夸大，参见上文 i.p.167。

3　C.3–4,《论天》ii,1,284, a,18 中说的擎天神（Atlas）的神话被证明在物理学上是
　　不可能的。我们或许可以从 699a31 中推断这位作者并不像亚里士多德那样认为地
　　球是静止的，但我们很难认为这是他的观点。他只不过是在争论的核心部分使用了
　　一个论证，而这个论证实际上是反对亚里士多德的。

4　C.6–8；参见上文 ii.p.110 以下。.

5　C.9.

6　C.10。这使我们想起 π. πνεύπατος（《论普纽玛》）这篇被引用的著作，以及
　　π. κόσμου（《论宇宙》）——它谈到了上帝对世界的作用（c.6,398b12 sqq,400b11
　　sqq.)，它的观点似乎属于这个文本中提及的一个段落，参见 c.7,701b1。

7　C.11.

8　参见第 63 页注释 1。

魂完全的相互依赖；[1] 从这个观点出发，它得到下述结论：有些物理特征一定指示了道德的和理智的特征，后者的程度和准确性可以通过与低级动物的类比以及人的外貌、特点和姿态的印象来测量。就后面这个主题来说，这本书的许多观察并非没有价值。《自然历史》的第十卷[2] 与亚里士多德生理学的一个基本原则相悖，[3] 它假设雌性可以产生精子，这在当时是令人震惊的，但它在别的地方给出了丰富而细致的观察。最初，它属于斯特拉托学派的作品。[4] 伪亚里士多德的《神奇事物的故事》不能算作独立研究的成果，它只不过证明了后人有一种非批判性的渴望，他们想要收集哪怕是最不可能的叙述——只要这些叙述足够令人吃惊；同样的情况也大概适用于流传至今的《问题集》的样式。现今，这些作品对于我们而言是无用的，因为——如果没有其他原因的话——我们完全不知道它们出自多少人之手，也不知道它们流传至今的样式是何时形成的。[5]

495

在亚里士多德的伦理学著作中，除了《欧德谟伦理学》之外，还有三本是后来的漫步学派所作：关于《美德和恶》的文章，所谓的《大伦理学》以及《经济学》。其中，第一本是稍后将要论述的、青年漫步学派折中主义的证据之一。《大伦理学》是对《尼各马可伦理学》和《欧德谟伦理学》的缩写，它的大部分内容（除了与这两本书相同的部分）

1　C.1 *init.*；c.4 *init.*。这里的 συμπάθεια（同情）一词使我们想起了斯多亚学派的术语。

2　它或许就是"ὑπὲρ τοῦ μὴ γεννᾶν"一文，参见第 64 页注释 1。

3　C.5,636b15,26,37, c.6 *fin.* c.2,634b29,36, c.3,636a11, c.4 *fin. c.*，关于这个问题参见 ii.p.50 以下。

4　我们在讨论斯特拉托时涉及雌性精子的问题，参见第 624 页注释 1。这本书与亚里士多德的不同之处还包括（正如 Rose, *Arist. Libr. Ord.*172 指出的）：它极力主张精子被普纽玛吸收，而不是像亚里士多德理解的那样被子宫的热量吸收（c.2,634,b,34, c.3,636, a,4, c.5,637, a,15 sqq.）。这本书是后亚里士多德时代的，我们可以从关于 μύλη（畸胎）的讨论证明这一点，参见 c.7,638a10–18，这个段落是逐字逐句地从《论动物的生成》iv.7,775a27 sqq. 中复制来的。

5　参见上文 i.p.96 以下；以及第 63 页注释 1 中关于天气现象的残篇；关于论植物的书，我们不在这里讨论，参见第 70 页注释 1。

与《欧德谟伦理学》相似，[1]尽管在某些个别段落中，它更倾向前者。这

496 些早期作品的重要特征是它们一贯地得到了恰当的名声和读者的理解，

有时它们甚至得到了进一步的发展和解释。它们的表达方式有时是笨拙

的，语言常有重复，证明也并非总有说服力，[2]尽管作者时常喜欢提出一

些难题，但它们并未得到满意的解答，甚至没有任何解答。[3]我们在这

本书的原始文本中发现了一些或多或少与亚里士多德伦理学观念有分歧

的地方。[4]作者避免了他在《欧德谟伦理学》中发现的伦理学的宗教解

1　参见 Spengel, *Abhandl. d. philos.-philol. Kl. d. Bayr. Akad* iii.515–6; Brandis, ii.
　　b, 1566。

2　例如 B. i.1,1183, b,8 sqq.。

3　参见 ii.3,1199a19–b36, ii.15,1212b37 sqq. i.35,1127b27 sqq. 此外 ii.6,1201a16 sqq
　　这段文本煞有介事地讨论的那些难题是奇怪的和琐碎的。

4　我们在这个方面要注意以下几点：i.2–3 给出了对善的几种分类，其中把善分为精
　　神的善、身体的善和外在的善（c.3）是亚里士多德的观点，而把精神的善再划分
　　为 φρόνησις（实践理性）、ἀρετή（美德）和 ἡδονή（快乐）是从《欧德谟伦理学》
　　ii.1,1218b34 中来的，然而，在那里，这三种善还没有得到区分，它们是作为精
　　神的善的例子给出的。这位作者的特殊之处是：他把善划分为 τίμια（例如神、灵
　　魂、努斯等）、ἐπαινετὰ（例如美德）和 δυνάμεις（对潜在的善的一个奇怪表达，
　　例如财富、美貌等，它们既可以为善也可以为恶服务），以及第四种 σωστικὸν καὶ
　　ποιητικὸν τοῦ ἀγαθοῦ（维持的和创制的善）；他的另一个特点是把事物划分为绝
　　对的善和有条件的善（例如美德和外在的善）、τέλη（目的）和 οὐ τέλη（非目的）
　　（例如健康和达成健康的手段），以及 τέλεια（完的）和 ἀτελῆ（不完的）。由
　　斯多亚派引入的方法论似乎在这个方面影响了《大伦理学》的作者，因为我们知
　　道他们喜好对善的不同意义的划分，参见 Stob. ii.92–102,124–5,130,136–7; Diog.
　　vii.94–98; CIC. *Fin.* iii.16,55; Sext. *Pyrrh.* iii.181; Seneca, *Epist.*66,5,36–7。这些斯
　　多亚派的对善的划分主要起源于克律西波的著作，因此我们可以推测《大伦理学》
　　的写作时间。此外，尽管说《大伦理学》忽略了理智美德（因为只是名字被遗漏了，
　　i.5,1185b5, i.35 的主题就是理智美德）是错误的，但它是反亚里士多德原则的，因
　　为它的作者认为只有非理智的美德（例如，只有道德美德是美德）才是值得称赞
　　的，而那些理智的性质是不值得称赞的（i.5,1185b5 sqq. c.35,1197a16）。在这个方
　　面，这位作者与亚里士多德有分歧，他在理智美德的名目下结合了 τέχνη（技艺）
　　与 ἐπιστήμη（知识），这个术语在《大伦理学》中总是用来表达技艺的（i.35,1197a18,
　　参见《尼各马可伦理学》vi.5,1140b21；以及 1198a32, ii.7,1205a31,1206a25，参
　　见《尼各马可伦理学》vii.12–13,1152b18,1153a23; ii.12,1211b25，参见《尼各马可
　　伦理学》x.7,1167b33；只有在《大伦理学》i.35,1197a12 sqq. 中"τέχνη"一词的
　　使用方式与《尼各马可伦理学》vi.4,1140a11 的使用方式一致；参见 Spengel, *ibid.*
　　p.447）；另一方面，《大伦理学》在四种理智美德之外加上了第五种，即 ὑπόληψις

读。[1]这本书中几乎没有后来出现的漫步学派与斯多亚学派和学园派之观点进行混合的痕迹；[2]因为这一点，也因为它的语言与像克里托劳斯这样的作家的语言的丰富性相比要贫瘠得多，所以它一定是在公元前三世纪或最晚在公元前二世纪写成的；在科学的独立性方面，它甚至比《欧德谟伦理学》还不如。《经济学》的第一卷无疑比《大伦理学》的写作年代要早。这篇短小精悍的文章有一部分是对亚里士多德《政治学》中论家政、男人与妻子或奴隶的关系之观点的复述和总结，另有一部分是对这些观点的扩展；[3]作者并不打算为奴隶制辩护。[4]这本书最具创造力

498
498

（判断）（i.35,1196b37）。当这位作者把"正义"定义为一种宽泛意义上的"完善的美德"，并指出一个人在这个意义上只能对他自己正义（i.94,1193b2–15），他忽略了亚里士多德给出的、更细致的定义，即正义是对他者而言的完善美德（参见第441页注释1）。至于一个人能否对他自己做不正义的事情，亚里士多德在《尼各马可伦理学》v.15 *ad fin.* 中探讨过，他把它比喻为灵魂的一部分对另一部分做了不正义的事，而《大伦理学》的作者是从字面意义上来处理这个问题的（i.34,1196a25,ii.11,1211a27）。因此，"一个人是否能够成为自己的朋友"这样的问题得到了类似的讨论，参见《欧德谟伦理学》vii.6,1240a13 sqq.，以及《大伦理学》ii.11,1211a30 sqq.。《大伦理学》在下述方面与亚里士多德是非常不同的：即它认为（ii.3,1199b1）有些事物，例如暴君，或许就自身而言是好的，尽管他们对于个别的人并非总是好的；此外，这位作者（ii.7,1204b25 sqq.）把快乐描述为灵魂的感知部分的运动——他遵循的是塞奥弗拉斯特的观点，而非亚里士多德的；参见 ii.p.147，以及第576页注释4。

1 这位作者在讨论 εὐτυχία（好运）时（*M. Mor.* ii.8; *Eud.* Vii.14）指出，好运在于 ἐπιμέλεια θεῶν（神的眷顾），他的意思是：神根据价值而分派善与恶；他与欧德谟斯（参见上文 ii.p.424）一样把它追溯到 μετάπτωσις τῶν πραγμάτων（行为的改变），更追溯到人之本性的幸福特质，他把它的功能与激情相比较；他和他的前辈一样认为它是被一个神圣的存在者指引的。《大伦理学》的作者同意欧德谟斯的观点（参见第597页注释4）：即所有美德的联合形成了 καλοκἀγαθία（美善）（ii.9），并得出结论说道德美德的真正功能是守护主动理性不受激情的干扰；但是他忽略了对理性与神之关系的思考以及神的知识是人之生活的最终目的。

2 我们能够找到的、对斯多亚派学说的肯定性引用的唯一段落就是我们刚才引用的那个，即 i.2，或许，ii.7,1206b17 中有一条否定性的引用。

3 参见上文 ii.p.213 以下。

4 这个事实和其他一些情况证明这本书不是亚里士多德在写《政治学》之前所列的提纲，而是依照《政治学》的相关章节写成的，它是对这个部分的提炼和摘要，但我们显然不能认为这是亚里士多德所写。

的地方是把经济学作为一门特殊的科学与政治学相区分——这是对亚里士多德观点的修正，我们已经在欧德谟斯那里看到了。[1] 总的说来，这本书使我们想起欧德谟斯；它与《政治学》中经济学部分的关系跟《欧德谟伦理学》与《尼各马可伦理学》的关系非常相似，整本书的风格，甚至它的语言是清晰的和优雅的，但缺少亚里士多德的那种敏锐[2]，这进一步支持了下述推测：它的作者正是欧德谟斯。然而，菲洛德姆斯（Philodemus）认为它是塞奥弗拉斯特所作；[3] 我们的结论是尽管好些手稿冒用了他的名字，[4] 但仍然没有任何决定性的证据可以反驳这个正确的观点。[5] 《经济学》的第二卷与第一卷没什么联系，它的成书时间无疑比第一卷晚，在价值上也不如第一卷。它的内容是为了解释亚里士多德的一个观点而收集的一些轶闻趣事，[6] 它的前言是枯燥乏味的、对不同类型的经济形式的枚举。[7] 这本书肯定来自漫步学派，但它显示出这里的学问是细枝末节的和迂腐的——这种假学问经过几代人后变成了漫步学派的主要特征。

　　献给亚历山大的那本《修辞学》不可能是亚里士多德所作，我们之前说过，它是一位修辞学家的作品，[8] 但这位作者的生平不可考。我们

1　参见第 132 页注释 6。

2　我们在《欧德谟伦理学》中很难发现有什么学说可以称为"非亚里士多德的"；但是 c.5,1244, b,9 中的 $\tau\grave{\eta}\nu\ \tau\hat{\omega}\nu\ \grave{\iota}\alpha\tau\rho\hat{\omega}\nu\ \delta\acute{\upsilon}\nu\alpha\mu\iota\nu$（治疗的力量）这个表达是出乎我们意料的。

3　De Vit. ix. (Vol. Herc. iii.) Col.7,38,47,27,15，《经济学》，第 1 至 5 章的内容主要是详细的评判性研究。关于这个问题参见菲洛德姆斯的各种版本，这些版本来自一个相同的文本——这个文本暗示了这位编者的笔记和前言（vii.–viii.）。

4　参见第 460 页注释 3，第 63 页注释 1（π. ἀτόμων γραμμῶν [《论不可分的线段》]），以及 Zeller，Ph.d.Gr.i.476,1；他指出许多作品都是这样的状况：无论是真迹还是伪造的都被认为是亚里士多德所作。

5　第欧根尼给出的关于塞奥弗拉斯特作品的清单中没有《经济学》一书，但这不能说明任何问题。

6　参见第 471 页注释 2。

7　$\beta\alpha\sigma\iota\lambda\iota\kappa\acute{\eta}$（国王）、$\sigma\alpha\tau\rho\alpha\pi\iota\kappa\acute{\eta}$（官员）、$\pi\sigma\lambda\iota\tau\iota\kappa\acute{\eta}$（公民）、$\grave{\iota}\delta\iota\omega\tau\iota\kappa\acute{\eta}$（私人）——接下来是属于以上每一种人的各种收入来源的目录。

8　参见第 54 页注释 3。

在这里不再讨论它，因为它没有任何哲学原创性。

即便对于这些伪亚里士多德著作，我们也必须承认我们关于公元第三和第二世纪漫步学派成文作品的知识以及对这些书籍之内容的掌握与它们的数量和丰富性相比是相当匮乏的。但这种不完备的知识使我们形成了对这个学派整体发展的正确评价。我们看到漫步学派在塞奥弗拉斯特和斯特拉托治下获得了尊崇的地位并一直持续到公元前三世纪中叶；我们看到它在自然科学领域作出了特别重要的贡献，在科学兴趣的影响下，它修正了亚里士多德的一些重要学说——这种修正的方向似乎促成了原来的学说与知识系统的高度统一；然而，假若这种修正被贯彻到底，那么其中一些核心特征必然被抛弃。当时的时代精神并不喜欢这些尝试，漫步学派无法长期地抵制它的影响。斯特拉托死后不久，一切独立的科学思想，以及逻辑学的和形而上学的独立思想都停止了；这个学派开始把自己限制在伦理学和修辞学的范围内，这时历史学和哲学无论是在程度上，还是在多样性上都不再能为我们提供对传统的批判或对历史的总结，因为它们缺少哲学思想。这正是它堕落为一种次等重要的学问的讯号。然而，它持续地为传播原先的思想和知识作出贡献，并且通过整合伦理学说——只在一些个别的地方与亚里士多德的学说不同——形成了对其他学派片面性的观点的有效平衡。但是，科学运动的火炬已经传递到别人手中，我们不得不在更年轻的学派中寻找新时代哲学的真正典范了。

500

附　录

关于《政治学》的样态

　　亚里士多德《政治学》流传下来的样态（参见第一卷第 100 页注释 1）有许多特殊的地方。在一个简短的引言之后，亚里士多德在第一卷中指出家务是城邦事务的一部分——这主要是从经济角度来阐述的。另一方面，家庭和教育被留待后面讨论，因为它们必须适应政治生活的一般形式（c.13,1260b8）。第二卷是关于城邦的学说，亚里士多德首先讨论了最好的城邦形式（i.13 *fin.* ii.1 *init.*），然后对著名的城邦之形式做出批判，无论这些城邦是历史上实际存在的，还是哲学家设想出来的。在考察了城邦和公民概念后（iii.1–5），第三卷是对（6 至 13）不同形式之政体的区分，并从不同的角度评估它们的价值。亚里士多德在第三卷第 14 章中转向君主制的讨论，这是第一个真正的城邦形式，这个主题共有 4 章。第 18 章计划研究最好的城邦，但它被一个不完整的句子打断了，这个句子直到第七卷第 1 章才重新出现。同时，讨论的主题也停滞了。第四卷处理了在君主制和贵族制之后应当讨论的政体形式，即寡头制、民主制、共和制和集权专制。这里的文本探讨了对于大多数城邦来说最好的形式是什么，以及在什么样的条件下哪种政体是自然的。最后（第 14 至 16 章），亚里士多德研究了立法机构、司法机构和行政机构的各种可能的组合方式。第五卷的主题是政体的不同形式之间的变化，它们的灭亡和维持方式。亚里士多德在第六卷中为我们介绍了（2 至 7 章）民主制和寡头制的亚种，并讨论了（第 8 章）城邦的不同机构。第七卷开启了（1 至 3 章）在第三卷第 18 中预告的、关于最好城邦的研究，并研究了个体和群体的幸福问题，然后规划了最好城邦的蓝图（第八卷第 4 章最后），并特别关注了教育及其相关问题（vii.15,1134b5–viii.7）。这本书最后讨论了关于音乐的问题，它的结尾是非正式的。

　　早先的研究者们已经注意到这本书流传下来的主题范围和文本结构都不符合亚里士多德原先的计划，最近，评论者们对于这个问题的看法愈加明确。奥雷姆（Nicol. Oresme,1489）和塞尼（Segni,1559）指出第七卷和第八卷的主题与第三卷的主题有关；后来，斯卡伊诺·达·萨洛（Scaino da Salo,1577）第一个提议将第七卷和第八卷放在第三卷和第四卷之间。60 年后（1637），康林（Conring）不仅独立地重提这个建议，并且进一步否认了文本的完整性，他在 1656 年出版的书中指出他怀疑文本中存在许多大大小小的缺漏。更晚些，这个问题引起了巴泰尔米·圣伊莱尔（Barthelemy St-Hilaire）的注意（*Politique d'Aristotle*,i. pp. cxli-clxxii.），他一方面否认我们现在看到的这本书是不完整的或残缺的，另一方面，他认为第七卷和第八卷应当在第三卷之后，而且第五卷和第六卷应当插入其间（第六卷插入第四卷和第五卷之间）。他在自己的翻译中呈现了这种顺序，贝克（Bekker）在一本小的编译本中遵循了巴泰尔米·圣伊莱尔的观点，此外康格里夫（Congreve）也持有这种观点。这两种看法都被施彭格尔（Spengel）（'Üb. d. Politik d. Arist.' *Abh. d. Münchn. Akad. philos.-philol. Kl*. v.1–49.）、尼克斯（Nickes）（*De Arist. Polit. Libr*. Bonn.1851, p.67 sqq.112 sqq.）、布兰迪斯（Brandis）（*Gr.-roem. Phil*. ii. p.1666 sqq.1679 sq.）等人接受了。然而，沃尔特曼（Woltmann）（'Üb. d. Ordnung d. Buecher in d. Arist. Politik.' *Rhein. Mus*.1842,321 sqq.）接受了重新放置第五卷、第六卷的观点，但他不认为应当把第七卷和第八卷从现有的位置移除。相反，希尔登布兰德（Hildenbrand）（*Gesch. u. Syst. d. Rechts-und Staatsphil*. i.345–385；参见费希纳，*Gerechtigkeitsbegr. d. Arist*. p.65, p.87,6）为第五卷和第六卷的传统顺序辩护，并把第七卷和第八卷插入第三卷和第四卷之间。这两个部分的传统的文本位置在格特林（Goettling）（1824 年版的前言部分，p. xx sqq.），福希哈默尔（Forchhammer）（*Verhandl. d. Philologenvers. in Kapsel*, p.81 sq., *Philologus*, xv.1,50 sq.；前者有一个奇怪的表述：《政治学》遵照四本原的顺序，参见施彭格尔，*loc. cit.*48 sq.，希尔登布兰德，*op. cit.*390 sq.），罗泽（Rose）（*De Arist. Libr. Ord.*125 sq.）以及本迪克森（Bendixen）（*Zur Politik d. Arist. Philol.* xiii.264–301；参见希尔登布兰德，p.496）等人那里得到了辩护。当代学者中，没有谁毫无保留地接受康林关于这本书的完整性的判断；有些学者——例如格特林（*loc. cit.*）和尼克斯（p.90,92 sq.109,123,130 sq.）甚至反对这种观点。施彭格尔（p.8 sq.11 sq.41 sq.）、布兰迪斯（p.1669 sq.1673 sq.）和尼克斯（98 sq.）甚至认为有几处重要的文本存在缺漏，尤其是第八卷的末尾，而冯·施温德伦（Van Schwinderen）（*De Arist. Polit. Libr.* p.12；参见希尔登布兰德，p.449）认为这本书有两卷是缺失的，此外，施奈德（Schneider）（*Arist. Polit.* i. p. viii, ii. p.232.）认为描述最好城邦的绝大部分文本已经丢失。最后，希尔登布兰德（p.387 sq.449 sq.）推测在第八卷的末尾至少有三卷的内容丢失了，而在第六卷的最后部分或许还少了四卷法哲学的内容。

最后，如果我们问：应当如何解释这些文本的现状？一般的看法是：这本书是亚里士多德本人完成的，但它后来被损毁，变得无序了。然而，布兰迪斯（p.1669 sq.）倾向于认为第八卷是未完成的，而非残缺的，这个观点在希尔登布兰德（p.355 sq.379 sq.）那里得到了发展，后者认为亚里士多德原计划将第七卷和第八卷关于理想城邦的讨论插入第二卷和第四卷之间，但这部分被推迟到他写完第四卷和第五卷的时候才写，他直到去世时也没有完成它，也没能写第五卷之后的第六卷（关于这个问题的更多文献，参见巴泰尔米·圣伊莱尔，p.146 sq.；尼克斯，p.67；本迪克森，p.265 sq.；希尔登布兰德，p.345 sq.，以上描述的部分内容来自希尔登布兰德）。

策勒的观点如下，理由简述。

（1）关于文本的顺序，现在大多数学者的看法无疑是正确的，即亚里士多德打算把第七卷和第八卷放在第三卷之后。第二卷的内容以及它的卷首语和第一卷的结尾显然是为讨论最好城邦做准备的。这个讨论明确出现在第三卷的末尾，但它是以一句被打断了的话结束的，这句话在第七卷的开头重新出现，我们只能假设这个段落原先是连续的，否则这个事实无法解释。最后，对最好政体的描述在以下段落中被预设了：iv.2,1289a30,1289b14, c.3,1290a1 (cf. vii.8,9), c.7,1293b1，以及 c.4,1290b38 (cf. iv.3, vii.3)，以及 c.1（关于这一点，参见施彭格尔，p.20 sq.）。如果说 "καὶ περὶ τὰς ἄλλας πολιτείας ἡμῖν τεθεώρηται πρότερον"（关于别的政体形式，我们已经在前面讨论过了）这句话指的是第四卷至第六卷的内容，那么这句话指的应当是第二卷所批判的理想政体（τὰς ἄλλας πολιτείας [别的政体], ii.1,1260b29），正如希尔登布兰德认为的那样（p.363 sq.）。然而，这句话在上下文语境中显得十分怪异，因此，我们最好像施彭格尔（p.26）和其他一些评论者那样把它看作后来添加的注释。

（2）另一方面，我们似乎没有必要改变第五卷和第六卷的位置——如希尔登布兰德曾认为的那样。做出这种改变唯一可靠的理由是第四卷和第六卷的内容与第四卷第2章1289b12 sq.的预备性的回顾内容有着紧密的关系。其他理由是没有什么价值的：例如第六卷第2章1317b34中的 "ἐν τῇ μεθόδῳ τῇ πρὸ ταύτης"（在这之前的研究中）指的是第四卷第15章，似乎后者是直接在它之前的，以及第五卷第9章1309b16中的 "τὸ πολλάκις εἰρημένον"（我说过多次的）指的是第六卷第6章和第四卷第12章的内容：因为这里的 "μέθοδος πρὸ ταύτης"（在这之前的研究）指的或许不仅是它之前的那卷（这本书的卷次划分不大可能是亚里士多德做的），而且是它前面的整个部分——即包括第四卷和第五卷；尽管 "πολλάκις"（许多）更自然地被理解为指的是第五卷第3章或第5章的内容，而是不是第六卷第6章的内容，倘若我们有必要认为它说的是除了第四卷第12章之外的其他段落，在这里关于

"现存政体的支持者应当考虑反对者的意见"的原则虽然被明确表述在一般形式中，但它有着极细致的应用，以致于我们应当说这个原则在这里得到了反复强调（1296b24,31,37,15）。然而，上述论证建立在关于这本著作的写作计划的一个无效的前提下。第四卷和第五卷的内容无疑具有紧密关系，但这并不意味着它们必然是一个连续的整体。下述情况是可能的：亚里士多德首先完成了对不完善的政体形式的一般理论的叙述（第四卷和第五卷），然后在第六卷中返回前面研究的第一部分，因为他想要对在那里提出的原则做一个更细致的应用。因此，与这个观点相一致，第四卷第 2 章 1289b12 sq. 这个段落仅仅是第四卷和第五卷的内容简介，这个解释是令人满意的，并且与上述观点相容。这里提出了五个要点，前三个在第四卷第 3 至 13 章中得到讨论，第五个（城邦的损害和维系）在第五卷中得到讨论，而第四个很可能在第四卷的第 14 至 16 章中得到了讨论，正如亚里士多德明确指出的（1289b22）：他在这里只是打算简要地处理所有的主题（πάντων τούτων ὅταν ποιησώμεθα συντόμως τὴν ἐνδεχομένην μνείαν[当我们已经简要地对所有这些做出回顾]，因此，在这里 "νῦν"[现在] 指的是第四卷第 15 章 1300a8 的内容），而这个讨论规划是在第四卷第 14 章的开篇提出的，并且实际上是在第 16 章得到执行的。因此，第五卷第 1 章应当很自然地以这样的文字开篇 "περὶ μὲν οὖν τῶν ἄλλων ὧν προειλόμεθα σχεδὸν εἴρηται περὶ πάντων"（我们计划的关于其他主题的讨论，几乎已经全部完成了），我们没有必要认为这些话指的是第六卷的内容。倘若我们这样做，反倒犯了错误，因为第六卷的这个段落指的是第五卷第 1 章的开头以及第 4 章的结尾 1319b4, c.5,1319b37；在所有这些段落中，拒绝这些话，或者把 "τεθεώρηται πρότερον"（前面已经考虑过的）替换成 "θεωρηθήσεται ὕστερον"（后面要考虑的）只能作为最不得已的办法。最后，如果我们假设第六卷的内容是在第五卷之后写成的，那么它的内容的不完整性就容易解释。

（3）关于文本的统一性，我们不得不承认，许多单个的句子是残缺的、不可修复的。其次，我们遇到好几个独立的段落，它们无疑是由后人插入原先的文本中的，例如，第二卷第 12 章，格特林（p.345 sq. 参见刚才这个段落）和布兰迪斯（1590, A,586）怀疑过这个段落，尽管施彭格尔（p.11）和尼克斯（p.55 sq.）为它的真实性做了辩护：苏色米尔（Susemihl）（任何一个公正的评论者不会接受克龙 [Krohn] 在 *Brandenburger Programm*,"Zur Kritik Arist. Schriften"，1872, p.29 sq. 中做出的结论：即《政治学》只有一半文本能够归于亚里士多德）认为自 1274a22 以下的文本是伪作。最后，我们有理由相信这部作品的重要部分要么是未完成的，要么已经遗失。对最好城邦的描述显然是不完整的：亚里士多德自己指示我们参考关于音乐教育的进一步讨论，但这里的文本被关于音律（viii.7 *init.*）和关于喜剧（vii.13,1336b20）的短评打断了。然而，除此之外，我们还期望读到关于诗歌的恰当和完整的讨论，以及关于公民的科学训练的研究，根据亚里士多德的原则，这些主题几乎不可能不被涉及（参见 vii.14,1333b16 sq. c,15,1334b8, viii.4,1339a4 以及关于最好城邦这一部分更详细的讨论）；家庭生活、女性的教育、儿童的教育、财产、对待奴隶、销售酒类，这些问题被提出来并保留到后面讨论（参见 i.13,1260b8, vii.16,1335b2, vii.6,1326b32 sq. vii.10 fin. vii.17,1336b24）；而理想城邦的构成仅以概要的方式被勾勒（vii.15）；类似的，我们找不到任何对规范成年人生活的法律的阐述，但它们对于城邦（《尼各马可伦理学》x.10,1180a1）是不可或缺的，我们也看不到任何与政体相区别的、对狭义立法的描述，尽管早期的作者们被指责忽视了这个方面（《尼各马可伦理学》*loc. cit.*1181b12），但《政治学》第四卷第 1 章 1289a11 要求人们在对不同的政体探究之后应当研究法律的问题（关于它们的区分，参见 ii.6,1265a1），不仅要研究最好城邦的法律，还要研究那些适应于每一个政体形式的法律，对这一主题最明确的援引出现在讨论立法的一些段落中（参见 v.9,1309b14：一般而言，我们说为了政体采用什么样的法律，它们都维系着政体。以及 iii.15,1286a2：第一个问题是关于法律的，而不是关于政体的），参见希尔登布兰德（p.351 sq.449 sq.）的论述。如果我们意识到这些研究究竟需要多少篇幅的话，我们就不难理解亚里士多德所设计的关于最好城邦的研究论文究竟有多长。我们刚才引用的段落也证明对不完善的（城邦）形式的讨论曾经得到了关于立法研究的补充——而第六卷似乎是立法部分的前言。此外，第四卷第 15 章对"本原"的讨论在第六卷第 8 章中重被接续，因而我们应当期望有一个与之前的内容相似的、对立法机构和法庭的讨论（第四卷第 14、16 章）。最后，因为第六卷第 1 章 1316b39 sq. 明确指出先前的讨论缺少对政体形式的指正，这些政体形式是由混合不同的要素而得来的（例如一个寡头制的议会和一个贵族制法庭的混合），这个段落还提出要修复这里的缺失，所以我们必须认为这个部分的文本要么被遗失了要么从未完成。

（4）我们应当如何选择又应当如何解释这部作品流传下来的样式？这些问题因为缺少信息而无法确定。然而，主要的文本缺漏存在于这本书的第二部分和第三部分的结尾，这一事实证明这两个部分都是亚里士多德未完成的，正如希尔登布兰德评价的那样（p.356）。此外，我们必须假设他无意中发展了关于最好城邦和城邦的不完善形式的学说，尽管他计划完成全部内容以便把它们以严格的前后顺序组合起来。这个观点赢得了一些支持，因为我们找不到这本书还有更完善形式的证据，甚至根据第欧根尼（Diog. v.24, *Hermippus*）的记载，这本书只有八卷，而我们从斯托拜乌（Stobaeus, *Ecl.* ii.326 sq., cf. vol. iii. a,546 sq.）给出的阿里乌斯·狄杜谟斯（Arius Didymus）的摘要中知道它的内容一定没超出我们现在看到的《政治学》的内容。申策尔（Schintzer, *Zu Arist. Politik Eos*, i 499 sqq.）接受了这个观点，于贝韦格（Überweg, *Grundr.* i.178,5th ed.）也几乎认可了它。另一方面，苏色米尔（*Jahrbb. f. Philol.* xcix.593 sq. ci.343 sq.349 sq. *Arist. Polit.* ii. sq.）和翁肯（Oncken, *Staatsl. d. Ar.* i.95 sq.）接受了巴泰尔米·圣伊莱尔关于调换第五卷和第六卷的观点。关于翁肯的假设——即《政治学》和亚里士多德的其他作品流传下来的、我们现在看到的样式出自他的学生们的

编撰——策勒已经表达过自己的看法了（参见上文 i.p.133），他的看法
与苏色米尔之前的观点完全一致（*Jahrbb. f. Philol.* vol. cxiv.1876, p.122
sq.）。《政治学》第七卷第 1 章中的一个段落与翁肯的假设相冲突——
我们在本书的第一卷第 115 页注释 4 中讨论过。因此，我们必须拒绝以
下观点（Bernays, *Arist. Politik*,212）：我们现在看到的这部作品是由亚里
士多德在口头教学时使用的许多笔记构成的。倘若如此，文本的风格
就应当更简洁和更精炼，我们也不会遇到那些被策勒（参见第 135 页
注释 2）和翁肯（i.58，更多例子参见 i.3,1253b14, i.8 *init.* i.9,1257b14,
vii.1,1323b36, vii.2,1325a15）注意到的顺序问题，或者援引文本的问
题，例如 iii.12,1282b20，viii.7,1341b40，vii.1,1323a21，iii.6,1278b30（参
见第 115 页注释 4）。事实上，《政治学》和《伦理学》、《修辞学》一
样都属于亚里士多德为最普通的那类读者设计的作品，它们的风格都
太紧凑而不适合作者用于记录自己的笔记。让读者们读读这些段落：
i.2,1252a34–b27, c.4,1253b33–39, c.9,1257b14–17, i.11,1258b39–1259a36,
vii.1,1323a2–1324a4, vii.2,1324a25–1325a15, iv.1 *init.*，然后问问他们是
否有人会为了自己做笔记的目的而采用这样的写作方式。

索　引

译名对照表

（一）古代人名、神名

西文	中文
Aelian	埃里安
Agatharchides	阿伽塔基德斯
Alexander of Aphrodisias	阿弗洛狄西亚的亚历山大
Ammonius	阿摩尼乌斯
Andronicus	安德罗尼柯
Anonymus Menagii	匿名的梅那吉
Antiochus	安提俄库斯
Antipater	安提帕特
Antisthenes	安提司泰尼
Apollodorus	阿波罗多洛斯
Apollonius	阿波罗尼乌斯
Apellico	阿珀里康
Aphrodite	阿芙洛狄忒
Ares	阿瑞斯
Aristocles	阿里斯托克勒斯
Aristoxenus	阿里斯托克塞努斯
Aristophanes	阿里斯托芬

Aristo	阿里斯托
Arrian	阿里安
Arius Didymus	阿里乌斯·狄杜谟斯
Asclepius	阿斯克勒庇俄斯
Athene	雅典娜
Boethius	波埃修
Callipho	卡里弗
Callippus	卡利普斯
Callisthenes	卡里斯塞奈斯
Cassander	卡山德
Cephisodorus	凯菲索多鲁斯
Cicero	西塞罗
Chrysippus	克律西波
Clearchus	克勒阿库斯
Clytus	克吕图斯
Critolaus	克里托劳斯
Demeter	德墨忒耳
Demetrius	德米特里
Demetrius of Phalerus	法莱隆的德米特里
Demetrius Poliorcetes	德米特里一世
Demosthenes	德谟斯提尼
Deucalion	丢卡利翁
Dicaearchus	狄凯亚尔库
Dinomachus	狄诺马库斯
Diomedes	狄俄墨德斯
Diodorus	狄奥多罗
Diogenes	第欧根尼
Diogenes of Apollonia	阿波罗尼亚的第欧根尼

Dionysius	狄奥尼修斯
Dionysius of Halicarnassus	哈利卡纳索斯的狄奥尼修斯
Duris	杜利斯
Epicurus	伊壁鸠鲁
Erasistratus	埃拉西斯特拉图斯
Eratosthenes	埃拉托塞尼
Erymneus	厄律尼乌斯
Eubulides	欧布里德斯
Eucleides	欧几莱德斯
Euclid	欧几里得
Eudemus	欧德谟斯
Eudoxus	欧多克索
Euripides	欧里庇得斯
Galen	盖伦
Gellius	格利乌斯
Hannibal	汉尼拔
Heracles	赫拉克勒斯
Heraclides	赫拉克利德
Herillus	赫里卢斯
Hermarchus	赫尔马库斯
Hermias	赫尔米亚斯
Hermippus	赫尔米普斯
Hesiod	赫西俄德
Hieronymus	希罗尼姆斯
Hipparchus	希帕库斯
Hippocrates	希波克拉底
Hippodamus	希波达穆斯
Isocrates	伊索克拉底

Leucippus	留基波
Leo of Byzantium	拜占庭的利奥
Lyco（Lycon）of Troas	特洛阿斯的吕科
Lynceus of Chamaeleon	卡梅莱昂的林卡乌斯
Melissus	麦里梭
Meno	美诺
Neleus	奈留斯
Nicanor	尼卡瑙尔
Nicolaus of Damascus	大马士革的尼克劳斯
Nicomachus	尼各马可
Orpheus	俄尔甫斯
Panaetius	帕奈修斯
Pasicles of Rhode	罗德岛的帕斯克勒斯
Pauson	鲍森
Pericles	伯里克利
Phaethon	法厄同
Phanias	法尼亚斯
Philip	腓力
Philo	斐洛
Philodemus	菲洛德姆斯
Philolaus	菲洛劳斯
Philoponus	菲洛庞努斯
Phocion	弗基翁
Phormio	弗尔米奥
Plutarch	普鲁塔克
Polygnotus	波吕格诺图斯
Porphyry	波菲利
Posidonius	波塞冬纽斯

Praxiphanes	普拉克斯法奈斯
Priam	普里阿摩斯
Proxenus	普洛克塞努斯
Prytanis	普莱塔尼斯
Psedo-Ammonius	伪阿摩尼乌斯
Ptolemy	托勒密
Pythias	皮提娅
Quintilian	昆图良
Satyrus	萨提鲁斯
Seneca	塞涅卡
Sextus	塞克斯都
Simplicius	辛普里丘
Silenus	希勒诺斯
Solon	梭伦
Sophocles	索福克勒斯
Sotion	索提翁
Speusippus	斯彪西波
Stobaeus	斯托拜乌
Strabo	斯特拉波
Strato	斯特拉托
Stilpo	斯提尔波
Sulla	苏拉
Teles	泰莱斯
Theocritus	塞奥克里托斯
Theodectes	塞奥狄克特斯
Theophrastus	塞奥弗拉斯特
Themiso	塞米松
Theseus	忒修斯

Timaeus	蒂迈欧
Trophonius	特洛丰尼乌斯
Tyrannio	提兰尼俄
Xenocrates	色诺克拉底
Xenophanes	克塞诺芬尼
Zaleucus	塞琉古斯
Zoroaster	琐罗亚斯德

（二）古代地名、族名

西文	中文
Achelous	阿刻洛斯
Alcxandria	亚历山大里亚
Assos	阿索斯
Atarneus	阿塔纽斯
Arbela	阿尔比勒
Argolis	阿戈斯地区
Byblos	毕布罗斯
Bosphorus	博斯普鲁斯
Cappadocia	卡帕多西亚
Ceos	克沃斯
Chaeronea	卡隆尼亚
Chalcidice	哈尔基迪斯
Chalcis	哈尔西斯
Chios	开俄斯

Cilicia	西里西亚
Cilician	西里西亚人
Cnidos	克尼多斯
Corinthus	科林斯
Crete	克里特
Cyprus	塞浦路斯
Damascus	大马士革
Delphi	德尔斐
Euboea	优卑亚半岛
Ephesus	以弗所
Eresos	埃雷索斯
Ithacans	伊萨卡
Lamian	拉米亚人
Lampsacus	兰萨库斯
Larissa	拉里萨
Lesbos	列斯堡
Lembus	雷布斯
Locrian	洛克利人
Lyceum	吕克昂
Lycia	吕西亚
Macedon	马其顿
Mantinea	曼提尼亚
Megara	麦加拉
Messene	麦撒那
Mycenae	迈锡尼
Mytilene	米提勒涅
Mytilenean	米提勒涅人
Palus Maeotis	亚速海

Pella	培拉
Perga	佩尔格
Phaselis	帕塞利斯
Pontus	篷托斯
Posidonia	波西多尼亚人
Rhode	罗德岛
Samian	萨摩斯人
Selinuntian	塞利奴人
Selybrians	色利布里亚人
Scepsis	斯克普西斯
Soli	索里
Stagira	斯塔吉拉
Tanais	顿河
Tarentum	塔兰托
Teos	提奥斯
Thebes	底比斯
Thrace	色雷斯
Tyre	泰尔
Tyrrheneans	第勒尼人

（三）现代人名

西文	中文
Barthelemy St-Hilaire	巴泰尔米·圣伊莱尔
Bendixen	本迪克森

Bekker	贝克尔
Brandis	布兰迪斯
Brentano	布伦塔诺
Congreve	康格里夫
Conring	康林
Costelloe	科斯特洛
Fechner	费希纳
Forchhammer	福希哈默尔
Goettling	格特林
Hildenbrand	希尔登布兰德
Krohn	克龙
Muirhead	缪尔黑德
Nickes	尼克斯
Oncken	翁肯
Oresme	奥雷姆
Rose	罗泽
Scaino da Salo	斯卡伊诺·达·萨洛
Schneider	施奈德
Schintzer	申策尔
Segni	塞尼
Spengel	施彭格尔
Susemihl	苏色米尔
Trendelenburg	特伦德伦堡
Überweg	于贝韦格
Van Schwinderen	冯·施温德伦
Woltmann	沃尔特曼

柏拉图著作英文名称、缩写及中译名对照 *

英文名称	英文缩写	中译名
Alcibiades I（Alcibiades）	*Alc. I*	《阿尔基比亚德前篇》
Apology	*Apol.*	《申辩》
Charmides	*Charm.*	《卡尔米德》
Clitophon	*Clit.*	《克利托丰》
Cratylus	*Crat.*	《克拉底鲁》
Critias	*Criti.*	《克里底亚》
Crito	*Cri.*	《克里托》
Epistles（Letters）	*Epist.*	《书信集》
Euthydemus	*Euthd.*	《欧绪德谟》
Euthyphro	*Euphr.*	《欧绪弗洛》
Gorgias	*Gorg.*	《高尔吉亚》
Greater Hippias（Hippias Major）	*G. Hp.*	《大希庇亚》
Ion	*Ion*	《伊翁》
Laches	*La.*	《拉凯斯》
Laws	*Laws*	《法律》
Lesser Hippias（Hippias Minor）	*L. Hp.*	《小希庇亚》
Lysis	*Lys.*	《吕西斯》
Menexenus	*Menex.*	《美涅克塞努》

---

* 中文篇名主要参考了汪子嵩版（王晓朝版与之基本一致），极个别篇名有修改。英文
缩写参考了 J. M. Cooper 编辑的《柏拉图全集》和 R. Kraut 编辑的《剑桥柏拉图指南》。

Meno	Men.	《美诺》
Parmenides	Parm.	《巴门尼德》
Phaedo	Phdo.	《斐多》
Phaedrus	Phdr.	《斐德罗》
Philebus	Phil.	《斐莱布》
Politicus（Statesman）	Polit.	《政治家》
Protagoras	Prot.	《普罗泰戈拉》
Republic	Rep.	《理想国》
Sophist	Soph.	《智者》
Symposium	Symp.	《会饮》
Theaetetus	Tht.	《泰阿泰德》
Timaeus	Tim.	《蒂迈欧》

以下通常被认为是伪作

Alcibiades II	Alc. II	《阿尔基比亚德后篇》
Axiochus	Ax.	《阿克西俄库》
Definitions	Def.	《定义集》
Demodocus	Dem.	《德谟多库》
Epigrams	Epig.	《隽语集》
Epinomis	Epin.	《厄庇诺米》
Eryxias	Eryx.	《厄律克西亚》
Halcyon（Alcyon）	Hal.	《阿尔孔》
Hipparchus	Hppr.	《希帕库》
Minos	Min.	《米诺斯》
On Justice	Just.	《论正义》
On Virtue	Virt.	《论德性》
Rival Lovers（Amatores）	Riv.	《情敌》
Sisyphus	Sis.	《西绪福斯》
Theages	Thg.	《塞亚革》

亚里士多德著作拉丁文名称、
缩写及中译名对照 *

拉丁文名称	拉丁文缩写	中译名
Analytica posteriora	*APo.*	《后分析篇》
Analytica priora	*APr.*	《前分析篇》
Athenaion Politeia	*Ath.*	《雅典政制》
de Audibilibu	*Aud.*	《论听觉》
de Caelo	*Cael.*	《论天》
Categoriae	*Cat.*	《范畴篇》
de coloribus	*Col.*	《论颜色》
de Anima	*de an.*	《论灵魂》
De divinatione per somnia	*Div.Somm.*	《论睡眠中的预兆》
Ethica Eudemia	*EE.*	《欧德谟斯伦理学》
Ethica Nicomachea	*EN.*	《尼各马可伦理学》
Epistulae	*Ep.*	《书信集》
Fragmenta	*Fr.*	《残篇》
de Generatione Animalium	*GA.*	《论动物的生成》
De generationa et corruptione	*GC.*	《论生成和消灭》
Historia Animalium	*HA.*	《动物志》
de Incessu Animalium	*IA.*	《论动物的行进》

---

* 据 Liddel&Scott《希英词典》第九版列出。

de Insomniis	*Insomn.*	《论梦》
de interpretatione	*Int.*	《解释篇》
de Juventute	*Juv.*	《论青年》
de Lineis Insecabilibus	*LI.*	《论不可分割的线》
de Longaevitate	*Long.*	《论生命的长短》
de Motu Animalium	*MA.*	《论动物的运动》
Mechanica	*Mech.*	《机械学》
de Memoria	*Mem.*	《论记忆》
Metaphysica	*Met.*	《形而上学》
Meteorologica	*Mete.*	《气象学》
Mirabilia	*Mir.*	《奇闻集》
Magna Moralia	*MM.*	《大伦理学》
de Mundo	*Mu.*	《论宇宙》
Oeconomica	*Oec.*	《家政学》
de partibus Animalium	*PA.*	《论动物的部分》
Parva naturalia	*Parv. nat.*	《自然短论集》
Physica	*Ph.*	《物理学》
Physiognomonica	*Phgn.*	《体相学》
Poetica	*Po.*	《诗学》
Politica	*Pol.*	《政治学》
Problemata	*Pr.*	《问题集》
de Respiratione	*Resp.*	《论呼吸》
Rhetorica	*Rh.*	《修辞学》
Rhetorica ad Alexandrum	*Rh.Al.*	《亚历山大修辞学》
Sophistici elenchi	*SE.*	《辩谬篇》
de Seusu	*Sens.*	《论感觉》
de Sommno et Vigilia	*Somn.Vig.*	《论睡与醒》
de Spiritu	*Spir.*	《论气息》

Topica	*Top.*	《论题篇》
de Virtutibus et Vitiis	*VV.*	《论善与恶》
de Ventis	*Vent.*	《论风向》
de Xenophane	*Xen.*	《论克塞诺芬尼》

缩 略 语 表

abr.= 删节

ad fin.= 末尾

ad init.= 开头

ad loc.= 在该处

after= 因袭

ap.= 附录

bk.= 卷

c.= 大约

cf.= 参见

cod., codd.= 抄本

comm.= 评注

corr.= 校正

d.= 卒年

ed., edd.= 编辑

edn.= 版本

eg.= 例如

esp.= 特别地

et al.= 以及其他

etc., &c.= 等等

et passim.= 以及其他各处

f., ff.= 以下

fig.= 表

fl.= 盛年

fr.= 残篇

ibid. = 同上书

i.e.= 即

infra= 下文

l.c., loc. cit.= 见上引文

l., ll.= 行

lit.= 字面上

Ms., Mss.= 稿本

n., nn.= 注释

om.= 省略

op.cit.= 同上

p., pp.= 页

ps.= 伪

pt.= 部分

q.v.= 参见

ref.= 参考

repr.= 重印

rev.= 修订

sq., sqq.= 以下

sub.init.= 开头以下

sub voce= 在该词下 / 参看该条目

suppl.= 增补

supra= 上文

trans.= 译

vide= 参见

vide supra= 参见上文

vide infra= 参见下文

viz.= 即

vol.= 卷

v., vv.= 诗句

责任编辑：毕于慧

特约编辑：邓仁娥

封面设计：石笑梦　王欢欢

版式设计：周方亚

责任校对：马　婕

图书在版编目（CIP）数据

古希腊哲学史 . 第四卷，亚里士多德与早期漫步学派 / ［德］爱德华·策
　勒 著；曹青云 译 . —北京：人民出版社，2020.12（2023.2 重印）
（古希腊哲学基本学术经典译丛）
ISBN 978 - 7 - 01 - 017777 - 9

I. ①古… 　II. ①爱… ②曹… 　III. ①古希腊罗马哲学 - 哲学史②亚里士多
德（Aristotle 前 384 - 前 322）- 哲学思想 - 研究 　IV. ① B502 ② B502.233

中国版本图书馆 CIP 数据核字（2017）第 128399 号

古希腊哲学史（第四卷）
GUXILA ZHEXUESHI
——亚里士多德与早期漫步学派

［德］爱德华·策勒　著

曹青云　译

人民出版社 出版发行
（100706　北京市东城区隆福寺街 99 号）

北京新华印刷有限公司印刷　新华书店经销

2020 年 12 月第 1 版　2023 年 2 月北京第 3 次印刷
开本：710 毫米 ×1000 毫米 1/16　印张：45.25
字数：644 千字

ISBN 978 - 7 - 01 - 017777 - 9　定价：198.00 元（上、下）

邮购地址 100706　北京市东城区隆福寺街 99 号
人民东方图书销售中心　电话（010）65250042　65289539

本书根据 *A History of Greek Philosophy, Aristotle And The Earlier Peripatetics*, Translated by B. F. C. Costelloe and J. H. Muirhead. London: Longmans, Green, and Co., 1897. 翻译。